Copyright Law

문화콘텐츠와 저작권

Copyright Law
문화콘텐츠와 저작권

박순태 지음

현암사

머리말

국민소득 3만불 시대를 살고 있는 오늘날, 문화가 정치·경제·사회의 각 분야를 이끌어가는 현상이 더욱 뚜렷해지고 있는데 이와 같은 시대를 흔히 '문화의 시대'라고 한다. 세계에서도 보기 드물게 본래적 유전인자의 하나로서 문화적 감수성을 가지고 태어난 민족으로 평가받는 우리는 때마침 '한류'라는 이름하에 우리의 문화콘텐츠가 세계를 누비는 모습을 바라보고 있다.

문화의 시대에 우리는 문학·음악·연극·미술·건축·사진·영상·도형 그리고 컴퓨터프로그램 등과 같은 각종 문화콘텐츠를 일상적으로 접하고 있다. 따라서 이들 문화콘텐츠를 창작한 저작자의 배타적 권리를 규율하는 법률인 「저작권법」에 대한 거시적·체계적인 이해는 현대인에게 요구되는 기본적인 소양의 하나로 인식되고 있다. 이렇게 볼 때 「저작권법」은 재판규범이라기보다는 생활규범의 성격이 짙은 법률의 하나로 평가하고 이해해야 할 것이다.

현재 저작권과 관련한 훌륭한 법률서적이 다수 출간되어 있는 마당에 또다시 『문화콘텐츠와 저작권Copyright Law』이라는 책을 세상에 내어놓기까지는 많은 망설임이 있었다. 그럼에도 불구하고 끝까지 집필할 수 있었던 것은 「저작권법」을 전공하는 법학도는 물론이거니와 저작물에 대한 관리과학이라고 할 수 있는 문화예술경영학을 비롯한 여러 관련 분야의 학생들(저자는 우리나라 모든 대학에 저작권 관련 교과목이 필수교양과목으로 채택되어 강좌가 개설되어야 한다고 생각한다) 그리고 예술창작활동의 일선에 있는 문화예술인과 문화콘텐츠산업 현장의 실무·경영자, 저작권신탁관리단체와 저작권대리중개업체의 관계자, 문화예술행정을 수행하고 있는 전국의 공무원과 국·공립문화예술기관의 관계자 등이 일상생활 속에서 손쉽게 저작권을 이해하는 데 도움을 주고 싶다는 저자 나름의 소신에 기인한 바 크다.

법률학을 전공한 저자는 제27회 행정고등고시에 합격한 후 문화콘텐츠와 저작권에 관한 정책을 수립·집행하는 행정부서인 문화체육관광부 등에 30여 년간 재직하였다. 이 기간에 국비유학생의 자격으로 미국 The University of Alabama

School of Law에서 비교법을 전공하는 소중한 기회를 가졌고, 이때 세계적인 석학인 Harold See 교수의 지도하에 Copyrights, Trademarks, Unfair Competition, Patents 등 미국의 지식재산권법에 관한 체계적인 이론과 사례를 폭넓게 습득할 수 있었다. 이후 주경야독의 자세로 서울벤처대학원 대학교에서 「디지털시대의 저작권정책의 분석모형」이라는 주제로 문화산업경영학 박사학위를 받았다. 공직생활 중에는 대부분을 문화예술의 핵심인 예술, 문화, 저작권, 콘텐츠산업 등 분야에서 실무부터 책임자의 자리를 거치면서 우리나라의 문화예술과 문화콘텐츠산업의 위상을 오늘과 같이 발전·성장시키는 데 헌신하였고, 그 과정에서 초대 저작권국장으로 취임한 것은 가장 자랑스러운 일이자 소중한 경험의 하나이다. "저작물은 곧 문화 콘텐츠이다"라는 말은 지난 시절의 정책실무와 최근의 현장경험 및 연구결과에 그 바탕을 두고 저자가 직접 만든 법언의 하나이다. 마침 저자는 이 책을 집필하기에 앞서 2015년 『문화예술법Arts Law』과 『문화콘텐츠산업법Entertainmet law』을 집필했는데, 고맙게도 두 권의 책은 대법원이 선정하는 우수법률서적에 뽑히는 영광을 누린 바 있다. 이번의 『문화콘텐츠와 저작권Copyright Law』은 당연히 앞의 두 권을 바탕으로 완성한 것으로서 세 권의 책은 넓은 의미의 '문화법'을 구성하는 3대 법률서적으로서의 위상을 가진다고 하겠다.

집필을 하면서 그 넓이와 깊이에 심혈을 기울였다. 저자는 평소에 「베른협약」을 비롯한 국제협약의 가입 등으로 오늘날 각국의 저작권법이 상당히 유사해지고 있음에 비추어 세계시장에 내어놓아도 부끄럽지 않을 수준의 「저작권법」 도서가 우리나라에서 탄생되는 것도 큰 의미가 있겠다는 생각을 하였다. 이에 초안 집필 시 그 범위는 저작권실체법, 저작권절차법, 저작권작용법, 저작권조직법 그리고 국제저작권법 등 「저작권법」의 전 분야를 망라하고, 집필의 내용도 우리 「저작권법」의 이론과 실제를 종합적이고 심도 있게 기술하는 것은 물론 각국 저작권법의 이론과 실제 등도 비교법적으로 고찰하여 이를 광범위하게 언급하는 방향으로 완성하였다. 그러나 숙고 끝에 공급자에 해당하는 집필자의 학문적 소양을 강조하는 데 초점을 두기보다는 저작권에 대한 거시적이고 체계적인 이해에 목말라하는 이해관계자, 즉 수요자 중심의 입장에서(방대하지 않으면서 이해하기 쉬운) 책을 쓰는 것이 오히려 더 바람직하다는 결론을 내렸다. 이에 A4용지 1,700여 페이지 분량의 초안에서 그 넓이는 가급적 유지하되 그 깊이는 적정 수준으로 과감히 조정하는 절차탁마의 힘든 과정과 2020년 개정법률을 반영하는 추가작업을 거쳐 비로소 한 권의 완성된 형태로 출간이 되었고, 당연히 세계 최고 수준의 「저작권법」 책의 집필은 일단 다음 기회로 미루기로 한다.

끝으로 이 책을 집필하는 데 도움을 주신 많은 분들에 대한 고마움을 마음속에 늘 간직하겠다는 다짐을 하면서 가장 직접적이고 헌신적으로 도움을 주신 분들에게는 기어이 문자로 그 마음을 표시하고자 한다. 먼저, 항상 가가까이에서 내가 하는 모든 일에 격려를 아끼지 않고 표지디자인에 대한 아이디어를 제공해 준 사랑하는 김소원 여사와 훌륭한 우리 아들 내외인 용철과 미희에게 고맙다는 말을 전한다. 그리고 출판시장의 어려운 여건에도 불구하고 흔쾌히 출간을 허락해 주신 현암사의 조미현 대표님과 높은 역량과 헌신적 자세로 원고를 마무리 해주신 윤지현 팀장과 법전팀에도 각별한 고마움을 전한다.

이 책을 읽는 모든 분들에게 건강과 행운이 항상 함께하기를 바란다.

2020년 2월 광화문에서
박순태

제7장 | 저작재산권 행사가 제한되는 경우

제9장 | 저작재산권 행사의 확산을 위한 법률적 장치 (배타적발행권과 출판권의 설정)

제14장 | 저작권 보호를 위한 각자의 책임과 의무

제15장 | 저작권의 침해

제16장 | 저작권 침해에 대한 행정적 구제조치

제19장 | 저작권과 관련한 주요기관과 단체

제20장 | 국제저작권법

일러두기

1. 본문 중에서 필자가 강조하는 부분은 서체를 다르게 표기하였다.
2. 이 책은 매우 유기적으로 이루어져 있어 글 중에 앞 또는 뒤의 논의를 가져오는 경우가 많은데, 이는 각주를 이용해 해당 면을 찾아보게 하였다.
3. 각종 저작권 관련 국제 기구 및 협약, 조약 등의 명칭은 장별로 본문에서 적절하게 혼용하였다. 정식 명칭과 약칭은 다음을 참고하기 바란다.

- 세계저작권협약(약칭 : UCC)
  Universal Copyright Convention

- 실연자, 음반제작자 및 방송사업자의 보호를 위한 국제협약(약칭 : 로마협약)
  International Convention for the Protection of Performers, Producers of Phonograms and Broadcasting Organizations

- 위성에 의해 송신된 프로그램 전송신호의 전달에 관한 협약(약칭 : 위성협약)
  Convention relating to the Distribution of Programme-carrying Signals transmitted by Satellite

- 세계지식재산기구(약칭 : WIPO)
  World Intellectual Property Organization

- 세계지식재산기구 저작권조약(약칭 : WCT)
  WIPO Copyright Treaty

- 세계지식재산기구 실연·음반조약(약칭 : WPPT)
  WIPO Performances and Phonograms Treaty

- 문학·예술 저작물의 보호를 위한 베른협약(약칭 : 베른협약)
  Berne Convention for the Protection of Literary and Artistic Works

- 무역관련 지식재산권 협정(WTO/TRIPs)
  Agreement on Trade Related Aspect of Intellectual Property Rights

제1장

총론

제1절
문화콘텐츠 시대와 저작권의 중요성

I. 의의

산업화와 정보화시대를 거치고 문화콘텐츠[1]의 시대에 도래한 지금 문화콘텐츠의 제작·유통·소비는 국가경제의 중핵으로 자리잡고 있을 뿐만 아니라 국민의 삶의 질 향상에도 커다란 기여를 하고 있다. 우리 민족의 우수한 문화적 감수성에 바탕을 둔 각종의 문화콘텐츠는 오늘날 세계를 향해 진출하고 있으며 우리 국가의 위상을 드높이고 국민의 자부심을 향상시키는 데에도 일조하고 있다.

이와 같은 문화콘텐츠의 지속적인 성장·발전을 위해서는 그 기반이 되는 저작권이 체계적이고도 합리적으로 뒷받침되어야 할 것이다. 마침 최근에 문화콘텐츠산업이 국가의 중요한 정책으로 자리잡고 있고, 특히 젊은 층의 관심과 산업계의 지원으로 우리 문화콘텐츠산업은 세계 10위권 이내로 성장하고 있으며, 그 이면에는 세계적인 수준에 도달해 있는 우리의 저작권법 체계가 큰 역할을 하고 있다고 평가된다.

II. 문화콘텐츠와 저작물과의 관계

1. 의의

우리가 저작권을 이해하고 분석하는 이유는 문화콘텐츠를 중심으로 한 현실적 세계가 어떻게 작동하고 있는지 그 이해의 폭을 넓혀 주기 위해서이다.

후술後述하는 바와 같이 저작권은 인간의 사상과 감정과 같은 아이디어를 창의적

---

[1] 문화예술과 문화콘텐츠는 각각 예술성과 산업성을 특징으로 하지만 그 규정대상은 중복되는 부분이 대단히 많다. 따라서 여기서 말하는 문화콘텐츠는 문화예술을 포함하는 넓은 의미로 사용하고 있다.

으로 표현하는 것에 대한 법적 권리인데 이 권리가 문화콘텐츠 창작자에게 충분히 확보될 때 더 좋은 문화콘텐츠가 재생산될 수 있음은 물론이다. 이에 문화콘텐츠와 관련된 법률을 연구·분석함에 있어서 해당 문화콘텐츠에 저작권이 어떻게 작동하고 있는지 인식이 필요하고, 마찬가지로 저작권법을 연구·분석함에 있어서도 항상 그 이면에 있는 해당 문화콘텐츠에 저작권이 구체적으로 어떻게 적용되고 있는지를 염두에 두어야 할 것이다.

2. 문화콘텐츠=저작물

이와 같은 문화콘텐츠와 저작권의 긴밀한 상호관계는 현행 법에서도 충분히 예견하고 있는데, 문화콘텐츠산업과 관련한 법률에서 규율하고 있는 **문화콘텐츠**는 곧 「저작권법」에서의 규정대상인 **저작물**과 그 개념범위가 정확하게 일치하고 있다는 것이다.[2] 이를 구체적으로 살펴보면 **문화콘텐츠**는 문화적 요소가 체화體化되어 경제적 부가가치를 창출하는 유·무형의 재화와 서비스 및 이들의 복합체를 말하는데, 그 구체적인 표현형태는 부호·문자·도형·색채·음성·음향·신체동작·이미지 및 영상 등의 자료 또는 정보로 나타낸다.[3] 한편, 인간의 사상과 감정을 표현한 창작물인 **저작물** 역시 그 구체적 표현형태는 부호·문자·도형·색채·음성·음향·신체동작·이미지 및 영상 등의 자료 또는 정보로 나타나며 여기에는 대표적으로 어문저작물, 음악저작물, 연극저작물, 미술저작물, 건축저작물, 사진저작물, 영상저작물, 도형저작물 그리고 컴퓨터프로그램저작물 등이 있다(「저작권법」 제4조). 따라서 문화콘텐츠와 저작권이 부여될 수 있는 저작물과 그 개념이 일치한다고 할 수 있다.[4]

---

2 「저작권법」에 따른 저작권을 갖기 위해서는 해당 문화콘텐츠가 저작물로서의 요건, 즉 사상 또는 감정을 표현한 '창작물'이어야 한다. 여기서 창작물이라 하면 남의 것을 보고 베끼지 않은 것(Originality)으로서 최소한의 창작성(Creativity)이 가미된 것을 말한다. 그런데 모든 문화콘텐츠(문화콘텐츠는 곧 문화상품을 의미하기도 한다)는 똑같은 것은 거의 없고 남의 것을 그대로 베낀 것도 발견하기 어려우며, 창작자 나름의 노력과 소질 그리고 에너지를 투입하여 창의성이 발현된 것으로 볼 수 있어 문화콘텐츠는 곧 저작물이라는 말이 여기에서도 성립한다.

3 「문화산업진흥 기본법」 제2조 참조.

4 이와 같은 법리에 바탕을 두고 우리의 「콘텐츠산업 진흥법」 제2조 제2항에서는 "이 법에서 사용하는 용어의 뜻은 제1항에서 정하는 것을 제외하고는 「저작권법」에서 정하는 바에 따른다. 이 경우 '저작물'은 '콘텐츠'로 본다"라고 규정하여 이를 잘 뒷받침하고 있다.

Ⅲ. 문화콘텐츠창작자에게 저작권의 부여

　문화콘텐츠창작자 내지는 저작자[5]로서 그가 가지고 있는 천재적 소양에 바탕을 둔 창작적 표현을 장려하고, 그가 가지고 있는 열정과 에너지 그리고 투자된 시간 등을 보상해 주기 위해서는 유체물 형태의 일반적인 물건을 제작한 자에게 부여되는 해당 물건의 사용·수익·처분할 수 있는 권리와 같은 정도의 권리의 다발Bundle of Rights만을 안겨 주어서는 부족할 것이다.

　인류문화유산을 창조하고 발전시키는 사람들에게 보다 강력한 인센티브Incentive 를 주기 위한 구체적인 방안으로 제도적·법적으로 보장된 것이 이들에게 배타적 성격을 지니는 강력한 권리인 **저작권**을 부여하는 방법이 있다. 문화예술의 발전과 문화콘텐츠산업의 육성이라는 국가의 정책적 목표는 문화콘텐츠창작자와 저작자 에 대한 저작권의 보호가 확실하게 뒷받침될 때에만 그 실현이 가능할 것이며, 우리가 「저작권법」을 논의하는 데에도 항상 이 점을 유념하여야 할 것이다.

5　여기서 말하는 '저작자'와 '문화콘텐츠창작자'는 저작인접권자, 배타적발행권자, 출판권자 그리고 데이터 베이스제작자 등을 포함하는 넓은 의미의 저작자를 말한다.

제2절
「저작권법」을 둘러싼 법률체계

I. 「저작권법」을 둘러싼 실정법 체계

「저작권법」이란 저작자 및 저작인접권자 등의 권리와 그 행사방법 그리고 이들 권리가 침해될 경우에 적용될 각종의 구제장치 등을 종합적으로 규정하고 있는 법률이라고 정의할 수 있다. 형식적 의미의 「저작권법」은 국회를 통과하고 대통령이 공포하여 현재 시행 중인 법률을 말하고, 실질적 의미의 「저작권법」은 저작권과 관련된 일체의 권리의무관계의 규범을 총칭하며 여기에는 저작권과 관련된 국제조약도 포함한다.

「저작권법」도 다른 법률과 마찬가지로 실정법實定法의 형태를 지니든 아니면 판례법判例法의 형태를 지니든 관계없이 이들은 독자적으로 존재하는 것이 아니고 사회상황이나 관련 법률과 밀접한 상호작용을 하면서 생성·발전·소멸하는 하나의 체계로서의 특징을 가진다.[6] 이는 「저작권법」이 현실적인 저작권 환경을 반영하면서 국가정책목표나 국민의 요구를 수용하여 발전해 나가야 한다는 것을 의미하기도 한다.

II. 「헌법」과 「저작권법」

「저작권법」의 제정근거는 「헌법」 제22조이다. 즉, 「헌법」 제22조의 "저작자·발명

---

6 체계(體系)는 System 또는 체제(體制)라고도 하는데 이는 '유기체이론'에서 나온 것으로서 사회현상에도 그대로 적용될 수 있다. 하나의 체제는 다수의 하위체제로 구분(몸이라는 유기체는 머리, 팔다리, 몸통 등의 하위체제로 구분됨)되어 이루어지며 이 같은 하위체제 역시 상호작용을 하며 상위체제를 형성, 유지, 발전시켜 나가고 있다. 이 이론에서는 어느 한 사회체제가 일방적으로 다른 체제에 영향을 주거나 받는 것이 아니고, 각각의 사회체제가 교호적으로 영향을 주고 받는다고 하며, 만일에 하위체제 간의 관계가 상호작용 없이 고립된 상태를 유지한다면 상위체제는 환경적응력의 부족으로 조만간 소멸한다고 보고 있다(박순태, 「문화예술법」, 프레전트(2015), 9~12쪽 참조).

가·과학기술자와 예술가의 권리는 법률로써 보호한다"라는 규정[7]에 근거하여 제정된 것이 곧 「저작권법」이며, 이 법에서는 저작자에게 배타적 권리로서의 성격을 지니는 각종의 저작권을 광범위하게 부여하고 있다. 한편, 우리 「헌법」 제23조 제1항과 제2항에서는 각각 "모든 국민의 재산권은 보장된다. 그 내용과 한계는 법률로 정한다"라는 규정과 "재산권의 행사는 공공복리에 적합하도록 하여야 한다"라는 규정을 두고 있는 바, 이들 규정도 「저작권법」에서의 저작재산권 행사의 제한 등과 관련하여 대단히 중요한 의의를 가진다.[8]

III. 문화법의 하위체계下位體系로서의 「저작권법」

1. 문화법의 범주

문화와 관련한 법률은 크게 네 가지 유형으로 구분해볼 수 있는데 i) 문화예술법, ii) 문화콘텐츠산업법, iii) 전통문화보존법 그리고 iv) 저작권법 등이 그것이다.[9]

문화예술법, 문화콘텐츠산업법, 전통문화보존법 그리고 저작권법 등 이 네 가지 유형의 법률은 **문화**를 그 본질적 요소로 하고 있다는 점에서 여타의 법률과는 차별화되고 이들은 상호 밀접한 관련성을 가지며 영향을 주고 받고 있음은 지극히 당연하다 하겠다.[10]

---

7 이 규정에 근거하여 「저작권법」을 비롯한 「특허법」, 「실용신안법」, 「디자인보호법」, 「상표법」, 「지식재산 기본법」과 같은 지식재산법과 예술가의 권리보호에 관한 법률인 「문화예술진흥법」, 「예술인 복지법」, 「영화 및 비디오물의 진흥에 관한 법률」, 「음악산업진흥에 관한 법률」 등 다수의 문화예술과 문화콘텐츠산업과 관련한 개별 법률이 제정·시행되고 있다.

8 한편, 미국에서도 저작권법 제정의 근거가 헌법에서 확실하게 보장되고 있는데 미국 연방헌법 Article I § 8에서 "Congress shall have the power to promote the progress of Science and Useful Arts, by securing for limited times to authors and investors the exclusive right to their respective writings and discoveries."라는 규정을 두고 있으며, 미국에서는 헌법에서의 이 규정에 따라 연방의회만이 저작권법을 제정할 수 있는 전단적(專斷的)인 권리(Preemptive Rights)를 가지고 있다. 미국에서는 1790년에 연방의회에서 「Copyright Law of 1790」을 제정한 후 1976년에 이 법을 전면적으로 개정하는 방식으로 「Copyright Revision Act」(17 U.S.C. § 101~et seq)를 제정하여 오늘에 이르고 있다.

9 여기서 말하는 문화예술법, 문화콘텐츠산업법 그리고 전통문화보존법 등은 단일의 법률 명칭을 말하는 것이 아니고, 유사한 성격의 단일 법률들을 통칭하는 집합적 개념으로 사용되고 있음을 유의하여야 한다.

2. 문화법을 구성하는 개별 법률에서의 저작권 관련 규정의 실제

우리의 경우 「콘텐츠산업 진흥법」을 비롯하여 문화와 관련한 여타의 개별 법률에서도 해당 콘텐츠의 특징을 감안한 저작권 보호시책 등을 규정하고 있는 경우가 있으며[11], 이는 앞으로도 더욱 늘어날 전망이다. 현행 법체계에 따르면 「저작권법」에서는 창작자(저작자와 저작인접권자)의 권리와 그 보호에 관하여 일반적인 사항을 규정하고 있고, 문화콘텐츠와 관련한 몇몇 개별 법률에서는 정부가 해당 콘텐츠의 특성에 따른 저작권 보호시책을 적극적으로 추진할 것을 내용으로 하는 규정을 주의적·보충적으로 두는 방식을 채택하고 있음이 특징이라 할 수 있다.

IV. 지식재산권법의 하위체계로서의 「저작권법」

1. 의의

「저작권법」은 지식재산을 규율하는 지식재산권법의 하위체계를 이루는 중요한 개별법률의 하나이다. 일반적으로 지식재산권과 관련한 법률을 총칭하여 지식재산권법Intellectual Property Law이라고 부르는데[12], 여기서 말하는 **지식재산**이라 함은 인간의 창조적 활동이나 경험 등에 의하여 창출되거나 발견된 지식·정보·기술, 사상이나 감정의 표현, 영업이나 물건의 표시, 생물의 품종이나 유전자원遺傳資源, 그 밖에 무형적인 것으로서 재산적 가치가 실현될 수 있는 것을 말한다(「지식재산 기본법」 제3조).

인간의 지식에 기반하여 창조된 무체재산에 관한 권리인 지식재산권으로 대표적

---

10 「저작권법」은 사법(私法)으로서 성격이 강하고 당사자인 저작자에게 각종 '권리'를 부여하는 방식으로 규정되어 있음에 반하여, 나머지의 문화예술법과 문화콘텐츠산업법 그리고 전통문화보존법 등은 모두 공법(公法)으로서 성격이 강하고 따라서 정부가 각종의 지원·진흥·규제시책을 추진할 수 있는 여러 가지 정책수단을 규정하고 있다는 점에서 큰 차이점을 발견할 수 있다.

11 「콘텐츠산업 진흥법」 제10조, 「영화 및 비디오물의 진흥에 관한 법률」 제28조 및 제51조, 「게임산업진흥에 관한 법률」 제13조, 「음악산업진흥에 관한 법률」 제14조, 「출판문화산업 진흥법」 제25조 등이 그것이다.

12 미국에서는 저작권법(Copyright Law), 특허법(Patent Law), 상표 및 부정경쟁방지법(Trade Mark and Unfair Competition Law), 그리고 영업비밀보호법(Trade Secret Law) 등을 지식재산권법의 범주에 포함시키고 있다(Paul Goldstein, Copyright, Patent, Trademark and Related Doctrines, The Foundation Press INC (2001), pp. 1~20).

인 것으로는 저작권, 특허권, 실용신안권, 디자인권, 상표권, 영업비밀Trade Secret 등이 있으며, 이들은 각기 개별법률을 가지고서 문화발전과 산업발전에 기여하고 있다. 지식재산권을 규율하는 지식재산권법은 크게 지식재산에 대한 총괄적인 법률인「지식재산 기본법」이 있고, 그 아래에 정신적 영역인 문화예술의 진흥과 문화콘텐츠산업의 발전에 결정적으로 기여하는 저작권법과 물질적 영역에서의 산업발전에 기여하는 산업재산권법이 있는데[13], 이들 두 유형의 법률은 후술하는 바와 같이 나름대로 각각의 특징과 공통의 지도원리를 가지고 있다.

2. 지식재산권법을 구성하고 있는 주요법률

(1)「저작권법」

「저작권법」은 산업재산권법(「특허법」,「실용신안법」,「디자인보호법」,「상표법」등)과 함께 지식재산권법을 구성하는 2대 범주에 속한다.「저작권법」은 문화창조의 원천인 인간의 사상과 감정을 표현한 저작물을 제작한 자에게 일정기간 배타적인 권리인 저작권을 부여함으로써 궁극적으로 문화예술의 진흥과 문화콘텐츠산업의 발전에 이바지하고자 하는 법률이다.

(2)「특허법」

「특허법」은 발명을 그 보호대상으로 하는 법률이다.「특허법」상의 보호대상인 특허권은 특정한 기술적 사상Idea의 창작으로서 고도高度한 것을 발명한 것에 대해 부여한 권리이다(제2조 참조).[14] 특허권이 부여되기 위해서는 등록이라는 엄격한 형식적 요건이 요구되는데 이 업무는 특허청이 전담하여 수행한다.[15] 그리고 특허권이 부여되기 위해서는 신규성을 필요로 하며, 이 외에도 그것이 산업적으로 이용이 가

---

13 특허권, 실용신안권, 디자인권 그리고 상표권을 4대 산업재산권으로 일컫기도 한다.

14 저작권이 사상이 아니라 표현을 보호하는 것과는 대조적으로 특허는 표현보다는 이의 기반이 되는 '기술적 사상'을 그 보호대상으로 함을 유의하여야 한다. 따라서 하나의 기술적 사상을 여러 개의 다른 방식으로 표현하였다고 하더라도 하나의 특허권만이 성립할 뿐 그 표현형식에 따라서 별개의 특허권이 성립하는 것이 아니다.

15 특허권의 부여에는 이와 같이 '방식주의'가 적용되는데, 이때의 방식은 크게 출원과 심사 그리고 등록이라는 별도의 방식을 요구하며 이는 실용신안, 디자인, 상표에서는 마찬가지로 적용되고 있다.

능하여야 하는 **산업상 이용가능성**과 그것이 아무리 신규적이고 산업현장에서 이용 가능 하더라도 그것이 기존의 것보다 기술적 사상측면에서 발전된 형태이어야 한다는 **진보성**의 요건도 동시에 요구한다(제29조 참조). 특허권은 특허권을 설정등록한 날부터 특허 출원일 후 20년이 되는 날까지 존속한다(제88조 참조).

(3) 「디자인보호법」

「디자인보호법」은 디자인을 보호대상으로 하고 있는 법률로서 「저작권법」과도 상당한 관련성을 지니고 있다. 디자인은 물품(물품의 부분 및 글자체를 포함한다)의 형상, 모양, 색채 또는 이들의 결합으로 시각을 통하여 미감을 일으키는 것으로서 그 보호요건으로서 **신규성[16]**을 요구한다(제2조 및 제33조 참조).

디자인권은 이를 고안한 자가 심사를 거쳐 등록한 후에 비로소 권리가 부여되는 형식성을 요구하고 있으며, 여타의 산업재산권과 마찬가지로 디자인권자는 업業으로서 등록한 디자인을 일정기간 실시할 권리를 독점적·배타적으로 가지는 바 그 존속기간은 설정등록한 날부터 발생하며 디자인등록 출원일 후 20년이 되는 날까지 존속한다(제91조 및 제92조).

(4) 「상표법」

「상표법」은 상표를 보호대상으로 하고 있는 법률로서 「저작권법」과도 많은 관련성을 가지고 있다. 상표권의 보호대상인 상표는 상품을 생산·가공 또는 판매하

---

16 '신규성'은 발명과 실용신안의 등록에서도 마찬가지로 요구된다(「특허법」 제29조 및 「실용신안법」 제4조 참조). 이와 같이 신규성이 없는 디자인은 「디자인보호법」에 의한 보호를 받을 수 없지만 「저작권법」에서는 신규성을 요하지 아니하고 독창성과 최소한의 창작성만을 요구하므로 신규성이 없는 디자인도 보호가 가능함을 유의할 필요가 있다. 산업재산권법에서는 오직 수직적 개념의 '신규성'의 작동으로 궁극적으로 산업일반의 발전을 촉진한다면, 「저작권법」에서는 비록 신규성이 없을지라도 남의 것을 베끼지 않고 최소한의 '창작성'만 인정되면 저작물성을 인정하는, 다시 말해 수직적 개념뿐만 아니라(「저작권법」에서도 '신규성'이 있으면 당연히 저작물성이 인정될 것임), 수평적 개념도 일정부분 가미된 '창작성'의 작동을 기반으로 하여 궁극적으로 문화예술의 발전을 추구한다는 이념 내지는 목표를 지향한다고 말할 수 있다. 이와 같은 사고는 산업의 발전은 직선적 개념의 혁신이 강조될 때 비로소 가능할 것임에 반하여, 문화예술의 발전은 수평적 개념의 다양성이 강조될 때 비로소 창달될 수 있음을 설명할 수 있는 이념적 철학으로 활용할 수도 있을 것이다. 문화예술 영역에서 '다양성'은 최고의 이념적 지표로 작용하고 있는 바, 국제적으로는 문화다양성협약이라고 칭하고 있는 「문화적 표현의 다양성 보호와 증진에 관한 협약」이 있고 국내법으로는 「문화다양성의 보호와 증진에 관한 법률」이 제정·운용 중에 있다. 보다 자세한 것은 저자의 「문화예술법」 제2편 문화예술진흥 일반, 제3장 문화다양성의 보호와 증진에 관한 법률 부분을 참고하기 바란다.

는 것을 업業으로 영위하는 자가 자기의 업무와 관련된 상품을 타인의 상품과 식별 Distinction되도록 하기 위하여 사용하는 i) 기호·문자·도형·입체적 형상 또는 이들을 결합하거나 이들에 색채를 결합한 것, ii) 다른 것과 결합하지 아니한 색채 또는 색채의 조합, 홀로그램, 동작 또는 그 밖에 시각적으로 인식할 수 있는 것, iii) 소리·냄새 등 시각적으로 인식할 수 없는 것 중 기호·문자·도형 또는 그 밖의 시각적 방법으로 사실적寫實的으로 표현한 것 등을 말한다(제2조 제1항 제1호).

상표는 소비자가 특정 상품의 출처를 확인함으로써 제품선택에 혼동을 일으키지 않고 소비활동을 할 수 있게끔 도와준다. 상표로서 특허청에 등록한 자가 일정기간 지정상품 또는 영업에 해당 상표를 독립적·배타적으로 사용할 수 있는 권리가 곧 상표권인데, 상표권자는 다른 사람이 관련상품의 출처에 대하여 혼동Confusion of Source을 일으킬 수 있거나 그 식별력을 손상Dilution of Distinction시킬 염려가 있는 동일 또는 유사한 상품의 사용을 금지시킬 수 있다. 상표권은 특허권 다음으로 중요한 산업재산권으로서 상표권자는 설정등록이 있는 날부터 10년간 존속하며, 상표권은 갱신등록으로 10년씩 갱신할 수 있다(제83조 제1항 및 제2항). 따라서 상표권은 상표권자가 원한다면 그 존속기간은 영구적이다.

그런데 인간의 사상과 감정을 표현한 창작물은 저작물로서 보호받을 수도 있고 상표로서 보호받을 수도 있으며, 현실적으로 저작권행사와 상표권행사와의 사이에 저촉문제가 자주 발생하고 있으며 경우에 따라서는 중복보호가 가능함도 물론이다.

> 대법원은 상표가 「저작권법」 및 「상표법」 모두로부터 보호를 받을 수 있는가와 관련하여, "저작물과 상표는 배타적·택일적 관계에 있지 아니하므로, 「상표법」상 상품을 구성할 수 있는 도형 등이라도 「저작권법」에 의하여 보호되는 저작물의 요건을 갖춘 경우에는 「저작권법」상의 저작물로 보호받을 수 있고, 그것이 상품의 출처 표시를 위하여 사용되고 있거나 사용될 수 있다는 사정이 있다고 하여 「저작권법」에 의한 보호 여부가 달라진다고 할 수는 없다"라고 판시한 바 있다(대법원 2014.12.11, 선고 2012다76829 판결).

3. 「저작권법」과 산업재산권법의 비교

인간의 지식을 기반으로 한 창작물에 부여되는 권리인 지식재산권은 저작권과 산업재산권을 포괄하고 있다. 저작권과 산업재산권은 모두 창작물을 보호하기 위한 권리라는 점에서는 같으며 이 밖에도 준물권적 성격을 가지는 무체재산권으로서의 특징 그리고 이들 권리를 일정기간 배타적·독점적으로 향유할 수 있다는 점에서도 공통점을 가지고 있다.

그러나 저작권과 산업재산권에 관해서 규율하고 있는 법인 「저작권법」과 산업재산권법은 보호대상, 권리의 성격, 권리발생의 요건, 보호기간, 집행기관 등에서 여러 가지 차이점을 발견할 수 있는데, 이를 개략적으로 요약·정리하면 다음의 표와 같다.

「저작권법」과 산업재산권법의 비교

지식재산권법(Intellectual Property Law)		
「저작권법」		산업재산권법
저작물	보호대상	발명, 신용신안, 디자인, 상표
재산권+인격권	권리의 성격	재산권
창작성	성립요건	신규성, 진보성, 산업상 이용가능성
무방식주의	권리발생의 요건	방식주의
문화체육관광부(한국저작권위원회)	집행기관	특허청(특허심판원)
장기(70년)	보호기간	단기(10~20년)

4. 저작권과 산업재산권의 중복보호와 권리행사의 저촉문제

(1) 중복보호의 가능성

지금까지 우리는 저작권과 산업재산권을 규율하고 있는 주요 개별법률에 대하여 살펴보았는데 지식재산권법에 해당하는 이들 두 유형의 법률 간에는 그 보호대상에 있어서 상호 중첩되는 경우가 상당히 있음도 확인할 수 있었다. 이와 같은 현상은 오늘날 문화콘텐츠산업의 발달로 더욱 더 확대될 것으로 예상된다. 문화가 중요한 산업적 요소로 정착됨에 따라 컴퓨터프로그램저작물, 디자인·캐릭터와 같은 응용미술저작물, 도형저작물, 편집저작물 등과 같은 기능적 저작물에 대한 보호영역이 점차 확대되면서 저작권과 산업재산권의 융화현상은 더욱 촉진될 것으로 보이기 때문이다.

(2) 권리행사의 충돌을 방지하기 위한 입법적 조치

하나의 보호대상에 대해 복수의 지식재산권이 중복적으로 존재할 경우 권리자 간에 해당 권리행사를 두고 저촉관계가 형성될 수밖에 없다.[17]

이때 해당 권리자의 허락이 없다면 타인의 권리를 침해하여서는 아니 되며 다른 사람의 창작물을 무단으로 이용하여 그에게 법률상 인정된 독점적·배타적 권리를 빼앗아 와서도 아니 된다. 이와 같은 법리에 따라 저작권과 산업재산권의 보호대상 가운데 가장 중복현상이 심한 상표와 디자인을 규율하고 있는 법률인 「디자인보호법」과 「상표법」에서는 타인의 저작권과의 저촉관계에 대한 특칙을 두고 이를 입법적으로 해결하고 있다.

이들 법률에서는 상표권 및 디자인권이 저작권과 충돌되는 것을 방지하기 위하여 상표권자나 디자인권자는 그 상표등록출원일 전에 발생한 타인의 저작권과 저촉되는 경우에는 그 저작권자의 동의나 허락을 얻지 아니하고는 등록상표나 등록디자인을 사용할 수 없도록 하고 있다 (「상표법」 제53조 제1항 및 「디자인보호법」 제95조 제3항 참조).

V. 「저작권법」을 둘러싼 실정법 체계의 요약

「헌법」에서의 근거규정에 따라 제정된 「저작권법」은 한편으로는 문화법의 하위체계로서, 또 한편으로는 지식재산권법의 하위체계로서 존재하고 있다.

「저작권법」을 둘러싼 이와 같은 실정법 체계를 총괄적으로 유형화해 보면 다음 그림과 같다.

---

17 저작권 또는 산업재산권 가운데 어떠한 권리를 주장할 것이냐의 여부는 전적으로 원고(피해자)가 선택할 문제이나, 일반적으로 저작권을 주장함에 있어서는 형식과 절차를 요구하지 않기 때문에 권리의 성립요건을 용이하게 입증할 수 있고 보호기간이 길다는 장점이 있다. 반면에, 산업재산권을 주장함에 있어서는 권리 자체가 성립하고 있음을 입증하기 어렵고 보호기간이 짧다는 단점은 있으나 일단 보호요건이 충족되면 보호의 수준은 저작권보다 훨씬 높다.

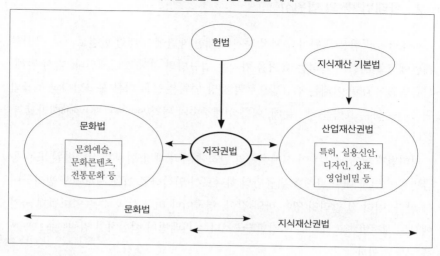

「저작권법」을 둘러싼 실정법 체계

VI. 저작권과 관련한 판례법判例法의 중요성

1. 의의

「저작권법」을 둘러싼 법률적 체계는 앞에서 살펴본 실정법 체계와 판례로 형성되어 있는 판례법 체계라는 독특한 법률체계가 있는데, 우리를 비롯한 대륙법계 국가에서는 실정법 체계를 중요시하는 반면에 미국을 비롯한 영미법계 국가에서는 판례법 체계를 중요시하고 있다.[18]

이와 같이 우리는 저작권과 관련하여 실정법을 중시하는 국가에 해당하지만 최근에 와서 저작권과 관련한 판례법의 중요성이 강조되고 있다.

18　실정법 체계는 미리 추상적·일반적 형태로 법규의 내용을 논리적으로 정리하여 문서로 만들어 공표할 수 있으므로 이를 성문법(成文法) 체계라 하기도 한다. 반면에 판례법 체계에서는 쟁송사안으로 나타난 무수한 구체적 사례를 사전에 연역적·논리적으로 문서로 만들어 규정한다는 것이 불가능하며(다만 사후적으로 귀납적·경험적으로 판례집 형태로는 발간할 수 있을 것이다). 따라서 이를 불문법(不文法) 체계라 한다. 다시 말해, 실정법 체계는 성문의 형식으로 법령을 제정할 수 있는 헌법, 법률, 명령, 조례 그리고 규칙 등을 주요 법원(法源)으로 하는 체제를 말하고, 판례법 체계는 법관이 구체적인 개별 사안에서 판단한 판결을 주요 법원으로 하는 체제를 말한다고 할 수 있다.

2. 판례법^{判例法}의 법원성^{法源性}

판례법이라 함은 법원이 구체적 사건에 대한 재판에서 내린 판결로 이는 유사한 재판에서 판사를 구속하는 효력을 가지는 법규범의 하나로 이해된다. 다시 말해, 상급법원이 내린 판례는 법규범으로의 해당 법원은 물론 다른 동급법원과 하급법원을 구속하는 효력을 가지는데, 이를 선례구속의 원칙Doctrine of Precedent이라고 부른다.

영미법계 국가에서는 이 선례구속의 원칙에 따라 해당 법원은 상급법원 또는 동급법원이 먼저 내린 판례를 법규범의 하나로서 인식하고 이를 재판에서 받아들여야 한다. 이미 잘 알려져 있는 바와 같이, 영국이나 미국 등과 같은 영미법계 국가에서는 제정법^{制定法} 내지는 실정법^{實定法}보다는 판례법이 핵심적인 법원Source of Law을 이루고 있다.

3. 우리의 경우

우리를 비롯한 대륙법계 국가에서는 법관은 헌법과 법률에 의하여 재판을 해야 할 의무가 있을 뿐이며[19], 선례구속의 원칙이 확립되어 있지 않다. 따라서 우리의 경우 판례의 법규범성이 보다 약하긴 하지만 실제에 있어서는 상급법원의 판례, 특히 최고법원인 대법원의 판례는 장차의 유사한 사건에서 법규범의 하나로 널리 받아들여지고 있다. 따라서 우리도 일정부분 판례법에 법규범으로서의 효력을 인정하고 있다고 볼 수 있으며, 이 점에서 우리는 적어도 최고법원의 판례에 대해서는 사실상의 구속력을 인정하고 있는 셈이다.

4. 판례법의 중요성

법규범은 추상성과 구체성을 망라할 때 비로소 완벽한 규범력이 보장될 것이다. 오늘날 법규범은 입법부를 구성하는 국회의원은 추상적 형태의 **법률**의 이름으로,

---

19 "법관은 헌법과 법률에 의하여 그 양심에 따라 독립하여 심판한다"(「헌법」 제103조).

행정부를 구성하는 대통령과 행정 각부의 장관은 구체적 형태의 **대통령령**(시행령)과 **부령**(시행규칙)이라는 이름으로, 사법부를 구성하는 법관은 특정의 사례에 대한 법적 판단인 **판례**라는 이름으로 각각 추상적 또는 개별적·구체적 형태의 법규범을 창설하고 있다.

따라서 저작권에 관한 판례법은 제정법인 「저작권법」에서 완전히 규정하고 있지 못한 부분을 보완하거나, 유사한 사건에 있어서의[20] 법률적 판단에 관한 법원으로서 법규범으로서의 효력을 가지고 있음을 항상 유의하여야 할 것이며, 이에 판례법에 대한 체계적인 이해에도 소홀함이 있어서는 아니 될 것이다.[21]

---

20 그 사건이 서로 간에 더욱 구체적으로 유사(Common)하다면 법원의 판결 내용도 당연히 유사(Common)해야 한다는 사상이 곧 영미법에서의 최고의 법이념인 보통법(Common Law) 사상이다.

21 이 책을 집필함에 있어서도 실정법 위주로 논의를 진행하되, 필요한 부분에서는 판례법의 중요성을 감안하여 일반적으로 받아들이고 있는 국내·외의 유력한 판례들을 가능한 한 충실하게 소개하기로 한다. 국내 판례는 가능한 한 최근의 대법원 판례 위주로 정리하되 필요한 경우에 한해서는 하급심 판결도 병행하여 수록하고, 외국의 판례는 국제사회에서 미국 연방법원의 판례가 미치는 영향력을 감안하여 주로 미국판례 위주로 소개하기로 한다(다만, 서술의 편의상 해당 연방법원의 심급이 1심에 해당하는 District Court인지, 2심에 해당하는 Court of Appeal인지, 아니면 대법원에 해당하는 Supreme Court인지에 대해서는 구체적으로 명시하지 않고 '미국 연방법원'으로 명명하기로 한다.

제3절
「저작권법」일반에 대한 거시적 이해

I. 「저작권법」의 역사

1. 저작권 개념의 등장

인간의 지적 창조물인 저작물에 대한 권리의 인식은 근대 시민사회 성립 이후의 일이다. 근대사회 이전까지 저작자에게 특별한 권리를 부여하여 문화창조에 기여하도록 하여야 한다는 사상은 발견할 수가 없었다. 18세기 이전까지의 절대주의 국가시대에서는 왕권신수설王權神授說의 사상에 따라 모든 물적·비물적 재산은 국왕의 재산으로 보았으며 개인이 재산권을 행사하기 위해서는 국왕의 특별한 허가가 필요하였다.[22]

15세기경 금속활자가 널리 활용되면서 대량 출판이 가능해지자 인쇄·출판업자는 왕권과 결탁하여 특허를 받아 독점적으로 인쇄 또는 출판을 할 수 있게 되어 막대한 부를 축적할 수 있었으나, 이때의 출판권은 오늘날 말하는 배타적발행권의 한 유형에 해당하는 출판권을 의미한다기보다는 출판사업 독점권 내지는 출판특허권의 성격을 지닌 것에 불과하였다.

이와 같은 인쇄 또는 출판특허제도는 16세기 이후 여러 나라에 확대되었지만 이때까지도 저작자에게는 정신적 창작물에 대한 특별한 권리가 부여되지 않았고 인쇄·출판업자에 종속된 지위에 머물러 있을 뿐이었다.[23]

22　이와 같은 상황은 우리나라의 경우도 마찬가지였으며 모든 재산은 국왕의 것이라는 왕토사상(王土思想)에 따라 지적 창조물을 제작한 저작자에게 특별한 대가가 지불되는 경우는 없었으며, 인쇄와 출판도 마찬가지 여서 이들 업종도 국가가 직접 관장하는 형태로 운영되었다. 우리는 세계최초의 금속활자본인 '백운화상초록불조직지심체요절(白雲和尙抄錄佛祖直指心體要節)'을 고려 우왕 3년에 해당하는 1377년에(이는 독일의 금속활자본인 구텐베르크의 '42행 성서'보다 78년이나 이른 시기임) 청주 흥덕사에서 펴낸 바 있다. 당시의 서적 인쇄는 국가사업으로 추진된 공역무(公役務)의 일환으로 이루어졌기에 저작자에게 사권(私權)에 해당하는 어떤 권리가 부여된 것은 아니며 이는 인쇄를 담당한 사찰도 마찬가지였다.

그러나 1789년 프랑스 대혁명 이후 근대 시민사회가 성립하자 모든 인간은 자유롭고 평등하다는 사상을 통해서 사적자치와 재산권 행사의 주체성을 인정하게 되었고, 국가는 개인의 재산권 행사에 가능하면 개입하지 않는 자유방임적 태도에 머무는 것을 이상적으로 보았다. 더불어 개인이 유형적인 물건에 대한 소유권을 가지는 것과 마찬가지로 무형적인 정신적 재산에 대해서도 소유권을 가져야 한다는 사상이 싹트게 되었으며 이것이 곧 근대 저작권 제도의 탄생으로 이어졌다.

프랑스 혁명 이후 출판에 대한 국왕의 특허제도는 붕괴되었으며 계약자유 및 사적자치의 원칙에 따라 모든 형태의 인쇄·출판은 사인 간의 계약으로 이루어졌다. 이 과정에서 출판물에 담기는 내용인 저작물을 작성한 자의 권리보장 문제가 전면에 등장하게 되었고, 이를 입법적으로 수용하여 주요 선진국에서는 저작자의 권리를 법으로 인정하는 저작권법을 제정하기에 이르렀다.

2. 근대 저작권법의 제정

(1) 「앤 여왕법」의 제정

1709년에 영국에서 도서저작물의 저작자는 자신의 권리를 주장할 수 있다는 내용을 담고 있는 「앤 여왕법Statute of Anne」[24]이 제정되었는데 이것이 곧 최초의 저작권법에 해당한다. 「앤 여왕법」은 이와 같이 도서저작자가 가질 수 있는 독점적 권리와 자유를 언급하고 있으며, 저작권과 저작물을 담은 유체물을 구별하고 있다는 것이

---

23 저작권법의 탄생을 보면 처음부터 저작권법의 혜택을 받는 사람은 저작자들이 아니라 자본과 기술을 가진 인쇄업자들이었다는 사실을 알 수 있다. 당시에는 자본과 기술을 가지고서 국왕과 결탁하고 있던 소수의 출판업자 등에게 출판인쇄업을 계속할 수 있는 인센티브를 주기 위한 수단으로 그들에게 배타적인 권리를 주는 내용의 법률을 만들어 줄 필요가 있었으며, 이는 이단적·선동적인 글이나 그림 등을 통제하고자 하는 정부와 교회의 이해관계와 독점적으로 출판업을 영위하고자 하는 인쇄업자의 이해관계에도 부합하였기 때문이다. 초기 저작권은 이와 같이 통치군주가 간행물의 검열과 통제를 위하여 출판인쇄업자에게 특권 내지는 배타적인 권리를 부여하면서 탄생하게 되었다. 그런데 이때 출판인쇄업자에게 부여한 인쇄특권은 창작자에게 권리를 인정하는 것이 아니라 출판인쇄업을 위한 자격을 부여한 것으로 이해되어야 하며, 이는 오늘날 등록이나 신고를 해야만 출판인쇄업을 할 수 있는 것과 같은 이치라 할 수 있다(박순태, 앞의 논문, 18쪽).

24 「앤 여왕법」의 정식명칭은 보통은 'Act of the Encouragement of Learning'이라 부르고 있으나, 엄격히 말하면 'An Act for the Encouragement of Learning by vesting the rights to the copies of printed books in the authors or purchasers of such copies, during the times therein mentioned(일정기간 인쇄된 서적의 복제에 대한 권리를 저작자 또는 그 구매자에게 귀속시킴으로써 학문의 장려를 목적으로 하는 법)'으로 상당히 긴 명칭으로 이루어져 있다.

가장 큰 특징으로 들 수 있다(제1조 전단 참조). 이 밖에도 이 법은 출판업자가 저작자로부터 14년간 배타적인 인쇄특권에 해당하는 출판사업독점권을 행사할 수 있고, 도서저작자가 이 권리를 양도하였을지라도 14년이 지난 후에는 그 권리를 반환받을 수 있으며, 그 당시 본인이 생존하고 있는 한 그 기간이 한 번 더 14년간 연장이 되도록 하는 내용 등을 규정하고 있다.[25]

명목상으로 볼 때 「앤 여왕법」은 분명히 최초의 근대적 의미의 저작권법이라고 할 수 있지만 이는 어디까지나 주로 출판업자를 위한 법률이지 도서저작자와 같은 저작자를 위한 법률은 아니었다는 점에서 실질적 의미에서 최초의 저작권법이라고 하기에는 일정한 한계가 있는 것으로 평가된다.[26]

(2) 각국에서의 저작권법의 제정

「앤 여왕법」 이후 유럽대륙의 여러 나라에서 도서저작물뿐만 아니라 미술저작물, 연극저작물 등에 관한 저작자의 권리를 인정하는 법률이 속속 제정되었다.[27] 대륙법계 국가에서는 유체물로 나타난 도서나 그림과 그 이면에 있는 무체물로서의 저작자의 사상과 감정을 분리하여 전자를 저작재산권의 개념으로, 후자를 저작인격권으로 이해하고자 하였다.

---

25 근대 저작권법의 탄생과정에서 출판인쇄업자들은 자신들에게 영구히 존속하는 권한(In Perpetuity)을 주는 법을 만들어 줄 것을 의회에 요청하였으며, 그 근거로서 그들이 주장한 것이 영구성을 갖는 저작자의 권리(Author's Rights)였던 것이다. 그런데 의회는 인쇄된 책을 산 사람들, 즉 이용자를 보호하는 조항(First Sale 조항 내지는 최초판매의 원칙 조항)도 포함할 필요가 있었으며, 이에 출판업자에게 주는 배타적 권리 기간을 영구적으로 하지 않고 21년 또는 28년으로 제한하여 그 기간이 지난 후에는 해당 출판물을 공공 영역(Public Domain)에 속하는 것으로 하였다. 이것이 곧 세계최초의 근대 저작권법인 1709의 「앤 여왕법(Statute of Ann)」이다.

26 역사적으로 근대 이전에는 이용자가 우위에 있었고(왕이나 귀족이 저작자를 고용 내지는 후원하였음), 근대에는 출판업자나 공연장업주 또는 음반제작자나 방송사업자와 같은 매개자의 지위가 강조되었으며, 현대에 와서는 저작자의 지위가 더욱 강조되고 있는 추세이다.

27 「앤 여왕법」의 보호대상은 도서에 한정되었으나 이후 줄곧 저작권의 보호대상을 넓히는 실정법이 제정되었는데, 영국에서는 1735년에는 판화를, 1814년에는 조각을, 1833년에는 연극을, 1842년에는 문예저작물을, 1862년에는 미술저작물을 각각 저작권법 또는 별도의 개별 법률에 따라 저작권보호의 대상에 포함시킨 바 있다. 미국에서도 비슷한 과정을 거친 바 있는데 미국에서는 1790년에 「앤 여왕법」을 모델로 한 「Copyright Law」를 제정한 바 있으며 이후 줄곧 1865년에는 사진을, 1912년에는 영화를, 1972년에는 음반을, 1976년에는 컴퓨터프로그램을 저작권법의 보호대상으로 하는 저작권법을 개정하여 오늘에 이르고 있다. 한편, 프랑스에서는 1791년의 「공연법」에 따라 음악과 연극저작물은 저작권 보호의 대상에 포함시킨 후 1793년에는 모든 문서, 작곡, 그림 및 도안 등에 대한 복제권을 인정한 바 있다(허희성, 앞의 책, 2쪽).

저작권 발전의 초기단계에서의 이와 같은 태도에 따라 유럽국가, 즉 대륙법계 국가에서는 저작자 개인의 인격적 이익의 보호에 중점을 두어 저작권을 **저작자의 권리**Author's Rights로 파악하는 경향이 있었고, 대륙법계 국가의 선도적인 저작권법이라 할 수 있는 1791년의 프랑스 저작권법을 위시하여 대부분의 대륙법계 국가의 저작권법에서도 저작재산권뿐만 아니라 저작인격권도 같이 규정하고 있으며, 이는 우리도 마찬가지이다.

한편, 미국에서는 이미 논의한 바와 같이 연방헌법 제1장 제8조의 규정에 따라 저작권에 관한 전단적專斷的인 권한Preemptive Rights을 가지고 있는 연방의회가 1790년에 미국 저작권법을 제정하여[28] 수시로 개정 과정을 거치면서 오늘에 이르고 있다.[29]

미국 저작권법은 대륙법계 국가와 달리 저작권을 주로 저작자의 재산적 이익의 보호에 중점을 두는 내용으로 규정하고 있다. 저작자의 재산적 손실은 주로 그의 허락을 받지 아니하고 제3자가 이를 무단으로 복제함으로써 이루어지는 현상으로 파악하고 있는 미국에서는 저작권법을 일반적으로 Copyrights Law라고 부른다.[30]

(3) 저작자의 권리보호를 위한 국제조약의 체결

한편, 각국에서 저작권법의 제정 작업이 활발히 진행되던 가운데 저작권에 관한 국제적 차원에서 문학·예술저작물에 대한 저작자의 권리를 보호하기 위한 저작권

---

28 훗날 미국의 제4대 대통령이 된 제임스 매디슨(James Madison)에 의해 일정기간 문학저작물에 대한 저작권을 보호해야 한다는 내용 등의 공식문건이 1787년에 미국 헌법의 제정 과정에서 제출된 바 있고, 1789년에 저작권과 관련한 법안이 처음으로 연방의회에 제출되었으며, 그 이듬해인 1790년에 헌법에 근거한 미국 저작권법이 제정·시행되었다.

29 미국 연방법률은 그 분량의 방대함 때문에 이용의 편의를 도모할 필요성이 제기되어 왔고 이에 주제(Title)별로 코드(Code)화를 하여 하나의 방대한 법령집을 구성하고 있다. 이와 같이 코드로 집대성된 미국 연방법률의 총체를 'The Code of the Laws of the United States of America of a General and Permanent Nature' 또는 줄여서 'The United States Code' 또는 'U.S.C.'라고 부른다. Copyrights에 관한 연방법률의 Title 번호는 17번이며, Patents의 Title 번호는 35번이다. 따라서 17 U.S.C.로 시작하는 법률은 모두가 연방의회가 제정한 저작권에 관련한 법률이며 구체적인 법률의 내용은 뒤이어 표시되는 Section(§)에서 순차적으로 규정되어 있다(Morris L. Cohen, Robert C. Berring and Kent C. Olson, Finding The Law, West Publishing company(2006), pp. 150~155).

30 'Copyright Law'에서 사용되고 있는 'Copy'라는 단어는 복제의 개념을 나타내기보다는 저작물을 인식할 수 있는 개별적 단위의 형체적形體的 요소임을 유의하여야 한다. 즉, "A Copy is any material object from which, either with the naked eye or other senses, or with the aid of a machine or other device, the work can be perceived, reproduced or communicated"(17 U.S.C.§ 101).

과 관련한 최초의 국제조약인 「베른협약」이 1886년에 체결된 바 있다. 이후 상당한 기간이 지난 1952년에는 「세계저작권협약」이, 1961년에는 저작인접권에 관한 최초의 국제조약인 「로마협약」이, 1971년에는 「음반협약」이, 1994년에는 WTO의 「TRIPs 협정」이, 1996년에는 「WIPO 저작권조약」과 「WIPO 실연음반조약」이 각각 체결되어 오늘에 이르고 있다.[31]

3. 한국 「저작권법」의 역사

(1) 의의

우리나라에서의 「저작권법」의 역사는 대한민국의 역사와 그 궤를 같이하고 있다. 「저작권법」은 문화와 관련한 법률 중에 역사가 가장 길며 시대상황에 맞게 잦은 개정 작업을 거치면서[32] 그야말로 대한민국의 역사와 함께하면서 오늘에 이르고 있다.[33]

오늘날 우리가 세계 10대 문화강국의 위치에 오르는 등 문화선진국으로 자리매김 함에 있어서는 우리 「저작권법」이 그 중심에 서 있었음은 누구도 부정할 수 없는 사실이다.

일본 저작권법을 그대로 가져다 쓴 아픈 역사를 뒤로하고 1957년에 최초로 제정된 우리 「저작권법」은 이후 20여 차례의 개정 작업을 거치면서 오늘에 이르고 있다. 우리 「저작권법」은 그간 한국의 문화발전을 위한 핵심적인 주춧돌로 자리매김을 하는 가운데, 오늘날 디지털시대의 상황을 능동적으로 반영하고 있는 세계에서

---

31 저작권과 관련한 국제조약에 대해서는 '제20장 국제저작권법'에서 자세히 논의하기로 한다.

32 가장 최근의 개정으로는 2018년 10월 16일에 제23차의 개정 작업을 한 바 있다. 이런 의미에서 「저작권법」은 '살아 움직이는 법률' 또는 우리의 현실생활과 밀접한 관련을 가지고 있는 '생활법률(生活法律)'로서의 성격을 띤다고 할 수 있다.

33 그런데 일제시대 이전까지는 우리나라에서 근대적인 의미의 저작권 개념을 발견하기가 쉽지 않다. 근대 이전까지 우리나라의 학자들은 자신의 저작물에 대해서 당대의 평가와 후세의 존경을 보상으로 생각했기 때문에 이것을 그들이 개인적으로 누릴 수 있는 사권(私權)으로 생각하지 않았으며, 당시의 사회분위기도 '지식'은 독점적인 사유재산(Exclusive Rights)이 아니라 공동의 문화유산(Common Heritage)이라는 사상이 팽배해 있었던 것도 우리나라에서 근대적인 저작권의 개념을 발견하기 어려운 이유로 들 수 있다. 전통적인 유교 사상에 뿌리를 두고 있던 구한말까지의 조선사회에 있어서는 '책 도둑은 도둑이 아니다(Taking a book from another is not a offense)'라는 표현에서도 나타나는 바와 같이 뿌리깊은 학문숭상의 전통과 함께, 소송과 분쟁을 꺼린 지식사회의 풍조 그리고 열악했던 당시의 경제적 상황에서 저작자가 개인적으로 가지는 배타적 권리로서의 저작권의 개념이 형성될 여지는 거의 없기 때문이다(문화체육관광부, 「한국 저작권 50년사」, 228쪽 참조).

도 선도적인 저작권법으로 평가받고 있다.

(2) 「저작권법」의 개정 과정

우리 「저작권법」의 개정 과정을 살펴보면 크게 두 가지 경우로 나누어 살펴볼 수 있다. 첫째, 주요 국제조약(협약)에 가입하기 위하여 또는 국제조약에 가입한 후에 국내에서의 이행법률을 마련하기 위하여 개정한 경우와 둘째, 국내·외 저작권 환경을 수용하여 우리의 현실과 맞게 적합한 저작권 정책을 추진하기 위한 경우로 대별해 볼 수 있다. 그동안 수차례에 걸친 전부개정 또는 부분개정에도 불구하고 현행 「저작권법」은 아날로그 기술을 전제로 하는 복제권 중심의 시스템을 완전히 탈피하지 못하고 있는 것으로 평가된다. 최근 디지털기술의 급속한 발전으로 「저작권법」이 탄생할 때의 전제가 붕괴되고, 이에 따라 여러 차례의 개정 과정을 거쳐 오늘에 이르고 있는 법은 아날로그 시대의 법에 디지털시대의 법을 첨가한 형태로 혼재되어 있다고 할 수 있다.[34]

(3) 향후의 입법적 과제

지난 60여 년간의 우리 「저작권법」 역사는 한 마디로 저작자의 권리확대의 역사라고 할 수 있다. 1957년 제정된 최초의 법에서 규정한 사항과 현행 법을 비교해 보면 그야말로 엄청난 변화를 확인할 수 있는데, 이를 좀 더 구체적으로 살펴보면 i) 어문저작물 위주의 보호에서 컴퓨터프로그램저작물과 데이터베이스제작자의 권리 보호까지 「저작권법」이 보호하고자 하는 범위가 크게 확장되었으며, ii) 저작권의 보호기간도 초기의 저작자 생존기간 및 사후 30년에서 저작자 생존기간 및 사후 70년으로 대폭 늘어났고, iii) 당초에는 저작권 위주의 권리만 인정되었으나 오늘날은 저작권뿐만 아니라 저작인접권까지 포함하는 광범위한 권리를 인정하고 있고, iv) 저작재산권의 지분권도 복제권, 공연권, 배포권 등에서 오늘날 공중송신권 등까지 급격히 확장되고 있음을 확인할 수 있다.

지금까지 논의한 우리 「저작권법」의 지난 역사에 비추어 볼 때 향후에 우리가 더욱 관심을 가지고 주의 깊게 대응하여야 할 입법적 과제로서는 적어도 다음과 같은

---

34 박순태, 앞의 논문, 20쪽.

세 가지를 들 수 있다. 첫째, 우리는 저작자의 권리보호와 저작물의 공정이용이라는「저작권법」의 2대 이념을 더욱 조화롭게 구현시켜 나가야만 할 것이며, 둘째, 급격히 변화하는 디지털환경에 지속적·능동적으로 대체할 수 있는 규범체계를 더욱 적시성 있게 확립하여야 할 것이며, 셋째, 한류韓流로 특징 지을 수 있는 우리 문화콘텐츠의 해외진출 과정에서 발생할 수 있는 우리 저작물에 대한 권리의 침해 현상을 방지할 수 있는 국제 간 협력체계의 구축에도 만전을 기하여야 할 것이다.[35]

II. 현행「저작권법」의 목적·보호대상·특징 등

1. 현행「저작권법」의 목적

(1) 의의

근대 시민사회 성립 이후 사권私權으로서의 **저작권**이라는 개념이 형성된 이후 독점적·배타적 성격의 이 권리를 도대체 어느 범위까지 인정할 것인가에 대하여 끊임없는 논쟁이 있었고 이는 지금도 예외가 아니다.

저작권을 저작자에게 완전히 독점상태에 두면 일반인의 저작권 이용은 제한을 받아[36] 사회 전체적인 입장에서 볼 때 문화발전은 기대하기 곤란하다. 그렇다고 저작자의 권리행사를 엄격히 제한하면 어렵게 정신적 노력을 기울여 저작물을 창작하려는 사람이 없을 것이다.

이 두 가지 논리 중 어느 것이 더욱 중요한가는 당시의 시대상황과 국가의 입법정책에 의하여 최종적으로 입법화되겠지만, 일반적으로 저작물이 창작된 이후에 이용의 문제가 대두되는 것이 시간적 순서이므로 저작자의 권리보호가 아무래도

---

35 오늘날 인터넷의 발달과 저작물의 창작 및 유통환경의 급격한 디지털화에 부응하여 세계 각국에서는 '저작권 제도의 개혁(Copyright Regime Reformation)'이 새로운 화두로 등장하고 있다. 지난 2016년 1월에 개최한 다보스포럼에서도 제4차 산업혁명시대의 승자가 되는 네 가지 조건 중의 하나로 '강력하고 유연한 지식재산권제도'를 강조하고 있으며 미국, EU, 영국, 일본 등 저작권 선진국은 기존의 저작권제도를 포괄적으로 개혁하려는 노력을 경주하고 있다(한국저작권위원회,《미래 저작권 환경에 적합한 저작권법 개정을 위한 연구(II)》(2017), 1~3쪽).

36 이는 저작물을 이용할 때마다 저작자의 이용허락이나 저작재산권의 전부 또는 일부의 양도를 받아야 하기 때문이다(제45조 및 제46조 참조).

기본적·원칙적이고 이용자의 저작물 이용활성화는 부수적·종속적일 수밖에 없다. 따라서 오늘날 대부분의 국가에서는 1차적으로 저작자 등의 권리를 보호하되 부수적으로 저작물의 공정한 이용도 도모한다는 입법취지에 따라 해당 국가의 상황과 저작권 정책의 방향에 부응하는 저작권법을 제정·운영하고 있으며, 우리의 경우도 마찬가지이다.

(2) 현행 「저작권법」의 2대 목적

현행 「저작권법」은 저작자의 권리와 이에 인접하는 권리를 보호하고 저작물의 공정한 이용을 도모함으로써 문화 및 관련 산업의 향상발전에 이바지함을 목적으로 하고 있다(제1조 참조).

제1조의 목적 조항은 전체에서 가장 중요한 조항으로 「저작권법」의 해석과 저작권 정책의 수립·집행에 있어서의 지도원리 내지는 기본이념에 해당되기도 한다. 다시 말해, 「저작권법」 제1조의 목적 조항은 「저작권법」상의 개별 법률 조항 간의 상충현상이 발생하거나, 재판과정에서 법관이 양심과 조리에 따라 재판을 하여야 할 경우나, 행정부가 저작권 정책을 수립·시행하는 경우에 항시 고려하여야 할 최고의 지도원리이자 이념으로서의 역할을 수행한다.

우리 「저작권법」은 **저작자의 권리와 이에 인접하는 권리의 보호**를 목적으로 하고 있다. 저작자의 권리는 후술하는 바와 같이 저작재산권과 저작인격권으로 구성되며, 저작자의 권리에 인접하는 권리는 저작인접권이라고 하는데, 이는 창작된 저작물의 부가가치를 높여준 데 대한 대가로 부여된 권리로서 여기에는 실연자의 권리, 음반제작자의 권리, 그리고 방송사업자의 권리가 있다.

다음으로 우리 「저작권법」은 **저작물의 공정한 이용의 도모**를 또 다른 목적으로 하고 있다. 이는 오직 저작자와 저작인접권자의 권리보호만을 위한 것이 아니라 저작물의 이용측면에도 착안하여 저작물이 공정하게 이용되어야 한다는 점도 동시에 고려하여 제정된 것임을 분명히 하고 있다는 점에서 그 의의는 대단히 크다.

이와 같은 우리 「저작권법」의 1차 목적인 저작자 등의 권리보호와 저작물의 공정한 이용은 상호 간에 적절한 조화를 이루는 가운데 두 목표가 병행적으로 달성되어야 할 것이며, 개별적인 사안에 있어서 어느 것을 우선시할 것인지는 당시의 상황과 입법정책에 따라 최종적으로 결정될 성질의 것임은 이미 언급한 바와 같다.

한편, 저작자의 권리보호와 저작물의 공정한 이용 도모라는 1차적인 목표는 궁극적으로 문화 및 관련 산업[37]의 향상발전이라는 2차적 목적을 지향한다. 다시 말해, 문화 및 관련 산업의 향상발전은 「저작권법」이 지향하는 궁극적인 목적에 해당한다.

(3) 현행 「저작권법」의 2대 목적 간 긴장관계

저작자 등의 권리보호와 저작물의 공정이용이라는 2대 목적은 저작권을 둘러싼 환경과 국가의 저작권 정책에 영향을 받으면서 끊임없이 긴장상태를 유지하고 있는데, 이를 개념적으로 유형화해 보면 다음 그림과 같다.

「저작권법」의 2대 목적 간 긴장관계

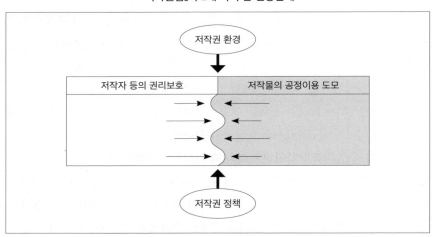

---

37 「저작권법」의 목적으로 '관련 산업의 향상발전'이 포함된 것은 「컴퓨터프로그램 보호법」을 통합하여 개정한 2009년 이후이다. 따라서 여기서 말하는 관련 산업이란 엄격히 말하면 어문, 음악, 공연, 미술, 영상 등과 관련한 문화콘텐츠산업을 기반으로 하고 이에 추가하여 컴퓨터프로그램산업 내지는 소프트웨어산업을 포함하는 개념을 의미하는 것으로 볼 수 있지만, 일반적으로 볼 때 이때의 관련 산업은 곧 문화콘텐츠산업을 지칭한다고 보아도 무방할 것이다. 그러나 이와 같은 엄격한 의미의 구분은 그 실익을 찾기가 어렵고 최근에 와서는 「저작권법」 제1조에서 말하는 '관련 산업'은 곧 '저작권 산업(Copyright Based Industries)'을 말하는 것으로 이해하는 것이 일반적이다. 우리는 지난 2011년에 '한국저작권산업특수분류'를 제정한 바 있는데, 이는 자유무역협정(FTA)의 발효 등에 따라 날로 그 중요성이 커지고 있는 저작권 산업에 대한 현황파악을 위한 통계를 체계적으로 작성하기 위하여 국가의 공식 산업분류로 제정된 바 있다. '한국저작권산업특수분류'는 WIPO Guide(2003)를 기반으로 하여 제정된 것으로서 여기에는 핵심 저작권 산업, 상호의존 저작권 산업, 부분 저작권 산업 그리고 저작권 지원 산업 등 네 가지의 대분류 영역으로 구분하고 있다.

위의 그림에서 보는 바와 같이 저작자의 권리보호와 저작물의 이용확대는 긴장관계를 형성하고 있는데, 전자는 개인주의적個人主義的 사상이 후자는 공익적公益的 사상이 뒷받침되어 있고, 전자는 혁신革新의 이념이 후자는 분배分配의 이념과 그 지향하는 바가 같다.

저작자의 창작활동도 엄격히 말하면 이미 창작된 저작물을 일정부분 활용하여 이루어진 경우가 대부분이며 문화 예술 영역에서 완벽한 의미의 창작물이란 찾아보기가 어려운 것이 사실이다. 이에 대부분의 국가에서는 저작자의 권리를 보호하는 것을 기본원칙으로 하되 일정한 경우에 저작권의 행사를 제한하거나 저작권의 보호기간을 제한하는 등의 방법으로 가능하면 공공의 영역Public Domain으로 저작물을 끌어내어[38] 이를 이용자가 손쉽게 활용하도록 하는 제도적·법적 장치를 마련하고 있다. 이와 같은 입법사상은 물권에 있어서 소유권 절대의 원칙이 공공복리를 위한 소유권 행사의 제한원칙으로 전환되는 것과 같은 현상으로 이해할 수 있다.

특정 시점에서 저작자의 권리보호와 저작물의 공정한 이용[39]이라는 2대 이념이 어떤 수준에서 균형을 이루어 법제화할 것인지는 그 나라의 입법정책의 문제이기는 하지만, 일반적으로 예술가 또는 창작자의 권익보호와 이를 통한 문화예술의 발전에 중점을 두게 될 때에는 저작자 등의 권리보호에 비중을 둘 것이고, 일반인들이 저작물을 보다 광범위하게 이용하게 함으로써 문화콘텐츠산업의 발전을 기하는 데 중점을 두고자 할 때에는 저작물의 공정한 이용을 위한 제도적·법적 장치가 「저작권법」에 보다 많이 담길 것이다.

현행 「저작권법」 체계에 따르면 저작자의 권리보호를 주된 목적으로 한 규정이 상당부분을 차지하고 있지만, 「저작권법」은 공익적 견지에서 더욱 많은 사람들이 손쉽게 저작물을 이용할 수 있도록 하는, 다시 말해 저작물의 공정한 이용에 관한

---

38 이때 저작물을 이용하는 자는 누군가가 많은 시간과 노력을 들여 창조한 저작재산권을 대가 없이 무임승차하는 효과를 누리게 된다.

39 저작물의 공정이용을 강조하는 자들은 저작자 등의 권리보호를 강조하는 입장이 지나치게 Copyright에만 치중하고 있다고 비판하면서 자기들은 Copyleft 입장에 서 있다고 주장하기도 한다. Copyleft의 주장을 요약해 보면 저작권을 보호하여도 저작권자에게 수익이 돌아가기보다는 투자자에게 더 많은 수익이 돌아가므로 저작권보호가 다양한 문화콘텐츠의 형성에 별로 기여를 못한다고 하면서 따라서 i) 저작권에 기반을 둔 사용의 제한이 아니라 저작권을 기반으로 한 정보의 공유를 활성화하고, ii) 정보를 사용할 권리를 2차적저작물의 저작자에게 광범위하게 전달되도록 해야 하며, iii) 이러한 권리의 전달을 공공기관이 막아서는 아니 된다고 한다.

규정도 동시에 두고 있는데 이들이 전체 「저작권법」에서 차지하는 비중이 결코 가볍지 않다.

현행 「저작권법」의 2대 목적인 **저작자 등의 권리보호**와 **저작물의 공정이용**을 뒷받침하고 있는 사상적 배경 등과 이와 같은 이념을 실현하기 위해 마련되어 있는 구체적인 규정으로서는 어떤 것이 있는지를 개략적으로 요약정리해 보면 다음 표와 같다.

「저작권법」 2대 목적의 비교

구분	저작자 등의 권리 보호	저작물의 공정한 이용
사상적 기초	개인주의·자유주의	단체주의·공익사상
추구이익	사익(Private Rights)	공익(Public Domain)
저작권의 성격	절대권(Author's Rights)	상대권(Copyrights)
궁극적 목적	문화예술의 발전(창작의 장려)	문화콘텐츠산업의 진흥(경쟁의 장려)
「저작권법」에서의 주요 관련 조항	저작자, 저작인격권, 저작재산권, 저작인접권, 저작재산권 및 저작인접권의 보호기간, 기술적 보호조치의 무력화 금지 등, 권리의 침해에 대한 구제 등	보호받지 못하는 저작물, 저작재산권 및 저작인접권의 제한, 저작물의 법정허락, 저작재산권 및 저작인접권의 보호기간, 건전한 저작물 이용환경 조성과 저작재산권 등의 기증, 저작자 등에게 보상청구권의 부여 등

2. 현행 「저작권법」의 보호대상과 그 규범적 집단

(1) 현행 「저작권법」의 보호대상

저작권법의 보호대상을 무엇으로 할 것인가는 선험적으로 결정되는 것이 아니라 그 나라의 역사적·환경적 상황에 따라 입법정책적으로 결정될 성질의 것이다.

일반적으로 볼 때 저작권법의 역사는 법이 보호하고자 하는 보호대상의 확장의 역사라고도 할 수 있으며, 우리의 경우도 예외가 아니다.

우리는 저작권법의 보호대상을 저작물로 한정하였던 시기를 지나 저작인접물로 확대한 시기를 거친 후 지금에 와서는 그 보호의 영역을 데이터베이스까지 확장하여 오늘에 이르고 있다.

(2) 현행 「저작권법」상의 규범적 집단

「저작권법」을 체계적으로 그리고 온전히 이해하기 위해서는 현행 법을 둘러싸고 있는 이해집단, 다시 말해 현행 「저자권법」의 규정에 따라 권리·의무관계를 형성하고 있는 규범적 집단에는 어떠한 유형이 존재하고 있느냐에 대한 정확한 이해가 필요하다. 「저작권법」을 둘러 싸고 있는 규범적 집단에 대한 정확한 이해가 전제될 때에 비로소 이들 특정의 집단 또는 개인에게 부여 또는 부과된 권리와 의무를 체계적이고 거시적으로 이해할 수 있기 때문이다.

「저작권법」의 구성체계는 법을 둘러싼 규범적 집단의 유형에 따라 각각 그들에게 부여(부과)된 권리와 의무를 체계적으로 규정하는 방법으로 이루어져 있다. 그 집단에는 크게 다섯 가지 유형이 존재한다고 볼 수 있다.

첫 번째가 저작물을 창작하는 **저작자 집단**이고, 두 번째가 저작자가 창작한 저작물을 최종적으로 소비하는 **이용자 집단**인데 이들 두 그룹이 「저작권법」을 둘러싼 규범적 집단 가운데 가장 전형적인 두 집단에 해당함은 물론이다.

저작권의 개념이 탄생한 근대초기에는 이와 같은 두 가지 그룹이 저작물의 유통을 담당하는 축으로서 충분한 기능을 수행했으나 오늘날에 와서는 저작물의 가치를 증대시키는 데 결정적으로 기여하는 실연자, 음반제작자 그리고 방송사업자와 같은 **저작인접권자 집단** 또한 「저작권법」을 둘러싸고 있는 중요한 규범적 집단의 하나로 자리잡고 있다.

이와 더불어 저작권을 둘러싼 체계에서는 해당 저작물이 좀 더 경제적·효율적으로 최종 이용자에게 전달될 수 있도록 자본과 기술·인력을 투입하여 저작물 유통의 중간매개자 역할을 수행하면서 저작자가 가지는 저작권 행사의 범위를 더욱 확산시키는 기능을 수행하는 집단을 발견할 수 있는데, **배타적발행권자와 출판권자 집단**이 곧 여기에 해당한다.

이 밖에도 오늘날 저작권을 둘러싼 규범적 집단을 거시적으로 관찰해 보면 위에서 언급한 4개 유형의 집단 이외에도 디지털 저작권 환경하에서 저작물 유통과정에 중요한 역할을 수행하고 있는 집단이 있는데 온라인서비스제공자와 영상제작자 그리고 데이터베이스제작자 등이 바로 이들 집단에 속한다.[40]

---

40 우리 「저작권법」에서는 여타의 모든 규범적 집단에 대해서는 권리위주로 관련규정을 두고 있는 반면에 온라인서비스제공자집단에 대해서는 책임과 의무위주로 관련규정을 두고 있음이 특징이다.

「저작권법」을 둘러싼 이들 5개 유형의 규범적 집단을 상호 유기적으로 이해하는 것은 「저작권법」을 거시적·체계적으로 이해하는 데 대단히 유용한 개념적 도구가 될 수 있다.

저작자와 이용자는 「저작권법」의 2대 주체로서 이에 관해서는 법 전반에 걸쳐서 관련 규정을 두고 있고, 저작인접권자에 대해서는 법 제3장에서, 배타적발행권자와 출판권자에 대해서는 법 제2장 제7절에서, 온라인서비스제공자와 영상제작자 그리고 데이터베이스제작자에 대해서는 제4장, 제5장 그리고 제6장에서 각각 상세히 규정하고 있다.

3. 현행 「저작권법」의 총체적인 특징

(1) 저작권에 관한 모든 사항을 종합적·총괄적으로 규정하고 있는 법률

현행 「저작권법」은 저작권에 관한 모든 사항을 규율하고 있는 종합적인 법률로서의 특징을 지니고 있다. 종전에는 저작물의 한 종류를 이루고 있던 컴퓨터프로그램에 대해 「컴퓨터프로그램보호법」이라는 별도의 법률이 있었으나 2009년에 통합하여 규정하면서 현재는 「저작권법」이 국내 모든 저작권 관련 사항을 종합적으로 규정하고 있는 유일한 법이다. 앞에서도 살펴본 바가 있지만, 「저작권법」 이외에도 문화와 관련한 법률 특히 문화콘텐츠와 관련한 법률에서 해당 콘텐츠제작자 등의 저작권 보호에 관한 규정이 산발적으로 존재하고 있으나 이는 어디까지나 「저작권법」의 규정을 보충하는 2차적 성격의 것에 불과하다.

(2) 사법과 공법적인 요소도 동시에 규정되어 있는 법률

일반적으로 국가와 국민과의 관계를 규율하는 법을 공법公法이라 하고, 개인 간의 관계를 규율하는 법을 사법私法이라고 한다.[41]

---

[41] 해당 조항이 사법관계를 규율하고 있는지 공법관계를 규율하고 있는지를 판단하는 방법은 간단하다. 법문(法文)의 주어(主語)가 국가(공공기관 포함) 또는 국민과의 수직적 관계를 염두에 둔 용어, 즉 '모든 국민은', '정부는', '지방자치단체는', '문화체육관광부장관은', '한국저작권위원회는', '한국저작권보호원은', '법원은' 등으로 시작하면 이는 공법관계를 규율하고 있는 것이고, 법문의 주어가 국가와 국민 간의 수직관계가 아닌 수평적 관계를 말하는 개인 상호 간의 관계를 염두에 둔 용어, 예를 들면 '누구든지', '저작자는', '저작인접권자는', '권리를 침해한 자는', '저작물 이용자는', '음반제작자는', '방송사업자는', '데이터베이스제작자는', '온라인서비스제공자는' 등으로 시작하면 이는 곧 사법관계를 말한다.

「저작권법」은 저작자와 이용자 사이, 즉 개인 간의 권리의무관계를 규율하는 대표적인 사법의 영역으로 이해된다. 따라서 이들의 권리분쟁은 궁극적으로 행정소송이 아닌 민사소송을 통해 실현된다.

한편 「저작권법」은 개인과 국가 또는 공공기관과의 관계를 규율하거나 공공기관의 권한과 직무에 관한 규정도 있기에 이 점에서는 공법적 성격도 아울러 지니고 있음을 특징으로 하고 있다. 저작물의 법정허락, 등록 및 인증, 저작권위탁관리업, 한국저작권위원회, 한국저작권보호원, 불법복제물의 수거·폐기 등과 같은 행정청의 행정처분 등에 관한 규정 등이 그것이다. 따라서 이들 영역에서의 분쟁은 민사소송이 아닌 행정소송을 통해 이루어진다.[42] 요컨대 현행 「저작권법」은 공·사 혼합법의 특징을 지니고 있다고 할 수 있다.

(3) 실체법과 절차법이 혼합적으로 규정되어 있는 법률

「저작권법」은 저작권에 관한 실체법과 절차법을 혼합적으로 규정하고 있는 법률로서의 특징을 지니고 있다. 일반적으로 권리와 의무관계를 규정하는 법을 실체법이라 하고 이들 권리와 의무의 이행을 위해 필요한 절차를 규정한 법률을 절차법이라 한다.

「저작권법」은 실체법과 절차법이 혼합적으로 규정되어 있는 대표적인 법률이다. 저작권의 발생과 행사 및 그 권리행사의 제한에 관한 제2장부터 제8장까지의 규정이 저작권 실체법에 해당하고, 저작권의 침해 및 그에 따른 행정적·민사적·형사적 구제를 규정하고 있는 제9장부터 제11장까지가 저작권 절차법에 해당한다.

(4) 한국저작권위원회와 한국저작권보호원의 설치근거가 되는 법률

자연인과는 별개로 독립하여 법률행위를 할 수 있는 주체로서의 법인을 설립하기 위해서는 대통령령이나 부령과 같은 행정입법으로는 안 되고 의회를 통과한 의회입법인 **법률**에 그 설립근거가 있어야 하는데, 이를 법인설립법정주의法人設立法定主義라 한다.

저작권과 관련해서도 각종 분쟁이 알선·조정과 같은 준사법적 업무를 더욱 공정

---

[42] 민사소송뿐만 아니라 행정소송도 최종적으로는 대법원에 상고할 수 있음은 물론이다.

하게 수행하고, 이 밖에도 주어진 각종 집행업무를 효율적으로 수행하기 위한 별도의 법인이 필요하며, 이에 현행 법은 한국저작권위원회와 한국저작권보호원을 설립하기 위한 근거규정을 두고 있다. 이 점에서 「저작권법」은 한국저작권위원회와 한국저작권보호원의 설립근거가 되는 법률로서의 특징을 지니고 있다.

제2장

저작물

제1절
저작물에 대한 일반적 고찰

I. 저작물의 의의

저작권은 저작자가 저작물에 대하여 가지고 있는 배타적 성격의 권리이다. 따라서 저작권법의 논의는 무엇이 저작물인가 하는 개념정의부터 시작하는 것이 순서이다. 그런데 각국의 경우를 살펴보면, 저작물은 전통적인 어문저작물에서부터 시작하여 그 범위가 점차 확대되는 경향이 있다. 결국 어디까지를 저작물로 보고 그에 따른 권리를 법으로 부여할 것인가는 궁극적으로 그 나라의 입법정책의 문제라 하겠다.

일반적으로 저작물은 인간의 정신적 세계에서 발현된 지적 창조물이라고 할 수 있으며, 우리 「저작권법」에서는 '인간의 사상 또는 감정을 표현한 창작물'이라고 규정하고 있다(제2조 제1호).

법 제2조 제1호에 따른 저작물의 정의에서도 명시한 바와 같이 저작물은 i) 인간이 일정한 정신적 노력을 기울여 작성한 것이어야 하며, ii) 그 원천은 자연상태의 물질적 세계가 아닌 인간의 사상 또는 감정과 같은 정신적 영역에서 찾아야 하며, iii) 인간의 머릿속에 머물고 있는 것이 아니라 대외적으로 표현한 것이어야 하며, iv) 그것이 창작성을 갖추고 있어야 하는 등의 본질적인 특성을 가지고 있다.

이하 저작물의 개념정의를 좀 더 본질적으로 파악하기 위하여 저작물의 개념을 유형적으로 표시해 보면 다음의 그림에서 보는 바와 같은 깔때기 이론으로 이를 설명할 수 있다.

이 그림에서 알 수 있듯이 저작물이란 첫째, 기계나 동물이 아닌 **인간**이 일정한 정신적 노력을 기울여 작성한 것이어야 하며, 둘째, 인간이 작성한 것이라도 물질적·사실적 영역의 자연세계가 아닌 인간의 **정신세계**에 속하는 것만이 저작물이 될수 있다. 셋째, 비록 인간의 사상과 감정과 같은 정신적 영역에 속할지라도 대외적으로 **발표**된 것이어야 하며, 넷째, 발표된 것 모두가 저작물이 되는 것이 아니라 최

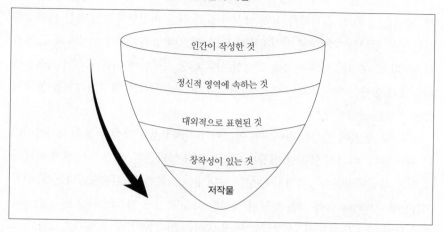

저작물의 개념도

인간이 작성한 것

정신적 영역에 속하는 것

대외적으로 표현된 것

창작성이 있는 것

저작물

소한의 **창작성**이 있어 인류의 문화발전에 기여할 수 있는 것만이 법에 따라 보호받는 저작물이 될 수 있다. 이하 구체적으로 살펴보기로 한다.

II. 저작물의 성립요건

1. 인간이 작성한 것

저작물은 인간의 사상 또는 감정을 표현한 창작물을 말한다. 따라서 저작물은 인간이 작성한 것이어야 하며, 인간만이 저작물 작성의 주체가 된다.[1]

저작권의 주체로서 인간은 연령·성별·종교·국적 등과는 관계없이 살아있는 사람 누구든지 저작물의 주체가 될 수 있다. 그렇다면 저작물 작성의 주체가 되기 위해서는 그가 독자적으로 유효한 법률행위를 할 수 있는 능력, 즉 행위능력行爲能力을 갖추고 있어야 하는가? 그렇지 않다. 저작물 작성의 주체로서의 인간은 행위능력까지 요구할 필요는 없으며, 적어도 권리능력權利能力을 가진 살아있는 사람이라면 누

---

[1] '인간'의 개념은 '국민'의 개념과 달리 외형적·물리적 관점에서 본 것으로서 동식물과 구별되는 살아있는 사람을 의미한다. 따라서 저작권 작성의 주체는 구태여 특정 국가의 구성원으로서 그 나라의 국적을 가지고 있는 '국민'일 필요는 없다.

구라도 저작물을 작성할 수 있다. 다시 말해, 미성년자[2]뿐만 아니라 질병자, 노령자, 알코올 중독자, 심신박약자 및 상실자 등과 같은 피성년후견인 또는 피한정후견인 등도 얼마든지 저작물 작성주체가 될 수 있으며 범죄인이나 수감자 등도 마찬가지이다. 물론 이들이 저작물을 작성한 이후 해당 저작물에 대한 권리인 저작권의 실질적인 행사는 행위능력이 있는 친권자나 후견인과 같은 법정대리인을 통해서 하여야 함은 당연하다.[3]

저작물은 인간이 작성한 것이기에 동물이나 기계장치가 작성한 것은 저작물이라할 수가 없다. 따라서 영리한 영장류가 그린 그림이라든가, 영장류가 셀프 카메라로 찍은 사진이라든가[4], 사람의 음성을 흉내내는 조류가 부르는 노래라든가, 인공지능Artificial Intelligence을 가진 로봇이 작성한 작품도 결코 인간의 사상 또는 감정에 관한 것이 아니기 때문에 「저작권법」에서 말하는 저작물이 될 수 없다.[5] 그리고 소프트웨어에 의하여 자동적으로 작성되는 기상도나 자동적으로 출력되는 악보, 증강현실을 통해 수집된 정형적인 데이터, 잉크를 오선지 위에 무작위로 뿌려서 만든 악곡, 팔레트에 여러 가지 색의 물감을 푼 다음 그 팔레트를 등 뒤의 벽에 무작위로 뿌려 나타난 모양 등은 인간의 사상과 감정이 아니므로 이를 저작물이라 할 수 없다.

요컨대 저작물에 저작권을 부여하는 이유는 인간의 정신적 노력인 창작활동에 인센티브Incentive를 주어 보다 발전된 인류문화를 지향하고자 하는 데 있기 때문에 오로지 인간만이 저작물의 작성 주체가 될 수 있다.

2. 인간의 사상 또는 감정 등 정신적 영역에 속하는 것

다음으로 저작물의 원천은 인간의 사상이나 감정과 같은 정신적 영역에 속하는 것이어야 한다. 인간의 사상과 감정을 영미법계 국가에서는 일반적으로 **아이디어**

---

2 천재적 소질을 지닌 영·유아도 저작물을 작성할 수 있음은 물론이다.

3 해당 저작권 등을 등록할 경우에는 미성년자 등 행위무능력자가 독자적으로 할 수 없고 친권자의 동의서를 첨부하도록 하고 있는데(「저작권법 시행규칙」 제6조 제1항 및 이에 따른 별지 제3호 서식 참조), 이는 결국 미성년자 등 행위무능력자도 얼마든지 저작물 자체는 작성할 수 있다는 것을 의미한다.

4 인도네시아에서 원숭이가 한 유명한 사진작가의 카메라를 빼앗아 찍은 사진에 대해 미국 연방법원은 그 저작물성을 부인하는 판결을 한 바 있다(Naruto v. David John. Slater, 2018WL 1902419(9 th Cir. Apr. 23. 2018).

5 보다 자세한 사항에 대해서는 '제3장 저작자'에서 논의하기로 한다.

라고 부르는데, 이와 같은 사상과 감정 또는 아이디어 등의 용어는 사전적辭典的 의미의 그것이라기보다는 인간의 **정신세계**를 총체적으로 의미하는 추상적 표현이라고 이해하여야 한다. 따라서 자연상태에서 존재하는 사실Fact이나 자연의 법칙에 따라 움직이는 물리적·기술적 요소가 원천이 되어 작성된 것은 저작물이 아니다. 자연상태에 존재하는 사실로서의 FactSein는 만인의 것으로서 특정인에게 독점권을 부여할 수는 없기 때문이다.

> 미국 연방법원[6]은 저작물의 성립요건과 관련하여, "계절의 변화에 시시각각 바뀌는 정원의 화초 형태나 성장 모습을 결정하는 것은 정원사의 지적 활동이 아니라 자연적현상이기 때문에 이는 저작물이라 할 수 없다"라고 판시한 바 있다(Kelly v. Chicago Park District, 635 F, 3d 290(7th Cir. Feb. 2011)).

이와 같이 저작권법의 저변을 형성하고 있는 기본적인 사상적 기조는, 사실Fact의 발견Discovery과 조사Research에는 보상이 따르지 아니하고 다만 발견과 조사의 창조적인 결과물인 발명Invention에만 보상이 따른다는 점을 유의하여야 한다. 발견과 조사에는 그것이 아무리 많은 노력이 투하되었을지라도 여기에는 저작권법이 요구하는 **창작성**과 어떠한 연계성도 찾을 수가 없기 때문이다. 이에 관한 미국 연방법원에서의 판례를 소개하면 다음과 같다.

> 미국 연방법원은 바다 속을 교차하여 헤엄치는 두 마리의 돌고래를 그린 것이 저작물로서 저작권법상 보호될 수 있는가와 관련하여, "저작권법의 목적은 표현을 보호하고 고취시키는 것이지 사실세계에 해당하는 자연을 최초로 발견하여 이를 묘사하여 보여준 예술가에게 타인이 이러한 자연현상을 묘사하지 못하도록 독점권을 부여하는 것이 아니다. 따라서 앉아있는 강아지의 포즈가 자연에서 처음으로 표현된 아이디어라는 점에서 이의가 없으며, 일직선으로 기어가는 개미, V자로 날아가는 거위, 어미를 따라 일직선으로 뒤따르는 오리 새끼들의 모습, 꽃 근처를 맴도는 벌새, 동굴 천장에 거꾸로 매달려 있는 박쥐와 같이 동물에 대한 상징적인 묘사와 마찬가지로, 바다 아래에서 한 마리는 수직적 포즈로 다른 한 마리는 수평적 포즈로 교차하는 두 마리의 돌고래를 그린 그

---

6 미국에서 저작권과 관련한 쟁송사건(특허 및 상표와 관련한 쟁송사건도 마찬가지임)은 연방법원의 전속 관할에 속하는데, 제1심과 제2심은 각각 연방 지방법원과 연방 고등법원에서 담당하고, 최종적으로 이루어지는 제3심에 해당하는 상고심은 연방 대법원이 담당한다(Morris L.Cohen and Robert C. Berring and Kent C. Olsin, Finding The Law(2010), West Publishing Company, pp. 32~41).

사실의 발견이 법으로 보호받을 수 없음을 설명할 수 있는 하나의 예로 요리의 레시피가 있다. 그 자체는 요리를 준비하기 위한 필수적 재료를 확인하고 발견해주는 사실Fact에 해당하는 것으로서 이는 우리가 말하는 아이디어의 영역에 속하여 법의 보호대상이 될 수 없으나, 그 레시피를 설명하는 요리해설서나 요리책의 경우는 해당 레시피의 선택, 배열, 구성을 하는 데 창작성이 있다면 이는 법에서 정하는 편집저작물로서 보호받을 수가 있을 것이다.[7] 이 밖에도 역사적 사실을 소재로 하여 창작한 소설이나 드라마의 저작권자는 역사적 사실 자체를 독점할 수 없다는 점에서 사실적 저작물과 마찬가지로 저작권의 보호범위가 좁을 수밖에 없다. 실제로 존재하는 실화 또는 역사적 사실에 기초한 이야기의 줄거리 자체는 아이디어 또는 공유의 영역으로 보아야 하며, 이를 차용하는 것을 두고 저작권의 침해라고 할 수는 없기 때문이다.

그런데 여기서 말하는 인간의 정신적 영역에 속하는 **사상이나 감정**은 반드시 철학적·학술적·예술적인 성격을 지니는 고도高度한 것만을 뜻하지 아니함에 유의하여야 한다. 저작물은 어떠한 문학적·예술적 또는 학술적 가치를 두고 판단하는 것은 아니며, 따라서 해당 저작물의 내용이 범죄를 구성하거나 사회의 도의관념이나 윤리의식에 정면으로 배치되는 노골적인 음란화 등도 그것이 창작성만 있다면 법에서 보호하는 저작물이 될 수 있음에는 하등의 제한이 없다.[8] 이와 같은 저작물이 청소년 등에게 유통될 우려가 있어 실정법에서 규제를 하는 것은 그다음의 문제이다.

저작물에 해당하느냐의 여부는 그것의 현재 가치에 따라 저작물로의 인정 여부가 결정되는 것은 아니다. 현재로서는 가치가 없을지라도 장차 엄청난 가치가 확인되는 저작물도 무수히 존재하기 마련이다.

---

7 물론 레시피가 해당 요건을 충족할 경우 특허로서 등록을 받거나 영업비밀로서 보호를 받을 수 있음은 물론이다(차상육, 「레시피의 보호에 관한 저작권법상의 쟁점에 관한 소고」, 계간 《저작권》(2015 겨울호), 한국저작권위원회, 155쪽).

8 「특허법」(제32조), 「상표법」(제34조), 「디자인보호법」(제34조) 등에는 선량한 풍속에 반하는 지식재산은 보호대상이 아님을 분명히 하고 있으나, 「저작권법」에서는 이와 같은 규정이 없다.

그렇다면 인간의 사상과 감정에는 구체적으로 어떠한 것들이 있는가? 인간의 사상과 감정에는 학술적인 것, 문학적인 것, 예술적인 것이 대표적으로 포함될 수 있으며 이 밖에 기능적인 것일지라도 그것이 인간의 정신적 요소가 가미되어 있다면 얼마든지 인간의 사상과 감정에 포함시킬 수 있다.[9] 그런데 스포츠나 서커스 등은 저작인접물인 실연實演의 대상이 될 수는 있으나 원칙적으로 저작물이 될 수 없음을 유의하여야 한다. 이들은 인간의 정신적 측면인 사상, 감정, 느낌 등을 표현하기보다는 인간의 육체적 측면인 힘, 묘기, 완벽성 등을 표현하는 데 중점을 두고 있기 때문이다.

3. 대외적으로 표현된 것

저작물의 세 번째 성립요건은 인간의 사상과 감정이 대외적으로 **표현**되어야 한다는 것이다. 대외적으로 표현되지 않은 인간의 사상과 감정은 결코 저작물이 될 수 없다.[10] 이때의 표현은 작품을 구성하고 있는 세부적인 단어나 형상·음향 등을 의미할 뿐만 아니라 그 작품의 표현에 나타나지 않고 그에 내재하는 요소 등과 같은 간접적인 표현도 포함된다. 따라서 뉘앙스나 행간의 의미 등도 표현으로 보아 저작권법의 보호대상이 된다고 보아야 한다.

사상과 감정 자체를 보호대상으로 하여 그 소유자에게 독점적인 권리인 저작권을 부여하고 나머지 사람들이 이를 이용하고자 할 때 일일이 그의 허락을 받는다면

---

9 「베른협약」에서도 저작물을 '문학·예술적 저작물(Literary and Artistic Works)'로 정의하고 있는데, 여기서는 '문학적 또는 예술적 저작물'에는 그 표현의 형식이나 방법을 불문하고 서적, 연극,…영상저작물,…응용미술,…설계도, 건축학 또는 과학에 관한 저작물과 같은 문학, 학술 및 예술의 범위에 속하는 일체의 저작물을 포함한다"라고 규정하고 있다(「베른협약」 제2조 참조). 따라서 「베른협약」의 명칭을 경직적으로 바라볼 경우 문학적·예술적이지 않은 것의 표현물이 저작물성을 가질 수 있느냐가 문제점으로 제기될 수 있는데, 이는 사실과 다르다. 다만 「베른협약」에서의 이와 같은 표현은 산업재산권의 대상과 비교해 볼 때 문학적, 학술적 그리고 예술적 영역을 보다 대표적이고 포괄적으로 수용하고 있음을 강조하기 위한 표현으로 이해된다. 그런데 우리 「저작권법」 제2조 제1호에서는 문학적·예술적 표현과 관계없이 그것이 인간의 사상 또는 감정을 표현한 창작물이라면 이는 곧 저작물을 의미하는 것으로 규정하고 있는데, 이 점에서 우리 법의 규정형식이 보다 타당하다고 본다.

10 이와 같이 사상과 감정은 대외적으로 표현될 때에만 저작물에 해당하며 저작권법에 따른 보호의 대상이 된다. 그런데 대외적으로 표현되지 않은 사상과 감정 가운데서 기능적이고 기술적인 측면에서 비밀의 영역에 해당하는 것은 영업비밀의 요건을 충족하면 「부정경쟁방지 및 영업비밀 보호에 관한 법률」의 규정에 따라 '영업비밀'로 별도의 보호를 받을 수는 있다.

사상과 감정의 교류는 극히 제한되고 문화의 발전은 물론 인류문명 자체가 암흑의 길로 접어들 것이다. 따라서 인간의 사상과 감정은 비록 그것이 새로운 것이고 창작적인 것이라 하더라도 공공의 영역Public Domain에 두어 누구든지 이를 활용할 수 있도록 해야 할 것이며, 사상과 감정 그 자체에 저작권이라는 배타적 권리를 인정하여서는 아니 된다.

> 대법원은 무엇이 저작권의 보호대상인가와 관련하여, "표현되어 있는 내용, 즉 아이디어나 이론 등의 사상 및 감정 그 자체는 설사 그것이 독창성, 신규성이 있다 하더라도… 원칙적으로 저작물이 될 수 없고, 학술의 범위에 속하는 저작물의 경우 학술적인 내용은 만인에게 공통되는 것이고 누구에 대하여도 자유로운 이용이 허용되어야 하는 것이므로, 그 저작권의 보호는 창작적인 표현형식에 있지 학술적인 내용에 있는 것은 아니다"라고 판시한 바 있다(대법원 1993.6.8, 선고 93다3080 판결).

그런데 저작권 보호의 대상이 되는 인간의 사상과 감정의 **표현**에 있어서는 그 표현의 방법이나 형식에는 아무런 제한이 없음을 유의하여야 한다. 사상과 감정을 대외적으로 표현하는 방법으로는 부호, 문자, 도형, 색채, 음성, 음향, 이미지, 영상 및 이들의 복합체 등이 있을 수 있고, 이 밖에도 3차원의 공간을 통해 미적 형상을 표현하는 방법도 있을 수 있으며, 인체의 동작과 움직임 및 건축의 증·개축과 같은 표현방법도 있을 수 있다.

현행 「저작권법」 제4조도 표현의 방법에 착안하여 저작물의 종류를 예시하고 있는데, 이에 따르면 대표적인 저작물로서는 어문저작물, 음악저작물, 연극저작물, 미술저작물, 건축저작물, 사진저작물, 영상저작물, 도형저작물 그리고 컴퓨터프로그램저작물 등을 들고 있다. 그리고 저작물의 성립요건으로서의 표현은 항구적인 표현일 필요가 없으며 일시적인 표현도 상관없다. 따라서 저작물은 어떤 특정한 매개체나 기계적·전자적 장치에 고정화Fixation되어 있을 필요는 없으며[11], 고정화되어 있지 않은 즉흥시·즉흥강연·즉흥연주·즉흥노래·즉흥연기 등도 그 내용을 확인할

---

11 「베른협약」은 저작물의 성립에 고정을 요건으로 할 것인가 아니면 무형적 표현으로도 족할 것인가를 결정하는 권한을 각국의 입법에 위임하고 있다(「베른협약」 제2조 제3항). 참고로 미국 저작권법에서는 저작물의 성립요건으로서 고정을 요구하고 있다. 이와 같이 고정화를 요구하는 이유는 미국에서 뿌리내린 아이디어·표현 이분법 사상의 영향이기도 한데, 저작권은 아이디어 자체보다는 아이디어의 표현을 보호하는 것이며 표현은 당연히 고정하는 것을 염두에 두기 때문이다(Miller, op.cit., p. 327).

수 있다면 이는 충분히 저작물에 해당하여 보호를 받을 수 있다.[12]

4. 창작성이 있는 것

저작물의 네 번째 성립요건은 **창작성**의 존재이다. 다시 말해 저작물은 창작물이어야 한다. 우리 「저작권법」에서도 "저작물은 인간의 사상 또는 감정을 표현한 창작물을 말한다"(제2조 제1호)라고 하여, 저작물로 보호받기 위해서는 창작성이 있을 것을 분명히 하고 있다. 따라서 창작성이 없는 인간의 사상 또는 감정의 표현은 저작물이 될 수 없다. 창작성이 없는 표현은 결코 문화예술의 발전이나 문화콘텐츠산업의 성장에 기여하지 못하니 이에 대해서 독립적인 권리를 부여할 수 없기 때문이다.

그런데 저작물이 되기 위해서 어느 수준까지의 창작성을 요구하는가가 문제가 된다. 우리 법은 다른 나라의 법제와 마찬가지로 저작물의 창작성의 개념을 규정하고 있지 않다. 따라서 이는 학설 또는 판례로서 해결하여야 하는데 오늘날 우리의 학설과 판례의 입장을 따를 때 저작물에 요구되는 창작성은 산업재산권법에서 요구하고 있는 기존에 존재하는 것과 다른 새로운 것을 의미하는 신규성Novelty과 같은 높은 수준은 아니라고 보는 것이 일반적이라 할 수 있다.

인류역사를 볼 때 대부분의 저작물이 무無에서 유有를 창조한 경우는 오히려 드물고 대다수가 기존의 저작물을 일정부분 참조·활용·모방·변형·의거하여 새로운 저작물을 제작해 왔음을 알 수 있다.

따라서 여기에서 말하는 창작성은 세상에서 유일한 고도의 창작성이 아니라, 기존의 것을 베끼지 않는 범위 내에서의 **최소한의 창작성**을 의미한다.

저작물이 되기 위한 **창작성**의 요건으로서는 다음과 같은 두 가지 요건, 즉 i) 기존의 것을 그대로 베끼지 않아야 하며, 따라서 그 작품의 기원을 바로 그곳에서 찾을 수 있는 Originality와 ii) 기존의 것보다는 일정한 수준의 차별화된 형태의

---

12 우리의 경우 '고정'을 저작물의 성립요건으로 하고 있지 않다. 다만, 영상저작물(사진저작물도 마찬가지로 해석할 수 있음)의 경우에 있어서는 그 실질적인 이유로 인해 고정을 필요로 하는 것으로 해석할 수 있지만 이를 영상저작물의 성립요건으로 보아서는 아니 될 것이다. 이는 우리 법 제2조 제13호에 따른 영상저작물의 정의규정에서 기인한 것으로서, 여기에서는 '영상저작물'을 연속적인 영상이 수록된 창작물로서 그 영상을 기계 또는 전자장치에 의하여 재생하여 볼 수 있거나 보고 들을 수 있는 것이라고 정의하고 있으며, 이는 곧 '유형의 표현매체에 고정하는 것'을 의미하는 것이라는 사실상의 이유에 기인하기 때문이다.

Minimum Creativity만 갖추면 된다. 따라서 「저작권법」에서는 적어도 남의 것을 그대로 베끼기만 하지 않았다면 우연한 기회에 아주 비슷한 내용의 두 개의 창작물이 존재하더라도 둘 다 법에서 정하고 있는 저작물로서 보호를 받을 수 있다.[13] 결국 저작물 성립요건으로서의 창작성은 산업재산권법에서의 그것[14]보다는 수준이 낮으며 여기에서의 창작성은 Originality와 함께 Minimum Creativity를 의미하는 것으로 할 수 있다.

> 대법원은 「저작권법」에 의하여 보호되는 창조적 개성이 드러나는 표현을 담고 있는 저작물에 해당하느냐와 관련하여, "「저작권법」 제2조 제1호는 저작물을 '인간의 사상 또는 감성을 표현한 창작물'로 규정하고 있는바, 여기서 말하는 창작성이란 완전한 의미의 독창성을 말하는 것은 아니며 단지 어떠한 작품이 남의 것을 단순히 모방한 것이 아니고 작자 자신의 독자적인 사상 또는 감정의 표현을 담고 있음을 의미할 뿐이어서 이러한 요건을 충족하기 위해서는 단지 저작물에 그 저작자 나름대로의 정신적 노력의 소산으로서의 특성이 부여되고 있고 다른 저작자의 기존의 작품과 구별할 수 있을 정도 Distinguishable Variation이면 충분하다 할 것이다"라고 판시한 바 있다(대법원 2017.11.9, 선고 2014다49180 판결 및 대법원 2014.2.27, 선고 2012다28745 판결 및 대법원 2005.4.29, 선고 2005도70 판결 및 대법원 1995.11.13, 선고 94도2238 판결).

이와 같이 저작물이 성립하기 위해서는 다른 사람의 작품을 모방해서는 안 되는데, 이런 의미에서 저작권을 **모방금지권**이라고 부르기도 한다.[15]

---

13 즉, 「저작권법」에서의 창작성은 유일성까지를 요구하지는 않는다. 이 점에서 산업재산권법에 있어서는 신규성에서 우위에 서는 오직 한 개의 창작물만이 보호받을 수 있다는 것과 차이가 있다. 이는 「저작권법」이 수평적·확장적 개념이 작용하여 무수히 많은 다양성이 존재하는 가운데 궁극적으로 문화예술의 발전이 이루어지는 반면에, 산업재산권법은 수직적·누적적 개념이 작용하여 급격한 혁신의 과정 속에서 궁극적으로 산업이 발전될 수 있다는 이념적 사고를 그 기반으로 하고 있음을 보여준다.
14 산업재산권법에서 요구하는 창작성은 신규성, 즉 Novelty를 말하는 것으로서 이는 '기존의 것과 전혀 다른 유일한 새로운 것'을 의미한다.
15 그런데 후술하는 바와 같이 저작인접물(실연, 음반, 방송 등)에 있어서는 저작물에서와 달리 일정부분 모방이 허용됨은 유의할 필요가 있다. 보다 자세한 것은 별도로 논의하기로 한다.

Ⅲ. 보호받을 수 있는 저작물과 보호받을 수 없는 저작물

1. 의의

저작물 중에 보호받을 수 있는 저작물과 보호받을 수 없는 저작물의 구분은 이미 기술한 바 있는 「저작권법」의 2대 목적인 저작자의 권리보호와 저작물의 공정이용 가운데서 어느 것에 더 큰 정책적 비중을 두느냐에 따라 결정될 문제이다. 이는 선험적先驗的·논리적論理的인 문제가 아니라 현실적現實的·정책적政策的인 가치판단의 문제라 하겠다.

2. 보호받을 수 있는 저작물과 보호받을 수 없는 저작물의 구분에 관한 이론(아이디어·표현 이분법)

(1) 의의

미국의 판례이론에서 발달한 아이디어·표현 이분법은 보호받을 수 있는 저작물과 보호받을 수 없는 저작물의 구분에 관한 가장 고전적인 이론으로서 오늘날 대부분의 국가에서 널리 받아들여지고 있으며 우리도 마찬가지이다. 그런데 아이디어·표현 이분법에서 말하는 아이디어란 결국 우리가 앞에서 본 저작물의 개념정의에서 살펴본 인간의 사상과 감정을 의미하며, 이는 곧 **인간의 정신세계의 총체**를 의미하기도 한다.

인간은 인간으로서 존재하기 위해서 그들의 정신적 세계에 존재하는 사상과 감정을 아무런 제한 없이 자유롭게 표현할 자유가 있다. 즉, 사상과 감정 자체를 특정인의 것으로 한정하여 그들만이 독점적으로 사용하도록 하여서는 아니 된다. 각국의 「헌법」은 민주주의를 지탱하는 최고의 기본권으로 언론·출판의 자유를 규정하고 있는데, 그 이론적 기초는 개인이 가지는 사상과 감정 그 자체는 어떠한 사회적 제한 없이 활발히 교류·전달되어야 한다는 데서 출발한다. 인간의 정신세계의 총체인 **아이디어** 그 자체는 저작권법의 보호대상에서 제외하여 누구든지 이를 이용할 수 있으며, 다만 그 아이디어를 나타내는 특정의 표현만 저작권법의 보호를 받도록 한다는 사상은 이와 같이 민주주의의 보루인 언론·출판의 자유와도 그 이념적 배경을 같이하고 있다.

미국에서 1879년의 Baker v. Seldem 사건 이후 오랜 기간에 걸쳐 법원의 판례를 통하여 발전하여 온 아이디어·표현 이분법은 1976년도의 미국 저작권법인 17 U.S.C. 제102조(b)에서 성문화되었는데, 그 내용은 "어떠한 경우에도 해당 저작물의 아이디어, 절차, 공정, 체계, 해결방법, 개념, 원칙 또는 발견에 대하여는 그것이 어떠한 형식에 기술, 설명, 예시되거나 저작물에 포함되더라도 저작권의 보호가 미치지 아니한다"로 되어 있다.[16] 이와 같은 미국 저작권법의 영향을 받아 저작권에 관한 대표적인 국제조약인 「TRIPs협정」과 「WCT」에서도 아이디어의 영역에 속하는 부분을 해당 조약의 보호대상에서 명시적으로 배제하고 있다.[17]

(2) 아이디어와 표현의 구분
가. 의의

우리가 아이디어와 표현을 구분하는 이유는 무엇이 법으로 보호받을 수 있는가를 알아내고 이를 현실적으로 적용하기 위해서이다.

그런데 우리 법에 아이디어·표현 이분법에 관한 명시적인 규정은 없으며, 따라서 이는 전적으로 학설과 판례의 몫으로 남아 있다. 국내 학설과 우리 대법원의 판례는, 아이디어는 법의 보호를 받을 수 없고 아이디어를 구체적으로 표현한 것만 저작물로서 보호받을 수 있다고 하는 데 완전히 일치하고 있다. 이에 관한 우리 법원의 가장 선례적이고 대표적인 판례를 소개하면 다음과 같다.

> 대법원은 무엇이 저작권의 보호대상이 될 수 있는가와 관련하여, "피고가 사용하고 있는 키 레터스Key-Letters를 이용한 희랍어 분석방법은 그것이 독창적이라 하더라도 어문법적인 원리나 법칙에 해당하므로 저작권의 보호대상인 표현의 영역에 속하는 것이 아니

---

16 그런데 이때의 'Idea'도 그것을 이용하는 사람에게 재산적 가치가 있고, 신규성과 창작성 그리고 유일성을 갖추고서 아직까지 일반에게 공개되지 않은 것이라면 법률상 보호를 받을 수 있다. 다만, 아이디어에 관한 보호는 저작권이나 특허권과 같이 연방법에 따라 보호되는 것은 아니며 주 단위에서 Misrepresentation of property이론이나 Express or Implied Contracts이론 등과 같은 보통법상의 법리에 따라 보호를 받을 수 있다(Sherri L. Burr, Entertainment Law Cases and Materials in Established and Emerging Media, West(2011) p. 34).

17 이들 조약에서는 모두 "저작권 보호는 표현에 적용되나 사상, 절차, 운용방법 또는 수학적 개념 그 자체에는 적용되지 아니한다"라는 규정을 두고 있다(「TRIPs협정」 제9조 제2항 및 「WCT」 제2조 참조).

라 아이디어의 영역에 속하므로 그 원리와 법칙을 원용하더라도 구체적인 표현까지 베끼지 않는 한 저작권의 침해로 되지 않으며, 따라서 아이디어나 이론 등의 사상 및 감정 그 자체는 설사 그것이 독창성, 신규성이 있다 하더라도 소설의 스토리 등의 경우를 제외하고는 원칙적으로 저작물일 수 없으며, 저작권법에서 정하고 있는 저작재산권·저작인격권의 보호대상이 될 수 없다. … 결국 저작권의 보호대상은 아이디어가 아닌 표현에 해당하고 저작권의 침해 여부를 가리기 위하여 두 저작물 사이에 실질적 유사성이 있는지의 여부를 판단함에 있어서도 아이디어가 아닌 독창적인 표현 부분만을 가지고 대비하여야 할 것이다"라고 판시하였다(대법원 1993.6.8, 선고 93다3080 판결).

나. 아이디어와 표현의 구분의 상대성

저작물 중 보호받을 수 없는 영역인 아이디어와 보호받을 수 있는 영역인 표현은 상대적인 개념이며, 해당 표현이 추상적일수록 아이디어에 해당하여 보호의 여지가 적고 해당 표현이 구체적일수록 저작물로서 보호의 여지가 많다.

어문저작물을 예로 들면 등장인물Character과 사건의 전개Sequence of Incidents를 양대 축으로 작품이 쓰이는데, 등장인물의 표현이 추상적이거나 사건의 전개가 아직까지 주제Theme 부분에 머물러 있거나 기본적인 플롯Plot의 형성 단계에서 추상적으로 표현되면 이들은 아이디어에 해당하는 것으로 보아 저작물로 보호하기는 어렵다. 반면에 등장인물의 묘사가 구체적이거나 내용 전개가 구체적인 사건Incidents을 묘사함과 동시에 구체적인 대화나 어투Dialogue and Language로 상세히 기술하면 이는 표현의 단계로 보아 저작물로 보호되는 영역에 포함시킬 수 있다.[18]

그렇다면 실무적인 입장에서 법으로 보호받지 못하는 아이디어와 보호받을 수 있는 표현을 어느 지점을 경계로 구분해야 하느냐는 절대적인 기준이 있는 것이 아니고 추상화와 구체화의 정도에 따라 구분될 수 있는 상대적인 것일 수밖에 없다. 궁극적으로 어느 수준을 경계선으로 보호할 것인가의 여부는 해당 저작물의 특성과 여러 가지 정책적 고려에 따라 법원이 최종적으로 확정할 문제이다.

---

18 Learned Hand 판사에 따르면 어문저작물의 경우 아이디어(Idea) → 주제(Theme) → 구성(Plot) → 사건(Incident) → 표현(Dialog and Language) 순으로 구체화되어 최종적으로 작품이 완성된다. 이때 추상성의 정도가 높은 아이디어 차원으로 갈수록 저작권 침해가 될 여지는 없으며 표현으로 구체화될수록 저작권 침해의 가능성도 높아진다고 한다. 이와 같은 분석을 거쳐 저작권 침해를 판단하는 방법을 '추상화 이론'이라고 한다.

(3) 아이디어의 범주

어떤 것이 아이디어에 속하고 어떤 것이 표현에 속하는지에 대해서는 일률적으로 이야기할 수 없으며 저작권 침해소송 등을 통하여 실무적·정책적으로 파악할 수밖에 없음은 이미 말한 바와 같다. 즉, 저작권을 침해하였다는 원고의 주장에 대해 법원은 해당 저작물의 특성을 고려한 후 아이디어로 보아 일반인이 널리 사용하도록 하여 문화발전에 기여하도록 할 것인지, 아니면 표현으로 보아 저작자에게 배타적 권리를 부여함으로써 그에게 창작의욕을 돋우어 궁극적으로 문화발전에 기여하도록 하는 것이 바람직한 것인지를 실무적·정책적으로 판단하고 있다. 요컨대, 오늘날 아이디어·표현 이분법에서 말하는 아이디어는 보호받지 못하는 저작물의 대명사처럼 쓰이고 있는데, 그 구체적인 내용은 해당 저작물의 성격에 따라 개별적으로 판단될 수밖에 없음을 유의하여야 한다.

일반적으로 볼 때 아이디어의 영역에 속하는 것은 해당 저작물이 어떠한 성격의 것이냐에 따라 각각 적용을 달리한다. 이를 구체적으로 나누어 살펴보면 i) 해당 저작물을 창작하는 데 필요한 기본적인 원리나 원칙, 법칙, 개념, 이론, 콘셉트 등이나[19], ii) 해당 저작물을 창작하기 위해서 반드시 수반되는 기본적인 해법Solution이나[20], iii) 해당 저작물을 창작하기 위해 반드시 활용하여야 하는 창작의 도구Building Blocks[21] 등이 해당한다.

이와 같은 아이디어는 비록 그것이 창작성이 있을지라도 이는 만인에게 공유되어야 하며, 특정의 저작자에게 저작권이라는 독점적·배타적 권리를 부여하여서는 아니 된다. 아이디어에 독점권이 부여될 때 이는 결코 문화발전에 도움이 될 수 없기 때문이다.

지금까지 저작물 가운데서 보호받을 수 없는 영역에 해당하는 아이디어는 무엇

---

19 기본적인 원리, 원칙, 법칙, 개념, 이론, 콘셉트 등은 학술과 기술발전의 원천으로서 이는 만인 공유의 것이다. 따라서 여기에 대해서는 독점권인 저작권이 부여되는 저작물로 인정할 수 없음이 당연하다.

20 기본적인 해법은 해당 저작물이 최종적으로 표현되기까지 반드시 거쳐야 하는 응용기술로서 작동의 원리·조작방법 등을 말하며 대부분의 경우 기능적 저작물을 창작할 때 응용된다. 컴퓨터프로그램저작물을 작성할 때 요구되는 지시명령체계 등이 이에 해당한다.

21 창작의 도구로서 어문저작물의 경우에는 등장인물(Character), 사건의 전개(Sequence), 주제, 플롯 등이 있을 수 있다. 미술저작물에 있어서는 선·면·공간의 배치, 색채의 조합, 원근법, 기타 미술에 관한 기본원리 등이 있을 수 있으며, 음악저작물에 있어서는 리듬·멜로디·화음·기타 음악에 관한 기본적 원리 등이 있을 수 있고, 컴퓨터프로그램저작물에 있어서는 프로그램 언어와 규약 등이 있을 수 있다.

을 의미하는지 그리고 구체적으로 어떠한 것이 아이디어에 해당하는가를 살펴보았
는데 이를 저작물의 유형에 따라 개략적으로 구분·정리해 보면 다음 표와 같다.

저작물의 종류에 따른 아이디어의 유형

구분	학술적 저작물	어문저작물	예술적 저작물	기능적 저작물
아이디어 (사상 또는 감정)	원리, 원칙, 개념, 이론, 법칙, 콘셉트 등	등장인물, 사건의 전개, 주제, 기본적 플롯	점·선·면의 배치와 색채·원근법의 적용 등 미술의 기본적 원리, 리듬·멜로디·화음 등 음악의 기본적 원리	해결방법, 창작의 도구(프로그램언어, 규약), 시스템 또는 체계, 절차 또는 공정 등

3. 표현에 해당함에도 불구하고 보호받을 수 없는 저작물

(1) 의의

인간의 사상과 감정에 관한 창작물로서 「저작권법」에서 요구하고 있는 저작물의
성립요건에 해당하더라도 이를 보호할 수 없는 경우가 있다. 이에 대해서는 판례에
서 개발된 이론에 근거하여 보호받을 수 없는 경우와 법률의 규정에 따라 보호받을
수 없는 경우가 있다. 전자의 예로서는 아이디어와 표현의 합체의 원칙과 아이디어
와 표현의 합체의 원칙의 변형이라 할 수 있는 필수장면의 법칙 및 사실상 표준화
의 법칙 등이 있고, 후자의 예로서는 우리 법 제7조와 제101조의2의 규정이 이에
해당한다. 이하 순서대로 논의하기로 한다.

(2) 판례에서 개발된 이론의 적용에 따라 보호받을 수 없는 저작물
가. 아이디어와 표현의 합체의 원칙Doctrine of Merger

대부분의 인간의 사상과 감정, 즉 아이디어는 그 표현방법이 무궁무진하다. 그러
나 특정의 저작물에 있어서 해당 아이디어를 표현하는 방법이 극도로 제한되는 경
우가 있을 수 있다. 이때 그 방법 말고는 달리 아이디어를 표현할 수 없다면 아이디
어와 표현이 밀접하게 연관되어 있어서 아이디어와 표현의 합체Merger 현상이 나타
난다.

현행 법은 표현에 있어서만 저작물성을 인정하고 있는데, 이 경우 아이디어에 합
체되어 있는 표현에 대해서도 그것이 창작성이 있다고 하여 저작물로 인정하게 되

면 이는 합체되어 있는 아이디어까지 독점적 이용권을 부여하는 결과가 초래된다. 결국 아이디어는 만인에게 공유하여야 한다는 대원칙에 어긋나버린다.

따라서 비록 창작적인 표현이라고 하더라도 그 표현 이외에는 달리 아이디어를 표현하는 방법이 없을 경우 해당 표현에 대해서는 저작권으로 보호해서는 아니 된다. 이와 같은 현상을 **합체의 원칙**Doctrine of Merger이라고 하며 이 원칙은 학술적·문학적·예술적 저작물에서도 적용이 될 수 있지만 주로 기능적 저작물[22]에서 많이 적용되고 있다.

나. 필수장면(사건·배경)의 법칙

우리가 저작물을 창작함에 있어서 특정의 아이디어를 표현하기 위하여 반드시 포함시켜야 하는 장면·사건 또는 배경이 있을 수 있다. 이와 같은 필수장면은 비록 표현에 해당하더라도 대부분의 경우에 있어서 이를 저작물로서 보호하지 않고 있는데, 그 이론적 기초가 곧 **필수장면(사건·배경)의 법칙**이다.

앞에서 본 합체의 원칙이 주로 기능적 저작물에 적용된다면 필수장면의 법칙은 주로 어문적·예술적 저작물에서 적용되는 것으로서, 필수장면이나 필수사건 또는 필수배경 등은 비록 표현으로 나타난 것이기는 하지만 이들을 저작물로 인정하기가 어렵다.

예를 들면, 조선시대 양반과 천민의 신분을 지닌 청춘 남녀의 사랑을 주제로 한 소설에 있어서 신분이 다른 두 남녀가 우연히 만나는 장면, 남몰래 사랑을 약속하는 장면, 신분의 차이로 인한 갈등장면, 제3의 권력자가 여성에게 접근하는 장면, 양반청년의 복수장면, 극적인 결혼장면 등은 작품의 완성도를 높이기 위하여 필수적으로 등장하는 장면이기 마련이다. 그런데 이와 같은 필수장면은 그것이 비록 창작적인 표현에 해당할지라도 이를 법으로 보호하게 되면 장래의 다른 창작자는 조선시대 양반과 천민의 사랑을 주제로 한 작품을 쓸 때 반드시 필요한 장면임에도 불구하고 일일이 기존 저작자의 이용허락을 받아야 할 것인 바, 이는 결코 문화의 향상과 발전을 기대할 수 없을 것이다.

따라서 문학적·예술적 저작물에 등장인물Character의 묘사나 사건의 전개Sequence

---

22 컴퓨터프로그램저작물에 있어서 메뉴명령 또는 구조와 같은 각종 해법과 창작도구 등이 이에 해당한다.

과정에서 필수적으로 등장할 수밖에 없는 장면이나 사건·배경 등에 관한 표현들은
이를 저작권의 보호대상으로 할 것이 아니라 공공의 영역Public Domain에 두어야 할
것이다. 우리나라를 포함한 대부분 국가에서는 이와 같은 필수장면의 법칙을 판례
상 널리 인정하고 있다.

> 미국 연방법원은 필수장면에 해당하는 표현들이 저작권으로 보호받을 수 있는가와 관
> 련하여, "제2차 세계대전 당시 독일 힌덴부르크의 참상이라는 문학적 테마를 표현하
> 기 위하여는 독일식 맥주홀과 'Heil Hitler'라는 구령, 제2차 세계대전 당시 불린 독일
> 의 군가 등 나치독일 당시의 생활과 관련된 표현을 사용하지 않을 수 없으며, 이러한 표
> 현을 작가가 나타내고자 하는 문학적 아이디어에 필수불가결한 것으로서 그 표현에 독
> 점권을 주게 되면 다른 작가들이 동일한 아이디어를 표현하는 것을 결과적으로 제한하
> 게 되므로 그러한 표현은 저작권법으로 보호해 줄 수 없다"라고 판결하였다[Hohnling
> v. Universal City Studios, Inc., 618 F.2d 972, 979, 205 U.S.P.Q, 681, 685(2d Cir.
> 1980)].

다. 사실상의 표준화De Facto Standard의 법칙

사실상의 표준화 법칙은 주로 기능적 저작물에 적용할 수 있는데, 문화산업의 발
전에 따른 표준화 시책 등으로 해당 프로그램과 용어·표현 등이 점차 하나로 통일
되어 가는 과정을 거쳐 사실상 표준화되어 버렸다면 이의 사용에 독점권을 부여하
여서는 아니 되며 공공의 영역에 남겨 놓아야 한다는 원칙이다.

사실상의 표준화 법칙은 판례이론을 통하여 발전된 것으로서, 앞에서 논의한 합
체의 원칙이나 필수장면의 법칙에서와 마찬가지로 이를 표현으로 보지 말고 아이디
어 영역에 두어 만인이 공유할 수 있도록 하여야 한다는 데 그 이론적 기초가 있다.[23]

우리 법에서는 명문의 규정을 두고 있지 않지만 사실상의 표준화 이론에 따라 법
에 의한 보호의 대상에서 제외되는 것이 있을 수 있다. 이미 제작된 저작물에서의
표현방법이 소비자에게 그 시장지배적 편의성이 인정되어 나중에 만들어지는 여타
의 표현을 쓸 여지가 거의 없을 때 종전의 표현은 사실상의 표준에 해당하며, 이와
같은 사실상의 표준의 영역에 대해서는 독점적인 배타적 권리를 부여하여서는 아

---

23 미국에서 개발된 "Actual process or methods embodied in the program are not within the scope
of copyright law"라는 법리도 사실상의 표준화 법칙을 발전시킨 것으로 보인다.

니 되기 때문이다. 사실상의 표준화 이론은 주로 컴퓨터프로그램저작물과 같은 기능적 저작물에서 발견되는 이론으로서 문화콘텐츠산업의 발전을 위해서라도 소비자가 이를 자유롭게 활용하도록 하는 것이 바람직하다는 사상에서 출발한다. 따라서 사실상의 표준에 해당하는 표현은 이 역시 아이디어 영역에 포함시켜 법으로 보호하지 않는다. 컴퓨터프로그램저작물의 저작권의 보호범위가 상당한 수준으로 제한을 받고 있는 것도 이 때문이다.

> 서울중앙지방법원은 저작권법상의 보호대상과 관련하여, "추상적인 게임의 장르, 기본적인 게임의 배경, 게임의 전개방식, 게임의 규칙, 게임 단계의 변화 등은 게임의 개념·방식·해법 또는 창작도구로서 이들은 아이디어에 불과하며, 이러한 아이디어 자체는 저작권법에 의한 보호를 받을 수가 없고, 나아가 어떠한 아이디어를 표현하는 데 실질적으로 한 가지 방법만 있거나 하나 이상의 방법이 가능하더라도 기술적인 또는 개념적인 제약 때문에 표현방법에 한계가 있는 경우에는 그러한 표현은 저작권법상 보호대상이 되지 아니하거나, 그 제한된 표현을 그대로 모방한 경우에만 실질적으로 유사하다고 할 것이어서, 위와 같은 아이디어를 게임화하는 데 있어서 필수불가결하거나 공통적 또는 전형적으로 수반되는 표현 등은 저작권법에 의한 보호대상이 될 수 없다"라고 판시한 바 있다(서울중앙지방법원 2007.1.17, 선고 2005가합65093 판결).

요컨대, 컴퓨터프로그램에는 비록 다른 표현방법이 있다고 하더라도 효율성 등을 고려해야 하기 때문에 기존의 표현방법을 지속적으로 사용하는 경향이 있으며, 이때 저작권침해를 인정하지 않는 것이 일반적인 현상이다.[24]

(3) 법률의 규정에 따라 보호받을 수 없는 저작물
가. 의의
비록 법에 따른 저작물의 성립요건에 해당할지라도 공익적 필요나 해당 저작물의 기능적 특성으로 인해 법률의 규정에 따라 이를 보호받을 수 없는 저작물로 할 수 있다. 그 대표적인 예가 법 제7조의 규정에 따른 정부기관이 제정·제작한 저작

---

24 '사실상의 표준'의 가장 대표적인 예로서는 컴퓨터프로그램의 운용에 사용되고 있는 '사용자 인터페이스 (User Interface)'를 들 수 있다. 예를 들면 메뉴구조에 해당하는 ■는 윈도우의 창, ◀»는 음향의 크기, (C)는 복사, (D)는 검색기록의 삭제, (P)는 프린트, ✉는 메시지, ▼⊿⊪는 안테나의 신호강도 등이 그것인데, 이들은 조작방법(Method of Operation)에 해당하기도 하며 저작권상의 보호가 제한된다.

물과 사실의 전달에 불과한 시사보도 등이다. 이와 같은 법 제7조의 규정은 예시적인 것이 아니라 열거적인 규정으로 해석하여야 함은 물론이다.

이때 우리 법에서는 제7조에서 보는 바와 같이 특히 정부기관이 작성한 정부저작물과 관련하여 모든 정부저작물을 보호받지 못하는 저작물로 하는 것이 아니라 법령 등과 이들의 편집물 또는 번역물 등만 법에 의한 보호의 대상에서 제외하고 있고, 나머지는 법 제24조의2의 규정에 따라 자유이용이 가능한 저작물로 이를 일반 이용자가 널리 이용할 수 있도록 배려하고 있음을 유의하여야 한다.

나. 「저작권법」 제7조의 규정

오늘날 법치국가에서 입법·사법·행정작용에서의 최종적인 판단 또는 결정에 따라 작성하는 각종 문서는 그것이 비록 저작물성이 있다 할지라도 이를 작성한 자인 정부가 독점권을 행사하여서는 아니 되며 이를 국민 일반에게 널리 공개하여야 한다. 이와 같은 주장과 법리는 민주주의 원칙 또는 적법절차Due Process of Law의 원칙에 비추어 보아도 지극히 당연한 것이며, 입법·사법·행정부 등이 작성한 각종 문서(저작물)를 정부가 독점한다는 것은 상상도 할 수 없다. 법치국가에서 국민의 권리·의무와 관계있는 법률과 같은 각종 형태의 문서(저작물)는 이를 국민에게 널리 알려야 하며, 국가기밀이 아닌 한 어떤 경우에도 공표되어야 마땅하다.

이와 같은 입법취지를 반영하여 법 제7조에서는 입법부와 행정부가 제정한 법령과, 지방자치단체를 포함한 행정부가 법령의 위임에 따라 제정한 각종의 행정규칙과, 사법부가 유권적으로 판단한 각종 형태의 재판기록과 그리고 이들 저작물의 편집물 또는 번역물은 법에 따른 보호를 받지 못하는 것으로 하고 있다.

이를 구체적으로 살펴보면 다음의 어느 하나, 즉 i) 헌법·법률·조약·명령·조례 및 규칙[25], ii) 국가 또는 지방자치단체의 고시·공고·훈령 그 밖의 이와 유사한 것[26], 그리고 iii) 법원의 판결·결정·명령 및 심판이나 행정심판절차 그 밖에 이와 유사한

---

[25] 여기서 말하는 '규칙'에는 헌법이나 법률의 위임을 받아 제정되는 국회규칙, 헌법재판소규칙, 중앙선거관리위원회규칙, 감사원규칙 등이 있다.

[26] '그 밖에 이와 유사한 것'으로는 규정, 예규, 통첩 등이 있다. 행정기관이 내부질서와 공법상의 특수관계를 규율하기 위하여 규정한 고시, 공고, 훈령, 규정, 예규, 통첩 등을 통칭하여 '행정규칙'이라 부르기도 하며, 이는 국민의 권리·의무 관계를 규율하여 직접적으로 대외구속력이 있는 '법규명령'과는 구별된다(박순태, 『문화예술법』, 43쪽 참조).

절차[27]에 의한 의결·결정 등에 해당하는 것은 법에 의한 보호를 받지 못한다(제7조 제1호~제3호). 이는 원칙적으로 저작권은 인정하면서 특수한 경우에 그 행사가 일정 부분 제한되는 법 제23조부터 제38조까지에서 규정하고 있는 **저작재산권의 제한**과는 구별이 된다.

그리고 현행 법체계에 따르면 국가 또는 지방자치단체가 작성한 것으로서 위의 i)부터 iii)까지에 규정된 것의 편집물 또는 번역물 등도 법에 의한 보호를 받지 못한다(제7조 제4호).

원래 편집물이나 번역물은 법 제5조 및 제6조의 규정에 따라 편집저작물 또는 번역저작물로 보호를 받을 수 있지만, 그렇게 할 경우 입법부·행정부·사법부에서 작성한 법령집 또는 판례집 등의 자유로운 이용이 제한될 수 있고 이는 결국 법 제7조 제1호부터 제3호까지에서 규정한 법령 등의 자유로운 이용과 배치될 수 있다. 따라서 국가 또는 지방자치단체가 작성한 법령 등의 편집물 또는 번역물은 누구든지 이를 자유롭게 이용할 수 있도록 하는 데 법 제7조 제4호의 입법적 의의가 있다.[28] 물론 국가 또는 지방자치단체가 아닌 민간 차원의 개인이나 단체가 작성한 법률 등과 관련한 편집물이나 번역물은 당연히 법에 따른 보호를 받을 수 있다.

한편, 오늘날 민주주의의 기반이 되는 언론·출판의 자유의 보장과 국민의 알권리의 보장 역시 법치국가의 실현이라는 가치 못지않게 중요함에 비추어 사실의 전달에 불과한 시사보도 역시 법에 의한 보호를 받지 못한다(제7조 제5호).

> 대법원은 사실의 전달에 불과한 시사보도가 저작권법에 의한 보호대상이 될 수 있는지와 관련하여, "시사보도는 여러 가지 정보를 정확하고 신속하게 전달하기 위하여 간결하고 정형적인 표현을 사용하는 것이 보통이어서 창작적인 요소가 개입할 여지가 적다는 점 등을 고려하여, 독창적이고 개성 있는 표현의 수준에 이르지 않고 단순히 '사실의 전달에 불과한 시사보도'의 정도에 그친 것은 저작권법에 의한 보호대상에서 제외된 것이며, 정치계나 경제계의 동향, 연예·스포츠 소식을 비롯하여 각종 사건이나 사고, 수사나 재판상황, 판결내용, 기상정보 등 여러 가지 사실이나 정보 등은 언론매체의 정형적이고 간결한 문체와 표현형식을 통하여 있는 그대로 전달하는 정도에 그치는 것임을 알 수 있어 비록 피고인이 이러한 기사 및 사진을 그대로 복제하여 게재하였다고 하더라도

---

27 여기에는 특허심판, 해양안전심판 그리고 「저작권법」 제113조 제1호에 따라 한국저작권위원회가 실시하는 저작권과 관련한 분쟁의 알선과 조정절차도 포함된다.

28 오승종, 앞의 책, 278쪽.

이를 저작재산권자의 복제권을 침해한 것이라고 볼 수 없다"라고 판시한 바 있다(대법원 2006.9.14, 선고 2004도5350 판결).

그러나 각종 사건·사고와 같은 사실의 전달에 관한 시사보도가 아니고 인간의 사상과 감정에 기초한 기획기사, 칼럼, 연재, 기고, 다큐멘터리, 기타의 보도는 이들이 창작성을 갖추고 있다면 당연히 어문저작물 또는 영상저작물에 해당하여 법에 따른 보호를 받게 됨은 물론이다. 또한 오늘날의 법체계에 따르면, 자연세계에서 존재하는 사실을 표현한 것이 아닌 인간의 사상과 감정을 표현한 것만 저작물로서 보호되므로(제2조 제1호 참조), 법 제7조 제5호의 규정은 특별한 법률적 의의가 있는 것이 아닌 단순한 주의적 규정으로 이해된다.

다. 「저작권법」 제101조의2의 규정
우리 법에서는 법의 보호를 받을 수 없는 아이디어 영역에 어떤 것이 포함되는가에 대해서 일반적인 규정은 없으며, 다만 컴퓨터프로그램저작물에 대해서는 i) 프로그램 언어, ii) 규약 그리고 iii) 해법에 대해서는 이를 아이디어 내지는 사실상의 표준화 또는 합체의 원칙이 적용되는 것으로 해석하여 이들은 법의 적용을 받지 않는 것으로 규정하고 있다. 즉, 컴퓨터프로그램을 작성하기 위하여 사용하는 i) 프로그램을 표현하는 수단으로서 문자·기호 및 체계를 말하는 프로그램 언어[29], ii) 특정한 프로그램에서 프로그램 언어의 용법에 관한 특별한 약속을 말하는 규약[30] 그리고 iii) 프로그램에서 지시·명령의 조합방법을 말하는 해법[31] 등이 이에 해당한다(제101조의2 참조).

---

29 프로그램 언어는 프로그래머들이 공동으로 이용하는 하나의 창작도구에 해당한다. 어떠한 프로그램 언어이든지 인간과 컴퓨터 간의 통신과 소통을 위한 수단이라면 이는 「저작권법」상의 보호를 받을 수 없다. 여기에 저작물성을 인정하여 독점권을 준다면 프로그램 간의 호환성 확보가 곤란해질 것이며, 이는 곧 산업의 발전에도 악영향을 끼칠 것이기 때문이다. 이와 같은 논리는 인간의 언어가 「저작권법」상 보호되지 않는 것과 마찬가지이다.

30 규약은 컴퓨터 사이의 호환성을 높이고 데이터의 교환을 촉진시키는 기능을 하는데, 여기에는 프로그램 언어의 사용방법을 기술한 표준적인 약속들, 프로그램 상호 간 또는 프로그램과 네트워크 간에 접속하기 위한 약속 등이 있다.

31 일반적으로 해법이란 컴퓨터프로그램에 있어서 특정한 문제를 해결하기 위한 논리적인 순서를 말한다. 프로그램은 문제의 해결을 위한 지시·명령의 집합이라면, 이러한 지시·명령을 어떻게 조합하여 하나의 집합으로 만드는가 하는 것이 해법이라 할 수 있다(최경수, 「저작권법 개론」, 한울아카데미(2010), 162쪽).

제2절
저작물의 분류

I. 의의

현실세계에 존재하는 무수한 저작물을 총체적으로 이해하기보다는 특정 기준에 따라 분류를 한 다음 이들 종류별 저작물의 공통되는 특성을 추출하고 이후 부합한 정부정책을 추진하고 필요한 입법적 조치를 해나가는 것이 보다 현실적인 태도일 것이다. 그리고 특정의 저작재산권은 특정 종류의 저작물에만 적용이 되며, 특정의 저작재산권 행사의 제한에 관한 규정 역시 특정 종류의 저작물에만 적용이 되기 때문에 저작물을 유형별로 분류하는 일은 나름대로 큰 의미가 있다고 볼 수 있다.[32]

II. 각종 기준에 따른 저작물의 분류

1. 표현방식에 따른 저작물의 분류

저작물은 여러 가지 기준에 따라 구분해 볼 수 있겠으나 가장 보편적이고 일반적인 방법으로는 표현의 방식을 기준으로 하여 분류하는 방법이다. 우리 「저작권법」도 이 기준에 따라 저작물을 크게 어문저작물, 음악저작물, 연극저작물, 미술저작물, 건축저작물, 사진저작물, 영상저작물, 도형저작물 그리고 컴퓨터프로그램저작물 등 9개의 종류로 구분하여 예시하고 있다(제4조 참조). 그런데 우리 법에서 들고 있는 이와 같은 9개 유형의 저작물은 예시적인 것으로서 디지털콘텐츠 기술의 발전에 따라 저작물의 범위는 무궁무진하게 확장될 수 있을 것이며, 조만간 제3, 제4의 유형으로서의 신규 저작물 유형의 탄생도 충분히 기대된다.

---

[32] 예를 들어 「저작권법」 제19조의 전시권은 미술저작물에 주로 적용되는 권리이고, 법 제33조에 따라 시각장애인을 위한 전용기록방식으로 복제·배포 또는 전송할 수 있는 저작물은 어문저작물에 한정한다.

우리 법에서는 어문저작물, 연극저작물, 미술저작물, 건축저작물, 도형저작물 등 5개 종류의 저작물에 대해서는 다시 이에 해당하는 대표적인 저작물을 구체적으로 적시하고 있다. 어문저작물에서는 소설·시·논문·강연·연설·각본을, 미술저작물에서는 회화·서예·조각·판화·공예·응용미술저작물을, 건축저작물에서는 건축물·건축을 위한 모형 및 설계도서를, 그리고 도형저작물에서는 지도·도표·설계도·약도·모형 등이 그것이다. 그런데 여기서 적시하고 있는 저작물 역시 예시적인 것이기에 이 밖에도 법에서 규정하고 있는 저작물에는 여타의 저작물이 얼마든지 포함될 수 있음은 물론이다. 이 측면에서 볼 때 오늘날 디지털 시대에 있어서는 저작물에 대한 전통적인 유형은 여러 가지 측면에서 한계가 있다고 보이며, 제3의 유형의 저작물로서 디지털저작물[33] 또는 멀티미디어저작물 등을 저작물의 예시로 추가적으로 규정하자는 주장이 충분히 설득력 있어 보인다.[34]

2. 학술적·예술적 저작물과 기능적 저작물

저작물은 학술적·예술적 저작물과 기능적 저작물로 분류할 수 있는데, 이는 해당 저작물이 정신적 요소에 비중을 크게 두고 있는지 아니면 산업적 요소에 비중을 크게 두고 있는지에 따른 강학상의 분류방법에 따른 것이다.

어문저작물, 음악저작물, 연극저작물 그리고 회화·서예·조각·판화 등과 같은 순수미술저작물은 주로 학술적·예술적 저작물에 해당하고, 공예와 응용미술저작

---

33 종래의 아날로그 형태의 저작물은 그 유형에 따라 소설은 종이에, 음악은 레코드에, 영화는 필름에, 그림은 캔버스에 각각 아날로그 형식으로 표현되고 유통되는 데 반하여, 디지털저작물은 전체의 정보가 0과 1이라는 디지털 형식으로 표현되어 인터넷에 유통되고 있는 것이 주요한 특징이라 하겠다. 그리고 디지털저작물에 대한 저작권으로서는 주로 인터넷상에서 이루어지는 P2P 서비스나 스트리밍 서비스 등을 통해 유통되면서 다운로드 또는 업로드 등의 방법으로 이루어지는 복제권과 전송권이 핵심적인 위치를 차지하고 있다. 이와 같은 디지털저작물은 여타의 저작물과 비교해 볼 때 다음과 같은 네 가지의 특징, 즉 i) 디지털저작물은 무한복제가 가능하며 무한복제를 하더라도 복제본이 질(質)이 전혀 저하되지 않는다. ii) 디지털저작물의 경우에는 복제 및 전송에 비용이 거의 들지 않기 때문에 거래비용(Transaction Cost)도 그다지 들지 않으며 한계생산비용이 0에 가깝게 수렴되어 공공재로서의 성격이 두드러진다. iii) 디지털저작물은 배포 및 그 이용을 위한 접근에 필요한 시간과 그 공간을 거의 무한대로 단축 또는 확장시켜 자유자재로 이들의 배포 및 이용이 가능하다. iv) 디지털저작물은 그 변형이 용이하며 네트워크를 통한 유통이 용이하다는 등의 특징을 지니고 있다.
34 '멀티미디어저작물'이란 디지털저작물에 해당하는 오디오·비디오·그림정보(Graphic)·문자정보(Text) 등을 컴퓨터를 통해 하나의 스크린과 같이 한 개의 매체에 융합, 구현되어 보고 들을 수 있는 저작물을 말한다 (박순태, 「문화콘텐츠산업법」, 43~45쪽).

물, 건축저작물, 도형저작물 그리고 컴퓨터프로그램저작물 등은 주로 기능적 저작물에 속하는 저작물의 유형이다. 한편, 영상저작물과 사진저작물은 그 구체적인 저작물이 어떠한 유형이냐에 따라 학술적·예술적 저작물에 속하는 것도 있고 기능적 저작물에 속하는 것도 있다.

일반적으로 학술적·예술적 저작물은 인간의 사상이나 논리 또는 감성을 중점적으로 표현함에 반하여, 기능적 저작물은 해당 저작물이 달성하고자 하는 기능을 위한, 예를 들면 특정의 기술·지식·개념·방법·해법·작업과정 등을 가치중립적이고 실용적으로 설명하는 데 중점을 둔다. 따라서 기능적 저작물의 표현에 있어서는 표준적인 용어와 개념이 널리 사용되고 그 표현방식도 상당히 제한적일 수밖에 없다.

「저작권법」 제4조를 기반으로 하여 각종 유형의 저작물에 현실적으로 존재하는 대표적인 저작물로서 어떤 것이 포함되어 있는가와, 이들이 학술적·예술적 저작물로서의 성격을 가지고 있는지 아니면 기능적 저작물로서의 성격을 가지고 있는지를 종합적으로 정리해 보면 다음의 표와 같다.

저작물의 종류와 이에 해당하는 대표적 저작물 예시[35]

종류	대표적 저작물 (예시)
어문저작물	소설, 시(현대시, 시조, 동시), 수필(에세이, 기행문, 서간문, 일기, 콩트), 교양물, 평론, 논문, 학습물(교과서, 참고서, 시험문제), 출판만화, 기사, 칼럼, 연설(강연, 설교, 설법), 희곡, 시나리오, 시놉시스, 트리트먼트, 각본, 무보, TV대본, 라디오대본, 가사, 사용설명서, 브로서, 기획안
음악저작물	대중가요, 순수음악, 국악, 동요, 가곡, 오페라, 관현악, 기악, 성악, 종교음악, 실용음악 등
연극저작물	연극, 무용, 발레, 무언극, 뮤지컬, 오페라, 마당극, 인형극, 즉흥극, 창극 등
미술저작물	회화(서양화, 동양화), 서예, 조소(조각, 소조), 판화, 모자이크, 공예, 응용미술(디자인, 삽화, 캐릭터, 도안, 그래픽), 로고, 포스터, 그림동화, 캐리커처, 도안 등
건축저작물	건축물, 건축을 위한 설계도서, 건축을 위한 모형
사진저작물	사진일반, 풍경사진, 인물사진, 누드사진, 광고사진 등
영상저작물	영화, 애니메이션, 방송영상물, 기록필름, 디지털 만화, 광고, 게임영상, 음악영상물(뮤직비디오), 교육용 동영상 등
도형저작물	지도, 도표, 설계도(건축물설계도 제외), 모형, 지구의, 약도 등
컴퓨터프로그램	SW(소프트웨어), 게임물 등

↓

2차적저작물	번역서, 영화, 방송드라마, 편곡 등
편집저작물	시집, 신문, 잡지, 사진, 문학전집, 악보집, 작품집, 논문집, 백과사전, 교육교재, 카탈로그, 단어집, 문제집, 설문지, 인명부, 전단, 홈페이지포스터, 선전물, 초청장, 안내장, 작품소개장 등

그런데 이와 같은 저작물의 종류와 예시는 그 구분이 명확한 것이 아니고, 오늘날 디지털적 성격의 광범위한 융합콘텐츠의 등장 등으로 인하여 그 경계가 많이 허물어지고 있음을 유의하여야 한다.

3. 단독저작물과 공동저작물

(1) 의의

저작물은 저작자의 수와 그들과의 관계에 따라 단독저작물과 공동저작물로 분류할 수 있다. 단독저작물은 1인이 창작한 저작물을 말하며, 공동저작물은 2인 이상이 공동으로 창작한 저작물로서 각자의 이바지한 부분을 분리하여 이용할 수 없는 것을 말한다(「저작권법」 제2조 제21호).[36] 전통적으로 단독저작물의 결합체인 결합저작물과 공동저작물의 구별기준에 대해서 분리가능성에 중점을 둔 분리가능성설[37]과 개별적 이용가능성에 중점을 둔 개별적 이용가능성설[38]이 대립되고 있는데, 우리법은 이 두 가지 학설을 모두 수용하여 공동저작물을 **분리하여 이용할 수 없는 저작물**로 정의를 내리고 있음을 알 수 있다. 따라서 분리가 가능할지라도 현실적으로 이용할 수가 없다면 이는 공동저작물에 해당한다.

그런데 공동저작물의 정의규정인 법 제2조 제21호의 성격은 강행규정에 해당하므로, 만약 공동저작자로 인정될 수 없는 자가 합의에 의하여 공동저작자로 표시된 경우이거나 아니면 그 반대로 실제는 공동저작자임에도 불구하고 단독저작물로 표시되어 발행된 결과 각각 공동저작자나 단독저작자로 추정받을 수는 있지만, 이와 같은 합의는 무효일 뿐만 아니라 실제 공동저작물의 창작과정에 대한 입증을 통해

---

35 위의 표는 「저작권법 시행규칙」 제6조에 따른 별지서식에서 제시된 것을 중심으로 재구성한 것으로서, 현재 저작권 실무계에서 널리 통용되고 있는 저작물의 종류를 유형화하였다.

36 공동저작물의 대표적인 예로서는 TV좌담회를 들 수 있는데, TV좌담회 가운데 각자가 기여한 부분을 분리하여 이용하는 것은 사실상 불가능하기 때문이다. 이 밖에도 「문화콘텐츠와 저작권」의 교재를 집필하면서 A, B 두 교수가 공동으로 참여하여 충분히 서로의 의견과 이론을 교환하면서 공동의 책임하에 수정·가감 후 책을 출판한 경우도 공동저작물에 속한다 하겠다. 우리 「저작권법」에는 '공동저작물'에 대해서만 정의규정을 두고 있지만, 미국 저작권법에서는 공동저작물(Joint Works)과 결합저작물(Collective Works) 모두에 대해서 정의를 내리고 있다. 참고로 미국에서는 공동저작물에 해당하는 저서의 저자명을 'A&B'라 표기하고, 결합저작물에 해당하는 저서의 저자명을 'A and B'라 표기하는 것이 관행이다.

37 이는 복수의 저작자가 각 기여부분이 물리적으로 분리가능한지의 여부를 기준으로 한 학설이다.

38 이는 각 기여부분을 분리하여 개별적으로 이용하는 것이 가능한지의 여부를 기준으로 한 학설이다.

얼마든지 그 추정은 번복될 수 있다.

(2) 공동창작의 의사

우리 법에서는 명시적으로 규정하고 있지는 않지만, 공동저작물이 성립하기 위해서는 객관적 요건으로서 행위의 공동뿐만 아니라 주관적 요건으로서 의사의 공동, 다시 말해서 공동창작의 의사가 요구된다.

여기서 공동창작의 의사는 법적으로 공동저작자가 되려는 의사를 뜻하는 것이 아니라, 공동의 창작행위에 의하여 각자 이바지한 부분을 분리하여 이용할 수 없는 단일한 저작물을 만들어 내려는 의사를 뜻하는 것이라고 보아야 한다.[39] 따라서 공동저작물은 2인 이상의 저작자가 시간과 장소를 같이 해야만 하는 것은 아니고, 만화 스토리작가와 만화 그림작가의 관계처럼 상이한 시간과 장소에서도 저작자들이 공동창작의 의사를 가지고 각자가 창작활동을 수행하였다면 이는 얼마든지 공동저작물이 될 수 있다고 보아야 한다.

> 서울북부지방법원은 미리 작성된 스토리에 기초하여 그림을 그려 넣음으로써 작성되는 만화가 공동저작물에 해당하는지 아니면 스토리를 변형·각색한 2차적저작물에 해당하는지에 관하여, "이 사건에서 원고와 피고는 최종적으로 만화작품의 완성이라는 공동창작의 의사를 가지고 있었던 점, 원고의 만화스토리는 피고에게만 제공된 점, 이 사건 만화는 원고의 만화스토리와 피고의 그림과 장면의 설정 그리고 배치 등이 결합하여 만들어지는 저작물인 점, 원고와 피고의 작업과정 등에 비추어 보면 이 사건 만화는 피고가 원고의 스토리를 변형·각색 등의 방법으로 작성한 2차적저작물이라기보다는 원고가 창작하여 제공한 만화스토리와 피고의 독창적인 그림 등이 유기적으로 어우러져 창작된 원고와 피고의 공동저작물이라 봄이 상당하다"라고 판시하였다(서울북부지방법원 2008.12.30, 선고 2007가합5940 판결).

이와 같이 공동저작물에는 2인 이상의 공동창작의 의사의 합치가 있어야 하므로 아무리 특정인이 저작물 창작에 크게 기여하여도 다른 사람의 실질적인 통제가 이루어지는 상황하에서 작업이 이루어졌다면 이는 공동창작의 의사가 있다고 할 수 없으므로 공동저작물의 저작자가 될 수 없다고 보아야 한다.

---

39 대법원 2014.12.11, 선고 2012도16066 판결.

미국 연방법원은 영화 Malcom X에 대해 알 무함마드Aalmuhammed[40]가 공동저작물의 저작자Coauthors of a joint work라고 주장한 사건에서 "알 무함마드는 이 영화의 제작과정에서 이슬람 문화의 고증과 출연배우들에게 이슬람의 종교의식에 대한 지도 등으로 실질적인 기여를 하였지만 공동창작의 의사가 없었기 때문에 그는 공동저작물의 저작자가 될 수 없다"라고 판시한 바 있다(Jefri Aalmuhammed v. Spike Lee United States Court of Appeals, 9th Cir, 2000. 202 F 3d 1227).

(3) 공동저작물의 사후적 성립가능성

제자가 스승의 저작물에 시기를 달리하여 공동명의의 저작물을 만들거나, 일정 회차가 지난 방송드라마를 사정상 어쩔 수 없이 드라마 작가를 교체하여 별도의 작가가 집필하여 이를 계속 방영하는 경우, 그 밖에 유명저작자의 유고집을 발간하는 경우와 같이 2인 이상이 시차를 달리하여 각각 기여한 결과 하나의 저작물을 최종적으로 창작하였다면 이 저작물 역시 공동저작물이 될 수 있는가가 문제될 수 있다. 이 경우에 있어서 그것이 공동저작물이 될 수 있는가의 여부는 다른 저작물에서와 마찬가지로 선행 저작자와 후행 저작자 간에 공동창작의 의사가 존재하느냐의 여부가 가장 중요한 판단기준이 될 것이다. 이에 관한 최근의 대법원 판례를 소개하면 다음과 같다.

대법원은 극본의 집필자가 교체되어 방영한 작품이 공동저작물에 해당하느냐 아니면 2차적저작물에 해당하느냐와 관련하여, "2인 이상이 시기를 달리하여 순차적으로 창작에 기여함으써 단일한 저작물이 만들어지는 경우에, 선행 저작자에게 자신의 창작부분이 하나의 저작물로 완성되지 아니한 상태로서 후행 저작자의 수정·증감 등을 통하여 분리이용이 불가능한 하나의 완결된 저작물을 완성한다는 의사가 있고, 후행 저작자에게도 선행 저작자의 창작부분을 기초로 하여 이에 대한 수정·증감 등을 통하여 분리이용이 불가능한 하나의 완결된 저작물을 완성한다는 의사가 있다면, 이들에게는 각 창작부분의 상호보완에 의하여 단일한 저작물을 완성하려는 공동창작의 의사가 있는 것으로 인정할 수 있다. 반면에 선행 저작자에게 위와 같은 의사가 있는 것이 아니라 자신의 창작으로 하나의 완결된 저작물을 만들려는 의사가 있을 뿐이라면 설령 선행 저작자의 창작부분이 하나의 저작물로 완성되지 아니한 상태에서 후행 저작자의 수정·증감 등에 의

---

40 그는 독실한 무슬림주의자이면서 말콤 X에 대한 다큐멘터리에 관한 시나리오를 쓰는 등 말콤 X에 대해 가장 잘 알고 있는 사람으로 알려져 있다.

해서 분리이용이 불가능한 하나의 저작물이 완성되었다고 하더라도 선행 저작자와 후행 저작자 사이에 공동창작의 의사가 있다고 인정할 수 없다. 따라서 이때 후행 저작자에 의하여 완성된 저작물은 선행 저작자의 창작부분을 원저작물로 하는 2차적저작물로 볼 수 있을지언정 선행 저작자와 후행 저작자의 공동저작물로 볼 수 없다"라고 판시한 바 있다(대법원 2016.7.29, 선고 2014도16517 판결).

(4) 단독저작물(결합저작물)과의 구별

그런데 2인 이상의 저작자가 참가하여 외관상 하나의 저작물을 창작하였지만 저작자들 사이에 공동관계가 인정되지 않아 각자의 저작물을 개별적으로 분리하여 이용가능한 경우가 있다.[41]

이와 같은 저작물은 공동저작자 각자의 이바지한 부분을 분리하여 이용할 수 있으므로 공동저작물이 아니며 결과적으로 단독저작물의 결합으로 보아 이를 결합저작물이라고 한다.[42] 따라서 작사와 작곡은 2인 이상이 공동으로 작성하였건, 아니면 한 사람씩 각각 별개의 작사와 작곡을 작성하였건 그것이 분리하여 이용이 가능하다면 결합저작물로 보는 것이 타당하고, 그렇지 않다면 공동저작물로 보아야 할 것이다. 이와 같은 논의는 신문이나 잡지 등에 게재되는 연재소설과 삽화도 마찬가지로 적용될 수가 있다.

(5) 단독저작물과 공동저작물의 구별의 실익

단독저작물과 공동저작물의 구별의 실익은 다음과 같은 두 가지로 나누어 볼 수 있다.

첫째, 단독저작물에 대한 저작재산권의 보호기간의 기산점은 각자의 저작자 사망시점으로 보나, 공동저작물에 대한 경우 저작재산권의 보호기간의 기산점이 마지막으로 사망한 저작자의 사망시점이 된다. 둘째, 단독저작물과 공동저작물은 권

---

41 예를 들면, 「문화콘텐츠와 저작권」이라는 대학교재를 'I. 저작권 실체법'은 A교수가, 'II. 저작권 절차법'은 B교수가 책임지고 집필하고 이를 수정 없이 그대로 취합하여 출판하였을 경우이다.

42 결합저작물은 여러 사람이 저작물 창작에 관여한 것은 사실이나 이들 사이에 긴밀한 인격적 요소로서의 공동관계(Fiduciary Relationship)가 존재하지 않고, 각자의 기여분이 분리되어 개별적으로도 충분히 이용 가능하므로 결과적으로 이는 단독저작물의 결합 그 이상도 그 이하도 아니다. 따라서 결합저작물에 대해서는 공동저작물의 특칙에 해당하는 법 제15조와 제48조의 적용여지는 없으며 다른 저작자의 합의나 동의를 받을 필요 없이 각자가 단독으로 자유롭게 해당 결합저작물에 관한 저작인격권과 저작재산권을 행사할 수 있다.

리행사의 방법 및 권리침해에 따른 구제의 방법에 있어서 서로 간에 일정부분 차이가 있다. 다시 말해 단독저작물의 저작재산권과 저작인격권의 행사 및 권리침해의 구제는 각자가 행사함이 원칙이나 공동저작물에 있어서는 이를 이원적으로 접근하여야 한다.

4. 실명저작물, 이명저작물, 무명저작물

이는 저작물에 저작자의 이름을 어떠한 형태로 표기하는가에 따른 저작물의 분류 방법이다. 실명저작물은 저작자의 실제 이름이나 명칭이 저작물에 표시된 것을 말하고, 이명저작물은 저작자의 예명, 아호, 약칭, 필명, 별명, 기타 그를 표시하는 상징적 호칭 등 실명 이외의 이름이나 명칭이 저작물에 표시된 것을 말하고, 무명저작물은 저작자의 표시가 없는 저작물을 말한다. 그리고 이명저작물은 다시 널리 알려진 저작물과 널리 알려지지 않은 저작물로 구분할 수 있는데, 법 적용에 있어서 전자는 실명저작물과 후자는 무명저작물과 동등하게 취급하고 있다.

실명·이명·무명저작물의 구분의 실익은 저작자의 추정(「저작권법」 제8조 제1항)과 보호기간의 기산점(제40조) 그리고 저작권의 등록(제53조 제1항)에 따른 법률효과에 있어서 일정한 차이가 있다는 것이다.

5. 공표된 저작물과 미공표된 저작물

저작물은 그 공표유무에 따라 공표 저작물과 미공표 저작물로 나눌 수 있다. 「저작권법」에서 말하는 "**공표**는 저작물을 공연, 공중송신 또는 전시 그 밖의 방법으로 공중에게 공개하는 경우와 저작물을 발행하는 경우를 말한다"(제2조 제25호). 법에서 공표는 대단히 중요한 위치를 차지하는데, 법 제2조 제25호에 따르면 공표는 결국 **공개**와 **발행**을 합친 개념으로 이해하고 있다.[43]

법에서는 공표 저작물에 대해서는 미공표 저작물과 달리 여러 가지 특칙을 두고

---

43 이와 같이 '공표'는 발행을 포함하고, '발행'은 배포를 포함하고, '배포'는 대여를 포함하고 있는 개념이다(법 제2조 제23호~제25호 참조). 따라서 현행 법체계에 따르면 그 개념적 범위의 크기에 있어서 공표>발행>배포>대여의 순서가 된다.

있는데, 그 대표적인 예로서는 i) 저작인격권 중 공표권은 미공표 저작물에 대해서만 그 권리의 행사가 가능하고(제11조), ii) 공공목적을 위하여 공표된 저작물은 그 저작재산권의 행사에 있어서 상당한 제한이 가해지며[44], iii) 저작물 이용에 관한 법정허락도 공표된 저작물에만 적용되며(제50조~제52조), iv) 공표는 일정한 경우 재산권 기간산정의 기산점이 된다(제40조~제44조).[45]

6. 일반저작물과 업무상저작물

이는 저작물에 대한 저작자가 누구인가에 따른 구분방법으로서 일반저작물은 저작물을 직접적으로 창작한 자연인이 저작자인 경우를 말하고, 업무상저작물은 직접적으로 저작물의 창작에 참여하지 아니한 법인·단체 또는 사용자使用者에게 저작자의 지위가 부여된 것을 말한다.

「저작권법」에 따르면 "업무상저작물은 법인·단체 그 밖의 사용자(이하 '법인 등'이라 한다)의 기획하에 법인 등의 업무에 종사하는 자가 업무상 작성하는 저작물을 말한다"(제2조 제31호).

7. 1차적·기본적 저작물과 2차적·응용적 저작물

대부분의 경우에 있어서 저작물은 무無에서 유有를 창조하여 이루어지기보다는 기존의 것을 응용·참고·활용하는 과정에서 이루어지는 것이 현실이다. 따라서 기존에 존재하는 저작물을 기본으로 하여 이를 응용한 저작물도 그것이 저작물의 성립요건을 충족시킨다면 이 또한 저작물로 보아야 할 것이다. 여기에 해당하는 저작

---

44 학교교육 목적 등에의 이용(제25조), 공표된 저작물의 인용(제28조), 영리를 목적으로 하지 아니하는 경우 공표된 저작물의 공연·방송(제29조), 사적이용을 위한 복제(제30조), 도서관 등에서의 공표된 저작물(도서 등)의 복제(제31조), 시험문제로서의 복제(제32조), 시각장애인 등을 위한 복제(제33조), 청각장애인 등을 위한 복제(제33조의2), 저작물의 공정한 이용(제35조의3), 번역 등에 의한 이용(제36조), 출처의 명시(제37조) 등이 그것이다. 따라서 이 경우에 있어서는 저작자가 가지는 저작인격권으로서의 '공표권' 침해의 문제가 발생할 여지는 없을 것이다.

45 이 밖에도 「민사집행법」 제195조 제12호에서는 공표되지 아니한 저작에 관한 물건은 압류가 금지되는 물건으로 규정하고 있으며, 같은 취지에서 「국세징수법」 제31조 제10항에서도 저작에 관한 재산으로서 아직 공표되지 아니한 재산은 이를 압류금지재산으로 규정하고 있다.

물로서 「저작권법」에서는 2차적저작물과 편집저작물을 들고 있는데[46], 이 두 종류의 저작물은 어문저작물, 음악저작물, 연극저작물, 미술저작물, 영상저작물, 컴퓨터프로그램저작물 등과 같은 1차적·기본적 저작물[47]을 기본으로 하여 작성한 것으로서 2차적·응용적 저작물이라 할 수 있다.

저작물을 1차적·기본적 저작물과 2차적·응용적 저작물로 구별하는 실익은 i) 2차적·응용적 저작물도 독자적인 저작물로서 보호되며(제5조 제1항 및 제6조 제1항), ii) 2차적·응용적 저작물의 보호는 원저작물의 보호와 관련한 권리에는 영향을 미치지 아니하며(제5조 제2항 및 제6조 제2항), iii) 둘 이상의 저작물을 소재로 하는 편집저작물과 2차적저작물은 법정손해배상을 청구하는 경우에 있어서는 이를 하나의 저작물로 본다(제125조의2 제2항)는 규정 등에서 찾을 수 있다.

---

46 이들 응용저작물에 대해서는 원저작물을 규정하고 있는 법 제4조에 규정하지 않고 별도의 조항인 법 제5조와 제6조에서 규정하고 있는데, 이와 같은 입법태도는 이들 저작물이 원래 의미의 1차적·기본적 저작물이 아닌 2차적·응용적 저작물임을 강조하기 위함으로 보인다.

47 1차적·기본적 저작물을 '원저작물'이라 일컫기도 한다.

제3절
표현방식에 따른 각종 저작물

I. 어문저작물

1. 의의

어문저작물Literal Works은 역사상 가장 오래된 형태의 저작물로서[48] 소설, 시, 수필, 시조, 시나리오, 각본, 논문, 텍스트(책), 강연, 축사, 연설, 설교 등이 이에 해당한다. 어문저작물은 말과 글로 인간의 사상과 감정을 구체적으로 표현한 것인데 강연, 축사, 연설, 설교 등은 말로, 그 외의 것들은 문자를 그 표현수단으로 하고 있다. 그런데 강연 등과 같이 말로써 표현된 어문저작물에 있어서는 말을 하는 사람이 자기의 사상이나 감정을 창작적으로 구술하면 이는 어문저작물로 보호될 수 있으나, 남의 작품(저술 등)을 그대로 낭독하거나 구연하는 경우에는 어문저작물에 해당할 수가 없고 **실연**에 해당하며, 이때는 저작인접권자로서만 보호받을 수 있게 됨을 유의하여야 한다.

그런데 기술의 발전으로 말미암아 어문저작물의 개념은 인간이 읽을 수 있는 형태에 국한하지 않고 컴퓨터프로그램과 같이 기계적 장치가 읽을 수 있는 형태까지 포괄할 수 있도록 그 개념범위가 줄곧 확장되어 왔다.

2. 어문저작물과 이를 구체화하고 있는 표현매체와의 구별

어문저작물은 이를 구체화하고 있는 표현매체Material Object와는 구별하여 이해하여야 한다. 소설·시와 같은 어문저작물에 대해서는 무체재산권인 저작권의 행사가 가능하고, 어문저작물을 표현하고 있는 도서나 CD 등과 같은 매체에 대해서는 유

---

48 저작권법의 역사를 살펴보아도 소설 등 어문저작물부터 보호하여 왔으며, 최초의 저작권법이라 할 수 있는 영국의 「앤 여왕법」도 그 보호의 대상이 어문저작물을 담고 있는 도서에만 한정되어 있었다.

체재산권인 소유권의 행사가 가능하기 때문이다.[49]

그런데 어문저작물 가운데 개인적 차원에서 주고받는 편지나 이메일과 같은 저작물은 누구의 것에 속하느냐가 문제가 될 수 있는데, 편지 내용에 대한 저작권은 편지를 쓴 발송자가 가지며 수신자는 단지 편지라는 유형물을 소유하고 있음에 그친다 하겠다.[50]

3. 문학적·학술적 가치를 가지고 있어야 하는가의 문제

어문저작물 가운데는 문학적·학술적 저작물이 중요한 위치를 차지하고 있지만 모든 어문저작물이 문학적·학술적 가치가 있어야 되는 것은 아니다.

문자로 구현되는 어문저작물은 **창작의 자유**에 따라 그 내용이 어떠한 것이라도 무방하다. 어문저작물의 내용에 있어서 심각한 음란성을 지니거나 사회적 허용범위를 넘는 사행성과 폭력성을 띠더라도 어문저작물로 성립됨에는 아무런 문제가 없음은 이미 기술한 바와 같다. 다만, 이들 저작물의 유통단계에 있어서는 「저작권법」 이외의 다른 개별 법률의 규정에 따른 일정한 제한을 받을 수 있는데 이는 저작물 성립 이후의 유통단계에서의 문제로서 별도의 차원에서 검토가 되어야 할 성질의 것이다.[51]

II. 음악저작물

1. 의의

음악은 문화예술의 중요한 장르의 하나이며, 문화콘텐츠산업의 핵심적 기반이기

---

49 이와 같은 논리는 모든 유형의 저작물에 똑같이 적용될 수 있는 말이나, 특히 의미가 있는 것은 유형적 형태의 저작물에서이다.

50 이는 후술하는 사진저작물에서도 마찬가지인데, 사진을 촬영한 자가 해당 저작물의 저작권을 가지고, 피사체의 주인공인 사진을 가지고 있는 자는 단지 유형의 사진을 소유하고 있을 뿐이다.

51 일반적으로 저작물 또는 문화콘텐츠를 창작하는 행위는 예술창작의 자유 또는 예술표현의 자유라는 이름아래 절대적으로 보장이 되지만, 그 유통에 있어서는 '청소년의 보호'와 같은 공익적 목적을 위하여 일정한 제한이 가해질 수 있는데, 이때 제한의 사유로는 '음란성', '사행성' 그리고 '폭력성' 등을 들 수 있으며, 이 밖에도 해당 저작물이 프라이버시를 침해하거나 타인의 명예를 훼손하여서는 아니 될 내재적 제약이 따른다.

도 하다. 음악저작물Musical Works이란 음·음성·음향 등과 같은 소리를 소재로 박자, 선율, 화성, 음색 등을 일정한 법칙과 형식으로 종합하여 인간의 사상과 감정을 예술적 형태로 표현한 것을 말한다(「음악산업진흥에 관한 법률」 제2조 제1호 참조). 다시 말해, 음악저작물은 가사의 수반 여부를 불문하고 악기나 육성에 의하여 실연할 수 있도록 모든 소리를 조합한 창작물을 말한다. 이와 같은 음악저작물은 우리가 가장 널리 활용하는 저작물로서 그 유통량이 다른 저작물보다 월등히 많으며 최근에 디지털 음원의 발달에 따라 이와 같은 현상은 향후에도 더욱 지속될 전망이다.

대부분의 경우에 있어서 음악저작물은 작사(임의적)와 작곡(필수적)이라는 2개의 창작 툴Tool을 가지고서 만들어지는데[52] 구체적인 음악저작물의 모습으로는 대중가요, 순수음악, 가곡, 동요, 합창, 관현악, 기악, 성악, 국악, 창극, 오페라 등을 예로 들 수 있다.

우리나라는 저작물의 성립요건으로 어떤 매체에의 고정화Fixation를 요구하지 않으며, 저작물이 외부에 인식할 수 있는 상태로 표현되기만 하면 되므로 음악저작물이 음반이나 악보 등에 고정화되어 있을 필요는 없다. 따라서 즉흥가요나 즉흥연주 등도 음악저작물로 성립하는 데에는 아무런 문제가 없다.[53] 이와 같은 주장의 이론적 근거는 음악저작물은 음악적 표현에 저작물성을 인정하는 것이지 어떠한 매체를 활용하여 음악적 표현을 하느냐와는 아무런 관련이 없다는 데서 찾을 수 있다.

2. 음악저작물의 공동저작물성

대부분의 경우에 있어서 음악저작물은 작사와 작곡이라는 2개의 창작수단이 상호작용하여 만들어지며, 음악저작물의 핵심을 이루는 작사와 작곡을 한 자는 각각 해당 음악저작물에 대한 저작자의 지위를 가진다. 그런데 작사와 작곡이 어우러져 하나의 음악저작물이 창작된다면 이들 작사와 작곡 및 음악저작물의 관계는 어떠한가가 문제될 수 있다. 이들이 독립성을 가지고 서로 분리하여 이용하는 것이 가능하다면 결합저작물이 될 것이고 개별적으로 분리하여 이용하는 것이 곤란하다면

---

52 참고로 '편곡'은 음악저작물을 2차적저작물로 전환할 때의 기법이다.
53 이는 문학저작물 가운데서 글이 아닌 말의 형식을 띤 것, 즉 강의, 설교, 축사 등이 저작물로 보호받는 것과 마찬가지이다.

이는 「저작권법」 제2조 제21호에 따른 공동저작물로 이해하여야 할 것이다. 여기에 대해서는 음악저작물은 작사와 작곡이 분리 가능한 상태로 결합된 결합저작물이라는 주장과, 작사자와 작곡가의 이바지한 부분을 분리하여 이용할 수 없는 공동저작물이라는 설이 맞서고 있다.

일반적으로 작사가 기존에 존재하는 시와 같은 어문저작물로 이루어졌을 경우에는 이 시는 음악저작물과 어문저작물 모두의 성질을 동시에 가지고 있다고 보인다.[54] 따라서 작사가 기존에 존재하는 시, 시조 또는 짧은 분량의 콩트나 수필을 차용한 것이라면 이는 결과적으로 단독저작물의 결합인 결합저작물로 보아야 할 것이며, 이때에는 작사자와 작곡가가 각각 별개의 권리를 행사함이 바람직할 것이다. 그러나 대부분의 경우 작사와 작곡을 물리적으로 합쳐서 음악저작물이 창작되기보다는, 다시 말해 1+1=2라는 형태를 취하기보다는 화학적 융합을 통하여 제3의 창작물인 음악저작물이 창작되는, 즉 1+1=2+α라는 형태로 나타난다.[55] 따라서 음악저작물은 일반적으로 공동저작물로 보아 저작권의 보호기간의 기산점과 저작재산권 행사에 관한 법 제15조 및 제48조를 적용하여야 할 것이다. 우리의 음악계 현장에서도 작사와 작곡을 개별적으로 분리하기보다는 하나의 공동저작물로 이해하는 것이 일반적인 모습이다.[56]

3. 2차적저작물 또는 편집저작물로의 보호 가능성

오랜 시간이 지난 고전음악이나 민요 등을 단지 오선지에 채보하는 것만으로는

---

54 가곡의 경우에 기존의 어문저작물을 그대로 차용하는 경우가 많으며 이때 해당 가사는 음악저작물과 어문저작물의 성격을 동시에 지닌다.

55 따라서 개별적인 작곡이나 작사가 창작성이 결여되어 저작물로 인정받을 수 없을지라도 전체로서의 음악저작물에서 창작성이 인정된다면 이는 저작권의 보호를 받을 수 있는 음악저작물이 될 수도 있다.

56 음악저작물에 대한 대표적인 저작권신탁관리단체인 한국음악저작협회의 '사용료 징수규정'에 따르면 가사와 악곡을 일괄하여 이 규정에서 말하는 음악저작물이라고 정의하고 있고 작곡이나 작사만을 따로 분리하여 징수하는 규정은 없다. 이러한 음악계의 실태는 일반적으로 볼 때 작곡과 작사는 완전히 독립적으로 창작되는 것이 아니라 악곡에 가사를 붙이거나 가사에 악곡을 붙이는 방식으로 상호의존적으로 창작되는 것이 보통이며, 그러한 의미에서 작곡가와 작사자들 사이에 교감하는 공동창작의 의사가 존재한다는 점 및 음악저작물을 이용하고자 할 때 대부분 악곡과 가사를 함께 이용하게 되므로 작곡가와 작사자의 이용허락을 모두 요하게 된다는 점 등을 고려하여 저작물관리와 사용료징수 등에 있어서 실무적인 편의를 고려한 것으로 추측된다(오승종, 앞의 책, 100쪽).

창작성이 없기 때문에 이들 채집음악물은 「저작권법」상의 보호받는 저작물이 될 수가 없다. 다만, 옛날 민요 등을 토대로 하여 수정·증감이나 편곡 등이 많이 이루어져 상당한 수준의 창작성이 가미된다면 이는 2차적저작물로 보호받을 수 있고, 또한 여러 민요 등을 수집하여 악보집이나 가사집으로 발행한다면 편집저작물로 보호를 받을 수 있을 것이다.[57]

III. 연극저작물

1. 의의

연극저작물Dramatic Works은 인간의 사상과 감정을 몸짓이나 신체의 동작으로 표현하는 것으로서, 여기에는 연극 및 무용·무언극 그 밖의 연극저작물이 이에 해당한다(「저작권법」 제4조 제3호). 연극저작물은 이와 같이 공연예술에 저작물성을 인정하는 것으로서 여기에는 연극뿐만 아니라 무용도 당연히 포함되고 있으며[58], 그 밖의 연극저작물로서는 발레·오페라·뮤지컬·서커스와 스포츠 경기에서의 몸짓이나 신체의 동작에 의해 표현되는 창작물[59] 등을 들 수 있다.

그런데 연극저작물의 보호대상인 몸짓이나 신체의 동작이라 함은 실연에 해당하는 동작 자체를 말하는 것이 아니라, 연극의 각본脚本이나 무용(안무)의 무보舞譜에 체화體化되어 있는 실연을 할 수 있는 기반으로서의 창작의 유형類型을 말함을 유의하여야 한다.[60]

한편, 우리 법은 저작물이 성립하기 위하여 고정Fixiation을 요구하지 않으므로 즉

---

57 허희성, 앞의 책, 77쪽.

58 무용계 입장에서는 아쉽기는 하겠지만 우리 법에서는 무용저작물을 별도로 분류하지 않고 이와 같이 연극저작물의 하나로 규정하고 있다.

59 피겨스케이팅, 리듬체조, 수중발레 등과 같이 스포츠경기 중에서 예술적 요소가 강조되는 종목에서 이루어지는 선수의 연기도 연극저작물, 그 가운데서 무용저작물로 인정하여야 할 것이다. 스포츠경기에서 표현된 연기가 저작물이 될 수 있는지의 여부는 그 특정한 연기가 사상이나 감정을 창작적으로 표현한 것인지의 여부에 따라 구체적 사안에서 개별적으로 판단하여야 할 문제이지, 스포츠경기라고 하여 일률적으로 저작물성을 부정할 것만은 아니다(오승종, 앞의 책, 105~106쪽).

60 이와 같은 '창작의 유형'은 일반적으로 연극에 있어서는 각본에, 무용(안무)에 있어서는 무보에 각각 체화되어 있다.

흥연기나 즉흥무용도 연극저작물이 될 수 있음은 물론이다. 따라서 연극저작물은 각본이나 무보에 고정되어 있을 필요는 없으며, 이는 앞에서 살펴본 어문저작물이나 음악저작물에 있어서도 마찬가지이다.

연극, 무용, 무언극 등의 연극저작물은 각본과 무보[61]와 같은 어문저작물과 음악과 무대장치[62], 효과음, 소도구 그리고 연기자의 연기와 안무가·무용가 등의 무용과 같은 실연행위가 총체적으로 어우러진 종합예술로서의 특징을 가지고 있다. 따라서 연극저작물은 대부분의 경우에 있어서 어문저작물·음악저작물·미술저작물과 혼합된 상태로 존재하며, 특히 연극저작물에는 연기를 하거나 무용 등을 실제로 연기하는 실연자가[63] 필수적으로 참여하므로 이들 실연자의 권리도 동시에 고려되어야 함을 유의할 필요가 있다.

2. 연극저작물의 저작물성

「저작권법」제4조 제1항 제3호에 따른 연극저작물로 보호되는 것은 실연의 토대가 되는 연기 또는 안무의 유형類型으로서 창작성이 있는 것을 말한다. 그런데 연극저작물을 말하는 연기 또는 안무의 유형으로서 창작성이 있는 것은 그 유형이 한정되어 있어서 실제로는 연극저작물로 보호받을 수 있는 것은 한정적일 수밖에 없다.[64] 이는 연기에 있어서의 독창적인 형태나 무용가의 독창적인 안무형태도 사실은 상당히 제한적으로만 존재하기 때문이며[65], 그나마 대부분의 연극과 무용 등에

---

61 「저작권법」제4조 제1항 제1호에서 어문저작물을 예시하면서 '소설·시·논문·강연·연설·각본 그 밖의 어문저작물'이라고 표현하고 있다. 따라서 각본과 무보 등은 어문저작물에 해당하며, 연극저작물과 무용저작물은 각각 각본과 무보 등에 체화되어 있는 '무형의 창작의 유형'을 말함을 유의하여야 한다.

62 무대장치는 무대미술이라고도 하는데, 이는 미술저작물에 해당한다. 그런데 연극저작물의 실제에 있어서 활용되고 있는 대부분의 무대장치, 효과음, 소도구 등은 아이디어에 해당하거나 아니면 합체의 원칙(Merger Doctrine) 또는 필수장면의 법칙이 적용되어 법의 보호를 받을 수 있는 경우는 별로 많지 않은 것이 현실이다.

63 "'실연자'는 저작물을 연기·무용·연주·가창·구연·낭독 그 밖의 예능적 방법으로 표현하거나 저작물 아닌 것을 이와 유사한 방법으로 표현하는 실연을 하는 자를 말하며, 실연을 지휘·연출 또는 감독하는 자를 포함한다"(제2조 제4호).

64 소송실무에서도 연극저작물 침해사건에 있어서는 대부분의 경우 해당 연극저작물이 원저작자가 가지고 있는 2차적저작물작성권을 침해한 것이냐에 관한 것이고 연극저작물 자체를 침해한 것이냐를 발견하기는 쉽지 않다.

65 싸이의 〈강남스타일〉이 선풍적인 인기를 얻자(2012년 9월에 유튜브에 올려진 후 2019년 현재 34억 회

있어서 일정한 유형의 연기나 무용의 형型은 앞에서 언급한 바 있는 필수장면의 법칙에 해당하기 때문이기도 하다.

이와 같은 이유로 연극저작물은 여타의 저작물과 비교해 볼 때 법에 의한 보호를 충분히 받기에는 여러 가지 어려움과 한계가 많이 따르고 있음을 유의할 필요가 있다.[66] 이는 창작의 결과를 그림으로 남기는 미술저작물과 악보와 음반으로 남기는 음악저작물 등은 해당 저작물의 실체가 뚜렷하지만, 창작의 결과가 공연되는 순간에 사라져 버리는 연극저작물은 그 실체를 파악하기가 대단히 어렵기 때문이다. 물론 무보舞譜와 영상기록이 창작의 결과물로 대체되는 경우도 있으나, 이들 매체들도 복잡다단한 몸의 움직임과 정서적 표현까지 완전하게 포착하지 못하기 때문에 연극이나 무용가로부터 '기억의 보전수단' 정도로만 취급을 받고 있는 것이 현실이다.[67] 그럼에도 불구하고 연극, 무용, 발레, 무언극, 오페라, 뮤지컬, 서커스 등에 있어서 이를 실연하는 연기자(배우, 무용가, 가수 등)가 기존의 각본이나 안무에서 정해진 것 이상으로 창작적인 새로운 형태의 연기 또는 안무의 형型을 만든 경우에는 얼마든지 새로운 연극저작물 또는 2차적저작물로 인정될 수 있음은 물론이다.[68]

의 조회수를 기록한 바 있음) 배경으로 등장하는 안무(소위 '말춤')에 대하여 이를 「저작권법」상 보호를 받을 수 있는 무용저작물로 인정하여 안무가에게도 저작권을 인정해 주어야 하지 않겠느냐는 논의가 활발히 전개된 바 있다. 그런데 말춤을 비롯한 안무의 유형은 지극히 한정되어 있어서 이를 저작자인 안무가에게 독점적인 권리를 부여하면 나중에 이와 같은 무용을 이용하고자 하는 자는 일일이 저작자의 이용허락을 받아야 할 것이고 이는 결코 문화예술의 발전과 문화콘텐츠산업의 진흥에도 바람직하지 않을 것이라는 반론이 강하게 제기된 바 있다. 이와 같은 주장은 말춤은 일종의 아이디어 내지는 필수장면의 법칙으로 이해하여 제기된 것이며, 이때의 논쟁은 저작자와 실연자 간의 수익배분의 문제는 별개로 하더라도(〈강남스타일〉의 안무가와 무용가 등에게는 「저작권법」이 아닌 「민법」상의 별도의 약정에 따라 일정비율은 귀속된 것으로 알려졌음), 무용이 비록 우리 「저작권법」에서 규정하고 있는 연극저작물에 해당하기는 하지만 이를 현실적으로 권리화(權利化)하여 저작자에게 배타적인 저작권을 부여한다는 것이 얼마나 어려운 일인가를 확인할 수 있는 계기가 되었다.

66 우리의 경우, 특히 무용이 다른 예술 분야와 비교해 볼 때 저작권 보호가 상대적으로 불안정하며, 안무가의 저작권에 대한 인식 또한 희박한 것이 사실이다. 이와 같은 상황을 가져온 사유로는 i) 무용저작물을 주장할 만한 공연시장의 부재와, ii) 창작결과가 공연되는 순간에 곧바로 사라져 버리는 무용의 특성 등을 들 수 있다. 해외 저작권법과 비교해도 우리나라 「저작권법」은 무용의 특이성과 독자성에 대한 인식이 부족하다는 판단이 드는데, 그 근거로는 i) 북한의 저작권법이 무용을 가극, 연극, 교예와 더불어 '무대예술저작물'로 분류하고 있고, ii) 중국의 저작권법이 무용저작물에 대해 별도의 항목을 마련하여 "무용작품이란 연결된 동작, 자세, 표정 등을 통하여 인간의 사상과 감정을 표현하는 작품을 말한다"라고 규정하고 있고, iii) 미국의 저작권법이 무용저작물(Choreographic Works)을 연극저작물(Dramatic Works)과 별도로 규정하고 있는 것 등을 들 수 있다(최혜리, 「무용저작물, 어떻게 보호할 것인가?」, 공연예술과 저작권 토론회 자료, 문화체육관광부(2012)).

67 배해일, 「공연현장의 저작권 애로사항」, 공연예술과 저작권 토론회 자료, 문화체육관광부(2012), 17쪽.

68 이때의 저작자는 각본 또는 무보를 새롭게 창작한 자이며 연기자·연출가·무용가 등은 실연자로서의 지위를 가지고 있음을 유의하여야 한다.

Ⅳ. 미술저작물

1. 의의

미술저작물은 어문저작물, 음악저작물과 함께 소위 3대 저작물로 지칭되며 오늘날 저작물 가운데 가장 중요한 저작물의 하나로 자리 잡고 있다. 미술저작물은 색채와 형상 등 미술적 요소를 활용하여 인간의 사상 또는 감정을 미적으로 표현한 것으로서 당연히 저작물성이 인정된다.

2. 미술저작물의 범주

먼저, 우리 「저작권법」 제4조 제1항 제4호에서는 회화, 서예, 조각, 판화, 공예를 대표적인 순수미술의 예로 들고 있는데, 다른 나라와 비교해 볼 때 특이하게도 서예를 순수미술의 하나로 인정하고 법의 보호를 받을 수 있도록 하고 있다.

문자를 통한 창작활동의 결과물을 의미하는 서예Calligraphy[69]는 글자꼴Typeface과는 달리 기능성보다는 예술성이 강조되고 있으며, 이에 우리는 서예를 미술저작물의 일종으로 하여 이를 명시적으로 보호하고 있는 것이다. 따라서 작품에 대한 저작권을 가지고 있는 서예가는 다른 사람이 그의 허락 없이 서예작품을 이용하는 것을 금지할 수 있으며, 동시에 저작권자로서 주어진 여러 가지 저작인격권과 저작재산권을 행사할 수가 있다. 그리고 미술저작물의 범주에는 응용미술저작물과 함께 **그 밖의 미술저작물**도 포함되는데, 여기서 말하는 그 밖의 미술저작물로는 만화, 스케치, 데생, 삽화, 무대미술 등이 있다.

그런데 여기에서 논의하고 있는 법 제4조 제4호의 미술저작물은 협의의 미술저작물이라고 할 수 있고, 여기에 법 제4조 제1항 제5호의 건축저작물과 제6호의 사진저작물을 모두 포함하여 광의의 미술저작물이라 할 수 있다. 이 가운데 회화, 서예, 조각, 판화 등은 예술적 성격이 강한 미술저작물이고 응용미술저작물, 건축저

---

69 서예작품 그 자체는 비록 문자로 표현된 것이라 하더라도 이는 언어적 사상을 표현한 것이 아니라 시각적·형상적 사상을 표현한 것으로 보아야 하며, 따라서 서예는 어문저작물이 아니고 미술저작물의 하나이며 우리 「저작권법」도 같은 입장을 취하고 있다(오승종, 앞의 책, 95쪽).

작물 그리고 사진저작물은 예술성에 기능적 성격도 상당 부분 가미된 저작물이라 할 수 있다.

3. 응용미술저작물의 보호

(1) 의의

우리 「저작권법」 제4조 제1항 제4호에서는 응용미술저작물을 미술저작물의 범주에 명시적으로 포함시키고 있다. 응용미술저작물은 회화, 서예, 조각, 판화, 공예와 함께 미술저작물에 속하는 구체적인 저작물의 하나이며 따라서 현행 법체계상 응용미술저작물도 당연히 저작물성이 인정된다.

응용미술저작물은 응용미술[70] 가운데서 인간의 사상 또는 감정을 창작적으로 표현한 것을 말하는데, 여기에는 공예[71]·조형물이 포함될 수 있다. 이와 더불어 기능성이 강조되는 소품, 장식품, 장신구, 생활용품, 장난감 등도 포함될 수 있다. 특히 현행 법에서는 응용미술저작물에 디자인이 포함됨을 명시적으로 규정하고 있다 (제2조 제15호).

그런데 응용미술저작물은 일반미술저작물과 비교해 볼 때 예술성보다는 기능성이 강조되는 특징이 있으며, 따라서 수공적手工的인 일품제작품一品製作品보다는 대량생산이 가능한 미술품에 적용될 가능성이 높고[72], 저작물을 분류함에 있어서 일반적으로 기능적 저작물로 분류되고 있다.[73]

---

70 '응용미술'은 산업적 측면이 어느 정도 있지만 오늘날 순수미술과의 융화가 촉진되고 있어 이를 예술의 범주에 포함시켜 같은 법의 적용을 받도록 하고 있다. 응용미술이라 함은 순수미술(Fine Arts)에 대칭되는 개념으로서 이를 실용미술(Useful Mechanical Arts) 또는 산업미술(Industrial Arts)이라고도 한다. 순수미술이란 미술가의 창의성과 심미적 영감에 기초를 두고 있는 데 반해 응용미술은 기능과 산업적 용도에 중점을 두고 있다. 따라서 순수미술은 일품제작품(一品制作品, One-of-a-kind Works)이 주를 이루고 있고, 응용미술은 대량생산이 가능한 다품종 미술품이 주를 이루고 있다. 미국에서는 순수미술을 창작하는 자를 Artist라고 부르며 응용미술을 제작하는 자를 Artisan 또는 Crafts Person이라고 부르는 경향이 있다(박순태, 「문화예술법」, 54쪽). 그런데 프랑스에서는 순수미술과 응용미술을 구분하지 않고 모든 정신적 저작물은 그 종류 또는 표현형식을 고려함이 없이 법의 보호를 받아야 한다는 독특한 입장을 견지하고 있는데, 이를 흔히 "미(美)에는 수준차이가 존재하지 않는다"라는 사상에 바탕을 두고 있는 '미(美)의 일체성 이론'이라 한다.
71 공예는 일품제작으로 창작이 될때는 순수미술로, 다량으로 창작이 될 때는 응용미술로 볼 수 있다.
72 우리 법 제2조 제15호에서도 "응용미술저작물은 물품에 동일한 형상으로 복제될 수 있는 미술저작물로서…"라고 하여 응용미술저작물은 대량생산 가능성을 그 본질로 하고 있음을 밝히고 있다.

(2) 응용미술저작물의 「저작권법」상 보호요건

오늘날 우리를 비롯한 대부분의 국가에서는 응용미술저작물에 대하여 그 기능적 성격에도 불구하고 저작물성을 널리 인정하여 법에 따른 각종 보호를 하고 있다.

일반적으로 볼 때 응용미술저작물이 법으로 보호받기 위해서는 일정한 요건이 충족되어야 한다. 무엇보다도 응용미술저작물 자체가 상업적인 대량생산에의 이용 또는 실용적인 기능을 주된 목적으로 하여 창작된 경우에는 그 모두를 저작물로 보호하는 것이 아니라, 응용미술저작물에 내재되어 있는 미적인 요소가 그것이 적용된 제품의 실용적인 기능성과 물리적으로 또는 관념적으로 분리될 만한 가능성이 있어야 한다.

이와 같은 법리는 미국을 비롯하여 우리를 포함한 대부분의 국가에서 받아들여지고 있는데, 이를 흔히 **분리가능성 Test**라 하며 그 주요 쟁점은 예술적 특성이 실용적 측면과 분리되어 확인이 되고 그 실용적 측면과 독립하여 존재할 수 있는지의 여부에 두고 있다. 다시 말해, 응용미술작품의 유일한 본래의 기능이 실용성에 있다면 그 작품이 독창적이라거나 미적으로 훌륭하다는 것만으로는 저작물성을 가질 수 없고, 그 이용된 물품과 분리하여 인식할 수 있으며 또한 독립적으로 존재할 수 있는 회화, 그래픽, 사진 또는 조각 등의 형상을 포함하고 있을 경우에만 그 형상에 대해 저작물성을 인정할 수 있다. 즉, 응용미술저작물의 저작물성은 해당 작품 전체에 미치는 것이 아니고 분리가능한 응용미술작품에만 미침을 유의하여야 한다.[74] 우리 법 제2조 제15호에서도 "응용미술저작물은 물품에 동일한 형상으로 복제할 수 있는 미술저작물로서 그 이용된 물품과 구분되어 독자성을 인정할 수 있는 것을 말한다"라고 하여 이를 법률적으로 분명하게 뒷받침하고 있다.[75]

---

[73] 한편 「베른협약」에서는 응용미술과 디자인을 보호받을 저작물의 하나로 예시하고 있고 응용미술을 어떠한 형태로든 보호하여야 할 것을 가맹국의 의무로 규정하고 있지만 그 구체적인 보호방법, 예컨대 저작권법에 의할 것인지 디자인보호법에 의할 것인지와 그 보호조건 등은 각 가맹국의 국내법에 위임하고 있다(제2조 (7) 참조).

[74] 예를 들면, 의자등받이의 조각품이나 접시의 꽃 양각 디자인은 법에 의한 보호를 받고 있지만, 의자나 접시 그 자체의 디자인은 법에 의한 보호를 받고 있지 못하다.

[75] 이는 미국 저작권법에서도 마찬가지이다. "The design of a useful article can be protected only to the extent that, such design incorporates pictorial, graphic or sculptural features that can be identified separately from and are capable of existing independently of the utilitarian aspects of the article"(17 U.S.C. §102).

응용미술저작물의 요건과 관련한 우리와 미국의 대표 판례를 소개하면 다음과 같다.

> 응용미술저작물의 요건과 관련하여, "일명 '히딩크 넥타이'의 도안이 우리 민족 전래의 태극문양 및 팔괘문양을 상하좌우로 연속반복한 넥타이 도안으로서 응용미술작품의 일종이라면 위 도안은 '물품에 동일한 형상으로 복제될 수 있는 미술저작물'에 해당한다고 할 것이며, 또한 그 이용된 물품과 구분되어 독자성을 인정할 수 있는 것이라면 저작권법 제2조 제15호에서 정하는 응용미술저작물에 해당한다"라고 판시한 바 있다(대법원 2004.7.22, 선고 2003도7572 판결).

> 미국 연방법원은 가구에 붙어 있는 장식품의 저작물성과 관련하여, "침대가구와 같이 순수하게 실용적인 물건은 미국 저작권법 제101조의 규정에 따른 보호를 받을 수 없지만, 실용적 물건의 모양이 분리되어 확인될 수 있고 예술품으로서 독립적으로 존재할 수 있는 예술적 조각이나 회화적 묘사와 같은 특성을 포함한다면 그러한 특성들에 대해서는 저작권 등록을 부여할 수 있으며, 같은 이유로 가구 전체(실용품)가 아니라 가구에 있는 장식조각품(예술작품)에 대하여 저작권 보호를 부여하는 것은 타당하다"라고 판결하였다(Amini Innovation Corp. v. Anthony California. Inc., 439 F. 3rd 1365.78 U.S.P.Q. 2d 1147(Fed.Cir. 2006)).

그런데 응용미술저작물은 앞에서도 언급했다시피 디자인을 포함하고 있음을 유의하여야 한다(제2조 제15호 참조). 따라서 디자인은 「저작권법」과 「디자인보호법」에 따른 2중의 보호가능성이 있으며, 현실적으로 창작성을 입증하여 응용미술저작물로 보아 「저작권법」의 보호를 받을 것인지, 아니면 창작성뿐만 아니라 신규성까지 입증한 후에 디자인으로 등록하여 「디자인보호법」의 보호를 받을 것인지는 당사자의 몫이라 하겠다. 일반적으로 해당 디자인이 물품에 동일한 형상으로 복제할 수 있고, 그 이용된 물품과 구분하여 독자성을 인정할 수 있다면 「저작권법」에 따른 보호를 할 수 있을 것이며, 그렇지 않다면 디자인 일반에 관한 「디자인보호법」의 적용을 받을 수 있을 것이다. 그런데 현실적으로 저작권 실무계의 상황을 보면 중첩보호에 따른 불평등의 문제 그리고 분리가능성 판단의 어려움 등으로 인하여 디자인을 응용미술저작물로 보아 「저작권법」에 따라 보호하는 것에 대해서는 소극적이고 제한적으로 접근하고 있는 양상이라고 한다.[76]

---

[76] 김창화, 「실용품 디자인의 저작권법 보호에 관한 연구」, 계간 《저작권》(2017 겨울호), 한국저작권위원회, 7쪽.

4. 미술저작물에 관한 몇 가지 특례

미술저작물은 여타의 저작물과 달리 순수한 무체물이 아니라 평면적(회화, 서예, 판화, 디자인, 건축을 위한 설계도서, 사진 등) 또는 입체적(조각, 건축물, 건축을 위한 모형, 무대미술, 공예, 응용미술저작물) 유형의 형태를 띠고 있기에 소유권을 가지고 있는 자와 저작권을 가지고 있는 자의 권리행사가 충돌할 수 있다. 그리고 미술저작물은 유체물로서 한정적으로 존재할 수밖에 없기에 이들 미술저작물에 대해서는 공익적 견지에서 보다 많은 사람들이 이를 접할 수 있게 하기 위한 정책적 필요성도 있다. 이와 같은 사유로 「저작권법」에서는 미술저작물 등에 대해서 여러 가지 특칙을 마련하고 있으며, 이는 모두 미술저작물 등이 체화되어 있는 유체물 자체에 대한 권리인 **소유권**이 무체물로서의 미술저작물 등에 대한 저작권(저작재산권 또는 저작인격권)보다 우월적 효력을 가지고 있다는 내용으로 구성되어 있다. 즉, 미술저작물이라는 유체물을 소유하고 있는 자에 대해서는 미술저작물의 저작자는 그가 가지고 있는 특정의 권리(예를 들면 전시권, 복제권, 배포권, 공표권 등)가 제한된다는 내용으로 특칙이 마련되어 있다.[77]

V. 건축저작물

1. 의의

오늘날 건축[78]은 중요한 문화예술의 영역에 해당하며[79], 건축저작물Architectual Works

---

77 이를 구체적으로 살펴보면, i) 미술저작물의 원본의 양도 시 원본의 전시방법에 의한 공표동의의 추정에 관한 법 제11조 제2항은 저작자의 저작인격권인 '공표권' 행사의 제한에 관한 규정, ii) 원본 소유자 등의 원본에 의한 전시의 허용에 관한 법 제35조 제1항은 미술저작물 저작자의 저작재산권인 '복제권' 행사의 제한에 관한 규정, iii) 목록형태의 책자에의 복제·배포 허용에 관한 법 제35조 제3항은 미술저작물 저작자의 저작재산권인 '복제권'과 '배포권' 행사의 제한에 관한 규정이라 할 수 있다. 미술저작물에 대한 특례의 보다 구체적인 사항에 대해서는 제7장 '저작재산권 행사가 제한되는 경우' 부분에서 별도로 논의하기로 한다.
78 "'건축'이란 건축물을 신축·증축·개축·재축하거나 건축물을 이전하는 것을 말한다"(「건축법」 제2조 제8호).
79 「문화예술진흥법」 제2조 제1호에서는, 문화예술은 문학, 미술(응용미술을 포함한다), 음악, 무용, 연극, 영화, 연예, 국악, 사진, 건축, 어문(語文), 출판 및 만화를 말하는 것으로 정의하고 있다.

또한 저작물의 주요한 범주의 하나로 자리 잡고 있다. 본래 기능적 요소를 가지고 있는 건축에 인간의 사상이나 감정을 창조적으로 체화시켜 미적 형상 내지는 표현이 구체화되어 나타나면 여기에도 저작물성을 인정하여야 함은 당연하기 때문이다.

2. 건축저작물의 범주

(1) 건축물, 건축을 위한 모형 및 설계도서

먼저 「저작권법」에서는 건축물[80] 자체를 건축저작물로 인정하고 있는데, 그 이유는 해당 건축물에 의하여 표현된 미적 형상과 미적 가치를 다른 모방건축으로부터 보호하기 위해서이다. 건축물이 건축저작물의 예시에 속한다고 하여 모든 건축물이 다 건축저작물이 될 수 있는 것은 아니다. 단순한 주거용 아파트나 연립주택과 같이 심미적·예술적 요소가 지극히 미약하고 오직 기능적 요소만 강조되고 있는 건축물은 건축저작물이 될 수 없다. 이는 앞에서 언급한 저작물 성립요건으로서 최소한의 창작성Minimum Creativity이 결여되어 있기 때문이다.

그리고 건축저작물에 있어서 저작권의 보호를 받는 것은 건축물에 의하여 표현된 미적인 형상으로서의 전체적인 디자인 부분에 한정된다. 따라서 주거성, 실용성 등을 높이기 위한 건축저작물의 기능적 요소에 대해서는 비록 그 요소에 창작성이 있다고 하더라도 저작권의 보호를 제한하고, 기능적 요소 이외의 요소를 이루는 건축물 개개의 구성요소가 아닌 전체적인 외관에 창작성이 있는 경우에는 저작물로서 보호될 수가 있다. 다시 말해, 건축물을 구성하고 있는 개개의 주방, 발코니, 수납공간 등은 건축저작물로서 보호받을 수 없는데 그 이유는 아이디어·표현 이분법이나 합체의 원칙 또는 필수장면의 법칙으로도 설명이 가능하다. 즉, 건축물을 구성하는 개개의 창문틀, 출입문, 주방, 발코니, 거실의 배치 등은 건축을 위한 아이디어 또는 필수장면(장치)으로 볼 수 있기 때문에 이들은 법의 보호를 받을 수가 없는 것이다.[81]

---

80 "'건축물'이란 토지에 정착하는 공작물 중 지붕과 기둥 또는 벽이 있는 것과 이에 딸린 시설물, 지하나 고가(高架)의 공작물에 설치하는 사무소·공연장·점포·차고·창고 등을 말한다"(「건축법」 제2조 제2호).
81 물론 개개의 창문틀이나 출입문 등과 같이 건축저작물을 이루고 있는 인테리어적 구성요소들은 그 자체에 창작성이 있다면 미술저작물이나 도형저작물에 해당할 수 있지만 건축저작물로 보호받을 수는 없다는 점에 유의할 필요가 있다.

건축저작물이 법으로 보호받기 위해서는 반드시 주거용 건축물일 필요는 없으며[82] 정원, 정자 등도 얼마든지 건축저작물로 보호받을 수 있음을 유의하여야 한다.

(2) 건축을 위한 모형 및 설계도서

다음으로, 건축을 위한 모형과 건축을 위한 설계도서도 건축저작물로 인정되어 법의 보호를 받을 수 있다. 건축의 완성을 위하여는 상당한 시간이 소요되며, 따라서 그 준비단계로서 모형과 설계도서 등이 필요한데 이들도 해당 건축물과 마찬가지로 건축저작물의 하나로 보호할 필요가 있기 때문이다. 건축저작물에 대한 저작권이 실제로 침해되는 경우도 완성된 건축물을 모방하기 위하여 저작권을 침해하기보다는 건축을 위한 모형이나 설계도서를 그대로 베낀 후 이에 따라 건축을 시공하는 과정에서 나타나는 것이 일반적이다.

건축을 위한 모형에는 건축의 형상을 축소하여 제작한 모형 등을 말하는데 대규모 또는 상징적 건축물 등을 시공함에 있어서 홍보용이나 건축시공 제안서 작성시 널리 활용되고 있다. 그리고 건축을 위해서는 설계와 관련한 무수한 설계도서가 필요한데 대표적으로는 공사용 도면[83], 구조 계산서, 시방서示方書 등이 있다(「건축법」 제2조 제14호).

그런데 건축을 위한 모형이나 설계도서가 모두 건축저작물로서 보호되는 것은 아니고 건축물 자체의 경우와 마찬가지로 그것이 최소한의 창작성이 있어야 할 것이다. 따라서 건축물 내부의 구조적인 형상 등에 관한 설계도서나 모형은 건축저작물이 가지는 편의성, 실용성, 효율성 등과 같은 기능적 가치를 보편적으로 인정할 수밖에 없으며, 이와 같은 이유로 건축을 위한 설계도서나 모형에 있어서는 실제로 보호받는 저작물이 되기에는 많은 한계가 있다.

> 서울고등법원은 설계도서의 창작성과 관련하여, "저작권법 제4조 제1항 제5호에 의하여 건축을 위한 설계도서는 건축저작물의 일종으로서 그 표현에 있어서 창작성을 구비할 경우에는 저작권법에 의한 보호를 받을 수 있으나, 이러한 건축저작물은 기본적으로 기능적 저작물로서 이에 기초한 건축물의 편의성, 실용성, 효율성 등의 기능적 가치에 중

---

[82] 「건축법」 제2조 제2호에서도 건축물을 꼭 주거용으로만 한정하고 있지는 않다.
[83] 공사용 도면에는 다시 투시도, 평면도, 배치도, 이면도, 단면도 등이 있다.

점을 둘 수밖에 없으며 이 사건 아파트 설계도와 같은 경우에는 그 기능을 구현하는 방법에 있어 다양성이 제한되어 있는 관계로 이른바 합체의 원칙Doctrine of Merger에 의하여 현실적으로 저작권의 보호가 인정되는 부분은 극히 제한될 수밖에 없다"라고 결정한바 있다(서울고등법원 2004.9.22, 자2004라312 결정).

(3) 그 밖의 건축저작물(건축물 이외의 구조물)

현행 「저작권법」 제4조 제1항 제5호에 저작물로서 건축저작물을 예시하고 있는데 여기에서는 건축물 이외의 구조물에 대해서도 이 조항이 적용될 수 있느냐가 문제시 된다. 법 제4조의 규정은 예시적인 규정으로 보아야 하며, 예시하고 있는 것 외에도 인간의 사상 또는 감정을 표현한 창작물이라면 그것이 어떤 형태를 띠든지 저작물로 인정하여 법의 보호를 받을 수 있도록 하여야 한다. 이는 창조성을 발휘하여 저작물을 작성한 자에게 저작권의 부여라는 보상을 주어 궁극적으로 인류의 문화발전과 관련 산업의 향상·발전을 위해서도 필요한 것이다.

건축물이 교량, 철탑, 등대 등과 같이 사람의 주거와 관련이 없는 구조물의 경우에도 그것이 인간의 사상과 감정을 표현한 심미적이고 예술성이 있는 창작물에 해당한다면 이에 대한 저작물성을 부정할 이유가 없으며, 오히려 보다 아름다운 건축문화의 확대·재생산을 위해서도 저작물성을 인정하여야 할 것이다.

법 제4조 제1항 제5호에서 **그 밖의 건축저작물**이라는 개방적 개념을 두고 있는이유는 비록 인간의 주거를 염두에 둔 건축물은 아니지만 어느 정도 사람의 통상적인 출입이 예정되어 있는 3차원의 구조물로서 인간의 사상 또는 감정을 표현한 상징적·역사적 구조물도 건축저작물의 하나로 확대해석할 수 있음을 염두에 둔 것이라 이해된다. 따라서 창작성이 있는 구조물은 비록 건축물이 아니더라도 어느 정도 사람의 출입이 예정되어 있다면, 법 제4조 제1항 제5호의 그 밖의 건축저작물로보아 저작물성을 인정함이 바람직할 것이다. 이 경우 그 밖의 건축저작물에 해당할수 있는 것으로는 교량, 도로, 댐, 철탑, 누각, 기념물, 전망대, 상징탑 그리고 골프코스[84]와 같은 기타의 축조물 등이 있을 수 있다.

---

84 골프코스의 저작물성과 관련하여 골프코스 개개의 구성요소가 아니라 그 개개의 구성요소의 배치와 조합을 포함한 골프장의 전체적인 미적 형상의 표현방식은 이른바 기능적 저작물에 해당하지만, 거기에 따른 골프코스와 구분될 정도로 설계자의 창조적 개성이 드러날 경우 그 한도 내에서 저작물로서의 창작성이 인정될 수 있을 것이다.

3. 건축저작물에 관한 몇 가지 특례

「저작권법」에서는 유형적 형태를 지니고 있는 건축저작물의 특성에 착안하여 일반저작물에는 적용될 수 없는 몇 가지의 특례적 사항을 규정하고 있는데, i) 저작자가 가지는 동일성유지권 행사의 제한(제13조 제1항 및 제2항 참조), ii) 원본에 의한 전시허용 등과 원본의 전시방법에 의한 공표동의의 추정(제11조 제3항 참조), iii) **건축을 위한 모형과 설계도서에 따라 시공하는 것**을 건축물의 **복제**에 포함(제2조 제22호 참조) 등이 그것이다.

건축저작물에 대한 이와 같은 특례의 구체적인 내용에 대해서는 해당 부분을 논의할 때 별도로 언급하기로 하고 여기서는 생략하기로 한다.

VI. 사진저작물

1. 의의

오늘날 사진은 중요한 문화예술의 장르일 뿐만 아니라 개인의 여가·취미활동의 대상으로 자리 잡아 가면서 전문 사진가뿐만 아니라 동호인 활동 등을 통한 일반사진 애호가도 급격히 늘어나고 있는 추세이며, 이들은 자기가 창작한 사진의 저작물성에도 많은 관심을 나타내고 있다.

문화예술의 한 장르로서의 사진[85]은 광의의 미술저작물에 속하는데, 「저작권법」 제4조에서는 사진저작물(이와 유사한 방법으로 제작된 것을 포함한다)을 저작물의 예시로서 별도로 제시하고 있다. **사진**이란 피사체를 필름, 파일 또는 기타 전자적 매체에 재현한 후 영구적으로 보관·기록할 수 있는 영상정보 또는 자료를 말한다.

저작권의 역사로 볼 때 사진저작물은 1996년에 체결된 세계지식재산기구 저작권조약WCT : WIPO Copyright Treaty에서 본격적으로 보호되기 시작한 후 오늘에 이르고 있다.[86]

---

[85] 「문화예술진흥법」 제2조 제1호 참조.
[86] WCT체제하에서는 디지털기술을 이용한 사진저작물의 작성이 보편화됨에 따라 사진저작물(Photographic

법 제4조 제1항 제6호에서는 사진저작물로서 사진저작물과 유사한 방법으로 제작된 것을 포함하는데 여기에는 이미지사진, 전송사진, 자외선사진, 사진적 판화, 인쇄상의 컬러타이포, 사진염색, 오프셋 등에 의하여 사진형태로 창작된 것 등이 있다. 한편, 사진은 영상저작물과 구별되는데, 영화·비디오물과 같은 영상저작물이 연속적인 영상을 대상으로 하는 반면에 사진은 고정된 피사체의 영상을 대상으로 하기 때문이다. 그리고 사진은 카메라나 핸드폰 등과 같은 기계적 장치를 활용한다는 점에서 인간이 직접 수작업을 하는 다른 미술저작물과도 차이점이 있다.

2. 사진저작물의 창작성 판단

사진의 저작물성을 인정하기 위해 요구되는 창작성은 다른 저작물에서 요구되는 창작성과 다를 바 없다. 「저작권법」에 따라 보호를 받을 수 있는 사진저작물이 되기 위해서는 인간의 사상 또는 감정이 피사체Subject Matter의 선택과 구도의 설정, 빛의 방향과 양의 조절, 카메라 앵글의 설정, 셔터 찬스Shot Chance의 포착 등을 통하여 창작성 있게 구현되어야 한다. 따라서 기존의 저작물을 대상으로 사진촬영을 하였을 때 창작성이 없다면 단순한 복제행위에 불과하고 창작성이 있다면 사진저작물에 해당한다고 할 수 있다.

> 대법원은 사진의 저작물성과 관련하여, "저작권법에 의하여 보호되는 저작물이기 위하여서는… 그 요건으로서 창작성이 요구되는 바, 사진저작물은 피사체의 선정, 구도의 설정, 빛의 방향과 양의 조절, 카메라 각도의 설정, 셔터의 속도, 셔터 찬스의 포착, 기타 촬영방법, 현상 및 인화 등의 과정에서 촬영자의 개성과 창조성이 인정되어야 한다"라고 판시한 바 있다(대법원 2001.5.8, 선고 98다43366 판결).

사진저작물의 창작성을 판단함에 있어서는 피사체 자체는 보호받을 수 있는 영역이 아님을 유의하여야 한다. 피사체는 자연세계에 존재하는 만인공유의 것으로 저작권 등에 상관없이 누구나 자유로이 사용할 수 있는 공공의 영역Public Domain에 해당한다. 따라서 피사체는 독점이 허용되는 것이 아니고 자연세계에 존재하는 사

Works)을 다른 문학·예술적 저작물과 비슷한 수준으로 인식하여 50년간 보호하는 등의 보호조치를 취한 바 있다(「WCT」 제9조 참조).

실Facts로서 일종의 아이디어Idea 영역에 해당하는 것으로서 누구에게나 개방되어 있어야 하며[87], 단지 동일한 피사체를 동일한 장소에서 동일한 방법으로 촬영하였다고 하여 이것이 저작권의 침해가 되는 것은 아님을 유의하여야 한다.[88] 이때, 피사체를 선정하고 촬영지점을 포착하는 작가의 행위는 사진이라는 저작물에 구체적으로 구현될 수 있는 표현행위로 보아 사진저작물 창작성 판단의 기초로 삼을 수는 있을 것이다.[89] 마찬가지로 피사체인 인간의 포즈 자체도 이를 특정의 사진작가에게 독점권을 부여할 것이 아니라 공공의 영역에 두어야 할 것이다. 이에 관한 미국 연방법원의 판례를 소개하면 다음과 같다.

> 미국 연방법원은 사진작가가 촬영한 마이클 조던의 점프사진과 사진 속 피사체의 포즈를 이용한 나이키의 실루엣 점프 맨 로고가 실질적으로 유사한가를 판단하면서, "사진의 포즈 자체에 대해서는 저작권을 부여할 수 없으며 사진작가가 선택한 카메라의 각도, 타이밍 및 셔터 속도와 같은 요소와 포즈가 표현된 구체적인 방법에 대해서만 보호를 받을 자격이 있다"라고 판시하였다(Rentmeester v. Nike, Inc., 883 F. 3d 1111 (9th Cir 2018).

3. 사진저작물에 대한 몇 가지 특례

「저작권법」에서는 앞서 살펴본 미술저작물 및 건축저작물과 마찬가지로 유체적 형태를 띠는 사진저작물의 특성과 일반국민의 문화향수 기회 확충이라는 공익적 목적에 부응하기 위하여 몇 가지 특례를 규정하고 있다. i) 개방된 장소에서 항시 전시되어 있는 건축물, 조각, 회화 등의 촬영의 허용(제35조 제2항 참조), ii) 원본의 전시방법에 의한 동의의 추정(제11조 제3항 참조), iii) 위탁에 의한 초상화와 사진 등의 이용 제한(제35조 제4항 참조) 등이 그것이다. 이들 특례규정에 대해서는 해당 부

---

87 사진이 잘 나오는 이른바 '명당자리(Vantage Point)'의 선정은 독점적·배타적 권리인 저작권이 부여되는 창작의 영역이 아니고 누구나 그 자리에서 사진을 찍을 수 있는 공공의 영역 내지는 사실의 영역으로 이해하여야 한다.

88 따라서 피고가 원고의 사진저작물에 있는 피사체를 다시 촬영한 경우 빛이나 피사체의 배치(Placement) 등과 같은 원고 저작물의 독창성이 있는 측면을 복제하여야만 비로소 원고가 가지는 저작권을 침해하는 것이 된다.

89 피사체가 사람인 증명사진의 경우에도 그것이 기계적 방법으로 피사체를 충실하게 묘사하는 것이 아니고, 작가의 창작성이 상당 부분 인정된다면 사진저작물로 보호받을 수 있음은 물론이다.

분을 설명할 때 구체적으로 논의하기로 하고 여기서는 생략하기로 한다.

VII. 영상저작물

1. 의의

오늘날 영상저작물Visual Works은 저작물 가운데서 가장 큰 비중을 차지하고 있으며 이러한 경향은 앞으로도 계속될 것으로 보인다. 또한 자라나는 청소년들이 전통적인 어문저작물 대신 시각에 호소하는 영상물을 더욱 선호하는 경향과도 관련이 있는 듯하다.

2. 영상저작물의 개념적 특징

영상저작물은 연속적인 영상(음의 수반 여부는 가리지 아니한다)이 수록된 창작물로서 그 영상을 기계 또는 전자장치에 의하여 재생하여 볼 수 있거나 보고 들을 수 있는 것을 말한다(「저작권법」 제2조 제13호).

영상저작물은 법 제2조 제1호에 따른 저작물의 일반적인 성립요건 이외에 법 제2조 제13호에서 규정하고 있는 추가적인 요건을 충족할 필요가 있다. 영상저작물의 개념을 좀 더 구체적으로 살펴보면 다음과 같다.

첫째, 영상저작물은 연속적인 영상으로 이루어져 있는데, 단속적인 영상으로 나타나는 사진저작물과 대비된다. 둘째, 영상저작물은 연속적인 영상이 **수록된** 창작물이다. 따라서 수록매체에 수록되지 않은 생방송은 영상저작물이라 할 수 없으며, 이때의 생방송은 저작물이 아닌 저작인접물의 지위를 가질 뿐이다.[90] 셋째, 영상저작물은 기계 또는 전자장치에 의하여 재생될 수 있음을 특징으로 하는데, 창작자의 수작업에 의존하는 미술저작물이나 건축저작물 등과 구분된다. 넷째, 영상저작물은 저작물로서의 지위를 가지기에 당연히 창작성을 가지고 있어야 한다. 따라서 창

---

[90]　이 점에서 다른 저작물과는 달리 영상저작물은 사실상 고정(Fixation)을 그 성립요소로 하고 있다.

작성이 전혀 없는 CCTV의 카메라영상이나 고정된 카메라에서 중계되는 스포츠경기 화면 등은 영상저작물이라 할 수 없다. 다섯째, 영상저작물은 **영상**을 필수적 요소로 하고 음의 수반 여부는 불문한다. 대부분의 영상저작물은 시각과 청각을 다시 말해 영상과 음이 동시에 포함되어 있으나 적어도 시각, 즉 영상은 반드시 포함되어 있어야 한다. 따라서 무성영화와 같은 무언의 영상물도 영상저작물임에 틀림없다. 이와 같은 개념의 영상저작물에는 영화, 비디오, 애니메이션, 음악영상물(뮤직비디오), 게임영상물, 음악영상물, 방송영상물, 스포츠경기영상물, 디지털만화 등이 포함되며 디지털기술의 발전 정도에 따라 추가적 형태의 제3의 영상저작물의 탄생도 기대된다.

3. 방송프로그램 포맷의 저작물성 인정 여부

한편, 최근에 와서 방송프로그램의 포맷Format이 국내외적으로 거래가 되기도 하고 심지어 표절과 관련한 분쟁이 제기되기도 하는데, 그 주요쟁점은 방송프로그램의 포맷이 과연 「저작권법」상의 보호를 받을 수 있는 저작물성이 있는가에 모아지고 있다. 전통적으로 방송프로그램의 포맷은 사실상의 표준화 법칙 또는 필수장면의 법칙이 적용되어 법의 적용을 받을 수 없다는 것이 다수의 견해였다. 그러나 2017년 대법원 판례는 SBS의 리얼리티 프로그램인 〈짝〉의 방송프로그램 포맷을 저작권으로 보호할 수 있다고 하면서, 방송프로그램 포맷은 방송프로그램을 구성하는 개별 요소들이 일정한 제작의도나 편집방침에 따라 선택 또는 배열되는 것으로서 이는 다른 프로그램과 구별되는 창작성을 가지고 있어 법의 보호대상이 될 수 있는 것으로 인정하였다.

대법원은 〈짝〉이라는 영상물을 제작·방영하는 원고 SBS가 피고 CJ E&M이 tvN을 통하여 방영하고 있던 〈짝-재소자 특집1부 등〉이 저작권을 침해하였다고 제기한 소송에서 〈짝〉과 같은 리얼리티 방송프로그램이 창작성을 가지고서 저작물로 보호될 수 있는가와 관련하여, "구체적인 대본이 없이 대략적인 구성만을 기초로 출연자 등에 의하여 표출되는 상황을 담아 제작하는 리얼리티 방송프로그램은 '창작성'이 있다면 저작물로 보호할 수 있다. 리얼리티 방송프로그램은 무대, 배경, 음악, 진행방법, 게임규칙 등 다양한 요소들로 구성되고 이러한 요소들이 일정한 제작의도나 방침에 따라 선택되고 배열

됨으로써 다른 프로그램과 확연히 구별되는 특징이나 개성이 나타날 수 있다. 따라서 리얼리티 방송프로그램의 창작성 여부를 판단할 때에는 그 프로그램을 구성하는 개별 요소들 각각의 창작성 외에도, 이러한 개별 요소들이 일정한 제작의도나 방침에 따라 선택되고 배열됨에 따라 구체적으로 어우러져 그 프로그램 자체가 다른 프로그램과 구별되는 창작적 개성을 가지고 있어 저작물로서 보호를 받을 정도에 이르렀는지도 고려함이 타당하며, 이러한 법리와 아울러 적법하게 채택된 증거들에 비추어 보면 원고 영상물은 리얼리티 방송프로그램으로서 기존의 방송프로그램과 구별되는 창작적 특성을 갖추고 있어 특별한 사정이 없는 한 저작물로서 보호대상이 될 수 있다"라고 판시하였다(대법원 2017.11.9, 선고 2014다49180 판결).

4. 영상저작물에 대한 몇 가지 특례

오늘날 영상저작물은 거대한 자본과 인력이 투입되는 종합예술의 성격을 띤다. 종합예술로서 영상저작물의 특징을 좀 더 구체적으로 살펴보면, 오늘날 가장 대표적인 영상저작물의 하나인 영화 한 편을 완성하기 위해서는 i) 전문적 역량을 갖춘 영화제작사가 총괄하여 영화제작을 진행시키는 시스템을 갖추고 있으며, ii) 수많은 배우, 연출가, 감독 등과 같은 실연자 및 스텝들이 참여하고 있으며, iii) 다수의 투자자가 참여하여 거대한 자본을 제공하고 있음을 발견할 수 있다.

이와 같이 거대한 자본이 투입되고 다수가 참여하여 제작된 영상저작물은 그 권리관계가 이루 말할 수 없이 복잡한데 이를 그대로 두고서는 이해관계의 대립으로 영상저작물의 이용이 원활해질 수 없고 투자자의 이익보호도 소홀해지기 마련이다. 이와 같은 상황은 고스란히 영상저작물의 질적 저하를 가져오고 궁극적으로 「저작권법」이 지향하는 문화 및 관련 산업의 향상발전도 기여할 수 없을 것이다.

이에 법에서는 영상저작물에 관한 몇 가지의 특칙을 두어 참여자 간 권리의 적정성을 기함과 동시에 영상저작물의 원활한 유통과 이용을 도모하고 있는데 그 예로는, i) 영상제작물의 경우 제작자 위주로 권리행사가 이루어지도록 하고(제100조 및 제101조 참조), ii) 원저작물의 영상화 허락 시 각종 부수적인 권리도 동시에 허락한 것으로 추정하며(제99조 참조), iii) 영상물에 대한 저작자 등의 권리를 영상제작자에게 양도한 것으로 추정하는 것 등(제100조 참조)이 있다.

VIII. 도형저작물

1. 의의

「저작권법」에서는 도형저작물을 저작물의 한 종류로서 예시하고 있다. 도형저작물에는 구체적으로 지도, 도표, 약도, 설계도, 모형[91] 그 밖의 도형저작물[92]이 있는데 (제4조 제1항 제8호), 이들의 저작물성을 인정하기 위해서는 다른 저작물과 마찬가지로 인간의 사상 또는 감정이 표현되어 창작적으로 제작되어 있어야 함은 당연하다.

2. 도형저작물의 보호범위

도형저작물은 이른바 기능적 저작물에 속하는 대표적인 저작물로서 비록 저작물로 성립하더라도 그 보호범위가 대단히 좁다. 도형저작물은 그 제작방법이 대부분 아이디어에 속하고 그 용도에 따른 여러 가지 제약도 존재하므로 도형저작물에 대하여 인간의 사상이나 감정을 표현하는 데에는 많은 제약이 따른다. 따라서 대부분의 도형저작물은 아이디어와 표현의 합체의 원칙, 필수장면의 원칙 등이 적용되어 실제로 저작물로 보호받기는 대단히 어렵다.

> 대법원은 도형저작물의 보호범위와 관련하여, "지도·도표·설계도·약도·모형 그 밖의 도형저작물을 저작물로 예시하고 있는데, 이와 같은 도형저작물은 예술성의 표현보다는 기능이나 실용적인 사상의 표현을 주된 목적으로 하는 이른바 기능적 저작물로서, 기능적 저작물은 그 표현하고자 하는 기능 또는 실용적인 사상이 속하는 분야에서의 일반적인 표현방법, 규격 또는 그 용도나 기능 자체, 저작물 이용자의 이해의 편의성 등에 의하여 그 표현이 제한되는 경우가 많으므로 작성자의 창조적 개성이 드러나지 않을 가능성이 많다"고 하면서 "지하철 화상전송설비 도면에 배치된 장비나 연결선 등은 정형화

---

[91] 도형저작물에 해당하는 설계도와 모형은 법 제4조 제1항 제5호에서 말하는 건축을 위한 설계도와 모형을 제외한 것을 말한다. 따라서 자동차나 기계장치에 관한 모형 또는 설계도에 따라 이를 제작하는 것은 복제권 침해가 아니고 설계도 자체를 그대로 복제하거나 모형을 그대로 모방하여 또 다른 모형을 만드는 경우에만 복제권 침해에 해당한다(제2조 제22호 단서의 반대해석).

[92] 그 밖의 도형저작물로서는 평면적인 것으로는 분석표, 그래프, 도해 등이 있고, 입체적인 것으로는 지구본, 인체모형, 동물모형 등이 있다(오승종, 앞의 책, 138쪽).

된 실물그림 중 하나를 선택한 것으로서 도면 작성자의 개성이 나타나 있다고 보기 어려울 정도의 표준화된 그림에 불과하므로 이 사건 배치도면에서 묘사하고 있는 장비나 연결선, 단자 등의 모양에 창작성이 있다고 할 수 없다"라고 판시한 바 있다(대법원 2005.1.27, 선고 2002도965 판결).

IX. 컴퓨터프로그램저작물

1. 의의

현행 「저작권법」 체계에 따르면 컴퓨터프로그램저작물은 저작물의 하나로 예시적으로 규정되어 있다(제4조 제1항 제9호). 오늘날 디지털 형태로 이루어지는 대부분의 저작물은 그 제작과정에서 컴퓨터를 통하여 작동하는 지시·명령 프로그램 체계의 도움을 받아 보다 창조적인 작품을 만들어내고 있으며, 이와 같은 현상은 영상저작물과 게임저작물 분야를 비롯한 대부분의 저작물 유형에서 발견할 수 있다.

컴퓨터프로그램저작물은 그 속성상 기능적 저작물에 해당되기는 하지만, 다른 저작물의 창작에 도움을 주는 부수적·지원적 성격의 저작물로서의 기능도 무시하여서는 아니 된다. 국제적으로 볼 때 컴퓨터프로그램은 1994년에 체결된 「TRIPs 협정」[93]에서 독립된 저작물로 명시적으로 규정된 이후, 오늘날 세계 대부분의 국가에서는 이를 저작물의 하나로 인정하고 「저작권법」 또는 관련 법률의 규정에 근거를 두고 보호하고 있다.[94]

컴퓨터프로그램저작물이 각국의 저작권법 체계에 편입된 것은 그리 오래되지 않은데, 미국은 1980년의 저작권법 개정에서 컴퓨터프로그램을 저작물에 포함시켜 보호하기 시작하였고, 우리는 컴퓨터프로그램저작물에 관해서 종전에 「컴퓨터프

---

93 「TRIPs 협정(무역 관련 지적재산권에 관한 협정)」은 컴퓨터프로그램저작물과 데이터베이스를 저작물의 일종으로 명시하고 있는 대표적인 국제조약이다.
94 일찍이 「TRIPs 협정」에서 컴퓨터프로그램저작물은 원초적으로 어문적 요소가 있음에 착안하여 어문저작물로 보호되는 것으로 한 바 있으나, 오늘날 컴퓨터프로그램저작물은 그것이 소스코드인지 목적코드인지를 불문하고 어문저작물과는 독립한 별개의 저작물의 한 유형으로 인정되고 있음이 일반적이며, 우리 법에서도 마찬가지이다.

로그램 보호법」이라는 별도의 법률로 규정해 왔으나 2009년에 이 법률을 폐지하고 「저작권법」에 통합규정한 이후 오늘에 이르고 있다.

2. 컴퓨터프로그램저작물의 대표적 예

오늘날 디지털시대에 있어서 컴퓨터프로그램저작물이 문화콘텐츠산업에서 차지하는 비중은 대단히 높으며 이와 같은 현상은 앞으로도 지속될 것으로 보인다.

먼저, 컴퓨터프로그램저작물의 대표적인 예로서는 무엇보다도 소프트웨어sw를 들 수 있다. 실정법實定法에 따르면 소프트웨어가 컴퓨터프로그램저작물보다 그 개념범위가 더 넓은 것은 사실이지만, 우리의 저작권 현실에 있어서는 소프트웨어가 곧 컴퓨터프로그램저작물이라는 생각이 일반화되어 있다고 볼 수 있다. 그러나 보다 엄격히 말하면 소프트웨어는 컴퓨터프로그램저작물 이외에도 컴퓨터프로그램저작물과 관련한 흐름도, 기술서, 설계서, 매뉴얼 등을 포괄하는 더욱 넓은 개념임을 유의할 필요가 있다.[95]

다음으로, 문화콘텐츠와 관련하여 대표적으로 컴퓨터프로그램저작물에 해당하는 것으로는 게임물이 있다. 일반적으로 "게임물이란 컴퓨터프로그램 등 정보처리기술이나 기계장치를 이용하여 오락을 할 수 있게 하거나 부수하여 여가선용, 학습 및 운동효과 등을 높일 수 있도록 제작된 영상물 또는 그 영상물의 이용을 주된 목적으로 제작된 기기 및 장치를 말한다"(「게임산업진흥에 관한 법률」 제2조 제1호). 게임물 가운데서 컴퓨터프로그램 등 정보처리기술을 이용한 대표적인 것으로는 온라인 또는 디지털콘텐츠로 이루어진 온라인게임·비디오게임·모바일게임·PC게임 등이 있고, 기계장치를 이용한 대표적인 게임물로는 아케이드게임이 있는데, 이렇게 본다면 아케이드게임물을 제외한 모든 게임물은 컴퓨터프로그램저작물에 속한다고 할 수 있다.

---

95 「소프트웨어산업 진흥법」 제2조 제1호.

3. 컴퓨터프로그램저작물의 보호범위

(1) 의의

"컴퓨터프로그램저작물은 특정한 결과를 얻기 위하여 컴퓨터 등 정보처리능력을 가진 장치(이하 '컴퓨터'라 한다) 내에서 직접 또는 간접으로 사용되는 일련의 지시·명령으로 표현된 창작물을 말한다"(「저작권법」 제2조 제16호).

컴퓨터프로그램저작물 또는 소프트웨어도 다른 저작물과 마찬가지로 인간의 사상과 감정을 표현한 것으로서 나름대로 최소한의 창작성을 가지고 있다면 당연히 독자적인 저작물로 인정받을 수 있다. 다만, 컴퓨터프로그램저작물은 그 표현방법이 컴퓨터 내에서 직·간접으로 사용되는 일련의 지시·명령체계에 의존한다는 점에서 다른 저작물과 차이가 있다.

이와 같은 컴퓨터프로그램저작물은 컴퓨터 코드언어로 작성되어 지시 또는 명령으로 표현되며, 이는 결국 문언적文言的 표현물에 해당하기 때문에 여러 국제조약에서는 어문저작물로 보호되고 있는 반면에, 각국의 입법(저작권법)에서는 이를 어문저작물과는 별도의 독자적인 저작물로 인정하여 보호하는 추세에 있으며 이는 우리의 경우에 있어서도 마찬가지임은 앞에서 언급한 바 있다(제4조 참조).[96]

(2) 「특허법」에 의한 보호 가능성

컴퓨터프로그램저작물은 「저작권법」에 의한 보호는 물론이거니와 일정한 경우에는 「특허법」에 의한 보호도 가능하다. 즉, 컴퓨터프로그램저작물의 경우 표현에 관해서는 「저작권법」으로 보호되며, 일정한 기술적 요소를 갖는 경우에는 그 기술적 아이디어가 특허로 보호받을 수 있다고 해석할 수 있다.

4. 컴퓨터프로그램저작물에 관한 몇 가지 특례

우리 「저작권법」에서는 일반적인 저작물과는 달리 컴퓨터프로그램저작물이 가지는 특성 등을 감안하여 법 제5장의2에서 컴퓨터프로그램저작물에 관한 특례를 규

---

96 컴퓨터프로그램의 저작물성과 관련하여 국제적으로 저작권조약에 컴퓨터프로그램이 흡수된 1980년대 이후부터는 그 저작물성에 대한 논의가 대부분 종식되었다고 한다(김정완, 앞의 책, 692쪽).

정하고 있다.[97] 여기에는 컴퓨터프로그램의 저작재산권의 제한(제101조의3), 프로그램코드 역분석(제101조의4), 정당한 이용자에 의한 보존을 위한 복제(제101조의5) 그리고 프로그램의 임치(제101조의7) 등이 있다. 컴퓨터프로그램저작물에 대한 특례에 대해서는 영상저작물의 그것과 함께 별도로 논의하기로 한다.

X. 기타의 저작물

1. 의의

「저작권법」 제4조에서는 저작물을 9개의 유형으로 나누어 제시하고 있는데 이는 법문法文에서 명시적으로 언급하고 있는 바와 같이 예시적이다. 그렇다면 법 제4조에서 예시하고 있는 것 이외에도 어떠한 형태의 또 다른 저작물이 있을 수 있겠는가가 문제시된다. 이하에서는 캐릭터와 민속전승물이 법의 보호를 받을 수 있는 독자적인 저작물이 될 수 있는지 살펴보고, 저작물의 제호題號와 글자체Typeface 등의 저작물성에 대해서도 동시에 살펴보기로 한다.

2. 캐릭터

(1) 의의

캐릭터Character는 특정의 사람·동물·물건에 대하여 그 용모·행동거지, 명칭, 성격, 목소리, 말투, 기타 개성적 특징을 모두 합쳐 놓은 총체적인 아이덴티티Identity를 말한다.

오늘날 캐릭터는 문화콘텐츠의 핵심영역으로 자리 잡고 있으며 대중의 관심을 집중시킨 캐릭터는 만화, 애니메이션, 게임, 영화, 드라마 등의 주인공으로 재활용되거나, 이를 소재로 완구, 소품, 생활용품, 장식품 등에 응용되기도 한다. 캐릭터 자체를 「저작권법」상의 저작물로서 보호할 수 있다는 것은 캐릭터가 등장하는 소

---

97 법 제5장의2에서는 '프로그램'이라는 용어를 사용하고 있는데, 이는 곧 '컴퓨터프로그램저작물'을 의미한다(제9조 단서 참조).

설, 만화, 애니메이션, 영화 등으로부터 분리하여 따로 떼어내어 보더라도 그 저작물성을 인정할 수 있다는 것을 의미한다.

(2) 캐릭터의 유형

캐릭터는 여러 가지 형태의 저작물로 발현될 수 있는데, 이는 크게 i) 어문적 캐릭터와 시각적 캐릭터, ii) 실제 캐릭터와 창작 캐릭터 등으로 구분할 수 있다.

먼저, 어문적 캐릭터는 셜록홈즈, 홍길동과 같이 소설이나 만화 등 어문적 저작물의 주인공의 총체적인 아이덴티티를 말하는 것이고, 시각적 캐릭터는 뽀로로, 미키마우스 등과 같이 시각적으로 볼 수 있는 캐릭터를 말한다. 어문적 캐릭터에 있어서 캐릭터가 곧 스토리를 형성한다고 볼 수 있을 정도Story being told로 된 경우에는 그가 등장하는 본래의 저작물과 구분되어 독립된 저작물성을 가질 여지가 더욱 크다고 할 수 있다. 그런데 어문적 캐릭터는 어문저작물에서의 등장인물Character에 해당하기에 이는 이미 살펴본 바와 같이 원칙적으로 아이디어 내지는 필수장면의 법칙 또는 창작의 도구Building Blocks에 해당한다. 따라서 어문적 캐릭터가 별도의 저작물로서 보호받을 수 있는 경우는 극히 드물다 하겠으며, 우리의 판례에서도 아직까지 어문적 캐릭터가 독자적으로 법의 보호를 받는다고 한 경우는 찾아볼 수 없다. 한편, 오늘날 대중성이 강한 시각적 캐릭터는 애니메이션용 캐릭터로 쉽게 전환되기도 하는데 시각적 캐릭터의 대표적인 예로서는 둘리, 뽀로로, 로보카 폴리, 미키마우스 등이 있으며, 대부분의 경우 이들 캐릭터시장은 곧 애니메이션시장과 연결되어 있다.

다음으로, 실제 캐릭터는 실제로 존재하는 인물 등을 소재로 한 것을 말하고 창작 캐릭터는 새로이 창작한 캐릭터를 말하는데, 실제 캐릭터와 창작 캐릭터의 구분은 퍼블리시티권Right of Publicity의 대상이 될 수 있는가의 여부와 관련하여 그 구별 실익이 있다. 싸이, 메릴린 먼로 등과 같은 실제 인물을 대상으로 한 캐릭터만이 퍼블리시티권의 대상이 될 수 있다.

(3) 캐릭터의 저작물성

캐릭터는 특정의 사람이나 동물 또는 사물이 지니는 독창적인 이미지, 개성, 형상 등이 복합적으로 함축되어 있는 표현물이다. 따라서 캐릭터는 인간의 사상 또는 감정을 표현한 창작물에 해당할 수 있으며 저작물로서의 성립요건을 충분히 갖추고 있다. 따라서 특정 대상에 관한 총체적인 아이덴티티Identity로서의 캐릭터라는 저작물은 이를 제작한 자, 즉 저작자의 허락 없이 타인이 사용하거나 상품화 전략에 이용할 때에는 법에 따른 복제권이나 2차적저작물작성권의 침해가 될 수 있다.[98]

오늘날 캐릭터가 문화콘텐츠 영역에서 차지하는 비중으로 보나 캐릭터를 통한 상품화를 보다 안정적으로 뒷받침하기 위하여서라도, 그리고 캐릭터 개발자의 창작의욕을 북돋아 주기 위한 정책적 이유 등을 감안하더라도 로보카 폴리, 뽀로로, 미키마우스 등과 같은 캐릭터를 이들이 등장하는 만화 또는 영화 등과는 분리하여 독립된 형태의 저작물로 보는 것이 타당하다 하겠다. 즉, 캐릭터도 그것이 비록 원저작물에 기반을 두고 탄생하였을지라도 별도로 하나의 이야깃거리가 될 정도로 발전되어 있다면[99], 이는 원래의 저작물과 구분하여 별개의 저작물에 해당한다고 보아야 할 것이다.

> 미국 연방법원은 영화배우 실베스타 스텔론은 시각적 캐릭터인 '록키'에 대한 저작권을 가지는가와 관련하여, "Sylvaster Stallon이 주연한 영화 Rocky I, II and III에 등장하는 'Rocky Balboa'는 그것이 너무나 강력한 특징과 인상을 지니고 있어서 하나의 이야기를 대체할 수 있을 정도Story Being Told의 수준에 이르기 때문에 저작권법상 보호되는 캐릭터에 해당함과 동시에 17 U.S.C.에 따라 Rocky 영화의 대본을 쓰고 직접 주연으로 등장한 Sylvaster Stallon은 록키 캐릭터에 대한 2차적저작물작성권도 가진다"라고 판시한 바 있다(Anderson v. Sylvaster Stallon, United States District Court, Central District of California, 1988.1989 WL 206431).

이와 같이 오늘날 캐릭터라는 저작물은 어문저작물, 영상저작물, 미술저작물의 일부로 취급되어 간접적으로 보호될 것이 아니라 캐릭터 저작물로 독자적으로 취급되어야 한다. 국내외 대부분의 학설과 판례도 같은 태도이다.

> 미국 연방법원은 월트디즈니사가 저작권을 가지고 있는 만화영화에 등장하는 미키마우스라는 캐릭터가 만화영화와는 별도로 저작권의 보호를 받을 수 있는가와 관련하여, "만

---

98 캐릭터는 상표적, 디자인적 요소도 가지고 있기 때문에 「상표법」, 「디자인보호법」의 적용을 받을 수도 있고, 타인이 이를 영업과정에서 부당하게 이용하여 거래질서에 혼돈을 줄 경우에는 「부정경쟁방지 및 영업비밀보호에 관한 법률」의 적용을 받을 수도 있음은 물론이다.
99 영미법에서는 이와 같은 현상을 'Story being told'라고 표현한다.

화의 주인공인 미키마우스와 같은 캐릭터는 시각적 이미지Visual Image가 덧붙음으로써 저작물의 성립요건인 창작적 표현이 훨씬 강하게 부각되므로 저작권의 보호를 받을 수 있고, 따라서 원고인 월트디즈니사가 자신이 제작한 만화 또는 만화영화에 저작권과 더불어 그 주인공인 미키마우스라는 캐릭터 자체에 대한 저작권도 보호받을 수 있다"라고 판시한 바 있다〔Walt Disney Production. v. Air Pirates, 581 F.2d 751 (9th Cir. 1978)〕.

3. 민속전승물

(1) 의의

일반적으로 민속전승물Folklore[100]이라 함은 불특정 다수에 의해 세대를 이어 가면서 공동체 내에서 창작·보존 및 발전되어 가는 고유의 문화유산을 의미한다. 우리의 경우 민속전승물에는 국악, 민요, 민담, 민속공예, 민속의상, 민속춤, 전통가요 등을 그 예로 들 수 있으며, 이와 같은 민속전승물은 오늘날 각 분야에서 저작물을 창작하는 데 중요한 소재 내지는 원천으로 작용하는 우리의 소중한 민족적 자산이기도 하다.

이와 같은 민속전승물이 저작물로 인정될 수 있는가에 관한 논의는 국제사회뿐만 아니라[101] 최근에는 국내에서도 국악계를 비롯한 전통문화 진흥과 관련한 단체

---

100 민속전승물은 각 국가 및 지역 내의 공동체(Community)나 토착민(Indigenous People) 등이 보유하고 있는 것으로서 '전통문화 표현물(TCEs : Traditional Cultural Expressions)'이라고도 하는데, 그 보호대상으로는 크게 i) 언어적 표현물(민담, 민요, 수수께끼 등), ii) 음악적 표현물(민속노래, 민속악기에 의한 음악), iii) 민속적 행위에 의한 표현물(민속춤, 민속연극, 예술적 형식을 갖는 전통의식) 그리고 iv) 유형적 표현물(그림, 조각, 도자기, 모자이크, 목공예품, 직물, 카펫, 의상, 악기, 건축양식) 등이 있다〔한국저작권위원회, 《전통문화 표현물(TCEs)의 보호에 관한 국제동향 연구》(2007), 16쪽〕.

101 「베른협약」에서도 민속전승물의 보호에 관한 규정을 두고 있는데, 제15조 제4항 (a)에서 "저작자의 신원이 밝혀지지 아니하였으나 그가 가맹국의 국민임을 추정할 수 있는 근거가 있는 미발행 저작물에 있어서, 저작자를 대신하고 또한 그 가맹국 내에서 그의 권리를 보호하고 행사할 수 있는 권한 있는 기관을 지정하는 것은 그 국가의 입법에 맡긴다"라고 규정하고 있다. 한편, 세계지식재산기구(WIPO)에서는 전통음악 등 민속전승물의 국제적 보호를 위한 노력이 필요하다는 일부 국가로부터의 요청에 따라 2001년부터 지식재산과 인류의 항구적 유산 그리고 전통지식 및 민속전승물에 관한 정부간위원회가 계속하여 논의를 진행하고 있으나, 선진국 대부분의 입장이 소극적이어서 2014년 7월 제28차 회의까지 진행했음에도 불구하고 아직까지 뚜렷한 결론을 내리지 못하고 있으며 당분간 결론이 날 것 같지도 않다. 미국, 캐나다, 일본 그리고 유럽연합 등의 선진국 그룹은 민속저작물의 국제적 보호에 관한 국제적 논의에는 찬성하지만, 기존의 지식재산권 보호체제와 별도로 새로운 방식으로 보호하자는 아프리카, 서남아시아, 남미, 태평양지역국가 등의 주장에 대해서 계속하여 소극적 입장을 견지하고 있기 때문이다.

등에서도 지속적인 관심을 표명하고 있는 사안이다.

이 문제는 결국 보호기간이 지난 민속전승물을 어떻게 보존·진흥시키느냐 하는 입법정책의 문제로 귀결된다.

(2) 민속전승물의 보호를 위한 각국의 입장

민속전승물을 저작물로 인정하여야 할 것인가의 여부에 대한 주장은 i) 비록 보호기간이 끝났지만 민속전승물에 대하여도 저작물성을 인정하여야 하며 이에 대한 권리의 귀속 주체가 독점적으로 행사함으로써 자국의 문화유산을 보존하여야 한다는 주장과[102], ii) 이미 보호기간이 지난 민속전승물은 저작자에게 권리가 독점되는 저작물로 보아서는 아니 되며 당연히 공공의 영역Public Domain에 속하여 자국민 누구나가 이를 활용할 수 있도록 해야 하며, 나아가 세계인류의 공통문화유산으로 모든 나라에 개방되어야 한다는 주장이 대립되고 있다.[103] 민속저작물의 보호를 위한 각국의 입법적 접근방법은 민속저작물을 저작권법 체계 내에서 보호할지 아니면 별도의 국내입법에 따라 보호할 것인지는 그 나라의 입법정책에 따라 결정될 것이다.[104]

(3) 우리의 경우

우리의 경우 민속저작물은 이미 그 보호기간이 한참 지난 것이어서 공공의 영역에 속한다는 법적 확신이 강한 상태에 있으며, 이 밖에도 우리 「저작권법」상 민속전승물을 기반으로 하여 창작된 2차적저작물과 편집저작물은 독자적인 저작물로서 충분히 보호받을 수 있음은 물론이다. 따라서 우리의 경우 민속전승물 등을 별도의 저작물로 인정할 경우 법체계를 근본적으로 허물 우려가 있다는 점에서 신중한 접근이 요구된다. 민속전승물은 법체계에 편입시켜 보호하는 것이 불가능한 것은 아니지만, 지금과 같이 유·무형의 문화재 보호 차원에서 정부의 재정지원과 행위규

---

102 민속전승물을 보호하는 대부분의 국가에서는 전통문화표현물에 관한 권리의 귀속주체로서는 국가(The State), 정부(Government), 대통령(The President) 등으로 하되, 권리의 행사주체로서는 책임기관(Competent Authority) 등의 기관으로 규정하는 경우가 많다(이철남, 「저작권법을 통한 무형문화유산의 보호와 그 한계」, 계간 《저작권》(2011년 겨울호), 한국저작권위원회, 89쪽).

103 한국저작권위원회, 앞의 연구서, 24~64쪽 참조.

104 중국, 오스트레일리아, 볼리비아, 쿠바, 알제리, 튀니지, 탄자니아, 세네갈, 말라위, 인도네시아 등에서는 자국입법으로 민속저작물을 저작물의 한 유형으로 인정하고 있으나, 우리를 비롯한 미국, 일본, 러시아 등 대부분의 국가에서는 이에 대하여 소극적 입장을 견지하고 있다.

제형의 보호정책이 오히려 타당할 것으로 보인다. 생각건대, 이미 관행화된 "민속전승물은 공공의 영역에 속한다"라는 법적 확신을 바꾸기는 쉽지 않을 것이며, 무엇보다도 공적 요소가 강한 국악 등의 민속전승물을 사권私權 체계인 저작권 체계에 몰아넣는 것도 심각한 후유증을 야기할 우려가 있고, 이 밖에도 국악인 등은 저작인접권자인 실연자[105]로서의 권리행사도 얼마든지 가능하기 때문에 현행 법률체계가 결코 전통예술인을 소홀히 대한다고는 보이지 않는다.

4. 저작물의 제호

(1) 의의

저작물의 제호題號, Title는 해당 저작물의 내용을 총체적으로 압축하고 있는 상징적 문구를 말한다. 저작물의 제호는 주로 어문저작물에서 문제가 되고 있으나, 오늘날 제호는 어문저작물 이외에도 영상저작물, 연극저작물 그리고 다른 저작물에서도 그 저작물성이 논의될 수 있다. 이와 같은 저작물의 제호는 인간의 사상 또는 감정을 표현한 것이라 할 수 없기 때문에 독자적인 저작물로 보지 아니함이 일반적이라 할 수 있다.[106]

(2) 제호의 저작물성

우리 「저작권법」에서는 저작물의 제호에 대한 저작물성의 인정 여부에 관한 규정을 두고 있지 않기 때문에 학설과 판례의 입장에 달려있다 하겠다. 저작물의 제호는 대부분의 경우에 있어서 아주 짧은 단문의 용어로 이루어지거나 일정의 표현이 가미된 긴 문장으로 구성되기도 하는데, 일반적으로 짧은 문장의 제호는 저작물성이 부족하고 「상표법」 또는 부정경쟁의 법리 내지는 공정경쟁의 법리에 따라

---

105 「세계지식재산기구 실연·음반조약(WPPT)」에서도 민속전승물을 연극, 가창, 무용 등의 방법으로 실연하는 자를 '실연자'의 범주에 포함시켜, 민속전승물을 저작인접권 행사의 보호대상에 포함하고 있다(제2조 참조).

106 일반적으로 이름, 제호, 슬로건과 같은 짧은 단어나 어구들은 「저작권법」의 보호대상에서 제외되는데, 이를 '짧은 어구의 원칙(The principle of Short Phrases)'이라고 한다. 참고로 오늘날 제호(題號)와 비슷한 기능을 수행하는 '광고문구'도 그 저작물성이 많이 제한되고 있다. 광고문구는 문장 자체가 대단히 짧고 의미도 단순하여 그 표현형식에 어떤 보호를 할 만한 독창성을 찾기가 대단히 어렵기 때문이다.

해결하여야 한다는 주장이 주류를 이루고 있다. 이에 맞추어 판례의 입장도 마찬가지이다.[107]

> 대법원은 제호의 저작물성과 관련하여, "저작권법에 의하여 보호받는 저작물이란 문학·학술 또는 예술의 범위에 속하는 것으로서 사상 또는 감정을 창작적으로 표현한 것을 말하므로, 어문저작물인 서적 중 저작자의 사상 또는 감정을 창작적으로 표현한 부분이라고 할 수 없는 단순한 서적의 제호나 저작자 명칭 또는 출판사의 상호 등은 저작물로서 보호받을 수 없다"라고 판시한 바 있다(대법원 1996.8.23, 선고 96다273 판결).

(3) 동일성유지권의 적용 등

위에서 살펴본 바와 같이 저작물의 제호는 저작물성이 없다고 보아 「저작권법」에 따른 저작물로 보호하기에는 어려움이 있으나, 현행 법체계에 따를 때 저작물의 제호는 저작인격권 중 동일성유지권의 적용대상은 될 수가 있으며, 제호에 대한 직접적인 보호도 가능함은 물론이다(제13조). 이 밖에도 저작물의 제호는 저작자가 그의 저작권을 등록할 때 이를 등록할 수 있도록 함으로써 간접적으로 보호를 받을 수 있음을 유의하여야 한다. 보다 자세한 사항은 해당 부분에서 논의하기로 한다.

5. 글자체

(1) 의의

글자체Typeface 또는 글자꼴Typographic Design이란 기록이나 표시 또는 인쇄 등에 사용하기 위하여 공통적인 특징을 가진 형태로 만들어진 한 벌의 글자꼴(숫자, 문장, 부호 및 기호 등의 형태를 포함한다)을 말한다(「디자인보호법」 제2조 제2호). 글자체는 이와 같이 개별적 단위의 글자 한 자씩을 말하는 것이 아니라 글자들 간에 통일과 조화를 이루도록 만들어진 전체문서의 한 벌에 해당하는 글자들로서, 글자들 상호 간에 일정한 공통성 내지는 유사성을 가짐으로써 특정 인상을 주도록 고안된 것을 말한다.

---

[107] 구체적으로 살펴보면, '가자, 장미여관으로', '또복이', '크라운 출판사', '자유인', '행복은 성적순이 아니잖아요', '애마부인', '품바' 그리고 '불타는 빙벽' 등의 제호는 모두 저작물성이 부정되었다.

(2) 글자체의 저작물성

글자체는 그 개발에 많은 자본이 투하되므로 글자체를 독립된 저작물로 보아 「저작권법」에 따른 보호대상으로 하여야 할 것인지의 여부가 문제된다. 그런데 글자체는 무엇보다도 실용성을 본질로 하기 때문에 저작물성을 인정하기에는 내재적 한계가 있고, 특정 유형의 글자체에 대하여 창작성을 인정하여 특정인에게만 배타적인 권리를 부여하는 것은 만인공유의 문자에 독점권을 주는 것이 되어 인류의 문화발전에 커다란 걸림돌로 작용할 것이다.

(3) 컴퓨터프로그램저작물로 인정

우리 판례는 인쇄용 글자체 그 자체에 대해서는 일관되게 부정적인 태도를 보이고 있다. 다만, 컴퓨터를 통한 폰트프로그램으로 제작되는 글자체에 있어서는 일정부분 창작성을 인정하고 있음을 유의할 필요가 있다. 다시 말해, 글자체를 법으로 보호하는 문제에서 우리 재판실무에서는 인쇄용 글자체와 컴퓨터용 글자체를 분리하여 접근하고 있는 바, 대법원의 판례에 따르면 인쇄용 글자체가 아닌 컴퓨터용 글자체는 컴퓨터프로그램저작물로 인정하고 있다. 이 판례를 소개하면 다음과 같다.

> 대법원은 컴퓨터용 글자체의 저작물성과 관련하여, "독자적인 구상에 따라 특정한 서체를 도안하고 모니터상의 이미지를 기초로 응용프로그램과 마우스를 이용하여 좌표 및 외곽선 수정작업을 거쳐 최종적인 좌표를 선택하는 지시명령으로 이루어지는 서체를 생성하는 과정에 서체제작자의 개성적 표현방식과 창의적 선택이 스며들어 있는 것으로 보아 그 서체파일의 창작성을 인정할 수 있으며, 이때의 서체파일은 컴퓨터프로그램저작물에 해당한다"라고 판시하였다(대법원 2001.6.29, 선고 99다23246 판결).

(4) 「디자인보호법」에 의한 보호의 가능성

글자체의 창작에 드는 창작자의 시간과 노력 및 비용 등은 「저작권법」이 아닌 「디자인보호법」에서 정하는 바에 따라 적절한 보상을 하는 등 「디자인보호법」에 의한 보호도 가능하다.[108] 그런데 글자체가 디자인권으로 설정등록된 경우에 i) 타자·조

---

[108] 「디자인보호법」에서는 "'디자인'은 물품(물품의 부분 및 글자체를 포함한다)의 형상·모양·색채 또는 이들을 결합한 것으로서 시각을 통하여 미감(美感)을 일으키게 하는 것을 말한다"(제2조 제1호)라고 하여 글자체를 이 법의 보호대상으로 하고 있음을 분명하게 밝혔다.

판 또는 인쇄 등의 통상적인 과정에서 글자체를 사용하는 경우와 ii) 글자체의 사용으로 생산된 결과물인 경우에는 디자인권의 효력이 미치지 아니한다는 중요한 제한이 따르고 있다(제94조 제2항 참조).

제4절
2차적·응용적 저작물

I. 2차적저작물

1. 의의

대부분의 저작물은 무無에서 유有를 창조하기보다는 선현들이 장구한 역사에 걸쳐 이루어 놓은 기존의 저작물을 기초로 하여 창작된 것이 대부분이다.[109] 이와 같이 원저작물을 기초로 하여 그 표현방식을 바꾸어 새로운 창작성을 가미한 저작물을 2차적저작물Secondary Works이라 한다.[110]

우리 「저작권법」에 따르면 "2차적저작물[111]은 원저작물을 번역·편곡·변형·각색·영상제작 그 밖의 방법으로 작성한 창작물을 말하며 이는 독자적인 저작물로서 보호된다"(제5조 제1항)라고 규정하고 있다.

오늘날 2차적저작물의 작성은 저작물의 종류에 불문하고 광범위하게 이루어지고 있으나, 주로 어문저작물을 원저작물로 하여 연극저작물이나 영상저작물 등을 작성하는 모습으로 나타난다.[112]

그런데 2차적저작물과 후술하는 편집저작물은 모두 기존의 저작물을 기초로 하여, 다시 말해 원저작물을 응용·참고·이용하여 작성한 점, 그리고 각자는 법에 따른 독자적인 저작물로서 보호된다는 점에서는 같으나, 2차적저작물이 그 자체적으로 인간의 사상과 감정을 표현한 창작물임에 반하여 편집저작물은 단지 구성부분

---

109 이와 같은 사상적 배경을 잘 표현하고 있는 것이 "거인의 어깨 위에 올라탄 난장이가 거인보다 더욱 넓게 세상을 바라본다"라는 격언이다.

110 따라서 원저작물을 완전히 변형하여 전혀 새로운 저작물을 창작한 경우는 여기서 논의하고 있는 2차적저작물이 아니고 별개의 새로운 저작물이 됨을 유의하여야 한다.

111 어문규범의 하나인 '한글 맞춤법'에 따르면 '2차적 저작물'이라고 해야 하지만 「저작권법」에서 '2차적저작물'이라고 표현하고 있으므로 이에 따르기로 한다.

112 저작권 침해소송의 대부분도 2차적저작물로서의 연극저작물이나 영상저작물 또는 음악저작물 등이 원저작자가 가지는 복제권이나 2차적저작물작성권을 침해하였느냐의 여부에 초점이 모아지고 있다.

이 되는 소재의 배열과 선택에서만 창작성을 요구하는 점에서 차이가 있다는 데 유의할 필요가 있다.

2. 2차적저작물의 성립요건

2차적저작물은 원저작물을 기초로 실질적인 개변改變과정을 거쳐 상당한 수준의 창작성을 갖추었을 때 성립한다. 이와 같이 2차적저작물의 성립요건으로는, i) 원저작물을 기초로 하여 작성될 것, ii) 실질적인 개변이 있을 것 그리고 iii) 상당한 수준의 창작성이 있을 것 등을 요구하고 있다. 이하에서 이를 구체적으로 살펴보기로 한다.

(1) 원저작물을 기초로 하여 작성될 것

2차적저작물은 기존의 원저작물을 기초로 한다는 점에서 가장 큰 특징이 있다. 이때 기초가 되는 원저작물은 대부분의 경우에 있어서는 앞에서 언급한 바와 같이 어문저작물에 해당하겠으나 그 외의 저작물도 원저작물이 될 수 있음은 당연하다.[113] 예를 들면, 건축저작물을 원저작물로 하여 2차적저작물인 사진저작물을 작성할 수도 있고, 음악저작물을 원저작물로 하여 연극적 요소 또는 무용적 요소가 가미된 2차적저작물로서의 오페라나 발레 등을 창작할 수도 있다.

(2) 실질적인 개변이 있을 것

2차적저작물도 법에 따른 독자적인 저작물로서 보호되는데(「저작권법」 제5조 제1항), 그렇다면 그 작성의 기초가 되는 원저작물을 어느 정도로 개변改變시켰을 때 독자적인 저작물로 인정될 것인가가 문제가 된다. 원저작물에 대한 오·탈자의 수정이나 아주 미미한 변형만으로는 2차적저작물이 될 수 없고[114], 원저작물의 표현에 실질적인 개변Substantial Variation을 하였을 경우에만 2차적저작물이 성립된다.

---

113 2차적저작물이 원저작물을 기초로 작성된다고 하여 원저작물이 보호기간 내에 있을 필요는 없다고 해석된다. 2차적저작물로서의 국악의 창작에서와 같이 수천 년간 전승되어 오고 있는 원저작물의 보호기간이 만료되었다 하더라도 얼마든지 2차적저작물을 작성할 수 있다. 다만, 원저작물이 보호기간 내에 있을 때에는 원저작자의 동의를 받아야 할 것이다.
114 이는 원저작물의 복제에 해당한다.

대법원은 2차적저작물의 성립요건과 관련하여, "2차적저작물로 보호받기 위하여는 원저작물을 기초로 하되 원저작물과 실질적 유사성을 유지하고, 이것에 사회통념상 새로운 저작물이 될 수 있을 정도의 수정·증감을 가하여 새로운 창작성을 부가하여야 하는 것이며, 원저작물에 수정·증감을 가한 데 불과하여 독창적인 저작물이라고 볼 수 없는 경우에는 저작권법에 의한 보호를 받을 수 없다"라고 판시한 바 있다(대법원 2004.7.8, 선고 2004다18736 판결).

원저작물에 대한 실질적인 개변의 방법으로는 법 제5조 제1항에서 번역, 편곡, 변형, 각색, 영상제작 그 밖의 방법을 들고 있다. 원저작물을 기초로 하여 2차적저작물을 작성하는데 **번역**은 어문저작물을, **편곡**은 음악저작물을, **변형**은 미술저작물을, **각색**은 연극저작물을, **영상제작**은 영상저작물을 작성하기 위한 대표적인 기법이다. 그리고 여기서 말하는 **그 밖의 방법**이란 연극제작, 소설제작, 녹음제작, 미술품의 변형된 형태로의 복제, 원작품의 요약·발췌 또는 개작 등이 있을 수 있다.

한편, 원저작물의 표현을 상당한 수준을 넘어 아주 많이 변형시켜 전혀 새로운 형태의 창작성이 발현되면 이는 2차적저작물이 아니고 원저작물과는 관련이 없는 독립된 별개의 저작물이 됨을 유의하여야 한다. 이렇게 볼 때, 2차적저작물은 원저작물과 제3의 별개의 저작물 사이에 있는 형태를 보인다.

(3) 상당한 수준의 창작성이 있을 것

2차적저작물은 원저작물을 실질적으로 개변한 결과 상당한 수준의 창작성이 있어야 한다. 다시 말해, 2차적저작물은 원저작물에 대한 실질적 개변뿐만 아니라 그로 인한 상당한 수준의 창작성도 동시에 요구한다.

원저작물은 무에서 유의 창조를 염두에 둔 것이기 때문에 적어도 남의 것을 베끼지 아니하고Originality 저작자의 개성이 저작물 중에 어떠한 형태로든 나타나면 되는 **최소한의 창작성**Minimum Creativity만 있으면 되는 데 반하여, 2차적저작물은 유에서 유를 창조하므로 Originality는 애초부터 요구할 수 없고 다만 창작성의 수준에서 원저작물보다는 상당히 높은 수준, 즉 상당한 수준의 창작성Some Substantial Creativity을 요구한다.

서울고등법원은 피고가 뮤지컬을 녹화한 행위가 2차적저작물로서의 영상저작물에 해당하느냐와 관련하여, "연극 등을 단순히 녹화한 것만으로는 새로운 창작성이 없어 2차적저작물로서의 영상저작물에 해당하지 않으며, 2차적저작물이 되기 위해서는 보통의 저작물에서 요구되는 창작성보다 더 실질적이고 높은 정도의 창작성이 요구된다"라고 판시한 바 있다(서울고등법원 2002.10.15, 선고 2002나986 판결).

(4) 원저작자의 동의의 필요성 문제

2차적저작물의 성립요건으로서 원저작자의 동의가 필요한 것인가가 자주 문제가 되고 있으며, 이 문제는 법의 실무에서도 대단히 중요한 쟁점사항의 하나로 자리 잡고 있다. 우리 법은 물론이고 다른 주요국가의 저작권법 및 저작권과 관련한 국제조약에서도 2차적저작물의 성립요건으로서 원저작자의 동의를 얻을 것을 요구하는 명문의 규정은 없다.[115] 따라서 이 문제는 결국 각국의 학설이나 판례에 따른다고 볼 수 있다.

그런데 현재 우리의 경우는 2차적저작물의 성립요건으로서 원저작자의 동의를 필요로 하지 않는다는 데 대부분의 학설과 판례가 일치하는 태도를 보이고 있다.

현실적으로 보더라도 2차적저작물이 성립하기 위해서 일일이 원저작자의 동의를 얻도록 하는 것은 2차적저작물의 작성을 심각히 방해하는 결과를 초래하며, 이는 곧 인류문화의 발전에도 저해요인으로 작용할 것이다. 따라서 우리나라를 비롯한 대부분의 국가에서의 학설이나 판례에서는 2차적저작물은 원저작자의 동의가 없이도 누구나 이를 작성할 수 있는 것으로 보고 있다. 다만, 원저작자는 그가 가지고 있는 2차적저작물작성권(제22조 참조)의 침해를 이유로 각종의 구제를 받을 수 있음은 물론이다.[116]

따라서 2차적저작물은 원저작자의 동의와 상관없이 성립하며, 이와 같이 성립된 2차적저작물에 대하여 우리 법 제5조에서는 이를 하나의 **독자적인 저작물**로서 보호가 될 수 있음을 명시적으로 규정하고 있다. 요컨대, 원저작자의 동의는 2차적저

---

115 우리나라 최초의 저작권법인 1957년의 「저작권법」은 제5조 제1항에서 "타인의 저작물을 그 창작자의 동의를 얻어 번역, 개작 또는 편집한 자는 원저작자의 권리를 해하지 않는 범위 내에 있어서 이를 본법에 의한 저작자로 본다"라고 규정함으로써 원저작자의 동의를 2차적저작물의 성립요건으로 파악하고 있었으나, 1987년의 개정과정에서 이와 같은 조항을 삭제하여 오늘에 이르고 있다.

116 이 말은 곧 원저작자의 동의는 2차적저작물의 성립요건이 아니고 다만 유효요건에 불과함을 의미한다.

작물의 **성립요건**은 아니며, 다만 그것이 완전하고 유효하게 법률적 효력을 발휘할 수 있도록 하는 데 필요한 **유효요건**[117]의 하나임을 유의할 필요가 있다. 원저작자의 동의가 없으면 2차적저작물로 성립할 수 없다거나 저작권이 발생하지 않는다고 해석하여서는 아니 되며 비록 허락을 받지 아니한 2차적저작물의 창작자라 할지라도 원저작물의 저작자에 의하여 현실적으로 이용의 중지를 당하기 전까지는 그가 창작한 저작물을 사실상 이용할 수 있는 법적인 지위를 향유한다고 볼 수 있다. 다만, 저작자는 2차적저작물작성권을 가지고 있기 때문에(제22조 참조), 제3자가 원저작자의 허락 없이 무단으로 2차적저작물을 작성하면 원저작자가 가지는 2차적저작물작성권의 침해가 될 수 있으며, 이에 따른 각종의 민·형사적 제재가 따를 수 있음은 물론이다.[118]

2차적저작물이 법에서 규정한 대로 완전한 법률효과를 가져오기 위해서는 원저작자의 동의를 받고 작성하는 것이 가장 바람직할 것이다. 다만, 원저작자가 별도의 이의를 제기하지 않거나 사회적으로 큰 해악이 없다면 저작자의 허락 없이 작성된 2차적저작물도 유효한 법률적 효력을 발휘할 수 있음은 물론이다.

3. 원저작물과 2차적저작물과의 관계

(1) 원저작물의 개변 정도에 따른 저작물의 형태 분석

다른 사람의 작품이나 원저작물에 기초하여 작품을 새로 쓰는 방법으로는 i) 원저작물을 그대로 베끼는Dead Copy 경우, ii) 원저작물에 아주 미미한 변형Trivial Variation만 주어 실제로는 원저작물과 같은 것으로 볼 수 있는 경우Substantial Identity, iii) 원저작물이 가지고 있는 표현에 대해 실질적 개변을 하여 상당한 수준의 창작성은 있

---

117 유효요건을 효력요건이라고도 한다. 일반적으로 법률행위의 요건으로는 성립요건과 효력요건이 있다. 논리적으로 볼 때 법률행위는 먼저 법률행위로서 '성립'이 되고, 그다음에 그것이 '유효'하다는 평가를 받는다. 바꾸어 말하면, 먼저 성립 또는 불성립의 문제가 있고, 그것이 성립되었다고 인정되는 것에 한하여 비로소 유효 또는 무효의 문제가 제기될 수 있다. 일반적으로 볼 때 법률행위의 성립요건은 법률행위라고 할 수 있을 만한 것이 존재하기 위하여 요구되는 최소한의 외형적·형식적 요건을 말하며, 효력요건은 이미 성립한 법률행위가 아무런 장애요인 없이 법률상 필요한 효력을 발생하는 데 필요한 추가적인 요건을 말한다고 할 수 있다.
118 이 경우는 저작자가 '2차적저작물작성권'이라는 해당 권리를 행사할 때에만 그러하다. 권리는 의무가 아니라서 이를 행사할지 행사하지 않을지는 권리자의 재량에 속하기 때문이다.
119 어문저작물의 경우를 예로 들면 등장인물(Character), 사건의 전개(Sequence of Events), 구성(Plot) 등을 말한다.

으나 아직까지 원저작물의 큰 틀[119]을 벗어나지 못하고 원저작물과 실질적인 유사성Substantial Similarity이 있는 경우 그리고 iv) 원저작물을 참고만 하고, 다시 말해 원저작물이 가지고 있는 사상과 감정, 즉 아이디어만 차용하고 표현에 대해서는 이를 완전히 개변한 상태에서 전혀 새로운 작품을 제작하는 경우 등이 있을 수 있다.

이 가운데 i)과 ii)는 원저작물을 복제한 것으로 보며 원저작자 이외의 자가 행한 개변이 i)과 ii)에 해당할 때에는 원저작자가 가지는 **복제권**의 침해가 된다. 그리고 iii)의 경우가 곧 2차적저작물에 해당하며, 원저작자 이외의 자의 행위가 iii)에 해당하는 때에는 원저작자가 가지는 2차적저작물작성권의 침해가 된다. 한편 iv)의 경우는 별개의 **독립된 저작물**로서 원저작자가 가지는 복제권이나 2차적저작물의 침해에 해당하지 않는다.

(2) 원저작물과 2차적저작물과의 관계적 특징(실질적 유사성)

2차적저작물은 원저작물을 기초로 작성하기 때문에 원저작물과 동일성은 아니지만 최소한 실질적 유사성이 있어야 한다. 즉, 원저작물에 대해 미미한 개변에 해당하는 복제수준이 아닌 상당한 수준의 실질적 개변Substantial Variation이 이루어졌음에도 불구하고 2차적저작물은 원저작물과의 관계에서 실질적 유사성Substantial Similarity을 가지고 있어야 한다.

서울민사지방법원은 피고가 제작한 영화 〈행복은 성적순이 아니잖아요〉가 원고의 원저작물인 무용극의 같은 이름 〈행복은 성적순이 아니잖아요〉를 기초로 하는 2차적저작물에 해당하는지의 여부와 관련하여, "어떤 저작물이 원작에 대한 2차적저작물이 되기 위해서는 단순히 사상Idea 또는 주제Theme나 소재가 같거나 비슷하다는 것만으로는 부족하고, 두 저작물 사이에 실질적 유사성Substantial Similarity이, 즉 사건의 구성Plot 및 전개과정과 등장인물의 교차 등에서 공통점이 있어야 할 것이며…이들 두 작품에 있어서 등장인물이라든지 사건의 전개 등 실질적 구성면에 있어서는 현저한 차이가 있어 원고가 주장하는 무용극과 영화 사이에 내재하는 예술의 존재양식 및 표현기법의 차이를 감안하더라도 양자 사이에 원작과 2차적저작물의 관계를 인정할 만한 실질적인 유사성이 있다고 볼 수 없다"라고 하여 원고의 2차적저작물작성권 침해주장을 기각하는 판결을 하였다(서울민사지방법원 1990.9.20, 선고 89가합62247 판결).

지금까지 논의한 것을 요약하여 표로 정리해 보면 다음과 같다.

원저작물의 개변 정도에 따른 저작물의 형태

(그림 설명: 원저작물에서 → 그대로 베낌 / 사소한 개변 → 원저작물, 원저작물과 실질적 동일(Substantial Identity) → 원저작물: 원저작자의 복제권 침해 / 실질적 개변 → 원저작물과 실질적으로 유사(Substantial Similarity) → 2차적저작물: 원저작자의 2차적저작물작성권 침해 / 완전히 새로운 개변 → 새로운 저작물(Separate and Independent Works) → 독립된 별개의 저작물: 저작권의 침해가 아님)

(3) 원저작자에게 2차적저작물을 작성할 우선적 권리의 부여

원저작자는 그의 저작물을 복제할 수 있으며 그의 저작물에 기초하여 2차적저작물을 작성하여 이용할 권리를 가지고 있다(「저작권법」 제16조 및 제22조). 따라서 위의 그림에서 보는 바와 같이 원저작자는 어떤 경우에도 그의 저작물을 i) 그대로 베끼거나, ii) 사소한 변경을 가하는 방법 등으로 복제를 하거나[120], iii) 실질적 개변을 하여 2차적저작물을 작성하거나[121] 아니면 iv) 원저작물을 단순히 참고만 하여 전혀 새로운 저작물을 작성할 수도 있다. 따라서 저작자가 아닌 제3자는 원저작자의 허락 없이 i) 또는 ii)의 행위를 한 때에는 원저작자의 복제권을 침해한 것이 되며[122], iii)의 경우에는 원저작자의 2차적저작물작성권을 침해한 것이 되지만, iv)의 경우에는 그

---

120 "저작자는 그의 저작물을 복제할 권리를 가진다"(제16조).
121 "저작자는 그의 저작물을 원저작물로 하는 2차적저작물을 작성하여 이용할 권리를 가진다"(제22조).
122 원저작자는 복제권 이외에도 공연권, 공중송신권, 전시권, 배포권 그리고 대여권 등도 가지고 있다. 그러나 이들 권리는 모두 해당 저작물의 복제를 전제로 하여 이루어지는 것이므로 복제권이 침해되면 나머지 권리도 자연스럽게 침해될 수 있는 상태에 놓인다. 따라서 여기에서 복제권의 침해만을 논의의 대상으로 삼아도 무방하다고 본다.

가 독자적으로 창작한 새로운 저작물로 인정을 받을 수 있게 됨은 이미 설명한 바
그대로이다.

4. 실질적 유사성의 확인방법

2차적저작물은 원저작물의 표현부분을 어떠한 형태로든 차용하기 마련이며 둘
간에는 실질적 유사성Substantial Similarity이 있어야 하는데, 그렇다면 이 실질적 유사
성을 실무적 차원에서 확인할 수 있는 방법은 무엇인가?

두 작품 간의 실질적 유사성을 확인할 수 있는 방법으로는 먼저, 두 저작물 간
에 **시장적 상호관계**의 유무에서 찾는 방법이 있다. 같은 소비자를 두고 어느 작품
이 탄생됨으로 인해서 타 작품의 수요자에 영향을 주어 그 수요를 대체하거나 아니
면 오히려 수요를 촉진한다면 둘은 시장적 상호관계에 있다고 할 것이다. 대부분의
경우 2차적저작물은 원저작물의 시장적 수요를 잠식하기 때문에 이들은 시장적 경
쟁관계에 있으며[123] 이 경우에는 두 작품 간에 실질적 유사성이 있는 것으로 확인할
수 있다. 그런데 어떤 경우에는 두 작품 간에 오히려 시장적 보완관계를 형성하기
도 하는데 이때에도 시장적 상호관계는 존재하며 두 작품 간에는 실질적 유사성이
있는 것으로 추론할 수 있다.[124]

다음으로 두 저작물 사이에 사건의 구성이나 등장인물의 교차 등에 공통점이 있
어서 새로운 저작물로부터 원저작물의 표현상의 본질적인 특성을 감득感得, Perceive
할 수 있다면 이들의 관계는 원저작물과 2차적저작물의 관계에 있다고 확인하는
방법이 있다.

> 서울고등법원은 영화 〈애마부인〉이 원작인 소설 「애마부인」과 실질적인 유사성이 있어
> 서 2차적저작물에 해당하는가와 관련하여, "원저작물에 대한 2차적저작물이 되기 위하
> 여는 원저작물을 토대로 작성된 저작물이 단순히 사상, 주제, 소재 등이 같거나 유사한
> 것만으로는 부족하고 두 저작물 사이에 사건의 구성, 전개과정, 등장인물의 교차 등에

---

123 영화 〈해리포터〉의 제작은 소설 「해리포터」의 독자층을 그만큼 감소시킬 것이다.
124 뽀로로 인형(캐릭터)과 뽀로로가 등장하는 애니메이션영화와 같이 어떤 경우에는 오히려 2차적저작물
의 작성으로 원저작물의 수요에 긍정적 효과를 주는, 즉 보완적 효과를 가져오는 경우도 있다. 이 때에도 원저
작물과 2차적저작물은 실질적 유사성이 있다고 할 수 있다.

있어서 공통점이 있어서 새로운 저작물로부터 원저작물의 본질적인 특징 자체를 감득할 수 있어야 한다"라고 하면서, "이 영화 〈애마부인〉과 소설 「애마부인」은 그 줄거리도 차이가 있고 그에 따른 전개과정도 현저한 차이가 있어서 양자 사이에 원저작물과 2차적 저작물의 관계를 인정할 만한 본질적인 특징 그 자체를 함께하고 있다고 볼 수 없으므로 두 작품에는 실질적 유사성이 없는 별개의 저작물이다"라고 결정하였다(서울고등법원 1991.9.5, 91라79 결정).

5. 2차적저작물의 종류

「저작권법」에서는 2차적저작물을 원저작물을 번역, 편곡, 변형, 각색, 영상제작 그 밖의 방법으로 작성한 창작물이라고 규정하고 있는데, 이들 2차적저작물은 그 명칭과 종류에 관계 없이 법률효과는 모두가 동일하며 각자가 독자적인 저작물로서 보호받는다는 점에 있어서는 차이가 없음을 유의하여야 한다. 법 제5조 제1항의 규정에 따라 2차적저작물을 구체적으로 살펴보면 다음과 같다.

(1) 번역저작물

일반적으로 번역저작물이란 어문저작물에 있어서 언어체계가 다른 외국어로 표현한 저작물을 말하며[125], 번역저작물은 2차적저작물의 가장 원시적인 형태에 속한다.

그리고 번역저작물에 있어서 해당 번역Translation이 몇 개의 외국어를 순차적으로 거쳐 이루어졌다면 최종 번역저작물의 저작자는 앞선 번역저작물의 저작자와 원저작자 모두의 허락을 얻어야 할 것이다. 예컨대, 영어로 된 저서 A가 중국어로 된 저서 B로 번역되어 있다고 할 때 저서 B를 기초로 한국어로 된 저서 C로 번역하고자 하는 경우에는 저서 B의 저자뿐만 아니라 원작인 A의 저자로부터의 허락도 동시에 받아야 한다.

그리고 번역저작물이 원저작물과 독립된 2차적저작물로 보호받기 위해서는 상당한 수준의 창작성[126]이 요구됨은 다른 저작물에서와 마찬가지이며, 저작물의 실

---

125 따라서 한문(漢文)으로 된 고전(古典)을 한글본으로 옮기는 것은 번역에 해당하지만, 암호문을 해독하거나 점자로 작동하도록 하는 것은 새로운 창작성이 부가된 것이 아닐 뿐 아니라 언어체계가 동일한 가운데 문자나 부호만 달라졌기 때문에 이는 번역이 아니라 '복제'에 해당한다고 할 수 있다(김정완, 앞의 책, 72쪽).
126 번역가가 원저작물의 내용이나 분위기를 손상하지 않도록 적절한 단어를 선택하고 문장을 이어간다면 이는 상당한 수준의 창작성을 갖추었다고 할 수 있다(김정완, 앞의 책, 72쪽).

질적 유사성의 판단 역시 번역저작물의 창작적 표현만으로 해야 한다는 것도 다른 저작물과 마찬가지이다.

> 대법원은 번역저작물의 실질적 유사성을 판단하는 방법과 관련하여, "번역저작물의 창작성은 원래의 저작물을 언어체계가 다른 나라의 언어로 표현하기 위한 적절한 어휘와 구문의 선택적 배열, 문장의 장단 및 서술의 순서, 원저작물에 대한 충실도, 문체, 어조 및 어감의 조절 등 번역자의 창의와 정신적 노력이 깃들인 부분에 있는 것이고, 그 번역저작물에 나타난 사건의 전개, 구체적인 줄거리, 등장인물의 성격과 상호관계, 배경의 설정 등은 경우에 따라 원저작물의 창작적 표현에 해당할 수 있음은 별론으로 하고 번역저작물의 창작적 표현이라 할 수 없으므로 번역저작권의 침해 여부를 가리기 위하여 번역저작물과 대상저작물 사이에 실질적 유사성이 있는가의 여부를 판단함에 있어서는 위와 같은 번역저작물의 창작적인 표현에 해당하는 것만을 가지고 대비하여야 한다"라고 판시한 바 있다(대법원 2007.3.29, 선고 2005다44138 판결).

그런데 저작권 침해의 우려 없이 제3자가 유효한 2차적저작물인 번역저작물을 작성하기 위해서는 원저작자의 허락을 얻어야 하는데, 이때의 원저작자의 허락은 번역을 하기 위한 성립요건은 아니며, 유효하게 번역저작물을 작성하기 위한 효력요건에 해당함은 이미 기술한 바와 같다.[127]

(2) 편곡저작물

편곡Arrangement이라 함은 기존의 음악저작물 자체에 변화를 가져오는 정도로 악곡을 변형하여 새로운 부가가치를 발생시키는 것을 말한다.

작곡이 리듬·선율·화성 등 음악에 있어서의 본질적인 요소를 만드는 창작이라면 편곡은 여기에다가 다양한 악기를 응용·활용하거나, 컴퓨터 등을 이용하거나, 리듬·선율·화성 등을 변형하여 새로운 옷을 입히는 과정으로 이해된다. 편곡저작물은 2차적저작물로서 기존의 원저작물과는 실질적 유사성은 지니되 나름대로의 독창성이 있어야 함은 다른 2차적저작물과 마찬가지이다.

---

127 참고로 「베른협약」에서는 "문학·예술적 저작물의 원저작자는 해당 저작물에 사용된 원래의 언어를 타 언어로 직접 번역하거나 이를 허락할 배타적 권리를 가진다"(제8조)라고 규정하고 있다.

(3) 변형저작물

변형Transformation저작물은 공간적 표현형식의 변경으로서 이는 주로 미술저작물에 적용되는 2차적저작물인데, 예를 들면 조각을 회화로 복제하거나 회화를 조각으로 복제하거나, 기존의 건축물을 사진으로 복제하거나, 기존의 저작물의 크기를 확대 또는 축소하는 등과 같이 원저작물과 전혀 다른 기법으로 제작하여 만들어진 저작물을 말한다.

변형저작물은 원저작물을 표현하고 있는 그릇이 파괴되어 다른 그릇에 바꾸어 담긴 경우를 말한다. 두 저작물 사이에는 창작적 표현이 같을 수 없고, 표현상의 본질적 특성이 유사하다면 이들은 실질적 유사성이 있다고 볼 수 있다. 이 경우 두 작품은 원저작물과 2차적저작물의 관계에 놓인다.[128]

(4) 각색 또는 영상제작 등의 방법으로 작성한 저작물 등

각색은 원저작물인 어문저작물을 희곡이나 시나리오 등의 대본을 만드는 것으로서 2차적저작물인 연극저작물 또는 영상저작물 등을 만들 때 사용하는 방법이고[129], 영상제작은 소설이나 만화 등을 영화, 애니메이션, 방송영상드라마 등과 같은 영상저작물을 만들 때 사용하는 방법이다.

오늘날 연극저작물과 영상저작물이 상당한 부분에 걸쳐서 소설 등 원저작물을 각색 또는 영상제작의 방법 등을 통하여 제작된 것임은 이미 기술한 바 있으며, 특히 영상제작방법을 통한 2차적저작물에 있어서는 종합예술로서의 성격에 따른 여러 가지 법률문제를 단순화시키기 위하여 법에서 각종 특례를 규정하고 있는데 이에 대해서는 별도로 후술하기로 한다.

---

128 제3자가 원저작자의 허락 없이 2차적저작물을 작성하는 경우 보통의 2차적저작물에 있어서는 그가 창작적 표현을 거의 그대로 차용하고 있다면 이는 원저작자의 2차적저작물작성권을 침해한 것이 되지만, 변형저작물에 있어서는 창작적 표현을 그대로 재생할 수 없으므로 양 저작물 사이에 표현상의 '본질적 특성'이 유사하다면 원저작자의 2차적저작물작성권을 침해하게 되는 것으로 이론구성을 할 수 있다.

129 이와 같이 '각색'은 일반적으로 소설과 같은 어문저작물을 영상적으로 각색하는 것과 같이 특정 장르의 기존 저작물을 다른 장르로 바꾸는 것을 말하지만, 같은 장르 내에서 소설을 청소년판으로 다시 쓰는 경우와 같이 이용의 상황에 적당하도록 변경하는 경우도 포함한다. 그리고 각색은 표현형식만을 바꾸는 번역과는 달리 저작물의 구성을 변경하는 경우도 포함한다.

6. 2차적저작물의 보호와 원저작자의 권리에 대한 영향

(1) 2차적저작물을 독자적인 저작물로서 보호

가. 의의

「민법」에서는 원재료에 가치를 가공한 경우일지라도 하나의 물건에는 하나의 소유권만을 인정하지만(이를 일물일권주의一物一權主義라 한다), 「저작권법」에서는 원저작물에 새로운 창작성을 부가한 2차적저작물에 대해서 「민법」과는 다른 특별한 규정을 두고 있다(「저작권법」 제5조 및 제22조 참조).

「민법」과 비교하여 2차적저작물에 관한 「저작권법」 규정의 특징은 원저작물에 관한 권리가 소멸되지 않고 유지된다는 점이다. 이것은 무체물은 관념적인 것이므로 원저작물에 기초하여 새롭게 창작된 무체물(2차적저작물)의 권리가 병존할 수 있으므로 유체물처럼 일물일권주의와 같은 관념은 필요하지 않다는 생각에 근거한다. 이처럼 2차적저작물작성권은 원저작권과는 별개의 권리로서 병존할 수 있으므로 원저작물의 저작자와 2차적저작물의 저작자는 각각 별개의 저작물의 저작자가 된다.[130]

우리 「저작권법」에서도 "원저작물을 번역·편곡·변형·각색·영상제작 그 밖의 방법으로 작성한 창작물(이하 '2차적저작물'이라 한다)은 독자적인 저작물로서 보호된다"라고 규정하고 있다(제5조 제1항). 이때 2차적저작물이 독자적인 저작물로 보호된다는 말은 원저작물의 법적 지위와 관련 없이 2차적저작물 자체에 독자성을 부여하여 여기에 각종의 보호가 이루어진다는 것을 의미한다. 이와 같이 2차적저작물은 원저작물과는 별개의 저작물이므로 원칙적으로 원저작물의 저작자와 2차적저작물의 저작자는 공동저작자의 관계에 있는 것이 아니라, 각자가 원저작물과 2차적저작물이라는 별개의 저작물의 저작자이고 따라서 양자의 저작권은 병존하는 관계에 있다.[131]

후술하는 바와 같이 저작권은 저작물을 창작한 때부터 발생하며 어떠한 절차나 형식의 이행을 필요로 하지 않는다. 이와 같은 저작권 발생의 무방식주의는 2차적저작물에 있어서도 마찬가지여서, 2차적저작물의 저작자는 2차적저작물을 완성함

---

130 김정완, 앞의 책, 72쪽.
131 오승종, 앞의 책, 191쪽.

과 동시에 원저작물의 권리를 해치지 아니하는 범위 내에서 어떠한 절차나 형식의 이행도 필요없이 독자적인 저작물로서 해당 저작물에 대한 저작권을 취득하게 된다. 이와 같이 해석할 수 있는 근본적인 이유는 원저작자의 동의는 2차적저작물의 성립요건이 아니고 유효요건(효력발생요건)에 불과하기 때문이기도 하다.

나. 구체적인 예

2차적저작물은 비록 원저작물에 기초를 두고 작성된 것이기는 하지만 일단 2차적저작물이 성립한 이상 이는 원저작물과는 별개의 차원에서 보호되며 2차적저작물의 보호는 원저작물의 법적 지위나 원저작자의 동의 유무와 관계 없이 법의 보호를 받는다. 따라서 원저작물이 보호받지 못하는 저작물이라 해도 이를 번역한 번역물과 같은 2차적저작물은 독자적인 저작물로서 당연히 법의 보호대상이 된다.

예를 들면 원저작물인 어문저작물 A를 영상화하여 2차적저작물인 영화 B를 제작했을 때, 영화 B는 법 제4조 제1항 제7호에 따른 영상저작물로서의 독자적인 지위를 가지고 법에서 정한 각종 보호를 받을 수 있으며, 이 경우 후술하는 바와 같이 원저작물인 어문저작물의 저작자의 권리에는 하등의 영향을 미치지 아니하며, 두 저작물은 각각 독립된 지위를 가지고서 법에 따른 보호를 받는다.[132] 또 다른 예를 추가로 들어 보면, 원저작자가 번역에 이의를 제기하고 출판을 반대할지라도 번역자가 이미 번역을 한 작품에 대해서는 번역자는 원저작자가 가지는 2차적저작물작성권을 침해한 사유로 그에 따른 책임을 질 수는 있지만, 이와는 별개로 법 제5조 제1항에 따라 그는 필요한 보호를 받게 된다.

다. 원저작자의 법적 지위와 관계 없이 독자적으로 보호

2차적저작물은 원저작자의 동의 없이 이를 작성할 수 있으며 이 경우에도 2차적저작물은 독자적인 저작물로서 보호됨은 이미 기술한 바와 같다. 따라서 원저작자의 동의를 받지 아니하고 번역물을 작성한 경우, 이 번역물을 제3자가 무단으로 복제하여 상업적으로 이용하였다면 이는 원저작자의 2차적저작물작성권의 침해에 해당함은 물론이고 번역자가 가지고 있는 복제권의 침해에도 해당된다.

---

132 그러나 원저작자의 동의 없이 2차적저작물을 작성한 자는 원저작자의 2차적저작물작성권을 침해하여 민·형사상 책임을 질 수 있음은 물론이다.

그리고 2차적저작물은 원저작물의 법적 지위와 관계 없이 독자적으로 보호되기 때문에 원저작물에 대한 저작권을 침해하는 2차적저작물이 만들어진다고 하더라도 그 2차적저작물은 여전히 법에 의해 독자적으로 보호될 수 있음을 유의하여야 한다. 예를 들면, 원저작물에 대한 저작권을 침해하여 작성한 2차적저작물을 상대로 하여 누군가가 이를 무단으로 공표하거나, 2차적저작물의 작성자의 성명표시를 생략하거나, 2차적저작물의 동일성을 해치는 경우에 있어서는 2차적저작물작성자가 가지는 저작인격권을 침해하는 것이 되고, 2차적저작물을 복제, 공연, 방송, 공중송신 등의 방법으로 이용하고자 한다면 2차적저작물을 작성한 저작자의 저작재산권을 침해하는 것이 된다.

여기서 주의를 요하는 것은 2차적저작물의 작성자는 원저작자와의 관계에서 그의 작품이 독자적인 저작물로서 보호될 수 있다고 주장할 수는 있지만, 원저작자가 가지는 2차적저작물작성권의 침해책임으로부터 자유로울 수는 없다는 것이다. 원저작자는 그의 허락 없이 제3자가 그의 작품을 원저작물로 하여 이를 번역할 경우그는 2차적저작물작성권이 침해되었다고 주장할 여지가 있기 때문에 실제에 있어서는 원저작자의 동의 없이 작성한 2차적저작물의 활용은 여러 가지 어려움에 처할 수 있음은 당연히 예상될 수 있는 일이다.

현행 법상 2차적저작물은 이와 같이 독자적인 저작물로 보호되며, 이를 원저작물로 하여 다시 번역, 편곡, 각색, 영상제작 등의 방법으로 추가적인 창작물을 계속하여 작성할 수도 있다. 이 경우 이들 저작물을 3차적저작물 또는 4차적저작물이 아닌 2차적저작물이라고 부르며, 이들도 원래의 2차적저작물과 마찬가지로 독자적인 저작물로서 보호된다.

(2) 원저작물 저작자의 권리보장
가. 원칙

우리는 앞에서 2차적저작물은 원저작물의 지위와 독립하여 **독자적인 저작물**로서 보호됨을 보았다. 그런데 인류문화발전에 결정적으로 기여하는 자는 누가 뭐라고 해도 2차적저작물의 작성자라기보다는 원저작자라고 할 수 있다. 원저작물이 있고 나서야 비로소 이를 실질적으로 개변한 후 상당한 수준의 창작성이 가미되어 2차적저작물이 탄생되기 때문에 원저작물을 작성한 저작자의 권리는 어떤 경우에도 그 보호에 소홀함이 있어서는 아니 된다. 다시 말해 2차적저작물을 보호한다고 하여 원저작자의 권리에 영향을 주어서는 아니 될 것이며, 이와 같은 입법취지를 반영한 것이 곧 법 제5조 제2항의 "2차적저작물의 보호는 그 원저작물의 저작자의 권리에 영향을 미치지 아니한다"라는 규정이다. 이 규정은 2차적저작물을 보호함에 있어서 필연적으로 수반되는 원저작물 저작자와 이해관계를 조절하기 위한 규정으로서, 2차적저작물을 독자적인 저작물로 보호한다는 법 제5조 제1항의 규정과 논리적으로 동전의 앞·뒤의 관계에 놓여 있다.

2차적저작물의 보호가 원저작자의 권리에 영향을 미치지 아니한다는 법리는 현실적으로 제3자가 2차적저작물을 이용하고자 하는 경우 2차적저작물의 저작자뿐만 아니라 원저작자의 동의 또는 허락도 동시에 얻어야 하는 것으로 구현된다.[133] 예를 들면, 영문으로 된 미국 저작권법 교재를 한국어로 번역한 것을 출판하고자 하는 자는 2차적저작물인 번역서의 저작자(번역자)뿐만 아니라 그 영문교재의 저작자로부터도 허락을 받아야 하는데, 이와 같은 법리의 이면에는 원저작자에게 우선적으로 2차적저작물작성권이 부여되고 있기 때문이다. 법 제5조 제2항은 '한번 저작권자는 영원한 저작권자'라는 법언法諺을 충실히 표현해주고 있다. 법 제5조 제2항의 규정은 원저작자에게 그의 원저작물을 기초로 하여 지속적으로 2차적저작물이 탄생하는 것을 가능케 하여 인류문화의 향상발전에 기여할 수 있는 토대를 제공해 준 대가로 원저작물에 대한 복제권 등의 권리뿐만 아니라 2차적저작물작성권이라는 엄청난 권리를 부여하고 있는 데 따른 당연한 규정으로 이해된다. 이 밖에도 원저작물을 기초로 하여 제3자가 몇 번에 걸쳐서 2차적저작물을 작성하더라도 이들 저작물 간에 실질적 유사성이라는 연결고리가 유지되는 한 원저작자는 그가 가진 배타적 권리인 2차적저작물작성권에 근거하여 그때마다 제3자에게 2차적저작물을 작성할 수 있는 동의 또는 허락할 권리를 가진다.[134]

이와 같은 논의는 2차적저작물이 원저작자의 동의를 받지 아니하고 무단으로 작성된 경우에도 마찬가지로 적용된다. 다시 말해, 2차적저작물을 보호한다고 하여 원저작물 저작자의 권리에 영향을 미쳐서는 아니 되고, 이 경우에도 원저작자는 그의 권리행사에 아무런 제한을 받지 아니한다. 요컨대, 모든 2차적저작물을 작성 또

---

133 2차적저작물을 작성하고자 할 때에는 원저작자의 '동의'를, 2차적저작물을 이용하고자 할 때에는 원저작자의 '허락'을 얻어야 한다.

는 이용하려는 자는 그에 앞선 모든 원저작자의 동의 또는 허락을 얻어야 한다는 결론에 도달한다.

나. 예외적인 경우

이와 같은 원칙에는 중대한 예외가 하나 있는데 다름아닌 저작물의 영상화를 허락한 원저작자는 그의 원저작물에 대한 각종의 권리행사에 상당한 제한을 받는다는 것이다. 법 제99조에 따르면 소설이나 만화와 같은 원저작자가 그의 저작물을 영상화할 것을 다른 사람에게 허락한 경우 특약이 없다면 i) 공개상영을 목적으로 한 영상저작물을 공개상영하는 권리, ii) 방송을 목적으로 한 영상저작물을 방송하는 권리, iii) 전송을 목적으로 한 영상저작물을 전송하는 권리 그리고 iv) 영상저작물을 그 본래의 목적으로 복제·배포하는 권리를 포함하여 허락하는 것으로 추정한다. 따라서 이들 경우에 있어서는 당사자 간에 특약이 없는 한 원저작물의 저작자가 가지는 공연(공개상영), 방송, 전송, 복제 등에 관한 권리의 행사는 제한되며, 이는 2차적저작물에 해당하는 영상저작물산업의 진흥이라는 더 큰 공익적 목적을 달성하기 위하여 마련된 법률적 배려라고 이해된다. 이렇게 볼 때 법 제99조 제1항 제2호부터 제5호까지의 규정은 법 제5조 제2항에 대한 특례규정이라 할 수 있겠다.

7. 2차적저작물에 대한 몇 가지 특례

「저작권법」에서는 2차적저작물에 대하여 다른 저작물에는 적용되지 않는 몇 가지 특례를 규정하고 있다.

첫째, 원저작자의 동의를 얻어 작성된 2차적저작물이 공표된 경우에는 그 원저작물도 공표한 것으로 본다(제11조 제4항). 원저작물과 2차적저작물은 그 성격상 서

---

134 이를 좀 더 구체적으로 설명해 보면, 원저작물을 기초로 하여 몇 회에 걸쳐 2차적저작물이 작성되는 경우에도 2차적저작물의 작성자는 시간상 앞에 있는 모든 저작자의 동의를 받아야 한다는 것이다. 그 예를 들어 보면 A라는 소설을 기초로 하여 B라는 만화가 제작되어 있는 상태에서 이 B라는 만화를 기초로 C라는 연극을 만들고자 할 때에, 연극을 만들고자 하는 자는 만화의 저작자뿐만 아니라 소설의 저작자에게도 동의를 받아야 한다. 몇 회에 걸쳐서 2차적저작물이 작성되는 경우에 시간상 앞에 있는 저작자는 원저작자에 해당하고 시간상 뒤에 있는 저작자는 2차적저작물의 저작자에 해당한다. 물론 이 경우 앞뒤의 저작물 간에 실질적 동일성이라는 연결고리가 존재해야 한다.

로 간에 실질적 유사성을 가지고 있으므로 어느 하나만이 공표되고 나머지는 공표하지 않는 것으로 하는 것은 의미가 없기 때문이다.

둘째, 국가 또는 지방자치단체가 작성한 것으로서 헌법, 법률, 조약, 명령, 조례, 규칙, 고시, 공고, 훈령, 판결, 결정, 명령, 심판, 의결, 결정 등의 **번역물**에 해당하는 2차적저작물은 법에 의한 보호를 받지 못한다(제7조).

셋째, 저작재산권의 전부를 양도하는 경우에 특약이 없는 때에는 2차적저작물을 작성하여 이용할 권리는 포함되지 아니한 것으로 추정한다(제45조 제2항). 이는 앞에서 논의한 바 있듯이 원저작자에게 그가 창작한 저작물에 대한 각종의 권리를 우선적으로 부여하기 위해서이며, 이는 곧 저작자의 창작행위를 더욱 북돋우고 동시에 저작자의 재산적 권리를 보다 확실히 보장해 주기 위해서이기도 하다.[135]

II. 편집저작물

1. 의의

편집저작물도 2차적저작물과 마찬가지로 현행 법상 독자적인 저작물로서 보호되고 있다. 편집저작물은 「저작권법」 제4조에서 규정하고 있는 기존의 저작물을 2차적·응용적으로 활용한 것으로서 2차적저작물에 이어 법 제6조에서 규정하고 있으며, 그 입법형식은 2차적저작물과 대단히 유사하다.[136]

편집저작물과 2차적저작물은 기존의 저작물을 2차적·응용적으로 활용한다는 점에서는 같지만, 편집저작물은 원저작물을 개변함이 없이 그 구성부분이 되는 소재를 체계적으로 선택·배열·구성하는 데 창작성이 있는 것을 말하고, 2차적저작물은 원저작물을 실질적으로 개변하여 상당한 정도의 창작성을 갖춘 것을 말하는 데에 차이가 있다.

문화콘텐츠 분야에서 편집저작물은 다른 저작물보다는 그 중요성이 떨어지는 것

---

135 다만 컴퓨터프로그램저작물의 경우에는 특약이 없는 한 2차적저작물작성권도 함께 양도한 것으로 추정한다(제45조 제2항 단서 참조).

136 2차적저작물과 편집저작물이 2차적·응용적 저작물이라는 공통점에서 기인한 것으로 보인다.

은 사실이나 그럼에도 불구하고 홈페이지, 광고·선전물, 팸플릿, 브로슈어, 초청장, 안내장, 포스터, 작품소개장 등은 나름의 독자적인 저작물성을 가지고서 법의 보호를 받고 있는 대표적인 편집저작물이라 하겠다.

2. 편집물과 편집저작물

(1) 편집물

"편집물이란 저작물이나 부호·문자·음·영상 그 밖의 형태의 자료(이하 '소재'라 한다)의 집합물을 말하며, 데이터베이스를 포함한다"(「저작권법」 제2조 제17호). 편집물의 정의를 좀 더 구체적으로 살펴보기로 한다. 먼저, 편집물은 저작물과 각종 형태의 자료를 말하는 소재의 집합물이다. 따라서 하나의 편집물은 다수의 소재를 구성부분으로 이루어지는 집합적 개념으로서 이해되며, 집합물이 아닌 하나의 저작물이나 하나의 소재만으로는 이를 편집물이라 할 수가 없다. 이렇게 볼 때 편집물은 다수의 저작물로 이루어지거나 저작물과 함께 부호, 문자, 음, 영상, 그 밖의 형태의 자료로 이루어진다고 할 수 있으며, 이때 편집물을 구성하는 자료들을 소재라 한다. 다음으로, 편집물은 데이터베이스를 포함하는 개념이다. 데이터베이스는 "소재를 체계적으로 배열 또는 구성한 편집물로서 개별적으로 그 소재에 접근하거나 그 소재를 검색할 수 있도록 한 것을 말한다"(제2조 제19호).

(2) 편집저작물

한편, "편집저작물은 편집물로서 그 소재의 선택·배열 또는 구성에 창작성이 있는 것을 말한다"(제2조 제18호). 편집물 자체는 기존의 저작물이나 콘텐츠의 집합물로서 여기서는 창작성을 발견하기가 어려우나, 이들 편집물을 구성하는 소재의 선택·배열·구성에는 인간의 사상과 감정을 창작적으로 표현하는 것이 가능하기에 법에서는 편집저작물을 저작물의 하나로 보고 이를 보호하고 있는 것이다.[137]

---

[137] 소재의 '선택'에 주된 창작성을 요구하는 것으로는 논문집이나 문학전집 등을, 소재의 '배열'에 주된 창작성을 요구하는 것으로는 논문의 목차나 도서의 목록 등을, 소재의 '구성'에 주된 창작성을 요구하는 것으로는 신문·잡지·백과사전 등을 예로 들 수 있으며, 편집저작물로서의 포털사이트나 홈페이지의 초기화면 등은 소재의 선택·배열·구성 모두에 걸쳐서 창작성이 요구된다고 하겠다.

3. 편집저작물의 성립요건

(1) 기존에 존재하는 소재를 집합시켜 놓은 편집물에 해당할 것

편집저작물은 편집물로서 그 소재의 선택·배열 또는 구성에 창작성이 있는 것을 말한다(「저작권법」 제2조 제18호). 편집저작물의 가장 큰 특징은 편집저작물 자체가 무엇보다도 편집물이라는 것이다. 그런데 앞에서 본 바와 같이 편집저작물을 구성하는 개별 소재는 반드시 저작물일 필요는 없다. 이 점에서 2차적저작물은 그 소재가 되는 원저작물이 반드시 저작물성을 가져야 한다는 것과는 차이가 있다. 그리고 편집저작물에 있어서 개별소재가 저작물일 경우에도 그것이 반드시 법으로 보호받는 저작물이거나 보호기간 내의 것이어야 할 필요도 없음을 유의하여야 한다.

(2) 소재의 선택·배열·구성에 창작성이 있을 것

편집저작물은 소재를 변경하지 않고 단순히 집합시켜 놓은 것에 불과하다.[138] 따라서 편집저작물을 구성하는 기존 소재 자체에는 창작성이 필요하지 않다. 다만 편집저작물이 성립하기 위해서는 기존 소재를 집합하는 과정에서 소재의 선택이나 배열 또는 전체적인 구성 면에서 창작성이 있어야 한다. 소재의 선택·배열·구성에 창작성이 없는 편집물은 자료를 수집해 놓은 것에 불과하며 문화발전에 기여하는 바가 없으므로 법으로 보호할 이유가 없기 때문이다.

법 제2조 제18호에서도 "편집저작물은 편집물로서 그 소재의 선택·배열·구성에 창작성이 있는 것을 말한다"라고 하여 이를 분명히 하고 있다. 편집저작물이 요구하는 창작성의 충족 여부는 개별적으로 판단하여야 할 사안이겠지만 저작물 일반이 요구하는 Originality와 Minimum Creativity는 편집저작물의 경우에도 마찬가지로 적용된다.

---

138 2차적저작물과 편집저작물의 가장 큰 차이점은 전자는 소재를 변형한 것이고, 후자는 소재의 변형이 없다는 것이다.

4. 편집저작물의 보호와 소재저작물의 저작권 보장

(1) 독자적인 저작물로서 보호

편집저작물의 보호와 관련한 현행 법의 규정은 2차적저작물의 그것과 유사한 형식을 취하고 있다. 즉, "편집저작물은 독자적인 저작물로서 보호된다"(「저작권법」 제6조 제1항). 그리고 "편집저작물의 보호는 그 편집저작물의 구성부분이 되는 소재의 저작권 그 밖에 이 법에 따라 보호되는 권리에 영향을 미치지 아니한다"(제6조 제2항).

따라서 편집저작물의 보호와 관련하여서는 앞에서 살펴본 2차적저작물에서 논의한 사항이 거의 그대로 적용될 수 있다. 먼저, 편집저작물은 그 소재가 되는 저작물과는 별개로 독자적인 저작물로서 보호된다. 따라서 편집저작물도 다른 저작물과 마찬가지로 저작인격권(공표권, 성명표시권, 동일성유지권)과 함께 저작재산권(복제권, 공연권, 공중송신권, 전시권, 배포권, 대여권, 2차적저작물작성권)이 부여된다.

편집저작물은 이와 같이 독자적인 저작물로 보호되기는 하지만, 그 보호가 미치는 부분은 편집저작자의 독자적인 개성이 나타나 있는 부분, 즉 소재의 선택·배열에 있어서 창작성이 있는 부분만이고, 편집저작물의 보호는 그 편집저작물의 구성부분이 되는 소재의 저작권 그 밖에 「저작권법」에 따라 보호되는 권리에는 영향을 미치지 아니한다.

편집저작물에 기존의 저작물이 포함되어 있을 경우에 편집저작물을 작성하고자 하는 자는 기존 저작자의 허락을 얻어야 하는가? 편집저작물은 소재저작물과는 별개로 독자적인 저작물성을 가지고 있기에 그 성립에 있어서도 구태여 소재저작물 저작자의 허락을 얻을 필요는 없으며, 2차적저작물과 마찬가지로 편집저작물에 있어서도 원저작자 또는 소재저작자의 허락은 성립요건이 아니고 유효요건에 해당한다고 볼 수 있다. 따라서 소재저작자의 동의가 없이 무단으로 이를 이용(활용)하여 편집저작물을 창작하였을지라도 편집저작물의 성립에는 영향이 없고, 다만 소재저작물의 저작자가 가지는 **복제권**을 침해[139]한 것이 되어 이에 따른 법적 책임을 질 수는 있을 것이다.

---

139 편집저작물은 소재저작물에 변형을 가하지 않고 다만 이의 복제를 통해 이루어지기 때문이다.

(2) 소재저작물의 저작권 등 보장

편집저작물이 독자적인 저작물로서 보호된다고 하여 그 구성부분이 되는 소재의 저작권 등에 영향을 미쳐서는 아니 된다. 즉, "편집저작물의 보호는 그 편집저작물의 구성부분이 되는 소재의 저작권 그 밖에 이 법에 따라 보호되는 권리[140]에 영향을 미치지 아니한다"(제6조 제2항).

편집저작물은 저작물을 비롯하여 여러 소재의 집합물이므로 소재에 따라 저작권뿐만 아니라 법에 따라 보호되는 권리 등도 관여가 될 수 있는데, 우리 법에서는 이들 경우에 있어서도 해당 권리 등이 편집저작물의 보호에 영향을 받지 않고 독자적으로 보호된다는 점을 명시적으로 규정하고 있는 것이다.

요컨대, 편집저작물이 작성되어도 이를 구성하는 소재에 대한 각자의 권리는 전혀 영향을 받지 않고 여전히 보호된다. 그 이유와 구체적 사례 등은 2차적저작물에서 논의한 것과 유사하므로 여기서는 생략하기로 한다.

5. 편집저작물에 대한 몇 가지 특례

「저작권법」에서는 일반적인 저작물에는 적용되지 않으면서 편집저작물에만 적용되는 몇 가지 특례를 규정하고 있는데 이를 살펴보면 다음과 같다.

첫째, 원저작자의 동의를 얻어 작성된 편집저작물이 공표된 경우에는 그 원저작물도 공표된 것으로 본다(제11조 제4항).

둘째, 헌법, 법령, 행정규칙, 판결, 결정, 명령 등의 편집물로서 국가 또는 지방자치단체가 작성한 것은 이 법에 의한 보호를 받지 못한다(제7조 제4호).[141]

셋째, 저작재산권자는 배타적발행권의 존속기간 중에 그 배타적발행권의 목적인 저작물의 저작자가 사망한 때에는 저작자를 위하여 저작물을 전집 그 밖의 편집물에 수록하거나 전집 그 밖의 편집물의 일부인 저작물을 분리하여 이를 따로 발행 등의 방법으로 이용할 수 있다(제59조 제2항). 이 규정은 "배타적발행권은 그 설정행위에 특약이 없는 때에는 맨 처음 발행 등을 한 날로부터 3년간 존속한다. 다만 저

---

140 여기서 말하는 이 법에 따라 보호되는 권리로는 저작인접권, 배타적발행권, 출판권 그리고 데이터베이스제작자의 권리 등이 있다.

141 편집저작물에 대한 첫째와 둘째의 특례 규정은 2차적저작물에서의 특례 규정과 그 내용이 똑같다.

작물의 영상화를 위하여 배타적발행권을 설정하는 경우에는 5년으로 한다"라는 법 제59조 제1항에 대한 특례적 성격의 규정으로서, 저작자의 유족遺族이 사망한 저작자를 기념하는 유작집遺作輯 등을 배타적발행권의 존속기간에 관계 없이 자유롭게 발행할 수 있도록 하기 위해서다.

제3장

저작자

제1절
저작자의 의의

I. 저작자의 개념

1. 「저작권법」상 저작자의 개념

우리 「저작권법」에 따르면 "저작자는 저작물을 창작한 자를 말한다"(제2조 제2호)라고 규정하고 있다. 이 규정은 강행규정이므로 이를 무시하고 당사자 간의 합의로 저작물을 창작한 자가 아닌 자를 그 저작물의 저작자로 할 수는 없다.[1]

2. 유사 개념과의 비교

(1) 실연자와의 비교

저작자는 실연자와 구별된다. 저작자는 저작물을 직접 창작하는 자를 말하는 반면에 실연자는 저작자가 창작한 저작물을 직접 실제적인 연기 등을 통해 표현하거나 해석하는 자를 말한다. 우리 「저작권법」에서는 "실연자는 저작물을 연기·무용·연주·가창·구연·낭독 그 밖의 예능적 방법으로 표현하는 실연을 하는 자를 말하며, 실연을 지휘, 연출 또는 감독하는 자를 포함한다"(제2조 제4호)라고 정의하여 저작자와 실연자를 엄격히 구분하고 있다.

(2) 영상제작자 및 음반제작자와의 비교

저작자는 영상제작자와 음반제작자 등과도 구분되어야 한다. 영상제작자는 영상저작물의 제작에 있어 전체를 기획하고 책임을 지는 자를 말하며(제2조 제14호), 음반제작자는 음반을 최초로 제작하는 데 있어 전체적으로 기획하고 책임을 지는 자

---

[1] 대법원 1992.12.24, 선고 92다31309 판결, 대법원 2009.12.10, 선고 2007도7181 판결.

를 말하므로(제2조 제6호), 이들은 저작물을 직접 창작하는 자는 아니기 때문이다.

(3) 저작권자와의 비교

한편, 저작자는 **저작권자**와도 일치하는 개념이 아니라는 점을 유의하여야 한다.

대부분의 경우에 있어서 최초로 저작물을 창작하는 자는 저작자이면서 당연히 저작권자가 되는데, 이는 최초로 저작물을 창작하는 자는 저작권을 원시 취득하기 때문이다(제10조 참조). 그러나 저작권 가운데 저작재산권은 전부 또는 일부를 양도할 수 있기에(제45조 제1항 참조), 저작자가 그의 저작재산권을 양도한 경우에는 그는 저작자이기는 하지만 저작재산권자는 아닐 수가 있다. 이 경우 저작재산권자는 저작자로부터 저작재산권을 양도받은 자이며, 원래의 저작자는 저작인격권만을 보유하고 있을 뿐이다.

(4) 저작권을 실제로 행사하는 자와의 비교

마지막으로 저작자는 저작권을 실제로 행사하는 자와 대부분 일치하나 반드시 그렇지 아니한 경우도 있을 수 있다. 앞에서 살펴본 바와 같이 저작자는 구태여 행위능력을 요구하지 않기 때문에 행위무능력자가 창작한 저작물도 그것이 인간의 사상 또는 감정을 창작적으로 표현한 것이라면 저작물성을 부인할 이유가 없다.

해당 저작물에 부여되는 각종 권리를 실제로 행사하기 위해서는 행위무능력자의 법정대리인이 나서야 할 수밖에 없을 것이다. 이 점에서 저작자와 해당 저작물에 대한 저작권을 실제로 행사할 수 있는 자는 구별되는 개념이다.

3. 저작권의 귀속주체로서의 저작자

우리가 저작자로 될 수 있는 자는 누구인가를 논의하는 근본적인 이유는 저작자만이 저작권을 원시적으로 취득할 수 있기 때문이다. 누가 저작권의 귀속주체가 될 것인가의 문제는 선험적으로 결정될 성질의 것이 아니고 그 나라의 저작권 문화와 입법정책에 따라 경험적으로 결정될 성격의 것이다. 우리의 경우 「저작권법」에서 "저작자는 법 제11조 내지 제13조의 규정에 따른 권리(이하 "저작인격권"이라 한다)와 법 제16조 내지 제22조의 규정에 따른 권리(이하 "저작재산권"이라 한다)를 가진다"(제10조)

라고 하여 저작자의 저작권 주체성을 명시하고 있다.

저작권의 귀속주체로서는 크게 자연인과 법인으로 나누어 볼 수 있다. 저작물은 인간의 사상 또는 감정을 표현한 창작물을 말하므로 당연히 저작권의 귀속주체는 자연인이어야 한다는 주장은 일찍이 유럽을 중심으로 발전해 왔으며, 여기서는 저작권을 자연인의 인격적 요소가 가미된 표현인 Author's Right라고 부르고 있으며, 저작권을 논의하면서 저작재산권과 함께 저작인격권을 동시에 다루고 있다. 한편, 미국을 중심으로 한 영미법계 국가에서는 저작권을 Copyright로 파악하여 저작권을 저작재산권 위주로 파악하는 경향이 있는데 여기서는 저작권의 귀속주체로서 자연인뿐만 아니라 법인도 널리 인정하고 있다.

4. 인공지능을 저작자로 인정할 것인가의 검토

(1) 의의

오늘날 인공지능AI : Artificial Intelligence은 우리의 문화생활영역에까지 급속도로 그 위력을 발휘하고 있으며[2], 최근에 와서 인공지능AI이 저작자가 될 수 있는가와 관련하여 국내외에서 많은 논의가 진행 중에 있고, 일부 국가에서는 이에 관한 입법적 조치 및 준비절차가 활발히 진행되고 있다.[3]

(2) 인공지능의 저작자성 검토

우리의 경우 현행 법체계상 저작자는 인간을 전제로 하기 때문에 컴퓨터 또는 기

---

2 구글의 딥 드림(Deep Dream)이 그린 추상화 29점은 모두 9만 7천 달러에 판매되었으며, 일본 나고야 대학교 사토 사토시 교수가 개발한 인공지능이 작성한 공상과학소설은 호시 신이치 문학상 1차 예선을 통과한 바 있는 것 등이 그 좋은 예라고 할 수 있다(정윤경, 「인공지능(AI) 창작물의 저작권 보호에 관한 연구」, IP LAWS 연구(2018), 지식재산법제포럼, 2쪽).

3 AI가 창작한 저작물의 보호와 관련한 각국의 입법동향을 살펴보면 먼저, 이 분야에서 입법조치가 상당히 앞서 있다고 평가되는 영국의 경우에 있어서는 영국 저작권법인 CDPA(Copyright, Designs and Patents Act 1988) 제9조 제3항에서 "컴퓨터가 생성한 문학, 희곡, 음악 또는 미술저작물의 경우에는 저작권자는 저작물의 창작을 위해서 필요한 준비와 조정(Arrangement)을 한 사람이다"라는 규정을 두고 있다. 다음으로 일본의 경우는 지난 2016년에 일본 지식재산권전략본부가 차세대지식재산시스템검토위원회를 통해 인공지능이 만들어 낸 창작물에 대한 보호의 필요성과 보호방안 및 인공지능 창작물이 기존의 지식재산제도에 미치는 영향을 검토하고, 이어서 인공지능 창작물의 저작권 보호에 관한 보고를 발표한 바 있다. 한편, 미국은 2016년에 국가과학기술위원회(NSTC)에서 '인공지능 국가발전전략계획'을 발표한 바 있다(손승우, 「인공지능 창작물의 지식재산 보호, 명암과 해법」, 인터넷 법제동향 Vol. 116, 한국인터넷진흥원(2017), 262~287쪽 참조).

계가 저작자가 될 수 있다는 주장[4]은 아직까지 그 설득력이 약하다. 따라서 우리의 경우 인공지능을 활용하여 도출된 창작물에 대한 권리귀속의 주체는 원칙적으로 인공지능을 개발한 자에게 있고, 아직까지 인공지능 자체가 권리귀속의 주체가 될 수는 없다. 다만 인공지능은 그것에 의해 도출된 창작물의 출처표시의 기능은 가질 수 있을 것이다.

II. 저작자로서의 자연인

인간의 사상 또는 감정을 표현하는 행위는 인종·성별·종교·국적을 불문하고 사람이면 누구나 할 수 있다. 따라서 저작자는 제도화된 개념에 해당하는 **국민**이 아니라 천부적인 자연상태의 개념인 **인간**으로서의 자연인을 염두에 두고 있으며, 자연인으로서의 인간은 누구든지 저작자가 될 수 있다.

이와 같이 인간의 사상 또는 감정을 표현하여 최소한의 창작성을 갖춘 저작물을 작성한 자는 누구라도 저작자가 될 수 있다. 자연인으로서의 인간은 독립하여 법률행위를 할 수 있는 능력, 즉 행위능력行爲能力을 가질 필요도 없으며, 다만 그는 살아 있는 사람으로서의 지위, 즉 권리능력權利能力만 가지고 있으면 얼마든지 저작자가 될 수 있음은 이미 살펴본 바와 같다. 즉 저작물을 창작한 자연인은 누구라도 저작자가 될 수 있으며, 여기에는 행위능력자뿐만 아니라 미성년자, 피한정후견인, 피성년후견인, 지적 장애인, 수형자, 외국인[5], 무국적자 등과 같이 행위능력이 제한되어 있는 자도 얼마든지 저작자가 될 수 있다. 요컨대 인간의 사상 또는 감정을 표현하는 행위는 인종·성별·종교·국적을 불문하고 사람이면 누구나 저작자가 될 수 있음을 유의하여야 한다.

---

4 이와 관련하여 컴퓨터 프로그램의 개발을 의뢰하거나 투자한 회사의 업무상 저작물로 볼 수 있다는 입장, 인공지능 그 자체를 법인처럼 보아 권리능력을 인정할 수 있다는 입장 그리고 인공지능로봇을 사용하여 결과물을 도출한 자에게 바로 그 권리가 귀속된다는 입장 등이 있다(정윤경, 앞의 논문, 3쪽).
5 저작자가 외국인인 경우의 저작물 보호에 관해서는 '제20장 국제저작권법 제2절 외국인의 저작물과 저작인접물' 부분에서 상세하게 살펴보기로 한다.

III. 저작자로서의 법인등(업무상저작물의 저작자)

1. 의의

저작물을 창작하였다는 이유만으로 모두가 저작자가 되는 것은 아니다. 오늘날 자연인뿐만 아니라 그들로 구성된 법인등에게도 저작자로서의 지위를 널리 인정하고 있기 때문이다. 우리 「저작권법」은 창작자와 특수한 법적 관계에 있는 법인등에게 저작자의 지위를 부여하고 있는데, 이는 곧 창작자 원칙의 예외에 해당하는 업무상저작물제도의 채택에 따른 결과이기도 하다.

오늘날 법인은 자연인과 마찬가지로 사회적 기능을 수행하고 있다.[6] 우리의 예를 보더라도 전문예술법인·단체의 지정·육성제도 등을 통해 법인격이 있는 법인뿐만 아니라 법인격이 없는 단체에 대해서도 광범위한 정부지원시책이 이루어지고 있다.[7] 따라서 문화콘텐츠와 관련한 법인은 물론 그 밖의 단체 그리고 더 나아가 일정한 경우에 있어서는 근로자를 고용하고 있는 사용자에게도 저작자의 지위를 부여하는 것은 당연하다. 현행 「저작권법」에서는 **업무상저작물**의 개념과 **업무상저작물의 저작자**를 구분하여 규정하고 있다. 업무상저작물의 개념은 법 제2조 제31호에서, 업무상저작물의 저작자는 법 제9조에서 별도로 규정하고 있으며, 이 둘은 각각 별개의 개념으로서 그 성립요건에서도 차이가 있음을 유의해야 한다.

2. 업무상저작물

(1) 의의

오늘날 저작물의 작성은 개인적 차원에서 개별적으로 이루어지기보다는 조직

---

6 이러한 입장을 '법인실제설(法人實際說)'이라 한다. 한편, 법인실제설에 대칭되는 '법인의제설(法人擬制說)'은 법인은 독립적으로 사회적 기능을 수행할 수 있는 주체가 아니라, 다만 법에서 자연인에 의제하고 있기 때문에 권리의무의 주체가 될 수 있다는 학설이다.

7 「문화예술진흥법」에 근거를 두고 있는 '전문예술인 및 전문예술단체'의 지정·육성제도가 그것인데, 민간예술단체의 경우 법인격이나 단체의 성격에 관계없이 국가 및 지방자치단체가 문화예술법인·단체의 전문성을 인정하여 각종 지원장치를 마련하고 있다. 전문예술법인·단체가 저작자로서의 지위를 가지고 작성하는 저작물은 대부분의 경우 '업무상저작물'에 해당할 것이다.

적·집단적 차원에서 이루어지는 것이 일반적이며, 이 경우 사용자의 위치에 서는 자가 피용자의 위치에 서는 자에게 저작물의 작성을 의뢰·지시하여 이루어지는 경우가 대부분이다. 이와 같이 조직과 집단 내에서의 업무관계에서 작성되는 저작물을 일반적으로 업무상저작물이라고 부르고 있다.

우리 「저작권법」에서는 "업무상저작물은 법인·단체 그 밖의 사용자(이하 "법인등"이라 한다)의 기획하에 법인등의 업무에 종사하는 자가 작성하는 저작물을 말한다"(제2조 제31호)라고 정의하고 있다. 자연인이 개별적으로 작성하는 다른 저작물과 달리 업무상저작물이 성립하기 위해서는 다음과 같은 세 가지의 요건, 즉 i) 법인등 사용자의 기획하에, ii) 법인등의 업무에 종사하는 자가, iii) 업무상 작성한 저작물일 것 등을 필요로 하는데 이를 구체적으로 살펴보기로 한다.

(2) 업무상저작물의 성립요건
가. 법인등의 기획하에 작성한 것일 것

업무상저작물은 법인등의 기획하에 작성되어야 한다. 업무상저작물은 저작물 작성의 기획과 저작물 작성의 실행의 주체가 구분되어 있음을 유의할 필요가 있다. 즉, 업무상저작물은 법인이나 단체 또는 사용자와 같이 조직이나 집단에서 통제권을 행사하는 주체가 그 작성을 기획하여 이루어짐을 그 특징으로 한다.

> 서울고등법원은 '법인등 사용자의 기획'의 의미와 관련하여, "'법인등 사용자의 기획'은 법인등의 사용자가 일정한 의도에 기초하여 저작물의 작성을 구상하고, 그 구체적인 제작을 피용자에게 명하거나 각 제작과정을 검토·점검하여 제작과정에 구체적으로 관여하는 것을 말하는 것이므로, 사용자가 법인이나 단체인 경우 법인이나 단체 스스로의 기획이란 실제로 상정하기 어려우므로 법인의 의사결정기구인 주주총회 또는 이사회나 집행기관인 대표이사 등이 기획하는 경우는 물론, 피용자에 대하여 지휘·감독의 권한을 갖는 상사의 기획이나 동료들 사이의 의견교환의 결과 확정된 기획도 포함하여야 할 것이나, 이러한 경우의 기획은 단순히 아이디어가 아니라 사용자인 법인의 명시적 의사가 관철되거나 이에 상응하는 정도로 이러한 의사가 명백히 추단될 수 있어야 한다"라고 판시한 바 있다(서울고등법원 2007.7.18, 선고 2006나58921 판결).

사용자에는 법인뿐만 아니라 법인격이 없는 단체 그리고 개인적 차원의 사용자라도 관계가 없다. 이와 같이 개인이라도 사용자의 지위에 있으면 업무상저작물의 저작자가 될 수 있지만, 실제의 대부분의 경우에 있어서는 법인이나 단체가 업무상 저작물의 저작자의 위치에 서 있다. 이때 사용자Master개념은 피용자Servant에 대치되는 개념으로서 양자 간에는 고용관계를 그 전제로 한다. 이와 같이 사용자와 피용자는 고용관계가 형성되어 있기 때문에, 사용자는 피용자를 지시·명령할 수 있고 피용자는 이에 따를 의무가 있다.[8] 따라서 프리랜서로 활동하는 예술가, 작가, 사진작가, 디자이너, 작곡가, 컴퓨터프로그래머 등은 업무상저작물의 저작자가 아니라 독자적인 저작자로서 평가받아야 한다.

나. 법인등의 업무에 종사하는 자가 작성한 것일 것

다음으로, 업무상저작물은 법인등의 업무에 **종사하는 자**가 작성한 것이어야 한다. 업무에 종사하는 자란 고용관계가 설정되어 있는 상태에서의 피용자를 말한다.

법인등의 사용자와 저작물을 작성한 개인이 고용관계에 있는지 아니면 위임·위탁 또는 도급관계에 있는지의 기준은 통제Control의 여부를 두고 판단함이 일반적이다. 전자는 통제가 이루어지는 관계이고 후자는 통제가 이루어지지 않는 관계를 말하며, 통제가 이루어진 상태에서의 저작물은 업무상저작물에 해당하고 통제장치가 없는 위임이나 위탁 또는 도급관계에서 작성한 저작물은 이를 업무상저작물로 볼 것이 아니라 이를 작성한 자의 저작물이라고 보아야 한다.[9]

다. 업무에 종사하는 자가 업무상 작성한 것일 것

업무상저작물은 업무에 종사하는 자가 **업무상 작성**한 것이어야 한다. 업무상저작물은 말 그대로 종업원이 업무를 수행하는 과정에서 작성된 것, 다시 말해 업무

---

8 일반적으로 고용관계를 Master-Servant Relationship 또는 Employer-Employee Relationship이라고도 부르는데, 여기에는 사용자의 피용자에 대한 통제(Control)가 가장 중요한 핵심적인 요소로 작용한다. 한편, 도급관계 또는 위임·위탁관계를 Independent Contractor Situation이라 하는데 여기에는 고용관계에서와 같은 통제(Control)의 개념이 없다.

9 일반적으로 방송사와 방송영상독립제작사(외주제작사)는 도급인(都給人)과 수급인(受給人)의 지위를 가지는데, 특정의 경우에 있어서는 도급인인 방송사가 방송프로그램의 제작을 기획할 뿐만 아니라 제작과정에서도 지시·감독이 이루어지기도 하고, 수급인인 방송영상독립제작사는 방송사로부터 각종 자료와 기기·장비를 제공받아 작품을 제작하기도 하는데 이 경우에는 방송사가 충분한 통제군을 행사하기 때문에 저작자로 볼 수도 있다. 그러나 이경우에 수급인인 방송영상독립제작사의 정신적 작업이 결정적인 요소가 되었다면 이 저작물은 방송사의 업무상저작물이라기보다는 수급인의 저작물로 보아야 할 것이다.

상 작성한 것이어야 한다. 따라서 업무상이 아닌 개인적 차원이나 취미 차원에서 작성한 것은 업무상저작물이 될 수 없다.

업무에 종사하는 자가 업무상 알게 된 지식을 추후에 별도로 정리하여 저작물을 작성하였다면 이는 업무상 작성한 것이 아니므로 업무상저작물이 아니라 개인적 저작물이 된다. 이와 같이 업무상저작물은 업무에 종사하는 자가 업무상 작성한 것이기 때문에 급여로 보상을 한 통상적인 업무로 인한 저작물이므로 법인등이 별도의 보상을 할 필요는 없다고 하겠다.[10]

3. 업무상저작물의 저작자

(1) 업무상저작물의 저작자 판단의 기준

업무상저작물은 법인, 단체 그 밖의 사용자의 기획하에 법인등의 업무에 종사하는 종사자가 업무상 작성한 저작물임을 보았다. 그렇다면 업무상저작물의 저작자를 누구로 하여 이들에게 저작권을 부여할 것인가?

대부분의 경우 업무상저작물에 있어서는 실제로 정신적 창작활동을 한 자는 업무에 종사하는 자연인을 말하는데, 이들은 법인등의 기획하에 공동적으로 창작활동을 하고 있고 그 숫자도 많아 이들에게 일일이 저작자의 지위를 인정하기에는 복잡한 권리관계의 발생 등으로 인한 여러 가지 문제점이 많다. 이와 같은 상황을 반영하여 「저작권법」 제9조에서는 업무상저작물에 대해서는 법인, 단체 그 밖의 사용자에게 일정한 요건에 해당할 경우 비록 자연인이 아닐지라도 그들에게 특별히 **저작자의 지위를 원시적으로 부여하고 있는 규정**을 두고 있다.

앞에서 살펴본 바와 같이 업무상저작물의 성립요건으로서는 세 가지가 제시되어 있는 반면에, 여기서 논의하고 있는 **업무상저작물의 저작자**가 되기 위해서는 업무

---

10 조영선 교수는 "현행의 저작권법에서 규정하고 있는 바와 같이 업무상저작물의 성립요건을 엄격하게 적용하여 전부 (All) 또는 전무(Nothing)의 택일을 강요하기 보다는 사용자(使用者)와 종업원(從業員) 사이에 일정한 '규범적 완충지대'를 설정하여, 고용관계에서 창작된 저작물은 이를 폭넓게 업무상저작물로 인정하는 대신에 종업원에게는 그에 상응하는 보상을 받을 수 있도록 하는 제도적인 보완책을, 사용자에게는 저작물의 이용 내지는 처분을 통해 투하자본과 노력의 회수를 용이하게 하는 제도적 보완책을 함께 갖추는 것이 합리적일 것이다"라고 주장하는데(조영선, 앞의 논문, 49쪽), 이와 같은 주장은 현실에 바탕을 둔 상당히 합리적인 입법적 대안이라고 생각된다.

상저작물의 성립요건에 추가하여 i) 법인명의의 공표와, ii) 계약 또는 근무규칙 등에 달리 정함이 없을 것 등 두 가지의 요건을 더 충족해야 한다. 현행 법체계에 따를 때 종업원 등과 같은 피용자가 고용관계에서 업무상 작성한 모든 저작물에 대해 법인등이 당연히 저작자가 되는 것은 아님을 유의해야 한다.

(2) 「저작권법」에서의 규정

"법인등의 명의로 공표되는 업무상저작물의 저작자는 계약 또는 근무규칙 등에 다른 정함이 없는 때에는 그 법인등이 된다"(법 제9조 본문). 법인등의 기획하에 법인등의 업무에 종사하는 자가 업무상 작성하는 저작물이 법인등의 명의로 공표가 되었다면 특약이 없는 한 법인, 단체, 사용자 등이 저작자가 되고 이들이 저작인격권과 저작재산권의 주체가 된다.

저작자는 **창작자주의**에 따라 그 창작자인 종업원(피용자)이 되는것이 원칙이지만, 일정한 요건을 갖춘 경우에는 예외적으로 법인등이 해당 업무상저작물의 저작자가 될 수 있다. 이렇게 볼 때 업무상저작물의 저작자를 인정하고 있는 현행 법의 태도는 창작자주의의 예외에 해당한다고 할 수 있으며, 관련 조항은 매우 신중하게 해석·적용해야 한다.

그런데 법 제9조 전단의 규정은 강행규정이 아니어서 법인등과 종사자는 서로의 의사에 따라 별도로 누구를 저작자로 할 것인가를 정할 수 있다. 즉 법인등과 종사자가 미리 계약契約[11]이나 근무규칙勤務規則[12] 등에 별도로 정하는 경우에는 그에 따라 저작자를 정할 수 있다.[13] 그리고 해당 저작물이 미공표 저작물이라고 하더라도 법인, 단체 또는 사용자가 공표를 예정하고 있는 것이라면 이 역시 법인등이 저작자가 된다. 법 제9조에서 '공표된'이라는 표현 대신에 '공표되는'이라는 표현을 쓰고 있기 때문이다. 따라서 기자가 재직 시 공표를 염두에 두고 찍은 사진이라고 해도

---

11 이때의 계약에는 근로계약, 출연계약, 저작물작성계약 등이 있을 수 있다.

12 '근무규칙'은 '취업규칙' 또는 '근로규칙'이라고도 하는데(상시 10명 이상의 근로자를 사용하는 사용자는 취업규칙을 작성하여 고용노동부장관에게 신고하여야 한다(「근로기준법」 제93조)), 이는 사용자에 해당하는 법인 또는 단체가 그에 속하는 다수의 근로자에게 공통적으로 적용될 수 있는 복무 및 근로조건 그리고 '근로계약'의 체결 시에 적용될 공통의 사항과 기준 등을 규정하고 있는 자치법규의 하나이다(「근로기준법」 제97조).

13 일반적으로 근무규칙 등에서 저작자를 법인등으로 한다고 해 버리면 창작자(자연인)는 아무런 권리를 갖지 못하고, 따라서 그는 창작의 대가로 '급여' 이외에 별다른 보상을 기대할 수 없게 될 것이다.

퇴직 후에 자신의 저작물이라 주장할 수 없으며 신문사는 해당 사진의 반환청구를 할 수 있다.

4. 특수한 유형에 해당하는 저작물의 업무상저작물성 판단

(1) 영상저작물의 업무상저작물성

영상저작물의 경우도 업무상저작물이 될 수 있으며 이 경우 법 제9조가 적용될 수 있다. 즉, 법인·단체 또는 사용자가 영상제작자의 위치를 겸하고 있고 이들 명의로 저작물이 공표된다면 이들이 저작자의 위치를 당연히 가지게 되며, 이 경우 영상저작물은 업무상저작물의 성격을 가지게 된다.

(2) 컴퓨터프로그램저작물의 업무상저작물성

컴퓨터프로그램저작물은 그 형태를 제3자가 객관적으로 인식하기가 어렵고 대부분의 경우 해당 프로그램은 영업비밀에도 해당되는 관계로 프로그램의 저작자가 되기 위한 요건으로서 해당 프로그램의 공표를 요하지 않는 것으로 규정하고 있다(법 제9조 참조). 즉, 프로그램에 있어서는 법인, 단체 또는 사용자 명의의 공표여부와 관계없이 업무에 종사하는 자가 아니라 법인, 단체 또는 사용자가 곧바로 저작자로 된다.

(3) 신문기사의 업무상저작물성

신문 또는 방송기사에 기자의 성명이 부가되는 경우에 해당 기사의 저작자를 해당 기자로 볼 것인지 해당 신문사로 볼 것인지가 흔히 문제가 된다. 일반적으로 이 경우 법 제9조의 규정에 따라 계약 또는 근무규칙에 별도로 정함이 없으면 신문사 또는 방송사가 저작자가 될 것이다.[14] 개별 신문기사의 저작권은 원칙적으로 그 기사를 작성한 자, 즉 기자에게 속하나 현실적으로는 신문사라는 거대조직이 형성되어 있고 기자는 조직 구성원으로 일하고 있기 때문에 법 제2조 제31호와 법 제9조의 규정에 따라 신문기사는 업무상저작물에 해당하며 개별 기사의 저작권은 신문

---

[14] 흔히 방송사 또는 신문사에서는 "본 방송(기사)의 내용은 저희 방송사(신문사)의 입장과 다를 수 있음을 알려 드립니다."라는 문구를 게재하기도 하는데, 이 경우에는 해당 기사의 저작자는 해당 기사를 쓴 기자에게 있음을 간접적으로 표현하고 있는 것이다.

사에 귀속되는 것이 일반적이다. 잡지와 같은 간행물에서의 기사도 마찬가지로 해석할 수 있다.

(4) 교수·교사가 작성한 저작물의 업무상저작물성

오늘날 교수나 교사가 제작한 저작물, 특히 강의안이나 시험문제의 경우 그것이 교수나 교사의 개인적인 저작물인지 아니면 그들이 소속되어 있는 학교법인이나 국가의 업무상저작물인지가 가끔씩 문제가 되곤 한다.

강의안이나 시험문제 등의 경우에 그것이 교수 또는 교사의 고유직무라고 할 수 있는 강의를 위해 필수적인 것이라면 업무상저작물이 되겠지만, 그 밖의 대부분의 학과시험이나 연구과제물 등은 이에 대해 별도의 계약이 체결되지 않았다면 교수 또는 교사의 개인적인 저작물이 될 것이다.[15] 교수 또는 교사의 저작물도 그 근로관계를 형성하고 있는 학교 또는 국가 등이 얼마나 실효적인 통제Control를 행사할 수 있는가에 따라 결정되며 이는 여러 저작물과 크게 다르지 않다고 하겠다.[16]

(5) 공모전에서 당선된 작품의 업무상저작물성

오늘날 수시로 이루어지고 있는 여러 공모전에서 당선된 작품의 저작권을 누가 가지는가에 대하여 논쟁이 가끔씩 일고 있다. 이에 대한 정책적 대응으로 문화체육관광부에서는 공모전에서 이루어지는 응모작에 대한 저작권이 공모전을 주최한 주최 측에 귀속되고 있는 불합리한 현상을 바로잡고 창작자의 권익을 보호하고 건전한 공모전 환경을 구축하기 위해 「창작물 공모전 가이드라인」을 마련하여 배포·시행 중에 있다.

이 가이드라인에 따르면 공모전 주최자가 공모전에 출품한 응모작을 이용할 때 필요한 범위 내에서 해당 응모작에 대한 이용허락을 받는 것을 원칙으로 하되, 부

---

15 학생을 가르치고 시험문제를 출제하는 것은 교수나 교사의 본업에 해당하며, 따라서 이는 법인의 기획하에 창작된 것이라고 보기에는 여러 가지 한계가 있다. 다만, 학과단위가 아니고 학교단위로 치러지는 시험이나 전국단위로 치러지는 모의고사나 대학입시를 위한 수능시험 등과 같이 학교(법인) 또는 국가(지방자치단체)가 해당 시험을 전체적으로 기획했다고 할 수 있는 경우에는 업무상저작물로 볼 수 있을 것이다.

16 고등학교 교사 등이 출제한 중간고사나 기말고사 시험문제가 해당 고등학교의 직접적인 기획하에 소속 교사들이 업무상 작성한 것이고, 문제지에 출제자인 개별 교사의 이름이 아닌 학교의 명칭만이 기재되어 있다면 이 시험문제는 업무상저작물에 해당하고 따라서 저작권자는 해당 고등학교가 될 것이다.

득이한 경우 응모자와의 별도합의에 의해서 저작재산권을 양수하고 이 경우 그에 합당한 대가를 지급하도록 하는 것을 주요내용으로 하고 있다. 전반적으로 볼 때 이 가이드라인은 「저작권법」의 기본원칙인 **저작자가 저작권을 가진다**라는 **창작자주의**를 충실히 견지하고 있는 것으로 보인다.

(6) 공공저작물의 업무상저작물성

공공저작물은 당연히 업무상저작물에 해당하며, 우리의 경우 국가가 공공저작물의 이용활성화계획을 수립하여 시행할 것을 요구하고 있으며(법 제24조의2 제2항), 이 밖에도 문화체육관광부 장관은 「공공저작물 저작권 관리 및 이용 지침」을 제정하여 운용 중에 있다. 이 지침에 따르면, 공공기관 등의 명의로 업무상 작성하여 공표하거나 계약에 따라 저작재산권의 전부 또는 일부를 취득한 저작물의 저작권은 공공기관 등에 귀속하여 관리하여야 하며, 공공기관 등이 해당 공공저작물의 관리주체가 된다(지침 제5조).

그리고 공공기관 등이 제3자에게 창작을 의뢰하거나 제3자와 공동으로 창작하기 위한 계약을 체결하는 경우, 창작을 위한 의뢰계약서 또는 공동창작을 위한 계약서에 저작권의 귀속관계에 대하여 명확하게 기재하여야 하며, 국민의 자유이용이 바람직하다고 판단되는 공공저작물인 경우에는 계약체결시 2차적저작물작성권을 포함한 저작재산권의 전부를 취득하도록 노력하여야 한다(지침 제5조·제6조 참조).

IV. 저작자의 추정

1. 의의

「저작권법」에서 인정하고 있는 모든 저작인격권과 저작재산권은 저작자만이 가지는 것이 원칙이므로 해당 저작물의 저작자가 누구인지 아는 것은 대단히 중요하다. 더구나 우리는 등록이라는 제도를 저작권 발생의 요건으로 요구하지도 않기 때문에 특정한 사안에 있어서 해당 저작물의 저작자가 누구인지, 그리고 누가 그 저작물에 대한 저작권을 가지고 있는지를 제3자가 아는 것은 대단히 어려운 일이다.

이런 이유로 「저작권법」 제8조에서는 저작권의 귀속주체로서의 저작자가 누구인가에 대한 입증의 곤란을 해소해 주기 위한 추정규정을 두고 있다.

2. 저작권의 귀속주체로서의 저작자의 추정

(1) 저작물의 원본·복제물 등에 저작자의 실명 등이 표시된 자

저작물의 원본[17]이나 그 복제물에 저작자로서의 실명 또는 이명(예명·아호·약칭 등을 말한다. 이하 같다)으로서 널리 알려진 것이 일반적인 방법으로 표시된 자는 저작자로서 그 저작물에 대한 저작권을 가지는 것으로 추정한다(제8조 제1항).

여기서 "저작자로서 그 저작물에 대한 저작권을 가지는 것으로 추정한다"는 말은 저작자의 추정과 저작권 귀속의 추정 모두를 말하며, 이는 결국 **저작권 귀속주체**로서의 저작자의 추정을 의미한다고 하겠다. 이때의 이명異名은 예명藝名, 아호雅號, 약칭略稱 등도 관계가 없으나, 저작권의 귀속주체로서의 저작자를 추정하는 것이므로 그 이명이 널리 알려져 있을 필요가 있으며, 적어도 해당 업계에서 그 이명異名이 누구를 특정하여 지칭하는지에 대하여 광범위하게 인식되어 있을 필요가 있다. 따라서 널리 알려지지 않은 이명을 표시한 자는 저작자로서 그 저작물에 대한 저작권을 가지는 것으로 추정되지 아니하고 그가 직접 저작자임을 별도의 방법으로 입증하여야 하는 부담을 지게 된다.[18] 반면에 실명의 경우에는 그것이 널리 알려진 것이건, 널리 알려지지 않은 것이건 불문하고 저작권의 귀속주체로서의 저작자의 추정력推定力을 가진다.

그리고 이때의 실명 또는 이명표시는 해당 저작물의 특징에 부합한 **일반적인 방법**으로 표시되어야 한다. 예컨대 어문저작물은 도서 등의 표지에, 음악저작물은 해당 저작물을 전달하는 매체의 일정 부분에, 영상저작물은 영상저작물의 화면 또는 포스터 등에, 해당 저작물이 디지털을 통하여 이용되는 저작물이라면 컴퓨터 등의 초기화면에 그의 실명 또는 이명이 표시되어야 한다. 이와 같은 표시는 해당 저작

---

17 저작물의 '원본(Original Copy of a Work)'이란 저작물이 창작과 동시에 유형의 형식으로 고정될 때 그 고정물을 의미한다. 이와 같은 의미를 지니는 '저작물의 원본'은 2차적저작물이나 편집저작물의 기초 또는 소재로서 작용하는 원저작물(Original Work)과는 구별되는 개념이다.

18 참고로 「저작권법」 제12조에 따른 저작인격권의 하나인 성명표시권의 행사에 있어서 사용되는 '이명'은 구태여 널리 알려진 것일 필요가 없다.

물의 원본에 하여도 되고 그 복제물에 하여도 무방하나 일반적으로 원본과 복제물 모두에 표시함이 바람직할 것이다.

(2) 저작물의 공연·공중송신 시 저작자의 실명 등이 표시된 자

다음으로 저작물을 공연 또는 공중송신하는 경우에 저작자로서의 실명 또는 저작자의 널리 알려진 이명으로 표시된 자는 저작자로서 그 저작물에 대한 저작권을 가진 것으로 추정한다(제8조 제2항). 저작물은 원본이나 복제물을 통한 전시·배포·대여행위와 같은 유형적 방법뿐만 아니라 공연이나 공중송신 등과 같은 무형적 방법으로 이용될 수도 있으므로 이 경우의 저작자 추정은 법 제8조 제2항에서 규정하고 있다. 이때에는 일반적인 방법이 아니더라도 공연이나 공중송신의 특성을 감안하여 특수한 방법으로 실명 또는 이명을 표시해도 상관이 없다. 공연 또는 공중송신의 경우는 저작물이 유체물의 성격을 띄지 않는 관계로 원본이나 복제물에 표시하는 것이 불가능한 경우가 많으며, 이 경우에는 공연 또는 공중송신을 하는 과정에서 어떠한 형태로든지 저작자의 실명 또는 널리 알려진 이명으로서 표시가 이루어지면 된다.

(3) 저작권의 등록 시 저작자로 실명이 등록된 자

법 제53조 제1항 및 제2항에 따라 저작권의 등록을 할 때 저작자로 실명이 등록된 자는 그 등록저작물의 저작자로 추정한다(제53조 제3항 참조). 따라서 저작권의 등록을 할 때 실명實名이 아닌 이명異名으로 등록을 할 경우에는 저작자 추정의 효력이 발생하지 아니함을 유의하여야 한다.

3. 저작자의 표시가 없는 경우에 있어서의 특칙

위에서 언급한 바와 같이 실명과 널리 알려진 이명이 표시되거나 실명이 등록된 자는 저작자로서 그 저작물에 대한 저작권을 가지는 것으로 추정되지만, 해당 저작물에 이와 같은 저작자의 표시가 없는 경우에는 누구를 저작자로 볼 것인가가 문제된다. 이 경우에도 저작자 불명의 상태로 두기보다는 누군가를 저작권을 가지는 것으로 추정하고, 다만 실제의 저작자가 다른 사람이라고 주장하는 자는 이를 구체적으로 입증함으로써 위의 추정도 동시에 부정하는 것이 오히려 권리관계를 단순화시키고 저작자 확정의 어려움을 일부 해소하는 데 도움이 될 것이다.

이와 같은 입법취지에 따라 일정한 경우에 발행자, 공연자 또는 공표자로 표시된 자가 저작권을 가지는 것을 추정하고 있다 (「저작권법」 제8조 제2항 참조).

그런데 저작자는 저작물을 창작한 자를 말하기에(제2조 제2호), 여기서 말하는 발행자[19]·공연자 또는 공표자는 저작자가 아님을 유의하여야 한다. 따라서 법 제8조 제2항에서는 발행자·공연자 또는 공표자를 저작자로 추정하는 것이 아니고, 다만 해당 저작물에 대한 저작권을 가지는 자로서만 추정한다고 규정하고 있으므로, 저작자는 언제든지 자신이 저작자임을 입증하고 저작권을 행사할 수 있다.

4. 저작자 등 추정의 효과

「저작권법」 제8조에서의 저작자 등에 대한 규정은 추정규정推定規定이지 간주규정看做規定이 아니다. 따라서 여기에서의 추정은 반대사실의 입증으로 얼마든지 그 효과를 번복시킬 수 있다. 반대되는 사실, 즉 i) 저작자로 표시된 자가 아닌 자가 저작물을 창작하였음을 입증하거나, ii) 발행자, 공연자 또는 공표자로 표시된 자 이외의 자가 저작권을 가지고 있다는 사실을 입증하면 위에서의 추정의 효과는 번복된다.

---

19 '발행'은 저작물 또는 음반을 공중의 수요를 충족시키기 위하여 복제·배포하는 것을 말한다(법 제2조 제24호 참조).

제2절
저작자가 될 수 없는 자

I. 간접적인 창작자 또는 창작보조자

1. 의의

저작자는 저작물을 **창작한 자**를 말하므로 그가 주도적으로 참여하여 실제로 인간의 사상과 감정을 표현하는 창작을 하여야 한다. 따라서 저작물을 실제로 창작하지 아니하고 저작물의 작성에 간접적이거나 소극적으로 참여한 자 또는 저작자의 창작행위를 보조하는 자는 저작자라고 할 수 없다. 예컨대, i) 남의 창작에 아이디어나 힌트를 주거나[20], ii) 저작물 작성에 직접 참여하지 아니하고 보조적인 지위에서 자료조사 등의 도움을 주거나, iii) 남의 저작물에 감수를 하거나, iv) 자기의 이름을 빌려주어 대작代作 : Ghostwriting[21]을 하게 한 자 등은 저작자가 될 수 없다. 한편, 이와 같은 대작에 있어서도 업무상저작관계가 성립하면 업무상저작물이 될 수가 있을 것이다.[22]

> 법원은 간접 창작자가 저작자가 될 수 있는가와 관련하여, "2인 이상이 저작물 작성에 관여한 경우 그 중에서 창작적인 표현형식 자체에 기여한 자만이 그 저작물의 저작자가 되는 것이고, 창작적인 표현형식에 기여하지 않은 자는 비록 저작물의 작성과정에서 아이디어나 소재 또는 필요한 자료를 제공하는 등의 관여를 하였다고 하더라도 그 저작물의 저작자가 되는 것은 아니며, 비록 저작자로 인정되는 자와 공동저작자로 표시할 것을

---

20 아이디어나 힌트는 만인공유의 것으로서 이는 「저작권법」의 보호대상이 아닐 뿐더러, 작품제작과정에서 그가 가진 정신적 요소를 충실히 반영하지 아니하고 타인이 제작한 작품에 약간의 색칠을 더하는 정도만으로는 결코 창작자라고 할 수 없기 때문이다.

21 '대작'이라 함은 타인의 부탁이나 의뢰에 따라 저작물을 작성하되 그 저작물을 공표함에 있어서는 사실상 저작자가 아닌 그 타인의 성명을 저작자의 성명으로 표시할 것을 합의하여 작성한 저작물을 말한다(허희성, 앞의 책, 626쪽).

22 대작이 업무상저작물로 전환되는 구체적인 예로는 국회의원 보좌관 등이 그의 사용자에 해당하는 그 국회의원을 위해 작성하는 연설문 또는 자서전 등이 있다.

합의하였더라도 달리 볼 것이 아니다"라고 판시하였다(대법원 2009.12.10, 선고 2007도
7181 판결).

2. 당사자 간의 합의合意로 저작자가 될 수 있는지의 여부

앞에서 살펴본 바와 같이 우리 「저작권법」 제10조에서는 창작자주의를 명시적으
로 규정하고 있다. 실제로 창작행위를 하지 아니하였다면 비록 그 실제의 저작자와
의 합의로 저작자임을 표시하였을지라도 저작자가 될 수 없다고 보아야 한다.

저작자인 A가 저작자가 아닌 B와 합의하에 B를 저작자로 표시한 책을 출판하였
을 경우에도 일반원칙에 따라 발표 명의에 관계없이 실제로 창작을 한 A를 저작자
로 보아야 한다. 다만 이 경우에 있어서 법 제8조의 저작자의 추정규정을 적용받아
B가 저작자로 추정되기는 하지만 이는 어디까지나 추정에 불과하고 A는 자신이 직
접 창작을 하였다는 사실을 입증하면 이 추정은 얼마든지 깨어질 수 있고 자신이
저작자임을 주장할 수 있다.[23] 한편, 저작자 A가 그의 저서를 출판한 이후 나중에
저작자가 아닌 B를 공동저작자로 할 수 있는가가 문제된다. 이 문제는 저작자의 공
표권과 성명표시권과 같은 저작인격권과 관련된 것이기에 A는 그의 저작인격권을
양도할 수도 없으며[24], 따라서 어떠한 경우에도 B는 저작자가 될 수 없다고 보아야
한다.

위의 예에서 보는 바와 같이 당사자 간의 합의와 관계없이 저작물을 직접 창작하
지 아니한 사람은 저작자가 될 수 없다고 보아야 한다.

3. 성명표시권과의 관계

우리 「저작권법」상 성명표시권은 양도가 불가능하며 동시에 사전에 이를 포기할
수도 없는 것으로 이해되고 있기에, 대작자代作者 등이 저작자가 아닌 자와 대작계약

---

23 일반적으로 저작인격권을 부여하는 국가에서는 저작물의 저작자임을 주장할 수 있는 권리를 법적으로
포기할 수 없으며, 대작자는 자신이 저작자 내지는 공동저작물의 한 저작자임을 언제든지 주장할 수 있다.
24 공표권과 성명표시권과 같은 저작인격권은 일신전속적 성격을 가지고 있기 때문에 이를 양도하거나 상
속의 대상이 될 수 없다.

등을 체결하였더라도 그는 채무불이행의 책임을 질 것이냐는 별론別論으로 하고 언제라도 자신이 저작자 내지는 공동저작물의 한 저작자임을 요구할 수 있다고 보아야 한다.

나아가 대작자는 나중에 법 제53조의 규정에 의한 실명의 등록을 할 수 있으며 이 경우 등록 후 해당 저작물에 대한 저작권의 보호기간은 대작자 등의 사망시점을 기준으로 산정하게 될 것이다. 다만, 이 경우 저작재산권이 위촉자와 대작자 중에 누구에게 귀속할 것이냐의 문제는 양 당사자 간의 계약으로 정해질 수밖에 없을 것이다.[25]

II. 저작물 창작을 의뢰하거나 지원을 한 자

1. 의의

저작자는 인간의 사상과 감정의 표현인 저작물을 창작한 자를 말하므로 창작의 의뢰나 자금의 조달과 같은 물적 지원 등은 그것이 아무리 창작에 도움이 되더라도 이는 창작행위가 될 수 없다. 따라서 그림의 주문자나 건축주와 같이 창작을 타인에게 의뢰하거나 창작과정에 물적 지원을 한 자 역시 저작자가 될 수 없는데, 이는 의뢰자나 지원자가 직접 저작활동에 참여하지 아니하였기 때문이다.

2. 구체적 사례

외부에 연구보고서나 설계도의 작성 또는 사진촬영 등을 주문하거나 의뢰한 경우에도 그 작성된 연구보고서나 설계도 또는 사진 등은 업무상저작물이 아니고, 저작자는 위탁자가 아니라 직접 설계 또는 촬영을 한 사람이다. 다만, 저작물 창작의 전 과정을 기획하고 구체적인 작업지시를 하는 등 그가 피의뢰인에게 실질적인 통제Control를 행사하여 최종적인 작품이 완성된다면 의뢰자가 저작자가 되고 작품을

---

25 김원오, 「대작(代作)에 있어서 성명표시의 취급에 관한 법적 쟁점」, 계간 《저작권》(2012 여름호), 한국저작권위원회, 100쪽.

제작한 자는 단순히 그의 대리인 내지는 보조인의 지위에 머물러 있다고 보아야 할 것이다.[26]

연구보고서나 설계도의 작성 또는 사진의 촬영을 의뢰할 때에 미리 **저작권**은 주문 또는 의뢰한 사람이 가진다는 내용의 계약을 체결하는 경우가 많은데, 이 경우에는 일단 직접 설계나 촬영을 한 사람에게 발생한 저작물을 주문 또는 의뢰한 사람에게 양도한다는 계약을 체결하는 것으로 이해할 수 있다. 하지만 업무상저작물의 경우와 달리 이 경우에는 저작인격권도 여전히 저작자에게 남아있음을 유의하여야 한다.

---

26 임원선, 앞의 책, 97쪽.

저작권 일반

제1절
저작권의 의의

I. 저작권의 개념

1. 의의

「저작권법」상 저작권의 개념은 기술변화에 따라 끊임없이 형성·발전되고 있으며, 오늘날 저작권의 개념은 그 어느 때보다도 다의적으로 사용되고 있다.[1]

일반적인 의미로 볼 때 저작권은 **저작자의 저작물에 대한 권리**로 이해하고 있지만 넓은 의미로는 저작물의 부가가치 제고에 직접적으로 기여하는 저작인접권자의 권리를 포함하는 개념으로 사용하기도 하며, 더 넓은 의미로는 저작물의 부가가치 제고에 간접적으로 기여하는 배타적발행권자와 출판권자의 권리 그리고 데이터베이스제작자의 권리뿐만 아니라 영상제작자의 권리까지를 포함하여 사용하기도 한다.

2. 일반적 의미의 저작권

(1) 의의

일반적으로 **저작권**이라 함은 인간의 사상 또는 감정을 표현한 창작물에 대하여 저작자가 가지는 권리로서, 이 권리는 저작자가 창작한 저작물에 대하여 어떠한 방

---

[1] 동양권에서는 한때 출판물의 인쇄행위에 착안하여 '판권'(版權)이라는 용어를 '저작권'의 대용으로 널리 사용했다. 지금은 중국(중국에서는 저작권을 '판권'이라고도 부르고 있으며 저작권을 관리하는 중앙행정기관으로 '국가판권국'을 두고 있다)에서만 이 용어가 일반적으로 사용되고 있고, 한국과 일본에서는 '판권'이라는 용어의 개념이 시대상황에 비추어 볼 때 지나치게 좁은 개념이라는 보아 '저작권'이라는 용어를 대신하여 일반적으로 사용하고 있다. 우리도 한때 저작권과 비슷한 용어로 '판권'이라는 용어를 학계와 실무계에서 널리 사용했다. 그 중에는 영화계를 중심으로 판권담보계약이 널리 활용되기도 하였다(이 경우 판권은 영상저작물의 제작비를 회수할 수 있는 직접적인 수단으로 활용된다). 이 밖에도 도서저작물의 제작에 '판권 본사소유'라는 용어의 사용이 일반적이었는데 이 경우 판권은 어문저작물의 중간이용자인 출판사가 가지는 배타적발행권의 하나인 '출판권'의 의미도 동시에 포함하는 것으로서, 이때에는 해당 저작물을 포괄적·독점적으로 이용할 수 있는 권리의 의미로 사용되었다.

법으로든지 배타적으로 통제할 수 있는 권리The Right to Control Over His Own Works의 형태로 구현된다. 저작권은 이와 같이 저작물을 배타적으로 통제를 할 수 있는 저작자의 권리이다. 저작권은 크게 저작인격권과 저작재산권을 포함하는 개념으로 사용되고 있다.

(2) 일반적 의미의 저작권의 구성에 관한 이론적 체계

저작권에는 어떠한 유형의 하위권리들이 모여서 구성되어 있고, 또 이들을 어떻게 이해할 것인가에 관한 이론으로서 저작권 이원론著作權 二元論과 저작권 일원론著作權 一元論이 있다. 우리나라를 포함한 대부분의 대륙법계 국가에서는 저작권을 이해함에 있어서 저작인격권과 저작재산권을 이원적·병렬적으로 보고있다. 따라서 이 입장에서는 저작권의 개념을 저작재산권과 저작인격권 개념의 상위개념으로 보고 있다. 이와 같은 입장을 **저작권 이원론**이라고 하는데, 저작권 이원론에서는 **저작권**은 이원적이어서 분리가 가능하며 현실적으로는 저작재산권(양도성, 상속성)과 저작인격권(일신전속성)이라는 별개의 권리로 구성되어 있다는 입장이다. 한편, **저작권 일원론**은 저작권은 저작재산권과 저작인격권이 융합되어 있는 단일·불가분의 권리로서, 이를 저작재산권과 저작인격권으로 분리할 수 없다는 입장을 말한다.[2]

이렇게 볼 때 저작권 이원론의 입장에서는 '저작권=저작재산권+저작인격권'이라는 등식이 성립할 수 있고, 저작권 일원론의 입장에서는 '저작권=저작재산권=저작인격권'이라는 등식이 성립할 수 있다.

우리 「저작권법」에서도 "저작자는 법 제11조 내지 제13조의 규정에 따른 권리(이하 "저작인격권"이라 한다)와 법 제16조 내지 제22조의 규정에 따른 권리(이하 "저작재산권"이라 한다)를 가진다"(제10조 제1항)라고 규정하고 있다.

이와 같은 규정은 우리의 저작권법 체제가 대륙법계 국가의 전통에 따른 저작권 이원론에 입각하고 있음을 간접적으로 설명해 주고 있는 대단히 중요한 의미를 지니며, 이 밖에도 저작자가 저작권의 원시적 귀속주체가 될 수 있음을 뒷받침하는 중요한 근거 규정이 되기도 한다.

---

2 대륙법계 국가 가운데 유일하게 독일이 '저작권 일원론'을 견지하고 있다. 독일에서는 저작권을 하나의 권리로 보고, 저작권에는 인격적인 권능과 재산적인 권능이 포함되어 있으므로 저작권 자체는 양도나 상속을 할 수 없다고 본다.

(3) 일반적 의미의 저작권의 구성체계

일반적 의미의 저작권은 앞에서 살펴본 바와 같이 저작인격권과 저작재산권으로 구성되어 있다. 저작인격권은 저작자가 해당 저작물과 관련하여 인격적 요소가 가미된 것으로서 이에는 공표권, 성명표시권 그리고 동일성유지권이 포함되며(제11조~제13조 참조), 저작재산권[3]은 저작자가 해당 저작물과 관련하여 재산적 요소가 가미된 것으로서 여기에는 복제권, 공연권, 공중송신권, 전시권, 배포권, 대여권 그리고 2차적저작물작성권 등이 포함된다(제16조~제22조 참조).

3. 넓은 의미의 저작권

(1) 의의

문화예술의 발전과 문화콘텐츠산업의 진흥을 위해서는 인간의 사상 또는 감정을 직접적으로 창작한 자에게 부여되는 저작권만으로는 부족하고 이에 더하여 해당 저작물의 해석과 유통과정에 참여하여 저작물의 부가가치를 향상시키는 데 기여한 자에게도 소정의 권리를 부여하고 이들을 보호해 줄 필요성이 있다. 따라서 우리가 저작권을 넓은 의미로 파악할 때에는 앞에서 살펴본 일반적 의미의 저작권과 함께 이들 저작권에 인접하고 있는 권리, 즉 저작인접권을 포함하여 이해하는 것이 일반적이다. 우리 「저작권법」도 저작자의 권리뿐만 아니라 창작된 저작물의 해석과 유통과정 등에 기여한 자들인 저작인접권자들의 권리도 동시에 보호함을 목적으로 하고 있다(제1조 참조).

저작물의 해석과 유통과정 등에 참여해 해당 저작물의 부가가치를 향상시켜 준 자에 대한 권리를 저작인접권Neighboring Rights이라고 하는데, 여기에는 실연자의 권리, 음반제작자의 권리 그리고 방송사업자의 권리 등이 있다.

저작인접권자의 권리도 각각 개별적인 지분권을 가지고 있는데 구체적으로 어떠한 권리를 저작인접권의 지분권으로 할 것인가의 문제 역시 저작권에서와 마찬가지로 선험적先驗的으로 결정될 성질의 것이 아니고 그 나라의 입법정책에 따라 경험

---

3 「저작권법」 전체를 보면 저작재산권이 가장 중요하고 그 규정하는 바도 대단히 광범위하며 저작재산권에 관한 규정을 다른 권리에 준용하는 경우도 많다. 이와 같은 이유로 '저작재산권'을 좁은 의미의 저작권이라 부르기도 한다.

적經驗的으로 결정될 성질의 것이다. 각국의 예를 보면 이와 같은 저작인접권은 저작권보다 나중에 「저작권법」과 같은 실정법에 규정이 되어 보호를 받게 하는데 우리의 경우도 마찬가지이다.

(2) 넓은 의미의 저작권의 구성체계

앞에서 살펴 본 일반적 의미의 저작권을 말하는 **저작자의 권리**와 여기서의 **저작인접권자의 권리**를 통칭하여 넓은 의미의 저작권이라고 부를 수 있으며, 현행 「저작권법」도 넓은 의미의 저작권에 관한 규정으로 구성되어 있다.

우리의 경우 실연자, 음반제작자 그리고 방송사업자를 각각 저작인접권자라고 하여 이들에게 복제권과 같은 배타적 권리나 보상청구권과 같은 채권적 권리를 동시에 부여하고 있는데 이에 관하여 간단히 살펴보면 다음과 같다. 먼저, 실연자에게는 성명표시권, 동일성유지권과 같은 인격적 권리와 함께 복제권, 배포권, 대여권, 공연권, 방송권, 전송권 등을 부여하고 있으며, 이 밖에도 실연자에게 방송사업자에 대한 보상청구권, 디지털음성송신사업자에 대한 보상청구권 그리고 상업용 음반을 사용하여 공연을 하는 자에 대한 보상청구권과 같은 채권적 성격의 재산적 권리도 부여하고 있다. 다음으로, 음반제작자에게는 복제권, 배포권, 대여권, 전송권 그리고 방송사업자에 대한 보상청구권, 디지털음성송신사업자에 대한 보상청구권, 상업용 음반을 사용하여 공연하는 자에 대한 보상청구권 등의 재산적 권리가 부여되고 있다. 그리고 방송사업자에게는 복제권, 동시중계방송권 그리고 공연권 등의 재산적 권리를 부여하고 있다. 이와 같이 저작인접권의 지분권에는 저작권에서의 지분권과는 달리 채권적 성격을 가지고 있는 보상청구권도 포함되어 있음을 유의해야 한다.

4. 가장 넓은 의미의 저작권

(1) 의의

우리는 앞에서 저작권 부여의 범위와 구체적인 지분권의 내용을 어떻게 규정할 것인지는 그 나라의 입법정책의 문제임을 보았다. 그리고 저작권의 보호와 이에 따른 문화예술과 콘텐츠산업의 발전을 기하기 위하여서는 저작자와 저작인접권자뿐만 아니라 저작물의 창작과 최종적인 소비과정에서 중간매개자의 위치에 서 있거나 기타의 방법으로 물적·인적 자본을 투하하여 해당 저작물의 부가가치를 창조하는 데 간접적으로 기여한 자에게도 일정한 권리를 부여하고 이를 보호할 필요가 있다.

그래서 우리 「저작권법」에서는 저작자와 저작인접권자 이외에도 저작물을 배타적으로 발행하는 자와 출판권자 그리고 데이터베이스제작자와 영상제작자 등에게도 일정한 권리를 부여하고 이들을 보호하고 있다.

(2) 가장 넓은 의미의 저작권의 구성체계

「저작권법」 제2장 제7절에서는 배타적발행권을, 제2장 제7절의2에서는 출판에 관한 특례를 규정하고 있고, 제4장에서는 데이터베이스제작자의 보호에 관한 규정을 그리고 법 제 101조에서는 영상제작자의 권리에 관한 규정을 두고 있다. 이는 우리 법이 배타적발행권과 출판권, 데이터베이스제작자의 권리 그리고 영상제작자의 권리를 가장 넓은 의미의 저작권의 범주에 포함시키고 있는 것으로 이해된다. 다만, 현행 법에서는 이들 권리를 저작권이라 부르지 않고 **이 법에 따라 보호되는 권리**라고 총괄적으로 부르고 있고(제123조~제125조의2 참조), 「저작권법」 제9장 권리의 침해에 대한 구제에 있어서도 저작권과 이들 권리와의 사이에 별반 차이를 두지 않고 그 권리의 보호에 만전을 기하고 있다.[4] 가장 넓은 의미의 저작권 개념을 유형화하면 아래 그림과 같다.

가장 넓은 의미의 저작권 개념

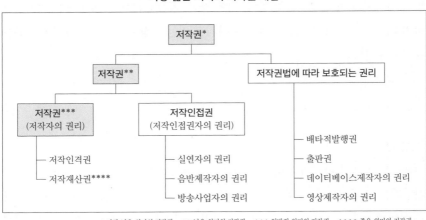

* 가장 넓은 의미의 저작권 ** 넓은 의미의 저작권 *** 일반적 의미의 저작권 **** 좁은 의미의 저작권

II. 저작권의 특징

1. 의의

저작권은 인간의 사상 또는 감정을 표현한 창작물에 대하여 저작자가 가지는 권리를 말하는데, 이와 같은 저작권은 다른 권리에서는 발견할 수 없는 여러 가지 특징을 지니고 있다. 이하에서 저작인격권과 저작재산권을 포함하여 말하는 일반적 의미의 저작권을 중심으로 저작권이 가지고 있는 여러 가지 특징을 고찰해 보기로 한다.

2. 준물권적 성격의 독점적·배타적 권리

먼저, 저작권은 준물권적 권리로서 독점적·배타적 성격의 특징을 지니고 있다. 일반적으로 물권物權이라 함은 물건을 직접 지배하여 이익을 얻는 것을 내용으로 하는 권리를 말하는데, 여기서의 저작권은 유체물로서의 물건이 아닌 인간의 사상 또는 감정의 창작적 표현이라는 무체물을 대상으로 하고 있으므로[5] 이를 순수한 물권은 아니고 물권에 준하는 성격을 가진다고 할 수 있으며, 따라서 저작권을 흔히 준물권적準物權的 성격을 지니고 있는 권리라고 정의한다.

그런데 유체물을 대상으로 하는 물권이든지 아니면 무체물을 대상으로 하는 준물권 이든지, 이들 권리는 모두 특정의 상대방에게만 주장할 수 있는 권리가 아니고 해당 권리를 침해하는 세상의 모든 사람에게 주장할 수 있는 권리이다. 이 점에

---

4 예를 들면, '이 법에 따라 보호되는 권리'를 가진 자는 물권적 청구권에 기반을 두고서 그 권리를 침해하는 자에 대하여 침해의 정지를 청구할 수 있으며, 그 권리를 침해할 우려가 있는 자에 대하여 침해의 예방 또는 손해배상의 담보를 청구할 수 있고, 침해행위에 의하여 만들어진 물건의 폐기나 그 밖의 필요한 조치를 청구할 수도 있다. 이 밖에도 '이 법에 따라 보호되는 권리'를 가진 자는 손해배상의 청구 및 법정손해배상의 청구 등을 할 수 있다. 그런데 이들 경우에 있어서 '각종의 보상을 받을 권리'는 제외되는데, 이는 보상을 받을 권리가 '이 법에 따라 보호되는 권리'에 해당하지 않아서라기보다는 보상을 받을 권리는 그 법적 성격이 양자 간의 채권·채무관계에 기반한 채권적 권리에 기인한 것이기에 물권인 저작재산권에 기반한 물권적 청구권의 행사나 불법행위론에는 이의 행사가 적합하지 않기 때문에 제외되고 있음을 유의하여야 한다.
5 소설·시 등은 무체물로서의 저작권의 대상이고 이를 담은 그릇인 도서나 잡지는 유체물로서 소유권의 대상이 된다.

서 저작권은 특정의 상대방에게만 주장할 수 있는 채권적 권리[6]와는 분명한 차이가 있음을 유의하여야 한다.

저작권은 이와 같은 준물권적 권리로서의 성격에 기인하여 저작자가 해당 저작물을 배타적으로 지배할 수 있는 권리로서의 특징을 가지고 있다.[7] 저작권이 '독점적·배타적인 지배권으로서의 성격을 가진다'라고 함은 저작자는 제3자의 개입 없이 그가 창작한 저작물을 직접적으로 지배해서 이익을 얻을 수 있다는 말이다.[8] 그리고 권리행사의 상대방도 채권과 달리 한정되어 있는 것이 아니라, 권리를 침해하는(침해할 우려가 있는) 이 세상의 누구를 상대로 하여서도 이 권리를 행사할 수 있다.

물권에 해당하는 소유권과 마찬가지로 준물권에 해당하는 저작권도 그 권리를 가지고 있는 자는 그 권리의 발생순간부터 누구의 간섭이나 개입의 필요도 없이 그가 원하는 바에 따라 권리의 객체인 저작물을 사용·수익·처분(불행사도 포함)할 수 있으며, 이때 저작권자는 저작권을 행사함에 있어서 타인의 행위를 개입시키지 않고 그 저작물에 대하여 직접 지배력을 발휘할 수 있음은 물론이다.

그런데 독점적이고 배타적인 지배권으로서의 성격을 가지고 있는 저작권은 그 효력면에서 크게 대내적 효력과 대외적 효력으로 구분하여 고찰할 필요성이 있다. 먼저 저작권의 대내적 효력은 저작물에 대한 **직접적 지배력**을 말하고, 저작권의 대

---

6 이 점에 착안하여 물권 또는 준물권과 같은 물권적 권리를 대세권(對世權)이라고 하고 특정의 채권자가 특정의 채무자에게만 주장할 수 있는 채권적 권리를 대인권(對人權)이라고도 한다.

7 저작권을 배타적인 성격의 권리로 할 것인지 아니면 채권적 권리로 할 것인지는 선험적으로 결정되는 것이 아니라 그 나라의 역사적 산물 또는 입법정책적 결정의 소산으로 이해하여야 한다. 대부분의 국제협약이나 주요 선진국의 입법에서는 저작권을 배타적 성격의 권리로 규정하고 있으나, 오늘날 저작권에 관한 신탁관리단체가 널리 활용됨으로 인하여 저작자는 그가 가진 배타적 권리로서의 저작권을 행사하는 기회가 지극히 제한되어 있으며, 이 밖에도 디지털시대를 맞아 저작자에게 보상청구권이라는 채권적 권리를 부여하는 영역이 점차 늘어나고 있는 추세에 있는 등의 사유로 인해, 오늘날 저작권 본래의 모습인 준물권으로서의 저작권의 모습과 이에 따른 독점적·배타적 성격의 특징 역시 지난 시절보다 많이 완화되어 가고 있음을 유의할 필요가 있다. 특히, 오늘날 인터넷 환경하에서는 저작물과 같은 정보의 공공재적 성격이 더욱 명확하게 부각되기 때문에 정보와 같은 무형재에까지 배타적인 권리인 물권적 방식을 채택하는 것이 과연 합리적인가 하는 의문이 지속적으로 제기되고 있다. 따라서, 최근에는 저작권의 보호방법과 관련하여 사전적(事前的) 권리부여의 성격을 가지는 물권적 권리구제의 방법보다는 사후적(事後的) 구제에 중점을 두는 채권적 권리구제의 방안이 더욱 주목을 받고 있다(박성호, 「현행 저작권 제도의 패러다임의 변화」, 「인터넷 그 길을 묻다」, 《한국정보법학회》(2012), 524쪽).

8 "물건을 직접적으로 지배하여 이익을 얻는다"라는 것은 물건을 사용·수익·처분함으로써 이익을 얻는 것을 말한다. 일반적으로 사용·수익·처분의 권능을 모두 가지고 있는 것을 본래적 의미의 물권(소유권 등)이라 하고, 이 가운데 사용이나 수익의 권능만 가진 물권을 제한물권(용익물권 또는 담보물권)이라 한다.

외적 효력은 제3자가 저작권자의 지배를 침해해서는 안 된다는 배타적 효력, 즉 **권리불가침의 효력**을 의미한다. 저작권이 가지는 이와 같은 대내적 또는 대외적 효력에 따라 해당 저작물에 대해 저작권을 가지고 있는 저작자는 이를 직접 행사할 수도 있고, 아니면 제3자에게 양도 또는 이용허락을 할 수 있음은 물론이다. 특히 저작권이 가지는 대외적 효력에 따라 저작권자 이외의 자는 저작권자의 동의나 허락을 얻지 아니하고는 누구든지 이를 사용·수익·처분할 수 없을 뿐만 아니라, 저작권을 침해하거나 침해할 우려가 있는 때에는 저작권자는 그 침해의 예방 또는 금지를 청구할 수도 있다.[9]

3. 저작물의 무형적 가치에 기반하고 있는 무체재산권으로서의 권리

서점에서 책 한 권을 구입하거나 경매에서 미술작품 1점을 구입하였을 경우, 구입자는 그 책이나 미술작품의 소유권을 취득한 것에 불과하며, 구입자가 해당 저작물에 대한 저작재산권을 양도받지 않았다면 그는 책이나 그림의 내용을 자신의 것인 양 이를 복제, 전송 방송 등의 방법으로 이용할 수 없다.

유형적 형태를 지니는 저작물에 있어서는 저작권과 소유권의 충돌문제가 발생할 수 있음을 유의하여야 한다.

일반적으로 볼 때 대부분의 경우에는 저작권이 체화體化되어 있는 유체물의 이전이 반드시 저작권의 이전移轉까지를 포함하는 것은 아니며, 반대로 저작권의 이전이 반드시 유체물의 이전을 수반하는 것도 아니다.

가장 전형적인 모습의 물권物權인 소유권所有權을 가지고 있는 자는 해당 물건을 배타적으로 사용·수익·처분할 수 있으며, 저작권(저작재산권)을 가지고 있는 자 역시 해당 저작물을 배타적으로 사용·수익·처분할 수 있는 권능을 가지고 있다. 그러나 소유권은 물권법의 대원칙인 **일물일권주의**一物一權主義의 원칙에 따라 하나의 물건을 한 사람만이 이를 소유할 수 있으나, 저작권은 저작자로부터 이용허락을 받았다면

---

9 물권(또는 준물권)에 있어서는 물권의 내용이 완전히 실현되고 있는 동안에는 아무런 청구권도 생기지 않는다. 그러나 물권내용의 실현이 제3자에 의하여 방해되고 있거나 방해될 염려가 있게 될 때에 제3자에 대하여 방해의 제거나 예방을 청구하는 이른바 물권적 청구권이 생긴다.

한 개의 저작물에 대하여 무수히 많은 사람이 그 저작물을 이용할 수 있다.

이와 같은 공통점과 차이점으로 인해 소유권과 저작권은 서로 충돌하기도 하는데, 무체물로서의 저작물과 유체물로서 표현수단Material Object이 합쳐져 있는 미술저작물 등에서 이런 현상이 자주 나타난다. 만일에 미술저작물 등에 있어서 저작물 자체에 대한 권리인 저작권뿐만 아니라 저작물이 체화되어 있는 유체물 자체의 소장, 감상 그리고 전시를 하기 위한 전제前提로서의 소유권의 주체가 동일한 경우에는 이와 같은 충돌현상은 나타날 이유가 없겠지만[10], 저작권자가 저작재산권은 그가 가지고 있으면서 단지 원본에 대한 소유권 또는 점유권만을 제3자에게 양도 또는 이전한 경우에는 저작권과 소유권과의 충돌이 문제가 야기될 수밖에 없음을 유의하여야 한다.[11] 이와 같은 경우에 있어서 「저작권법」에서는 미술저작물을 중심으로 소유권과 저작권의 충돌현상을 조정하기 위한 여러 가지 규정을 두고 있다.

4. 재산적 성격과 인격적 성격을 동시에 보유하고 있는 권리

저작권은 재산적 성격과 인격적 성격을 동시에 가지고 있다. 저작권은 저작자의 저작물에 대한 권리를 말하는데, 저작물 자체가 인간의 사상 또는 감정을 표현한 것이기에 저작권에는 물질적 요소와 함께 생래적으로 정신적·인격적 요소를 동시에 가지고 있다.

유럽 각국은 저작권의 인격적 요소를 강조하여 저작권법에 저작재산권과 함께 저작인격권을 동시에 규정하고 있고, 미국은 저작권을 저작재산권에 치중하여 파악하는 경향이 있다. 우리의 경우, 유럽법계의 전통에 따라 저작권법에서 저작인격권과 저작재산권을 동시에 규정하고 있으며 저작권에 관한 가장 기본적인 조항인 제10조에서도 이들을 포함하여 저작권이라 규정하고 있다.

---

10 미술작물의 경우 대부분에 있어서는 저작재산권의 양도와 저작물의 소유권의 이전이 동시에 이루어지므로, 저작재산권과 소유권의 충돌현상은 자주 발생하지 않는다(그러나 저작인격권과 소유권과의 충돌의 우려는 항시 존재하기 마련이다).

11 미술관, 화랑, 미술은행, 미술품대여점 등을 통한 미술저작물 등의 이용행태가 이에 해당한다.

5. 권리의 다발^{Bundle}로 이루어진 총체적 성격의 권리

저작권은 저작물을 이용하는 데 필요한 특정의 권리를 의미하는 것이 아니라 저작물을 이용하는 데 필요한 여러 유형의 지분권이 묶여진 총체적인 권리로서 이해된다. 다시 말해 저작권은 각종 지분권의 다발^{Bundle}로 이루어진 총체적인 권리로서의 특징을 지니고 있다.[12] 저작권이 지분권의 다발로 이루어진 총체적인 개념으로서의 특징을 지니고 있음은 앞에서 살펴본 그림에서도 충분히 확인할 수 있다.

저작권을 구성하는 이와 같은 개개의 권리를 저작권의 **지분권** 또는 **개별 이용권**이라고도 하는데 이들 지분권은 분리가능성을 특징으로 하고 있다. 즉, 저작권을 이루고 있는 개별적인 지분권은 모권母權인 저작권과 같이 또는 분리하여 양도되거나 이용허락이 될 수 있으며, 저작권 침해에 있어서도 각 지분권이 한꺼번에 또는 개별적으로 나뉘어져서 침해될 수도 있다. 그리고 저작권과 이를 구성하고 있는 지분권은 주종主從의 관계가 성립하는데, 이와 같은 이유로 모권인 저작권이 소멸하면 모든 지분권은 소멸하게 되지만, 개별 지분권이 소멸한다고 해서 모권인 저작권이 소멸하는 것은 아니다.

6. 공공의 복리를 위해 제한이 가능한 상대적 성격의 권리

오늘날 저작권은 사권私權의 성격을 지니고 있으면서도, 그 행사에 있어서 아무런 제한이 따르지 않는 절대적絶對的 성격의 권리가 아니라 인류문화의 향상발전이라는 공익적 목적에 기여하기 위하여 필요한 경우에는 일정부분 제한이 가능한 상대적相對的 성격의 권리이다.[13]

이와 같은 이유로 저작자의 저작물에 대한 권리인 저작권도 공공의 복리를 위해

---

12 지분권으로 이루어진 총체적인 권리의 개념은 물권에서도 발견되는데 물권에는 i) 소유권, ii) 점유권, iii) 용익물권(用益物權)으로서의 지상권, 지역권, 전세권 그리고 iv) 담보물권(擔保物權)으로서의 유치권, 질권, 저당권 등이 있다.

13 근대 「민법」의 기본원리에 따른 '소유권 절대의 원칙'에 의하면 사권(私權)에 해당하는 소유권(所有權)은 절대적으로 보장됨이 원칙이나, 헌법과 법률의 규정에 따라 공공복리를 위하여 필요한 경우에는 그 행사가 제한될 수 있음은 물론이며 저작권도 예외는 아니다. 「헌법」 제23조 제1항과 제2항에서는 각각 "모든 국민의 재산권은 보장된다. 그 내용과 한계는 법률로 정한다", "재산권의 행사는 공공복리에 적합하도록 하여야 한다"라고 규정하고 있다.

필요한 경우 제한이 가능한데 그 법적인 근거가 「저작권법」 제2장 제4절 제2관 저작재산권의 제한에 관한 규정이다. 이와 같은 저작권의 상대성은 법 제1조에서도 확인하고 있는데 「저작권법」이 저작자의 권리와 이에 인접하는 권리를 보호하는 것뿐만 아니라 **저작물의 공정한 이용을 도모**하는 것을 목적으로 하고 있는 데서 잘 나타나고 있다.

7. 「저작권법」에 의하여 창설된 실정법적 권리

위에서 언급한 모든 저작권과 그 지분권은 「저작권법」에 의하여 창설된 실정법적實定法的 권리로서의 성격을 가지고 있다. 다시 말해 저작권은 천부적인 자연권自然權으로서의 성격을 지니는 것이 아니라 그 나라의 저작권 환경과 정부의 저작권 정책에 따라 실정법에서 구체적으로 규정될 때 비로소 권리로서 인정되는 실정법적 권리이다.

저작권에 관한 「저작권법」의 규정은 앞에서 본 **저작물**에 관한 규정이 예시적例示的인 규정인 것과는 달리 어디까지나 열거적列擧的인 규정으로서 여기서 규정한 것 이외의 권리는 「저작권법」에 특별한 규정이 없는 한 허용되지 아니한다. 이는 저작인접권을 포함한 모든 배타적인 권리에 대해서도 마찬가지이다. 저작권에 관한 「저작권법」의 규정이 예시적이 아니라 열거적이라 함은 어떻게 보면 지극히 당연한데, 권리 자체를 예시적으로 규정한다는 것은 천부적인 자연권에서나 가능한 것이지 그 나라의 저작권 현실을 반영하여 제도화된 권리인 저작권은 그 속성상 당연히 법률에 열거적으로 규정될 때 비로소 권리로서 인정될 수 있기 때문이다.

물론 열거적인 규정으로 인해 급속히 확장해 나가는 저작권의 구체적 지분을 신속히 법률에 반영할 수 없다는 단점이 있을 수는 있으나 그렇다고 의회주권議會主權을 무시하여서도 아니 될 것이며, 무엇보다도 급변하는 상황 속에서 능동적 대응은 구태여 저작권이라는 권리의 창설·변경·소멸을 통한 방법보다는 **저작물**이라는 저작권의 객체를 유연하게 인정하는 현행 법의 체계가 더욱 타당하다고 보여진다.

제2절
저작권의 성립 등

I. 저작권 발생의 시기

「저작권법」제10조 제2항에서는 저작권의 발생시기와 발생요건을 규정하고 있다. "저작권은 저작물을 창작한 때부터 발생하며 어떠한 절차나 형식의 이행을 필요로 하지 아니한다"라는 규정이 그것이다. 저작권은 저작물을 창작한 때[14] 곧바로 발생한다. 다시 말해 저작권은 특정한 매체에 고정되어 있을 필요도 없고[15] 이를 대외적으로 공표하거나 등록할 필요도 없이 창작한 그 순간부터 저작자에게 저작권이라는 권리가 원시적으로 취득된다.[16] 저작권은 이와 같이 최초로 저작물을 사실적事實的으로 창작한 저작자에게 원시적으로 그리고 자동적으로 귀속된다.[17]

II. 저작권 발생의 요건

1. 무방식주의의 채택

저작권은 그 발생에 있어서 어떠한 절차나 형식의 이행을 필요로 하지 않는 **무방식주의**를 채택하고 있다(법 제6조 후단).[18] 무방식주의는 권리의 발생, 향유 및 행사

---

14 저작권은 반드시 완성된 것일 필요는 없으며, 예컨대 미완성 교향곡과 같이 완성단계에 이르지 못하였으나 나름대로 저작자의 사상이나 감정을 구체적으로 표현한 것이라면 저작물로 된다(오승종, 앞의 책, 340쪽).
15 예를 들면 음악저작물은 이를 창작한 때 바로 발생하는 것이지 음악저작물을 음반이라는 매체에 고정시킬 때 비로소 권리가 발생하는 것은 아니다.
16 이와 같은 사유 때문에 저작권의 발생은 등록의 대상도 아니다. 그러나 저작권의 변동사항은 등록의 대상이 됨을 유의하여야 한다(법 제54조 참조).
17 저작자가 나중에 그의 저작권을 제3자에게 양도하면 그때부터 제3자가 저작권자가 되며 이때에는 저작자와 저작권자의 분리현상이 생길 수가 있다.
18 이 점에서 특허청에 출원하여 등록되어야 권리의 효과가 발생하는 '방식주의'를 채택하고 있는 특허권, 실용신안권, 상표권, 디자인권 등과 같은 산업재산권과는 다르다.

에 어떠한 절차나 형식을 요구하지 않는 원칙을 말한다. 이는 저작권의 발생에 있어서 등록, 납본 또는 ©표시[19] 등과 같은 특정의 표시를 요구하는 **방식주의**에 대칭되는 개념으로서, 대부분의 국가에서는 무방식주의를 택하고 있다. 오늘날 저작권 발생에 있어서의 무방식주의는 국제협약상의 기본원칙의 하나로 자리 잡고 있으며[20], 미국에서는 종전까지 방식주의를 택하고 있었으나[21], 1989년에 「베른협약」에 가입한 후 저작권 표시를 의무사항이 아닌 하나의 선택사항으로 하는 등과 같이 기존의 미국 저작권법을 「베른협약」에 부합하도록 하는 내용의 「Berne Convention Implementation Act」(베른협약 이행법)를 제정하여 1889년부터 완전히 무방식주의로 전환하여 오늘에 이르고 있다.

저작권제도가 일찍이 국왕이나 황제가 출판자에 대해 출판특허를 부여하는 이면에 저작물에 대한 검열기능이 내재되어 있었던 바, 그러한 특권적인 제도로부터 탈피하는데 근대 저작권제도의 존재의의가 있으므로, 이러한 무방식주의는 창작물에 대한 권리발생에 관하여 행정기관이 관여한다고 하는 것은 바람직하지 않다고 여기는 역사적 배경에서 비롯된 것이라 한다.[22]

우리도 세계 대부분의 국가에서와 마찬가지로 「저작권법」에서 "저작권은 저작

---

19 ©표시는 1952년에 제정한 세계저작권협약인 UCC(Universal Copyright Convention)에서 유래된 것으로서 UCC에 따르면 자국 내에서 저작권등록을 해야만 저작권의 보호를 해주는 국가(방식주의국가)들은 외국인의 저작물에 대해서 그 복제물에 단순히 ©표시만 해 두어도 저작권등록을 받은 저작물과 동일한 법적 보호를 받을 수 있도록 해주고 있다(UCC 제3조 제1항 참조). 그런데 UCC 체약국 대부분은 「베른협약」이나 기타 저작권과 관련한 협정의 당사국이고 이들 조약은 모두 무방식주의를 채택하고 있기 때문에 ©표시는 역사적 의미와 일부 장식적인 의미밖에 없다 할 것이다. 우리 주변에서도 각종 도서나 방송에서 Copyright ⓒ A, 2019, Published in Korea, Copyright©2019 B. All rights. reserved, ©2019 C. All rights reserved, Copyright ©2015~2019 D. All rights reserved, ©2019 E 등의 표시를 자주 볼 수 있는데, 이는 결코 저작권 발생의 요건이 아니며 장식적 의미에 불과하거나 기껏해야 나중에 저작권침해소송에서 표시된 자가 저작권을 가지고 있음을 입증할 수 있는 증거자료의 하나로 활용될 수 있을 뿐이다. 참고로 ©에서의 C는 Copyright의 약자는 아니며 따라서 Copyrights로 표시하거나 (C) 등으로 표시하는 것으로는 UCC에서 정한 형식요건을 만족시킬 수 없다. 일반적으로 ©, C, Copyright 그리고 Copr는 UCC의 형식적 요건을 만족시키는 것으로 보고 있다.
20 「베른협약」 제5조 제2항에서는 "저작권의 향유와 행사는 어떠한 방식에 따를 것을 조건으로 하지 아니한다"라고 규정하고 있다. 「TRIPs 협정」 제9조와 「WCT」 제3조에서는 「베른협약」 제5조 제2항의 규정을 준용하고 있으며, 「WPPT」 제20조에서는 무방식주의를 규정하고 있는데, "이 조약에서 규정한 권리의 향유와 행사는 어떠한 방식에도 따를 것을 조건으로 하지 아니한다"라는 규정이 그것이다.
21 종전에 미국에서의 저작권 표시의 방법은 copyright 또는 Copr 또는 ©를 표시하고 여기에 저작자와 저작물의 발행연도(Name and Year)를 표시하는 방법을 채택하고 있었다.
22 김정완, 앞의 책, 125쪽.

물을 창작한 때부터 발생하며 어떠한 절차나 형식의 이행을 필요로 하지 아니한
다"(제10조 제2항)라고 규정하여 저작권 발생의 요건으로서 무방식주의를 채택하고
있다.

저작권 발생에 있어서 "무방식주의를 채택하고 있다"라는 말은 저작물의 창작활
동, 다시 말해 예술창작활동에 있어서 어떠한 형태의 국가적 간섭이 있어서는 아니
된다는 「헌법」 제22조의 규정, 즉 "모든 국민은 학문과 예술의 자유를 가진다"라는
규정에 그 궁극적인 근거를 두고 있으며, 동시에 이와 같은 무방식주의는 「문화기
본법」 등에서 규정하고 있는 국민의 문화권의 보장과도 밀접한 관련을 가진다.[23]

오늘날 민주국가에 있어서 저작물을 창조하고 이에 따른 권리로서 저작권이 발
생함에 있어서 국가 등 공권력으로부터의 간섭이나 검열 또는 심사와 등록 등의 방
법을 통한 어떠한 형태의 통제가 있어서는 아니될 것이다. 우리 「저작권법」 제10조
제2항에서와 같이 저작권 발생에 있어서 무방식주의를 법률로 보장하고 있는 것은
궁극적으로 저작자에게 창작의 자유를 위축시킬 수 있는 효과Chilling Effect를 미리
제거함으로써 예술가를 포함한 모든 국민의 예술의 자유를 보장함에 그 근본적인
이유가 있다. 따라서 무방식주의는 「헌법」 제22조에서의 모든 국민의 예술의 자유
를 실천적·법률적으로 보장하는 중요한 의의를 지니며, 이 법리가 「저작권법」에서
차지하는 비중 역시 결코 가볍지 않음을 알 수 있다.

2. 무방식주의와 저작권의 등록 및 저작권의 표시와의 관계

(1) 저작권의 등록과의 관계

우리 「저작권법」 제53조에서는 저작권의 등록을 규정하고 있는데 그렇다면 저작
권의 등록이 저작권 발생의 성립요건에 해당하는가? 그렇지 않다. 법 제10조 제2
항에서 "저작권은 저작물을 창작한 때부터 발생하며 어떠한 절차나 형식의 이행을
필요로 하지 아니한다"라고 분명히 규정하고 있는 바와 같이, 비록 법 제53조에서
저작권의 등록에 관한 규정을 두고 있을지라도 등록이 저작권 발생의 성립요건이

---

23 「문화기본법」 제4조에서는 "모든 국민은 성별, 종교, 인종, 세대, 지역, 정치적 견해, 사회적 신분, 경제적
지위나 신체적 조건 등에 관계없이 문화적 표현과 활동에서 차별을 받지 아니하고 자유롭게 문화를 창조하고
문화 활동에 참여하며 문화를 향유할 권리(이하 "문화권"이라 한다)를 가진다"라고 규정하고 있다.

되는 것은 아니다. 다만, 저작권의 권리변동 등을 등록한 경우에는 이를 제3자에게 대항할 수 있는 효과가 있을 수 있는데 이는 저작권의 발생의 성립요건이 아니고 저작권 변동 등에 대한 대항요건에 불과하다.

(2) 저작권의 표시와의 관계

앞에서 살펴본 바와 같이 저작권의 표시 역시 결코 저작권 발생의 요건이 아니며, 따라서 오늘날 저작권의 표시, 즉 ⓒ, C 또는 Copyright 등은 역사적·장식적 의미가 강할 뿐이라는 것은 세계 공통의 현상이라 하겠다. 다시 말해 저작권의 표시 역시 저작권의 등록과 마찬가지로 저작권 발생에 있어서 의무사항Requirement이 아닌 하나의 선택사항Optional에 불과한데, 그럼에도 불구하고 저작권의 표시는 무시할 수 없는 몇 가지의 중요한 기능, 즉 i) 저작권 표시가 없는 저작물은 공공의 영역에 속하게 될 개연성이 클 것이라는 추정적 기능, ii) 저작권의 표시가 되어있는 저작물은 「저작권법」에 따라 보호를 받고 있는 저작물이라는 것을 공중에게 널리 알려 주는 기능, iii) 해당 저작물의 저작자가 누구인지를 확정시켜 주는 기능 그리고 iv) 해당 저작물의 공표시점을 확정시켜 주는 기능 등을 수행하고 있는 것은 사실이다.

III. 저작권의 귀속주체와 저작권의 객체

1. 저작권의 귀속주체

저작자가 저작권의 귀속주체가 됨이 원칙이다. 「저작권법」 제10조에서도 "저작자는 제11조 내지 제13조의 규정에 따른 권리(이하 "저작인격권"이라 한다)와 제16조 내지 제22조의 규정에 따른 권리(이하 "저작재산권"이라 한다)를 가진다"라고 하여 저작자가 저작권의 귀속주체가 됨을 명시하고 있다.

저작권 가운데 저작인격권은 일신전속적—新專屬的 성격을 가지고 있어서(제14조 참조) 양도나 상속이 되지 않으며, 이와 같은 이유로 인하여 최초의 저작자가 사망하면 저작인격권도 당연히 소멸하게 된다. 따라서 저작인격권은 인간의 사상 또는 감정을 최초로 창작한 저작자가 가지며 저작인격권의 귀속주체의 변경은 일어나지 않음을 유의하여야 한다. 그러나 저작재산권은 양도성과 상속성이 있으므로 비록 저작자가 아니더라도 저작재산권을 양도받거나 상속받은 자도 후발적인 저작권 귀속주체가 될 수 있다. 이와 같이 저작재산권에 있어서는 저작인격권에서와는 달리 저작권의 귀속주체가 변경될 수 있음을 유의하여야 한다. 이 밖에도 비록 저작자가 아니지만 법률의 규정에 의하여 저작권의 주체가 될 수 있는 자로서는 영상제작자가 있다. 이들은 법 제99조부터 법 제101조의 규정에 따라 영상저작물의 제작과 이용에 필요한 각종 저작재산권의 귀속주체가 되기도 한다. 이에 대해서는 후술한다.

2. 저작권의 객체

저작권은 저작물에 대하여 저작자가 가지는 권리이기 때문에 저작권의 객체는 곧 저작물이라 할 수 있다. 그런데 모든 저작물이 저작권의 객체로 되는 것은 아님을 유의하여야 한다. 예를 들면 법 제7조에 따른 보호받지 못하는 저작물은 비록 저작물이긴 하지만 저작권의 객체가 될 수 없고, 법 제101조의2에 따른 컴퓨터 프로그램의 언어, 규약, 해법 등도 저작권의 객체가 될 수 없으며 이들에 대해서는 「저작권법」에 의한 보호를 받지 못한다.

제5장

저작인격권

제1절
저작인격권에 관한 일반적 고찰

I. 저작인격권의 성립배경과 각국의 입법례

1. 저작인격권의 성립배경

저작인격권 형성의 역사적 과정을 살펴보면 먼저, 근대 초기부터 저작자의 창작행위에 따른 성과가 축적되면 이는 인류문화발전에 기여하게 되고 그 기회비용은 공동체가 부담해야 함이 적정할 것이라는 사상이 유럽을 중심으로 점차 일반화되어 왔다. 이와 같은 사상은 저작자에게 그의 저작활동을 통한 정당한 정신적·물질적 혜택을 누릴 권리를 부여하여야 한다는 주장으로 발전하였으며, 이들 주장은 국제사회를 중심으로 이미 1928년의 「베른협약」, 1948년에 제정된 「세계인권선언」, 1966년의 제21차 유엔총회에서 채택된 「국제인권규약」에서 구체적으로 반영된 바 있다.[1]

2. 저작인격권에 관한 각국의 입법례立法例

오늘날 프랑스, 독일, 영국 등 유럽국가와 우리나라와 일본 등 대부분의 국가에서는[2] 저작자가 가지는 정당한 정신적 혜택을 누릴 수 있는 권리를 저작인격권이라

---

1 1928년의 「베른협약」 제6조의2 제1항에서는 "저작자의 재산권과 독립하여, 그리고 그 권리의 양도 후에도 저작자는 그 저작물의 저작자라고 주장할 권리 및 그 저작물에 관하여 그의 명예나 명성을 해치는 왜곡·삭제·기타 변경 또는 훼손행위에 대하여 이의(異議)를 제기할 권리를 가진다"라고 하여 저작자의 재산권뿐만 아니라 정신적 혜택을 누릴 권리를 명시적으로 규정하고 있다. 그리고 1948년에 채택된 「세계인권선언」에서는 "모든 사람은 공동체의 문화생활에 자유롭게 참여하고 예술을 감상할 권리와 자신이 창조한 모든 문화적·예술적 창작물에서 생기는 정신적·물질적 이익을 보호받을 권리를 가진다"라고 규정하고 있고, 1966년에 체결된 「국제인권규약」(A규약)에서는 "모든 사람은 문화생활에 참여할 권리와 이를 향유할 권리를 가지며…자신이 저작인 문학·예술활동의 결과로부터 나오는 정신적·물질적 보호를 받을 권리를 가진다"라고 규정하고 있다.
2 「베른협약」의 영향을 받아 오늘날 우리나라와 미국 등을 포함한 80여 개국 이상에서 이를 인정하고 있다〔Leonard D. DuBoff & Christy O. King, Art Law, Thomson / Delmar Learning(2006), p.52〕.

는 이름으로 「저작권법」에 규정하는 방식을 택하였고, 미국에서는 인격적 권리를 뜻하는 'Moral Rights'라는 이름으로 이를 연방聯邦이나 주州 차원에서 저작권법과 기타의 개별 실정법Statute에서 규정하는 방법을 채택하였다.[3]

우리의 경우 저작자의 저작활동을 통한 정신적·물질적 혜택을 받을 권리는 「저작권법」에서 각각 저작인격권과 저작재산권으로 구체화되어 있으며[4], 이 밖에도 2011년에 「예술인 복지법」의 제정을 통하여 모든 예술인에게 예술활동의 성과를 통한 정당한 정신적·물질적 혜택을 누릴 권리가 있다는 것을 확인하여 오늘에 이르고 있다.[5]

II. 저작인격권의 주체

저작자는 저작물을 작성한 때부터 저작인격권을 원시적으로 취득한다. 즉, 저작자가 저작인격권의 주체가 된다. 앞에서 살펴본 바와 같이 저작자로는 크게 자연인과 법인 등이 있으며 이에 저작인격권의 주체로는 자연인과 함께 법인 등이 될 수 있다. 자연인이 저작물을 작성하면 그 순간 해당 저작물에 대한 저작인격권을 원시 취득함은 당연하며, 업무상저작물의 경우에 있어서도 일정한 요건을 충족하면 법인 등과 같은 사용자가 저작자가 되는데, 그 결과 법인 등에게도 저작인격권이 「저작권법」 제9조와 제10조의 규정에 의하여 원시적으로 귀속하게 된다.[6] 그런데 저

---

3 미국은 예술가의 정당한 정신적 혜택을 누릴 권리(Moral Rights)에 대해서는 연방법(聯邦法)인 저작권법과 주법(洲法)에서 동시에 규정하고 있는데, 연방의 저작권법에서는 저작인격권 가운데 성명표시권과 동일성유지권만 부여하고 있으며, 그것도 유형적 형태의 미술저작물에 대해서만 이와 같은 저작인격권을 부여하고 있다(U.C.C. § 106A). 이 밖에도 1990년에 연방의회에서 제정한 시각예술가의 권리에 관한 법률(VARA : Visual Artists Rights Act)과 주 차원에서 제정한 법률에서도 저작인격권을 별도로 보호해 주고 있는데, 미국의 경우 모든 예술작품에 대해 Moral Rights를 인정해 주는 것이 아니고 유형적인 형태의 예술작품, 즉 Visual Art에 해당하는 그림, 조각, 회화, 사진과 판화(서명이 되고 명시적인 번호가 있는 것으로서 200판 이내까지) 등에 대해서만 Moral Rights를 인정해 주고 있는 반면에, 상업적으로 대량생산이 가능한 응용미술저작물에 대해서는 어떠한 경우에 있어서도 Moral Rights를 인정해 주고 있지 않음이 특징이다.
4 저작자가 누릴 수 있는 물질적 혜택은 저작재산권과 밀접한 관련이 있으며, 저작자가 누릴 수 있는 정신적 혜택은 저작인격권의 발전과 밀접한 관련을 가지고 있다.
5 「예술인 복지법」 제3조 제3항에서는 "모든 예술인은 자유롭게 예술 활동에 종사할 수 있는 권리가 있으며, 예술 활동의 성과를 통하여 정당한 정신적, 물질적 혜택을 누릴 권리가 있다"라고 규정하고 있다.
6 이 점에서 저작인접권자인 실연자의 인격권이 오직 자연인에게만 귀속되는 것과는 차이가 있다.

작인격권은 재산적 성격의 결여로 이를 양도할 수 없으며 그 주체가 존속하지 않으면 소멸하게 되는 일신전속적 성격을 지닌다(제14조). 따라서 일반적 저작물에 있어서 자연인이 사망한 경우에 저작인격권이 소멸하게 되며, 업무상저작물에 있어서는 사용자가 자연인인 경우에는 그의 사망과 함께 소멸하고 사용자가 법인이나 단체인 경우에는 그 해산과 함께 저작인격권은 소멸한다.

III. 저작인격권의 특징

1. 배타적 성격을 가지고 있는 준물권적 권리

저작인격권은 특정의 채무자에게만 그 권리를 행사할 수 있는 채권적 권리가 아니라 세상의 모든 사람에게 권리를 주장할 수 있는 배타적 성격의 준물권적 권리로서의 특징을 지니고 있다.

2. 저작물에 반영된 저작자의 정신적·인격적 요소의 보호

인간이 가지는 **일반적인 인격권**은 인간이 인간답게 살기 위해 필요한 생명, 명예, 프라이버시, 성명, 신용 등 인격적 요소를 보호해 주는 것인 반면에[7], 저작인격권은 저작자 자체를 대상으로 한 것이 아니라, 저작물에 투영된 저작자의 정신적·인격적 요소를 보호대상으로 한다. 따라서 저작자의 인격적 요소가 희박한 컴퓨터프로그램저작물과 같은 기능적 저작물이나 업무상저작물 등에 있어서는 저작인격권의 적용범위를 상당히 제한적으로 해석하여야 할 것이다.[8] 이렇게 보면 인간이 가지는 일반적 인격권은 자연적 권리인 반면에 저작자가 가지는 저작인격권은 실정법적 권리라고 할 수 있다.[9]

---

[7] 인간이 가지는 일반적인 인격권은 「헌법」 제10조에서의 "모든 국민은 인간으로서의 존엄과 가치를 가지며, 행복을 추구할 권리를 가진다"라는 규정에 그 근거를 두고 있다.

[8] 정진근, 「저작인격권에 관한 재고찰」, 계간 《저작권》(2014년 가을호), 한국저작권위원회, 188쪽.

[9] 저작인격권은 천부적인 자연권이 아니라 「베른협약」과 우리의 「저작권법」과 같이 실정법(實定法)에서 구체적으로 규정할 때 비로소 권리로 인정될 수 있다.

3. 일신전속적 성격의 권리

저작인격권은 저작자의 일신에 전속한다(「저작권법」 제14조 제1항). 여기서 저작자의 일신에 전속한다는 말은 저작자 이외의 누구에게도 권리를 이전·양도하거나[10] 상속할 수 없음을 뜻한다. 권리의 존속도 그 주체의 생존과 함께하기 때문에 권리의 귀속주체가 사망하거나 해산하면 저작인격권도 동시에 소멸하며 시효의 대상이 되지도 않는다.

그리고 저작인격권의 일신전속적 성질상 사전에 이를 미리 포기할 수도 없으며 당사자 간에 저작인격권을 포기하는 계약을 사전에 체결하더라도 이는 법률상 무효라고 해석된다. 저작인격권이 가지고 있는 이와 같은 일신전속성은 저작재산권과 비교할 수 있는 가장 큰 특징이라 할 수 있다.

여기서 유의하여야 할 것은 저작인격권이 일신전속적 성격을 가진다고 하여 저작자만이 이 권리를 행사할 수 있다는 말은 아니며 다만, 그 일신전속적 성격 때문에 제3자가 이를 행사함에 있어서는 많은 제약이 따른다는 것이다. 예를 들면 제3자는 저작인격권자의 동의나 허락을 얻은 후에 저작자의 저작인격권을 행사할 수 있으며[11], 이 밖에도 저작인격권의 **행사**를 대리하거나 위임을 하는 것이 가능은 하더라도 이는 어디까지나 저작인격권의 본질을 해치지 않는 범위 내에서 이루어져야 할 것이다.[12]

4. 저작물의 이전 또는 저작재산권의 양도 후 존속 가능성

저작인격권은 저작재산권과 독립하여 별개로 존재하는 권리로서의 특징을 지니고 있다. 저작자가 가지고 있는 저작인격권은 「베른협약」에서도 규정하고 있는 바와 같이 해당 저작물에 대한 저작재산권을 양도한 이후에는 물론이고, 그의 저작물이 그의 손을 떠나 타인에게 이전되어 그가 저작물을 소유하고 있지 않을지라도 저

---

10 저작인격권은 신탁관리단체에 포괄적으로 위임하거나 이를 신탁관리할 수도 없다.
11 「저작권법」 제11조 제2항의 규정에 따른 '저작재산권의 양도 등에 따른 공표동의의 추정' 등이 이를 잘 설명해 주고 있다.
12 대법원 1995.10.2, 94마2217 결정.

작자는 이 권리를 행사할 수 있음을 유의하여야 한다.[13] 현실적으로 볼 때에도 저작자가 가지는 저작인격권은 저작자가 저작물을 가지고 있지 않는 상태에서 주장되는 것이 일반적인 현상이기도 하며, 이와 같은 이유로 현실세계에서 저작인격권은 의외로 저작자에게 강력한 무기로 작용하기도 한다. 이와 같은 저작인격권의 지속성은 자유이용 저작물에서도 마찬가지여서 아무리 해당 저작물이 자유이용상태에 있어서 저작재산권을 행사할 수는 없을지라도 해당 저작물의 저작자는 저작인격권에 대해서는 여전히 주장할 수 있다. 다만 공공의 영역Public Domain에 있는 공유저작물은 저작자가 사망하였음을 전제하는 것과 같으므로 이 경우에 있어서는 저작자가 저작인격권을 행사할 수 없다.

5. 저작자의 명예보호와 밀접한 관련성

저작인격권은 저작자의 명예보호와 밀접한 관련성을 가지고 있다. 저작인격권은 저작물에 투영된 저작자의 정신적·인격적 요소를 보호해 주는 것으로, 이는 궁극적으로 그의 명예를 보호해 주는 것이기 때문이다. 현실적으로도 저작자의 명예를 훼손하는 방법으로 저작물을 이용하는 행위는 대부분의 경우 저작인격권의 침해사유에 해당하며, 이와 같은 상황을 감안하여 「저작권법」 제124조 제2항에서도 저작자가 그의 저작인격권 침해에 따른 입증책임의 부담을 덜어주기 위해 "저작자의 명예를 훼손하는 방법으로 저작물을 이용하는 행위는 저작인격권의 침해로 본다"라고 규정하고 있다.

> 우리 대법원도 저작인격권의 침해와 명예훼손과의 관계와 관련하여, "저작인격권이 침해되었다면 특별한 사정이 없는 한 저작자는 그의 명예와 감정에 손상을 입는 정신적 고통을 받았다고 보는 것이 경험칙經驗則에 합치된다"고 판시한 바 있다(대법원 1989.10.24, 선고 89다카12824 판결).

---

13 재산권의 양도 후에도 인격권이 별도로 존재할 수 있다는 이와 같은 특징은 유체물을 대상으로 하는 유체재산권 분야에서는 발견할 수 없는 것으로서 저작권과 같은 무체재산권법에서만 발견될 수 있는 특징임을 유의할 필요가 있다.

따라서 저작자는 그의 저작물이 창작의도와 모순된 방법이나 예술적 가치를 심각히 저하시키는 방법 등으로 이용되어 그의 명예를 훼손하거나 훼손할 우려가 있다면 법에 따른 각종의 권리구체 조치를 청구할 수 있다. 이 밖에도 저작자 또는 실연자는 고의 또는 과실로 저작인격권 또는 실연자의 인격권을 침해한 자에 대하여 손해배상에 갈음하거나 손해배상과 함께 명예회복을 위하여 필요한 조치를 청구할 수 있는데(제127조 참조), 이 역시 저작인격권이 저작자의 명예와 밀접한 관련성을 착안하여 둔 규정이라 하겠다.

제2절
저작인격권의 구체적 내용

I. 의의

우리 「저작권법」은 일반적인 의미의 저작권의 하위개념으로서 저작인격권과 저작재산권을 병렬적으로 규정하고 있다. 즉, 「저작권법」 제10조에서는 저작자는 저작인격권과 저작재산권을 가진다고 규정하면서 제2장 제3절에서는 저작인격권을, 제4절에서는 저작재산권을 각각 규정하고 있다. 우리 「저작권법」에서는 3대 저작인격권으로서 공표권, 성명표시권, 동일성유지권을 규정하면서(제11조부터 제13조까지), 비록 저작인격권은 아니지만 저작자의 사후 인격적 이익의 보호를 위한 별도의 규정도 동시에 두고 있다(제14조 제2항 참조). 이 밖에도 법 제15조에서는 공동저작물의 저작인격권 행사와 관련한 별도의 규정을 두고 있다.

II. 공표권

1. 의의

저작자의 정신적·인격적 요소가 체화體化되어 있는 저작물이 널리 공표되어 사회적 비난을 받을 경우 그의 인격적 이익이 훼손될 수 있기 때문에 대부분의 국가에서는 공표권을 저작인격권의 하나로 규정하고 있다. 우리 「저작권법」에서도 저작자에게 저작인격권의 하나로서 공표권을 부여하고 있다. 즉, "저작자는 그의 저작물을 공표하거나 공표하지 아니할 것을 결정할 권리를 가진다"(제11조 제1항). 이와 같은 공표권은 최초로 한번 행사하면 다시 행사할 수 없게 되므로 사실상 권리가 소진消盡된다고 볼 수 있다. 그리고 공표권은 다른 저작인격권과 마찬가지로 배타적 성격의 권리로서 이는 저작자만이 전속적으로 가지고 있으며, 제3자가 저작자의 동의나 허락 없이 저작자의 저작물을 공표하면 이는 공표권의 침해에 해당한다.

2. 공표권의 내용

(1) 공표권의 대상이 되는 저작물과 공표권의 유형 등

저작자가 가지는 공표권은 미공표된 저작물에 대해서만 행사할 수 있다. 즉, 일단 공표된 저작물은 그것이 비록 저작자의 허락 없이 다시 공표되는 경우에도 저작자는 공표권을 주장할 수 없으며, 이때에는 단지 복제권과 같은 저작재산권의 침해만을 주장할 수 있을 뿐이다.

저작자의 공표권은 크게 자기의 저작물을 공표할 것을 결정할 권리와 공표하지 아니할 것을 결정할 권리로 나누어 볼 수 있다. 전자를 적극적 공표권이라 하고 후자를 소극적 공표권이라 할 수 있는데 전자에는 다시 공표의 시기와 방법, 공표의 형태 등을 결정할 권리를 포함한다.

(2) 공표의 개념

여기서 **공표**라 함은 그 개념의 범주가 대단히 넓은 것으로서 "저작물을 공연, 공중송신 또는 전시 그 밖의 방법으로 공중에게 공개하는 경우와 저작물을 발행하는 경우를 말한다"(「저작권법」 제2조 제25호). 한편 **발행**이란 "저작물 또는 음반을 공중의 수요를 충족시키기 위하여 복제·배포하는 것을 말한다"(제2조 제24호).

「저작권법」에서는 저작물의 전형적인 이용행위에 착안하여 각각 권리를 창설하면서 그 구체적인 정의규정을 두고 있는데 공연, 공중송신, 방송, 전송, 디지털음성송신, 복제, 배포, 발행, 공표 등이 그것이다(이상 제2조 제3호·제7호·제8호·제10호·제11호·제22호·제23호·제24호·제25호 등 참조).[14] 이 가운데 그 개념범위가 가장 넓은 것이 공표인데 공표는 다음 그림에서 보는 바와 같이 공연, 공중송신, 전시, 복제 그리고 배포의 개념을 모두 포함하는 것으로서[15] 법에서 규정하고 있는 저작물의

---

14 일반적으로 어문저작물의 경우는 배포의 형태로, 연극저작물의 경우는 공연의 형태로, 음악저작물·영상저작물 또는 컴퓨터프로그램저작물 등의 경우는 공중송신의 형태로, 미술저작물의 경우는 전시의 형태로 그 밖의 저작물의 경우는 그 밖의 방법의 형태로 공표를 하게 될 것이다.
15 이는 곧 공표의 방법을 의미하는 것이기도 하다. 즉, 공표는 공연, 공중송신, 전시, 복제, 배포, 기타의 방법으로 이루어진다.

이용행위 유형 중 가장 넓은 개념에 해당한다. 이와 같은 공표의 개념적 요소를 유형화하면 다음과 같다.

공표의 개념적 요소

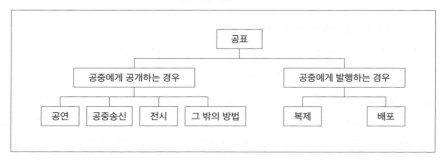

위의 그림에서 보는 바와 같이 공표란 결국 **공개**와 **발행**을 합친 개념이며[16], 공개와 발행은 모두 **공중**을 대상으로 하고 있다. 따라서 한정된 그룹에 제공되는 평가나 Comment 등은 공표라 할 수 없다. 다시 말해, 공표는 저작자가 자신의 저작물을 그의 손을 완전히 떠나 다수의 사람이 살고 있는 세상에 내어놓아 더 이상 공표자가 통제할 수 없는 상태를 의미한다고 할 수 있다.

공표는 기술의 발전 등에 따라 여러 가지 방법으로 이루어질 수 있는데 출판, 복제, 배포, 인터넷, 공연, 전시, 방송 그리고 기타의 방법 등으로 이루어질 수 있으며 어떠한 방법으로 이루어지건 공표에 따른 법률적 효과는 동일하다는 점을 유의할 필요가 있다.

(3) 공표권의 행사방법

저작자는 그의 저작물을 공표할 권리를 가진다. 따라서 제3자가 이를 공표하려면 저작자의 동의를 받은 후에만 가능하다. 저작자의 미공표 저작물은 저작자만이 공표권을 행사할 수 있으며, 이와 같은 공표권의 행사는 한 번의 행사로 끝나는 권리로서 이미 공표된 저작물에 대해서 중복하여 행사할 수 있는 성질의 것이 아니다.

---

16 이와 같이 '공표'는 발행을 포함하고, '발행'은 배포를 포함하고, '배포'는 대여를 포함하고 있는 개념이다 (제2조 제23호~제25호 참조). 따라서 현행 「저작권법」 체계에 따르면 그 개념범위에 있어서 공표 > 발행 > 배포 > 대여의 순서가 된다.

이 점에서 후술하는 성명표시권과는 구별된다. 그리고 공표권은 저작인격권에 해당하기 때문에 그 일신전속성으로 말미암아 이를 양도하거나 상속할 수 없음은 물론이다. 따라서 공표권은 저작자가 저작재산권을 양도한 후에 제3자가 무단으로 저작물을 공표하였음에도 불구하고 양수인이 복제권 침해의 주장과 같은 양도받은 저작재산권의 행사를 충실히 수행하지 않을 경우에 저작자가 행사할 수 있는 중요한 권리가 될 수 있다.

3. 미공표 저작물 등에 대한 공표동의의 추정 및 간주 등

(1) 의의

만일에 저작자가 미공표 저작물에 대한 저작재산권을 제3자에게 양도하였음에도 불구하고 저작자가 그의 공표권에 기인하여 그 저작물의 공표를 금지한다면 저작재산권의 양수인은 전혀 권리를 행사할 수 없게 되어 저작재산권의 양도자체가 의미가 없어져버린다. 이와 같은 상황에 대응하고 저작물의 원활한 이용을 도모하기 위하여 「저작권법」은 일정한 경우에는 저작자가 자기의 저작물을 제3자가 공표하는 것을 동의한 것으로 추정 또는 간주하는 규정을 두고 있는데 법 제11조 제2항부터 제5항까지가 그것이다.

(2) 저작재산권의 양도 등에 따른 공표동의의 추정

저작자로부터 저작재산권을 양도받은 자 등은 해당 저작물을 공표하기 위해서는 저작자로부터 별도의 동의를 얻어야 하는 것이 원칙이다. 그러나 이와 같은 별도의 동의를 얻는 것은 해당 저작물의 이용과 유통과정에 여러 가지 장해요소로 작용하게 되며, 이는 저작자의 본래 의도는 아닐 것이다. 저작자가 자신의 미공표 저작물에 대한 저작재산권을 제3자에게 양도, 이용허락, 배타적발행권 등의 설정을 하였다면 여기에는 공표행위의 동의도 당연히 전제되어 있다고 봄이 일반적인 경험법칙經驗法則일 것이다.

이에 「저작권법」에서는 "저작자가 공표되지 아니한 그의 저작물에 대한 저작재산권을 제3자에게 양도, 이용허락, 배타적발행권의 설정 또는 출판권의 설정 등을 한 경우에는 상대방에게 공표를 동의한 것으로 추정한다"라는 규정을 두어 이를 입법적으로 해결하고 있다(제11조 제2항 참조). 그런데 저작재산권의 양도 등에 따른 저작자의 공표동의는 추정규정으로서 공표를 동의하지 않는다는 별도의 반대증거나 당사자 간의 특약이 있으면 이 추정은 깨어지고 일반적인 원칙에 따라 저작자가 공표를 하거나 별도로 공표의 동의를 얻어야 한다. 그렇지 않은 경우에는 저작자가 가지는 공표권의 침해가 된다.

(3) 미술저작물 등의 경우 원본의 전시방법에 의한 공표동의의 추정

미술저작물 등은 다른 저작물과 달라서 유체물에 저작자의 사상 또는 감정이 미학적으로 표현되어 최종적으로 저작물이 탄생된다. 따라서 미술저작물 등에 있어서는 무체재산인 저작물에 대한 저작권과 유체재산인 물건에 대한 소유권이 동시에 존재할 수 있고 두 권리 간에 충돌현상이 나타날 수 있다. 예를 들면 저작자가 그의 저작권과 저작물이 표현된 유체물에 대한 소유권 등을 모두 양도하였더라도 저작인격권은 그 일신전속적 성격으로 인하여 양도를 할 수 없으므로 공표권과 소유권에 바탕을 둔 원본에 의한 전시행위[17]와의 충돌이 일어날 수 있다.[18]

미술저작물 등에 대한 원본을 양도받은 자[19]가 이들 저작물을 활용(주로 전시행위가 이에 해당할 것이다)하기 위하여는 공표가 전제되어야 하는데 이 경우에 저작자에게 일일이 공표의 동의를 구한다는 것은 여러 가지로 불편한 점이 많으며 미술저작물의 원활한 이용과 유통을 위해서도 바람직하지 않다. 따라서 「저작권법」에서는 미술저작물 등의 경우에 있어서 저작자가 미공표 저작물의 원본을 양도한 경우에는 그 원본을 양도받은 소유자 또는 점유자가 원본의 전시방식에 의한 공표를 동의

---

17 이때의 전시행위는 소유권에 바탕을 둔 유체물의 사용·수익행위의 일환으로 이해할 수 있다.

18 현실적으로 볼 때 대부분의 경우에 있어서는 미술작품을 판매할 때 저작자의 저작재산권 양도와 저작물 원본에 대한 소유권의 이전이 동시에 이루어지기 때문에 저작재산권과 소유권의 충돌문제는 그리 흔하게 일어나지는 않는다. 다만, 저작인격권은 그 양도가 제한되므로 어떠한 경우에 있어서도 저작인격권과 소유권과의 충돌현상은 피할 수 없는 숙명이라 하겠다.

19 저작자가 원본을 양도한다는 말은 미술저작물 등이 체화되어 있는 유체물로서의 원본을 유상, 무상 또는 조건부로 제3자에게 이전하는 것을 말하는데, 미술저작물 등의 원본의 양도는 현실적으로는 미술관, 화랑, 미술은행 등에서 전시 등의 필요에 의하여 저작자로부터 해당 미술저작물을 구입·임치·대여 등을 하는 경우에 주로 나타난다. 「저작권법」에서 '원본'이라는 용어를 쓰고 있는 경우에는 모두 유체물의 소유권을 염두에 두고 있음을 유의하여야 한다. 그런데 법 제11조 제3항에서의 원본의 양도에는 소유권의 이전뿐만 아니라 원본에 대한 점유권의 이전도 포함하는 것으로 해석하여야 할 것이다. 현실적으로 저작권 없이 미술저작물을 이용하는 행태는 원본의 양도를 통한 소유권 이전보다는 일정기간 점유권의 행사로 이루어지는 경우가 대부분이기 때문이다.

한 것으로 추정하도록 하여 미술저작물 등을 둘러싼 저작인격권과 소유권 간의 충돌을 해소하고 미술작품의 원활한 전시 등을 도모할 수 있도록 뒷받침하고 있다. 즉, "저작자가 공표되지 아니한 미술저작물·건축저작물 또는 사진저작물(이하 '미술저작물 등'이라 한다)의 원본을 양도한 경우에는 그 상대방에게 저작물의 원본의 전시방법에 의한 공표를 동의한 것으로 추정한다"(제11조 제3항).[20]

법 제11조 제3항을 좀 더 구체적으로 논의해 보기로 한다. 첫째, 법 제11조 제3항은 미술저작물 등의 경우에만 적용되며 저작물이 유체물에 체화되어 있지 않은 다른 저작물에서는 적용의 여지가 없다.

둘째, 법 제11조 제3항은 미술저작물 등의 저작자가 권리의 양도가 아닌 해당 저작물의 원본을 양도한 경우만 적용이 가능하다. 이와 같은 경우는 미술관이나 화랑 또는 미술은행 등에서 기획전시나 대형특별전시를 할 경우에 자주 발생하는데, 다수의 저작자가 저작인격권을 가진 상태에서 단지 유체물인 미술저작물 등의 원본 자체를 전시주체에게 양도하는 형태로 나타난다. 그리고 원본의 양도는 여러 가지 형태로 이루어질 수 있는데 유상 또는 무상으로 이루어지거나 대여 또는 임치의 방법으로 이루어지거나 기타 조건부로 이루어질 수도 있다. 그런데 유체물인 원본의 양도뿐만 아니라 무체재산권인 저작재산권도 동시에 양도하였다면 법 제11조 제2항의 규정도 동시에 적용되어 역시 상대방에게 해당 저작물의 공표를 동의한 것으로 추정될 수 있다.

셋째, 저작자의 동의가 추정되는 공표의 방법은 **원본의 전시방법에 의한 공표**에 한한다. 이는 저작자가 아직 공표권을 가지고 있는 상태에서 원본을 양도하였다면 원본자체를 전시하는 방법으로 공표하는 것은 충분히 예상한 것으로 볼 수 있고 이와 같은 현상이 또 사회의 경험법칙으로 보아도 합당하기 때문이다. 따라서 원본을 양도받은 자는 원본의 전시방법 외의 공표방법, 예를 들면 원본이 아닌 복제물 또는 사진을 촬영하여 이를 공표하거나 방송이나 전송의 방법 등을 이용하여 공중에게 송신하거나 이용에 제공하는 등과 같은 공중송신의 형태로 공표하여서는 아니 된다.

---

20 이와 같이 저작권과 소유권이 충돌할 경우 대부분의 경우에 있어서는 저작권보다는 소유권을 존중하는 것으로 하여 충돌현상을 해결하고 있다.

(4) 도서관 등에 기증한 때에 공표동의의 추정

"공표하지 아니한 저작물을 저작자가 법 제31조의 도서관 등에 기증한 경우 별도의 의사를 표시하지 않는 한 기증한 때에 공표에 동의한 것으로 추정한다"(제11조 제5항). 그런데 법 제11조 제5항의 적용에 있어서는 몇 가지 제한이 따르는데 이를 구체적으로 살펴보면 다음과 같다.

첫째, 저작자가 그의 공표하지 아니한 저작물을 도서관 등에 기증하지 아니하고 그 밖의 기관에 기증한 경우에는 별도로 저작자의 공표권 행사가 있거나 저작자로부터 별도의 공표동의를 받은 후에 해당 저작물을 이용할 수 있다. 그렇지 않을 경우에는 저작자의 공표권을 침해하는 것이 된다.[21] 둘째, 기증에 의한 공표동의의 추정은 별도의 의사표시를 하지 않은 때에만 적용될 수 있다. 셋째, 공표를 동의한 시점은 기증한 때이다. 따라서 저작물이 도서관 등에 현실적으로 기증이 이루어지기까지는 이 추정은 성립하지 아니한다.

(5) 원저작물의 공표의 간주

"원저작자의 동의를 얻어 작성된 2차적저작물 또는 편집저작물이 공표된 경우에는 그 원저작물도 공표된 것으로 본다"(제11조 제4항).

2차적저작물은 그 성격상 원저작물과 실질적 유사성을 가지고 있으므로 어느 하나만 공표되고 나머지는 공표하지 않는 것으로 하는 것은 의미가 없고, 편집저작물도 편집물로서 그 소재의 선택·배열 및 구성에 있어서만 창작성이 있지 원저작물의 내용은 그대로 차용한 것이므로 편집저작물이 공표되었다면 원저작물도 공표된 것과 마찬가지의 효과가 있기 마련이다. 법 제11조 제4항의 규정은 추정규정이 아니고 간주규정이다. 따라서 원저작자가 별도의 공표권을 가진다는 특약이 있어도 이는 법률상 효력을 발휘하지 못하며, 어떠한 반대의 입증도 필요 없이 원저작물을 공표된 것으로 간주看做한다.

---

21 그런데 이와 같이 도서관 등에 기증하는 경우에만 공표에 동의한 것으로 추정하고 있는 법 제11조 제5항의 입법태도는 지나치게 편협하다는 인상이 있다. 적어도 저작자가 자기의 저작물을 기증한 경우라면 대부분의 경우에 있어서 그가 구태여 공표권을 유보한 상태에서 기증만 하는 경우는 예상하기 어려울 것이다.

III. 성명표시권

1. 의의

성명은 그 사람의 인격을 나타내는 대표적인 징표인데, 특히 저작자의 성명은 해당 저작물에 체화體化되어 있는 저작자의 인격적 이익의 보호와 밀접한 관련성을 가지고 있다. 왜냐하면 저작물에 대한 사회적 평가는 그것이 긍정적이든 부정적이든 모두 해당 저작물에 표시된 저작자에게 귀속되며 이는 곧 저작자의 인격적 이익에 결정적 영향을 주기 때문이다.

성명표시권은 저작자와 저작물의 일체성一體性에 착안하여 저작자가 그 저작물의 창작자인 것을 주장할 수 있는 권리The Right to Claim Authorship of the Works를 부여하여야 할 규범적 요청과 함께[22], 저작물에 대한 평가와 귀속을 명백히 하고자 하는 현실적 필요성에 부응하기 위해 탄생된 것이라 할 수 있다.

저작자의 성명표시는 이와 같이 저작자의 인격적 이익에 직결되어 있고, 그 표시방법에 따라 저작재산권의 보호기간에 차이가 생길 수 있으며 권리귀속에까지 영향을 미칠 수 있으므로 성명표시권은 저작자에게 매우 중요한 의의가 있다고 할 수 있다.

2. 저작자에게 성명표시권의 부여

저작자는 저작인격권의 하나로 성명표시권을 가진다. 즉, 저작자는 그가 저작물의 창작자임을 주장하고 해당 저작물에 그 표시를 할 수 있는 권리를 가지고 있는 바, 저작자는 저작물의 원작품이나 그 복제물 등에 그의 성명을 표시할 권리를 가지고 있음은 물론, 저작물의 공표에 있어서도 그의 실명 또는 이명을 표시할 권리를 가진다.

우리 「저작권법」에서도 저작자의 성명표시권을 명시적으로 규정하고 있는데, 그 핵심적인 규정은 법 제12조 제1항의 "저작자는 저작물의 원본이나 그 복제물에 또

---

22 「베른협약」 제6조의2 (1)에서도 "저작자는…저작물의 창작자임을 주장할 권리를 가진다"라고 규정하고 있다.

는 저작물의 공표 매체에 그의 실명 또는 이명을 표시할 권리를 가진다"라는 것이다. 또한 우리 법에서는 성명표시권과 관련하여 익명匿名으로 표시할 권리도 포함되는지에 관하여 별다른 언급이 없지만, 성명표시권에는 성명을 표시하지 아니할 권한도 당연히 포함된다고 보아야 할 것이다.

> 대법원은 저작자가 가지는 성명표시권과 관련하여, "저작자는 저작물에 관한 재산적 권리에 관계없이 또한 그 권리의 이전 후에 있어서도 그 저작물의 창작자임을 주장할 수 있는 권리가 있고 이는 저작자가 저작자로서의 인격권에 터잡아 저작물의 원작품이나 그 복제물에 또는 저작물의 공표에 있어서 그의 실명 또는 이명을 표시할 권리가 있다. 따라서 저작자는 그의 동의나 허락이 없이 그 성명을 표시하지 않았거나 가공의 이름을 표시하여 그 저작물을 무단복제한 자에 대하여는 특단의 사정이 없는 한 저작자의 성명표시권 침해로 인한 정신적 배상을 청구할 수 있다"라고 판시한 바 있다(대법원 1989.10.24, 선고 88다카29269 판결).

그리고 앞에서 살펴본 공표권이 미공표 저작물을 최초로 공표할 때에만 적용되는 것임에 반하여, 성명표시권은 이미 공표된 저작물에 대해서 해당 저작물이 이용될 때마다 계속적으로 적용될 수 있는 권리임에 차이가 있음을 유의하여야 한다.

3. 성명표시권의 행사

저작자는 그의 성명을 표시함에 있어서 실명實名이나 널리 알려진 이명異名은 물론이고, 혼자만이 알고 있는 독특한 명칭·약호·암호·낙관 또는 ID 등으로 표시할 수도 있다. 국가나 법인 또는 단체 등이 저작자인 경우에 있어서는 국가 또는 법인 등의 명칭을 표시하면 될 것이다. 그리고 저작자는 그의 성명을 실명으로 할 것인지 아니면 이명[23]으로 할 것인지를 자율적으로 결정할 수 있고 실명을 표시하지 아니할 권리도 포함됨은 이미 설명한 바와 같다.

다음으로 우리 「저작권법」에 따르면 "저작자는 저작물의 원본이나 그 복제물 또는 저작물의 공표매체에 그의 실명 또는 이명을 표시할 권리를 가진다"(제12조

---

23 '이명'이라 함은 예명, 아호, 약칭 등을 말한다(「저작권법」 제8조 제1항 제1호 참조). 그런데 이때의 이명은 구태여 널리 알려진 것일 필요는 없다.

제1항)라고 규정하고 있다. 그런데 법에서의 이와 같은 권리행사의 방법은 예시적例示的인 것으로 보아야 할 것이며, 이 밖에 해당 저작물의 특징에 따라 대외적으로 가장 적합하게 표시할 수 있는 방법이라면 어떠한 방법으로 표시하더라도 상관이 없다.

일반적으로 볼 때 유체물에 체화된 저작물은 원본이나 그 복제물에 저작자의 실명 또는 이명을 표시하고, 그 밖의 무형적 저작물은 해당 공표매체의 특징에 따라 적당한 방법으로 표시될 것이다. "저작물을 이용하는 자는 그 저작자의 특별한 의사표시가 없는 때에는 저작자가 그의 실명 또는 이명을 표시한 바에 따라 이를 표시하여야 한다"(제12조 제2항 본문). 따라서 i) 실명으로 공표된 것을 이명이나 무명으로 공표한 경우, ii) 이명으로 공표된 것을 임의로 실명으로 표시한 경우, iii) 무명저작물에 저작자의 실명이나 이명을 표시하는 경우 그리고 iv) 저작자의 실명이나 이명 등을 분명히 알고 있음에도 불구하고 '작가미상'이라고 표시한 것 등은 성명표시권을 침해한 것이 된다.

그리고 원저작자가 가지는 성명표시권은 제3자가 원저작물을 바탕으로 하여 2차적저작물을 작성할 때에도 그대로 인정되고 있음을 유의하여야 한다.

4. 성명표시권 행사의 제한

저작물의 성질이나 그 이용의 목적 및 형태 등에 비추어 부득이하다고 인정하는 경우에는 성명표시권의 행사에 일정한 제한이 따른다(「저작권법」 제12조 제2항 단서 참조). 이는 제3자가 저작물을 이용할 때마다 일일이 저작자의 특별한 의사표시가 없음에도 불구하고 저작자의 실명 또는 이명을 표시하는 것이 바람직하지 않을 경우에는 저작자의 성명표시권을 제한하여 저작자의 실명이나 이명의 표시가 없이도 해당 저작물을 이용할 수 있도록 하기 위함이다.

이와 같은 경우로서는 기존에 표시된 저작자의 실명 또는 이명을 일일이 표시하지 아니하여도 저작자의 인격적 이익을 훼손할 여지가 없거나, 해당 저작물의 이용 상황에 비추어 볼 때 구태여 저작자의 실명 또는 이명을 표시하는 것이 오히려 어색하여 저작자의 평판에 누를 끼칠 경우 등이 이에 해당한다. 이들 경우에 있어서는 저작물 이용자는 저작자의 동의 없이도 저작자의 실명 또는 이명의 표시를 하지 아니할 수 있다.[24] 다만, 이 경우에 있어서도 저작자가 특별한 의사표시를 한 때에는 그에 따라야 한다(제12조 제2항 본문 참조).

IV. 동일성유지권

1. 의의

저작자는 그가 가진 창작적 역량을 총동원하여 최종적인 작품으로서 하나의 저작물을 탄생시킨다. 저작자는 각고의 노력의 결과인 저작물이 온전한 모습으로 세상 사람들과 만나기를 기대하지만 저작물이 원래 모습에서 벗어나 이용된다면 대단히 민감하게 반응하며 그의 정신적·인격적 이익이 침해된 것으로 생각하곤 한다.

이에 「베른협약」 이후 대부분의 국가에서는 모든 저작자는 그의 저작물에 대한 동일성을 유지할 수 있는 권리를 가지는 것으로 하고 이를 「저작권법」 또는 그 밖의 다른 실정법에서 규정하고 있다.

2. 저작자에게 동일성유지권의 부여

저작자가 가지는 동일성유지권은 저작인격권 가운데서 가장 중요한 권리의 하나로서 「저작권법」 제13조에서 이를 규정하고 있다. 우리 법에서 규정하고 있는 동일성유지권은 그 보호의 범위나 보호의 정도면에서 볼 때 프랑스나 중국을 제외하고는 세계적으로도 상당히 높은 수준에 해당하는 것으로 평가받고 있다.[25]

---

24 예를 들면 대형음악회 등에서도 작사자와 작곡가의 실명 또는 이명을 일일이 표시할 필요는 없으며, 방송에서도 전체 분위기상 어문저작물이나 음악저작물 그리고 방송저작물의 저작자의 성명을 일일이 표시하지 않을 수도 있다. 이 밖에도 문학성, 예술성을 강조하는 저작물보다 기능적 성격을 강조하는 컴퓨터프로그램저작물과 같은 기능적 저작물 역시 법 제12조 제2항에 근거하여 저작자의 실명 또는 이명이 생략되는 경우를 자주 볼 수 있다.

25 이는 우리 「저작권법」이 「베른협약」이나 주요 국가에서의 입법례(立法例)와는 달리 동일성유지권의 성립 요건으로서 저작자의 명예 또는 명성을 해하거나 해할 우려가 있어야 함을 요하지 않음에 기인한 것으로 보인다(차상육, 「동일성유지권 침해의 요건사실에 대한 해석론과 입법론」, 계간 《저작권》 (2018 가을호), 한국저작권위원회, 98쪽).

저작권 침해소송의 현실에 있어서도 동일성유지권의 침해주장은 2차적저작물작성권의 침해주장과 함께 원고가 주장할 수 있는 가장 대표적인 침해주장의 한 유형으로 자리 잡고 있다.

동일성유지권은 다른 저작인격권과 마찬가지로 저작자만이 행사할 수 있으며, 그 일신전속적인 성격으로 말미암아 이를 제3자에게 양도를 하거나 상속인에게 상속을 할 수도 없고, 저작자의 사망과 함께 소멸한다.

저작인격권으로서의 동일성유지권 역시 배타적인 권리이기에 제3자가 저작자의 동의나 허락 없이 그의 저작물에 대한 동일성을 훼손시키는 것을 금지할 수 있으며, 만일에 허락 없이 그의 동일성을 훼손한다면 침해자에게 침해의 예방 또는 정지의 청구와 함께 손해배상[26]을 청구할 수도 있다.

3. 동일성유지권의 내용

(1) 의의

저작자는 그의 사상과 감정이 체화體化되어 있는 저작물이 어떠한 훼손이나 왜곡됨이 없이 원형 그대로 온전한 상태에서 세상에서 이용·유통되기를 바란다. 만일에 타인에 의하여 부당하게 그 저작물의 변경, 삭제, 기타 개변改變을 당하고 있다면 이에 대해 이의異議를 제기할 수 있는 권리를 법적으로 보장받고 있는데 이것이 곧 저작자의 동일성유지권이다.[27] 저작자의 동일성유지권은 저작자만이 그의 저작물에 대하여 수정·변경·폐기할 수 있는 권한을 가진다는 사상에서 출발한 것으로서, 비록 제3자가 저작물에 변형을 가하여 더 좋은 저작물이 되었을지라도 이는 동일성유지권을 침해한 것이 된다.

(2) 동일성유지권의 구체적인 내용

동일성유지권의 구체적인 내용은 "저작자는 그의 저작물의 내용·형식 및 제호의

---

26 이때의 손해배상은 재산적 손해가 아닌 정신적 손해의 배상에 해당하기 때문에 실제로는 위자료 청구의 성격을 가지게 된다.

27 이런 의미에서 앞에서 살펴본 공표권과 성명표시권이 '적극적인 저작인격권'이라면 동일성유지권은 '소극적인 저작인격권'이라 할 수 있다.

동일성을 유지할 권리를 가진다"라는 「저작권법」 제13조 제1항에 잘 나타나 있다. 저작물은 인간의 사상 또는 감정을 표현한 창작물을 말하므로 여기서의 내용·형식은 모두 **표현의 내용**과 **표현의 형식**을 말한다. 그리고 제호題號[28] 자체는 사상이나 감정의 표현에 해당하는 것으로 볼 수 없으며 따라서 이는 저작물로서는 보호받을 수가 없지만, 제호도 분명히 저작자가 전달하고자 하는 저작물의 중요한 구성부분에 해당한다. 이와 같은 제호의 동일성이 훼손되면 저작자의 인격적 이익도 당연히 손상되기 마련이므로 우리 법에서는 저작자에게 제호의 동일성을 유지할 권리를 부여하고 있다.

4. 동일성유지권의 침해

(1) 저작물에 대한 동일성의 침해

저작자 이외의 자가 저작물의 내용·형식 및 제호의 동일성Integrity을 손상시킬 때 저작자의 동일성유지권을 침해하게 된다. 이와 같이 동일성유지권을 침해하는 행위는 주로 제3자가 저작물의 내용·형식 또는 제호를 원래 있는 상태에서 새롭게 바꾸거나 훼손·개변·첨가·삭제할 때 발생한다.

「저작권법」에서 저작인격권으로서 동일성유지권을 인정하고 있는 근본적인 이유는 저작자의 손을 떠난 저작물이 제3자에 의해 저작자 동의 없이 무단으로 첨가, 삭제, 훼손, 변경, 왜곡되었다면 이는 그의 인격적·정신적 이익이 훼손 또는 손상이 되었다고 하는 것이 경험법칙상 당연하다고 보기 때문이다. 따라서 제3자가 저작자와의 관련성 내지는 저작자와의 **연결고리**를 차단시킬 정도로 저작물을 **상당한 수준**으로 첨가, 삭제, 훼손, 변경, 왜곡하였다면 이는 저작자의 동일성유지권을 침해한 것으로 볼 수는 없다. 왜냐하면 이 경우에 있어서는 해당 저작물이 저작자의 저작물임을 일반인이 인지할 수 없으며 따라서 저작자도 그의 인격적·정신적 이익이 훼손·손상되었다고 느끼지도 않을 것이기 때문이다.

따라서 제3자가 저작자의 저작물을 무단으로 이용함에 있어서 원래 저작자의 저작물이 아닐 것이라고 일반인이 인식할 만큼 상당한 수준으로 훼손·변경·왜곡하

---

28 '제호'는 비록 보호받는 저작물은 아니지만 이와 같이 동일성유지권의 보호대상이 되며 동시에 저작권 등록 시 등록의 대상이 되기도 한다(제53조 제1항 제2호).

였다면 이는 저작자의 2차적저작물작성권이나 동일성유지권의 침해가 아니라 새로운 저작물의 창작이라고 보아야 할 것이다.

(2) 동일성유지권 침해의 구체적 사례

가. 저작물 표현의 내용에 관한 것

동일성유지권은 원저작물의 표현에 포함되어 있는 내용상의 동일성을 손상시킬 때 침해될 수 있다. 즉, i) 기고문이나 원고 등을 임의로 축약, 변형하여 기사화하는 것, ii) 장편소설을 임의로 축약하여 게재하는 것, iii) 영화의 상영시간과 주요내용을 단축·삭제하여 TV에 방영하는 것, iv) 미술저작물의 기본적인 구성형식과 색체를 변형하는 것, v) 원래의 음악저작물을 생략, 발췌, 변환 등의 방법으로 변형하는 것 그리고 vi) 저작자의 명예를 훼손하는 방법으로 작품을 전시하거나 작품의 성격에 어울리지 않는 장소에서 작품을 전시하는 것 등이 이에 해당한다.[29] 구체적인 예를 하나 들어 설명해 보자면, 조각이나 회화의 일부가 파괴된 상태에서 전시하는 것은 원작을 변형하여 전시하는 것이 되거나 혹은 저작자의 명예를 훼손하는 방법으로 이용한 것이므로 이는 동일성유지권의 침해가 될 수 있다. 그러나 회화나 조각을 완전히 파괴하는 것은 동일성유지권의 침해가 되지 아니하고, 이 경우는 「형법」상 재물손괴죄가 적용될 수 있을 뿐이다.

서울고등법원은 이른바 도라산역 벽화사건에서 소유권 행사로서 행한 저작물 폐기행위가 저작자가 가지는 동일성유지권을 침해하는가와 관련하여, "피고(대한민국;통일부)가 이 사건 벽화를 떼어낸 후 소각하여 완전히 폐기한 것은 이 사건 벽화의 소유권자로서의 권능을 행사한 것이라고 보아야 하고, 이에 대하여 원고가 동일성유지권을 주장할 수는 없다고 보아야 한다. 즉, 원고가 저작물 원본에 대한 소유권을 피고에게 양도하고 이에 대한 대가를 지급받은 이상, 그 저작물이 화체된 유형물의 소유자인 피고의 그 유형물 자체에 대한 처분행위를 제한할 법적 근거가 없으며, 특별한 사정이 없는 한 저작권법상 동일성유지권이 보호하는 저작물의 동일성은 저작물이 화체된 유형물 자체의 존재나 귀속에 대한 것이 아니라 저작물의 내용 등을 대상으로 하는 것이라고 해석할 수밖에

---

[29] 그런데 기존의 저작물을 요약하여 변경 또는 표현하는 것은 그것이 지나치게 요약한 것이 아니라면 원저작물의 동일성유지권을 침해하는 것으로 보아서는 아니 될 것이다. 원저작물을 요약하여 변경하는 행위는 창작활동에 필수적으로 수반되는 행위일 뿐 아니라, 타인의 저작물 인용을 더욱 활성화할 수 있는 수단에 해당하기 때문이다.

없다"라고 판시하여 동일성유지권이 저작물 소유권자의 처분행위에 대항할 수 없음을 분명히 하였다(서울고등법원 2012.11.29, 선고 2012나31842 판결).

나. 저작물 표현의 형식에 관한 것

동일성유지권은 저작물 표현의 형식을 과도하게 파괴할 때에도 침해될 수 있다. 그 구체적인 예로는 i) 미술저작물의 상하를 바꾸어 전시하는 것, ii) 음악저작자의 인격적 이익을 손상시키는 방법으로 음악의 가사를 개사改詞하는 것[30], iii) 무대감독의 의사에 반하여 무대장치를 변경·삭제하는 것, iv) 내용에 변경이 없더라도 종교적인 음악을 상업광고 사운드트랙으로 사용하는 것, v) 학술저작물을 광고로 만들어 배포하는 것 등을 들 수 있다. 이와 같은 행위를 하고자 하는 자는 부득이한 경우가 아니라면 원칙적으로 저작자의 동의를 얻은 후에만 가능하다.

> 서울중앙지방법원은 저작물 표현의 형식에 관한 동일성유지권의 침해와 관련하여 "저작자의 동의나 승낙을 받지 아니하고 미술작품 등을 원화Original Works로 사용하여 지하철역 장식벽의 벽화를 만들면서, 저작자의 연작작품連作作品 중 일부만을 벽화로 만들거나 원작자가 의도하지 않은 방식으로 제작하고 작품의 위·아래를 거꾸로 설계·시공하는 등 저작자의 작품의도를 훼손하여 설치하거나 전시한 것은 저작자의 동일성유지권을 침해한 것이다"라고 판시하였다(서울중앙지방법원 2006.5.10, 선고 2004가합6767 판결).

다. 저작물의 제호에 관한 것

현행 우리 「저작권법」 체계에 따르면, 제호 또는 타이틀Title은 그 자체로서는 저작물로서 보호받을 수 없지만, 저작물과의 관계에서 동일성유지권의 대상으로서 보호받을 수 있다. 저작물의 제호는 저작물의 불가분의 일부분으로서 이는 해당 저작물을 식별할 수 있도록 해주는 기능을 수행하기도 한다. 따라서 저작물의 제호를 무단으로 사용, 변경 또는 삭제하는 것은 해당 저작물의 동일성을 손상하는 것에 해당할 수 있다.

그러나 저작물의 내용이나 형식이 다른 경우에는 비록 저작물의 제호 또는 제목

---

30 선거운동 또는 프로스포츠 경기에서 해당 후보자의 캠페인 곡이나 해당 구단의 응원가로 활용하기 위하여 특정곡의 가사의 일부를 바꾸어 사용할 경우, 작사자가 가지고 있는 저작인격권의 하나인 동일성유지권을 침해하지 않기 위해서 미리 작사자의 허락을 얻어야 한다.

이 같더라도 이는 동일성유지권 침해가 되지 않는다고 보아야 한다. 저작물의 내용과 형식이 다른 경우에는 새로운 저작물이 탄생되었다고 보기 때문이다.

> 서울민사지방법원은 동일성유지권을 주장하기 위해서는 어느 정도로 원저작물을 변경하여야 하는가와 관련하여, "저작권법상 '동일성유지권'은 저작물의 내용, 형식 및 제호의 동일성을 유지할 권리, 즉 무단히 변경, 절제, 기타 개변을 당하지 아니할 저작자의 권리로서 이는 원저작물 자체에 어떤 변경을 가하는 것을 금지하는 내용의 권리라 할 것이므로, 원저작물에 변경을 가하는 것이 아니고 원저작물과 동일성의 범위를 벗어나 전혀 별개의 저작물을 창작하는 경우에는 비록 제호題號가 동일하다 하더라도 원저작물에 대한 동일성유지권을 침해한 것으로 볼 수 없다"라고 판시한 바 있다(서울민사지방법원 1991.4.26, 선고 90카98799 판결).

(3) 미술저작물 등 소장자의 관리의무 소홀로 인한 동일성유지권 침해여부의 문제

미술저작물 등을 소유하거나 관리하고 있는 자가 시간의 경과나 관리의 부주의로 인해 미술저작물 등이 심각하게 훼손되고 있을 때 이를 원상회복하지 않는다면 그가 해당 미술저작물 등에 대한 동일성유지권을 침해한 것인가가 문제될 수 있다.

우리 법에서는 이와 같은 소극적인 부작위不作爲에 의한 미술저작물 등의 변경행위에 대하여 규정하고 있지 않다. 따라서 이 문제는 학설 또는 판례로서 해결할 수밖에 없다. 미술저작물 등과 같은 유형적 저작물의 훼손을 방치하는 것은 저작자의 창작의도를 훼손하는 것이므로 저작인격권 보호의 범위 내에서 판단되어야 한다는 견해와, 작품이 일단 발표가 되면 저작자의 의도와는 다른 의미를 가지게 되므로 저작물의 훼손문제는 저작자가 감내하여야 할 것이라는 견해가 나누어질 수 있다. 그런데 미술저작물 등도 여타의 유형물과 마찬가지로 그 소유자 또는 관리자가 선량한 관리자로서의 주의의무를 다하였다면 시간의 경과나 그 밖의 사유로 인한 훼손에 대해서는 책임을 물을 수 없다고 보아야 한다.[31]

---

31 임원선, 『실무자를 위한 저작권법』한국저작권위원회(2014), 125쪽. 참고로 미국 저작권법 제106A조(c)(1)에서는 "시간의 경과나 소재의 고유한 성질로 인하거나, 조명 및 배치를 포함하여 저작물의 보존이나 전시로 인한 시각예술저작물의 변경은 그것이 중대한 과실에 의한 것이 아닌 한 저작자의 허락을 받아야 하는 파괴, 왜곡, 훼절이나 그 밖의 변경이 아니다"라고 규정하고 있다.

5. 동일성유지권 행사의 제한

(1) 의의

동일성유지권을 엄격히 적용하면 저작물의 이용에 심각한 장애가 초래될 수 있다. 저작자가 가지는 동일성유지권도 다른 저작권과 마찬가지로 절대적인 권리가 아니라 공공의 이익증진 등이나 기타 필요한 경우에는 그 제한이 가능한 상대적인 권리이다.

권리의 제한은 법률에 근거가 있을 경우에만 가능할 것인바 동일성유지권의 제한에 관한 법적근거가 곧 「저작권법」 제13조 제2항이다. 동일성유지권의 문제는 해당 저작물을 이용하는 과정에서 이를 변경하여 이용할 때 주로 제기되는데, 법 제13조 제2항에 따르면 저작자가 가지는 동일성유지권은 일정한 경우에 제한이 가능하다. 즉, 이때에는 일정 범위에서 해당 저작물을 변경하여 이용할 수 있다. 그런데 동일성유지권의 행사를 제한할 때에도 그 제한은 부득이하다고 인정되는 범위 안에서 필요한 최소의 범위에 그쳐야 하며, 해당 저작물이 지니는 본질적인 내용의 변경을 허용하면서까지 동일성유지권의 행사를 제한하여서는 아니 된다.

우리 법에서 정한 동일성유지권이 제한되는 경우 저작자는 해당 저작물의 변경 등에 대하여 이의를 제기할 수 없다. 즉, 이 경우에 저작자는 수인의무受認義務가 있으며 동일성유지권의 침해를 이유로 소송 등의 방법으로 구체적인 구제를 청구할 수 없다.

(2) 학교교육 목적상 부득이하다고 인정되는 범위 안에서의 표현의 변경

저작자가 가지는 저작인격권으로서의 동일성유지권은 보다 중요한 공익목적인 학교교육 목적의 달성을 위하여 일정한 범위 안에서 제한된다. 즉, "저작자는 법 제25조의 규정에 따라 저작물을 이용하는 경우에 학교교육 목적상 부득이하다고 인정되는 범위 안에서의 표현의 변경에 대하여 이의할 수 없다. 다만, 본질적인 내용의 변경은 그러하지 아니하다"(제13조 제2항 제1호).

교과용 도서에 게재할 때나 수업과정에서 이루어지는 저작물의 복제, 배포, 공연, 전시 또는 공중송신은 저작물의 원래 형태보다는 일정부분 변경된 형태가 보다 타당할 수가 있다. 원저작물에 대한 오·탈자의 수정, 고어체 문구의 현대적 문구로의 표현, 어려운 용어를 학생의 수준에 따른 쉬운 용어로의 전환, 음란·사행적·폭력적 표현을 순화어로 전환하여 표현하는 것 등이 그것이다. 이와 같은 경우에 있어서는 저작자가 가지는 동일성유지권의 행사가 제한되며 해당 저작물을 이용하는 자는 저작자의 동의 없이도 학교교육 목적을 이유로 부득이하다고 인정되는 범위 안에서 해당 표현을 변경할 수가 있는 것이다. 다만 본질적인 내용, 예를 들면 조각을 회화로 변경한다든가 희극작품을 비극작품으로 변경하는 것, 또는 원작의 어떤 장면을 달리하거나 새로운 장면을 추가하는 것, 중요한 인물을 교체 또는 누락하는 것, 시대적·장소적 배경의 대체 등은 동일성유지권의 침해에 해당하므로 이 경우에는 저작자의 동의를 받아야 할 것이다.

(3) 건축물의 증축·개축 그 밖의 변형

저작자는 자기가 창작한 건축물의 증축·개축 그 밖의 변형에 대하여는 이의를 제기할 수 없다(제13조 제2항 제2호 참조).

건축물은 건축저작물의 하나이다(제4조 제1항 제5호 참조). 그런데 건축물은 다른 저작물과는 달리 편의성·실용성 등의 기능적 성격이 강한 기능적 저작물로서의 특징으로 인해 저작자의 동일성유지권은 일정부분 제한이 따른다.

유체물인 건축물을 소유한 건축주는 주거라는 실용적 목적에 따라 해당 건축물을 증축·개축 그 밖의 변경을 할 필요성이 수시로 제기되며, 이때 건축주로 하여금 건축물에 대한 저작자의 동의를 일일이 얻게 하는 것은 재산권 행사의 자유는 물론 사회상규에 비추어도 바람직하지 않다. 이렇게 볼 때 저작자의 동일성유지권을 위협하는 가장 강력한 권리는 바로 해당 저작물에 대한 소유권의 행사라고 할 수 있다. 소유권은 본질적으로 유체물을 사용·수익은 물론이고 이를 **처분**할 수 있는 권리를 포함하고 있기 때문이다.[32] 다만, 해당 건축물의 증축·개축 그 밖의 변형을 함에 있어서 본질적인 내용을 변경하려면 건축물 저작자에 대한 동의를 받아야 할 것이다. 여기서의 **본질적인 내용의 변경**은 건축물의 증축·개축 그 밖의 변형의 결과 건축물의 외양이나 심미적·예술적 감각이 저작자가 당초 의도했던 것과는 전혀 다르게 나타난 경우를 말한다.

---

32 건축물은 유체물로서 이를 소유하고 있는 자는 해당 건축물을 사용·수익·처분할 수 있는 배타적인 물권을 가진다. "소유자는 법률의 범위 내에서 그 소유물을 사용·수익·처분할 권리가 있다"(「민법」 제211조).

그런데 여기서 유의할 것은 건축물을 완전히 파괴하고 새로운 형태의 건축물을 신축한다면 이는 동일성유지권의 침해가 되지 않는다는 것이다. 기존의 건축물을 파괴하고 새로 짓는 경우, 저작자와 저작물과의 **연결고리**가 차단된 상태이고 따라서 기존 건축물과의 동일성유지는 의미가 없으며 새로운 저작물을 창작한 것이 되기 때문이다.[33]

(4) 프로그램의 변경

프로그램은 대표적인 기능적 저작물로서 여기에서는 저작자의 권리보호와 함께 공정한 이용의 도모가 항상 고려되어야 한다. 프로그램이 다른 저작물보다 저작자의 권리행사에 많은 제한이 가해져야 할 필요성이 제기되는 것도 이 때문이다.

저작인격권의 하나인 동일성유지권도 마찬가지여서 저작자는 다음과 같은 두 가지 경우, 즉 i) 특정한 컴퓨터 외에는 이용할 수 없는 프로그램을 다른 컴퓨터에 이용할 수 있도록 하기 위하여 필요한 범위에서의 변경(「저작권법」 제13조 제2항 제3호)[34], ii) 프로그램을 특정한 컴퓨터에 보다 효과적으로 이용할 수 있도록 하기 위하여 필요한 범위에서의 변경(제13조 제2항 제4호)[35]의 경우에 있어서는 동일성유지권의 행사가 제한된다. 이들 두 경우에 있어서 저작자가 가지는 동일성유지권을 제한하더라도 사회 전체적으로도 보아 공공의 이익을 증진시킬 뿐만 아니라 저작자 개인의 입장에서도 결코 그의 정신적·인격적 이익이 손상될 것으로 예상되지 않기 때문이다.

---

33 미국의 시각예술가의 권리에 관한 법률(VARA: Visual Artists Rights Act) 제113조 (d)는 "건물소유자가 건물 일부를 구성하고 있는 시각예술저작물이 파괴, 왜곡, 훼절 또는 그 밖의 변경없이 그 건물로부터 분리할 수 있는 경우 이를 분리하고자 할 때, 건물소유자는 우선 저작자의 비용으로 저작물을 제거할 수 있도록 저작자에게 서면으로 통지하고, 통지서 수령 이후 90일 이내에 저작자가 그 저작물을 분리하거나 또는 그 비용을 지급하지 아니하는 경우에는 저작물을 제거할 수 있다"라고 규정하고 있다. 이 규정은 우리에게 많은 시사점을 주고 있다.
34 운영 중인 컴퓨터시스템의 업그레이드나 교체 또는 전산환경의 통합으로 운영체계를 윈도즈에서 리눅스로 변경하는 경우와 같이 불가피하게 해당 소프트웨어를 변경하는 경우 등이 해당한다.
35 업그레이드된 컴퓨터 운영시스템을 효과적으로 작동하기 위하여 프로그램을 개작해야 할 경우가 있는데, 예컨대 32bit 체계였던 하드웨어를 64bit 체계에 맞게 프로그램의 변수부분을 64bit로 변경하는 경우가 이에 해당한다.

(5) 그 밖에 저작물의 성질 등에 비추어 부득이하다고 인정되는 범위 안에서의 변경

가. 의의

저작자의 손을 떠난 저작물은 그 이용형태에 있어서 천차만별의 모습을 띤다. 저작물의 성질이나 이용목적, 이용형태 등에 따라서 일정한 범위에서의 변형, 변경, 개변, 수정 등은 불가피하게 일어나기 마련이다. 그런데 이런 경우까지 동일성유지권의 침해로 본다면 저작물의 이용은 지극히 제한될 것이며, 이는 문화예술의 발전과 문화콘텐츠산업의 발전을 위해서도 결코 바람직하지 않다.

이와 같은 입법취지를 반영하여 동일성유지권 행사의 제한에 관한 일반요건을 규정한 것이 법 제13조 제2항 제5호이다. 즉, 위에서 언급한 (2)~(4)의 경우에 해당하지 않더라도 그 밖에 저작물의 성질이나 그 이용의 목적 및 형태 등에 비추어 부득이하다고 인정되는 범위 안에서의 변경에 대해서 저작자는 이의異義를 할 수 없다.[36] 다만, 이 경우에도 본질적인 내용을 변경하려면 저작자의 동의를 얻어야 함은 다른 제한사유에서와 마찬가지이며, 어떠한 경우에도 그 제한은 부득이하다고 인정되는 범위 안에서 최소한에 그쳐야 한다. 여기서 '부득이하다'의 의미는 해당 저작물의 이용에 있어서 기술상의 한계나 실연자의 능력상 한계 등으로 인해 저작물을 변경하여 이용하는 것이 불가피한 경우로서 저작자의 이의의 유무가 그 이용형태에 어떠한 영향을 미칠 수 없어 이를 굳이 보장할 필요가 없는 경우를 말한다.

나. 구체적 사례

저작물의 성질이나 그 이용의 목적 및 이용의 형태 등에 비추어 부득이하게 저작물을 변경하는 구체적인 예는 쉽게 찾아볼 수 있는데 i) 흑백서적에 칼라미술작품을 인쇄하는경우, ii) 극장용 애니메이션(영화)을 방송용 애니메이션(영화)으로 방영하게 됨에 따른 화면폭의 축소 및 화면이 생략되는 경우, iii) 회화작품을 웹페이지로 서비스하면서 색상과 느낌에 변화를 주는 경우, iv) 녹화된 방송분량에서 화질이 심히 나쁜 부분을 삭제하는 경우, v) 조각과 같은 입체작품을 평면적으로 인쇄하는 경우, vi) 연주나 가창실력의 부족으로 저작자의 음악적 표현을 제대로 나타내지 못

---

36 저작물의 성질이나 그 이용의 목적 및 형태 등에 비추어 부득이하다고 인정되는 경우에는 성명표시권도 제한될 수 있음은 앞에서 본 바와 같다(제12조 제2항 단서 참조).

한 경우 등이 그것이다.

그리고 패러디Parody도 그 특성상 저작물에 대한 변형이 필연적으로 수반된다는 점에서 그 밖에 저작물의 성질이나 그 이용의 목적 및 형태에 비추어 부득이하다고 인정되는 범위 안에서의 변경에 해당되어 동일성유지권의 침해가 성립되지 않는다는 이론구성을 할 수가 있다.[37] 패러디에 있어서 저작인격권이 발동될 수 있는 경우는 실패한 패러디, 즉 패러디로서 성공하지 못하고 원작에 대한 단순한 변형에 그침으로써 원작과의 구별이 어려워진다거나, 아니면 대중으로 하여금 원작이 원래 패러디와 같은 것이었나 하는 오해를 불러일으킴으로써 저작자의 인격적 이익이 훼손될 우려가 있는 경우로만 제한되어야 할 것이다. 요컨대, 누가 보아도 원작과는 분명히 구별되는 인상을 줄 수 있는 이를테면 성공한 패러디에 있어서는 원래 작품과 비교할 때 비록 내용과 형식에 변경이 있을지라도 패러디 작가가 결코 동일성유지권을 침해하였다고 볼 수 없다.

그리고 우리나라가 세계적으로 우위를 점하고 있는 온라인 게임에서 널리 적용되고 있는 오토프로그램Auto-Program(사용자의 명령 없이도 작업을 위해 자동으로 동작하도록 만들어진 프로그램)의 사용행위가 저작인격권으로서의 동일성유지권을 침해하는 것인가가 가끔씩 문제되고 있다. 그런데 오토프로그램을 실행할 경우 해당 온라인 게임의 정상적인 구동행위에 심각한 변형을 초래할 수 있다. 따라서 이와 같은 오토프로그램의 사용은 법 제13조 제2항 제5호에서 말한 저작물의 성질이나 이용의 목적 및 형태 등에 비추어 부득이하다고 인정되는 범위 안에서의 변경에 해당한다고 보기에는 어렵다. 이와 같은 이유로 오토프로그램의 사용은 저작자에 해당하는 해당 온라인 게임의 개발자가 가지는 동일성유지권을 침해하는 것으로 볼 수 있음에 유의하여야 한다.

이 밖에도 현재 일반저작물과 달리 디지털저작물에 대해서는 저작인격권으로서의 동일성유지권을 과잉보호해서는 안 되며 그 행사에 있어서 상당한 제한이 가해질 수 있다는 주장이 주류를 이루고 판례도 이를 지지하는 입장이다.

---

37 패러디에 대한 저작재산권 행사의 제한은 법 제35조의5에 따른 공정이용의 법리에 그 근거를 두고 있고, 저작인격권(성명표시권과 동일성유지권) 행사의 제한은 법 제12조 제2항과 제13조 제2항 제5호에 따른 '부득이하다고 인정되는 범위 안에서의 변경'에 그 근거를 두고 있음이 일반적이다.

서울고등법원에서는 인터넷에서 유통되고 있는 디지털저작물에 대한 동일성유지권의 침해여부와 관련하여, "인터넷 관련 기술의 발전, 다양한 웹 브라우저 환경의 이용가능성 등을 감안할 때 인터넷 사용자들은 자신의 컴퓨터 내에서 그 기호에 따라 포털사이트가 제공한 정보 및 이미지를 변경하여 열람할 권리를 가진다고 보아야 하고, 포털사이트 제작자의 저작권을 이유로 개별 사용자들의 선택에 따른 개인적 화면변경의 행태까지 규제할 수는 없다"라고 결정한 바 있다(서울중앙지방법원 2012.1.3, 2011카합738 결정).

6. 동일성유지권과 저작자의 2차적저작물작성권과의 관계

동일성유지권과 2차적저작물작성권과의 관계에 대해서 살펴보면 저작자는 그의 저작물을 원저작물로 하는 2차적저작물을 작성하여 이용할 권리를 가지므로(「저작권법」 제22조) 문제가 조금 복잡해진다. 2차적저작물은 원저작물의 본질적 부분(이는 곧 원저작물의 창작적 표현에 해당한다)을 번역·편곡·변형·각색·영상제작 그 밖의 방법으로 작성하는 창작물을 말하므로(제5조 참조), 2차적저작물의 작성에 있어서는 항상 원저작물의 전부 또는 일부에 대한 개변이 있게 되며 이 과정에서 원저작물의 내용, 형식 또는 제호 등에 있어서의 동일성의 훼손이 일어난다. 따라서 2차적저작물의 작성은 항상 원저작물의 저작자가 가지는 동일성유지권과의 충돌의 개연성을 가지고 있다. 저작자 이외의 제3자가 2차적저작물을 작성할 때 과연 저작자의 동일성유지권도 침해하는 것이냐에 대해서는 현행 법에서 아무런 규정도 두고 있지 않다. 따라서 이 문제는 순전히 학설과 판례의 영역에 남겨져 있는데, 이는 저작자의 동의를 얻어서 2차적저작물을 작성하느냐의 여부에 따라 판단해야 한다는 것이 현재 학설의 주류를 이룬다.

이를 구체적으로 살펴보면, 먼저 저작자의 동의를 얻어 2차적저작물을 작성한 자에게는 본질적인 변경이 아닌 세부적인 변경에 대해서는 당연히 허용되며, 저작자의 동일성유지권을 침해한 것이 아니라고 보아야 한다. 만일 이와 같은 경우에도 저작자의 동일성유지권을 침해한다고 하면 비록 저작자의 동의를 받았을지라도 2차적저작물을 작성할 수 없기 때문이다. 무엇보다도 저작자가 2차적저작물작성권을 양도하거나 2차적저작물의 작성을 허락하였다면 그 의사표시에는 비본질적인 개변에 대한 동의까지 포함되었다고 보는 것이 일반적인 경험법칙經驗法則에 해당한다.

그러나 2차적저작물 작성의 동의를 받았을지라도 i) 저작자의 창작의도를 중대하게 훼손하면서 변경하거나, ii) 통상적인 변형에서는 예정하고 있지 않는 원저작물에 대한 본질적인 내용의 변경은 동일성유지권의 침해가 되고 이 경우에는 저작자의 별도의 동의를 받아야 할 것이다. 물론 본질적인 내용을 상당한 수준으로 변경하여 일반인이 볼 때 변경된 저작물과 원저작물 간에 표현형식상의 본질적인 특징을 직접적으로 감득할 수 없다면 이는 새로운 저작물의 창작으로 보아 모든 굴레에서 해방될 수 있음은 이미 본 바와 같다.

다음으로 저작자의 동의를 얻지 아니하고 2차적저작물을 작성하는 경우에는 저작자의 저작재산권의 하나인 2차적저작물작성권을 침해하는 것은 물론 저작자의 저작인격권으로서의 동일성유지권의 침해에도 해당한다고 해석하여야 한다. 왜냐하면 이 경우에는 원저작물의 개변으로 말미암아 원저작물의 내용·형식 또는 제호 등에 있어서의 동일성이 손상되기 때문이다.

V. 공동저작물의 저작인격권의 행사

1. 전원의 합의에 의한 저작인격권의 행사

공동저작물은 2인 이상이 공동으로 창작한 저작물을 말하므로 「민법」 제278조의 규정에 따라 각자는 해당 저작물을 준공유^{準共有}의 형태로 소유한다고 볼 수 있다. 그런데 저작물에 있어서는 유체물로서의 물건에 관한 공유 규정을 그대로 적용할 수는 없다. 그 이유는 공동저작물의 제작자 사이에는 서로 간의 밀접한 인격적 신뢰관계Fiduciary Relationship가 자리 잡고 있기 때문이다.

무체물^{無體物}로서의 특징을 지니고 있는 저작물에 있어서는 이와 같은 공동저작물의 저작자 상호 간의 긴밀한 인격적 신뢰관계 때문에 공동저작물에 관한 저작인격권의 행사에 있어서는 전원의 합의에 의하지 아니하고는 이를 행사할 수 없다. 즉, "공동저작물의 저작인격권은 저작자 전원의 합의에 의하지 아니하고는 이를 행사할 수 없다. 이 경우 각 저작자는 신의에 반하여 합의의 성립을 방해할 수 없다"(「저작권법」 제15조 제1항).

A와 B 두 교수가 공동저작물인 『문화콘텐츠와 저작권』이라는 책을 출간하였을 경우를 예로 들어보자. 두 교수가 각자가 가지고 있는 공표권, 성명표시권, 동일성유지권과 같은 저작인격권을 행사할 경우에는 항상 다른 저작자와의 합의하에 이를 행사할 수 있고 단독으로는 이들 권리를 행사할 수 없다. 그 이면에는 A와 B의 긴밀한 인격적 신뢰관계가 존재하고 있기 때문이다.

이때 서로 간의 합의 과정에서 각자는 신의에 맞게 성실하게 임해야 할 것이며 신의에 반하여 합의의 성립을 방해하여서는 아니 된다. 공동저작물의 어느 저작자가 신의에 반하여 합의의 성립을 방해하였다면 이는 신의성실의 원칙을 위반한 것이 되어 민사법의 일반원칙에 따라 무효가 되며, 다른 저작자는 그의 저작인격권 행사를 단독으로 하거나, 아니면 소송을 제기하여 「민사집행법」 제260조의 규정에 의한 합의판결을 얻어 반대를 한 저작자의 합의가 있었던 것으로 보고 저작인격권을 행사할 수도 있다.

2. 저작인격권 행사를 위한 대표자의 선정

"공동저작물의 저작자는 그들 중에서 저작인격권을 대표하여 행사할 수 있는 자를 정할 수 있다"(「저작권법」 제15조 제2항). 공동저작물의 저작자 간에는 공동으로 창작을 한다는 공동의 의사가 존재하고 각자의 저작인격권도 유사한 형태로 발현되는 것이 일반적이다. 이와 같은 상황을 반영하여 마련된 법 제15조 제2항은 공동저작물의 저작자들이 저작인격권을 행사함에 있어서 편의성과 실효성을 보강하기 위한 입법적 배려로 보인다.

한편, 공동저작물의 저작자들이 그들의 저작인격권을 대표하여 행사하는 자에게 대표권을 제한할 수도 있는 바, 대표권에 제한이 있을 때에는 그 제한을 선의의 제3자에게 대항할 수 없다(제15조 제3항).[38] 이는 공동저작물의 저작자 간에 내부적으로 이루어진 대표권의 제한을 모르고 있는 선의의 제3자를 보호하고 나아가 거래의 안전을 도모하고자 마련된 규정이다.

---

38 따라서 대표권이 제한되어 있음을 알고 있는 제3자가 대표권에 가하여진 제한에 따른 법률효과를 스스로 주장하는 것은 상관없다.

3. 저작인격권의 침해에 대한 권리행사와의 비교

위에서 살펴본 바와 같이 「저작권법」 제15조 제1항에서는 공동저작물의 저작인격권을 적극적으로 실현하는 자의 저작인격권의 행사에 관한 규정으로서 이때에는 저작자 전원의 합의에 의하여 행사함이 원칙임을 살펴보았다. 그런데 소극적으로 권리를 보전하는 행위, 예컨대 권리 침해에 대한 구제수단의 창구 등은 전원의 합의로 행사하기보다는 오히려 개별적으로 하는 것이 권리구제의 시급성과 효율적인 구제에도 도움이 될 것이다. 이에 법 제129조에서는 공동저작물의 저작인격권 침해에 있어서는 각 저작자가 개별적으로 침해정지 등의 청구를 할 수 있도록 하는 내용의 규정을 두고 있음을 유의하여야 한다. 보다 자세한 것은 이 책 '제17장 저작권 침해에 대한 민사적 구제, 제6절 저작권 침해의 특성을 반영한 소송절차의 적정성 보장' 부분에서 논의하기로 한다.

제3절
저작자 사망 후 인격적 이익의 보호 등

I. 저작자 사망 후 인격적 이익의 보호

1. 의의

저작인격권을 일신전속적인 권리로 하여 저작자의 생존기간에만 존속할 것으로 할 것인지, 아니면 저작자 사후에도 일정기간 존속하는 것으로 할 것인지는 논리필연적論理必然的으로 결정되는 것이 아니고 그 나라의 입법정책의 문제이다.

그런데 우리 「저작권법」에 의하면 저작인격권은 저작자 일신에 전속하는 일신전속적 권리로서 이는 타인에게 양도를 하거나 상속인에게 상속을 할 수가 없다. 따라서 자연인의 경우는 그가 사망한 때, 법인의 경우는 법인이 해산한 때 이들이 가지는 저작인격권도 동시에 소멸한다. 그런데 저작자 사망 후에 저작물을 이용하는 자가 해당 저작물에 대한 공표권, 성명표시권 그리고 동일성유지권 등을 무단으로 침해하는 경우가 있는데, 그렇다면 누가 이를 억제·예방 또는 권리침해에 대한 구제를 담당할 것인가가 문제된다.

이와 같이 저작인격권의 일신전속성을 강조한다면, 저작자 사후에는 아무도 그의 인격적 이익을 보호할 방법이 없는데 이는 결코 바람직하지 않다. 따라서 권리개념인 **저작인격권**과는 별개로 저작자 사후의 **인격적 이익**의 보호라는 개념을 도입하여서라도 저작자의 인격적 이익이 사후에도 유지·보호될 수 있도록 할 필요가 있다.

입법취지에 따라 현행 법은 저작자의 인격권은 그의 사망과 함께 원칙적으로 소멸하지만 저작자의 사망 후 그의 인격적 이익의 보호에 관해서는 별도의 규정을 두고 있으며, 나아가 이와 같은 규정의 실효성을 담보하기 위하여 사망한 저작자의 인격적 이익의 보호에 필요한 저작권 침해의 정지청구 등을 행사할 수 있는 주체를

별도로 규정하고 있다.[39]

그런데 법 제14조 제2항과 법 제128조의 규정에 따라 저작자가 사후에 보호받는 것은 그의 인격적 이익이지 저작인격권 자체는 아님을 유의하여야 한다. 저작인격권은 그의 사망 또는 해산과 동시에 소멸하기 때문이다. 다시 말해 현행 법체계에서는 비록 저작자가 사망한 이후에도 최소한 그의 인격적 이익은 보호를 받을 수 있는 법률적 장치를 마련하고 있는 셈이다.[40]

이렇게 우리 법을 보면, 저작인격권은 그 일신전속성에 따라 저작자의 사망과 동시에 소멸하지만 저작자의 인격적 이익을 보호하기 위하여 일정한 범위의 유족에게 저작자 생존 시에 가지고 있던 저작인격권과 유사한 이익을 보호할 수 있도록 하는 독특한 입법태도를 견지하고 있다. 우리의 이와 같은 입법태도는 「베른협약」 제6조 제2항의 규정을 충실히 국내법으로 반영한 결과이기도 한데, 이 조항은 우리 「저작권법」에서 대륙법계 저작권법의 특징이 물씬 풍기는 전형적인 조항으로서 평가되고 있다.[41]

2. 저작자 사망 후의 인격적 이익의 보호방법

"저작자의 사망 후에 그의 저작물을 이용하는 자는 저작자가 생존하였더라면 그 저작인격권의 침해가 될 행위를 하여서는 아니 된다. 다만, 그 행위의 성질 및 정도에 비추어 사회통념상 그 저작자의 명예를 훼손하는 것이 아니라고 인정되는 경우에는 그러하지 아니하다"(「저작권법」 제14조 제2항). 이 규정은 저작자는 비록 사망하

---

39 이를 구체적으로 살펴보면 법 제14조 제2항의 "…저작자의 사망 후에 그의 저작물을 이용하는 자는 저작자가 생존하였더라면 그 저작인격권의 침해가 될 행위를 하여서는 아니 된다"라는 규정과 법 제128조의 "저작자가 사망한 후에 그 유족이나 유언집행자는 당해 저작물에 대하여 법 제14조 제2항의 규정을 위반하거나 위반할 우려가 있는 자에 대하여는 법 제123조의 규정에 따른 청구를 할 수 있으며, 고의 또는 과실로 저작인격권을 침해하거나 법 제14조 제2항의 규정을 위반한 자에 대하여는 법 제127조의 규정에 따른 명예회복 등의 청구를 할 수 있다"라는 규정이 그것이다.
40 이와 같이 현행 법체계상 인격권과 인격적 이익은 별개의 개념으로 이해되나, 인격적 이익은 결국 인격권의 행사에 따른 법률상의 이익을 의미하므로 양자는 그 개념에 있어서 별반 차이점이 없는 것으로 보인다.
41 참고로, 「베른협약」 제6조의2 제2항에서는 저작인격권이 저작자의 사망 후에도 적어도 저작재산권이 존속하는 동안까지는 가맹국의 입법에서 행사할 수 있도록 하고 있는데, 다만 가맹시점에 이와 같은 저작인격권의 사후행사에 관한 입법조치를 하지 않은 국가는 저작자가 사망한 후에는 존속하지 않도록 할 수 있다고 규정하고 있다. 우리는 「베른협약」 제6조의2 제2항의 규정에 따라 저작인격권의 사후인정을 규정하지 않고 대신에 저작자 사후의 인격적 이익의 보호에 관한 규정을 법 제14조 제2항에서 규정하고 있다.

였을지라도 그의 저작물을 이용하는 자는 저작자가 생존했더라면 누릴 수 있는 저작인격권, 즉 공표권[42], 성명표시권[43] 그리고 동일성유지권[44]을 침해하는 행위를 하여서는 아니 될 의무를 부과하고 있다.

그러나 저작물은 저작자의 권리(여기서는 저작인격권을 말함)의 보호도 중요하지만 해당 저작물이 널리 유통되어 인류문화의 발전에도 기여하도록 하여야 할 것인바 (제1조 참조), 이와 같은 취지를 반영하여 저작자 사후에 그의 저작물을 이용하는 행위의 성질 및 정도에 비추어 사회통념상[45] 저작자의 명예를 훼손하는 것이 아니라면 비록 저작자의 저작인격권의 침해가 될 행위라도 이를 허용하도록 하고 있다(제14조 제2항 후단).[46]

그런데 우리 법에서는 "저작자의 명예를 훼손하는 방법으로 저작물을 이용하는 행위는[47] 저작인격권의 침해로 본다"(제124조 제2항)라고 규정하고 있으므로, 실제로는 저작자의 명예를 훼손하지 않으면서 저작인격권의 침해가 될 행위를 하는 경우는 거의 없다고 볼 수 있다. 따라서 법 제14조 제2항 후단은 실익이 별로 없는 규정으로 보인다.

3. 저작자 사망 후의 인격적 이익의 보호주체

현행 법체계에 따라 저작자가 사망한 후에도 그의 인격적 이익은 보호되고 있음을 살펴보았다. 그런데 저작자가 사망한 상태에서 이와 같은 인격적 이익의 보호는 누가 어떠한 방식으로 행사할 것인가? 이에 대하여 「저작권법」에서는 저작자가 사망한 후에 그 유족(사망한 저작자의 배우자·자·부모·손·조부모 또는 형제자매를 말한다)이

---

42 저작자 사후에 그의 개인적 비밀이 담겨있는 편지나 영상물 등이 공표되는 경우를 말한다.
43 저작자 사후에 그의 미공표 저작물을 이용하는 자가 저작자 이외의 자의 이름으로 표시함으로써 저작자가 살아있었다면 그의 정신적·인격적 이익을 훼손하는 경우를 말한다.
44 저작자 사후에 그의 저작물의 내용·형식 및 제호의 동일성을 손상시켜 이를 이용함으로써 저작자가 살아있었다면 그의 정신적·인격적 이익이 침해될 수 있는 경우를 말한다.
45 '명예'는 개인이 느끼는 주관적 감정이 아니라 그 사람의 인격적 가치에 대한 사회의 객관적 평가를 의미하므로 법 제14조 제2항에서 '사회통념상'이라는 표현은 삭제해도 무방할 것으로 보인다.
46 법 제14조 제2항 후단은 저작인격권 행사의 제한규정에 해당한다고 볼 수 있다.
47 앞에서 살펴본 각종의 저작인격권 침해사례의 예시는 대부분이 저작자의 명예를 훼손하는 방법으로 저작물을 이용하는 행위에 해당한다.

나 유언집행자는[48] 해당 저작물에 대하여 법 제14조 제2항의 규정을 위반하거나 위반할 우려가 있는 자에 대하여는 법 제123조의 규정에 따른 침해의 정지청구, 침해의 예방 또는 손해배상의 담보청구 등을 할 수 있으며, 고의 또는 과실로 법 제14조 제2항의 규정을 위반한 자에 대하여는 법 제127조의 규정에 따라 손해배상에 갈음하거나 손해배상과 함께 명예회복 등을 위하여 필요한 조치를 청구할 수 있다고 규정하고 있다(제128조 참조).

저작자의 유족 또는 유언집행자 등이 모두 사망하였다면 더 이상 법 제128조에 따른 민사상 구제절차를 진행할 수 없게 되고, 다만 법 제137조 제1항 제3호에 의거하여 형사상 구제절차만이 가능할 것이다.

이때 앞에서 이미 살펴본 바와 같이 저작인격권은 자연인 또는 법인 모두가 그 귀속주체가 될 수 있다. 그런데 법인의 경우, 법인이 해산되고 나서는 법인이 가지는 인격적 이익의 보호를 위해 필요한 민사상 청구가 가능할 지 문제가 될 수 있는데, 이에 대해서 우리 법에서는 아무런 규정이 없다. 따라서 이 경우 민사적 구제는 사실상 불가하며, 다만 해당 법인이 가지는 저작인격권을 침해한 자에게 1천만원 이하의 벌금에 처하는 방법으로 형사상 구제절차는 얼마든지 가능할 것이다.

4. 저작자 사망 후 인격적 이익의 존속기간

지금까지 저작자의 사후에도 그의 인격적 이익은 보호될 수 있음을 논의하였다. 그렇다면 이와 같은 저작자의 사후 인격적 이익의 보호기간은 어디까지 존속할 것인가? 이에 관해 우리 「저작권법」에서는 별도의 규정을 두고 있지 않으나, 「베른협약」 등의 규정을 준용하여 저작자의 사후 적어도 저작자가 가진 저작재산권이 소멸하기까지는 이 인격적 이익은 보호되어야 한다고 보고 있다.

그런데 저작자 사후의 인격적 이익은 저작재산권이 소멸하기까지 존속하더라도 누가 이를 끝까지 보호해 줄 것이냐가 또다시 문제될 수 있다. 앞에서 살펴본 바와

---

48 여기서 말하는 유족이나 유언집행자는 상속인은 아니며, 다만 「저작권법」에서 저작자 사후에 저작자가 가진 인격적 이익의 보호를 위해 필요한 행위를 할 수 있는 주체로서의 지위를 가지고 있다. 그런데 저작자 생전에 저작인격권의 침해가 발생하고 그에 대하여 저작자가 생전에 손해배상청구를 하였거나 청구의 의사표시를 한 경우에는 저작자의 상속인이 손해배상청구를 할 수 있는데, 이는 저작인격권이 일신전속성이 없는 금전청구권(이는 재산권으로서 상속이 가능함)인 손해배상청구권으로 전환되었기 때문이다.

같이 이 경우에 있어서는 손자가 필요한 보호조치를 취할 수 있는 주체가 될 수 있을 것이나, 손자도 없다면 비록 저작재산권은 존속하고 있을지라도 저작자 사후의 인격적 이익은 소멸한다고 보아야 할 것이다.[49]

II. 실연자의 인격권

우리를 비롯한 대부분의 국가에서는 실연자에게도 인격권을 부여하고 있다. 실연자가 가지는 인격권은 「저작권법」 제3장 저작인접권 제2절 실연자의 권리 부분에서 규정하고 있다. 실연자의 인격권에 대해서는 이 책 '제13장 저작인접권, 제3절 저작인격권의 주요내용'에서 실연자의 권리를 논의하면서 좀 더 구체적으로 살펴보기로 한다.

---

49 오늘날 저작재산권이 2세대에 해당하는 50년에서 3세대에 해당하는 70년까지 연장된 까닭에 저작재산권과 저작자 사후의 인격적 이익 그 존속기간이 거의 일치한다고 보면 될 것이다.

제6장

저작재산권

제1절
저작재산권에 관한 일반적 고찰

I. 저작재산권의 의의

저작자는 그의 저작활동의 결과로 정당한 물질적 이익을 받을 권리를 가지는데, 이것이 곧 저작재산권이다. 저작자가 가지는 정당한 정신적 혜택을 받을 권리는 저작인격권으로 구현되며, 정당한 물질적 혜택을 받을 권리는 여기서 논의하는 저작재산권으로 구현되는데, 대부분의 국가에서는 「저작권법」 또는 「Copyright Law」라는 법률을 제정하여 저작재산권을 규정하고 있으며 우리도 마찬가지이다.

저작재산권은 그 재산적 성격으로 말미암아 저작인격권과는 달리 이전성^{移轉性}을 가지고 있으며, 따라서 저작재산권은 얼마든지 양도와 상속이 가능하며 질권의 설정도 가능하다.

II. 저작재산권의 법적 성격

1. 독점적·배타적 성격의 권리

저작재산권은 저작물의 이용과정에서 저작자가 누리는 물질적·재산적 권리로서, 이는 준물권적 성격의 독점적·배타적 성격의[1] 권리로서의 특징을 가지고 있다.

저작재산권은 이와 같이 이 세상의 어느 누구도 저작자의 허락 없이는 이를 행사할 수 없는 독점적·배타적 성격을 가지고 있기에, 같은 재산권이지만 특정인에게

---

1 여기서 '배타적'이라는 말은 채권에서와 같이 양 당사자가 서로 간에 채권·채무관계가 형성되는 상호작용적인 성격의 관계가 아니고, 권리의 소유자가 상대방의 간섭 없이 자기가 원하는 바에 따라 일반적으로 권리의 객체를 사용·수익·처분하거나, 경우에 따라서는 해당 권리를 행사하지 않을 자유까지도 가지는 권리소유자의 일방적인 지위 내지는 권능을 말한다.

만 권리를 주장할 수 있는 보상청구권과 같은 채권적 권리와는 구별된다. 보상청구권은 물권적 권리가 아니라 채권적 권리이기 때문에 여기서는 채권·채무관계가 형성되며, 이들 채권적 권리는 누구에게나 주장할 수 있는 일반적 성격의 권리가 아닌 특정의 사람에게만 주장할 수 있는 상대적·청구적 성격의 특징을 지니고 있다.

저작권의 이와 같은 독점적·배타적 성격은 저작물이 권리자의 의도와 이익에 부합하는 방향으로 이용되는 것을 보장하며[2], 따라서 이용자가 제시한 조건이 객관적으로 아무리 좋은 것이라도 그것이 권리자의 의도와 이익에 부합되지 않는다면 저작권자는 이용허락을 거절할 수 있다. 권리자는 이러한 권리에 기초하여 이용자와의 협상을 통하여 자신의 저작물이 이용되는 조건과 그에 대한 보상의 수준과 방법을 최종적으로 결정할 수 있는 것이다.[3]

2. 자연권이 아닌 실정권으로서의 권리

저작물의 이용과정에서 저작자가 가지는 재산적 이익에 관한 권리인 저작재산권은 자유권, 평등권 등과 같은 선험적이고 자연적인 권리가 아니다. 따라서 그 나라의 저작권 환경과 저작권 정책 등에 따라 「저작권법」 등과 같은 실정법實定法에서 창설될 때 비로소 권리로서 인정되는 실정권實定權에 해당한다.[4] 이렇게 볼 때 저작재산권을 어떻게 구성할지는 해당 국가의 입법정책의 문제라고 할 수가 있다.

3. 제한적·열거적 성격의 권리

뒤에서 다시 살펴보겠지만, 우리 「저작권법」에서는 7개 종류의 저작재산권에 관한 지분권을 규정하고 있는데, 이는 당연히 제한적制限的·열거적列擧的 규정이지 결코

---

2 이는 저작인접권자 또는 배타적발행권자나 출판권자가 가지는 배타적 권리에서도 마찬가지이다.
3 저작권자는 이와 같이 배타적 성격을 가지고 있는 저작권에 기초하여 이용자와 최종적으로 저작물이용허락계약을 체결하는데, 이때 계약은 저작자와 이용자 사이를 구속하는 쌍방적 성격의 채권·채무관계를 기반으로 하여 형성된다.
4 법률에서 구체적으로 규정될 때에만 비로소 권리로서 지위를 가질 수 있다는 이와 같은 주장을 권리실정권설(權利實定權說)이라고 하며, 반대로 권리는 법률에서 실제로 정하는 바와 관계없이 자연법 사상에 따라 선험적·자연적으로 주어진 것이라는 주장은 권리자연권설(權利自然勸說)이라고 한다.

예시적例示的 규정이 아니다. 이는 앞에서 살펴본 바와 같이 저작재산권이 물권物權으로서의 특징을 지니고 있으며, 따라서 물권일반에 적용되고 있는 **물권법정주의의 원칙[5]**을 적용한 결과이기도 하다.

이미 논의한 바 있지만, 법 제4조에서는 저작물로서 아홉 가지를 예시하고 있는데 이는 말 그대로 예시적인 것이며, 이 밖에도 무수한 저작물이 존재할 수 있지만, 법 제16조부터 제22조까지 규정하고 있는 저작재산권은 한정적限定的 · 열거적列擧的인 것으로서 여기서 규정된 것 이외는 어떠한 저작재산권도 인정될 수 없다.

4. 저작물의 전형적인 이용행위에 부여된 권리

저작권은 권리의 다발Bundle of Rights로서 다양한 권리의 지분을 총체적으로 표현하는 추상적인 개념이다.

그렇다면 저작재산권에는 구체적으로 어떠한 권리를 저작재산권의 지분권으로 하는지가 문제시 되는데, 이는 해당 저작물의 이용형태에 따라 결정되는 것이 일반적이다.

저작재산권은 저작물의 창작 이후 최종적인 소비 이전까지의 **전형적인 이용행위**에 대해 권리를 부여하고 있음이 일반적이다.[6] 이와 같이 「저작권법」상 보호되는 저작물의 전형적인 이용행위에는 저작물의 창작과 저작물의 최종적인 소비는 포함되지 않음을 유의하여야 한다. 저작물의 창작행위는 표현의 자유에 해당하기에 절대적으로 보장되며, 저작물의 최종적인 이용행위는 프라이버시권의 보호차원에서 이 역시 절대적으로 보호되어야 하기 때문이다.[7]

현재 우리는 저작물의 창작행위와 최종적인 소비행위 사이의 전형적인 이용행위

---

5 '물권법정주의'라 함은 물권은 「민법」 그 밖의 법률에 의하는 외에는 임의로 창설하지 못한다는 원칙을 말하며, 그 결과 채권에서와 같이 '계약자유의 원칙'이 인정되지 않는다. 따라서 물권에 해당하는 저작권의 종류와 내용은 「저작권법」에서 규정되어 있는 권리의 종류와 내용에 한정되며, 저작자와 이용자가 계약의 형태를 빌려 임의로 창설할 수가 없음을 유의하여야 한다.

6 따라서 저작자와 저작물 이용자는 특정의 행위가 과연 「저작권법」에서 인정하는 권리가 부여되는 전형적인 이용행위의 유형에 속하는지를 판별해야 하며, 이는 저작재산권 침해분쟁에 있어서 대단히 중요한 기능을 수행한다.

7 따라서 교보문고 도서 코너에서 책을 읽거나, 미술관에서 작품을 관람하거나, 게임방에서 게임을 하는 것 등은 저작권의 침해에 해당하지 않는다.

가운데 복제행위, 공연행위, 공중송신행위, 전시행위, 배포행위, 대여행위 그리고 2차적저작물작성행위 등 일곱 가지의 행위에 대하여 저작재산권을 부여하고 있다. 그리고 「저작권법」 제2조에서 특정의 이용행위에 대하여 광범위한 정의 규정을 두고 있는데[8], 이는 어떠한 저작물 이용행위가 저작권법에 따라 보호받을 수 있는 전형적인 이용행위에 해당하는지를 명확하게 하기 위함이다.[9]

---

8 「저작권법」 제2조에서는 전형적인 저작물 이용행위로서의 공연, 방송, 전송, 디지털음성송신, 복제, 배포, 발행, 공표 등에 관하여 정의 규정을 두고 있다.
9 최경수, 앞의 책, 239쪽.

제2절
저작재산권의 지분권

I. 저작재산권과 이를 구성하는 여러 유형의 지분권

1. 의의

저작재산권은 이를 구성하고 있는 여러 지분권持分權으로 이루어져 있으며, 따라서 저작재산권은 일반적으로 권리의 다발Bundle of Rights로 이해된다.

「베른협약」 이후 모든 국가에서의 입법유형을 살펴보면 기술발전이 저작물의 새로운 이용형태를 낳고 이러한 새로운 이용형태에 착안하여 개별적인 권리를 추가적으로 부여하고 있음을 발견할 수 있다.[10] 그런데 저작물을 이용하는 행위는 천차만별이어서 추상적인 법률의 특징상 대부분의 국가에서는 이를 크게 몇 개의 유형으로 나누어 해당 이용유형에 따라 저작재산권의 지분권을 창설하고 있음이 일반적이다.

2. 지분권의 창설과 그 법적 성격

(1) 저작물의 전형적인 이용행위에 착안한 지분권의 창설

앞에서 살펴보았듯 다양한 저작물 이용행위 유형 가운데 어느 분야에 한정하여 저작자에게 권리를 부여할 것인가는 그 나라의 입법정책에 달려있다. 우리의 경우 현실적으로 어떠한 이용행위에 권리를 부여할 것인가는 「저작권법」 제1조에서 제시하고 있는 저작자의 권리보호와 저작물의 원활하고 공정한 이용의 도모라는 「저

---

10 「특허법」이나 「상표법」 등과 같은 산업재산권법에서는 생산·양도·전시·수입 등 유형물의 유통행위 일체를 포함하는 포괄적인 의미의 특허실시권이나 상표사용권이라는 총괄적인 권리의 개념이 존재하지만, 「저작권법」에서는 이와 같은 총괄적인 권리의 개념은 없으며 전형적인 저작물 이용행위라 할 수 있는 복제, 공연, 전시, 배포, 대여, 방송, 전송, 공중송신 등 각각의 행위에 대하여 개별적인 권리를 부여하고 있음을 유의할 필요가 있다.

작권법」의 2대 목적 내지는 이념에 달려있다.

우리나라 「저작권법」은 저작재산권의 구체적인 지분권을 복제권, 공연권, 공중송신권, 전시권, 배포권, 대여권 그리고 2차적저작물작성권 7개로 규정하고 있다(제16조~제22조).[11] 이처럼 저작물의 대표적인 이용행위 가운데서 특히 이 7개 유형에 대해서 배타적인 권리를 부여하는 이유는 저작자 이외의 자가 이와 같은 이용행위를 하려면 저작자에게 이용허락을 받도록 하는 것이 우리의 저작권 환경과 저작자를 보호하고자 하는 입법정책에 부합한다고 입법부가 판단하였기 때문이다. 그런데 여기서 유의해야 할 점은 모든 저작물이 위에서 언급한 일곱 가지의 지분권을 모두 충족시키지는 않는다는 것이다. 다시 말해 저작물의 종류에 따라 가장 전형적으로 이용되는 행위가 존재할 때에만 그에 부합하는 저작재산권의 지분권이 인정된다. 예를 들면 대여권은 컴퓨터프로그램저작물과 음반에 수록된 음악저작물에 대해서만 인정되고, 전시권은 전시대상이 되는 유체물의 형태를 가지는 저작물, 즉 미술저작물 등에서만 이 권리가 인정된다.

(2) 열거적·한정적 성격의 권리

우리의 경우 복제권과 공연권을 중심으로 문화예술과 문화콘텐츠산업이 발전하는 가운데 저작물의 새로운 이용형태가 계속하여 생겨나며 2차적저작물작성권, 방송권, 전송권, 배포권 등이 추가로 저작재산권의 지분권으로 자리 잡았다. 이후 급격한 디지털 시대로의 전환에 따라 저작자의 권리의식이 강화되고, 공중송신권과 이를 구성하고 있는 디지털음성송신권까지 저작재산권으로 인정되어 오늘에 이르고 있다.[12]

앞에서 언급한 바와 같이 저작재산권에 관한 입법적 태도는 저작물에 관한 입법

---

11 '지분권'이란 특정의 포괄적 권리를 구성하고 있는 개별적인 권리 하나하나를 말하는데, 저작재산권의 '지분권'으로서는 복제권, 공연권, 공중송신권 등이 있고, 저작인격권의 '지분권'으로서는 공표권, 성명표시권, 동일성유지권 등이 있다. 그런데 공중송신권은 다시 방송권, 전송권 그리고 디지털음성송신권 등 세 가지의 권리로 나눌 수 있으므로 넓게 보면 우리 「저작권법」에서는 9개의 저작재산권의 지분권을 규정하고 있다고 볼 수 있다.

12 시대의 흐름에 따라 새로운 과학기술이 등장하면 지금까지의 기술들은 무대에서 자연스럽게 퇴장하는 일종의 '수직적 발전'을 거듭하여 온 특허발명의 세계와는 달리, 저작권의 세계에서는 과거와 현재의 모든 표현이 비교적 대등하게 병존하는 가운데 '수평적 확장'이 이루어지고 있다(박준석, 「인터넷상의 정보유통에 대한 새로운 저작권 규정 방향 모색」, 집문당(2015), 20쪽).

적 태도와는 달리 제한적이고 열거적이어서 법률에서 규정하고 있지 않으면 결코 저작재산권의 지분권으로 인정되지 않는다. 따라서 우리의 경우 「저작권법」에서 열거적으로 규정되어 있지 아니한 이용행위, 예컨대 저작물에 대한 열람행위, 수입행위[13], 대출행위[14], 수집행위, 저작물에의 접촉 또는 접근행위[15], 저작물 판매과정에의 참여행위 등에 대해서는 아직까지 저작자가 아무런 권리를 가지고 있지 않음을 유의하여야 한다.

3. 지분권의 유형

(1) 유형적 권리, 무형적 권리 및 응용적 권리

현행 「저작권법」에서 규정하고 있는 일곱 가지의 저작재산권의 지분권은 다시 그 저작물의 이용이 유형적인가, 무형적인가 아니면 응용하였는가에 따라 각각 유형적 권리, 무형적 권리, 응용적 권리로 구분해 볼 수 있다. 먼저 유형적 권리는 저작물을 유형물에 고정시켜 재생Reproduction하여 이용하거나 일반 공중에게 제공하는 것과 같이 저작물의 유형적 이용에 따른 권리로서 여기에는 복제권, 배포권, 대여권, 전시권 등이 해당한다. 다음으로 무형적 권리는 저작물을 유형적 형태가 아닌 시청각적인 방법 또는 수단으로 일반 공중에게 전달Communication to the Public하는 것으로 공연권, 공중송신권, 방송권, 전송권, 디지털음성송신권 등이 이에 해당한다. 한편 응용적 권리는 원저작물을 번역이나 개작 등의 방법으로 응용하여 창작하는 권리를 말한다.[16] 일반적으로 유형적 권리는 미술저작물 등과 같은 유형적 형태의

---

13 우리는 아직까지 저작물의 전형적인 이용행위인 저작물의 '수입행위'에 대해 저작재산권자가 이를 통제할 수 있는 배타적 권리로서의 수입권을 부여하고 있지 않다. 수입권이란 저작물의 원본이나 합법적으로 제작된 복제물이 판매 등의 방법으로 거래에 제공된 이후에도 이를 자국 내로 수입하는 것에 대해 통제할 수 있는 권리를 말하는데, 미국과 유럽연합은 수입권을 널리 인정하고 있음에 반하여 그 외의 국가에서는 그 나라의 입법정책상 이 권리를 인정하고 있지 않음이 일반적이다. 저작물의 수입권에 대해서는 배포권을 논의하면서 좀 더 구체적으로 설명하기로 한다.

14 우리의 경우 아직까지 공공도서관에서의 대출행위에 대해서는 저작자에게 배타적 권리인 저작권을 부여하고 있지 않으나, 2019년도 문화체육관광부의 업무계획자료에 따르면, "공공대출권과 사적복제보상금제 도입의 검토를 통해 저작권자와 출판권자의 상생을 유도한다"(문화체육관광부, 「2019년도 업무계획」(2019), 22쪽)라고 있는바, 조만간 대출권의 도입을 둘러싸고 활발한 논의가 전개될 것으로 보인다.

15 독일, 프랑스, 이탈리아 등에서는 저작자가 저작물의 양도 이후에도 그 저작물에 접촉 또는 접근할 수 있는 권리를 인정하고 있다.

16 오승종, 앞의 책, 437~438쪽.

저작물의 이용에 널리 적용되고, 무형적 권리는 어문저작물·음악저작물·연극저작물·영상저작물과 같은 무형적 형태의 저작물에 널리 적용될 수 있는 권리의 유형이며, 응용적 권리는 원저작물을 응용하여 창작하는 2차적저작물작성권이 이에 해당한다. 무형적 권리에 속하는 공연권, 공중송신권 등은 전달매체에 의해 전달된 저작물을 보관 또는 저장할 필요 없이 인간의 지각기관을 통하여 직접 저작물을 감지할 수 있는 특징이 있으며, 복제권, 배포권, 전시권, 대여권 등 유형적 권리는 사람이 저작물을 직접 보거나 듣지 않고도 복제나 배포 등과 같은 유형적 행위만으로도 저작물의 이용행위를 구성한다는 데 차이가 있다.

(2) 공중을 대상으로 한 권리와 그렇지 아니한 권리

「저작권법」이 사적私的인 이용보다는 공중公衆이 이용하는 것에 관심을 가지게 된 이유는 최종소비자가 저작자로부터 저작물을 직접적으로 취득하는 일보다 중간매개자를 통한 간접적인 이용이 일반적이며, 무엇보다도 저작자가 개인적인 사용을 일일이 감시할 수 없다는 현실적 이유가 크게 작용하고 있는 것으로 보인다. 이와 같은 이유로 인해 「저작권법」은 개인적 차원이나 사적으로 저작물을 이용하는 경우에는 관대한 태도를 유지하고 있으나, 저작물을 공중이 이용하는 경우에는 어떠한 형태로든지 저작자에게 권리를 부여하거나 아니면 경제적인 보상을 해주는 입장을 견지하고 있다. 이와 같은 입장에 따라 저작재산권의 지분권은 공중을 대상으로 한 권리와 그렇지 아니한 권리를 분류할 수 있다.

「저작권법」을 역사적으로 볼 때 복제권과 2차적저작물작성권은 사적인 이용 Private Use과 공중을 대상으로 한 이용 모두에 적용될 수 있으나, 이들 두 유형의 권리를 제외한 그 밖의 권리, 즉 배포권, 전시권, 대여권, 공연권, 공중송신권 등의 권리는 공중을 대상으로 한 이용Public Use에만 적용될 수 있는 권리이다.

여기서 말하는 공중은 불특정 다수인(특정 다수인을 포함한다)을 말한다(법 제2조 제32호). 공중은 2인 이상의 **불특정 다수인**을 말하는 것이 원칙이나, 오늘날 온라인 환경에서 특정의 다수인에 의해서도 저작물의 이용이 활성화되고 그로 인한 저작자의 경제적 이익이 침해되는 상황이 일반화되고 있음에 따라 불특정 다수인 이외에 **특정의 다수인**까지 포함하는 것으로 그 범위를 넓혀 정의하고 있다. 그런데 이와 같은 공중의 개념은 「저작권법」상의 권리가 확대됨에 따라 그 적용의 범위도 더욱 확대되어 왔음을 유의할 필요가 있다. 즉, 공간적 의미의 공중(공연)에서 시간적 의미의 공중(방송)으로, 다시 공간과 시간을 초월한 의미의 공중(전송과 공중송신)으로 그 개념이 확대되어 사용되고 있다.

II. 복제권

1. 의의

「저작권법」은 제16조에서 "저작자는 그의 저작물을 복제할 권리를 가진다"고 하여 저작자에게 복제권을 부여하고 있다. 이와 같은 복제권은 저작자가 가지는 가장 중요한 저작재산권[17]으로서 복제권의 물권적 성격에 따라 저작자 자신이 직접 복제를 하거나, 타인에게 복제권을 양도하거나 아니면 타인이 저작물을 복제하는 것을 허락할 수도 있다. 따라서 저작자 이외의 자가 저작자로부터 복제권을 양도받거나 허락을 받지 아니하고 복제할 경우에는 복제권의 침해에 해당한다.

2. 복제의 개념적 특성

(1) 의의

「저작권법」에 따르면 "복제는 인쇄·사진촬영·복사·녹음·녹화 그 밖의 방법[18]으로 일시적 또는 영구적으로 유형물에 고정하거나 다시 제작하는 것을 말하며, 건축물의 경우에는 그 건축을 위한 모형 또는 설계도서에 따라 이를 시공하는 것을 포함한다"(제2조 제22호)라고 정의하고 있다.

---

17 저작권제도는 인쇄술에 의한 복제를 어떻게 통제할 것인가를 시작으로 오랜 역사 속에서 발전을 거듭해 왔다. 저작권을 흔히 Copyright라고 부르고 저작권법을 Copyright Law라고 부르는데, 이는 곧 저작권이 저작물을 인쇄 등의 방법으로 복제할 수 있는 권리에서 시작되었음을 말해주는 것이기도 하다.
18 그 밖의 방법으로는 USB를 활용한 복제나 전자파일 형태의 복제는 물론 전통적인 의미의 복제인 필사(筆寫)에 의한 복제도 포함될 수 있다.

(2) 원저작물과 실질적인 동일성의 유지

복제의 일반적 개념에서 살펴보았듯이 복제의 결과물은 적어도 원저작물과 실질적 동일성Substantial Identity을 가지고 있어야 한다.

복제를 한 것이 원저작물과 완벽하게 동일한 것은 물론이고 적어도 실질적으로 동일성을 가지고 있다면 이는 복제로 보아야 한다.[19] 예를 들면 원저작물에 오탈자의 수정 등만 가한 경우에는 두 작품 간에는 약간의 변경행위만 가해졌을 뿐, 실질적 동일성이 있어서 이를 복제로 본다. 그리고 다른 사람이 쓴 글을 수기手記로 옮겨 쓰거나 다른 사람이 만든 조각을 흉내 내어 똑같이 조각하는 것도 복제에 해당한다고 볼 수 있다.

따라서 두 저작물 간에 실질적 동일성Substantial Identity 범위를 뛰어넘어 실질적 유사성Substantial Similarity이 있는 단계로 접어든다면 이는 복제권의 침해가 아니며, 이는 2차적저작물작성권의 침해기준으로 적용될 수 있음은 이미 살펴본 바와 같다.

(3) 유형물에 고정하거나 유형물을 다시 제작하는 것
가. 의의

복제는 원저작물을 유형물에 고정Fixation하거나 유형물을 다시 제작하는 것을 말하며, 따라서 복제하는 권리인 복제권은 유형물을 직·간접으로 전재轉載하고 있는 유형적 권리로서의 성격을 지니고 있다.

현행 법체계에 따르면 복제의 방법으로는 이와 같이 크게 두 가지, 즉 i) 유형물에 고정하는 방법과 ii) 유형물(저작물)을 다시 제작하는 방법으로 구분할 수 있는데, 이를 개념적으로 유형화해보면 다음 표와 같다.

---

19 '실질적 동일성'이 있다는 말은 두 저작물 사이의 유사성이 높아 나중의 작품은 앞의 작품을 모방하였다고 인정할 수 있는 상태를 말한다. 따라서 저작물에 대해서는 모방이 허용되지 않으며, 두 저작물 사이의 실질적 동일성이 있어서 모방을 하였다고 판단되면 이는 저작재산권자가 가지는 복제권의 침해에 해당한다. 그런데 저작인접물에 대해서는 모방이 허용됨을 유의하여야 한다. 따라서 두 저작인접물 사이에 실질적 동일성이 있어서 모방성을 인정할 수 있을지라도 그것이 원래의 저작인접물을 Dead Copy하지 않는 한 이는 원래 저작인접권자가 가지는 복제권의 침해에 해당하지 않는다. 보다 구체적인 것은 '저작인접권' 부분을 논의하면서 살펴보기로 한다.

구분	유형물에 고정하는 것	유형물(저작물)을 다시 제작하는 것
복제의 유형	주로 디지털 형태의 복제	주로 아날로그 형태의 복제
복제의 방법	영구적 복제방법과 일시적 복제방법	주로 영구적 복제방법

나. 유형물에 고정固定하는 것

유형물에 고정하는 방법으로 이루어지는 복제는 오늘날 디지털 시대에 더욱 그 중요성이 커지고 있다. 우리 「저작권법」은 종전에 '유형물로 다시 제작하는 것'만을 복제라고 보다가 인터넷 시대의 등장에 맞춘 법의 개정과정에서 '유형물에 고정하는 것'도 복제에 포함시키고 있다.

저작물이 성립되기 위해서는 이미 설명한 바와 같이 구태여 유형물에 고정하는 것을 필요로 하지 않음에 반해 여기서 논의하고 있는 복제에는 유형물에 고정하는 것도 복제의 방법이 될 수 있음을 유의할 필요가 있다.[20]

한편, 이때의 유형물은 서적, 음반, 디스크, 테이프, CD, USB 등과 같은 가시적인 것일 필요는 없으며, 음성·영상 또는 디지털 콘텐츠를 기계적·전자적 신호로 전달하는 컴퓨터 압축파일HTTP이나 전자파일 등과 같은 각종 파일형태의 전달장치일지라도 이를 유형물로 보아야 하며[21], 기술발전에 따라 향후에도 무수한 제3의 유형적인 복제매체가 등장할 것이다. 이때 원저작물을 유형물에 고정하는 방법으로는 인쇄, 사진촬영, 복사, 녹음, 녹화 등이 있는데, 이는 예시적例示的인 것으로서 이 밖에도 원저작물과 완전히 동일하거나 실질적으로 동일한 것으로 고정시키기 위하여 동원되는 물리적·화학적·전자적 또는 다른 방법도 얼마든지 가능하다.

---

20 앞에서 설명한 바와 같이 저작물은 유형물에의 고정을 요하지 않으며 즉흥연설, 즉흥가요, 즉흥연주 등도 인간의 사상 또는 감정을 표현한 것으로서 창작적이라면 저작물로 성립하는 데 아무런 문제가 없다. 참고로, 미국 저작권법 제101조에서는 저작물은 복제물이나 음반에 최초로 '고정'된 때에 창작된 것이라고 하여 고정을 저작권의 보호와 엄격하게 연계시키고 있다.

21 따라서 P2P 방식으로 컴퓨터 하드디스크에 MP파일을 전자적으로 저장하는 것은 저작권법상 복제권의 침해에 해당하며(대법원 2007.12.14, 선고 2005도872 판결), 인터넷 이용자들이 저작권자로부터 이용허락을 받지 않은 영화파일을 업로드하여 웹 스토리지에 저장하거나, 다운로드하여 개인용 하드디스크 또는 웹 스토리지에 저장하는 행위는 유형물인 컴퓨터의 하드디스크에 고정하는 경우에 해당하므로 특별한 사정이 없는 한 저작권자의 복제권을 침해한 것이다(서울중앙지방법원 2008.8.5, 자2008가합968 결정).

다. 유형물(저작물)을 다시 제작하는 것

우리 「저작권법」에서는 복제의 개념을 유형물에 고정하는 것뿐만 아니라 저작물을 다시 제작하는 것도 포함하여 넓게 이해하고 있다. 앞에서 살펴본 유형물에 고정하는 것이 현대적 의미의 복제에 가깝다면, 저작물을 다시 제작하는 형태로 이루어지는 복제는 전통적 의미에 더욱 부합하는 개념이다.

이때 다시 제작하는 것이 원저작물과 완전히 동일하거나 실질적으로 동일하여야 함은 유형물에의 고정固定에서와 마찬가지이며, 원저작물을 축소 또는 확대하여 다시 제작하는 모든 것도 복제에 포함되는 것으로 해석된다.

라. 건축물의 경우 복제개념의 확대적용

그런데 건축물의 경우에 있어서는 원래의 건축물을 복제하는 것은 물론이고, 아직 건축물이 존재하지 않고 건축을 위한 모형이나 설계도서만 있는 경우에 있어서는 모형이나 설계도서에 따라 건축물을 시공하는 것도 복제의 개념에 포함한다(법 제2조 제22호). 일반적으로 저작권의 보호는 기존에 존재하는 저작물에 대하여 발생하는 것이 원칙이나, 이에 대한 특수한 예외로서 건축을 위한 모형 또는 설계도서에 따라 이를 시공施工하는 것도 현실의 건축물을 복제하는 것과 동일하게 보는 것이다.

그런데 모형 또는 설계도서에 따라 시공하는 것도 복제의 개념에 포함되는 것은 건축을 위한 모형 또는 설계도서만이며 그 밖의 도형저작물에 속하는 기계 등의 모형 또는 설계도서는 이에 해당하지 아니함을 유의하여야 한다.

(4) 일시적으로 유형물에 고정시키는 것

우리는 CD, 테이프, DVD, 종이책 등 저작물을 고정시킨 매체를 소유함으로써 저작물을 향유하던 시대에서 지금은 언제 어디서나 서버에 접속하여 저작물을 이용할 수 있는 시대에 살고 있고, 이러한 과정에서 영구적인 복제를 하지 않고 일시적인 복제만으로 저작물을 향유할 수 있는 경우도 무수히 많이 접하고 있다.[22]

디지털 형태가 아닌 콘텐츠의 경우 해당 저작물은 대부분의 경우 영구적인 방법

---

22 이대희, 「컴퓨터프로그램의 일시적 복제와 그 예외」, 계간 《저작권》(2015 봄호), 한국저작권위원회, 131쪽.

으로 복제행위가 이루어지나, 디지털 형태의 콘텐츠는 일시적인 복제도 가능하며[23], 이때 일시적 복제가 저작자의 허락 없이 부당하게 이루어질 경우 저작자에게 엄청난 재산적 손실이 발생할 수 있다는 문제점이 있다.

3. 「저작권법」에서 차지하는 복제권의 중요성

영미권에서는 저작권을 Copyright라고 부르고 있는 데서 알 수 있듯이 복제권이 「저작권법」에서 차지하는 비중은 대단히 크며, 그 이유는 여타의 저작재산권의 지분권은 모두 복제권에서 비롯되기 때문이기도 하다. 복제권의 중요성은 저작물의 대표적인 이용행위, 예컨대 공연, 공중송신, 전시, 배포, 대여, 2차적저작물의 작성과 같은 행위는 그 모두가 원저작물에 대한 복제가 있고 난 후에 이를 다시 이용하는 행위에 불과하다는 사실에서도 잘 나타난다.[24] 이와 같은 이유로 오늘날 복제권을 저작재산권의 제왕帝王이라고 부르기도 한다. 이 밖에도 복제권이 「저작권법」에서 차지하는 비중이 여타의 어느 저작재산권보다 크다는 것은 복제권 행사의 주체가 법에서 가장 넓게 규정되어 있다는 점에서도 발견할 수 있다. 복제권은 저작자와 영상물제작자와 같은 저작재산권자뿐만 아니라 실연자, 음반제작자 및 방송사업자와 같은 저작인접권자는 물론 배타적발행권자와 출판권자 등 그리고 데이터베이스제작자에게도 그 권리가 부여되어 있는 대표적인 저작재산권의 하나라고 할 수 있다(제16조, 제57조, 제63조, 제69조, 제78조, 제84조, 제93조 및 제101조 참조).

4. 복제권 행사의 제한

(1) 의의

저작자가 행사하는 저작재산권은 공익상 필요 또는 저작물의 공정한 이용을 도

---

23 디지털화된 저작물을 컴퓨터 등 정보처리 장치를 활용하여 이용할 때 컴퓨터의 주기억장치인 램(RAM)에 일시적으로 저장·복제되는 현상이 발생하는데, 디지털저작물을 이용하는 과정에서 이와 같은 일시적 저장은 피할 수 없는 것으로 이해된다.

24 예를 들면, 공연은 원저작물을 다시 제작하거나 또는 녹화·녹음 그 밖의 방법으로 유형물에 고정시키고, 전시·배포·대여 등은 인쇄 또는 사진촬영 등의 방법으로 유형물에 고정시키는 등 일단 복제 행위를 한 후에 해당 행위가 이루어진다.

모하기 위하여 필요한 경우에는 법률에서 정하는 바에 따라 그 행사에 제한이 가해 질 수 있다.

저작재산권의 제왕의 지위를 가지고 있는 복제권도 그 행사에 있어서 절대적인 권리는 아니다. 이용자의 저작물 이용 활성화 등과 같은 공공의 복리증진 차원에서 일정한 경우에는 복제권의 행사에 대한 제한이 가능하다.

현행 법체계에 따르면 저작재산권 행사의 제한에 관한 규정의 대부분이 복제권의 제한에 관한 것으로 이루어지고 있는데, 이는 복제권이 여타의 저작재산권 지분권의 기반이 되고 있는 사실에 비교해 보면 당연하다 하겠다.

그런데 오늘날 일시적 복제가 복제의 개념범위에 포함된다고 하여 이를 너무 경직되게 해석하여서는 이용자의 저작물 이용에 엄청난 제약요인으로 작용할 수도 있을 것이다. 이에 우리를 포함한 대부분의 국가에서는 디지털 형태의 콘텐츠에 대한 일시적 저장 또는 복제가 전송과정이나 컴퓨터 등의 수리·보수과정에서 불가피하게 발생할 수밖에 없으며, 따라서 원활하고 효율적인 정보처리를 위하여 필요하다고 인정한다면 이에 대하여 저작자의 일시적 복제에 대한 복제권의 행사를 제한시키고 있음을 유의할 필요가 있다.

(2) 일반적인 복제에 대한 복제권 행사의 제한

현행 「저작권법」에서는 일반적인 복제에 대한 복제권의 행사를 제한할 수 있는 근거규정을 광범위하게 마련하고 있다. 이를 구체적으로 살펴보면, 재판절차 등에서의 복제(제23조), 정치적 연설 등의 이용(제24조), 공공저작물의 자유이용(제24조의2), 학교교육 목적 등의 이용(제25조), 시사보도를 위한 이용(제26조), 시사적인 기사 및 논설의 복제 등(제27조), 사적이용을 위한 복제(제30조), 도서관 등에서의 복제 등(제31조), 시험문제로서의 복제(제32조), 시각장애인을 위한 복제 등(제33조), 청각장애인을 위한 복제 등(제33조의2), 방송사업자의 일시적 녹음·녹화(제34조), 미술저작물 등의 전시 또는 복제(제35조), 저작물의 공정한 이용(제35조의3) 등을 위해서는 저작자가 가지는 복제권의 행사에 일정한 제한이 따른다.[25] 보다 구체적인 내용에 대

---

[25] 이 밖에도 오늘날 점차 상용화 단계에 들어서고 있는 클라우드 컴퓨팅 서비스에 있어서도 「저작권법」에서 복제권 침해에 대한 별도의 면책규정을 두어야 한다는 주장이 제기되고 있다. 클라우드 컴퓨팅 서비스에 있어서는 클라우드 서버에 이용자가 임의로 저작물 또는 정보를 업로드하거나 공유함으로써 저작자의 허락 없이 유통될 수 있기 때문이다.

해서는 **제7장 저작재산권 행사의 제한** 부분에서 별도로 살펴보기로 한다.

(3) 일시적 복제에 대한 복제권 행사의 제한

가. 의의

일시적 복제에 관한 현행 「저작권법」에서의 입법태도를 보면, 법 제2조 제22호에서 저작물을 **일시적**으로 유형물에 고정시키는 것도 복제의 개념에 포함되는 것으로 하여 저작자는 일시적 복제물에 대해서도 복제권을 행사할 수 있음을 원칙으로 하는 반면에, 법 제34조(방송사업자의 일시적 녹음·녹화) 등에서와 같은 몇 가지 경우에 있어서 일시적 복제에 대한 복제권의 행사를 일정부분 제한시키는 입법태도를 취하고 있다.

나. 구체적인 경우

오늘날 일시적 복제가 복제의 개념범위에 포함됨에 따라 저작자는 광범위한 범위에 걸쳐서 복제권을 가지게 된 반면에, 특히 디지털 형태의 저작물을 이용하는 자의 입장에서는 이용과정에서 그만큼 많은 제약이 따를 수밖에 없는 것도 사실이다. 이에 우리 「저작권법」에서는 일정한 경우에 저작자가 가지는 일시적 복제권의 행사를 제한하고 이용자가 자유롭게 일시적 복제를 할 수 있도록 허용함으로써 저작자와 이용자 사이의 이익의 균형을 도모하고 있다.

이를 좀 더 구체적으로 살펴보면 먼저, 「저작권법」 제34조에는 저작물을 방송할 권한을 가지는 방송사업자가 자신의 방송을 위하여 자체의 수단으로 저작물을 일시적으로 녹음하거나 녹화할 수 있도록 허용하고 있으며, 법 제35조의2에서는 컴퓨터에서 저작물을 이용하는 경우에 원활하고 효율적인 정보처리를 위하여 필요하다고 인정되는 범위 안에서 그 저작물을 그 컴퓨터에 일시적으로 복제를 할 수 있도록 했다. 그러나 그 저작물의 이용이 저작권을 침해하는 경우에는 제한규정을 두고 일정한 경우에 일시적 복제에 따른 저작자의 복제권을 제한함으로써 저작자와 이용자의 이익균형을 도모하고 있다.

그리고 디지털음성송신사업자가 자체의 수단으로 실연이 녹음된 음반을 일시적으로 복제하는 것을 허용하고 있으며(제87조 제2항 참조), 컴퓨터의 유지·보수를 위하여 그 컴퓨터를 이용하는 과정에서 프로그램(정당하게 취득한 경우에 한한다)을 일시적으로 복제할 수 있도록 하고 있다(제101조의3 제2항). 이 밖에도 해당 온라인서비스저작물 등을 일정한 기간 동안 자동적·중개적·일시적으로 저장하는 데 중점을 두는 단순도관 형태의 인터넷접속서비스나 캐싱 서비스일 경우에는 온라인서비스제공자의 책임을 제한하는 방법으로 일시적 복제(저장)라도 이에 따른 저작권 침해의 책임을 지지 않도록 하고 있는데(제102조 제1항 참조), 「저작권법」에서의 이와 같은 입법태도 역시 저작자의 복제권 행사의 제한으로 볼 수 있다.

III. 공연권

1. 의의

저작자는 그의 저작물에 대하여 공연을 할 수 있는 권리를 가지는데, 우리 「저작권법」에서는 "저작자는 그의 저작물을 공연할 권리를 가진다"(제17조)라고 규정하여 이를 법률적으로 뒷받침하고 있다.

공연은 사람의 실연이나 기계적·전자적 전달매체를 통해 해당 저작물을 직접 보고 들을 수 있게 하는 것을 말하는데, 대부분의 국가에서는 이 공연이라는 저작물의 전형적인 이용행위에 착안하여 공연권이라는 권리를 창설하여 「저작권법」에 규정하고 있으며, 이 공연권은 복제권과 함께 역사적으로도 상당히 오래된 저작재산권의 하나로 평가되고 있다.[26] 이와 같은 공연권은 저작물의 무형적 이용에 따른 대표적인 무형적 권리로서, 공연권은 주로 음악저작물과 연극저작물 그리고 영상저작물 같은 공중을 상대로 하는 행위예술적 저작물에 대하여 저작자가 가지는 배타적 권리이다.

저작자는 그가 가지는 공연권에 근거하여 직접 해당 저작물의 공연을 할 수도 있고 타인에게 이 공연권을 양도하거나 공연하는 것을 허락하는 등의 방법이 있음은 여타의 저작재산권의 지분권과 마찬가지다. 따라서 저작자 이외의 자가 저작자로

---

26 최초의 「베른협약」에서는 저작재산권의 지분권으로서 번역권과 복제권 그리고 공연권을 규정하고 있었다. 참고로, 역사적 관점 내지는 정보통신기술의 관점에서 보면 저작재산권의 지분은 복제권 → 공연권 → 방송권 → 전송권 → 공중송신권의 순서로 발전되어 왔다고 할 수 있다.

부터 공연권을 양도받거나 허락을 받지 아니하고 공연을 할 경우에는 저작자가 가지는 공연권을 침해하는 것이 된다.

2. 공연의 개념적 특징

(1) 의의

저작자는 그의 저작물을 공연할 권리를 가지는데 공연권의 구체적인 내용은 그 공연이 궁극적으로 무엇을 의미하느냐에 따라 결정된다 하겠다.

「저작권법」에 따른 공연의 개념은 예술계에서 흔히 쓰이는 행위예술Performing Arts로서의 공연의 개념과는 구별을 하여야 하는데, 「저작권법」에서의 공연의 개념은 그 범위가 상당히 넓고 포괄적이라는 것을 유의하여야 한다.

행위예술로서의 공연은 '음악·무용·연극·연예·국악·곡예 등 예술적 관람물을 실연實演에 의하여 공중公衆에게 관람하도록 하는 행위'(「공연법」 제2조 제1호)를 말하는 반면에, 저작재산권의 하나인 공연권의 대상인 공연은 **저작물 등을 공중에게 공개하는 것**을 핵심요소로 하고 있다.

「저작권법」에 따른 공연은 "저작물 또는 실연·음반·방송을 상연·연주·가창·구연·낭독·상영·재생 그 밖의 방법으로 공중에게 공개하는 것을 말하며, 동일인의 점유에 속하는 연결된 장소 안에서 이루어지는 송신(전송을 제외한다)을 포함한다"(제2조 제3호)라고 정의하고 있다.

(2) 공연대상의 광범위성(저작물과 저작인접물 모두를 포함)

공연은 저작물과 저작인접물인 실연, 음반, 방송을 그 대상으로 한다. 저작물 가운데 공연을 할 수 있는 대표적인 것으로는 음악저작물과 연극저작물, 영상저작물 등이 있으나 이 밖에도 어문저작물, 미술저작물, 도형저작물, 컴퓨터프로그램저작물도 공연의 대상이 될 수 있음은 물론이다.[27] 그리고 저작인접물인 실연, 음반, 방송도 상연, 상영 그 밖의 방법 등으로 공중에게 공개하는 것이 가능하며, 따라서 이들도 공연의 대상이 될 수 있음을 유의하여야 한다.

---

27 어문저작물은 구연·낭독 등의 방법으로, 미술저작물, 도형저작물 그리고 컴퓨터프로그램저작물 등은 상영이나 재생 또는 그 밖의 방법으로 공중에게 공개할 수 있기 때문이다.

(3) 저작물 등을 공중에게 공개하는 것

공연은 저작물 또는 실연, 음반, 방송과 같은 저작인접물을 공중에게 공개하는 것을 말한다. 여기서 말하는 공중은 불특정 다수인(특정 다수인을 포함한다)을 말함은 이미 살펴본 바와 같다(제2조 제32호).

그런데 공연은 공중이 반드시 같은 시간에 같은 장소에서 모여 있지 않더라도 불특정 또는 특정의 다수인에게 전자장치 등을 이용하여 저작물 등을 전파·통신함으로써 공개하는 방법으로 이루어질 수도 있는데, 법 제2조 제3호 후단은 이와 같은 상황을 염두에 두고 규정한 것으로 볼 수 있다.

따라서 아래의 대법원 판례에서와 같이 노래방의 구분된 각 방실이 소규모라 할지라도 일반 고객 누구나 요금만 내면 제한 없이 이용할 수 있는 공개된 장소에서 음악저작물을 재생하는 방식으로 저작물을 이용하게 한 이상, 이는 일반 공중에게 공개하여 공연한 행위에 해당한다고 볼 수가 있다.

> 대법원은 노래방에서 노래반주용 기계를 재생하여 공중을 상대로 한 영업행위가 저작자의 공연권을 침해할 수 있느냐와 관련하여, "우리 「저작권법」상 복제권과 공연권이 구별되어 있으므로 노래반주용 기계의 제작을 위한 사용료는 복제를 위한 사용료이며, 그 노래반주용 기계를 구입하여 노래방 차원에서 재생하여 공중을 상대로 영업을 하면서 사용료를 지급하지 않는 것은 저작재산권인 공연권의 침해에 해당한다"라고 판시하였다(대법원 1994.5.10, 선고 94도690 판결).

공연이 저작물 또는 저작인접물을 공중에게 공개하는 구체적인 방법으로는 상연, 연주, 가창, 구연, 낭독, 상영, 재생 그 밖의 방법 등이 있다(제2조 제3호 참조). 여기서 **상연**은 연극, 무용, 무언극 등과 같은 연극저작물을 무대 위에서 행하는 것을 말하며, **연주**는 음악저작물 등을 악기로 표현하는 것을 말하고, **가창**은 음악저작물 등을 음성으로 표현하는 것을 말한다. 그리고 **구연**과 **낭독**은 사람의 실연을 통해 어문저작물 등을 공개적으로 들을 수 있도록 구두로 표현하는 것을 말하며, **상영**은 주로 영상저작물 등을 영화상영관 등에서 화면에 나타내는 것을 말한다.

이와 같이 현행 법체계하에서는 공연은 상영이 포함되기 때문에 인간이 직접 표현하는 신체적 에너지뿐만 아니라 전자적 에너지의 전달도 그 본질적 특징으로 하

고 있음을 유의하여야 한다.[28]

그리고 여기서 말하는 **재생**은 공연된 저작물 등을 녹음 또는 녹화물로 복제하여 공중에게 전달하는 행위를 말하는데, 예를 들면 상업용 음반이나 상업용 영상제작물 등을 활용하여 다중이용시설 등에서 고객에게 보여주거나 들려주는 것 등이 이에 해당한다.

(4) 공연방법의 다양성(실연 위주의 공연과 재생 위주의 공연 모두를 포함)

「저작권법」에서의 공연은 넓은 의미의 공연으로서 여기에는 실연 위주의 좁은 의미의 공연과 상영·재생 위주의 공연이 모두 포함된다. 첫 번째 방법의 공연은 '저작물…을 상연, 연주, 가창, 구연, 낭독…의 방법으로 공중에게 공개하는 것'을 말하는데 이는 실연자가 참여하는 형태의 본래 의미의 공연[29]을 말하고, 두 번째 방법의 공연은 '저작물…을 상영·재생 그 밖의 방법으로 공중에게 공개하는 것'을 말하는데 이는 사람인 실연자 대신에 기계적·전자적 장치가 동원되어 재생하는 방법으로 이루어지는 공연의 형태를 말한다.[30]

(5) 실연과는 구별되는 개념

「저작권법」에서 실연은 저작물을 연기·무용·연주·가창·구연·낭독 그 밖의 예능적 방법으로 표현하거나 저작물이 아닌 것을 이와 유사한 방법으로 표현하는 것을 말하는데(제2조 제4호 참조), 이와 같은 실연의 개념에는 공중에게 공개한다는 요건이 없으며 이 점에서 공연과 실연은 가장 크게 구별된다.

한편, 공연은 저작물과 저작인접물을 그 대상으로 하고 있는데 반하여, 실연은 저작물과 저작물이 아닌 것을[31] 예능적 표현 또는 예능적 표현과 유사한 방법으로 표현하는 것도 포함하고 있다. 이 밖에도 공연은 재생의 방법으로도 가능하나 실연

---

28 「공연법」에서의 공연은 신체적 에너지의 전달만을 의미하는데 「저작권법」에서의 공연은 상영이 포함됨으로 인해 신체적 에너지와 함께 전자적 에너지의 전달도 공연의 대상으로 하고 있다.

29 실연 위주의 공연을 의미하는 「공연법」에서의 공연도 여기에 해당한다.

30 따라서, 판매음반이나 비디오 테이프를 구입하여 음악감상실, 커피숍, 백화점 등과 같은 다중이용업소에서 기계적·전자적 장치를 통하여 재생하는 방법으로 다수의 고객을 상대로 들려주거나 보여주는 것도 당연히 「저작권법」상의 공연에 해당한다.

31 저작물이 아닌 것에는 실연, 음반, 방송 등과 같은 저작인접물뿐만 아니라 그 밖의 자연의 소리, 동물의 소리 등이 있을 수 있다.

은 재생의 방법으로는 이루어지지 않는다는 점에서도 차이가 있다.

요컨대, 공연은 실연을 그 중심개념으로 하고 있긴 하나 실연과는 정확히 일치하지는 않는 개념이다.

3. 공연권 행사의 범위

(1) 공연권 행사의 인적 범위

공연권은 저작자가 공중을 대상으로 행사하는 권리이다. 「저작권법」에서도 공연을 정의함에 있어서 '…공중에게 공개하는 것을 말하며'라고 하여(제2조 제3호 참조) 공연권은 공중을 대상으로 하고 있음을 밝히고 있다. 그런데 공연권 행사의 대상이 되는 공중은 '불특정 다수인(특정 다수인을 포함한다)'을 말한다(제2조 제32호). 따라서 공중은 그들이 불특정적인 성격을 가지고 있건 특정적인 성격을 가지고 있건 관계없이 다수인으로 모인 사람의 집합체를 의미하며, 어떠한 경우에도 1인의 경우는 공중에 해당하지 않는다. 불특정 다수인에 대한 공연은 공개된 장소에서 대규모의 관람객에게 저작물 등을 공개하는 것을 말하고, 특정 다수인에 대한 공연은 통상적인 가족이나 친지 등의[32] 범위를 넘어서는 상호신뢰관계에 있는 2인 이상의 다수인에게 공개하는 경우를 말한다.[33]

(2) 공연권 행사의 장소적 범위

가. 의의

공연권의 행사는 공개된 장소 또는 다수인이 모여 있는 장소에서 이루어진다. 대부분의 경우에 있어서 공연은 공중에게 개방되어 있는 장소에서 이루어지지만 공개되지 않는 장소에서도 통상적인 가족 및 친지의 범위를 넘는 다수인이 모였다면 여기서도 공연이 이루어질 수 있으며, 따라서 저작자는 여기서도 공연권을 행사할 수 있다. 그리고 공연은 공중이 같은 시간에 같은 장소에 모여 있지 않더라도 불특

---

[32] 통상적인 가족이나 친지 등을 대상으로 하는 공연은 저작물 등의 사적이용 차원에서 이루어지므로 저작자가 가지고 있는 공연권이 침해될 소지가 없다.

[33] 예를 들면 MICE(Meeting, Incentive, Convention, Exhibition), 대규모의 기업·단체·학교 등의 각종 행사, 정당 등 사회단체의 집회 또는 모임 등에 참가한 상호신뢰관계가 있는 자들로서, 이들에 대한 공연행위에 있어서는 저작자의 공연권의 범위가 미칠 수 있다.

정 또는 특정의 다수인에게 송신 등의 방법으로 공연하는 것도 얼마든지 가능하며 판례도 같은 입장이다.

> 대법원은 공중의 장소적 범위와 관련하여, "「저작권법」 제2조 제3호에서의 공연의 정의 규정에서 말하는 '공중에게 공개'한다는 것은 불특정인 누구에게나 요금을 내는 정도 외에 다른 제한 없이 공개된 장소 또는 통상적인 가족 및 친지의 범위를 넘는 다수인이 모여 있는 장소에서 저작물을 공개하거나, 반드시 같은 시간에 같은 장소에 모여 있지 않더라도 위와 같은 불특정 또는 특정의 다수인에게 전자장치 등을 이용한 송신의 형태로 공개하는 것을 의미한다고 할 것이다. 따라서 피고인이 경영하는 이 사건 노래방의 구분된 각 방실이 4~5인 가량의 고객을 수용할 수 있는 소규모에 불과하다고 하더라도, 피고인이 일반 고객 누구나 요금만 내면 제한 없이 이를 이용할 수 있는 공개된 장소인 위 노래방에서 고객들로 하여금 노래방기기에 녹음 또는 녹화된 이 사건 음악저작물을 재생하는 방식으로 저작물을 이용하게 한 이상, 피고인의 위와 같은 행위는 일반 공중에게 저작물을 공개하여 공연한 행위에 해당한다 할 것이다"라고 판시한 바 있다(대법원 1996.3.22, 선고 95도1288 판결).

나. 공연과 방송의 구분

「저작권법」에서 공연과 방송의 구분은 공연이 이루어지는 장소적 범위와 관련하여 대단히 중요한 의의를 가진다.[34] 공연이 이루어지는 장소적 범위와 관련하여 법 제2조 제3호에서는 "…동일인의 점유에 속하는 연결된 장소 안에서 이루어지는 송신(전송을 제외한다)을 포함한다"라는 규정을 들어 공연이 이루어지는 장소적 범위를 상당히 넓게 인정하고 있다.

이 규정의 도입배경은 대형 공연장에서 이루어지는 공연 등에 있어서 장소적으로 공연장과 인접한 다른 곳에서 공연장에 입장하지 못한 청중을 상대로 무선 또는

---

34 역사적으로 보면 방송의 개념은 공연의 개념에서 진화하고 발전되어온 것인데, 이 둘의 구별기준은 국가마다 약간씩 다르다. 이와 같은 국가별 상황을 좀 더 구체적으로 살펴보면, 먼저 미국법은 저작물이 송부된 장소의 범위(같은 장소에서 송신과 수신이 이루어지면 공연에 해당하고, 다른 장소에서 송신과 수신이 이어지면 방송에 해당)를, 영국법은 저작물을 접근할 수 있는 장소의 개수(한 개인의 점유에 속하는 단일의 장소에서만 저작물을 접할 수 있다면 공연에 해당하고, 둘 이상의 장소에서 저작물을 접할 수 있다면 방송에 해당)를, 일본법은 저작물 접근의 범위(동일한 자의 점유에 속하는 구역 내에서 저작물을 접할 수 있다면 공연에 해당하고, 그 범위를 넘어서면 방송에 해당)를, 대만법은 저작물 접근의 현장성(현장에서 저작물을 접하면 공연으로, 현장 이외에서 저작물을 접하면 방송에 해당)을 각각 그 기준으로 삼고 있다(박문석, 「멀티미디어와 현대 저작권법」, 지식산업사(1997), 343쪽).

유선의 방식에 의하여 해당 저작물 등을 송신할 때 이를 공연으로 볼 것인가 아니면 방송으로 볼 것인가의 문제를 해결하기 위해서였는데, 현재에도 이 규정은 해당 저작물의 이용행위가 공연인지 방송인지를 구별하는 중요한 기준으로 작용하고 있다.

우리 「저작권법」은 이와 같이 저작물 등의 송신에 의한 공중에의 공개를 두 가지 형태로 나누어 그 중 동일인의 점유에 속하는 연결된 장소 안에서 이루어지는 송신의 경우는 공연으로, 그 밖의 경우는 공중송신(방송)으로 규율하고 있음을 유의하여야 한다(제2조 제3호 및 제7호 참조). 일반적으로 **송신**Transmission이라 함은 저작물이나 실연·음반·방송 등을 무선 또는 유선통신과 같은 기계적 장치나 공정을 통해 그 저작물 또는 실연·음반·방송이 송부된 지점에서 떨어진 곳에서 영상이나 소리로 접할 수 있도록 전달하는 행위를 말한다.

송신의 개념을 이와 같이 볼 때 전통적으로 송신과 수신이 이루어지는 장소의 밀접성에 따라 방송과 공연이 구분되기도 하는데, 대체적으로 방송은 송신장소와 수신장소가 상당히 격리되어 있을 때를 말하고, 공연은 송신장소와 수신장소가 동일한 구역 내에 있거나 동일인의 점유에 속하는 일련의 장소 내에서 이루어지는 경우를 말한다.

현행법에서도 동일인의 점유에 속하는 연결된 장소 안에서 이루어지는 송신의 방법을 통하여 저작물 또는 실연·음반·방송 등을 공중에게 전송하는 것을 방송이 아닌 공연으로 보고 있다. 다만, 이 경우에 있어서도 **전송**의 방법으로 이루어지는 것은 공연에 해당하지 않으며(제2조 제3호), 따라서 확성기 또는 증폭기 등을 통한 송신의 경우에만 공연에 해당한다고 할 수 있다. 공연은 일시적·집단적 성격의 것으로서 불특정 또는 특정의 다수인을 상대로 하는 것이기에 전송의 방법으로 이루어지기에는 한계가 있으며, 무엇보다도 전송의 방법으로 이루어진다면 이는 공연권이 아닌 전송권의 대상이 되기 때문이다.

여기서 **동일인의 점유에 속한다**는 말은 해당 건물이나 장소를 특정인이 모두 점유하고 있는 상태를 말한다. 따라서 해당 건물이나 장소를 다수인이 점유하고 있다면 여기서 이루어지는 송신은 공연이 아닌 방송으로 보아야 한다.[35]

---

35 동일인의 점유에 속하는 연결된 장소에서 이루어지는 송신을 공연으로 볼 것인가 아니면 방송으로 볼 것인가는 해당 저작물 등의 제한과 관련하여 중요한 의미를 지닌다. 이를 공연으로 보면 상업용 음반 또는 상업적 목적으로 공표된 영상저작물의 공연권에 관한 제한 규정인 법 제29조 제2항에 해당되어 많은 제약이 따를 것이나, 이를 방송으로 보면 이 규정에 해당되지 않고 자유롭게 해당 저작물 등을 이용할 수 있을 것이다.

그리고 여기서 말하는 연결된 장소란 해당 공연이 이루어지고 있는 장소와 물리적으로 인접하여 관람객이나 청중이 편리하게 이동할 수 있는 근접된 장소를 말한다. 따라서 독립된 건물이나 장소는 연결된 장소의 개념범위에 포함되지 않으며, 따라서 대학방송국에서 여러 곳에 흩어져 있는 각 단과대학 건물에 녹음된 음반을 재생하여 학생들에게 들려주는 것(송신하는 것)은 공연이 아니라 방송으로 보아야 할 것이다.

다. 비판

그런데 동일인의 점유에 속하는 연결된 장소에서의 송신을 공연에 포함하고 있는 법 제2조 제3호의 규정은 여러 가지 면에서 명쾌하지 못하며 차라리 이에 해당하는 경우는 공중송신이라는 포괄적인 개념에 포함시키는 것이 타당할 경우도 있을 것이다. 「저작권법」에서의 공연의 개념이 가뜩이나 난해하고 복잡하게 정의되어 있는 마당에 공연과 방송의 구분에 관한 일본법의 태도를 그대로 받아들인 결과 물리적 성격의 **동일인의 점유에 속하는 연결된 장소**라는 개념까지 가세하고 있어 대단히 난해한 측면이 있다.

무릇 법은 보통의 사람이 가장 손쉽게 이해할 수 있도록 규정하여야 할 것이며, 이것이 곧 법치국가法治國家의 이념이요 적법절차適法節次, Due Process of Law의 정신이기 때문이다. 그렇다고 현행의 법규내용을 무시할 수도 없기에 구체적인 사안에 있어서 법 제2조 제3호를 보다 유연하게 해석할 필요가 있다고 보인다. 그 구체적 방법의 하나로서는 동일인의 점유에 속하는 연결된 장소라는 물리적 개념에 매몰되지 말고 해당 저작물 등의 종류와 특징을 고려함과 동시에 수신자의 동질성 여부 그리고 송신의 구체적인 방법 등도 아울러 고려하여 공연에 해당할 것인지 아니면 방송에 해당할 것인지를 최종적으로 결정하여야 할 것이다.[36]

4. 공연권 행사의 제한

저작자가 가지는 공연권도 여타의 저작재산권과 마찬가지로 절대적인 권리가 아

---

36 해당 저작물 등이 대중성이 높아 전달범위가 넓을수록, 수신자들 간의 동질성이 약할수록, 주로 무선의 방법으로 송신이 이루어질수록 공연이 아닌 '방송'으로 보아야 할 당위성이 커질 것이다.

닌 상대적인 권리로서 공공의 목적을 달성하기 위하여 필요한 경우 최소한의 범위에서 제한이 가능하며, 이때 제한의 사유와 범위 등은 **법률**에 그 근거가 있어야 한다. 우리 「저작권법」 제29조에서는 영리를 목적으로 하지 아니하는 공연에 대해서는 일정부분 공연권 행사가 제한될 수 있도록 하고 있다.

IV. 공중송신권

1. 의의

저작자는 저작재산권의 지분권의 하나로서 공중송신권을 가지는데, 「저작권법」에서는 "저작자는 그의 저작물을 공중송신할 권리를 가진다"(제18조)라고 하여 이를 법률적으로 뒷받침하고 있다. 이처럼 우리 법에서는 저작물의 전형적인 이용행위의 하나인 공중송신행위에 대하여 이와 같이 배타적인 권리를 창설하여 규정하고 있는데, 이 공중송신권은 앞에서 살펴본 공연권과 마찬가지로 저작물을 무형적으로 이용하는 무형적 권리로서의 성격을 지니고 있다.

디지털 시대에 있어서 대표적인 저작물 이용행위의 하나인 공중송신행위에 부여되고 있는 공중송신권은 디지털형태로 유통되고 있는 대부분의 저작물에 대하여 그 적용이 가능한 권리로서, 오늘날 저작재산권의 여왕으로서의 지위를 굳혀 나가고 있다.

저작자는 배타적인 성격의 공중송신권에 근거하여 직접 공중송신을 하거나, 아니면 공중송신권이라는 권리를 제3자에게 양도하거나, 아니면 대부분의 경우에서와 같이 제3자에게 해당 저작물에 대한 공중송신행위를 허락하는 등의 방법으로 그가 가진 공중송신권을 행사하게 된다. 제3자가 저작자로부터 공중송신권을 양도받거나 허락을 받지 아니하고 해당 저작물을 공중송신할 경우 이는 저작자의 공중송신권을 침해하는 것이 되어 책임이 뒤따르게 되는 것은 여타의 저작재산권과 마찬가지이다.

2. 공중송신권의 등장배경과 입법례

(1) 공중송신권의 등장배경

종래에는 저작물을 무형적으로 이용하는 행위로서 방송과 전송이라는 두 가지의 행위유형을 양분하여 이들 행위에 각각 방송권과 전송권이라는 저작재산권을 창설하여 저작자를 보호하는 것으로 충분했다. 그러나 최근에 와서는 방송과 통신이 융합되고 있을 뿐 아니라, 인터넷 방송이나 웹 캐스팅[37]처럼 저작물을 무형적으로 이용할 수 있는 기술과 매개장치가 폭발적으로 개발·운용되고 있고, 따라서 전통적인 방송권과 전송권만으로는 도저히 감당할 수 없는 상황이 되었다.

(2) 공중송신권에 관한 국제조약과 주요국가에서의 입법례

오늘날 방송과 통신기술의 급격한 발전에 따라 저작물의 무형적 이용형태는 공연, 방송, 전송 등의 유형 이외에도 이용제공Making Available to the Public, 공중전달 Communication to the Public, 공중송신Transmission to the Public, 송신가능화Making Transmittable[38] 등의 이용형태가 새롭게 등장하고 있으며, 이들 이용형태에 대해서도 속속 권리화하기에 이르고 있다. 특히 1996년에 체결된 WCT[39]와 WPPT[40]에서 저작물의 무형적 이용행위로서의 **공중전달** 내지는 **이용제공**이라는 개념이 입법화된 이후 각국은

---

37 웹 캐스팅(Web Casting)이란 컴퓨터 네트워크상에서 유선 또는 무선의 방법으로 동시에 여러 명의 인터넷 사용자들에게 비디오나 오디오 생중계를 내보내는 프로그램방식을 말한다. 이와 같은 웹 캐스팅은 단순히 인터넷을 수단으로 한 방송사업의 확장이라기보다는 인터넷을 통해 멀티미디어 콘텐츠를 서비스하는 보다 광범위한 서비스의 유형으로 이해하는 것이 바람직하다.

38 '송신가능화'란 '이용제공'과 유사한 개념으로서 저작물의 전달매체인 온라인서비스망과 같은 전기통신 장치에 기록·변환·입력하는 것이다. 이는 결국 인터넷에서 해당 저작물을 '업로드'하는 것과 같이 해당 저작물을 공중에게 송신될 수 있는 상태에 두는 경우를 말한다.

39 WCT 제8조(공중전달권, Right of Communication to the Public)에서는 "…문학·예술저작물의 저작자는 공중의 구성원이 개별적으로 선택한 장소와 시간에 저작물에 접근할 수 있는 방법으로 공중이 이용할 수 있도록 유선 또는 무선의 수단에 의하여 저작물을 공중에 전달하는 것을 허락할 배타적인 권리를 가지며, 여기에는 해당 저작물을 공중이 이용하는 것이 가능하도록 하는 것을 허락하는 권리(Right of authorizing… including the making available to the Public)를 포함한다"라고 규정하고 있다.

40 WPPT 제10조는 "실연자는 공중의 구성원이 개별적으로 선택한 시간과 장소에 실연에 접근할 수 있는 방법으로 유선 또는 무선의 수단에 의하여 음반에 고정된 실연을 공중이 이용할 수 있도록 제공하는 것을 허락할 배타적인 권리를 가진다"라고 규정하면서 제14조에서 음반제작자에게 이에 상응하는 권리를 부여하고 있다.

저작물의 무형적 이용에 따른 권리를 확대하는 추세에 있다.[41]

(3) 우리의 경우

오늘날 디지털 시대에 있어서 저작물의 이용행위가 공중송신을 중심으로 이루어지고 있으나, 어느 정도의 범위에서 공중송신권을 인정할 것이냐는 그 나라의 입법정책의 문제이다. 우리는 2006년에 「저작권법」을 개정하여 저작자에게 배타적인 권리로서의 공중송신권을 부여한 후 오늘에 이르고 있다.

그런데 우리 「저작권법」에서 규정하고 있는 공중송신권은 국제조약과 외국의 저작권법에서 규정하고 있는 공중전달권, 이용제공권, 송신가능화권送信可能化權 등의 개념과 유사하거나 아니면 좀 더 포괄적으로 사용되고 있는 것으로 볼 수 있으며, 따라서 우리는 다른 나라와 비교해 볼 때 상당히 선도적으로 공중송신권을 입법화한 것으로 평가되고 있다.

3. 공중송신의 개념적 특징

(1) 의의

우리는 공중송신이란 개념을 방송, 전송, 디지털음성송신 등의 송신행위를 총괄하는 상위개념으로 설정하여 이를 「저작권법」에 반영하고 있다. 법 제2조 제7호에 따르면 공중송신은 "저작물, 실연·음반·방송 또는 데이터베이스(이하 "저작물 등"이라 한다)를 공중이 수신하거나 접근하게 할 목적으로 무선 또는 유선통신의 방법에 의하여 송신하거나 이용에 제공하는 것"을 말한다. 그리고 저작자에게 이와 같은 공중송신행위에 대하여 배타적인 권리인 공중송신권이라는 권리를 부여하고 있다(제18조). 이하 공중송신권의 대상이 되는 공중송신의 개념부터 살펴보기로 한다.

(2) 디지털 시대의 저작물 이용행위를 수용할 수 있는 개방형 개념

공중송신은 디지털 시대에 있어서 무선 또는 유선통신의 방법으로 이루어지는 여타의 저작물 이용형태를 모두 포섭할 수 있는 개방형 개념이다. 공중송신은 기존

---

[41] 예를 들면 일본은 공중송신권을, 독일은 공중전달권을 각각 저작권법에서 규정하고 있다.

의 방송과 전송 그리고 디지털음성송신을 포괄하는 보다 상위의 개념이며 여기에는 디지털영상송신[42]의 개념도 추가할 수 있고, 정보통신기술의 발전에 따라 저작물을 공중에게 전달 내지는 이용제공하는 기타의 방법도 얼마든지 추가할 수 있는 개념이다.[43] 지금까지 설명한 공중송신의 개념을 유형화하면 아래의 그림과 같다.

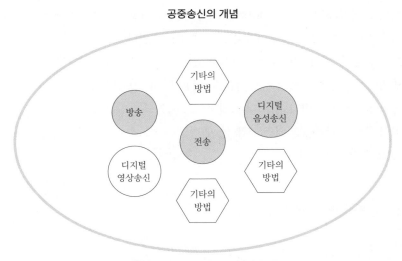

공중송신의 개념

⬭는 공중송신   ⬤는 저작재산권의 개별 지분권으로 인정될 수 있는 저작물 이용형태

그리고 오늘날에 와서 공중송신의 한 부분으로 **이용에의 제공**이라는 개방적 개념이 더욱 중요시되고 있고 이에 대한 법적 규정이 마련되고 있는데, 이 역시 디지털 기술의 발전으로 이용자들이 인터넷상에서 디지털화된 저작물에 대한 접근Access의 문제를 적극적으로 해결하기 위한 입법정책의 결과로 보여진다.

(3) 공중을 대상으로 한 저작물 등의 이용행위

공중송신은 공중이 저작물 등을 수신하게 할 목적으로 이를 송신하거나, 공중이

---

42 현재 우리는 〈아프리카 TV〉와 같이 음성과 영상 또는 영상을 디지털 형태로 송신하는 서비스도 활발히 이루어지고 있는데, 이와 같은 서비스의 유형은 「저작권법」상 공중송신에 해당함은 물론이다.

43 이 가운데 후술하는 바와 같이 방송, 전송 그리고 디지털음성송신에 대해서만 독자적인 권리가 부여되고 있으며 디지털영상송신이나 기타의 방법에 의한 송신 또는 이용에 제공하는 것은 아직까지 별도의 권리가 부여되고 있지 않다.

저작물 등에 접근하게 할 목적으로 이를 제공하는 행위이다. 우리 「저작권법」에서는 "공중송신은…공중이 수신하거나 접근하게 할 목적으로…말한다"라고 하여 이를 분명히 하고 있다. 이 점에서 공중송신 역시 공연, 전시, 배송, 대여 등과 마찬가지로 공중을 상대로 이루어지는 저작물의 전형적인 이용행위에 해당한다고 할 수 있다.

이때 공중이 수신할 목적으로 이루어지는 것은 무선 또는 유선통신을 활용한 송신의 방법으로 이루어지고, 공중이 접근하게 할 목적으로 이루어지는 것은 **이용에 제공하는 행위**를 통하여 이루어짐을 유의하여야 한다. 그리고 이때의 공중은 불특정 또는 특정의 다수인을 말하므로(제2조 제32호 참조), 특정의 소수인 사이에 이루어지는 개별적인 통신, 예를 들면 전화, 팩스 그리고 이메일 등은 공중에 대한 것이 아니므로 이와 같은 행위는 공중송신이 아니다.

(4) 무선 또는 유선통신의 방법에 의하여 저작물 등을 이용하게 하는 행위

오늘날 대부분의 저작물은 디지털화되어 유통되고 있고 이들 디지털저작물들은 각종 형태의 유·무선 통신장비와 이와 관련된 각종 인터넷 기술에 힘입어 순간적·대량적으로 유통되고 있음은 주지의 사실이다. 공중송신은 이와 같은 **무선 또는 유선통신의 방법**에 의하여 저작권을 이용하는 행위로서의 특징을 지니고 있는 개념이다. 우리 법에서도 "공중송신은…무선 또는 유선통신의 방법에 의하여 송신하거나 이용에 제공하는 것을 말한다"라고 하여 이를 분명히 하고 있다. 이렇게 볼 때 공중송신은 통신의 방법, 좀 더 구체적으로는 유선 또는 무선의 방법에 의하여 저작물 등을 이용하는 것을 그 특징으로 한다고 할 수 있다.

(5) 저작물 등을 공중이 수신하게 할 목적으로 송신하는 행위

공중송신은 무선 또는 유선통신의 방법에 의하여 저작물등을 송신하는 것을 중요한 내용으로 하고 있다. 우리 법에서는 "…저작물 등을…공중이 수신하게 할 목적으로 무선 또는 유선통신의 방법에 의하여 송신하는 것…을 말한다"(제2조 제7호)라고 하여 이를 분명히 하고 있다.

오늘날 방송과 전송 그리고 디지털음성송신은 공중이 수신하게 할 목적으로 무선 또는 유선통신의 방법에 의하여 송신하는 행위의 가장 대표적인 유형에 해당하는데, 우리 법은 이들 세 유형의 상위개념으로서 공중송신이라는 개념을 창출하고 있다. 우리 법이 방송과 전송 그리고 디지털음성송신의 개념을 정의함에 있어서 각각 '공중송신 중…'이라는 형식을 취하고 있음이 이를 잘 말해준다.

(6) 저작물 등을 공중이 접근하게 할 목적으로 이용에 제공하는 행위

공중송신은 무선 또는 유선의 방법에 의하여 공중이 접근하게 할 목적으로 저작물 등을 공중의 이용에 제공하는 것을 포함하는 개념이다. 우리 「저작권법」에서는 "공중송신은…공중이…접근하게 할 목적으로…이용에 제공하는 것을 말한다"라고 하여 이를 분명히 하고 있다. 종전에는 공중송신의 개념이 유·무선 통신에 의한 방송, 전송 그리고 디지털음성송신과 같은 송신이 핵심적인 개념이었으나, 최근의 본격적인 디지털 시대에 와서는 유·무선통신에 의한 **이용에의 제공**Making Available to the Public이 그 핵심개념으로 자리 잡고 있다. 이때 이용에의 제공은 당연히 유선 또는 무선의 방법에 의하여야 하지만 그 이용제공의 최종적인 방법은 여러 가지 기술적 요인에 따라 기술적, 기계적, 전기적, 전자적, 화학적, 기타 기술의 발전에 따른 제3의 융합적 방법 등 어떤 유형의 이용제공 방법이라도 관계가 없는 개방적 개념으로 이해하여야 할 것이다.

오늘날 이용에 제공하는 행위는 주로 부가통신사업자가 운영하는 각종 플랫폼을 통해 이루어지는데 인터넷상의 서버에 디지털 형태의 저작물을 공중의 구성원이 이용할 수 있게끔 인터넷 또는 온라인서비스망 등에서 업로드하는 행위가 가장 대표적이며[44], 이 밖에도 최근에 관련 기술이 급격히 발전되고 있는 P2P 실시간 스트리밍 서비스와 인터넷 링크 등을 비롯한 무수한 형태의 이용에 제공하는 행위의 유형이 있을 수 있으며 향후에도 추가로 별도의 이용제공행위가 개발될 것이다.[45]

그런데 이용에의 제공은 **계속성**을 특징으로 하는 개념임에 특별히 유의할 필요가 있다. 따라서 업로드된 저작물이 인터넷상에서 삭제될 때까지는 여전히 이용에 제공되고 있다고 보아야 한다. 이와 같은 이유로 개별 이용자들이 그 디지털정보를

---

44 문수미, 「공중이용제공행위로서 링크에 대한 규제방안의 연구」, 계간 《저작권》(2017 가을호), 한국저작권위원회, 49쪽.
45 오늘날 저작물의 이용행태를 볼 때 공중송신 가운데서 1차적으로 방송(무선방송, 유선방송, 위성방송, DMB 등을 말함)에 포함되는 것이 아닌 것은 대부분의 경우는 2차적으로 전송에 해당하고, 전송이 아닌 것은 대부분의 경우는 3차적으로 디지털송신에 해당하고, 이들 모두의 어느 것에도 해당하지 않는 것은 대부분의 경우에는 4차적으로 공중의 이용에 제공하는 것에 해당하는 것으로 볼 수 있다.

요청하지 않았기 때문에 아직까지 실제로는 송신이 이루어지지 않았다 하더라도 업로드하는 행위 그 자체만으로도 이미 공중송신권의 적용을 받게 됨을 유의하여야 한다.

(7) 공중송신을 할 수 있는 대상의 광범위성

공종송신은 그 대상이 저작물뿐만 아니라 저작인접물과 데이터베이스 등도 포함하는 등 공중송신이 이루어지는 대상이 대단히 광범위하다는 특징을 지니고 있다.

지금까지 논의한 공중송신의 개념을 요약하여 유형화해 보면 다음 그림과 같다.

공중송신의 개념

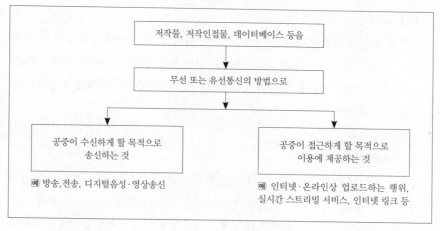

4. 공중송신의 하위개념(방송·전송·디지털음성송신 등)

(1) 의의

우리 「저작권법」은 앞에서 살펴본 바와 같이 방송, 전송 그리고 디지털음성송신의 상위개념으로서 공중송신의 개념을 도입하고 있으며, 이에 따라 저작재산권의 행사와 관련하여서 방송권, 전송권 그리고 디지털음성송신권의 상위개념으로서 저작재산권의 지분권의 한 유형으로 공중송신권을 인정하고 있다. 이하 공중송신의 하위개념인 방송·전송 그리고 디지털음성송신 등의 개념에 대해서 살펴보기로 한다.

(2) 방송

가. 의의

우리 「저작권법」에서는 방송을 "공중송신 중[46] 공중이 동시에 수신하게 할 목적으로 음·영상 또는 음과 영상 등을 송신하는 것을 말한다"(제2조 제8호)라고 정의하고 있다. 방송은 그 개념을 정의하고 있는 법 제2조 제8호에서 명시적으로 적시하고 있지 않지만 당연히 무선 또는 유선통신의 방법으로 송신하는데 이는 상위개념인 공중송신에 이미 무선 또는 유선의 방법으로 송신하는 것이 포함되어 있기 때문이다.[47] 따라서 「저작권법」에 따른 방송은 무선방송과 유선방송 모두를 포함하며, 음을 위주로 송신하는 라디오방송과 음과 영상을 같이 송신하는 TV방송 그리고 음과 영상이 아닌 도형·문자·부호·이미지와 같은 특수한 유형의 콘텐츠를 송신하는 기타 방송 등이 있을 수 있다.[48]

그런데 방송의 개념을 이와 같이 정의할 수 있지만 법 제18조의 규정에 따라 저작자가 가지는 방송권은 그의 저작물이 음·영상 또는 음과 영상으로 전환되어 이루어진 것을 방송할 권리를 말하며 저작물이 아닌 것의 방송은 여기에 해당하지 않는다는 것을 유의하여야 한다.[49]

나. 방송의 개념적 특징

방송의 개념을 전송 또는 디지털음성송신과 비교하여 좀 더 구체적으로 설명해 보면 다음과 같다. 첫째, 방송은 동일한 내용[50]의 송신이 동시에 수신될 것을 목적으로 하고 있다. 이와 같이 방송은 내용에 있어서의 동일성同一性과 수신에 있어서의

---

46 「저작권법」에서는 방송, 전송 그리고 디지털음성송신을 정의함에 있어서 모두 다 '공중송신 중'이라는 표현을 사용하고 있는데, 이는 곧 공중송신이 방송, 전송, 디지털음성송신을 포괄하는 상위개념이기 때문이다.
47 「베른협약」이나 「로마협약」 또는 「WIPO실연·음반 조약」에서 '방송'이란 무선방송에 한정되는 개념이지만 각 조약의 회원국이 국내법으로 유선방송을 보호하는 것이 얼마든지 가능하게 하도록 규정하고 있다. 따라서 유선방송에 대해서는 국제조약상의 의무로서 보호되고 있지는 않지만 각 국가에서 국내법이 정하는 바에 따라 얼마든지 보호할 수 있다(한국저작권위원회, 「미래저작권 환경에 적합한 저작권법 개정을 위한 연구(Ⅰ)」(2016), 173쪽).
48 법 제2조 제8호에서 방송을 정의하면서 "…음·영상 또는 음과 영상 등을 송신하는 것을 말한다"라고 하여 '등'이라는 표현을 쓰고 있고, 실제로도 데이터방송, 문자방송 등이 실시되고 있다.
49 저작물이 아닌 것의 방송은 저작인접물에 해당하며 여기에 대해서는 저작인접권자인 방송사업자가 일정의 권리를 가지고 있다(제84조~제85조의2 참조).
50 우리 「저작권법」에서는 방송의 개념에 '동일한 내용'이 포함되어 있지 않지만, 이는 방송의 특징상 당연한 것으로서 생략된 것으로 보아야 한다.

동시성同時性을 특징으로 하는데 이것이 전송과 구별되는 방송의 가장 큰 특징이다. 따라서 동시성이 없는 주문형 인터넷 방송 등은 방송이 아니라 전송 또는 디지털음성송신에 해당한다. 둘째, 방송은 방송내용을 공중에게 일방적으로 전달하는 일방향성一方向性을 특징으로 한다. 이 점 역시 쌍방향성雙方向性, Interactive을 특징으로 하는 전송이나 디지털음성송신과는 대비되는 방송의 중요한 특징의 하나이다. 셋째, 방송은 동일내용의 저작물을 공중이 동시에 수신하게 할 목적으로 송신하는 것이다. 이 점에서 공중에 대한 송신이긴 하지만 동일내용의 송신을 요구하지 않는 쌍방향성 송신이나 공중을 대상으로 하지 않는 방송사 간의 프로그램의 배급 등은 방송에 해당하지 않으며 전송으로 보아야 할 것이다.

이와 같이 방송은 특히 전송과 비교해 볼 때 여러 가지 면에서 차이점을 발견할 수 있는데, 이와 같은 차이점은 우리의 저작권 또는 방송정책에도 잘 반영되어 있다. 즉, 지상파 방송이나 유선방송 등을 규율하고 있는 「방송법」은 방송행위가 공중에게 일방적이고 직접적인 영향을 미친다는 점을 중시하여 허가, 승인 또는 등록제도를 골격으로 하면서 방송내용에 관한 일정한 통제에 이르기까지 전반적으로 공익성을 강조하는 공법적 규제의 태도를 견지해 오고 있다(「방송법」제9조 참조). 반면에, 전송을 본질적 요소로 하는 통신의 영역에 있어서는 개인 간 통신의 자유를 폭넓게 보장한다는 취지에서 가급적 정부간섭을 줄이고 규제를 완화하는 정책적 기조를 유지하고 있다.

이와 같이 방송과 통신(전송)을 구별하는 전통적인 입장은 우리 「저작권법」의 여러 면에서 반영되어 있음을 알 수 있다. 예를 들면, 방송의 경우에는 전송과는 달리 비영리인 경우 공표된 저작물을 저작권자의 허락이 없이도 방송할 수 있도록 하는 등(제29조 제1항)의 특칙을 두고 있을 뿐 아니라, 방송을 업으로 하는 방송사업자에게는 저작인접권자로서의 법적 지위를 부여하여 여러 가지 권리를 부여하고 있다.

그런데 인터넷 기술의 발전에 따라 엄밀히 구분되던 방송과 전송은 이미 상호구별이 곤란할 정도로 융합되어가고 있으며, 따라서 오늘날에 있어서는 방송에만 가해지던 공법적 규제가 전송분야에도 적용되어야 하는 등 여러 가지 근본적인 재검토가 필요한 시점에 와 있다 하겠다.[51]

---

[51] 박준석, 「인터넷상 정보유통에 대한 새로운 저작권 규율방안 모색」, 집문당(2015), 292쪽.

(3) 전송

가. 의의

저작물의 전통적인 전달방법으로는 출판(복제·배포)과 공연 그리고 방송 등이 있는데, 디지털 기술이 발달하고 컴퓨터의 보급이 일반화됨에 따라 쌍방향성을 특징으로 하는 전송이 가장 일반적인 저작물 전달방법의 하나로 자리 잡고 있다.

오늘날 전송은 기계적 전송의 형태인 송신뿐만 아니라 이 밖에도 매우 광범위한 유형과 방법으로 전송이 이루어지고 있다. 우리 「저작권법」에 따르면 전송傳送은 공중송신 중 공중의 구성원이 개별적으로 선택한 시간과 장소에서 접근할 수 있도록 저작물 등을 이용에 제공하는 것을 말하며, 그에 따라 이루어지는 송신도 포함한다고 규정하고 있다(제2조 제10호). 이와 같은 전송은 이용제공이라는 중심개념을 축으로 하고 그에 따라 이루어지는 송신을 포함하는 개념으로 이해되고 있음이 특징이다.

나. 전송의 개념적 특징

오늘날 인터넷 등 각종 통신설비를 이용한 음악·게임물 등 저작물의 무형적 이용은 그 대부분이 전송의 방법으로 이루어지고 있음은 주지의 사실이다.

전송은 앞에서 논의한 바 있는 방송과 비교하여 볼 때 공중을 대상으로 무선 또는 유선통신의 방법에 의하여 송신하는 점에서는 유사하나 그 밖에 여러 가지 면에서 방송과 많이 비교되는데 이하에서 구체적으로 보기로 한다.

첫째, 전송은 대부분의 저작물 이용행위와 마찬가지로 공중을 대상으로 하는 저작물 이용행위이다. SNS나 블로그 등은 비록 개인이 관리·운영하는 것이라 할지라도 여기에 공중이 자유롭게 접근할 수 있다면 이는 공개된 장소로 보아 「저작권법」의 적용을 받는다. 따라서 SNS나 블로그에 저작물을 무단으로 게재하는 것은 법 제30조에서 규정하고 있는 사적이용을 위한 복제라고 할 수 없고 오히려 전송에 해당하며, 저작자의 허락 없이 무단으로 게재하면 저작권 침해가 된다.[52] 그리고 여기서 말하는 공중에는 특정의 다수도 포함되므로 회사나 학교 등에서 특정의 다수가 저작물을 공유하여 사용할 수 있도록 하는 것도 전송에 해당한다고 할 수 있다.

---

[52] 이때 SNS나 블로그는 온라인서비스제공자로서의 법적 지위를 가진다.

즉, 랜LAN 등을 통하여 회사나 학교 등에서 특정한 컴퓨터프로그램이나 데이터베이스를 공유하여 사용하는 경우가 있는데 이것도 전송에 해당한다.

둘째, 전송은 공중의 구성원이 개별적으로 선택한 시간과 장소에서 저작물 등을 접근할 수 있게 해준다는 점에서 이시성異時性과 쌍방향성[53] 그리고 주문성主文性, On Demand[54]을 특징으로 하며[55], 이와 같은 세 가지의 특징이 전송과 방송을 구별 짓는 가장 큰 차이라고 볼 수 있다. 저작재산권이 부여되고 있는 저작물의 전형적인 이용행위 대부분이 공중을 대상으로 한 것임은 이미 여러 번 언급한 바 있지만, 전송도 마찬가지로 공중을 대상으로 한 개념이다. 전송은 이와 같이 일반 공중을 상대로 하는 것이므로 사적으로 송신하거나 사적으로 이용에 제공하는 것은 「저작권법」상의 전송에 해당하지 않음을 유의하여야 한다.

셋째, 전송은 공중의 구성원이 개별적으로 저작물 등을 접근할 수 있도록 **이용에 제공하는 것**을 주된 개념으로 하고 있고 송신을 부수적인 개념으로 본다. 이 점에서 이용제공의 개념이 없고 단지 송신의 개념만 있는 방송과는 차이가 있다. 여기서 말하는 이용제공이란 서버Server와 클라이언트Client, 즉 S/C 환경하에서 해당 정보를 클라이언트(이용자)에게 보내기 위해서 서버에 올려놓는 것을 말하며, 이때 공중의 구성원이 실제로 해당 정보에 접근하였는가는 묻지 않으며, 공중의 구성원이 해당 정보에 접근이나 열람을 하지 않더라도 이용제공행위는 존재하는 것으로 본다.

현행 「저작권법」 체계에 따를 때, 이와 같이 전송의 개념에는 실제로 나중에 이루어진 송신뿐만 아니라 그 송신을 준비하는 단계에 해당하기도 하는 저작물 등을 이용에 제공하는 것도 포함하고 있으므로 송신의 발신자만이 전송행위자가 될 수 있는 것은 아님을 유의할 필요가 있다.

---

53 '쌍방향성'이란 수신자가 원하는 시간과 내용에 대하여 별도의 요구를 할 수 있고 이에 따른 송신이 이루어지는 현상을 말한다.

54 저작물 이용의 주문성은 VOD(Video on Demand) 또는 AOD(Audio on Demand) 등에서 강하게 나타나는데, 대표적인 예로서는 방송프로그램 다시 보기나 디지털시네마의 시청 등이 있다. 이때 해당 저작물의 이용자는 개별적으로 선택한 시간과 장소에서 해당 저작물을 접근할 수 있다.

55 사실 동시성의 반대개념인 이시성(異時性)과 쌍방향성 그리고 주문성은 같은 내용으로서 보는 관점에 따른 표현의 차이일 뿐이다. "공중의 구성원이 개별적으로 선택한 시간과 장소에서 저작물을 접근한다"는 말 가운데 '개별적으로 선택한 시간'을 강조하면 이시성을, "구성원이 개별적으로…저작물에 접근한다"를 강조하면 쌍방향성과 주문성을 의미하기 때문이다.

서울고등법원은 소리바다 5 서비스의 가처분 사건에서 복제권과 전송권의 침해와 관련하여, "소리바다 5 서비스 이용자가 컴퓨터에 접속하여 음원파일(MP3)을 자신의 컴퓨터에 다운로드받아 하드 디스크에 설정하는 행위는 음반제작자의 복제권을 침해하는 행위에 해당하며, 소리바다 5 서비스를 통해 개별 이용자들이 자신의 다운로드 폴더로 음원파일을 다운로드받거나 개인적으로 보유하고 있는 음원파일을 공유폴더를 겸하고 있는 다운로드 폴더에 저작하는 행위는 소리바다 5 프로그램이 공유폴더를 겸하고 있어서 그 이용자가 전송을 유지하고 있는 한 다른 이용자들은 이미 해당 파일을 '다운로드받을 수 있는 상태'에 놓이게 되므로 음반제작자의 전송권을 침해하는 행위에 해당한다"라고 결정한 바 있다(서울고등법원 2007.10.10, 2006라1245 결정).

(4) 디지털음성송신

가. 의의

디지털음성송신은 공중송신 중 공중으로 하여금 동시에 수신하게 할 목적으로 공중의 구성원의 요청에 의하여 개시되는 디지털방식의 음의 송신을 말하며[56], 전송을 제외한다(제2조 제11호).

나. 디지털음성송신의 개념적 특징

디지털음성송신은 방송, 전송과 함께 공중송신의 하위개념으로서 공중으로 하여금 동시에 수신하게 한다는 것은 수신의 **동시성**을 말하고, 공중의 구성원의 요청에 의해 개시된다는 것은 **쌍방향성**[57]을 말한다. 이와 같이 디지털음성송신은 동시성이 있고 주문성[58]이 없다는 특징을 지니고 있는데, 이 점에서는 방송과 같다. 또한 디지털음성송신은 쌍방향성이 있다는 특징을 가지고 있는데, 이 점에서는 전송과 유사하다.[59] 디지털음성송신의 또 다른 특징은 개인 인터넷 방송이나 지상파 방송의

---

56 따라서 디지털음성송신에는 디지털방식의 영상송신은 제외된다. 참고로 디지털방식의 영상(음성을 포함)송신의 대표적인 예로서는 IP TV가 있다.

57 쌍방향성은 전송의 특성에 해당하는 주문성과는 구별되는 개념이다.

58 디지털음성송신은 온라인을 통해 실시간으로 서비스되는 음악을 실시간으로 듣는 것을 기본으로 하며 이용자가 선택한 시간과 장소에서 접근하거나 이용할 수 있는 서비스가 아니라는 점에서 주문성을 본질로 하는 전송과 구별된다.

59 전송과 디지털음성송신은 쌍방향성이 있음을 특징으로 한다. 이때의 쌍방향성은 일방성의 성격을 지니는 '주문성'과는 다른 것으로서 서버와 클라이언트 간의 상호의존관계(Interactive)를 말하는데, 서버는 성공적인 송신을 확인하기 위하여 클라이언트와 항시 접속상태를 유지하여야 한다(오승종, 앞의 책, 467쪽).

동시 웹 캐스팅과 같이 공중의 구성원의 요청에 의하여 개시된다는 것인데[60], 무엇보다도 현행법의 체계 아래에서는 디지털방식의 음의 송신만을 그 대상으로 한다는 것을 유의하여야 한다. 이러한 디지털음성송신은 디지털음성송신사업자만이 서비스되는 콘텐츠를 선택할 수 있고, 따라서 특정 콘텐츠의 이용에 대해 이용자는 이용시간을 선택할 수 없다는 특징을 동시에 지니고 있다.[61] 요컨대, 디지털음성송신은 이른바 웹 캐스팅을 포함하는 개념으로서 방송은 아니지만[62] 방송과 유사하게 공중이 동시에 수신할 수 있도록 컴퓨터 네트워크 내지는 정보통신망을 통해[63] 디지털 방식의 음을 송신하는 것이다.[64]

우리가 흔히 인터넷에서 음성이나 영상을 실시간으로 송신하여 재생할 수 있도록 하는 인터넷 스트리밍 방식[65]에 의한 송신을 통칭하여 **인터넷 방송**이라고 부르는 경우가 많다.[66] 그러나 그러한 서비스 중에서도 매체가 인터넷일 뿐 일반 방송처

---

60 공중의 구성원의 요청에 의하여 개시된다는 말은 주문성이 있다는 말은 아니고 인터넷 방송에서와 같이 디지털음성송신이라는 저작물 이용행위가 공중의 구성원의 요청이 있을 때 비로소 개시된다는 일반적 의미이다.

61 예를 들어 설명해 보면, 인터넷으로 음악서비스를 이용할 때 사용자가 곡을 지정·선택하여 다운로드 및 스트리밍 방식으로 들을 수 있다면 이는 전송에 해당한다. 서비스의 명칭이 '인터넷음악방송'이더라도 이용자가 곡을 선택하고 원하는 시간에 들을 수 있다면 이는 방송이 아니라 전송에 해당한다고 보아야 할 것이다. 반면에 이용자가 곡을 선택할 수 없고 사업자가 제공하는 음악만 들을 수 있다면 이는 전송도 방송도 아닌 디지털음성송신에 해당할 것이다.

62 디지털음성송신이 방송이 아님은 법 제87조 제2항에 의해서 간접적으로 뒷받침되고 있다. 만일 디지털음성송신이 방송에 해당한다면 디지털음성송신을 위한 일시적 복제에 관해서는 당연히 방송사업자의 일시적 복제에 관한 규정인 법 제34조가 적용되어야 하지만, 디지털음성송신이 방송에 해당하지 않기 때문에 일시적 복제의 허용에 관한 근거규정을 법 제87조에서 별도로 마련하고 있다. 한편, 현행 법체계상 디지털 형식의 영상송신은 방송으로 보고 있는 것으로 해석할 수 있다.

63 컴퓨터 네트워크를 통한 송신이란 서버와 클라이언트(S/C) 환경에 따른 송신자와 이용자 간에 주고받는 관계, 즉 쌍방향적인 관계가 성립되어 이루어지는 송신을 말한다. 컴퓨터 네트워크를 통한 송신의 구체적인 예로서는 인터넷 다운로드와 스트리밍 서비스, IP TV 서비스, P2P 네트워크 서비스 등이 있다.

64 음악콘텐츠가 동시성을 가지고 제공되는 경우에는 '방송'과 '디지털송신'으로 구분된다. 수신자의 수신요청이 없더라도 송신이 개시되면 방송이고, 송신요청을 받은 후에 송신이 개시되면 이는 디지털음성송신에 해당한다고 할 수 있다. 즉, 방송과 디지털음성송신은 모두 동일한 콘텐츠를 수신하는 상황(동시성)이라는 점에서는 차이가 없으나, 이용자가 콘텐츠를 요청하는지의 여부에 관계없이 콘텐츠가 송신되는 상태(일방향성)면 방송에 해당하고, 요청한 때에만 비로소 송신이 시작되어 수신할 수 있는 상태(쌍방향성)가 되고 여기에 더하여 영상을 포함하지 않는 음이 송신되어야만 비로소 디지털음성송신이 된다.

65 스트리밍(Streaming)이란 인터넷상에서 음성이나 영상, 애니메이션 등을 실시간으로 재생하는 기법을 말한다. 한국인 두 명 가운데 한 명은 스트리밍으로 음악을 들으며, 우리나라는 유료 스트리밍 서비스의 이용률이 41% 수준에 달해 미국, 일본 등 10여 개 주요 국가 중에서 가장 높은 수치를 나타내고 있다(한국저작권보호원, 『2018 저작권 보호 및 연차보고서』(2018), 62쪽).

66 업계에서는 인터넷 방송 중에서 특히 인터넷음악방송을 웹 캐스팅이라고도 하는데, 법적으로 보면 웹 캐스팅은 방송이 아니라 디지털음성송신에 해당한다.

럼 듣거나 보는 이가 선택의 여지없이 일방적으로 동시에 수신만 할 수 있는 경우에는 그 송신되는 내용이 음성(음악)이냐 영상물(음성 포함)이냐에 따라서 법적으로 달리 구분되는데, 전자는 디지털음성송신으로 후자는 방송으로 본다. 그리고 듣거나 보는 이용자가 원하는 정보를 선택해서 개별적으로 선택한 시간과 장소에서 이용할 수 있는 경우에는 이를 전송으로 본다.

(5) 요약 및 비판

지금까지 논의한 방송, 전송 그리고 디지털음성송신을 각각이 가지는 특징을 중심으로 하여 정리해보면 다음의 표와 같다.

방송, 전송, 디지털음성송신의 비교

구분	방송	전송	디지털음성송신
동시성(Simultaneity)	○	×	○
쌍방향성(Interactive)	×	○	○
주문성(On-Demand)	×	○	×

5. 공중송신권의 행사

(1) 공중송신권 행사의 주제

저작자는 저작재산권으로서의 공중송신권의 주체가 될 수 있다. 「저작권법」 제18조에서도 "저작자는 그의 저작물을 공중송신할 권리를 가진다"라고 규정하여 이를 분명히 하고 있다. 그러나 공중송신에 적합하지 않은 저작물의 경우에는 물론 공중송신권의 범위가 미치지 아니한다.[67] 현행 법체계에 따를 때 방송권과 전송권 등이 저작재산권의 독립된 지분권의 지위를 잃어 버리고 공중송신권에 흡수되었다고 해서 저작자가 방송권과 전송권 등을 행사할 수 없다는 말은 아니다. 저작자는 공중송신권 또는 방송권이나 전송권 또는 디지털음성송신권 중의 어느 하나를 선택하여 행사할 수 있음은 물론이다.[68]

---

67 미술저작물, 건축저작물 등이 이에 해당한다.

(2) 저작자의 디지털음성송신권 행사주체성 검토

이론적으로는 저작재산권의 지분권의 하나인 공중송신권의 하위개념인 디지털음성송신권을 저작자에게 부여하는 것은 얼마든지 가능하다. 그리고 논리적으로 보자면 디지털음성송신권은 당연히 음악저작물의 저작자에게 인정될 수 있으나, 실제로는 우리 현실상 음악저작물의 저작자들이 디지털음성송신권을 활발히 행사하고 있지는 않는 것으로 보인다. 따라서 아직까지 디지털음성송신권은 명목상의 권리에 머물러 있는 듯하다. 나아가 저작재산권 행사의 제한에서도 디지털음성송신권의 제한에 관한 규정을 발견할 수가 없는 등 저작자가 독자적인 권리로서 디지털음성송신권을 가지는 것으로 인정하기에는 아직까지 충분한 여건이 마련된 것 같지는 않아 보인다.

(3) 공중송신권 행사의 영역

그런데 공중송신권이 독자적인 지분권으로 인정되고 있는 영역은 저작재산권 분야에서이고 저작인접권 분야에서는 아직까지 공중송신권의 개념이 도입되어 있지 않다는 점을 유의하여야 한다. 즉, 저작인접권자로서의 실연자는 방송권과 전송권(제73조 및 제74조 참조)을, 음반제작자는 전송권을 그리고 방송사업자는 동시중계방송권[69]을 가지고 있으며, 이 밖에도 실연자와 음반제작자는 디지털음성송신에 따른 보상청구권을 가지고 있을 뿐(제76조 및 제83조 참조), 이들이 공중송신권이라는 포괄적인 형태의 권리를 가지고 있지는 않다. 다시 말해, 저작인접권 분야에서 공중송신권 대신에 아직까지 방송권과 전송권을 지분권으로 인정하고 있으며, 특히 디지털음성송신과 관련하여서는 배타적 권리로서의 디지털음성송신권을 부여하는 대신에 디지털음성송신사업자가 실연자와 음반제작자에게 보상금을 지급하도록 하고 있다.

---

68 이렇게 본다면 방송권과 전송권 그리고 디지털음성송신권은 저작재산권의 2차적지분권에 해당한다고 볼 수 있다.

69 동시중계방송권은 방송권의 한 유형에 해당한다.

6. 공중송신권 행사의 제한

(1) 의의

여타의 저작재산권 행사와 마찬가지로 공중송신권 역시 공공의 복리증진이나 저작물의 이용을 활성화하기 위해 일정한 경우 그 행사가 제한될 수 있다.

그런데 저작재산권 행사의 제한을 규정하고 있는 「저작권법」 제2장 제4절 제2관에서는 공중송신권 자체를 제한하는 규정을 두거나, 개별 사안에 따라 공중송신권의 하위개념인 방송권 등을 각각 개별적으로 제한하는 형식을 취하기도 한다. 이와 같은 혼합적인 입법태도는 아직까지 공중송신이라는 개념이 현실적으로 볼 때 방송과 전송의 개념을 완벽히 흡수하지 못한 측면도 있고, 구체적 현안에 따라 방송권 등의 제한을 개별적으로 규정함이 보다 현실적합성이 있기 때문이라는 여러 가지 복합적인 요인이 작용한 것으로 보인다.

(2) 공중송신권의 행사가 제한되는 구체적인 경우

공중송신권 또는 이를 구성하고 있는 방송권과 전송권이 제한되는 구체적인 경우를 살펴보면 다음과 같다. 첫째, 정치적 연설 등의 이용이나 공공저작물의 자유이용에 있어서는 저작자가 가지는 방송과 전송 및 디지털음성송신을 할 권리가 모두 다 제한될 수 있다(제24조 및 제24조의2).[70]

둘째, 교과용 도서를 발행한 자 또는 학교·교육기관·수업지원기관 등이 교과용 도서를 본래의 목적으로 이용하거나 공표된 저작물을 수업목적 또는 수업지원목적으로 이용하는 경우에는 저작물의 공중송신할 수 있으며(제25조 제2항~제4항 참조), 교육기관에서 교육을 받는 자는 수업목적상 필요하다고 인정되면 공표된 저작물을 공중송신할 수 있다(제25조 제5항). 따라서 이 경우에 있어서는 저작자의 공중송신의 행사가 제한을 받게 된다.

셋째, 부수적인 복제와 문화시설에 의한 복제 등에 있어서 저작물 이용자는 해당 저작물을 공중송신할 수 있다(제35조의3 및 제35조의4). 따라서 이 경우에 있어서도 저작자가 가지는 공중송신권의 행사는 제한을 받게 된다.

---

70 정치적 연설 등의 내용이나 공공저작물의 자유이용에 있어서의 해당 저작물의 이용의 형태에는 제한이 없다. 따라서 이와 같은 경우에는 해당 저작물을 자유롭게 방송, 전송 또는 디지털음성송신을 할 수 있다.

넷째, 시사보도를 하는 경우에 그 과정에서 보이거나 들리는 저작물은 보도를 위한 정당한 범위 안에서 공중송신을 할 수 있다. 따라서 이 경우에는 방송과 전송 등도 가능하며 저작자 입장에서는 그의 방송권과 전송권 등이 제한된다(제26조).

다섯째, 시사적인 기사 및 논설과 영리를 목적으로 하지 않는 공표된 저작물은 방송할 수 있다(제27조 및 제29조 제1항). 따라서 이 경우에 있어서 저작자의 방송권은 제한된다.

V. 전시권

1. 의의

유체물 형태의 저작물을 가지고 있는 저작자는 저작재산권으로서 전시권을 가진다. 우리 「저작권법」에서도 "저작자는 미술저작물 등의 원본이나 그 복제물을 전시할 권리를 가진다"(제19조)라고 하여 이를 분명히 하고 있다.[71] 여기에서 말하는 미술저작물 등은 미술저작물, 건축저작물 그리고 사진저작물을 말하며(제11조 제3항 참조), 이는 곧 넓은 의미에서 미술저작물을 의미한다.

이와 같은 전시권은 여타의 저작재산권과 마찬가지로 저작자가 가지는 배타적인 권리로서의 성격을 가진다. 따라서 미술저작물 등의 저작자는 전시권을 직접 행사하거나 제3자에게 전시권을 양도하는 방법으로 이 권리를 행사할 수 있으며, 아니면 대부분의 경우에서와 마찬가지로 제3자에게 해당 미술저작물 등의 전시행위를 허락하는 방법으로 전시권을 행사할 수도 있다. 따라서 제3자가 저작자로부터 전시권을 양도받거나 전시의 허락을 받지 아니하고 미술저작물 등을 전시하면 전시권의 침해에 해당한다.

---

71 국제조약에서는 아직까지 전시권을 저작자가 가지는 배타적 권리로 인정하지 않고 있다. 개별 국가의 「저작권법」에서 전시권을 저작재산권으로 규정하고 있는 국가는 우리나라와 일본, 미국, 프랑스, 독일 등 일부 국가에 불과하다.

2. 전시의 개념적 특징

(1) 의의

「저작권법」에서는 저작물의 여타의 이용행위와는 달리 전시에 관한 별도의 개념 규정을 두고 있지 않다. 따라서 전시의 개념은 일반적인 의미로 파악할 수밖에 없는데, 일반적으로 볼 때 **전시**라 함은 공개된 장소에서 공중이 유체물로서의 해당 저작물에 접근하여 그 저작물의 이미지[72]를 관람할 수 있도록 진열하거나 기타의 방법으로 보이게 하는 행위[73]를 말한다. 이하 전시의 개념적 특징을 좀 더 구체적으로 살펴보기로 한다.

(2) 공중을 대상으로 저작물을 진열하는 것

전시는 여타의 대부분의 저작물 이용행위와 마찬가지로 공중을 대상으로 하는 것을 그 특징으로 하며[74], 따라서 공중이 아닌 사적인 그룹이나 가정 내에서 이루어지는 개인적 차원의 장식행위Decoration 등은 전시에 해당하지 않는다. 그리고 **전시**는 진열 또는 게시와 같은 정태적 방법으로 저작물을 공중에게 보이게 하거나 전달하는 것인데, 이 점에서 저작물 전달과정의 동태성을 특징으로 하는 공연과 구별된다.[75]

(3) 미술저작물 등과 같은 유형적 저작물을 대상으로 한 저작물 이용행위

전시권의 행사가 가능한 범위, 다시 말해 전시의 대상으로서 우리 「저작권법」은 광의의 미술저작물, 즉 미술저작물(제4조 제4호), 건축저작물(제4조 제5호), 그리고 사진저작물(제4조 제6호) 등 세 종류의 저작물만을 그 대상으로 하고 있다.

---

72 디지털 전시기법이 발달한 오늘날의 전시에 있어서는 전통적인 개념의 단일 이미지를 벗어나 디지털 형태를 지니는 복수의 이미지를 제공하는 것도 포함되어야 할 것이다.

73 기타의 방법으로 보이게 하는 행위에는 디지털 장치를 이용하여 전시장 이외에서 작품을 관람하게 하는 것 등이 포함될 수 있다.

74 저작물을 공중에게 공개하는 방법은 크게 공연, 공중송신, 전시, 배포, 대여가 있는데(제2조 제25호 참조), 공연과 공중송신은 무형적으로 공중에게 공개하는 것을 말하고 전시, 배포, 대여 등은 유형적으로 공중에게 공개하는 것을 말한다.

75 미술저작물, 건축저작물, 사진저작물과 같은 유형적 형태의 저작물을 진열 또는 게시하는 것만으로 충분한 경우가 '전시'이고, 저작물이 담고 있는 표현을 전달함에 있어 전달자의 육체나 기계의 힘을 빌려야 하는 경우가 '공연'에 속한다. 이와 같이 전시는 정적인 개념임에 반하여 공연은 동적인 개념임을 유의할 필요가 있다.

전시는 이와 같이 저작물의 유형적 이용형태에 착안한 것으로서, 전시의 대상은 미술저작물 등과 같은 유형적 저작물에 한정하여 적용되고 있음이 특징이다.[76] 따라서 우리 「저작권법」에서는 어문저작물, 음악저작물, 연극저작물, 영상저작물, 도형저작물 그리고 컴퓨터프로그램저작물 등을 저작물의 예시로 들고 있으나 이들 저작물에 대해서는 전시권이 행사될 여지가 없다.

(4) 원본과 복제물을 대상으로 한 저작물 이용행위

전시의 방법은 미술저작물 등의 원본이나 그 복제물을 전시하는 방법으로 이루어진다. 「저작권법」에서도 "저작자는 그의 미술저작물 등의 원본이나 그 복제물을 전시할 권리를 가진다"(제19조)라고 하여 이를 분명히 하고 있다. 따라서 무형적 전시, 예를 들어 온라인 웹사이트에 이미지 파일을 게시하는 것과 같은 전시는 「저작권법」에서 인정하고 있지 않는다.[77]

원본의 전시는 주로 화랑, 미술관, 전시장 등에서 저작자 또는 미술저작물 등의 소유자가 제공한 원본을 가지고 직접적으로 전시하는 경우에 해당하며, 복제물에 대한 전시는 미술저작물 등의 원본의 복제물을 직접적으로 전시하거나 필름, 슬라이드, TV 영상이나 기타 다른 장치 및 공정에 의하여 그 복제물을 보여주는 방법으로 전시하는 것을 말한다.[78] 요컨대, 저작자는 그가 창작한 미술저작물 등의 원본뿐만 아니라 복제물을 전시할 권리도 가지고 있다.[79] 그러나 저작자가 아닌 미술저작물 등의 원본의 소유자나 그의 동의를 얻은 자는 오직 원본에 의한 전시만이 가능하다.

3. 저작권에서 전시권이 차지하는 비중

전시권은 미술저작물 등에만 적용되고 그나마 「저작권법」 제35조에서 미술저작물 등에 대한 전시권의 행사가 상당 부분 제한되고 있기 때문에 전시권이 「저작권

---

76 배포와 대여 역시 그 대상은 유형적 저작물에 한정하나 배포·대여의 경우 미술저작물 등 이외의 저작물도 적용의 대상이 될 수 있다.

77 참고로, 미국 저작권법에서는 우리와 다르게 인터넷 공간에서의 전시 또는 공연, 다시 말해 디지털 전시나 디지털 공연을 허용하고 있다(미국 저작권법 제101조 참조).

78 달력사진이나 포스터용 광고인쇄물 등을 통한 전시도 이에 해당한다.

79 이는 뒤에서 설명하게 될 배포권에서도 마찬가지이다.

법」에서 차지하는 비중은 그다지 크지 않다.

우리나라에서는 미술저작물 등의 저작자가 원본의 최초거래에서 창작에 대한 대가를 받고 그 이후로는 원본의 이전에 대해서 아무런 권리를 가지지 않는 것이 일반적이다. 그러다 보니 미술저작물 등의 저작자가 가지는 전시권이 실제로 작용하지 않는 경우가 대부분이다. 전시권이 저작재산권이라는 권리로서의 기능을 발휘하기에는 여러 가지 제약이 많은데 그 이유로는 다음과 같은 몇 가지를 들 수 있다.

첫째, 무엇보다도 미술저작물 등의 저작자는 창작에 대한 대가뿐만 아니라 일품제작물一品製作物, One kind of a Works로서의 유체물에 대한 대가를 포함하여 해당 저작물을 판매하며, 이 과정에서 대부분의 경우 전시권 등 저작재산권도 동시에 양도하는 것이 관행으로 되어 있기에 저작자가 전시권을 주장하는 경우는 거의 없다. 둘째, 미술저작물 등은 소장목적으로 원본이 거래되는 경우가 대부분이다. 따라서 개인적으로 소장하는 것은 공중을 대상으로 하는 전시에 해당하지 않기 때문에 이 경우에는 전시권이 개입할 여지가 없다. 셋째, 미술저작물 등의 전시주체는 주로 미술관, 화랑, 정부미술은행[80] 등이 있는데, 이들도 대부분 원본을 직접적으로 소유하고 있으며 특별전을 실시하더라도 원본 소유자의 동의를 얻어 전시를 하는 것이 일반적이므로[81] 저작자의 전시권이 미치는 경우는 거의 없다. 이와 같이 전시권이 「저작권법」에서 차지하는 비중은 미미하며, 따라서 아직까지 대부분의 국가에서는 전시권을 저작재산권의 지분으로 인정하고 있지 않다.

4. 전시권 행사의 제한

전시권은 앞에서 언급한 바와 같이 저작물의 유형적 이용에 착안한 것으로서 저작재산권 가운데서 가장 대표적인 유형적 권리에 해당한다.[82] 이와 같은 전시권도

---

80 미술은행이란 공공기관이 미술품을 구입하여 공공건물에 전시하거나 일반에게 대부하는 제도를 말하는데, 우리는 국립현대미술관에 〈정부미술은행〉을 설치·운영 중에 있다. 국가대표미술관의 지위를 가지고 있는 국립현대미술관은 〈정부미술은행〉의 주체가 되어 조달청으로부터 문화체육관광부로 관리전환된 모든 정부소장미술품을 관리함과 아울러, 작가로부터 신규 미술품의 구입과 보관하고 있는 미술품을 정부기관, 지방자치단체 등에게 대부하는 업무 등을 전문적으로 담당하고 있다(박순태, 『문화예술법』, 프레전트(2015), 700쪽).

81 이 경우 전시주체는 법 제38조에 의하여 원본에 의한 전시를 할 수 있다.

82 「저작권법」에서 '원본이나 그 복제물', '원본 또는 복제물' 또는 '원본에 의한 전시'라는 표현을 사용하고 있다면, 이는 모두 유형적 권리의 행사와 관련이 있다(제2조 제23호, 제19조 등 참조).

여타의 저작재산권과 마찬가지로 공공의 복리증진 등을 위하여 필요한 경우에는 법률의 규정에 따른 제한이 가능하다. 미술저작물 등의 전시권의 제한에 관해서는 법 제35조 제1항에서 규정하고 있는데 그 핵심적인 내용은 미술저작물 등의 저작자와 소유자가 다른 경우에 원본의 소유자나 그의 동의를 얻은 자는 저작자로부터 허락을 받지 아니하고도 해당 저작물의 원본을 전시할 수 있다는 것이다.[83] 그러나 길거리나 공원과 같이 공중에게 개방된 장소에서 **항시** 전시한다면 이는 저작자의 전시권을 지나치게 제한하는 것이 된다. 따라서 이와 같은 전시를 하고자 한다면 저작자의 허락을 얻어야 한다(제35조 제1항 단서).

VI. 배포권

1. 의의

저작자는 저작재산권의 하나인 배포권을 가진다. 즉, "저작자는 저작물의 원본이나 그 복제물을 배포할 권리를 가진다"(「저작권법」 제20조 전단).

이와 같은 배포권은 복제권, 전시권, 대여권과 함께 저작물의 유형적 이용에 착안하여 창설된 유형적 권리로서의 성격을 가지며, 당연히 유체물의 형태를 지니고 있는 모든 저작물에 대해 저작자가 행사할 수 있는 권리이다.

오늘날 유형적 형태를 지니는 저작물을 창작한 저작자에게 복제권, 전시권, 대여권을 주는 것만으로는 저작자를 충분히 보호할 수 없다. 배포를 독립된 업종으로 하여 여기에 종사하는 자가 얼마든지 존재할 수 있기 때문이다.

배포권 역시 여타의 저작재산권과 마찬가지로 배타적 권리로서 이는 저작자가 직접 행사하거나 배포권을 제3자에게 양도하여 행사하게 할 수도 있다. 나아가 저작자는 제3자에게 저작물의 배포행위를 할 수 있도록 허락할 수도 있다. 따라서 제

---

83 미술저작물 등의 원본을 구입하여 소유권을 가지고 있는 자가 전시를 희망할 경우 일일이 저작자의 전시허락을 받는 것은 여간 불편한 일이 아니며, 이는 저작자의 이익에도 부합하지 않는다. 저작자가 소유자에게 전시권을 양도했다면 이와 같은 문제는 발생하지 않지만, 법 제35조에서 규정하고 있는 전시권의 제한은 미술저작물 등의 저작자가 전시권을 가지고 있는 상태에서, 다만 유체물로서의 미술저작물 등에 대한 소유권만을 타인에게 양도한 경우에 대비한 규정이다.

3자가 배포권을 양도받지 않거나 저작자의 허락 없이 배포를 하면 이는 배포권의 침해에 해당하여 각종 민·형사적 책임을 져야 한다.

2. 배포의 개념적 특징

(1) 의의

저작자는 그가 창작한 유형적 저작물의 원본이나 복제물을 배포할 권리를 가진다. 배포는 저작물 등의 원본 또는 그 복제물을 공중에게 대가를 받거나 받지 아니하고 양도 또는 대여하는 것을 말한다(제2조 제23호).

법에서 저작자에게 배포권을 부여하는 이유는 저작권자가 저작물의 원본이나 복제물이 유통되는 방법과 조건을 통제하게 함으로써 불법복제물의 유통을 효과적으로 통제할 수 있을 것이라고 기대하기 때문이다.

(2) 저작물에 대한 유형적 이용행위

배포는 저작물에 대한 유형적인 이용행위로 이해된다. 따라서 배포행위는 원본 또는 그 복제물과 같은 유형적 형태를 지니고 있는 저작물에만 적용이 될 수 있다.[84] 저작재산권 가운데 유형적 권리에 해당하는 복제권, 배포권, 전시권 그리고 대여권은 각각 그 권리 행사의 대상을 달리하는데, 현행법에 따르면 복제권과 배포권은 모든 유형적 형태의 저작물을, 전시권은 미술저작물 등을, 대여권은 상업용 음반과 컴퓨터프로그램저작물을 각각 그 권리행사의 대상으로 하고 있다(제19조~제21조 참조).

(3) 공중을 대상으로 한 저작물 이용행위

배포는 공중을 대상으로 한 저작물의 이용행위이다. 배포를 정의하고 있는 법 제2조 제23호에서도 배포가 공중을 대상으로 한 개념이라는 것을 명시적으로 규정하고 있다. 따라서 개인 간의 증여행위나 가족 간 배포처럼 공중이 아닌 한정된 범

---

[84] 배포가 이루어지기 위해서는 물리적인 객체(Material Object)가 어느 위치에서 다른 위치로 이동하여야 하는데, 인터넷을 이용하여 어느 컴퓨터에서 다른 컴퓨터로 저작물의 복제물을 이전하는 행위는 물리적인 객체의 이동이라고 할 수 없으므로 이는 전송에 해당하며 배포라고는 할 수 없다.

위 안에서의 배포는 법의 대상이 아니다.

(4) 유상 또는 무상으로 이루어지는 행위

배포는 유상有償 또는 무상無償으로 공중에게 저작물의 원본이나 복제물을 양도 또는 대여하여 공중이 이를 이용할 수 있도록 하는 것을 말한다. 그런데 배포가 반드시 유상으로 이루어질 필요는 없으며 무상으로 이루어지더라도 무방하긴 하다. 유상으로 이루어지는 배포권의 행사는 판매, 교환, 대여 등이 있을 수 있으며, 무상으로 이루어지는 배포권의 행사는 증여나 소유권의 포기, 대여 등이 있을 수 있다.

(5) 양도 또는 대여의 방법을 통하여 이루어지는 행위

현행 법체계에 따르면 배포의 방법으로는 양도讓渡 또는 대여貸與가 있다.[85] 대부분의 배포는 양도의 방법으로 하여 이루어지는데 판매 또는 그 밖의 소유권의 이전을 통하여 해당 저작물의 원본이나 복제물에 대한 처분가능성을 최종적으로 이전하는 것을 말한다. 한편, 대여는 수업시간에 교수가 그가 저술한 학습물을 학생들에게 참고용으로 나누어 주고 나중에 회수하는 것과 같이 잠정적으로 점유를 이전함에 불과하고 최종적인 처분권은 상실하지 않는 형태이다.

3. 권리소진의 원칙

(1) 의의

저작물의 유형적 이용에 따르는 저작재산권의 행사에 있어서 언제나 소유권과의 충돌이 문제가 된다. 배포권도 예외는 아니어서 이에 대한 조정장치가 필요한데 그 이론적 근거가 **최초판매의 원칙** 및 이에 따른 **권리소진의 원칙**이다.

배포권은 저작자가 해당 저작물의 원본이나 복제물을 대상으로 행사할 수 있는 권리로 이는 어디까지나 무체재산권으로서 이해되어야 한다. 그런데 저작자에게

---

85 '배포'의 개념에 양도와 함께 대여가 포함되는 것은 우리 「저작권법」의 규정(제2조 제23호)에 의하여 그러하다는 것이지, 일반적인 민사법하에서는 배포의 개념에 대여의 개념이 당연히 포함되는 것은 아님을 유의하여야 한다. 배포의 개념은 소유권 이전의 형식에 의한 양도(매매, 증여, 교환 등)와 점유권 이전의 형식에 의한 대여(사용대차, 임대차 등)로 구분할 수 있는데, 배포의 개념에 후자의 개념이 포함 되는지의 여부는 각국의 저작권법의 규정형식에 따라 다르다.

배포권을 무제한으로 허용하게 되면 미술저작물 등과 같은 유체물 자체를 소유하고 있는 자의 소유권과 정면으로 충돌할 수 있으며, 그 결과 유형적 저작물의 유통이 커다란 제한을 받게 된다. 이와 같은 상황하에서 저작자가 가지는 저작권, 특히 유체물 형태의 저작물에 대한 배포권을 제한함으로써 소유권과의 충돌 문제를 조화롭게 해결하기 위해 등장한 것이 권리소진의 원칙이다.

권리소진의 원칙은 **권리행사의 제한원칙**, 좀 더 구체적으로 말하자면 **배포권 행사의 제한원칙**으로 자리 잡고 있으며 세계 대부분의 국가는 이 원칙을 자국의 저작권법에 반영하고 있다.

우리도 「저작권법」 제20조 후단에서 이에 관한 규정을 두고 있는데, 최초판매의 원칙First Sale Doctrine[86] 또는 이 원칙에 근거하여 배포권이 소진되어 더 이상 배포권이라는 권리를 행사할 수 없다는 의미에서 권리소진의 원칙Exhaustion of Rights이라고도 한다. 이와 같은 최초판매의 원칙 내지는 권리소진의 원칙은 뒤에서 다시 이야기하겠지만 병행수입과 대여권 그리고 추급권 등과도 밀접한 관련성을 지니고 있다.

(2) 권리소진의 원칙의 주요내용

가. 의의

권리소진의 원칙은 최초판매의 원칙에서 파생된 원칙으로서[87], 일반적으로 권리소진의 원칙이라 함은 "저작재산권이 화체化體된 유체물이 일단 적법하게 거래에 제공된 이상 그 최초의 거래제공 당시에 저작자가 가지는 저작재산권은 완전히 행사되어 소진된 것으로 보고, 이후에 일어나는 해당 유체물의 유통단계에 대하여는 더 이상 저작자는 그의 저작재산권을 행사할 수 없다"는 것을 핵심내용으로 하고 있다. 저작자가 판매 등의 방법으로 해당 저작물을 거래에 제공한 경우에는 그는 이미 경제적인 이익을 취한 상태이기 때문에 이 경우에 있어서도 그에게 저작권을 계속 행사할 수 있도록 하는 것은 오히려 권리의 남용에 해당할 수 있기 때문이다.

---

86 '최초판매의 원칙'은 물리적 형태를 지닌 재화의 원활한 유통을 보장하기 위한 법률사상으로서 이는 보통법(Common Law)에 기초를 두고 있는데, 1909년 미국 저작권법 개정 시 처음으로 실정법 차원으로 입법화되어 오늘에 이르고 있으며, 세계 대부분의 국가에서 이 제도를 채택·운용 중에 있다(윤종수, 「저작권법 개혁에 관한 미국의 논의」, 계간 《저작권》(2015 봄호), 한국저작권위원회, 116쪽).

87 '권리소진의 원칙'은 최초판매의 원칙과 밀접한 관련성을 가지고 있으며, 가끔씩 이 둘은 혼용하여 교차적으로 사용되기도 한다.

최초판매의 원칙 또는 권리소진의 원칙을 한마디로 표현하면 저작자는 최초판매 이후의 유통과정에 일일이 개입해서는 안 된다는 것으로서, 이는 저작권과 소유권이 충돌할 경우 저작권의 행사는 일정부분 제한되고 소유권 행사가 우선적으로 보장되어야 한다는 사상을 그 배경으로 하고 있다.[88] 일반적으로 권리소진의 원칙은 저작권법에서 배포권의 소진으로 이해되고 있으며, 따라서 배포권 행사의 제한을 정당화 시켜주는 이론으로서 널리 받아들여지고 있다.

나. 「저작권법」에서의 규정(제20조 후단)

여기서 유의할 것은 판매 등의 방법으로 복제물을 소유하게 된 자는 원래의 소유권자인 저작권자가 처분한 범위와 수량을 넘어서 해당 저작물을 처분할 수 없다는 것이다. 따라서 저작물을 판매 등의 방법으로 소유하게 된 자가 해당 저작물을 새로이 생산·변형하거나 이를 공중송신 등의 방법으로 다량으로 공중에게 전달하는 행위는 권리소진의 원칙의 범위를 벗어난다. 이와 같이 권리소진의 원칙은 오로지 저작자가 판매 등의 방법으로 거래에 제공한 바로 그 저작물(복제물)을 사용하고 처분하는 행위만이 저작권상의 보호를 받게 된다는 점을 유의하여야 한다. 우리 법 제20조에서 규정하고 있는 이와 같은 규정은 강행규정적 성격을 가지고 있으며, 따라서 당사자 간의 계약으로 이 규정의 적용을 배제할 수는 없다.

4. 권리소진의 원칙에 따른 배포권 행사의 제한

(1) 배포권 행사의 제한요건

우리 「저작권법」 제20조 후단에서는 **권리소진의 원칙**에 따라 저작자가 가지고 있는 배포권의 행사가 제한되는 사유[89]를 정하고 있는데 이를 좀 더 구체적으로 살펴보기로 한다.

---

88 무체재산권(저작권 등)과 유체재산권(소유권 등)이 충돌할 경우 대부분의 유체재산권을 우선적으로 보호한다. 그 구체적인 예로서는 i) 법 제11조 제3항에 따른 저작인격권의 하나인 공표권 행사의 제한, ii) 법 제35조 제1항에 따른 전시권 행사의 제한 그리고 여기서 논의하고 있는 iii) 법 제20조에 따른 배포권 행사의 제한 등이 있다.

89 이는 곧 권리소진의 원칙이 성립하기 위한 요건이기도 하다.

가. 유형적 저작물의 원본이나 복제물을 대상으로 이루어질 것

배포권은 무엇보다도 저작물의 유형적 이용에 따른 권리이기 때문에 배포권은 원본이나 복제물과 같은 유형적 형태를 가지는 저작물에 대해서만 적용이 가능하다.[90] 따라서 공연이나 공중송신과 같이 무형적으로 이용되는 저작물에 대해서는 배포권이 적용되지 않으며 권리소진의 원칙 역시 적용되지 않는다는 것이 오늘날 일반적인 견해이다.

디지털저작물은 시장에 미치는 영향이 크고 완벽한 복제가 가능하다는 점에서 최초판매의 원칙을 적용하기 어렵다. 그런데 이는 곧 완벽한 복제가 이루어지지 않는다면, 즉 디지털저작물이 이전되는 경우 원본Original Works에 해당하는 원래의 사본을 완벽하게 제거하는 기술적 장치만 마련된다면 최초판매의 원칙이 적용될 수도 있다는 뜻이다.[91]

나. 저작재산권자의 허락을 받아 거래에 제공된 경우일 것

유형적 저작물에 대한 배포권의 행사가 제한되기 위해서는, 다시 말해 권리소진의 원칙이 적용되기 위해서는 해당 유형적 저작물에 대한 소유권이 최소한 해당 저작재산권자[92]의 허락을 받아 이전된 상태에 있어야 한다.

이때의 저작재산권자의 허락은 자발성을 전제로 하는 것으로서, 사기나 기망 또는 강탈 등의 불법적인 사유에 기인하여 해당 유형적 저작물을 창작한 저작재산권자의 손을 떠나 거래에 제공된 상태에서는 권리소진의 원칙은 적용되지 아니하고, 이 경우에는 저작자의 배포권 행사는 여전히 가능하다. 그리고 이때의 허락은 순차적 또는 단계를 거쳐 이루어질 수도 있으며 연속되는 거래과정(소유권 이전과정)에서 허락의 연계성Privity이 있다면 저작재산권자의 허락이 있는 것으로 볼 수 있다.[93]

---

90 예를 들면 도서·잡지 등에 게재된 어문저작물, 미술저작물 등 그리고 비디오·CD·DVD 등에 수록된 영상저작물 등이 이에 해당한다.

91 윤종수, 앞의 논문, 116쪽.

92 이때의 해당 저작재산권자는 곧 배포권자를 가리킨다.

93 예를 들면 도서를 직접적으로 거래에 제공한 사람은 출판사이지만, 출판사는 저작재산권자로부터 복제 및 배포에 대한 허락을 받은 것이므로 그 거래의 제공에는 저작재산권자의 허락이 있다고 보아야 할 것이다. 따라서 이 경우에도 권리소진의 원칙은 적용되며 당초의 저작재산권자는 그의 배포권 행사에 제한을 받는다 하겠다(오승종, 앞의 책, 493쪽).

다. 판매 등의 방법으로 거래에 제공된 경우일 것

권리소진의 원칙은 무체재산권에 해당하는 저작재산권으로서의 **배포권**의 행사를 제한하고, 그 대신에 유체재산권에 해당하는 소유권을 취득한 자를 우선적으로 보호하여 거래의 안전과 저작물의 공정한 이용을 도모하기 위하여 개발된 법률이론이다.[94] 유형적 형태의 저작물에 대한 거래질서의 안전과 해당 저작물의 공정한 이용을 기하기 위해서는 무엇보다도 정상적인 유통과정을 통하여 거래가 이루어지고 저작재산권(배포권)의 행사를 제한하면서까지 유형적 저작물을 취득한 자를 보호하여야 할 상황이 존재하여야 한다.

이와 같은 상황을 종합적으로 반영하여 법에서는 권리소진의 원칙의 성립요건으로서 저작물의 원본이나 그 복제물이 **판매 등의 방법으로 거래에 제공된 경우**를 제시하고 있다. 여기서 말하는 '거래에 제공된 경우'란 해당 저작물을 유통이 이루어지는 정상적인 거래과정에 내어놓아 이를 취득하는 사람이 정상적으로 소유권을 가질 수 있는 상태에 두는 경우를 말한다.[95]

저작물이 거래에 제공되는 방법으로는 판매가 가장 대표적이며 이 밖에도 교환, 증여, 소유권의 포기 등이 있을 수 있다. 이에 우리 「저작권법」에서 판매 등의 방법이라고 하여 이를 수용하고 있다. 그러나 저작자가 저작물의 원본이나 복제물에 대한 처분가능성을 최종적으로 상실하지 않음으로서[96] 취득자가 소유권을 가질 수 없는 잠정적인 점유의 이전 형태인 대여나 대출 등은 거래에 제공되는 방법이 될 수 없다. 이와 같은 경우에 있어서까지 저작재산권자(배포권자)의 보호 대신에 저작물의 원본 또는 복제물을 소유하고 있는 자를 보호할 필요는 없기 때문이다. 따라서 대여나 대출형태로 거래에 제공된 저작물의 원본이나 복제물에 대해서는 저작재산

---

94 이런 의미에서 '권리소진의 원칙'은 저작재산권자의 사익추구를 제한하고 거래질서의 안전이라는 공익추구를 위하여 개발된 이론이라 할 수 있다.

95 미국 계약법에서는 거래에의 제공을 'Entrusting'이라는 개념으로 설명하는데 이 개념의 핵심은 구매자가 거래에 제공된 물건을 정상적인 거래과정을 거쳐 구매하였다면 그는 원 소유자가 가지고 있는 모든 권한을 승계하게 된다는 내용이다(Entrusting goods to a merchant who deals in goods of that kind gives him power to transfer all rights of the entrusters to a buyer in the ordinary course of business(U.C.C. § 2-403)).

96 유체물에 대한 처분가능성을 최종적으로 상실하고 이를 이전하는 것을 일반적으로 양도라고 한다. 양도의 방법으로는 위에서 본 판매, 교환, 증여, 소유권의 포기 등이 있다. 이렇게 본다면 권리소진의 원칙은 '양도의 방법으로 거래에 제공된 경우'에만 적용된다고도 할 수 있다.

권자는 지속적으로 배포권을 행사할 수 있다고 보아야 한다.

(2) 권리소진의 원칙의 장소적 적용범위

가. 의의

권리소진의 원칙이 적용되는 장소적 범위를 국내로 한정할 것인가 아니면 국제적으로 확대하여 적용할 것인가가 문제시되는데 이 역시 그 나라의 입법정책의 문제로 귀결된다.[97] 우리 「저작권법」에서는 권리소진의 원칙의 장소적 적용범위에 관해서 특별히 규정하는 바가 없으며 따라서 이는 학설과 판례에 맡겨져 있다.

권리소진의 원칙의 장소적 적용범위 문제와 관련하여서는 국내소진이론National Exaution과 국제소진이론International Exhaustion이 있는데, 전자는 최초판매가 이루어진 국가 내에서만 배포권이 소진되고, 후자는 최초판매로 저작자가 한번 배포를 허락했다면 그 이후의 모든 거래행위에 대해서 국경을 넘어 수입이 되었는가와 관계없이 저작자가 가지고 있던 배포권이 소진되어 더 이상 주장할 수 없다는 이론이다.

나. 권리소진의 원칙의 국제적 적용 문제(병행수입의 문제)

오늘날 국가 간의 무역이 활발해지면서 수입유통의 경로도 더욱 다변화되고 있는데, 그 중에서 저작권자 또는 독점적 수입업자 이외의 자가 저작권자 등의 허락 없이 모방품이 아닌 외국에서 직접 판매하고 있는 진정상품眞正商品을 수입하여 국내에 유통시키는 사례가 있다. 이와 같은 수입은 불법적 수입과 합법적 수입 사이의 중간에 있는 새로운 수입 형태에 해당하는 것으로서, 일반적으로 이를 회색수입 Gray Importation 또는 병행수입竝行輸入, Paralleled Importation이라고 한다.[98]

병행수입이란 이와 같이 권리자가 해외에서만 판매하기로 의도한 상품이 정상적인 유통경로를 거치지 않고 권리자의 동의 없이 수입되는 것을 말한다. 국내소진이론을 따른다면 수입된 유형적 저작물에 대한 배포권을 행사함으로써 저작자는 병행수입을 금지시킬 수 있는 권리를 가지고 있는 셈이다. 다시 말해 병행수입이란 권리자의 국가 이외의 국가에서 적법하게 제조되거나 복제된 상표, 저작물, 상표부

---

97 TRIPs협정과 WPPT 및 WCT 등에서도 권리소진의 원칙의 적용범위를 국내에 한정할 것인지 국제적으로 범위를 넓힐 것인지에 관해서는 체약국의 입법에 맡기고 있다.

98 최종일, 「저작물 병행수입 금지의 효과와 대응방안」, 문화관광부(2006), 9~10쪽.

착물이 권리자의 국가로 수입되는 것을 말하는데, 이를 인정할 것인가의 여부는 권리소진의 원칙을 국내에 한정해서만 인정할 것인지 아니면 국제적으로 확대하여 적용할 것인지에 따라 결정된다.[99] 만일 권리소진의 원칙을 국제적으로 확대하여 적용한다면 권리자는 병행수입을 통제할 권한이 없지만, 국내에 한정해서 적용한다면 병행수입은 권리자에 의해 통제된다.[100]

우리 「저작권법」은 병행수입을 금지할 것인지 아니면 이를 허용할 것인지에 관하여 아무런 규정도 두고 있지 않다. 오늘날 유형적 저작물의 국제 간 유통이 활발히 이루어지고 있고 무엇보다도 병행수입이 되는 저작물에 대하여 재차 배포권을 행사하는 것도 법감정에 맞지 않으며, 「저작권법」의 기본원칙 중 하나인 권리소진의 원칙을 충실하게 준수하기 위해서라도 국제소진이론을 원칙적으로 견지하고 예외적인 경우에 병행수입을 허용하는 것이 우리 현실에 보다 적합할 것으로 보인다.[101] 이 밖에도 아직까지 우리나라에서는 수입행위를 저작물의 이용행위로 보지 않기 때문에 당연히 저작자에게 배타적인 권리를 부여하고 있지도 않다.[102] 따라서 유형적 저작물의 병행수입을 차단하기 위한 목적으로 배포권을 인정하는 것도 논리적으로 맞지 않다고 보여진다.

---

99 병행수입 행위에 대해서는 미국, 일본, 유럽 등에서는 오래전부터 많은 법률적 논란과 실제의 사례를 겪으면서 나름대로 그 국가의 사정에 맞추어 허용 여부를 결정해 오고 있다. 저작물에 대하여 병행수입을 제한적으로 허용하고 있는 국가로는 미국, EU, 호주, 일본, 캐나다, 뉴질랜드 등이 있고, 병행수입을 금지하고 있는 국가로는 홍콩, 이스라엘, 네덜란드, 노르웨이, 러시아, 대만 등이 있다(최종일, 앞의 논문, 52쪽).

100 이 경우에 있어서는 저작자에게 일종의 수입권이라는 배타적 권리를 부여하는 효과가 있을 수 있다.

101 구체적으로 어떠한 경우에 병행수입이 허용되며, 어떠한 경우에 제한되어야 하는가의 여부는 어떠한 상황에서 저작권자에게 정당한 보수가 주어졌는지, 다른 이해 관계자에게 어떠한 경제적 영향을 미쳤는지에 따라 결정될 것이며, 이 과정에서 나중에 논의할 저작물의 공정이용에 있어서 적용되는 테스트인 3단계 테스트(Three Step Test)가 중요한 지침 내지는 기준이 될 것이다. 참고로 우리의 경우는 전문서적 위주로 병행수입이 한정적으로 허용되고 있으며 음악, 영화, 게임소프트웨어 등에서는 아예 병행수입업체가 없는 것으로 파악되고 있다(최종일, 앞의 논문, 85~100쪽 참고).

102 일반적으로 수입권(Right of Importation)이라 함은 저작물의 원본이나 합법적으로 제작된 복제물이 판매 등의 방법으로 거래에 제공된 이후에도 이를 자국 내로 수입하는 것을 통제할 수 있는 권리를 말한다. 오늘날 이 수입권은 주로 미국과 유럽연합을 중심으로 채택·운용되고 있으나 아직 우리나라에서는 수입권을 인정하고 있지 않다. 수입권은 배포권의 파생적 권리라고 할 수 있으며, 대여권과 함께 최초판매의 원칙에 대한 예외의 하나로 인식되고 있다.

5. 권리소진의 원칙과 추급권과의 관계

(1) 의의

추급권은 미술저작물이 최초판매된 이후에 계속하여 이전하는 과정에서 발생하는 이익의 일정부분을 원본인 미술저작물의 저작자가 청구할 수 있다는 내용의 권리로서[103], 이는 원본이 존재하는 미술저작물에만 적용된다.

권리소진의 원칙은 추급권追及權과는 정반대의 이념적 배경을 가지고 있다. 권리소진의 원칙은 앞에서 살펴본 바와 같이 유형적 저작물의 거래질서의 안정과 이용의 활성화 등 공익적 관점에서 저작재산권(배포권) 행사를 제한하는 이론인 반면에, 추급권은 그 반대로 저작자의 개인적 권리 보호에 중점을 두어 저작재산권의 행사를 지속시켜 주기 위해 창설된 권리의 개념이다.[104]

추급권이 주로 미술저작물에 적용되는 이유는 이들 미술저작물은 문학·음악·영상저작물 등과는 달리 복제물이 아닌 원본이 유통되고 원본을 전시함으로써 저작물을 이용하는 것이 보통이기 때문이다. 다시 말해, 문학·음악·영상 등 타 예술분야의 저작자는 일반적으로 저작물이 복제되어 판매될 때마다 이용료를 받고 저작물의 수요의 정도에 비례하여 저작자의 소득이 증가하는 반면에, 대량의 작품 제작이 불가능하고 한 개의 저작물로 이루어진 일품제작물One kind of a Works을 특징으로 하는 미술저작물의 저작자가 복제권이나 배포권 등을 행사하여 얻을 수 있는 수익은 아주 한정적이기 때문이다.

요컨대, 추급권은 미술저작물의 경우 처음보다 나중에 훨씬 비싼 값으로 거래되는 경우가 많고, 이른바 권리소진의 원칙에 따라 최초판매 이후에 배포권과 대여권 등을 행사할 수도 없으며, 이 밖에「저작권법」상의 전시권에 대한 제한규정(제35조 참조)으로 인해 전시권을 주장할 여지도 별로 많지 않음을 고려하여 미술저작물의 저작자와 여타 분야의 저작물의 저작자와의 수익의 균형을 이루기 위한 제도적 장

---

103 따라서 추급권은 최초판매의 원칙의 예외에 해당한다.

104 「베른협약」에서도 추급권에 관하여, "저작자 또는 그의 사망 후에 국내입법으로 권한을 부여받은 자연인이나 단체는 원 미술저작물 및 작사자와 작곡자의 원고(原稿)에 관하여, 저작자가 저작물을 최초로 이전한 후에 그 저작물의 매매에 있어서의 이익에 대하여 양도할 수 없는 권리를 향유한다. 다만, 독점권은 체약국의 국내법에서 허용하는 범위 내에서 인정되며 저작자가 가질 수 있는 이익의 확정절차 등도 국내법에서 정하는 바에 따른다"(제14조의3)라고 규정하고 있다.

치의 하나로 유럽을 중심으로 창설된 저작재산권의 지분권의 하나로서 이해할 수 있다.[105]

(2) 추급권에 관한 각국의 입법례[106]

1920년에 프랑스를 모태국가로 하여 도입된 추급권제도는 2001년 9월에 채택된 EU 추급권 지침EU Resale Right Directive에 따라 오늘날 대부분의 유럽국가에서는 이 제도를 실시하고 있으며, 미국은 주법州法 차원에서 뿐만아니라 연방법인 17 U.S.C.에서도 추급권에 관한 규정을 두고 있다.[107] 특히, 최근에 와서는 국제사회에서 미술품 재판매 보상청구권을 보호하기 위한 조약을 마련할 필요성이 있다는 주장이 WIPO를 통하여 꾸준히 제기되고 있음은 유의할 만하다.[108]

(3) 우리의 경우

그런데 미술품 거래에 있어서 비밀주의가 완전히 가시지 않고 있는 우리나라에서는 미술저작물의 저작자에게 추급권을 부여할 경우 가뜩이나 협소한 국내 미술시장을 더욱 위축시킬 수 있다는 이유로 아직까지 추급권을 별도의 저작재산권으로 인정하고 있지 않다. 그러나 우리도 세계적으로 확산되고 있는 추급권 부여의 추세를 마냥 외면만 할 수도 없는 입장이며, 오히려 추급권의 도입이 미술품 거래

---

105 추급권은 프랑스 용어를 빌려 흔히 The Droit de Suite라고도 하며, 영미권에서는 이를 Right of Pursuit 또는 Resale Royalty Right로, 우리는 이를 '미술품 재판매 보상청구권'이라고 부르기도 한다.
106 오늘날 추급권제도를 실시하고 있는 국가는 93여 개의 국가에 달하고 있는 것으로 알려져 있다(박경신, 『미술품 재판매 보상금 지급의무에 대한 검토』, 계간《저작권》, (2018 여름호), 한국저작권위원회, 252쪽).
107 미국 저작권법에 따르면, 추급권은 저작권을 양도하거나 저작물의 이용허락을 한 자가 양도 또는 이용허락 후 35년이 지났다면 양도된 저작권 등을 다시 회수할 것을 통지함으로써 그의 저작물을 되찾을 수 있는 권리를 말한다(17 U.S.C. § 203). 미국 저작권법 제203조에 따르면 저작자는 권리 양도 또는 저작물 이용허락 후 35년이 경과한 시점부터 5년 이내의 기간 동안 이 추급권을 행사할 수 있는데, 이때 추급권을 행사하고자 하는 저작자는 해당 저작물을 수령하고 있는 자에게 추급권 행사의 뜻을 통지하여야 하며, 사용자저작물(Works for Hire)의 경우를 제외하고는 저작자로부터 이 권리를 박탈하거나 저작자가 이 권리의 행사를 포기하게 하여서도 아니 된다. 그리고 저작자 사망 후에는 그의 배우자와 자식이 각각 저작자의 추급권의 2분의 1씩을 행사할 수 있다(배우자와 자식 일방이 생존하고 있다면 그가 저작자의 추급권 전부를 행사할 수 있다).
108 이러한 노력의 일환으로 2015년 12월의 제31차 WIPO저작권 및 저작인접권 상설위원회(Standing Committee on Copyright and Related Rights)에서 세네갈과 콩고 대표는 재판매 보상청구권을 보호하는 국제조약의 체결을 제안하였고, 2017년 4월의 제33차 동 위원회의 회의 개최에 앞서 미술품 시장의 국제화, 미술품 저작자의 수입증대를 위한 재판매 보상청구권의 역할 등을 주요내용으로 하는 회의가 개최되기도 하였다.

시장의 투명성을 기할 수 있는 제도적 장치로 활용될 수도 있을 것이기에 머지않은 시점에 우리도 추급권이 도입될 것으로 예상된다.[109]

VII. 대여권

1. 의의

(1) 역사적 배경

역사적으로 볼 때 도서의 대여업에서 시작된 대여권제도는 복사기, VCR, DVD, 카세트테이프 등의 개발에 따른 복제물의 양산과 이에 기반한 저작물대여업이라는 특수한 영업형태가 성행하게 되었다. 그러자 저작권자는 자기의 저작권이 침해되는 것에 대해 어떤 조치를 취해 줄 것을 요구하게 되었으며, 저작권자들로부터의 이와 같은 요구에 입법적으로 대응한 것이 곧 저작자의 저작재산권으로서의 **대여권**이라 하겠다.

이와 같은 대여권은 「TRIPs 협정」(컴퓨터프로그램과 영상저작물)과 「WCT」(컴퓨터프로그램, 영상저작물 및 음반에 수록된 저작물)에서 저작자가 가지는 배타적 권리로 인정된 후, 오늘날 대부분의 국가에서도 컴퓨터프로그램과 영상저작물 그리고 음반 등에 대해서 대여권을 인정하는 추세에 있다.

(2) 이론적 기초(권리소진의 원칙의 예외)

우리는 앞에서 일단 저작물의 원본이나 복제물이 해당 저작재산권자의 허락을 받아 판매 등의 방법으로 거래에 제공된 경우에는 권리소진의 원칙에 따라 배포권의 행사가 제한됨을 보았다. 그런데 최초판매 이후에 권리소진의 원칙에 따라 이 배포권이 소멸해 버린다면 저작자에게 커다란 손실을 끼칠 가능성이 있다. 예를 들어 해당 저작물에 대한 최초판매 이후에 음반판매상 등이 저작자로부터 음반을 구입하여 이를 지속적으로 대여하는 행위를 하는 경우가 이에 해당한다.

---

109 우리의 경우 2018년 4월에 문화체육관광부가 발표한 〈미술진흥 중·장기 계획(2018~2022)〉에 '미술품 재판매 보상청구권의 도입'이 포함됨에 따라 이에 대한 논의가 본격화될 것으로 예상된다.

우리가 앞에서 살펴본 배포권에서의 배포는 결국 저작물의 원본 또는 복제물을 유상 또는 무상으로 양도 또는 대여하는 것을 말하는데(「저작권법」 제2조 제23호), 권리소진의 원칙을 액면 그대로 적용한다면 저작물의 원본 또는 복제물을 대여할 권리도 최초 판매시점에서 소진되어 더 이상 권리를 행사할 수 없게 된다.

일반적인 경우는 관계가 없겠지만 상업용 음반의 대여와 같이 최초판매 이후에 제3자가 행하는 대여행위가 저작자가 가지는 저작재산권에 심각한 손실을 줄 수 있다면 이와 같은 대여행위는 더 이상 허용되어서는 아니 될 것이며, 저작재산권자는 배포권의 한 유형인 대여권을 행사하여 자기가 직접 대여하거나 아니면 제3자의 대여행위를 허락할 배타적인 권리를 가지도록 하는 입법조치가 필요할 것이다.

2. 「저작권법」의 규정

저작자는 저작물의 원본이나 복제물이 최초판매되었는가의 여부와 상관없이 상업적 목적으로 공표된 음반이나 상업적 목적으로 공표된 프로그램을 영리를 목적으로 대여할 권리를 가진다(「저작권법」 제21조).

대여권에 관한 현행법에서의 규정 형식을 검토해 보면, 법 제20조와 제21조는 배포권과 대여권 그리고 이에 관한 이론적 근거인 권리소진의 원칙(최초판매의 원칙)이 혼재되어 규정되어 있다. 이를 구체적으로 살펴보면 법 제20조 본문은 저작재산권의 지분권 중 하나인 배포권을 인정하고 있는 규정이고, 법 제20조 단서는 배포권 행사의 제한을 규정하고 있는 권리소진의 원칙 내지는 최초판매의 원칙을 규정하고 있다. 한편, 법 제21조는 "법 제20조의 단서에도 불구하고…"라고 규정하여[110], 법 제20조의 예외규정으로서 성격을 가지면서 동시에 대여권의 근거조항으로서의 지위를 가지고 있다. 이와 같은 설명이 가능한 이유는 배포의 개념에 양도와 대여도 포함되어 있기에 대여권을 인정하기 위해서는 배포권의 행사를 제한하는 규정(제20조 단서)에 예외를 인정하여야 하기 때문이다.[111]

---

110 법 제20조 단서는 최초판매의 원칙 내지는 권리(배포권)의 소진의 원칙을 나타내는 규정이다.
111 '배포'는 저작물의 원본 또는 복제물을 공중에게 대가를 받거나 받지 아니하고 양도 또는 대여하는 것을 말한다(제2조 제23호). 다시 말해 우리 「저작권법」은 대여를 포함하는 배포권을 최초판매이론에 의해서 제한하고, 다시 이에 대한 예외로 대여권을 두는 방법, 즉 원칙(배포권의 인정) → 예외(최초판매의 원칙) → 재(再)예외(대여권의 인정)의 방식을 취하고 있다.

대여권은 여타의 저작재산권의 지분권과 마찬가지로 독점적·배타적 성격을 지니는 준물권적 성격의 권리이다. 따라서 제3자가 저작자의 허락을 얻지 아니하고 저작자의 저작물을 대여하게 되면 이는 저작권(대여권)의 침해에 해당하게 된다.

3. 대여권의 행사

(1) 대여의 개념

대여에 대해서는 우리 「저작권법」이 배포의 한 유형으로 규정하고 있을 뿐(제2조 제23호), 대여의 개념에 관한 별도의 정의규정을 두고 있지 않다. 일반적으로 대여는 제3자가 물건을 유상 또는 무상으로 사용 또는 수익할 수 있도록 하기 위하여 그 물건의 점유를 이전시키는 행위를 말한다. 이와 같이 대여Rental는 상업적 목적을 위하여 제3자에게 유체물을 넘겨주는 것을 말하는데 이 점에서 비상업적 목적을 위하여 유체물을 제3자에게 넘겨주는 대출Lending과는 구별된다.

(2) 대여권 귀속의 주체

모든 저작자는 대여권의 귀속주체가 될 수 있다. 「저작권법」 제21조도 "…저작자는…대여할 권리를 가진다"라고 하여 이를 분명히 하고 있다. 그런데 모든 저작자가 대여권의 귀속주체가 될 수 있다고 해서 모든 저작물이 대여의 대상이 되는 것은 아니다. 뒤에서 다시 이야기하겠지만 현행 법에서는 음반과 프로그램에 대해서만 대여권을 행사할 수 있기 때문이다. 따라서 저작자가 어떠한 유형의 저작물을 창작했더라도 음반 또는 프로그램의 모습을 지니고 유통이 되는 경우에만 대여권을 행사할 수 있다.

(3) 대여권 행사의 객체

국내법에 따라 대여권을 인정하더라도 대여권의 범위는 획일적이지 아니하고 국가마다 다를 수 있다. 배포권 이외에 별도의 권리로서 대여권을 인정할 것인가, 인정한다면 대여권의 대상이 되는 저작물의 종류를 어느 범위로 할 것인가, 그리고 저작자 이외에 저작인접권자에게도 대여권을 부여할 것인가는 그 나라의 저작권 환경과 정부의 저작권정책에 따라 결정되는 입법정책의 문제이기 때문이다.

원칙적으로 대여권은 저작재산권(복제권)을 **실질적으로 잠식하는 범위** 내에서만 적용되며, 대부분의 경우 유형적 저작물에 대하여서만 그 행사가 가능하다. 저작재산권자의 이익을 실질적으로 잠식하는 가장 대표적인 경우는 바로 상업용 음반인데, 따라서 대부분의 국가에서는 최소한 상업용 음반에 대해서는 저작자에게 대여권을 부여하고 있다.

우리 「저작권법」은 제21조에서 상업적 목적으로 공표된 음반과 프로그램에 대해서만 최초판매의 원칙 내지는 권리소진의 원칙이 적용되지 않도록 함과 동시에 저작자가 배타적으로 행사할 수 있는 대여권을 별도로 인정하고 있다. 여기서 상업적 목적이라 함은 공공의 목적에 대칭되는 개념으로서 그것이 판매용이냐 아니냐는 관계없으며, 경제적 이익 추구를 주된 목적으로 해당 저작물을 이용하는 것을 말한다. 또한 저작자는 영리 목적인 경우에만 대여권을 행사할 수 있다(제21조 참조). 저작재산권 행사의 요건으로 영리의 목적을 요구하는 것은 대여권의 행사에서뿐이며, 이는 저작인접권의 지분권의 하나인 실연자와 음반제작자의 대여권에서도 마찬가지이다(제71조 및 제80조 참조).

4. 비판

오늘날 디지털콘텐츠의 유통이 일반화되어 있고 유형적 저작물을 별도로 대여하는 업종이 점차 사라져가고 있는 점을 감안할 때 대여권을 저작재산권의 독립된 지분권으로 하고 있는 현행법의 태도는 재고의 여지가 있다고 보여진다.

무엇보다도 상업적 목적으로 공표된 음반과 프로그램의 대여행위가 우리 사회에서 차지하고 있는 비중이 극히 미비할 뿐만 아니라, 구태여 대여권을 존치시키더라도 만화·소설과 같은 어문저작물과 DVD 형태의 영상저작물이 제외되어 있는 것도 이해하기 어렵다.[112] 국내 저작권시장의 실태조사 및 그에 따른 대여시장이 우리 문화콘텐츠시장에서 차지하는 비중 등을 종합적으로 검토한 후 대여권의 인정 여부에 대한 전면적인 재검토가 요청되는 시점이며, 이와 같은 논의는 뒤에서 다시 이야기할 저작인접권자의 대여권에서도 마찬가지로 적용될 수 있을 것이다.

---

112 그러나 현실적으로 영상저작물에 대한 국내대여시장의 규모가 통계로 잡히지도 않을 뿐더러 만화·소설과 같은 어문저작물에 있어서도 저작자에게 대여권을 부여할 정도의 시장규모가 형성되어 있지 않다.

VIII. 2차적저작물작성권

1. 의의

저작자는 저작재산권의 지분권의 하나로서 배타적 권리의 성격을 지니고 있는 2차적저작물작성권을 가진다.[113] 즉, "저작자는 그의 저작물을 원저작물로 하는 2차적저작물을 작성하여 이용할 권리를 가진다"(「저작권법」제22조).[114] 저작자가 가지는 2차적저작물작성권은 유형적 권리로서의 성격과 무형적 권리로서의 성격을 동시에 가지고 있는 권리로서, 이는 복제권과 더불어 저작자에게 부여된 가장 강력한 저작재산권의 하나이다. 그리고 저작자가 가지는 복제권과 2차적저작물작성권이라는 이 두 종류의 저작재산권은 저작권 침해소송에 있어서도 가장 중심적인 위치를 차지하고 있음은 물론이다.

2차적저작물작성권은 저작자가 그의 저작물을 기초로 하여 이를 번역·편곡·변형·각색·영상제작 그 밖의 방법으로 작성할 권리와 함께 작성된 2차적저작물을 이용할 권리까지를 포함하는 개념이다. 「저작권법」 제22조의 규정에 따라 오늘날 저작자는 그의 저작물을 원저작물로 하는 2차적저작물을 **작성**할 권리를 가질 뿐만 아니라 추가적으로 이를 **이용**할 권리까지도 가진다. 다시 말해, 저작자는 그의 저작물에 기초하여 2차적저작물을 작성할 권리를 가질 뿐만 아니라 작성된 2차적저작물을 또 다시 복제, 공연, 공중송신, 전시, 배포, 대여, 2차적저작물의 작성 등의 방법으로 이용할 수 있는 엄청난 권한을 보유하고 있는 셈이다. 이때 작성된 2차적저작물을 기초로 하여 저작자는 또 다시 3차, 4차적저작물을 작성하고 이를 또 다시 이용할 수 있음도 물론이다.[115]

---

113 2차적저작물의 성립요건, 2차적저작물의 특징(원저작물과의 실질적 유사성), 2차적저작물의 종류, 2차적저작물의 보호와 원저작자 권리에 대한 영향, 2차적저작물에 대한 몇 가지 특례 등에 관해서는 이미 살펴본 '제2장 저작물, 제5절 2차적·응용적 저작물' 부분에서 상세히 논의한 바 있기에 이를 참고하기 바란다.

114 현행 법체계에 따르면 원저작물을 2차적·응용적으로 이용하여 만든 편집저작물의 경우에 있어서는 저작자에게 편집저작물작성권은 인정하고 있지 않는데, 그 이유는 편집저작물은 원저작물을 구성부분으로 하는 새로운 저작물로서 이는 새로운 창작성이 요구되지 않는 관계로 원저작물 저작자의 복제권이 미치는 대상이고, 따라서 제3자의 편집저작물의 작성행위는 원저작자가 가지는 복제권의 행사만으로도 충분히 그 통제가 가능하기 때문이다.

115 이 경우의 3차·4차적저작물작성권도 '2차적저작물작성권'이라고 하며, 이와 같은 2차적저작물작성권의 연쇄적 특징에 착안하여 "한번 저작자는 영원한 저작자이다"란 법언(法彦)이 널리 사용되고 있다.

그런데 실연, 음반 그리고 방송과 같은 저작인접물에 있어서는 2차적저작물작성권과 유사한 2차적저작인접물작성권이 인정되고 있지 않다. 이렇게 볼 때 저작권은 좀 더 저작자 위주의 독점지향적인 성격을 가지고 있으며, 저작인접권은 좀 더 저작인접권자 간에 경쟁촉진적 성격을 가지고 있다고 하겠다. 따라서 저작인접물에 있어서는 저작인접권자 이외의 자는 누구든지 원래의 저작인접물을 그대로 베끼지 아니하는 한 저작인접권자의 허락이 없이도 자유롭게 이를 개변改變하여 얼마든지 2차적 성격을 지니는 저작인접물을 만들 수 있다. 이에 대해서는 '제13장 저작인접권' 부분에서 좀 더 상세하게 논의하기로 한다.

2. 2차적저작물의 작성권자

(1) 원저작자 우선작성의 원칙

현행 「저작권법」은 저작자에게 저작권이라는 배타적인 권리를 부여하여 그에게 창작의욕을 북돋우고 이를 계기로 궁극적으로는 문화의 향상발전에 이바지함을 목적으로 하고 있다. 그런데 앞에서 살펴본 바와 같이 저작자에게는 특정 유형의 저작재산권 이외에도 2차적저작물작성권이라는 배타적 권리로서의 저작재산권을 동시에 부여하고 있는데, 이 권리는 저작자가 가지는 여타의 권리보다 저작자에게 엄청나게 큰 위력을 발휘하게 할 수 있는 수단으로 작용할 수도 있는 대단히 중요한 권리이다.

「저작권법」 제22조의 규정에 따라 원저작물을 작성한 저작자는 이에 기초한 2차적저작물을 작성할 권리를 다른 누구보다도 우선적으로 가지게 됨으로써 저작자로서의 지위는 기하급수적으로 강화·확대될 수 있다. 즉, 저작자는 그의 저작물을 원저작물로 하는 2차적저작물을 작성하여 이용할 권리를 가지며(제22조), 제3자는 저작자로부터 2차적저작물작성권을 양도받거나 2차적저작물의 작성을 허락받은 경우에만 2차적저작물을 작성할 수 있도록 하고 있다.

(2) 제3자의 2차적저작물 작성의 허용

우리는 원저작자가 2차적저작물을 우선적으로 작성할 수 있는 권리가 있음을 살펴보았는데, 그렇다고 원저작자 이외의 제3자가 2차적저작물을 작성할 수 없는 것은 아니다. 다시 말해, 2차적저작물은 원저작자뿐만 아니라 누구든지 원저작물을 기초로 하여 2차적저작물을 작성할 수 있다.

비록 원저작자의 허락이 없더라도, 다시 말해서 합법적이지 않은 방법으로도 누구든지 2차적저작물의 작성은 가능하며, 이렇게 볼 때 2차적저작물의 작성에 있어서 원저작자의 동의는 성립요건이 아니고 단순한 유효요건에 불과함도 이미 앞에서 설명한 바와 같다. 따라서 원저작자의 동의를 얻지 아니하고 작성한 2차적저작물이 만일에 저작권의 침해요건에 해당하면 침해자는 민·형사상 책임을 져야 함은 물론이다. 그런데 여기서 하나 더 유의하여야 할 사항은 비록 제3자가 원저작자의 동의를 얻지 아니하고 2차적저작물을 작성하여 형사적 책임을 져야 할 상황에 처해졌을지라도 저작재산권의 하나인 2차적저작물작성권의 침해자인 제3자가 곧바로 저작권 침해죄로 처벌되는 것이 아니라, 원고에 해당하는 2차적저작물작성권자의 고소가 있어야만 공소가 이루어질 수 있다는 점이다.[116] 이는 저작자의 2차적저작물작성권과 제3자의 2차적저작물작성권의 권능이 일정부분 타협된 결과로 나타난 입법적 조치로 해석된다.

3. 2차적저작물작성권의 양도성

2차적저작물작성권은 저작재산권의 지분권의 하나이며, 따라서 저작재산권을 전부 양도한다면 이 권리 역시 함께 양도된다. 그리고 2차적저작물작성권만 개별적으로 양도하는 것도 가능하다. 그런데 저작재산권을 전부 양도하는 경우에 만일 특약이 따로 없다면 「저작권법」 제22조에 따른 2차적저작물을 작성하여 이용할 권리는 포함되지 아니한 것으로 추정한다. 다만, 프로그램의 경우 특약이 없는 한 2차적저작물작성권도 함께 양도된 것으로 추정한다(제45조 제2항). 이와 같은 규정은 프로그램이 지니는 실용성과 경제성에 착안한 것으로 컴퓨터프로그램저작물을 원저작물로 한 보다 많은 2차적저작물을 창작하여 문화콘텐츠산업을 발전시키기 위한 입법적 조치로 보인다. 일반적인 저작물과 달리 컴퓨터프로그램저작권을 양도하게 되면 양도받은 프로그램을 기초로 개작하여 기능을 개선해 가는 것이 일

---

116 물론 제3자가 영리를 목적으로 상습적으로 원저작자의 동의를 얻지 아니하고 2차적저작물을 작성하였다면 고소가 없어도 그에게 형사적 처벌을 받게 할 수 있다.

반적인 소프트웨어산업의 특징이라 할 수 있다. 따라서 이러한 산업상의 차이에도 불구하고 여타의 저작물에서와 같이 프로그램저작권을 양수받은 자가 이를 개작할 수 없도록 해석하는 것은 프로그램저작물의 특수성을 간과한 것이므로, 이와 같은 차이를 명확히 규정할 필요에 의해 '프로그램저작권의 전부를 양도한 경우에는 특약이 없는 한 해당 프로그램을 개작할 권리도 함께 양도한 것으로 추정'하는 것으로 규정하고 있다.[117]

4. 2차적저작물작성권 행사의 제한

2차적저작물작성권은 여타의 권리와 마찬가지로 보다 높은 가치를 지니는 다른 법익의 보호를 위해서는 일정부분 제한이 따르기도 한다. 이때 그 제한은 「저작권법」 제2장 제4절 제2관 저작재산권의 제한에 있어서의 각종 규정에 따라 이루어지며, 특히 법 제36조에서의 '번역 등에 의한 이용'에 관한 규정이 2차적저작물을 작성함에 있어서 원저작물을 번역·편곡 또는 개작하여 이용할 수 있는 중요한 근거 규정으로서의 지위를 가지고 있다. 이 밖에도 특별한 경우, 즉 원저작자가 영상물 제작자에게 그의 저작물의 영상화를 허락한 경우에도 그가 가지고 있는 몇 가지 유형의 2차적저작물작성권은 제한을 받게 된다. 이에 관해 법 제99조에서는 저작재산권자가 저작물의 영상화를 다른 사람에게 허락한 경우에 특약이 없는 때에는 다음 각각의 권리, 즉 i) 영상저작물을 제작하기 위하여 저작물을 각색하는 권리와, ii) 영상저작물의 번역물을 그 영상저작물과 같은 방법으로 이용하는 권리(제99조 제1항 제1호 및 제6호)를 함께 허락한 것으로 추정한다. 법 제99조의 규정은 영상산업의 진흥이라는 입법목적을 위하여 저작자의 2차적저작물작성권을 일정부분 제한하는 것으로 이해된다.

---

117 문화관광부 저작권위원회, 『한국저작권 50년사』 (2007), 189쪽.

제3절
저작재산권의 보호기간과 저작재산권의 소멸 등

I. 저작재산권의 보호기간

1. 의의

일반적으로 사권私權으로서의 물권은 소멸시효에도 걸리지 않고 영구적으로 존속할 수 있지만, 저작재산권은 이와 달리 일정한 기간만 보호받을 수 있도록 하고 그 기간이 지나면 공공의 영역에 들어가서 누구든지 이를 자유롭게 이용할 수 있도록 하고 있다. 다시 말해 저작재산권은 사권이긴 하지만 한편으로는 공공의 복리를 위해서 가능한 한 많은 사람들이 자유롭게 저작물을 이용할 수 있도록 일정한 제한이 가해질 수 있는 공적 성격의 권리이기도 하다.

저작재산권에 일정한 보호기간을 두는 것은 권리의 소유자가 이를 영구히 행사하기보다는 일정기간이 지나면 누구라도 저작물을 자유롭게 이용하도록 하여 인류 문화의 향상발전이라는 공익을 추구하기 위한 것으로서, 일찍이 「베른협약」[118]에서 저작재산권의 보호기간을 규정한 후 세계 각국은 자국의 저작권법에 이를 규정하고 있다.

저작재산권의 보호기간을 어느 범위로 결정할 것인지는 그 나라의 입법정책의 문제로서, 우리는 「저작권법」 제2장 제4절 제3관 저작재산권의 보호기간에서 저작재산권의 보호기간에 관하여 규정하고 있는데[119], 보호기간의 구체적인 내용은 미국 등 선진국 수준에 해당하며 이와 같은 입법태도는 보호기간의 연장이라는 국제

---

118 「베른협약」 제7조 제1항에서는 "이 협약이 부여하는 보호기간은 저작자의 생존기간과 그의 사후 50년으로 한다"라는 내용의 저작재산권 보호기간의 원칙을 규정하고 있다. 그런데 이 기간은 최소한의 기간으로서 체약국들은 이 기간을 초과하여 더 오랜 보호기간을 규정할 수도 있다.
119 「저작권법」은 이 밖에도 배타적발행권과 출판권 그리고 저작인접권 등의 보호기간에 관하여서도 별도로 규정하고 있는데 이에 대해서는 해당 부분을 논의할 때 언급하기로 한다.

적 추세의 보조를 같이하고 있는 것으로 평가된다.[120] 참고로, 저작인격권은 일신전속적 성격을 가지기에 저작인격권을 양도 또는 상속하는 것은 허용되지 않는다. 따라서 공표권, 성명표시권, 동일성유지권과 같은 저작인격권은 저작자가 사망하면 동시에 소멸하게 되므로 이들 권리에 대해서는 보호기간의 문제를 논의할 여지가 없다. 우리 「저작권법」에서는 저작재산권의 보호기간에 관해서 법 제39조부터 법 제44조까지에 걸쳐 상세하게 규정하고 있으며, 이 밖에도 저작재산권의 소멸에 대해서는 법 제49조에서 별도로 규정하고 있는데 편의상 저작재산권의 보호기간을 논의하면서 이에 관해서도 동시에 살펴보기로 한다.

2. 보호기간의 원칙

(1) 의의

「저작권법」에서는 저작재산권 보호기간의 원칙을 정하고 있으면서, 다만 이 원칙의 예외에 해당하는 특별한 경우로서 무명無名 또는 이명異名저작물의 보호기간, 업무상저작물의 보호기간, 영상저작물의 보호기간 등에 대하여는 별도로 규정하는 방법을 택하고 있다.

저작재산권의 보호기간에 대해서는 특별한 규정이 있는 경우를 제외하고는 저작자가 생존하는 동안과 사망한 후 70년간 존속한다고 되어 있다(제39조 제1항). 여기서 말하는 특별한 규정이란 무명 또는 이명저작물의 보호기간, 업무상저작물의 보호기간 그리고 영상저작물의 보호기간을 말한다(제40조~제42조). 따라서 이들 세 경우를 제외하고는 저작재산권은 저작자가 생존하고 있는 동안과 그의 사망 후 70년간 존속하는데, 이는 저작자 본인뿐만 아니라 유족도 모두 저작재산권으로부터 이익을 향유할 수 있도록 하기 위함이다. 사후 70년이면 적어도 저작자의 4세대 후손

---

120 참고로 미국은 1998년에 일명 '미키마우스법'이라 불리는 소니보노법(Sony Bono Copyright Term Extension Act)을 통해 일반적인 경우 저작자 사후 50년간이던 저작권의 보호기간을 기존보다 20년 연장해서 저작자 사후 70년까지로 했다. 다만, 무명·이명저작물이거나 업무상저작물에 대해서는 최초발행연도부터 95년 또는 창작연도로부터 120년이라는 두 가지 기간 중에서 먼저 도래하는 기간까지 저작권이 존속하는 것으로 규정하고 있다. 소니보노법의 제정 이후 그동안 사장되어 왔던 1930년대의 고전음악이나 고전영상 분야의 저작물이 젊은 세대의 취향에 맞는 디지털 방식으로 재생산되는 전기를 맞이하기도 했다.

정도까지에 걸친 보호의 범위에 해당한다고 볼 수 있다.[121]

그런데 저작재산권의 보호기간을 명시한 법 제39조 제1항에서는 저작재산권이 언제 사라지느냐만을 규정하고 있고, 저작재산권의 효력이 발생하는 시기始期에 대해서는 "저작권은 저작물을 창작한 때부터 발생하며 어떠한 절차나 형식의 이행을 필요로 하지 않는다"라고 법 제10조 제2항에서 별도로 규정하고 있다. 이와 같이 저작권의 발생에는 어떠한 형식이나 이행을 필요로 하지 않기 때문에 공표되지 않은 저작물 등은 물론 특정한 매체에 고정Fixation되었는지 또는 등록 여부와도 관계없이 창작의 순간부터 저작재산권은 원시적으로 취득·보호될 수 있다.

저작권 발생의 시기와 종기를 규정하고 있는 법 제10조 제2항과 제39조 제1항의 두 규정을 종합하면 결국 저작재산권은 저작자가 저작물을 창작한 때부터 시작하여 그가 생존하는 동안 및 그가 사망한 후 70년간 존속하는 것으로 해석할 수 있다.

(2) 공동저작물의 경우

그런데 공동저작물의 경우에는 저작자가 여러 명이기 때문에 누구의 사망시점을 기준으로 하여 저작재산권의 보호기간을 정할 것인가가 문제된다. 「저작권법」에서는 "공동저작물의 저작재산권은 맨 마지막으로 사망한 저작자가 사망한 후 70년간 존속한다"(법 제39조 제2항)라고 규정하여 이 문제를 입법적으로 해결하고 있다.[122]

---

121 오늘날 저작권 선진국의 경우 대부분의 국가에서 우리와 같이 저작권의 보호기간을 저작자가 생존하고 있는 동안과 사후 70년으로 하고 있다. 이와 같이 저작권 보호기간을 저작자 사후 70년까지로 하고 있는 국가는 70여 개국에 달한다. 그러나 최근에 와서는 이와 같은 기간이 지나치게 길어서 권리자에게 실효성 있는 이익을 제공하지도 못하면서 저작물의 이용 활성화라는 공공의 이익에는 오히려 커다란 장애물로 작용하고 있다는 주장이 점차 설득력을 얻고 있다. 이에 따라 '저작권 보호기간의 축소'가 저작권 개혁의 중요한 과제의 하나로 자리 잡았다. 그런데 현재로서는 저작권 보호기간을 줄이기에는 「베른협약」 등 주요 국제조약을 개정하지 않고서는 어려운 것이 사실이다. 그럼에도 불구하고 보호기간 축소효과를 가져올 수 있는 몇 가지 대안들이 제기되고 있는데, 그 구체적인 예로서는 i) 저작권 제한사유의 적용을 완화하여 저작물의 자유이용을 확대하는 방안과 ii) 보호기간의 마지막 20년 정도의 기간 중에는 학술·보존·연구 등을 위하여 자유롭게 해당 저작물을 이용하도록 하자는 방안 등이 그것이다. 참고로 미국 저작권법에서는 저작권 보호기간의 마지막 20년 동안에 해당하는 경우에는 도서관 등이 디지털 복제 등을 자유롭게 할 수 있도록 하는 규정을 두고 있다 (17 U.S.C. §108 (h) 참조).

122 예를 들면 A와 B 두 사람이 공동으로 창작한 저작물에 있어서 A는 2000년에 사망하고 B는 2010년에 사망하였다면 2011년 1월 1일부터 70년 이후인 2080년 12월 31일까지 저작재산권이 존속하게 되고, 따라서 A와 B의 유족 모두는 그때까지 저작재산권을 주장할 수 있게 된다.

3. 특수한 저작물에 있어서의 보호기간

(1) 의의

우리 「저작권법」에서는 앞에서 언급한 바와 같이 저작자가 생존하는 동안과 사망한 후 70년간 저작재산권이 존속하는 것을 원칙으로 하면서, 다만 **저작자 사망 후 70년간 보호**라는 원칙을 적용하기가 현실적으로 곤란하거나 아니면 다른 방법으로 기간을 정함이 합리적인 경우에는 별도의 기준으로 저작재산권 보호기간을 정하도록 하고 있다.

그런데 이들 특수한 저작물에 있어서의 보호기간 산정은 모두가 다 저작자의 해당 저작물의 공표시점을 기준하여 하여 저작재산권의 보호기간을 기산하고 있다는 점에서 공통적인 특징을 지니고 있으며, 다만 저작물의 공표가 늦어짐으로 인하여 저작권 보호기간이 무한히 늘어날 수 있는 것을 방지하기 위한 규정도 아울러 가지고 있다.[123]

(2) 무명 또는 이명저작물의 보호기간

가. 공표된 때부터 70년간 존속

무명無名 또는 널리 알려지지 아니한 이명異名이 표시된 저작물은 실명實名 또는 널리 알려진 이명으로 표시된 저작물처럼 보호기간을 넓게 인정해 주기보다는 가급적 빨리 공공의 영역에 전환시켜 문화창조의 원천으로 널리 활용함이 바람직하다. 이와 같은 입법취지에 따라 「저작권법」에서는 저작재산권 보호기간의 원칙에 관한 예외조항의 하나로서 "무명 또는 널리 알려지지 아니한 이명이 표시된 저작물의 저작재산권은 공표된 때부터 70년간 존속한다"(제40조 제1항 본문)라고 규정하고 있다. 이와 같이 무명 또는 널리 알려지지 아니한 이명으로 표시된 저작물은 저작자의 사망시점을 객관적으로 확정하기 어렵기 때문에 법 제39조의 일반원칙을 적용하기 어렵고, 그 대신에 객관적 확정이 용이한 저작물의 공표시점을 기준으로 하여 그로부터 70년간 존속하는 것으로 하고 있는 것이다.

「저작권법」에서 말하는 '이명'이란 예명藝名, 아호雅號, 약칭略稱 등을 말한다(제8조

---

[123] 이와 같은 경우에도 저작재산권 보호기간의 시기(始期)는 해당 저작물을 창작한 때부터라는 점은 앞에서 본 보호기간의 원칙에서와 마찬가지이다.

제1항 제1호 참조). 만일 이와 같은 이명이 널리 알려진 것이라면 저작자의 사망시점을 객관적으로 확인하는 데 큰 어려움이 없다. 그러나 반대로 해당 저작물에 저작자를 특정할 수 있는 표시가 없거나 널리 알려지지 아니한 이명이 표시되어 있다면 저작자의 사망시점을 객관적으로 확인하기 어려울 것이다. 이와 같은 경우에는 그 저작물의 저작재산권은 공표된 때부터 70년간 존속하는 것으로 하고 있다. 저작자의 생존기간을 보호기간에 합산하지 아니하고 오직 공표시점부터 70년간만 존속하는 것으로 하고 있음에 유의하여야 한다. 그러나 만일 이와 같은 경우에도 저작자의 사망시점을 객관적으로 확인이 가능하다면 법 제39조의 원칙을 적용하도록 하여야 하는 것이 당연하다. 따라서 법 제40조 제1항 단서에서는 "다만, 이 기간 내에 저작자가 사망한지 70년이 지났다고 인정할 만한 정당한 사유가 발생한 경우에는 그 저작재산권자는 저작자가 사망한 후 70년이 지났다고 인정되는 때에 소멸한 것으로 본다"라는 간주규정을 두어 이를 입법적으로 뒷받침하고 있다.

나. 「저작권법」 제39조에 따른 보호기간 원칙의 적용

앞에서 살펴본 바와 같이 무명 또는 이명저작물에 있어서는 저작자의 사망시점이 아니라 저작자의 공표시점을 기준으로 하여 70년간 존속하는데, 이 기간 동안에 저작자가 확인이 되고 따라서 그 사망시점을 확정할 수 있게 된 경우에는 구태여 저작재산권 보호기간에 관한 예외조항을 적용할 필요 없이 법 제39조에 따른 보호기간의 원칙을 적용함이 마땅할 것이다. 이와 같은 입법취지에 따라 법 제40조 제2항에서는 비록 무명 또는 이명저작물이지만 저작자의 생존한 동안과 저작자 사후 70년간 저작재산권이 존속하는 두 가지 경우를 규정하고 있다. 이를 좀 더 구체적으로 살펴보면, i) 저작물 공표 후 70년의 기간 이내에 저작자의 실명 또는 널리 알려진 이명이 밝혀진 경우와 ii) 저작물 공표 후 70년의 기간 이내에 저작자에 의한 저작권의 등록이 있는 경우에는 법 제40조 제1항의 규정을 적용하지 않는 것으로 하고 있다(제40조 제2항 참조).

이와 같은 두 가지 경우에는 저작자가 확인이 되고, 따라서 그의 사망시점도 확인할 수 있으므로 그가 생존하는 동안과 그의 사망 후 70년간 저작재산권이 존속하는 것으로 할 수 있다.

(3) 업무상저작물의 보호기간

업무상저작물에 대한 저작재산권의 보호기간도 그 기산점을 저작자의 사망시점이 아니라 해당 저작물의 공표시점으로 하고 있음은 저작재산권 보호기간에 관한 여타의 예외규정과 마찬가지이다. 즉, "업무상저작물의 저작재산권은 공표한 때부터 70년간 존속한다"(제41조 본문).

업무상저작물의 경우 법인 등이 저작자가 되는 것이 일반적이다. 자연인은 언젠가는 반드시 사망하게 되는데 반해서 법인은 사망에 해당하는 해산解散을 하지 않고 영원히 존속할 수도 있다. 그런데 자연인과 마찬가지로 법 제39조에 따른 보호기간의 원칙을 적용한다면 업무상저작물은 영원히 공중의 영역Public Domain으로 나올 수 없고 법인 등은 영원히 해당 저작물에 대해 독점적·배타적 권리를 행사할 수 있게 될 것이다. 이와 같은 현상은 저작재산권이 유체물을 대상으로 한 일반적인 재산권과는 달리 일정한 기간 동안만 보호된다는 저작재산권 보호기간제도의 기본적 사상에도 부합하지 않는다. 따라서 우리 「저작권법」에서는 업무상저작물에 대한 저작재산권의 보호기간은 공표한 시점을 기준으로 하여 70년간 존속하는 것으로 하고 있다. 다만, 창작한 때로부터 50년 이내에 공표되지 아니한 경우에는 창작한 때로부터 70년간 존속하도록 하고 있다(제41조 단서). 현실적으로 보아도 대부분의 경우에 있어서 창작한 때부터 50년 이내에 공표되지 않은 저작물은 그 보호가치가 약할 뿐만 아니라 저작자도 이에 대한 권리의식이 희박하다고 볼 수 있기 때문이다.

(4) 영상저작물의 보호기간

현행 법체계에 따르면 영상저작물에 대한 저작재산권의 보호기간에 관한 규정은 위에서 본 업무상저작물의 보호기간에 관한 규정과 대단히 유사하다. 영상저작물은 거대자본과 다수의 인력이 투입된 종합예술로서, 소설가나 만화가와 같은 원저작자, 감독·연출가, PD 등과 같은 영상저작물의 저작자 그리고 배우와 같은 실연자들로 대표되는 저작인접권자 등 다수의 사람이 참여하고 있다는 것이 특징이다. 따라서 영상저작물에 대한 저작재산권의 보호기간을 법 제39조의 규정에 따라 저작자의 사망시점으로 한다면 도대체 그 많은 저작자 중에서 누구를 기준으로 할 것인지가 문제가 된다. 그리고 무엇보다도 영상저작물의 저작재산권을 되도록 영상제작자에게 귀속시키고 있는 현행법의 태도 등을 감안할 때 저작재산권의 보호기간에 관한 문제도 가능한 한 단순화시킬 필요가 있다.

「저작권법」에서는 영상저작물의 저작재산권 보호기간의 기산점을 저작자의 사망시점으로 하지 않고 영상저작물의 공표시점을 기준으로 하여 70년간 존속하도록 규정하고 있다. 따라서 영상저작물의 저작재산권은 공표한 때부터 70년간 존속한다. 다만, 창작한 때부터 50년 이내에 공표되지 아니한 경우에는 창작한 때부터 70년간 존속하도록 하고 있다(제42조).

4. 계속적간행물 등의 공표시기에 관한 특례

(1) 의의

우리는 앞에서 무명 또는 이명저작물이나 업무상저작물에 대한 저작재산권은 원칙적으로 공표한 때부터 70년간 존속한다고 보았다. 그런데 무명 또는 이명저작물이나 업무상저작물이 계속적간행물이나 계속적영상물의 형태로 공표될 경우, 그 공표시기를 언제로 할 것인가 하는 기술적인 문제가 대두된다. 이와 같은 문제를 입법적으로 해결하기 위하여 「저작권법」 제43조에서는 계속적간행물 등의 공표시기에 관하여 규정하고 있는데, 여기에서는 계속적간행물을 크게 축차저작물과 순차저작물로 구분하여 이들의 공표시점을 각각 달리 규정하고 있다.

(2) 축차저작물

계속적간행물이나 계속적영상물 가운데 축차저작물逐次著作物은 앞뒤로 공표되는 저작물의 내용과 구성 등이 상호 간에 연계성Privity이 희박해서 서로 독립된 저작물로 인정될 수 있는 것을 말한다. 이와 같은 축차저작물은 주로 책冊, 호號 또는 회回 등으로 공표되는 특징을 지니며, 축차저작물의 공표시기는 매책每冊, 매호每號 또는 매회每回를 기준으로 정해진다. 즉, "법 제40조 제1항 또는 제41조 따른 공표시기는 책·호 또는 회 등으로 공표되는 저작물의 경우에는 매책, 매호 또는 매회 등의 공표 시로 한다"(제43조 제1항 전단). 각종 신문과 일간, 주간, 월간 등의 이름으로 공표되는 대부분의 잡지가 축차저작물에 해당하며, 앞뒤의 방영물 간에 내용과 구성 등이 상호 관련성이 없는 방송영상 등도 이에 해당한다. 이들 저작물에 대해서는 매책·매호·매회마다 각각 해당 저작물이 공표된 것으로 보고 그때부터 저작재산권

보호기간을 기산起算하게 된다.

(3) 순차저작물

순차저작물順次著作物은 일부분씩 순차적으로 공표하여 최종단계에서 해당 저작물이 완성되는 저작물을 말한다. 당연히 전후의 저작물은 서로 관련성이 있기 때문에 이를 독립된 저작물로 취급할 수 없다. 이와 같은 순차저작물의 공표시기는 앞에서 살펴본 축차저작물과는 달리 최종부분의 공표 시를 기준으로 하여 저작재산권의 보호기간을 기산한다. 즉, "법 제40조 제1항 또는 제41조에 따른 공표시기는… 일부분씩 순차적으로 공표하여 완성하는 저작물의 경우에는 최종부분의 공표 시로 한다"(제43조 제1항 후단). 연재소설이나 연속극 등이 이에 해당하며 이들 저작물에 대해서는 마지막 부분의 공표 시에 해당 저작물이 공표된 것으로 본다. 따라서 이 시점까지는 해당 저작물의 보호기간은 진행되지 않는 상태에 놓여 있다.[124]

그러나 "일부분씩 순차적으로 공표하여 전부를 완성하는 저작물의 계속되어야 할 부분이 최근의 공표시기부터 3년이 경과되어도 공표되지 아니하는 경우에는 이미 공표된 맨 뒤의 부분을 제1항의 규정에 따른 최종부분으로 본다"(제43조 제2항).[125]

5. 저작권 보호기간의 기산시점

우리 「저작권법」에서는 저작재산권 보호기간의 기준점으로서 사망시점, 공표시점, 창작시점[126] 등을 제시하고 있다. 이를 구체적으로 살펴보면 저작자가 자연인인 경우에는 원칙적으로 **사망시점**을 보호기간의 기준점으로 한다. 다만, 무명 또는 이명저작물과 업무상저작물 그리고 영상저작물에 있어서는 **공표시점**을 보호기간의 기준점으로 하고 있다.

---

124 그렇다고 최종 공표 시 이전에 공표된 저작물이 보호되지 않는다는 말은 아니고, 다만 보호기간의 종기(終期)를 정하기 위한 기산점이 최종공표 시점이라는 것을 의미한다.
125 예를 들면 영상저작물인 TV연속극이 5회까지만 방영을 하고 아직 마지막 회가 방영되지 않았음에도 그 후 3년이 경과하도록 제6회가 방영되지 않았다면 위의 5회가 방영된 시점을 전체 연속극의 공표시점으로 보게 된다는 의미이다(오승종, 앞의 책, 803쪽).
126 업무상저작물과 영상저작물의 보호기간에서는 창작시점을 보호기간의 기산점으로 보충적으로 규정하고 있다.

저작재산권의 보호기간을 사망·공표·창작한 때부터 70년으로 정확하게 계산하는 것은 물론 중요하다. 그러나 하루에도 수없이 쏟아지는 저작물을 하나하나 엄격하게 계산하기도 곤란하고, 무엇보다 해당 연도 내에서도 저작자의 사망시점이나 저작물의 공표 또는 창작시점을 정확히 알아내는 것 또한 현실적으로 대단히 어려운 일이다. 이에 저작재산권 보호기간의 계산을 보다 쉽고 명쾌하게 하기 위하여 「저작권법」에서는 해당 기산점이 속한 해의 다음 해 1월 1일부터 기산하는 것으로 규정하고 있다. 즉, "저작재산권의 보호기간을 계산하는 경우에는 저작자가 사망하거나 저작물을 창작 또는 공표한 다음 해부터 기산한다"(제44조). 여기서 '다음 해부터 기산한다'는 말은 다음 해 1월 1일부터 계산한다는 말이다.[127] 그런데 주의할 것은 저작재산권 보호기간의 기산시점起算時点은 저작권 발생의 시기始期와는 구별되는 개념이라는 것이다. 저작권은 저작물을 창작하는 순간부터 당연히, 그리고 원시적으로 발생한다. 다만, 보호기간의 기산점을 법률에서 규정하고 있는 이유는 보호기간 계산의 편의성과 통일성을 고려한 입법기술적 요청을 수용한 결과라 하겠다. 한편, 저작재산권 보호기간의 만료시점은 「민법」 제159조에 의하여 기간의 말일, 즉 해당 연도의 12월 31일 오후 12시의 경과로 만료된다.

6. 저작재산권 보호기간에 관한 규정의 법적 성격

저작재산권의 보호기간에 관하여 규정하고 있는 우리 「저작권법」 제39조부터 제44조까지의 조항은 강행법규強行法規의 성격을 가진 것으로 이해하여야 한다. 따라서 저작재산권의 보호기간과 기산점 그리고 특수한 유형의 저작물에 대한 보호기간에 관하여 당사자 간에 특약을 하더라도 이는 무효이며 이런 점에서 「저작권법」상의 보호기간은 더 이상 줄이거나 늘릴 수 없는 기간, 다시 말해서 저작권보호의 최소기간最小期間임과 동시에 최장기간最長期間에 해당된다고 하겠다.

---

[127] 예컨대, 저작자가 2010년에 사망하였다면 정확히 몇 월 며칠에 사망한 것인지를 따지지 않고 다음 해인 2011년 1월 1일부터 기산하여 70년이 되는 2080년 12월 31일에 저작재산권이 소멸하는 것으로 계산한다.

II. 저작재산권의 소멸

1. 의의

저작재산권의 소멸이란 자연인 또는 법인 등의 저작재산권의 귀속주체(제8조~ 제9조 참조)로부터 저작재산권이 분리되어 더 이상 존재하지 않게 되는 것을 말한다. 따라서 저작재산권이 소멸되면 저작권 보호기간이 만료된 상태에서와 같이 누구든 지 해당 저작물을 자유롭게 이용할 수 있게 된다.[128]

2. 저작재산권이 국가에 귀속하는 경우에 있어서의 저작재산권의 소멸

유체물에 대한 재산권이 소멸하는 사유로는 목적물의 멸실, 소멸시효, 재산권의 국가귀속, 포기 등이 있으나, 저작재산권은 무체물이기에 목적물의 멸실로 인한 권 리의 소멸은 해당이 되지 아니하고, 저작재산권은 소멸시효에도 걸리지 않으므로 결국 저작재산권의 소멸사유로는 재산권의 국가귀속과 저작재산권의 포기에 따른 소멸만이 있을 수 있다.

저작자에게 상속인이 있거나 저작자의 지위를 가지고 있는 법인 또는 단체가 해 산하여 그 권리가 다른 법인이나 단체에 귀속되는 경우라면 상속인 또는 다른 법인 이나 단체가 저작재산권자의 지위를 가지고 해당 저작재산권을 행사하게 되므로 이 경우에 있어서는 저작재산권의 소멸이라는 법률효과가 발생하지 아니한다.

그런데 저작재산권의 주체로서의 자연인이 상속인 없이 사망하거나 법인 또는 단체가 해산하면 이들이 가지고 있던 저작재산권이 관련 법률에 따라 국가에 귀속 되는 경우가 있을 수 있다. 이 경우 국가의 입법정책에 따라 직접 해당 저작물에 대 한 재산권을 국가가 행사할 수도 있고[129] 아니면 아예 공중의 영역Public Domain에 내

---

128 현행 법체계하에서 저작물을 자유롭게 이용할 수 있는 경우로는 크게 i) 저작권 보호기간의 경과에 따 른 자유이용, ii) 저작권의 포기에 따른 자유이용 그리고 iii) 법 제49조의 규정에 따라 저작권이 국가에 귀속되 는 경우의 자유이용 등 세 가지의 경우가 있다.
129 대부분의 경우에 있어서 유체물인 동산과 부동산에 대해서는 이와 같은 방법을 택하고 있다.

놓아 누구든지 이를 이용할 수 있게 하여 저작재산권이 아예 소멸하도록 할 수도 있다. 우리 「저작권법」은 후자의 방법을 채택하여 아예 저작재산권을 소멸시켜 누구든지 해당 저작물을 이용할 수 있게 하고 있다. 이에 따르면 다음의 어느 하나, 즉 i) 저작재산권자가 상속인 없이 사망한 경우에 그 권리가 「민법」 그 밖의 법률의 규정에 따라 국가에 귀속되는 경우와 ii) 저작재산권자인 법인 또는 단체가 해산되어 그 권리가 「민법」[130] 그 밖의 법률의 규정에 따라 국가에게 귀속되는 경우에는 저작재산권은 소멸한다(「저작권법」제49조)고 규정하고 있다. 요컨대, 이들 두 경우에는 어떤 사유가 있더라도 국가가 해당 저작물에 대한 저작재산권을 행사하여서는 아니 되고 저작재산권은 소멸하게 된다. 재산권의 국가귀속이라는 일반원칙에 대한 이러한 예외를 인정한 이유는 저작물은 문화유산으로서 사회성과 공공성이 있는 것이므로 이를 보다 널리 이용하도록 하기 위한 것으로 이해된다.

그런데 사망한 저작재산권자가 공동저작재산권자인 경우에는 그의 지분권은 상속되지 아니하고 「저작권법」 제48조 제3항의 규정에 따라 다른 공동저작재산권자에게 배분되며, 다른 공동저작재산권자가 생존해 있는 동안에는 사망한 공동저작재산권자의 저작재산권이 결코 소멸하지 않음을 유의하여야 한다.

3. 저작재산권의 포기로 인한 소멸

「저작권법」에서는 저작재산권의 소멸사유로 저작재산권 포기에 관해서는 특별히 규정하고 있지 않다. 그러나 저작재산권은 물권적 권리로서 배타적 특징이 있기에 원칙적으로 권리자는 자신의 권리를 얼마든지 포기할 수 있다고 보아야 한다.[131] 저작재산권을 포기한 경우에 저작재산권은 소멸한다고 보아야 하며, 이때는 누구든지 해당 저작물을 자유롭게 이용할 수 있다. 저작재산권의 포기에는 특정한 절차

---

130 참고로 「민법」 제80조에서는 법인의 해산 시 잔여재산의 귀속순서에 대해 규정하고 있는데 이에 따르면 ① 해산한 법인의 재산은 정관으로 지정한 자에게 귀속하며, ② 정관으로 귀속재산을 지정하지 아니하거나 이를 지정하는 방법을 정하지 아니한 때에는 이사 또는 청산인은 주무관청의 허가를 얻어 그 법인의 목적에 유사한 목적을 위하여 그 재산을 처분할 수 있으며(사단법인의 경우에는 사원총회의 결의가 필요), ③ 전2항의 규정에 의하여 처분되지 아니한 재산은 국가에 귀속한다"라고 규정하고 있다. 그리고 「민법」 제1058조에서는 "상속권을 주장하는 자가 없는 때에는 상속재산은 국가에 귀속한다"라고 규정하고 있다.

131 그러나 저작인격권은 일신전속적 성격으로 말미암아 사전에 포기할 수가 없다.

나 방식이 필요 없으며 일방적인 의사표시만으로 가능하다. 저작재산권의 포기도 권리변동의 한 형태이기에 이 역시 등록을 하여야만 제3자에 대항력을 가질 수 있는가가 문제시되지만, 법 제54조에서는 저작재산권의 포기를 권리변동 등의 등록 대상에 포함시키지 않고 있어서 저작재산권의 포기는 등록을 할 필요가 없다고 보며 저작재산권자의 포기의사만으로도 충분히 그 효과는 발생한다고 볼 수 있다. 그러나 저작재산권의 포기에는 내재적 한계가 있는바, 첫째 저작재산권 포기는 제3자의 거래관계에도 영향을 줄 수 있으므로 포기의사는 적극적이고도 명시적인 의사표시가 있어야 하고, 둘째 저작재산권의 포기로 제3자의 권리에 부정적 영향을 주어서는 아니 되기에 저작재산권을 목적으로 질권이나 배타적발행권 또는 출판권 등이 설정되어 있다면 이때에는 저작재산권을 포기하여서는 아니 된다.

제7장

저작재산권 행사가
제한되는 경우

제1절
저작재산권 행사의 제한에 관한 일반적 고찰

I. 저작권의 보호와 저작물의 자유로운 이용과의 긴장관계

1. 의의

일반적으로 볼 때 저작자에게 창작한 저작물에 대한 배타적인 성격의 저작재산권을 행사하게 함으로써 창작의욕을 더욱 배가시켜 인류문화발전에 기여할 수도 있고, 그와는 반대로 저작재산권을 일정수준 제한하고 보다 많은 사람들이 저작물을 이용하도록 하는 방법으로도 역시 인류문화발전에 기여할 수 있다. 둘 가운데 어느 부분에 중점을 두느냐는 한 나라의 저작권 관련 환경 및 정부 시책에 바탕을 둔 입법정책에 따라 최종적으로 결정된다 하겠다.

우리 「저작권법」은 제1조에서 "이 법은 저작자의 권리와 이에 인접하는 권리를 보호하고 저작물의 공정한 이용을 도모함으로써 문화 및 관련 산업의 향상발전에 이바지함을 목적으로 한다"라고 규정하여 법의 목적 내지는 이념으로서 저작권의 보호와 저작물의 공정한 이용을 제시하고 있는데, 여기서 저작물의 공정한 이용의 도모는 저작재산권 행사의 제한이 전제되고 있음은 물론이다.

2. 저작물의 자유로운 이용을 위한 여러 가지 제도적 장치

저작물의 공정한 이용이나 한걸음 더 나아가 저작물의 자유로운 이용을 도모하기 위한 방편으로는 여러 가지가 있는데, 각종의 제도적·법적 장치를 「저작권법」에서 규정하고 있다.[1]

여기에는 i) 보호받지 못하는 저작물 제도, ii) 법정허락제도, iii) 저작재산권 보호기간제도, iv) 저작재산권 행사의 제한제도 등이 있다. i)과 ii)는 저작물을 대상으로 한 것이고 iii)과 iv)는 저작권을 대상으로 한 장치이다.

첫 번째는 비록 저작물이긴 하지만 법에 의한 보호의 대상에서 제외되는 저작물, 즉 **보호받지 못하는 저작물**로 법률에서 규정하여 모든 사람이 저작물을 자유롭게 이용하도록 하는 것이다(제7조 참조).

두 번째는 공중이 저작권자의 이용허락을 받지 않더라도 일정한 요건을 충족하면 해당 저작물을 자유롭게 이용할 수 있는 제도인 **법정허락제도**^{法定許諾制度}이다. 현행 법에 따르면 한국저작권위원회 또는 저작재산권자에게 보상금을 지급하거나 공탁을 한 후 저작재산권자 불명인 저작물의 이용, 공표된 저작물의 방송 그리고 상업용 음반의 제작 등에서는 저작재산권자의 이용허락 없이도 해당 저작물을 이용할 수 있다(제50조~제52조 참조).

세 번째는 **저작재산권 보호기간제도**로서 우리의 경우 저작재산권은 저작자가 생존하는 동안과 사망 후 70년간 존속함이 원칙이고(제39조 제1항), 그 이후에는 누구든지 해당 저작물을 자유롭게 이용할 수 있다.[2]

마지막으로 저작물의 공정한 이용을 도모하기 위한 법적인 장치가 여기서 논의하고 있는 **저작재산권 행사의 제한제도**이며, 이는 「저작권법」 제2장 제4절 제2관 '저작재산권의 제한'에서 상세히 규정하고 있다. 어떠한 경우에 어떠한 저작물을 대상으로 어느 만큼의 범위에서 저작재산권을 제한할 것인가는 그 나라의 입법정책의 문제라고 할 수 있는데, 우리의 경우 법 제23조부터 제35조의4에 걸쳐서 '재판 또는 수사를 위한 복제와 입법·행정의 목적을 위한 내부자료로서의 복제 등' 총 19개에 달하는 방대한 범위의 제한규정을 구체적으로 열거하고 있다.

이상 논의한 네 가지 유형의 제도적 내지는 법적인 장치는 모두가 저작자의 동의가 없어도 해당 저작물을 자유롭게 이용할 수 있도록 하기 위한 것인데, 이를 좀 더

---

1 저작물의 자유이용을 활성화하기 위한 여러 가지 제도적·법적 장치의 기반에는 카피레프트(Copyleft) 사상이 깔려 있다. 이는 저작권을 의미하는 카피라이트(Copyright)에 대칭되는 개념으로서, 일반적으로 '저작권의 방치'의 의미로 사용되고 있다. 카피레프트 사상은 저작물에 개인적인 권리(Right)를 부여할 경우 이것이 사회적으로 널리 활용되기에는 한계가 있기 때문에, 오히려 저작물에 대한 개인적 차원의 권리를 부여하는 대신에 저작물을 일반 공중에게 내버려 두는 것(Left)이 사회적 후생에 더 많이 기여할 수 있다는 이념에서 출발한다.

2 '저작재산권 보호기간제도'는 이중적 성격을 가지는데, 저작권이 보호기간 중에 있다면 저작권의 보호측면이 강조되는 반면에, 저작권의 보호기간이 만료되어 저작물이 공공의 영역에 속하면 누구든지 아무런 제한도 없이 해당 저작물을 자유롭게 이용할 수 있게 되는 측면이 강조된다. 이는 저작물의 공정한 이용의 도모 내지는 자유이용을 위한 법적·제도적 장치의 하나로 이해된다.

구체적으로 유형화해 보면 다음의 표와 같다.[3]

저작물의 자유로운 이용을 위한 각종 법적 장치

구분	보호받지 못하는 저작물	법정허락	저작재산권 보호기간	저작재산권 행사의 제한
근거규정	제7조	제50조~제52조	제39조~제44조	제23조~제38조
대상	저작물	저작물	저작권	저작권
저작물 자유 이용의 정도[4]	매우 높음	보통	높음	보통
자유이용의 전제	법률의 규정	보상금의 지급	보호기간의 경과	법률의 규정

II. 저작재산권 행사의 제한에 관한 국제조약과 각국의 입법례

1. 저작재산권 행사의 제한에 관한 국제조약에서의 규정

(1) 「베른협약」

최초의 저작권 관련 국제조약인 「베른협약」에서는 저작재산권 중 가장 대표적인 **복제권**의 제한에 관해서 규정하고 있는데, **특별한 경우**에 복제권을 제한하는 것은 가맹국의 입법에 따르도록 하면서 복제권 행사를 제한할 때 적용할 몇 가지 기준을 제시하였다. 제9조에서 "이 협약이 보호하는 문학·예술적 저작물의 저작자는 어떠한 방법이나 형식으로 그 저작물의 복제를 허락할 배타적 권리를 가진다"라고 하면서 "특별한 경우에 그러한 저작물의 복제를 허락하는 것은 가맹국의 입법에 맡긴다. 다만, 그러한 복제는 저작물의 통상적인 이용과 충돌하지 않아야 하며 저작자의 정당한 이익을 불합리하게 해치지 않아야 한다"라는 규정이 이를 의미한다.

---

3 이 가운데, 보호받지 못하는 저작물과 저작재산권의 보호기간에 대해서는 '제2장 저작물 제2절 저작물의 분류' 및 '제6장 저작재산권 제3절 저작재산권의 보호기간과 저작재산권의 소멸 등' 부분에서 이미 기술한 바 있고, 법정허락에 대해서는 '제12장 저작물의 이용활성화를 위한 각종의 법률적 장치 제1절 법정허락제도' 부분에서 별도로 논의하기로 한다.

4 저작물 자유이용의 정도는 제시된 네 가지 제도를 상호비교할 때의 상대적인 의미이지 절대적인 개념으로 사용한 것은 아니다.

(2) 「TRIPs 협정」

「TRIPs 협정」은 복제권뿐만 아니라 모든 저작재산권의 제한에 관한 일반적인 규정으로서, 저작재산권을 제한할 경우에 적용하는 소위 3단계 테스트Three Step Test를 제시하고 있는데 이는 우리를 비롯한 각국에서 저작재산권 제한의 법리로 널리 활용되고 있다. 제13조의 "체약국은 배타적 권리의 제한 또는 예외를 저작물의 통상의 이용을 방해하지 않고, 권리자의 정당한 이익을 부당하게 해치지 않는 특별한 경우에 한정하여야 한다"라는 규정이 바로 그것이다.

2. 외국의 입법례

대부분의 국가에서는 저작재산권을 일정한 경우에 제한하여 누구든지 자유롭게 이용하도록 하고 있는데, 그 구체적인 입법방식은 대륙법계와 영미법계 간에 확연히 차이가 있다.

논리적이고 연역적인 성격이 강한 대륙법계 국가에서는 저작권법에 저작재산권이 제한되는 경우와 제한의 구체적인 내용을 상세히 규정하고 있는 데 반해, 경험적이고 귀납적인 성격이 강한 영미법계 국가에서는 일찍이 법원에서의 판례법을 중심으로 **공정이용**(Fair Use 또는 Fair Dealing)이라는 법리를 개발하여 구체적인 사례를 개별적으로 대처해 왔으며 의회가 제정한 저작권법에 상세한 규정을 두지 않았다. 다만, 미국에서는 1976년에 개정된 저작권법에서 그동안 판례를 통하여 구축된 공정이용에 관한 법률적 이론을 집약하여 공정이용이 되기 위한 네 가지 요건을 명문화하여 오늘에 이르고 있다.[5]

---

5 미국의 저작권법 제107조에서는 공정이용의 원칙에 따라 저작권의 제한이 이루어지기 위해서 i) 해당 저작물의 사용이 영리성을 가지는가 아니면 비영리적 교육을 목적으로 하는 것인가를 포함한 저작물 사용의 목적 및 성격(Purpose and Character), ii) 저작물의 성질(Nature), iii) 사용된 부분이 저작물 전체에서 차지하는 양적·질적 비중(Amount) 그리고 iv) 그 저작물의 잠재적 시장 또는 가격에 미치는 영향(Effect) 등을 고려하여야 한다고 규정하고 있다.

III. 저작재산권 행사의 제한에 관한 우리 「저작권법」의 체계

1. 저작재산권 행사의 제한에 관한 현행 입법체계 분석

(1) 의의

저작재산권은 사권私權이지만, 공공의 목적을 위하여 일정한 경우에는 법률의 규정에 의하여 행사의 제한이 가능한 상대적인 권리임을 항상 유의하여야 한다.[6]

저작재산권 행사의 제한에 관한 근거법률인 현행 「저작권법」의 구조는 제1조에서 "…저작물의 공정한 이용을 도모함으로써…"라는 목적 내지는 이념조항을 기반으로 하여 출발한다. 이에 근거하여 제2장 저작권 제4절 저작재산권 제2관 **저작재산권의 제한**에 관한 규정인 제23조부터 제38조까지 그리고 제101조의3부터 제101조의5까지에 걸쳐서[7] 저작재산권의 제한에 관한 구체적인 규정을 두고 있다.

현행 법에서는 저작재산권 행사의 제한에 관하여 그것이 개별적인 경우든 일반적인 경우든 상관없이 「저작권법」에서 해당 규정의 적용이 있으면 저작물의 자유로운 이용이 허용된다. 결국 저작자로부터 이용허락을 받지 않고도 해당 저작물을 이용할 수 있다는 것을 말하며, 다만 보상금[8]을 지불하여야 하는 경우도 있다.

(2) 개별적인 제한규정과 일반적인 제한규정의 혼용

저작재산권의 제한에 관한 규정은 개별적인 제한규정인가 아니면 일반적인 제한규정인가로 구분할 수 있다. 전자에 해당하는 것으로는 법 제23조부터 제35조의4까지 및 제36조, 제37조와 제101조의3부터 제101조의5까지가 있고[9], 후자에 해당하는 것으로는 법 제35조의5에 따른 **저작물의 공정한 이용**이 있다. 이렇게 볼 때

---

6 저작재산권의 행사를 제한할 수 있는 최고의 근거규정은 「헌법」 제23조 제1항으로서, "모든 국민의 재산권은 보장된다. 그 내용과 한계는 법률로 정한다."라고 규정하고 있다.

7 제101조의3부터 제101조의5까지는 컴퓨터프로그램저작물에 대한 저작재산권 행사의 제한에 관한 규정이다.

8 저작물이 가장 널리 이용될 수 있는 장소적 공간이 곧 학교와 도서관 그리고 문화시설 등이다. 이들 장소에서는 교육권·학습권·문화권 그리고 모든 국민의 알 권리의 보장 차원에서 저작물의 자유로운 이용을 보장하고 있지만, 한편으로는 이로 인해 저작자의 정당한 이익을 부당하게 해칠 우려가 크기도 하다. 이에 대한 입법적 대응조치가 곧 저작물의 자유로운 이용을 허용하되 일정한 경우에 보상금을 지급하게 하는 제도이다. 이에 대해서는 해당 분야를 논의할 때 좀 더 구체적으로 살펴보기로 한다.

9 이는 곧 「TRIPs 협정」에서 제시하고 있는 '특별한 경우(Special Cases)'에 해당하기도 한다.

저작재산권 행사의 제한에 관한 현행 법의 태도는 대륙법계의 법리와 영미법계의 법리를 모두 수용하여 우리 현실에 맞게 규정한 것으로 평가할 수 있다. 이 구분의 실익은 개별적인 규정과 일반적인 규정 간에 충돌이 일어날 때 법의 일반원칙에 따라 개별적인 제한규정이 우선적 효력이 있다는 점이다.

(3) 공통적 적용사항

이 밖에도 다수의 저작권 제한조항에 공통적으로 이용되는 공통의 규정을 마련하고 있는데, 여기에는 번역 등에 의한 이용(제36조), 출처의 명시(제37조), 프로그램에 대한 적용의 제외(제37조의2) 그리고 저작인격권과의 관계(제38조) 등이 있다.

(4) 저작재산권 이외의 권리행사 제한에서의 준용

저작재산권 행사의 제한에 관한 이와 같은 규정은 저작재산권 이외의 권리, 예를 들면 배타적발행권, 저작인접권 그리고 데이터베이스제작자의 권리 등을 제한하는 근거조항으로도 각각 준용된다(제62조, 제87조, 제94조 참조).[10]

2. 저작재산권 행사 제한의 유형

(1) 재산권 제한사유를 기준으로 한 저작재산권 행사 제한의 유형

저작재산권의 제한 사유로서는 모두가 다 공익적 목적을 달성하기 위한 것이긴 하지만 이를 좀 더 세분화하여 그것이 좁은 의미의 공익의 목적에 기여하기 위한 것인지, 다른 권리와의 조정을 위한 것인지 아니면 현실적으로 저작재산권을 행사하기가 사실상 불가능하기 때문인지로 나누어 볼 수 있다. 먼저, 좁은 의미의 공익적 목적을 위하여 저작재산권을 제한하는 경우로서는 재판절차에서의 복제, 정치적 연설 등의 이용, 공공저작물의 자유이용, 학교교육 목적 등에의 이용, 시사보도를 위한 이용, 시사적인 기사 및 논설의 복제 등, 공표된 저작물의 인용, 영리를 목

---

10 이와 같은 현행 법의 입법태도는 「로마협약」 제15조의 규정에 크게 영향을 받은 것으로 보인다. 제2항에서는 "체약국은 국내 법령으로 문학·예술적 저작물의 저작권의 보호와 관련하여 규정하고 있는 바와 같이, 국내 법령으로 실연자, 음반제작자 및 방송사업자의 보호에 관하여 같은 종류의 제한을 가할 수 있다"라고 규정하고 있다.

적으로 하지 아니하는 공연·방송, 도서관 등에서의 복제 등, 시험문제로서의 복제, 시각장애인 등을 위한 복제 등, 청각장애인 등을 위한 복제 등, 방송사업자의 일시적 녹음·녹화 그리고 문화시설에 의한 복제 등이 이에 해당한다. 다음으로 국민의 알 권리와 표현의 자유 그리고 재산권과 같은 다른 권리와의 조화를 위해 저작재산권이 제한되는 경우로서는 시사보도를 위한 이용, 시사적인 기사 및 논설의 복제 등, 공표된 저작물의 인용, 미술저작물 등의 전시 또는 부수적인 복제 등, 컴퓨터프로그램에 대한 저작재산권 행사의 제한 등이 이에 해당한다고 할 수 있다. 그리고 저작재산권을 행사하는 것이 사회적 비용이 너무 들거나 실효적인 저작재산권의 행사가 사실상 불가능한 때와 같이 사회적·현실적 이유로 저작재산권을 제한하는 경우로서는 사적이용을 위한 복제와 시험문제로서의 복제, 저작물 이용과정에서의 일시적 복제, 컴퓨터프로그램에 대한 저작재산권 행사의 제한 등이 있다.

(2) 저작물의 이용형태를 고려한 저작재산권 행사 제한의 유형

현행 법에 따른 저작재산권 행사의 제한에 관한 유형은 저작물의 이용행위에 따라 구분할 수 있는데, 모든 이용행위와 관련한 저작재산권을 제한하는 것과 복제행위와 관련한 저작재산권을 제한하는 것 그리고 그 밖의 행위와 관련한 저작재산권을 제한하는 것으로 나누어 볼 수 있다.

먼저, 「저작권법」에서는 특정한 경우에 저작재산권자가 가지는 모든 지분권의 행사를 총괄하여 제한하는 방법을 채택하고 있는데, 이 경우에는 이용자가 아무런 제한이 없이 해당 저작물을 이용할 수 있다. 법문에서는 주로 이용자가 저작물을 **이용할 수 있다**라는 용어를 쓰고 있으며 이때에는 저작재산권자가 가지는 모든 지분권의 행사가 제한되는 것이 일반적이다. 이 유형에는 정치적 연설 등의 이용(제24조), 공공저작물의 자유이용(제24조의2), 학교교육 목적 등에의 이용(제25조), 시사보도를 위한 이용(제26조), 저작물의 공정한 이용(제35조의5) 등이 해당한다.

다음으로, 저작재산권자가 가지는 복제권 등을 제한하여 이용자가 제한없이 해당 저작물을 복제할 수 있는 경우로서는 재판절차 등에서의 복제(제23조), 사적이용을 위한 복제(제30조), 도서관 등에서의 복제 등(제31조), 시험문제로서의 복제(제32조), 시각장애인 등을 위한 복제 등(제33조), 청각장애인 등을 위한 복제 등(제33조의2), 방송사업자의 일시적 녹음·녹화(제34조), 미술저작물 등의 복제(제35조), 저작물 이용과정에서의 일시적 복제(제35조의2), 부수적 복제 등(제35조의3), 문화시설에 의한 복제 등(제35조의4)이 있다. 그리고 법 제5장의2 '프로그램에 관한 특례' 부분에서 규정하고 있는 프로그램의 저작재산권의 제한(제101조의3), 프로그램코드역분석(제101조의4), 정당한 이용자에 의한 보존을 위한 복제 등(제101조의5)의 경우도 저작재산권자가 가지는 복제권(배포권)의 제한에 해당한다고 할 수 있다.

이 밖에 저작재산권자가 가지는 공연권, 방송권, 전시권 등을 개별적으로 제한함으로써 이용자가 자유롭게 해당 저작물을 공연·방송·전시 등을 할 수 있는 경우로서는 공표된 저작물의 인용(제28조), 영리를 목적으로 하지 아니하는 공연·방송(제29조) 그리고 미술저작물 등의 전시(제35조) 등이 있다.

3. 저작재산권 제한규정의 법적 성격

우리 「헌법」 제23조의 규정에 따라 저작재산권을 제한하고 있는 규정이 「저작권법」 제23조부터 제38조까지와 제101조의3부터 제101조의5까지의 규정인데, 그렇다면 이들 규정을 당사자 간의 합의로 그 적용을 배제시킬 수 있는가가 문제된다.

저작재산권 행사의 제한은 위에서 살펴본 바와 같이 법률의 규정에 근거를 두고서 공익상의 필요에 따라 엄격한 범위 내에서 제한됨이 원칙이다. 저작재산권의 행사를 제한하는 규정들은 모두가 다 공공의 복리를 증진하고자 하는 차원에서 마련된 것인데, 여기에서 말하는 공공의 복리에는 표현의 자유, 국민의 알 권리 충족, 국가목적의 수행, 문화발전에의 기여, 보다 많은 이용자에게 저작물 이용기회의 제공 등이 포함된다. 이렇게 볼 때 저작재산권 행사의 제한규정은 당사자 간의 사적자치의 원칙에 입각하여 그 적용을 배제할 수 있는 임의규정이 아니라 사적자치가 배제되는 강행규정[11]으로 이해하여야 할 것이다.[12]

---

11 강행규정은 당사자 간의 합의로 그 적용을 배제시킬 수 없는 규정으로, 「민법」에 따르면 '법령 중의 선량한 풍속 기타 사회질서에 관계가 있는 규정'을 말한다. 공법에서의 법률규정은 대부분 강행규정에 속한다.
12 계약자유의 원칙에 따라 당사자 간의 합의가 있으면 이에 따르고 법률에서 규정하고 있는 내용의 적용을 배제할 수 있는 경우가 있는데, 이때 법률에서 규정하고 있는 것을 '임의규정'이라고 한다. 임의규정은 「민법」 제106조에서의 '법령 중의 선량한 풍속 기타 사회질서에 관계없는 규정'을 말하며, 일반적으로 '특약이 없는 한' 또는 '특별한 의사표시가 없으면' 등의 문언(文言)이 포함되어 있으면(「저작권법」 제45조 제2항, 제47조 제2항, 제58조 등) 임의규정이라 할 수 있다.

따라서 법에서 규정하고 있는 저작재산권 행사의 제한과 관련한 규정 등은 당사자 간에 합의를 하여 해당 저작물에 대한 이용자의 자유이용을 제한하더라도, 이는 강행규정의 위반으로 무효가 된다.

IV. 저작재산권 행사의 제한과 저작인격권과의 관계

1. 의의

지금까지 살펴본 「저작권법」에서의 저작재산권 행사의 제한에 관한 규정은 저작인격권에 영향을 미치는 것으로 해석하여서는 아니 된다. 다시 말해, 저작재산권 행사의 제한과 저작인격권은 별개의 것으로서, 법률의 규정에 따라 저작자의 저작재산권의 행사가 제한되더라도 일신전속적인 권리로서의 저작인격권은 전혀 영향을 받지 아니한다. 법에서도 저작재산권 행사의 제한에 관한 사회적인 비중과 법익法益이 결코 저작인격권의 그것을 능가할 수는 없다고 보아 "이 관款 각 조의 규정은 저작인격권에 영향을 미치는 것으로 해석되어서는 아니 된다"(제38조)라고 규정하여 이를 분명히 하고 있다.

2. 구체적인 경우

저작재산권 행사의 제한은 저작인격권에 영향을 미치는 것으로 해석되어서는 아니되기에, 예를 들면 제37조에서 규정하고 있는 저작물 이용자의 출처명시의 의무는 저작자의 성명표시권을 대체하는 것이 결코 아니다. 이와 같이 「저작권법」상 출처명시의무와 성명표시권은 별개로 존재하며, 따라서 출처명시의무의 준수여부는 저작자의 저작인격권인 성명표시권의 행사에는 전혀 영향을 미치지 않는다.

또한 저작재산권 행사의 제한규정은 공표권에도 영향을 미치지 않는 것으로 해석하여야 한다. 대부분의 저작재산권 행사의 제한규정은 공표된 저작물을 대상으로 하고 있으므로 저작자의 공표권 침해에 해당하는 경우는 거의 없지만[13], 다만 법 제23조와 제26조에 따른 재판절차 등에서의 복제와 시사보도를 위한 이용에서는 저작자가 가지는 공표권의 침해행위가 성립할 수도 있다.

마찬가지로 법 제2장 제4절 제2관에 규정된 저작재산권의 제한은 저작자가 가지는 저작인격권의 하나인 동일성 유지권에도 영향을 미치는 것으로 해석되어서는 아니 된다. 따라서 저작재산권자의 허락 없이 저작재산권 행사의 제한규정에 따라 저작물을 이용하는 경우에도 저작자의 의사에 반하여 그 저작물의 내용이나 형식, 제호 등을 함부로 변경하면 저작인격권의 하나인 동일성 유지권의 침해가 될 수 있다(제13조 제1항). 다만, 법 제25조의 규정에 따라 저작물을 이용하는 경우에 학교교육 목적상 부득이하다고 인정되는 범위 안에서 표현의 변경은 본질적인 내용의 변경이 아닌 한 저작자는 이의를 제기할 수 없다(제13조 제2항 제1호). 그런데 저작재산권 행사의 제한규정의 범위 내에서 이루어진 대부분의 변경행위는 법 제13조 제2항 제5호의 "그 밖에 저작물의 성질이나 그 이용의 목적 및 형태 등에 비추어 부득이하다고 인정되는 범위 안에서의 변경"에 해당할 것이므로 저작자가 동일성 유지권을 근거로 이의를 제기할 수 없도록 한 규정을 원용하여 해당 저작물 이용자는 면책을 받을 수 있다.

---

13 공표권의 침해문제는 미공표 저작물에 대해서만 발생할 수 있기 때문이다.

제2절
저작재산권 행사가 제한되는 구체적 경우

I. 재판 또는 수사를 위한 복제와 입법·행정의 목적을 위한 내부자료로서의 복제의 허용

1. 의의

저작자가 가지는 저작재산권으로서의 복제권은 국가의 통치작용, 즉 입법, 사법, 행정을 위하여 필요한 경우 그 행사가 제한될 수 있으며, 재판절차와 입법 및 행정의 목적을 위하여 내부자료로서 필요한 경우에는 저작물을 자유롭게 복제할 수 있도록 하고 있다.

2. 「저작권법」에서의 규정

"재판 또는 수사를 위하여 필요한 경우이거나 입법·행정의 목적을 위한 내부자료로서 필요한 경우에는 그 한도 안에서 저작물을 복제할 수 있다. 다만, 그 저작물의 종류와 복제의 부수 및 형태 등에 비추어 해당 저작재산권자의 이익을 부당하게 침해하는 경우에는 그러하지 아니하다"(제23조). 이와 같이 현행 법체계에 따르면, 사법부 또는 행정부에서 이루어지는 재판 또는 수사절차에서는 그것이 내부자료이건 아니면 외부에 공표되는 자료이건 불문하고 저작물 이용자가 이를 복제할 수 있도록 하고, 입법과 행정 목적을 위해서는 내부자료만 복제할 수 있도록 하고 있다. 그리고 법 제23조에 따라 재판 등에서 저작물을 이용하는 경우에는 그 저작물을 번역하여 이용할 수 있으며(제36조 제2항), 또한 반드시 출처를 명시하여야 한다 (제37조).

3. 복제 등의 허용

(1) 재판 등에서의 복제

판결문이나 조서 또는 증거서류의 작성 등 재판 또는 수사절차에 필요한 경우에는 그 한도 안에서 공표된 저작물이라면 어떠한 유형의 저작물이든지 저작자의 허락 없이 해당 저작물을 복제하여 이용할 수 있다.[14] 재판 또는 수사절차의 공정성과 적정성이라는 법익法益이 저작자가 가지는 사권私權으로서의 복제권을 행사함으로써 얻는 법익보다 더 높은 가치가 있기 때문이다. 이때의 재판은 사법부에서 이루어지는 민·형사상이나 행정소송상의 재판뿐만 아니라, 행정부에서 이루어지는 각종 심판·조정·중재·재결 등의 준사법적準司法的 행위도 당연히 포함된다. 「저작권법」 제23조 제1호에서는 재판을 언급하면서 사법부에서의 재판이라고 한정하고 있지 않을 뿐더러 무엇보다도 행정부 차원에서 이루어지는 준사법적 절차의 공정성과 적정성의 보장도 저작자가 가지는 사권인 복제권보다는 분명히 그 보호가치가 높은 법익이기 때문이다. 그리고 여기서 말하는 수사는 범인 또는 증거를 발견하고 수집하는 검사와 사법경찰관리의 업무를 말한다.

(2) 입법·행정의 목적을 위한 내부자료로서 필요한 경우의 복제

입법·행정 목적을 위하여 내부자료로서 필요한 경우에는 그 한도 안에서만 제한되어 해당 저작물을 복제하여 이용할 수 있다. 입법목적을 위한 자료로서는 국회, 법원, 행정부 그리고 지방의회 등에서 이루어지는 헌법, 법률, 조약, 명령(대법원규칙 포함), 조례, 규칙 등의 제·개정 절차에 필요한 자료를 말하며, 행정목적을 위한 자료로서는 행정청이 소관 행정업무를 수행할 때 필요한 각종의 자료를 말한다. 여기서의 자료는 내부자료만을 의미하므로 복제하여 이를 외부적으로 공개하는 경우에는 저작자의 허락을 받아야 한다.

---

14 예를 들면, 재판절차를 위하여 필요한 소장, 변론서, 준비서면, 감정서 기타 결정문의 작성 등을 하는 경우에도 저작자의 허락 없이 해당 저작물을 복제하여 이용할 수 있다.

4. 복제행위가 허용되지 아니하는 경우

저작재산권 행사의 제한은 개인의 재산권을 제한하는 것이기 때문에 범위와 한계가 법률에 명확히 규정되어야 하며, 해석의 경우에도 가능한 한 엄격하게 하여 저작자가 입을 수 있는 권리의 침해나 손해를 최소화해야 할 것이다. 이와 같은 입법취지에 따라 「저작권법」 제23조에서도 저작자가 가지는 복제권의 행사가 제한되는 경우를 엄격한 범위에서 한정하고 있는데, 이는 곧 저작물을 복제하여 이용하는 자의 입장에서 보면 복제행위의 한계에 해당한다. 즉, '필요한 경우 그 한도 안에서'만 복제행위를 할 수 있도록 규정함으로써 저작물의 일부만이 필요한 데도 불구하고 저작물 전체를 복제하거나, 주어진 목적의 범위를 일탈한 다른 목적을 위하여 저작물을 복제하여서는 아니 된다. 이 밖에도 저작물의 종류와 부수 및 형태 등에 비추어 보아 해당 저작재산권자의 이익을 부당하게 침해하면서까지 복제가 허용되는 것은 아니다(제23조 단서 참조). 여기서 저작재산권자의 이익을 부당하게 침해하는 경우란 현재의 시장뿐만 아니라 장차의 잠재적 시장에서 저작자가 기대하는 합리적인 경제적 이익을 부당하게 침해하는 것을 말한다. 이러한 우려가 있다면 저작자로부터 사전에 복제허락을 받아야 한다.

5. 컴퓨터프로그램저작물의 경우

컴퓨터프로그램저작물의 경우에는 지금까지 논의한 「저작권법」 제23조가 적용되지 아니하고(제37조의2 참조), 그 대신에 법 제101조의3 제1항 제1호가 적용된다. 즉, 재판 또는 수사를 위하여 복제하는 경우에는 그 목적상 필요한 범위에서 공표된 프로그램을 복제 또는 배포할 수 있다. 다만, 프로그램의 종류·용도, 프로그램에서 복제된 부분이 차지하는 비중 및 복제의 부수 등에 비추어 프로그램의 저작재산권자의 이익을 부당하게 해치는 경우에는 그러하지 아니하다.

이 규정에 따라 재판 또는 수사를 위하여 복제할 수 있는 프로그램은 공표된 프로그램이어야만 하는 점에서 미공표 저작물도 포함하는 법 제23조에서 이야기하는 재판절차 등에서의 복제와는 차이점이 있다. 이 밖에도 법 제101조의3은 재판 또는 수사에만 한정하고 있으므로 입법 또는 행정의 목적을 위한 내부자료로서 필요한 경우에는 프로그램을 자유롭게 이용할 수 없다. 그런데 컴퓨터프로그램저작물을 일반저작물과 별도로 구별할 특별한 이유를 발견하기가 어려워 이 조항을 삭제하여도 아무런 문제가 없다고 보인다.

II. 공개적으로 행한 정치적 연설 등 이용의 허용

1. 의의

공개적으로 행한 정치적 연설이나 국회 또는 지방의회 등에서 한 진술 등은 저작물성이 있더라도 민주주의의 발전을 위해 국민 누구나 이를 이용할 수 있어야 하며, 법정 등에서 공개적으로 행한 진술 역시 재판절차의 공정성을 기하기 위해 누구든지 이를 이용할 수 있도록 함이 바람직하다. 정치적·사법적 민주주의의 실현이라는 헌법적 가치를 실현시키기 위해 정치적 연설 등에 대한 저작재산권의 행사를 제한할 수 있다는 사상은 이미 「베른협약」에서도 인정된 바 있다.[15]

2. 「저작권법」에서의 규정

"공개적으로 행한 정치적 연설 및 법정·국회 또는 지방의회에서 공개적으로 행한 진술은 어떠한 방법으로도 이용할 수 있다. 다만, 동일한 저작자의 연설이나 진술을 편집하여 이용하는 경우에는 그러하지 아니하다"(제24조). 그리고 정치적 연설 등은 번역하여 이를 이용할 수 있다(제36조 제2항). 이 밖에도 정치적 연설 등을 이용하기 위해서는 그 출처를 명시하여야 한다(제37조).

---

15 「베른협약」 제2조에서는 "정치적 연설 및 재판절차에서의 진술을 저작권 보호로부터 전부 또는 일부 배제하는 것은 가맹국의 입법에 맡긴다"라고 규정하고 있다.

3. 공개적으로 행한 정치적 연설 등 이용의 허용

(1) 허용의 요건

먼저, 「저작권법」 제24조에 의하여 저작재산권이 제한되는 대상은 정치적 연설 또는 법정, 국회 또는 지방의회에서 행한 진술이어야 한다. 법정에서의 진술은 재판절차의 공정성을 기하기 위하여 이를 진술자의 독점적 지배가 아닌 누구나 이용할 수 있게 한 것이며, 정치적 연설과 국회 또는 지방의회에서의 진술은 정치과정에서의 투입기능을 보장하여 민주적 정치질서의 형성이라는 공익적 가치를 달성하도록 누구든지 이용할 수 있게 하였다.

다음으로, 이들 연설이나 진술은 모두 공개적으로 행한 것이어야 한다. 비공개회의 등에서 행한 연설이나 진술을 이용하는 것은 저작자가 가지는 저작인격권으로서의 공표권을 침해할 수 있으며, 아울러 법 제24조의 규정에 따라 저작자의 저작재산권을 침해하는 것일 수도 있다.

(2) 정치적 연설 등의 이용방법

공개적으로 행한 정치적 연설이나 법정 등에서의 진술에 대한 저작자의 저작재산권은 그 행사가 매우 광범위하게 제한된다. 즉, 법 제24조의 요건을 충족한 정치적 연설이나 법정 등에서의 진술은 어떠한 방법으로도 이용할 수 있다. 따라서 연설 및 진술의 동일성 유지권을 침해하지 아니하는 한도 내에서 번역은 물론 복제(인쇄, 사진촬영, 복사, 녹음, 녹화), 공중송신, 2차적저작물의 작성 등 이용가능한 모든 형태로 아무런 제한 없이 이용할 수 있다. 다만, 동일한 저작자의 연설이나 진술을 편집하여 이용하는 경우에는 해당 저작물의 자유로운 이용에 일정한 제한이 따르도록 규정하고 있다(제24조 단서). 따라서 특정 정치인의 정치적 연설을 따로 모아 편집저작물을 작성하고자 할 경우에는 별도로 그 정치인의 허락을 받아야 한다.

Ⅲ. 공공저작물의 자유로운 이용의 허용

1. 공공저작물의 자유이용에 관한 일반적 고찰

(1) 저작물 이용의 3대 유형

일반적으로 저작물의 이용자는 저작재산권자로부터 이용허락을 받고서 해당 저작물을 이용하는 것이 원칙이다. 그러나 해당 저작물의 성격 또는 공익적 필요에 따라 구태여 저작재산권자의 이용허락 없이도 저작물을 이용할 수 있는 경우가 있는데, 대표적으로는 여기서 논의하는 공공저작물에 대한 자유이용과 후술하는 법정허락이 있다.

공공저작물의 자유이용은 국가 또는 지방자치단체, 나아가 공공기관이 업무상 작성한 저작물을 공공의 이익을 위하여 일정한 범위 내에서 누구든지 이용할 수 있도록 하는 제도이고, 여기서는 별도의 보상금을 저작재산권자에게 지급할 필요 없이 말 그대로 자유롭게 해당 저작물을 이용할 수 있다. 한편, 후술하는 법정허락은 해당 저작물에 대하여 저작재산권자가 누구인지 알지 못하거나 알더라도 그의 거소를 알지 못하거나 아니면 저작재산권자와 해당 저작물의 이용에 관한 협의가 성립되지 아니한 경우에 이용자가 소정의 보상금을 지급하는 조건으로 해당 저작물을 이용할 수 있도록 하는 제도를 말한다. 이와 같은 세 가지 유형의 저작물 이용방법을 개략적으로 구분해 보면 다음의 표와 같다.

저작물 이용의 3대 유형

구분	이용허락	법정허락	자유이용
근거규정	법 제46조	법 제50조~제52조	법 제24조의2
저작재산권자로부터 허락의 필요성	허락 필요함	허락 필요 없음 (법률의 규정에 의한 허락의 의제)	허락 필요 없음
보상금 지급의무	없음	있음	없음
이용되는 저작물	허락받은 저작물	공표된 저작물	공공저작물

(2) 공공저작물의 자유이용을 촉진하기 위한 각국의 노력

오늘날 국가나 지방자치단체 그리고 공공기관이 생산·관리하는 저작물, 즉 공공저작물은 문화예술의 발전과 문화콘텐츠산업의 진흥을 위한 핵심적인 원천소재로 활용될 수 있다는 점이 널리 부각되면서 세계 대부분의 저작권 선진국에서도 공공저작물의 개방과 공유정책을 경쟁적으로 도입하고 있다. 이를 좀 더 구체적으로 살펴보면, 유럽연합은 이미 2003년에 「공공정보 재이용 지침」을 통해 회원국들의 민간에 대한 공공정보의 개방을 적극적으로 권하고 있으며, OECD^{경제협력개발기구}도 2006년 보고서에서 공공정보의 상업적 활용의 중요성을 강조하였다. 2008년의 OECD 장관회의에서는 이를 주요의제로 채택해 각국의 노력을 강조한 바 있다. 한편, 개별 국가에서의 공공저작물 이용활성화를 위한 정책적 노력을 살펴보면 다음과 같다. 영국은 2010년에 OGL^{Open Government License}을 개발하여 23만여 건의 저작물을 무료로 공개하고 있으며, 오스트레일리아는 2009년에 **크리에이티브 커먼스 라이선스**CCL : Creative Commons License[16] 조건하에 연방과 주정부의 공공저작물을 공개하여 국민이나 기업의 이용을 촉진하고 있다. 이 밖에도 미국과 일본에서도 공공저작물을 공개하고 서비스를 하기 위한 포털사이트를 운영하고 있는데, 미국은 Data.gov 사이트를 통해 연방정부가 창작한 저작물의 대부분을 공개하고 있으며, 일본도 openlabs.go.jp 사이트를 통해 행정기관이 보유한 정보나 저작물을 민간과 기업차원에서 2차적으로 이용할 수 있도록 공개하고 있다.[17] 한편, 우리의 경우에는 국가나 지방자치단체가 창작한 저작물 중 헌법, 법률, 조약, 명령, 조례, 규칙, 고시, 공고, 훈령 및 법원의 판결, 결정, 명령 등과 같은 일부의 저작물은 처음부터 「저작권법」에 의한 보호를 완전히 부인하고[18] 누구든지 자유롭게 이용할 수 있음이 원칙이다. 이 외의 공공저작물은 저작권 보호의 대상이기 때문에 국민이 공공저작물을 이용하려면 일일이 해당 공공기관에 저작물의 이용허락을 받아야 하며, 이 밖에도 「국유재산법」에 따른 국유재산[19] 또는 「공유재산 및 물품 관리법」에 따른 공유재산으로 보호되는 저작물도 이들 법률에 따라 관리되기 때문에 별도의 사용·

---

16 CCL은 자신의 저작물에 대해 일정한 조건을 충족한 경우 모든 사람이 자유롭게 이용하도록 허락하는 내용의 라이선스를 말한다. 우리를 비롯한 주요국에서 민간의 자발성을 기반으로 한 저작물의 자유이용을 확산시키려는 사회운동의 일환으로 전개되고 있다.

17 문화체육관광부, 「2017 저작권백서」(2018), 213쪽.

18 이를 우리 「저작권법」 제7조에서는 '보호받지 못하는 저작물'이라고 표현하고 있다.

19 「국유재산법」 제5조 제1항 제6호 나목에 따르면 '국유재산'의 범위에 부동산과 그 종물 등과 함께 "「저작권법」에 따른 저작권, 저작인접권 및 데이터베이스제작자의 권리 및 그 밖에 같은 법에서 보호되는 권리로서 같은 법 제53조 및 제112조 제1항에 따라 한국저작권위원회에 등록된 권리"라고 규정하고 있다.

수익의 허가나 대부계약을 체결한 이후에 이용하는 것이 원칙이다. 이에, 정부에서
는 이러한 공공저작물의 이용절차상 불편함을 부분적으로 해소하고 공공저작물에
대한 민간개방을 더욱 활성화하기 위하여 지난 2013년의 「저작권법」 개정과정에서
공공저작물의 자유로운 이용을 위한 법적 기반에 해당하는 공공저작물의 자유이용
조항인 제24조의2를 신설하여 오늘에 이르고 있다.

2. 공공저작물

(1) 의의

우리 「저작권법」에서는 공공저작물에 대한 별도의 정의규정을 두고 있지 않다.
따라서 무엇이 공공저작물인가에 대해서는 관련 규정을 통하여 추론해 볼 수 있다.
법 제24조의2 는 그 제목을 '공공저작물의 자유이용'이라고 하여 제1항에서는 국가
또는 지방자치단체의 저작물을, 제2항에서는 공공기관의 저작물을 규정해 놓음으
로써 공공저작물을 국가 또는 지방자치단체의 저작물뿐만 아니라 공공기관의 저작
물까지 포함하는 개념으로 사용하고 있다고 볼 수 있다. 따라서 현행 법체계에 따
르면, 공공저작물이란 "행정목적 또는 공익상 필요로 국가, 지방자치단체 또는 공
공기관이 업무수행과정에서 작성한 저작물이거나 이들 기관이 저작권을 가지고 있
는 저작물을 말한다"라고 할 수 있다.[20] 이와 같은 공공저작물은 국가, 지방자치단
체 또는 공공기관에게 부여된 의무에 따라 작성된 것으로서 해당 공공저작물의 창
작에 필요한 비용도 국민의 세금으로 충당된 것이므로 이를 자유롭게 이용할 수 있
어야 할 것이다.

(2) 자유이용의 대상으로서의 국가와 지방자치단체의 공공저작물

국가와 지방자치단체는 업무수행과정에서 직접 저작물을 창작·배포하거나 간접
적으로 저작물 창작을 민간에 위탁한 후 저작권의 일부나 전부를 확보하기도 한다.
국가와 지방자치단체에서 업무상 작성한 저작물은 공익목적의 수행을 위하여 예

---

20 참고로 문화체육관광부가 제정하여 2015년부터 시행 중인 「공공저작물 저작권 관리 및 이용 지침」에서
는 "'공공저작물'이란 공공기관 등이 그 저작재산권의 전부 또는 일부를 가지고 있는 저작물을 말한다"라고 규
정하고 있다(같은 지침 제3조 제2호).

산을 투입하여 제작된 저작물이므로 저작재산권의 보호에 치중하기보다는 납세자인 일반 국민의 자유로운 이용을 도모해 줄 필요성이 크다. 현행 「저작권법」에서도 공공저작물은 원칙적으로 허락 없이 자유이용의 대상이 되도록 규정하고 있다.[21] 즉, "국가 또는 지방자치단체가 업무상 작성하여 공표한 저작물이나 계약에 따라 저작재산권의 전부를 보유한 저작물은 허락 없이 이용할 수 있다"(제24조의2 제1항). 그런데 국가 등이 가지고 있는 공공저작물도 그에 대한 저작인격권은 여전히 일신전속적이어서 양도 등은 불가능하다. 따라서 공공저작물에 관한 성명표시권이나 동일성 유지권과 같은 저작인격권은 여전히 국가 등이 계속하여 행사하여야 함을 유의하여야 한다. 한편, 국가 또는 지방자치단체가 계약에 따라 저작재산권의 전부를 보유하지 못하는 저작물에 대해서는 나머지 부분의 저작재산권을 가지는 자의 허락을 받은 후에야만 이를 민간에 개방하여 국민이 이용하게 할 수 있다.

(3) 자유이용의 대상에서 제외되는 공공저작물

공공저작물이어도 대외적으로 공개하여 일반국민이 이용하는 것보다 더 큰 보호법익이 있을 경우에는 해당 저작물을 저작자인 국가 또는 지방자치단체의 통제하에 두어 소기의 목적을 달성할 수 있도록 해야 할 것이다.

「저작권법」에서는 공공저작물이라 할지라도 자유롭게 이용할 수 없는 경우를 네 가지로 나누어 제시하고 있는데, i) 국가안전보장에 관련되는 정보를 포함하는 경우, ii) 개인의 사생활 또는 사업상 비밀에 해당하는 경우, iii) 다른 법률에 따라 공개가 제한되는 정보를 포함하는 경우[22] 그리고 iv) 법 제112조에 따른 한국저작권위원회에 등록된 저작물로서[23] 「국유재산법」에 따른 국유재산 또는 「공유재산 및 물

---

21 국가, 지방자치단체, 공공기관 등이 보유하고 있는 공공저작물은 한국문화정보원이 운영하는 공공누리(kogl.or.kr)에서 통합적으로 검색 및 이용이 가능한데, 공공누리에서는 2017년말 기준으로 1,019만 건에 달하는 공공저작물을 개방하였다(문화체육관광부, 앞의 저작권 백서, 217쪽).
22 「공공기관의 정보공개에 관한 법률」 제9조에서는 비공개 대상정보를 규정하고 있는데 여기에는 i) 법률에 따라 비밀이나 비공개 사항으로 규정된 정보, ii) 국가안전보장 등에 관한 정보, iii) 국민의 생명, 신체보호에 지장을 초래하는 정보, iv) 재판과 범죄의 예방 및 수사에 관한 정보, v) 공정한 업무수행이나 연구개발에 지장을 초래하는 정보, vi) 사생활의 비밀 또는 자유에 관한 정보 등이 포함되어 있다.
23 이와 같이 국가와 지방자치단체는 비록 그들이 보유한 업무상 저작물일지라도 이를 한국저작권위원회에 등록하면 자유이용대상의 공공저작물에서 제외할 수 있고, 이 경우 해당 저작물에 대한 저작권의 행사는 중앙관서의 장이나 지방자치단체의 장이 「국유재산법」 또는 「공유재산 및 물품 관리법」에 따라 사용허가 또는 대부의 방법으로 이루어진다(「국유재산법」 제65조의7 참조).

품 관리법」에 따른 공유재산으로 관리되는 경우다(제24조의2 제1항 단서 참조).

자유이용의 대상에서 제외되는 공공저작물 가운데 특히 iv)와 관련하여 부가적인 설명을 하자면, 국가와 지방자치단체가 작성하여 공표한 저작물이나 계약에 따라 저작재산권 전부를 가지고 있는 저작물로서 국유재산 또는 공유재산에 속하는 것은 이를 이용자가 자유롭게 이용하지 못하고 국가와 지방자치단체로부터 대부계약의 체결 등과 같은 이용허락을 받아야 하는 것이 원칙이다. 이때에는 한국저작권위원회에 해당 저작물의 등록이라는 추가적인 요건이 충족되어야 함을 유의하여야 한다. 그런데 공공저작물의 자유이용을 제한하는 네 가지 중 특별히 iv)의 경우에는 자유이용이 가능하도록 법에서 배려하고 있다. 즉, 법 제24조의2 제3항을 보면 이 네 가지 가운데 iv)에 대해서는 일정한 경우에 다시 예외적으로 자유이용 저작물이 될 수 있도록 규정하고 있기 때문이다.

공공기관이 창작 또는 보유하고 있는 저작물은 행정기밀이나 개인정보의 침해 등에 해당하지 아니하는 한 국가가 아닌 다른 사람이 사용한다고 해서 공익목적의 수행을 방해하지도 않을 뿐더러, 특정인의 배타적·전속적 사용이 가능하지도 않다는 점에서 공공저작물의 이용에 국유재산의 법리(국유재산의 사용허가 또는 대부계약 절차의 경직성)를 엄격하게 적용하는 것은 타당하지 않다.[24] 즉, 「저작권법」 제24조의2 제3항의 규정에 근거하여 중앙관서의 장과 지방자치단체의 장은 법 제24조의2 제1항 제4호의 공공저작물 중 국민의 자유로운 이용이 필요하다고 인정하는 경우 이는 「국유재산법」 제65조의8 및 「공유재산 및 물품 관리법」 제20조, 제29조에도 불구하고 사용·수익·허가나 대부계약의 체결 없이 해당 공공저작물을 자유롭게 사용하도록 할 수 있다.[25] 이 경우 중앙관서의 장 또는 지방자치단체의 장은 해당 공공저작물을 사용·수익하거나 대부계약의 체결 없이 자유롭게 사용할 수 있다는 것을 알 수 있도록 문화체육관광부장관이 정한 표시기준[26]에 따라 표시할 수 있다(「저작권법 시행령」 제1조의3 제2항). 이렇게 볼 때 법 제24조의2에서 제1항 제4호와 제3항은 원칙과 예외의 관계에 있다고 하겠다. 즉, 한국저작권위원회에 등록된 저작물로

---

24 박영규, 앞의 논문, 36쪽.

25 「국유재산법」에서의 이와 같은 규정은 국민의 세금으로 뒷받침되어 창작한 공공저작물을 국가가 일방적으로 포기하지 못하도록 할 필요성을 반영한 입법정책의 결과로 보인다.

26 공공저작물에는 문화체육관광부장관이 정한 표시기준인 '공공누리'로 표기함으로써 자유이용이 가능한 저작물임을 쉽게 식별할 수 있도록 하고 있다.

서 「국유재산법」에 따른 국유재산 또는 「공유재산 및 물품 관리법」에 따른 공유재산의 경우에는 원칙적으로 자유이용의 대상이 되는 공공저작물의 범위에서 제외되지만, 국·공유재산으로서 관리하기보다는 문화예술이나 콘텐츠산업의 발전 등을 위하여 이용자가 자유롭게 활용하는 것이 바람직할 때에는 예외적으로 이를 허용할 수 있도록 하고 있다.

3. 공공저작물의 자유로운 이용의 허용

누구든지 국가 또는 지방자치단체가 업무상 작성하여 공표한 저작물이나 계약에 따라 저작재산권의 전부를 보유한 저작물은 앞에서 살펴본 자유이용의 대상에서 제외되는 공공저작물에 해당하지 않는 한 국가 또는 지방자치단체의 허락 없이 이용할 수 있다. 여기서의 **이용**은 해당 저작물의 성격에 부합하는 것이라면 복제, 공연, 공중송신, 전시, 배포, 대여 그리고 2차적저작물의 작성이건 무엇이건 관계가 없다.

이와 같은 공공저작물의 자유이용을 촉진하기 위해 문화체육관광부는 공공누리 KOGL : Korea Open Government License제도를 실시하고 있는데, 이는 이용자가 「국유재산법」 또는 「공유재산 및 물품 관리법」의 적용을 받는 저작물에 대해 그 이용의 형태를 손쉽게 확인할 수 있도록 고안되어 있다. 공공누리제도에서 시행되고 있는 표시제도는 크리에이티브 커먼스 라이선스를 단순화한 것으로서 다음 네 가지 유형으로 구성되어 있다.

공공누리에서의 저작물 이용표시 유형

유형	표시의 방법	설명
제1유형	출처표시	비상업적 이용은 물론 상업적 이용도 가능하고 변형 등 2차적저작물을 작성하여 이용하는 것도 가능하다.
제2유형	출처표시 + 상업적 이용금지	변형 등 2차적저작물을 작성하여 이용하는 것도 가능하지만, 비상업적 이용만 가능하고 상업적 이용은 불가능하다.
제3유형	출처표시 + 변경금지	비상업적 이용은 물론 상업적 이용도 가능하지만, 변형 등 2차적저작물을 작성하여 이용하는 것은 허용되지 않는다.
제4유형	출처표시 + 상업적 이용금지 + 변경금지	비상업적 이용만 가능하고 상업적인 이용이나 변형 등 2차적저작물을 작성하여 이용하는 것은 허용되지 않는다.

Ⅳ. 학교교육 목적 등을 위한 저작물의 다양한 이용의 허용

1. 의의

사람은 교육을 통하여 인류의 문화유산을 체득하고 교육을 통하여 하나의 인격체로 성장하는 과정을 겪는다. 이와 같은 교육이 이루어지는 장으로서는 후술하는 도서관 등에서 이루어지는 사회교육도 물론 중요하겠지만, 학교에서 이루어지는 학교교육의 중요성은 아무리 강조해도 지나치지 않다. 이러한 이유로 **학교교육**이라는 공익적 목적을 위하여 저작자가 가지는 저작재산권의 행사는 상당히 제한받을 수밖에 없다.[27] 이에 「저작권법」 제25조에서는 학교교육이 추구하는 공공성 등을 고려하여 공표된 저작물에 대한 저작재산권의 행사를 광범위하게 제한하여 교육기관, 교육지원기관 그리고 학생들이 해당 저작물을 보다 자유롭게 이용할 수 있도록 하고 있다.

법 제25조에서 규정하고 있는 저작재산권 행사의 제한을 크게 세 가지 유형으로 나누어 볼 수 있는데 i) 학교의 교육목적상 필요한 교과용 도서에 공표된 저작물의 게재 허용, ii) 수업목적 등을 위한 공표된 저작물의 복제 등의 허용 그리고 iii) 교육을 받는 자에 대한 공표된 저작물의 복제·전송의 허용 등이다. 여기서 학교교육 목적 등을 위해 복제 등이 허용되는 저작물은 모두 공표된 저작물이 대상이므로 미공표 저작물은 어떤 경우에도 해당하지 아니한다. 이 가운데 첫째와 둘째의 경우, 즉 교과용 도서에의 게재와 수업목적 등을 위한 교육기관 등의 복제 등은 그것이 저작자의 정당한 이익을 부당하게 해칠 우려가 대단히 크므로 이때에는 별도의 보상금을 지급하도록 하고 있다. 다만 세번째, 즉 교육을 받는 자의 복제·전송의 경우는 보상금을 지급할 의무가 없다는 것이 큰 차이점으로 지적될 수 있다. 이하에서 논의할 학교교육 목적 등을 위한 저작재산권 제한의 3대 유형을 이해의 편의를 위하여 미리 개략적으로 기술해 보면 다음 표와 같다.

---

27 수업목적을 위한 저작권의 제한은 1886년 「베른협약」 이후부터 인정되는 가장 일반적인 저작권 제한의 유형이다. 참고로 「베른협약」에서 규정하고 있는 저작권 제한의 유형으로는 i) 정치적 연설, 재판절차에서의 진술, ii) 시사보도 및 신문기사 등의 전제, iii) 인용, iv) 수업목적을 위한 이용, v) 출처의 표시 등이 있다.

학교의 교육목적 등을 위한 저작재산권 제한의 유형

구분	공표된 저작물의 교과용 도서에의 게재	교육기관 등의 수업목적 등을 위한 복제·배포 등	교육을 받는 자에 대한 수업목적의 복제·전송
관련조항	법 제25조 제1항	법 제25조 제2항	법 제25조 제3항
목적	학교의 교육목적	수업 또는 수업지원 목적	수업목적
상황	학교의 교육목적상 필요한 경우	수업 또는 수업지원 목적상 필요하다고 인정되는 경우	수업목적상 필요하다고 인정되는 경우
대상 학교	고등학교 및 이에 준하는 학교 이하의 학교	모든 학교, 국공립교육기관 및 교육지원기관	모든 학교
저작물 이용의 주체	국가(교육부장관 등)	모든 학교, 국공립교육기관 및 교육지원기관	국공립교육기관에서 교육을 받는 자
대상 저작물	공표된 저작물	공표된 저작물	공표된 저작물
저작물 이용방법	게재	복제, 배포, 공연, 전시, 공중송신	복제, 전송
보상금 지급의무	지급의무 있음	지급의무 있음(고등학교 및 이에 준하는 학교 이하의 학교는 제외)	지급의무 없음
저작인접권에의 준용여부	준용	준용	준용

2. 교과용 도서에 공표된 저작물의 게재 허용

(1) 의의

고등학교 이하의 학교에서 사용하는 교과용 도서에는 보상금의 지급을 조건으로 하여 공표된 저작물을 자유롭게 게재할 수 있다. 즉, "고등학교 및 이에 준하는 학교 이하의 학교의 교육목적상 필요한 교과용도서에는 공표된 저작물을 게재할 수 있다"(「저작권법」 제25조 제1항).

이 규정의 의미는 대학교(또는 대학) 이상의 학교가 아닌 고등학교 또는 이에 준하는 학교 이하의 학교[28]의 교과용 도서에는 저작권자의 허락 없이 공표된 저작물을 보상금의 지급을 조건으로 자유로이 게재할 수 있다는 것이다. 따라서 교과용 도서가 아닌 상업용 학술참고서 등에 대해서는 법 제25조 제1항이 적용될 여지가 없으

---

28 「저작권법」 제25조 제1항에서 말하는 '고등학교 및 이에 준하는 학교 이하의 학교'에는 「초·중등교육법」 제2조에 따른 초등학교, 중학교·고등공민학교, 고등학교·고등기술학교, 특수학교 그리고 각종학교 등이 있으며, 「유아교육법」에 따른 유치원도 포함된다.

며 이 경우에는 해당 저작자의 이용허락을 받은 이후에만 게재할 수 있다.

(2) 교육목적상 필요한 교과용 도서에의 게재

공표된 저작물을 자유롭게 게재할 수 있는 경우는 고등학교 및 이에 준하는 학교 이하의 학교의 교육목적상 필요한 교과용 도서에 한한다.[29] 여기서 말하는 교육목 적은 수업목적 또는 수업지원목적보다는 그 범위가 넓은 것으로서, 교육과정 전반에 걸쳐서 필요로 한다면 이는 곧 교육목적을 충족한 것으로 해석하여야 한다. 따라서 특별활동이나 재량활동 등을 위해 교과용 도서를 사용하는 경우는 교육목적상 필요한 것으로 볼 수 있다. 여기서 교과용 도서를 좀 더 살펴보면, 「초·중등교육법」 제29조 '교과용 도서의 사용'에서 "학교에서는 국가가 저작권을 가지고 있거나 교육부장관이 검정하거나 인정한 교과용 도서를 사용하여야 한다"라고 규정하고 있다. 그리고 「교과용 도서에 관한 규정」 제2조에 따르면 국가가 저작권을 가지는 교과용 도서를 국정도서라 하고, 교육부장관의 검정을 받은 교과용 도서를 검정도 서[30]라 하며, 국정도서나 검정도서가 없는 경우 또는 이를 사용하기 곤란하거나 보충할 필요가 있는 경우에 사용하기 위하여 교육부장관의 인정을 받은 교과용 도서를 인정도서[31]라 한다. 또한 교과용 도서는 교과서와 지도서를 말하는데 교과서란 학교에서 학생들의 교육을 위하여 사용하는 학생용의 서적, 음반, 영상 및 전자저작물 등을 말하고 지도서란 학교에서 학생들의 교육을 위하여 사용하는 교사용의 서책, 음반, 영상 및 전자저작물 등을 말한다. 결국 교과용 도서에 게재되는 저작물은 그것이 서책, 음반, 영상 및 전자저작물에 수록될 수 있다면 어떤 형태라도 무방하다 하겠다.

이렇게 볼 때 고등학교 및 이에 준하는 학교 이하의 모든 학교에서 사용하는 교

---

29 대학교재는 법 제28조의 '공표된 저작물의 인용'에 관한 규정에 맞추어 관련 저작물을 이용하여 특정 수업용 교재를 만들 수 있다.

30 '검정도서'란 국가가 간접적으로 도서제작에 관여한 도서의 유형을 말하는데, 일반적으로 검정도서제도는 민간출판사가 국가의 '편찬상의 유의점'에 따라 교과서를 연구·개발한 후, 국가가 주관하는 검정심사의 적합성을 인정받아야 하는 교과서 발행제도이다. 이는 민간이 제작한 교과서를 국가기관이 교과용 도서로 적합한지의 여부를 검정하여 부적합한 부분은 저작자로 하여금 수정·보완하게 하는 데 그 특징이 있다.

31 '인정도서'는 민간이 제작한 도서를 국가기관이 교과용 도서로 사용할 수 있는지의 여부를 심사하여 인정하는 교과서이다. 현재 교육부는 인정도서에 대한 인정권한을 시·도교육감에게 위임하고 있으며, 특정 시·도에서 인정된 교과서는 시·도의 학교에서 자유롭게 사용할 수 있도록 하고 있다.

과용 도서(교과서나 지도서 그리고 국정도서, 검정도서, 인정도서 모두 포함된다)에는 이미 공표된 저작물을 해당 저작자의 허락 없이 게재할 수 있다. 물론 저작물을 게재할 때는 문화체육관광부장관이 정하여 고시하는 기준에 따른 보상금을 해당 저작재산 권자에게 지급하여야 하는데(「저작권법」 제25조 제4항 참조), 이에 대해서는 후술하기로 한다.

(3) 교과용 도서에 게재된 저작물의 이용방법

교과용 도서를 발행한 자는 교과용 도서를 본래의 목적으로 이용하기 위하여 필요한 한도 내에서 제1항에 따라 교과용 도서에 게재한 저작물을 복제·배포·공중송신할 수 있다(제25조 제2항).[32] 이와 같은 이유로 교과용 도서를 발행한 자가 아닌 자가 교과용 도서를 기본교재로 하여 그 내용으로 인터넷 강의를 제공하는 경우 공표된 저작물의 인용범위를 초과하였다면 이는 저작재산권 중 복제권과 공중송신권을 침해한 것이라는 판례가 있다.[33]

3. 학교와 교육기관 등의 수업목적 등을 위한 복제·배포 등의 허용

(1) 의의

학교, 교육기관, 수업지원기관 등은 수업목적 등을 위하여 필요한 경우에는 공표된 저작물의 일부 또는 전부를 자유롭게 이용할 수 있다. 즉, i) "특별법에 따라 설립된 학교이거나[34] 「유아교육법」[35], ii) 「초·중등교육법」 또는 「고등교육법」에 따른 학교이거나[36], iii) 국가나 지방자치단체가 운영하는 교육기관에 해당하는 학교 또는 교육기관이 수업목적으로 이용하는 경우에는 공표된 저작물의 일부분을 복제·

---

32 물론 이 경우에 있어서도 해당 저작물을 이용하는 자는 보상금을 지급하여야 한다(제25조 제6항 참조).
33 서울중앙지방법원 2005.11.9, 선고 2004노732 판결.
34 여기서 말하는 특별법에 따라 설립된 학교로는 국방대학교, 경찰대학, 육·해·공군사관학교, 육군3사관학교, 국군간호사관학교, 한국과학기술원, 한국학대학원, 한국전통문화대학교 등이 있다.
35 「유아교육법」에 따른 학교에는 유치원이 있다. 따라서 「영유아보육법」에 의해 설립된 어린이집은 여기에 포함되지 아니한다. 그런데 현재의 국내 유아정책은 「영유아보육법」에 따른 어린이집(보건복지부)의 보육기능과 「유아교육법」에 근거한 유치원(교육부)의 교육기능이 분리되어 있음에도 불구하고 어린이집과 유치원 모두에서 동요·동시, 무용, 음악, 영상물 등의 저작물을 이용하여 교육프로그램을 운영하고 있으므로 어린이집도 법 제25조 제2항에 포함시키는 법률 개정작업이 요청된다.

배포·공연·전시 또는 공중송신(이하 '복제 등'이라 한다)할 수 있다. 다만, 공표된 저작물의 성질이나 그 이용의 목적 및 형태 등에 비추어 저작물의 전부를 이용하는 것이 부득이한 경우에는 전부를 이용할 수 있다"(「저작권법」 제25조 제3항).

다음으로 국가나 지방자치단체에 소속되어 제3항의 학교 또는 교육기관의 수업을 지원하는 기관(이하 '수업지원기관'이라 한다)은 수업지원을 위하여 필요한 경우에 공표된 저작물의 일부분을 복제 등을 할 수 있다. 다만, 공표된 저작물의 성질이나 그 이용의 목적 및 형태 등에 비추어 해당 저작물의 전부를 복제 등을 하는 것이 부득이한 경우에는 전부 복제 등을 할 수 있다(제25조 제4항).

(2) 수업목적 등을 위해 복제·배포 등을 할 수 있는 기관

법 제25조 제3항 및 제4항에 따라 수업목적 또는 수업지원의 목적상 필요하다고 인정하여 공표된 저작물을 자유롭게 복제·배포 등을 할 수 있는 장소적 범위는 대단히 넓은데, 초·중·고등학교 또는 이에 준하는 학교뿐만 아니라 유치원, 대학교 그리고 국공립교육기관 등을 총망라하고 있다. 한마디로 국내에서 합법적·제도적 차원에서 운영하고 있는 모든 종류의 학교는 법 제25조 제2항의 규정에 따른 수업목적을 위해서 저작물의 복제와 배포 등이 가능한 장소적 범위에 포함된다.

이 밖에도 국가와 지방자치단체가 운영하는 각종 형태의 국공립교육기관[37] 등도 법 제25조 제2항에 따른 수업목적 또는 수업지원목적을 위해서 저작물의 복제와 배포 등이 가능한 장소적 범위에 포함된다.

(3) 저작물 이용의 목적

법 제25조 제3항 및 제4항에서는 목적상 필요하다고 인정되는 경우에만 저작재산권의 행사를 제한하도록 하는 **비례의 원칙**을 적용하고 있는데, 이는 저작자가 가지는 저작재산권과 수업목적 또는 수업지원목적 간의 충돌을 최소화하기 위한 입법적 조치로 보인다. 따라서 수업목적 또는 수업지원목적의 범위를 넘어서서 해당

---

36 「초·중등교육법」에 따른 학교에는 초등학교, 중학교·고등공민학교, 고등학교·고등기술학교, 특수학교 그리고 각종학교 등이 있으며(「초·중등교육법」 제2조), 「고등교육법」에 따른 학교에는 대학, 산업대학, 교육대학, 전문대학, 방송대학·통신대학·방송통신대학 및 사이버대학, 기술대학, 각종학교 그리고 대학원대학 등이 있다(「고등교육법」 제2조 및 제30조).
37 중앙·지방공무원연수원과 시·도교육연수원 등이 해당한다.

저작물을 이용하면 비례의 원칙 위반으로 손해배상 등의 책임을 져야 할 것이다. 현재 수업목적상 필요하다고 인정되는 경우는 일반적으로 다음과 같다.

첫째, 학교 및 교육기관의 교육과정에서 이루어지는 수업에서의 저작물 이용은 수업목적의 필요상 인정되는 경우에 해당한다. 여기에는 「유아교육법」상의 교육과정 및 원장의 지휘·감독하에 이루어지는 방과 후 과정, 「초·중등교육법」상의 교과수업과 학교장의 지휘·감독하에 이루어지는 창의적 체험활동(동아리활동, 봉사활동, 진로활동 등)이 포함된다.

둘째, 학교 및 교육기관에서 학교장의 관리·감독하에 재학 중인 학생을 대상으로 행하여지는 정규교육과정에서의 수업뿐만 아니라 이를 보완하는 수업에서의 저작물 이용행위도 수업목적 필요상 인정되는 경우에 해당한다. 다시 말해, 수업목적에서 말하는 수업은 전일제 수업을 원칙으로 하나 법령이나 학칙에 따른 야간수업, 계절제수업, 시간제수업, 방송통신에 의한 수업, 정보통신매체 등을 활용한 온라인 수업에서의 저작물 이용행위도 해당한다. 한편, 현재 수업지원목적상 필요하다고 인정되는 경우로는 다음의 두 가지, 즉 i) 학교 및 교육기관의 교육과정에서 이루어지는 수업지원이어야 하며, ii) 교육 또는 학생을 대상으로 하는 수업지원이어야 한다는 등의 요건이 충족되어야 한다. 그런데 법 제25조 제3항 및 제4항에 의하여 자유이용이 허용되는 경우라 하더라도 저작물의 종류와 용도, 복제의 부수와 복제의 형태 등에 비추어 저작재산권자의 경제적 이익을 부당하게 해치지 아니하도록 유의하여야 한다. 이와 같은 논의는 법 제25조 제1항, 제2항 및 제5항에 의하여 저작물이 허용되는 경우에도 마찬가지로 적용될 수 있다.[38]

---

38 학교와 교육기관과 법 제25조 제7항에 의하여 문화체육관광부장관이 정한 보상금 수령단체(한국복제전송저작권협회) 간에는 협약에 의하여 다음과 같은 경우에는 현실적으로 저작물의 이용이 허용되지 않는 것으로 하고 있다. i) 저작물의 일부를 시중(市中)에서 판매되는 형태와 유사하게 제작하여 배포하거나 파일로 제공하여 구매를 대체할 수 있는 이용, ii) 시중에서 판매되고 있는 문제집, 참고서(워크북 등 포함)의 일부를 복제하여 배포하거나 전송 등의 방법으로 제공함으로써 저작권자의 경제적 이익을 부당하게 침해하는 이용, iii) 교원에 의해 매학기마다 같은 자료를 반복적으로 복제하여 학생에게 제공하는 이용, iv) 도서, 간행물, 영상저작물의 일부분을 순차적으로 복제함으로써 누적되어 결국 전체를 복제하게 되는 이용, v) 수업을 담당하는 교원 1인당 1부, 수업을 받는 학생당 1부를 초과하는 복제 그리고 vi) 판매되는 음원, 영상저작물을 시디롬(CD-ROM), USB메모리 등 이동식 저장매체에 저장하여 배포하거나 전송 등의 방법으로 제공하는 것 등이다〔한국복제전송저작권협회(korra.kr) 참조〕.

(4) 저작물의 자유로운 이용범위와 이용형태 등

위에서 언급한 모든 종류의 학교나 교육기관 또는 수업지원기관에서는 저작자의 허락 없이도 그 수업 또는 수업지원의 목적상 필요하다고 인정되는 경우에는 원칙적으로 공표된 저작물의 일부분을 이용할 수 있다. 이와 같이 공표된 저작물의 일부분만을 이용할 수 있도록 하고 있는 이유는 아무리 수업 또는 수업지원이라는 공익적 목적이라도 해당 저작물 전체를 자유롭게 이용하도록 하는 것은 저작자의 경제적 이익을 부당하게 침해할 수 있기 때문이다. 다만, 짧은 형태의 시나 시조 그리고 소형의 사진이나 회화 등과 같이 "저작물의 성질이나 그 이용의 목적 및 형태 등에 비추어 저작물의 전부를 이용하는 것이 부득이한 경우에는 전부를 이용할 수 있다"(제25조 제2항 단서).

앞에서 살펴본 바와 같이 학교, 교육기관 또는 수업지원기관 등에서 수업목적 또는 수업지원목적상 저작물을 이용할 때에는 해당 저작물을 복제, 배포, 공연, 전시 또는 공중송신의 방법으로 이용할 수 있다(제25조 제3항 및 제4항 참조). 여기서 공중송신이 포함된 것은 외국의 예와 비교해 볼 때 상당히 획기적인 입법적 조치로 평가된다. 이는 오늘날 교육현장에서의 수업방식의 다양화 현상, 즉 원격대학(방송대학, 통신대학, 방송통신대학 그리고 사이버대학 등이 포함된다) 등의 인터넷을 통한 원격강의 또는 사이버강의 교육이 활발히 이루어지고 있는 국내의 교육상황을 반영하고, 정보화를 통한 국민의 교육기회 확대라는 정부의 정책목표를 입법적으로 뒷받침하기 위한 것으로 이해된다. 이와 같이 수업목적 또는 수업지원목적을 위한 저작물의 자유로운 이용범위가 넓어진 반면 그만큼 저작재산권자의 권리는 그에 비례하여 제한되기 마련이지만, 이 문제는 법률에서 규정하고 있는 바와 같이 해당 저작물을 수업 또는 수업지원목적에 엄격하게 한정하여 이용하도록 하고, 후술하는 보상금 지급제도의 차질 없는 운영으로 해소할 수밖에 없을 것이다.

한편, "법 제25조 제2항부터 제4항까지의 규정에 따라 교과용도서를 발행한 자, 학교·교육기관[39] 및 수업지원기관이 저작물을 공중송신을 하는 경우에는 저작권 그 밖에 이 법에 의하여 보호되는 권리의 침해를 방지하기 위하여 복제방지조치 등

---

39 여기서 교육기관은 각종 형태의 학교와 국가 및 지방자치단체가 운영하는 교육기관 등을 가리킨다.

대통령령으로 정하는 필요한 조치[40]를 하여야 한다"(제25조 제10항). 이와 같은 규정은 특히 전송의 경우에 복제방지의 기술적 조치가 없는 상태에서 무제한 허용하면 해당 저작물이 쉽게 유출되어 인터넷 등을 통해 널리 유포됨으로써 저작권자의 정당한 이용을 크게 훼손할 가능성이 높다는 점을 고려한 것으로 이해된다.[41]

4. 교육을 받는 자의 수업목적을 위한 복제와 전송의 허용

(1) 의의

교육기관에서 교육을 받는 자는 수업목적이라는 공익목적의 달성을 위하여 필요한 경우 공표된 저작물을 자유롭게 복제하거나 전송할 수 있다. 즉, "법 제25조 제3항 제1호부터 제3호까지의 규정에 따른 학교, 교육기관에서 교육을 받는 자는 수업목적상 필요하다고 인정되는 경우에는 제3항의 범위 내에서 공표된 저작물을 복제하거나 공중송신할 수 있다"(『저작권법』 제25조 제3항).

오늘날 학교교육과 사회교육 등 각종 교육에 있어서 교육을 받는 자가 컴퓨터나 인터넷과 같은 여러 전자적 장치를 활용하여 적극적으로 참여하는 방식을 통한 교사와 학생, 그리고 학생 상호 간의 교호적인 학습활동이 강조되고 있다. 학교를 포함한 교육기관에서 이루어지는 교육과 학술활동의 방법 자체가 개개의 학습자가 스스로 학습내용을 수집·분석·교류하는 형태로 발전해감에 따라, 교육을 받는 학습자 자신이 스스로 특정의 저작물을 복제하고 이를 공중송신할 필요성이 그 어느때보다도 요구되고 있으며, 이와 같은 현상은 원격교육 내지는 사이버교육의 일반화에 따라 더욱 두드러지고 있는 것이 오늘의 현실이다.[42] 이러한 상황을 적극적으로 수용하여 교육기관에서 교육을 받는 자가 일정한 요건하에 저작물을 복제·공중

---

40 여기서 말하는 필요한 조치는 i) 저작물의 불법이용을 방지하기 위하여 필요한 조치로서 전송하는 저작물을 수업을 받는 자 외에는 이용할 수 없도록 하는 접근제한조치와 ii) 전송하는 저작물을 수업을 받는 자 외에는 복제할 수 없도록 하는 복제방지조치, iii) 저작물에 저작권 보호와 관련한 경고문구의 표시에 관한 조치 그리고 iv) 전송과 관련한 보상금을 산정하기 위한 장치의 설치조치 등을 말한다(『저작권법 시행령』 제9조 참조).
41 오승종, 앞의 책, 595쪽.
42 우리의 경우 원격교육 내지는 사이버교육에 관한 가장 기본적인 법률로 『이러닝(전자학습)산업 발전 및 이러닝 활용 촉진에 관한 법률』이 있다. 한편, 미국에서는 디지털 원격교육을 저작권법적으로 뒷받침하기 위하여 2002년에 TEACH Act(Technology, Education and Copyright Harmonization Act of 2002)를 제정한 바 있으며, 그 내용은 연방 저작권법 제110조 및 제112조에서 '디지털 원격교육(Online Distance Learning)'이라는 제목하에 상세하게 규정되어 있다.

송신할 수 있도록 법제화한 것이 곧 법 제25조 제3항이다.

(2) 저작물의 자유로운 복제와 전송의 허용

법 제25조 제5항에서는 교육기관에서 교육을 받는 자는 일정한 경우에 해당 저작물의 복제와 공중송신을 할 수 있도록 규정하고 있는데, 앞에서 살펴본 교과용도서에서의 게재나 교육기관 등의 복제 등의 허용과 마찬가지로 여기서도 공표된 저작물을 대상으로 한다.[43] 그리고 저작재산권자의 이익을 부당하게 해하지 않기 위하여 수업목적상[44] 필요하다고 인정되는 경우에만 해당 저작물의 복제 등을 허용하도록 하고 있다.

법 제25조 제5항에 따라 해당 저작물을 복제하거나 복제하여 공중송신할 수 있는 자는 학교 또는 교육기관, 즉 각종 형태의 학교와 국가나 지방자치단체가 운영하는 교육기관에서 교육을 받는 자에 한정되어 있다. 법 제25조 제3항에서는 해당 저작물 이용자가 교육의 주체이지만 여기서는 교육의 객체, 즉 학생이 해당 저작물의 이용자임을 유의하여야 한다.[45]

법 제25조 제5항에 따라 교육의 객체인 학생들이 저작물을 이용하는 방법으로는 공표된 저작물을 복제하거나 공중송신하는 행위에 한정된다.

5. 번역 등에 의한 이용과 출처의 명시 등

「저작권법」 제25조의 규정에 의하여 학교교육 목적 등을 위하여 저작물을 이용할 때에는 이를 편곡 또는 개작하여 이용할 수 있으며, 특히 그것이 외국저작물일 경우에는 번역하여 이용할 수 있다(제36조).

---

43 공표된 저작물의 종류는 불문한다. 그것이 어문저작물이든, 영상저작물이든, 컴퓨터프로그램저작물이든 어떤 형태의 저작물이라도 수업목적상 필요하다고 인정되면 복제와 전송 등의 방법으로 이용이 가능한데, 이는 법 제25조 제1항과 제2항에서도 마찬가지이다.

44 법 제25조 제2항과 제3항에서는 제1항에서 사용하고 있는 용어인 '교육목적'이라는 용어 대신에 '수업목적' 또는 '수업지원목적'이라는 용어를 쓰고 있는데 이는 가능하면 저작물의 이용범위를 축소시켜 저작재산권자에게 불측의 경제적 손해를 입히지 않기 위한 입법적 조치로 이해된다.

45 이와 같이 원격교육에서 저작물의 복제와 전송이 허용됨에 따라 학생이 원하는 시간에 학습콘텐츠에 접근할 수 있게 되었다는 이점과 함께, 수업에 필요한 자료를 학생 스스로 업로드할 수 있고 저작물을 이용한 프로젝트를 온라인상에서 수행할 수 있는 법적인 장치가 마련된 셈이다.

한편, 법 제25조의 규정에 의한 학교교육 목적 등에의 이용은 공익적 성격 때문에 저작자가 가지는 저작인격권으로서의 동일성 유지권의 행사도 일정부분 제한할 필요가 있다. 이와 같은 입법취지에 따라 현행 법에서는 학교교육 목적상 부득이하다고 인정되는 범위 안에서 표현을 변경하여 이용하거나 그 밖에 저작물의 성질이나 그 이용의 목적 및 형태 등에 비추어 부득이하다고 인정되는 범위 안에서의 표현을 변경하여 이용할 수도 있다(제13조 제2항 제1호 및 제5호)는 규정을 두고 있다. 그 구체적인 내용에 대해서는 '제5장 저작인격권' 부분에서 이미 논의한 바 있으므로 여기서는 생략한다.

6. 컴퓨터프로그램저작물의 경우

컴퓨터프로그램저작물에서는 지금까지 논의한 일반저작물에 관한 규정인 「저작권법」 제25조가 적용되지 아니하고(제37조의2 참조), 법 제101조의3 제1항 제2호 및 제3호가 적용된다. 즉, i) 「유아교육법」, 「초·중등교육법」, 「고등교육법」에 따른 학교 및 다른 법률에 따라 설립된 교육기관(상급학교 입학을 위한 학력이 인정되거나 학위를 수여하는 교육기관에 한한다)에서 교육을 담당하는 자가 수업과정에 제공할 목적으로 복제 또는 배포하는 경우와, ii) 「초·중등교육법」에 따른 학교 및 이에 준하는 학교의 교육목적을 위한 교과용 도서에 게재하기 위하여 복제하는 경우에는 그 목적상 필요한 범위에서 공표된 프로그램을 복제 또는 배포할 수 있다. 다만, 프로그램의 종류·용도, 프로그램에서 복제된 부분이 차지하는 비중 및 복제의 부수 등에 비추어 프로그램의 저작재산권자의 이익을 부당하게 해치는 경우에는 그러하지 아니하다.

7. 보상금의 지급

(1) 의의

교육은 공익을 실현하는 대표적인 활동이며, 교육의 질적 수준을 높이기 위해서는 다양한 저작물을 자유롭게 이용하는 것이 필수적이다. 그런데 교육과정에서 저작권자의 권리를 보호한다고 하여 사전에 일일이 개별 저작권자로부터 저작물 이용에 관한 허락을 받게 한다면 사회적 비용이 커지고 경우에 따라서는 저작권자의 허락을 받지 못해 해당 저작물을 이용하지 못할 수도 있다. 이에 우리 「저작권법」에서는 학교교육 목적이라는 중요한 공익적 목적을 달성하기 위하여 저작권자의 재산권 행사를 제한하여 이들의 이용허락이 없어도 저작물을 이용할 수 있도록 하고, 반면에 저작물을 이용하려는 자는 문화체육관광부장관이 고시하는 기준에 따른 보상금을 문화체육관광부장관이 지정하는 보상금 수령단체에 지급하는 것을 내용으로 하는 보상금의 지급에 관한 규정을 법 제25조 제6항부터 제12항까지에 정해 두고 있다.

(2) 보상금을 지급하여야 할 경우

현행 법에 따르면 교과용 도서를 게재할 때와 교과용 도서를 발행한 자가 교과용 도서에 게재한 저작물을 이용하였을 때 그리고 수업목적 또는 수업지원목적에 따라 저작물을 이용할 때에는 보상금을 해당 저작재산권자에게 지급하여야 한다. 즉, "법 제25조 제1항부터 제4 항까지의 규정에 따라 공표된 저작물을 이용하려는 자는 문화체육관광부장관이 정하여 고시하는 기준에 따른 보상금을 해당 저작재산권자에게 지급하여야 한다.[46] 다만, 고등학교 및 이에 준하는 학교 이하의 학교에서 복제 등을 하는 경우에는 보상금을 지급하지 아니한다"(제25조 제4항).[47]

---

46 법 제25조 제6항에서는 "제1항 및 제2항의 규정에 따라 저작물을 이용하려는 자는…보상금을…지급하여야 한다"라고 하여 마치 사전에 보상금을 지급하여야 하는 것처럼 규정되어 있으나, 이는 일본 저작권법의 비슷한 규정을 옮겨오는 과정에서 빚어진 입법적 오류로 보인다. 실제 보상금의 지급은 사후지급이다.

47 컴퓨터프로그램저작물의 경우에는 법 제25조와는 달리 별도의 보상금 지급체계를 운영하고 있다. 즉, 학교교육 목적을 위한 프로그램 이용을 위해서는 프로그램저작물에 관한 특례규정인 법 제101조의3이 적용되며 이 경우 보상금의 지급은 교과용 도서의 게재에 한정하고 있음을 유의하여야 한다. 즉, "법 제101조의3 제1항 제3호(이는 「초·중등교육법」에 따른 학교 및 이에 준하는 학교의 교육목적을 위한 교과용 도서에 게재하기 위하여 복제하는 경우를 말한다)에 따라 프로그램을 교과용 도서에 게재하려는 자는 문화체육관광부장관이 정하여 고시하는 기준에 따른 보상금을 해당 저작재산권자에게 지급하여야 한다. 보상금 지급에 대하여는 법 제25조 제5항부터 제9항까지의 규정을 준용한다"(제101조의3 제3항). 그런데 실제로는 문화체육관광부가 컴퓨터프로그램저작물에 대한 별도의 보상금 기준이나 보상금 수령단체를 지정하지 아니하고 「교과용 도서의 저작물 이용 보상금 기준」에 '멀티미디어저작물'이라는 항목을 신설하여 컴퓨터프로그램저작물에 대한 보상금의 기준으로 하고 있다. 프로그램의 교과용 도서의 게재에 따른 보상금도 일반 저작물에서의 그것과 마찬가지로 '한국복제전송저작권협회'가 보상금 수령단체로 지정되어 보상금의 수령과 분배업무 등을 담당하고 있다.

따라서 i) 고등학교 및 이에 준하는 학교 이하의 학교의 교육목적상 필요한 교과용 도서에 공표된 저작물을 게재할 경우와 ii) 각종 형태의 학교를 포함한 교육기관과 교육지원기관 등에서 수업목적 또는 수업지원목적상 필요하다고 인정되는 경우에 공표된 저작물의 일부 또는 전부를 복제·배포·공연·전시 또는 공중송신하는 경우에만 보상금을 지급하여야 한다. 다만, ii)의 경우에는 고등학교 및 이에 준하는 학교 이하의 학교에서 해당 저작물을 복제, 배포, 공연, 방송 또는 전송을 하는 때에는 보상금을 지급하지 아니한다. 결국 법 제25조(학교교육 목적 등에의 이용)에 따른 저작물 이용을 위한 보상금의 지급은 i) 공표된 저작물의 교과용 도서에의 게재[48], ii) 교과용 도서를 발행한 자가 교과용 도서에 게재한 저작물을 이용할 경우 그리고 iii) 「고등교육법」에 따른 대학 등을 포함한 교육기관 등에서 저작물을 이용할 경우[49]에만 해당한다. 여기서, 법 제25조 제5항에 따라 교육의 객체인 학생이 수업목적상 필요하다고 인정되는 경우에 공표된 저작물을 복제하거나 전송하는 경우에는 보상금의 지급 없이 해당 저작물을 자유롭게 이용(복제·전송)할 수 있음을 유의하여야 한다.

(3) 보상금의 지급방식 등

법 제25조에 따른 학교교육 목적 등에의 저작물 이용 보상금과 관련하여 i) 보상금의 지급방식 등, ii) 보상금의 수령단체, iii) 보상금의 분배 그리고 iv) 보상금 지급의무 위반의 효과 등에 관해서는 '제12장 저작물의 이용활성화를 위한 각종의 법률적 장치 제2절 보상금지급제도' 부분에서 구체적으로 살펴보기로 하고 여기서는 생략하기로 한다.

---

48 이에 대한 구체적인 사항은 문화체육관광부 고시인 「교과용 도서의 저작물 이용 보상금 기준」에서 상세히 규정하고 있다.
49 이에 대한 구체적인 사항은 문화체육관광부 고시인 「수업지원목적 저작물 이용에 대한 보상금 기준」에서 상세히 규정하고 있다.

V. 시사보도를 위한 저작물 이용의 허용

1. 의의

저작재산권의 행사는 그로부터 보호되는 법익보다 더 상위의 보호법익을 위해서는 일정한 제한이 따르기 마련이다. 시사보도는 현대 민주주의사회에서 필수불가결한 언론출판의 자유와 표현의 자유의 보장을 위하여 핵심적인 역할을 수행한다. 이와 같은 시사보도의 과정에서 보이거나 들리는 저작물이 정당한 범위 내의 것이라면 당연히 저작재산권의 행사가 제한되어야 한다. 「저작권법」에도 이와 같은 상황에서 저작재산권 행사의 제한에 관한 법률적 근거가 마련되어 있는데, "방송·신문 그 밖의 방법에 의하여 시사보도를 하는 경우에 그 과정에서 보이거나 들리는 저작물은 보도를 위한 정당한 범위 안에서 복제·배포·공연 또는 공중송신할 수 있다"라고 제26조에 규정하고 있다.

2. 시사보도를 위한 저작물 이용의 요건

(1) 시사보도 과정에서 보이거나 들리는 저작물

「저작권법」 제26조에 따라 저작재산권의 행사가 제한될 때는 시사보도를 위한 과정에서 저작물이 소극적으로 보이거나 들리는 경우에 한정한다. 예를 들면, 공중파나 유선을 통한 뉴스의 방영이나 신문보도 그 밖의 인터넷을 통한 각종 형태의 시사보도 등에서 미술작품이나 음악저작물 등이 부득이하게 또는 우발적으로 배경화면 등을 통해서 보이거나 들리는 경우가 있는데, 이때에는 시사보도라는 즉시성과 공공성을 견지하여 개인이 해당 미술저작물이나 음악저작물에 대해서 가지고 있는 저작재산권의 행사는 제한될 수 있다.

여기서 법 제26조와 제28조의 차이를 살펴보면, 제26조는 공표된 저작물이건 미공표 저작물이건 불문하고 보도의 과정에서 우연히 또는 우발적으로 저작물이 정당한 범위 안에서 이용되는 것이고[50], 제28조는 보도를 위하여 적극적으로 공표된

---

[50] 예를 들면, TV 또는 신문기사에서 유명박물관이나 미술관의 개관행사에 대통령 등이 참관하는 장면을 보도하면서 그 배경인 미술저작물이 우연적·우발적으로 등장하는 경우다.

저작물을 인용하는 경우에 해당한다. 따라서 법 제28조는 제26조에 비하여 훨씬 더 엄격한 요건인 **정당한 범위 안**과 **공정한 관행에의 합치**라는 요건을 갖추어야 자유이용이 가능한 것으로 되어 있다. 요컨대 법 제26조는 즉시성·공공성이 요구되는 시사적인 사건의 보도에서 소극적·우발적으로 저작물을 부수적으로 이용하는 경우에만 적용될 수 있으며, 이와 달리 보도의 과정과 내용이 저작물을 적극적·의도적으로 이용하는 것에 주안점을 두고 있다면 제28조에 따른 **공표된 저작물의 인용**에 해당한다고 할 수 있다.

(2) 정당한 범위 안에서의 이용

시사보도를 하는 과정에서 보이거나 들리는 저작물은 보도를 위한 **정당한 범위 안**에서만 이용하여야 한다. 이를 벗어나는 이용, 예를 들면 정치·경제·사회·문화적인 시사보도의 내용과 직접적인 관련이 없음에도 불구하고 저작물을 보도과정에서 의도적으로 화면에 비춘다거나, 보도가 끝난 뒤 해당 저작물을 별도로 편집하여 작품집을 만들어 시판하는 행위 등은 허용되지 않는다. 그리고 이용되는 저작물의 양도 정당한 범위를 초과하여서는 아니 되는데, 예를 들면 미술전람회를 방문한 유명인사의 동정을 시사보도하는 과정에서 전람회에 전시된 모든 작품을 방송했다면 이는 정당한 범위를 초과하는 것이므로 허용되지 아니한다.

3. 시사보도를 위한 저작물의 구체적 이용방법

방송·신문 그 밖의 방법으로 시사보도를 하는 경우에 그 과정에서 보이거나 들리는 저작물은 보도를 위한 정당한 범위 안에서 복제·배포·공연 또는 공중송신을 할 수 있다. 시사보도를 위한 해당 저작물의 이용은 당연히 복제가 전제된 것으로서 이때의 복제행위는 시사보도에 활용되는 매체의 특징에 따라 사진촬영, 녹음, 녹화, 인쇄물에의 게재 등 여러 가지 방법을 이용할 수 있고, 복제된 저작물은 시사보도가 어떤 형태로 이루어지는가에 따라 배포, 공연 그리고 공중송신 등의 방법으로 이용될 수 있다. 이 밖에도 「저작권법」 제26조에 따른 시사보도를 위한 저작물을 이용하는 경우에는 공표된 저작물뿐만 아니라 미공표 저작물도 이용이 가능한데, 다만 미공표 저작물에 대해서는 저작자가 가지는 저작인격권인 공표권의 침해

가 될 수 있으므로 이에 대해서는 상당한 제한이 따를 수밖에 없다(제38조 참조).[51]

법 제26조에 따른 시사보도를 위한 저작물의 이용에서 그 저작물을 원래의 모습대로 이용할 수도 있고 이를 번역하여 이용할 수도 있으나(제36조 제2항 참조), 구태여 해당 저작물의 출처를 명시할 의무까지는 없다(제37조 제1항 참조). 이는 시사보도의 즉시성을 반영한 입법적 조치로 보인다.

VI. 시사적인 기사 및 논설의 복제 등의 허용

1. 의의

오늘날 언론사의 기사 및 논설도 인간의 사상 및 감정을 표현한 창작물에 해당하면 당연히 「저작권법」상 보호받는 저작물에 해당한다. 이때의 저작물을 뉴스저작물이라고도 하는데 그 형태는 문자로 이루어진 시사보도는 물론이고, 여기에 수반되는 사진, 음성, 음향, 영상 등도 문자형태의 시사보도와 긴밀한 관련성을 갖는다면 이 역시 뉴스저작물에 해당한다.

그런데 언론출판의 자유와 표현의 자유를 더욱 활성화하는 등 공익적 목적을 위하여 필요한 경우에는 시사적인 기사나 논설을 다른 언론기관이 자유롭게 복제하여 이를 이용할 수 있도록 저작재산권의 행사를 제한할 필요성이 있는 것도 사실이다.[52] 이에 따라 법 제27조에서는 "정치·경제·사회·문화·종교에 관하여 「신문 등의 진흥에 관한 법률」 제2조의 규정에 따른 신문[53] 및 인터넷신문[54] 또는 「뉴스통신

---

51 "이 관 각 조의 규정은 저작인격권에 영향을 미치는 것으로 해석되어서는 아니 된다"(제38조).

52 우리 「저작권법」에서도 언론기관 내지는 방송사업자의 특수성을 인정하여 저작물을 자유롭게 이용할 수 있도록 하기 위하여 각종의 면책사유를 상당한 범위에 걸쳐서 규정하고 있다. 법 제26조의 '시사보도를 위한 이용', 제27조의 '시사적인 기사 및 논설의 복제', 제28조의 '공표된 저작물의 인용', 제34조의 '방송사업자의 일시적 녹음·녹화', 제35조의5의 '저작물의 공정한 이용' 조항 등이다. 이와 같은 규정을 통하여 표현의 자유 또는 언론의 자유를 간접적으로 지원하고 있는 셈이다.

53 '신문'이란 정치·경제·사회·문화·종교 등 전체 분야 또는 특정 분야에 관한 보도·논평·여론 및 정보 등을 전파하기 위하여 같은 명칭으로 월 2회 이상 발행하는 간행물로서 일반일간신문, 특수일간신문, 일반주간신문 그리고 특수주간신문 등을 말한다(「신문 등의 진흥에 관한 법률」 제2조 제1호).

54 '인터넷신문'이란 컴퓨터 등 정보처리능력을 가진 장치와 통신망을 이용하여 정치·경제·사회·문화 등에 관한 보도·논평 및 여론·정보 등을 전파하기 위하여 간행하는 전자간행물로서 독자적 기사 생산과 지속적인 발행 등 대통령령으로 정하는 기준을 충족하는 것을 말한다(「신문 등의 진흥에 관한 법률」 제2조 제2호).

진흥에 관한 법률」제2조의 규정에 따른 뉴스통신[55]에 게재된 시사적인 기사나 논설은 다른 언론기관이 복제·배포 또는 방송할 수 있다. 다만, 이용을 금지하는 표시가 있는 경우에는 그러하지 아니하다"라고 규정하고 있다.[56]

2. 복제 등의 허용이 가능한 저작물

(1) 허용의 대상(시사적인 기사나 논설)

시사적인 기사나 논설은 언론의 자유에서 핵심적인 역할을 수행하며 여론의 형성과 국민의 알 권리를 위해서도 가능한 한 제한 없이 일반국민에게 널리 알려짐이 바람직하다.

이와 같은 시사적인 기사나 논설은 정치, 경제, 사회, 문화, 종교 등 어느 영역에 걸쳐서도 가능한데, 「저작권법」제27조의 "…정치·경제·사회·문화·종교…"는 예시적인 것으로 볼 수 있으며, 이 밖에도 산업, 과학, 스포츠, 연예 등에 관한 시사적인 기사나 논설도 얼마든지 이용이 가능하다.

(2) 허용의 요건(신문 등에 게재된 시사적인 기사나 논설)

법 제27조에 따라 다른 언론기관이 이용할 수 있는 시사적인 기사나 논설은 신문, 인터넷신문 또는 뉴스통신에 이미 게재된 것이어야 하며, 방송에서의 시사적인 기사와 논설은 제외되어 있음을 유의하여야 한다. 따라서 다른 언론기관이 이미 방송된 시사적인 기사나 논설을 이용하려면 해당 방송사의 허락을 받아야 한다.

오늘날 언론출판의 자유와 시사보도에서의 공익적인 목적을 달성하기 위해서는 방송에서의 시사적인 기사와 논설을 제외시킬 이유를 발견하기 어렵다.

---

55 '뉴스통신'이란 「전파법」에 따라 무선국의 허가를 받거나 그 밖의 정보통신기술을 이용하여 외국의 뉴스통신사와 뉴스통신계약을 체결하고 국내외의 정치·경제·사회·문화·시사 등에 관한 보도·논평 및 여론 등을 전파하는 것을 목적으로 하는 유무선을 포괄한 송수신 또는 이를 목적으로 발행하는 간행물을 말한다(「뉴스통신 진흥에 관한 법률」제2조 제1호).

56 「베른협약」제10조의2 제1항에서도 "명시적인 이용금지가 없는 한 시사기사 등의 이용은 가맹국의 입법에 따른다"라고 규정하고 있다.

3. 시사적인 기사 등의 복제 등의 주체

신문, 인터넷신문 또는 뉴스통신에 게재된 시사적인 기사나 논설은 다른 언론기관이 복제, 배포 또는 방송할 수 있다. 즉, 시사적인 기사나 논설을 이용하는 주체는 방송사를 포함한 모든 언론기관이며 그 종류와 형태는 불문한다.[57]

그런데 신문, 인터넷신문 또는 뉴스통신에 게재된 시사적인 기사나 논설일지라도 이용을 금지하는 표시가 있는 경우에는 다른 언론기관이 복제·배포 또는 방송하여서는 아니된다(「저작권법」 제27조 후단 참조). 이때 해당 시사적인 기사나 논설을 이용하기 위해서는 원래의 언론기관 등으로부터 별도의 이용허락을 받아야 함은 물론이다. 그리고 이용의 금지가 아니라 이용조건을 붙여서 허락할 경우에는 그 조건을 준수하여 해당 시사적인 기사나 논설을 복제하여야 한다.[58] 그런데 실제로 대부분의 언론기관에서는 전재계약 또는 뉴스교환계약 등을 체결한 뒤 시사적인 기사와 논설을 교환하여 이용하고 있는 것이 현실이기 때문에 법 제27조가 적용되는 사례는 그리 많지 않을 것으로 보인다.

4. 시사적인 기사 등의 구체적 이용방법

다른 언론기관이 해당 기사와 논설을 이용하는 방법은 복제·배포 또는 방송을 통한 이용 등이 있을 수 있다. 기존의 시사적인 기사나 논설은 게재가 되어 있어야 하나 이를 이용할 때에는 구태여 게재의 방법을 택할 필요가 없고 방송을 통한 이용도 얼마든지 가능하다. 그러나 이 경우에도 방송 이외에 송신을 통한 이용은 허용되지 않는데, 이는 전송을 허용하면 복제를 거치지 않고 시사적인 기사나 논설을 그대로 영상으로 전송하는 것이 가능해져 원저작자가 가지는 저작재산권을 지나치

---

57 법률상 '언론기관'에 해당하는 것에는 텔레비전 및 라디오방송사, 신문사업자, 잡지 등 정기간행물사업자, 뉴스통신사업자, 인터넷언론사 등이 포함된다(「공직선거법」 제82조 참조). 우리의 경우 시사보도 또는 뉴스저작물은 한국언론진흥재단이 문화체육관광부장관의 허가를 받아 집중적으로 관리하는 저작권신탁관리단체로서의 역할을 수행하고 있다.
58 최근에 우리의 경우를 보면 뉴스저작물의 이용허락조건으로서 '국내에서만 사용가능, 재배포 금지(For Use Only in the Republic of Korea, No Redistribution)'가 일반적인 사항으로 제시되고 있다.

게 침해할 우려가 있기 때문이다.[59] 그런데 오늘날 시사적인 기사나 논설 등이 인터넷신문이나 인터넷방송 등을 통해 보다 신속하고 광범위하게 전파되어야 할 필요성 때문에라도 각 언론기관이 공중송신의 방법으로도 시사적인 기사 등을 이용할 수 있도록 하는 법률의 개정이 필요해 보인다.

「저작권법」 제27조에 따라 외국신문 등에서의 시사적인 기사와 논설을 복제·배포 또는 방송할 때에는 이를 번역하여 이용할 수도 있으며(제36조 제2항), 이 밖에도 다른 언론기관 등이 해당 시사적인 기사 등을 이용할 때에는 그 출처를 명시하여야 한다(제37조 제1항). 출처의 명시는 시사적인 기사나 논설의 이용상황에 따라 합리적으로 인정되는 방법으로 하여야 하며, 저작자의 실명 또는 이명이 표시된 저작물인 경우에는 그 실명 또는 이명을 명시하여야 한다(제37조 제2항).[60]

VII. 공표된 저작물의 인용의 허용

1. 의의

인류역사를 뒤돌아보면 문화의 향상과 발전은 무無에서 유有를 창조한 것에 기인하기보다는 기존에 존재하는 저작물을 창조적으로 활용한 점진적 방법에 힘입은 바 크다는 것을 부정할 수 없다. 따라서 공표된 저작물에 대하여는 저작자에게 배타적·독점적인 권리를 부여하기보다는 인류문화의 발전이라는 공공의 이익을 위하여 가능하면 다수의 사람들이 자유롭게 이용할 수 있게 하는 것이 요청된다.

이와 같은 공익적 요청을 수용하여 저작자의 저작재산권의 행사를 제한할 수 있는 법적인 근거를 마련한 것이 「저작권법」 제28조의 규정이다. 즉, "공표된 저작물은 보도·비평·교육·연구 등을 위하여는 정당한 범위 안에서 공정한 관행에 합치되게 이를 인용할 수 있다"(제28조).[61]

---

59 참고로, 「저작권법」 제26조(시사보도를 위한 이용)에서는 복제, 배포, 공연 또는 공중송신까지도 할 수 있다고 규정하고 있다. 이는 의도한 것이 아니라 우연히 보이거나 들리는 저작물을 보도를 위하여 '정당한 범위 안에서'만 이용할 수 있으므로 저작재산권자의 권리를 심각하게 침해할 여지가 적기 때문이다.

60 「저작권법」 제27조에 따라 게재된 시사적인 기사나 논설은 주로 신문사, 잡지사, 방송사 등과 같은 언론기관을 저작자로 하는 '업무상저작물'에 해당할 것이기에 대부분의 경우에 출처는 언론기관명을 명시하면 된다.

2. 인용의 대상이 되는 저작물

현행 법체계에 따르면 저작물 이용자는 종류에 관계없이 공표된 저작물이라면 어떤 저작물도 인용이 가능하다. 즉, 인용의 대상이 되는 저작물은 주로 어문저작물이긴 하지만 이 밖에도 영상저작물[62], 음악저작물, 미술저작물 등 「저작권법」 제4조에서 예시하고 있는 저작물이라면 이를 인용의 방법으로 얼마든지 이용할 수 있다. 이때 인용저작물과 피인용저작물이 구태여 같은 종류의 저작물이어야 하는 것도 아니다.[63]

3. 인용의 목적 (보도·비평·교육·연구 등)

공표된 저작물의 인용은 저작재산권 행사의 제한에 관한 규정 가운데서 가장 포괄적·추상적인 규정으로 되어 있어서 자칫 저작자의 권리가 지나치게 침해되지 않도록 해석을 할 때에도 엄격성이 유지되어야 한다.[64] 이와 같은 엄격성은 저작물 인용의 목적에도 지켜져야 하는데, 현행 법체계에 따르면 공표된 저작물은 보도, 비평, 교육, 연구 등과 같은 공익적 목적을 위하여서만 인용을 할 수 있다고 보아야 한다. 공표된 저작물의 인용은 다른 저작재산권 행사의 제한에서보다 저작자의 저작재산권을 침해할 개연성이 크고 무엇보다도 2011년에 「저작권법」을 개정하면서 '저작물의 공정한 이용'에 관한 일반적인 제한규정(제35조의5)을 신설하고 있음에 비추어 볼 때, 법 제28조에서 명시하고 있는 '보도·비평·교육·연구 등'은 예시적이

---

61 공표된 저작물의 인용은 「베른협약」에도 근거규정이 있는데, "이미 적법하게 공중에게 제공된 저작물로부터의 인용(신문잡지를 요약하는 형태로 신문이나 정기간행물의 기사로부터의 인용을 포함한다)은 그 인용이 공정한 관행에 합치하고 그 목적상 정당한 범위 안에서 행하여지는 것을 조건으로 하여 적법한 것으로 한다"라는 내용으로 제10조 제1항에 규정되어 있다.

62 TV방송에서 주간 또는 월간 영화시장을 소개하면서 주요영화의 장면들을 편집하여 내보내는 화면은 곧 해당 영상저작물의 인용에 의한 이용이라 할 수 있다.

63 어문저작물에 회화나 사진 등을 인용하는 경우가 해당한다.

64 저작재산권 행사의 제한에 관한 「저작권법」의 규정 가운데 지금 논의하는 제28조와 후술할 제35조의5 (저작물의 공정한 이용)가 일반적·추상적으로 규정되어 있는 가장 대표적인 조항이다. 따라서 이들 두 조항은 (정도에 있어서는 '저작물의 공정한 이용'에 관한 제35조의5가 더욱 포괄적임) 저작물 이용자가 해당 저작물을 이용하는 근거가 되는 '마지막 희망봉'으로 비유할 수 있다.

아니라 한정적이고 열거적인 규정으로 보아야 한다.[65] 또한 이들 목적 이외의 목적으로 공표된 저작물을 인용하고자 할 때에는 저작자의 허락을 받거나 아니면 보다 일반적인 제한규정인 법 제35조의5를 근거로 삼아야 할 것이다.

4. 공표된 저작물의 인용의 허용

(1) 인용의 의의

"공표된 저작물은 보도·비평·교육·연구 등을 위하여는 정당한 범위 안에서 공정한 관행에 합치되게 이를 인용할 수 있다(「저작권법」 제28조). 여기서 인용이란 타인의 사상 또는 감정이 구현되어 있는 저작물상의 표현을 그대로 옮겨오는 것을 말한다.[66] 다만, 인용의 과정에서 약간의 수정이나 변경을 하였더라도 기존 저작물에서의 표현과 비교해 볼 때 실질적 동일성이 있다면 인용에 해당한다고 보아야한다.

(2) 인용의 방법

인용의 구체적인 방법은 해당 저작물의 성격과 이용목적 등에 따라 가장 적정한 방법으로 이루어져야 한다. 인용은 일반적으로 자기의 저작물을 보충·부연·예증하기 위하여 이루어지며, 뒤에서 다시 논의하겠지만 무엇보다도 정당한 범위 안에서 그리고 공정한 관행에 합치되게 이루어져야 한다.

법 제28조에서는 이용자의 **인용**을 허락하고 있는데, 이는 곧 이용자에게 저작물의 전형적 이용행위인 **복제행위**를 허락하는 것임과 동시에 복제 후 이를 공연, 공중송신, 전시, 배포, 대여, 2차적저작물의 작성 등의 행위도 할 수 있도록 했다고 보아야 한다. 따라서 이때 인용은 곧 **이용**의 의미와 거의 같은 뜻으로 볼 수 있으며, 이용자는 해당 저작물의 복제뿐만 아니라 필요하다면 배포 또는 전송 등의 행위도 할 수 있다고 해석된다.

---

65 이렇게 볼 때 광고는 인용목적에 해당하지 않으므로 저작권자의 허락을 받은 후에 인용함이 원칙이다.

66 우리 「저작권법」에서는 인용에 관하여 별도의 정의규정을 두고 있지 않다. 한편, WIPO에서는 '인용'을 "저작자 자신의 학설을 논증하거나 더욱 더 이해시키기 위하여 또는 다른 저작자의 견해를 참조하기 위하여 비교적 짧은 부분을 다른 저작물로부터 가져오는 것"이라고 정의하고 있다(WIPO, 「WIPO Glossary of Terms of the Law of Copyright and Neighboring Rights」(1980), p. 213).

이 과정에서 이용자는 기존의 저작물인 피인용 저작물을 그대로 활용하거나 아니면 필요에 따라 일부를 변형하여 인용하거나 번역하여 인용할 수도 있으나, 다만 기존 저작물을 지나치게 수정·증감·개작하는 것은 인용이라 할 수 없다. 이는 자칫 저작인격권의 하나인 동일성 유지권을 침해할 수도 있기 때문이다. 공표된 저작물의 인용에 관한 규정인 법 제28조에 따라 저작물을 이용하는 경우에 저작물의 번역, 편곡 또는 개작이 아니라 오직 번역으로만 이용할 수 있도록 법 제36조에 규정하고 있는 것도 이 때문이다.

이와 관련하여 기존의 저작물을 요약하여 인용할 수 있는가가 문제된다. 문화예술영역에서의 창작활동을 북돋우고 타인의 저작물 인용을 널리 활성화하기 위해서도 요약인용은 필요하며 어떤 경우에는 요약인용이 부득이할 때도 있다.

현행 법에서는 보도·비평·교육·연구 등과 같은 공익적 목적을 위하여 공표된 저작물의 인용을 허용하고 있는 바, 이와 같은 목적으로 이루어지는 요약인용도 원저작물과 그 동일성을 해치지 아니하는 범위 내에서 널리 인정하여야 할 것이다. 일반적으로 요약인용의 목적이 변형적이어서 후술하는 공정이용에 해당할 여지가 많거나, 요약인용 후의 저작물이 기존 저작물과 대체관계에 있지 않아 시장에서 상호 경쟁적이지 않다면 이들 요약인용은 오히려 널리 허용하는 것이 바람직하다.[67]

(3) 출처의 명시

법 제28조에 따라 이용자가 기존 저작물을 인용할 경우에는 그 출처를 명시하여야 한다(제37조 제1항 참조). 출처의 명시는 저작물의 이용상황에 따라 합리적이라고 인정되는 방법으로 하여야 한다(제37조 제2항 참조).

좀 더 자세히 살펴보면, 출처명시는 인용되는 저작물이 특정될 수 있을 정도로 구체적이어야 하고 저작자의 이름과 저작물의 제호는 필수이며 특히 어문저작물의 경우에는 각주를 달아서 인용부분이 자신의 창작물이 아니라 타인의 저작물에서 가져온 것임을 밝히면서 구체적으로 출처를 명시하여야 한다. 출처표시가 없거나,

---

67 존슨(Jhonson)은 "요약은 습득을 용이하게 해주기 때문에 정당하다"라고 하면서 "만약에 요약이 금지된다면 평상시 바쁜 사람들, 부유하지 못한 사람들, 심지어 나태한 사람들을 포함하여 많은 사람들이 유용한 책을 읽을 수 있는 기회를 박탈당할 것이며, 공정하고 선의(Fair and Bona Fide)에 입각한 요약은 합법적이고 저작권을 침해한 것도 아니다"라고 주장하였다(Arthur Murphy, The Works of Samuel Jhonson. LL.D. with an Essay on his Life and Genius, Alexander v. Blake Publisher(1840), pp. 547~548).

서문이나 참고문헌 등 본문 이외의 부분에 포괄적이고 개략적으로 출처표시를 하여 자신의 저작물과 타인의 저작물을 구별하기 어려운 부분이 상당한 정도라고 판단된다면 출처명시 의무의 위반에 해당됨은 물론 경우에 따라서는 후술하는 표절에 해당하기도 한다. 이 밖에도 강연의 경우에는 장소와 일시를 명시하여야 한다. 이와 같이 출처를 명시할 때는 인용저작물과 피인용저작물이 명확하게 구분하여 인식될 수 있도록 하여야 하는데, 이는 인용의 요건에서 인용저작물과 피인용저작물 간의 **명료구분성**의 요청에 따른 것이다. 이와 같은 출처의 명시는 피인용저작물을 최초로 인용할 때뿐만 아니라 그 저작물이 이용될 때마다 계속적으로 이루어져야 하는 것이 원칙이다.

출처명시 의무가 지켜지지 않을 경우에 과연 그 저작물의 인용이 「저작권법」에서 정하고 있는 저작권 등의 침해에 해당하는가가 문제될 수 있다. 다시 말해, 출처의 명시가 법에서 규정하고 있는 공표된 저작물의 인용의 성립요건에 해당하는가 아니면 공표된 저작물의 인용이 완전한 효력을 발생하기 위한 유효요건에 해당하는가이다.[68]

만약, 출처명시 의무가 공표된 저작물의 인용규정을 적용받기 위한 유효요건에 해당한다면 출처명시 의무를 위반한 경우 결국 저작권 침해의 책임을 지게 된다고 할 수 있다. 벌칙규정과 관련하여 법 제136조에서는 저작권 침해죄에 대한 벌칙을 규정하면서 5년 이하의 징역이나 5천만 원 이하의 벌금 또는 그 병과에 처하도록 하고 있는 한편, 출처명시 의무 위반죄에 대하여는 이와는 별도로 법 제138조 제2호에서 500만 원 이하의 벌금에 처하도록 하고 있다.

이처럼 현행 법에서 공표된 저작물의 표시의무를 저작재산권의 침해와는 별개의 규정에서 언급하고 있고 형량도 큰 차이를 두고 있는 것을 보았을 때, 출처명시 의무를 위반하였다고 하여 그것이 저작권 등 권리의 침해가 되지는 않는다고 판단해야 할 것이다. 결국 출처명시 의무의 이행이 공표된 저작물의 인용을 위한 성립요건은 아니고 다만 그 인용이 완벽한 법률효과를 가져오게 하는 유효요건에 불과한 것이라고 이해된다. 그러므로 저작물 이용자는 출처명시의 의무를 위반하더라도 법 제28조에 따른 저작물의 인용을 자유롭게 할 수 있지만 타인의 저작물을 이용하

---

68 이 문제는 이미 기술한 바 있는 원저작자의 동의가 2차적저작물 작성의 성립요건에 해당하는지 아니면 유효요건에 해당하는지의 문제와 비슷한 논리적 구조를 지닌다.

는 데 이용자에게 부과한 출처명시 의무의 위반에 관한 처벌에는 항시 노출되어 있는 상태가 됨을 유의해야 한다.

5. 인용의 요건

(1) 정당한 범위 안에서 인용할 것

공표된 저작물의 **인용**은 저작재산권의 행사를 제한하는 여타의 방법보다도 저작자의 권리를 침해할 소지가 많으므로 그 적용에 엄격성이 유지되어야 하며, 현행 법에서도 **정당한 범위 안에서와 공정한 관행에 합치되게**라는 두 가지의 요건을 명시적으로 요구하고 있음은 이미 언급한 바와 같다. 공표된 저작물은 정당한 범위 안에서만 이를 이용할 수 있으며, 다만 짧은 분량의 시나 시조, 사진·회화 등과 같이 저작물의 전부를 인용하지 않으면 인용의 목적을 달성할 수 없는 경우에만 전부의 인용이 예외적으로 허용될 수 있다.

'정당한 범위 안'이 어디까지를 말하는가는 궁극적으로 법원에서 판단할 것이나[69], 일반적으로 i) 이용자의 저작물인 인용저작물과 기존 저작자의 피인용저작물 간에는 분명한 차이가 있어서 명료하게 구별되어 인식할 수 있는, 즉 **명료구분성**이 있어야 하고[70], ii) 인용저작물과 피인용저작물 사이에 전자는 주체적인 위치이고 후자는 그에 종속하는 관계인 주종관계主從關係가 있을 때에만 그 인용은 정당한 범위 안에 속한다고 할 수 있다. 두 저작물 간에 명료구분성이 있어야 함은 인용행위의 특성상 당연한 것이므로 '정당한 범위 안'은 결국 두 저작물 간의 주종관계의 성립여부가 판단의 기준이 되는데, 여기서는 양적인 측면과 질적인 측면 모두에서 주와 종의 관계에 놓여 있어야 한다. 이때 인용저작물이 주된 관계에 있다는 말은 피인용저작물을 제외하고서도 독자적인 저작물로서 평가될 수 있는 상태를 의미하고, 피인용저작물이 종된 관계에 있다는 말은 피인용저작물만으로는 독자적인 존재가치가 없고 인용저작물과의 관련성하에서만 존재가치가 있는 상태를 말한다.

---

69 「저작권법」 제28조에서 규정하고 있는 '공표된 저작물의 인용' 요건인 '정당한 범위 안'과 '공정한 관행에 합치'라는 두 가지 요건의 충족여부는 법원이 구체적 사안을 충분히 고려한 후 최종적으로 판단할 문제이다.
70 '명료구분성'의 요건과 관련하여 어문저작물의 경우 인용된 부분을 명확히 하는 방법으로서 i) 따옴표를 사용하거나, ii) 글자의 크기나 모양을 다른 활자로 표시하거나 또는 iii) 적합한 위치에 각주를 다는 방법 등이 있다.

먼저, 양적인 주종관계를 살펴보면 인용하고자 하는 자의 저작물이 양적으로 충분하고 피인용저작물은 한정된 범위에 그쳐야지, 피인용 부분이 양적으로 인용하고자 하는 자의 창작부분보다 많다면 이는 정당한 범위를 초과한 것이 된다. 일반적으로 미술저작물을 인용할 때는 해당 저작물을 축소하여 인쇄하거나 흑백으로 처리하는 등 그 저작물의 **시장가치**에 영향을 주지 않는 방법으로 하고, 인용저작물의 내용과 아무런 관련성이 없는 작품을 인용하여서도 아니 된다.

다음으로, 타인의 저작물을 인용하는 경우 질적인 측면, 다시 말해 내용적인 측면에서도 주종의 관계가 성립하여야 한다. 따라서 피인용된 부분이 저작자가 창작한 부분보다 내용이나 가치면에서 더 중요하다고 판단된다면 이는 질적인 측면에서 주종관계가 뒤바뀌어 정당한 범위 안의 인용으로 볼 수 없다.

> 대법원은 「저작권법」 제28조에서 말하는 '정당한 범위'와 관련하여, "인용되는 저작물은 보족補足, 부연, 예증, 참고자료 등으로 이용되어 인용하는 저작물에 대하여 부종적附從的 관계를 유지해야 한다는 것이다. 즉, 인용하는 저작물이 주主이고, 인용되는 저작물은 종從인 관계를 유지해야 하며 인용되는 저작물이 지나치게 많이 인용되어 저작물의 시장 수요를 대체할 정도가 되어서는 아니 된다"라고 판시한 바 있다(대법원 1990.10.23, 선고 90다카8845 판결).

이 밖에도 특정교재를 가지고 동영상 강의를 하는 경우에 강사가 전적으로 그 교재에 의존하여 강의가 이루어진다면 이는 피인용저작물은 인용저작물(여기서는 '강의'를 말함)을 보완, 예증, 참고하기 위한 자료로서만 활용되어야 한다는 주종의 관계가 뒤바뀌어 법 제28조에 의한 **공표된 저작물의 인용**에 해당될 수 없고, 따라서 원저작자가 가지는 복제권, 공중송신권, 2차적저작물작성권 등을 침해할 우려가 있다.

(2) 공정한 관행에 합치되게 인용할 것

무엇이 공정한 관행에 합치되는 인용인가는 그 사회에서 통용되고 있는 일반적인 법적 인식에 따라 가변적이며, 궁극적으로 개별 사안에 따라 법원에서 최종적으로 판단한다.

공정한 관행에 합치되게 인용할 것이라는 기준에 부합하는가의 여부는 후술하는 법 제35조의5 제2항에서 제시하고 각종의 고려사항 등을 적용하여 구체적으로 판단할 수 있을 것이다. 법 제35조의5의 제정배경이 저작물의 공정한 이용을 활성화하기 위하여는 법 제28조와 같은 개별적인 저작재산권 규정을 뛰어넘어 저작재산권 행사에 대한 일반적인 제한규정의 필요성에 따른 것임을 감안하면 법 제28조의 공정한 관행도 결국은 법 제35조의5의 공정한 이용의 법리에 흡수될 수 있는 성격의 것이기 때문이다. 따라서 구체적인 사안에서 과연 공정한 관행에 합치된 인용인가를 판단할 때는 i) 이용의 목적 및 성격, ii) 저작물의 종류 및 용도, iii) 이용된 부분이 저작물 전체에서 차지하는 비중과 그 중요성 그리고 iv) 저작물의 이용이 그 저작물의 현재 또는 잠재적인 시장이나 가치에 미치는 영향 등을 고려하여야 한다.[71]

이 가운데 i) 이용의 목적 및 성격과 관련하여, 비평을 목적으로 일정한 요건하에서 타인의 저작물을 자유롭게 이용(인용)하는 것으로는 패러디Parody가 있는데 이에 대해서 좀 더 구체적으로 살펴보기로 하자. 일반적으로 패러디라 함은 그 표현형식을 불문하고 대중에게 널리 알려진 원작의 약점이나 진지함을 목표로 삼아 이를 흉내 내거나 과장하여 왜곡시킨 다음 그 결과를 알림으로써 원작을 비평하거나 웃음을 이끌어내는 것을 말한다.[72] 그런데 패러디는 원작에 대한 수정과 개변을 필수적으로 수반하기는 하지만 원작과는 독립된 별개의 저작물로 보아야 하며, 따라서 그것이 법 제28조의 요건을 충족하는 한 원작에 대한 복제권이나 2차적저작물작성권[73] 또는 동일성 유지권을 침해하는 것은 아니다.[74] 요컨대 패러디가 i) 비평 또는 풍자를 목적으로 ii) 정당한 범위 안에서 iii) 공정한 관행에 합치되게 널리 알려져 있는 공표된 저작물을 인용하여 작성되었다면 저작재산권이나 저작인격권을 침해

---

71 여기에 대해서는 법 제35조의5에서 규정하고 있는 '저작물의 공정한 이용' 부분에서 상세하게 논의하기로 한다.

72 오승종, 앞의 책, 644쪽.

73 패러디는 2차적저작물인가 아니면 독창적인 저작물인가에 대하여 논의가 있을 수 있다. 일반적으로 볼 때 패러디가 원저작물과 시장적 경쟁관계에 있다면 2차적저작물로 보고, 그러한 경쟁관계가 없다면 원저작물과는 독립한 별개의 저작물로 보아야 할 것이다.

74 저작재산권이나 저작인격권이 침해될 수 있는 경우는 이른바 '실패한 패러디'의 경우에서만 가능하다. 실패한 패러디란 패러디로서 성공하지 못하고, 원작에 대한 단순한 변형에 그침으로써 원작과의 구별이 어려워진다거나 아니면 대중으로 하여금 원작이 원래 패러디와 같은 것이었나 하는 오해를 불러일으킴으로써 저작자의 재산적·인격적 이익이 훼손될 우려가 있는 경우이다(오승종, 앞의 책, 651쪽).

하는 것이 아니며, 그 근거는 법 제28조에서 찾을 수 있다.[75]

> 서울지방법원은 패러디에 있어서 원저작물의 변형적 이용이 허용될 수 있는 범위와 관련하여, "가수 서태지의 노래인 Come Back Home을 개사하여 기존의 저작물에 풍자나 비평 등으로 새로운 창작적 노력을 부가함으로써 사회전체적으로 유용한 이익을 가져다줄 수 있는 점이나 「저작권법」 제28조에서 '공표된 저작물은 보도·비평·교육·연구 등을 위하여 정당한 범위 안에서 공정한 관행에 합치되게 이를 인용할 수 있다'라고 규정하고 있는 점 등에 비추어, 이른바 패러디가 당해 저작물에 대한 자유이용의 범주로서 허용될 여지가 있음은 부인할 수 없다 하겠으나, 그러한 패러디는 우리 「저작권법」이 인정하고 있는 저작권자의 동일성 유지권과 필연적으로 충돌할 수밖에 없는 이상 그러한 동일성 유지권의 본질적인 부분을 침해하지 않는 범위 내에서 예외적으로만 허용되는 것으로 보아야 할 것이고, 이러한 관점에서 패러디로서 저작물의 변형적 이용이 허용되는지의 여부는 「저작권법」 제28조 및 제13조 제2항의 규정 취지에 비추어 원저작물에 대한 비평·풍자의 여부, 원저작물의 이용목적과 성격, 이용된 부분의 분량과 질, 이용된 방법과 형태, 소비자들의 일반적인 관념, 원저작물에 대한 시장수요 내지 가치에 미치는 영향 등을 종합적으로 고려하여 신중하게 판단하여야 할 것이다"라고 판시하였다(서울지방법원 2001.11.1, 선고 2001카합1837 결정).

(3) 인터넷상의 검색서비스를 통한 타인의 저작물 인용의 문제

오늘날 인터넷 이용자들은 검색서비스를 이용하여 타인의 저작물을 널리 복제·이용하고 있는데 이것이 법 제28조에 따른 공표된 저작물의 인용에 해당되어 이용자가 면책될 수 있는가가 가끔씩 문제가 되고 있다.

구체적인 사안에 해당 검색서비스가 허용될 수 있는지의 여부는 앞에서 살펴본 일반저작물의 인용에서와 마찬가지로 결국 해당 저작물의 종류와 인용의 목적 그리고 원저작물에 대한 수요의 대체성 등을 종합적으로 검토하여 법원에서 최종적으로 판결하게 될 것이다.

---

75 패러디에 대한 「저작권법」상의 보호가 주어진다고 할 때 그 근거로, 먼저 저작자의 저작인격권 행사의 제한근거에 대해서는 동일성 유지권의 행사의 제한을 규정하고 있는 법 제13조 제2항 제5호를, 저작재산권 행사의 제한근거는 법 제28조 또는 법 제35조의5에서 규정하고 있는 저작물의 공정한 이용에 관한 규정에서 찾을 수 있다. 참고로 영국과 미국에서는 패러디를 일반적으로 공정이용(Fair Use) 또는 공정거래(Fair Dealing)의 일환으로 보고 있다(Miller, op.cit., pp. 388~390).

서울중앙지방법원은 컴퓨터 화면상에서 썸네일 이미지를 클릭하면 독립된 창에 이미지가 다소 확장되어 나타나고 이를 복제할 수 있도록 하는 썸네일 이미지 검색서비스를 이용하는 행위가 정당한 범위 안의 공정한 관행에 합치될 수 있는가와 관련하여, "고소인의 사진작품들은 이미 공표된 저작물이고 썸네일 이미지는 원본에 비하여 훨씬 작은 크기로서 원본사진과 같은 크기로 확대한 후 보정작업을 거친다 하더라도 작품으로서의 사진을 감상하기는 어렵고⋯인터넷 사용자들이 자신들이 원하는 정보를 보다 쉽고 빠르게 검색하기 위한 검색엔진은 공익을 위한 불가결한 도구이며, 인터넷 이용자들이 대부분의 검색사이트를 이용하여 관련 정보를 얻고 있는 현실을 고려할 때⋯피고인 등이 이 사건 사진작품들을 이용한 것은 그 이용의 목적, 이용된 부분의 내용, 이용된 저작물을 수록한 방법과 형태, 검색서비스 이용자들의 일반적인 관념, 원저작물에 대한 수요대체성의 면에서 볼 때 정당한 범위 안에서 공정한 관행에 합치되게 이용한 것이라고 봄이 상당하다"라고 판시한 바 있다(서울중앙지방법원 2005.9.23, 선고 2004노1342 판결).

서울중앙지방법원은 상세보기 이미지를 표시하는 행위가 「저작권법」 제28조에 따른 공표된 저작물의 인용에 해당하는가와 관련하여, "상세보기 이미지는 썸네일 이미지와 달리 그 인용된 내용과 분량의 측면에서 볼 때 원래의 사진작품이 가지고 있는 심미감을 상당부분 충족시킬 수 있어 그 수요를 대체할 가능성이 있는 점, 실제로 상세보기 이미지에 부가적으로 제공되는 슬라이드쇼 기능은 짧은 시간에 다른 이미지를 교체하면서 표시하기 때문에 인터넷 이용자로 하여금 상세보기 이미지를 클릭하여 저작권자의 원래의 홈페이지로 접속하도록 하는 것을 차단하는 효과가 있는 점, 인터넷 검색서비스의 공공적인 목적을 위해서는 목록화된 썸네일 이미지만으로도 충분한 점 등을 고려하면, 상세보기 이미지의 게시는 그 공공적인 목적을 위한 정당한 범위를 넘는 것으로서 「저작권법」 제28조에 해당한다고 볼 수 없다"라고 판시하였다(서울중앙지방법원 2006.9.29, 선고 2006가합19486 판결).

Ⅷ. 영리를 목적으로 하지 아니하는 공연과 방송의 허용

1. 의의

인류문화의 발전은 보다 많은 사람들이 공표된 저작물을 자유롭게 이용할 때 비로소 가능하다. 현대를 살고 있는 많은 대중들이 공연이나 방송 등을 통해 기존에 존재하는 저작물을 폭넓게 접할 때 그들의 문화적 삶의 질은 향상되고 이와 같은 현상이 누적되어 인류문화는 더욱 발전의 방향으로 나아가기 때문이다. 따라서 대중을 상대로 하는 공연이나 방송 등이 적어도 영리를 목적으로 하지 않는다면 이는 저작자의 경제적 이익을 부당하게 침해하는 것도 아니기 때문에 저작재산권의 행사를 일정부분 제한하여 해당 공연이나 방송을 저작자의 허락 없이도 자유롭게 할 수 있도록 하는 제도적·법적인 장치가 필요할 것이다. 이와 같은 입법취지에 따라 「저작권법」에서는 영리를 목적으로 하지 아니하는 공연이나 방송에 대해서 일정한 요건의 충족을 조건으로 하여 저작자의 허락 없이도 누구든지 이를 자유롭게 접할 수 있는 근거규정을 마련하고 있는데 법 제29조(영리를 목적으로 하지 아니하는 공연·방송)가 그것이다.

법 제29조는 크게 두 가지 유형으로 나누어 저작자의 허락 없이도 공표된 저작물 또는 저작인접물(상업용 음반)의 공연 또는 방송을 할 수 있도록 하고 있는데, i) 비영리 목적의 공표된 저작물의 공연과 방송(제29조 제1항 참조)과 ii) 반대급부 없는 상업용 음반과 공표된 영상저작물의 공연(제29조 제2항 참조)이 그것이다. 이해의 편의를 도모하기 위하여 법 제29조의 입법체계를 미리 도식화 해보면 다음의 표와 같다.

영리를 목적으로 하지 아니하는 공연과 방송의 유형

구분	공연 또는 방송	공연
근거규정	법 제29조 제1항	법 제29조 제2항
공연 또는 방송의 대상	공표된 저작물(상업용 음반과 공표된 영상저작물은 제외)	상업용 음반과 공표된 영상저작물
공연 또는 방송의 조건	영리를 목적으로 하지 아니하고 어떤 명목으로든지(청중이나 관중 또는 제3자로부터) 반대급부를 받지 아니하는 경우	(청중 또는 관중으로부터) 반대급부를 받지 아니하는 경우
허용행위(제외)	공연 또는 방송(실연자에게 통상의 보수를 지급하는 경우는 제외)	공연(대통령령으로 정하는 경우는 제외)
공연의 성격	실연의 방법으로 이루어지는 공연	재생의 방법으로 이루어지는 공연
출처명시의 의무	없음	없음
구체적 예	자선행사, 공익목적의 축제·기념식·군대행사, 학예회, 교회의 성가대 등에서 이루어지는 각종의 무료공연과 방송 등	식당, 소규모 마트, 여객터미널 등에서 TV수신기 등을 설치하여 이루어지는 각종의 무료공연

2. 비영리 목적의 공표된 저작물의 공연과 방송의 허용

(1) 「저작권법」에서의 규정

법에서는 그 이용에 있어서 비영리 목적을 가지고 반대급부가 없는 공표된 저작물에 대해서는 공연과 방송을 허용하고 있다. 즉, "영리를 목적으로 하지 아니하고 청중이나 관중 또는 제3자로부터 어떤 명목으로든지 반대급부를 받지 아니하는 경우에는 공표된 저작물을 공연(상업용 음반 또는 상업적 목적으로 공표된 영상저작물을 재생하는 경우를 제외한다) 또는 방송할 수 있다. 다만, 실연자에게 통상의 보수를 지급하는 경우에는 그러하지 아니하다"(제29조 제1항). 이때 공연과 방송이 아닌 전송, 전시, 디지털음성송신 등에 있어서는 그것이 비록 영리를 목적으로 하지 않거나 청중이나 관중으로부터 반대급부를 받지 않더라도 이와 같은 이용행위가 권리자의 허락 없이 이루어졌더라면 이는 저작재산권의 침해에 해당하게 됨을 유의하여야 한다.[76]

(2) 공연과 방송의 허용 요건

법 제29조 제1항에 따라 저작자의 허락 없이 자유롭게 공연과 방송을 할 수 있는 요건은 다음과 같다. 첫째, 법 제29조 제1항은 공표된 저작물을 대상으로 한다. 따라서 미공표 저작물을 공연 또는 방송하고자 할 때는 저작자의 허락을 미리 받아야 한다. 둘째, 법 제29조 제1항에 따라 이루어지는 공연 또는 방송은 비영리 목적으로 이루어져야 한다.[77] 여기서 영리를 목적으로 하지 않는 것, 다시 말해 비영리 목적이란 해당 공연 또는 방송으로 인하여 어떠한 형태의 경제적 이익도 얻지 않는 것을 말한다.[78] 법 제29조 제1항에 따른 비영리 목적의 공연과 방송에는 사회

---

76 예를 들면 영화제에서의 시사회나 군악대의 연주회를 자유롭게 전송하는 것은 저작자에게 예기치 못하는 부당한 경제적 손실을 줄 우려가 있기 때문이다.

77 「저작권법」상의 '영리목적'은 그 기능면에서 다양한 양상을 보이고 있는데, i) 여기에서 논의하고 있는 법 제29조에서와 같이 소극적으로 권리행사를 제한하기 위한 요건으로 사용되기도 하며, ii) 적극적으로 권리를 행사하기 위한 요건에 해당하기도 하고(제80조 참조), iii) 형사처벌을 하기 위한 범죄구성요건으로 기능을 하기도 하며(제136조 제2항 제3호의3 및 제3호의4 참조), iv) 소추요건으로서의 기능을 수행하기도 한다(제140조 참조)(박성민, 「저작권법 제140조의 영리목적과 상습성에 대한 형사법적 고찰」, 계간 《저작권》(2018 겨울호), 한국저작권위원회, 78쪽).

78 대법원 2016.8.24. 선고 2016다204653 판결.

취약계층 대상의 자선공연, 종교·학술행사 등에서의 공연과 방송, 국경일행사 등에서의 군악대의 연주, 외국원수의 방한 시 의전행사에서 이루어지는 각종의 연주와 공연 그리고 동호인 모임에서 주최하는 야외음악회 등에서의 공연, 자선기금 모금을 위한 공연과 방송 등이 해당될 수 있으며, 이때에는 저작자의 허락 없이도 해당 저작물을 자유롭게 공연·방송할 수 있다. 셋째, 해당 공연 또는 방송을 함에 있어서는 청중이나 관중 또는 제3자로부터 어떤 명목으로든지 반대급부를 받지 않아야 한다. 법 제29조 제1항은 제2항보다 저작자가 가지는 저작재산권(공연권 또는 방송권)을 침해할 우려가 더욱 높으므로 그 제한요건도 더욱 엄격하게 규정하고 있다. 따라서 여기서는 청중이나 관중뿐만 아니라 **제3자**로부터도 반대급부를 받지 않아야 하며, 그 반대급부의 명목이 무엇이든지, 다시 말해 **어떠한 명목**으로든지 이를 받지 않아야 한다. 따라서 해당 공연이나 방송의 대가로 이루어진 반대급부는 그것이 이용료, 입장료, 요금, 기부금, 모금, 운영비, 인건비 등 어떠한 명목으로 지급되더라도 이는 반대급부에 해당한다고 보아야 한다.[79]

요컨대 앞에서 언급한 비영리 목적의 요건을 위반한 경우뿐만 아니라 어떠한 명목으로라도 반대급부를 받아서 이루어지는 공연과 방송은 법 제29조 제1항의 적용대상이 아니며 이때에는 저작자의 허락을 얻어야만 비로소 공연이나 방송을 할 수 있다.

(3) 공연과 방송이 허용되는 저작물

앞에서 살펴본 세 가지 요건이 모두 충족되면 누구든지 공표된 해당 저작물을 저작자의 허락 없이 공중을 상대로 하여 자유롭게 공연 또는 방송할 수 있다. 그런데 이때의 공연에는 상업용 음반 또는 상업적 목적으로 공표된 영상저작물을 재생하는 경우는 제외한다(제29조 제1항 참조). 상업용 음반이나 상업용 영상저작물을 자유로이 공중에게 공연·방송하는 것은 해당 저작자의 저작재산권에 직접적인 영향을 미치므로 이는 법 제29조 제2항에 따른 별도의 요건이 충족된 경우에만 공중에게 공연할 수 있게 하고 있다.

---

79 공연장 정리비, 청소용역비 등의 명목으로 입장 시 일정액을 징수하여도 그 액수에 상관없이 반대급부에 해당하며, 입장료는 무료이지만 입장할 수 있는 자를 일정한 회비를 납부한 회원으로 하는 경우 역시 기존에 납부한 회비는 반대급부에 해당한다고 보아야 할 것이다.

그런데 여기서 말하는 **공연**은 후술하는 법 제29조 제2항에서의 상업용 음반과 공표된 영상저작물의 공연에서의 공연과는 차이가 있음을 유의하여야 한다. 법 제29조 제1항에서 말하는 영리를 목적으로 하지 아니하고 어떤 명목으로든지 반대급부 없이 이루어지는 공연은 실연 위주의 공연, 즉 공표된 저작물을 상연, 연주, 가창, 구연, 낭독 등의 방법으로 공중에게 공개하는 것을 말하고, 후술하는 상업용 음반과 공표된 영상저작물에서의 공연은 상업용 음반과 영상저작물을 상영 또는 재생하는 방법으로 공중에게 공개하는 것을 말하기 때문이다.[80]

한편, 법 제29조 제1항에서는 방송과 같이 광범위한 청취자나 시청자를 대상으로 하는 경우에도 면책의 가능성을 열어 두고 있어서 이 규정이 저작자의 권리를 지나치게 제한하는 것으로 보일 수도 있지만, 실제에 있어서는 이 규정의 적용을 받는 방송은 거의 존재하지 않음을 유의할 필요가 있다.

(4) 「저작권법」 제29조 제1항 적용의 예외

법 제29조 제1항은 녹음·녹화물을 재생하여 공연 또는 방송하는 경우보다는 오히려 생공연Live Performance과 생방송Live Broadcasting이 핵심을 이루는 공연으로서 여기에는 당연히 이에 등장하는 실연자를 염두에 두고 있다.[81] 이 경우 실연자에게 통상의 보수를 지급한다면 해당 저작물의 제작 등에 그만큼 비용이 소요되며 저작자의 허락 없이 공연 또는 방송이 된다면 저작자와의 이익충돌은 물론이고 더 나아가 시장적 경쟁관계가 형성되어 저작자의 저작재산권이 심각히 침해될 우려가 있다. 따라서 이 경우에는 저작자의 허락을 받은 후에 해당 공표된 저작물을 공연 또는 방송하도록 함이 바람직할 것이기에 법 제29조 제1항 단서는 이와 같은 취지를 반영한 입법적 조치로 보인다.

여기서 말하는 통상의 보수란 명목을 불문하고 실연자에게 그 실연의 대가로 지

---

80 「저작권법」에서는 공연의 개념적 범주를 크게 두 가지, 즉 i) 저작물 또는 실연·음반·방송을 상연·연주·가창·구연·낭독의 방법으로 공중에게 공개하는 것과 ii) 저작물 또는 실연·음반·방송을 상영·재생 그 밖의 방법으로 공중에게 공개하는 것으로 나누어 규정하고 있다. i)은 신체적 에너지를 통한 실연 위주의 공연으로서 이는 주로 법 제29조 제1항에서의 규정을 말하고, ii)는 전자적·기계적 에너지를 통한 재생 위주의 공연으로서 이는 주로 법 제29조 제2항에서의 규정을 말한다.

81 참고로 법 제29조 제2항은 상업용 음반이나 공표된 영상저작물을 재생하여 공중에게 공연하는 경우를 규정하고 있으며, 이때 법 제29조 제1항과는 달리 실연과 실연자를 염두에 두고 있지 않다.

급되는 반대급부를 말한다. 실연의 대가가 아닌 교통비나 식비 등은 통상의 보수가 아니므로 이를 지급하더라도 무방하다. 해당 공연이나 방송에서는 실연의 대가로 반대급부를 받지 않을지라도 단체에 소속되어 고정적인 급여를 받는 단원이 하는 연주는 통상의 보수를 지급한 것으로 보아야 한다.

3. 반대급부 없는 상업용 음반과 공표된 영상저작물의 공연 허용

(1) 「저작권법」에서의 규정

우리는 커피숍, 호프집, 헬스클럽 등을 이용할 때에 다양한 배경음악 등이 흘러나오는 것을 자유롭게 듣는다. 현행 「저작권법」에 따르면 영업장에서의 배경음악 등에 대해서는 저작재산권의 행사가 제한되어 누구든지 이를 자유롭게 듣는 것이 허용되기 때문이다. 즉, 우리 법에서는 "청중이나 관중으로부터 해당 공연에 대한 반대급부를 받지 아니하는 경우에는 상업용 음반 또는 상업적 목적으로 공표된 영상저작물을 재생하여 공중에게 공연할 수 있다. 다만, 대통령령이 정하는 경우에는 그러하지 아니하다"(제29조 제2항)라는 규정을 두고 있다.

(2) 자유로운 공연의 요건

법 제29조 제2항에 따라 저작자의 허락 없이 자유롭게 상업용 음반 등을 공연할 수 있는 요건은 다음과 같다.

첫째, 공연의 대상은 상업용 음반[82] 또는 상업적 목적으로 공표된 영상저작물이어야 한다. 여기서 상업용 또는 상업적이라는 말은 해당 저작물의 이용으로 인하여 그 이용자가 궁극적으로 경제적인 이익을 얻을 수 있는 것을 말한다. 그리고 상업용 음반은 그것이 공표된 것이건 미공표된 것이건 불문하는데, 같은 규정의 적용을 받는 영상저작물은 그것이 공표된 것만을 공연의 대상으로 하고 있음을 유의하

---

[82] 일반적으로 상업용 음반은 판매용 음반보다 그 개념범위가 넓다고 할 수 있다. 예를 들면, 배경음악용으로 국한하여 제작한 데모테이프의 경우 판매용 음반은 아니지만 상업용 음반에는 포함될 수 있기 때문이다. '상업용 음반'이라는 용어는 법 제29조 제2항에서와 같이 저작권자가 가지고 있는 공연권 행사의 제한사유 요건의 하나로서 중요한 의미를 가지고 있을 뿐만 아니라, 실연자 및 음반제작자의 방송과 공연 등에 대한 보상청구권과 관련하여서도 대단히 중요한 의미를 가지고 있다(제75조, 제76조의2, 제83조의2 참조). 보다 자세한 것은 '제13장 저작인접권 제3절 저작인접권의 주요내용' 부분에서 논의하기로 한다.

여야 한다. 둘째, 해당 공연을 함에 있어서 청중이나 관중으로부터 반대급부를 받지 않아야 한다. 법 제29조 제2항에서는 제1항과는 달리 비록 영리의 목적으로 공연이 이루어지거나 제3자로부터 그 공연에 대한 반대급부를 받더라도 청중이나 관중으로부터 공연에 대한 반대급부를 받지 않는다면 상업용 음반과 공표된 영상저작물 등을 공중에게 공연할 수 있다.[83] 그리고 이때의 반대급부는 제1항에서의 '어떠한 명목으로든지 반대급부를 받지 아니하는 경우'와는 달라서, 그 명목이 분명히 해당 공연의 대가로서 지불되는 입장료, 이용료, 요금 등이 아닌 기부금, 모금, 청소비 또는 운영비 등의 충당금이라는 명목으로 이루어진다면 이는 무방하다고 보아야 하며, 법 제29조 제2항에 따라 자유로이 공중에게 공연을 할 수 있다.

법 제29조 제2항에서는 실연자에게 통상의 보수를 지급하는 경우에 대한 단서조항이 없다. 왜냐하면 이용할 수 있는 저작물을 상업용 음반과 상업적 목적으로 공표된 영상저작물에 한정하고 있고, 여기에는 실연자가 없기 때문에 실연자에 대한 보수문제가 발생할 수 없기 때문이다.

> 대법원은 「저작권법」 제29조 제2항에 따른 자유로운 공연을 허용하는 취지와 관련하여, "「저작권법」 제29조 제2항이 상업용 음반을 재생하여 공중에게 공연하는 행위에 관하여 아무런 보상 없이 저작권자의 공연권을 제한하는 취지의 근저에는 음반의 재생에 의한 공연으로 그 음반이 시중의 소비자들에게 널리 알려짐으로써 당해 음반의 판매량이 증가하게 되고 그에 따라 음반제작자는 물론 음반의 복제·배포에 필연적으로 수반되는 당해 음반에 수록된 저작물의 이용을 허락할 권능을 가진 저작권자 또한 간접적인 이익을 얻게 된다는 점도 고려되어야 할 것이다"라고 판시한 바 있다(대법원 2012.5.10, 선고 2010다87474 판결).

(3) 공연행위의 허용

앞에서 살펴본 두 가지 요건이 충족되면 누구든지 상업용 음반 또는 상업적 목적으로 공표된 영상저작물을 재생하여 이를 공중에게 공연할 수 있다. 이때의 공연은 법 제29조 제1항에서와는 달리 오직 재생을 통한 기계적 공연만이 가능하고 실연

---

83 예를 들면 KTX나 공항과 같은 대중교통 대합실이나 공중이 많이 활용하는 편의점 및 상가 등에서 음반이나 뮤직비디오 같은 영상저작물을 공중에게 공연하는 것은 사업주체의 입장에서 보면 영리성을 가지고 있지만 이때의 음반이나 영상저작물에 대한 공연은 반대급부를 주고 관람하는 것이 아니므로 법 제29조 제2항에 따라 자유롭게 공연할 수 있는 것이다.

자의 실연을 통한 생공연은 그 범위에서 제외되고 있음을 유의하여야 한다. 그리고 상업용 음반이나 공표된 영상저작물은 법 제29조 제1항에 따른 방송의 대상이 아님을 유의하여야 한다. 물론 상업용 음반이나 공표된 영상저작물도 전송 또는 실시간 스트리밍의 방법을 통해 공중에게 들려주거나 보여주는 것이 가능은 하지만 이 경우에는 자유로운 방송을 하기에는 법 제29조의 규정상 일정한 한계가 있을 수밖에 없다. 따라서 백화점 등에서 자체 제작시스템을 통해 상업용 음반을 방송하거나 호텔 객실에 공표된 영상물을 자체적으로 방송하는 것은 법 제29조 제2항의 적용을 받을 수 없고, 이때에는 해당 저작자의 허락을 받은 후에야 비로소 방송이 가능하다고 해석하여야 할 것이다.

(4) 「저작권법」 제29조 제2항 본문 적용의 예외(저작자의 허락을 받은 후에 공연을 해야 하는 경우)

청중이나 관중으로부터 해당 공연에 대한 반대급부를 받지 않을 때에는 가능하면 공중이 이를 널리 접할 수 있게 함이 바람직하겠으나, 공연되는 저작물이 투자자금이 많이 들어간 상업용 음반이나 공표된 영상저작물일 경우에는 저작자의 저작재산권의 보호도 동시에 고려하여야 한다. 이와 같이 공공의 이익과 저작자의 사익의 충돌을 조화롭게 조정하기 위해서는 상업용 음반 등의 공연범위를 합리적인 범위에서 규정할 필요가 있으며, 이는 개별 구체적인 사안에 따라 국내 저작권 환경에 맞게 현실성 있게 규정되어야 할 것이다. 이에 법 제29조 제2항에서는 청중이나 관중으로부터 반대급부를 받지 아니하고 상업용 음반이나 상업적 목적으로 공표된 영상저작물을 공중에게 공연함에 있어서도 저작자의 허락을 받도록 하는[84] 예외규정을 대통령령으로 정할 수 있도록 하고 있다(제29조 제2항 단서).[85] 우리는 반대

---

84 이때 저작자는 무료로 이용을 허락할 수도 있고 저작료나 사용료 등 대가를 요구할 수도 있을 것이다.
85 미국에 있어서는 일정규모 이하의 주점이나 레스토랑 등에서 이용되는 음악저작물에 대해서는 사용료를 받지 않도록 하고 있다. 즉, 미국 저작권법 제110조 제5항 (B)는 우리 「저작권법」 제29조 제2항과 그 취지에 있어 비교될 수 있는 조항인데, 우리 법이 대통령령으로 정하는 예외에 해당하지 않는 한 소규모 사업장 등에서 상업용 음반이나 상업용 영상저작물의 공연에 대해 저작권의 행사를 제한하고 있는 것처럼, 미국 저작권법도 주점이나 레스토랑 등에서 라디오·TV방송사, 케이블시스템, 위성사업자 등에 의해 발신된 일반 공중의 수신을 목적으로 하는 비연극적 음악저작물의 실연 또는 전시를 수신하여 특정한 조건하에 송신, 재송신을 통해 전달할 수 있다. 그 특정한 조건은 영업장이 음식점 또는 주점에 해당하는지의 여부와 시설면적에 따라 차등을 두고 청각적·시청각적 실연을 전달하는 확성기 및 스크린의 수를 상세하게 규정하고 있다.

급부 없는 상업용 음반과 공표된 영상저작물에 대해서 **법률**에서는 원칙적으로 이를 공중에게 공연할 수 있도록 하고 있는 반면에, **시행령**에서는 저작자의 이용허락을 받은 후에 비로소 공연을 할 수 있도록 하는 입법형태를 지니고 있다. 즉, 「저작권법 시행령」에 따르면 상업용 음반 등에 대해서 일정 규모 이상의 시설요건을 갖추고서[86] 각종 법령에 규정되어 있는 유흥시설 또는 다중이용시설에 해당하는 업소에 대해서는 저작자의 이용허락을 받은 후에 해당 상업용 음반 등을 재생하여 공중에게 공연할 수 있도록 하고 있다(「저작권법」 제29조 제2항 및 「저작권법 시행령」 제11조 참조). 이 가운데 우리나라가 외국에 비하여 저작재산권자의 공연권의 범위가 지나치게 제한을 받고 있다는 지적에 따라 i) 음악사용률이 높고 영업에서 음악의 중요도가 높은 커피전문점, 생맥주전문점, 체력단련장 등을 추가로 공연권을 행사할 수 있는 장소적 범위에 포함시키고, ii) 대규모 점포 중 지금까지 권리행사의 범위에서 제외되었던 복합 쇼핑몰 및 그 밖의 대규모 점포를 추가로 포함하되 전통시장은 제외하는 내용의 「저작권법 시행령」을 2017년에 개정하여 2018년 하반기부터 시행 중에 있다.[87] 저작자의 허락을 받은 후에 공연을 해야 하는 구체적 경우로는 i) 커피전문점, 생맥주전문점, 단란주점, 유흥주점 등에서 하는 공연, ii) 경륜, 경정장에서 하는 공연, iii) 골프장, 무도학원, 무도장, 스키장, 에어로빅장, 체력단련장, 종합운동장, 운동장, 체육관 등에서 하는 공연[88], iv) 항공기, 선박, 열차 등에서 하는 공연[89], v) 호텔, 휴양콘도미니엄, 카지노, 유원시설 등에서 하는 공연, vi) 대형마트,

---

[86] 단란주점, 경륜장, 호텔, 대형마트, 숙박업소 그리고 박물관, 미술관 등과 같은 시설 등은 모두 일정규모 이상의 시설요건을 갖출 것을 해당 법령에서 엄격히 규정하고 있다. 이와 같이 일정규모 이상의 시설에서만 저작자의 이용허락을 받고서 공연을 하도록 하는 이유는 일정규모 이하의 시설에까지 저작자의 통제권이 확대되면 레스토랑, 카페 등에서 셀 수 없을 정도의 공연이 이루어지기 때문에 권리의 행사가 어렵고, 이용자가 갖는 부담이 저작자가 통제권을 보유함으로써 얻는 이익보다 훨씬 크기 때문에 공익적 견지에서 판단한 것으로 보인다.

[87] 다만, 문화체육관광부는 저작권료를 부담해야 하는 이용자들의 부담과 불편을 최소화하고자 소규모 영업장에 해당하는 50제곱미터 이하의 영업장을 공연권 징수대상에서 제외하였고, 최저 공연저작권료를 월정액 4,000원으로 설정하여 전체적으로 기존의 징수대상 업체보다 낮은 수준의 저작권료를 부담하도록 하여 운용 중에 있다(한국저작권보호원, 「2018 저작권 보호 연차보고서」(2018), 119쪽).

[88] 따라서 당구장, 수영장, 골프연습장 등에서는 음반이나 영상의 공연을 자유로이 할 수 있다고 보인다.

[89] 따라서 항공기, 선박, 열차에서 하는 공연이 아닌 공항, 고속버스 및 시외버스터미널, 고속도로휴게소 그리고 철도 및 지하철 역사와 고속버스 및 시내버스의 내부에서 이루어지는 공연은 법 제29조 제2항의 본문이 적용되어 판매용 음반이나 공표된 영상저작물을 재생하여 공중에게 공연하는 행위는 저작자 또는 저작인접권자의 허락이 없이도 자유롭게 할 수 있다고 해석된다.

전문점, 백화점, 쇼핑센터[90] 등에서 하는 공연[91], vii) 숙박업과 목욕장에서 영상저작물을 감상하기 위한 설비를 갖추고 하는 상업적 목적으로 공표된 영상저작물의 공연[92], viii) 공연장, 박물관, 미술관, 도서관 등 공익적 목적의 공공시설[93]에서 이루어지는 영상저작물을 재생하는 형태의 공연[94] 등이 있다(시행령 제11조 참조).

(5) 「저작권법」 제29조 제2항의 입법형식에 대한 비판

반대급부 없는 상업용 음반과 상업용 목적으로 공표된 영상저작물의 공연에 대하여 저작자의 저작재산권의 행사가 제한되지 아니하는 경우를 규정하고 있는 「저작권법 시행령」 제11조는 입법형식 및 내용상 여러 가지 문제가 많은 조항으로 보인다.

첫째, 입법형식상 시행령 제11조는 저작재산권 행사의 제한규정의 하나인 법 제29조(영리를 목적으로 하지 아니하는 공연·방송) 제2항에 근거한 시행령임에도 불구하고 그 규정내용은 오히려 저작자의 저작재산권이 제한되지 아니하고 준수되어야 하는 경우를 규정하고 있어 법과 시행령 간의 연계체계에 큰 혼란을 주고 있다. 둘째, 시행령 제11조에 규정되어 있는 내용은 시행령보다는 법률상의 규정으로 하는 것이 바람직해 보인다. 시행령에 나오는 내용이 저작권자 입장에서 볼 때는 권리행사의 범주에 속하지만 저작물의 이용자 입장에서는 이들이 누릴 수 있는 법률상 이익의 박탈일 수 있으므로 이는 가능한 한 법률에서 규정함이 바람직하다. 비록 법 제29조 제2항에서 대통령령으로 정할 수 있도록 위임하고 있기는 하지만 막상 시행령 제11조를 보면 그 범위가 지나치게 광범위하여 위임의 범위를 일탈하고 있는

---

90 대규모 점포에 「전통시장 및 상점가 육성을 위한 특별법」 제2조 제1호에 따른 전통시장은 제외한다.

91 따라서 이와 같은 대규모 점포를 제외한 일반적인 소규모 상가에서는 저작자의 허락 없이 자유로이 음반 또는 영상저작물을 재생하는 방법으로 공연할 수 있다. 헌법재판소도 2019년 11월 28일 선고한 헌법소원 사건에서 소규모 매장이나 점포에서 저작권료의 지급 없이 상업용 음반을 틀 수 있도록 한 「저작권법」 제29조 제2항의 규정은 헌법에 어긋나지 않는다는 결정을 내렸다(2019헌가18).

92 그런데 숙박업과 목욕장에서는 저작자 또는 저작인접권자의 허락 없이 영상저작물이 아닌 상업용 음반을 사용하여 공연하는 것은 자유롭게 허용됨을 유의하여야 한다(시행령 제11조 제7호 참조).

93 여기에는 국가·지방자치단체(그 소속기관을 포함한다)의 청사 및 그 부속시설, 공연장, 박물관과 미술관, 도서관, 지방문화원, 사회복지관, 여성인력개발센터 및 여성사박물관, 청소년수련관 그리고 시·군·구민회관 등이 포함된다(시행령 제11조 제8호 참조).

94 다만 이들 시설에서 이루어지는 영상저작물의 재생을 통한 모든 형태의 공연에 대해 저작자의 허락을 받아야 하는 것이 아니고 두 가지의 요건, 즉 i) 영상저작물을 감상하기 위한 설비를 갖추고 있을 것, ii) 발행일로부터 6개월이 지나지 아니한 상업적 목적으로 공표된 영상저작물을 재생하는 형태의 공연일 것을 요건으로 하는 공연만이 여기에 해당된다.

느낌도 없지 않다. 셋째, 입법내용에 있어서도 시행령 제11조에서 규정하고 있는 업종이 자그마치 30여 개에 달하고 있다. 그렇다면 제도권 내에서 영업을 하고 있는 공중접객업소, 관광·휴양·숙박업소, 체육시설, 유통업체, 운수업체 등 국내의 다중이용시설(업소) 가운데 공연이 이루어질 수 있는 거의 모든 영업소는 이에 해당하는 것으로 보이는데 이와 같은 입법태도가 과연 타당한지 의문이다. 넷째, 시행령 제11조 제2호부터 제8호까지의 범위가 지나치게 광범위하여 과연 이들 업소에서 저작자의 공연권이 실효적으로 행사될 수 있는 장치가 마련되어 있는지도 의문이다. 그럼에도 불구하고 현실적으로 이에 대한 정책적 고려가 부족하여 법과 현실의 괴리가 있는 것이 사실인 듯 보이며, 무엇보다도 주기적인 실태조사가 이루어지고 이에 바탕을 둔 적기의 법령 개정 작업이 이루어져야 할 것이다. 다섯째, 시행령 제11조 제8호에서는 국가·지방자치단체의 시설이나 박물관·미술관·도서관 등에서 이루어지는 영상저작물을 재생하는 형태의 공연에 대해서도 저작자의 공연권이 제한되지 않음을 밝히고 있는데 이는 지나치게 저작재산권자 위주의 입법적 태도가 아닐 수 없다. 국가가 관리하는 청사와 박물관 또는 도서관 등의 공공시설은 공연권과 같은 사권私權이 행사되는 시설이 아니라 국민 모두가 자유롭게 이용할 수 있는 공익적 시설이기 때문에 여기에서까지 저작자의 허락을 얻어 재생의 방법으로 영상저작물을 공연하도록 하는 것은 「저작권법」 제1조가 지향하는 법의 목적 내지는 이념에도 부합되지 않는다. 고객으로서의 전체 국민에게 미치는 엄청난 영향 내지는 파급효과를 과소평가한 나머지 입법과정에서 엄격한 검정·연구와 조사도 없이 무책임하게 이들 조항들을 규정하지 않았나 하는 심각한 반성이 있어야 할 것이다. 정확한 실태조사를 하고 이에 기반한 시행령 제11조의 개정 작업이 절실하다고 생각되며, 현행과 같은 저작재산권(공연권)이 제한을 받지 않고 행사되어야 하는 영역을 적정한 범위 내로 한정하는 것이 타당할 것으로 보인다. 무엇보다도 이와 같은 취지에 따라 시행령 제11조에 포함되어 저작자의 허락을 받은 후에 공연을 하기 위한 기준으로서는 현행 시행령 제11조 제1호 라목에 나타나 있는 기준, 즉 "음악 또는 영상저작물을 감상하는 설비를 갖추고 음악이나 영상저작물을 감상하게 하는 것을 영업의 주요내용의 일부로 하는 공연"을 다른 경우에도 적용되는 일반적인 기준으로 규정하는 것도 적극적으로 고려하여야 할 것이다.

4. 번역, 편곡 또는 개작에 의한 이용 및 출처명시 의무의 면제

「저작권법」제29조에 따라 저작물을 이용하는 경우에는 법 제36조 제1항의 규정에 의하여 해당 저작물을 번역·편곡 또는 개작하여 이용할 수 있다. 다만, 편곡 또는 개작하여 이용하는 경우에는 저작인격권에 해당하는 동일성 유지권을 침해하지 않도록 하여야 할 것이다. 그리고 법 제29조에 따른 저작물의 이용에 있어서는 법 제37조 제1항 단서의 규정에 의하여 출처를 명시할 필요가 없다. 이와 같이 법 제29조에 의한 이용에 출처명시의 의무를 배제한 이유는 비영리 목적의 공연 또는 방송인 경우에는 현실적으로 출처를 명시할 필요성이 없고, 그러한 관행도 없으며, 녹음 또는 녹화물에 의한 공연인 경우에는 해당 녹음물이나 녹화물 등에는 이미 출처가 명시되어 있기 때문이다.

IX. 사적이용을 위한 복제의 허용

1. 의의

저작재산권의 행사의 제한에 관한 규정 중에서 가장 전통적이고 가장 중요한 규정의 하나로 평가받고 있는 것이 곧 「저작권법」제30조의 '사적이용私的利用을 위한 복제'에 관한 규정이라 할 수 있다.

법 제30조 규정의 입법적 배경에는 본래적으로 저작권은 공중公衆을 대상으로 한 것이지 사적私的인 영역에는 개입하지 않는 것이 바람직하다는 민사법상의 전통적인 법리가 반영되었다고 본다.[95]

그런데 문제는 오늘날 디지털 시대를 맞이하여 급격히 발전하고 있는 복제기술과 싼값에 대량으로 보급되어 있는 복제기기 등으로 인하여 비록 그것이 사적이용을 위한 복제라 할지라도 저작자가 가지는 복제권의 침해 우려가 과거와는 비교할 수 없을 정도로 높은 현실에 직면해 있다는 사실이다. 이에 오늘날 대부분의 국가

---

95 "법률은 가정의 문(門)을 넘어가지 않는다"라는 법언(法言)이 있다.

에서는 사적이용을 위한 복제에 따른 저작자 보호문제에도 적극적으로 대처하고 있다.

요컨대, 사적이용을 위한 복제는 인류의 문화발전을 위해서 반드시 허용할 수밖에 없는 것이긴 하지만, 디지털·네트워크 환경에 살고 있는 오늘날 사적이용을 위한 복제의 허용은 역으로 저작자의 복제권을 가장 크게 침해할 수 있는 요인으로 작용하고 있으며, 이 둘의 긴장관계는 앞으로도 계속될 것이고 이를 조화롭게 조정하기 위한 적절한 제도적·법적 장치가 마련되어야 할 것이다.

2. 「저작권법」에서의 규정

"공표된 저작물을 영리를 목적으로 하지 아니하고 개인적으로 이용하거나 가정 및 이에 준하는 한정된 범위 안에서 이용하는 경우에는 그 이용자는 이를 복제할 수 있다. 다만, 공중의 사용에 제공하기 위하여 설치된 복사기기, 스캐너, 사진기 등 문화체육관광부령으로 정하는 복제기기에 의한 복제는 그러하지 아니하다"(제30조).

법 제30조 본문에서의 이와 같은 규정은 타인의 저작물을 개인적 또는 가정 및 이에 준하는 소수의 폐쇄적인 한정된 집단에서 이용하는 것은 저작재산권자의 정당한 이익을 부당하게 해할 염려가 적고, 사실상 일일이 저작재산권자를 확인하여 그로부터 이용허락을 받아 이행하는 것도 불가능하다는 현실적 이유를 반영한 것으로 보인다. 또한 저작재산권자 입장에서는 그의 복제권을 행사하기 위해서는 사적 영역에서 이루어지는 복제행위를 모니터링하여야 할 필요가 있는데 이는 헌법에서 규정하고 있는 사생활의 자유와 충돌할 소지도 있는 등 여러 가지 현실적인 문제가 있을 수 있음을 염두에 둔 규정이기도 하다.

저작재산권 행사를 제한하는 한 유형으로서 사적이용을 위한 복제를 허용하고 있는 법 제30조의 규정은 디지털·네트워크기술이 비약적으로 발전한 오늘날 과연 그 실효성에 의문이 들 정도로 불완전하고 불만족스러운 규정으로 보이며, 동시에 이 규정은 i) 저작자의 권리와 이에 인접하는 권리의 보호 및 ii) 저작물의 공정한 이용의 도모라는 우리 「저작권법」의 2대 이념(제1조 참조)이 가장 첨예하게 충돌하고 있는 지점이기도 하다. 무엇보다도 법 제30조 본문은 현대적인 복제기술과 복사기기가 개발되기 전에 손으로 옮겨 적거나 조판과정을 거쳐 인쇄형태로 하는 복제의 경우와 같은 아날로그 시대에 있어서나 타당한 것으로 디지털 시대를 살고 있는 오늘날에 이 규정을 액면 그대로 적용하기에는 여러 가지 한계가 있다. 이와 같이 법 제30조 본문이 오늘날의 발달된 디지털·네트워크 환경에서 그 논거가 많이 약해지고 있음에 따라 그 보완적 입법조치의 하나로 마련된 것이 곧 법 제30조 단서 규정이다.

요컨대, 법 제30조의 해석과 적용은 학설과 판례로 뒷받침되어야 할 부분이 상당히 많은 대단히 불완전한 조항으로 평가되며, 특히 법 제30조 후단과 관련해서는 법적인 측면뿐만 아니라 제도적·정책적인 측면에서도 지속적인 논의가 이루어지고 있고, 각 나라의 저작권 환경에 바탕을 둔 여러 가지 제도와 정책의 추진도 동시에 요청된다고 하겠다.

3. 사적이용을 위한 복제의 허용요건

(1) 의의

저작물을 사적으로 이용한다는 의미는 곧 우리 「저작권법」에서 말하는 "영리를 목적으로 하지 아니하고", "개인적으로 이용하거나 가정 및 이에 준하는 한정된 범위 안에서 이용하는 경우"와 같다. 이와 같이 사적이용을 위해 저작물을 이용하는 경우에는 저작자가 가지는 복제권의 행사가 제한되므로 이 경우에는 누구든지 저작자의 허락을 받지 않고서도 복제를 할 수 있다.

사적이용을 위한 복제의 요건은 크게 i) 공표된 저작물을 대상으로 할 것, ii) 영리를 목적으로 하지 아니할 것, iii) 개인적으로 이용하거나 가정 및 이에 준하는 한정된 범위 안에서 이용하는 경우일 것, 그리고 iv) 복제는 이용자가 직접 할 것, v) 사적복제의 대상은 불법복제물이 아닐 것 등 다섯 가지가 충족되어야 한다(제30조).

(2) 공표된 저작물을 대상으로 할 것

사적이용을 위한 복제는 공표된 저작물을 대상으로 하며, 그 저작물의 종류나 성질은 불문한다. 따라서 공표되지 아니한 저작물을 사적으로 이용하기 위해서는 저작자의 허락을 받고 복제하여야 한다.

(3) 영리를 목적으로 하지 않을 것

사적이용을 위한 복제에서 사적이용이라 함은 영리를 목적으로 하지 않는 것이어야 한다. 따라서 영리를 목적으로 할 경우에는 이 규정에 의한 모든 요건을 충족하여도 저작자의 허락 없이 복제를 할 수 없다. 여기서 영리를 목적으로 한다는 말은 소극적으로 저작물의 구입비용을 절감한다는 의미가 아니라, 적극적으로 복제물을 타인에게 판매하거나 타인으로부터 복제의뢰를 받아 유상으로 복제를 대행하는 등[96] 복제행위로 직접 경제적 이익을 취하는 것을 말한다.[97]

저작물을 영리를 목적으로 하지 아니하고 개인적으로 이용하거나 가정 및 이에 준하는 한정된 범위 안에서 이용하는 경우라면, 이용자 개인의 조사·연구 등 생산적인 목적을 위한 것이든 취미·오락 등 소비적인 목적 또는 단순한 수집·보존의 목적으로 복제하는 것이든 가리지 않는다. 사적이용을 위한 복제의 허용요건으로서의 '영리를 목적으로 하지 아니할 것'은 후술하는 '개인적으로 이용하거나 가정 및 이에 준하는 한정된 범위 안에서 이용할 것'과 병렬적으로 존재한다. 따라서 개인적 또는 가정 및 이에 준하는 한정된 범위 안에서의 이용이라 할지라도 영리를 목적으로 하면 법 제30조의 '사적이용을 위한 복제'는 적용되지 아니한다.

(4) 개인적으로 이용하거나 가정 및 이에 준하는 한정된 범위 안에서 이용하는 경우일 것

먼저, 사적이용을 위한 복제는 인적 범위에서 개인적으로 저작물을 이용하여야 한다. 여기서 **개인적**이라 함은 공중 대상이 아니라, 사적私的인 차원에서 개별적으로 이루어진 것을 의미한다. 개인적으로 학습을 보강하기 위하여 강의실에서 이루어지는 강의나 강연 등을 녹음하거나, 여가선용 차원에서 개인적으로 보거나 듣기 위하여 음악이나 방송 등을 녹음·녹화하는 등의 행위가 이에 속한다. 따라서 특정 또는 불특정 다수인이 모여서 저작물을 이용하거나 기업이나 법인 또는 단체의 구성원 자격에서 업무상 이루어지는 일에 관련하여 복제를 하는 경우에는 사적으로 이용한 것으로 볼 수 없다.

---

96 책 스캔 대행사업자의 위탁을 받아 그를 대신하여 스캔을 하는 경우가 대표적인 예이다.
97 따라서 단순한 파일교환행위 등은 영리를 목적으로 한 것이라고 할 수 없다.

대법원은 사적이용을 위한 복제의 허용요건과 관련하여, "「저작권법」제30조의 '사적이용을 위한 복제'로서 공표된 저작물을 영리를 목적으로 하지 아니하고 개인적으로 이용하거나 가정 및 이에 준하는 한정된 범위 안에서 이용하는 경우에는 그 이용자는 이를 복제할 수 있으나, 기업 내부에서 업무상 이용하기 위하여 저작물을 복제하는 행위는 이를 개인적으로 이용하거나 가정 및 이에 준하는 한정된 범위 안에서 이용하는 것이라고 볼 수 없다"라고 판시하였다(대법원 2013.2.15, 선고 2011도 5835 판결).

이렇게 볼 때 개인적으로 이용하는 경우는 주로 공표를 염두에 두지 않고 개인차원에서 이루어지는 학술·연구의 과정이나[98] 개인의 취미 또는 교양과정에서 이루어지는 기존 저작물의 이용 등이 해당한다고 볼 수 있다. 법 제30조는 저작재산권 제한규정 가운데서 저작재산권자의 이익을 가장 폭넓게 침해할 우려가 되는 조항인 만큼 그 해석과 운영에 엄격성이 요구된다.[99] 따라서 사적복제에서의 개인적 이용의 범위도 가능한 한 축소하여야 함이 바람직할 것이며 되도록 해당 저작물의 전체를 복제하기보다는 필요한 일부분만 복제하는 데에 그쳐야 할 것이다. 무엇보다도 법률조문의 명칭에서도 **사적**이용을 위한 복제라는 용어를 쓰고 있는데 이 역시 공적이거나 기관·단체와 관련되어 업무상 이루어지는 저작물의 이용행위를 배제하기 위한 입법적 조치로 보인다.

다음으로, 사적이용을 위한 복제의 장소적 범위를 살펴보면 **가정 및 이에 준하는 한정된 범위 안에서 이용**하여야 한다. 일반적으로 가정에 준하는 한정된 범위라 함은 구성원 간에 인간적 친밀도 또는 긴밀한 상호관계Confidential Relationship가 강한 소규모집단이 가장 대표적인데, 구체적으로는 10명 내외의 또래집단, 동창회, 친목회, 동아리 등과 같은 게마인샤프트Gemeinschaft적인 1차 집단의 성격을 지니고 있는 단체 또는 구성원이 이에 해당한다. 그리고 인터넷에서 다운로드한 이미지를 저장(복제)하여 친구 한두 명에게 이메일을 통하여 전달하는 것은 개인적 이용의 복제로 허용될 수 있지만, 수십 명에 이르는 다수가 확인할 수 있는 온라인 카페나 스마트

---

98 공표를 염두에 둔 학술·연구과정에서의 타인의 저작물 이용은 법 제28조(공표된 저작물의 인용)를 적용할 수 있을 것이다.
99 저작재산권자의 이익이 가장 폭넓게 침해될 수 있는 공간으로는 법 제30조에서의 '가정', 법 제25조에서의 '학교' 그리고 법 제31조에서의 '도서관'이 있다. 이들 공간에서는 저작재산권의 이익이 폭넓게 침해될 수 있기 때문에 일반적으로 보상금의 지불을 조건으로(우리의 경우 아직 사적복제에 대해서는 보상금제도를 도입하고 있지 않음) 저작물의 복제 등을 허용하고 있다.

폰 채팅방 또는 블로그 등에 업로드하거나 인적 유대관계가 없는 카페회원 전체에게 메일링을 하는 것은 사적이용이라고 할 수 없으며 그때는 저작자의 복제허락을 받아야 할 것이다.

(5) 복제는 이용자가 직접 할 것

법 제30조에서도 "…그 이용자는 이를 복제할 수 있다"라고 규정했듯이 사적이용을 위한 복제는 이용자가 직접 해당 저작물을 복제하여야 한다. 다만 개인적으로 이용하기 위한 것이라 할지라도 복사를 업으로 하는 사람에게 시켜서 복제를 하는 경우와 같이 제3자를 개입시켜 행하는 복제는 법 제30조가 적용될 여지가 없다.[100]

(6) 사적복제의 대상은 불법복제물이 아닐 것

우리 법에서는 사적복제의 대상으로서 해당 저작물이 합법적으로 유통되는 것인지, 아니면 불법적으로 유통되는 저작물도 사적복제의 대상이 될 수 있는지에 대해 명확한 규정을 두고 있지 않다. 따라서 이 문제는 학설 또는 판례의 입장에 따라 결정될 성질의 것인데, 현재는 합법적으로 유통되는 저작물만이 법 제30조의 규정에 따른 사적이용을 위한 복제의 대상이 된다는 데 대체적으로 의견이 접근하는 것으로 보인다. 하급심판결 가운데서 영화파일을 다운로드하여 저작물을 다시 복제하는 것은 저작권침해의 상태가 영구히 유지되는 부당한 결과가 생기며 이는 법 제30조 본문에 따른 사적이용을 위한 복제로서 적합하다고 할 수 없다는 다음과 같은 판례가 있다.

> 서울중앙지방법원에서는 인터넷 이용자들이 저작권자로부터 이용허락을 받지 않은 영화파일을 업로드하여 웹 스토리지에 저장하거나 다운로드를 하여 개인용 하드디스크 또는 웹 스토리지에 저장하는 행위가 사적이용을 위한 복제에 해당하는가와 관련하여, "웹 스토리지에 공중이 다운로드할 수 있는 상태로 업로드되어 있는 영화파일을 다운로드하여 개인용 하드디스크 또는 비공개 웹 스토리지에 저장하는 행위가 영리의 목적 없이 개인적으로 이용하기 위하여 복제를 하는 경우에는 사적이용을 위한 복제에 해당할 수 있다. 그러나 업로드되어 있는 영화파일이 명백히 저작권을 침해한 파일인 경우에는 이를

---

100 임원선, 앞의 책, 267쪽.

원본으로 하여 사적이용을 위한 복제가 허용된다고 보게 되면 저작권 침해의 상태가 영구히 유지되는 부당한 결과가 생길 수 있으므로 다운로드하는 사람의 입장에서 복제의 대상이 되는 파일이 저작권을 침해한 불법적인 파일인 것을 미필적으로나마 알고 있었다면 위와 같은 다운로드 행위를 사적사용을 위한 복제로서 적법하다고 할 수 없다"라고 판시하였다(서울중앙지방법원 2008.8.5, 2008카합968 결정).

4. 공중의 사용에 제공하기 위하여 설치된 복제기기 등에 의한 복제의 금지

오늘날에는 인터넷 기반의 디지털·네트워크 환경의 급격한 발달과 초고속 복사기기의 등장에 따라 법이 허용하고 있는 사적이용을 위한 복제행위로도 저작권자의 저작재산권이 광범위하게 침해될 위험에 처해 있다. 전자복사기, 고속 더빙기, 이동형 메모리 저장장치USB, 문헌복사기 등 종전에는 볼 수 없었던 신형 복사기기의 등장으로 누구든지 대량복제를 할 수 있고, 복제기술의 발달로 복제물과 원본과의 차이가 거의 없으며, 한번 복제된 저작물은 순식간에 무한정 전송이 가능해짐으로써 비영리 목적으로 개인이나 가정에 준하는 폐쇄적·한정적 범위에서 일어나는 복제라 하더라도 그와 같은 복제의 허용은 저작재산권자의 이익을 현저하게 해하고 그들의 권리를 크게 침해할 수 있는 위협요인으로 작용하고 있는 것이 사실이다.

이에 우리는 2000년에 「저작권법」을 개정하여 사적이용을 위한 복제에 따른 저작권자의 권리가 지나치게 제한되는 것을 방지할 목적으로 복사기기에 대한 제한규정을 신설한 바 있으며, 2020년의 「저작권법」 개정을 통해 다시 사적이용을 위한 복제의 예외범위를 더욱 명확히 하여 현재에 이르고 있다. 법 제30조 단서, 즉 "…다만, 공중의 사용에 제공하기 위하여 설치된 복사기기, 스캐너, 사진기 등 문화체육관광부령으로 정하는 복제기기에 의한 복제는 그러하지 아니하다"라는 규정이다. 따라서 공중의 사용에 제공하기 위하여 설치된 문화체육관광부령으로 정하는 복제기기에 의한 복제행위를 하려면 미리 저작자의 허락을 받아야 하며, 그렇지 아니하고 이용자가 공표된 저작물을 이들 복제기기를 활용하여 복제하면 저작자가 가지는 저작재산권의 하나인 복제권의 침해에 해당한다.

여기서 말하는 복제기기는 개인적 차원에서 또는 가정 및 이에 준하는 폐쇄적·한정적 집단의 구성원에게만 사용이 허용된 복제기기가 아니라, 공중의 사용에 제공하기 위하여 설치된 것을 말하며 그 설치장소가 어디든 불문한다. 그런데 법에서는 공중의 범위에 불특정 다수뿐만 아니라 특정의 다수도 포함하고 있으므로(제2조 제32호) 회사나 법인·단체 등과 같이 특정의 다수인이 소속되어 있는 집단에서의 복제기기에 의한 복제도 법 제30조 단서의 적용을 받아 사적이용을 위한 복제가 허용되지 않는다고 보아야 한다.

5. 「저작권법」 제30조 단서규정을 근거로 한 제도적·법적 보완장치

(1) 각종 보완장치의 필요성

앞에서 살펴본 바와 같이 법 제30조 단서의 규정은 결국 오늘날 저작자의 저작재산권을 보호하기에는 여러 가지 한계점을 가지고 있는 법 제30조 본문의 규정을 보완하는 성격을 띤다. 그런데 이 단서규정은 공중용 복제기기에 의한 복제가 사적이용을 위한 복제에 해당하지 않음을 규정하고 있을 뿐, 이에 나아가서 공중용 복제기기로 복제하는 경우 저작자의 권리(복제권)를 어떻게 보호하고 그가 입을 수 있는 경제적 손실을 어떻게 보전해야 할지에 대해서는 침묵하고 있다. 물론 법률에서 제도적 보완장치를 완벽하게 규정하기에는 저작권 환경을 둘러싼 여러 가지 제약요인이 있기는 하겠지만, 저작자의 권리보호와 이용자의 자유로운 저작물이용이 첨예하게 대립하고 있는 이 분야에서 보다 전향적인 제도적·입법적 조치가 요구되는 것도 사실이다.

(2) 사적복제보상금제도의 도입문제

사적복제보상금제도는 공중용 복사기기에 의한 복제로부터 저작자의 권리(복제권)를 보호하기 위한 제도적·법적 장치로서 1965년에 독일에서 시작하여 현재 프랑스, 스페인 등 대부분의 유럽국가를 포함한 40여 개국 이상에서 실시하고 있는

제도이다.[101]

사적복제보상금제도는 복제기기, 예컨대 복사기, 녹음기, 녹화기 등과 녹음테이프 또는 녹화테이프 같은 복제용 주변기기를 구입하는 사람은 그것으로 책이나 음악, 영화 등 타인의 저작물을 복제할 확률이 크므로 이와 같은 기기를 구입하는 자로 하여금 저작권자에게 일정한 금액의 보상금을 지급하도록 하는 제도이다. 이때 기기를 구입하는 자는 저작자에게 직접 보상금을 지급하는 것이 아니라 기기가격의 일정비율, 예를 들면 1~2%를 추가로 부담하도록 하여 그 제조자에게 지급하고, 제조자는 판매가격에 이를 포함하여 기기구입자로부터 수령한 해당 금액을 저작권위탁관리단체에 지급하면 이 단체는 회원으로 가입하고 있는 저작자에게 보상금을 분배하는 방식으로 진행된다.[102]

(3) 권리처리지원시스템의 구축

앞에서 살펴본 사적복제보상금제도가 공중용 복사기기로 복제했을 때의 법률적 측면의 보완적 장치라고 한다면, 여기서 논의하는 권리처리지원시스템의 구축은 법 제30조 단서에 근거를 둔 제도적·정책적 측면의 보완적 장치라고 할 수 있다.[103] 권리처리지원시스템제도는 미국에서 비롯되었으며 우리나라도 대표적인 구축·운영 국가에 속한다.

권리처리지원시스템의 구축은 당사자 간의 합의를 전제로 특정 기관이 중심이 되어 공중용 복사기기에 의한 복제행위와 밀접한 관련이 있는 사람들 간의 권리처

---

101 유럽을 위주로 실시되고 있는 사적복제보상금제도의 주요내용은 i) 보상금의 액수와 부과방법은 법률의 규정에 따라 정해지며, ii) 보상금의 납부주체는 저작물 이용자가 아니라 복제기기 등의 생산자나 수입자이며, iii) 보상금 부과의 대상으로는 국가마다 다를 수 있으나 대부분의 경우에 복사기, 녹음·녹화기기 또는 복제용품(공테이프, 복사지 등)에 한정하며, iv) 복제보상금은 복제기기 또는 복제용품 등을 판매할 때 한 번의 포괄적인 처리로 종료되며, 판매 이후 실제로 저작물을 복사·녹음·녹화하였는가는 묻지 않으며, v) 복제보상금의 징수와 관리업무는 저작권집중관리단체가 수행하고, vi) 보상금의 일정부분은 공적인 목적을 위하여 적립·활용하도록 하는 것(대부분의 유럽 국가에서는 징수한 복제보상금의 50% 이상을 사회적·문화적으로 공적인 목적을 위하여 사용하고 있다) 등으로 요약할 수 있다.

102 우리도 한때 사적복제보상금제도의 도입을 추진하다가 그만둔 바가 있으나 최근에 저작권자와 출판권자의 상생을 유도한다는 차원에서 도입이 재차 주장되고 있으며, 특히 문화체육관광부의 「2019년도 업무계획」에서 본격적으로 '사적복제보상금제 도입의 검토'를 제시하고 있어 조만간 이에 관한 활발한 논의가 있을 것으로 보인다(문화체육관광부, 「2019년도 업무계획」(2019), 22쪽).

103 이 말은 복제보상금제도는 실시에 필요한 구체적인 사항을 법률에 규정하여야 하는 반면에, 권리처리지원시스템의 구축은 법률에서 구체적인 규정이 없을지라도 법 제30조 단서규정을 근거로 제도적·정책적 차원에서 추진이 충분히 가능함을 뜻한다.

리를 지원해 줌으로써 궁극적으로 저작자의 권리보호와 이용자의 저작물 이용활성화라는 두 가지 이념을 조화롭게 달성하고자 한다. 1987년에 설립된 미국의 저작권처리센터CCC : Copyright Clearance Center가 대표적이며, 우리는 2000년에 설립된 한국복사전송권관리센터[104]가 그 기능을 수행하고 있다. 즉, 한국복사전송권관리센터라는 공적인 기관이 저작권자, 배타적 발행권자 또는 출판권자를 대표하는 단체와 이용자 사이의 중간에 위치하여 이용허락을 해주고 사용료를 징수한 후 이를 저작권자에게 분배하는 역할을 맡아 저작권자 등이 가지고 있는 권리의 합리적인 처리를 적극적으로 지원해 주고 있다. 따라서 현재로서는 공중의 사용에 제공하기 위하여 설치된 복사기기의 업주가 한국복사전송권관리센터와 별도의 이용허락계약을 체결하여 영업을 하고 있다면 저작재산권자의 허락이 없어도 얼마든지 사적인 용도로 복제할 수 있으며 이는 저작권(복제권)의 침해에 해당하지 않는다.

6. 컴퓨터프로그램저작물의 경우

컴퓨터프로그램저작물에 대하여는 사적이용을 위한 복제에 관한 규정인 법 제30조가 적용되지 아니하고(제37조의2), 그 대신에 법 제101조의3 제1항 및 같은 항 제4호의 특례규정이 적용된다. 즉, "가정과 같은 한정된 장소에서 개인적인 목적(영리를 목적으로 하는 경우를 제외한다)으로 복제하는 경우 그 목적상 필요한 범위에서 공표된 프로그램을 복제 또는 배포할 수 있다. 다만, 프로그램의 종류·용도, 프로그램에서 복제된 부분이 차지하는 비중 및 복제의 부수 등에 비추어 프로그램의 저작재산권자의 이익을 부당하게 해치는 경우에는 그러하지 아니하다."

일반저작물에서의 사적이용을 위한 복제는 앞에서 살펴본 바와 같이 복제하는 사람 자신이 개인적으로 이용하는 경우뿐만 아니라 가정이나 이에 준하는 한정된 범위 안에 있는 소수의 사람들이 함께 이용하는 경우도 허용되지만, 컴퓨터프로그램저작물은 복제하는 사람이 가정과 같은 한정된 장소에서 오직 개인적 목적으로

---

104 한국복사전송권관리센터는 저작권신탁관리업무 허가를 받은 단체인 한국복제전송저작권협회가 운영하는 기구로서 저작권자와 배타적발행권자 또는 출판권자로부터 저작물의 복사와 전송에 관한 권리의 위탁을 받아 관리한다. 주로 이용자(개인, 행정기관, 대학, 도서관, 기업, 복사점 등)와 복사·전송에 관한 이용허락계약을 체결하여 저작권 사용료를 징수하며, 이용자로부터 징수한 복사·전송에 대한 사용료를 회원단체인 한국복제전송저작권협회를 통하여 저작권자 등에게 분배하는 역할을 하고 있다.

만 사용할 때 복제가 허용된다. 따라서 일반공중이 접근하는 장소, 즉 공공장소는 한정된 장소가 아니므로 어떤 경우라도 공표된 프로그램을 복제하여서는 안 된다. 이와 같이 컴퓨터프로그램에 대해서는 일반적인 복제와는 달리 인적 요건(가정 및 이에 준하는 한정된 범위)을 요구하지 않고 장소적 요건(가정과 같은 한정된 장소)만 요구한다는 차이가 있다.

이와 같은 현행 법의 태도는 기능성이 강한 컴퓨터프로그램저작물에 대해서는 저작재산권행사를 더욱 제한하여 보다 많은 사람들이 이용하도록 함이 바람직할 것임에도 불구하고, 오히려 일반저작물에 대한 저작재산권 행사의 제한보다도 강도가 약하여 이용자 보호보다는 권리자 보호에 치우친 감이 있다. 그리고 컴퓨터프로그램의 경우 법 제30조의 적용을 배제하고 있기 때문에 법 제36조 제1항에 따른 번역 또는 개작을 하여 이용하는 것도 불가능한데 이것도 여러모로 이해하기 어렵다.[105] 법률개정이 시급해 보인다.

7. 번역 등에 의한 이용과 출처의 명시 등

사적이용을 위한 복제에 해당하여 타인의 저작물을 자유롭게 이용하는 자는 그 저작물을 번역, 편곡 또는 개작하여 이용할 수 있다(제36조 제1항 참조). 다만, 사적이용을 위한 복제에서 출처를 명시할 의무는 없는데(제37조 참조), 이는 대외적인 이용이 아니기 때문이다.

X. 도서관 등에서의 복제와 전송의 허용

1. 의의

인류가 발전하는 과정에서나, 현재 우리가 삶을 살아감에 있어서나 도서관이 우리에게 끼치는 영향은 지대하다. 도서관은 지식과 정보의 보고寶庫이다. 도서관이

---

105 최경수 박사도 프로그램의 경우에 법 제30조의 적용을 배제하는 이유가 분명하지 않다고 언급하였다 〔최경수, 앞의 책, 421쪽〕.

있어서 인간은 기존지식을 활용하여 지식습득의 기간을 대폭 단축할 수 있고, 습득한 지식을 바탕으로 새로운 문화를 창조하고 미래에 도전하는 동력을 얻는다.[106]

오늘날 도서관은 도서 등을 비롯한 각종 도서관자료를 수집·정리·분석·보존하는 기능뿐만 아니라 사회전반에 필요한 여러 정보를 효율적으로 제공해 주며, 이 과정에서 도서관을 이용하는 사람들에게 보관 중인 저작물 등을 복제 또는 전송해 주는 서비스를 제공한다. 우리나라는 세계에서도 선도적으로 도서관정보화사업을 추진하면서 국민 개인 간에 나타나는 지식정보의 격차를 해소하는 데에도 적극적으로 노력하고 있다. 이처럼 도서관 등에서는 보다 많은 사람들이 보다 편리하게 기존의 저작물을 활용할 수 있어야 하는데, 이와 같은 공익적 목적을 달성하려면 해당 저작물에 대한 저작자의 저작재산권 행사가 상당부분 제한되기 마련이다. 도서관 등은 가정, 학교와 더불어 저작물의 이용이 가장 큰 공간의 하나로서 저작자 입장에서는 엄청난 경제적 손실에 직면할 수 있는 공간이기도 하다. 따라서 도서관 등에서 저작물이 이용될 때 저작물의 자유이용과 저작자의 저작재산권 보호와의 조화는 대단히 중요하다. 이와 같은 여러 가지 상황을 수용하여 현행 「저작권법」 제31조에서는 일정한 요건하에 도서관 등에 보관된 도서 등을 자유롭게 복제할 수 있도록 허용하면서, 동시에 전자도서관의 구축 등과 같은 국가의 도서관정보화사업을 차질 없이 추진하는 데 필요한 각종의 입법적 뒷받침도 마련하고 있다. 법 제31조 제1항이 도서관에서의 복제허용에 관한 일반적 규정이라면, 제2항부터 제8항까지는 도서 등이 디지털 형태로 복제·전송되는 것을 허용하는 규정으로서, 도서관정보화사업을 추진하는 근거규정이 되기도 한다.

2. 도서관 등에서 저작물에 대한 복제의 허용

(1) 의의

도서관 등 이용자는 가능하면 그 도서관에 보관 중인 도서 등과 같은 저작물을 손쉽게 이용하기를 원하고, 이를 위해 저작자의 복제권 같은 저작재산권이 일정한 범위 내에서 제한을 받기 마련이다. 이 밖에도 도서관 자체도 공익상 목적으로 보

---

106 박순태, 「문화예술법」, 741쪽.

관 중인 도서 등을 저작자의 허락 없이 복제하여야 할 경우가 있다. 이와 같은 공익적 필요에 따라 도서관 등에서 저작재산권의 행사를 제한하여 도서 등을 자유롭게 복제할 수 있도록 마련된 법적 근거가 「저작권법」 제31조의 규정이다.

(2) 「저작권법」에서의 규정

법 제31조 제1항에서는 도서관 등에서의 복제의 허용에 관한 일반적인 규정을 마련하고 있다. 내용을 살펴보면 「도서관법」에 따른 도서관과 도서·문서·기록 그 밖의 자료(이하 '도서 등'이라 한다)를 공중의 이용에 제공하는 시설 중 대통령령이 정하는 시설(해당 시설의 장을 포함한다. 이하 '도서관 등'이라 한다)은 다음 각 호의 어느 하나, 즉 제1호 조사·연구를 목적으로 하는 이용자의 요구에 따라 공표된 도서 등의 일부분의 복제물을 1인 1부에 한하여 제공하는 경우, 제2호 도서 등의 자체보존을 위하여 필요한 경우, 제3호 다른 도서관 등의 요구에 따라 절판^{絶版} 그 밖에 이에 준하는 사유로 구하기 어려운 도서 등의 복제물을 보존용으로 제공하는 경우에 해당할 때에는 그 도서관 등에 보관된 도서 등(제1호의 경우에는 법 제31조 제3항의 규정에 따라 해당 도서관 등이 복제·전송받은 도서 등을 포함한다)을 사용하여 저작물을 복제할 수 있다. 다만, 제1호 및 제3호의 경우에는 디지털 형태로 복제할 수 없다고 규정되어 있다. 그리고 법 제31조에 따라 도서관 등에서 저작자의 허락 없이 저작물을 자유롭게 이용하는 경우에는 그 저작물을 번역하거나 편곡 또는 개작하여 이용할 수 있으며(제36조 제1항), 이때 출처의 명시의무도 면제된다(제37조 제1항).

(3) 복제의 대상과 장소적 범위 등
가. 복제의 대상(도서 등)

법 제31조에 따라 자유롭게 복제할 수 있는 복제 대상은 도서관 등에 보관된 도서 등을 말하는 것으로서 자체소장용 도서와 저작자로부터 이용허락을 받은 도서를 합친 개념이다. 여기서 말하는 도서 등에는 도서, 문서, 기록 그리고 그 밖의 자료 등이 포함되며, 인쇄자료, 필사자료, 시청각자료, 온라인자료, 마이크로 형태의 자료, 전자자료 그 밖에 장애인을 위한 특수자료든 어떠한 형태라도 상관없다. 이때 도서 등의 소유권이 해당 도서관 등에 있는지 아니면 다른 도서관으로부터 빌려온 것인지는 불문한다.[107] 그러나 이용자가 외부에서 가져온 것은 여기서 말하는 도서 등에 해당하지 않으며 이를 저작자의 허락 없이 도서관 등이 복제하여서는 아니 될 것이다.

나. 복제가 허용되는 장소적 범위(도서관 등)

법 제31조 제1항에 따라 저작자의 허락이 없어도 자유롭게 복제가 허용되는 장소적 범위는 도서관 등에 한정한다. 여기에서 말하는 도서관 등에는 「도서관법」에 따른 도서관[108]과 도서 등을 공중의 이용에 제공하는 대통령령으로 정하는 시설[109]이 포함된다. 요컨대, 「저작권법」 제31조에 따라 자유롭게 복제를 할 수 있는 장소로서의 도서관 등에는 「도서관법」에 따른 각종 유형의 도서관과 공익을 목적으로 도서 등을 공중의 이용에 제공하기 위하여 설치한 모든 시설을 망라하고 있다.

다. 복제의 주체

법 제31조의 규정에 따라 저작자의 허락 없이 자유롭게 복제할 수 있는 주체는 도서관 등 그 자체이다. 따라서 도서관 등이 주체가 되어 이루어지는 복제만이 허용되며 전문복제업자가 도서관 구내에서 하는 복제행위는 해당하지 않는다. 그런데 법률규정에도 불구하고 현실적으로는 대부분의 경우 도서관에 소속된 직원 또는 그 직원의 지시감독을 받는 자가 복제행위를 한다.[110]

---

107 도서관 등이 도서관자료를 상호 교류하는 상호대차의 경우도 도서 등을 복제할 수 있다. 현재 우리의 경우를 살펴보면 상호대차는 대체적으로 국립중앙도서관과 국회도서관이 중심이 되어 여타의 도서관을 연계하는 체제를 구축하여 운용되고 있다.

108 「도서관법」에 따른 '도서관'이라 함은 도서관자료를 수집·정리·분석·보존하여 공중에게 제공함으로써 정보이용·조사·연구·학습·교양·평생교육 등에 이바지하는 시설을 말한다. 여기에는 국립중앙도서관, 공공도서관(공립공공도서관, 사립공공도서관, 작은도서관, 장애인도서관 등이 있다), 대학도서관, 학교도서관, 전문도서관(영리를 목적으로 하는 법인 또는 단체에서 설립한 전문도서관으로서 그 소속원만을 대상으로 도서관 봉사를 하는 것을 주된 목적으로 하는 도서관은 제외한다) 등이 있다(「도서관법」 제2조 및 「저작권법 시행령」 제12조 제1항 참조).

109 '도서 등'을 공중의 이용에 제공하는 시설 중 대통령령으로 정하는 시설에는 위에서 언급한 「도서관법」에 따른 도서관 이외에도 국가, 지방자치단체, 영리를 목적으로 하지 아니하는 법인 또는 단체가 '도서 등'을 보존·대출하거나 그 밖에 공중의 이용에 제공하기 위하여 설치한 시설을 말한다(「저작권법 시행령」 제12조 제2항 참조).

110 '복제의 주체가 도서관이다'라는 말은 도서관 등의 관리와 책임하에서 복제행위가 행하여지는 것을 의미하며, 반드시 도서관에 근무하는 사서 또는 이에 상당하는 직원이 자신의 손으로 복제행위를 행할 것을 요구하는 것은 아니다. 따라서 이러한 직원이 적법하게 복제작업이 행하여지는 것을 확실하게 통제할 수 있는 상태가 되면 도서관 등의 관리와 책임하에 이용자나 복제업자가 복제행위를 할 수 있다. 이때에는 복제행위의 주체가 도서관 등이라고 평가할 수 있다.

(4) 도서관 등이 자유롭게 할 수 있는 복제의 유형

가. 의의

현행 법은 도서관 등이 아무런 제한 없이 도서 등을 자유롭게 그리고 무제한적으로 복제할 수 있도록 허용하고 있지는 않다. 법 제31조에서는 도서관 등이 저작자의 허락 없이 자유롭게 복제할 수 있는 유형을 세 가지로 나누어 구체적으로 제시하고 있는데 i) 조사·연구를 목적으로 한 이용자의 요구에 따른 복제, ii) 도서 등의 자체보존을 위한 복제 그리고 iii) 다른 도서관 등의 요구에 따른 복제 등이다.

나. 조사·연구를 목적으로 한 이용자의 요구에 따른 복제

조사·연구를 목적으로 하는 이용자의 요구에 따라 공표된 도서 등의 일부분을 1인 1부에 한하여 제공하는 경우 도서관 등은 그 도서관에 보관된 도서 등을 사용하여 저작물을 복제할 수 있다. 다만, 이 경우에는 디지털 형태로 복제할 수 없다 (제31조 제1항 참조).

이용자의 요구에 따른 복제는 도서관 등에서 가장 일반적인 형태인데, 이때 저작자의 허락 없이 복제가 자유롭게 이루어질 수 있기 위해서는 다음과 같은 몇 가지 요건이 충족되어야 한다. 첫째, 이용자의 조사 또는 연구의 목적으로 복제가 이루어져야 한다. 따라서 이용자의 개인적 취미나 여가선용 차원의 복제는 허용되지 아니한다. 둘째, 복제의 주체는 앞에서 본 바와 같이 도서관 등이지만 도서관 등이 능동적으로 복제를 하여서는 아니 되며 항상 이용자 등의 요구에 따라 수동적 입장에서 복제를 하여야 한다. 셋째, 복제의 대상은 공표된 도서 등이어야 한다. 여기에는 이미 공표되어 그 도서관 등에 보관되어 있는 도서 등은 물론이고 법 제31조 제3항의 규정에 따라 이용자의 요구를 받은 도서관 등이 해당 도서 등을 소장하고 있지 않은 경우에도 도서관 간 협력프로그램을 이용하여 다른 도서관 등으로부터 복제 또는 전송을 받은 도서 등도 포함될 수 있다. 따라서 도서관 등이 보관하고 있는 미공표된 도서 등은 복제할 수 없으며, 만일 이를 도서관 등이 복제하면 저작자가 가지는 저작재산권인 복제권의 침해뿐만 아니라 저작인격권인 공표권도 침해하는 결과를 낳는다. 현행 법체계에 따르면 공표하지 아니한 저작물일지라도 저작자가 도서관 등에 기증한 경우에는 별도의 의사를 표시하지 않는 한 기증한 때에 공표에 동의한 것으로 추정되므로(제11조 제5항 참조) 이와 같은 경우는 별도의 의사표시가 없다면 도서관 등이 이를 복제할 수 있다고 해석된다. 넷째, 복제는 공표된 도서 등의 일부분만을 대상으로 이루어져야 한다. 따라서 이용자가 요구하더라도 도서 등의 전부를 복제하여서는 아니 되며, 이와 같이 복제의 범위를 제한하는 이유는 저작자가 가지는 정당한 이익이 부당하게 침해되는 것을 사전에 예방하기 위함이다. 그러나 분량이 적은 단편소설이나 시, 시조와 같은 어문저작물 그리고 회화와 같은 미술저작물의 경우는 일부분만의 복제로는 의미가 없으므로 이때에는 도서 등의 일부분만을 복제하여야 한다는 법체계상의 원칙을 유연하게 적용하여야 한다. 따라서 단행본을 통째로 복제하는 것이 아니고 저작자의 정당한 이익을 부당하게 해하지 아니한다면 도서관 직원 등은 해당 저작물의 종류, 이용자의 저작물 이용목적, 해당 저작물의 발행시점 및 시장에서의 존재 여부 등을 종합적으로 검토한 후 개별상황에 맞게 재량을 발휘하여 복제의 양을 합리적인 수준으로 결정하여야 한다.[111] 다섯째, 도서관 등은 해당 복제물을 **1인 1부의 원칙**에 따라 한 사람당 한 부만 제공하여야 한다. 단체를 대표하는 자의 요구에 따른 복제라도 단체의 구성원 수만큼 제공할 것이 아니라 한 부만 제공하여야 하며, 이와 같은 입법적 조치는 도서관 등에서의 복제로 인하여 저작자의 저작재산권이 부당하게 침해되는 것을 방지하기 위해서다. 그러나 현실적으로 보면 여러 사람이 분담하여 요구하거나 한 사람이 순차적으로 복제를 요구하여 결국은 단행본 전체를 복제하는 것도 가능하므로, 네 번째의 요건에서와 마찬가지로 직접 복제를 행하는 도서관 직원 등의 합리적인 재량에 따라 결정될 성질의 것이며, 이를 너무 경직적으로 해설할 필요는 없다고 하겠다. 이렇게 볼 때 법 제31조 제1항 제1호에서의 도서 등의 일부분의 복제물을 1인 1부에 한하여 제공한다는 요건은 저작자의 정당한 이익을 부당하게 해치지 아니하기 위한 주의적·선언적 규정에 불과하다고 이해해야 할 듯하다. 여섯째, 조사·연구를 목적으로 한 이용자의 요구에 따른 복제는 어떤 경우에도 디지털 형태로는 복제할 수 없으므로(제31조 제1항 본문 단서 참조), 도서관 등은 디지털 형태의 복제물을 이용자에게 제공할 수도 없고 제공하여서도 아니 된다. 이러한 규정의 이유는 디지털 형태의 복제가 저작자의 복제권을 지나치게 침해할 우려가 있고 저작자

---

111 현재 한국복제전송저작권협회에서는 법 제31조 제1항 제1호에 따른 '일부분'을 해당 도서의 10%로 정하고 있다. 참고로 일본은 발행 후 상당한 기간이 경과한 정기간행물에 게재된 개별 저작물의 경우에는 그 전부를 복제할 수 있도록 배려하고 있는데 이 점은 우리도 충분히 경청할 만한 가치가 있는 것으로 보인다.

의 정당한 이익을 부당하게 해칠 우려가 크기 때문이다. 따라서 도서관 등은 보관된 도서 등을 아날로그 형태로 복제하여 이용자에게 제공하는 것을 원칙으로 하며, 법 제31조 제3항에 따른 관외전송館外傳送을 할 때에도 다른 도서관 등으로부터 디지털 저작물을 전송받는 경우에 이를 아날로그 복제물로 출력하여 우편 또는 팩시밀리 등과 같은 방법을 사용하여야 한다. 절대 디지털 복제물을 남기지 않는 방법으로 제공하도록 한다.[112]

다. 도서 등의 자체보존을 위한 복제

도서관 등은 도서 등의 자체보존을 위하여 필요한 경우에는 저작자의 허락이 없어도 자유롭게 저작물을 복제할 수 있다(제31조 제1항 제2호). 도서관이라 함은 도서관자료[113]를 수집, 정리, 분석, **보존**하여 공중에게 제공함으로써 정보이용·조사·연구·학습·교양·평생교육 등에 이바지하는 시설을 말하므로(「도서관법」 제2조 제1호), 도서관자료의 대부분을 차지하는 저작물을 저작자의 허락 없이 복제할 수 있도록 함이 바람직하다. 이때 복제는 저작자의 정당한 이익을 부당하게 해치지 아니하고 가능하다면 자체보존에 필요한 최소한의 범위 내에서 이루어져야 할 것이다. 그리고 도서 등의 자체보존을 위한 복제는 그 도서관 등에 보관된 도서 등을 사용하여 저작물을 복제하여야 하며 다른 도서관으로부터 복제·전송을 받은 도서 등은 여기에서 제외됨을 유의하여야 한다.

한편, 도서 등의 자체보존을 위한 복제에는 디지털 형태로 복제하는 것도 가능한데(제31조 제1항 본문 단서 참조)[114], 이는 복제된 저작물이 보존에 그치고 대외적으로 유통될 염려가 없어서 저작자의 저작재산권이나 경제적 이익에 부당한 영향을 줄 우려가 없기 때문이며, 이 밖에도 협소한 공간문제를 해결하고 자료보존의 과학화

---

112 도서관 등이 보관 중인 도서 등의 일부분을 스캐닝 등 디지털자료로 변환하거나 이미 존재하는 디지털 복제물을 이메일에 첨부하여 이용자에게 보내는 것은 그 과정에 디지털 형태의 복제가 수반되므로 허용되지 않는다.
113 '도서관자료'란 인쇄자료, 필사자료, 시청각자료, 마이크로 형태자료, 전자자료, 그 밖에 장애인을 위한 특수자료 등 지식정보자원 전달을 목적으로 정보가 축적된 모든 자료(온라인자료를 포함한다)로서 도서관이 수집·정리·보존하는 자료를 말한다(「도서관법」 제2조 제2호).
114 주의를 요하는 것은 이 경우 디지털 형태로 복제하는 것이 가능하다는 의미이지, 디지털 형태로 판매되고 있는 도서 등은 결코 디지털 형태로 복제를 하여서는 아니 된다(제31조 제4항). 한편, 디지털 형태로 복제가 가능하다는 말은 결국 디지털화한 자료로부터 출력이 가능하다는 말과 같다.

에도 기여할 것이기 때문이다. 이와 같이 도서 등의 자체보존을 위한 복제에서 디지털 형태의 복제가 이루어질 경우에는 도서관 등은 저작권 그 밖에 「저작권법」에 따라 보호되는 권리의 침해를 방지하기 위하여 복제방지조치 등 대통령령이 정하는 필요한 조치[115]를 하여야 한다(제31조 제7항). 한편, 법 제31조 제1항 제2호에 따라 도서 등의 자체보존을 위하여 필요한 경우에 하는 복제에서 그 도서 등이 디지털 형태로 판매되고 있을 때에는 디지털 형태로 복제할 수 없다(제31조 제4항). 따라서 전자책과 같은 디지털 형태의 도서 등은 프린터로 인쇄하여 출력한 후 이를 자체보존하는 것과 같이 오직 기계적 장치인 복사기기를 활용한 아날로그식 복제만 허용될 뿐이다. 이는 디지털 형태의 복제를 하게 되면 저작자와 시장경쟁적 지위에 놓이기 때문에 저작자에게 끼칠 경제적 손실 및 그가 가지는 저작재산권에 대한 침해의 우려를 사전에 예방하기 위한 입법적 배려로 이해된다.

라. 다른 도서관 등의 요구에 따른 복제

도서관 등은 다른 도서관 등의 요구에 따라 절판 그 밖에 이에 준하는 사유로 구하기 어려운 도서 등의 복제물을 보존용으로 제공하는 경우에는 저작자의 허락 없이 보관된 도서 등을 사용하여 저작물을 복제할 수 있다(제31조 제1항 제3호). 이용자가 원하는 도서 등이 모든 도서관에 전부 비치되어 있을 수는 없을 뿐더러, 발달된 정보통신기술을 이용하여 전국단위로 이용자들을 위한 실시간 자료검색·이용·대출이 가능하도록 하기 위해서는 도서관 간 협력체계의 구축이 대단히 중요하다.[116] 이에 「도서관법」 제7조 제1항에서도 "도서관은 도서관자료의 유통·관리 및 이용 등에 관한 업무의 효율성을 높이고 지식정보의 공동이용을 위하여 다른 도서관과 협력하여야 한다"라고 규정하여 도서관 간의 협력의무를 부과하고 있다. 이와 같은 도서관 간의 협력의무에 따라 특정의 도서관 등에만 보관되어 있는 도서 등을 복제하여 다른 도서관 등에게 대여할 필요성이 제기되는데 그 근거규정이 곧 「저작권법」 제31조 제1항 제3호이다.

이 규정에 따라 도서관 등이 저작자의 허락이 없어도 자유롭게 복제할 수 있는 요건으로는 다음과 같은 것이 있다. 첫째, 해당 도서 등을 보관하고 있지 아니한 다른

---

115 이에 대해서는 별도로 후술한다.
116 박순태, 「문화예술법」, 966쪽.

도서관 등의 요구에 따라 소극적으로 복제를 하여야 하며, 그러한 요구가 없음에도 불구하고 사전에 해당 복제물을 미리 준비하는 적극적 복제는 허용되지 아니한다. 둘째, 다른 도서관의 입장에서 절판 그 밖에 이에 준하는 사유로 구하기 어려운 도서 등의 복제물을 보존용으로 보관할 필요성이 있어야 한다. 셋째, 이때의 복제는 해당 도서관 등이 보관된 도서 등을 사용하여 저작물을 복제한 후 이를 다른 도서관에 보존용으로 제공하기 위한 것이어야 한다. 넷째, 이 경우도 디지털 형태의 복제는 허용될 수 없으며 기계적 장치인 복사기기로 복제를 한 후 이를 다른 도서관에 제공하여야 한다. 이는 저작자의 정당한 이익을 부당하게 해치지 않으려는 것으로, 조사·연구를 목적으로 한 이용자의 요구에 따른 복제에서와 마찬가지이다.

3. 도서관 등에서 이루어지는 디지털 형태의 복제와 전송행위의 허용

(1) 의의

오늘날 정보화시대에 도서관 등은 국민의 알 권리 충족을 위해 여러 가지 대국민 서비스 제공의 기능을 수행하고 있다. 지식정보의 형태가 아날로그식 종이출판에서 디지털정보 및 멀티콘텐츠로 이동하면서 지식정보의 생산, 유통, 소비방식의 급격한 변화를 가져왔고[117], 이에 따라 지식정보의 저장·서비스기관으로서의 도서관의 위상과 활동도 빠른 속도로 변화되고 있다.[118]

세계 각국과의 비교에서도 정보화 수준이 높은 우리의 경우 도서관 등에서 제공되는 정보는 주로 디지털 형태인 경우가 많은데[119], 이는 저작자 입장에서 볼 때는

---

[117] 대표적인 예로서는, 먼저 미국의 구글도서관 사례를 들 수 있다. 미국의 경우 구글과 같은 OSP가 도서관의 도서 등을 스캔하여 디지털화하고 검색데이터베이스를 제공하고 있는데 이는 저작권법상의 공정이용(Fair Use)으로 인정받고 있다(Authors Guild et al v. Google Inc., 770 F. Supp 2d 666 S.D.N.Y. 2013). 다음으로, 일본에서도 최근에 저작권법을 개정하여 국립국회도서관으로 하여금 절판 등의 자료와 관련되는 저작물로서 도서관 등에서 공중에 제시하는 것을 목적으로 하는 경우에는 기록매체에 기록된 해당 저작물의 복제물을 이용해 공중송신하는 것으로 알려져 있다.

[118] 김세균 외, 「디지털 시대의 국립중앙도서관의 지식사회 선도전략 연구」, 국립중앙도서관(2009), 17쪽.

[119] 오늘날 디지털정보사회에 정보통신망을 통하여 도서를 검색하고 이를 이용할 수 있도록 하는 디지털도서관의 개념은 도서관자료를 이용하는 자에게 상당히 큰 의미가 있다. 우리의 경우 '정보화를 위한 국가문헌체계의 구축'을 국가대표도서관인 국립중앙도서관의 주요업무의 하나로 하고 있으며, 이 밖에도 전국 대부분의 도서관에서는 디지털자료실을 운영 중에 있다. 특히 국립중앙도서관에는 디지털자료운영부라는 별도의 조직을 갖추고서 국가전자도서관(www.dlibrary.go.kr)의 지위를 가지고 있는 '디지털도서관'을 운영 중이다.

심각한 저작재산권의 위협이 될 수 있다. 따라서 오늘날 국민이 필요로 하는 정보의 제공이라는 공익적 요청과 저작자의 저작재산권 보호라는 사익적 요청을 적절히 조화할 필요성이 제기되기 마련이며 이를 수용한 입법적 조치 또한 대단히 중요하다.

한편, 현실적인 측면에서도 국가대표도서관인 국립중앙도서관은 국가문헌정보체계의 구축을 통한 정보와 도서관자료의 유통 그리고 국내외 각종 도서관과의 업무협력 연계체계 구축을 위한 도서관 협력망의 운용 등의 사업을 강도 높게 추진하고 있으며[120], 이를 뒷받침할 제도적·규범적 장치 또한 당연히 필요하다. 이와 같은 여러 가지 상황을 종합적으로 고려하여, 일정한 범위 내에서 도서관 등이 디지털 형태의 정보제공 서비스를 할 수 있는 법적 근거를 마련하고 이로 말미암아 저작권자가 입을 수 있는 경제적 손실을 보전하기 위한 제도적 장치인 보상금제도 등을 갖추기 위하여 2003년에 「저작권법」을 개정하여 오늘에 이르고 있다. 그 구체적인 내용은 법 제31조 제2항부터 제8항에 걸쳐서 자세히 규정되어 있는데, 이는 같은 조 제1항에서의 복사기기를 활용한 일반적인 의미의 복제의 경우와는 달리 전자도서관 또는 디지털도서관이라는 이름아래 디지털 형태로 이루어지는 복제와 전송을 대상으로 하며, 동시에 저작자에 대한 보상금의 지급을 전제로 한다. 이를 좀 더 구체적으로 살펴보면, 제2항은 관내館內 전송의 경우를 규정한 것으로서 여기서는 동시 열람자 수의 제한이 핵심적인 내용이고, 제3항은 도서관 등 사이에서 이루어지는 전송의 경우를 규정하고 있는데 이때에는 발행일로부터 5년 이내의 판매용 도서에 대한 제한이 따른다. 그리고 제4항은 도서 등이 디지털 형태로 판매되고 있는 경우에는 디지털 형태로 복제하는 것을 제한하는 내용을 담고 있다.

(2) 도서관 등의 안에서 이루어지는 디지털 형태의 복제와 전송의 허용

가. 「저작권법」에서의 규정

"도서관 등은 컴퓨터를 이용하여 이용자가 그 도서관 등의 안에서 열람할 수 있

---

120 국립중앙도서관과 전국의 각종 도서관은 지식정보자료의 공유 및 이용활성화를 통한 도서관 업무의 효율성을 높이기 위하여 국내외 각종 도서관과의 교류·협력 및 지원 업무를 수행하고 있다. 특히 도서관 정보화를 통한 '국가문헌정보체계 및 도서관 협력망사업'을 위해 한국문헌자동화목록형식의 개발보급, 지식정보표준화도구 개발 등의 사업을 추진하고 있으며, 이용자가 원하는 자료가 거주지역 내 공공도서관에 없을 경우 다른 지역의 도서관에 신청하여 제공하는 도서관자료 공동활용시스템인 국가상호대차서비스 '책바다'(www.nl.go.kr)를 운영 중이고, 여기에는 전국의 700여 개 공공도서관이 참여하고 있다[박순태, 『문화예술법』, 783쪽].

도록 보관된 도서 등을 복제하거나 전송할 수 있다. 이 경우 동시에 열람할 수 있는 이용자의 수는 그 도서관 등에서 보관하고 있거나 저작권 그 밖에 이 법에 따라 보호되는 권리를 가진 자로부터 이용허락을 받은 그 도서 등의 부수를 초과할 수 없다"(제31조 제2항).

나. 관내에서 이루어지는 디지털 형태의 복제와 전송의 허용요건

법 제31조 제2항은 도서관 등의 안에서 디지털 형태로 이루어지는 복제와 전송을 규정하고 있다. 그런데 대부분의 경우 전송은 복제가 있은 후에 이루어지므로 이 규정은 도서관 등의 관내 전송에 관한 규정이라고 할 수 있다. 또한 전송은 해당 도서관 등이 관리하는 전송망을 통하여 열람실에 있는 개별 이용자에게 필연적으로 디지털 형태로 전송된다. 도서관 등이 저작자의 허락 없이 이와 같은 복제와 전송을 할 수 있는 구체적인 요건을 살펴보면 다음과 같다. 첫째, 법 제31조 제2항에서의 복제와 전송의 주체는 당연히 도서관 등이다. 둘째, 이때의 복제와 전송의 형태는 기계적 장치인 복사기기를 통한 복제가 아니고 전자적 장치를 통한 디지털 형태로 이루어져야 한다. 법률에서 규정하고 있는 "컴퓨터를 이용하여…복제하거나 전송할 수 있다"는 말은 결국 디지털 형태의 복제와 전송을 의미하기 때문이다. 셋째, 디지털 형태의 복제와 전송이 이루어지는 장소적 범위는 도서관 등의 내부이어야 한다. 제2항에서도 "…그 도서관 등의 안에서 열람할 수 있도록 …"이라고 규정해 놓아 **관내(館內) 복제와 전송에 관한 규정**이라고 한다. 넷째, 도서관 등이 관내에서 복제와 전송을 하는 목적은 컴퓨터를 이용하여 이용자가 그 도서관 안에서 해당 도서 등을 열람할 수 있도록 하기 위해서다. 따라서 이때의 복제는 아날로그 형태의 복제가 아닌 디지털 형태의 복제만을 말한다. 이와 같은 이유로 도서관 등은 관내에서 아날로그 형태의 열람을 위해서는 도서 등을 복제할 수 없다.[121]

다. 동시에 열람할 수 있는 이용자 수의 제한

디지털 형태로 복제와 전송이 이루어지면 비록 도서관 등의 내부에서 이루어질지라도 속도와 광범위성 때문에 저작자에게는 엄청난 경제적 손실을 초래할 수

---

[121] 이는 후술하는 도서관 간에 이루어지는 관 간 열람에서도 마찬가지이다.

도 있다. 이에 저작자의 정당한 이익을 부당하게 해하지 아니할 법적 장치의 요구로 동시 열람자의 수▨를 제한하여 저작자의 저작재산권(복제권과 전송권)을 보호하고 그의 정당한 이익이 부당하게 침해되지 않도록 배려하고 있다. 즉 "…이 경우 동시에 열람할 수 있는 이용자의 수는 그 도서관 등에서 보관하고 있거나 저작권 그 밖에 이 법에 따라 보호되는 권리[122]를 가진 자로부터 이용허락을 받은 그 도서 등의 부수를 초과할 수 없다"(제31조 제2항)[123]는 규정의 입법적 의의는 도서관 등이 보다 많은 이용자에게 디지털 형태의 정보를 제공하고자 할 경우에는 그만큼 더 많은 부수의 도서 등을 구입하거나 저작자로부터 이용허락을 받도록 하는 데 있다. 이는 결국 저작자의 권익보호와 저작물의 공정한 이용의 활성화라는 「저작권법」의 2대 이념을 동시에 달성할 수 있도록 해준다.

라. 디지털 형태로 판매되는 도서 등의 디지털 형태로의 복제 금지

"도서관 등은 … 법 제31조 제2항의 규정에 따른 도서 등의 복제의 경우에 그 도서 등이 디지털 형태로 판매되고 있는 때에는 그 도서 등을 디지털 형태로 복제할 수 없다"는 법 제31조 제4항의 조치는 디지털 형태의 복제에 따른 저작자의 예측치 못한 경제적 손실과 저작재산권 침해의 우려를 사전에 예방하기 위해서다.[124]

마. 디지털 형태로 복제·전송 시의 복제방지조치 등의 의무

법 제31조 제2항의 규정에 따라 도서 등을 디지털 형태로 복제하거나 전송하는 경우에 도서관 등은 저작권 그 밖에 이 법에 따라 보호되는 권리의 침해를 방지하기 위하여 복제방지조치 등 필요한 조치를 하여야 한다(제31조 제7항). 여기서 말하는 필요한 조치의 구체적인 내용은 다음과 같다. 우선 기술적 조치로 i) 도서관 등의 이용자가 도서관 등의 안에서 열람하는 것 외의 방법으로는 도서 등을 이용할

---

122 여기에는 저작인접권, 배타적발행권, 출판권 그리고 데이터베이스제작자의 권리 등이 있을 수 있다.

123 예를 들면 해당 도서관 등이 80부의 특정도서를 가지고 있고 그 저작자로부터 20부에 한하여 이용허락을 받았다면 해당 도서관은 최대한 100명이 동시에 열람할 수 있도록 해당 특정도서를 디지털 형태로 복제하여 열람실로 전송할 수 있다.

124 참고로 디지털 형태로 판매되는 도서 등을 디지털 형태로 '전송'하는 것은 가능하다. 이는 후술하는 관 간의 전송에서도 마찬가지인데 「저작권법」에서의 이와 같은 입법태도는 정부가 역점적으로 추진 중인 전자도서관 사업을 적극적으로 뒷받침하기 위함이기도 하다.

수 없도록 하는 복제방지조치, ii) 도서관 등의 이용자 외에는 도서 등을 이용할 수 없도록 하는 접근제한조치, iii) 도서관 등의 이용자가 도서관 등의 안에서 열람하는 것 외의 방법으로 도서 등을 이용하거나 그 내용을 변경한 경우 이를 확인할 수 있는 조치 그리고 iv) 판매용으로 제작된 전자기록매체의 이용을 방지할 수 있는 장치의 설치 등을 말한다. 또한 도서관 등은 저작권 침해를 방지하기 위한 도서관 직원 교육을 실시하여야 하며, 컴퓨터 등에 저작권의 보호와 관련한 경고표지를 부착하여야 하고, 보상금을 산정하기 위한 장치를 설치하여야 한다(「저작권법 시행령」제13조).

(3) 도서관 등 사이에서 이루어지는 디지털 형태의 복제와 전송의 허용

가. 「저작권법」에서의 규정

"도서관 등은 컴퓨터를 이용하여 이용자가 다른 도서관 등의 안에서 열람할 수 있도록 보관된 도서 등을 복제하거나 전송할 수 있다. 다만, 그 전부 또는 일부가 판매용으로 발행된 도서 등은 그 발행일로부터 5년이 경과하지 아니한 경우에는 그러하지 아니하다"(제31조 제3항).

나. 도서관 사이에 이루어지는 디지털 형태의 복제와 전송의 허용요건

법 제31조 제3항은 도서관 등 사이에서, 다시 말해 관 간의 디지털 형태의 복제와 전송을 규정하고 있다.[125] 즉, 도서관 등이 저작자의 허락 없이 i) 다른 도서관 등의 안에서 컴퓨터를 이용하여 이용자가 열람할 수 있도록 할 목적으로, ii) 그 도서관에 보관된 도서 등을 복제하거나 전송할 수 있다. 이때에는 관내에서 이루어지는 디지털 형태의 복제·전송과는 달리 열람자 수에 대한 제한은 따르지 않는다. 다만,

---

[125] 현재 이루어지고 있는 관 간 전송은 대부분의 경우 국립중앙도서관과 국회도서관이 제공하는 서비스에 한정되어 있는데, 두 도서관은 각종의 자료를 디지털화하여 데이터베이스로 구축하고 다른 일반 도서관 등이 이에 접속하여 자료를 제공받을 수 있도록 하고 있다. 다른 도서관 등은 이러한 데이터베이스를 이용할 수 있는 시스템이 설치된 단말기로 저작권이 소멸하거나 저작자로부터 이용허락을 받은 자료를 제외한 도서 등의 자료의 원본을 3분의 1의 범위 내에서 출력하여 이용자에게 제공할 수 있고 이에 따른 보상금을 저작자에게 지급하는 체제로 운영하고 있다. 그런데 디지털네트워크 환경하에서, 특히 클라우드 기반의 네트워크 환경에서는 도서관 자료가 어디에 저장되는지는 중요하지 않으므로 향후에는 특정 도서관의 자체보존과 상호대차를 구별하거나 특정 도서관 내에서의 열람과 다른 도서관 내에서의 열람을 따로 구별할 필요성도 적어질 것으로 보인다.

관 간에 이루어지는 디지털 형태의 복제·전송으로 말미암아 저작자의 권익이 지나치게 침해되지 아니하도록 다음과 같은 두 가지 제한요건이 충족되어야 한다. 첫째, 그 전부 또는 일부가 판매용으로 발행된 도서 등은 그 발행일로부터 5년이 경과하지 아니한 경우에는 이를 복제 또는 전송할 수 없다(제31조 제3항). 따라서 판매품이 아닌 비매품으로만 발행된 도서 등은 5년의 기간이 경과하기를 기다릴 필요 없이 복제하거나 전송할 수 있다. 둘째, 법 제31조 제3항에 따라 도서관 등이 복제를 하는 경우에 그 도서 등이 디지털 형태로 판매되고 있는 때에는 그 도서 등을 디지털 형태로 복제할 수 없도록 하고 있다(제31조 제4항). 따라서 이 같은 경우 디지털 형태로 복제·전송을 하고자 하면 저작자의 허락을 얻어야 하며, 복제물을 직접 또는 우편으로 제공하거나 팩시밀리 등 복제물을 남기지 않는 방식으로 이루어져야 할 것이다. 그런데 오늘날 종이를 사용한 인쇄출판보다는 디지털 형태의 전자출판이 보편화되고 있고, 복제의 형태 역시 디지털 복제가 더욱 일반화되고 있음에 볼 때, 디지털 형태로 복제할 수 없다는 법 규정은 지나치게 저작자 보호에 치중하는 반면에 이용자의 편의성을 너무 등한시하고 있다는 비판을 받을 수 있다. 이용자의 편의성을 도외시한 과도한 제한은 자칫 국민의 정보접근권과 알 권리를 보장하기 위한 도서관의 기본적인 역할조차도 못할 우려가 있다.[126]

다. 디지털 형태로 복제·전송 시의 복제방지조치의 의무

법 제31조 제3항의 규정에 따라 도서 등을 디지털 형태로 복제하거나 전송할 때에도 도서관 등은 저작권 침해를 방지하기 위하여 복제방지조치 등 필요한 조치를 하여야 한다(제31조 제7항 및 「저작권법 시행령」 제13조).

4. 국립중앙도서관의 복제 특례

(1) 「도서관법」의 규정에 따른 국립중앙도서관의 온라인 자료의 수집

국립중앙도서관은 우리나라에서 서비스되는 온라인 자료 중에서 보존가치가 높은 온라인 자료를 선정하여 수집·보존하고 있다. 이와 같은 규정에 따라 온라인 자

---

[126] 한국저작권위원회, 앞의 보고서(I), 120쪽.

료를 수집할 수 있는 주체는 국가 대표도서관인 국립중앙도서관이며, 수집대상은 모든 온라인 자료가 아니라 보존가치가 있는 자료로서 전자적 형태로 작성된 웹사이트, 웹자료 등 도서관자료심의위원회에서 심의를 거쳐 고시하는 자료에 한정되어 있다(제20조의2 제1항 참조).

(2) 국립중앙도서관의 온라인 자료 수집 시 복제의 특례

「도서관법」 제20조의2에 따라 국립중앙도서관이 온라인 자료의 보존을 위하여 수집하는 경우에는 해당 자료를 복제할 수 있다(「저작권법」 제31조 제8항). 이 경우에는 온라인 자료를 창작한 저작자의 복제권 행사가 제한되므로 국립중앙도서관이 온라인 자료를 수집하는 경우에는 해당 온라인 자료를 창작한 저작자의 허락 없이 해당 자료를 자유롭게 복제[127]할 수 있으며, 이는 공익상 필요에 의하여 저작재산권이 제한되는 특별한 경우에 해당한다.

5. 도서관 등의 저작물 복제·전송에 따른 보상금의 지급

(1) 보상금을 지급하여야 하는 경우

도서관 등이 보관된 디지털 형태의 도서 등을 복제하거나 도서관 등 사이에 이루어지는 관 간 복제·전송을 하는 경우 저작자 입장에서 보면 정당한 이익이 심각히 훼손될 위험에 놓인다. 이에 공익적 차원에서 도서관 등이 복제·전송행위를 하는 것을 허용은 하되, 특정한 경우에 저작자에게도 소정의 손실을 보상해줄 필요가 있으며 이를 입법적으로 뒷받침하고 있는 근거조항이 「저작권법」 제31조 제5항 및 제6항이다. 이에 따르면 도서관 등은 디지털 형태의 도서 등을 복제하는 경우 및 도서 등을 다른 도서관 등의 안에서 열람할 수 있도록 복제하거나 전송하는 경우에는 문화체육관광부장관이 정하여 고시하는 기준에 의한 보상금을 해당 저작재산권자에게 지급하여야 한다.

---

127 이때는 당연히 디지털 형태의 복제가 될 것이다. 그리고 국립중앙도서관은 수집하는 온라인 자료의 전부 또는 일부가 판매용인 경우에는 그 온라인 자료에 대하여 정당한 보상을 하여야 한다(「도서관법」 제20조의2 제5항).

(2) 보상금의 지급 등

도서관 등의 저작물의 복제·전송에 따른 보상금의 지급대상이 되는 저작물 이용의 유형과 보상금 납부·수령·분배의 주체, 보상금의 지급기준 그리고 기타의 사항 등에 관해서는 이후 '제12장 저작물의 이용활성화를 위한 각종의 법률적 장치 중 제2절 보상금지급제도' 부분에서 보다 상세히 논의하기로 하고 여기서는 구체적인 논의를 생략하기로 한다.

XI. 시험문제로서 필요한 경우에 복제와 배포의 허용

1. 의의

공표된 저작물을 시험문제로서 복제하거나 배포하는 경우에는 저작자의 허락이 없어도 가능하다. 시험문제를 출제하기 위하여 공표된 저작물을 자유롭게 복제하거나 배포하는 것을 허용하는 이유는 저작자의 허락을 받는 순간 비밀성이 요구되는 시험이 그 기능을 상실해버리기 때문이다.

시험문제로서의 복제를 위한 저작재산권의 제한에 관하여 「저작권법」 제32조에서는 "학교의 입학시험이나 그 밖에 학식 및 기능에 관한 시험 또는 검정을 위하여 필요한 경우에는 그 목적을 위하여 정당한 범위에서 공표된 저작물을 복제·배포 또는 공중송신할 수 있다"라고 규정하고 있다. 다만, 영리를 목적으로 하는 경우에는 저작자의 정당한 이익을 부당하게 해칠 수 있으므로, 이는 저작재산권(복제권, 배포권)의 침해에 해당한다(제32조 단서 참조).

2. 시험문제로서의 저작물의 복제·배포 또는 공중송신의 허용

(1) 허용의 요건

저작자의 허락 없이 시험문제로 출제하기 위하여 저작물을 복제하거나 출제된 시험문제를 배포 또는 공중송신을 하기 위해서는 다음과 같은 요건이 충족되어야 한다. 첫째, 시험문제로서 이용되는 저작물은 공표된 저작물을 대상으로 한다. 주로 어문저작물이 대상이 되지만 이 밖에도 음악저작물 또는 미술저작물 등 그 종류는 불문한다. 둘째, 시험은 학교의 입학시험이나 그 밖에 학식 및 기능에 관한 시험 또는 검정에 관한 것이어야 한다. 이때의 학교는 모든 종류의 학교를 포함하며, 입학시험이 아니고 입학 후의 각종 시험은 법 제25조의 학교교육 목적 등에 의한 저작물의 이용조항과 중복으로 적용될 수 있다. 또한 학식 및 기능에 관한 시험 또는 검정은 학교든 기타 기관이든 어디에서 이루어지든 불문하며, 시험의 형태이든 검정의 형태이든 불문한다. 학식 및 기능에 관한 시험 또는 검정은 선발시험, 임용시험, 자격시험, 입사시험, 학교에서의 시험, 모의시험, 평가시험 등 모든 종류의 시험과 검정이 포함되는 것으로 해석된다. 법 제32조는 시험의 출제를 함에 있어서 공표된 저작물을 복제·배포 또는 공중송신을 하는 것이므로, 이미 출제된 시험문제[128]를 모아서 별도의 참고서로 발간하는 것은 법 규정의 범위를 넘어서는 것이다. 이 경우에는 저작자의 허락을 얻은 후에 참고서 등을 발간하여야 하며 그렇지 않으면 저작재산권의 침해에 해당할 수 있다. 셋째, 시험 등의 목적을 위하여 공표된 저작물을 이용할 때에는 비례의 원칙에 따라 필요 최소한에 그쳐야 하며, 이 범위를 넘어서 저작자의 경제적 이해관계에 지나치게 영향을 줄 정도로 많은 부분을 이용하여서는 아니 된다. 요컨대, 법 제32조에 따른 시험문제로서의 복제를 위해서는 i) 시험 또는 검정을 위하여 필요한 경우에, ii) 시험 또는 검정의 목적을 위하여, iii) 정당한 범위 안에서 이루어져야 한다.

(2) 허용되는 행위(복제·배포 또는 공중송신)

위와 같은 요건이 충족되면 시험출제자나 검정의 실시자는 공표된 저작물을 저작자의 허락을 받지 않고서도 자유롭게 복제하거나 배포 또는 공중송신을 할 수 있다. 여기서 말하는 배포는 유형적 형태의 원본 또는 복제물을 양도 또는 대여하는 것으로서(제2조 제23호 참조), 법 제32조의 규정은 아날로그 형태의 시험을 염두에 둔 규정이라 하겠다. 그런데 오늘날에는 사이버시험 내지 원격시험이 널리 이용되

---

128 이미 출제된 시험문제는 법적으로 보호받을 가치가 있는 저작물에 해당한다. 우리 법원은 대학본고사 입학시험문제(서울지방법원 1994.8.23. 선고 94카합6795 판결), 토플문제(서울고등법원 1995.5.4. 선고 93나47372 판결), 대학예비고사문제(대법원 1989.1.17. 선고 87도2604 판결), 고등학교 중간 및 기말고사 문제(서울지방법원 2006.10.18. 선고 2005가합73377 판결) 등을 보호받는 저작물로 인정한 바 있다.

고 있어[129] 복제와 배포만으로는 시험의 목적을 달성할 수 없고, 배포 대신에 공중송신이 허용될 때 비로소 시험의 목적이 달성될 수 있다. 이와 같은 시대적 요청과 정책적 상황을 반영하여 2020년 「저작권법」 개정에서는 시험출제자 등이 공표된 저작물을 공중송신할 수 있는 근거규정이 마련되었다.

3. 저작물의 복제와 배포허용의 예외(영리를 목적으로 하는 경우)

시험문제로서 공표된 저작물을 복제·배포 또는 공중송신하는 행위는 영리를 목적으로 하는 경우에는 허용되지 않는다(제32조 단서). 시험문제로서의 복제와 배포 그리고 공중송신을 허용하는 이유는 학교교육의 목적 그리고 학식과 기능에 관한 시험 또는 검정이라는 공익적 목적을 달성하기 위하여 저작재산권의 행사를 제한하는 것임에 비추어 영리를 목적으로 하는 경우라면 이를 허용할 이유가 없기 때문이다. 따라서 영리를 목적으로 외부로부터 의뢰를 받아 시험문제를 제작하여 판매하는 경우에는 법 제32조가 적용될 여지가 없다. 한편, 오늘날 공정경쟁사회의 도래에 따라 정부와 공기업은 물론 대부분의 사기업에서도 직원의 채용과정에서 시험이나 검정방법을 채택하고 있는데, 이때 시험 등이 영리의 목적이라면 사기업이 실시하는 채용시험에서도 일일이 저작자의 허락을 얻어야 하는 문제가 발생한다. 여기서 **영리를 목적으로 하는 경우**를 지나치게 엄격하게 해석할 필요는 없다고 보인다. 즉, 시험을 출제하는 주체가 영리기업 또는 사설학원 등이라 할지라도 시험을 출제하는 행위 자체가 비영리이면 이에 해당하는 것으로 본다. 따라서 사기업의 직원채용시험에서도 법 제32조가 적용되어 저작자의 허락 없이 자유롭게 공표된 저작물을 복제·배포할 수 있다고 본다.

4. 컴퓨터프로그램저작물의 경우

「초·중등교육법」, 「고등교육법」에 따른 학교 및 이에 준하는 학교의 입학시험이나 그 밖의 학식 및 기능에 관한 시험 또는 검정을 목적(영리를 목적으로 하는 경우를

---

129 사이버교육 내지는 원격교육에서는 수업뿐만 아니라 시험을 비롯한 각종 검정이나 평가 역시 인터넷 등 정보통신기술을 이용하여 이루어지는 것이 일반적이다.

제외한다)으로 복제 또는 배포하는 경우에는 그 목적상 필요한 범위에서 공표된 프로그램을 복제 또는 배포할 수 있다. 다만, 프로그램의 종류·용도, 프로그램에서 복제된 부분이 차지하는 비중 및 복제의 부수 등에 비추어 프로그램의 저작재산권자의 이익을 부당하게 해치는 경우는 그러하지 아니하다(「저작권법」 제101조의3 제1항 참조).

5. 번역에 의한 이용 등

시험문제로서의 복제의 경우는 원저작물을 그대로 실을 수도 있고 번역하여 실을 수도 있으나(제36조 제2항), 원저작물을 편곡 또는 개작하여 이용할 수는 없다. 그리고 시험문제로서 저작물을 복제할 때 그 출처를 명시할 필요는 없다(제37조 제1항). 이는 출처의 명시가 시험의 목적상 오히려 바람직하지 않기 때문이다.

XII. 시각장애인 등을 위한 공표된 저작물의 복제 등의 허용

1. 장애인의 저작물 접근기회 확충의 필요성

「문화기본법」 제4조에 따르면 장애인도 일반인과 마찬가지로 문화 표현과 활동에서 차별을 받지 아니하고 자유롭게 문화를 창조하고 문화활동에 참여하며 문화를 향유할 권리를 가진다. 장애인의 문화 표현과 활동에서의 평등권의 보장이라는 중요한 공익적 목적을 달성하기 위해서는 저작자가 가지는 저작재산권의 일정부분은 제한될 수밖에 없는데, 이에 대한 법률적 근거로는 「저작권법」 제33조와 제33조의2에서의 시각장애인 등을 위한 복제 등과 청각장애인 등을 위한 복제 등에 관한 규정이 있다.

2. 공표된 저작물을 점자형태로 복제·배포하는 것의 허용

누구든지[130] 저작자의 허락이 없어도 시각장애인 등을 위하여 공표된 저작물을 점자형태點字形態로 자유롭게 복제하거나 배포할 수 있다. 즉, "공표된 저작물은 시각장애인[131] 등을 위하여 점자로 복제·배포할 수 있다"(제33조 제1항).

공표된 이상 저작물의 구체적인 종류는 불문하고[132], 이와 같은 공표된 저작물을 점자형태로 복제·배포하는 행위는 영리를 목적으로 하여도 무방하며, 이에 대해 「저작권법」상의 아무런 제한도 따르지 않음을 유의하여야 한다. 이때의 복제·배포는 점자로 하고, 점자와 병행하여 일반인도 읽을 수 있는 형태로는 허용되지 않는다. 이는 저작자의 경제적 이익을 지나치게 해칠 우려가 있기 때문이며, 점자 형태 외의 경우에는 저작자의 허락을 받아야 한다.

3. 공표된 어문저작물의 녹음과 전용 기록방식으로의 복제·배포·전송 등의 허용

(1) 「저작권법」에서의 규정

"시각장애인 등의 복리증진을 목적으로 하는 시설 중 대통령령이 정하는 시설(당해 시설의 장을 포함한다)은 영리를 목적으로 하지 아니하고 시각장애인 등의 이용에 제공하기 위하여 공표된 어문저작물을 녹음하거나 대통령령으로 정하는 시각장애인 등을 위한 전용 기록방식으로 복제·배포 또는 전송할 수 있다"(제33조 제2항). 그리고 법 제33조에 따라 공표된 저작물을 시각장애인 등을 위하여 이용하는 경우에

---

130 법문(法文)에는 주어로서 '누구든지'가 생략되어 있는데, 이는 입법적 오류로 보인다. 참고로, 법 제33조 의2(청각장애인을 위한 복제 등)에서는 주어로서 '누구든지'를 명시하고 있다.

131 여기서 '시각장애인'이란 시력이 극히 낮은 사람뿐만 아니라 그 외에도 신체적·정신적 장애로 인하여 독서능력이 뚜렷하게 떨어지는 사람도 포함한다. 시각장애인을 구체적으로 살펴보면, 「장애인복지법 시행령」 별표1 제3호에 따른 공인된 시력표로 측정된 교정시력이 i) 나쁜 눈의 시력이 0.02 이하인 사람, ii) 좋은 눈의 시력이 0.2 이하인 사람, iii) 두 눈의 시야가 각각 주시점에서 10도 이하로 남은 사람, iv) 두 눈의 시야 2분의 1 이상을 잃은 사람과 신체적 또는 정신적 장애로 인하여 도서를 다루지 못하거나 독서능력이 뚜렷하게 손상되어 정상적인 독서를 할 수 없는 사람을 말한다(「저작권법」 제33조 제3항 및 「저작권법 시행령」 제15조).

132 「시각장애인의 저작물 접근권 개선을 위한 마라케시 조약」에서는 대상 저작물을 어문저작물과 비디오 북(Video Book)으로 한정하고 있는데 우리는 '국제협약플러스주의'를 적용하여 적용대상 저작물의 범위를 이와 같이 넓게 잡고 있다.

는 그 저작물을 번역하여 이용할 수 있으며(제36조 제2항), 출처를 명시하여야 한다(제37조 제1항).

(2) 녹음, 복제 등의 주체

법 제33조 제2항에 따라 저작자의 허락 없이 시각장애인을 위하여 녹음·복제·배포·전송 등을 자유롭게 할 수 있는 주체는 시각장애인의 복리증진을 목적으로 하는 특정 시설[133]과 그 시설의 장이다.

(3) 녹음, 복제 등의 요건

이때의 녹음 또는 복제·배포·전송 등은 법 제33조 제1항의 규정에 따른 공표된 저작물을 점자로 복제·배포하는 것보다 저작자에게 좀 더 큰 경제적 손실을 입힐 우려가 있기 때문에 다음과 같은 몇 가지 요건을 충족하여야 한다(제33조 제2항). 첫째, 영리를 목적으로 녹음 또는 복제 등을 하여서는 아니 된다. 이는 법 제33조 제1항에 따른 점자로 복제·배포할 때에는 영리목적으로도 가능한 것과는 비교된다. 둘째, 시각장애인 등을 위한 복제, 배포 또는 전송은 전용[134] 기록방식으로 하여야 한다. 따라서 일반인들을 주로 하면서 시각장애인에게도 부수적으로 제공될 수 있는 방법은 아니 된다. 만일 일반인에게도 제공될 가능성이 있다면, 비록 시각장애인을 위한 면에서는 공익적 가치가 크다고 하더라도 해당 저작물의 현재 또는 장래의 시장 및 가치를 위협하는 정도가 무시할 수 없으므로 이는 반드시 저작권자의 허락을 받아야 한다.[135] 셋째, 대상이 공표된 어문저작물에 한정되어야 한다. 앞에

---

133 여기에 해당하는 시설로 다음의 세 가지 유형이 있다. 첫째,「장애인복지법」제58조 제1항에 따른 장애인복지시설 중 다음의 어느 하나, 즉 i) 시각장애인 등을 위한 장애인 거주시설, ii) 장애인 지역사회재활시설 중 점자도서관, iii) 장애인 지역사회재활시설 및 장애인 직업재활시설 중 시각장애인 등을 보호하고 있는 시설에 해당하는 시설과 둘째,「유아교육법」,「초·중등교육법」및「장애인 등에 대한 특수교육법」에 따른 특수학교와 시각장애인 등을 위하여 특수학급을 둔 각급학교 그리고 셋째, 국가·지방자치단체, 영리를 목적으로 하지 아니하는 법인 또는 단체가 시각장애인 등의 교육·학술 또는 복리증진을 목적으로 설치·운영하는 시설을 말한다(「저작권법 시행령」제14조 제1항).

134 '전용'이라고 하지만 시각장애인의 이용을 주로 염두에 두고 개발한 기록방식이라면 무난하다고 본다. 시각장애인이 활용할 수 있는 기록방식은 누구라도 이용할 수 있기 때문이다.

135 시각장애인들을 위해 음악저작물을 공연하고 이를 녹음해서 배포하는 것은 법 제33조 제2항의 적용의 대상이 되어 자유롭게 할 수 있는 것이 아니며, 이 경우에는 저작권자의 허락을 얻고서 녹음 또는 배포를 해야 할 것이다.

서 살펴본 법 제33조 제1항에서의 점자로의 복제·배포가 모든 저작물을 대상으로 이루어질 수 있는 것과는 비교된다.

(4) 허용되는 행위

이와 같은 세 가지 요건이 충족되면 시각장애인 등의 복리증진을 목적으로 하는 시설 등은 공표된 어문저작물을 녹음하거나 대통령령으로 정하는 시각장애인 등을 위한 전용 기록방식으로 복제·배포 또는 전송할 수 있다(제33조 제2항). 오늘날 디지털 시대에는 녹음방식 이외에 원저작물을 대체하는 형태의 시각장애인을 위한 전용 기록방식이 널리 활용되고 있는데, 여기에는 기존 저작물을 시각장애인을 위한 전용 기록방식으로 대체하기 위한 별도의 디지털 파일이 필요하며, 이에 대한 입법적 조치도 당연히 뒤따라야 한다.[136] 법 제33조 제2항의 규정에 따라 현재 우리가 채택해야 하는 시각장애인을 위한 전용 기록방식으로는 i) 점자로 나타나게 하는 것을 목적으로 하는 전자적 형태의 정보기록방식[137], ii) 인쇄물을 음성으로 변환하는 것을 목적으로 하는 정보기록방식[138], iii) 시각장애인을 위하여 표준화된 디지털 음성정보기록방식[139], iv) 시각장애인 외에는 이용할 수 없도록 하는 기술적 보호조치가 적용된 정보기록방식 등이 포함된다(「저작권법 시행령」 제14조 제2항).

---

136 우리는 「저작권법」 제33조에 따른 시각장애인 등을 위한 전용 기록방식을 효율적으로 추진하기 위하여 2009년에 「도서관법」을 개정하여 일정한 경우에 '디지털 납본제도'를 채택할 수 있도록 하고 있다. 이에 따르면, 국립중앙도서관은 그 소속하에 있는 국립장애인도서관이 장애인을 위한 도서관 자료의 수집·제작·제작지원 및 제공에 관한 업무를 수행하기 위하여 필요한 경우 도서관 자료를 발행 또는 제작한 자에게 이를 디지털 파일 형태로도 납본하도록 요청할 수 있으며, 요청을 받은 자는 특별한 사유가 없으면 요청받은 날부터 30일 이내에 국립중앙도서관에 납본하여야 한다(「도서관법」 제20조 제3항).
137 디지털 점자 등이 이에 해당한다.
138 리드기를 통하여 음성으로 들을 수 있도록 하는 보이스 아이(Voice Eye) 등이 이에 해당한다.
139 음성합성장치를 통하여 음성으로 전환될 수 있도록 하는 방식으로 시각장애인을 위하여 표준화된 것을 말하며, 데이지(Daisy : Digital Accessible Information System) 또는 보이스브레일(Voice Braille)이 이에 해당한다.

XIII. 청각장애인 등을 위한 공표된 저작물의 복제 등의 허용

1. 한국수어韓國手語로의 변환 및 한국수어의 복제·배포·공연· 공중송신 등의 허용

(1) 「저작권법」에서의 규정

"누구든지 청각장애인[140] 등을 위하여 공표된 저작물을 한국수어로 변환할 수 있고, 이러한 한국수어를 복제·배포·공연 또는 공중송신할 수 있다"(제33조의2제1항).

(2) 한국수어로의 변환 등의 요건

법 제33조의2 제1항에 따라 이루어지는 한국수어로의 변환 등은 다음 두 가지 요건을 충족하면 저작자의 허락이 없어도 누구든지 할 수 있다. 첫째, 한국수어로의 변환 등은 그 대상을 공표된 저작물에 한하여 할 수 있으며, 공표된 저작물인 이상 그 구체적인 종류는 불문한다. 둘째, 이때 이루어지는 한국수어로의 변환 등은 영리를 목적으로 하여도 상관이 없다. 이는 법 제33조 제1항에서의 시각장애인을 위한 점자로의 복제·배포와 마찬가지로 저작자의 저작재산권 보호보다는 장애인의 저작물 접촉기회 확대라는 공익적 목적이 더욱 중요하다는 입법정책적 판단에 따른 것이다.

(3) 허용되는 행위

요건이 충족되면 누구든지 저작자의 허락이 없어도 공표된 저작물을 한국수어로 변환할 수 있고, 이를 복제, 배포, 공연 또는 공중송신할 수 있다. 청각장애인은 시각장애인과는 달리 보는 능력은 정상이므로 공연과 함께 방송, 디지털음성송신까지 포함하는 공중송신도 허용하고 있는 것이다.

---

140 여기서 말하는 '청각장애인'은 i) 두 귀의 청력 손실이 각각 60데시벨(dB) 이상인 사람, ii) 한 귀의 청력 손실이 80데시벨 이상이고 다른 귀의 청력 손실이 40데시벨 이상인 사람, iii) 두 귀에 들리는 보통 말소리의 명료도가 50퍼센트 이하인 사람을 말한다(제33조의2 제3항 및 「저작권법 시행령」 제15조의3).

2. 자막 등으로의 변환 및 변환된 자막 등의 복제·배포·공연· 공중송신 등의 허용

(1) 「저작권법」에서의 규정

"청각장애인 등의 복리증진을 목적으로 하는 시설 중 대통령령으로 정하는 시설 (해당 시설의 장을 포함한다)은 영리를 목적으로 하지 아니하고 청각장애인 등의 이용에 제공하기 위하여 필요한 범위에서 공표된 저작물 등에 포함된 음성 및 음향 등을 자막 등 청각장애인이 인지할 수 있는 방식으로 변환할 수 있고, 이러한 자막 등을 청각장애인 등이 이용할 수 있도록 복제·배포·공연 또는 공중송신할 수 있다"(제33조의2 제2항). 그리고 청각장애인을 위한 한국수어로의 변환이나 이를 복제·배포 등을 할 때 원저작물을 번역하여 이용할 수 있으며(제36조 제2항), 이용자는 출처를 명시하여야 한다(제37조 제1항).

(2) 변환과 복제 등의 주체

법 제33조의2 제2항에 따른 자막처리字幕處理 등의 변환은 법 제33조의2 제1항에서의 한국수어로의 변환 등과는 달리 누구든지 할 수 있는 것이 아니다. 이를 허용하면 저작재산권자의 경제적 이익이 심각하게 손상될 위험이 있기 때문이다. 법 제33조의2 제2항에 따라 저작자의 허락 없이 청각장애인을 위하여 음성, 음향 등을 자막처리하거나 이를 복제, 배포, 공연, 공중송신할 수 있는 주체는 청각장애인 등의 복리증진을 목적으로 하는 특정 시설과 그 장長[141]이어야 한다. 수화와 달리 자막 등의 경우에는 드라마나 영화 등 영상저작물의 불법적인 유포를 돕는 사례가 많아 이와 같이 청각장애인을 위한 일정한 시설에서 제한적으로 변환하고 유포할 수 있도록 하고 있다.

---

[141] 여기에 해당하는 시설로는 크게 세 가지 유형이 있다. 첫째, 「장애인복지법」 제58조 제1항에 따른 장애인복지시설 중 다음의 어느 하나, 즉 i) 장애인 지역사회재활시설 중 한국수어통역센터, ii) 장애인 지역사회재활시설 및 장애인 직업재활시설 중 청각장애인 등을 보호하고 있는 시설에 해당하는 시설과 둘째, 「유아교육법」, 「초·중등교육법」 및 「장애인 등에 대한 특수교육법」에 따른 특수학교와 청각장애인 등을 위하여 특수학급을 둔 각급학교 그리고 셋째, 국가·지방자치단체, 영리를 목적으로 하지 아니하는 법인 또는 단체가 청각장애인 등의 교육·학술 또는 복리증진을 목적으로 설치·운영하는 시설 등을 말한다(「저작권법 시행령」 제15조의2).

(3) 자막 등으로의 변환 및 복제 등의 요건과 허용되는 행위

청각장애인 등의 복리증진시설 등에서 저작자의 허락 없이 자유롭게 자막 등으로의 변환 및 복제 등을 하기 위해서는 다음의 요건이 충족되어야 한다. i) 영리를 목적으로 하지 않을 것, ii) 청각장애인 등의 이용에 제공하기 위한 목적일 것, iii) 필요한 범위에서 할 것, iv) 공표된 저작물을 대상으로 할 것 등이다. 이와 같은 요건이 충족되면 공표된 저작물 등에 포함된 음성 및 음향 등을 자막 등 청각장애인이 인지할 수 있는 방식으로 변환할 수 있고, 이러한 자막 등을 청각장애인 등이 이용할 수 있도록 복제·배포·공연 또는 공중송신을 할 수 있다.

XIV. 방송사업자에게 저작물의 일시적인 녹음과 녹화의 허용

1. 의의

방송은 국민의 알 권리를 충족시켜 주면서 민주적인 여론의 형성을 주도하는 중요한 공익적 기능을 수행하고 있다.

오늘날 방송의 실태를 살펴보면 긴급한 시사보도를 제외하고는 생방송보다는 사전에 기존의 저작물 등을 활용하여 녹음 또는 녹화를 한 후 방송이 이루어지는 경우가 대부분이다. 그런데 이런 경우, 방송을 하기 전에 준비차원에서 일시적으로 이루어지는 녹음 또는 녹화에까지 저작자의 허락을 받아야 하는 것은 방송의 공익적 기능에 비추어 여러모로 바람직하지 않다. 이에 방송사업자가 행하는 일시적인 녹음이나 녹화에 대해서는 저작자가 가지는 저작재산권의 하나인 복제권의 행사를 일정부분 제한할 필요가 있다. 이에 관해 우리 「저작권법」은 제34조 제1항에 "저작물을 방송할 권한을 가지는 방송사업자는 자신의 방송을 위하여 자체의 수단으로 저작물을 일시적으로 녹음하거나 녹화할 수 있다"라는 규정을 두고 있다.

2. 방송사업자에게 저작물의 일시적인 녹음·녹화의 허용

(1) 의의

일반적으로 볼 때 저작자의 허락을 얻는 등의 방법으로 방송할 권한을 가지는 방송사업자가 별도로 방송에 이용되는 저작물을 복제할 권한을 가지는 것은 아니다.[142] 그러나 기존에 존재하는 저작물의 방송은 대부분 사전에 녹음 또는 녹화한 것으로서 적어도 생방송이 아닌 한 그 전제로서 저작물을 일시적으로 녹음·녹화하는 것은 필수적이며, 따라서 저작자의 경제적 이익을 부당하게 해치지 않는 범위에서라면 이 경우 저작재산권(복제권)의[143] 행사를 제한하여 방송사업자가 자유롭게 녹음 또는 녹화를 할 수 있도록 해야 한다.

(2) 일시적인 녹음·녹화의 허용요건

방송사업자가 저작자의 허락 없이도 저작물을 일시적으로 녹음·녹화를 하기 위해서는 다음과 같은 요건이 충족되어야 한다.

첫째, 방송을 하기 위해 일시적으로 녹음 또는 녹화하는 주체는 저작물을 방송할 권한을 가지는 방송사업자이어야 한다. 이는 법의 규정에 따라 부여된 여러 가지 합법적인 방법으로 해당 권리를 가지고 있는 경우를 말하는데, 가장 일반적인 것이 저작자로부터의 방송허락이 있을 수 있고, 이 밖에도 저작재산권자가 가지는 저작재산권의 지분인 방송권을 양도받은 경우, 법 제29조에 따라 영리를 목적으로 하지 아니하는 방송 등과 같은 저작재산권의 제한규정에 따라 방송이 이루어지는 경우 그리고 법 제51조에 따라 저작물의 이용에 관한 법정허락을 받은 경우 등이 있다.

---

142 「베른협약」 제11조의2 제1항에서 저작자의 방송권을 규정하면서 같은 조 제3항에서는 "별도로 규정하지 않는 한 위 제1항에 따라 부여되는 허락은 저작물을 소리나 영상을 기록하는 장치로 기록하도록 허락한다는 의미는 아니다. 다만, 방송사업자가 자체의 시설로 자신의 방송에 사용되는 일시적 기록물(ephemeral recording)을 작성하는 것에 관하여는 가맹국의 입법에 따라 결정한다"라고 규정하고 있으며, 우리의 현행 「저작권법」도 이와 같은 규정을 충실히 반영한 것으로 보인다. 여기서 일시적인 녹음 또는 녹화는 일시적인 복제의 일환으로 이해된다.

143 녹음과 녹화는 복제의 구체적 방법이다. "'복제'는 인쇄·사진촬영·복사·녹음·녹화 그 밖의 방법으로…포함한다"(「저작권법」 제2조 제22호).

둘째, 방송사업자가 행하는 일시적인 녹음 또는 녹화의 대상은 저작물이어야 한다.[144] 그리고 녹음 또는 녹화되는 저작물의 종류는 녹음 또는 녹화를 할 수 있는 어떤 것이라도 무관하다. 주로 음악저작물이나 영상저작물이 녹음 또는 녹화의 대상이 될 수 있으나 그 이외의 저작물도 얼마든지 법 제34조에 따른 방송사업자의 일시적 녹음 또는 녹화의 대상이 될 수 있다.

셋째, 방송사업자는 자신의 방송을 위하여 자체 수단으로 저작물을 녹음하거나 녹화하여야 한다. 방송사업자가 타인의 방송을 위해서나, 타인에게 방송을 하도록 하기 위해서 저작자의 허락 없이 녹음·녹화할 수는 없으며, 자체 수단 없이 타인이 가진 시설·설비·장치 등을 이용하여 녹음하거나 녹화하여서도 아니 된다. 이러한 경우 저작자의 경제적 이익을 심각히 해칠 우려가 있고, 저작자가 가진 복제권, 구체적으로는 녹음권과 녹화권을 침해할 우려도 있기 때문이다.[145]

넷째, 이때의 녹음·녹화는 일시적이어야 한다. 일시적이란 말은 곧 삭제 또는 폐기를 전제로 하는 것으로서 이와 같은 경우에는 저작자가 가진 복제권 침해의 우려나 경제적 손실의 우려도 거의 없을 것이기 때문이다. 따라서 법 제34조 제1항의 규정에 따라 작성된 녹음물과 녹화물 등이 당초 예정되어 있던 저작물의 방송 이후에도 계속하여 방송되어서는 아니 되며 이는 저작권의 침해에 해당한다.

3. 녹음물·녹화물 보존기간의 제한

(1) 의의

법 제34조 제1항에 따른 일시적 녹음·녹화는 방송을 위하여 사전준비 차원에서 이루어진다. 따라서 만들어진 녹음물과 녹화물은 실제 방송이 행해졌는지의 여부

---

144 이 점에서 법 제84조에서 규정하고 있는 방송사업자의 복제권과는 차이가 있다. 방송사업자의 복제권은 저작인접물인 '방송'을 복제할 권리이기 때문이다.

145 그런데 현실적으로 보면 저작물을 방송하는 대부분의 경우 방송사업자가 자체 수단으로 저작물을 녹음하거나 녹화하기보다는 방송영상독립제작사와 도급계약을 체결한 후 제작·제공한 방송영상물을 방송하고 있다. 그리고 방송영상독립제작사(흔히 '독립제작사'라고 한다)는 일정한 요건을 갖추고 문화체육관광부장관에게 신고한 제도권 내의 단체이며(「문화산업진흥 기본법」 제2조 제20호 참조), 방송사업자도 방송영상독립제작사가 제작한 방송영상물을 일정비율 이상 의무적으로 편성하도록 하고 있음에 비추어(「방송법」 제72조 참조) 법 제34조가 적용되는 주체를 방송사업자뿐만 아니라 방송영상독립제작사까지 포함하는 방향으로 전향적인 법률개정이 필요해 보인다.

와 상관없이 장기간 보관할 수 있는 성질의 것이 아니다. 저작자의 허락 없이 방송사업자가 녹음·녹화할 수 있도록 「저작권법」에서 특별히 배려하고 있는 이유 역시 해당 녹음물 등이 조만간에 삭제 또는 폐기될 것을 전제로 하기 때문이다.

(2) 보존기간 및 예외

"법 제34조 제1항의 규정에 따라 만들어진 녹음물 또는 녹화물은 녹음일 또는 녹화일로부터 1년을 초과하여 보존할 수 없다"(제34조 제2항 본문)라는 규정이 있지만, 그 녹음물 또는 녹화물이 기록의 자료로서 공익적 차원에서 보존이 필요한 경우에는 일정한 장소에서 영구히 보존하는 것도 가능하다. 법 제34조 제2항 단서, 즉 "다만, 그 녹음물 또는 녹화물이 기록의 자료로서 대통령령이 정하는 장소[146]에 보존되는 경우에는 그러하지 아니하다"라는 규정은 이와 같은 취지가 반영되었다고 볼 수 있다.

4. 번역 등에 의한 녹음·녹화의 금지 등

법 제34조에 따른 방송사업자의 일시적인 녹음 또는 녹화는 저작물에 충실하게 이루어져야 한다. 따라서 번역, 편곡 또는 개작하여 이를 녹음·녹화하여서는 아니 된다. 방송사업자의 일시적인 녹음·녹화의 경우는 구태여 출처를 표시하지 않아도 된다(제37조 제1항). 다만, 주의해야 할 것은 법 제34조에 따라 작성된 녹음 또는 녹화물을 이용하여 방송을 하는 경우에는 출처를 명시하여야 한다.

---

[146] 여기서 대통령령이 정하는 장소는 다음의 어느 하나, 즉 i) 기록의 보존을 목적으로 국가나 지방자치단체가 설치·운영하는 시설, ii) 방송용으로 제공된 녹음물이나 녹화물을 기록자료로 수집·보존하기 위하여 「방송법」 제2조 제3호에 따른 방송사업자가 운영하거나 그의 위탁을 받아 녹음물 등을 보존하는 시설에 해당하는 시설 내를 말한다(「저작권법 시행령」 제16조).

XV. 미술저작물 등에 대한 전시와 복제의 허용 등

1. 의의

미술저작물, 건축저작물, 사진저작물 등은[147] 여타의 저작물과 달리 유형적 형체를 가지고 있어서 무체재산권으로서의 저작권과 유형물에 대한 유체재산권으로서의 소유권이 충돌할 수밖에 없다. 따라서 두 권리의 조화를 위해 여타의 저작물에서는 볼 수 없는 별도의 저작재산권 행사의 제한, 특히 복제권과 전시권 행사가 제한될 수밖에 없으며, 이 밖에 공중에게 개방된 장소에서 전시하는 미술저작물 등에 대해서도 저작자가 가지는 복제권과 전시권 등을 일정부분 제한하여 보다 많은 사람들이 쉽게 감상할 수 있도록 함으로써 국민의 문화적 삶의 질 향상이라는 공익목적에도 부합하도록 해야 할 것이다.

이와 같은 취지에 따라 미술저작물 등에 대한 저작재산권의 행사를 제한하는 조치를 「저작권법」 제35조(미술저작물 등의 전시 또는 복제)에서 규정하고 있다.

2. 원본 소유자 등의 원본 전시의 허용

(1) 의의

대부분의 경우 미술저작물 등의 저작자는 저작물을 판매할 때 소유권의 이전뿐만 아니라 전시권을 포함하여 저작재산권 일체를 양도한다.[148] 그러나 저작재산권은 전부는 물론 일부의 양도도 가능하기에(제45조 제1항 참조), 저작자가 해당 저작

---

[147] 미술저작물, 건축저작물 그리고 사진저작물을 모두 지칭할 때 광의의 미술저작물이라고 하며, 「저작권법」에서는 '미술저작물 등'이라고 정의하고 있다(제11조 제3항 참조).

[148] 우리나라 「저작권법」에서는 유형물에 해당하는 저작물을 판매 등의 방법으로 소유권을 이전할 경우 그 저작물에 체화(體化)되어 있는 무체재산권인 저작권도 동시에 이전되는가 아니면 소유권만 이전되는가에 대해서는 명문의 규정이 없다. 미국과 중국의 저작권법에서는 특약이 없는 한 저작물이 수록된 복제물 등에 대한 소유권의 이전이 저작권의 이전이 아니며, 동시에 저작권의 이전이 곧 소유권의 이전을 뜻하는 것도 아님을 명시적으로 규정하고 있다(미국 저작권법인 17 U.S.C 제202조 및 중국 저작권법 제18조 참조). 한편, 미국의 일부 주 법원에서는 회화나 조각과 같이 한 개의 작품만이 존재할 수 있는 작품(one-of-a-kind-works)의 경우 저작자가 문서로 된 계약서상에 명시적으로 저작권을 유보한다는 조항이 없을 경우 저작자의 모든 저작재산권은 자동적으로 해당 저작물을 구입한 자(소유자)에게 이전된다고 판시하는 추세가 일반적이라고 한다(DuBoff, op.cit., p. 169).

물을 판매하면서 전시권을 보유한 상태로 나머지 저작재산권을 양도하였다면 유형적 형태의 미술저작물을 소유한 자가 전시를 하려고 할 때 저작자로부터 전시허락을 받는 것이 원칙이다.[149] 이 경우 저작자로부터 미술작품을 구입하여 원본에 대한 소유권을 가지고 있음에도 불구하고 이를 화랑이나 미술관 등에서 전시할 때마다 일일이 저작자의 전시허락을 얻도록 하는 것은 여러 가지로 불합리할 뿐만 아니라, 저작자가 전시를 허락하지 않는 것도 어떻게 보면 권리의 남용에 해당한다고 할 수 있다.

이와 같은 입법취지에 따라 현행 「저작권법」에서는 미술저작물, 건축저작물 그리고 사진저작물과 같은 소유권의 대상이 되는 유형적 형체에 구현되어 있는 미술저작물 등의 원본을 가지고 있는 자 등은 저작자의 허락 없이도 자유롭게 전시를 할 수 있도록 허용해 주고[150], 다만 저작자의 경제적 이익을 부당하게 해치지 아니하도록 공중에게 개방된 장소에서 항시 전시하는 경우에는 저작자의 동의를 얻도록 하는 내용이 담긴 미술저작물 등의 전시권의 행사에 대한 제한규정을 마련하고 있다.

(2) 「저작권법」에서의 규정

"미술저작물 등의 원본의 소유자나 그의 동의를 얻은 자는 그 저작물을 원본에 의하여 전시할 수 있다. 다만, 가로·공원·건축물의 외벽 그 밖에 공중에게 개방된 장소에 항시 전시하는 경우에는 그러하지 아니하다"(제35조 제1항). 본문은 미술저작물 등의 저작자가 애초부터 가지고 있는 저작재산권 지분권의 하나인 **전시권**의 행사를 제한하는 원칙적인 규정이고, 단서는 전시권이 과도하게 제한됨으로써 저작자의 정당한 이익이 부당하게 침해되는 것을 방지하기 위한 예외적인 규정에 해당한다. 이 규정은 이미 살펴본 바 있는 법 제11조 제3항의 규정과 대칭성을 띤다고 볼 수 있는 것으로서 두 조문은 반대해석의 결과이기도 하다. 즉, "저작자가 공표되지 아니한 미술저작물·건축저작물 또는 사진저작물(이하 '미술저작물 등'이라 한다)의 원본을 양도한 경우에는 그 상대방에게 저작물의 원본의 전시방식에 의한 공표

---

[149] 미술저작물 등에 관한 저작재산권 일체를 양도할지라도 저작자가 가지는 공표권, 성명표시권 그리고 동일성유지권 등과 같은 저작인격권은 일신전속적인 성격 때문에 이를 저작자가 계속 가지고 있으며, 권리는 저작재산권의 양도나 저작물의 이용허락 이후에도 일반적으로 저작자가 행사할 수 있다.

[150] 이와 같은 현상을 '저작권에 대한 소유권 우위의 현상'이라고 표현하기도 한다. 저작권과 소유권이 충돌할 경우에 소유권 우위의 입장에 서는 것이 「저작권법」의 일관된 입법태도라고 볼 수 있다.

를 동의한 것으로 추정한다"(제11조 제3항)라는 규정은 미술저작물 등의 원본을 양수받은 자는 비록 전시권이라는 권리를 양수받지 않았을지라도 그가 가지고 있는 소유권에 기초하여 해당 미술저작물 등을 전시할 수 있는 권능을 확보하는 셈이다.[151] 미술저작물 등의 원본 소유자나 그의 동의를 얻은 자는 저작재산권을 가지고 있지는 않지만 법 제35조 제1항 본문의 규정에 따라 이와 같이 사실상 전시권과 유사한 권리를 가지고 있다.

(3) 전시의 허용요건

법 제35조 제1항에 따라 미술저작물 등의 원본 소유자 등이 저작자의 허락 없이도 자유롭게 전시할 수 있는 요건을 살펴보면 다음과 같다. 첫째, 전시[152]의 대상은 유체물로 구현된 미술저작물 등이다. 여기서 미술저작물 등이라 함은 협의의 미술저작물(제4조 제1항 제4호)뿐만 아니라 건축저작물(제4조 제1항 제5호)과 사진저작물(제4조 제1항 제6호)을 포함하는 광의의 미술저작물을 말한다. 둘째, 전시의 주체는 유체물 형태의 미술저작물 등의 원본을 소유하고 있는 자이거나 그로부터 동의를 얻은 자를 말한다. 원본의 소유자로부터 동의를 얻은 자로는 화랑, 미술관, 박물관 그리고 정부의 미술은행[153] 등이 있는데, 개인이 소유하고 있는 미술저작물 등을 주제별로 수합하여 전시하는 기획전시 등이 이에 해당한다. 셋째, 전시는 해당 미술저작물의 **원본**으로 해야 한다. 여기서 원본은 미술저작물이 창작과 동시에 유형의 형식으로 고정되는 경우 그 고정물을 의미한다.[154] 미술저작물 등의 저작자는 법 제19조에 따라 원본이나 복제물의 전시권을 갖지만 여기서의 전시는 원본으로 하여야만 한다. 따라서 복제물을 전시하고자 할 경우에는 저작자의 허락을 받아야 한다.[155] 이는 비록 복제물의 전시일지라도 그만큼 미술저작물 등의 저작자의 경제적 이익을 부당하게 해칠 우려가 크기 때문이다. 그런데 미술저작물은 원본 한 개만

---

151 이와 같은 권능은 소유권자가 가지는 '사용' 또는 '수익' 권능의 일환으로 해석할 수 있다.

152 현행 「저작권법」에 따르면 '전시'는 미술저작물 등에만 적용되는 저작자의 저작재산권으로서, "저작자는 미술저작물 등의 원본이나 복제물을 전시할 권리를 가진다"(제19조).

153 국립현대미술관을 말한다.

154 이와 같은 '원본'의 개념은 2차적저작물 또는 편집저작물의 기초 내지는 소재로서 작용하는 원저작물과는 구별되는 개념이다.

155 예를 들면, 달력에 있는 사진을 오려내어 액자에 넣어 전시하는 것은 원본이 아닌 복제물의 전시이므로 사진저작물의 허락을 받고 전시하여야 한다(서울중앙지방법원 2004.11.11, 선고 2003나51230 판결).

이 존재하는 경우가 대부분이지만 판화나 주형Mold 또는 필름으로 제작되는 조각이나 사진 등은 다수의 원본이 존재할 수 있다. 따라서 이러한 작품은 여러 개가 있을지라도 모두 원본으로 보아야 한다.[156] 넷째, 전시는 미술저작물 등의 저작자가 기대하는 정당한 이익을 부당하게 해치는 방법으로 이루어져서는 아니 되며, 이에 대해서는 법 제35조 제1항 단서에 "다만, 가로·공원·건축물의 외벽, 그 밖에 공중에게 개방된 장소에 항시 전시하는 경우에는 그러하지 아니하다"라고 구체적인 규정이 마련되어 있다. 이와 같은 장소에서 항시 전시를 하게 되면 다수의 공중이 관람할 수 있어서 저작자의 경제적 이익이 심각하게 훼손될 수 있으므로 저작자의 허락을 얻은 후에 전시를 하여야 한다. 물론 항시가 아닌 일시적으로 전시하는 것은 저작자의 경제적 이익과 크게 충돌할 여지가 없으므로 저작자의 허락 없이도 허용된다고 보아야 한다.[157]

다섯째, 법 제35조 제1항에 따른 전시를 하는 때에는 그 출처를 명시하여야 한다(제37조 제1항). 출처의 명시는 해당 미술저작물의 이용상황에 따라 합리적으로 인정되는 방법으로 하여야 하며, 다른 저작물과 마찬가지로 저작자의 실명 또는 이명이 표시된 미술저작물의 경우에는 그 실명 또는 이명을 명시하여야 한다.

3. 공중에게 개방된 장소에서 항시 전시되어 있는 미술저작물 등을 복제하여 이용하는 행위의 허용

(1) 의의

미술저작물 등은 여타의 저작물과 달리 2차원 또는 3차원의 형체를 가지고 있어

---

156 미국에서는 판화의 경우 일반적으로 200개까지 원본으로 취급하고 있다.

157 참고로, 우리는 문화예술의 진흥과 도시문화환경의 개선을 목적으로 연면적이 1만 제곱미터 이상의 대형건축물을 신축 또는 증축할 때 건축비용의 100분의 1 이하의 범위 안에서의 비용을 미술작품의 설치에 사용하도록 하는 '건축물에 대한 미술작품의 설치제도'를 실시하고 있다(「문화예술진흥법」 제9조). 이때 설치되는 미술작품으로는 i) 회화, 조각, 공예, 사진, 서예, 벽화, 미디어아트 등 조형예술물이거나 ii) 분수대 등 미술작품으로 인정할 만한 공공조형물을 말하는데(「문화예술진흥법 시행령」 제12조 제4항), 이는 결국 「저작권법」에서 말하는 '미술저작물 등'과 같은 개념이다. 따라서 건축물에 대한 미술작품의 설치제도에 따라 대형건축물의 건축주 등이 미술저작물 등을 해당 대형건축물에 인접한 가로, 공원 등에 설치하거나 해당 대형건축물의 외벽 등에 설치하고자 할 경우에는 법 제35조 제1항 단서의 규정에 따라 저작자의 허락을 받아야 한다. 다만, 공중에게 개방이 제한된 대형건축물의 내부에 설치될 경우에는 저작자의 허락 없이 자유롭게 원본을 전시할 수 있다.

서 무형의 저작물처럼 디지털 매체를 통한 광범위한 유통에는 한계가 있다. 이에 예술적 가치를 지니는 미술저작물 등은 저작자에게 독점적이고 배타적인 권리를 인정해 주는 동시에 가능한 한 많은 일반공중이 감상할 수 있도록 하는 입법적 배려가 필요한 것도 사실이다.

(2) 「저작권법」에서의 규정

이와 같은 입법취지에 따라 가로, 공원, 건축물의 외벽, 그 밖에 공중에게 개방된 장소에 항시 전시된 미술저작물 등을 쉽게 복제하여 이용할 수 있도록 저작재산권의 행사에 여러 가지 제한을 가하고 있다(제35조 제2항).

구체적으로 살펴보면 다음과 같다. 먼저, 건축물의 경우 개방된 장소에 항시 전시되어 있는 건축물은 저작자의 허락 없이 어떠한 방법으로든지 이를 복제하여 이용할 수 있다(제35조 제1항 참조). 따라서 개방된 장소에 전시되어 있는 건축물을 대상으로 사진을 찍거나, 스케치를 하거나 그 밖의 방법으로 일시적 또는 영구적으로 고정하거나 다시 제작하여 이를 이용하여도 건축물에 대한 복제권 침해에 해당하지 아니한다. 한편, 조각 또는 회화의 경우도 저작자의 허락 없이 인쇄, 사진, 스케치 그 밖의 방법으로 일시적 또는 영구적으로 고정하거나 다시 제작하여 이를 이용하여도 무방하다(제2조 제22호 및 제35조 제1항). 그리고 법 제35조 제2항은 복제뿐만 아니라 복제를 한 후에 배포나 공중송신(방송이나 전송 등)도 자유롭게 할 수 있다고 해석할 수 있다.

(3) 미술저작물 등을 복제하여 이용할 수 없는 경우
가. 건축물을 건축물로 복제하는 경우(제35조 제2항 제1호)

개방된 장소에 항시 전시되어 있는 건축물이라도 이를 똑같은 형태의 건축물로 복제하면 데드 카피Dead Copy가 되어 저작자의 복제권을 침해하는 것이 되기 때문에 이 경우에는 저작자의 허락을 받고 복제를 하여야 한다. 다만, 사진 촬영이나 모형 또는 미니어처 등을 만드는 것 등은 건축물을 복제하는 것이 아니므로 이와 같은 행위는 허용된다.[158]

---

158 이해완, 앞의 책, 443쪽.

나. 조각 또는 회화를 조각 또는 회화로 복제하는 경우(제35조 제2항 제2호)

개방된 장소에 항시 전시되어 있는 조각 또는 회화를 똑같은 조각 또는 회화의 형태로 복제하는 것은 저작자의 복제권을 침해하는 것으로서, 이는 저작자의 허락 없이는 할 수 없다. 이러한 복제를 허용하면 저작재산권자가 가지고 있는 복제권을 정면으로 침해하는 것일 뿐만 아니라 법에서 금지하는 모방행위에도 해당하며, 결국 저작자에게 심각한 경제적 손실을 줄 수 있기 때문이다. 그러나 조각을 회화로, 회화를 조각으로 또는 조각이나 회화를 사진촬영이나 동영상 등으로 복제하는 것은 저작자의 허락이 없어도 가능하다.

다. 공중에게 개방된 장소 등에 항시 전시하기 위하여 복제하는 경우(제35조 제2항 제3호)

이미 개방된 장소에서 항시 전시되고 있는 미술저작물 등을 또다시 공중에게 개방된 장소 등에 항시 전시하기 위하여 복제하는 것은 저작자에게 심각한 경제적 손실을 끼칠 우려가 있기 때문에 허용되지 않는다. 다만, 저작자의 허락이 있는 경우에는 가능하다. 따라서 조각을 회화로 복제하거나 회화를 조각으로 변형하는 경우에도 그 복제물을 개방된 장소에서 항시 전시하기 위한 것이라면 저작자의 허락 없는 자유로운 복제는 허용되지 않는다.

라. 판매의 목적으로 복제하는 경우(제35조 제2항 제4호)

개방된 장소에서 항시 전시되어 있는 미술저작물 등은 저작자의 허락 없이 판매의 목적으로 복제할 수 없다. 판매를 목적으로 하는 엽서, 달력, 포스터 등을 제작하기 위하여 복제를 하는 것은 저작자의 경제적 이익을 심각하게 해칠 우려가 있기 때문에, 이 경우에는 저작자의 허락을 얻어야만 복제할 수 있다. 다만, 판매를 목적으로 복제하는 경우에 본 예외조항이 적용되므로, 회사의 홍보용 달력과 같이 영리를 목적으로 하는 것이라도 판매가 아닌 무료로 배포하는 것은 해당하지 않는다.

4. 목록 형태의 책자에 미술저작물 등을 복제하여 배포하는 행위의 허용

(1) 의의

미술저작물 등의 저작자로부터 해당 미술저작물 등을 구매하여 소유하고 있는 자가 그 원본을 전시하려고 할 경우나 아니면 이를 다시 제3자에게 판매하려고 할 경우에 일일이 원저작자의 허락을 얻도록 하는 것은 여러 가지 불편한 점이 많으며 전시와 판매에 부수하여 이루어지는 이와 같은 활동은 저작자의 경제적 이익에 직접적인 손해를 끼치는 것도 아니다. 이에 미술저작물 등의 전시와 판매에 부수적으로 이루어지는 복제와 배포 등은 저작자의 허락이 없어도 가능하도록 저작재산권 (복제권, 배포권)을 제한할 필요가 있으며, 이에 따라 법 제35조 제3항의 규정이 마련되었다.

(2)「저작권법」에서의 규정

"제35조 제1항의 규정에 따라 전시를 하는 자, 또는 미술저작물 등의 원본을 판매하고자 하는 자는 그 저작물의 해설이나 소개를 목적으로 하는 목록 형태의 책자에 이를 복제하여 배포할 수 있다"(제35조 제3항). 미술저작물 등이 양도 등으로 저작자와 소유자가 달라진 경우, 소유자가 미술저작물 등을 판매하기 위한 홍보자료 등을 제작하기 위해 저작자의 동의가 필요하면 소유권의 행사가 지나치게 제한되어 불합리하고 미술저작물 등의 유동성이나 상품가치를 떨어뜨릴 수 있다. 그런 이유로 미술저작물 등의 원본 소유자 또는 그로부터 판매를 위탁받은 자가 구매자에게 그 저작물을 소개할 수 있도록 소유자 등에게 일정한 범위의 복제권을 허용하고 있다.

(3) 복제와 배포의 허용요건

법 제35조 제3항에 따라 저작자의 허락이 없어도 해당 미술저작물 등을 자유롭게 복제·배포하기 위한 요건으로는 다음과 같은 것이 있다. 첫째, 법 제35조 제1항의 규정에 따라 원본에 의한 전시를 하고자 하는 원본의 소유자 또는 그의 동의를 얻은 자와 미술저작물 등의 원본을 판매하고자 하는 자 등 세 가지 유형의 그룹이 주체가 된다. 이때 원본을 판매하고자 하는 자의 범위에는 그의 의뢰를 받아 판매를 위탁받은 화랑 등도 포함되지만 해당 미술저작물 등의 저작자는 포함되지 아니한다. 왜냐하면 그는 애초부터 저작재산권의 하나로서 복제권과 배포권을 가지고 있기 때문이다. 둘째, 이때 이루어지는 복제와 배포의 목적은 그 미술저작물 등의 해설이나 소개를 위한 것이어야 한다. 해설이나 소개의 목적이 아니고 초호화판으로 제작되어 기존에 존재하는 미술저작물 등의 원본과 대체가능성이 있는 목록 등을 제작할 목적으로 이루어진다면 목록과 원본 간에 시장대체적 효과가 발생할 수 있다. 이 경우에는 미술저작물 등의 저작자에게 심각한 경제적 손실을 입힐 우려가 있으므로 저작자의 허락을 얻은 후에 비로소 복제와 배포가 이루어져야 한다. 셋째, 목록 형태의 책자에 해당 미술저작물 등을 복제하여 배포해야 한다. 저작자의 허락 없이 목록 형태의 책자가 아닌, 원작 크기에 가까운 한 장짜리 복제화 등을 제작하여 배포하는 것은 허용되지 않는다. 이와 같은 행위는 저작자의 경제적 이익을 심각하게 해칠 우려가 있고 경우에 따라서는 저작자의 2차적저작물작성권을 침해할 수도 있기 때문이다. 넷째, 목록 형태의 책자에 출처를 명시하여야 한다(제37조 제1항).

(4) 비판적 고찰

법 제35조 제3항은 문리文理해석상 책자와 같은 오프라인 형태의 인쇄물로 제작하여 배포하는 것만 허용되는 취지로서 온라인상의 전송이나 공중송신의 경우는 허용되지 않는 것으로 볼 가능성이 높다. 하지만 전자상거래가 활성화된 오늘날의 디지털 환경에서는 인터넷상의 경매사이트를 통하여 미술저작물 등이 매매되는 경우도 수시로 일어나고 있다. 따라서 이에 대한 입법적·사법적 배려도 시급한 실정이다.[159]

---

[159] 이러한 점을 감안하여 하급심 가운데는 해석론으로 복제 및 배포 이외에 '공중송신'의 경우에도 법 제35조 제3항의 규정의 유추적용이 가능한 것으로 본 사례가 있다(서울중앙지방법원 2008.10.17, 선고 2008가합21261 판결).

5. 위탁에 의한 초상화 등의 저작재산권 행사의 제한

(1) 의의

개인의 위탁으로 초상화[160]를 그리거나 증명사진·가족사진·기타 활동사진 등을 촬영하는 경우가 많은데, 이때 사진촬영 등의 결과를 나타내는 고정된 저작물로서의 사진 등에 대한 권리(소유권)와 그 사진에 체화體化되어 있는 인간의 사상 또는 감정의 표현에 해당하는 사진저작물 등에 대한 권리(저작권) 간의 충돌현상이 발생할 수 있다. 일반적으로 고정된 저작물로서 구현되는 사진의 소유권은 위탁을 한 자, 즉 위탁자委託者가 가지고, 인간의 사상·감정을 표현한 무형물로서의 사진저작물 및 이에 따른 저작재산권은 사진을 촬영한 사진작가, 즉 수탁자受託者가 가진다.[161]

(2) 저작재산권 행사의 제한

사진을 촬영한 수탁자가 위탁자의 허락 없이 마음대로 복제·전송 등을 하거나 그 과정에서 영리를 목적으로 사용하는 경우에는 위탁자의 명예를 훼손시킬 수도 있는 등 심각한 사회문제가 발생할 수 있다. 이에 「저작권법」에서는 별도의 특칙을 두어 위탁자의 동의를 얻은 후에 수탁자가 해당 초상화나 사진 등을 이용할 수 있도록 하고 있다. 즉, "위탁에 의한 초상화 또는 이와 유사한 사진저작물의 경우에는 위탁자의 동의가 없는 때에는 이를 이용할 수 없다"(제35조 제4항). 이와 같은 규정은 저작권이 저작자인 사진작가에게 귀속하는 것으로 하고, 초상이나 사진의 주인공이 가지는 인격권 등의 개인적 권리도 동시에 보호하기 위한 입법취지가 반영되었다고 볼 수 있다.

법 제35조 제4항의 규정은 저작자가 가지는 전시권의 행사를 제한할 수 있는 근거규정이기도 하다. 또한 위탁자가 가지는 개인적 권리(이는 소유권이 핵심적인 권리가 되겠으나 이 밖에도 인격권일 수 있고, 프라이버시권일 수도 있으며 뒤에서 이야기할 퍼블리시티권일 수도 있다)와 수탁자가 가지는 저작권 사이에 충돌이 예상될 때에는 위탁자의

---

[160] 초상화는 사진저작물이 아니고 말 그대로 그림, 즉 기계를 통하지 않고 인간의 수작업으로 제작되는 협의의 미술저작물에 해당한다.

[161] 어문저작물에서 편지의 소유권은 수신자가, 편지라는 매체에 포함되어 있는 어문저작물은 발신자가 가지는 것과 마찬가지 논리이다.

권리가 우선적으로 보호되어야 한다는 사상을 기본으로 하고 있는 것으로 해석된다. 이때 제한되는 수탁자의 이용행위에는 복제뿐만 아니라 전시, 전송, 배포, 대여 등이 포함되며, 이 밖에도 상업적 목적으로 활용하는 여타의 이용행위도 포함된다.

그런데 이 규정을 위반한 경우, 즉 위탁자의 동의 없이 초상사진 등을 이용한 경우 위탁자는 저작권자가 아니므로 위탁자가 가지는 일반적 인격권의 침해는 될 수 있어도 저작인격권이나 저작재산권의 침해행위에는 해당하지 않음을 유의하여야 한다.

6. 출처의 명시

「저작권법」 제35조에 따른 미술저작물 등을 전시 또는 복제의 방법 등으로 이용하는 자는 그 출처를 명시하여야 한다(제37조 제1항). 이때 출처의 명시는 해당 저작물의 이용상황에 따라 합리적이라고 인정되는 방법으로 하여야 하며, 저작자의 실명 또는 이명이 표시된 저작물인 경우에는 그 실명 또는 이명을 명시하여야 한다(제37조 제2항).

XVI. 저작물 이용과정에서의 일시적 복제의 허용

1. 의의

오늘날 우리를 둘러싼 저작권 환경은 인터넷을 통한 저작물의 광범위한 유통을 그 특징으로 한다. 인터넷을 통하여 저작물을 유통할 때 해당 저작물은 컴퓨터의 램RAM에 일시적으로 저장되거나 일부내용이 캐싱파일 형태로 하드디스크에 일시적으로 저장되는 등의 현상이 필수적으로 발생한다. 인터넷·디지털시대의 세계적 추세에 능동적으로 대처하고 「한·미FTA협정」의 후속조치 차원에서 이루어진 2009년의 저작권 개정과정에서 우리도 「저작권법」에 일시적 복제를 **복제**의 개념에 포함하여 오늘에 이르고 있다는 것도 이미 기술한 바 있다. 따라서 저작자는 원칙적으로 일시적 복제 내지는 일시적 저장행위에 대해서도 독점적·배타적 권리를 행사할 수 있으며, 제3자는 저작자로부터 이와 같은 권리를 양도받거나 아니면 허락을 받은 후에야만 일시적 저장 내지는 복제를 하는 것이 원칙이라 하겠다.

그런데 컴퓨터를 통한 저작물 이용과정 중 일시적 복제(저장)행위에 대해서 일일이 저작자로부터 이용허락을 받는다는 것은 현실적으로 불가능할 뿐더러 저작자의 허락 없이 일시적 복제를 하더라도 저작자의 경제적 이익을 심각하게 해칠 우려도 별로 없다. 이에 법 제35조의2(저작물 이용과정에서의 일시적 복제)에서는 일정한 요건 하에 저작자의 저작재산권(복제권) 행사를 제한하고, 그 결과 저작자의 허락이 없어도 일시적으로 복제행위를 할 수 있도록 규정하고 있다.

2. 「저작권법」에서의 규정

현행 법에서는 저작물의 이용과정에서의 일시적 복제를 허용하는 규정을 두고 있다. 법 제35조의2의 "컴퓨터에서 저작물을 이용하는 경우에는 원활하고 효율적인 정보처리를 위하여 필요하다고 인정되는 범위 안에서 그 저작물을 그 컴퓨터에 일시적으로 복제할 수 있다. 다만, 저작물의 이용이 저작권을 침해하는 경우에는 그러하지 아니하다"라는 규정이다. 입법형식으로 보면 본문은 컴퓨터를 이용하여 저작물을 이용하는 자는 저작자의 허락이 없어도 일시적으로 복제를 할 수 있도록 허용하는 반면에, 단서는 저작권의 보호 측면을 고려하여 저작권 침해물을 이용하는 과정에서 발생하는 일시적인 복제행위는 면책이 되지 않고 이때에는 저작자의 허락을 요하는 것으로 하고 있다.

한편, 이 규정에 따라 저작물 이용과정에서 일시적으로 저작물을 복제할 때에는 출처명시의 의무도 동시에 면제가 됨을 유의할 필요가 있다(제37조 제1항).

3. 저작물 이용과정에서의 일시적 복제의 허용요건

「저작권법」 제35조의2에 따라 저작물을 이용하는 과정에서 저작자의 허락 없이 자유롭게 일시적 복제를 할 수 있기 위해서는 다음과 같은 요건이 충족되어야 한다.

첫째, 이때의 복제는 컴퓨터에서 저작물을 이용하는 과정에서 부수적으로 이루어지는 복제이어야 한다. 따라서 컴퓨터에서 저작물을 이용하는 것이 주±가 되고 복제는 부수적 행위이다. 여기서 저작물을 **이용한다**라고 함은 해당 저작물을 보고, 읽고, 듣고 그리고 작동하는 것 등이 포함되는 개념이다. 이때 컴퓨터에서 이용되는 저작물의 종류는 불문하는데, 대부분의 경우 컴퓨터프로그램저작물이 해당하겠지만 그 외의 저작물이라도 컴퓨터에서 이용되는 것이라면 법 제35조의2의 적용을 받는다고 보아야 한다.

> 서울고등법원은 프로그램을 실행하기 위해 램RAM에 일시적으로 저장하는 것은 법 제35조의2의 규정에 따라 허용될 수 있는가와 관련하여, "프로그램을 실행하기 위하여 램RAM에 일시적으로 저장하는 것은 원활하고 효율적인 정보처리를 위하여 필요하다고 인정되는 범위 안에서의 이용에 해당한다"라고 판시한 바 있다(서울고등법원 2014.11.20, 선고 2014나19631 판결).

둘째, 저작물의 이용과정에서 이루어지는 일시적 복제는 필요 최소한의 범위 내에서만 허용되는데, 이를 구체적으로 보면 '원활하고 효율적인 정보처리를 위하여 필요하다고 인정되는 범위 안에서'만 일시적 복제가 이루어져야 한다. 법 제35조의2의 입법취지 등에 비추어 보면 일시적 복제가 저작물의 이용 등에 불가피하게 수반되는 경우는 물론이고 안전성이나 효율성을 높이기 위해 이루어지는 경우도 포함된다고 보지만, 일시적 복제 자체가 독자적인 경제적 가치가 있는 경우는 제외되어야 한다. 최근의 대법원 판례도 같은 입장이다.

> 대법원은 일시적 복제의 개념적 범위와 관련하여, "「저작권법」 제2조 제22호에서 복제의 개념에 '일시적으로 유형물에 고정하거나 다시 제작하는 것'을 포함시키면서도 법 제35조의2에서 '컴퓨터에서 저작물을 이용하는 경우에는 원활하고 효율적인 정보처리를 위하여 필요하다고 인정되는 범위 안에서 그 저작물을 그 컴퓨터에 일시적으로 복제할 수 있다. 다만, 그 저작물의 이용이 저작권을 침해하는 경우에는 그러하지 아니하다'라고 규정하여 일시적 복제에 관한 면책규정을 두고 있다. … 이와 같은 입법취지 등에 비추어 볼 때 여기서 말하는 '원활하고 효율적인 정보처리를 위하여 필요하다고 인정되는 범위 안에서'에는 일시적 복제가 저작물의 이용 등에 불가피하게 수반되는 경우는 물론 안전성이나 효율성을 높이기 위해 이루어지는 경우도 포함된다고 할 것이지만, 일시적 복제 자체가 독립한 경제적 가치를 가지는 경우는 제외되어야 한다"라고 판시한 바 있다(대법원 2017.11.23, 선고 2015다1017 판결).

셋째, 이때의 복제는 **일시적** 복제이어야 한다. 일시적이라 함은 조만간에 삭제 또는 폐기가 예정된 것을 말하며, 시간적으로 반드시 짧은 기간을 의미하지는 않는다.

4. 일시적 복제가 허용되지 아니하는 경우

비록 앞의 요건을 모두 갖추어 컴퓨터를 통한 저작물의 이용과정에서 저작자의 허락 없이 일시적 복제가 가능하더라도 불법저작물의 유통과 관련되었다면 허용되어서는 아니 된다. 즉, "…그 저작물의 이용이 저작권을 침해하는 경우에는 그러하지 아니하다"(「저작권법」 제35조의2 단서). 이 조문의 입법적 취지는 적법한 이용과 관련한 일시적 저장이 지나치게 확대해석되는 것을 막고, 적법한 이용의 범위를 명확하게 하기 위하여 불법복제물 등 불법적으로 침해된 저작물의 이용과 같이 그 저작물의 이용이 저작권 침해에 해당되는 일시적 복제에 대해서는 면책되지 않도록 하는 데 있다. 그리고 '그 저작물의 이용'이란 앞에서 본 본문규정의 주된 이용을 말하는 것이지 부수적 이용(일시적 복제)을 말하는 것은 아니며, '저작권을 침해하는 경우'란 그 저작물의 이용이 저작자의 경제적 이해관계와 경쟁적 위치에 놓여 그가 가지고 있는 권리와 이익을 손상시킬 수 있는 상태에 이르게 되는 것을 의미한다. 구체적인 예로는 i) 정당한 이용허락(법정허락 포함)이 없거나[162], ii) 저작권 행사의 제한사유에 해당하지 않는 이용행위, iii) 「저작권법」상 저작권 침해로 간주되는 저작물의 이용행위 등이 해당한다. 반면에, 정상적인 인터넷 검색이나 웹 서핑 등을 할 때 발생하는 일시적 복제행위는 저작권 행사의 제한사유요건 중 '컴퓨터에서 저작물을 이용하는 경우에는 원활하고 효율적인 정보처리를 위하여 인정되는 범위 안에서'에 해당하기 때문에 저작권자의 허락 없이 자유롭게 이용할 수 있다고 보아야 한다.[163]

---

162 그런데 저작자의 허락이 있어도 외형상 한 대의 컴퓨터를 여러 명이 동시에 사용할 수 있는 환경을 제공하는 Multi User System에서 여러 사람이 해당 SW를 사용하면서 발생하는 일시적 복제는 저작권의 침해로 보아, 이 경우에는 저작자의 허가를 받아야 할 것이다(김현숙, 「멀티유저시스템에서 실행되는 소프트웨어의 저작권 침해 판단」, 계간 《저작권》(2018년 겨울호), 한국저작권위원회, 185~186쪽, 대법원 2016.1.14. 선고 2015도16928 판결).

163 문화체육관광부·한국저작권위원회, 앞의 설명자료, 30~31쪽.

5. 컴퓨터프로그램저작물의 경우

현행 「저작권법」에서는 지금까지 살펴본 법 제35조의2 규정 이외에도 제5장의2 프로그램에 관한 특례 중 제101조의3(프로그램의 저작재산권의 제한) 제2항에서 "컴퓨터의 유지·보수를 위하여 그 컴퓨터를 이용하는 과정에서 프로그램(정당하게 취득한 경우에 한한다)을 일시적으로 복제할 수 있다"라는 규정을 별도로 두고 있다.[164] 따라서 컴퓨터의 유지·보수를 위하여 그 컴퓨터를 이용하는 과정에서는 저작자의 허락 없이도 정당하게 취득한 컴퓨터프로그램저작물을 일시적으로 복제할 수 있다.

XVII. 저작물의 부수적 복제 등의 허용

1. 의의

저작물의 부수적 이용은 사진촬영, 녹음 또는 녹화 등의 과정에서 주된 대상물이 아닌 저작물이 우연히 포함되는 경우를 말하는 것으로서 우리나라뿐만 아니라 일본, 독일, 영국 등에서도 별도의 저작권 행사의 제한사유의 하나로 규정하고 있다.[165]

오늘날 디지털기기의 발달로 누구나 손쉽게 사진촬영, 녹음 또는 녹화를 하고 있다. 이때 촬영한 사진의 피사체 배후에 저작권이 문제될 수 있는 그림이나 도안 등이 찍히거나[166] 녹음 또는 녹화내용에 거리에서 들리는 음악이 삽입될 수도 있는데, 이와 같은 사진촬영, 녹음, 녹화는 저작물의 복제행위가 되고, 이를 전송하는 것은 공중송신행위가 되어 저작권 침해행위가 될 수 있다. 이처럼 해당 저작물의 이용을 주된 목적으로 하지 않고 의도치 않게 부수적으로 이용된 것임에도 불구하고 형식적·경직적으로 엄격하게 「저작권법」을 적용하면 저작권 침해에 해당하지만, 이는

---

164 컴퓨터를 이용하는 과정에서의 일시적 복제는 두 가지 경우로 볼 수 있는데, i) 저작물의 이용과정에서의 일시적 복제(제35조의2)와 ii) 컴퓨터의 유지·보수를 위한 프로그램의 일시적 복제(제101조의3 제2항)이다.
165 한국저작권위원회, 앞의 연구서(II), 133~145쪽.
166 원저작물을 우연하게 부수적으로 이용하여야 하므로 디즈니랜드의 미키마우스상(像)과 함께 사진을 찍는 행위는 저작물의 부수적 이용에 해당하지 아니한다(한국저작권위원회, 앞의 연구서(II), 134쪽).

문화 및 관련 산업의 향상발전이라는 「저작권법」의 목적달성에도 저해요인으로 작용할 것이다.[167]

> 미국 연방법원은 그라피티Graffiti 예술가의 작품이 드라마 채널 HBO가 방영한 드라마에서 배경으로 등장한 것(붉은색 드레스를 입은 여성이 뉴욕 시내를 걸으면서 대형 쓰레기통을 20여 초 동안 지나치는 장면이 나오는데, 이 장면에서 'Art We All One'으로 읽히는 원고의 그라피티[168]가 등장함)이 그라피티 작가의 저작권을 침해한 것으로 볼 수 있는가와 관련하여, "이 사건 그라피티가 단독으로 등장하거나 클로즈업 되어 등장하지 않으면 알아볼 수 없다는 점과, 이 사건 드라마 장면의 구성에 어떠한 역할도 하지 않았을 뿐만 아니라, 카메라가 붉은색 드레스를 입은 여배우에 집중하고 있으며 조명이 약해 알아볼 수 있기는커녕 완벽히 보이지도 않기 때문에 이와 같은 드라마에서의 부수적이고 사소한 장면은 원고가 가지고 있는 저작권의 침해라고 보기 어렵다"라고 판시하였다〔Gayle v. Home Box Office, Inc., 2018 WL2059675(S.D.N.Y. May 1. 2018).

2. 「저작권법」에서의 규정

저작물의 부수적 복제 등을 허용하고 있는 법 제35조의3의 규정은 2019년 「저작권법」 개정에서 신설된 것으로서, "사진촬영, 녹음 또는 녹화(이하 '촬영 등'이라 한다)를 하는 과정에서 보이거나 들리는 저작물이 촬영 등의 주된 대상에 부수적으로 포함되는 경우에는 이를 복제·배포·공연·전시 또는 공중송신할 수 있다. 다만, 그 이용된 저작권의 종류 및 용도, 이용의 목적 및 성격 등에 비추어 저작재산권자의 이익을 부당하게 해치는 경우에는 그러하지 아니하다."라고 규정되어 있다.

3. 부수적 복제 등이 허용요건 등

이와 같이 부수적 복제 등은 촬영 등의 과정에서 소극적으로 보이거나 들리는 저

---

167 2019년 11월 「저작권법」 개정과정에서 법 제35조의3(부수적 복제 등)을 신설하였다. 이는 "가상·증강 현실기술이 발전함에 따라 관련기기의 이용이 빈번해지고 있는데, 기기활용의 과정에서 부수적으로 다른 저작물이 포함된 경우 이에 대한 저작권 침해를 면책하여 관련 산업의 발전의 토대를 마련하려는 것이다(2019.11.26. 법률 제16600호 참조).

168 합합문화의 일종으로서 낙서로 간주되고 있으나, 오늘날 사회적·문화적 중요성이 증가하고 있고, 경제적 가치도 증가하고 있음에 착안하여 최근에 와서는 패션을 비롯한 타 분야와의 협업을 통한 상업적 이용도 점차 늘어나고 있다.

작물에 대해서만 허용되고 적극적으로 저작물을 촬영 등의 방법으로 이용하는 경우에는 허용되지 않으며, 이 밖에도 촬영 등의 주된 대상에 해당 저작물이 양적 또는 질적인 면에서 부수적으로 포함되는 경우에만 허용될 수 있음을 유의하여야 한다. 그리고 저작물의 부수적 복제 등의 허용 역시 3단계 테스트가 적용되어야 할 것인바, 법 제35조의3 단서 규정은 이와 같은 입법취지를 반영하여 마련된 것으로 평가된다. 한편, 법 제35조의3의 규정에 따라 부수적인 복제 등을 함에 있어서 해당 저작물을 번역, 편곡 또는 개작하여 이용할 수 있으며, 해당 저작물의 출처를 명시할 필요가 없음을 유의할 필요가 있다(법 제36조 및 제37조 참조).

XVIII. 문화시설에 의한 복제 등의 허용

1. 의의

국가와 지방자치단체가 운영하는 박물관, 미술관, 문예회관, 공연장 등과 같은 공공문화시설은 그 공익적 요청에 부응하기 위해 미술저작물과 음악저작물 그리고 연극저작물 등과 같은 각종 저작물을 가능하면 자유롭게 이용할 수 있어야 할 것이다. 이와 같은 현실적 상황을 반영하여 현행 「저작권법」 체계하에서는 일정한 경우 문화시설에서 저작재산권의 행사를 제한할 수 있도록 2019년 개정과정에서 문화시설에 의한 복제 등(제35조의4)에 관한 규정을 신설하였다.

2. 「저작권법」에서의 규정

현행 「저작권법」 제35조의4에서는 문화시설에 의한 저작물의 복제 등의 허용과 관련하여 상세한 규정을 두고 있다. 먼저 법 제35조의4 제1항에서는 문화시설에 의한 복제 등의 허용요건에 대해서 "국가나 지방자치단체가 운영하는 문화예술활동에 지속적으로 이용되는 시설 중 대통령령으로 정하는 문화시설(해당 시설의 장을 포함한다)은 대통령령으로 정하는 기준에 해당하는 상당한 조사를 하였어도 공표된 저작물(제3조에 따른 외국인의 저작물을 제외한다)의 저작재산권자나 그의 거소를 알 수 없는 경우 그 문화시설에 보관된 자료를 수집·정리·분석·보존하여 공중에게 제공하기 위한 목적(영리를 목적으로 하는 경우를 제외한다)으로 그 자료를 복제·배포·공연·전시 또는 공중송신할 수 있다"라고 규정하고 있다.

다음으로 법 제35조의4 제2항부터 제7항까지에서는 저작물 이용의 중단 요구와 보상금의 지급 등에 관하여 규정하고 있는데 그 구체적·절차적인 사항은 대통령령에 위임하는 입법형식을 취하고 있다. 한편 법 제35조의4의 규정에 따라 문화시설이 복제 등을 함에 있어서 해당 저작물을 번역·편곡 또는 개작하여 이용할 수 있으며, 해당 저작물의 출처를 명시할 필요도 없는데(제37조 참조), 이는 문화시설에서 더욱 많은 저작물이 광범위하게 활용될 수 있도록 하고자 하는 입법적 취지가 반영된 것으로 보인다.

3. 문화시설에 의한 복제 등의 허용요건 등

문화시설에서 복제 등의 방법으로 저작물의 자유롭게 이용된다면 이는 저작자의 정당한 이익을 부당하게 해칠 우려가 대단히 높을 것이다. 이에 「저작권법」에서는 문화시설에 의한 복제 등을 허용함에 있어서 그 요건을 엄격하게 규정하고 있는데 이를 구체적으로 살펴보기로 한다. 첫째 자유롭게 저작물의 복제 등이 허용되는 문화시설은 모든 문화시설이 아니고 공공성이 담보되어 있는 '국가나 지방자치단체가 운영하는 문화예술활동에 지속적으로 이용되는 시설 중 대통령령으로 정하는 문화시설'만을 말한다. 둘째, 문화시설에 의한 복제 등이 자유롭게 허용되는 저작물은 저작권자가 누구인지 알지 못하여 이용하기 힘든 저작자 불명의 저작물을 대상으로 하여야 한다. 즉, 「저작권법」 제50조에 따른 저작재산권자가 불명인 저작물에 대한 법정허락의 요건에서와 같이 저작물의 저작재산권자나 그의 거소를 알 수 없는 경우이어야 한다. 이 점에서 문화시설에 의한 복제 등을 허용하고 있는 법 제35조의4의 규정은 기존의 법정허락제도를 개선한 것으로 평가할 수가 있다. 셋째, 문화시설에 의한 복제 등은 영리를 목적으로 하는 경우에 있어서는 허용되지 아니하며, 그 문화시설에 보관된 자료를 수집·정리·분석·보존하여 공중에게 제공하는 것과 같은 공익적 목적을 위해서만 허용된다. 이와 같은 세 가지 요건이 모두 충족될 경우 문화시설은 복제·배포·공연·전시 또는 공중송신 등의 방법으로 해당 저작물을 자유롭게 이용할 수 있다(제35조의4 제1항 참조).

4. 문화시설에 의한 복제 등에 있어서 저작재산권자의 권리

오늘날 저작물의 자유로운 이용이 널리 권장되고 저작재산권자의 권리가 질적·양적인 면에서 광범위하게 제한될 수 있는 대표적인 장소로는 앞에서 살펴본 학교와 도서관 그리고 여기서 논의하고 있는 문화시설을 들 수 있다. 이에 현행 「저작권법」에서는 문화시설에서의 복제 등을 허용함에 있어서 저작재산권자의 이익이 부당하게 침해받지 않도록 법 제35조의4 제2항부터 제7항까지 여러 가지 법률적 장치를 마련하고 있는데 이를 구체적으로 살펴보기로 한다.

(1) 저작물 이용의 중단 요구

저작재산권자는 앞에서 논의한 복제 등과 같은 저작물의 이용이 허용된 문화시설에 대하여 해당 저작물의 이용을 중단할 것을 요구할 수 있으며, 요구를 받은 문화시설은 지체 없이 해당 저작물의 이용을 중단하여야 한다(제35조의4 제2항).

(2) 보상금의 청구

저작재산권자는 문화시설에 의한 복제 등에 있어서 보상금을 청구할 수 있으며, 문화시설은 저작재산권자와 협의한 보상금을 지급하여야 한다(제35조의4 제3항). 그리고 보상금 협의 절차를 거쳤으나 협의가 성립되지 아니한 경우에는 문화시설 또는 저작재산권자는 문화체육관광부장관에게 보상금 결정을 신청하여야 하며, 보상금 결정신청이 있는 경우에 문화체육관광부장관은 저작물의 이용목적·이용형태·이용범위 등을 고려하여 보상금 규모 및 지급 시기를 정한 후 이를 문화시설 및 저작재산권자에게 통보하여야 한다(제35조의4 제4항 및 제5항).

(3) 문화시설의 복제방지조치 등

「저작권법」 제35조의4 제1항에 따라 문화시설이 저작물을 이용하고자 하는 경우에는 대통령령으로 정하는 바에 따라 이용되는 저작물의 목록·내용 등과 관련된 정보의 게시, 저작권 및 그 밖에 이 법에 따라 보호되는 권리의 침해를 방지하기 위한 복제방지조치 등 필요한 조치를 하여야 한다(제35조의4 제6항).

XIX. 저작물의 공정한 이용의 허용

1. 의의

우리 「저작권법」 제1조에는 "저작자의 권리와 이에 인접하는 권리를 보호하고 저작물의 공정한 이용을 도모함으로써 문화 및 관련 산업의 향상발전에 이바지함을 목적으로 한다"고 되어 있다. 여기서 **저작자의 권리와 이에 인접하는 권리의 보호와 저작물의 공정한 이용의 도모**는 「저작권법」이 지향하는 2대 이념이기도 하다.

일반적으로 저작물의 공정한 이용이란 공공의 복리증진 등 공익상 필요가 있을 때 저작자가 가지는 배타적 권리인 저작재산권을 제한하여 저작자의 동의가 없어도 해당 저작물을 합리적인 범위 내에서 자유롭게 이용할 수 있는 상태를 말한다. 따라서 저작물의 공정한 이용은 저작자의 권리보호와는 지향하는 바가 대칭되며 전자가 공익公益 지향적이라면 후자는 사익私益 지향적이라 할 수 있다. 이 두 가지 이념은 끊임없이 긴장관계를 형성하면서 변화·발전하는데, 그 구체적인 내용은 해당 국가의 입법정책에 따라 탄력적으로 입법화되어 나타난다. 우리의 경우 초창기에는 저작자의 창작활동의 보호 등 저작자의 보호에 중점을 두고 있었다. 그러다가 시간이 흐르면서 저작물을 이용하는 이용자의 보호도 그에 못지않게 중요하다는 시각이 점차 고개를 들기 시작했고, 기존 저작물을 후속 저작자가 창조적으로 이용하는 것도 널리 보호해 줄 때에만 궁극적으로 문화의 향상과 사회 전체의 이익이 증대될 것이라는 사상이 더욱 일반화되어 왔다.[169]

오늘날 저작자의 권리를 보호함과 아울러 그 저작권의 행사에 일정한 제한과 예외를 인정하는 일반조항으로서 성격을 가지고 있는 공정이용 조항을 자국의 저작권법에 규정하는 방법이 널리 채택되고 있음은 어떻게 보면 당연한 현상이라 하겠다.

---

[169] 골드스타인(Goldstein) 교수는 공정한 이용(Fair Use)이란 보통의 사용이 아닌 생산적인 사용을 의미하며 이것은 곧 미국 저작권법에 관한 최고의 헌법적 조항인 문화의 향상발전(to promote the progress of useful arts)에 기여하는 제도적 장치에 해당한다고 주장하고 있다(Goldstein, op. cit., p. 673).

2. 역사적 배경

(1) 공정이용 법리의 탄생

저작물의 공정한 이용의 사상적 배경은 영미법에서 보통법Common Law을 기반으로 하는 판례에서 형성된 **공정이용**Fair Use, Fair Dealing의 법리[170]에 그 기반을 두고 있다. 오늘날에는 디지털 콘텐츠의 유통생태계가 급격히 생성되고, 이에 따라 시공간의 전반적인 범위에서 폭발적으로 이용되고 있는 저작물의 다양한 이용형태 모두를 실정법인 「저작권법」에서 적절하고 타당하게 기술하는 것은 한계가 있을 수밖에 없다. 이는 저작재산권의 제한에 관한 규정에서도 마찬가지이다. 이때 저작재산권 행사의 포괄적인 제한규정으로서의 저작물의 공정한 이용이라는 일반규정을 두어 매번 번거로운 법률의 개정절차를 거치지 않더라도 그때그때 대두되는 새로운 이용형태에 부응하는 탄력적인 대응을 할 필요성이 있었다.

(2) 공정이용 법리의 「저작권법」에의 수용

2011년 법 개정과정에서 저작물의 디지털화 등에 따른 유통환경의 변화로 기존 법상의 한정적·열거적인 저작재산권의 제한규정으로는 다양한 상황에서 필요한 저작물이용을 모두 아우르기 어렵다는 한계점과 함께 제한적으로 열거되어 있는 저작재산권 행사의 제한사유 이외에도 수시로 일어나는 환경변화에 대응하여 적용할 수 있는 포괄적인 저작재산권 행사의 제한규정이 필요하다는 점 등을 고려하여 저작재산권의 행사를 제한하는 일반적·포괄적 사유로서의 공정이용 규정을 도입한 바 있다.[171] 그런데 공정이용의 조항은 다양한 분야에서 저작물 이용행위를 활성화함으로써 문화와 문화콘텐츠산업의 발전에 이바지하여야 하나, 이와 같은 공정

---

170 미국은 Fair Use 이론을, 영국은 Fair Dealing 이론을 각각 개발·적용하고 있다. 공정이용 법리는 1841년 폴섬 대 마시(Folsom v. Marsh) 사건에서 스토리(Story) 판사가 구체화한 이후로 판례에 의해 지속적으로 발전되어 왔으며, 1976년에 미국 저작권법인 17 U.S.C. Section 107에 규정된 공정이용에 관한 조항은 기존의 판례에 의해 발전되어 온 것을 그대로 명문화한 것이다.

171 2011년 12월에 공정이용에 관한 조항인 법 제35조의5(저작물의 공정한 이용)을 신설하였는데 이때 제시한 입법이유로 "한·미 FTA협정으로 인하여 저작권보호가 상당히 강화되었고, 또 우리를 둘러싼 디지털 기술환경이 급격히 발전되고 있음을 볼 때 일일이 「저작권법」을 개정하여 저작재산권의 제한과 예외규정을 신설하기에는 무리가 따를 수 있다는 점, 그리고 저작권 이용문제를 신속하고 탄력적으로 해결할 수 있는 포괄적인 면책규정의 도입도 검토가 가능한 시점에 도달하였다는 점 등을 종합적으로 고려하여 공정이용을 위한 저작권의 제한과 관련한 규정을 신설할 필요성이 있다"라는 것이었다(문화체육관광부, 앞의 책, 283쪽).

이용을 위해 제시된 이용목적이 제한적이어서 어려움이 있다는 목소리가 있었다. 이에 2016년 개정에서는 당초 공정이용의 대표적인 이용목적으로서 제시한 '보도·비평·교육·연구 등'이라는 부분을 아예 삭제함으로써 여타의 다른 이용목적을 위해서도 공정이용 조항의 적용가능성을 완전히 열어 두어 오늘에 이르고 있다.[172]

한편, 미국에서는 종래 재판상의 이론으로 발전되어 온 공정이용에 관한 법리를 1976년의 저작권법에서 성문화하여 규정하고 있는데, 같은 법 제107조에서는 '배타적 권리에 대한 제한(공정이용)'이라는 제목하에 공정이용에 관해 상세히 규정하고 있다.

3. 「저작권법」에서의 규정

(1) 법체계상의 적합성 문제

앞에서 논의한 바와 같이 공정이용제도는 원래 영미법상의 제도인데 이를 대륙법계 국가인 우리나라에서 어떻게 입법적으로 수용할 수 있는가가 문제될 수 있다.

오늘날 저작권의 문제는 국내문제임과 동시에 국제문제로서의 특징을 동시에 지니고 있다. 저작권과 관련한 국제조약도 「베른협약」, 「로마협약」 등 자그마치 15개에 이르고, 더구나 세계 각국은 FTA의 체결로 저작물의 상호이용과 저작자의 상호보호에 노력하고 있어 적어도 저작권법 분야에서는 전통적인 영미법계와 대륙법계의 구분이 더 이상 큰 의미가 없다고 하겠다. 이 밖에도 우리 법에서는 이미 영미법계의 산물인 업무상저작물을 도입하였고, 저작권의 본질에 관한 이해에서도 대륙법계의 사고인 인격권보다는 저작권이 가지고 있는 재산권으로서의 특징을 강조한다. 이와 동시에 비친고죄非親告罪의 범위도 점차 넓혀 나가고 있는 실정이다. 그리고 영미법계의 대표적인 산물인 법정손해배상제도도 도입한 마당에 공정이용 조항의 도입 거부 논리는 성립되기 어렵다. 또한 저작권을 둘러싼 우리의 환경이 안정적이

---

172 공정이용을 「저작권법」에 도입할 경우 우선 장점으로는 i) 기술발전으로 등장하는 새로운 저작물의 이용문제를 신속하게 해결할 수 있고, ii) 성문법 규정의 개념적 한계를 넘는 무리한 해석을 줄일 수 있고, iii) 저작권이 가지는 시장실패(Market Failure)를 보완할 수 있으며, iv) 빈번한 법률개정 작업에 따른 노력과 비용을 줄일 수 있다는 것 등이다. 또한 단점으로는 i) 법적 불확실성이 증대되고, ii) 공정이용의 항변이 남발되어 법원의 부담이 증가하고, iii) 이로 인해 저작권 보호가 위축될 수도 있다는 것 등이다(문화체육관광부 등, 앞의 연구서, 274~278쪽).

지 못하고, 특히 우리는 IT산업의 발달로 저작권 시장이 급격히 요동치고 있음을 감안할 때 이를 안정적으로 법률로 규율하기 위해서는 일일이 개별 법률 조항을 개정하여 수습하기보다는 포괄적·일반적·추상적으로 제한하는 공정이용 조항의 도입이 필요한 것은 당연하다 하겠다.

(2) 법 제35조의5의 규정

저작재산권의 행사를 제한하는 일반조항으로서의 저작물의 공정한 이용에 관하여 규정한 조항이다. 이 조항을 전체적으로 분석해 보면 제1항에서는 「베른협약」 등에서 정하고 있는 3단계 테스트Three Step Test를 도입하고 있고, 제2항에서는 미국의 연방 저작권법 제107조의 내용인 '공정이용에 해당하는지를 판단할 때 고려하여야 할 사항'을 원칙적으로 수용하고 있는 것으로 평가할 수 있다.

먼저 제35조의5 제1항은 저작재산권 행사의 제한의 기준에 관한 것으로서, "법 제23조부터 제35조의4까지, 제101조의3부터 제101조의5까지의 경우 외에 저작물의 통상적인 이용방법과 충돌하지 아니하고 저작자의 정당한 이익을 부당하게 해치지 아니하는 경우에는 저작물을 이용할 수 있다"라고 규정하고 있다. 다음으로 법 제35조의5 제2항은 저작물의 공정한 이용을 판단할 때 고려하여야 할 요소를 제시하였는데, "저작물 이용행위가 제1항에 해당하는지를 판단할 때에는 다음 각 호의 사항 등을 고려하여야 한다. i) 이용의 목적 및 성격, ii) 저작물의 종류 및 용도, iii) 이용된 부분이 저작물 전체에서 차지하는 비중과 그 중요성, iv) 저작물의 이용이 그 저작물의 현재 시장 또는 가치나 잠재적인 시장 또는 가치에 미치는 영향"이라고 규정하고 있다.

(3) 법 제28조와의 관계

법 제35조의5의 **저작물의 공정한 이용** 조항은 법 제28조의 **공표된 저작물의 이용** 조항과의 관계에서 유의해야 할 점이 있다. 법 제28조는 저작물 이용목적이 보도·비평·교육·연구 등에 한정되어 있는 반면에 법 제35조의5는 제한이 없고, 법 제28조는 어디까지나 **인용**에 관한 조항인 반면에 법 제35조의5는 저작물의 **이용**에 관한 조항으로서 두 조항은 결국 개별조항과 일반조항의 관계로 설명할 수 있다.

4. 국제법상 인정되고 있는 저작재산권 제한에 관한 일반적 기준의 수용

(1) 3단계 테스트의 수용(제35조의5 제1항)

"제23조부터 제35조의4까지, 제101조의3부터 제101조의5까지의 경우 외에 저작물의 통상적인 이용방법과 충돌하지 아니하고 저작자의 정당한 이익을 부당하게 해치지 아니하는 경우에는 저작물을 이용할 수 있다." 이 조항은「베른협약」이후 저작권과 관련한 여러 가지 국제조약에서 일관되게 제시해 온 저작권 행사의 제한에 관한 기준을 충실히 따르고 있다. 이 밖에도 2007년에 체결된「한·미 FTA협정」제184조 제10항에서 규정하고 있는 "각 당사국은 배타적 권리에 대한 제한 또는 예외를 저작물·실연 또는 음반의 통상적인 이용과 충돌하지 아니하고, 권리자의 정당한 이익을 불합리하게 저해하지 아니하는 특정한 경우로 한정하여야 한다"라는 내용을 그대로 반영한 것이기도 하다.

저작권과 관련한 국제조약에서는 저작재산권 행사의 제한에 관한 일반적인 기준으로 소위 3단계 테스트가 확립되어 있는데, 이는「베른협약」제9조 제1항의 복제권 행사의 제한기준에서 기인한다. 그 후「TRIPs협정」과「WIPO 저작권조약」그리고「WIPO 실연·음반조약」에서는 복제권뿐만 아니라 조약에 포함된 다른 모든 권리에 대한 제한과 예외의 한계를 정하는 기준으로 작용하고 있다.

「베른협약」에서 제시하고 있는 3단계 테스트는 "어느 특별한 경우에 저작물의 복제를 허락하는 것은 가맹국의 입법에 맡긴다. 다만, 그 복제는 저작물의 통상적인 이용과 충돌하지 않아야 하며 권리자의 정당한 이익을 불합리하게 해치지 않아야 한다"라는 제9조 제2항의 규정에서 비롯되었다. 여기서의 i) 어느 특별한 경우일 것, ii) 저작물의 통상적인 이용과 충돌하지 않을 것, 그리고 iii) 권리자의 정당한 이익을 불합리하게 해치지 않을 것 등이 3단계 테스트의 주요 내용이다. 법 제35조의5 제1항과 비교해보면 "법 제23조부터…제101조의5까지의 경우 외에…"라는 규정은 결국 '어느 특별한 경우'와 합치되고, "…저작물의 통상적인 이용방법과 충돌하지 아니하고…" 및 "…저작자의 정당한 이익을 부당하게 해치지 아니하는 경우에는…"이라는 규정은 3단계 테스트의 두 번째 및 세 번째의 내용과 똑같다. 따라서 원래 저작재산권 행사의 제한에 관한 일반적인 기준으로 제시된 소위 3단계 테스트는 우리의 경우에 적어도 법 제35조의5에 따른 저작물의 공정한 이용에는 반드시 적용하여야 할 의무적 기준으로 자리 잡고 있다고 하겠다.[173]

법 제35조의5 제1항에서 명시적으로 규정하고 있는 3단계 테스트를 좀 더 구체적으로 살펴보기로 한다.

첫째, 저작물의 공정한 이용에서 첫 번째로 분류되는 기준인 **어느 특별한 경우** In Certain Special Case란 그 적용범위가 명확히 정의되어 있어서 어떠한 경우에 공정이용 조항이 적용되는지 분명한 경우를 의미한다. 따라서 특별한 경우에만 한정적으로 인정하여 명확하게 규정되어야 하고, 이와 같은 이유로 제한규정에 따라 이익을 보는 집단의 범위는 가급적 좁아야 한다.[174] 법 제35조의5 제1항에서는 공정이용이 적용될 수 있는 경우로서 "법 제23조부터⋯제101조의5까지의 경우 외에⋯"를 제시하고 있는데 이는 곧 「저작권법」상의 개별적인 제한규정의 적용을 받을 수 없는 제3의 아주 한정되고 특별한 경우를 말하는 것으로서 결국은 '어느 특별한 경우'라는 테스트를 충족한다.[175]

둘째, 공정이용은 저작물의 **통상적인 이용방법과 충돌되지 아니할 것**이란 요건을 충족하여야 하는데, 이는 그 저작물이 일반적으로 유통되고 있는 시장에서의 이용질서와 충돌하지 않는 것을 의미한다. 요컨대 해당 저작물의 이용으로 저작재산권자와 경쟁관계를 형성하고 이로 말미암아 저작재산권자의 영업적 이익을 박탈하면 이는 통상적인 이용방법과 충돌하는 것이 된다. 이렇게 본다면 저작자가 통상적으로 시장에서 저작물을 이용하여 이익을 취하는 행위를 잠식할 만한 정도라면 공정이용에 해당할 수 없고, 다만 시장이 존재하지 않거나 존재할 개연성이 매우 적은 경우에만 그나마 공정이용이 적용될 여지가 있다고 하겠다. 그런데 여기서의 '통상

---

173 '3단계 테스트'와 '공정이용의 원칙'과의 관계를 살펴보면, 3단계 테스트는 국제법에서의 법원(法源, Source of Law)으로서의 성격을 가지고 있는 반면에, 공정이용의 원칙은 우리 「저작권법」에 규정됨으로써 비로소 국내법적인 지위를 가지게 되었다고 이해하여야 한다(정진근, 「저작물의 공정사용 원칙의 도입에 따른 문제와 개선방안」, 계간《저작권》(2013 여름호), 한국저작권위원회, 404쪽).

174 WTO 패널에서는 '좁게 제한되어야 한다'는 기준의 충족여부를 판단하는 데 해당 분야에서의 사업통계를 참고하였다. 예를 들면 해당 통계를 기준으로 볼 때 모든 음식점의 73%, 모든 주점의 70% 그리고 모든 소매점의 45%가 면책의 수혜자가 된다면 이는 결코 '특별한(Special)'에 해당할 만큼 좁은 대상이라고 볼 수 없다고 하였다.

175 따라서 공정이용의 법리는 현행 「저작권법」에서 저작재산권 행사의 제한에 관하여 개별적·열거적으로 규정하고 있는 제23조부터 제35조의4까지 및 제101조의3부터 제101조의5까지의 경우에 해당하지 아니하는 '그 밖의 특별한 경우'에만 적용이 가능하다.

적인 이용'에는 '잠재적인 이용', 즉 현재 실제적으로 이용되는 분야는 아니지만 저작재산권자가 향후에 수익을 창출할 수 있는 잠재적인 시장에서의 이용까지도 포함될 수 있다고 보아야 할 것이다.[176]

셋째, 공정이용은 **저작자의 정당한 이익을 부당하게 해치지 아니할 것**이라는 기준을 충족시켜야 하는데, 이 기준은 단순히 손해를 입히지 않는다는 것만이 아니라 해당 저작물의 이용행위가 권리자가 기대하는 이익을 부당하게 침해하지 않는 것을 의미한다. 저작권자에게 다소의 침해를 받도록 하는 것은 인정한다고 하더라도 그러한 저작물의 이용으로 저작자의 수입이 불합리하게 상실되거나 그럴 가능성이 있다면 이는 부당한 수준에 이른 것이라고 볼 수 있다. 따라서 세 번째 기준은 단순한 현실적인 손해의 유무만으로 판단하여서는 아니 되며 시장에서의 잠재적인 영향과 경제적 가치 등을 고려하여 종합적으로 판단하여야 한다. 특히 저작재산권에 대한 제한을 하면서 그에 따른 정당한 보상금을 저작재산권자에게 지급하는 것을 조건으로 하는 경우 등은 이 단계에서 고려하는 부분이다.[177]

이와 같은 3단계 테스트의 준수여부는 누적되는 형태로 판단하여야 하며, 어느 하나라도 충족되지 않으면 3단계 테스트를 통과할 수 없다. 좀 더 구체적으로 살펴보면, 법 제35조의5 제1항에 따른 저작물의 공정한 이용에 해당되기 위해서는 먼저 해당 사안이 어느 특별한 경우에 해당하는가, 만약 그렇다면 그때의 저작물 이용이 통상적인 이용방법과 충돌하는 것은 아닌가, 만약 충돌하지 않는다면 그러한 이용이 저작자의 정당한 이익을 부당하게 해치지는 않는가를 순서대로 차례차례 검토한 후 최종적으로 공정이용에 해당하는지를 판단하여야 한다.

---

176 2000년 WTO의 패널보고서에도 "상당한 경제적 또는 실제적인 중요성을 갖거나 가질 것으로 보이는 모든 형태의 저작물 이용은 저작자에게 남겨져야 한다"라는 명제에서 출발하여 '통상적인 이용'의 범위에는 '현재 상당한 또는 가시적인 수익을 창출하고 있는 이용형태뿐만 아니라 일정한 정도의 가능성과 개연성을 가진 상당한 경제적 또는 실제적인 중요성이 있는 이용형태'까지 포함되어야 한다고 하였다(오승종, 앞의 책, 577쪽에서 재인용).

177 일반적으로 아주 많은 수의 복제물(Very Large Number of Copies)이 만들어지면 저작물의 통상적인 이용과 충돌하고, 많은 수의 복제물(Rather Large Number of Copies)이 만들어지면 저작자의 합법적 이익을 해칠 우려가 크다. 다만 보상금을 지급한다면 저작자의 합법적 이익을 해치지 않을 수도 있을 것이다(최경수, 앞의 책, 376쪽).

(2) 저작물의 공정한 이용 판단 시 고려사항(제35조의5 제2항)

저작물의 특정한 이용이 공정한지는 개별적·구체적으로 판단할 수밖에 없다. 누구든지 법원의 최종판단이 있기까지는 공정한 이용이었는지 확신을 가질 수 없다. 이는 공정이용에 관한 법리가 법원이 창설하는 법률에 해당하는 판례법에 그 기초를 두고 있기 때문이기도 하다.

이에 법 제35조의5 제2항에서는 저작물의 공정한 이용에 해당하는지를 판단할 때 고려하여야 할 네 가지 사항을 규정하고 있다. i) 이용의 목적 및 성격, ii) 저작물의 종류 및 용도, iii) 이용된 부분이 저작물 전체에서 차지하는 비중과 그 중요성 그리고 iv) 저작물의 이용이 그 저작물의 현재 시장 또는 가치나 잠재적인 시장 또는 가치에 미치는 영향 등을 고려하여야 한다는 것이다. 이 고려사항은 미국 판례법에서 형성되어 미국 저작권법 제107조에 규정되어 있는 것과 내용이 거의 같다.[178]

미국 저작권법과 우리 「저작권법」을 비교해 보면, 첫 번째 고려요소와 관련하여서는 미국의 경우 공정이용에서의 저작물의 이용목적을 제시하면서 비평Criticism, 논평Comments, 시사보도News Reporting, 교수, 학문 또는 연구Scholarship or Research 등과 같이 목적을 구체적으로 제시하고 있으나[179], 우리는 2016년 법률 개정 시에 고려

---

178 미국 저작권법 제107조(배타적 권리에 대한 제한 : 공정이용)에 따르면 "저작물을 공정하게 이용하는 행위는 저작권의 침해가 되지 아니한다. 구체적인 경우에 저작물의 이용이 공정이용에 해당하느냐 여부를 판단함에 있어서는 다음과 같은 사항, 즉 i) 그러한 이용이 상업적 성질의 것인지 또는 비영리적 교육목적을 위한 것인지 등 그 이용의 목적 및 성격(The Purpose and Character of the Use including whether it is Profitable or Not), ii) 저작권으로 보호되는 저작물의 성격(The Nature of the Work Copyrighted), iii) 사용된 부분이 저작권으로 보호되는 저작물 전체에서 차지하는 양과 상당성(The Proportional Amount and Substance of the Use) 그리고 iv) 그 이용이 저작권으로 보호되는 저작물의 잠재적 시장이나 가치에 미치는 영향(The Economic Effect upon the Copyright Owner) 등을 고려하여야 한다. 위의 네 가지 사항 모두를 고려하여 내려진 결정인 경우에 저작물이 미발행되었다는 사실 자체는 공정이용의 결정을 방해하지 아니한다"라는 내용으로 규정되어 있다. 미국 법원에서는 종전에는 이 중 네 번째 요소를 가장 중요한 요소로 생각하고 있었으나, Campbell 사건에서 태도를 바꾸어 "공정이용 성립여부를 판단하기 위해서는 '저작권 보호의 목적'이라는 관점에서 모든 요소를 검토한 후 그 결과를 종합적으로 고려하여야 한다"라는 취지로 판시하여 다른 요소들과 동등하게 다루고 있으며, 최근에 와서는 오히려 첫 번째 요소를 가장 중요시하는 경향을 보이는 것으로 판단된다.

179 미국 연방의회는 미국 저작권법 제107조에서 규정하고 있는 Fair Use의 대표적인 예를 House Report에 제시하고 있는데, i) 비평과 비판의 목적으로 저작자의 저작물을 인용하는 것, ii) 저작자의 의견을 설명하거나 명확히 재정리하는 것, iii) 학술적 저작물에 있는 짧은 문장을 인용하는 것, iv) 패러디에 사용하기 위하여 다른 저작물을 활용하는 것, v) 뉴스보도자료 등이 있는 기사나 연설문 등을 요약하는 것, vi) 도서관에서 훼손된 저작물을 대체하기 위하여 저작물의 일부분을 복제하는 것, vii) 교사와 학생이 수업에 활용하기 위하여 저작물의 일부분을 복제하는 것, viii) 입법 또는 사법의 절차 등에서 저작물을 복제하는 것, ix) 방송이나 뉴스의 진행과정에서 등장하는 저작물을 우연히 복제하는 것 등이다.

할 목적사항을 너무 제한적으로 규정할 필요가 없다는 판단하에 '영리성 또는 비영리성 등 이용의 목적 및 성격'을 단순히 '이용의 목적 및 성격'으로 대체한 바 있다. 두 번째와 세 번째의 고려요소도 미국의 그것과 표현만 다를 뿐 뜻하는 바는 같다고 할 수 있다. 네 번째 고려요소로서 우리는 저작물의 이용이 그 저작물의 **현재 시장 또는 가치에 미치는 영향**을 추가적으로 규정하고 있으나 미국의 경우는 제외되어 있는데 이로 인한 법률적 차이는 그리 커 보이지 않는다.

이렇게 우리 법에 나타난 네 가지 고려사항은 미국법의 영향을 많이 받은 것으로 보이는데, 판례법상 확립된 미국의 법원칙을 실정법을 우선시하는 우리의 법체계에 무비판적으로 수용하는 것이 과연 타당한지는 여러 가지 논란의 여지가 있을 수 있다.[180]

5. '저작물의 공정한 이용'의 판단에서 고려할 사항의 구체적 검토

(1) 의의

공정이용의 법리는 법원으로 하여금 구체적인 사안에서 불공정한 결과를 피해갈 수 있는 융통성을 부여하는 장치이기 때문에 필연적으로 사전에 객관적이고 명확한 기준이 담긴 내용을 제시하기는 곤란하며 각 사안마다 법원에서 개별적·구체적으로 적용되는 성질을 갖는다.[181] 앞에서 살펴본 네 가지 고려사항은 열거적·제한적이 아니라 예시적例示的인 것으로서 서로 결합하여 상호 적용될 수 있는 것으로 보아야 한다. 또한 그중 어느 하나가 특별히 결정적인 역할을 한다거나 상호 배타적인 것은 아니므로 네 가지 고려사항 중 어느 하나가 존재하거나 존재하지 않는다고 하여 공정이용이 확정되거나 그 반대의 결과로 되는 것도 아니다. 다시 말해, 공정이용의 네 가지 요소를 고려할 때 법원은 각 요소를 수리적이고 기계적으로 판단하여서는 아니 되며, 반드시 주어진 사건의 사실관계에 기반하여 전체적으로 조화롭

---

180 법 제35조의5 제2항에서는 "저작물 이용행위가 제1항에 해당하는지를 판단할 때에는 다음 각 호의 사항 등을 '고려'하여야 한다"라고 규정하고 있는데, 이는 판례법 중심국가에서 구체적 사안을 담당하고 있는 사법부 소속의 법관이 해당 사건을 판단할 때 적용되어야 할 것으로서 입법부가 제정한 형식적 의미의 '법률'에서 이와 같은 고려사항을 입법화하여 별도의 규정을 두는 것은 대단히 어색해 보인다.

181 Burr, op. cit., p. 191

게 해석하고 판단하여야 한다.[182] 따라서 법원에서는 이 네 가지 사항 이외에도 해당 사건의 특수성을 감안하여 여타의 사항도 얼마든지 고려하여 구체적 타당성이 더욱 높은 재판결과를 도출할 수 있다.

(2) 이용의 목적 및 성격

먼저, 저작물 이용행위가 공정한 이용에 해당하는지를 판단할 때에는 해당 저작물에 대한 이용의 목적 및 성격을 고려하여야 한다(제35조의5 제2항 제1호). 이때 저작물 이용의 목적이 좀 더 공익적이고, 좀 더 생산적이고, 좀 더 인류문화의 향상발전에 기여하기 위한 것이라면 이는 공정한 이용에 보다 가깝다고 할 수 있다.

따라서 저작물의 이용목적이 보도, 비평, 교육, 연구 등과 같은 비상업적이고 공익적인 성격이 높을수록 공정한 이용에 가깝고, 상업적이거나 사적인 것이라면 그만큼 공정한 이용이 성립되기가 어려울 것이다. 물론 상업적인 이용이라고 하여 그것만으로 곧바로 공정한 이용이 아니라는 결론을 내려서는 안 된다. 오늘날 저작물 이용형태를 볼 때 상업적 이용이 아닌 것은 거의 없을 정도인데, 2016년의 「저작권법」 개정에서 '영리 또는 비영리성 등'이라는 표현을 삭제한 것도 이와 같은 이유 때문이다.[183]

가. 저작물의 변형적變形的 이용

공정이용의 판단에서 중요한 세부적인 고려요소의 하나로, 해당 저작물의 이용목적이나 성격이 기존의 저작물을 대체하는 것이 아니라 좀 더 생산적이고 좀 더 변형적으로 이용하는 행위인가를 들 수 있다.[184] 만약 그러한 것이라면 그만큼 문화와 관련 산업의 향상발전에 이바지할 것이며 공정이용에 해당한다고 볼 수 있다. 여기서 **변형적**이란 새로운 저작물의 이용이 원래 저작물의 이용목적을 단순히 대

---

182 Cambridge University Press v. Albert, No. 12-14676 (11th Cir. 2018)

183 미국에서도 저작물의 이용이 상업적인 성격을 갖는다는 것만으로는 공정이용이 성립하지 않는다고 추정할 수 없다는 판례가 있다(Campbell V. Acuff-Rose Music, 510 U.S. 569(1994)).

184 '변형적 이용'이란 원저작물을 이용한 결과물이 단순히 원저작물을 대체하는 수준을 넘어 원저작물에 없거나 또는 원저작물과는 다른 사상이나 감정을 전달함으로써 원저작물과는 별개의 목적을 갖게 되는 경우를 말한다(오승종, 앞의 책, 749쪽). 변형적 이용의 전형적인 예로는 패러디나 상징화 그리고 기존 저작물을 활용하여 전문적으로 검색가능한 데이터베이스를 구축하는 것 등이 있다(Leval, Pierre., 'Toward a fair use standard', Harvard Law Review, Vol.103 no. 5(1990), p. 1105).

체하는 것이 아니라, 별도의 목적이나 다른 성질이 수반되고 새로운 표현, 의미 또는 메시지로 원래의 것을 변형시켜 새로운 어떤 것을 창출한다는 의미이다. 법원이 최종적으로 변형적 이용을 판단하는 경우에는 외형적 또는 물리적 변형뿐만 아니라 목적의 변화, 입장과 상황의 변화 그리고 원저작자와 차용자의 창작의도까지 모두 고려하여야 할 것이다.

오늘날 미국판례에서는 공정이용의 판단에서 변형적 이용 또는 변형적 목적을 더욱 중요시하는 경향을 볼 수 있는데[185], 최근에 와서 온라인서비스제공업자가 원문을 디지털화한 도서검색서비스는 변형적 이용으로서 공정이용에 해당한다고 한 판례가 있다.

> 미국 연방법원은 온라인 도서검색서비스가 원저작물에 대한 공정이용에 해당할 수 있는가와 관련하여, "Google이 원래의 도서를 디지털로 복사하고 이를 온라인상에서 스니펫 형태로 검색할 수 있도록 서비스를 제공한 것은 일종의 원저작물을 변형적으로 이용한 것으로서 이는 공정이용에 해당한다"라고 판시한 바 있다(Authors Guild, et al v. Google, Inc., 770 F, Supp 2d 666 (S.D.N.Y. 2011)).

미국 저작자협회가 원고가 되어 수행한 이 Authors 판결에 기초하여 Google은 타인의 저작물을 대가 없이 이용할 수 있게 되었는데, 무엇보다도 이 판결은 정보화사회에서 정보(도서)를 검색하는 데 필요한 데이터베이스를 제작하고 이에 접근하여 이용할 수 있도록 한다면 타인의 저작물을 이용한 것이라 할지라도 변형적 이용 내지는 변형적 목적에 해당하여 저작권의 침해에 해당하지 않는다고 판단한 데 그 의의가 있다고 평가된다.

나. 빅 데이터의 이용

빅 데이터는 대량의 정형 또는 비정형 데이터의 집합 및 이러한 데이터로부터 가

---

185 저작권보호의 근본목적이 저작물의 활발한 유통을 통해 새로운 가치를 창출함으로써 문화를 풍부히 하는 데 있다는 관점에서(이와 같은 관점은 저작권에 관한 최고의 규정인 미국 연방헌법 Article I Section 8에서의 "…to promote the progress of…useful arts"와 그 이념적 괘를 같이한다) 볼 때, 최근에 와서 변형적 이용을 더욱 중요하게 고려하는 미국법원의 태도는 일응 수긍할 만하다고 보인다(송재섭, 「미국 연방 저작권법상 공정이용 판단요소의 적용사례 분석」, 계간《저작권》(2012 여름호), 한국저작권위원회, 40쪽).

치를 추출하고 결과를 분석하는 기술을 말한다. 빅 데이터의 기술적 처리과정은 텍스트 마이닝Text Mining과 데이터 마이닝Data Mining 등의 분석을 거쳐 맞춤형 정보를 추출하여 이용자에게 전달한다. 데이터 마이닝[186]을 적용할 때 데이터베이스에서의 데이터의 복제 또는 전송이 발생할 수 있으며, 이로 인해 빅 데이터의 처리과정에서는 저작권 침해의 위험성을 항상 내포하고 있다. 최근 주요국가에서는 빅 데이터 산업의 중요성과 함께 빅 데이터 활용이 갖는 새로운 패러다임의 전환을 인식하여 저작권 침해로부터 자유롭게 빅 데이터를 활용할 수 있는 법적 장치를 마련해 줌으로써 데이터 마이닝이 더욱 손쉽고 활발하게 이루어지고 있는 추세이다.[187] 오늘날 일반화되고 있는 빅 데이터의 분석을 저작권법에서 뒷받침해 주고자 하는 노력이 국제적으로 확산 중인데 이론적 기반은 대개 저작물 또는 데이터베이스의 공정한 이용에 두고 있다. 우리의 경우도 저작권 정책의 주무부처인 문화체육관광부에서는 2018년도의 업무보고에서 '빅 데이터 수집·처리 시 저작권 침해의 면제'를 주요 정책과제로 제시한 후 이에 관한 본격적인 연구가 진행 중인 것으로 알려지고 있으며 조만간에 이에 관한 입법적 조치가 뒤따를 것으로 기대된다.

(3) 저작물의 종류 및 용도

저작물의 종류와 용도도 그 저작물의 이용행위가 공정이용에 해당하는지를 판단할 때 중요한 고려요소가 된다(제35조의5 제2항 제2호). 일반적으로 공표된 저작물을 이용하는 것이 미공표된 저작물을 이용하는 것보다 공정한 이용에 해당할 가능성이 높고, 기능적 저작물을 이용하는 것이 문학적·예술적 저작물을 이용하는 것보

---

186 '데이터 마이닝'이란 데이터베이스 내에서 특정 방법(순차패턴, 유사성 등)으로 관심 있는 지식을 찾아 내는 과정을 말한다.

187 빅 데이터의 활용을 촉진하기 위한 저작권법상의 입법적 조치와 관련하여 좀 더 구체적으로 살펴보면, i) 미국은 빅 데이터의 활용을 저작물의 '변형적 이용'으로 보고 공정이용에 해당하는 것으로 해석하여 그 활용을 법적으로 뒷받침하고 있으며, ii) 영국은 2014년에 저작권법을 개정하여 비상업적 목적의 과학 및 기술연구를 위하여 빅 데이터의 자유로운 이용을 뒷받침하고 있으며, iii) 일본은 2018년에 저작권법을 개정하여 저작권자에게 미칠 영향을 고려하면서 저작권 제한사유의 하나로서 컴퓨터를 이용한 정보해석에 필요한 범위에 한해 저작물(단, 정보해석을 하는 자의 이용에 제공되기 위해 작성된 데이터베이스저작물은 제외한다)을 자유롭게 복제 및 번안할 수 있도록 하는 내용의 규정을 신설한 바 있으며, iv) 독일은 2017년에 저작권법을 개정하여 아주 제한된 범위의 텍스트 및 데이터 분석(Text and Data Mining)을 가능하게 하기 위한 저작권 제한사유를 도입한 바 있다(정성조, 「인공지능 시대의 저작권법 과제」, 계간 《저작권》(2018 여름호), 한국저작권위원회, 64~65쪽).

다 공정이용에 해당할 가능성이 높으며, 사실적 저작물Factual Works을 이용하는 것이 창작적·허구적 저작물Creative or Fictional Works을 이용하는 것보다 공정이용에 해당할 가능성이 높다고 하겠다. 미공표된 저작물, 문학·예술적 저작물, 허구적 저작물과 비교해 볼 때 공표된 저작물, 기능적 저작물, 사실적 저작물에 대해서는 저작자의 독점적이고 배타적인 권리하에 두기보다는 공공의 영역Public Domain에 내어놓아 더욱 많은 사람들이 자유롭게 이용하도록 하여 문화예술과 문화콘텐츠산업의 발전에 이바지할 수 있도록 할 필요성이 크기 때문이다.

(4) 이용된 부분이 저작물 전체에서 차지하는 비중과 그 중요성

저작물에 관한 특정 이용행위가 '공정이용'에 해당하는지를 판단할 때 이용된 부분이 저작물 전체에서 차지하는 비중과 그 중요성도 고려하여야 하는 바(제35조의5 제2항 제3호), 일반적으로 비중이 크고 중요성이 높을수록 공정이용이 성립되지 않는다. 이용된 부분이 저작물 전체에서 차지하는 비중과 중요성이 크면 클수록 그만큼 두 저작물 사이에 실질적 유사성Substantial Similarity이 있고, 이 경우 이미 논의한 바 있는 2차적저작물작성권의 침해에 해당될 수 있기 때문이다. 필요한 범위 이상으로 저작물을 이용하였을 경우에도 이는 공정이용을 부정하는 근거가 될 수 있음을 유의하여야 한다. 이 밖에도 저작물의 공정이용을 판단하는 데에는 해당 저작물의 보호기간도 고려되어야 할 것이다. 예를 들면, 70년 동안의 보호기간을 향유한 저작물과 이제 저작물로 막 등록된 지 1년밖에 되지 않은 저작물을 동일하게 취급할 수는 없다. 일반적으로 보호기간이 오래된 저작물일수록 공정이용에 해당할 개연성이 높다.

(5) 저작물의 이용이 그 저작물의 현재 시장 또는 가치나 잠재적인 시장 또는 가치에 미치는 영향

저작물 이용행위가 공정한 이용에 해당하는지를 판단할 때에는 저작물의 이용이 그 저작물의 현재 시장 또는 가치나 잠재적인 시장 또는 가치에 미치는 영향을 고려하여야 한다(제35조의5 제2항 제4호). 이 고려사항은 공정이용의 판단에서 대단히 중요한 것으로 평가되는데, 이용자의 이용행위가 기존의 저작물 또는 그것을 원작으로 하는 2차적저작물의 현재 또는 잠재적인 시장이나 가치를 그다지 훼손하지 않는다면 공정이용이 될 가능성이 그만큼 커진다고 볼 수 있다. 이용자의 이용행위가 원저작물의 시장 또는 가치를 훼손하는지 여부를 판단하는 방법으로는 두 저작물이 유사한 기능을 가지고 있는가를 살펴보는 것이다. 두 저작물이 동일 또는 유사한 기능을 수행하여 시장적 경쟁관계에 있다면 원저작물에 대한 현재 또는 잠재적인 시장이나 가치를 훼손하게 되며, 이때에는 공정한 이용이라고 보기 어렵다. 예를 들면, 인터넷에서 음악저작물을 무료로 다운로드하는 행위는 저작자의 현재 또는 잠재적인 시장이나 가치에 경쟁적 영향을 줄 수 있으므로 공정한 이용이라 할 수 없다. 반면에, 두 저작물이 상호 보완적 관계에 있을 때에는 원저작물에 대한 현재 또는 잠재적인 측면에서 볼 때 시장 또는 가치에 부정적 영향을 줄 여지가 없으므로 공정이용의 법리를 받아들여야 할 것이다.

제3절
저작재산권 행사 제한에서의 공통적 적용사항

I. 번역 등에 의한 저작물 이용의 허용

1. 번역·편곡 또는 개작에 의한 저작물 이용의 허용

「저작권법」에서 규정하고 있는 저작재산권의 제한규정에 해당하면 이용자는 해당 저작물을 저작권자의 이용허락 없이 자유롭게 이용할 수 있다. 그런데 현행 법체계에 따르면, 특별한 제한규정에 해당할 때에는 이용자는 해당 규정에서 허용하는 저작물의 이용행위뿐만 아니라 그 저작물을 번역·편곡 또는 개작하여 이용할 수 있도록 해줌으로써 저작물의 이용범위를 더욱 확장시켜 주고 있다. 즉, "법 제24조의2, 제25조, 제29조, 제30조 또는 제35조의3부터 제35조의5까지의 규정에 따라 저작물을 이용하는 경우에는 그 저작물을 번역·편곡 또는 개작하여 이용할 수 있다"(제36조 제1항). 따라서 공공저작물의 자유이용(제24조의2), 학교교육 목적 등에의 이용(제25조), 영리를 목적으로 하지 아니하는 공연·방송(제29조), 사적이용을 위한 복제(제30조), 부수적 복제 등(제35조의3), 문화시설에 의한 복제 등(제35조의4) 그리고 저작물의 공정한 이용(제35조의5)에 관한 규정에 따라 저작물을 이용하는 경우에는 그 저작물을 번역·편곡 또는 개작이라고 하는 이른바 저작물의 2차적 형태로서도 이용할 수 있다.

법 제36조 제1항의 입법적 취지는 저작재산권 행사의 제한규정에 따라 원작을 이용할 수 있는 경우에는 그 원작을 번역, 편곡 또는 개작하여 이용할 수 있도록 배려한 것이며, 이는 곧 원저작자가 가지는 법 제22조의 규정에 따른 2차적저작물작성권을 제한하는 규정으로 이해된다.[188] 그러나 법 제36조 제1항의 규정에 따라 원

---

[188] 기존의 번역물(편곡물, 개작물 등)이 있다면 그 번역물이나 원작을 이용하는 경우에는 법 제23조부터 제35조의5까지의 규정이 바로 적용되는 것이므로 여기서 말하는 법 제36조의 문제가 아니다. 따라서 법 제36조는 번역물, 편곡물 또는 개작물의 저작자에 대한 저작재산권의 제한규정이 아니고 원저작물(기존의 2차적저작물 포함)의 저작자에 대한 저작재산권의 제한규정이다.

저작물을 번역, 편곡 또는 개작하여 이용하더라도 원저작자가 가지는 2차적저작물 작성권을 침해하는 것이 아니다. 이는 다음에서 보는 법 제36조의 규정에 따른 원 저작물을 번역하여 이용하는 경우에도 마찬가지로 적용될 수 있음은 물론이다.

2. 번역에 의한 저작물 이용의 허용

한편, 「저작권법」에서 규정하고 있는 저작재산권 행사 제한의 특별한 경우에는 이용자가 해당 규정에서 허용한 저작물의 이용행위뿐만 아니라 그 저작물을 **번역**하여 이용할 수 있는 경우도 있다. 즉, "법 제23조, 제24조, 제26조, 제27조, 제28조, 제32조, 제33조 또는 제33조의2에 따라 저작물을 이용하는 경우에는 그 저작물을 번역하여 이용할 수 있다"(제36조 제2항).

법 제36조 제2항은 제1항과 달리 저작재산권 행사의 제한규정에 의하여 저작물을 이용하는 경우에 편곡이나 개작은 아니 되고 번역의 경우만 가능하도록 한 것인데, 이는 해당 저작물의 성격에 기인한 것으로 볼 수 있다.

번역이용이 가능한 경우로는 재판절차 등에서의 복제(제23조), 정치적 연설 등의 이용(제24조), 시사보도를 위한 이용(제26조), 시사적인 기사 및 논설의 복제 등(제27조), 공표된 저작물의 인용(제28조), 시험문제로서의 복제(제32조), 시각장애인 등을 위한 복제 등(제33조), 청각장애인 등을 위한 복제 등(제33조의2)이 있으며, 해당 저작물의 복제 등의 이용뿐만 아니라 그 저작물을 번역하여 이용하는 것도 가능하다. 도서관 등에서의 복제, 방송사업자의 일시적 녹음·녹화, 미술저작물 등의 전시 또는 복제 그리고 저작물 이용과정에서의 일시적 복제 등에서는 저작물의 성질상 번역이용이 구태여 필요하지 않다고 생각되어 제외하고 있다.

II. 출처명시의 의무

1. 의의

「저작권법」제2장 제4절 제2관인 저작재산권의 제한에 관한 규정에 따라 저작물을 이용하는 자는 그 출처를 명시하여야 할 의무가 있다. 즉, "이 관款에 따라 저작물을 이용하는 자는 그 출처를 명시하여야 한다"(제37조 제1항). 이와 같이 우리 「저작권법」은 저작재산권의 행사가 제한되는 경우에만 출처를 표시하도록 하고, 그 이외의 저작물 이용에서는 출처명시 의무가 적용되지 아니하며 주로 저작자의 성명표시권을 보호하는 방향으로 접근하고 있다.

저작재산권자는 공익상 필요 등으로 그의 저작재산권 행사가 제한되기도 하는데 이때 해당 저작물을 이용하는 자로 하여금 저작물의 출처를 명시하게 함으로써 타인의 출처로부터 비롯되었다는 사실을 알리는 것과 동시에, 창작에 대한 사회적 명성을 원래의 저작자에게 되돌리기 위한 최소한의 장치를 마련하고 있다.

법에 규정된 출처명시의 의무는 단순히 저작자의 성명을 표시해 주는 것뿐만 아니라 해당 저작물의 구체적인 위치를 확인하고, 이를 명시적으로 나타내야 하는 의무이므로 저작자의 인격적 이익보호 이상의 의미를 가지며 동시에 저작자의 성명표시권을 보충해 주는 기능을 수행하기도 한다. 이와 같은 출처의 명시가 일반화될 때 이는 저작재산권자의 인격적 이익을 일부 보충해 주고 나아가 저작물 거래질서의 건전화에도 크게 기여할 수 있기 때문이다. 출처명시의 의무는 이와 같이 저작자의 성명표시권과 밀접한 관련을 가지고 있음이 커다란 특징인데, 다만 성명표시권은 저작인격권으로서 일신전속적 성격을 띠어 저작자 사망 후에는 소멸하나, 출처표시의 의무는 저작자의 사망 후에도 지속되는 의무라는 점에서 성명표시권보다 그 폭이 더욱 넓다.

2. 출처명시의 방법

"출처의 명시는 저작물의 이용상황에 따라 합리적이라고 인정되는 방법으로 하여야 하며, 저작자의 실명實名 또는 이명異名이 표시된 저작물인 경우에는 그 실명 또는 이명을 명시하여야 한다"(『저작권법』 제37조 제2항).

출처가 명시된 저작물을 이용하는 이용자는 저작물에 표시되어 있는 성명이 저작자의 실명인지 이명인지를 확인할 필요는 없으며 표시되어 있는 그대로 표시하면 되고, 법 제12조 제2항과 관련하여 여기서의 성명표시는 저작자가 저작물의 이용을 허락한 것이 아니므로 저작자의 의사와 관계없이 반드시 표시하여야 한다.[189] 무명 저작물의 경우에는 저작자의 성명을 구태여 표시할 필요가 없다.

출처명시는 저작물의 이용상황에 따라 합리적이라고 인정되는 방법을 택해야 하므로 학문분야와 저작물의 종류에 따라서 출처명시의 방법이 다를 수밖에 없고 일률적인 기준을 제시하기는 대단히 어려우며, 일반적으로 볼 때 학계나 업계의 관행이 가장 중요한 판단기준이 될 것이다.[190] 일반적으로 출판물에 수록된 저작물을 이용하는 경우에는 해당 출판물의 제호와 함께 출판사의 명칭과 발행연도 또는 공표연도 그리고 저작물이 수록된 판版이나 권卷 또는 호號의 표시가 요구되며, 출판물 내용의 일부를 이용하는 경우에는 면수Pages도 표시하여야 한다. 그리고 미술저작물 등은 그 작품의 소유자와 보관된 장소 등을 표시하여야 하며, 영상저작물의 경우에는 제작자의 표시가 당연히 필요하다. 어문저작물이나 학술저작물 그리고 미술·음악·연극 등 예술저작물에서 인용이나 출처명시의 방법은 각각 다를 수밖에 없기 때문에 각각의 관련 단체와 이들을 대표하는 기관에서는 통일적인 표준안을 작성하여 이용하도록 하는 것이 바람직하다.[191]

출처명시의 장소는 이용하는 저작물과 밀접한 곳에 표시하는 것이 원칙이지만 이용하는 저작물의 해당 페이지에 각주를 달거나 아니면 일괄하여 해당 저작물의 마지막 부분에 구체적으로 출처를 표시하는 편한 방법도 있다. 그러나 머리말이나 작품의 마지막 부분에서 "이 작품은 ㅇㅇㅇ로부터 힘입은 바 크다"라고 하거나, 특정 페이지의 언급 없이 책의 마지막 참고문헌란에 일괄하여 표시하는 것은 여기서 말하는 출처의 표시라고 할 수 없다. 요컨대, 법 제37조에서 말하는 출처의 명시는

---

189 허희성, 앞의 책, 268쪽.

190 출처명시의 수단으로는 글자 이외에도 도메인 이름과 같은 디지털 표식도 가능하다.

191 참고로 미국의 경우 법학분야에서의 학술적인 저작물에 대한 출처명시의 방법은 Harvard Law Review Association에서 1926년부터 발간·보급하고 있는 Bluebook(The Bluebook : A Uniform System of Citation)에서 일정한 표준을 마련하여 활용하고 있는데, 대부분의 법과대학원에서는 통일적으로 적용하기 위해 노력 중이다.

독자나 관람자 또는 시청자 등이 용이하게 감지할 수 있게끔 저작재산권의 제한규정에 따라 이용된 저작물이 어떠한 것이며, 그것을 무엇에 이용(인용)한 것이라고 명시적으로 나타내는 것을 말한다.

3. 출처명시의 예외

저작물의 이용자가 저작재산권 행사의 제한에 관한 「저작권법」의 규정에 따라 저작물을 이용하는 모든 경우에 출처를 명시하여야 하는 것은 아니다. 법에서는 출처명시가 불필요하거나 불가능한 경우 또는 출처의 명시가 큰 의미가 없는 경우 등은 저작물의 이용자에게 이 의무를 면제시키고 있는데, "…다만, 제26조, 제29조부터 제32조까지, 제34조 및 제35조의2부터 제35조의4까지의 경우에는 그러하지 아니하다"라는 법 제37조 제1항 단서의 규정이 그 근거가 된다. 따라서 시사보도를 위한 이용(제26조), 영리를 목적으로 하지 아니하는 공연·방송(제29조), 사적이용을 위한 복제(제30조), 도서관 등에서의 복제 등(제31조), 시험문제로서의 복제(제32조), 방송사업자의 일시적 녹음·녹화(제34조), 저작물 이용과정에서의 일시적 복제(제35조의2), 부수적 복제 등(제35조의3), 문화시설에 의한 복제 등(제35조의4) 등의 경우에는 출처명시의 의무가 면제된다.

출처명시의 의무가 면제되는 경우를 좀 더 구체적으로 살펴보면 다음과 같다. 첫째, 시사보도를 위한 저작물의 이용과 부수적 복제 등은 저작물의 이용이 주된 목적이 아니라 시사보도 과정에서 부수적으로 보이고 들리는 저작물을 이용하는 것일 뿐이므로 출처의 명시는 적절하지 않으며 시사보도의 시급성의 관점에서도 바람직하지 않기 때문이다. 둘째, 영리를 목적으로 하지 아니하는 공연이나 방송에서 무형적 방법으로 이용되는 저작물에 출처를 명시하는 것이 실제로 어려운 경우가 많으며 어떤 때는 출처의 명시 때문에 오히려 해당 저작물의 가치가 손상될 수도 있기 때문이다. 셋째, 사적이용을 위한 복제에서는 복제물의 이용형태가 한정되어 있고 무엇보다도 공중을 대상으로 하는 대외적 이용이 아니므로 구태여 복제대상인 저작물에 대한 출처를 명시할 실익이 없기 때문이다. 넷째, 도서관 등에서의 복제 등은 한정된 부수로 사적이용을 위한 복제 또는 이용자가 열람만 하는 경우이거나(제31조 제3항 참조), 저작물 전체가 그대로 복제되므로(제31조 제2항 참조) 출처명시의 실익이 없거나, 아예 문제될 소지도 없기 때문이다. 다섯째, 시험문제로서의 복제는 저작물 이용의 성질상 출처명시를 요구할 수 없는 경우가 대부분이기 때문이다. 여섯째, 방송사업자의 일시적 녹음·녹화와 저작물 이용 과정에서의 일시적 복제의 경우에는 출처명시 그 자체로서 아무런 의미가 없기 때문이다. 일곱째, 문화시설에 의한 복제 등의 경우에는 보다 많은 사람들로 하여금 저작물을 이용하도록 하기 위해서 출처의 명시라는 번잡한 절차의 생략이 바람직하기 때문이다.

4. 출처명시 의무위반의 법률적 효과

「저작권법」 제37조에 따른 출처명시 의무위반의 효과는 출처명시 의무위반이 저작권의 침해에 해당하는가와 출처명시 의무위반에 따른 형사벌 부과의 문제로 나누어 살펴볼 필요가 있다.

먼저, 출처의 명시와 저작권의 침해는 독립적이므로, 출처명시 의무위반과 저작권 침해행위가 동시에 발생할 수 없다. 출처의 명시는 저작권의 행사가 제한되는 일부의 이용행위에만 적용되기 때문이다(제37조 참조). 마찬가지 이유로 법 제37조에 따른 출처명시의 의무를 위반하였다고 하여 저작자가 가지는 저작인격권의 하나인 성명표시권을 침해하였다고 할 수도 없다.

다음으로, 법 제37조에 따른 출처명시의 의무위반 결과로서의 벌칙과 관련하여서도 저작재산권과 저작인격권의 침해에 따른 벌칙조항인 법 제136조가 아니라 법 제138조 제2호에서 별도로 비교적 적은 금액에 해당하는 500만 원 이하의 벌금에 처한다.

Ⅲ. 컴퓨터프로그램저작물에서의 적용예외

「저작권법」에서 규정하고 있는 저작재산권 행사의 제한에 관한 규정 중 일부는 컴퓨터프로그램저작물에 대해서는 적용하지 아니한다. 즉, "프로그램에 대하여는 제23조, 제25조, 제30조 및 제32조를 적용하지 아니한다"(제37조의2). 따라서 컴퓨터프로그램저작물에 대한 복제 등의 권리를 가지고 있는 자는 재판절차 등에서의 복제(제23조), 학교교육 목적 등에의 이용(제25조), 사적이용을 위한 복제(제30조) 그리고 시험문제로서의 복제(제32조) 등의 적용을 받지 아니하고, 그 대신에 「저작권법」 제5장의2 프로그램에 관한 특례에서 정하고 있는 해당 규정의 적용을 받는다. 컴퓨터프로그램저작물은 대부분 디지털 형태를 띠고 상업적으로 이용되고 있으며, 특히 그 기능적 특징으로 말미암아 저작물 보호의 범위가 좁을 수밖에 없고, 일반 이용자가 가능한 한 제한 없이 자유롭게 이용할 수 있도록 배려하여야 한다. 따라서 컴퓨터프로그램저작물을 여타의 저작물보다 자유로운 이용의 범위를 축소하고 있는 현행 법의 입법태도는 재고의 여지가 있어 보인다. 누차 강조하지만 컴퓨터프로그램저작물에 대한 저작재산권 행사의 제한에 관한 규정이 적어도 일반저작물의 저작재산권 제한과 비슷한 수준으로 조정될 수 있도록 하루빨리 법이 개정되기를 희망한다.

제8장

저작재산권 행사의
여러 가지 특수성

제1절
저작재산권 행사에 관한 일반적 고찰

I. 사권私權의 일부분으로서의 저작권체계

우리가 저작권을 해석할 때 항상 유념해야 할 사항 중의 하나는, 저작권은 사권에 해당하므로 민사법에서 인정되고 있는 일반적인 법원칙이 광범위하게 적용된다는 사실이다. 그런데 인간의 사상과 감정을 표현한 창작물에 대한 권리인 저작권은 무체재산권無體財産權으로서의 성격을 지니고 있기에 유체재산권을 기반으로 하는 민사법의 일반적인 법리를 그대로 적용하기에는 여러 가지 면에서 적합하지 않을 수 있다.

이에 「저작권법」에서는 일반 민사법에 대한 특칙特則에 해당하는 여러 가지 규정을 광범위하게 마련함으로써 사법일반의 **법적 안정성**과 저작재산권에서의 **구체적 타당성** 간의 조화를 기하고 있다. 민사법과 「저작권법」의 관계는 일반적 법리와 특수한 법리와의 관계, 즉 전체와 부분의 관계에 있다는 것을 항상 유의하여야 한다.

II. 저작재산권 행사의 일반적인 모습

1. 의의

저작자는 저작권으로서 저작재산권을 가지고 있다(「저작권법」 제10조 참조). 이와 같은 저작재산권은 독점적·배타적 성격을 띠어 이를 어떻게 이용하여 여러 가지 혜택을 누릴 것인지는 전적으로 저작자의 몫이다. 저작자가 가지고 있는 저작권은 특정 이용자를 염두에 둔 채권적 권리가 아니고 일반인 누구에게나 주장할 수 있는 물권적 성격의 배타적 권리이기 때문이다. 저작자는 이와 같은 물권적 권리로서의 저작재산권을 행사하는 데 누구의 지시나 간섭도 받지 아니하고 독자적인 의사에 따라 권리를 행사할 수 있으며, 양도·상속 등 권리의 이전도 가능하다. 이처럼 저작재산권 행사는 여러 가지 모습으로 나타날 수 있다.

2. 저작물을 사용·수익 또는 처분할 수 있는 모습으로 발현

저작재산권 행사의 일반적인 모습은 저작자가 저작물을 사용·수익 또는 처분할 수 있는 권한의 형태로 발현된다. 유체물에 대한 소유권을 가진 자가 유체물을 사용·수익·처분할 수 있는 권한을 가지듯이 무체물에 대한 권리인 저작재산권을 가진 자도 해당 저작물을 사용·수익 또는 처분을 할 수 있다.

저작재산권의 행사를 소유권에 비유하여 설명해 보면, 저작자 자신이 직접 저작물을 보고 즐기는 경우는 소유권의 객체인 물건의 **사용**에 해당한다고 볼 수 있고, 다른 사람으로 하여금 저작물을 이용하도록 하는 경우는 물건으로 인한 **수익**이라 할 수 있으며, 저작재산권을 양도하는 행위를 하는 경우는 물건의 **처분**에 해당하는 행위가 될 수 있다.

그런데 저작물의 사용에 대해서는 사유재산 존중의 원칙 내지는 계약자유의 원칙에 따라 법률이 개입할 여지가 별로 없는 데 반하여, 저작물의 사용 이외의 영역, 즉 저작물의 수익과 처분에서는 저작자 이외의 제3자가 관계되고 무엇보다도 저작재산권자가 어떠한 방법으로 수익 또는 처분하느냐에 따라 저작물 또는 저작권의 이용허락, 양도, 신탁, 상속, 기증, 포기, 배타적발행권 또는 출판권의 설정 등의 모습을 띤다.

III. 저작재산권 행사에 관한 특례규정의 필요성

일반적으로 저작자가 저작재산권을 행사하는 모습은, 직접 저작권을 행사하여 물질적 혜택을 얻거나 자신의 권리를 제3자에게 양도하거나 제3자가 자신의 저작물을 이용하는 것을 허락함으로써 각종 재산적 이익을 취하는 방법이 있을 수 있다.

앞에서 살펴본 바와 같이 저작재산권은 사권Private Rights의 성격을 지니는 재산권에 해당하므로 민사법의 일반원칙에 따라 권리의 발생과 행사 그리고 소멸의 과정을 거친다. 그런데 저작재산권은 무체재산권으로서 이는 일반적인 재산권과 비교해 볼 때 여러 가지 특수성을 가진다. 이에 따라 권리의 발생과 행사 그리고 소멸 등에서 전통적인 민사법 이론의 적용으로는 한계가 있을 수밖에 없다.

이와 같은 이유로 「저작권법」에서는 저작재산권이 가지는 특수성에 착안하여 권리를 행사하는 데 민사법에 대한 다수의 특례규정을 마련하여 저작재산권의 거래안전을 도모하고 나아가서 저작자의 보호에도 만전을 기하고 있다.

제2절
저작재산권의 양도와 저작물의 이용허락

의의

우리는 앞에서 물권의 하나로 볼 수 있는 저작권이 물권법정주의物權法定主義의 원칙에 따라 「저작권법」에 규정되고, 이 권리는 여타의 물권과 마찬가지로 배타적인 권리Exclusive Right로서의 성격을 가지고 있음을 살펴보았다.[1] 이와 같이 법에 규정된 저작권은 그 배타적 성격으로 인하여 규범적으로는 저작권자가 의도하는 바에 따라 어떤 형태의 권리행사도 가능하도록 설계되기는 했으나, 현실세계에서 저작권자가 이 권리를 구체적으로 행사하는 단계인 해당 저작권을 타인에게 양도하거나 저작물 이용자에게 이용을 허락하는 경우 등에는 결국 사적자치私的自治의 원칙이 지배하는 채권관계로 전환될 수밖에 없으며, 이 단계에서는 양 당사자가 전제가 되는 **계약관계契約關係**에 의존하기 마련이다.

따라서 「저작권법」을 거시적으로 이해하려면 계약법적契約法的인 접근이 불가피하다. 다시 말해 사권의 성격을 지니고 있는 저작재산권은 여타의 재산권과 마찬가지로 권리를 행사할 때 일반적인 사법의 원칙을 적용받는 것이 당연하다. 다만, 「저작권법」에서는 저작권의 특성에 기인하여 일반적인 사법원칙에 대한 특례를 광범위하게 설정하여 이 특성을 우선적으로 적용하여야 한다.[2]

우리 법에서는 저작재산권의 행사와 관련하여 '제2장 저작권, 제4절 저작재산권, 제4관 저작재산권의 양도·행사·소멸' 부분에서 저작재산권의 양도, 저작물의 이용허락 그리고 저작재산권을 목적으로 하는 질권의 행사 등에 관하여 규정하고 있으며(제45조~제47조), 이 밖에도 일반저작물의 행사에 관한 특칙으로서 공동저작물의

---

1 배타적 성격을 가지는 사권으로서 저작권은 저작물의 창작과 동시에 아무런 형식과 절차도 필요 없이 저작자에게 원시적으로 귀속된다(제10조 참조).
2 일반 민사법과 「저작권법」과의 관계는 일반법과 특별법의 관계이기 때문에 적용을 할 때는 당연히 특별법인 「저작권법」이 우선이다.

저작재산권 행사에 관하여 별도의 규정을 두고 있다(제48조).

II. 저작재산권의 행사방법에 관한 이론적 기초

1. 제3자를 통한 저작물의 이용방법

저작재산권은 경제적·물질적 이익을 위하여 저작자가 저작물을 통제할 수 있는 권리The Right to Control Over His or Her Works로 이해할 수 있다. 그런데 저작물에 대한 이와 같은 저작재산권의 행사는 반드시 저작재산권자만이 행사하여야 하는 것은 아니다. 저작재산권을 저작자가 직접 행사하거나 아니면 타인으로 하여금 행사하게 하고 이 과정에서 소정의 경제적·물질적 이익을 취할 수도 있다.

재산권으로서의 저작재산권은 여타의 재산권과 마찬가지로 이전이나 양도를 할 수 있고, 이 밖에도 저작재산권자는 다른 사람에게 저작물의 이용을 허락하는 방법으로 저작재산권을 행사할 수도 있다.[3] 실제 저작자가 직접 저작재산권을 행사하기보다는 저작자가 아닌 제3자가 저작재산권을 양도[4]받아 저작자와 같은 위치에서 저작재산권을 행사하거나, 아니면 저작자로부터 저작물의 이용허락을 받아 그 범위 내에서 해당 저작물을 이용하는 것이 일반적이다. 이와 같은 저작재산권의 양도와 저작물의 이용허락은 여러 가지 면에서 비교되는데 기본적으로 보면 저작재산권을 양도받은 자는 저작재산권자의 지위를 그대로 승계하여 그 역시 해당 저작물을 직접적이고 배타적으로 이용할 수 있을 뿐만 아니라 동시에 타인에게 이용허락을 하는 것도 가능하다. 반면에, 저작재산권자로부터 저작물의 이용허락을 받은 자는 **이용허락계약**에서 정하는 바에 따라 채권·채무관계에 기반을 두고서 저작물을 이용하는 데 그치는 특징이 있다.[5]

---

3 일반적으로 재산권의 양도는 'Assignment'라고 하고, 특정재산의 이용허락을 'License'라고 한다.
4 '양도'란 대개 계약(매매, 증여 등)이나 단독행위(유증)로 이루어지는 권리의 전부 또는 일부의 이전을 의미한다.
5 전자는 저작재산권이 그 동일성을 온전히 유지한 채 양수인에게 이전되기 때문이며, 후자는 저작재산권자와 이용자 간에 체결되는 별도의 계약에 따라 저작물 이용형태가 정해지기 때문이다.

2. 저작재산권의 양도와 저작물의 이용허락

(1) 의의

오늘날 대부분의 경우에 저작자는 저작권을 직접 행사하기보다는 저작권을 양도하거나 제3자에게 저작물의 이용을 허락하는 방법을 활용한다. 이는 급격한 정보통신기술의 발달 등으로 저작물 이용수단이 보다 고도화되고 있음에 비추어 저작물을 전문적·대량적으로 유통시킬 수 있는 제3자에게 저작재산권을 양도하거나 아니면 저작물을 이용하고자 하는 자에게 이용을 허락하는 방법이 오히려 재산적 이익의 취득에 유리하기 때문이다.

(2) 저작재산권의 양도와 저작물 이용허락의 상호 비교

저작재산권의 양도나 저작물의 이용허락 모두 저작재산권자 이외의 자가 저작재산권을 행사하는 방법으로서, 이에 따라 제3자는 해당 저작물을 합법적으로 이용할 수 있는 권리를 가진다는 점에서 공통점이 있다.

그러나 저작재산권의 양도는 저작물의 이용허락과는 달리 권리의 **이전적 승계**에 해당하는 것으로서 양도인이 가지고 있던 종전의 권리가 동일성을 유지하면서 그대로 양수인에게 취득되고, 다만 권리의 주체에 변경을 가져오는 데 불과하다. 따라서 양수인이 양도인이 되어 양도받은 저작재산권을 다시 양도하는 등 처분행위도 할 수 있으며, 각종 저작권 침해소송에서도 **진정한 당사자**Real Party in Interest로서의 지위를 갖는다.

이에 반하여 후자는 권리의 **설정적 승계**에 해당하는 것으로서 저작재산권자는 그대로 권리를 보유하면서, 다만 그 권리에 기하여 내용적으로 또는 존립에 관하여 제약된 새로운 권리를 발생케 하고 이용허락을 받은 자는 이 새로운 권리만을 행사한다. 따라서 저작물의 이용허락에서는 저작재산권자의 권리가 이용허락을 받은 자가 행사할 권리에 의하여 제한을 받고, 저작재산권자로부터 해당 저작물의 이용허락을 받은 자는 어떤 경우라도 저작자가 가지는 저작재산권을 다시 양도하는 등 처분행위를 할 수 없다. 저작물의 이용허락을 받았을 뿐이지 저작재산권 자체를 양도받은 것은 아니기 때문이다. 다만, 독점적 이용허락의 경우에는 독점적 이용허락을 받은 자도 때에 따라 채권자대위권債權者代位權에 기초하여, 다시 말해 저작재산권자를 대위하여 저작재산권을 침해한 자를 상대로 침해금지청구소송 등을 제기할 수 있다.

(3) 요약

무체재산권으로서의 저작재산권은 준물권準物權에 해당하며 이 권리는 독점적·배타적 성격을 가진다. 따라서 저작재산권은 특정 상대방(채무자)에게 특정 행위(급부)를 청구할 수 있는 채권적·대인적 권리가 아니고 세상의 모든 사람에게 주장할 수 있는 물권적物權的·대세적對世的 권리이다.

물권적 권리도 이를 구체적으로 행사하는 단계에서는 특정 상대방이 나타나므로 이 과정에서 물권적 권리는 당사자 간의 합의에 기반한 채권적 권리로 전환되는데 이때 권리행사의 구체적 내용은 당사자 간의 계약으로 정하여진다. 이는 저작재산권이라는 권리 자체의 양도나 저작물의 개별적 이용이라는 이용허락에서나 마찬가지다. 다만, 권리 자체의 양도에서는 저작재산권이라는 준물권 자체의 이전을 내용으로 하는 계약이므로 흔히 **준물권계약**이라 하며, 저작물의 개별적 이용허락에서는 저작재산권 자체가 이전하는 것이 아니고 당사자 간의 순수한 채권·채무관계로 형성되는 일반적 계약의 형태를 띤다. 저작재산권의 양도와 저작물의 이용허락을 개략적으로 비교하여 요약해보면 다음 표와 같다.

저작재산권의 양도와 저작물의 이용허락 비교

구분	저작재산권의 양도	저작물의 이용허락
근거	법 제45조	법 제46조
대상	저작재산권	저작물
승계의 형태	이전적 승계	설정적 승계
저작권자와 제3자 간의 계약형태	저작재산권 양도계약	저작물 이용허락계약
유사개념	소유권의 이전 (Assignment)	전세권(이용권)의 설정 (Sublease or License)
양수인(이용허락을 받은 자)이 가지는 권리의 특성	물권적 권리	채권적 권리

III. 저작재산권의 양도

1. 의의

저작재산권은 재산적 성격을 띠므로 저작인격권과는 달리 얼마든지 다른 사람에게 양도가 가능하다.[6] 일반적으로 권리자가 물건을 직접 지배해서 얻는 **물권**은 배타적 성격이어서 얼마든지 이전 또는 양도가 가능하다. 저작재산권은 독점적 · 배타적 성격의 준물권에 해당하므로 이를 양도할 수 있음은 지극히 당연하다 하겠으며, 「저작권법」 제45조 제1항에서도 "저작재산권은 전부 또는 일부를 양도할 수 있다"라고 규정하여 준물권의 하나인 저작재산권의 양도성을 분명히 확인하고 있다.

2. 저작재산권의 양도

(1) 저작재산권의 전부 또는 일부의 양도 가능성

현행 법체계에 따르면 저작재산권자는 저작재산권의 전부를 양도하거나, 아니면 저작재산권의 일부를 구성하고 있는 지분권을 분리하여 개별적으로 양도할 수 있다. 이와 같은 양도의 구체적인 모습과 내용 등은 민사법의 일반원칙에 따라 계약 또는 단독행위로 할 수 있다. 단독행위에 해당하는 유증의 방법이 있지만 대부분은 계약에 해당하는 증여, 교환 또는 매매의 방법으로 이루어지는데, 이때의 구체적인 모습과 내용은 계약자유의 원칙에 따라 양도인과 양수인 사이에 자유롭게 체결되는 개별적인 양도계약에서 정하여진다.

저작재산권의 지분권으로는 복제권, 공연권, 공중송신권, 전시권, 배포권, 대여권, 2차적저작물작성권 등 일곱 가지가 있는데 저작재산권자는 이들 모두를 포함한 저작재산권을 양도할 수도 있고, 해당 저작물의 성격에 부합하는 지분권을 각각 분리하여 개별적으로 양도할 수도 있다.

---

6 저작인격권은 일신전속적 성격 때문에 이전하거나 상속할 수 없다(제14조 제1항 참조).

(2) 지분권을 세분하여 양도할 가능성

개별적인 지분권을 좀 더 세분하여 양도하는 것도 가능한가? 다시 말해, 복제권에는 인쇄의 권리, 사진촬영의 권리, 복사의 권리, 녹음의 권리, 녹화의 권리가 포함되어 있는데, 이들을 각각 분리하여 다른 사람에게 양도할 수 있는가가 문제된다. 저작재산권은 무엇보다도 준물권에 해당하는 배타적 권리이기 때문에 저작재산권자는 그가 원하는 어떤 방법으로도 저작재산권이 미치는 저작물을 사용·수익·처분할 수 있다고 본다.

따라서 적어도 저작재산권자가 명시적으로 자신의 의사를 표시하고, 해당 개별 지분권이 독립적인 권리로 구별될 수 있으며, 또한 사회적으로도 독자적인 기능을 수행할 가치가 있다면 지분권을 보다 세분화하여 양도하는 것도 충분히 가능하다 하겠다.

3. 양도의 장소적·시간적 제한 가능성

저작재산권을 양도할 때 장소적·시간적 제한이 붙어 있는 양도도 가능한가? 이에 대해서 「저작권법」에서는 별도의 규정이 없는 상태이고, 학설과 판례로 해결되어야 하는데 대부분의 학설은 이를 긍정하고 있다.

우리 법에서 저작재산권의 일부 양도를 허용하고 있기에 저작재산권을 구성하고 있는 **내용적** 측면에서의 지분권에서뿐만 아니라 저작재산권이 행사되는 **장소적·시간적** 측면에서도 적용이 가능하다고 해석할 수 있다.

4. 저작재산권 전부를 양도할 경우 2차적저작물작성권의 유보문제

(1) 2차적저작물작성·이용권 유보의 추정

2차적저작물작성권은 이미 창작된 원저작물을 기초로 하여 번역, 편곡, 변형, 각색, 영상제작 그 밖의 방법으로 창작물을 작성하는 권리로서, 이는 인류문화의 점진적 발전을 위한 기본적 도구로 작용하면서, 여타의 어느 저작재산권보다도 저작자에게 경제적 보상을 많이 가져다줄 수 있는 강력한 권리의 하나이다.

그래서 보호에 더욱 신중을 기하고, 가능하다면 2차적저작물작성권은 제3자에게 양도할 수 없도록 하는 것이 저작자와 저작재산권의 보호차원에서도 바람직할 것이다. 이에 따라 법에서는 저작재산권의 전부를 양도하는 경우 특칙을 두어 가능하면 2차적저작물작성권의 양도는 포함되지 않는 것으로 추정토록 하고 있다(제45조 제2항 본문 참조).

저작재산권은 사권私權으로서 계약자유의 원칙에 따라 당사자 간의 명시적인 의사의 합치가 있으면 얼마든지 이전·양도가 가능하므로 양도인과 양수인 간의 특약이 있는 경우에는 법 제45조 제2항 규정에서도 알 수 있듯이 2차적저작물작성권의 양도가 가능하다. 따라서 양도인과 양수인 간에 이와 같은 명시적인 특약이 존재한다면 법 제45조 제2항의 추정은 깨지고 법률의 규정보다는 당사자의 의사에 따라 2차적저작물작성권도 양수인에게 귀속된다.

(2) 컴퓨터프로그램저작물의 경우

「저작권법」에서 컴퓨터프로그램저작물에 대해서는 일반적인 저작물의 경우와는 반대로 저작재산권의 전부를 양도하는 경우에 특약이 없는 한 2차적저작물작성권도 함께 양도된 것으로 추정하는 규정을 두고 있다(제46조 제2항 후단 참조).

컴퓨터프로그램저작물은 일반적인 저작물과 비교해 볼 때 저작자의 인격성이 약하며 무엇보다도 기능적·실용적 성격으로 말미암아 가능하면 일반인에게 널리 유통되어 더 많은 사람들이 원래 저작물의 변형 등을 통한 2차적저작물을 작성하도록 하는 것이 오히려 문화콘텐츠산업의 발전을 위해서도 바람직하기 때문에 이와 같은 입법조치가 마련된 것으로 해석된다.

5. 저작재산권의 양도의 등록과 그 효과

저작재산권의 양도가 있는 경우에 해당 저작물을 이용하고자 하는 자는 저작재산권을 누가 가지고 있는지 정확하게 알아야 한다. 우리 「저작권법」에서는 등록이라는 제도를 두고 저작재산권의 변동사항 등을 공시하는데, 그렇다면 저작재산권의 양도는 등록을 하여야만 그 효력이 발생하는가가 문제된다. 법 제54조에는 저작재산권의 양도는 등록하지 아니하면 제3자에게 대항할 수 없다고 규정하여 저작재산권의 양도에서 등록을 효력발생요건이 아닌 대항요건으로 하고 있다. 따라서 저작재산권의 양도사실을 저작권등록부에 등록하지 않더라도 양도의 효력은 발생하며, 다만 제3자에게 대항하지 못할 뿐이다. 이때 **제3자에게 대항하지 못한다**라는 말은 등록을 하지 아니하면 저작재산권의 양도사실과 그에 따른 법률효과를 제3자에게 주장할 수 없다는 말이다. 여기서 제3자가 저작재산권의 양도의 효력을 스스로 인정하는 것은 상관이 없다.

Ⅳ. 저작물의 이용허락

1. 의의

오늘날 저작물의 이용은 대부분 저작자가 직접적으로 이용하기보다는 다른 사람이 저작물을 이용하는 것을 허락하거나 아니면 전문적인 인적·물적 기반을 갖추고서 중간매개자의 입장에 있는 제3자를 통해 이루어지고, 저작자는 이들로부터 저작물 이용에 대한 대가를 얻는 형태가 일반적이다.[7]

다른 사람이 창작한 저작물을 제3자가 이용하는 방법으로는 앞에서 살펴본 저작재산권을 양도받는 경우와 이용허락을 받는 경우가 있다. 최근에 와서는 저작재산권을 양도받는 방법보다는 저작재산권자로부터 저작물의 이용허락을 받아 해당 저작물을 이용하는 경우가 보편화되고 있는데, 저작자의 권리의식이 그만큼 향상되었을 뿐만 아니라 이 방식이 이용자의 개별적 수요를 정확히 충족시켜 주고 사회적 비용도 더욱 절감할 수 있기 때문이다. 저작물의 이용허락은 법률의 규정 또는 저작자의 법률행위로 할 수 있다. 법률의 규정에 의한 이용허락은 저작자의 의사와 관계없이 이루어지는 강제허락 또는 법정허락을 말하고, 법률행위에 의한 이용허락은 저작자의 의사에 따른 자발적 허락을 말하며 주로 계약의 형태이다. 여기서 말하는 저작물의 이용허락은 물론 후자를 의미한다.

---

7 저작자는 주로 창작에 전념하는 자로서 저작물 이용행위에 대해서는 전문지식이나 식견이 부족한 것이 사실이다. 따라서 공연기획사, 전시기획사, 방송사 또는 콘텐츠유통전문가 등의 전문가그룹이 저작재산권을 양도받거나 저작물의 개개의 이용행위마다 저작재산권자로부터 이용허락을 받아 해당 저작물을 이용하는 것이 보다 현실적이다.

2. 저작물 이용허락에 관한 법률의 규정

(1) 「저작권법」에서의 규정

일반적으로 저작재산권자는 권리의식의 향상으로 자신의 배타적 권리 자체를 온전히 이전시키는 방법보다는 저작재산권을 보유한 상태에서 개별적 그리고 사안별로 다른 사람에게 저작물의 이용허락을 하는 것을 더욱 선호하고 있으며, 이는 앞으로도 마찬가지일 것으로 예견된다. 현행 「저작권법」에서도 "저작재산권자는 다른 사람에게 그 저작물의 이용을 허락할 수 있다"(제46조 제1항)라고 규정하여 이를 명시적으로 뒷받침하고 있다. 여기서의 **허락**은 저작재산권의 양도와 달리 저작재산권자가 자신의 저작재산권을 그대로 보유하고 있으면서 단지 허락을 받은 자가 그 저작물을 이용하는 행위를 정당화시켜 주는 의사표시를 말한다. 이에 따라 허락을 받은 이용자는 자신의 저작물 이용행위를 정당화할 수 있는 채권적 권리로서의 저작물 이용권을 획득한다.

이때 허락의 구체적인 내용, 즉 허락받은 이용방법과 기타의 조건 등은 허락의 주체인 저작재산권자와 허락의 상대방인 저작물 이용자 사이의 **이용허락계약**에 따라 정해지며, 허락을 받은 자는 당연히 허락받은 이용방법과 조건의 범위 안에서만 그 저작물을 이용할 수 있다(제46조 제2항 참조). 여기서 말하는 **이용방법**은 해당 저작물의 이용형태에 따른 저작물의 이용방법을 말하는데, 구체적으로는 복제, 공연, 공중송신, 전시, 배포, 대여 그리고 2차적저작물작성 등이 있다. 허락받은 이용방법을 위반하여 저작물을 이용하는 것은 곧 저작권 침해에 해당하여 법에서 정한 여러 가지 민·형사상 책임을 져야 한다. 또한 이용조건으로는 이용부수, 이용횟수, 이용장소, 이용료의 지불조건 등이 있는데 이용조건에 관한 당사자 간의 공정한 계약의 체결이 전제가 되어야 하며, 위반에 대해서는 채무불이행으로 민사상 구제를 받을 수 있다.

(2) 「저작권법」 제46조의 입법적 의의

저작권은 이 세상 누구에게나 주장할 수 있는 배타적인 권리이지만 막상 이 권리를 현실에서 적용할 때는 대부분 특정인과 저작물 이용허락계약을 체결하여 해당 저작권을 행사하는데, 이 과정에서 저작권은 채권적 권리로 전환된다. 저작재산권의 행사과정에서 이와 같은 저작물 이용허락계약이 차지하는 비중이나 중요성은 대단히 크지만, 우리 법에서는 제46조에 간략한 규정만을 두고 있을 뿐이다.[8]

저작물의 이용과 관련한 계약의 해석기준을 제시하고 있다는 점에서 법 제46조의 입법적 의의는 대단히 크다. 우리가 사회생활을 해 나가면서 이루어지는 무수한 계약 가운데 유사한 형태로 계속하여 체결되는 계약을 **전형계약**典型契約이라고 하는데 그 대표적인 예로 「민법」에서 말하는 증여, 매매, 임대차 계약 등이 있다. 이와 같은 전형계약[9]은 「민법」 이외의 법률 등에서도 얼마든지 규정할 수 있는데 「저작권법」 제46조가 바로 **저작물이용허락계약**이라는 저작물에 특화된 별도의 전형계약에 관한 규정으로서의 지위를 갖는다. 이렇게 볼 때 법 제46조는 저작자와 저작물이용자가 체결한 해당 계약에서 별도로 정하지 않은 사항 등에 대하여 보충해 주는 역할을 수행하는 대단히 중요한 조항이라 할 수 있다.

3. 저작물 이용허락의 종류와 그에 따른 당사자의 권리와 의무

(1) 단순 이용허락과 그에 따른 당사자의 권리와 의무

저작재산권자가 행사하는 저작물의 이용허락에는 크게 단순 이용허락과 독점적 이용허락이 있다. 대부분의 경우 이용허락이라 함은 단순 이용허락을 말하는데 이는 저작재산권자가 여러 사람에게 중첩적으로 해당 저작물에 대한 이용을 허락하는 것이다. 따라서 단순 이용허락계약에 따라 해당 저작물의 이용허락을 받은 자는 저작재산권자가 추가적으로 제3자에게 단순 이용허락을 해준 경우에도 계약위반을 이유로 손해배상을 청구할 수 없다.

이와 같이 단순 이용허락을 받은 사람은 여러 사람이 같은 입장에서 해당 저작물을 이용할 수 있는 권리를 가지며 서로를 배척하는 위치에 있지 않다. 이는 법 제46조에

---

8 「저작권법」에서 저작물의 이용허락계약에 관한 규정이 독일이나 프랑스 등 유럽국가 이외의 국가에서는 대체적으로 간단하고 추상적인 한두 개의 조문만으로 구성되어 있는데, 이는 이들 국가에서 저작권계약을 아직까지 독자성이 강한 계약의 영역으로 인식하고 있지 않기 때문으로 이해된다[정진근, 「저작권 라이선스 규제의 필요성과 과제」, 계간 《저작권》(2013 겨울호), 한국저작권위원회, 99쪽].

9 「민법」에서는 우리 사회에서 행해지는 수많은 계약 중에서 계속적으로 빈번하게 이루어지는 것을 전형계약으로 하여 이들을 개별적으로 묶어서 그에 관한 성립 및 효력을 규정해 두고 있다. 여기에는 증여, 매매, 교환, 소비대차, 사용대차, 임대차, 고용, 도급, 여행계약, 현상광고, 위임, 임치, 조합, 종신정기금, 화해 등 15개의 계약이 있다.

규정된 이용허락에 따른 권리가 저작재산권자와 이용허락을 받은 자 사이에 체결된 계약에 따른 채권적 권리에 불과하지 법 제45조의 규정에 따른 저작재산권 양도에서 양수인이 누리는 것과 같은 배타적 권리인 물권적 권리가 아니기 때문이다.

다시 말해, 단순 이용허락에 따라 저작물을 이용하는 자는 그 저작물을 독점적·배타적으로 이용할 수 없으며 동일한 이용허락을 받은 제3자가 있어도 이를 배제할 권리를 가지거나 저작재산권자에게 손해배상을 청구할 수도 없다. 결국 단순 이용허락을 받은 자는 저작재산권자에게 자신의 저작물 이용행위를 용인Patient할 것을 요구할 수 있는 일종의 부작위 청구권을 가지는 것으로 해석할 수 있다.

(2) 독점적 이용허락과 그에 따른 당사자의 권리와 의무

저작재산권자는 다른 사람에게 저작물의 독점적인 이용을 허락할 수도 있다.[10] 독점적 이용허락을 위한 계약은 이용자 이외의 자에게는 해당 저작물을 이용할 수 없도록 하는 내용의 특약을 체결하는 방식으로 이루어진다.

만일에 저작재산권자가 독점적 이용허락계약을 위반하여 독점적 이용허락을 받은 자 이외의 자에게도 저작물의 이용허락을 한 경우에는 어떠한 구제수단이 있는가? 이 경우에는 당초에 독점적 이용허락을 받은 자는 저작재산권자를 상대로 계약위반에 따른 손해배상을 청구할 수 있다.[11]

그리고 저작재산권자가 특정의 이용자에게 독점적 이용허락을 하였음에도 불구하고 제3자가 해당 저작물을 무단으로 이용하는 것을 방치한다면, 독점적 이용허락을 받은 자는 채권인 독점적 이용권을 보전하기 위하여 「민법」 제404조의 규정[12]에 의한 채권자대위권[13]을 행사하여 저작재산권자의 권리에 속하는 침해금지청구

---

10 독점적 이용허락이 있다고 해서 결코 배타적 권리를 부여하는 것은 아니며 이 역시 '독점적 이용허락계약'이라는 '계약'으로 형성되는 채권·채무를 기반으로 한다.

11 이때 다른 이용자를 상대로 법 제123조 및 제125조에 따른 침해의 정지청구나 손해배상의 청구는 할 수 없다. 왜냐하면 침해의 정지청구 등은 물권적 청구권에 해당하는 반면에, 독점적 이용허락계약의 위반에 따른 청구는 배타성이 없는 채권적 청구권에 해당하기 때문이다. 이는 단순 이용허락에서도 마찬가지이다.

12 "채권자는 자기의 채권을 보전하기 위하여 채무자의 권리를 행사할 수 있다. 그러나 일신에 전속한 권리는 그러하지 아니하다"(제404조 제1항).

13 '채권자대위권'은 채권자가 채무자를 대신하여 채무자가 가지고 있는 권리를 행사하는 것으로서, 일반적으로 채권자가 보전하려는 권리와 대위하여 행사하려는 채무자의 권리가 서로 밀접하게 관련되어 있고, 채권자가 채무자의 권리를 대위하여 행사하지 않으면 자기 채권의 완전한 만족을 얻을 수 없게 될 위험이 있어서 자기 채권을 유효적절하게 확보하기 위하여 행하여진다. 이와 같은 대위권 행사의 요건으로는 i) 피보존채권의 존재, ii) 채권보전의 필요성, iii) 채무자의 권리를 행사, iv) 피대위권리의 존재, v) 이행의 도래 등이 있다.

권 등을 행사할 수 있다고 본다. 판례도 같은 입장이다.

> 대법원은 음반제작자 등이 '소리바다'를 상대로 낸 침해정지의 청구와 관련하여, "이용
> 허락계약의 당사자들이 독점적인 이용을 허락하는 계약을 체결한 경우라도 그 이용자
> 가 독자적으로 「저작권법」상의 침해정지청구권을 행사할 수는 없다. 따라서 이용허락의
> 목적이 된 「저작권법」이 보호하는 재산권의 침해가 발생하는 경우에도 그 권리자가 스
> 스로 침해정지청구권을 행사하지 아니한 때에는 독점적인 이용권자로서는 이를 대위하
> 여 행사하지 아니하면 달리 자신의 권리를 보전할 방법이 없을 뿐만 아니라, 「저작권법」
> 이 보호하는 이용허락의 대상이 되는 권리들은 일신전속적인 권리도 아니어서 독점적인
> 이용권자는 자신의 권리를 보전하기 위하여 필요한 범위 내에서 권리자를 대위代位하여
> 「저작권법」 제123조에 기한 침해정지청구권을 행사할 수 있다"라고 판시하였다(대법원
> 2007.1.25, 선고 2005다11626 판결).

(3) 저작물의 이용과 관련한 라이선스계약의 해석문제

오늘날 실무적으로 라이선스계약이라는 이름하에, 특히 소프트웨어의 이용과
관련한 계약이 체결되는 경우가 많은데[14], 이때 라이선스계약에서 해당 저작물(복제
물)의 소유권까지 이전하는 것인지, 아니면 라이선스계약 본래의 의미에 부합하도
록 순수하게 해당 소프트웨어의 이용만을 허락하는 것인지에 관한 논의가 있을 수
있다. 일반적으로 볼 때 단순히 **라이선스**License라는 말이 나온다고 해서 해당 거래
를 저작물(복제물)에 대한 이용의 허락만을 의미하는 라이선스로 판단해서는 아니
된다.

이 문제는 해당 계약의 특성을 살펴서 종합적으로 판단한 후에 결정되어야 하는
데, i) 라이선스가 영속적으로 해당 저작물을 보유할 수 있는 권한을 가지느냐의 여
부, ii) 대금지급 시기의 일회성 또는 주기성 여부, iii) 저작물(복제물) 반환의무의 유
무 등을 종합적으로 고려하여야 한다.[15]

---

14 컴퓨터프로그램은 다른 저작물과 달리 생명주기도 짧을 뿐만 아니라, 그 유지·보수 및 관리에 상당한 비
용이 수반되는 것이 특징이다. 이와 같은 이유로 오늘날 대부분의 컴퓨터프로그램과 소프트웨어의 판매에는
유지·보수계약이 포함되는 경우가 많고 최근에 와서는 '판매방식'보다는 '라이선싱(Licensing)방식'이 유통의
근간을 이루고 있다(강보라, 「미국의 소프트웨어 라이선스 계약에 대한 최초판매원칙의 적용에 관한 연구」,
계간 《저작권》(2013 가을호) 제103호, 128~129쪽).
15 강보라, 앞의 논문, 129쪽.

(4) 저작물 이용허락계약 위반에 따른 법률적 효과

저작물 이용허락계약이 단순 이용허락계약이든지 독점적 이용허락계약이든지 간에 저작물 이용허락계약의 위반을 이유로 저작권의 침해가 성립하며, 이때 반대 당사자는 「저작권법」에서 정한 각종 민·형사적 구제를 받을 수 있는가가 문제다.

이 문제는 해당 계약에서 규정하고 있는 내용이 계약에 관한 일반이론이 적용되는 임의규정에 해당하는지 아니면 법에서 규정하고 있는 강행규정도 포함하고 있는지에 따라 판단하여야 할 것이다.[16] 예컨대, 계약에 포함되어 있는 당사자들의 의무가 법에 따라 이미 설정되어 있다면 해당 계약의 위반을 이유로 저작권 침해의 책임을 져야 하지만, 당사자 간의 합의로 계약에 포함되어 비로소 발생한 의무라면 해당 계약의 위반으로 저작권 침해의 책임은 물을 수 없다. 이때에는 채무불이행에 따른 민사적 책임만 물을 수 있을 뿐이다.

4. 새로운 매체와 관련한 저작물 이용허락의 범위

저작물의 이용허락의 범위는 해당 이용허락계약의 해석의 문제로 귀결된다. 저작물의 이용허락에서 당초 이용허락의 범위를 초과하여 기술발전에 따라 등장한 새로운 매체에도 저작물을 수록할 수 있는가가 가끔씩 문제되고 있다. 이와 관련하여서는 가능하면 계약체결 과정에서 약자의 위치에 있는 저작자에게 유리하도록 해석하여야 할 것이며, 계약체결 당시에 양 당사자가 이용방식을 예측하지 못하였다면 당초 계약의 이용허락 범위에 포함되지 않는다고 보아야 할 것이다.[17]

5. 저작물을 이용할 수 있는 권리의 양도

(1) 채권적 권리의 양도성

일반적으로 물권 또는 준물권은 배타적 성격으로 인해 얼마든지 이전 또는 양도

---

16 이용허락계약의 내용 중에 본질적이고 중요한 것을 위반하면 저작권 침해에 해당하고, 부차적이고 사소한 것을 위반하면 채무불이행에 해당할 뿐이라는 주장도 결국은 같은 내용이라 하겠다.
17 독일 저작권법 제31조 제4항에서는 아예 알려지지 않은 이용방법을 활용한 저작물 이용허락권의 부여는 무효라고 규정하고 있다.

가 가능하나, 채권의 경우에는 원칙적으로 이전 또는 양도가 가능하지만[18] "채권의 성질이 양도를 허용하지 아니하는 때에는 그러하지 아니하다"(「민법」 제449조 제1항). 여기서 채권의 성질이 양도를 허용하지 않는다는 뜻은 채권자가 변경되면 그 동일성을 잃거나 채권의 목적을 이루지 못하게 되는 것을 의미한다.[19]

저작재산권자로부터 저작물 이용허락을 받은 자는 해당 저작물을 이용할 권리를 가지게 되는데 이때 권리는 물권적 성격의 배타적 권리가 아니라 저작재산권자에게 해당 저작물의 이용을 용인해 줄 것을 요구할 수 있는 채권적 권리로서의 성격을 가지고 있음은 이미 살펴본 바와 같다.

(2) 저작물을 이용할 수 있는 권리의 양도 가능성

일반적으로 저작재산권자와 저작물을 이용하려는 자 사이에 인격적 신뢰관계가 형성되었을 경우에 비로소 저작물 이용계약이 체결된다. 따라서 저작물 이용계약으로 발생한 채권을 채권자와 채무자의 의사와 관계없이 제3자에게 양도해 버리면 채권자와 채무자 사이의 신뢰관계에 변화가 생길 수 있는데, 이는 **채권의 성질상 양도를 허용할 수 없는 경우**에 해당한다. 다만, 「민법」 제449조는 임의규정으로서 당사자의 의사에 따라 이 규정의 적용을 배제할 수 있다. 사적자치의 대원칙에 비추어 당사자의 의사는 강행규정에 위반하지 않는 한 임의규정보다는 그 효력이나 해석의 기준에서 앞서기 때문이다.

(3) 「저작권법」에서의 규정

이와 같은 상황을 종합적으로 반영하여 「저작권법」에서는 채권양도에 관한 「민법」 제449조에 대한 특칙特則에 해당하는 별도의 규정을 두고 있다. 여기에서는 당사자인 저작재산권자의 의사표시, 즉 **동의**를 요건으로 하여 저작물 이용을 제3자에 양도할 수 있도록 하고 있는데, "법 제46조 제1항의 규정에 따른 허락에 의하여

---

18 일반적으로 채권과 채무는 동시에 이전되는데, 채권의 이전을 '채권양도'라 하고 채무의 이전을 '채무인수'라고 한다.

19 예를 들면, 문화예술과 관련한 용역의 제공을 목적으로 하는 출연계약 등은 당사자 간에 신뢰관계(Confidential Relationship)에 기초하여 체결되므로 여기서 발생하는 채권은 그 성질상 채권을 양도할 수 없는 경우에 해당한다. 이때 채권을 양도해 버리면 문화예술인과 같은 채권자의 변경으로 당초에 기대했던 채권의 목적(특정가수의 노래 등)을 이루지 못하기 때문이다.

저작물을 이용할 수 있는 권리는 저작재산권자의 동의 없이 제3자에게 이를 양도할 수 없다"(제46조 제3항)라고 하였다.

이와 같이 현행 법체계에서는 저작재산권자로부터 저작재산권 자체를 양도받은 자는 아무런 제한 없이 제3자에게 재차 양도할 수 있으나, 저작재산권자로부터 이용허락을 받은 자는 저작물 이용권이라는 채권적 권리를 제3자에게 양도할 때 반드시 저작재산권자의 동의가 필요하다. 요컨대 저작재산권자로부터의 이용허락에 따른 저작물 이용권의 양도는 원칙적으로 허용되지 않지만 저작재산권자의 동의를 받은 경우에는 예외적으로 허용된다 하겠다.[20]

V. 저작재산권의 양도 등에서 저작자의 보호를 위한 여러 가지 입법적·사법적 배려

1. 의의

오늘날 저작물의 유통과정 중 특히 저작자와 최종소비자를 매개하는 위치에서 저작물을 이용하는 자는 대부분의 경우 자본력과 전문적인 인력 및 관련 설비와 유통망을 가지고 있기 때문에 이들은 저작자보다 우월한 지위에 서 있음이 일반적이다. 이들이 가진 우월적 지위는 저작재산권의 양도나 저작물의 이용허락과정에서 고스란히 반영되기 일쑤이며, 따라서 **계약자유의 원칙**에 기초하여 양도계약이나 이용허락계약이 체결되더라도 저작자에게 불리한 내용이 포함되는 경우가 많다. 이와 같은 현상은 저작물 이용허락계약보다는 저작재산권 양도계약에서 발생할 개연성이 더욱 높을 것으로 예상된다.

저작재산권의 양도계약은 저작재산권 자체를 이전하는 준물권계약으로서 그만

---

20 이때 저작재산권자의 동의는 제3자가 적법하게 해당 저작물을 이용하기 위한 '적법요건(또는 성립요건)' 이 아니라, 다만 제3자에게 책임을 묻기 위한 '책임요건(또는 유효요건)'에 해당함을 유의하여야 할 것이다. 즉, 원고의 동의를 받지 않고 피고가 음반을 제작한 음반제작자로부터 원반(原盤, Master Piece)의 복제 및 배포의 허락을 받아 그 음반을 복제 또는 배포를 하였다고 하여 그와 같은 행위가 적법하지 아니하여 법률행위로서 성립하지 않는 것은 아니며, 다만 이때 동의를 받지 않은 것은 피고의 채무불이행 또는 계약위반의 사유가 되어 해당 법률행위가 유효하지 않게 되고, 이에 따라 피고는 원고에게 상당한 책임을 져야 한다.

큼 저작자의 권리를 제한하거나 무력화시킬 수 있는 반면에, 양수인인 이용자로서
는 제3자에 대한 배타적 권리의 행사가 가능할 뿐만 아니라 이용의 범위도 양도인
이 가지는 것과 별반 차이가 없어 결국 저작물 이용계약을 체결하는 것보다는 그
지위가 강하다고 볼 수 있다. 반면에, 저작물 이용허락계약은 저작재산권자의 지위
가 저작재산권 양도계약을 체결할 때보다는 훨씬 우세적優勢的인 지위에 놓이는데,
이는 저작물이용계약이 채권계약으로서 저작재산권자도 소정의 권리를 행사할 수
있기 때문이다.

  저작권과 관련한 계약이 저작재산권 양도계약인지 아니면 단순한 저작물을 이용
하도록 허용하는 저작물 이용허락계약인지가 불분명한 경우, 이를 어느 것으로 판
단하느냐는 저작자의 권리보호에도 직접적인 영향을 미칠 수 있는 중요한 사안의
하나이다. 따라서 힘의 열세적劣勢的인 지위에 있는 저작자가 힘이 우위에 있는 저작
물 이용자와 계약을 체결하는 과정에서 힘의 균형을 유지하면서 공정한 계약이 체
결될 수 있도록 각종 제도적·법적 장치의 마련이 필요하다. 이 밖에도 이미 체결
된 해당 계약의 해석을 통하여서도 당사자의 의사를 보충해 줄 수 있는데, 이 경우
에도 가능하다면 이용자보다는 저작자의 권익이 보호되는 방향으로 해석하여야 할
것이다.

  저작권의 양도 등에서 힘의 약자인 저작자를 보호하기 위한 구체적인 방안으로
입법적 측면에서는 관련 법률에서 저작재산권의 일방적 양도를 금지하는 규정을
두거나 저작재산권의 양도나 이용허락의 요건을 엄격히 규정하는 방법 등이 있으
며, 사법적 측면에서는 개별적·구체적 사안에 대하여 법관이 관련 계약을 해석할
때 가급적 이용자보다는 저작자가 유리하도록 하여야 한다는 여러 가지 원칙을 판
례적으로 확립해 가는 방법 등이 있다.

2. 외국의 입법례와 주요 판례

(1) 의의

  프랑스·독일 등 유럽국가에서는 주로 입법부가 법률을 제정하는 방법으로 저작
재산권의 양도 등을 제한함으로써 저작자의 권리를 보호하고 있고, 미국에서는 주
로 사법부가 소송과정에서 판례를 통해 저작재산권자와 이용자가 체결한 계약을

해석하는 데 가급적 저작자가 유리하도록 하여야 한다는 몇 가지 원칙을 제시함으로써 저작자의 권리를 보호하고 있다.

(2) 법률에서의 규정

우선 프랑스 저작권법에서는 저작권 양도와 저작물 이용허락에서 저작자가 불이익을 당하지 않도록 여러 가지 규정을 두고 있는데, 이를 구체적으로 살펴보면 i) 저작권과 관련한 계약은 서면으로 작성하여야 하며, ii) 장래에 저작물 전체를 양도하는 계약은 무효하며, iii) 저작재산권 양도계약을 체결할 때 저작재산권 전부를 양도하는 것은 금지되며 개개의 권리를 양도하는 경우에도 이용영역의 범위, 목적, 장소, 기간 등을 명시하고, iv) 계약체결 당시에 예견하지 못했던 새로운 매체의 이용과 관련하여서는 계약서상에 명시함과 동시에 그 이용으로 인한 이득의 분배와 관련한 조항을 반드시 두어야 한다는 것 등이다.

다음으로 독일 저작권법에서는 프랑스보다 더욱 저작자의 보호에 충실한 규정을 담고 있는데 이를 구체적으로 살펴보면 다음과 같다. i) 유증이나 상속의 경우를 제외하고는 저작재산권의 양도는 허용하지 아니하며, ii) 저작자가 계약체결 당시에 알려지지 않은 방법으로 저작물의 이용권을 부여한 경우에는 무효이며, iii) 저작물의 이용대가가 현저하게 불균형적일 때에는 저작자가 이용자에게 계약의 변경이나 계약의 해지를 청구할 수 있으며[21], iv) 이용권의 부여와 관련한 계약의 해석에 관하여서도 **의심스러울 때에는 저작자에게 유리하게하는** 계약해석의 원칙 등에 관한 규정이다.

(3) 판례상의 주요원칙

미국은 법원에서의 저작권 양도계약이나 저작물 이용계약에 대한 해석을 통하여 저작자를 보호하는 대표적인 국가이다. 미국 판례법상 이에 관한 주요원칙으로는 i) 저작자에게 유리한 추정Presumption for Authors의 원칙 ii) 계약서 문안 작성자에

---

21 독일 저작권법 제32조의a에서는 이른바 '베스트셀러 규정'을 두고 있는데, 이는 계약체결 후 일정기간이 경과한 이후에 많은 경제적 이익을 가져다주는 저작물에 대해서 해당 저작물의 저작자가 이용자를 상대로 행사할 수 있는 계약수정청구권의 형태로 도입되었다. 이는 당초에는 예상하지 못했던 큰 성공을 거두게 됨에 따라 발생하는 부가가치 중 일부를 애초에 유명하지 않거나 경제적으로 어려운 약자의 지위에 서 있던 저작자에게 환원하도록 하는 내용의 사후보상(事後補償)을 위하여 마련된 규정으로서 미술저작물에 대한 '추급권(追及權)'의 행사와도 그 이념적 가치를 같이한다.

게 불리한 추정Presumption Against for Drafters의 원칙 등이 있다. 전자는 특정한 이용방법이나 매체에 관하여 당사자들의 의사가 불분명하여 의사의 합치가 없는 것으로 보이는 경우에는 그러한 한도에서 이용허락이 없다고 보며, 나아가 양도 또는 이용허락이 되었다는 사실이 외부적으로 표현되지 않았다면 저작자에게 그 권리가 유보된 것으로 추정한다는 것이다. 후자는 저작권과 관련한 계약서의 내용 중 애매한 부분이 있다면 그 계약서의 문안을 작성한 자에게 불리하게 추정한다는 것이다.

3. 우리의 경우

(1) 의의

급격한 디지털화에 따라 유통시장이 확장되고 콘텐츠 전달매체가 거대화·집단화되면서 저작자와 이용자 간의 힘의 불균형 현상은 쉽게 해소되지 못하고 있다. 종래의 휴대형·극장형 이용형태를 기반으로 한 콘텐츠의 이용형태가 방송·통신의 융합형 이용형태로 전환되면서 기술과 전문인력을 가진 거대한 저작물 이용자 그룹이 생겨나고 있는 실정이다. 이와 같은 현상에서 저작물 이용자는 자기에게 일방적으로 유리한 계약을 체결하고자 하고 저작자는 그러한 계약을 체결할 수밖에 없는 수동적 입장에 놓이기도 한다. 이렇게 체결된 계약은 저작자의 권익보호는 물론 우리나라 문화콘텐츠산업의 건전한 발전을 위해서도 결코 바람직하지 않기에 최근에 와서 입법적·사법적 측면에서 저작자의 권리를 더욱 강화해 주는 방향으로 법령을 개정하거나, 가능하다면 저작자에게 유리한 방향으로 계약을 해석하여야 한다는 주장이 지속적으로 제기되고 있다.[22]

우리의 경우 후술하는 사법적 차원에서 이루어지는 판례뿐만 아니라 입법적 차원에서도 저작권과 관련한 계약에서 저작자에게 일방적 희생을 요구하는 계약체결을 방지하고, 공정한 거래질서를 확립하기 위해 여러 가지 제도적·법적 장치를 관련 법률에서 다양하게 마련하고 있다.

---

22 출판업계에서는 매절계약(買切契約)이라는 관행이, 음악산업계에서는 곡비(曲費) 또는 선불금이라는 관행이 존재해 왔다. 출판사와 음반사는 이 계약이 재산권 양도계약에 해당한다고 주장해 왔으나 법원은 판례를 통하여 매절계약이나 곡비의 경우 지급하는 대가가 인세를 훨씬 초과하는 고액이라는 입증이 없는 한 저작재산권의 양도계약이 아니라 저작물 이용계약으로 보아야 한다는 입장을 취하고 있다.

현행 법체계에 따르면 「저작권법」에서는 원칙적으로 창작자인 저작자와 저작인접권자 등의 권리와 그 보호에 관하여 일반적인 사항을 규정하고 있고, 문화예술 및 문화콘텐츠산업과 관련한 개별 법률에서 해당 콘텐츠(저작물)의 특성에 착안하여 해당 창작자의 저작권과 저작인접권자의 저작인접권 보호와 관련한 사항을 보충적으로 규정하는 방식을 채택하고 있다.

(2) 「저작권법」에서의 규정

우리 법에서는 저작재산권의 양도나 저작물의 이용허락 등과 관련하여 이루어지는 양 당사자 간의 계약에 대해서는 원칙적으로 사적자치私的自治 내지는 계약자유의 원칙이 적용되는 영역으로 보아 가능하면 이를 규정하지 않는 입법적 태도를 보이고 있다. 다만, 해당 계약이 보다 공정하게 체결될 수 있도록 담보하기 위한 몇 가지의 사항만을 규정하고 있다.

먼저, 저작재산권의 전부를 양도하는 경우에 특약이 없는 때에는 2차적저작물을 작성하여 이용할 권리는 포함되지 아니한 것으로 추정한다는 규정을 두고 있는데(제45조 제2항 참조), 이는 저작자에게 가능한 한 2차적저작물작성권을 유보시켜 그의 지위를 보호해 주기 위해서이다. 또한 저작재산권자의 허락에 의하여 저작물을 이용할 수 있는 권리는 저작재산권자의 동의 없이 제3자에게 이를 양도할 수 없다고 규정하고 있는데(제46조 제3항), 이 역시 저작물 이용계약 체결과정에서 저작자의 지위를 강화해 주기 위한 입법적 배려의 하나이다.

(3) 기타 개별 법률에서의 규정
가. 의의

「저작권법」 외에 문화예술이나 문화콘텐츠산업과 관련한 법률에서도 저작권 양도계약 또는 저작물 이용계약 등에서 저작자의 지위가 훼손되지 않고 대등한 위치에서 저작물 이용자와 계약을 체결할 수 있도록 하는 여러 가지 규정을 두고 있다. 오늘날 경제적·사회적으로 강자의 지위에 있는 자가 약자의 지위에 있는 저작자 또는 저작인접권자 등과 계약을 체결할 때 의무적으로 적용되는 것으로서, 이 규정들은 저작자 또는 저작인접권자에 해당하는 실연자 등과 같은 예술인 등의 권익보호를 위해 대단히 중요한 기능을 수행하고 있다.

나. 「대중문화예술산업발전법」에서의 규정

제3조 제1항에서 방송프로그램제작사, 공연기획제작사, 드라마제작사, 광고제작사, 영화제작사 등과 같은 대중문화예술사업자에게 신의에 따라 성실히 업무를 수행하여야 한다는 소위 신의성실의 의무를 제시하고 있는데, 이 의무에 따라 대중문화예술사업자는 「저작권법」상 실연자에 해당하는 대중문화예술인과의 계약을 체결하는 데 서로의 신뢰를 존중하고 궁박(窮迫)한 상태에 있는 상대방에게 계약체결을 강요하여서는 아니 될 것이다. 이 밖에도 「대중문화예술산업발전법」 제2장 제1절 **공정한 영업질서의 조성**에서는 i) 국가의 대중문화예술산업의 발전을 위한 공정한 영업질서 조성의 노력, ii) 대중문화예술사업자 등의 불공정한 계약체결 금지의무, iii) 대중문화예술용역과 관련한 계약의 법정화, iv) 표준계약서의 제작과 보급 등에 관해서 상세한 규정을 두고 있다.

다. 「예술인 복지법」에서의 규정

제6조의2에서 문화예술기획업자는 예술인의 자유로운 예술창작 활동 또는 정당한 이익을 해칠 우려가 있는, **우월적인 지위를 이용하여 예술인에게 불공정한 계약조건을 강요하는 행위**를 하여서는 아니 된다고 규정하고 있으며, 이를 어긴 경우에 문화체육관광부장관은 i) 해당 계약조항의 삭제 또는 변경, ii) 사실 관계의 조사 그리고 iii) 공정거래위원회에 그 사실을 통보 등을 할 수 있다.

라. 「문화산업진흥 기본법」에서의 규정

제12조의2에서 문화상품의 제작·판매·유통 등에 종사하는 자는 합리적인 이유 없이 지식재산권의 일방적인 양도요구 등 그 지위를 이용하여 불공정한 계약을 강요하거나 부당한 이익을 취득하여서는 아니 된다고 규정하고 있다.

마. 「콘텐츠산업 진흥법」에서의 규정

제24조 제2항에서 오늘날 콘텐츠유통에서 절대적인 강자의 지위에 있는 기간통신사업자와 부가통신사업자 등에게 콘텐츠에 관한 지식재산권의 일방적인 양도요구를 금지하는 규정을 별도로 마련하고 있다.

(4) 판례의 검토

저작권과 관련해서 체결된 계약의 의미와 내용이 명확치 않은 경우 과연 그 계약이 저작재산권의 양도계약인지 아니면 저작물의 이용허락계약인지의 해석에서 우리는 줄곧 저작자에게 보다 유리한 저작물 이용허락계약에 해당하는 방향으로 판례가 형성되어 왔음을 확인할 수 있다. 그렇게 추정함이 상당하다는 것이 판례의 입장이다.

대법원은 법률행위의 해석과 관련하여, "저작권에 관한 계약을 해석함에 있어 과연 그것이 저작권 양도계약인지 아니면 저작물의 이용허락에 관한 계약인지가 명백하지 아니한 경우, 저작권 양도 또는 이용허락이 외부적으로 표현되지 아니한 경우에는 저작자에게 권리가 유보된 것으로 유리하게 추정함이 상당하다"라고 판시한 바 있다(대법원 1996.7.30, 선고 95다29130 판결).

제3절
저작재산권을 목적으로 하는 질권의 행사 등

I. 저작재산권을 목적으로 하는 질권의 행사

1. 의의

저작재산권을 가지고 있는 저작자는 이 권리에 기반하여 각종 경제적 이익을 취하고 있다. 저작자가 사회적·경제적 활동을 하면서 때로는 채무자가 되기도 하는데, 이때 상대방인 채권자는 일정한 요건이 충족되면 저작자가 가지고 있는 저작재산권에 대하여 담보물권을 행사할 수도 있다. 이와 같은 저작재산권에 대한 담보물권은 채권자·채무자 모두에게 중요한 기능을 수행할 수 있는데, 채권자는 저작재산권으로부터 자신의 채권을 우선적으로 변제받을 수 있고 저작재산권 이외에 재산적 가치가 있는 물건이 부족한 경제적 약자로서 채무자인 저작자의 입장에서도 여러 가지 편리한 점이 많을 것이다.

이와 같은 사정을 감안하여 저작재산권을 비롯한 특허권, 실용신안권, 디자인권, 상표권 등의 지식재산권에 대해서 각각의 개별 법률에서는 이들 권리에 관한 질권의 행사가 가능하도록 하고 있다. 「민법」에 따르면 질권質權의 종류에는 동산질권[23]과 권리질권[24]이 있는데, 「저작권법」 제47조와 제54조에서는 「민법」에 대한 특칙으로서 저작재산권이라는 권리에 대한 질권의 설정과 등록에 관한 규정을 별도로 마련하고 있다.

「저작권법」에서는 저작재산권뿐만 아니라 실연자의 인격권을 제외한 저작인접

---

23 「민법」 제329조는 "동산질권자는 채권의 담보로 채무자 또는 제3자가 제공한 동산을 점유하고 그 동산에 대하여 다른 채권자보다 자기채권의 우선변제를 받을 권리가 있다"라고 규정하고 있다.

24 「민법」 제345조는 "질권은 재산권을 목적으로 할 수 있다"라고 규정하여 동산질권 이외에 권리질권도 인정하고 있는데, 권리질권이란 결국 동산 외에 재산권을 목적으로 하는 질권을 말한다. 오늘날 문화콘텐츠산업계에서는 특히 영화산업을 중심으로 판권담보가 널리 행해지고 있는데 이때의 판권담보는 엄밀히 말하면 채권자가 저작재산권을 담보의 목적으로 한 질권의 설정을 말한다.

권, 배타적발행권과 출판권 그리고 데이터베이스제작자의 권리 등에 대한 질권의 설정과 등록 등에 대해서도 규정하고 있는데, 그 구체적인 사항은 저작재산권의 질권의 설정과 등록에 관한 규정을 준용하는 형식을 취하고 있다(제62조, 제63조의2, 제88조, 제96조 등 참조).

2. 질권의 설정과 행사

(1) 질권의 설정

일반적으로 질권이라 함은 채권자가 채무를 변제받을 때까지 그 채권의 담보로 채무자 또는 제3자(물상보증인)로부터 인도받은 물건 또는 재산권을 유치함으로써 채무의 변제를 간접적으로 강제하는 동시에, 변제가 없으면 그 매각대금으로부터 우선적으로 변제받을 수 있는 담보물권[25]을 말한다. 해당 거래관계에서 저작재산권을 목적으로 하여 질권을 설정하는 자는 채무자의 입장에 서 있는 저작재산권자이고, 질권자는 채권자의 입장에 서 있는 자이다. 질권은 담보물권으로서의 성질을 가지므로 채무자인 저작재산권자가 채무를 이행하지 않으면 채권자는 질권을 행사하여 우선변제를 받을 수 있다.

일반적으로 "권리질권의 설정은 법률에 다른 규정이 없으면 그 권리의 양도에 관한 방법에 의하여야 한다"(「민법」 제346조). 저작재산권의 양도는 일반적으로 저작재산권 양도계약에 따르므로, 결국 저작재산권을 목적으로 하는 질권의 설정은 당사자 간 의사의 합치에 의한 질권설정계약으로 성립한다고 볼 수 있다.

한편, 권리질권에 해당하는 저작재산권을 목적으로 하는 질권도 물권에 해당하기 때문에 누가 권리질권을 가지고 있는지를 외부에 표시하는 공시公示가 필요하며, 제3자는 그러한 공시에 기초하여 안정적으로 거래관계를 유지한다. 그런데 저작재산권에 대한 권리의 설정은 그 객체가 권리라는 점에서 부동산이나 동산과 같이 등기나 인도가 아닌 「저작권법」에 따른 등록의 방법으로 공시한다. 법 제54조 제3호의 규정은 이와 같은 입법적 취지에 따른 것이다.

---

25 담보물권으로는 유치권, 질권, 저당권 등이 있는데 유치권은 물권과 유가증권을, 질권은 동산과 재산권을, 저당권은 부동산을 그 목적물로 하고 있다. 따라서 저작재산권이라는 저작권을 대상으로 하여 설정이 가능한 담보물권은 질권뿐이다.

(2) 질권의 효력이 미치는 범위

질권은 담보물권의 일종으로서 채권자는 자신의 질권을 행사하여 채무자로부터 우선변제를 받을 수 있다. 질권자는 저작재산권 자체보다는 대개 그 교환가치를 취득하는 것이 목적이므로[26], 질권의 효력이 미치는 범위는 목적물[27] 자체의 가치뿐만 아니라 목적물의 가치가 금전 또는 기타의 형태로 변형되었을 때에도 질권의 효력이 미친다고 보는 것이 타당하다.[28] 이와 같이 질권은 질물의 훼손 등으로 인하여 질권설정자가 받은 기타의 물건에 대해서도 행사할 수 있는데 이를 물상대위物上代位라고 한다.[29]

「저작권법」 제47조 제1항에서도 "저작재산권을 목적으로 하는 질권은 그 저작재산권의 양도 또는 그 저작물의 이용에 따라 저작재산권자가 받을 금전 그 밖의 물건에 대하여도 행사할 수 있다. 다만, 이들의 지급 또는 인도 전에 이를 압류하여야 한다"라고 「민법」 제342조에서 규정하고 있는 물상대위에 관한 법리를 확장하여 적용하고 있다. 요컨대 저작재산권을 목적으로 하는 질권의 효력이 미치는 범위는 i) 질권설정계약에서 명시한 목적인 저작재산권 그 자체와 ii) 저작재산권의 양도 또는 저작물 이용에 따라 저작재산권자가 받은 금전 그 밖의 물건(배타적발행권과 출판권 설정의 대가 포함) 등을 말한다. 그런데 ii)의 경우에는 금전이나 그 밖의 물건이 지급 또는 인도되기 전에 압류를 하여야 한다는 요건이 추가로 요구되는데, 그 이유는 금전이나 물건 등이 저작재산권자의 일반재산에 포함된 이후에도 질권자의 우선변제권이 인정되면 이들 사이에 생길 수 있는 이익의 충돌현상을 사전에 방지하기 위해서이다.

---

26 참고로 교환가치가 아닌 사용가치를 지배하기 위한 제한물권을 용익물권이라고 하며, 여기에는 지상권, 지역권 그리고 전세권 등이 있다. 곧이어 논의할 배타적발행권이나 출판권 등은 용익물권에 비유될 수 있고, 여기서 논의하고 있는 저작재산권을 목적으로 하는 질권은 담보물권에 비유할 수 있다.

27 질권의 목적물을 질물(質物)이라고 한다.

28 저작권자는 질권설정 이후에도 그 저작재산권을 양도하거나 저작물의 이용을 허락하거나 그 밖의 방법으로 저작권을 행사할 수 있다. 따라서 저작권자는 질권이 설정된 저작권을 저작권신탁관리단체에 신탁하여 관리하게 할 수도 있다. 이때 질권자는 신탁관리단체로부터 분배되는 보상금을 압류하여 질권을 행사할 수 있을 것이다.

29 물상대위는 질물의 멸실, 훼손 또는 공용징수로 인하여 질권설정자가 받은 금전 기타 물건에 대하여도 질권을 행사할 수 있는 것을 말하며, 물상대위권을 행사하기 위해서는 그 지급 또는 인도 전에 압류하여야 한다(「민법」 제342조 참조).

(3) 질권이 설정된 저작재산권의 행사

우리 「저작권법」은 양도성을 가지고 있는 저작재산권의 특성상 질권의 설정은 당연한 것으로 보아 그 설정에 관한 규정은 생략하는 대신에 설정된 질권의 행사방법과 질권이 설정된 저작재산권을 누가 행사할 것인가의 문제, 즉 질권이 설정된 저작재산권의 행사 주체에 관해서만 규정하고 있다(제47조 참조).

저작재산권을 목적으로 한 질권자는 가급적 해당 저작재산권을 직접적으로 행사하기보다는 향후에 자신이 가지고 있는 채권의 우선적 변제에만 관심을 가지고 있음이 일반적이다. 따라서 저작재산권을 목적으로 하는 질권은 **유치적**留置的 **효력**은 무의미하고 오직 **우선적 변제**優先的辨濟**의 효력**에만 집중되어 있을 수밖에 없으며[30], 무엇보다도 저작재산권은 환가처분이 용이하지 않기 때문에 차라리 저작재산권자의 저작물에 대한 권리행사를 인정하여 저작재산권의 양도, 이용허락, 배타적발행권 또는 출판권의 설정 등을 통해 피담보채권을 변제할 수 있는 기회를 보장하고, 질권자는 그러한 과실로부터 우선적인 변제를 받도록 하는 것이 질권자의 이익에도 부합될 것이다.[31] 이에 「저작권법」 제47조 제2항에서도 「민법」 제352조와 제353조에 대한 특칙으로서 "질권의 목적으로 된 저작재산권은 설정행위에 특약이 없는 한 저작재산권자가 이를 행사한다"라고 하여 질권의 설정에도 불구하고 원래의 저작재산권자는 저작재산권을 행사할 수 있으며[32], 그 행사방법으로는 해당 저작재산권을 양도하거나 저작물의 이용허락 또는 배타적발행권이나 출판권 등의 설정 등이 있다. 그런데 이는 임의규정任意規定으로서[33] 저작권설정계약에서 저작재산권자가 저작재산권을 행사할 수 없도록 하였다면 이 규정은 적용되지 아니하고 사적자치의 원칙에 따라 당사자의 특약이 정하는 바에 따른다.

이미 살펴본 법 제47조 제1항에서의 규정, 즉 "저작재산권을 목적으로 하는 질권은 그 저작재산권의 양도 또는 그 저작물의 이용에 따라 저작재산권자가 받을 금

---

30 질권은 유치적 효력과 우선적 변제의 효력이 있는데 전자는 채무자 또는 제3자로부터 받은 물권 또는 재산권을 채무의 변제가 있을 때까지 유치하는 효력을 말하고, 후자는 만일에 변제가 없으면 그 목적물 등으로부터 우선적으로 변제를 받을 수 있는 효력을 말한다.

31 김정완, 앞의 책, 174쪽.

32 그러나 권리행사가 아닌 권리보전에 속하는 저작권 침해에 대한 침해정지 청구권 및 손해배상의 청구는 설정행위의 특약여부와 상관없이 당연히 저작권자에게 행사하여야 한다.

33 「저작권법」 제47조 제2항에서는 "…특약이 없는 한…"이라고 하고 있는데, 이 표현이 곧 임의규정이라는 의미이다.

전 그 밖의 물건(제57조에 따른 배타적발행권 및 제63조에 따른 출판권 설정의 대가를 포함한다)에 대하여도 행사할 수 있다. 다만, 이들의 지급 또는 인도 전에 이를 압류하여야 한다"도 저작재산권을 목적으로 하는 질권을 설정한 이후에도 저작재산권자는 여전히 저작재산권을 행사할 수 있음을 전제로 한 것이라고 이해될 수 있다. 다만, "저작재산권자는 그 저작물의 복제권·배포권·전송권을 목적으로 하는 질권이 설정되어 있는 경우에는[34] 그 질권자의 허락이 있어야 배타적발행권을 설정할 수 있다"(제57조 제4항).

한편, 저작재산권을 목적으로 하는 질권의 실행은 해당 질권의 존재를 증명하는 서류가 제출된 때에 개시하고, 저작재산권을 압류하여 특별현금화 명령 등에 따라 현금화한 후에 배당하는 방법을 취한다(「민사집행법」 제273조 제1항 및 제241조).

3. 저작재산권을 목적으로 하는 질권의 등록과 그 효과

위에서 본 바와 같이 저작재산권을 목적으로 하는 질권의 설정은 당사자 간의 질권설정계약으로 성립하며, 질권설정의 성립요건으로서 별도의 등록을 요하지 아니한다. 그러나 저작재산권을 목적으로 하는 질권의 설정·이전·변경·소멸 또는 처분제한은 등록을 할 수 있으며, 등록을 하지 아니하면 제3자에게 대항할 수 없다(「저작권법」 제54조 제3호 참조). 요컨대 저작재산권을 목적으로 하는 질권의 설정에서 등록은 성립요건이 아닌 대항요건에 불과하다. 따라서 당사자 사이에는 질권설정계약에 의하여 저작재산권 설정의 효력이 완전히 발생하며, 제3자와의 관계에서는 제3자가 등록의 유무에 불구하고 설정의 효력을 인정하는 것은 무방하나, 다만 등록을 하지 않았을 경우에는 그들 간의 저작재산권에 대해 질권이 설정되어 있다고 주장할 수 없다.

---

34 이 말은 저작재산권을 목적으로 하는 질권의 설정은 저작재산권 전부가 아닌 일부에 대하여서도 그 설정이 가능하며, 여기에는 복제권, 배포권 그리고 전송권이 해당할 수 있음을 간접적으로 규정하고 있는 것으로 해석할 수 있다.

II. 저작재산권 등의 기증

1. 의의

저작재산권자는 원하는 바에 따라 여러 가지 방법으로 권리를 행사할 수 있지만 저작자가 창작한 저작물을 일반국민들이 자유롭게 이용할 수 있도록 저작재산권을 국가에 기증[35]하여 문화예술발전에 이바지하는 것도 공익적 견지에서 대단히 바람직하다.

2. 기증의 절차와 관리단체의 지정 등

우리 「저작권법」에서는 저작재산권 행사방법의 하나로서 국가에 대한 기증제도를 명시적으로 규정하고 있는데, "저작재산권자 등은 자신의 권리를 문화체육관광부장관에게 기증할 수 있다"(제135조 제1항)가 그것이다.[36]

저작재산권 등을 기증하려는 자는 저작재산권 등 기증서약서에 기증저작물 등의 복제물과 자신이 해당 저작물 등의 저작재산권자임을 증명하는 서류를 첨부하여 문화체육관광부장관에게 제출하여야 한다.[37] 그리고 문화체육관광부장관은 저작재산권자 등으로부터 기증된 저작물 등의 권리를 공정하게 관리할 수 있는 단체를 지정할 수 있다. 관리단체로 지정을 받으려는 자는 지정신청서에 기증된 저작재산권 등의 관리계획서와 기증된 저작재산권 등의 이용허락절차 및 활성화 계획을 기재한 서류를 첨부하여 문화체육관광부장관에게 제출하여야 한다(이상 「저작권법」 제135조 및 「저작권법 시행령」 제75조 참조).

---

35 기증 또는 증여는 당사자 일방(기증자)이 무상으로 재산을 상대방(수증자)에게 수여하는 의사를 표시하고 상대방이 이를 승낙함으로써 그 효력이 생기는 계약이다.

36 2017년에는 1,874건의 저작권 기증이 있었던 것으로 파악되고 있다(문화체육관광부, 앞의 백서, 321쪽).

37 문화체육관광부장관은 저작재산권자 등의 권리를 기증받는 것에 관한 업무를 관리단체에 위탁하기 때문에 실제 저작재산권 등의 기증에 관한 절차적 업무는 관리단체를 중심으로 이루어지고 있음을 유의하여야 한다.

3. 저작재산권자 등으로부터 기증된 저작물 등의 이용

기증된 저작물은 누구든지 저작재산권자로부터의 이용허락이라는 별도의 절차 없이도 자유로이 이용할 수 있다. 다만, 관리단체는 "영리를 목적으로 또는 당해 저작재산권자 등의 의사에 반하여 저작물 등을 이용할 수 없다"(「저작권법」 제135조 제3항).

제4절
공동저작물에 대한 저작재산권의 행사

I. 의의

일반적으로 물건이 지분에 의하여 수인의 소유로 된 때에는 공유共有로 하고, 공유자는 그 지분을 자유롭게 처분할 수 있으며, 공유물 전부를 지분의 비율로 사용·수익할 수 있음이 원칙이다(「민법」 제262조 및 제263조 참조). 그런데 공동저작물은 저작자 간에 공동으로 창작을 한다는 공동의 의사가 존재하고, 유체물인 물건을 공유하는 자들과는 달리 그들 간에는 긴밀한 인격적 신뢰관계Fiduciary Relationship가 형성되어 있으므로 공동저작물 저작자의 권리행사에 일반적인 **공유**의 법리가 아닌 **합유**와 유사한 법리를 적용할 필요가 있다.[38] 이에 「저작권법」 제48조에서는 이와 같은 공동저작물의 특성에 착안하여 그 저작재산권의 행사와 관련하여서는 「민법」상의 일부규정의 적용을 배제하고 지분의 양도 등에 「민법」상 특칙에 해당하는 사항을 규정하고 있다. 이하에서 구체적으로 살펴보기로 한다.

II. 공동저작물에 대한 저작재산권의 행사방법

1. 저작재산권 행사 시 저작재산권자 전원의 합의 필요

공동저작물의 경우 저작재산권은 그 저작재산권자 전원의 합의에 의하지 아니하고는 이를 행사할 수 없으며, 이 경우 각 저작재산권자는 신의에 반하여 합의의 성립을 방해할 수 없다(「저작권법」 제48조 제1항 후단 참조). 여기서 저작재산권의 행사

---

38 「민법」상의 합유는 수인이 조합체로 물건을 소유할 때 인정되는 것으로(제271조 제1항), 합유물의 처분이나 변경은 합유자 전원의 동의가 있어야 하며(제272조), 합유자에게 지분을 인정하면서도 그 전원의 동의 없이 합유물에 대한 지분을 처분하지 못한다(제273조 제1항).

라 함은 i) 해당 공동저작물을 스스로 복제, 공연, 공중송신, 전시, 배포, 대여 또는 2차적저작물로 작성하거나, ii) 제3자에게 해당 공동저작물의 이용을 허락하거나, iii) 배타적발행권 또는 출판권의 설정 등과 같이 저작권의 내용을 구체적으로 실현하는 적극적인 행위를 말한다.[39]

저작재산권자 전원의 합의에 의하지 아니한 저작재산권의 행사는 효력을 발생하지 않는다. 즉, 전원의 합의 없이 행한 공동저작물에 대한 복제권 등의 행사와 제3자에 대한 이용허락행위나 배타적발행권 또는 출판권의 설정 등은 모두 무효가 된다. 그리고 합의과정에서 각 저작권자는 신의에 반하여 합의의 성립을 방해하여서는 아니 되는데, 만약 이러했을 경우 신의성실의 원칙에 위반이 되어 무효가 되고, 합의의 성립을 방해한 자를 제외한 다른 당사자의 의사에 따른 저작재산권의 행사가 가능하다.[40] 이와 같이 「저작권법」에서는 공동저작물의 저작자 전원의 합의로만 저작재산권을 행사할 수 있도록 규정하고 있는데, 이는 공동저작물은 저작자 간의 긴밀한 인격적 신뢰관계에 있음을 확인하고 이를 입법적으로 반영한 결과로 보인다.

한편, 공동저작물의 저작자가 다른 저작자와 합의 없이 해당 공동저작물을 이용하는 경우 이것이 다른 공동저작자의 공동저작물에 관한 저작재산권을 침해하는 것에 해당하느냐가 문제될 수 있는데, 이는 부정적으로 해석하여야 하며 대법원 판례도 같은 입장이다.

> 대법원은 공동저작물에 대한 저작재산권의 행사와 관련하여 "「저작권법」 제48조 제1항 전단은 '공동저작물의 저작재산권은 그 저작재산권자 전원의 합의에 의하지 아니하고는 이를 행사할 수 없다'라고 규정하고 있는데, 위 규정은 어디까지나 공동저작자들 사이에서 각자의 이바지한 부분을 분리하여 이용할 수 없는 단일한 공동저작물에 관한 저작재산권을 행사하는 방법을 정하고 있을 뿐이다. 그러므로 공동저작자가 다른 공동저작자와의 합의 없이 공동저작물을 이용한다고 하더라도 그것은 공동저작자들 사이에서 위 규정이 정하고 있는 공동저작물에 관한 저작재산권의 행사방법을 위반한 행위가 되는 것

---

39 저작재산권 침해의 정지청구 등 준물권적 청구권의 행사는 법 제48조에서 말하는 저작재산권의 행사에 포함되지 아니하고, 이는 법 제129조에서 '공동저작물의 권리침해'라는 제목하에 별도로 규정하고 있다.

40 다른 저작재산권자가 신의에 반하여 합의의 성립을 방해한 경우에는 소송을 제기하여 「민사집행법」 제260조에 의한 합의 또는 동의의 결정을 받아 저작재산권의 행사나 지분의 처분을 할 수 있다. 공동저작물의 저작인격권 행사에서도 마찬가지이다(「저작권법」 제15조 제1항 참조).

에 그칠 뿐, 다른 공동저작자의 공동저작물에 관한 저작재산권을 침해하는 행위까지 된다고는 볼 수 없다"라고 판시한 바 있다(대법원 2014.12.11, 선고 2012도16066 판결).

2. 지분의 양도 등에서 다른 저작재산권자의 동의 필요

「민법」제263조의 규정에 따르면 물건의 공유자는 그 지분을 자유롭게 처분할 수 있으며 다른 공유자의 동의를 필요로 하지 않는다.[41] 그러나 공동저작물의 경우에는 저작자 사이에 긴밀한 신뢰관계라는 기초적 내부관계가 형성되어 있으므로 각자의 지분을 자유롭게 처분할 수 없고 일정한 제한이 따르는데,「저작권법」제48조에서 이에 관한 규정을 두고 있다. 즉, 공동저작물의 저작재산권자는 "다른 저작재산권자의 동의가[42] 없으면 그 지분을 양도하거나 질권의 목적으로 할 수 없다.[43] 이 경우 각 저작재산권자는 신의에 반하여 합의의 성립을 방해하거나 동의를 거부할 수 없다"(제48조 제1항 후단).

3. 공동저작물의 저작재산권의 대표행사

공동저작물의 저작자는 그들 중에서 저작재산권을 대표하여 행사할 수 있는 자를 정할 수 있으며, 이때 권리를 대표하여 행사하는 자의 대표권에 가하여진 제한이 있을 때에 그 제한은 선의의 제3자에게 대항할 수 없다(제15조 제2항 및 제3항 참조).「저작권법」에서 이와 같은 규정을 두고 있는 이유는 공동저작물의 저작재산권 행사의 편의성과 실효성을 기하고 선의의 제3자를 보호하기 위한 것이다.

---

41 지분의 처분이 아니라 공유물 자체의 처분이라면 공유자 전원의 동의가 필요하다(「민법」제264조 참조).
42 법문(法文)에는 '전원의 동의'라 하지 않고 '동의'라고 하고 있으나 공동저작물의 저작자 상호 간의 긴밀한 신뢰관계를 감안하더라도 저작재산권의 행사에서와 마찬가지로 '전원의 동의'가 필요하다고 해석하여야 할 것이다.
43 「저작권법」에서는 이와 같이 지분의 양도와 질권의 설정에만 동의가 필요하므로 지분의 상속이나 후술하는 지분의 포기는 다른 저작재산권자의 동의 없이도 얼마든지 가능하다.

Ⅲ. 공동저작물의 이익 배분과 지분 포기방법

1. 공동저작물의 이용에 따른 이익의 배분

"공동저작물의 이용에 따른 이익은 공동저작자 간에 특약이 없는 때에는 그 저작물의 창작에 이바지한 정도에 따라 각자에게 배분된다. 이 경우 각자의 이바지한 정도가 명확하지 아니한 때에는 균등한 것으로 추정한다"(「저작권법」제48조 제2항). 따라서 공동저작물의 이용에 따른 이익의 배분은 당사자 간의 특약 → 창작에 이바지한 정도 → 균등 배분의 순으로 결정한다. 공동저작물의 저작재산권자가 지분을 포기하거나 상속인 없이 사망한 경우에는 다른 저작재산권자에게 그 지분의 비율에 따라 배분된다(제48조 제3항 후단 참조).[44]

2. 공동저작물 저작재산권자의 지분의 포기

공동저작물의 지분은 배타적 성격을 가지는 저작권의 비율을 말하므로 이를 포기할 수 있으며, 이 경우에 다른 공동저작자의 동의를 얻을 필요도 없다(제48조 제3항 전단 참조).

---

44 예컨대 A, B, C가 공동저작물의 저작자로 각각 3분의 1씩 지분을 가지고 있고, A가 자신의 지분을 포기하거나 상속인 없이 사망한 경우에는 그 지분 3분의 1은 B와 C에게 균등하게 배분되어 B와 C는 각각 2분의 1씩의 지분을 가지게 된다.

제9장

저작재산권 행사의 확산을 위한 법률적 장치 (배타적발행권과 출판권의 설정)

제1절
저작재산권 행사의 확산을 위한 법률적 장치에 관한 일반적 고찰

I. 의의

1. 입법적 배경

「저작권법」의 역사는 저작자의 권리행사의 범위가 확산되어 가는 과정이라고 할 수도 있다. 저작권은 독점적·배타적 성격을 지니는 준물권이기에 저작재산권자가 주도적 입장에 서서 저작물 이용자에게 저작재산권을 양도하거나 저작물 이용허락 계약을 체결하여 저작물을 이용하게 할 수도 있다. 그러나 저작물의 일정한 이용 행위, 예컨대 복제·전송·배포 등에 대해서 중간 전달자에게 배타적 권리를 설정해 줌으로써 해당 저작물의 유통을 보다 활성화하고 해당 저작물의 부가가치를 더욱 높일 수 있을 것이다.

2. 저작물의 중간 전달자에게 배타적 권리의 설정

오늘날 저작물의 유통구조는 저작자와 소비자를 직접 연결하는 근대적인 유통 구조에서 탈피하여 유통을 보다 대량적·신속적·경제적으로 하기 위하여 저작자와 소비자를 연결하는 대규모 자본과 인력 및 기술을 가지고 있는 중간 매개체가 등장 하고 있다.

오늘날 우리를 비롯한 대부분의 국가에서는 저작재산권자가 가지는 권리의 행사 를 확산시키는 차원에서 배타적발행권과 출판권 등의 도입을 입법화하고 있는데, 이들 권리는 저작자가 가지고 있는 저작재산권 행사의 확산을 도모하기 위하여 저 작물이 궁극적으로 소비자에게 전달되기 전에 해당 저작물의 부가가치 창출에 기여 하거나 더욱 효율적인 저작물 유통구조를 창출하기 위하여 자본을 투여한 중간 전

달자 등에게 부여한 일종의 독점적이고 배타적인 권리로서의 성격을 지니고 있다.[1]

II. 배타적발행권 및 출판권의 법적 성격

1. 준물권적 성격의 배타적 권리

배타적발행권과 출판권은 모두 준물권적 성격을 가지고 있는 배타적인 권리 Exclusive Rights로서, 저작재산권자와의 설정계약을 통해 주로 저작물의 중간 전달자 내지는 중간 이용자에게 부여되는 권리이다. 다시 말해, 이들 두 권리는 저작재산권자로부터 설정을 받아 저작물의 중간 전달자가 가지는 권리로서, 저작재산권자에만 효력을 주장할 수 있는 대인적對人的 권리인 채권적 권리가 아니라 이 세상의 누구에게도 주장할 수 있는 대세적對世的 권리로서의 준물권적 성격의 배타적인 권리라는 특징을 지니고 있다.

2. 용익물권과 유사한 성격의 권리

우리의 재산권체계는 크게 물권과 채권 그리고 저작권을 포함한 지식재산권으로 3분三分할 수 있으며, 이 가운데 지식재산권은 준물권으로서 물권법의 원리가 크게 작용하고 있다.[2]

물권에는 기본적인 물권에 해당하는 소유권과 이 소유권에 일정한 제한이 가해진 제한물권이 있으며, 제한물권에는 다시 대상물의 사용·수익을 목적으로 하는 용익물권[3]과 채권의 담보에 목적이 있는 담보물권[4]이 있다. 그런데 저작물을 이용

---

[1] 콘텐츠산업계에서는 이와 같은 배타적 권리를 가지고서 유통에 종사하는 업체를 일반적으로 '콘텐츠퍼블리싱전문회사'라 부른다. 주로 음악, 영화, 게임 그리고 캐릭터 등의 분야에서 이와 같은 유형의 전문회사가 많이 활동 중이다.

[2] 저작재산권이 배타적 권리로서의 성격을 가지고 있는 것도 이것이 기본적으로 특정의 상대방을 염두에 두지 않는 대세적 권리인 물권에 준하는 권리이기 때문이다.

[3] 용익물권에는 지역권, 지상권, 전세권이 있다.

[4] 담보물권에는 유치권, 질권, 저당권이 있다.

하는 자의 권리를 물권의 종류에 비교하여 살펴보면 저작재산권을 양도받은 양수인은 물건에 대한 소유권을 이전받은 것과 같은 것으로 볼 수 있으며, 여기서 말하고 있는 배타적발행권과 출판권을 가지고 있는 자는 소유권 가운데 용익물권과 유사한 권리를 가지고 있는 것으로 이해할 수 있다. 즉, 배타적발행권이나 출판권이라 함은 특정 저작물의 중간 전달자가 해당 저작물을 배타적으로 발행하거나 출판할 수 있는 권리로서 이는 곧 소유권자가 설정해 준 용익물권과 유사한 권리라 할 수 있다. 따라서 배타적발행권과 출판권은 원래의 기본적 권리인 저작재산권과 비교해 볼 때 그 효력의 범위와 기간에서 부수적이고 종속적일 수밖에 없다.

III. 유사개념과의 비교

1. 저작재산권과의 비교

배타적발행권과 출판권은 그 발생의 원인이 되는 권리인 저작재산권과 비교해 봄으로써 그 개념을 좀 더 명확히 파악할 수 있다. 첫째, 배타적발행권과 출판권은 2차적·창설적 권리임에 비하여 저작재산권은 배타적발행권을 창설하는 기초가 되는 권리이다.[5] 따라서 배타적발행권과 출판권의 창설 한도 내에서 저작재산권자는 그의 권리행사가 제한되며 그는 배타적발행권자와 출판권자의 권리행사를 방해하여서도 아니 된다.[6] 둘째, 배타적발행권과 출판권의 권리 범위는 제한적인 반면에 저작재산권의 권리 범위에는 제한이 없다.[7] 배타적발행권과 출판권은 설정계약 조건 등에서 존속기간 등과 같은 여러 가지 조건과 제한을 들 수 있기 때문이다. 셋째, 배타적발행권과 출판권의 존속기간이 소멸되면 그 잔여권리는 원래 권리의 소유자인 저작재산권자에게 귀속되는 반면에[8], 저작재산권이 소멸되면 「저작권법」

---

5 이는 소유권에서 용익물권이 창설되는 논리와 마찬가지이다.
6 이 경우 배타적발행권자과 출판권자는 저작재산권자를 상대로 「저작권법」 제123조에 기초하여 침해의 정지청구권과 같은 물권적 청구권을 행사할 수 있음도 물론이다.
7 이는 소유권이 물권에 대한 전면적인 지배권임에 반해 용익물권은 물권에 대한 부분적인 지배라 할 수 있는 사용가치에 대한 지배권에 해당하는 것과 마찬가지이다.
8 이를 'Reverter'라 하며 이와 같은 회귀적 성격은 모든 제한물권의 본질적 특성의 하나이다.

제49조에 따라 공공의 영역Public Domain에 속한다.

2. 저작재산권의 양도 및 저작물의 이용허락과의 비교

우리의 현행 법체계에 따르면 저작자 이외의 자가 합법적으로 해당 저작물을 이용하기 위해서는 앞에서 살펴본 저작재산권의 양도와 저작물 이용허락의 방법 이외에도 저작재산권자로부터 배타적발행권과 출판권을 설정받아 이들 권리를 행사함으로써 해당 저작물을 이용하는 방법 등이 있다. 이들 세 가지를 좀 더 구체적으로 비교해 보면 다음의 표와 같다.[9]

저작재산권의 양도, 저작물의 이용허락, 배타적발행권의 설정 등 비교

구분	저작재산권의 양도	저작물의 이용허락	배타적발행권·출판권
근거조항	법 제45조	법 제46조	법 제57조~제63조
권리의 성격	준물권(소유권)	채권	준물권(용익물권)
권리주장의 대상	대세권 : 권리를 침해하는 누구에게나 주장	대인권 : 채무자에게만 주장	대세권 : 권리를 침해하는 누구에게나 주장
저작재산권자와 이루어지는 계약의 유형	저작재산권 양도계약(준물권계약)	저작물 이용허락 계약(채권계약)	배타적발행권 또는 출판권 설정계약(준물권계약)
이전대상(이용허락)이 되는 저작권(저작물)	저작재산권의 전부 또는 일부(지분권)	저작재산권의 대상이 되는 모든 이용 행위	발행 등(복제·배포, 복제·전송)과 출판(복제·배포)에 관한 권리에 한정
저작물(중간) 이용자가 가지는 권리	저작재산권	저작물 이용권	배타적발행권 및 출판권
등록여부	등록 가능(대항적 효력)	등록 불필요	등록 가능(대항적 효력)
제3자의 권리침해 시 당사자로서의 지위	당사자로서의 지위 가짐	당사자로서의 지위가 없고 저작재산권자에게만 권리 주장	당사자로서의 지위 가짐

9 저작재산권의 양도, 저작물 이용허락 그리고 배타적발행권과 출판권을 각각 토지에 대한 「민법」상 권리와 비교해 본다면 저작재산권의 양도는 토지소유권의 양도에 해당하고, 저작물 이용허락은 채권적 권리인 토지임대차에 해당하며, 배타적발행권과 출판권의 설정은 토지에 대한 용익물권의 하나인 지상권의 설정에 비유할 수 있다.

IV. 「저작권법」에서의 규정체계

1. 의의

현행 법체계에 따르면 저작물의 중간 전달자가 이용할 수 있는 권리인 배타적발행권과 출판권에 관해서 배타적발행권은 제2장 제7절 배타적발행권에서, 출판권은 제2장 제7절의2 출판에 관한 특례에서 각각 규정하고 있다.

출판권에 관해서는 배타적발행권에 관한 규정인 법 제58조부터 제62조까지의 규정을 준용하고 있으며, 따라서 입법기술적으로도 배타적발행권은 출판권으로, 저작재산권자는 복제권자로 보는 것으로 규정하고 있다(제63조의2).[10]

2. 전자출판물에 대한 출판권의 설정 여부

출판권과 관련해서는 인쇄 그 밖에 이와 유사한 방법으로 문서 또는 도화를 발행하는 유형적 출판물과 저작물의 내용을 전자적 매체에 실어 이용자가 컴퓨터 등 정보처리장치를 이용하여 그 내용을 읽거나 보거나 들을 수 있게 발행한 전자출판물로 구분할 수 있다. 그런데 출판권의 설정에 관해 현행 「저작권법」 제63조에서는 **인쇄 그 밖에 이와 유사한 방법**과 **문서 또는 도화로 발행** 등의 개념을 사용함으로써 유형적 출판물만을 출판권 설정의 대상으로 하고 있다. 반면에 배타적발행권을 규정하고 있는 법 제57조에서는 배타적발행권의 하나로서 저작물을 복제하여 전송할 수 있는 권리를 포함하고 있으므로 전자출판물은 법 제7절의2에서 규정하고 있는 출판권의 설정이 아닌 법 제7절에서 규정하고 있는 배타적발행권 설정의 대상으로 하고 있음이 분명하다.

---

10 이와 같은 이원적인 입법방식은 2011년에 「저작권법」을 개정하여 배타적발행권을 신설하는 한편, 기존에 오프라인상의 유형물의 발행에 있어서 적용되었던 출판권의 설정에 대해서는 이를 배타적발행권에 흡수하지 않고 그대로 이 제도를 이용하고자 하는 저작재산권자와 출판권자들의 요구를 수용하여 이를 법 제2장 제7절의2에서 별도로 규정한 데 따른 입법적 결과이다. 그러나 출판권에 관한 특례의 대부분은 배타적발행권의 규정을 준용하고 있는데 이와 같은 입법태도는 대단히 어색해 보이며 이 두 가지의 권리를 단일화하여 규정하는 방법이 오히려 타당할 것으로 보인다. 요컨대 법 제2장 제7절의2 출판에 관한 특례 규정은 역사적 의미를 지나치게 강조함에 따른 입법형식으로서 이는 법률의 논리적 구성에서 볼 때 상당히 취약해 보인다.

제2절
배타적발행권의 설정

I. 의의

오늘날 디지털시대에 대규모 자본을 투하하여 전문적인 저작물 유통행위에 종사하는 저작물의 중간 전달자가 광범위하게 활동하고 있으며, 이와 같은 현상은 특히 디지털콘텐츠를 소비자에게 전달하는 유통전문회사의 등장으로 더욱 활발해지고 있다.

이에 저작물의 중간 전달자에게도 배타적 권리를 부여해 줌으로써, 이들이 투하한 자본의 회수를 용이하게 해줌은 물론 저작자가 가지고 있는 저작재산권의 행사 범위도 더욱 확산시킬 수 있는 법적·제도적 장치를 마련해 주어야 할 필요성이 있는데, 이와 같은 상황에 부응하기 위하여 등장한 법적인 장치가 곧 배타적발행권이라는 제도이다.

II. 배타적발행권의 설정

1. 의의

"저작물을 발행하거나 복제·전송(이하 '발행 등'이라 한다)할 권리를 가진 자는 그 저작물을 발행 등에 이용하고자 하는 자에 대하여 배타적 권리(이하 '배타적발행권'이라 하며, 법 제63조에 따른 출판권은 제외한다. 이하 같다)를 설정할 수 있다"(「저작권법」 제57조 제1항). 이는 배타적발행권의 설정에 관한 근거규정에 해당하는데 법문에서 나타나고 있는 바와 같이 배타적발행권은 저작재산권자의 설정행위가 있어야 비로소 성립된다. 이 설정행위는 저작물의 중간 전달자와의 설정계약으로 구체화되는데 이 설정계약은 준물권準物權계약에 해당한다.

2. 배타적발행권의 설정자와 배타적발행권자

배타적발행권의 설정자는 저작재산권자이고 배타적발행권자는 이 배타적발행권을 현실적으로 행사하는 사람을 말한다. 그런데 여기서 말하는 배타적발행에 있어서 구체적인 내용인 발행과 복제·전송은 모든 저작물에 대해서 적용이 가능한 저작물의 이용유형이며, 따라서 컴퓨터프로그램저작물을 포함하여 「저작권법」 제4조에 예시되어 있는 모든 유형의 저작물의 저작재산권자는 배타적발행권을 설정할 수 있는 권한이 있다고 할 수 있다. 그렇다면 저작재산권자와 저작물의 중간 전달자는 발행이나 복제·전송 이외의 방법으로 해당 저작물을 이용할 수 있는 배타적인 권리를 설정할 수 있는가가 문제된다. 물권법정주의物權法定主義의 원칙에 비추어 볼 때 당사자 간의 합의로 발행이나 복제·전송 이외의 방법으로 배타적 권리를 설정하는 것은 엄격히 제한되어야 할 것이다.

그런데 오늘날 배타적발행권은 대부분의 경우 개인에게 그 권리가 설정되기보다는 자본과 인력과 기술 등을 갖춘 회사, 법인 또는 단체에게 설정되기 마련이다. 현실적으로도 음악출판사, 게임퍼블리셔, 영화제작사, 광고제작사, 독립영상물제작사, 외주제작사, 공연제작사, 전자출판사 등이 저작재산권자로부터 이 배타적발행권을 설정받아 행사하면서 저작자와 해당 저작물의 최종 이용자를 연결하는 매개자 역할을 수행하고 있다. 그런데 이들 각종 회사, 법인, 단체 등은 자금과 기술 등을 동원하여 해당 저작물의 부가가치를 향상시키기도 하는데, 이 같은 경우에는 저작인접권자의 지위를 가질 수도 있을 것이다.[11]

3. 저작재산권자의 새로운 배타적발행권의 설정 여부

저작재산권자라 하더라도 일단 배타적발행권을 설정하여 준 이상 그 배타적발행권을 존중하여야 하므로 그 설정행위에서 정한 방법 및 조건의 범위 내에서는 스스로 동일한 저작물을 발행 등의 방법으로 이용하거나 다른 제3자에게 이중으로 배타적발행권을 설정하거나 이용허락을 하여서는 아니 된다. 저작재산권자가 이를

---

[11] 현실적으로 이들이 저작인접권자가 되고 또 별개의 배타적 권리를 보유하는 문제는 전적으로 그 나라의 입법정책에 달려 있다.

위반하여 다른 제3자에게 이중으로 배타적발행권을 설정한 경우에는 저작재산권자는 설정계약상의 채무불이행은 물론이고 배타적발행권의 침해에 따른 민·형사상의 책임도 진다.

그러나 "저작재산권자는 그 저작물에 대하여 발행 등의 방법 및 조건이 중첩되지 않는 범위 내에서 새로운 배타적발행권을 설정할 수 있다"(「저작권법」 제57조 제2항). 저작재산권자가 중첩되지 않는 범위 내에서 새로운 배타적발행권을 설정할 수 있음은 저작재산권과 배타적발행권이 물권에서 소유권과 용익물권(특히 지상권)과의 관계와 비슷하여 저작재산권자는 배타적발행권의 설정으로 그의 저작재산권 모두가 소멸하는 것도 아니고 단지 배타적발행권의 범위 내에서 그의 권리행사가 제한되는 효과만 있기 때문이다. 만일 저작물의 중간 전달자에게 배타적발행권이 설정되어 있는 상태에서 그 권리와 중첩되는 제3자의 이용행위가 있을 경우에 배타적발행권자는 그 이용행위의 금지뿐만 아니라 손해배상도 청구할 수 있음은 배타적발행권의 준물권적 성격에 비추어 당연하다. 물론 저작재산권자가 법 제57조 제2항의 규정에도 불구하고 제3자와 발행 등의 방법 및 조건이 중첩되도록 새로운 배타적발행권을 설정하였다면 기존의 배타적발행권자는 권리침해의 정지 등과 손해배상을 청구할 수도 있을 것이다.

4. 질권자의 허락 후 배타적발행권의 설정

한편, "저작재산권자는 그 저작물의 복제권·배포권·전송권을 목적으로 하는 질권이 설정되어 있는 경우에는 그 질권자의 허락이 있어야 배타적발행권을 설정할 수 있다"(「저작권법」 제57조 제4항). 배타적발행권은 해당 저작물에 대한 발행 및 복제와 전송에 관한 권리를 배타적으로 행사하는 것을 말하므로 이들 권리에 질권이 설정되어 있다면 배타적발행권자는 그 권리를 온전히 행사할 수 없기 때문에 이와 같이 질권자의 허락을 배타적발행권 설정의 조건으로 하고 있는 것이다.

Ⅲ. 배타적발행권의 주요내용

1. 의의

"배타적발행권을 설정받은 자(이하 '배타적발행권자'라 한다)는 그 설정행위에서 정하는 바에 따라 그 배타적발행권의 목적인 저작물을 발행 등의 방법으로 이용할 권리를 가진다"(「저작권법」 제57조 제3항). 배타적발행권자가 가지는 이와 같은 이용권을 일반적으로 **저작물 이용권**이라고 부르기도 한다. 배타적발행권의 구체적인 내용은 저작재산권자와 배타적발행권자와의 **배타적발행권설정계약**에서 정해진다.

2. 배타적발행권 설정의 대상이 되는 저작물 이용행위의 유형

현행 「저작권법」에 따르면 배타적발행권의 설정은 저작물의 전형적인 이용행위 모두를 대상으로 하는 것이 아니고, 저작물의 중간 전달자가 개입하여 규모의 경제 원칙에 따라 대규모의 생산설비를 갖추고 자본을 투하하여 원래의 저작물을 재가 공하는 등의 방법으로 부가가치를 재창출할 수 있는 분야, 예를 들면 해당 저작물의 발행이나 복제 또는 전송 등의 분야만을 그 대상으로 하고 있다(제57조 참조). 따라서 현행 법체계상 발행과 복제·전송 이외의 행위에 대한 배타적발행권은 인정되지 않는다.

이와 같은 이유로 인해 배타적발행권의 설정으로 저작물을 이용할 수 있는 자는 크게 두 가지의 배타적 권리를 가지게 되는데, ⅰ) 저작물을 발행할 수 있는 권리와 ⅱ) 저작물을 복제·전송할 수 있는 권리가 그것이다. 법에서 발행이라 함은 저작물 또는 음반을 공중의 수요를 충족시키기 위하여 복제·배포하는 것을 말하므로(제2조 제24호), 결국 배타적발행권의 설정은 저작물 이용자로 하여금 ⅰ) 배타적으로 그 저작물을 복제·배포할 수 있는 권리와 ⅱ) 배타적으로 그 저작물을 복제·전송할 수 있는 권리를 설정하는 것이라 하겠다. 이 가운데 전자는 유형물에 대한 배타적발행권이라 할 수 있고[12], 후자는 무형적 저작물에 대한 배타적발행권이라 할 수 있다. 특

---

[12] 배포는 저작물 등의 원본 또는 복제물을 공중에게 대가를 받거나 받지 아니하고 양도 또는 대여하는 행위를 말하는 것으로서, 이 배포행위는 일정한 형태를 가지고 있는 저작물에만 적용되기 때문이다.

히 후자와 관련해서는 후술하는 출판권의 설정이 유형적 어문저작물에만 적용되었던 한계를 벗어나 복제·전송행위가 필수적으로 수반되는 디지털콘텐츠의 이용에 있어서도 배타적발행권의 설정이 가능하도록 하였다는 점에서 그 의의는 대단히 크다.

3. 저작물을 발행 등의 방법으로 배타적으로 이용할 권리

배타적발행권은 배타적발행권자가 저작물을 발행 등의 방법으로 배타적으로 이용할 수 있는 권리를 말한다. 배타적발행권은 배타적인 복제·배포와 배타적인 복제·전송을 포함하는 개념이다. 발행은 복제하여 배포하는 것이고 복제·전송도 결국은 복제하여 전송하는 것을 말하므로 어느 경우이든 해당 저작물에 대한 복제행위가 전제되어 있다.

4. 배타적발행권의 침해와 그 구제

누구든지 배타적발행권자의 허락 없이 해당 저작물을 무단으로 복제하여 배포하거나 무단으로 복제하여 전송하면 배타적발행권의 침해가 되고, 따라서 배타적발행권자는 소송절차에 따라 민·형사상 권리구제를 청구할 수 있다(「저작권법」 제123조 및 125조).

IV. 배타적발행권자의 의무

1. 의의

배타적발행권은 「저작권법」에 따라 창설된 권리로서, 이 권리를 가지고 있는 자는 설정행위에서 정하는 바에 따라 배타적발행권의 목적인 저작물을 발행 등의 방법으로 이용할 권리를 가진다.

동시에 배타적발행권의 원활한 행사는 이를 설정해 준 저작재산권자의 권리와 이익에도 직접적인 영향을 주므로 법에서는 배타적발행권자에게 소정의 의무를 부과하고 있는 데, i) 원고原稿 등을 발행 등의 방법으로 이용할 의무, ii) 계속하여 발행 등의 방법으로 이용할 의무, iii) 복제물에 저작재산권자를 표시할 의무, iv) 재이용에 따른 통지의무 등이다.

2. 원고 등을 9월 이내에 발행 등의 방법으로 이용할 의무

"배타적발행권자는 그 설정행위에 특약이 없는 때에는 배타적발행권의 목적인 저작물을 복제하기 위하여 필요한 원고 또는 이에 상응하는 물건을 받은 날부터 9월 이내에 이를 발행 등의 방법으로 이용하여야 한다"(「저작권법」 제58조 제1항). 이와 같이 배타적발행권자로 하여금 9월 이내에 원고 등을 발행 등의 방법으로 **이용**하여야 할 의무를 부과하고 있기 때문에 단순히 복제를 하는 것만으로는 부족하고 이를 공중에게 배포·전송하는 등의 이용행위가 있어야 한다고 보아야 한다. "저작재산권자는 배타적발행권자가 이 의무를 위반한 경우에는 6월 이상의 기간을 정하여 그 이행을 최고하고 그 기간 내에 이행하지 아니하는 때에는 배타적발행권의 소멸을 통고할 수 있다"(제60조 제1항).

그런데 법 제58조 제1항의 규정은 임의규정任意規定으로서 배타적발행권의 설정계약에서 당사자가 달리 특약을 정하였다면 그에 따라 9월 이내에 이를 발행 등의 방법으로 이용하지 아니하여도 무방하다.

3. 계속하여 발행 등의 방법으로 저작물을 이용할 의무

"배타적발행권자는 그 설정행위에 특약이 없는 때에는 관행에 따라 그 저작물을 계속하여 발행 등의 방법으로 이용하여야 한다"(「저작권법」 제58조 제2항). 이 의무 역시 특약에 별도로 정함이 있으면 적용되지 않는다. 여기서의 "계속하여…이용하여야 한다"는 말은 복제하여 배포하는 행위 및 복제하여 전송하는 행위를 끊임없이 반복해야 한다는 것은 아니고 배타적발행권의 목적이 된 저작물을 오프라인(복제·배포) 또는 온라인(복제·전송)상에서 공중이 언제든지 이용할 수 있는 상태에 제공하는 것을 의미하며 이는 해당 저작물이 이용되는 관행에 따라 결정될 성질의 것이다.

저작재산권자는 배타적발행권자가 계속하여 발행 등의 방법으로 이용할 의무를 위반한 경우에는 6월 이상의 기간을 정하여 그 이행을 최고하고 그 기간 내에 이행하지 아니하는 때에는 배타적발행권의 소멸을 통고할 수 있다.

4. 복제물에 저작재산권자를 표지할 의무

"배타적발행권자는 특약이 없는 때에는 각 복제물에 대통령령으로 정하는 바에 따라 저작재산권자의 표지를 하여야 한다. 다만, 「신문 등의 진흥에 관한 법률」 제9조 제1항에 따라 등록된 신문 및 「잡지 등 정기간행물의 진흥에 관한 법률」 제15조 및 제16조에 따라 등록 또는 신고된 정기간행물의 경우에는 그러하지 아니하다(「저작권법」 제58조 제3항). 법 제58조 제3항 후단의 규정은 언론·출판의 자유라는 공익의 추구를 위해 사권私權에 해당하는 배타적발행권은 그 행사가 일정 부분 제한될 수 있다는 법리에 기초를 두고 마련된 것으로 평가된다. 법 제58조의 규정 역시 임의규정으로서 당사자 간에 저작재산권자를 표시하지 아니하거나 법률의 규정과는 달리 표시한다는 특약이 있으면 그에 따르면 된다.

5. 저작물을 재이용하고자 할 경우 저작자에게의 통지의무

"배타적발행권자는 배타적발행권의 목적인 저작물을 발행 등의 방법으로 다시 이용하고자 하는 경우에 특약이 없는 때에는 그때마다 미리 저작자에게 그 사실을 알려야 한다"(「저작권법」 제58조의2 제2항). 배타적발행권자가 가지는 이 의무는 법 제58조의2 제1항에서 규정하고 있는 저작자의 저작물 수정증감권을 실효적으로 뒷받침하기 위한 것이다. 따라서 배타적발행권자는 발행 등의 방법으로 해당 저작물을 다시 이용하고자 할 경우에는 법문에서 명시하고 있는 바와 같이 저작재산권자가 아닌 **저작자**에게 미리 그 사실을 알려야 한다. 이 의무 역시 특약이 있으면 적용되지 않는 점에서 여타의 의무와 다를 바 없으나, 다만 이때의 특약은 논리상 배타적발행권자와 저작자 간의 특약을 의미한다고 해석해야 할 것이다.

6. 배타적발행권 소멸 후의 복제물 배포의 금지의무

「저작권법」제61조에는 배타적발행권이 그 존속기간의 만료 그 밖의 사유로 소멸된 경우에는 그 배타적발행권을 가지고 있던 자는 그 배타적발행권의 존속기간 중 만들어진 복제물을 배포할 수 없다고 규정되어 있다. 다만, 상당한 자본을 투하하여 공중이용에 제공하는 과정에서 배타적발행권의 존속기간이 만료되어 재고가 쌓여 있는 상태 등의 경우에는 배타적발행권자에게 이미 만들어진 복제물을 배포할 수 있도록 할 필요성에 따라 법에서는 일정한 예외사유를 두고 있다. 즉, i) 배타적발행권 설정행위에 특약이 있는 경우와 ii) 배타적발행권의 존속기간 중 저작재산권자에게 그 저작물의 발행에 따른 대가를 지급하고 그 대가에 상응하는 부수의 복제물을 배포하는 경우에는 배타적발행권이 그 존속기간의 만료 그 밖의 사유로 소멸한 경우에도 불구하고 그 배타적발행권의 존속기간 중에 만들어진 복제물을 배포할 수 있다(제61조 각호 참조).

V. 배타적발행권의 행사와 관련한 저작자 등의 권리

1. 수정증감권

저작자는 인격적 요소가 체화體化되어 있는 자기의 저작물에 대해 정당한 범위 안에서 수정하고 증감할 권리를 가진다. 저작자가 가지는 수정증감권은 그의 인격적 이익의 보호와도 관련이 있는 것으로서 넓은 의미의 저작인격권의 일환으로 이해되기도 한다.[13]

이와 같은 수정증감권은 저작자에게만 주어진 권리이므로 저작자가 저작재산권을 양도한 경우에도 이 권리를 행사할 수 있으며, 저작자가 아닌 저작재산권자나 복제권자는 결코 이 수정증감권을 가질 수 없음을 유의하여야 한다.

---

13 현행「저작권법」에서는 저작인격권으로서 공표권, 성명표시권 그리고 동일성유지권을 규정하고 있는데 (제11조~제13조), 수정증감권은 이 가운데 동일성유지권과 밀접한 관련이 있으며 자기의 저작물에 대한 적극적인 내용변경권으로 이해할 수 있다.

그런데 저작자가 수정 또는 증감을 할 수 있는 시기는 저작물을 발행 등의 방법으로 다시 이용하는 경우이며 수정증감의 범위는 정당한 범위 안에서 이루어져야 한다(「저작권법」 제58조의2 제1항 참조). 여기서의 **다시 이용하는 경우**라 함은 배타적발행권자가 행한 이전 회차의 복제행위로부터 일정한 간격을 두고 다시 복제행위를 하는 것을 말하며 그 이용 횟수에는 제한이 없다. 그리고 수정증감은 **정당한 범위 안에서** 이루어져야지 배타적발행권자에게 과다한 경제적·시간적 부담을 주면서까지 수정증감을 하여서는 아니 된다.

한편, 법에서는 앞에서 살펴본 바와 같이 배타적발행권자에게 저작물의 재이용에 대한 통지의무를 부과하고 있는데, 이와 같은 재이용 통지의무는 저작자의 수정증감권을 실효적으로 보장하기 위해서이기도 하다.

2. 배타적발행권의 소멸통고권

앞에서 살펴본 바와 같이 저작재산권자와 배타적발행권자가 **배타적발행권설정계약**에서 특별히 정하지 않는 한, 다시 말해 특약이 없는 한 배타적발행권자는 9월 이내에 그리고 관행에 따라 계속하여 그 저작물 또는 원고原稿를 발행 등의 방법으로 이용하여야 할 의무를 부담한다(「저작권법」 제58조 제1항 및 제2항). 배타적발행권자가 이 의무를 위반한 경우에는 저작재산권자는 6월 이상의 기간을 정하여 그 이행을 최고하고 그 기간 내에 이행하지 아니하는 때에는 배타적발행권의 소멸을 통고할 수 있다(제60조 제1항). 이 밖에도 저작재산권자는 배타적발행권자가 그 저작물을 발행 등의 방법으로 이용하는 것이 불가능하거나 이용할 의사가 없음이 명백한 경우에는 별도의 최고절차 없이 즉시 배타적발행권의 소멸을 통고할 수 있다(제60조 제2항). 저작재산권자가 가지는 이와 같은 소멸통고권은 일종의 형성권으로서 저작재산권자의 일방적 의사표시만으로 그 법률효과가 발생하는데, 「저작권법」에서는 그 법률효과의 발생시점을 「민법」상의 법률효과 발생시기에 관한 일반원칙인 **도달주의**에 기초하여[14] 배타적발행권자가 통고를 받은 때에 배타적발행권은 소멸한 것으로 규정하고 있다(제60조 제3항). 그리고 소멸통고를 하는 경우에 저작재산권자는

---

14 "상대방이 있는 의사표시는 상대방에게 도달한 때에 그 효력이 생긴다"(「민법」 제111조 제1항).

배타적발행권자에 대하여 언제든지 원상회복을 청구하거나 발행 등을 중지함으로
인한 손해의 배상을 청구할 수 있다(제60조 제4항).

3. 저작자 사망 후 편집물을 발행할 권리 등

저작재산권자는 배타적발행권 존속기간 중 그 배타적발행권의 목적인 저작물의
저작자가 사망한 때에는 배타적발행권의 존속기간이 경과하였음에도 불구하고 저
작자를 위하여 저작물을 전집 그 밖의 편집물에 수록하거나 전집 그 밖의 편집물의
일부인 저작물을 분리하여 이를 따로 발행 등의 방법으로 이용할 수 있다(「저작권법」
제59조 제2항). 즉, 저작재산권자는 배타적발행권을 설정하였음에도 불구하고 일정
한 경우에는 별도의 출판권을 가질 수 있다. 이는 배타적발행권의 존속기간(3년 또
는 5년)에 관한 규정인 법 제59조 제1항에 대한 특례규정으로서 배타적발행권의 존
속기간에 관계없이 저작자의 유족이 사망한 저작자를 기념하는 유작집^{遺作輯} 등을
자유롭게 발행할 수 있도록 하기 위해 두었으며, 이렇게 하더라도 배타적발행권자
의 배타적발행권을 크게 해치지 않기 때문이다. 법 제59조 제2항은 강행규정^{强行規定}
으로서 당사자 간의 특약으로 이 규정의 적용을 배제할 수 없다. 따라서 어떠한 경
우도 당사자 특약으로 저작자 사망 후에 유족이 저작자를 기리는 유작집 등의 발행
을 막을 수 없다.

VI. 배타적발행권의 양도와 질권의 설정

1. 재산권으로서의 배타적발행권

배타적발행권은 배타적발행권자가 가지는 권리로서 이는 재산권으로서의 성격
을 띤다. 재산권에 대해서는 널리 그 양도성과 이전성이 인정되며, 따라서 배타적
발행권도 당연히 양도 또는 질권의 설정이 가능하다. 그러나 저작재산권은 그 자체
로서 이미 인격적 요소가 내재되어 있고, 대부분의 경우에 있어서도 저작재산권자
는 자기와 기초적 신뢰관계가 형성되어 있는 상태에서 전문적 식견, 경험 그리고

자본력을 가지고 있는 자에게 배타적발행권을 설정하는 것이 일반적이므로 배타적발행권을 가지고 있는 자가 이 권리를 제3자에게 양도하는 때에는 일정한 제한이 따를 수밖에 없다.[15]

2. 양도와 질권설정 시 저작재산권자의 동의 필요

"배타적발행권자는 저작재산권자의 동의 없이 배타적발행권을 양도하거나 또는 질권의 목적으로 할 수 없다"(「저작권법」 제62조 제1항). 이와 같이 저작재산권자의 동의를 얻도록 하는 것은 배타적발행권의 설정이 당사자 간의 신뢰관계에 기초하여 형성된 것이기 때문이다. 따라서 저작재산권자의 동의 없이 배타적발행권을 양도 또는 질권의 목적으로 한 경우에는 무효가 된다고 보아야 할 것이다.

VII. 배타적발행권 행사의 제한과 그 존속기간

1. 배타적발행권 행사의 제한

저작물을 최종소비자에게 전달하는 위치에 서 있는 저작물의 중간 전달자가 가지는 배타적발행권은 비록 저작자가 가지는 저작재산권은 아니지만 공익적 목적을 달성하기 위하여 법률의 규정에 따라 얼마든지 그 행사의 제한이 가능하다. 다시 말해 저작재산권에서 파생되어 저작물의 중간 전달자가 가지는 권리의 하나인 배타적발행권도 저작재산권과 마찬가지로 공공의 이익증진이라는 공익적 목적을 달성하기 위해서는 일정한 제한이 가해질 수 있으며 제한의 범위와 내용·방법 등은 당연히 법률의 규정에 따라야 한다. 이에 「저작권법」에서는 저작재산권이 제한되는 경우에는 배타적발행권의 성질과 부합하지 않을 때[16]를 제외한 대부분의 경우에

---

15 참고로 저작재산권자로부터 배타적발행권을 설정받지 않고 저작재산권 자체를 양도받은 사람은 아무런 제한 없이 재차 저작재산권을 양도하거나 질권을 설정할 수 있을 것이다. 이는 물권에 있어서 소유권의 이전에 해당하기 때문이다.
16 배타적발행권은 결국 복제하여 배포하거나 복제하여 전송하는 이용행위에 관한 것이므로, 예를 들면 공연과 방송에 관한 제한규정인 법 제29조와 제34조는 배타적발행권에는 준용될 성질의 것이 아니다.

있어서 배타적발행권도 제한되는 것으로 규정하고 있는데, 법 제62조 제2항에서는 이와 같은 배타적발행권의 행사의 제한 등에 관한 근거규정을 두고 있다.

배타적발행권의 목적으로 되어 있는 저작물의 복제 등에 관하여는 재판절차 등에서의 복제, 정치적 연설 등의 이용, 학교교육 목적 등에의 이용, 시사보도를 위한 이용, 시사적인 기사 및 논설의 복제 등, 공표된 저작물의 인용, 사적 이용을 위한 복제, 도서관 등에서의 복제 등, 시험문제로서의 복제, 시각장애인 등을 위한 복제 등, 청각장애인 등을 위한 복제 등, 미술저작물 등의 전시 또는 복제, 저작물 이용과정에서의 일시적 복제, 부수적 복제 등, 문화시설에 의한 복제 등, 저작물의 공정한 이용, 번역 등에 의한 이용, 출처의 명시 등에 있어서 그 행사의 제한을 받는다 (제62조 제2항).

2. 배타적발행권의 존속기간

무기한의 배타적발행권을 설정하는 것은 복제권 등의 양도와 같은 결과를 초래하므로 배타적발행권에는 반드시 그 존속기간을 두는 것이 필요하다. 대부분의 경우 자본력과 장비 등을 갖추고서 강자의 위치에 서 있는 배타적발행권자는 장기간의 존속기간을 요구할 것이고 약자의 위치에 서 있는 저작재산권자나 그 밖의 이용자는 해당 저작물을 광범위하게 활용하고 문화콘텐츠산업을 발전시키기 위해서라도 배타적발행권의 존속기간을 적정한 기간으로 제한하기를 원한다. 이와 같은 상황을 종합적으로 고려하여 「저작권법」에서 배타적발행권의 존속기간을 법정화하고 있는데 이를 구체적으로 살펴보면 "배타적발행권은 그 설정행위에 특약이 없는 때에는 맨 처음 발행 등을 한 날로부터 3년간 존속한다.[17] 다만, 저작물의 영상화를 위하여 배타적발행권을 설정하는 경우에는 5년으로 한다"(제59조 제1항). 저작물의 영상화를 위하여 배타적발행권을 설정하는 경우에 그 존속기간을 5년으로 정하고 있는 것은 영상저작물에 관한 특례규정에서 영상화의 허락기간을 5년으로 정하고 있는 법 제99조 제2항의 규정과 균형을 맞추기 위한 것으로 보인다.

---

17 비록 양 당사자 간에 배타적발행권의 존속기간을 무기한으로 정할지라도 이는 기간이 없는 것으로 보아 맨 처음 발행한 날로부터 3년이 경과하면 배타적발행권은 소멸하는 것으로 보아야 한다.

제3절
출판권의 설정

I. 의의

1. 출판과 출판권의 의의

「저작권법」에서 말하는 출판이라 함은 인쇄, 그 밖에 인쇄와 유사한 방법으로 문서 또는 도화를 발행하는 것을 말한다. 한편, 출판권은 이와 같이 인쇄 그 밖에 이와 유사한 방법으로 문서 또는 도화로 발행하고자 하는 자, 다시 말해 오프라인상으로 저작물을 발행하고자 하는 자의 권리를 말한다(제63조 제1항 참조). 일반적으로 저작재산권자 가운데서 복제하여 배포할 권리를 가진 자(이를 '복제권자'라 한다)만이 출판권을 설정할 수 있으며, 발행의 방법 및 조건 등은 **출판권설정계약**에서 구체적으로 정해진다. 그런데 이미 앞에서 살펴본 바와 같이 배타적발행권도 저작물을 복제하여 배포하거나 아니면 복제하여 전송하는 권리를 의미하기 때문에 배타적발행권에는 출판권의 개념이 이미 포함되어 있음을 유의하여야 한다.

2. 현행 「저작권법」 체계에서의 출판권에 관한 규정형식

우리 법에서 출판권을 배타적발행권의 하위개념으로 하지 아니하고 법 제2장 제7절의2 출판에 관한 특례에서 별도로 규정하고 있는 이유는 이미 우리사회에서 법적 확신으로 굳어진 출판권제도를 인정할 필요성이 있었기 때문이며 또한 이를 배타적발행권에 포함시킴으로써 야기될 거래의 혼란을 방지하기 위해서였다.

이와 같은 이유로 현행 법체계상 배타적발행권과 출판권은 전혀 별개의 권리로 이해하여야 한다.[18] 다만, 배타적발행권에 적용되는 배타적발행권자의 의무, 저작

---

18 그런데 오프라인상의 출판권의 설정과 전자출판권의 설정을 이와 같이 이중적으로 규정하고 있는 현행 법의 태도는 대단히 부자연스럽다. 통합된 출판권 설정의 근거조항을 마련할 필요가 있다고 본다.

물의 수정증감, 배타적발행권의 존속기간 등, 배타적발행권의 소멸통고, 배타적발행권 소멸 후의 복제물의 배포 그리고 배타적발행권의 양도·제한 등이라는 규정들은 출판권에 관해서도 그대로 적용되며, 이 경우 배타적발행권은 출판권으로, 저작재산권자는 복제권자로 본다(제63조의2). 따라서 앞의 배타적발행권에서 논의한 관련 규정들에 대한 설명은 출판권의 성질과 부합하지 않는 경우를 제외하고는 모두 출판권에도 적용된다.

3. 「저작권법」 제46조에 따른 저작물의 이용허락에 따른 계약출판권과의 비교

현행 법체계에 따르면, 저작자의 저작물을 출판하기 위해서는 법 제57조에 따른 출판권을 설정하는 방법만 있는 것은 아니다. 법 제57조보다는 느슨한 것으로서 채권관계에 기인하여 형성되는 법 제46조에 따른 저작물의 이용허락으로 이루어지는 저작물의 복제·배포계약, 즉 저작물의 출판계약에 의한 방법도 있는데, 이들을 비교해 보면 다음의 표와 같다.

출판권의 설정에 따른 출판과 저작물의 이용허락에 따른 출판의 비교

구분	출판권의 설정에 따른 출판	저작물의 이용허락에 따른 출판
근거	법 제57조	법 제46조
권리의 성격	물권(배타적 권리)	채권(청구권)
계약 형태	출판권 설정계약	출판계약
명칭	설정출판권	계약출판권
복제의 개념	인쇄, 그 밖에 이와 유사한 방법(문서 또는 도화로 발행)	인쇄, 그 밖의 유사한 방법, 녹음, 녹화
출판권자의 권능	복제·배포	복제·배포
공시력(대항력)	있음	없음

II. 출판권의 설정

1. 출판권의 설정자

출판권은 앞에서 살펴본 바와 같이 저작물의 유형적 이용방법인 복제[19]와 배포를 내용으로 하는 것이기에, 저작물의 무형적 이용에 해당하는 전송의 개념이 포함되어 있는 전자출판[20] 또는 디지털출판은 「저작권법」에서 말하는 출판이 아니다. 따라서 전자 또는 디지털 형태의 출판에 대해서는 출판권의 설정이 아닌 배타적발행권의 설정을 받아 전자출판 등을 하여야 한다.[21] 출판권을 설정할 수 있는 자는 저작재산권자 가운데서 복제하여 배포할 권리를 가진 자만이 될 수 있는데 법에서는 이를 **복제권자**라고 정의하고 있다.

2. 출판권설정계약

배타적인 권리인 출판권을 가지는 출판사가 저작물을 출판하기 위해서는 저작권자와 출판계약을 체결해야 하는데, 이러한 출판계약을 출판권설정계약 또는 설정출판권계약이라고 한다. 출판권설정계약은 저작권자(복제권자)가 일정 기간 출판사에게 저작물을 출판할 권리, 즉 작품을 인쇄형태로 복제 및 배포할 권리를 설정하는 계약으로, 출판권을 설정한 기간에 저작권자는 같은 작품을 다른 출판사에 출판하도록 허락할 수 없다. 그리고 "복제권자는 그 저작물의 복제권을 목적으로 하는 질권이 설정되어 있는 경우에는 그 질권자의 허락이 있어야 출판권을 설정할 수 있다"(「저작권법」 제63조 제3항).

---

19 출판권의 설정을 염두에 둔 복제는 주로 유형적·항구적 의미의 복제를 말하며, 따라서 전자적 형태로 이루어지는 일시적 복제는 출판권 설정의 대상이 되는 복제의 개념 범위에 포함될 수 없다고 하겠다.

20 '전자출판'이란 종이 책 출판과 비교되는 것으로서 이용자가 컴퓨터 등 정보처리장치를 이용하여 그 내용을 읽거나 보거나 들을 수 있게 발행한 전자책 등의 간행물을 말한다(「출판문화산업 진흥법」 제2조 제4호 참조). 오늘날 출판의 형태는 전통적인 종이 책 형태의 출판에서 전자출판으로 급격히 이동하고 있는데, 이는 스마트폰, 태블릿 PC 등 스마트기기 단말기의 보급이 급격히 확대되고 전자책과 어플리케이션 전자책의 발행이 급성장하고 해외저널 디지털출판물 시장이 확대되는 등 새로운 구조적 변화에 우리가 능동적으로 대응한 결과이기도 하다(박순태, 「문화콘텐츠산업법」, 993~994쪽).

21 현재 실무적으로는 전자출판을 할 때 배타적발행권의 설정은 저작권자로부터 권한의 위임을 받아 출판권자가 이를 행하는 것이 일반적이다.

III. 출판권자의 권리와 의무

1. 의의

출판권자의 권리나 의무는 설정행위에서 정하는 바에 따라, 다시 말해 복제권자와 체결하는 **출판권설정계약**에서 정하는 바에 따라 개략적으로 결정되기 마련이다. 하지만 출판권설정계약에서 너무 구체적으로 출판권자의 권리와 의무를 규정하는 것은 배타성이 있는 설정출판권의 기능을 침해할 우려가 있다.[22] 따라서 「저작권법」상 출판권의 설정행위에 의하여 정할 수 있는 사항으로는 추상적인 것으로서 법규적인 사항이 이에 포함되며, 그 구체적인 예로는 출판권자의 권리와 의무에 관한 사항, 출판물의 수정증감, 출판권의 존속기간, 출판권의 소멸통고, 출판권 소멸 후의 출판물의 배포금지 그리고 출판권의 양도·제한 등이 있을 수 있다.[23]

2. 출판권자의 권리

복제권자로부터 출판권을 설정받은 자(이하 '출판권자'라 한다)는 그 설정행위에서 정하는 바에 따라 그 출판권의 목적인 저작물을 원작 그대로 출판할 권리를 가진다 (「저작권법」 제63조 제2항). 여기서 '원작 그대로'라 함은 원작을 개작하거나 번역하는 방법으로 변경하지 않는 것을 말하며, 오탈자 등을 수정하는 것은 관계가 없다.

> 대법원은 출판권의 침해요건과 관련하여, "「저작권법」 제63조에서 정하고 있는 출판권은 저작물을 복제·배포할 권리를 가진 자와의 설정행위에서 정하는 바에 따라 저작물을 원작 그대로 출판하는 것을 그 내용으로 하는 권리이므로, 제3자가 출판권자의 허락 없이 원작의 전부 또는 상당한 부분과 '동일성' 있는 작품을 출판한 때에는 출판권의 침해가 성립된다 할 것이지만, 원작과의 동일성을 손상하는 정도로 원작을 변경하여 출판하는 때에는 저작자의 2차적저작물작성권 침해에 해당될지언정 출판권자가 가지고 있는 출판권의 침해는 성립되지 않는다"고 판시하였다(대법원 2003.2.28, 선고 2001도3115 판결).

---

22 허희성, 앞의 책, 355쪽.
23 참고로 법 제46조를 바탕으로 하는 저작물 이용허락에 따른 출판계약은 그 범위와 내용이 아주 구체적이고 상세해도 무방할 것이다.

출판권자가 가지는 **출판할 권리**는 복제권자와의 출판권설정계약에 따라 발생하기에 흔히 설정출판권이라고도 하는데, 그 법적 성격이 독점적·배타적인 준물권에 해당함은 앞의 배타적발행권과 다를 바 없다. 따라서 출판권의 목적이 된 저작물에 대한 복제 및 배포권의 침해가 있을 경우 출판권자(설정출판권자)는 복제권자뿐만 아니라 누구에게라도 독자적으로 자신의 출판권(설정출판권)의 침해를 이유로 침해정지의 청구나 손해배상의 청구를 할 수 있다.

3. 출판권자의 의무

복제권자로부터 출판권을 설정받은 출판권자는 9월 이내에 출판할 의무, 계속하여 출판할 의무, 복제권자 표지의무, 재판再版의 통지의무, 출판권 소멸 후의 복제물 배포금지 의무 등이 있다(「저작권법」 제63조의2 참조).

IV. 저작자와 복제권자의 권리

출판권자의 출판권의 행사와 관련하여 저작자와 복제권자 등은 각각 수정증감권, 출판권 소멸통고권 그리고 저작자 사망 후 편집물 등을 출판할 권리 등을 가진다(「저작권법」 제63조의2 참조). 구체적인 내용은 생략하기로 한다.

V. 출판권의 양도와 질권의 설정 및 출판권 행사의 제한 등

우리 「저작권법」에 따르면 출판권을 양도하거나 질권의 목적으로 하고자 할 때에는 복제권자의 동의를 받아야 하며, 출판권은 저작재산권과 마찬가지로 공익의 목적상 필요한 경우에는 일정한 제한을 받는다. 그리고 출판권의 존속기간은 앞에서 설명한 배타적발행권과 마찬가지로 3년으로 규정되어 있다(이상 제63조의2 참조).

VI. 출판인을 위한 판면권 부여의 필요성 검토

1. 의의

우리나라의 경우 출판을 함에 있어서 원고를 쓴 저작자의 권리는 저작권으로서 보호를 받는 반면에, 출판에 참여하면서 기획·교정, 편집, 디자인 등과 같이 출판물의 완성에 부가가치를 창출하는 데 도움을 주고 있는 출판인에 대한 권리는 아직 「저작권법」상 배타적 권리로 인정되고 있지는 않다. 판면권板面權, Edition Right이라는 이름으로 일부 외국에서는 출판인에게 권리를 부여하고 있는데[24], 여기서 **판면**이란 출판된 저작물을 구성하는 각 면의 디자인과 스타일, 구성, 단어와 기호 등의 외관Layout을 말한다.

2. 판면권 부여의 검토

정부정책으로서 「저작권법」에 판면권이라는 권리를 도입하여 출판인을 간접적으로 돕는 방향으로 할지, 아니면 출판관련 법률에서 출판인을 지원하는 각종 시책의 추진으로 출판인을 직접적으로 돕는 방향으로 할지는 입법정책의 문제로 귀결된다.

정부에서는 현재 출판진흥의 근거법률인 「출판문화산업 진흥법」에 따라 출판문화산업진흥계획의 수립·시행, 한국출판문화산업진흥원의 설치, 전문인력 양성의 지원 등에 관한 규정을 두고서 출판인을 지원하는 여러 가지 시책을 추진 중에 있다. 이 밖에도 「저작권법」에 판면권을 별도로 규정하지 않아도 출판물을 구성하는 디자인과 스타일, 구성, 단어와 기호 등은 법 제6조에서 규정하고 있는 편집저작물로 볼 수도 있으므로 출판인의 권리가 나름대로 보호될 수 있을 것이다.

---

24 영국에서는 1998년의 저작권법에서 '발행물의 판면배열'에 대한 권리를 25년간 보호해 주고 있으며, 중국과 대만에서는 재판(再版)권이라는 권리로 10년간 보호해 주고 있다.

제10장

저작권의 등록과
권리자 등의 인증

제1절
저작권 및 저작재산권 변동사항의 등록

I. 저작권 등의 등록제도에 대한 일반적 고찰

1. 저작권 등에 대한 공시방법^{公示方法}으로서의 등록제도

저작권은 저작자가 가지고 있는 배타적 권리Exclusive Rights이다. 따라서 저작권은 양 당사자 간에 있어서만 채권과 채무관계가 형성되는 채권적 권리가 아니며, 특정인이 아닌 세상의 모든 사람이 그 권리를 침해할 수 있고 이들의 침해행위에 대하여 저작자가 당연히 권리구제를 청구할 수 있는 물권적 권리로서의 성격을 가지고 있다.

저작자가 독점적·배타적인 권리인 저작권을 가진다는 것을 이유로 하여 타인의 개입을 배제하려면 무엇보다도 누가 그 권리를 가지고 있는지 외부에 알려줄 필요가 있다. 한편, 제3자의 입장에서도 그러한 공시방법을 토대로 해야 위험부담을 줄이면서 안정적으로 저작권과 관련한 법률관계를 형성할 수 있을 것이며, 이에 부응한 공시방법[1]으로서의 제도적 장치가 곧 저작권 등에 대한 등록제도이다.

현행 「저작권법」에서는 대부분의 국가에서와 마찬가지로 저작권에 관한 공시방법으로서 저작권과 저작재산권의 변동에 관한 **등록제도**를 채택하고 있다.[2]

---

[1] 부동산에 대한 물권의 변동에 관한 공시방법으로는 '등기제도'가 있고, 특허권, 실용신안권, 상표권, 디자인권 등과 같은 산업재산권에 대한 공시방법으로는 저작권의 등록제도보다 좀 더 높은 수준의 '등록제도'가 있다.

[2] 저작권 등록제도는 저작자의 권리보호 및 저작물의 이용활성화를 위한 주요한 법적·제도적 장치로서, 2017년의 경우 총 4만여 건 이상의 등록실적을 나타낸 바 있으며, 저작권 등록제도를 처음으로 실시한 1987년부터 2017년 말 현재까지의 총 누적 등록건수는 53만 5천여 건 이상에 달하는 것으로 나타나고 있다 〔문화체육관광부, 『2017 저작권백서』, 168쪽〕.

2. 「저작권법」에서의 규정

현행 「저작권법」에서는 제2장 제6절에서 저작권의 등록 등에 관한 일반적인 사항, 즉 저작권의 등록과 저작재산권 변동 등의 등록·효력, 등록의 절차 등 그리고 비밀유지의무 등을 규정하면서, 이들 규정을 저작인접권 및 데이터베이스제작자의 권리와 이들 권리의 배타적발행권의 등록에 준용하도록 하는 입법태도를 취하고 있다.[3] 현행 법 제2장 제6절에 따르면, 등록의 대상을 **저작권 자체에 관한 사항의 등록**과 **저작재산권의 변동 등에 관한 사항의 등록**으로 크게 두 가지 형태로 나누어 각각 규정하고 있다.[4]

저작권 자체에 관한 사항의 등록은 저작권의 등록이라고도 하는데 이는 법 제53조에서 규정하고 있으며, 여기에서는 저작자와 저작물, 창작연월일, 공표연월일 등을 주요등록사항으로 하고 있다. 한편, 저작재산권의 변동 등에 관한 사항의 등록은 법 제54조에서 규정하고 있는데, 여기에서는 저작재산권의 양도 또는 처분제한, 배타적발행권과 출판권의 설정·이전·변경·소멸 또는 처분제한 그리고 저작재산권, 배타적발행권 및 출판권을 목적으로 하는 질권의 설정·이전·변경·소멸 또는 처분제한 등에 관한 등록을 규정하고 있다.

그런데 저작재산권의 변경의 등록은 위에서 살펴본 바와 같이 저작재산권의 **발생** 이후의 변동사항, 예를 들면 설정, 이전, 변경, 소멸, 처분제한 등이 등록의 대상이 되는 것이지 저작권 또는 저작재산권의 발생 자체는 등록의 대상이 아님을 유의하여야 한다. 이는 저작권 발생의 **무방식주의**에 따라 저작권은 등록여부와는 관계없이 저작자가 저작물을 창작한 때부터 원시적으로 발생하므로 구태여 **등록**이라는 별도의 형식이나 절차를 필요로 하지 않기 때문이다.

현행 법에 따르면 이와 같은 두 가지 형태의 등록에 따른 법적효과는 각기 달리

---

3 저작권의 등록 및 저작재산권 변동 등의 등록에 관한 규정은 저작인접권 또는 저작인접권의 배타적발행권의 등록과 데이터베이스제작자의 권리 및 데이터베이스제작자의 권리의 배타적발행권의 등록에 관하여 준용한다. 이 경우 '저작권등록부'는 각각 '저작인접권등록부'와 '데이터베이스제작자권리등록부'로 본다(제90조 및 제98조 참조).

4 부동산의 등기에서도 등기할 수 있는 권리로서 소유권, 지상권, 지역권, 전세권, 저당권, 권리질권, 채권담보권, 임차권 등 여덟 가지의 권리가 있고, 등기는 이들 권리의 설정, 보존, 변경, 이전, 처분의 제한, 소멸에 대하여 하도록 하고 있다(「부동산등기법」 제3조 참조). 즉, 여기서도 권리 자체의 등기와 권리의 변동에 관한 등기 모두를 포함하고 있다.

나타나는데, 저작권 자체의 등록에 있어서는 **추정력**이 부여되고 저작재산권 변동의 등록에 있어서는 **대항력**이 부여되고 있다.

II. 저작권의 등록

1. 의의

저작권의 등록이란 공공기관이 관리하는 저작권등록부에 저작권의 귀속주체인 **저작자**와 저작권 행사의 대상이 되는 **저작물 등**에 관한 주요사항을 기재하는 것을 말한다. 현행 「저작권법」에서는 저작자의 저작물에 대한 전형적인 이용행위에 따라 개별적인 지분권을 부여하고 있으므로 저작권의 등록도 결국은 저작자와 저작물에 관한 주요사항 위주로 등록이 될 수밖에 없으며 이에 관해서는 법 제53조에서 규정하고 있다. 또한 개별 지분권과 그 밖의 각종 권리의 구체적 변동사항의 등록에 관해서는 법 제54조에서 별도로 규정하고 있다.

2. 등록의 주체

저작권의 등록을 할 수 있는 자는 저작자이다. 「저작권법」에 따르면 저작자가 사망한 경우에는 저작자의 특별한 의사표시가 없는 때에는 그의 유언으로 지정한 자 또는 상속인이 그 등록을 할 수 있다(제53조 제2항). 저작자 사후에도 그의 인격적 이익은 보호될 수 있기에 생전에 저작자의 특별한 의사표시가 없는 한 등록을 할 의사가 있었던 것으로 의제하여 그의 유언으로 지정한 자 또는 상속인이 그 등록행위를 할 수 있도록 규정하고 있는 것이다.

그런데 저작권의 등록은 반드시 그 저작자나 상속인 또는 유언으로 지정한 자가해야 하는 것은 아니며, 제3자에게 그 등록신청을 위임할 수도 있다.[5] 그리고 저작재산권자는 저작권의 원시취득에서와 같이 저작자의 지위를 동시에 가지고 있을

---

5 「저작권법 시행규칙」 제6조 제2항 제6호는 '대리인이 등록을 신청하는 경우에는 그 권한을 증명하는 서류'를 첨부하여야 한다고 규정하여 대리에 의한 등록이 가능함을 간접적으로 나타내고 있다.

때에는 당연히 저작권 등록을 할 수 있겠지만, 후발적으로 저작자로부터 저작재산권을 양도받았을 경우에는 법 제54조에 따른 저작재산권의 변경등록을 할 수 있으나, 법 제53조에 따른 저작권의 등록의 주체가 될 수는 없음을 유의하여야 한다.

3. 등록사항

저작권의 등록을 함에 있어서는 다음과 같은 사항, 즉 i) 저작자의 실명·이명(공표 당시에 이명을 사용한 경우에 한한다), 국적·주소 또는 거소[6], ii) 저작물의 제호·종류·창작연월일[7], iii) 공표의 여부 및 맨 처음 공표된 국가·공표연월일, iv) 2차적저작물의 경우 원저작물의 제호 및 저작자, v) 저작물이 공표된 경우에는 그 저작물이 공표된 매체에 관한 정보 그리고 vi) 등록자가 2명 이상인 경우 각자의 지분에 관한 사항 등을 등록할 수 있다(「저작권법」 제53조 제1항 및 「저작권법 시행령」 제24조 참조).

4. 저작권 등록의 효과

(1) 의의

저작자가 저작권의 등록을 하면 저작권등록부에 특정사항이 등록되어 있는 바와 같이 실체적 법률관계가 존재하는 것으로 추정할 수 있는데, 이와 같은 효력을 추정적 효력이라 한다. 저작권 등록에 따른 추정적 효력의 부여는 등록의 절차상 그것이 실체적 권리관계에 부합할 개연성이 크다는 것에서 기인한 것으로서[8], 이와 같은 추정력推定力이 생기면 소송법상의 입증책임이 전환된다.[9]

---

6 저작자의 주소 또는 거소를 등록하도록 한 이유는 저작물의 이용자가 해당 저작물을 이용하기 위하여 저작자와 계약을 체결하거나 기타 접촉할 필요가 있는 경우에 대비하기 위함이다.

7 창작연월일이 등록된 저작물은 법 제53조 제3항에 의하여 등록연월일에 창작된 것으로 추정되기 때문에 저작자를 위해서는 입증책임의 전환이라는 측면에서 매우 유익할 수 있다.

8 저작권 등록을 하기 위해서는 등록사유를 뒷받침하는 각종의 증빙서류의 제출이 요구되며, 형식적 심사권이긴 하지만 저작권 등록 담당자에 의한 심사가 행하여지고, 또한 만일에 허위내용의 저작권 등록을 하는 경우에는 법 제136조 제2항 제2호에 따른 거짓등록죄 등의 형사처벌 등이 부과되기 때문에 그 진실성이 어느 정도 보장되기 때문이다.

9 "입증책임이 전환된다"는 말은 추정의 효과를 부인하는 상대방이 반대사실을 입증함으로써, 즉 상대방의 반증에 의하여 추정의 효과를 부인할 수 있다는 말이다.

「저작권법」 제53조에 따른 저작권의 등록에 대한 추정력은 저작자에 대한 추정력, 창작물·최초공표일 등에 대한 추정력, 저작권 침해자의 과실의 추정력 등이 있다.[10]

(2) 저작자에 대한 추정력

저작자로 실명이 등록된 자는 그 등록저작물의 저작자로 추정한다(제53조 제3항 참조). 저작자의 추정규정은 법 제53조 제3항뿐만 아니라 법 제8조 제1항에서도 규정하고 있는데, 이에 따르면 저작물의 원본이나 복제물에 저작자로서의 실명 또는 이명으로서 널리 알려진 것이 일반적인 방법으로 표시된 자와 저작물을 공연 또는 공중송신하는 경우에 저작자로서의 실명 또는 저작자의 널리 알려진 이명으로서 표시된 자는 저작자로서 그 저작물에 대한 저작권을 가지는 것으로 추정된다. 따라서 저작자는 이 양 조항 모두에 근거하여 저작자로 추정을 받을 수 있다.[11] 이렇게 볼 때, 법 제53조 제3항의 규정은 해당 저작물에 저작자의 실명 또는 널리 알려진 이명이 표시되지 않은 경우라든가 이명으로 저작물을 공표한 자가 자신의 이명이 널리 알려진 것으로 확신하지 못한 경우 등과 같은 이례적인 상황하에서 저작자는 그의 실명으로 등록함으로써 그 등록저작물의 저작자로 추정을 받을 수 있도록 해준다는 점에서 실익이 있다.

(3) 창작연월일, 맨 처음 공표된 공표연월일 등에 대한 추정력

창작연월일 또는 맨 처음 공표연월일이 등록된 저작물은 등록된 연월일에 창작 또는 맨 처음 공표된 것으로 추정한다(제53조 제3항 참조). 다만, 저작물을 창작한 때부터 1년이 경과한 후에 창작연월일을 등록한 경우에는 등록된 연월일에 창작한 것으로 추정하지 아니한다(제53조 제3항 단서). 여기서 등록된 연월일이라 함은 사실행위로서의 등록을 한 날이 아니라 등록신청서에 **등록되어 있는 연월일**을 의미한다.[12]

---

10 법 제53조에서는 저작자의 실명과 창작연월일, 공표연월일 이외에도 저작자의 국적, 주소, 거소, 저작물의 제호 등도 등록을 할 수 있도록 하고 있는데, 이들 사항에 대해서는 별도의 추정력이 없다. 다만 이들 사항도 저작권등록부에 등록됨에 따른 효과, 즉 저작권과 관련된 주요사항을 외부에 공적으로 표시함으로써 저작권의 배타성을 실현하고 제3자의 저작권 거래의 안전성을 확보하는 데 기여하는 등록제도 자체가 가지는 공시력(公示力)은 분명히 존재한다.

11 추정의 범위는 법 제8조가 훨씬 넓다. 여기에서는 저작자로서의 추정뿐만 아니라 그 저작물에 대하여 저작권을 가지는 것까지 추정된다.

12 법문(法文)을 '등록된 연월일'이 아닌 '등록부에 기재한 연월일'로 바꾸어 표현해야 할 것으로 보인다.

이와 같은 추정규정을 두고 있는 이유는 창작연월일과 맨 처음 공표연월일은 일반적으로 확인하기가 곤란하고 따라서 법률관계의 명확성과 안정성을 고려하여 일괄적으로 등록된 연월일에 각각 창작 또는 맨 처음 공표한 것으로 하는 것이 오히려 바람직할 것이라는 입법취지에 따른 것으로 보인다. 그러나 저작물을 창작한 때부터 1년이 경과한 후에 창작연월일을 등록한 경우까지 등록된 연월일에 창작한 것으로 하기에는 무리가 따를 수 있으므로 이때에는 추정력을 배제시키고 있다.

(4) 등록되어 있는 저작권 등을 침해한 자의 과실의 추정력

저작권의 등록에 따른 추정력의 효과와 관련하여 세 번째로 제시할 수 있는 것은 등록되어 있는 저작권을 침해한 자에 대한 과실의 추정효과이다.

우리 법에서는 등록되어 있는 저작권을 침해한 자는 그가 저작권 등의 거래관계에서 우리 사회가 요구하고 있는 상당한 정도의 주의의무를 위반한 것으로 볼 수 있으며, 따라서 그는 과실이 있는 것으로 추정할 수 있도록 하는 규정을 두고 있다. 즉, 법 제125조 제4항에서는 "등록되어 있는 저작권, 배타적발행권(제88조 및 제96조에 따라 준용되는 경우를 포함한다), 출판권, 저작인접권 또는 데이터베이스제작자의 권리를 침해한 자는 그 침해행위에 과실이 있는 것으로 추정한다"라고 규정하고 있다.

현행 법에서 규정하고 있는 등록된 저작권 등의 침해자에 대한 과실의 추정규정은 등록에 따른 공시력이 있음에도 불구하고 등록되어 있는 저작권 등 각종의 배타적 권리를 침해한 자는 그에게 부여된 충분한 주의의무를 위반한 것으로 볼 수 있으며, 이는 곧 그 침해행위에 과실이 있다고 추정을 할 수 있는 경험법칙을 입법적으로 반영한 것이라고 하겠다.

(5) 기타의 효과
가. 실명등록에 따른 저작재산권 보호기간의 연장 효과

현행 법에 따르면 무명 또는 널리 알려지지 아니한 이명이 표시된 저작물의 저작재산권은 공표된 때부터 70년간 존속하는 것으로 한다. 다만, 이 기간 내에 법 제53조 제1항에 따른 저작자의 실명등록이 있는 경우에는 보호기간의 일반원칙에 따라 저작자의 생존기간 및 사망 후 70년간 저작재산권이 존속하는 것으로 규정하고 있다(제40조 제2항 제2호).

따라서 이 경우에는 사실상 저작재산권의 보호기간을 연장하는 법적인 효과를 가져오게 되는데, 이와 같은 이유로 실명등록이 보다 활성화할 것으로 기대된다.

나. 법정손해배상 청구의 소송요건

저작권에 대한 침해행위가 일어나기 전에 미리 저작권 등의 등록을 하여야만 원고는 법정손해배상을 청구할 수 있다(제125조의2 제3항 참조).[13] 따라서 사전에 저작물 등의 등록을 한 경우에 한해서만 원고는 법정손해배상을 청구할 수 있다. 요컨대, 저작권 등의 등록은 법정손해배상의 청구를 하기 위한 소송요건으로서의 법률적 효과를 지니고 있다.

다. 침해물품 통관보류 신고자격의 취득

관세청 고시인 「지식재산권 보호를 위한 수출입통관 사무처리에 관한 고시」에 따라 저작권자는 세관에 저작권의 등록사실 등을 신고하여 침해물품의 수출입으로부터 저작권을 보호받을 수 있다. 즉, 저작권을 등록함으로써 저작권자는 침해물품 통관보류 신고자격을 취득하는 부수적인 효과를 누리게 된다.

III. 저작재산권 변동의 등록

1. 의의

저작재산권은 세상의 모든 사람에게 이를 주장할 수 있는 저작물에 대한 배타적인 지배권을 내용으로 하는 권리이다. 따라서 누가, 어느 저작물에 대해 어떠한 권리를 가지고 있다는 것을 외부에 공적으로 표시하는 공시방법으로 비로소 해당 권리가 실현되며, 저작물을 이용하는 자는 그러한 공시방법을 통해 안정적으로 저작재산권 거래관계를 맺을 수 있음은 이미 설명한 바와 같다. 「저작권법」 제54조에서

---

[13] 법 제125조의2 제3항에서는 "저작재산권자 등이 제1항에 따른 청구를 하기 위해서는 침해행위가 일어나기 전에 제53조부터 제55조까지의 규정(제90조 및 제98조에 따라 준용되는 경우를 포함한다)에 따라 그 저작물 등이 등록되어 있어야 한다"라고 규정하고 있다.

규정하고 있으며 그 법률적 효과로서 대항적 효력이 주어지는데, 이 점에서 저작권 자체를 등록할 경우에 있어서는 추정적 효력이라는 법률적 효과가 주어지는 것과는 차이가 있다.

2. 등록의 주체

현행 법체계에 따르면 저작재산권 변동 등의 등록에 있어서 등록의무자가 없는 경우를 제외하고는 원칙적으로 등록권리자와 등록의무자의 공동신청에 의하여 등록이 이루어지고 있다. 여기서 등록권리자라 함은 등록을 함으로써 권리를 취득하거나 이익을 얻는 자를 말하고 등록의무자라 함은 등록을 함으로써 의무를 지거나 손해를 부담하는 자를 말한다. 예를 들어 저작재산권의 양도사실을 등록하려면 양수인과 양도인이 각각 등록권리자와 등록의무자가 되며 이들이 공동으로 등록을 신청하는 등록주체가 된다. 그런데 이때 등록의 신청은 앞에서 살펴본 저작권의 등록에서와 마찬가지로 등록주체를 대리하는 대리인이 할 수도 있다고 해석된다.

3. 등록사항

「저작권법」 제54조에 따른 등록을 함에 있어서 그 등록사항은 법 제53조에서의 그것과는 달리 저작재산권 등의 **권리의 변동** 사항임을 유의하여야 한다. 이때 법에 따라 인정되고 있는 배타적·재산적 성격을 가지고 있는 모든 권리는 권리의 변동의 등록대상이 된다. 이에 해당하는 권리에는 저작재산권·저작인접권·데이터베이스제작자의 권리와 이들 권리에 대한 배타적발행권과 출판권 그리고 이들 모든 권리를 목적으로 하는 질권 등이 있다.[14]

이들 권리에 대해 좀 더 자세히 살펴보자면, 먼저 저작재산권의 양도(상속 그 밖의 일반승계의 경우를 제외한다) 또는 처분제한에 관한 사항은 이를 등록할 수 있으며 등

---

14 따라서 법 제45조에 따라 이루어지는 '저작권 양도계약'에 따른 권리의 변동사항은 등록의 대상이 되나, 법 제46조에 따라 이루어지는 비배타적 성격의 '저작물 이용허락 계약'에 따른 권리의 변동사항은 등록할 필요가 없다. 전자는 물권적 권리의 이전에 관한 계약인 반면에 후자는 채권적 권리의 이전에 관한 계약이기에 이를 구태여 등록하여 세상에 알릴 필요가 없기 때문이다.

록하지 아니하면 제3자에게 대항할 수 없다. 다음으로 배타적발행권 또는 출판권의 설정·이전·변경·소멸 또는 처분제한 역시 이를 등록할 수 있으며 이 역시 등록하지 아니하면 제3자에게 대항할 수 없다. 그리고 저작재산권과 배타적발행권 및 출판권을 목적으로 하는 질권의 설정·이전·변경·소멸 또는 처분제한은 이를 등록할 수 있으며 이 역시 등록하지 아니하면 제3자에게 대항할 수 없다(이상 제54조 참조). 그리고 여기서 말하는 처분제한이란 권리행사의 내용을 구체적으로 제한하는 것을 말한다. 예를 들면, 법원의 결정 등에 따른 처분제한과 당사자의 약정에 따른 처분제한이 있을 수 있는데, 전자의 예로서는 압류, 가압류, 가처분 등이 있고 후자의 예로서는 당사자 간의 합의에 의한 양도의 중지나 압류, 가압류, 가처분 등이 있다.[15] 그리고 법 제54조에 따른 등록은 앞에서도 언급한 바와 같이 저작재산권 등의 권리의 **변동**에 관한 사항에 한정되며, 따라서 저작재산권 등의 **발생**과 **소멸** 등에 관한 사항은 등록의 대상이 아님을 유의할 필요가 있다. 다만, 법 제54조 제3호에서 질권은 그 변경**뿐**만 아니라 설정과 소멸에 있어서도 등록을 하여야만 제3자에게 대항할 수 있도록 하고 있는데, 이는 질권의 설정과 소멸한 질권에 대하여서도 권리를 가지는 제3자가 있을 수 있기 때문으로 이해된다. 이 밖에도 상속 그 밖의 일반승계의 경우에 있어서도[16] 등록의 대상으로 하지 않고 있는데, 이는 법정승계에 해당하여 법률의 규정에 의하여 등록을 하지 않아도 당연히 권리의 변동이 이루어지고 제3자에게도 대항할 수 있기 때문이다.

4. 저작재산권의 변동 등의 등록의 효과

(1) 대항적 효력

저작재산권의 양도와 같은 권리의 변동은 당사자 간에는 양도의 의사표시만으로 당연히 그 효력이 생기지만, 이를 제3자에게 대항하기 위해서는 그 양도사실을 등

---

15 현재 운용되고 있는 '저작재산권 등록신청명세서'에서도 처분제한을 법원의 결정에 따른 처분제한과 당사자의 약정에 따른 처분제한으로 나누고, 전자에 대해서는 다시 압류, 가압류 그리고 가처분 등으로 구분하여 기재할 것을 요구하고 있다(「저작권법 시행규칙」 제6조 제1항에 따른 별지 제6호 서식 참조).
16 물권의 변동에 있어서 상속, 회사의 합병, 포괄유증과 같은 일반승계는 하나의 취득요인에 의해 다수의 권리가 일괄 취득되는 것으로서 이들은 권리의 변동이 있으나 이는 당사자의 의사표시에 의한 권리변동이 아니고 법률의 규정에 의하여 제3자에게 대항할 수 있으므로 별도의 공시를 할 필요가 없다.

록하여야 한다. 다시 말해, 배타적 성격을 가지고 있는 저작재산권 등의 변동(양도, 처분제한, 설정, 이전, 변경, 소멸 등)은 이를 등록하지 아니하면 제3자에게 대항할 수 없다.[17]

이와 같이 저작재산권 변동 등의 등록은 제3자에 대한 대항적 효력을 가지는데, 대항적 효력이라 함은 당사자 간의 효력이 아니라[18], 제3자와의 관계에 대해서 그 효력을 주장할 수 있다는 말이다. 따라서 "등록하지 아니하면 제3자에 대항할 수 없다"라는 말은 등록하지 아니하면 당사자 간에 이루어진 법률행위에 따른 법률효과를 제3자에게 주장할 수 없다는 말이다. 그런데 이때 제3자가 당사자 간의 법률효과를 인정한다는 것은 아무런 문제가 되지 아니하며, 따라서 제3자에게 대항할 수 없다는 말은 당사자 일방이 제3자에게 해당 법률행위 또는 법률효과를 주장할 수 없다는 말임을 유의하여야 한다.

이와 같이 저작재산권의 변경등록에 대항적 효력을 부여하고 있는 이유는 주로 이중양도 등의 경우에 있어서 등록을 하지 않으면 양도의 효력을 제3자에게 대항할 수 없도록 함으로써 저작재산권이 양도 등의 방법으로 변동되었다는 사실을 등록하도록 유도함과 동시에 등록의 공시적 효력을 확보하여 거래의 안전을 도모하기 위함이다.

그런데 일반 민사법에 있어서는 **제3자의 범위를 당사자 및 일반승계인 이외의 모든 자**를 의미함이 일반적이나, 「저작권법」에서는 저작재산권의 변동 등의 등록에 따른 대항력이 발생할 수 있는 제3자의 범위에 대해서 별도로 규정을 하고 있지는 않다. 따라서 이 문제는 학설과 판례에 맡겨져 있는데, 현재의 학설과 판례[19]는 모두 여기서의 제3자라 함은 당사자 및 포괄승계인 이외의 자로서 등록이 존재하지

---

17 참고로 부동산이나 특허·상표·디자인 등과 같은 산업재산권에 있어서는 등기 또는 등록을 하지 아니하면 권리변동의 효력이 발생하지 않지만(따라서 이들 경우에 있어서 등기 또는 등록은 효력발생요건에 해당한다), 「저작권법」에서는 저작재산권의 변동에 관한 등록을 효력발생 요건이 아니고 다만 제3자에게 그 효력을 주장할 수 있는 대항요건으로 규정하고 있다는 점에서 가장 큰 차이가 있다.

18 당사자 간에는 등록을 하든 하지 아니하든 그들 간에 체결된 계약에 따른 법률상 효력이 당연히 발생한다.

19 서울중앙지방법원은 작고한 가수의 음반에 관한 저작인접권의 양수에 관한 소송에서 "작고한 가수 김광석의 처 서○○는 김광석의 상속인으로서 이 사건 음반에 대한 저작인접권을 '포괄승계'하였거나 또는 김광석으로부터 이 사건 음반에 대한 저작인접권을 양도받은 김광석의 부친 김○○으로부터 이 사건 합의를 통해 그 지분을 양수하였다고 할 것이므로, 권리변동에 관한 당사자이거나 김광석의 포괄승계인에 해당하여 법 제52조에서 정한 '제3자'에 해당하지 않는다"라고 판시한 바 있다.

않는다는 것을 주장할 수 있는 정당한 이익을 가지고 있는 모든 자를 말한다. 가장 전형적인 예로서는 저작권자가 저작재산권을 2중으로 양도한 경우의 이중양수인을 들 수 있으며, 이 밖에도 저작재산권자로부터 배타적발행권과 출판권을 설정받은 자, 저작재산권자로부터 저작물에 대한 이용허락을 받은 자 그리고 저작재산권자로부터 저작재산권을 목적으로 하는 질권을 설정받은 자 등이 포함된다. 따라서 무단복제를 하고 있는 자, 무단출판을 하고 있는 자와 같이 저작권을 침해하는 불법행위를 하고 있는 자 등은 어떠한 경우에도 법에서 보호해 줄 필요가 없기에 여기서 말하는 제3자에 해당되지 않는다. 그리고 여기서의 제3자는 선의의 제3자로 한정할 것은 아니지만, 적어도 저작재산권양도인의 배임행위에 적극 가담하여 저작재산권을 이중으로 양도받은 제3자, 다시 말해 악의의 제3자는 법률상 정당한 이익을 가진 자로 볼 수 없어 여기에서 말하는 제3자에 포함되지 않는다고 본다.

> 서울지방법원은 저작권 등록에 따른 대항적 효력이 미치는 제3자의 범위와 관련하여, "…제3자라 함은 그 등록의 흠결을 주장함에 법률상 정당한 이익을 갖는 자에 한하므로 저작권 양도인의 배임행위에 적극 가담하여 저작권을 이중으로 양도받은 자는 설사 자기명의로 저작권 양도등록을 마쳤다 하더라도 원래의 양수인의 저작권 양도등록의 흠결을 주장할 수 있는 법률상 정당한 이익을 가진 제3자에 해당하지 아니한다"라고 판시한 바 있다(서울민사지방법원 1989.5.23, 선고 88가합51561 판결).

(2) 법정손해배상을 위한 소송요건 효과

이 밖에도 저작재산권의 변동 등의 등록은 법정손해배상의 청구를 위한 소송요건으로서의 효과도 가지고 있는데, 이에 대해서는 이미 설명한 바 있다.

IV. 저작권 등의 등록절차 등

1. 의의

앞에서 살펴본 바와 같이 「저작권법」에서는 저작권 자체의 등록과 저작재산권의 변동의 등록에 대해서 규정하고 있으며, 이 두 가지 등록에 있어서 공통되는 사항은 법 제55조부터 제55조의5까지에 걸쳐서 규정되고 있다. 이와 같은 저작권 등의 등록에 관한 일련의 법적 절차에 관한 자세한 규정이 저작권 등의 등록의 공시력을 그만큼 보강하고 있는 셈이다. 저작권의 등록과 저작재산권 변동 등의 등록절차는 등록의 신청 → 등록의 심사 → 등록부에 기재 → 등록증의 발급 → 등록공보의 발행 등의 절차로 이루어진다.

2. 등록의 신청 등

(1) 등록의 신청(신청주의의 채택)

우리 「저작권법」에서는 여타의 대부분 국가와 마찬가지로 저작권 등의 등록은 등록청이 직권으로 등록하지 아니하고 등록을 하려는 자의 신청에 따라 이루어지는 신청주의를 채택하고 있다. 즉, 저작권의 등록 또는 저작재산권 변동의 등록을 하려는 자는 등록신청서와 등록신청명세서를 한국저작권위원회에 제출하여야 한다(「저작권법 시행령」 제25조 및 제26조 참조).

(2) 신청권자

권리변동 등의 등록을 하려면 시행령에 다른 규정이 있는 외에는 등록권리자와 등록의무자가 공동으로 신청하여야 하며, 다만 신청서에 등록의무자의 승낙서를 첨부하였을 때에는 등록권리자만으로 신청할 수 있다. 그리고 저작권신탁관리업자가 신탁저작물에 대한 저작재산권의 양도 또는 처분제한을 등록할 때에는 저작권신탁관리업자만이 신청할 수 있다(「저작권법 시행령」 제26조).

(3) 신청의 반려 등

한국저작권위원회는 i) 등록을 신청한 대상이 저작물이 아닌 경우, ii) 등록을 신청한 대상이 법 제7조에 따른 보호받지 못하는 저작물인 경우, iii) 등록을 신청할 권한이 없는 자가 등록을 신청한 경우, iv) 등록신청에 필요한 자료 또는 서류를 첨부하지 아니한 경우, v) 법 제53조 제1항 또는 제54조에 따라 등록을 신청한 사항의 내용이 문화체육관광부령으로 정하는 등록신청서 첨부서류의 내용과 일치하지 아니하는 경우 등에는 신청을 반려할 수 있다(제55조 제2항). 등록신청이 반려된 경우에 그 등록을 신청한 자는 반려된 날부터 1개월 이내에 한국저작권위원회에 이의를 신청할 수 있으며, 이의신청을 받은 한국저작권위원회는 신청을 받은 날부터 1개월 이내에 그 결과를 신청인에게 통지하여야 한다. 이때 한국저작권위원회가 이의신청을 각하 또는 기각하는 결정을 했다면 신청인에게 행정심판 또는 행정소송을 제기할 수 있다는 취지를 결과통지와 함께 알려야 한다(제55조 제3항~제5항).

3. 등록의 심사

저작권 등의 등록절차는 앞에서 살펴본 등록신청이 있은 후에 다음으로 등록관청이 이를 일정부분 심사하는 과정을 밟는다. 특허권, 상표권과 같은 산업재산권에 대해서는 그 등록심사 등에 관하여 관련 법에서 상세하게 규정하고 있으나, 「저작권법」에서는 등록관청이 신청된 등록사항에 대하여 행사할 등록심사권한에 관하여 아무런 규정이 없다. 따라서 형식적 심사에 그칠지, 아니면 실질적 심사까지 하는지는 판례와 학설에 맡겨져 있다고 할 수 있다.

산업재산권과 달리 등록을 효력발생요건으로 하고 있지 않는 현행 법체계하에서는 등록관청이 저작권 등의 등록을 심사함에 있어서 원칙적으로 형식적인 심사권만 가지고 있다는 것이 학계와 판례의 입장이다. 우리 대법원도 아래의 판례에서 보는 바와 같이 일관하여 등록관청은 형식적 심사권은 가지고 있지만, 개개 저작물의 독창성의 정도와 보호의 범위 및 저작권의 귀속관계 등 실질적 심사권한은 가지고 있지 않은 것으로 보고 있다.

> 대법원은 등록관청이 실질적인 심사권을 가지고 있느냐와 관련하여, "등록관청이 그와 같은 심사를 함에 있어서는 등록신청서나 제출된 물품 자체에 의하여 해당 물품이 우리 「저작권법」의 해석상 저작물에 해당하지 아니함이 법률상 명백한지 여부를 판단하여 그것이 저작물에 해당하지 아니함이 명백하다고 인정되는 경우에는(반드시 저작물성을 부인한 판례가 확립되어 있다거나 학설상 이론의 여지가 전혀 없는 경우만을 의미하는 것은 아니다) 그 등록을 거부할 수 있지만, 더 나아가 개개 저작물의 독창성의 정도와 보호의 범위 및 저작권의 귀속관계의 실체적 권리관계까지 심사할 권한은 없다"라고 판시한 바 있다(대법원 1996.8.23, 선고 94누5632 판결).

따라서 형식적인 심사만으로도 물품이 「저작권법」상의 저작물에 해당하지 아니함이 법률상 명백하다고 판단되면[20] 등록관청은 등록을 거부할 수 있으며, 그렇지 않은 경우에는 의심스럽더라도 등록을 받아주어야 할 것이다.

4. 저작권등록부에 기재

저작권의 등록과 저작재산권 변동의 등록은 "한국저작권위원회가 저작권등록부 (프로그램의 경우에는 프로그램등록부를 말한다)에 기록함으로써 한다"(「저작권법」 제55조 제1항). 이때 기재할 사항으로는 「저작권법 시행령」 제27조 제1항에 따라 등록번호, 저작물의 제호, 저작자 등의 성명, 창작·공표 및 발행연월일, 등록권리자의 성명 및 주소 그리고 등록의 내용 등이 있으며, **1저작물 1등록의 원칙**에 따라 각 저작물마다 한 건씩 신청하고 이를 등록부에 기재하는 방법으로 등록이 이루어진다.

5. 등록공보의 발행 등

한국저작권위원회는 저작권등록부에 기재한 등록 사항에 대하여 등록공보를 발행하거나 정보통신망에 게시하여야 하고, 저작권등록부의 열람 또는 사본의 발급을 신청하는 자가 있는 경우에는 이를 열람하게 하거나 그 사본을 내주어야 한다 (「저작권법」 제55조 제6항 및 제7항).

6. 착오·누락의 통지 및 직권 경정

한국저작권위원회는 저작권등록부에 기록된 사항에 착오가 있거나 누락된 것이 있음을 발견하였을 때에는 지체 없이 그 사실을 등록을 한 자(이하 '저작권 등록자'라 한다)에게 알려야 한다(제55조의2 제1항). 이때 착오나 누락이 등록담당직원의 잘못으

---

[20] 학설 또는 판례에 따라 법률상 「저작권법」상의 저작물에 해당하지 아니함이 명백한 것으로는 i) 이름, 제호, 슬로건, 로고, 친숙한 심볼이나 디자인, 글자나 색상의 단순한 변형, 성분 또는 내용물의 단순한 리스트, ii) 아이디어, 계획, 방법, 시스템, 고안 등, iii) 정보 자체를 기록하고 있는 시간표, 전화번호부, 회계장부, 보고 서식, 주문 양식, 주소록 등, iv) 표준 달력, 스포츠 공연행사 스케줄 표 등이 있을 수 있다.

로 인한 것인 경우에는 한국저작권위원회는 지체 없이 그 등록된 사항을 경정更正하고 그 내용을 저작권 등록자에게 알려야 하며(제55조의2 제2항), 등록사항의 경정에 이해관계를 가진 제3자가 있는 경우에는 그 제3자에게도 착오나 누락의 내용과 그에 따른 경정 사실을 알려야 한다(제55조의2 제3항).

7. 변경등록의 신청 등

저작권등록자는 다음의 어느 하나, 즉 i) 저작권등록부에 기록된 사항이 변경된 경우, ii) 등록에 착오가 있거나 누락된 것이 있는 경우, iii) 등록의 말소를 원하는 경우, iv) 말소된 등록의 회복을 원하는 경우에는 문화체육관광부령으로 정하는 바에 따라 해당 신청서에 이를 증명할 수 있는 서류를 첨부하여 한국저작권위원회에 변경·경정·말소등록 또는 말소한 등록의 회복등록(이하 '변경등록 등'이라 한다)을 신청할 수 있다(「저작권법」제55조의3 제1항). 한국저작권위원회는 변경등록 등 신청서에 적힌 내용이 이를 증명하는 서류의 내용과 서로 맞지 아니하는 경우에는 신청을 반려할 수 있으며, 등록 신청이 반려된 경우에 그 등록을 신청한 자는 이의를 신청할 수 있다(제55조의3 제2항 및 제3항). 그리고 한국저작권위원회는 변경등록 등의 신청을 받아들였을 때에는 그 내용을 저작권등록부에 기록하여야 한다(제55조의3 제4항).

8. 직권말소등록

한국저작권위원회는 저작권 등의 등록이 다음의 어느 하나, 즉 i) 등록을 신청한 대상이 저작물이 아닌 경우, ii) 등록을 신청한 대상이 「저작권법」제7조에 따른 보호받지 못하는 저작물인 경우, iii) 등록을 신청할 권한이 없는 자가 등록을 신청한 경우 그리고 iv) 등록을 신청한 사항의 내용이 문화체육관광부령으로 정하는 등록신청서 첨부서류의 내용과 일치하지 아니하는 경우에 해당하는 것을 알게 된 경우에는 그 등록을 직권으로 말소할 수 있다(제55조의4 제1항).

한국저작권위원회가 제1항에 따라 등록을 말소하려면 청문을 하여야 한다. 다만, 제1항에 따른 말소 사유가 확정판결로 확인된 경우에는 청문을 하지 아니하며(제55조의4 제2항), 이 경우 한국저작권위원회는 그 말소의 사실을 저작권등록자 및 이해관계가 있는 제3자에게 알려야 한다(제55조의4 제3항).

V. 등록과정에서 알게 된 비밀의 유지의무

등록업무를 수행하는 직에 재직하는 사람과 재직하였던 사람은 직무상 알게 된 비밀을 다른 사람에게 누설하여서는 아니 된다(「저작권법」 제55조의2).

제2절
권리자 등의 인증

I. 의의

현행 「저작권법」상 등록제도[21]의 일부 부족한 부분을 보충하고 특히 한류문화의 해외진출 과정에서 현지에서의 우리 문화콘텐츠의 불법복제의 범람을 방지함과 아울러, 현지에서의 원활한 사업활동에도 그 필요성이 제기됨에 따라 2006년 법 개정 시 권리자 등의 인증제도를 도입하여 오늘에 이르고 있다.[22] 여기서 "인증이라 함은 저작물 등의 이용허락 등을 위하여 정당한 권리자임을 증명하는 것을 말한다"(제2조 제33호).

II. 인증기관의 지정

1. 의의

「저작권법」상 등록제도의 한계를 보충하고 우리 문화의 해외진출 활성화라는 현실적인 필요성에 따라 도입한 권리자 등의 인증제도는 인증기관의 지정으로 더욱 구체화된다. 인증기관의 지정은 문화체육관광부장관이 한다(제56조 제1항).

---

21 법에 따른 등록은 널리 제3자에 알린다는 의미의 공시력(公示力)은 인정되나 등록부에 등록된 사항이 실체적 권리관계와도 부합한다는 의미의 공신력(公信力)까지 인정되는 것은 아니다. 다시 말해, 저작권등록부의 등록사항을 신뢰하고 거래를 하였으나 그 등록내용이 권리관계와 일치하지 않은 경우에는 그 등록사항을 신뢰한 사람은 보호를 받지 못한다.

22 저작물 등록사항의 국내공시가 주요목적인 저작권 등록제도와 달리 저작권 인증제도는 이용허락을 포함한 저작물의 권리관계를 확인해 주는 제도로서 이는 해외에서의 저작물의 거래지원기능에 초점을 두고 있다. 이와 같은 저작권 인증은 특별한 법적 효력이 부여되고 있지는 않으나 해외시장에서 유통되는 우리 저작물의 권리관계 확인을 위한 직접적인 증빙자료로 활용될 수 있다는 점에서 그 의미가 있다 하겠다.

2. 인증기관으로 지정받을 수 있는 기관

인증기관으로 지정받을 수 있는 기관은 해당 저작물에 대해 정확한 정보를 가지고 있는 공공적 성격의 기관이어야 하므로 「저작권법」에서는 인증기관으로 i) 한국저작권위원회, ii) 저작권신탁관리업자 그리고 iii) 그 밖에 문화체육관광부장관이 인증업무를 수행할 능력이 있다고 인정하는 법인이나 단체를 제시하고 있다.

3. 인증기관의 실제

「저작권법」 제56조의 규정에 따라 문화체육관광부장관은 2011년에 한국저작권위원회를 제1호 저작권 인증기관으로 인증한 바 있다. 한국저작권위원회가 실시하고 있는 저작권자 등의 인증은 저작물 등에 권리가 있다는 사실을 확인해 주는 **권리인증**과 저작물 등의 권리자에게 이용허락을 받았다는 사실을 확인해 주는 **이용허락인증**으로 구분하여 운용되고 있다.[23]

III. 권리자 등의 인증의 효과

권리자 등의 인증은 신청인이 제출한 자료와 별도로 인지한 사실을 바탕으로 하여 인증기관이 저작물에 대한 권리관계사실 등을 증명하는 행위이다. 따라서 권리자 등의 인증은 권리관계사실의 확인의 효력만 있을 뿐이지 그 이상의 법률적 효력이 있는 것은 아니며, 이와 같은 이유로 권리자 등의 인증을 받았다고 하여 해당 저작물의 표절이나 유사성 등 그 내용에 대해 심사를 받은 것도 아니며, 저작권의 등록에서와 같이 추정력이나 대항력의 효과가 주어지는 것도 아니다. 권리자 등의 인증은 이와 같이 **권리관계사실의 확인의 효력**만 있고 그 밖에 다른 법률적 효력이 뒷받침되고 있지 않아 그 적용에 일정한 한계가 있는 것은 사실이다.

---

23 한국저작권위원회는 2017년의 경우 음악, 영화, 드라마를 대상으로 총 578건에 대한 인증을 진행한 바 있는데, 인증서는 주로 중국진출 콘텐츠기업이 중국에서 유통계약을 체결할 목적으로 하는 권리인증신청이 대부분을 차지하며, 그 외에도 해외사이트에서 불법으로 유통되는 저작물에 대한 구제조치를 목적으로 인증서가 활용되고 있음이 확인되었다(문화체육관광부, 「2017 콘텐츠 산업백서」 (2018), 305쪽).

제11장

영상저작물·컴퓨터프로그램저작물·
데이터베이스 등에 관한 특례

제1절
영상저작물에 관한 특례

I. 영상저작물에 대한 일반적 고찰

1. 영상저작물의 일반적 특징

"'영상저작물'은 연속적인 영상(음의 수반여부는 가리지 아니한다)이 수록된 창작물로서 그 영상을 기계 또는 전자장치에 의하여 재생하여 볼 수 있거나 보고 들을 수 있는 것을 말한다"(「저작권법」제2조 제13호).

영상저작물은 여러 가지 종류의 기존 저작물을 활용하여 창작되는 종합예술의 성격을 지니는데 다른 저작물과 비교해 보면 다음과 같은 특징을 가지고 있다.

첫째, 대부분의 영상저작물의 경우 기존의 소설이나 만화 또는 시나리오와 각본과 같은 어문저작물을 활용하여 제작되는 경우가 많으며, 영상저작물에는 영상만으로 구성되는 것이 아니라 부수적으로 소품·배경·장치 등 미술저작물도 있고, 배경음악 등 음악저작물도 포함되는 것이 일반적이다. 여기에는 보통 여타의 저작물에서는 상상할 수 없을 정도의 많은 자본이 사용되어 최종적으로 영상저작물이 탄생한다.

둘째, 영상저작물의 제작과정에는 연출가, 감독, 작가, 프로듀서 등 고도의 전문화된 인력이 참여하게 되며, 이 밖에도 실제로 연기를 수행하는 실연자實演者에 해당되는 수많은 연기자가 등장한다.

2. 영상저작물에 있어서 저작재산권자 결정의 문제

종합예술로서의 영상저작물은 제작에 참여하는 그룹을 크게 세 가지 유형으로 나누어 볼 수 있는데 i) 원저작자 그룹[1], ii) 연출가 그룹[2] 그리고 iii) 실연자 그룹이다. 그런데 영상저작물의 제작에 참여하는 이들의 권리관계는 대단히 복잡하며 어떤 형태로든지 법률에서 이를 명확히 정하지 아니하고는 제작된 영상저작물의 원활한 이용이 곤란해질 것이며, 그 영향으로 투자한 자본의 원활한 회수는 기대하기 어렵게 될 수밖에 없다.

따라서 영상저작물의 제작 과정에 참여한 수많은 관여자 중에서 누구를 해당 영상저작물의 저작자로 인정해야 하느냐가 핵심 쟁점으로 부상하는데 이 문제는 궁극적으로 각 나라의 입법정책에 따른다. 저작권에 관한 가장 기본적인 국제조약인 「베른협약」에서도 "영화저작물의 저작권자의 결정은 가맹국의 법령이 정하는 것에 따른다"라고 하여 영상저작물에 대한 저작권의 귀속결정을 각국의 법령에 위임하고 있다.

우리 「저작권법」은 영상저작물의 저작자를 누구로 할 것이냐에 대해서는 별도의 규정을 두고 있지 않다. 따라서 여타의 저작물과 마찬가지로 인간의 사상과 감정을 해당 영상물에 창조적으로 표현하는 자를 말하며, 대표적으로는 감독, 연출가, 프로듀서 등이 영상저작물의 저작자에 해당한다고 볼 수 있다. 그러나 법 제99조부터 제101조의 규정에 따라 **영상제작자**에게 해당 영상저작물의 이용에 관한 권리를 총괄적으로 양도받은 것으로 추정함으로써 실제로는 영상제작자에게 저작자로서의 지위를 부여하고 있음을 유의할 필요가 있다.

3. 영상제작자 위주의 권리행사가 가능하도록 하기 위한 특칙의 마련

일반적으로 볼 때, 영상제작자와 여러 부류의 참여자들 간의 권리관계는 이들 간의 계약에서 정해지기 마련이지만, 비록 계약으로 권리관계가 정해지지 않더라도 「저작권법」과 같은 법률에서 특례규정을 마련하여 일정한 권리관계를 추정하도록 함으로써 영화제작과 이용을 위한 법적 안정성을 높여주는 것도 바람직할 것이다. 다시 말해 「저작권법」상의 영상저작물에 관한 특례규정은 사적자치의 원칙이라는 「민법」상의 지배원리를 해치지 않으면서 당사자 간의 계약을 대신해 권리관계를 확정시켜 주는 역할을 하고 있다는 데 그 의미는 대단히 크다고 하겠다.

---

1 이들을 고전적 저작자(Classic Authors)라 부르기도 한다.
2 이들을 현대적 저작자(Modern Authors)라 부르기도 한다.

이에 우리 「저작권법」은 특약이 없는 한 영상저작물과 관련되어 있는 각종 저작권을 영상저작물을 제작한 자, 즉 영상제작자에게 일원화시켜 저작권관계를 단순화하고 해당 저작물의 원활한 유통촉진과 투하자본 회수의 편의성을 도모하고 있다. 다시 말해 영상저작물 제작에 참여하는 제1그룹인 원저작자에 해당하는 소설가, 만화가, 시나리오작가 그리고 음악저작물이나 미술저작물 등의 저작자는 자신의 저작물에 대한 영상화를 다른 사람에게 허락한 경우에는 특약이 없는 한 그들이 가지는 대부분의 권리[3]는 영상화의 허락을 받은 영상제작자에게 허락한 것으로 추정하며 이는 법 제99조에서 규정하고 있다. 영상저작물의 제작에 참여하는 두 번째 그룹인 감독(총감독·미술감독·조명감독·촬영감독 등), 연출가, 작가, 프로듀서 등[4]이 가지는 해당 영상저작물에 대한 저작자로서의 권리 역시 특약이 없는 한 그들이 가지는 대부분의 저작권은 영상제작자에게 양도한 것으로 추정하며 이는 법 제100조 제1항에서 규정하고 있다.[5] 끝으로 영상저작물제작에 참여하는 제3의 그룹인 연기자 등 실연자는 해당 영상저작물에 대한 저작권을 가지는 것은 아니며, 다만 저작인접권으로서의 실연자의 권리를 가진다. 그런데 실연자가 가지는 권리의 대부분도 특약이 없는 한 해당 영상저작물을 제작한 자에게 양도한 것으로 추정되며 이를 규정하고 있는 것이 법 제100조 제3항이다.

지금까지 현행 법에서는 영상저작물제작에 참여한 자의 권리는 대부분의 경우 영상제작자에게 양도 또는 허락되는 것으로 추정하고 있음을 살펴보았는데 이를 요약하여 표로 정리하면 다음과 같다.

영상저작물의 제작에 참여한 자의 권리허락·양도의 추정규정

영상저작물의 제작에 참여한 자	원저작자(소설가, 만화가, 시나리오작가 등)	저작자(감독·연출가· 프로듀서 등)	실연자
관련 조항	법 제99조	법 제100조 제1항	법 제100조 제3항
권리이전의 방법	저작물의 이용과 권리행사의 허락	권리의 양도	권리의 양도
허락·양도 추정이 되는 권리	각색권, 공개상영권, 방송권, 전송권, 복제권, 배포권 등	영상저작물의 이용을 위하여 필요한 권리	복제권, 배포권, 전송권
권리양수자	영상제작자	영상제작자	영상제작자

II. 원저작자가 영상저작물의 제작 등에 필요한 권리를 동시에 허락한 것으로 추정

1. 의의

대부분 영상저작물은 기존의 어문저작물[6]이나 음악저작물[7] 또는 미술저작물[8]을 활용하여 제작되는데, 이와 같이 원저작물을 영상저작물의 작성에 활용하는 것을 **영상화**라 한다. 현행 「저작권법」에 따르면 원저작물의 저작재산권자가 영상화를 다른 사람에게 허락한 경우에 특약이 없는 때에는 해당 영상저작물의 제작과 유통에 필수적으로 수반되는 권리도 포함하여 허락한 것으로 추정하고 있다(제99조 제1항). 이 규정에 따르면, 저작재산권자가 그의 저작물에 대한 영상화를 다른 사람에게 허락한 경우에는 특별한 약정이 없다면 영상제작을 위한 저작물의 각색(제99조 제1항 제1호)과 제작된 영상제작물의 제작목적에 따른 이용(제99조 제1항 제2호~제4호 참조) 및 영상저작물의 복제·배포와 번역에 의한 이용(제99조 제1항 제5호 및 제6호 참조)까지 포함하여 허락한 것으로 추정한다.

법 제99조 제1항은 영상저작물의 제작단계에서 이용되는 각본, 음악 등과 같은 원저작물의 저작재산권자와 영상저작물의 제작자 간의 중요한 법률관계에 관한 추정규정을 둠으로써 사후에 영상저작물의 이용 시 야기될 가능성이 있는 분쟁을 사전에 방지하기 위한 것이다.

이와 같은 규정은 법률관계를 가능한 한 영상제작자에게 일원화시키기 위한 입법적 조치의 일환이다. 해당 조치를 통해 영상저작물의 제작을 용이하게 하고 제작된 영상저작물의 유통과정에서 일일이 원저작자의 허락을 받을 필요가 없게 함으로써 그 유통을 촉진하고 투자금의 회수도 용이하게 할 수 있다. 결국 법 제99조는

---

3 이는 주로 2차적저작물작성·이용권에 해당한다.
4 이들은 원저작물을 기초로 인간의 사상과 감정을 영상저작물에 표현하는 자로서 영상저작물에 대한 저작자로서의 지위를 가진다.
5 법 제99조는 저작물의 이용허락에 관한 규정인 법 제46조에 관한 특칙으로서의 성격을 지니고 있고, 법 제100조는 저작물의 저작재산권의 양도에 관한 규정인 법 제45조에 관한 특칙으로서의 성격을 지니고 있다.
6 소설, 만화, 시나리오, 각본 등을 말한다.
7 배경음악, 영화음악 등을 말한다.
8 무대장치, 소품 등을 말한다.

원저작물의 저작자가 가지고 있는 저작재산권을 상당한 수준으로 제한하는 근거규정의 역할을 수행한다고 볼 수 있다. 그런데 여기서는 특약이 없는 한 해당 영상저작물의 제작과 유통에 관련된 모든 권리도 포함하여 동시에 허락한 것으로 추정되기 때문에 당사자 간에 별도의 의사표시, 즉 특약이 있다면 이 규정은 적용되지 아니한다. 그리고 당사자 사이에 합치된 실질적인 의사가 그와 다르다는 것을 입증하는 경우에는 이와 같은 추정이 번복될 수 있음은 물론이다.[9]

한편, **영상화의 허락**이라 함은 원저작물을 2차적저작물인 영화로 제작하는 것에 대한 허락을 말하는데 그 방법에는 원저작물의 저작자가 가지는 2차적저작물작성권 자체를 양도하거나 아니면 그 2차적저작물의 작성을 허락만 하는 경우가 있다. 대부분 후자의 형태로 이루어지며, 법 제99조 제1항도 이 경우를 염두에 두고 규정한 것으로 볼 수 있다.

2. 원저작자가 동시에 허락한 것으로 추정되는 구체적인 권리

(1) 영상저작물을 제작하기 위하여 저작물을 각색하는 권리(제99조 제1항 제1호)

영상화 작업은 주로 2차적저작물작성권의 행사로 이루어지며 원저작자는 2차적저작물작성권을 그대로 가진 상태에서 그 저작물의 영상화를 다른 사람에게 허락하는 경우가 대부분이라고 언급한 바 있다. 그런데 2차적저작물의 작성방법은 원저작물을 영상으로 제작하는 것뿐만 아니라 이를 **각색**하는 것도 반드시 포함되므로 원저작자가 비록 해당 저작물의 영상화를 다른 사람에게 허락한 경우[10]라도 영상화에 꼭 필요한 각색을 유보할 수도 있다. 그런데 각색은 영상화 작업에 필수적인 것이어서 이에 관한 권리도 영상화 허락을 받은 자에게 주는 것이 바람직하다. 이와 같은 입법취지를 반영하여 법 제99조 제1항 제1호에서는 영상저작물을 제작하기 위하여 저작물을 각색하는 것에 관한 권리도 포함하여 허락한 것으로 추정하고 있다.

---

9 이 점에서 반대의 증거가 있더라도 법률에서 정한 바에 따른 효력이 그대로 존속하는 간주규정과 차이가 있다.

10 허락이 아니고 2차적저작물작성권을 아예 제3자에게 양도하였다면 아무런 문제가 없을 것이다.

(2) 공개상영을 목적으로 한 영상저작물을 공개상영하는 권리(제99조 제1항 제2호)

영상저작물은 크게 세 가지의 이용목적(용도)이 있는데 공개상영과 방송 그리고 전송이 그것이다. 법 제99조 제1항 제2호부터 제4호까지는 이러한 세 가지 목적에 따른 영상저작물의 이용을 허락한 것으로도 추정하고 있다. 여기서 말하는 공개상 영은 공개된 장소에서 영상물을 공중에게 공개하는 것으로서 이는 **공연**의 구체적 인 형태에 해당하고(제2조 제3호 참조), 따라서 그 권리는 저작재산권의 하나인 공연 권에 해당한다(제17조).[11]

원칙적으로는 공개상영을 목적으로 한 영상저작물의 영상화를 허락받은 영상제 작자가 제작된 영상저작물을 공개상영하려면 또다시 원저작자에게 공연권의 이 용허락을 받아야 하지만, 이렇게 하는 것은 번잡한 절차일 뿐만 아니라 해당 영상 저작물의 유통도 크게 제한시키는 결과를 초래하게 된다. 그리고 적어도 공개상영 을 목적으로 이용허락을 하였다면 원저작자는 제작된 영상저작물을 공연(여기서는 '공개상영'에 해당한다)하는 것도 묵시적으로 동의했을 것이라고 봄이 타당할 것이다. 이와 같은 입법취지에 따라 법 제99조 제1항 제2호에서는 공개상영을 목적으로 한 영상저작물[12]을 공개상영하는 것에 관한 권리도 포함하여 허락한 것으로 추정하고 있다.

(3) 방송을 목적으로 한 영상저작물을 방송하는 권리(제99조 제1항 제3호)

원저작자는 방송권이라는 저작재산권을 가진다(제2조 제8호 및 제18조 참조). TV나 인터넷을 통한 방송영상물의 제작과 같이 방송을 목적으로 한 영상화를 허락한 원 저작자는 그가 가지고 있는 저작재산권으로서의 방송권도 애초에 영상화를 포함하 여 허락한 것으로 추정하며 그 입법취지는 단락 (2)에서 설명한 바와 같다. 그런데 이 규정은 처음부터 방송을 목적으로 한 영상저작물을 방송에 이용하는 것으로 한

---

11 저작물의 공개적인 연주, 가창, 구연, 낭독 등은 영상저작물의 성질상 불가능하므로 법 제99조 제1항 제 2호에서는 공연권의 범주에 공개적인 상영만이 해당되도록 하고 있다.
12 공개상영을 목적으로 한 영상저작물에는 영화, 비디오물, 광고선전물, 다큐멘터리 등이 있으며 주로 공 공의 장소(극장, 공연장, 공원, 다중이용시설 등)에서 불특정의 공중에게 공개하는 것을 말한다. 여기에는 방 송, 전송 등은 제외되는데, 이를 법 제99조 제1항 제3호와 제4호에 별도로 규정하고 있기 때문이다.

정하고 있음에 유의하여야 한다. 따라서 방송을 목적으로 영상화를 허락한 영상저작물이 방송 이외의 목적으로, 예를 들면 극장에서 상영하려면 법 제5조 제2항의 규정에 따라 원저작자의 별도의 허락을 얻어야 할 것이다.

(4) 전송을 목적으로 한 영상저작물을 전송하는 권리(제99조 제1항 제4호)

오늘날 디지털기술의 발전에 따라 동영상 등 여러 가지 형태의 전송용 영상저작물이 손쉽게 그리고 대량으로 생산·유통되고 있다. 원저작자가 이와 같은 전송을 목적으로 한 영상저작물의 영상화를 허락한 이상 제작된 영상저작물의 전송에 있어서 그가 가지는 전송권을 주장하는 것은 삼가는 것이 바람직하며 그 입법취지 등은 앞의 단락 (2)에서와 마찬가지이다. 요컨대, 전송을 목적으로 한 영상저작물의 영상화를 허락한 원저작자는 그가 가진 전송권이라는 저작재산권도 당초의 영상화 허락에 포함한 것으로 추정한다.

(5) 영상저작물을 그 본래의 목적으로 복제·배포하는 권리(제99조 제1항 제5호)

원저작자는 해당 저작물에 대해 복제권과 배포권을 가진다(제16조 및 제20조 참조). 그런데 그가 영상화를 허락했다면 제작된 영상저작물의 이용과정에서 필수적으로 수반되는 복제와 배포행위에 대해서도 적극적으로 협조함이 바람직하며, 특약이 없는 한 이들 권리도 포함하여 영상제작자에게 허락한 것으로 추정한다. 따라서 영상제작자는 특약이 없는 한 영상저작물의 복제물을 상영관에 배포하기 위하여 원저작자에게 별도의 허락을 받지 않아도 될 것이다. 앞에서 언급한 여타의 저작재산권과 마찬가지로 이때 복제권 또는 배포권 행사의 허락은 해당 영상저작물 제작의 본래 목적의 범위 내로 한정하여야 한다.

(6) 영상저작물의 번역물을 그 영상저작물과 같은 방법으로 이용하는 권리
(제99조 제1항 제6호)

원저작자는 2차적저작물작성권을 가지는데 여기에는 원저작물을 번역하여 새로운 작품을 창작하는 것도 포함한다(제5조 참조). 오늘날 영상저작물은 더빙 또는 자막처리 등을 통하여 국경을 넘어 유통되고 있으며 이 과정에서 번역은 필수다. 이때 원저작자가 영상화를 허락한 후에도 다시 번역에 관한 권리까지 허락하도록 하는 것은 권리관계를 복잡하게 할 뿐만 아니라 제작된 영상저작물의 원활한 유통을 위해서도 결코 바람직한 일은 아니다. 이와 같은 취지를 살려 법 제99조 제1항 제6호에서는 특약이 없는 때에는 **영상저작물의 번역물을 그 영상저작물과 같은 방법으로 이용하는 것**에 관한 권리도 동시에 허락한 것으로 추정하고 있다.

법 제99조 제1항 제6호는 저작재산권 중에 복제권, 공연권, 배포권, 공중송신권 등과 별개로 2차적저작물작성권이 규정되어 있고(제22조 참조), 2차적저작물의 작성 중에서도 번역과 영상제작이 별개의 이용형태로 되어 있으므로, 영상화의 허락이 곧 번역의 허락을 포함하지는 않기 때문에 별개의 보호규정으로 하고 있는 것이다.

3. 원저작물에 대한 저작재산권자의 영상화 허락기간

원저작물에 대한 "저작재산권자는 그 저작물의 영상화를 허락한 경우에 특약이 없는 때에는 허락한 날부터 5년이 경과한 때에 그 저작물을 다른 영상저작물로 영상화하는 것을 허락할 수 있다("저작권법」 제99조 제2항). 따라서 원저작자와 영상화 허락을 받은 영상제작자의 별도의 의사표시가 없는 한 영상제작자는 5년간 독점적 지위를 누리면서 영상물의 안정적인 제작을 기할 수 있고 제작에 따른 투하자본의 회수에도 만전을 기할 수 있다.

그런데 법 제99조 제2항 역시 당사자의 의사표시를 보충하는 규정이기 때문에 당사자의 특약으로 영상화 허락기간을 5년 이내로 단축하는 것은 무방하나, 이 경우에도 권리의 남용이나 신의성실의 원칙에 위배되어서는 아니 될 것이며 공정한 거래질서를 위반하면서까지 기간을 단축하여서도 아니 될 것이다.

4. 동시허락 추정의 효과(저작재산권의 행사를 제한하는 효과)

「저작권법」 제99조의 규정에 따라 저작물의 영상화 허락 시 특정 권리는 동시허락이 추정되는데, 이는 결국 저작재산권자의 재산권 행사의 제한효과를 가져온다.

법 제99조에 따른 저작재산권자의 재산권 행사의 제한효과는 크게 원저작물 저작자의 재산권 행사의 제한효과와 저작자의 2차적저작물작성권 행사의 제한효과로 나누어 볼 수 있다.

먼저, 원저작물의 저작자는 2차적저작물 보호의 영향을 받지 않고 저작권을 행사할 수 있음이 원칙이다.[13] 그런데 법 제99조 제1항 제2호부터 제5호까지의 규정에 따르면 저작재산권자는 그가 원래 가지고 있던 저작물에 대한 공개상영, 방송, 전송 그리고 복제와 배포의 권리를 행사할 수 없게 되므로 이는 결국 원저작물 저작자의 저작재산권 행사를 제한하는 효과로 나타난다. 다음으로, 저작자는 저작재산권의 하나로서 2차적저작물작성권을 가지는데, 법 제99조 제1항 제1호와 제6호의 규정에 따르면 각색과 번역의 권리도 함께 허락한 것으로 추정되므로, 결국은 저작자가 가지는 2차적저작물작성권의 일부[14]가 제한되는 것과 마찬가지의 효과가 나타나는 것이다.

III. 영상저작물에 대한 저작권을 취득한 경우 이를 영상제작자에게 양도한 것으로 추정

1. 영상저작물의 저작자와 영상제작자

(1) 영상저작물의 저작자

영상저작물은 원저작물을 기반으로 하여 창작되는 경우가 대부분이다. 원저작자로부터 2차적저작물 작성권리를 양도받거나 영상화를 허락받으면 본격적으로 영상저작물의 제작이 진행된다. 이 과정에서 연출가, 감독, 프로듀서, 작가 등이 전면에 등장하며 이들이 힘을 합쳐 실연자들과 함께 최종적인 영상저작물을 완성시켜 나간다.

앞에서 언급한 바와 같이 우리 「저작권법」에서는 영상저작물의 저작자가 누구인가에 대한 직접적인 규정은 없으나 법 제100조 제1항에서 '영상제작자와 영상저작물의 제작에 협력할 것을 약정한 자가 그 영상저작물에 대하여 저작권을 취득한 경우 특약이 없는 한…'이라고 하여 간접적으로 누가 영상저작물의 저작자인가를 규

---

13 2차적저작물의 보호는 그 원저작물의 저작자의 권리에 영향을 미치지 아니한다(제5조 제2항).
14 2차적저작물은 원저작물을 번역, 편곡, 변형, 각색, 영상제작 그 밖의 방법으로 작성한 창작물이다(제5조 제1항).

정하고 있다.[15] 이에 따르면 영상제작자와 영상저작물의 제작에 협력할 것을 약정한 자가 저작자가 될 수 있는데 여기에는 연출가, 감독, 프로듀서, 작가 등의 사람들이 해당될 수 있다. 이들은 원저작물을 참고·이용·활용하여 인간의 사상과 감정을 영상물의 형태로 창조적으로 표현하는 데 기여하며, 따라서 영상저작물의 저작자가 될 수 있음은 당연하다. 물론 배우, 연기자, 가수 등도 영상저작물의 창조에 결정적으로 기여하고 있지만 저작자가 아닌 저작인접권자로서 별도의 실연자의 권리가 부여되고 있다.

한편, 소설가, 수필가, 시나리오작가 등 원저작물의 저작자가 영상저작물의 저작자가 될 수 있는가가 문제될 수 있다. 법 제100조 제1항에 따르면 영상저작물에 대한 저작권을 취득할 수 있는 자로서 '영상제작자와 영상저작물의 제작에 협력할 것을 약정한 자'라고 규정하고 있기에 이들 원저작자가 단순히 2차적저작물작성권을 양도하거나 아니면 영상화를 허락한 경우와 같이 소극적인 자세를 취해서는 영상저작물의 저작자가 될 수 없고, 연출이나 감독, 시나리오의 작성과 같은 적극적으로 영상저작물의 제작에 협력한 경우에만 한정적으로 저작자의 지위를 가질 수 있을 것이다.

(2) 영상제작자

그런데 영상저작물은 앞에서도 언급한 바 있듯이 다수의 사람이 참여하여, 다액의 자본이 투하되고, 오랜 기간에 걸쳐 작품이 완성되는 거대한 종합예술로서의 특징을 지니고 있다. 이와 같은 특징을 가지는 영상저작물에는 저작자의 수도 무수히 많을 수 있으며, 현상은 작품의 원활한 제작이나 제작된 작품의 원활한 유통 및 투하된 자본의 원활한 회수를 위해서는 바람직하지 않다.

이와 같은 입법취지를 반영하여 법 제2조 제14호와 제100조 제1항에서는 **영상제작자**라는 개념을 창출하고 그에게 영상저작물에 대한 저작자의 권리 가운데서 해당 영상저작물의 이용에 필요한 권리가 양도되는 것으로 추정하여 이 문제를 입법적으로 해결하고 있다.

---

15 이와 같이 현행 법에서는 누가 영상저작물의 저작자인가에 관하여 명확한 규정을 두고 있지 않는데, 이는 오늘날 국내외적으로 볼 때 영상저작물은 저작권의 귀속 또는 보호의 문제보다는 이용의 원활한 도모에 입법적 초점이 맞추어져 있기 때문으로 보인다.

그렇다면 영상제작자는 누구를 말하는가? 영상제작자는 결코 해당 영상물의 저작자는 아니며, 다만 법률의 규정에 의하여 별도로 창설된 인격체로서, 영상저작물의 제작에 있어 그 전체를 기획하고 책임을 지는 자로 규정하고 있다(제2조 제14호 참조). 전체를 기획하고 책임을 진다는 말은 기업경영에 있어서의 CEO와 같이 일이 진행되는 전체과정을 통제Control할 수 있는 지위를 가지는 자로서 여기에는 해당 영상저작물의 제작을 기획하고 책임지는 감독이나 프로듀서가 될 수도 있고, 제3의 외부전문가가 될 수도 있다.

그러나 현실적으로 보면 거대한 종합예술로서의 영상저작물에 대하여 전체를 기획하고 책임지는 자는 일정한 조직과 자본 그리고 전문인력을 갖추고 있는 영화제작사, 방송영상독립제작사, 광고영상제작사 등 법인인 경우가 대부분이다.

2. 영상제작자에게 영상저작물에 대한 권리의 양도 추정

(1) 의의

우리 「저작권법」은 영상저작물에 대하여 여타의 저작물과는 달리 영상저작물의 제작을 전체적으로 기획하고 책임을 지는 영상제작자에게 해당 영상저작물의 저작자가 가지는 각종 권리를 귀속시키는 내용의 특칙을 마련하고 있다. 이는 제작된 영상저작물의 제작에 투하된 자본의 원활한 회수와 해당 영상저작물의 원활한 유통과 이용을 도모하기 위함이다. 즉, "영상제작자와 영상저작물의 제작에 협력할 것을 약정한 자가 그 영상저작물에 대하여 저작권을 취득한 경우 특약이 없는 한 그 영상저작물의 이용을 위하여 필요한 권리는 영상제작자가 이를 양도받은 것으로 추정한다"(제100조 제1항).

(2) 양도 추정의 구체적인 내용

법 제100조 제1항에 따른 양도 추정의 내용에 대해서 좀 더 구체적으로 살펴보기로 한다.

첫째, 영상저작물의 이용을 위하여 필요한 권리[16]를 양도한 것으로 추정되는 자,

---

16 구체적으로는 저작재산권을 말한다. 저작인격권은 양도의 대상이 될 수 없기 때문이다.

즉 양도의 주체는 해당 영상저작물의 저작자이다.[17] 여기에는 주로 해당 영상저작물의 제작에 협력할 것을 약정한 감독, 연출가, 작가, 프로듀서 등이 포함될 것이다.

둘째, 저작재산권을 양도받은 것으로 추정되는 자, 즉 양도의 상대방은 영상제작자이다.

셋째, 저작권자의 권리양도의 추정은 해당 영상저작물의 원활한 이용을 도모하기 위함이다. 따라서 영상제작자에게 양도한 것으로 추정되는 권리는 저작자가 가지는 모든 재산적 권리가 아니라 그 영상저작물의 이용을 위하여 필요한 권리에 한정된다. 여기에는 복제권, 공연권, 공중송신권(방송권, 전송권)[18], 배포권 그리고 2차적저작물작성권[19] 등이 포함될 것이다. 법 제100조 제1항은 이와 같이 영상저작물의 이용에 필요한 권리는 모두 다 영상제작자에게 양도하는 것으로 추정하고 있는데, 이와 같은 입법형식은 이용목적에 따라 이용허락의 범위가 개별적으로 정해지는 법 제99조와는 대비된다.

넷째, 영상저작물의 저작자가 가지는 권리의 양도 추정은 특약이 없을 경우에만 적용된다. 계약자유의 원칙상 영상저작물의 저작자와 영상제작자는 얼마든지 그들의 의사에 따라 해당 권리를 양도하지 않거나 기타의 권리행사 방법을 약정할 수 있다. 다시 말해 법 제100조 제1항은 임의규정이지 강행규정은 아니다.

다섯째, 감독·연출가 등이 가지는 저작권의 양도 추정은 이들이 완성된 해당 영상저작물에 대하여 현실적으로 저작권을 취득한 경우에만 가능하며, 따라서 작품이 제작과정에 있을 경우에는 양도의 추정이 이루어지지 않는다.[20] 법 제100조 제1항에서도 **그 영상저작물에 대하여 저작권을 취득한 경우**라고 하여 이를 분명히 하고 있다.

여섯째, 법 제100조 제1항의 규정에 따라 권리를 양도받는다고 추정할 때는 권리 자체가 완전히 이전되는 권리를 양도받는다고 추정한다. 이 점에서 법 제99조에서 말하는 권리행사의 허락의 추정과는 다르다. 권리의 양도라 함은 권리의 귀속주체를 이전하는 것으로서 권리의 귀속주체가 변경되지 않고 원래의 권리자가 타인

---

17 이때 저작권자의 지위도 동시에 가지고 있다.

18 공중송신권에는 원래 디지털음성송신권도 포함되나 여기에서는 제외된다고 보아야 한다. 왜냐하면 양도 추정되는 권리가 영상제작물의 이용에 필요한 권리에 한정되기 때문이다.

19 영상제작자가 번역을 하거나 또 다른 영상제작 등을 할 필요성이 있기 때문이다.

20 각종 준비 또는 제작과정에서의 양도의 추정은 법 제99조에 따른다.

에게 일정기간 권리를 행사할 수 있도록 하는 권리행사의 허락과는 다른 개념이다. 이와 같이 법 제99조와는 달리[21] 법 제100조에서 권리를 양도한 것으로 추정하는 이유는 영상제작자에게 보다 완벽한 권리를 행사할 수 있게 하는 입법적 배려로 보인다. 그런데 양도가 불가능한 저작인격권 등은 당연히 법 제100조 제1항의 적용에서 배제되며 이들 저작인격권은 해당 영상저작물의 저작자인 감독, 연출가 등에게 그대로 남아있게 됨을 유의하여야 한다.

일곱째, 법 제100조에서 규정하고 있는 영상저작물의 이용을 위하여 필요한 권리의 양도에 관한 규정은 추정규정이다. 이는 당사자 간의 의사표시를 보충하는 역할을 하는 데 불과하므로, 저작재산권자와 영상제작자가 별도의 계약에서 달리 정한 바가 있다는 반대의 증거가 제시되면 이 추정규정은 적용되지 아니한다.[22]

3. 원저작물의 저작재산권에 대한 영향

영상저작물의 제작에 사용되는 소설·만화·각본이나 미술저작물 또는 음악저작물 등에 대한 저작재산권은 「저작권법」 제100조 제1항의 규정에 따른 영향을 받지 아니한다(제100조 제2항). 따라서 감독·연출가 등이 영상저작물에 대해서 가지는 저작재산권을 영상제작자에게 양도한 것으로 추정할지라도 원저작자가 가지고 있는 영상적 이용방법 이외의 저작재산권의 행사는 아무런 영향이 없으며 원저작자는 아무런 제한 없이 이를 행사할 수 있다. 예를 들면 소설가는 영화화 허락을 해준 뒤에도 소설을 출판할 수 있으며, 시나리오작가는 자신의 시나리오를 연극공연에 사용할 수 있고, 음악작곡가는 자기 음악을 영화의 배경음악에 사용할 것을 허락한 이후에도 이를 음반으로 출판할 권리를 그대로 가지고 있다.

---

21 법 제99조는 권리행사를 허락한 것으로 추정하는 규정이다. 참고로 후술하는 실연자의 권리도 영상제작자에게 양도한 것으로 추정한다.

22 그러나 현실적으로 보면 감독, 연출가, 작가, 프로듀서 등은 대부분이 예술분야에 특출한 재능을 가졌지만 저작권에 대해서는 이해의 폭이 좁은 것이 사실이다. 따라서 대부분의 경우는 그들이 가진 저작재산권 가운데 해당 영상저작물을 이용하기 위하여 필요한 권리를 어떠한 형태로든지 영상제작자에게 양도하는 것이 관례로 되어 있다.

IV. 영상저작물의 이용에 관한 실연자의 권리를 영상제작자에게 양도한 것으로 추정

1. 의의

영화배우, 방송연기자, 방송연예인, 가수 등 실연자는 저작인접권자로서 영상저작물을 해석하여 그 부가가치를 향상시키는 데에 결정적 기여를 한다. 그런데 다수의 실연자가 참가하여 이루어진 영상저작물에 있어서 저작인접권으로서의 실연자의 권리도 가능한 한 단순화시켜 영상제작자에게 귀속시킬 필요성은 앞에서 설명한 영상저작물에 대한 저작자의 권리와 마찬가지이다. 이에 「저작권법」 제100조 제3항에서는 실연자가 가지는 재산권[23]인 복제권, 배포권, 방송권, 전송권 등은 특약이 없는 한 영상제작자가 이를 양도받은 것으로 추정하고 있다. 즉, 영상제작자와 영상저작물의 제작에 협력할 것을 약정한 실연자의 그 영상저작물의 이용에 관한 법 제69조의 규정에 따른 복제권과, 법 제70조의 규정에 따른 배포권, 법 제73조의 규정에 따른 방송권 및 법 제74조의 규정에 따른 전송권은 특약이 없는 한 영상제작자가 이를 양도받은 것으로 추정한다(제100조 제3항).[24]

2. 영상저작물 이용에 관한 실연자의 권리를 영상제작자에게 양도한 것으로 추정

「저작권법」 제3장 저작인접권, 제2절 실연자의 권리 부분에서는 실연자에게 배타적 성격의 재산적 권리로서 복제권, 배포권, 대여권, 공연권, 방송권 그리고 전송권 등을 광범위하게 부여하고 있다. 그러나 법 제100조 제3항의 규정에 따라 실연자가 일단 영상저작물의 제작에 협력할 것을 약정한 이상 특약이 없는 한 그는 영상화된 자신의 실연에 대하여 법에서 그에게 부여한 복제권, 배포권, 방송권, 전송권 등은

---

23 실연자가 가지는 저작인격권은 그 일신전속적 특성으로 인해 이를 양도할 수 없음은 물론이다.
24 법 제100조 제3항에 따르면 실연자가 가지는 대여권과 공연권은 영상제작자에게 양도되는 것으로 추정하지 않는다. 그 이유는 실연자의 대여권은 실연이 녹음된 상업용 음반만을 그 대상으로 하고 있고, 공연권은 고정되지 아니한 실연을 대상으로 하여 이 둘은 영상저작물과는 무관하기 때문이다.

영상제작자에게 양도된 것으로 추정하고, 다만 저작인접권 중에 대여권, 공연권 등의 권리만을 행사할 수 있도록 규정하고 있다. 이렇게 볼 때 영상저작물의 이용과정에서의 실연자의 권리행사는 커다란 제약이 가해지고 있다고 볼 수 있다.[25]

> 대법원은 실연자가 양도한 것으로 추정하는 복제권의 범위와 관련하여, "법 제100조 제3항의 영상저작물에 관한 특례규정에 의하여 영상제작자에게 양도된 것으로 추정하는 실연자의 그 영상저작물의 이용에 관한 복제권이란 그 영상저작물의 본래의 창작물로서 이용하는 데 필요한 녹음녹화 등을 위한 복제권을 말하며, 따라서 영화상영을 목적으로 제작된 영상저작물 중에서 특정배우 등의 실연장면을 모아서 가라오케용의 CD음반을 제작하는 것은 그 영상저작물의 본래의 창작물로서 이용하는 것이 아니라 별개로 새로운 영상저작물을 제작하는 데 이용하는 것에 해당하므로 영화배우 등의 실연을 이러한 방법으로 CD음반에 복제하는 권리는 영상제작자에게 양도되는 권리의 범위에 속하지 않는다"라고 판시한 바 있다(대법원 1997.6.10, 선고 96도2856 판결).

지금까지 논의한 바와 같이 현행 법체계에 따르면, 실연자는 그가 협력하여 제작한 영상저작물에 대하여 그가 가지고 있는 저작인접권을 행사할 여지가 거의 없도록 되어 있는데, 이는 영상산업의 진흥이라는 국가적 목표에 부응하고 「세계지식재산기구 실연·음반조약」[26]에도 충실하고자 하는 입법적 조치로 이해된다.

---

25 현행 법에 따라 인정된 실연자의 권리 중에서 대여권, 공연권 그리고 방송사업자와 디지털음성송신사업자에 대한 보상청구권은 실연자가 계속 행사할 수 있는데, 이들 권리는 실연자의 협력으로 제작된 영상저작물의 이용과는 관계가 없기 때문이다. 이와 같이 실연자의 권리행사는 상당부분이 제한되는 면이 있지만, 그들은 전속계약, 출연계약 등을 통해 용역제공에 따른 적정한 보수(출연료, 전속료 등)를 받을 수 있다.
26 「세계지식재산기구 실연·음반조약(WPPT)」에서는 음악의 실연에 대해서만 실연자에게 일정한 권리를 부여하고 시청각 실연(이는 곧 영상저작물로 구현됨)에 대하여는 보호의 대상에서 제외되어 있다.

V. 영상제작자의 권리

1. 의의

우리는 지금까지 영상제작자에게 해당 영상저작물의 제작과 이용을 위하여 필요한 각종의 권리를 귀속시키고자 하는「저작권법」에서의 관련 규정들을 살펴보았다.

소설가, 시나리오작가 등 원저작물의 저작자가 가지는 광범위한 권리는 영상제작자에게 그 행사를 허락한 것으로 추정하며(제99조 참조), 감독과 연출가 등이 해당 영상저작물에 대하여 가지는 저작재산권을 취득한 경우 그 영상저작물의 이용을 위하여 필요한 권리가 있다면 이 역시 광범위하게 영상제작자에게 양도한 것으로 추정한다(제100조 제1항 참조). 이 밖에도 배우 등 실연자가 가지는 저작재산권 역시 광범위하게 영상제작자에게 양도한 것으로 추정하는 것(제100조 제3항 참조) 등이 그것이다. 또한 영상제작자는 영상저작물의 저작자 또는 실연자로부터 양도받는 권리[27]인 영상저작물을 이용하기 위하여 필요한 권리를 재차 양도하거나 질권의 목적으로 할 수 있는 등 그야말로 해당 영상저작물의 이용을 위하여 필요한 대부분의 권리를 광범위하게 행사할 수 있도록 규정하고 있다.

2. 영상저작물에 대한 저작자로부터 양도받은 권리의 범위와 그 행사

「저작권법」 제101조에서는 위에서 논의한 법 제100조 제1항과 제3항의 규정을 영상제작자의 입장에서 다시 한 번 확인하면서 영상제작자가 행사할 수 있는 권리의 구체적인 범위와 그 행사방법 등을 규정하고 있다.

먼저, 법 제101조 제1항에는 "영상제작물[28]의 제작에 협력할 것을 약정한 자로부터 영상제작자가 양도받는 영상저작물의 이용을 위하여 필요한 권리는 영상저작물

---

27 양도가 아닌 권리행사의 허락을 받은 것으로 추정하는 권리는 원래의 권리자가 그 권리를 행사할 수 있으므로 이를 다시 양도하거나 질권의 목적으로 할 수 없다. 따라서 법 제101조 제1항에서는 법 제99조와 관련한 원저작자의 권리는 포함시키지 않고 있다.
28 법 제100조의 규정에서와 같이 영상제작물을 '영상저작물'로 표현함이 타당할 것이다.

을 복제·배포·공개상영·방송·전송 그 밖의 방법으로 이용할 권리로 하며[29], 이를 양도하거나 질권의 목적으로 할 수 있다"라고 규정되어 있다. 법 제101조에 따른 영상제작자의 이와 같은 권리를 일반적으로 **영상제작자의 권리** 또는 **영상제작자의 영상저작물 이용권**이라고 부른다.

이 규정은 영상저작물의 이용을 위하여 필요한 권리가 영상제작자에게 현실적으로 양도되었다면 그 이용권은 당연히 영상제작자에게 있음을 명확히 한다. 동시에 그 이용의 형태를 영상저작물의 특징에 부합될 수 있는 모든 것, 즉 복제·배포·공개상영·방송·전송뿐만 아니라 기술의 발전에 따라 신규로 등장할 수 있는 **그 밖의 방법으로 이용할 권리**를 포괄적으로 규정하는 한편, 영상저작물의 일괄적인 자본회수를 위하여 그 이용권을 양도하거나 질권의 목적으로 할 수 있도록 하는 데 그 의의가 있다.

3. 실연자로부터 양도받은 권리의 범위와 그 행사

「저작권법」 제101조 제2항에는 "실연자로부터 영상제작자가 양도받는 권리는 그 영상저작물을 복제·배포·방송 또는 전송할 권리로 하며, 이를 양도하거나 질권의 목적으로 할 수 있다"라고 규정되어 있다. 이 조항 역시 영상저작물에 대한 이용권을 실연자로부터 양도받았다면 그 이용권은 당연히 양도받은 영상제작자에게 있음을 확인함과 동시에[30] 해당 영상저작물의 일괄적인 자본회수를 위하여 그 이용권을 양도하거나 질권의 목적으로 할 수 있도록 하는 데 그 의의가 있다.

지금까지 논의한 것을 요약하여 영상저작물에 대하여 영상제작자가 행사할 수 있는 권리의 귀속과 그 행사에 관한 규정내용을 개념적으로 도식화해 보면 다음의 그림과 같다.

---

29 영상제작자가 법 제101조 제1항의 규정에 따라 영상저작물의 이용권을 제3자에게 양도하는 경우에 법 제46조 제3항의 규정에 따른 저작재산권자의 동의를 얻을 필요가 없다. 법 제101조는 영상저작물의 특수성을 고려하여 영상저작물의 원활한 이용과 투하자본의 회수를 보장하기 위한 특례규정의 성격이 강하며 또한 영상저작물의 이용권이 저작재산권자의 허락에 의한 것이 아니라 법률의 규정에 따른 법적 이용권임을 감안한다면, 영상제작자의 투하자본 회수에 불편을 초래할 법 제46조 제3항의 규정은 이 조에서는 적용되지 않는 것으로 해석하여야 할 것이다. 이와 같은 논의는 법 제101조 제2항의 규정에 따른 실연자로부터 양도받은 것으로 추정하는 권리를 다시 제3자에게 양도하는 경우에서도 마찬가지로 적용된다 하겠다.

30 법 제101조 제2항의 전반부는 법 제100조 제3항을 다시 한 번 확인하는 형태로 규정되어 있다.

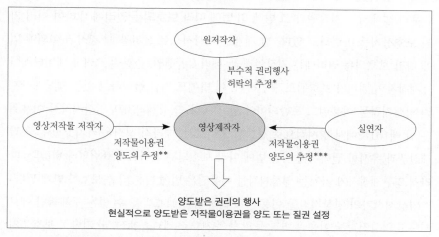

* 각색권, 공개상영권, 방송권, 전송권, 복제권, 배포권, 번역물이용권 등이 포함된다.
** 복제권, 배포권, 공개상영권, 방송권, 전송권 그 밖의 방법으로 이용할 권리 등이 포함된다.
*** 복제권, 배포권, 방송권, 전송권 등이 포함된다.

4. 영상제작자의 영상저작물 이용권의 법적 성격

(1) 저작자의 저작재산권과 유사한 권리

「저작권법」 제101조의 규정에 따라 영상제작자는 영상저작물의 대표적인 이용형태에 해당하는 복제, 배포, 공개상영, 방송, 전송 그 밖의 방법으로 이를 이용할 권리를 가지며, 나아가 이를 양도하거나 물권의 목적으로도 할 수 있다. 영상제작자가 가지는 이와 같은 권리는 배타적 성격의 물권적 권리로서 저작자가 가지는 저작재산권과 그 성격이 대단히 비슷하다.[31] 영상제작자의 영상저작물 이용권은 저작자의 저작재산권에 포함되는 지분권인 전시권, 대여권, 디지털음성송신권, 2차적저작물작성권 등이 배제되어 있어 권리의 범위에서는 저작재산권보다 좁은 것이 사실이나 배타적 성격의 물권적 권리임에는 틀림이 없다.

---

[31] 일부 학자들은 영상제작자의 '영상저작물 이용권'을 영상제작자에게 부여된 저작인접권으로 이해하고 있으나, 영상저작물은 실연, 음반, 방송과 같은 저작인접물이 아니고 저작물의 구체적 예시에 해당하기 때문에(제4조 제1항 제7호), 영상제작자의 영상저작물 이용권은 저작재산권의 일환으로 봄이 타당하다(허희성, 앞의 책, 482~483쪽).

(2) 「저작권법」에 따른 각종 보호대상이 될 수 있는 권리

우리 법에서는 저작권과 그 밖에 이 법에 따라 보호되는 권리에 대하여 여러 가지 보호장치를 마련하고 있다. 법 체계를 거시적으로 살펴볼 때 저작권 이외에 법에 따라 보호되는 권리에는 저작인접권, 배타적발행권, 출판권 그리고 데이터베이스제작자의 권리가 포함됨도 당연하며, 이 밖에도 지금 논의하고 있는 영상제작자의 영상저작물 이용권도 포함되어야 할 것이다. 영상제작자의 영상저작물 이용권은 법 제101조에서 명시적으로 창설된 권리로서, 배타적 성격을 가지고 있는 저작재산권과 유사한 권리이며 이는 법에 따라 보호되는 권리임에 틀림없다 하겠다. 따라서 영상제작자가 가지는 영상저작물 이용권은 법에 따른 각종 보호를 받게 된다.

영상제작자의 영상저작물 이용권이 법에 따라 보호받을 수 있는 구체적인 예로서는 i) 영상저작물 이용권 변경 등의 등록(제53조, 제54조 참조), ii) 기술적 보호조치를 무력화한 자 등에 대한 침해의 정지 등 청구(제104조의8 참조), iii) 침해의 정지 및 예방 등의 청구(제123조 제1항 및 제2항 참조), iv) 침해행위의 의제(제124조 제1항 제1호 참조), v) 손해배상 및 법정손해배상의 청구(제125조 제1항 및 126조 제1항 참조), vi) 권리의 침해에 관한 소송에서 법원의 비밀유지명령의 적용(제129조의3 제1항 참조) 등이 있다.

제2절
컴퓨터프로그램저작물에 관한 특례

I. 프로그램에 대한 저작재산권 행사의 제한 등

1. 의의

「저작권법」 제2장 제4절 제2관 **저작재산권의 제한**에 관한 규정 중 재판절차 등에서의 복제, 학교교육 목적 등에의 이용, 사적이용을 위한 복제 그리고 시험문제로서의 복제 등과 관련한 저작재산권 행사의 제한규정은 컴퓨터프로그램저작물에 대하여는 적용하지 아니한다(제37조의2 참조). 따라서 위에서 언급한 재판절차 등 네 가지의 경우에 있어서는 컴퓨터프로그램에 대해 복제 등의 권리를 가지고 있는 자는 법 제2장 제4절 제2관에서 규정하고 있는 관련 조항이 적용되지 아니하고 법 제5장의2 프로그램에 관한 특례규정인 법 제101조의3의 규정을 적용받는다.

이에 따라 해당 규정에서는 공익목적의 수행 등을 위해 필요한 범위에서 공표된 컴퓨터프로그램저작물을 복제 또는 배포할 수 있도록 하는 반면에, 다만 프로그램의 종류·용도, 프로그램에서 복제된 부분이 차지하는 비중 및 복제의 부수 등에 비추어 프로그램의 저작재산권자의 이익을 부당하게 해치는 경우에는 그러하지 아니하도록 하고 있다(제101조의3 제1항 참조).

법 제101조의3의 규정에 따라 그 행사가 제한되는 프로그램은 모두 공표된 프로그램을 그 대상으로 하고 있음을 유의하여야 한다. 여기서 말하는 공표된 프로그램이란 패키지 프로그램으로 판매되거나 온라인에서 불특정 다수가 접근하여 다운로드를 받을 수 있는 프로그램 등이 해당될 수 있으나, 개발자가 누구에게도 발송하지 않고 혼자 가지고 있거나 이메일 등으로 소수의 특정한 사람에게만 발송한 경우에는 미공표 프로그램으로 볼 수 있을 것이다.

이 밖에도 해당 장의 내용으로는 프로그램에 대한 저작재산권 행사의 간접적 제한효과를 가져오는 특례규정이라고 할 수 있는 프로그램코드의 역분석에 관한 규정(제101조의4 참조)과 정당한 이용자에 의한 보존을 위한 프로그램 복제물의 복제에 관한 규정(제101조의5 참조) 등이 있는데, 구체적으로 살펴보면 다음과 같다.

2. 프로그램에 대한 저작재산권 행사 제한의 구체적 내용

(1) 재판 또는 수사를 위한 복제 등

재판 또는 수사를 위한 경우에는 프로그램을 복제할 수 있는데(『저작권법』 제101조 의3 제1항 제1호 및 제1호의2), 한국저작권위원회가 법원 또는 수사기관 등으로부터 재판 또는 수사를 위하여 저작권의 침해 등에 관한 감정을 요청받은 경우에는 해당 프로그램을 복제할 수 있다.[32]

(2) 교육을 담당하는 자가 수업과정에 제공하기 위한 복제 · 배포

『유아교육법』, 『초 · 중등교육법』, 『고등교육법』에 따른 학교 및 다른 법률[33]에 따라 설립된 교육기관(초등학교 · 중학교 또는 고등학교를 졸업한 것과 같은 수준의 학력이 인정되거나 학위를 수여하는 교육기관으로 한정한다)[34]에서 교육을 담당하는 자가 수업과정에 제공할 목적인 경우에는 프로그램을 복제 또는 배포할 수 있다(제101조의3 제1항 제2호).[35]

(3) 교과용 도서에 게재하기 위한 복제

『초 · 중등교육법』에 따른 학교 및 이에 준하는 학교의 교육목적을 위한 교과용 도

---

32 일반저작물에 있어서는 재판절차를 위하여 필요한 경우이거나 입법 · 행정의 목적을 위한 내부자료로서 필요한 경우에는 그 한도 안에서 저작물을 복제할 수 있으나(제23조 본문), 컴퓨터프로그램 저작물은 '재판 또는 수사를 위하여 복제하는 경우'로 그 제한범위를 축소하고 있다.

33 『학점인정 등에 관한 법률』 등을 말한다.

34 따라서 『학원의 설립 · 운영에 관한 법률』에 의하여 설립된 사설학원은 『저작권법』 제101조의3 제1항 제2호에 해당하지 않는다.

35 프로그램에 대한 특례규정인 법 제101조의3에 따르면 i) 상급학교 입학을 위한 학력인정학교 또는 학위 수여학교가 포함되며, ii) 수업과정에서 제공할 목적으로만 해당 프로그램을 이용할 수 있고(이는 일반제한규 정에서의 '수업목적에 필요하다고 인정되는 경우'보다 그 범위가 넓다), iii) 이들 교육기관은 보상금 지급의무 가 없으며(예를 들어 대학교에서 수업과정에 제공할 목적으로 프로그램을 복제하더라도 보상금을 지급할 의 무가 없다), iv) 이용형태는 복제와 배포에 국한한다(일반제한규정에서는 복제, 배포, 공연, 전시 또는 공중송 신을 할 수 있다).

서에 게재하기 위한 경우에는 프로그램을 복제할 수 있다(제101조의3 제1항 제3호). 이 규정에 따라 컴퓨터프로그램을 교과용 도서에 게재하려는 자는 문화체육관광부 장관이 정하여 고시하는 기준에 따른 보상금을 해당 저작재산권자에게 지급하여야 한다. 보상금 지급에 대하여는 법 제25조 제7항부터 제11항까지의 규정을 준용한다(제101조의3 제3항).

(4) 사적이용을 위한 복제

가정과 같은 한정된 장소에서 개인적인 목적(영리를 목적으로 하는 경우를 제외한다)인 경우에는 프로그램을 복제할 수 있다(제101조의3 제1항 제4호).

(5) 시험문제로서의 복제

「초·중등교육법」, 「고등교육법」에 따른 학교 및 이에 준하는 학교의 입학시험이나 그 밖의 학식 및 기능에 관한 시험 또는 검정을 목적(영리를 목적으로 하는 경우를 제외한다)으로 하는 경우에는 프로그램을 복제하거나 또는 배포할 수 있다(제101조의3 제1항 제5호).

(6) 프로그램의 기능을 조사·연구·시험하기 위한 복제

컴퓨터프로그램저작물의 기초를 이루는 아이디어 및 원리를 확인하기 위하여 프로그램의 기능을 조사·연구·시험할 목적으로 하는 경우에는 컴퓨터프로그램저작물을 복제할 수 있다. 그런데 이 경우에 있어서는 정당한 권한에 의하여 프로그램을 이용하는 자가 해당 프로그램을 이용 중인 때에 한한다(제101조의3 제1항 제6호).

(7) 컴퓨터의 유지·보수를 위한 일시적 복제

컴퓨터의 유지·보수를 위하여 그 컴퓨터를 이용하는 과정에서 프로그램(정당하게 취득한 경우에 한한다)을 일시적으로 복제할 수 있다(제101조의3 제2항).

(8) 정당한 이용자에 의한 보존을 위한 복제

프로그램의 복제물을 정당한 권한에 의하여 소지·이용하는 자는 그 복제물의 멸실·훼손 또는 변질 등에 대비하기 위하여 필요한 범위에서 해당 복제물을 복제할 수 있다(제101조의5 제1항). 이때 복제의 범위는 보존을 하기 위한 것이기 때문에 엄격히 한정할 필요가 있으며 특별한 사정이 없는 한 1~2부에 한정되어야 할 것이다. 그리고 프로그램의 복제물을 소지·이용하는 자는 해당 프로그램의 복제물을 소지·이용할 권리를 상실한 때에는 그 프로그램의 저작재산권자의 특별한 의사표시가 없는 한 제1항에 따라 복제한 것을 폐기하여야 한다. 다만, 프로그램의 복제물을 소지·이용할 권리가 해당 복제물이 멸실됨으로써 상실된 경우에는 그러하지 아니하다(제101조의5 제2항).

3. 비판

프로그램은 학술적·예술적 성격보다는 기능적 성격이 강하며, 따라서 「저작권법」의 보호를 받는 범위를 가능한 한 축소하고 오히려 이를 공공의 영역에 널리 포함시켜 공정한 이용을 도모하는 데 입법적 비중을 두어야 할 것이다. 그런데 현행법의 태도를 보면 오히려 일반저작물에 대한 저작재산권의 제한범위가 넓은 반면에 프로그램에 대한 저작재산권은 복제권과 배포권에 한정하여 그것도 아주 제한적인 범위 내에서만 이를 복제 또는 배포할 수 있는 것으로 규정하고 있다.

예를 들면, 재판 또는 수사를 위한 복제와 사적이용을 위한 복제물을 규정한 법 제101조의3 제1항 제1호, 제4호는 일반저작물의 그것에 해당하는 법 제23조와 제30조의 내용보다 오히려 제한의 정도가 약하고, 무엇보다도 교육목적의 제한을 규정한 법 제101조의3 제1항 제3호, 제5호도 일반저작물의 학교교육목적 등에의 이용 등을 규정한 법 제25조와 제32조의 내용보다 그 제한의 정도가 약하다.

프로그램에 관한 저작재산권 행사의 제한범위를 더욱 확대시켜 가능하다면 이를 공공의 영역으로 내어 놓도록 하는 방향으로의 법률개정을 기대해 본다. 이 과정에서 적어도 일반저작물에 대한 저작재산권 행사의 제한 수준과 같거나 유사한 수준의 입법개정이 있어야 할 것이다.

II. 프로그램코드의 역분석 허용

1. 의의

우리가 프로그램을 이용하기 위해서는 전후前後의 다른 프로그램을 별도의 수정 과정 없이 이들 간에 호환성互換性이 있어야 할 것이며, 호환에 관한 정보를 얻기 위해서는 프로그램의 코드에 대한 역분석의 절차를 거쳐야 한다. 이 밖에도 오늘날 프로그램이 오픈소스 소프트웨어라는 이름하에 자유로운 이용의 폭을 더욱 넓혀가고 있음에 비추어 이용자가 스스로 프로그램에 포함된 정보를 파악할 수 있어야 할 것이며, 그 수단적 장치의 하나로서 프로그램의 코드에 대한 역분석의 중요성이 더욱 강조되고 있다. 이와 같은 역분석은 프로그램 개발에서 반드시 필요한 과정으로서 산업계에서도 이를 못하게 하는 것은 상상할 수 없다고 보고 있다.[36]

프로그램코드의 역분석도 프로그램의 해법, 기타 특정의 요소를 분석하고 연구하기 위해서 필수적이긴 하지만 그 과정에서 프로그램의 복제가 수반되거나 프로그램의 소스코드를 추출해 낼 수가 있어 이는 저작권 침해의 문제로 연결될 수 있다.

이와 같은 입법적 상황을 반영하여 우리 「저작권법」에서는 프로그램에 대한 저작재산권 행사 제한의 하나로 프로그램의 코드에 역분석을 허용하고 있다. 즉, "정당한 권한에 의하여 프로그램을 이용하는 자 또는 그의 허락을 받은 자는 호환에 필요한 정보를 쉽게 얻을 수 없고 그 획득이 불가피한 경우에는 해당 프로그램의 호환에 필요한 부분에 한하여 프로그램의 저작재산권자의 허락을 받지 아니하고 프로그램코드 역분석을 할 수 있다"(제101조의4 제1항).

여기서 말하는 프로그램코드의 역분석이란 독립적으로 창작된 프로그램과 다른 프로그램과의 호환에 필요한 정보를 얻기 위하여 프로그램코드를 복제 또는 변환하는 것을 말한다(제2조 제34호).[37] 그리고 프로그램코드를 복제 또는 변환한다는 말은 일반인이 가독할 수 없는 목적코드 형태의 프로그램을 일반인이 가독할 수 있는

---

36 한국저작권위원회, 앞의 연구서(I), 444쪽.

37 프로그램코드의 역분석을 'Reverse Engineering'이라고도 한다. 이와 같은 리버스 엔지니어링은 기존 제품에 포함된 정보를 습득하기 위한 수단으로 이루어지며, 주로 컴퓨터프로그램저작물의 개선, 오류의 수정, 상호 운용성의 확보 그리고 기술연구 등을 위하여 그 필요성이 인정된다(강기봉, 「저작권법상 프로그램코드 역분석 규정에 관한 법정책적 연구」, 계간 《저작권》(2017 여름호), 한국저작권위원회, 8쪽).

원시코드 형태로 복제 또는 변환하는 것을 말한다. 또한 호환이라 함은 하드웨어와 소프트웨어의 상호 연결성을 포함하는 개념으로서, 일반적으로는 정보를 교환하고 서로 교환된 정보를 사용할 수 있는 능력으로 정의할 수 있다.

2. 역분석의 주체와 범위 등

정당한 권한에 의하여 컴퓨터프로그램저작물을 이용하는 자 등은 호환에 필요한 경우 역분석을 할 수 있으며, 이때 저작재산권자의 허락 없이도 가능하다.

프로그램코드 역분석의 주체는 「저작권법」 제101조의4 제1항에서 명시하고 있는 바와 같이 정당한 권한에 의하여 프로그램을 이용하는 자 또는 그의 허락을 받은 자에 한정되며, 따라서 해커와 같이 불법적으로 컴퓨터프로그램을 소지한 자는 역분석을 할 수 없다. 그리고 역분석이 허용되는 경우로서는 호환에 필요한 정보를 쉽게 얻을 수 없거나 그 획득이 불가피한 경우이어야 하며, 역분석의 범위는 호환에 필요한 부분에 한정하여 이루어져야 한다. 따라서 사용자 매뉴얼 등을 통하여 호환에 필요한 정보를 충분히 획득할 수 있는 경우[38]에는 역분석이 허용되지 않는다.

3. 역분석으로 얻은 정보의 이용 제한

컴퓨터프로그램저작물코드의 역분석을 통하여 얻은 정보는 앞에서 본 바와 같이 호환에 필요한 부분에 한하여 이용하여야 하며 이를 다음의 용도, 즉 i) 호환목적 외의 다른 목적을 위하여 이용하거나 제3자에게 제공하는 경우, ii) 프로그램코드의 역분석의 대상이 되는 프로그램과 표현이 실질적으로 유사한 프로그램을 개발·제작·판매하거나 그 밖에 프로그램의 저작권을 침해하는 행위에 이용하는 경우에는 이를 이용할 수 없다(제101조의4 제2항).

---

38 프로그램매뉴얼이나 명세서 기타 프로그래머가 제공하는 호환성과 관련한 기본정보 등과 같이 일반인에게 널리 공개된 정보를 통해서 호환성 정보를 얻을 수 있다면 역분석이 가능한 상황이라고 할 수 없기 때문이다.

4. 접근통제적인 기술적 보호조치의 무력화 허용

우리 「저작권법」에서는 누구든지 접근통제적인 기술적 보호조치를 무력화하는 행위를 금지하면서 여기에는 몇 가지의 예외사유를 두고 있다. 그 가운데의 하나가 프로그램코드의 역분석인데, 정당한 권한을 가지고 프로그램을 사용하는 자가 다른 프로그램과의 호환을 위하여 필요한 범위에서 프로그램코드 역분석을 하는 경우에는 비록 그것이 접근통제적인 기술적 보호조치를 무력화하는 행위일지라도 면책이 된다는 점을 유의할 필요가 있다(제104조의2 제1항 제6호).

5. 비판

오늘날 많은 프로그래머들이 프로그램코드의 역분석을 하고 있지만, 이러한 행위가 실제로 소송에서 문제가 된 경우는 아직까지 발견된 바가 없다고 하는데, 이는 곧 이 규정이 사문화死文化되어 있음을 간접적으로 말해준다. 이 밖에도 프로그램코드의 역분석을 허용해 주고 있는 규정 그 자체의 실효성에도 의문이 제기되고 있는데, 이는 우리 「저작권법」상 저작재산권으로서 **변환권**이라는 지분권은 없으며, 따라서 역분석으로 인해 침해되는 권리가 없으므로 결국 역분석 규정은 존재의 이유가 별로 없다는 일부의 비판이 있다.[39]

Ⅲ. 프로그램의 임치

1. 의의

프로그램의 임치제도任置制度는 프로그램의 이용허락을 받은 사람이 안정적으로 프로그램을 이용할 수 있도록 하기 위하여 이용을 허락한 프로그램의 저작재산권

---

[39] 한국저작권위원회, 앞의 연구서(Ⅱ), 169~171쪽.

자가 프로그램의 원시코드[40] 및 기술정보 등을 임치[41]하여 필요시 프로그램의 이용허락을 받은 자에게 이를 제공할 수 있도록 하는 제도를 말한다.

프로그램의 경우에는 저작권의 침해가능성 때문에 이용허락 시에 원시코드를 제공하지 않는 경우가 많은데, 이때 프로그램의 저작권자가 폐업 또는 파산하거나 그밖의 자연재해 등 다른 이유로 원시코드가 멸실되면 이를 유지·보수할 수 없는 경우가 있다. 프로그램의 임치제도는 이러한 경우에 대비하여 원시코드와 기술정보등을 신뢰할 수 있는 제3의 기관에 임치해 두었다가 미리 합의한 일정한 사유에 해당하는 경우에 이를 이용권자에게 교부할 수 있도록 함으로써 이용권자가 프로그램을 안정적으로 이용할 수 있도록 하는 제도이다.[42]

이와 같은 프로그램 또는 소프트웨어의 임치제도는 프로그램의 개발자와 사용자 모두에게 편익을 줄 수 있는 제도로 평가되는데, 개발자 측면에서 보면 개발된 프로그램 또는 소프트웨어에 대한 저작권을 사용자(발주자)에게 양도하지 않음으로써 유사 소프트웨어의 개발비용을 절감하고 지속적인 연구·개발이 가능하며, 임치제도의 이용을 통한 안전장치 확보를 바탕으로 원활한 영업활동을 전개할 수 있다. 한편, 사용자 측면에서도 중소 소프트웨어개발업체의 폐업확산이 빈번한 상황에서 유지보수의 담보를 통한 사업수행의 안정성을 확보할 수 있고, 저작권을 제외한 사용권한의 이전을 통해 예산절감의 효과를 기할 수 있다.

2. 「저작권법」에서의 규정

"프로그램의 저작재산권자와 프로그램의 이용허락을 받은 자는 대통령령으로 정하는 자(이하 '수치인'이라 한다)와 서로 합의하여 프로그램의 원시정보 및 기술정보등을 수치인에게 임치할 수 있다"(제101조의7 제1항). 그리고 "프로그램의 이용허락

---

40 원시코드란 소스코드(Source Code)라고도 하는데 컴퓨터프로그램저작물의 이용자가 읽을 수 있는 프로그래밍언어로 기술한 것을 말한다. 이는 주로 실행프로그램을 만드는 과정을 입력하는 데 이용되며 이용자들 사이에 알고리즘을 주고받는 방식으로 이용되기도 한다.

41 임치(Bailment)란 당사자 일반이 상대방에 해당하는 수치인(受置人)에 대하여 금전이나 유가증권 기타 물건의 보관을 위탁하고 상대방이 이를 승낙함으로써 성립하는 계약을 말한다(「민법」 제693조).

42 임원선, 앞의 책, 171쪽.

을 받은 자는 제1항에 따른 합의에서 정한 사유가 발생한 때에 수치인[43]에게 프로그램의 원시코드 및 기술정보 등의 제공을 요구할 수 있다"(제101조의7 제2항).

프로그램의 임치제도는 프로그램의 저작재산권자와 프로그램의 이용허락을 받은 자 그리고 한국저작권위원회 간의 계약을 통해 현실적으로 운영되고 있는데, 이는 i) 프로그램의 이용허락을 받은 자가 단일한 경우로서 프로그램저작재산권자, 프로그램 이용허락을 받은 자 그리고 한국저작권위원회 삼자 간의 합의로 체결되는 삼자 간 임치계약과, ii) 프로그램의 이용허락을 받은 자가 다수인 경우로서 프로그램저작재산권자와 한국저작권위원회가 임치계약을 체결한 이후에 다수의 사용권자를 등록할 수 있는 다자 임치계약으로 구분될 수 있다.

3. 평가와 전망

국내 소프트웨어 임치제도는 개발업체의 영업비밀과 핵심기술을 보호하고, 사용기업의 원활한 사용을 보장한다는 긍정적 측면이 부각되어 그 이용실적이 꾸준히 증가하고 있다.[44] 그뿐만 아니라 소프트웨어와 관련한 정부의 고시와 지침, 표준계약서 등에 소프트웨어 임치제도의 이용을 적극적으로 권장하여 국내 소프트웨어산업의 안정적 성장을 도모하고 있다. 임치계약은 보통 1년 단위로 체결되며 계약을 체결할 때 다년의 기간을 설정하여 체결할 수도 있는데[45], 특히 최근에는 조달청 협상에 의한 계약제안서 평가 세부기준이 개정됨에 따라[46] 소프트웨어 임치제도의 이용은 꾸준히 늘어날 것으로 전망된다.

---

43 「저작권법 시행령」 제39조의2에 따라 한국저작권위원회가 수치인이 된다.
44 「저작권법」 제101조의7과 「저작권법 시행령」 제39조의2의 규정에 따라 한국저작권위원회에서는 소프트웨어임치사업을 추진 중에 있다. 참고로 2009년부터 2017년까지 한국저작권위원회가 체결한 임치계약은 총 4,055건에 달하고 있는 것으로 파악되고 있다(문화체육관광부, 앞의 백서, 196쪽).
45 문화체육관광부, 앞의 백서, 171쪽.
46 조달청 협상에 의한 계약제안서 평가 세부기준에 따르면 정부와 공공기관의 정보화 사업에 참가하고자 하는 업체가 임치를 하거나 임치를 확약하는 경우 3점 이내의 가산점을 부여할 수 있도록 하고 있다.

제3절
데이터베이스제작자의 보호

I. 데이터베이스제작자의 보호에 관한 일반적 고찰

1. 데이터베이스제작자의 권리보호 필요성

오늘날 데이터베이스는 축적된 지식정보를 일반 대중이 손쉽게 널리 이용할 수 있게 하여 문화의 향상·발전에 큰 기여를 하고 있으며, 현대사회에서는 더욱 다양한 형태의 데이터베이스가 등장하고 있고 그 활용의 중요성은 앞으로도 지속될 것이다. 주로 온라인디지털콘텐츠 형태로 구성되어 있는 데이터베이스는 그 제작에 엄청난 노력과 비용·시간이 소요되는 특징을 지니며, 이에 따라 어떠한 형태로든지 데이터베이스제작자를 보호할 필요성이 대두된다.[47]

2. 데이터베이스제작자의 권리보호를 위한 입법형식

데이터베이스제작자의 권리보호의 형태는 각국의 입법정책에 따라 달라질 수 있는데 우리나라는 데이터베이스를 저작권이나 저작인접권에 의한 보호가 아니라 독자적인 보호방식을 취하고 있다. 이를 구체적으로 살펴보면, 먼저 「저작권법」에서 데이터베이스의 특성에 기인한 여러 가지 권리행사의 특례를 규정하고 있다. 데이터베이스에는 창작성이 없음에도 불구하고 이를 제작한 데이터베이스제작자의 권리를 저작권과 유사한 배타적 권리로 인정하여 법 제4장 데이터베이스제작자의 보

---

47 데이터베이스의 보호에 관한 국제적인 논의는 1980년대 중반부터 있어 왔으며, 그 당시에 미국 판례에서는 창작성이 있는 데이터베이스는 편집저작물로 보호할 수 있다는 법리를 형성한 바 있다. 이후 1994년과 1996년에 각각 체결된 「TRIPs 협정」과 「세계지식재산기구 저작권조약」에서도 창작성 있는 데이터베이스는 편집저작물의 일환으로 보호하는 규정을 두고 있다. 한편 유럽의 대부분 국가와 우리는 창작성을 기반으로 한 전통적인 저작권적 보호방법이 아니라 데이터베이스제작자의 투자보호를 보장하기 위한 차원에서 데이터베이스를 「저작권법」에서 보호하는 규정을 마련하여 오늘에 이르고 있다.

호에서 규정하고 있는 것이다. 창작성이 없는 데이터베이스를 법에서 보호할 필요가 있는가에 대해서는 논란의 소지가 있을 수 있으나, 대부분의 경우에 있어서는 온라인디지털콘텐츠 형태로 제작되는 데이터베이스는 새롭게 제작될 문화콘텐츠의 소재로 활용될 뿐만 아니라, 제작된 문화콘텐츠의 활용에도 크게 기여하고 있기 때문에 데이터베이스의 보호를 위한 규정을 별도로 마련하는 것은 충분히 그 입법적 이유가 있는 것으로 이해된다.

II. 데이터베이스와 데이터베이스제작자

1. 데이터베이스

(1) 데이터베이스의 의의

"데이터베이스는 소재를 체계적으로 배열 또는 구성한 **편집물**로서 개별적으로 그 소재에 접근하거나 그 소재를 검색할 수 있도록 한 것을 말한다"(「저작권법」 제2조 제19호). 데이터베이스는 이와 같이 소재에의 접근기능과 그 소재의 검색기능이라는 2대 기능을 수행하는데, 이때 소재에 접근하거나 검색하는 방법이 반드시 정보처리장치를 이용하여야 하는 것은 아니며, 따라서 오프라인 형태의 백과사전이나 전화번호부 등도 데이터베이스의 범주에 분명히 포함된다. 그런데 데이터베이스는 기본적으로는 편집물에 해당하며 그 자체로서는 창작성이 요구되지 않으므로 저작물로 인정받을 수도 없음을 유의하여야 한다. 요컨대, 법에서 보호를 받는 데이터베이스는 창작성을 갖출 것까지 요구하지는 않지만 적어도 소재를 체계적으로 배열 또는 구성한 것이어야 하는데, 그 이유는 데이터베이스가 자료검색의 편리를 위하여 이 정도의 요건은 반드시 필요하기 때문이다.

이와 같은 데이터베이스 가운데 그 소재의 선택 또는 배열 구성에 창작성이 있는 것은 편집저작물로서, 이는 당연히 법의 보호대상이 된다. 따라서 이 경우에는 저작권보호와 함께 데이터베이스제작자에 대해 중첩적으로 보호받을 수 있다.

(2) 데이터베이스에 대한 「저작권법」에서의 보호범위

그런데 이와 같이 정의되는 데이터베이스 모두가 법에 따라 보호되는 것이 아니고 다음과 같은 두 가지 유형의 데이터베이스는 법 제4장에 따른 규정을 적용하지 아니한다. 첫째, 데이터베이스의 제작·갱신 등 또는 운영에 이용되는 컴퓨터프로그램은 법 제4장에 따른 보호를 받지 아니한다(제92조 제1호). 이 규정의 경우는 데이터베이스보다는 오히려 컴퓨터프로그램저작물로서 보호될 필요성이 있기에 이중의 보호를 피하기 위하여 법 제4장의 적용범위에서 제외시킨 것이다. 둘째, 무선 또는 유선통신을 기술적으로 가능하게 하기 위하여 제작되거나 갱신 등이 되는 데이터베이스 역시 법 제4장에 따른 보호를 받지 아니한다(제92조 제2호). 이들은 주로 인터넷 등으로 데이터베이스를 이용하는 경우에 도메인 네임Domain Name의 등록부나 인터넷 주소록 등과 같이 무선 또는 유선통신을 가능하게 하는 데 필요한 정보들로 구성된 데이터베이스로서, 이들에 대해서도 법 제4장에 따른 각종의 보호가 부여된다면 인터넷망의 네트워크나 운영 자체가 위협을 받게 될 것이기 때문이다.

2. 데이터베이스제작자

(1) 데이터베이스제작자의 의의

"데이터베이스제작자는 데이터베이스의 제작 또는 그 소재의 갱신·검증 또는 보충(이하 '갱신 등'이라 한다)에 인적 또는 물적으로 상당한 투자를 한 자를 말한다"(「저작권법」 제2조 제20호). 이를 좀 더 구체적으로 살펴보면 첫째, 데이터베이스제작자는 최초로 데이터베이스를 제작한 자뿐만 아니라 기존의 데이터베이스를 갱신·검증 또는 보충하는 과정에 참여한 자도 포함된다.[48] 둘째, 데이터베이스제작자는 데이터베이스의 제작과 갱신 등에 직접 노력한 사람이 아니라 인적 또는 물적으로 상당한 투자를 한 자를 말한다.[49] 다시 말해 데이터베이스제작자는 투자자이지 기획책임자가 아니다. 셋째, 데이터베이스제작자는 전자적 형태의 데이터베

---

48 이 점에서 음반제작자와는 차이가 있다. '음반제작자'는 음반을 '최초'로 제작하는 데 있어 전체적으로 기획하고 책임을 지는 자를 말한다(제2조 제6호).

49 이 점에서 영상제작자의 개념과는 차이가 있다. '영상제작자'는 영상저작물의 제작에 있어서 전체를 기획하고 책임을 지는 자를 말한다(제2조 제14호).

이스를 제작하는 자에만 한정되지 않는다. 이 점에서 온라인디지털콘텐츠제작자와는 다르다.

(2) 「저작권법」에 따라 보호받는 데이터베이스제작자

데이터베이스제작자라고 하여 모두가 다 법에 의한 보호를 받을 수 있는 것이 아니고 다음의 어느 하나에 해당하는 자, 즉 i) 대한민국 국민[50], ii) 데이터베이스의 보호와 관련하여 대한민국이 가입 또는 체결한 조약[51]에 따라 보호되는 외국인만이 법에 따른 보호를 받는다(제91조 제1항). 그런데 법 제91조 제1항에 따라 보호되는 외국인의 데이터베이스라도 상호주의에 의해 그 보호가 제한될 수 있도록 규정하고 있다. 즉, "제1항의 규정에 따라 보호되는 외국인의 데이터베이스라도 그 외국에서 대한민국 국민의 데이터베이스를 보호하지 아니하는 경우에는 그에 상응하게 조약 및 이 법에 따른 보호를 제한할 수 있다"(제91조 제2항). 이와 같이 데이터베이스제작자의 보호에 대해서는 국제법상 원칙의 하나인 **내국민 대우의 원칙**이 아직까지 확립되어 있지 않고, 이 원칙보다 보호의 수준이 낮은 **상호주의의 원칙**이 적용되고 있음을 유의할 필요가 있다.

III. 데이터베이스제작자의 권리

1. 데이터베이스제작자의 권리의 법적 성격

「저작권법」에 따르면 데이터베이스제작자는 그의 데이터베이스의 전부 또는 상당한 부분을 복제, 배포, 방송 또는 전송할 배타적 권리를 가진다(제93조 제1항). 그런데 이미 살펴본 바와 같이 데이터베이스는 기본적으로 편집물로서 소재를 체계적으로 배열 또는 구성한 것에 불과하여 저작물은 아니기 때문에 데이터베이스제

---

50 여기서는 국적이 연결점(NEXUS)이므로 대한민국에 상시 거주하는 외국인이라도 법적 보호를 받을 수 없다.
51 현재 유럽연합 국가를 중심으로 데이터베이스에 관한 국제적 보호가 부여되고 있으나 아직 데이터베이스의 보호에 관한 일반적인 국제조약을 마련하지 못하고 있는 실정이다. 우리나라가 외국과 체결한 조약도 아직까지는 없으며, 따라서 현재로서는 우리나라에서 외국인의 데이터베이스는 보호받지 못하고 있다.

작자의 권리는 저작재산권의 하나로 보기에는 무리가 있다. 반면에, 데이터베이스의 제작에는 많은 자본이 투하되고 질 좋은 편집물을 소비자에게 전달하는 데 크게 기여하고 있는 것도 사실이므로 데이터베이스제작자의 권리는 음반제작자나 방송사업자의 권리와 유사한 저작인접권의 성격도 일정부분 지니고 있다고 볼 수 있다.

현행 법에서는 데이터베이스 및 데이터베이스제작자의 권리와 관련하여 데이터베이스제작자의 권리제한(제94조), 데이터베이스제작자의 권리의 양도·행사 등(제96조), 데이터베이스 이용의 법정허락(제97조), 데이터베이스제작자의 권리의 등록(제98조) 등을 광범위하게 규정하면서 그 형식에 있어서는 저작재산권과 관련한 규정을 준용하는 방식을 택하고 있다. 이와 같은 입법 태도로 볼 때 데이터베이스제작자의 권리는 저작재산권이 아님을 명시적으로 밝히고 있으며, 데이터베이스제작자의 권리가 저작인접권과 대단히 유사한 성격을 가지는 배타적 성격의 물권이라는 것도 동시에 천명하고 있는 것으로 이해된다. 이렇게 볼 때 데이터베이스제작자가 가지는 권리는 저작재산권으로서의 성격과 저작인접권으로서의 성격을 복합적으로 지니고 있는 **특수한 유형의 복합적 권리**로서 이해된다.

2. 데이터베이스제작자가 행사할 수 있는 구체적인 권리

우리 「저작권법」에서는 데이터베이스의 이용형태가 저작물의 그것과 뚜렷이 구별이 될 만큼 차이를 보이지 않는다는 점에 주목하여 그 전형적인 이용행위인 복제, 배포, 방송 그리고 전송행위에 각각 배타적 권리를 부여하고 있다. 즉, "데이터베이스제작자는 그의 데이터베이스의 전부 또는 상당한 부분을 복제·배포·방송 또는 전송[52](이하 '복제 등'이라 한다)할 권리를 가진다"(제93조 제1항). 따라서 데이터베이스에 대하여서는 저작재산권자와는 달리 공중송신권과 같은 높은 수준의 권리는 부여하고 있지 않으며, 제3자가 공연의 방법으로 데이터베이스를 이용하더라도 그에 대한 통제권을 행사할 수 있는 권리 역시 존재하지 않는다.

---

[52] 현행 법에서는 데이터베이스도 공중송신의 대상에 포함시키고 있는데 "'공중송신'은 저작물·실연·음반·방송 또는 데이터베이스(이하 '저작물 등'이라 한다)를 공중이 수신하거나 접근하게 할 목적으로 무선 또는 유선통신의 방법에 의하여 송신하거나 이용에 제공하는 것을 말한다"(제2조 제7호)라고 규정하고 있다. 따라서 법 제93조에서 데이터베이스제작자가 공중송신의 하위개념인 '방송' 또는 '전송'을 할 권리를 부여하여도 입법형식상 아무런 문제가 없다고 하겠다.

데이터베이스제작자가 가지는 권리 중 복제 또는 배포할 수 있는 권리는 데이터베이스의 전부 또는 상당한 부분을 유형물로 복제하여 거래에 제공하는 것이며, 방송 또는 전송을 할 수 있는 권리는 데이터베이스의 전부 또는 상당한 부분을 무형적으로 무선 또는 유선 통신의 방법에 의하여 송신하거나 또는 다른 사람이 개별적으로 선택할 시간과 장소에서 접근할 수 있도록 이용에 제공하는 것이다. 이와 같이 데이터베이스제작자가 가지는 권리의 범위에 복제·배포·방송 또는 전송의 권리가 포함되어 있음은 앞에서 논의한 바 있는 영상제작자의 영상저작물 이용권의 범위와 대단히 유사함을 발견할 수 있다.[53]

　　이때 데이터베이스의 개별 소재는 해당 데이터베이스의 상당한 부분으로 간주되지 아니한다. 그 개별 소재 중에서 사실에 불과한 것은 그것이 질적으로 상당한 부분에 해당한다 하더라도 이를 보호하는 것은 정보의 자유로운 흐름을 저해하여 학문의 발전이나 사회경제의 진보에 장애요인으로 작용할 수도 있으므로 적극적으로 보호에서 배제할 필요가 있기 때문이다.[54] 다만, 데이터베이스의 개별 소재 또는 그 상당한 부분에 이르지 못하는 부분의 복제 등이라 하더라도 반복적이거나 특정한 목적을 위하여 체계적으로 함으로써 해당 데이터베이스의 통상적인 이용과 충돌하거나 데이터베이스제작자의 이익을 부당하게 해치는 경우에는 해당 데이터베이스의 상당한 부분의 복제 등으로 본다(제93조 제2항). 따라서 제3자가 데이터베이스를 구성하는 개별 소재 자체를 데이터베이스저작자의 허락 없이 복제 등을 하는 것은 데이터베이스제작자의 복제권 등을 침해하는 것은 아니나, 그 개별 소재 등을 반복적 또는 특정한 목적하에 체계적으로 복제 등을 할 때에는 결과적으로 데이터베이스의 상당한 부분에 대해 복제 등을 하는 것과 같은 결과를 가져온다면 이 경우에는 데이터베이스제작자의 권리를 침해한 것으로 본다. 결국 저작자와는 달리 데이터베이스제작자의 복제권은 다른 사람이 데이터베이스를 모방하여 유사한 데이터베이스를 제작하는 데에는 미치지 아니하고(이는 저작물과는 달리 데이터베이스에 있어서는 모방을 허용한다는 말과 같다), 다만 자신의 데이터베이스의 전부 또는 상당한 부분을 이용하는 경우에만 권리가 미칠 뿐이다.

53　영상제작자의 영상물 이용권의 범위에는 영상저작물을 복제, 배포, 공개상영, 방송, 전송 그 밖의 방법으로 이용할 권리 등이 포함된다(제101조 제1항 참조).
54　문화체육관광부, 「저작권법 개정안 설명자료」(2002), 12쪽.

법 제93조 제2항에서는 상당한 부분의 복제로 간주하는 기준으로 i) 해당 데이터베이스의 통상적인 이용과 충돌하거나 ii) 데이터베이스제작자의 이익을 부당하게 해치는 경우를 제시하고 있는데, 이는 법 제35조의5 규정에 따른 저작물의 공정한 이용을 위한 기준으로 제시된 3단계 테스트 중 두 번째와 세 번째 기준과 그 의미와 내용에 있어서 유사한 것으로 이해된다. 법 제93조 제2항에서 규정하고 있는 해당 데이터베이스의 통상적인 이용과 충돌하는 경우는 이용자가 데이터베이스를 복제 등의 방법으로 추출하여 제작한 상품을 출시하고 그 상품이 시장에서 불공정하게 경쟁하는 상황과 같이 해당 데이터베이스의 이용이 일반적으로 유통되고 있는 시장에서의 이용질서와 충돌하는 것을 말하며, 데이터베이스제작자의 이익을 부당하게 해치는 경우는 해당 데이터베이스의 이용행위가 데이터베이스제작자가 기대하는 경제적인 이익을 부당하게 침해하는 것을 말한다.

3. 구성부분이 되는 소재의 저작권 등 보장

「저작권법」제4장 데이터베이스 제작자의 보호에 따른 보호는 i) 데이터베이스의 구성부분이 되는 소재의 저작권 그 밖에 이 법에 따라 보호되는 권리에 영향을 미치지 아니하며(제93조 제3항), ii) 데이터베이스의 구성부분이 되는 소재 그 자체에도 미치지 아니한다(제93조 제4항). 이는 데이터베이스가 소재를 체계적으로 배열 또는 구성한 **편집물**에 해당하기 때문이며, 따라서 당연히 소재의 저작권이나 소재 그 자체에는 영향을 미쳐서는 아니 됨을 주의적으로 규정한 것이다.[55]

4. 데이터베이스제작자의 권리를 침해한 경우의 효과

먼저, 데이터베이스제작자의 권리를 침해한 데 대한 민사적 제재로서는 저작권 등의 권리침해에 대한 민사적 구제를 규정하고 있는 법 제9장 권리의 침해에 대한 구제에 관한 규정이 원칙적으로 적용되며, 침해의 정지 등 청구와 손해배상의 청구 등이 있다. 그리고 법 제93조에 따라 보호되는 데이터베이스제작자의 권리를 복

---

55 이와 같은 입법태도는 2차적·응용저작물에 해당하는 2차적저작물과 편집저작물에서도 똑같이 발견된다(제5조 제2항 및 제6조 제2항 참조).

제·배포·방송 또는 전송의 방법으로 침해한 자는 3년 이하의 징역 또는 3천만 원 이하의 벌금에 처하거나 이를 병과할 수 있다(제136조 제2항 제3호).

한편, 영리를 목적으로 또는 상습적으로 데이터베이스제작자의 권리를 침해한 행위는 비친고죄로서 검사는 고소가 없어도 공소를 제기할 수 있다(제140조). 또한 데이터베이스제작자의 권리를 침해한 자에 대하여는 필요한 경우 불법 복제물의 수거·폐기 및 삭제 등 행정적 제재가 가해질 수 있음도 물론이다(제133조 제1항).

IV. 데이터베이스제작자의 권리의 행사와 그 제한

1. 데이터베이스제작자의 권리의 행사

데이터베이스제작자의 권리는 비록 저작권은 아니지만 저작권과 유사한 배타적 성격을 가지고 있음에 착안하여 「저작권법」에서는 저작권의 양도와 행사에 관한 여러 가지 규정을 데이터베이스제작자의 권리에도 그대로 준용하도록 하고 있다. 즉, i) 권리소진에 따른 배포권의 제한에 관한 규정인 법 제20조 단서는 데이터베이스의 거래제공에, ii) 저작재산권의 양도에 관한 규정인 법 제45조 제1항은 데이터베이스제작자의 권리의 양도에, iii) 저작물의 이용허락에 관한 규정인 법 제46조는 데이터베이스의 이용허락에, iv) 저작재산권을 목적으로 하는 질권의 행사에 관한 규정인 법 제47조는 데이터베이스제작자의 권리를 목적으로 하는 질권의 행사에, v) 공동저작물의 저작재산권 행사에 관한 규정인 법 제48조는 공동데이터베이스의 데이터베이스 제작자의 권리행사에, vi) 저작재산권의 소멸에 관한 규정인 법 제49조는 데이터베이스제작자의 권리의 소멸에, vii) 배타적발행권의 설정 등에 관한 규정인 법 제57조부터 제62조까지의 규정은 데이터베이스의 배타적발행권의 설정 등에 관하여 이를 각각 준용한다(제96조).

이에 관한 구체적인 내용은 해당 부분에서 이미 상세하게 설명한 바 있으므로 그 부분을 참고하기 바란다.

2. 데이터베이스제작자의 권리행사의 제한

(1) 의의

「저작권법」은 데이터베이스의 속성을 염두에 두고 권리행사의 제한방식을 두 가지로 나누어 규정하고 있는데, 하나는 저작재산권 제한규정을 데이터베이스에 대해 준용하는 방식이고 또 다른 하나는 데이터베이스에 특수한 권리제한 규정을 별도로 두는 방식이다. 이하 구체적으로 살펴보기로 한다.

(2) 저작재산권 제한규정의 준용(일반적인 권리행사의 제한)

데이터베이스저작자의 권리도 일정한 공익적 목적을 위하여 제한될 수 있다. 개인이 가지는 권리의 제한은 **법률**에 그 근거가 있어야 할 것인바, 데이터베이스제작자의 권리행사의 제한에 대해서 규정하고 있는 법 제94조 제1항이 그 법률적 근거 규정에 해당한다.

법 제94조 제1항에서는 데이터베이스제작자가 가지는 권리의 성질에 비추어 해당 권리자의 제한이 가능한 각종의 경우를 포괄적으로 규정하고 있다. 이에 따르면 i) 제23조(재판절차 등에서의 복제), ii) 제28조(공표된 저작물의 인용), iii) 제29조(영리를 목적으로 하지 아니하는 공연·방송), iv) 제30조(사적이용을 위한 복제), v) 제31조(도서관 등에서의 복제 등), vi) 제32조(시험문제로서의 복제), vii) 제33조(시각장애인 등을 위한 복제 등), viii) 제33조의2(청각장애인 등을 위한 복제 등), ix) 제34조(방송사업자의 일시적 녹음·녹화), x) 제35조의2(저작물 이용과정에서의 일시적 복제), xi) 제35조의4(문화시설에 의한 복제 등), xii) 제35조의5(저작물의 공정한 이용), xiii) 제36조(번역 등에 의한 이용), 그리고 xiv) 제37조(출처의 명시)의 규정은 데이터베이스제작자의 권리의 목적이 되는 데이터베이스의 이용에 관하여 준용한다.

따라서 이들 경우에 있어서는 데이터베이스 제작자가 가지는 권리는 제한되는데, 구체적인 내용은 생략하기로 한다.

(3) 데이터베이스의 공정한 이용

데이터베이스도 공공의 목적을 위하여 필요한 경우에는 그 행사에 제한이 가해질 수 있음은 물론이다. 이에 우리 법에서는 공익적 성격이 아주 큰 특정 분야에서 데이터베이스의 공정한 이용을 위한 근거규정을 마련하고 있는데, 법 제94조 제2항에서의 "교육·학술 또는 연구를 위하여 이용하는 경우(다만, 영리를 목적으로 하는 경우에는 그러하지 아니하다)와 시사보도를 위하여 이용하는 경우에는 누구든지 데이터베이스의 전부 또는 그 상당한 부분을 복제·배포·방송[56] 또는 전송할 수 있다. 다만, 해당 데이터베이스의 통상적인 이용과 저촉되는 경우에는 그러하지 아니하다"라는 규정이 그것이다.

법 제94조 제2항의 입법취지를 보았을 때 데이터베이스는 창작적 표현이 아니라 객관적 사실의 집합체로서 투자를 유인하기 위해 보호되는 것이므로 일반저작물에 대한 저작재산권 행사의 제한보다 더 폭넓은 권리행사의 제한이 가능하다는 것이 일반적인 견해이다. 또한 많은 데이터베이스는 교육, 학술 또는 연구목적이나 시사보도의 목적으로 이용되고 있으며, 이러한 목적은 「헌법」상 언론출판의 자유, 학문의 자유 또는 알 권리, 정보접근권 등의 측면에서 매우 긴요한 공공목적이라 할 수 있다. 따라서 이러한 입법적 상황을 고려하여 현행 「저작권법」에서는 기존의 저작재산권 행사의 제한에 관한 규정형식과는 다른 접근법이 필요하다고 보아 별도의 규정을 마련하고 있다.[57] 그리고 데이터베이스에 특수한 권리행사의 제한규정인 법 제94조 제2항에 따라 제한되는 권리는 데이터베이스제작자에게 부여된 모든 권리, 즉 복제권, 배포권, 방송권 및 전송권 등 모두가 제한될 수 있음을 유의하여야 한다. 이는 교육 등의 목적과 시사보도의 목적을 위하여 정보(데이터베이스)의 자유로운 이용을 특히 강조한 입법적 태도로 보인다.

3. 데이터베이스제작자의 권리의 등록

데이터베이스제작자의 권리 및 데이터베이스제작자 권리의 배타적발행권도 등록 또는 변경등록을 할 수 있다. 이 경우 저작권 등록 등에 관한 규정인 「저작권법」

---

56 선거방송에서 후보자의 경력·학력·지역별 분포 등에 관한 데이터베이스의 활용이 그 예이다.
57 문화체육관광부, 앞의 설명자료, 16쪽.

제53조부터 제55조까지 및 제55조의2부터 제55조의5까지의 규정을 준용하며 '저작권등록부'는 데이터베이스제작자권리등록부'로 본다(제98조).

V. 데이터베이스제작자가 가지는 권리의 보호기간

"데이터베이스제작자의 권리는 데이터베이스의 제작을 완료한 때부터 발생하며[58], 그다음 해부터 기산하여 5년간 존속한다"(『저작권법』제95조 제1항). 그런데 "데이터베이스의 갱신 등을 위하여 인적 또는 물적으로 상당한 투자가 이루어진 경우에 해당 부분에 대한 데이터베이스제작자의 권리는 그 갱신 등을 한 때부터 발생하며, 그다음 해부터 기산하여 5년간 존속한다"(제95조 제2항). 따라서 인적·물적으로 상당한 투자가 계속적으로 이루어지면 데이터베이스 제작자의 권리는 영구적으로 보호받을 수도 있다.

---

[58] 데이터베이스제작자의 권리도 저작권 또는 저작인접권과 마찬가지로 그 권리의 발생에 있어서 어떠한 절차나 형식의 이행을 요구하지 않는 이른바 '무방식주의'를 채택하고 있다.

제12장

저작물의 이용활성화를 위한 각종의 법률적 장치

제1절
법정허락제도

I. 법정허락제도에 대한 일반적 고찰

1. 의의

「저작권법」제1조에 규정되어 있는 **저작물의 공정한 이용 도모**라는 법의 이념에 부합하기 위한 제도적·법적 장치의 하나로서 등장한 것이 저작물 이용의 법정허락제도Statutory License이다. 저작물 이용의 법정허락이란 말 그대로 법에서 정한 사유가 해당하면 저작재산권자와의 협의를 거치지 아니하고도 소정의 보상금을 지급하거나 이를 공탁을 하고서 해당 저작물을 이용할 수 있도록 하는 것으로서, 이는 법률의 규정에 의해 권리자를 대신하여 허락이 의제된 것으로 보는 것이다.

"저작재산권자는 다른 사람에게 그 저작물의 이용을 허락할 수 있다"(제46조 제1항). 따라서 누구든지 저작재산권자의 허락을 받아 해당 저작물을 이용할 수 있으며, 이때 양 당사자는 이용방법과 조건 등에 관해 저작물 이용계약을 체결하여 그 범위 안에서 저작물을 이용하게 된다(제46조 제2항). 그런데 해당 저작물에 대한 저작재산권자가 누구인지 알지 못하거나 알더라도 그의 거소를 알 수 없거나, 아니면 저작재산권자와 이용에 관한 협의를 하였으나 저작재산권자의 권한의 남용 등으로 인하여 협의가 성립되지 아니한 경우 등에 있어서는 저작물을 이용할 수 없게 되는데, 이러한 상황을 방치하는 것은 사회적 비용을 증가시킬 뿐만 아니라 저작물 이용의 위축을 가져와 문화발전에도 결코 바람직하지 않을 것이다.

저작물 이용의 법정허락제도는 저작물의 이용을 보다 활성화하기 위한 장치로서, 이는 공익의 필요에 의한 저작재산권 행사의 제한원리로 작용하고 있다. 이와 같은 법정허락제도는 배타적 권리를 기본으로 하는 저작권 체계를 원칙적으로 유지하면서, 다만 실제에 있어서 저작물 이용의 활성화를 위해서 저작권의 일정부분을 채권적 보상권으로 전환하여 행사할 필요가 있다는 현실적 필요성에 부합하여

마련된 제도의 하나로 평가되기도 한다.[1]

2. 법정허락과 이용허락의 비교

법정허락제도를 좀 더 구체적으로 이해하기 위해서는 이를 저작물의 일반적인 이용형태에 해당하는 이용허락과 비교를 해보는 것이 많은 도움이 된다.

법정허락과 이용허락은 권리행사의 주체, 저작자가 행사할 수 있는 권리의 내용, 저작물 이용의 조건, 사용료 지급의 대상, 이용가능 저작물 그리고 저작물의 이용형태 등 여러 가지 면에서 비교가 되는데, 이 두 가지 유형의 저작물 이용허락제도를 개략적으로 비교해 보면 다음의 표와 같다.

법정허락과 이용허락의 비교

구분	법정허락(법률의 규정에 따른 저작물 이용의 허락)	이용허락(법률행위에 따른 저작물 이용의 허락)
근거규정	법 제50조~제52조	법 제46조
저작권자가 행사할 수 있는 권리의 내용	보상청구권	배타적 권리
저작물 이용의 조건	저작권자 허락 불필요 (사후보상금 지급의무)	저작권자 허락 필요 (허락 없이 이용불가)
사용료(보상금) 지급의 대상	보상금 수령단체	저작권자 또는 신탁관리단체
이용가능 저작물	공표된 저작물	이용허락을 받은 저작물
저작물 이용형태	복제, 배포, 공연, 방송, 전송	허락받은 범위 내
기타	저작재산권 행사의 제한으로 시간·비용 등에서 이용자에게 유리	저작재산권자로부터 허락을 얻기 위한 시간·비용 등 이용자의 노력이 필요

3. 저작인접물 등에 법정허락에 관한 규정의 준용 등

현행 「저작권법」 체계하에서는 저작물 이용의 법정허락을 후술하는 바와 같이 세 가지 경우에 한정하고 있는데, 이들 경우 모두에 있어서 문화체육관광부장관이 저

---

[1] 따라서 법정허락제도는 저작자가 가지는 배타적 권리를 해체하고 이를 보상청구권이라는 청구권적 권리로 전환시키는 효과를 가져올 수 있는 제도적 장치로 평가되기도 한다.

작재산권자를 대신하여 해당 저작물의 이용을 허락한 것으로 의제하고 있으며, 문화체육관광부장관의 승인을 거칠 것과 보상금의 지급 또는 공탁²을 조건으로 하고 있음이 특징이다.

한편, 이와 같은 저작물의 법정허락제도는 저작재산권뿐만 아니라 저작인접권과 데이터베이스제작자의 권리행사에 대한 제한원리로서도 작용하고 있는데, 이에 관해서는 법 제89조 및 제97조에서 규정하고 있다. 이를 구체적으로 살펴보면, 저작인접권 행사의 제한원리로서의 법정허락에 관하여는 법 제89조에서 "법 제50조 내지 제52조의 규정은 실연·음반 및 방송의 이용에 관하여 준용한다"라고 규정하고 있고, 데이터베이스제작자의 권리행사의 제한원리로서 법정허락에 관하여는 법 제97조에서 "법 제50조 및 제51조의 규정은 데이터베이스의 이용에 관하여 준용한다"라고 규정하고 있다.³

II. 저작재산권자 불명인 저작물의 이용을 위한 법정허락

1. 의의

「저작권법」 제50조에서는 공표된 저작물의 저작재산권자가 불명인 경우에 상당한 노력을 기울였음에도 불구하고 저작재산권자나 그의 거소를 알 수 없어 그 저작물의 이용허락을 받을 수 없는 경우에는 일정한 요건에 따라 보상금을 지급하고 공표된 저작물을 이용할 수 있도록 하고 있다. 즉, "누구든지 대통령령이 정하는 기준에 해당하는 상당한 노력을 기울였어도 공표된 저작물의 저작재산권자나 그의 거

---

2 이때 보상금의 지급 또는 공탁은 법정허락의 조건에 해당하므로 이와 같은 조건을 충족하지 않은 상태에서 저작물을 이용하면 저작권 침해에 해당한다. 이 점에서 비록 보상금을 지급하지 않고 저작물을 이용하더라도 저작권 침해에 해당될 여지가 없는 법 제25조에 따른 학교교육 목적상 필요한 교과용 도서에 게재한 저작물에 대한 보상금 및 법 제31조에 따른 도서관 등에서 디지털화된 저작물의 출력이나 전송의 경우에 있어서의 보상금과는 그 성격을 달리한다. 무엇보다도 법정허락에 있어서의 보상금은 사전적(事前的) 개념으로서 해당 저작물을 이용하기 전에 미리 지급하거나 공탁을 해야 하는 것임에 반하여 학교교육이나 도서관 등과 관련한 보상금은 사후적(事後的)인 개념으로서 해당 저작물을 사용한 후에 사용료를 정산하는 차원에서 이루어짐을 유의할 필요가 있다.

3 저작물 이용의 법정허락과 관련한 업무는 「저작권법」 제130조 및 「저작권법 시행령」 제68조 제1항 제1호의 규정에 따라 한국저작권위원회가 문화체육관광부장관으로부터 그 업무를 위탁받아 수행하고 있다.

소를 알 수 없어 그 저작물의 이용허락을 받을 수 없는 경우에는 대통령령이 정하는 바에 따라 문화체육관광부장관의 승인을 얻은 후 문화체육관광부장관이 정하는 기준에 의한 보상금을 제112조에 따른 한국저작권위원회에 지급하고 이를 이용할 수 있다"(제50조 제1항).

2. 법정허락의 대상

(1) 저작재산권자가 불명인 저작물

우선, 「저작권법」 제50조에 따른 법정허락이 성립하기 위해서는 해당 저작물에 대한 저작재산권자가 누구인지 알 수 없거나, 저작재산권자를 알 수 있더라도 그의 거소를 알 수 없어 그 저작물의 이용허락을 받을 수 없는 경우이어야 한다.[4] 즉, 저작재산권자가 불명인 저작물만이 법정허락의 대상이 될 수 있고, 저작재산권자가 명확한 경우에는 그의 허락을 받은 후에 비로소 해당 저작물을 이용할 수 있다.

(2) 공표된 저작물

다음으로 법 제50조에 따른 저작재산권자 불명인 저작물에 대한 법정허락의 이용절차는 공표된 저작물을 그 대상으로 하여야 한다. 법정허락의 요건으로서 공표된 저작물만을 그 대상으로 하고 있음은 다음에서 논의하는 법 제51조의 공표된 저작물의 방송을 위한 법정허락에서도 마찬가지다.

3. 법정허락 성립의 전제조건

(1) 상당한 노력을 기울였음에도 저작재산권자의 거소를 알 수 없을 것

현행 「저작권법」에 따르면 저작재산권자 불명인 저작물에 대한 법정허락이 성립하기 위해서는 먼저 이를 이용하고자 하는 자가 **상당한 노력**을 기울였음에도 불구하고 저작재산권자의 거소[5]를 알 수 없어 그 저작물의 이용허락을 받을 수 없는 경

---

4 일반적으로 저작재산권자 및 그 소재가 불명인 저작물을 고아저작물(Orphan Works)이라고 한다.
5 거소는 사람이 다수의 기간 계속해서 거주하는 곳으로 장소와의 관련성이 주소만큼 밀접하지 않은 곳을 말한다. 주소를 알 수 없는 자에 대하여는 거소를 주소로 본다(「민법」 제19조).

우이어야 한다. 여기에는 상당한 노력을 기울였음에도 저작재산권자를 알 수 없는 경우와 저작재산권자는 알고 있지만 현재 그가 어디에 살고 있는지, 다시 말해 그의 거소를 알지 못해 그로부터 현실적으로 이용허락을 받을 수 없는 상태에 놓여있는 상황 등이 포함된다.

법에 따르면 상당한 노력을 기울였다는 것은 다음에 제시한 기준 모두를 충족하여야 한다. i) 저작권등록부의 열람 또는 그 사본의 교부신청을 통하여 해당 저작물의 저작재산권자나 그의 거소를 조회할 것, ii) 저작권신탁권리업자 또는 저작권대리중개업자이거나, 해당 저작물에 대한 이용을 허락받은 사실이 있는 이용자 중 2명 이상에게 그의 거소를 조회하는 확정일자 있는 문서를 보냈으나 이를 알 수 없다는 회신을 받거나 문서를 발송한 날부터 1개월이 지났는데도 회신이 없을 것, iii) 저작재산권자를 찾는다는 취지와 저작재산권자나 그의 거소, 저작물의 제호 등의 사항을 다음의 어느 하나, 즉 보급지역을 전국으로 하여 등록한 일반일간신문 또는 권리자가 불명인 저작물 등의 권리자 찾기 정보시스템(이하 '권리자 찾기 정보시스템'이라 한다) 중의 어느 하나에 공고한 날로부터 10일이 지났을 것, iv) 국내의 정보통신망 정보검색도구를 이용하여 저작재산권자나 그의 거소를 검색할 것 등과 같은 네 가지의 요건을 충족하여야 한다(「저작권법 시행령」 제18조 제1항 및 「저작권법 시행규칙」 제3조).

그런데 저작재산권자 불명인 저작물이 법 제25조 제8항에 따른 보상금 분배 공고를 한 날부터 5년이 경과한 미분배未分配 보상금 관련 저작물, 그 밖에 저작재산권자나 그의 거소가 명확하지 않은 저작물에 해당하고 문화체육관광부장관이 그 저작물에 대하여 i) 저작권등록부를 통한 해당 저작물의 저작재산권자나 그의 거소의 조회와 ii) 권리자 찾기 정보시스템에 저작재산권자나 그의 거소 등을 공고한 날부터 2개월 이상이 지났을 것 등의 모든 노력을 한 경우에는 「저작권법 시행령」 제18조 제1항 각 호의 상당한 노력의 모든 요건을 충족한 것으로 본다(「저작권법 시행령」 제18조 제2항).

현행 법에서는 이와 같이 상당한 노력의 행위주체를 법정허락의 신청인뿐만 아니라 국가기관인 문화체육관광부장관도 포함시키고 있는데, 법정허락의 요건을 더욱 간소화하고 이 제도를 보다 편의적으로 이용하기 위한 입법적 조치로 해석된다.

(2) 상당한 노력의 절차 생략

동일한 저작물을 이용하고자 하는 나중의 이용자에게도 앞에서 살펴본 상당한 노력의 절차를 반복하여 거치도록 하면 저작물의 이용활성화라는 보다 큰 가치는 손상되고, 시간과 노력 등 사회적 비용도 그만큼 커질 것이다. 이에 이미 법정허락이 된 저작물을 이용하고자 할 때에는 이와 같은 상당한 노력의 절차를 생략하여 나중의 이용자가 신속히 법정허락의 혜택을 받을 수 있게 할 필요가 있다.

이와 같은 입법취지를 반영하여 법 제50조 제3항에 "제1항의 규정에 따라 법정허락된 저작물이 다시 법정허락의 대상이 되는 때에는 제1항의 규정에 따른 대통령령으로 정하는 기준에 해당하는 상당한 노력의 절차를 생략할 수 있다. 다만, 그 저작물에 대한 법정허락의 승인 이전에 저작재산권자가 대통령령으로 정하는 절차에 따라 이의를 제기하는 때에는 그러하지 아니하다"라고 규정하고 있다.

4. 법정허락의 절차

(1) 의의

법정허락의 요건이 충족되면 저작재산권자 불명인 저작물을 이용하고자 하는 자는 문화체육관광부장관의 승인을 얻은 후 보상금을 한국저작권위원회에 지급하고, 문화체육관광부장관이 법정허락 내용을 정보통신망에 게시하는 등의 절차를 거쳐 해당 저작물을 이용하게 된다. 이때 문화체육관광부장관의 승인을 얻지 아니하거나 또는 보상금을 지급하지 아니하고 해당 저작물을 이용하면 저작권의 침해가 됨을 유의하여야 한다. 즉, 문화체육관광부장관의 승인과 보상금의 지급이라는 두 가지의 조건 모두를 충족할 때 비로소 저작권의 침해에 해당하지 않고 합법적으로 해당 저작물을 이용할 수 있다.[6]

(2) 문화체육관광부장관의 승인

먼저, 법 제50조의 규정에 따라 저작물 이용에 관한 승인을 받으려는 자는 저작

---

6 공표된 저작물의 방송(제51조)과 상업용 음반의 제작(제52조)에 있어서도 문화체육관광부장관의 승인을 얻은 후에 보상금을 지급하거나 공탁과정을 거치고서 방송과 음반제작을 할 수 있는데, 이 경우에서의 문화체육관광부장관의 승인절차도 여기서 논의하고 있는 것이 그대로 적용된다(「저작권법 시행령」 제19조 참조).

물 이용 승인신청서에 이용 승인신청명세서 등의 서류를 첨부하여 문화체육관광부장관에게 제출하여야 한다(「저작권법 시행령」 제19조). 그리고 문화체육관광부장관은 승인신청을 받으면 10일간 신청내용을 권리자 찾기 정보시스템에 공고하여야 한다(제20조 제1항). 문화체육관광부장관이 승인을 하는 경우에는 그 내용을 신청인과 해당 저작재산권자에게 알려야 하며, 이 경우 저작재산권자나 그의 거소를 알 수 없는 경우에는 권리자 찾기 정보시스템에 공고하여야 한다(제21조 제1항).

(3) 보상금의 지급

다음으로 공표된 저작물의 저작재산권자나 그의 거소를 알 수 없어 그 저작물의 이용허락을 받을 수 없는 경우에는 문화체육관광부장관이 정하는 기준에 의한 보상금을 한국저작권위원회에 지급하고 이를 이용할 수 있다(「저작권법」 제50조 제1항).

(4) 법정허락내용을 정보통신망에 게시

위에서 언급한 일련의 절차를 거치고서 비로소 저작물을 이용할 수 있는데, 이때 저작물을 이용하는 자는 그 뜻과 승인연월일을 표시하여야 한다(제50조 제2항). 그리고 문화체육관광부장관은 법정허락의 내용을 문화체육관광부의 인터넷 홈페이지와 권리자 찾기 정보시스템에 1개월 이상 게시하여야 한다(「저작권법」 제50조 제4항 및 「저작권법 시행령」 제21조).

(5) 보상금을 받을 권리의 행사 등

저작재산권자 불명인 저작물의 이용에 따른 보상을 받을 권리는 법 제112조에 따른 한국저작권위원회를 통하여 행사되어야 한다(제50조 제5항). 그리고 한국저작권위원회는 보상금을 지급받은 날부터 10년이 경과한 미분배 보상금에 대하여 문화체육관광부장관의 승인을 얻어 법 제25조 제8항 각 호의 어느 하나에 해당하는 목적을 위하여 사용할 수 있다(제50조 제6항).

Ⅲ. 공표된 저작물의 방송을 위한 법정허락

1. 의의

방송은 공익적 기능을 수행하고 있으며 이 과정에서 공표된 저작물을 이용하는 경우가 대단히 많을 수 있다. 그런데 이 과정에서 저작재산권자의 협의가 원활히 진행되지 않은 경우 과연 방송을 중단 또는 포기하여야 하는지가 문제가 된다. 「저작권법」 제51조는 저작물 이용의 법정허락의 하나로서, 공표된 저작물을 방송하고자 하는 경우 일정한 요건의 충족을 조건으로 방송을 할 수 있도록 다음과 같이 규정하고 있다. "공표된 저작물을 공익상 필요에 의하여 방송하고자 하는 방송사업자가 그 저작재산권자와 협의하였으나 협의가 성립되지 아니하는 경우에는 대통령령이 정하는 바에 따라 문화체육관광부장관의 승인을 얻은 후 문화체육관광부장관이 정하는 기준에 의한 보상금을 해당 저작재산권자에게 지급하거나 공탁하고 이를 방송할 수 있다."

법정허락에 의하여 방송을 할 수 있는 저작물도 공표된 저작물을 대상으로 하고 있으며, 이 역시 저작재산권자의 권리행사를 제한하는 측면이 있다. 이와 같이 법 제51조에 따른 공표된 저작물의 방송을 위한 법정허락 요건으로는 먼저 공표된 저작물을 방송사업자가 저작재산권자와 협의를 하였으나 그 협의가 성립되지 아니한 경우이어야 한다.

2. 법정허락의 절차

「저작권법」 제51조에 따른 공표된 저작물의 방송을 위한 법정허락의 절차 등은 앞에서 살펴본 법 제50조의 규정에 따른 저작재산권자 불명인 저작물의 법정허락에서와 비슷하다. 다만, 법 제51조에 따른 공표된 저작물의 방송에 있어서는 문화체육관광부장관이 승인신청을 받은 경우에 해당 저작재산권자나 그 대리인에게 7일 이상 30일 이내의 기간을 정하여 의견을 제출할 기회를 주어야 한다(「저작권법 시행령」 제20조 참조).

IV. 상업용 음반의 제작을 위한 법정허락

1. 의의

상업용 음반을 제작하고자 하는 자는 일정한 요건의 충족을 조건으로 저작재산권자의 허락을 받지 아니하고, 법률의 규정에 따른 법정허락에 따라 기존의 녹음된 저작물을 이용할 수 있다. 즉, "상업용 음반이 우리나라에서 처음으로 판매되어 3년이 경과한 경우 그 음반에 녹음된 저작물을 녹음하여 다른 상업용 음반을 제작하고자 하는 자가 그 저작재산권자와 협의하였으나 협의가 성립되지 아니하는 때에는 대통령령이 정하는 바에 따라 문화체육관광부장관의 승인을 얻은 후 문화체육관광부장관이 정하는 기준에 의한 보상금을 당해 저작재산권자에게 지급하거나 공탁하고 다른 상업용 음반을 제작할 수 있다"(「저작권법」 제52조).

상업용 음반을 제작하는 경우에 있어서도 법정허락을 허용하고 있는 이유는 특정의 음반제작자가 작곡가나 작사자 등과의 전속계약을 통하여 장기간에 걸쳐 녹음을 할 권리를 독점하는 것을 방지하여 제3자가 더 좋은 음반을 제작하는 것을 허용함으로써 음악산업의 발전을 기하기 위함이다.

2. 법정허락의 요건

「저작권법」 제52조의 규정에 따른 상업용 음반의 제작을 위한 법정허락이 성립하기 위해서는 세 가지의 요건이 충족되어야 하는데 이를 구체적으로 살펴보면 다음과 같다. 첫째, 기존의 상업용 음반이 우리나라에서 처음으로 판매되어 3년이 경과하여야 한다. 따라서 외국에서 처음으로 판매된 음반은 아예 적용대상에서 제외된다. 외국에서 처음으로 판매된 음반을 제외하는 이유는 앞에서 살펴본 저작재산권자 불명인 저작물의 이용을 위한 법정허락에서 외국인의 저작물을 제외하는 것과 마찬가지로 보면 될 것이다. 둘째, 새롭게 상업용 음반을 제작하고자 하는 자는 기존의 음반에 녹음된 저작물을 녹음하는 방법으로 이를 이용하여야 한다. 셋째, 새로운 상업용 음반을 제작하고자 하는 자와 저작재산권자 사이에서 협의를 하였으나 협의가 성립되지 아니하여야 한다.

3. 법정허락의 절차

상업용 음반을 제작할 때의 법정허락에 관한 절차는 문화체육관광부장관의 승인과 보상금의 지급 및 공탁 등으로 이루어지는데, 이에 관해서는 앞에서 논의한 공표된 저작물을 방송할 때의 법정허락에 관한 절차를 참고하기 바란다.

V. 저작인접물 및 데이터베이스 이용을 위한 법정허락

1. 저작인접물의 이용을 위한 법정허락

현행 「저작권법」 체계에 따르면 법정허락제도는 앞에서 살펴본 바와 같이 주로 저작물의 이용에 있어서 적용이 되는데, 이 밖에도 저작인접물과 데이터베이스의 이용에 있어서도 법정허락제도가 적용될 수 있다. 다시 말해, 법 제50조 저작재산권자 불명인 저작물의 이용을 위한 법정허락에 관한 규정과 법 제51조 공표된 저작물의 방송을 위한 법정허락 그리고 법 제52조 상업용 음반의 제작을 위한 법정허락에 관한 규정은 실연·음반 및 방송의 이용에 관하여 준용한다(제89조).

2. 데이터베이스의 이용을 위한 법정허락

「저작권법」 제50조 및 제51조의 규정은 데이터베이스의 이용에 관하여 준용한다(제97조). 따라서 데이터베이스제작자가 불명인 경우나 공표된 데이터베이스를 공익상 필요에 의하여 방송하고자 하는 경우에도 법정허락이 가능하며 이에 관하여는 앞에서 설명한 법 제50조와 제51조의 규정이 그대로 준용된다.

제2절
보상금지급제도

I. 보상금지급제도에 관한 일반적 고찰

1. 의의

우리 「저작권법」은 저작권자 및 저작인접권자에게 저작권 또는 저작인접권이라는 배타적 권리를 부여함으로써 타인이 무단으로 자신의 저작물 또는 저작인접물을 이용하지 못하도록 금지시킬 수 있을 뿐만 아니라, 저작권 또는 저작인접권을 양도하거나 다른 사람에게 저작물 또는 저작인접물의 이용을 허락함으로써 재산상의 이익을 얻을 수 있도록 하는 것을 저작권제도의 핵심적인 기반으로 하고 있다.

그러나 어떤 경우에는 저작물 이용자가 저작자로부터 권리를 양도받거나 일일이 저작물 이용허락을 받을 필요가 없이 일정금액을 사전 또는 사후에 지급함으로써 해당 저작물을 이용할 수 있도록 하는 제도를 동시에 도입·운용 중에 있는데 이것이 바로 보상금제도 또는 보상금지급제도이다.

보상금지급제도란 이와 같이 저작물의 이용자가 저작재산권자의 사전허락 없이 해당 저작물을 이용하고 사전 또는 사후에 그에 상당한 대가를 지급하게 함으로써 저작물 이용자의 책임을 면책시켜 주는 제도를 말한다. 저작물 이용에 따른 보상금의 지급 또는 이를 제도화한 보상금지급제도는 역사적으로 해당 저작물 이용의 활성화라는 공익적 목표달성에 크게 기여할 경우 법에 따라 저작자의 권리를 일정부분 제한하여 이들의 허락 없이도 저작물을 이용할 수 있도록 하는 반면에 형평의 원칙에 부합하게끔 해당 저작물의 이용자는 일정한 보상금을 내야 한다는 사상에 그 기반을 두고 있다. 이때 저작자는 해당 저작물의 이용허락 여부를 결정할 권한은 없으며, 다만 이용자의 저작물 이용에 따른 보상청구권만 가지고 있을 뿐이다.

오늘날 저작권뿐만 아니라 저작인접권 분야에서도 이와 같은 보상청구권이 적용되는 영역이 지속적으로 확장되고 있음을 볼 때, 이제 저작권이나 저작인접권의 성격을 지금까지와 같이 배타적 성격의 물권적 지배권으로만 이해해서는 아니 될 것이며 채권적 성격의 보상청구권도 동시에 지니고 있는 **복합적 성격의 권리의 집합체**로 파악하는 것도 상당한 설득력이 있어 보인다.

2. 보상받을 권리(보상청구권)의 법적 성격

보상금지급제도에 따른 각종 보상받을 권리는 실제에 있어서는 **보상청구권**으로 구현되는데, 이와 같은 보상청구권은 저작권과 그 밖에 「저작권법」에 따라 보호되는 권리[7]와는 여러 가지 면에서 비교된다. 이 두 가지 유형의 권리를 구체적으로 비교해 봄으로써 보상금제도의 본질을 좀 더 깊게 규명해 볼 수가 있다.

저작권 그 밖에 법에 따라 보호되는 권리는 배타적 성격을 가지는 물권적 권리로서 이는 누구에게나 주장이 가능하나, 보상받을 권리는 채권자인 저작권자가 채무자에 해당하는 특정의 이용자에게만 청구할 수 있는 채권적 권리이다.[8] 요컨대, 법에 따른 각종 보상받을 권리는 채권적 권리 내지는 채권적 청구권으로서 이는 특정의 채무자인 저작물이나 저작인접물을 이용하는 채무자에게만 그 권리의 행사가 가능함을 유의하여야 한다.[9]

3. 보상금 지급의무 위반의 효과

이와 같은 보상금을 지급하지 아니하고 해당 저작물을 이용하는 경우에 그 법률적 효과는 어떠한가에 대한 문제가 제기될 수 있다. 이미 논의한 바 있지만 보상금의 지급의무와 보상금 지급의 청구권은 당사자 간에만 효력이 있는 채권적 성격의 권리·의무라는 점에 유의할 필요가 있다.

---

[7] 그 밖에 법에 따라 보호되는 권리에는 저작인접권, 배타적발행권, 출판권 그리고 데이터베이스제작자의 권리가 포함된다.

[8] 다만, 저작권 자체가 아니라 이 권리에 파생적으로 인정되는 '물권적 청구권'에 해당하는 침해정지의 청구와 침해예방 또는 손해배상 담보의 청구권 등도 권리를 침해하거나 침해할 우려가 있는 특정의 상대방에게만 권리행사가 가능한데 이는 물권적 청구권의 '대인적 성격'에 기인한 것이라 볼 수 있다.

[9] 보상금은 사용료와 마찬가지로 저작물 이용에 따른 금전적 대가이다. 그리고 보상금의 청구에 관한 권리 역시 사용료의 청구와 마찬가지로 채권에 해당하므로 일반 민사채권의 소멸시효기간에 따라 10년이 지나면 소멸한다(「민법」 제162조 제1항 참조).

따라서 「저작권법」에서 규정하고 있는 보상금을 지불하지 아니하고 해당 저작물을 이용하는 자는 「민법」의 일반원리에 따라 채무불이행에 따른 손해배상의 책임을 질 뿐이며, 「저작권법」에 따른 저작권 침해에 해당하거나 아니면 일반적인 불법행위에 따른 불법행위책임을 지는 것은 아니다. 보상금을 지급하지 않는다고 하여 「저작권법」 제9장에서 규정하고 있는 침해의 정지청구나 손해배상의 청구 등을 할 수 있는 것은 아니며, 제11장의 벌칙에 관한 규정도 적용을 받지 아니함을 각별히 유의하여야 한다.

II. 보상받을 권리의 행사와 관련한 몇 가지 특칙

1. 침해정지청구권 등의 행사제한

배타적 성격을 지닌 준물권에 해당하는 저작권과 그 밖에 「저작권법」에 따라 보호되는 권리가 침해되거나 침해될 우려가 있을 때에는 법 제123조에 따른 침해정지청구권 등을 행사할 수 있으나, 법에 따른 각종 보상받을 권리가 침해되거나 침해될 우려가 있을 때에는 이와 같은 권리를 행사할 수 없다.[10] 이는 법 제123조에서 규정하고 있는 침해정지청구권 등은 물권적 청구권으로서 그 기반이 되는 권리가 물권 또는 준물권이 침해되거나 침해될 우려가 있을 경우에만 가능하며 여기서 말하는 보상청구권은 순수한 물권적 청구권에 해당하기 때문이다.

2. 법원의 비밀유지명령의 적용제외

「저작권법」에 따른 각종 보상받을 권리를 침해한 자에 대한 소송을 제기함에 있어서는 법 제129조의3에 따른 법원의 비밀유지명령이 적용되지 아니한다. 법에 따른 각종 보상받을 권리는 공익상 필요에 따라 법률의 규정에 의하여 인정되고 있는

---

10 법 제123조 제1항에서도 "…(제25조·제31조·제75조·제76조·제76조의2·제82조·제83조 및 제83조의2의 규정에 따른 보상을 받을 권리를 제외한다)…"라고 규정하여 보상청구권에 대해서는 침해정지청구권 등을 행사할 수 없다는 점을 분명히 하고 있다.

제도이기 때문에 당사자가 보유한 영업비밀을 보유하고 있을지라도 이는 당연히 공개되어야 하기 때문이다.

3. 보상금 수령단체를 통한 권리의 행사

「저작권법」에 따른 각종 보상받을 권리는 **선사용**先使用-**후보상**後報償**의 원칙**하에 일 단 저작물의 이용자가 저작물을 자유롭게 이용한 후에 나중에 보상금을 저작권자에게 보상해 주는 형태로 운영되고 있는 것이 일반적이다.[11] 그런데 우리 법의 경우 보상금청구권이라는 권리를 보다 실효적이고 편의적으로 행사하게 하기 위하여 권리자가 직접 그 권리를 행사하기보다는 문화체육관광부장관이 지정한 보상금 수령단체를 통하여 권리행사가 이루어지게 하고 있다(제25조 제7항 등 참조).[12] 그런데 법에서 규정하고 있는 바와 같이 저작재산권자가 특정의 지정단체로부터 독점적으로 보상을 받도록 하는 것이 「독점규제 및 공정거래에 관한 법률」에 저촉되는 것이 아닌가 하는 의문이 들 수 있다. 그러나 해당 법 제59조에서는 "이 법의 규정은 「저작권법」, 「특허법」, 「실용신안법」, 「디자인보호법」 또는 「상표법」에 의한 권리의 정당한 행사라고 인정되는 행위에 대하여는 적용하지 아니한다"라고 규정하여 이와 같은 의문을 법적인 차원에서 해소하고 있다.

4. 미분배 보상금의 공익목적사용의 허용 등

「저작권법」에 따른 각종 보상받을 권리는 공익상 필요에 따라 법률의 근거에 의하여 부여된 공익적 성격이 가미되어 있는 권리이다. 따라서 이와 같은 공익적 성격의 권리를 행사하지 않음으로써 생기는 미분배 보상금을 일정한 용도의 공익적

---

11 다만, 법정허락에 있어서는 '선보상-후사용의 원칙'이 적용되고 있음을 유의하여야 한다.

12 이론상으로는 이와 같이 보상금 수령단체와 저작권위탁관리단체가 분리될 수 있지만 실제로는 대부분의 경우에 보상금 수령단체가 저작권위탁관리단체의 지위를 겸하고 있다. 현재로서는 '한국복제전송저작권협회(KORRA)'가 저작권신탁관리단체이자 문화체육관광부장관이 지정한 '학교교육 목적 등에의 보상금 수령단체'로서 문화체육관광부의 관리·감독을 받고 있는데, KORRA는 문화체육관광부장관으로부터 승인받은 업무규정에 따라 법 제25조 제1항에 따른 교과용 도서 보상금제도와 법 제25조 제2항에 따른 수업목적과 수업지원목적 보상금제도 및 법 제31조 제5항에 따른 도서관 보상금제도까지 총 4개의 보상금제도에 대한 보상금의 징수와 분배 및 관리업무를 수행하고 있다.

목적을 위하여 활용하는 것이 허용되며(제25조 제10항), 이 밖에도 보상금 수령단체는 그 구성원이 아닌 보상권리자로부터 신청이 있을 때에는 그 자를 위하여 그 권리행사를 거부하여서는 아니 되는 특별한 공적인 의무를 부담하는 등[13] 여러 가지 특칙이 적용되고 있다(제25조 제8항 등 참조).

5. 보상금 지급이 3단계 테스트에서 차지하는 비중

「저작권법」 제25조와 제31조에서와 같이 저작재산권 행사의 제한에 따른 보상금 지급제도는 역사적으로 공정이용Fair Use을 위한 3단계 테스트Three Step Test 가운데 마지막 기준인 **저작자의 정당한 이익을 부당하게 해치지 아니할 것**이라는 기준과 깊은 관련성을 가지고 있음을 유의할 필요가 있다. 즉, 특별하면서도 저작물의 통상적인 이용방법과 충돌하지 않아 2단계 테스트를 통과한 저작물의 이용일지라도 이것이 저작재산권자의 정당한 이익을 부당하게 침해한 경우에는 공정한 이용이 될 수 없다. 이와 같이 마지막 3단계 테스트를 통과하기 어려운 경우에 그 해결책으로 제시된 것이 곧 보상금제도인데, 이 경우 보상금을 저작자에게 지급하는 것을 조건으로 해당 저작물을 이용하면 3단계 테스트의 모든 요건은 충족되고 저작물의 이용자는 저작재산권자의 허락 없이도 자유롭게 해당 저작물을 공정하게 이용할 수가 있는 것이다.

현행 법체계에 따르면 여러 가지 저작권 제한사유 가운데서 법 제25조에 따른 교과용 도서에의 게재 등과 법 제31조에 따른 도서관 등에서의 복제 등 그리고 법 제35조의4에 따른 문화시설에 의한 복제 등에 대해서만 보상금의 지급을 요구하고 있는데, 그 이유는 이들 경우는 여타의 저작권 제한사유와는 달리 다량의 저작물 이용이 이루어져 저작권자의 이익을 심각하게 훼손할 우려가 크기 때문이다.

---

13 반면에, 저작권 기타 법에 따라 보호되는 권리는 배타적 성격을 지니는 순수한 사권(私權)에 해당하기에 저작권위탁관리단체는 미분배 보상금이 있을지라도 이는 자율적인 결정에 따라 사용할 수 있으며 공익적 목적을 위하여 사용하여야 할 의무가 없고 비회원을 위한 권리의 행사는 거부할 수 있다는 점에서 여기서 논의하고 있는 보상받을 권리와는 차이가 있다.

Ⅲ. 「저작권법」상 보상금을 지급해야 하는 경우

1. 의의

현행 법체계에 따르면 보상금지급제도가 다수 활용되고 있는데 i) 저작권 제한사유에 따른 보상금의 지급, ii) 저작인접권자를 위한 보상금의 지급, iii) 배타적발행권자(출판권자)를 위한 보상금의 지급 그리고 iv) 저작물 이용의 법정허락에 따른 보상금의 지급 등으로 크게 구분된다. 이 가운데 배타적발행권자(출판권자)를 위한 보상금의 지급문제는 저작권 제한사유에 따른 보상금의 수령주체와 연계되어 있어 추가적으로 논의할 성격이 되지 못하며[14], 법정허락에 따른 보상금의 지급도 현실적으로 볼 때 본격적인 시행과정에 있다고 할 수 없는 실정이다. 따라서 이하에서는 저작권 행사의 제한사유에 따른 보상금의 지급과 저작인접권자를 위한 보상금의 지급을 중심으로 살펴보기로 한다.

먼저, 저작권 행사의 제한에 따라 경제적 손실을 입게 되는 저작자를 위하여 인정되는 보상금의 지급에 관하여 살펴보면, 앞에서 이미 살펴본 바와 같이 법 제25조 제1항부터 제4항까지의 규정에 따른 교과용 도서에의 게재에 따른 보상금[15], 교과용 도서를 발행하는 자가 교과용 도서에 게재한 저작물을 복제 등의 방법으로 이용하는 데 따른 보상금, 수업목적 또는 수업지원목적에 따른 보상금, 법 제31조에 따른 도서관 등의 저작물 복제·전송이용에 따른 보상금 그리고 법 제35조

---

14 현행 법체계상 저작물 이용자가 도서관 등을 통하여 디지털 형태의 도서 등을 복제하는 경우에는 배타적발행권자(출판권자)에게는 보상금을 지급해야 하나, 학교교육 목적을 위하여 저작물 이용자가 공표된 저작물을 복제 또는 전송하는 경우에는 배타적발행권자(출판권자)에게 보상금을 지급하지 않아도 된다. 이와 같이 배타적발행권자(출판권자)에 대한 저작재산권 행사의 제한에 따른 보상금의 지급의무가 이원적으로 된 이유는 현실적인 사유가 있어서라기보다는 순전히 법률규정에 따른 결과이다. 배타적발행권과 출판권 행사의 제한과 관련하여 저작물의 복제 등의 제한에 관한 규정 등을 준용하면서(제62조 및 제63조의2 참조), 학교교육 목적 등에의 이용(제25조)과 관련하여서는 "…제25조 제1항부터 제3항까지…"라고 하여 보상금 지급의무에 관한 규정인 제4항부터 제9항까지의 규정을 의도적으로 배제하고 있는 반면에, 도서관 등에서의 복제 등(제31조)과 관련하여서는 이 조항이 그대로 준용되도록 규정하고 있기 때문이다. 최근에 와서는 이와 같이 학교교육 목적과 관련된 저작물의 이용에 있어서 배타적발행권자, 특히 출판권자 등이 저작권자들과 비교하여 차별대우를 받고 있다고 주장하는 등 불만이 많은 것이 사실이다. 빠른 시일 내에 관련조항의 개정이 필요해 보인다.
15 프로그램의 교과용 도서에의 게재에 대한 보상금 지급의 근거는 법 제101조의3 제3항에서 별도로 규정하고 있다.

의4에 따른 문화시설에 의한 복제 등에 따른 보상금 등이 있다.

다음으로, 저작인접권분야에서는 상업용 음반의 방송사용에 따른 방송사업자의 실연자에 대한 보상금(제75조), 실연이 녹음된 음반사용에 따른 디지털음성송신사업자의 실연자에 대한 보상금(제76조), 상업용 음반을 사용하여 공연하는 자의 실연자에 대한 보상금(제76조의2), 방송사업자의 음반제작자에 대한 보상금(제82조), 디지털음성송신사업자의 음반제작자에 대한 보상금(제83조), 상업용 음반을 사용하여 공연하는 자의 음반제작자에 대한 보상금(제83조의2) 등이 있다.

이와 같은 보상금제도의 일반적인 사항에 관해서는 법 제25조(학교교육 목적 등에의 이용) 제6항부터 제12항까지에 걸쳐서 자세히 규정하고 있으며, 도서관 등에서의 저작물 복제·전송 이용에 대한 보상금과 여타의 방송사업자의 실연자에 대한 보상금 등에 대해서는 이들 규정을 준용하도록 하고 있다(제31조 제6항, 제75조 제2항, 제76조 제2항, 제76조의2 제2항, 제82조 제2항, 제83조 제2항, 제83조의2 제2항 등 참조).

2. 저작권 행사의 제한에 따른 보상금의 지급

(1) 의의

저작권 행사의 제한규정에 따라 저작물을 이용하는 행위는 원칙적으로 자유이기 때문에 이용자는 그 대가를 지급할 필요가 없으나, 저작권이 제한됨으로써 저작권자의 경제적 이익을 부당하게 해할 가능성이 있는 경우에는 저작자와 이용자 간의 이익조정을 할 필요성이 있으며, 보상금제도는 이와 같은 이익조정을 위한 제도의 하나로 도입된 것이다. 따라서 저작권 행사의 제한에 따른 보상금제도가 존재하는 한 저작물을 이용하는 방법에는 저작물의 이용허락을 받지 않고 무상으로 이용할 수 있는 경우와, 이용허락을 받을 필요는 없으나 보상금 지급을 요하는 유상의 경우라는 두 가지 형태가 존재한다.

(2) 학교의 교육목적에 따른 보상금

교육은 공익을 실현하는 활동이며 교육의 질적 수준을 높이기 위해서는 다양한 저작물을 자유롭게 이용하는 것이 필수적이다.

일반적으로 학교의 교육목적에 따른 보상금제도라 함은 「저작권법」 제25조에 따른 학교교육 목적 등에 따른 보상금을 말하는데, 여기에는 i) 교과용 도서의 게재에 따른 보상금, ii) 교과용 도서의 이용에 따른 보상금, iii) 수업목적 보상금 그리고 iv) 수업지원목적 보상금 등 네 가지 종류의 보상금이 있다. 이 가운데 교과용 도서에 게재에 따른 보상금은 오랫동안 원활히 운용되고 있어 지금은 정착단계에 있으며, 수업목적 보상금[16]과 수업지원목적 보상금[17]은 각각 2015년과 2016년부터 본격적으로 실시하기 시작해 오늘에 이르고 있다. 그리고 교과용도서의 이용에 따른 보상금은 2020년 「저작권법」 개정시에 반영되어 현재는 시행을 위한 준비 단계에 있다. 그런데 이들 대부분의 보상금은 모두 그 수령단체를 **한국복제전송저작권협회**로 일원화하여 운영함으로써 전문성과 통일성을 기하고 있다.[18]

(3) 도서관 등의 저작물 복제·전송이용에 따른 보상금

오늘날 도서관에 보관된 도서나 자료 등은 디지털 형태로 복제·전송하는 것이 가능하게 되었으며, 이 경우 저작자가 입을 수 있는 경제적 손실을 보상하기 위하여 우리 법에서는 보상금지급제도를 도입·실시 중에 있다. 즉, i) 도서관 등은 디지털 형태의 도서 등을 복제하는 경우와 ii) 도서 등을 다른 도서관 등의 안에서 열람할 수 있도록 복제하거나 전송하는 경우에는 문화체육관광부장관이 정하여 고시하는 기준에 의한 보상금을 해당 저작재산권자에게 지급하여야 한다. 요컨대, 우리는 디지털 형태의 도서 등을 출력하거나, 도서관 간 복제·전송행위를 함에 있어서는 보상금을 지급하도록 하고 있다.

그런데 도서관 등의 저작물 복제·전송이용에 따른 보상금에 있어서 보상금 납부의 주체는 도서관을 이용하는 이용자가 아니라 도서관 등이라는 점을 유의하여야 한다. 이를 좀 더 구체적으로 살펴보면 저작재산권자에게 보상금을 지급해야 할 두

---

16 수업목적 보상금은 보상금 수령단체인 한국복제전송저작권협회와 저작물 이용자인 대학, 대학원 및 그에 준하는 학교 등의 교육기관 간에 약정을 체결하여 운용 중인데 2019년 현재 600여 개의 교육기관이 참여하고 있으며, 대부분의 경우 1인당 연간기준 금액방식인 학생 1인당 1,100~1,300원의 포괄방식을 채택하고 있다.

17 수업지원목적 보상금 역시 보상금 수령단체인 한국복제전송저작권협회와 이용자인 교육청, 교수학습지원센터, 교육정보원 간에 약정을 체결하여 운용 중인데 대부분의 경우 학생 1인당 연간기준금액을 250원으로 하는 포괄방식을 채택하고 있다.

18 법 제31조에 따른 도서관의 저작물 복제·전송이용 보상금도 한국복제전송저작권협회가 보상금 수령단체로 지정·운용되고 있다.

가지 경우 중 첫 번째인 디지털 형태의 도서 등을 출력하는 경우에는 최종적으로 출력이 이루어진 도서관 등이 납부의 주체가 되며, 두 번째인 다른 도서관 등으로 도서 등의 전송을 하는 경우에는 전송을 행한 해당 도서관 등이 보상금 납부의 주체가 된다. 그리고 도서관 등의 저작물 복제·전송이용에 따른 보상금에 있어서도 문화체육관광부장관은 보상금 수령단체를 지정할 수 있는데, 문화체육관광부장관은 보상금 수령단체로 한국복제전송저작권협회를 지정하여 운용 중이다.

(4) 문화시설에 의한 복제 등에 따른 보상금

2019년 「저작권법」 개정 시에 문화시설이 저작물의 복제 등을 할 수 있도록 허용하였다. 저작재산권자는 복제 등에 따른 이용에 대하여 보상금을 청구할 수 있으며, 문화시설은 저작재산권자와 협의한 보상금을 지급하도록 규정하고 있다. 문화시설에 의한 복제 등에 따른 보상금의 지급은 개정법률 부칙 제1조에 따라 2020년 5월부터 시행한다.

3. 저작인접권 분야에서의 보상금

(1) 의의

현행 「저작권법」은 실연자 또는 음반제작자와 같은 저작인접권자에 대한 보상금의 지급도 널리 인정하고 있다. 저작인접권자를 위한 보상금 제도는 크게 i) 실연자를 위한 보상금 제도와 ii) 음반제작자를 위한 보상금 제도로 나누어진다.

(2) 실연자를 위한 보상금

먼저, 실연자에 대한 보상금 지급의 구체적인 경우를 살펴보면 보상금 지급의 주체(실연의 이용자)에 따라 i) 방송사업자의 실연자에 대한 보상(제75조), ii) 디지털음성송신사업자의 실연자에 대한 보상(제76조), iii) 상업용 음반을 사용하여 공연하는 자의 실연자에 대한 보상(제76조의2)이 있다.

(3) 음반제작자를 위한 보상금

다음으로, 음반제작자에 대한 보상금 지급의 구체적인 경우로서는 보상금 지급의 주체(음반의 이용자)에 따라 i) 방송사업자의 음반제작자에 대한 보상(제82조), ii) 디지털음성송신사업자의 음반제작자에 대한 보상(제83조) 그리고 iii) 상업용 음반을 사용하여 공연하는 자의 음반제작자에 대한 보상(제83조의2)이 있다.

Ⅳ. 보상금의 결정과 지급 방법

보상금의 결정과 지급의 방식은 크게 행정기관인 문화체육관광부장관이 정하여 고시하는 방식과, 보상금 수령단체와 이용자가 협의하여 정하되 협의가 성립되지 아니하는 경우에는 제3의 기관이 개입하여 정하는 방식이 있다.

우리나라의 경우 저작권 행사의 제한에 따른 보상금의 결정과 지급의 방식은 전자 또는 후자의 방식을[19], 저작인접권 분야에서의 보상금의 결정과 지급의 방식은 후자의 방식을 택하고 있다. 이 가운데 저작인접권 분야에서 채택하고 있는 후자의 방식에 있어서는 다시 방송사업자가 보상하는 경우와 그 밖의 경우로 나누어 볼 수 있는데, 방송사업자가 보상을 해야 할 경우에는 방송사업자와 해당 보상금 수령단체가 협의하여 정하며 협의가 성립되지 아니하는 경우에는 한국저작권위원회에서 조정하여 결정하고(「저작권법」 제75조 제3항·제4항 및 제82조 제2항 참조), 방송사업자가 보상의 주체가 아닌 경우에는 해당 보상금 수령단체와 사업자가 협의하여 정하며 협의가 성립되지 아니하는 경우에는 문화체육관광부장관이 정하여 고시하는 금액으로 한다(제76조 제3항 및 제4항 등 참조).

---

19 문화시설에 의한 복제 등에 따른 보상금의 지급은 협의를 원칙으로 하되 협의가 성립되지 아니한 경우에는 문화체육관광부장관에게 보상금 결정을 신청하도록 하고 있다(「저작권법」 제35조의4 참조).

V. 보상금 수령단체의 지정 등

1. 보상금 수령단체의 지정과 지정의 취소

(1) 보상금 수령단체의 지정

저작물 이용자가 보상금을 지불하려고 해도 저작재산권자의 소재파악이 곤란한 경우가 많으면 보상금제도의 운영은 어려워진다. 이에 현행 「저작권법」은 보상금 수령단체의 지정제도를 채택하여 이러한 어려움을 해소하고 있다. 다시 말해 현행 법체계에 따르면 공표된 저작물을 교과용 도서에 게재하고자 하는 경우 등에 있어 보상금 수령단체에게 보상금을 지급하는 것을 조건으로 해당 저작물 또는 저작인접물을 자유롭게 이용할 수 있도록 하고 있다. 현행 법에 따른 각종 보상받을 권리는 다음 세 가지의 요건, 즉 i) 대한민국 내에서 보상을 받을 권리자(이하 '보상권리자'라 한다)로 구성된 단체, ii) 영리를 목적으로 하지 아니할 것, iii) 보상금의 징수 및 분배 등의 업무를 수행하기에 충분한 능력이 있을 것 등의 요건을 갖춘 단체로서 문화체육관광부장관이 지정하는 단체를 통하여 행사되어야 한다. 이와 같은 보상금 수령단체의 지정요건은 저작권신탁관리단체의 허가요건과 거의 비슷하며(제105조 제2항 참조), 실제 보상금 수령단체가 저작권신탁관리단체로서의 지위를 동시에 지니고 있는 것도 이와 같은 법률적 뒷받침이 있기에 가능하다. 그리고 문화체육관광부장관이 보상금 수령단체를 지정할 때는 미리 그 단체의 동의를 받아야 하며(제25조 제7항), 보상금 수령단체를 지정하면 이를 관보에 고시하여야 한다(「저작권법」제25조 제11항 및 「저작권법 시행령」제3조 제2항).[20]

이와 같이 현행 법체계하에서는 보상금 지급의 주체와 객체와는 별도로 보상금 청구권의 행사주체를 따로 두고 있는 것이 특징이다. 다시 말해 보상금 지급의 주체는 해당 저작물 이용자이며, 보상금 지급의 객체는 해당 저작물에 대한 저작재산권자이고, 보상금 청구권의 행사주체는 보상금 수령단체가 된다. 이때 보상권리자와 보상금 수령단체와의 관계는 법률상 위임관계와 유사하다. 따라서 보상금 수령

---

[20] 이와 같은 절차를 거쳐 현재 문화체육관광부장관으로부터 지정받은 보상금 수령단체로서는 사단법인 한국복제전송저작권협회, 한국실연자단체연합회, 한국음반산업협회 등이 있다(문화체육관광부, 「수업지원목적 저작물 이용에 대한 보상금 기준」제5호 등 참조).

단체는 선량한 관리자로서의 주의의무를 다하여 관련 업무를 처리하여야 할 것이며, 이에 관해서는 민사상의 일반원칙이 적용됨은 물론이다.

(2) 보상금 수령단체 지정의 취소

현행 법에서는 보상금 수령단체의 공익적 성격에 착안하여 일정한 사유에 해당하는 경우에는 보상금 수령단체로서의 지정을 취소하는 규정을 두고 있다. 즉, 문화체육관광부장관은 법 제25조 제7항의 규정에 따른 보상금 수령단체가 다음의 어느 하나, 즉 i) 법 제25조 제7항의 규정에 따른 요건을 갖추지 못한 때, ii) 보상관계 업무규정을 위배한 때 그리고 iii) 보상관계 업무를 상당한 기간 휴지하여 보상권리자의 이익을 해할 우려가 있을 때에 해당하는 경우에는 그 지정을 취소할 수 있다(제25조 제9항). 문화체육관광부장관은 보상금 수령단체의 지정을 취소하려면 청문을 하여야 하고, 보상금 수령단체의 지정을 취소한 경우에는 그 사실을 관보에 고시하여야 한다(「저작권법」 제25조 제11항 및 「저작권법 시행령」 제6조).

2. 보상금 수령단체의 보상관계 업무규정과 회계처리

현실적으로 보상금의 징수와 분배는 각 수령단체별로 보상금과 관련한 「징수규정」과 「분배규정」에 따라 이루어지고 있으며, 보상금 수령단체가 보상금을 직접 징수하고 분배하는 구조를 취하고 있다.[21] 보상금 수령단체는 이와 같은 보상관계 업무규정을 정하여 문화체육관광부장관의 승인을 받아야 하며, 이를 변경하려는 때에도 마찬가지이다(「저작권법」 제25조 제11항 및 「저작권법 시행령」 제4조 참조).[22]

---

21 참고로, 앞에서 살펴본 법정허락제도에서의 보상금은 지정단체에 의해 징수되는 것이 아니라, 이용자가 한국저작권위원회 또는 저작재산권자에게 직접 지급하거나 공탁소에 공탁하도록 되어 있다.
22 참고로, 「저작권법 시행령」 제4조 제2호에 따라 제정·실시되고 있는 음악저작물에 대한 보상금 분배규정을 보면 작곡가와 작사자의 분배비율은 6/12 : 6/12으로 하고 작곡가, 작사자 그리고 편곡자의 분배비율은 5/12 : 5/12 : 2/12로 하며 작곡가, 작사자 그리고 음악출판자 간의 분배비율은 4/12 : 4/12 : 4/12로 하고 있다.

3. 보상금 수령단체의 보상권리자를 위한 권능

우리 「저작권법」에서 규정하고 있는 보상금 수령단체의 권능 가운데서 가장 특이한 것은 구성원이 아닌 보상권리자로부터 신청받을 경우 보상금 수령단체가 어떠한 권능을 가지는가에 대하여 규정하고 있는 법 제25조 제8항의 규정이다. 여기에서는 "법 제25조 제7항의 규정에 따른 단체는 그 구성원이 아니더라도 보상권리자로부터 신청이 있을 때에는 그 자를 위하여 그 권리행사를 거부할 수 없다. 이 경우그 단체는 자기의 명의로 그 권리에 관한 재판상 또는 재판 외의 행위를 할 권한을가진다"라고 규정하고 있다. 현행 법은 이와 같이 지정단체에 가입하지 않은 권리자의 권리행사를 보장하고 있음이 특징이다. 다시 말해, 비구성원인 권리자가 지정단체에 자기의 권리행사를 신청하여 그 단체를 통해 권리행사를 할 수 있도록 함과동시에 이 경우에 신청을 받은 단체는 신청인을 위하여 그 권리행사를 거부할 수없도록 하고 있으며, 이 밖에도 신청을 받은 단체는 **자기의 명의**로 그 권리에 관한재판상 또는 재판 외의 행위를 할 권한을 가지는 것으로 규정하고 있는 것이다.

신탁의 법리상 원래 비구성원인 권리자가 신탁을 신청하는 경우에는 법 제25조제8항 후단의 규정이 아니어도 당연히 수탁단체가 자기의 명의로 신탁이 된 권리에 관한 재판 또는 재판 외의 행위를 할 수 있는 권한을 가질 수 있다. 그러나 비구성원인 권리자가 신청한 권리신청의 법적 성격이 자기권리의 위임(또는 대리)인 경우에는 위임된 범위 내에서 재판 외의 행위 이외에는 소송수행권이 없다. 그러한경우에 법 제25조 제8항 후단의 규정에 근거하여 권리행사의 신청을 받은 지정단체는 보상권리자가 행사하는 권리신청이 위임(또는 대리)인가의 여부에 관계없이 재판 내외에 걸친 소송수행권을 행사할 수 있다는 점에서 법 제25조 제8항 후단이 가지는 법률적 의의는 대단히 크다 하겠다.

VI. 보상금의 분배 등

1. 보상금의 분배의 공고

보상금 수령단체는 보상금 분배의 적정성을 기하기 위하여 보상금의 분배에 관한 사항을 널리 공고하여야 한다. 이를 구체적으로 살펴보면, 보상금 수령단체는 i) 지급근거, ii) 지급기준 및 대상, iii) 지급방법, iv) 지급기한 및 미분배 보상금 처리방법 그리고 v) 담당자 및 연락처 등이 포함된 보상금의 분배에 관한 사항을 「신문 등의 진흥에 관한 법률」 제9조 제1항에 따라 보급지역을 전국으로 하여 등록한 일반 일간신문과 보상금 수령단체 및 문화체육관광부의 인터넷 홈페이지에 각각 공고하여야 한다. 이 경우 인터넷 홈페이지에 공고하는 경우에는 1개월 이상 게시하여야 한다(「저작권법」 제25조 제11항 및 「저작권법 시행령」 제7조).

2. 미분배 보상금의 공익목적 사용

앞에서 살펴본 바와 같이 「저작권법」 제25조에 따른 각종의 보상금은 문화체육관광부장관이 지정한 보상금 수령단체가 수령하여 이를 저작권자에게 분배하는 체제로 운영되고 있다. 법 제25조 제7항의 규정에 따른 보상금 수령단체는 보상금 분배공고를 한 날부터 5년이 지난 미분배 보상금에 대하여 문화체육관광부장관의 승인을 받아 i) 저작권 교육·홍보 및 연구, ii) 저작권 정보의 관리 및 제공, iii) 저작물 창작활동의 지원, iv) 저작권 보호 사업, v) 창작자 권익옹호 사업, vi) 보상권리자에 대한 보상금 분배활성화 사업 그리고 vii) 저작물 이용활성화 및 공정한 이용을 도모하기 위한 사업 등의 목적을 위하여 사용할 수 있다. 다만, 보상권리자에 대한 정보가 확인되는 경우 보상금을 지급하기 위하여 일정비율의 미분배 보상금을 대통령령으로 정하는 바에 따라 적립하여야 한다(제25조 제8항).[23]

---

23 법 제25조 제8항에서의 이와 같은 단서규정은 보상권리자에 대한 정보가 나중에 확인되는 경우 보상금을 지급할 수 있도록 하기 위해서이다.

VII. 보상금 지급의 실효성 보장을 위한 확대된 집중관리단체 제도의 도입문제

대부분의 경우에 있어서 특정 단체는 그 단체에 속한 회원의 권익보호를 위해서 여러 가지 사업을 수행하지 비회원의 권익보호를 위한 사업까지 수행하는 경우는 거의 없다. 그런데 저작권 분야에서는 특정 단체가 소속회원뿐만 아니라 비회원의 권익까지 보호해 주어야 하는 상황이 수시로 발생하는데, 이는 대부분의 저작자는 저작권집중관리단체에의 가입에 관심이 적은 반면에 해당 저작권집중관리단체는 법률의 규정에 의하여 모든 저작재산권자의 권익보호를 위한 업무를 수행하는 경우가 있기 때문이다. 이때 비록 회원이 아닌 저작재산권자일지라도 특정 사안의 발생 시 그가 해당 저작권집중관리단체의 보호와 지원을 받기 원하면 가능한 한 지원과 보호를 해주어야 한다. 이와 같은 입법취지를 반영하여 북유럽에서 제도화되어 시행되고 있는 제도가 **확대된 집중관리단체제도**이다. 확대된 집중관리단체가 우리나라에서는 아직까지 법적·제도적으로 인정되고 있지 않으나, 다만 「저작권법」 제25조 제8항은 확대된 집중관리단체를 일정부분 강제하고 있는 근거규정으로 해석할 수 있다. 여기에서는 "법 제25조 제7항의 규정에 따른 단체는 그 구성원이 아니라도 보상권리자로부터 신청이 있을 때에는 그 자를 위하여 그 권리행사를 거부할 수 없다. 이 경우 그 단체는 자기의 명의로 그 권리에 관한 재판상 또는 재판 외의 행위를 할 권한을 가진다"라고 규정하고 있으며, 따라서 적어도 보상금과 관련하여서는 확대된 집중관리단체제도가 실제적으로 적용되고 있다고 보아야 한다. 요컨대, 저작재산권자의 지대한 관심영역의 하나인 보상금의 수령과 관련하여서는 이 확대된 집중관리제도의 취지가 사실상 작용할 수 있도록 하는 법적 근거를 마련하고 있으며, 법 제25조 제8항의 규정이 바로 그것임을 유의할 필요가 있다.

제3절
저작물이용허락표시제도와 오픈소스라이선스제도

I. 저작물이용허락표시제도

1. 저작물이용허락표시제도의 의의

오늘날 저작물의 자유이용을 위한 사회운동으로는 학술분야를 중심으로 전개되고 있는 **크리에이티브 커먼스**Creative Commons**운동**과 컴퓨터소프트웨어를 중심으로 전개되고 있는 **오픈소스**Open Source**운동**이 대표적이다.[24]

CCL Creative Common License은 저작자가 자신의 저작물에 대한 이용방법과 조건에 관한 각종의 정보를 표시하는 **저작물이용허락표시제도**를 말하는데, 이는 계약체결 과정에서의 정형화된 제품을 공급하는 자가 제시하는 일종의 **표준계약서**[25]와 같은 기능을 수행하기도 한다. 오늘날 저작물이용허락표시제도는 저작물 등의 이용허락과 관련된 정보를 표시함으로써, 해당 저작물의 자유로운 이용을 활성화하기 위한 민간차원의 운동 또는 제도적·법적 차원에서 이루어지는 정부의 지원시책의 하나로 이해할 수 있다.

2. 저작물이용허락표시제도의 사상적 배경

저작물이용허락표시제도의 사상적 배경이 되는 Creative Commons는 "모든 사람이 법률에서 부여하고 있는 지식재산권을 행사하고 싶은 것은 아니다"라는 인

---

24 '저작물이용허락표시제도'와 '오픈소스라이선스제도'는 그 계약적 성격을 강조하여 'License'에 초점을 두면 법 제46조와 관련한 '저작물이용허락계약' 부분에서 논의할 수도 있고, 그 자유이용적 성격을 강조하여 'Commons'나 'Open'에 초점을 두면 여기에서와 같이 '저작물의 이용활성화를 위한 각종의 제도적 장치' 부분에서 논의할 수도 있다.
25 '표준계약서'란 정형적 거래에 있어서 일반적이고 보편화된 내용을 담고 있는 표준적인 계약서의 양식을 말한다(박순태, 『문화예술법』, 445쪽).

식에서 출발한다. 어떤 사람들은 지적 공유에 공헌하거나 참가하는 것으로 만족감을 얻고 있으며, 어떤 사람들은 인터넷 사용자에게 무료로 또는 최대한 관대한 조건하에서 해당 저작물을 재이용하도록 하고 필요한 경우에는 이를 개작·배포할 권한을 주어 자기의 저작물이 더욱 많은 사람들 사이에 공유되기를 희망하기도 한다. 요컨대, 저작물이용허락표시제도는 Creative Commons 사상에 바탕을 두고 있으며, 이와 같은 사상은 과도한 지식재산권의 보호를 반대하는 입장이다.[26] 또한 Commons공유지 이론을 지식재산권 분야에 적용하여 지식자원의 공유를 촉진하기 위해 라이선스를 설정해 줄 필요가 있다는 데 그 사상적 기반을 두고 있다. 현실적으로 보아도 저작자는 그가 가지고 있는 배타적인 권리를 행사하기보다는 자신이 저작자임을 밝혀주기만 한다면 보다 많은 사람들이 자신의 저작물을 손쉽게 이용할 수 있도록 해줄 것이고, 반대로 이용자는 저작자의 의사를 제대로 확인할 수만 있다면 기꺼이 정해진 조건에 따라 적법하게 저작물을 이용하기를 바라는 경우가 대부분이라 하겠다.

저작물이용허락표시제도는 이와 같은 저작자와 이용자의 입장을 수용하여 창출된 것으로서 참여參與, 개방開放, 공유共有의 새로운 문화를 만들고, 저작권 침해의 두려움 없이 다양한 저작물을 제공해 주는 역할을 수행하는 제도적 장치이기도 하다. 현실적으로도 수많은 저작물의 저작자들을 찾아 그들의 의사를 확보하기는 여간 어려운 일이 아니기에, 이용하고자 하는 저작물에 저작물이용허락표시제도라는 저작자의 권리사항이 함께 표시된다면 이용자들은 저작자의 권리를 존중하면서도 저작자가 표시하여 놓은 이용방법 및 조건의 범위에 따라 저작물을 이용할 수 있다.

이와 같은 저작물이용허락표시제도는 오늘날 국제공조체제를 구축하여 각국에서 사회운동으로 활발히 추진 중에 있으며, 우리나라도 저작권 주무부처인 문화체육관광부가 중심이 되어 관련 사업과 각종 시책을 적극적으로 추진하고 있다.[27]

---

26   전통적 의미의 저작물 이용허락은 'All or Nothing'의 개념으로 이루어져 있는데, 이에 따르면 저작권의 표시를 함에 있어서도 ⓒ의 표시와 함께 'All Rights Reserved'라는 문구를 삽입하는 것이 일반적이었다.
27   우리의 경우 저작물이용허락표시제도는 순수한 민간운동의 성격을 벗어나 「저작권법」에 그 기반을 두고 제도권 차원에서 이루어지는 것으로 이해해야 할 것인바, 법 제134조 제1항의 규정에 따른 문화체육관광부 장관이 추진하는 '저작물의 공정한 이용을 도모하기 위하여 필요한 사업'에 '저작물 등에 대한 이용허락표시제도 활성화 사업'이 포함되어 있다(「저작권법」 제134조 및 「저작권법 시행령」 제73조 제1항 참조).

3. 저작물이용허락표시제도의 개념적 특징

저작물이용허락표시제도의 개념적 특징을 좀 더 구체적으로 살펴보면 다음과 같다. 첫째, 여러 유형의 이용허락 조건 중에서 저작자가 적당한 것을 선택하여 자신들의 저작물에 적용하고 이용자들도 그 저작물에 첨부된 이용허락계약서를 확인한 후 저작물을 이용함으로써 저작자와 이용자 사이에는 그와 같은 내용의 **이용허락계약**이 체결된 것으로 간주한다. 둘째, 이용허락 조건은 모든 권리를 유보하는 All rights reserved가 아닌 일부 권리만을 유보하는 Some rights reserved의 형태를 취하고 있다. 따라서 저작권에 포함된 모든 권리를 행사하고자 하는 저작자들을 위한 것이 아니라 자신의 저작물을 다른 사람들과 함께 나누길 원하는 저작자들을 위한 라이선스 시스템이라고 할 수 있다. 이렇게 볼 때, 「저작권법」에 의한 저작권의 보호가 기본적으로 저작자에게 배타적인 모든 권리를 부여하되 특정 범위 내에서 제3자에게 이용을 허락하는 구조를 취하는 반면에, 저작물이용허락표시제도는 기본적으로 저작물에 대한 이용자의 자유로운 이용을 허용하되 저작자의 의사에 따라 일정 범위의 권리를 유보하는 방식을 채택하고 있다. 이는 곧 기존 저작권의 All rights reserved와 모든 권리의 포기에 따른 완전한 정보공유를 내용으로 하는 Public Domain의 No rights reserved를 통한 저작물의 이용관계의 중간단계에 해당하는 범위의 설정을 꾀하고 있는 것으로 이해할 수 있다. 셋째, 저작물이용허락표시제도에서는 이용허락의 조건을 이루고 있는 기본요소는 **저작권**과 **계약**으로서, 이는 곧 법 제46조의 **저작물의 이용허락**을 위한 일종의 표준계약서의 하나로볼 수 있으며 당연히 현행 법체계에 따른 규율을 받게 된다. 따라서 이용자가 저작물이용허락표시제도에 포함된 조건을 위반할 경우에는 저작권의 침해에 해당하고, 저작권자는 법에서 규정하고 있는 권리구제방법을 행사할 수 있다.

4. 저작물이용허락표시제도의 주요내용

저작물을 저작물이용허락표시제도하에 제공한다는 것은 자신의 저작권을 포기한다는 의미가 아니라, 특정 조건하에서 저작물을 이용(복제, 배포, 전시, 상영 등)하고자 하는 자에 대하여 그 이용을 허락한다는 의미이다.

오늘날 일반적으로 운용 중인 저작물이용허락표시제도는 i) 저작자 표시, ii) 비영리 이용 표시, iii) 변경금지 표시, iv) 동일조건 변경허락 표시 등과 같은 4개의 기본적인 라이선스 유형으로 구성되어 있다. 그런데 저작자 표시는 모든 라이선스에 기본적으로 포함되기 때문에 실제로 운용되고 있는 저작물이용허락표시제도를 구체적으로 보면 **저작자 표시, 저작자 표시-비영리, 저작자 표시-변경금지, 저작자 표시-동일조건 변경허락, 저작자 표시-비영리-변경금지, 저작자 표시-비영리-동일조건 변경허락**의 여섯 가지 유형으로 구분되어 있음이 일반적이다.

이와 같은 저작물이용허락표시제도는 그 효력 면에서 「저작권법」상의 권리행사의 제한에 관한 규정을 무력화시키고 우선적으로 적용될 수 있는가의 문제가 제기될 수 있다. 이에 대해서는 이미 논의한 바와 같이 법에 따른 권리행사의 제한은 강행규정에 해당하는 것으로서 이는 당사자 간의 합의사항의 하나인 저작물이용허락표시제도보다 상위의 효력을 가지고 있음을 유의할 필요가 있다. 다시 말해 저작물이용허락표시제도는 법에 따라 권리행사를 제한하는 규정에 영향을 주지 않는다. 따라서 현재 운용 중인 모든 저작물이용허락표시제도에는 "저작재산권의 제한, 저작인격권의 제한, 저작인접권의 제한, 기타 「저작권법」 또는 관련법에 기초하여 인정된 저작물의 이용을 금지하지 않는다"라는 확인규정을 두고 있다.

II. 오픈소스라이선스제도

1. 의의

저작권 실무영역에서 컴퓨터프로그램저작물과 거의 같은 의미로 사용되고 있는 소프트웨어[28]의 경우에 있어서는 그 불법적인 이용에 대한 단속활동도 중요하지만,

---

28 엄격히 말하면 소프트웨어(SW)가 컴퓨터프로그램저작물보다 더 넓은 개념이지만 우리의 저작권 실무에서는 이 둘을 거의 같은 의미로 사용하고 있음이 일반적이다. '컴퓨터프로그램저작물'은 「저작권법」에서 규정하고 있고 '소프트웨어'는 「소프트웨어산업 진흥법」에서 규정하고 있는데, 컴퓨터프로그램저작물이 좀 더 결과지향적인 개념이라면 소프트웨어는 좀 더 과정지향적인 개념이라 할 수 있다. 이 둘의 개념을 살펴보면, 먼저 컴퓨터프로그램저작물은 특정한 결과를 얻기 위하여 컴퓨터 등 정보처리능력을 가진 장치 내에서 직접 또는 간접으로 사용되는 일련의 지시·명령으로 표현된 창작물을 말한다(「저작권법」 제2조 제16호). 한편, 소프

이 밖에도 소프트웨어의 이용을 활성화하여 문화예술의 발전과 문화콘텐츠산업의 성장에 기여하는 것도 대단히 중요하다. 이하에서는 소프트웨어의 이용활성화를 위한 이념적 기초인 **오픈소스**Open Source와 이를 제도화하여 실행 중인 **오픈소스라이선스제도**에 대하여 살펴보기로 한다.

2. 오픈소스 운동

앞에서 살펴본 저작물이용허락표시제도가 일반저작물의 이용을 촉진하기 위한 사회적 운동이라고 한다면, 여기서 말하는 오픈소스운동은 소프트웨어의 이용을 촉진하기 위한 사회적 운동의 하나라고 할 수 있다. 오픈소스운동은 누구든지 저작물의 소스를 자유롭게 이용할 수 있도록 하자는 생각에서 출발한 것으로서, 이는 주로 소프트웨어 저작자의 보호와 함께 관련 산업도 성장시키자는 실용적 철학을 그 이념으로 하고 있다고 할 수 있다.[29]

일반적으로 **오픈소스** 또는 **자유소스**라 함은 소프트웨어의 소스코드를 공개함으로써 해당 소프트웨어의 사용·복제·배포·수정을 자유롭게 허용하자는 주장으로서, 이는 저작권제도에 기반을 두면서도 한편으로는 저작권 시스템에 저항하는 전형적인 **Copyleft 운동**의 일환으로 이해할 수 있다. 즉, 오픈소스의 법리의 바탕에는 소프트웨어와 같은 재화는 기업 또는 개인의 차원에서보다는 공동체를 기반으로 개발되고 활용되기 때문에 개발자에게 권리를 귀속시키는 것보다는 개발자의 Credit 또는 명예의 귀속에 관한 사항이 중요하며, 오히려 개발된 소프트웨어를 공중이 널리 활용할 수 있도록 하여 공동체의 발전에 기여하도록 하는 데 관심을 가지는 것이 더욱 중요하다는 생각이 깔려 있다.[30]

트웨어는 컴퓨터, 통신, 자동화 등의 장비와 그 주변장치에 대하여 명령·제어·입력·처리·저장·출력·상호작용이 가능하게 하는 지시·명령(음성이나 영상정보 등을 포함한다)의 집합과 이를 작성하기 위하여 사용된 기술서(記述書)나 그 밖의 관련 자료를 말한다(「소프트웨어산업 진흥법」 제2조 제1호).

29 따라서 오픈소스는 일반저작물의 자유이용운동인 저작물이용허락표시제도와 그 이념적 배경을 같이한다고 할 수 있다.

30 공유재를 통한 사회의 혁신 정도는 오픈소스 사례를 통해서도 확인될 수 있는데, 미국의 오픈소스 활용 비중은 95%로 5%만 만들면 되는 나라인 데 반해, 우리나라는 전체 소프트웨어에서 오픈소스를 활용하는 비율이 0.9%로 90% 이상을 만들어야 하는 나라이다(정진근, 「블록 체인(Block Chain) : 저작권 제도에서의 활용가능성과 그 한계에 관한 소고」, 계간 《저작권》(2018 겨울호), 한국저작권위원회, 22쪽).

한편, 오픈소스 소프트웨어는 앞에서 살펴본 오픈소스의 법리에 바탕을 두고서 개발된 소스코드가 공개된 소프트웨어를 의미하며, 일반적으로 누구나 자유롭게 사용·복제·배포·수정할 수 있다. 오늘날 우리나라를 포함한 세계 주요 선진국 및 구글과 같은 세계적인 IT 기업들은 오픈소스 소프트웨어를 미래를 결정짓는 핵심 산업으로 여기고 있으며, 소프트웨어의 상당부분을 오픈소스 소프트웨어의 형태[31] 로 운용하고 있음을 유의할 필요가 있다.[32]

3. 오픈소스라이선스계약의 체결과 이행

현실적으로 오픈소스운동은 대부분 오픈소스라이선스를 통해 이루어지는데, 그 이유는 오늘날 오픈소스 소프트웨어는 사용자의 이용을 촉진하기 위하여 전통적인 저작물판매계약 대신에 라이선스계약의 형태로 이루어지는 것이 일반적이기 때문 이다. 즉, 오픈소스 소프트웨어 산업계에서는 최초의 개발자가 소프트웨어를 개발 한 후 일정한 이용조건을 부가하여 라이선스계약의 형태로 배포하는 방식을 취하 고 있음이 일반적이다.

이와 같이 오픈소스 소프트웨어의 경우에 있어서는 이용자가 개발자의 권리를 침해하지 아니하고 자유롭게 소프트웨어에 접근하여 복제·수정 및 배포할 수 있도 록 **라이선싱**하는 방법을 통해 이루어지므로, 오픈소스운동의 이념을 구현하는 데 있어서는 **라이선스**License의 역할이 절대적이라 할 수 있다.[33]

31　오픈소스 소프트웨어의 구체적인 예로서는 리눅스 커널과 관련한 그누(GNU)소프트웨어, 아파치 웹서 브, 크롬 웹 브라우저, My-SQL, 데이터베이스 시스템, 자바 파이썬(java python)언어, 이클립스(Eclipse) 등 이 있다. 국내에서 개발된 대표적인 오픈소스 소프트웨어로는 데이터베이스 관리시스템인 Cubid 등이 있다 〔문화체육관광부, 앞의 백서, 203쪽〕.

32　김미혜, 《SW저작권 정책 오픈 포럼》, 문화체육관광부·한국저작권위원회(2012), 69쪽.

33　이때의 라이선스와 관련한 계약조항은 주로 해당 소프트웨어의 소스코드 내부나 홈페이지 등에 명시되 어 있는데, 그 핵심적인 사항은 i) 라이선시(Licensee)가 계약의 내용을 이행하지 아니하면 권리자로부터 저 작권 위반(또는 계약 위반)으로 소송을 당할 수 있으며, ii) 만약 라이선시가 권리를 침해한 것으로 결론나면 해당 소프트웨어의 배포가 더 이상 불가능할 뿐만 아니라, 이미 배포한 소프트웨어에 대한 손해배상 등의 책 임도 부담해야 한다는 것 등이다.

제13장

저작인접권

제1절
저작인접권에 관한 일반적 고찰

I. 저작인접권의 성립배경과 역사

1. 저작인접권의 성립배경

저작인접권은 저작권에 인접한 권리Neighboring Rights로서 법률에 의해 창설된 권리이다. 「저작권법」은 제1조에서 "이 법은 저작자의 권리와 이에 인접하는 권리를 보호하고…"라고 규정하고 있는데, 여기서 말하는 '이에 인접하는 권리'가 곧 저작인접권을 말한다. 현행 법은 이와 같이 저작권과 저작인접권을 법률적으로 보호하고 있으며, 법률의 구성에 있어서도 저작인접권에 관한 규정은 상당부분 저작권에 관한 규정을 준용하는 형태를 취하고 있다.

저작인접권을 그 나라의 입법정책에 따라 법률에서 특별히 규정하는 이유는 저작물의 창작에 직접적으로 관여하지는 않았지만 해당 저작물을 해석하거나 전달 또는 매개하는 등 해당 저작물의 부가가치를 높이는 데 기여한 주체에게 일정의 권리를 부여하는 등의 방법으로 이들을 보호함으로써 궁극적으로 문화예술의 성장·발전과 문화콘텐츠산업의 발전을 기할 수 있을 것이라는 사상적 기반이 있기 때문이다.

오늘날 우리나라를 비롯하여 세계 대부분의 국가에서는 저작물을 해석하여 그 부가가치를 높여주는 실연實演과 저작물을 소비자에게 전달하는 매체물인 음반 및 방송에 대하여 각각 인적·물적 자본을 투하한 실연자, 음반제작자 그리고 방송사업자에게 소정의 저작인접권을 부여하고 있다. 이렇게 볼 때 저작인접권은 저작물을 해석하고 전달하는 자에게 부여된 권리라고 할 수도 있다.

2. 저작인접권의 역사

저작인접권에 대해서 최초로 등장한 것을 보면 1936년 오스트리아 저작권법의 관련된 권리의 보호에 관한 규정이다. 그 후 이탈리아 저작권법에서 **인접권**이라는 개념이 사용되었고, 1948년 「베른협약」 개정을 위한 브뤼셀 외교회의에서 저작인접권에 관한 개념이 본격적으로 논의되었다. 이후 1961년 체결된 「로마협약」[1]에서 저작인접권이 국제적 차원에서 최초로 인정되었다. 「로마협약」은 저작인접권에 관한 최초의 국제협약으로서 가맹국은 국내적으로 실연자, 음반제작자 그리고 방송사업자를 보호하여야 할 최저한도를 규정하고 있다.[2] 이후 저작인접권은 「음반협약」, WTO 체제하의 「TRIPs 협정」, WIPO 실연·음반조약인 「WPPT」 그리고 브뤼셀 외교회의에서 채택된 「위성협약」에서 더욱 구체적으로 현실화되어 오늘에 이르고 있다. 우리나라의 경우 1986년부터 저작인접권을 인정한 이후 2006년의 대대적인 법 개정과정을 거치면서 오늘에 이르기까지 「TRIPs 협정」과 「WPPT」 등에서의 요구사항을 충실하게 수용·반영하여 상당히 높은 수준의 저작인접권 보호국가로 평가되고 있다.

II. 저작인접권의 법적 성격과 특징

1. 저작인접권의 법적 성격

(1) 저작권에 대한 부수성附隨性

저작인접권의 법률적 성격은 저작권과의 관계를 파악함으로써 보다 쉽게 이해할 수 있다. 먼저, 저작자는 그의 저작물을 공중에게 전달하기 위하여 저작인접권자에게 의존할 수밖에 없으며, 따라서 저작인접권은 저작권에 부수되어 존재하는 것이 일반적이다. 시간적·논리적으로 보아도 저작물과 저작권이 먼저이며, 저작인접물

---

1 「로마협약」의 정식명칭은 「실연자, 음반제작자, 방송사업자의 보호를 위한 국제협약(International Convention for the Protection of Performers, Producers of Phonograms and Broadcasting Organization)」이다. 「로마협약」의 체결 당시에 회의에 참가한 대부분의 국가에서는 아직 실연자나 음반제작자 또는 방송사업자의 권리에 관한 국내법을 마련하지 못한 상태였으며, 따라서 「로마협약」이 오히려 국내법을 선도하는 역할을 수행하였다.
2 「로마협약」은 '최소보호의 원칙'을 채택하고 있으며, 따라서 여기서 규정되어 있는 권리와 여타의 보호수단은 실연자, 음반제작자, 방송사업자에 대한 최소한의 보호를 의미할 뿐이다. 따라서 체약국은 「로마협약」보다 더 강화된 보호나 배타적 권리를 부여할 수 있다.

과 저작인접권은 이에 부수적으로 수반되어 등장하기 마련이다.

저작인접권이 저작권에 대하여 부수성 내지는 종속성을 가지는 기본적인 이유는 저작인접권이 기존의 저작물에 대한 해석과 표현 및 전달의 용이성에 도움을 준 데 대한 대가적代價的 권리이기 때문이다. 따라서 저작인접권은 국제조약상 인정된 시기로 보나 권리의 구체적 지분권이나 권리보호의 강도로 보나 그리고 존속기간 등에서 보나 결코 저작권을 능가할 수가 없다.[3]

이와 같은 저작인접권의 저작권에 대한 부수성은 현행 「저작권법」의 입법태도에서도 발견되는데, 우리 법에서는 후술하는 바와 같이 저작인접권자에게 저작자에게 인정되는 모든 지분권이 인정되지 않을 뿐 아니라 일부의 권리는 보상청구권으로 완화되어 있다. 이는 저작인접권의 저작권에 대한 부수성의 특징을 반영한 것으로 보인다.

(2) 저작권에 대한 독립성獨立性

다음으로 저작인접권은 저작권과는 전혀 별개의 독립된 권리로서의 성격을 지닌다. 「로마협약」 제1조에서도 저작권과 저작인접권과의 관계에 대해서 규정하고 있는데, "이 협약에 따라 부여되는 보호는 문학예술적 저작물에 대한 저작권의 보호를 손상하지 아니하고 어떠한 경우에도 영향을 미치지 아니한다. 따라서 이 협약의 어떠한 규정도 그러한 보호를 해치는 것으로 해석될 수 없다"라는 규정이 그것이다. 「로마협약」 제1조에서 천명하고 있는 저작인접권의 저작권에 대한 독립성은 다분히 역사적인 성격이 강하다.[4] 저작인접권 도입 시 저작자 등은 저작인접권자가 추가로 참여하게 됨에 따라 저작물 이용에 따른 전체의 몫cake 가운데 그들이 차지할 수 있는 부분pie이 줄어들 것이라는 우려 때문에 저작인접권의 인정에 부정적이었다.[5] 이와 같은 저작자 등의 우려를 반영하여 「로마협약」에 "저작인접권의 보호가 저작권의 보호에 영향을 미치는 것으로 해석될 수 없다"라는 규정이 포함된 것이

---

3 「로마협약」 제24조 제2항 단서에서도 로마협약 가입의 조건으로서 "국가는 어느 경우에도 「세계저작권협약」의 당사국 또는 「베른협약」의 회원국이어야 한다"라고 규정하고 있는데, 이는 저작인접권은 저작권에 이웃된 권리로서 주된 제도인 저작권제도에 종속되며, 저작권을 염두에 두지 않고 이웃한 권리인 저작인접권만이 인정될 수 없다는 사실을 잘 말해 주고 있다.

4 WIPO, Guide to the Rome Convention and to the Phonograms Convention(1981), pp. 26~27.

5 이와 같은 주장의 이론적 기초를 'Cake Theory'라 한다.

며, 우리 법도 이를 따르고 있다. 우리 법 제65조(저작권과의 관계)에서도 법 제3장 저작인접권과 관련한 각 조의 규정은 저작권에 영향을 미치는 것으로 해석되어서는 아니 된다고 하여 이를 분명히 하고 있다.

「로마협약」 제1조의 규정은 저작권과 저작인접권은 상호 독립적임을 선언하고 있는 것으로서 그 입법취지는 저작물 등이 체화體化되어 있는 저작인접물, 즉 저작물의 실연이나 이 실연이 고정된 음반 그리고 이러한 실연이나 음반을 이용한 방송을 이용하기 위해서는 「로마협약」에서 정한 대로 저작인접권자에게도 허락을 받아야 하지만, 이러한 이용허락은 저작자에 대한 이용허락을 대체할 수 없으며, 따라서 저작자로부터도 별도의 허락을 얻어야 하고 이들 각각의 허락은 서로 무관하다는 것을 밝히는 데 있다고 보인다. 요컨대, 저작인접권과 저작권은 그 권리의 주체와 행사방법, 보호기간[6], 제한방법 등에서 전혀 별개의 것으로서 어느 하나가 다른 것에 영향을 주거나 받지 아니한다. 즉, 어떤 저작물의 이용에 있어서 저작권자의 허락과 저작인접권자의 허락을 모두 요하는 경우에 저작권자의 허락을 얻었다고 하여 저작인접권자의 허락이 면제되지 않으며, 반대로 저작인접권자의 허락을 얻었다고 하여 저작권자의 허락이 면제되지는 않는다.

저작인접권의 저작권에 대한 독립성을 확인하고 있는 우리 대법원의 판례를 소개하면 다음과 같다.

> 대법원은 저작인접권과 저작권과의 관계와 관련하여, "음반에 관한 저작인접권은 음을 음반에 맨 처음 고정시키는 행위를 통하여 생성된 음반에 관하여 발생하는 권리로서 작사자나 작곡자 등 저작자의 저작물에 관한 저작재산권과는 별개의 독립된 권리이긴 하나, 저작인접물인 음반의 복제·배포에는 필연적으로 그 음반에 수록된 저작물의 이용이 수반되므로, 음반제작자 자신도 그 저작물의 저작재산권자로부터 이용허락을 받지 않으면 그 음반을 복제·배포할 수 없다"라고 판시하여 저작인접권에 관한 「저작권법」상의 규정이 저작권에 영향을 미치는 것으로 해석되어서는 아니 됨을 분명히 밝히고 있다(대법원 2007.2.22, 선고 2005다74894 판결).

---

6 예를 들어, 보호기간이 지난 모차르트나 베토벤의 곡을 고정한 음반에 있어서도 그 바탕이 되는 저작물은 이미 보호기간이 지났을지라도 이를 새롭게 연주하여 제작한 음반은 저작물의 보호기간과는 별개로 음반의 발행시점을 기점으로 하여 새롭게 시작하게 된다.

그런데 법 제65조는 실연, 음반, 방송의 이용은 필연적으로 저작물의 이용을 수 반하므로 이때 저작인접권자의 허락뿐만 아니라 저작권자의 허락도 필요하다는 것 을 주의적으로 규정할 뿐 저작권자의 의사와 무관하게 저작인접권자의 권리를 어 떤 경우에 있어서도 행사할 수 없다는 취지는 아니다. 이 경우 저작자의 허락은 성 립요건이 아니라 유효요건에 해당하는 것으로 이해하여야 하며, 따라서 제3자는 저작자의 허락이 없어도 저작인접권자의 허락만으로 해당 저작인접물을 이용할 수 있다. 다만, 이 경우에는 저작자가 가지는 저작권 침해의 위험부담은 이용자가 져 야 할 것이다.

2. 저작인접권의 특징

(1) 저작인접권 발생의 무방식주의

먼저, 저작인접권은 저작권과 마찬가지로 그 발생에 있어서 무방식주의를 따르 고 있다. 즉, 현행 「저작권법」에 따르면 i) 실연의 경우에는 그 실연을 한 때, ii) 음반 의 경우에는 그 음을 맨 처음 음반에 고정한 때, iii) 방송의 경우에는 그 방송을 한 때부터 원시적으로 저작인접권이 발생하며, 어떠한 절차나 형식의 이행을 필요로 하지 아니한다(제86조 제1항 참조).

(2) 준물권적 성격의 독점적·배타적 권리와 채권적 성격의 보상청구권의 혼재

다음으로 저작인접권에 해당하는 대부분의 재산적 권리는 저작재산권의 그것과 마찬가지로 준물권으로서의 성격에 기인한 독점적·배타적 권리로서의 특징을 기본 적으로 지니고 있으며, 이 밖에도 저작인접권의 재산적 권리 가운데 채권적 권리[7]로 서의 성격을 지니는 각종 보상청구권[8]도 동시에 존재하고 있음을 특징으로 한다.

저작권 보호에 관한 국제조약과 각국의 입법례立法例를 살펴보아도, 저작권의 보

---

7 채권적 권리의 존속기간은 채권계약에서 정해지며, 따라서 저작인접권의 보호기간에 관한 규정인 법 제 86조의 규정을 적용받지 않음을 유의하여야 한다.

8 여기에는 방송사업자의 실연자에 대한 보상(제75조), 디지털음성방송사업자의 실연자에 대한 보상(제76 조), 상업용 음반을 사용하여 공연하는 자의 실연자에 대한 보상(제76조의2), 방송사업자의 음반제작자에 대 한 보상(제82조), 디지털음성송신사업자의 음반제작자에 대한 보상(제83조) 그리고 상업용 음반을 사용하여 공연하는 자의 음반제작자에 대한 보상(제83조의2) 등이 있다.

호를 위해 일관되게 해당 저작권을 배타적인 권리로서 규정하고 있고 그 제한에도 엄격한 통제장치를 마련하고 있음을 알 수 있다. 다만, 최근에 와서 저작인접권 분야에서는 배타적 권리와 병행하여 보상청구권과 같은 채권적 권리도 병행하여 부여하는 모양새를 갖추고 있으나 근본적으로는 배타적 권리가 우선이고 채권적 권리는 부수적 차원에서 머물고 있음을 알 수 있는데, 앞으로도 이와 같은 입법태도는 큰 변화가 없을 듯하다.

(3) 2차적저작인접물작성권의 불인정

저작자에게 2차적저작물작성권이 주어지는 것과는 달리 저작인접권자에게는 2차적저작인접물작성권이 주어지지 않는다. 따라서 누구든지 저작인접권자의 허락 없이도 기존의 저작인접물을 기본으로 이에 대한 개변을 하여 얼마든지 2차적 저작인접물을 작성하여 이용할 수 있다. 이때 이루어지는 개변의 정도도 저작물에 있어서의 실질적 개변Substantial Variation보다 정도가 낮은 실질적인 유사성Substantial Similarity이 있는 개변을 하더라도 저작인접권을 침해하는 것이 아니며, 오직 형식과 내용에서 완전한 형태로 베낀 경우Dead Copy와 실질적인 동일성Substantial Identity이 있을 정도의 지극히 유사한 형태로 베낀 때에만 저작인접권(구체적으로는 저작인접권자의 '복제권'을 말한다)을 침해하게 된다.[9] 저작인접권자에게 이와 같이 2차적저작인접물작성권을 인정하지 않는 것은 저작인접물은 저작물과 비교했을 때 보다 산업지향적이고 상품지향적이어서 누구나 2차적저작인접물의 창작과 생산 등에 쉽게 참여할 수 있도록 할 필요성이 있기 때문으로 보인다.[10] 요컨대, 저작권이 지향하는 정책적 지향점이 독점지향적이라면 저작인접권이 지향하는 정책적 지향점은 좀 더 경쟁촉진적이라 할 수 있다.

(4) 실연자가 가지는 인격적 권리의 일신전속적 특징

실연자가 가지는 인격권(성명표시권, 동일성유지권) 역시 저작자의 인격권과 마찬

---

9 이와 같은 이유로 실연에 있어서의 모창과 모방연기 그리고 음반과 방송에 있어서 기존의 음반과 방송을 모방하여 새로운 음반과 방송을 제작하는 행위는(특정한 경우에 불법행위 책임에는 해당할 수 있어도) 적어도 저작인접권의 침해에는 해당하지 않는다.

10 저작인접권자인 음반제작자를 정의함에 있어서 "음반을 최초로 제작하는 데 있어 전체적으로 기획하고 책임을 지는 자를 말한다"(제2조 제6호)라고 규정하는 것도 마찬가지 이유다.

가지로 일신전속적 성격을 가지며, 따라서 이들 권리는 양도 또는 이전하거나 상속의 대상이 되지 않는다. 그리고 이 인격권은 오직 실연자만이 행사할 수 있고 그가 사망하면 자동적으로 실연자의 인격권도 소멸한다. 법 제68조의 "법 제66조 및 제67조에 규정된 권리(이하 '실연자의 인격권'이라 한다)는 실연자 인신에 전속한다"라는 규정이 이를 잘 뒷받침하고 있다.

III. 저작인접권의 귀속주체에 대한 검토

1. 의의

저작자가 창작한 저작물은 그 자체로서는 독자적인 부가가치를 형성하기에 일정한 한계가 있다. 일반적으로 저작자는 그의 사상과 감정을 표현하는 창작행위에는 소질이 있으나 이를 해석하고 전달하는 데에는 또 다른 인적·물적 도움을 필요로 하기 마련이다.

작사자와 작곡자가 공동의 작업으로 A라는 음악저작물을 창작하였다고 할 때 누군가가 저작자(작사자와 작곡자)의 작품을 **노래**라는 형식으로 해석·표현하여 일반인에게 전달하여야 할 것이며, 이때 우수한 녹음기술과 음향기술이 수반된 **음반**이 제작된다면 해당 음악저작물의 확산은 기하급수적으로 늘어날 것이고, 나아가 **방송**이라는 매체의 도움을 빌리면 더욱 폭발적인 수요가 창출되고 원래의 음악저작물의 부가가치는 그만큼 재창출될 것이다. 이 예에서 음악저작물 A의 창작에 따른 부가가치 내지는 경제적 이익을 저작자인 작사자와 작곡가만이 독점하여야 할 것인가, 아니면 비록 저작물의 창작에는 관여하지 않았지만 2차적·간접적인 형태로 그가 지닌 인적 요소로서의 재능[11]을 발휘하여 음악저작물 A를 더욱 발전적·창의적으로 해석·표현한 가수 또는 물적 요소인 기술과 자본을 투하한 음반제작자나 방송사업자에게도 일정한 권리를 부여하여야 하는가가 문제된다. 저작인접권의 귀속주체에 관한 문제는 이와 같이 원저작물을 해석·전달하여 해당 저작물의 부가가치

---

11 인적 요소로서의 재능을 다른 용어로 탤런트, 끼, 예술적 용역 또는 예술적 서비스라고 부르기도 한다.

형성에 기여한 자에게도 별도의 권리를 부여하여야 한다는 사상에서 출발한다.

그런데 누구에게 저작인접권을 부여할 것인가는 논리적·선험적으로 결정되는 것이 아니라 앞에서도 언급한 바 있듯이 그 나라가 처한 역사적 상황과 저작권 환경 등에 따라서 결정되는 입법정책의 문제로 귀결됨을 유의하여야 한다.

2. 현행 법의 태도

오늘날 대부분의 국가에서는 실연자, 음반제작자 그리고 방송사업자를 저작인접권의 주체로서 인정하고 있다. 앞에서 살펴본 「로마협약」과 「TRIPs 협정」에서는 저작인접권의 주체로서 실연자, 음반제작자 그리고 방송사업자를 명시적으로 인정하면서 이들에게 각종 배타적 권리나 보상청구권 등을 부여하고 있으며, 이 밖에도 「음반협약」은 음반제작자의 보호를 위하여, 브뤼셀 「위성협약」은 방송사업자의 보호를 위하여 각종 규정을 마련하고 있다.

이와 같은 세계적 추세에 발맞추어 우리 「저작권법」에서도 저작인접권의 주체로서 실연자, 음반제작자 그리고 방송사업자를 인정하고 있다.

3. 비판적 고찰

저작인접권의 주체로서 어떤 것이 포함될 것인지는 앞에서 언급한 바와 같이 입법정책의 문제로서 그 나라의 역사적 상황과 저작권 환경에 대한 충실한 분석과 객관적 판단이 선행되어야 한다.

문화예술의 향상·발전은 저작자만을 보호한다고 하여 완성되는 것은 아니다. 저작물을 창작하는 자는 자신의 저작물을 일반 공중에게 전달하는 수단이 거의 없으며, 누군가가 저작자와 최종소비자 간에 개입을 하여야 한다. 이러한 중간역할을 하는 자는 실연자, 음반제작자, 방송사업자, 배타적발행권자, 출판사[12] 등이 있으며, 이들은 자신의 예술적 역량을 발휘하여 저작물을 해석·전달하기도 하고 자신

---

12 이 가운데 '배타적발행권자'와 '출판권자'는 오늘날 저작인접권자로서 보호되기보다는 저작자 또는 저작인접권자로부터의 설정계약에 따라 해당 저작물이나 저작인접물을 발행, 복제, 전송할 수 있는 권리를 가지는 자로서 「저작권법」에 따른 특별한 보호를 받는 자의 지위에 서 있다.

의 자본과 기술을 투자하여 매체를 제작하여 전달하기도 한다. 실연자는 음악이나 연극 또는 영상저작물의 운명을 결정하고, 음반제작자는 금방 사라져버릴 감동을 영속시켜 주며, 방송사업자는 거리의 장애를 극복하고 생생하고 현장감 있는 저작물을 이용자에게 전달해 준다. 실연자는 그의 재능과 끼를 가지고 원래의 저작물을 재해석하고 창의적으로 표현한 데 대한 대가로 저작인접권이라는 권리가 주어지고, 음반제작자와 방송사업자는 기술과 자본을 투자하여 원래의 저작물을 수요자에게 친화적인 음반 또는 방송형태로 전환하여 보다 질 좋은 저작물을 수요자에게 손쉽게 전달한 데 대한 대가로 저작인접권이라는 권리가 주어진다. 이와 같은 저작인접권이 지향하고자 하는 궁극적인 목적은 결국 저작물 이용과정에서 타인이 투하한 인적·물적 요소를 부당하게 이용하는 것을 금지시키는 데 있다고 하겠다.[13]

그런데 오늘날에 와서 실연자와 방송사업자 그리고 음반제작자 외에 추가적으로 저작인접권자를 인정할 것인가에 대하여 끊임없는 논의가 제기되고 있다. 자신의 기술과 자본력을 투자하여 보다 질 좋은 저작물을 소비자에게 전달하는 매개자그룹에는 현재 저작인접권의 주체성이 널리 인정되고 있는 음반제작자나 방송사업자뿐만 아니라 출판사, 출판디자인사,[14] 방송영상독립제작사, 디지털음성송신사업자, 데이터베이스제작자, 타이프페이스Typeface제작자, 뉴스제작사, 온라인디지털콘텐츠제작사, 영화제작사, 공연기획·제작사 등이 존재하는데 이들에게도 저작인접권을 부여하여야 할 것인가가 문제시된다.[15] 그리고 최근에 와서는 디지털·온라인저작물의 중간 전달자로서 온라인서비스제공자가 대단히 중요한 지위를 차지하는데 이들을 저작인접권의 주체로 인정하여야 하는지 여부 역시 문제가 되고 있다.

그런데 저작물을 해석하고 표현하는 실연자를 제외하고 기술이나 자본력을 투입하여 저작물의 유통과정에 참여하는 일단의 그룹들에 대한 저작인접권을 부여하는 문제는 오늘날 주어진 저작권 환경에서 그들이 가지고 있는 역학관계를 고려할 때 가급적 소극적으로 접근하여야 한다. 「로마협약」이 체결되던 당시인 1960년대에는

---

13 WIPO, Guide to the Rome Convention, p. 18.
14 출판디자인사가 저작인접권을 가진다면 이는 곧 '판면권'에 해당될 것이다.
15 참고로 프랑스와 독일은 영상제작자도 저작인접권자로 보호하고 있으며, 독일과 스페인은 특정 출판사를 저작인접권의 범주에 넣어 보호하기도 한다(최경수, 앞의 책, 293쪽). 한편, 유럽의회는 2018년에 제정·발표한 「디지털 싱글 마켓에서의 저작권 지침안」에서 '언론출판사'에 저작인접권을 부여하고 있다(한국저작권위원회, 「저작권 동향 2018」(2018), 31쪽 참조).

음반제작자나 방송사업자 등이 나름대로 저작물을 전달하는 새로운 매체로 각광받고 있었다. 또한 해적판 음반이라든가 불법방송행위로 인해 그들이 투자한 자본을 회수하는 데 발생한 손해를 보상한다는 차원에서 그들에게 저작인접권이라는 배타적 권리를 인정해 주는 것이 논리적 타당성이 있었다. 그러나 이와 같은 현상이 사라지고 있는 오늘날 이들이 오히려 강자의 위치에서 저작자와 실연자에게 군림하면서 해당 저작물의 불공정거래 내지는 부정경쟁에 관여하는 일도 목격되고 있기 때문이다.[16]

「로마협약」 체결 이후 아직까지 실연자, 음반제작자 그리고 방송사업자 이외에 문화콘텐츠의 제작과 유통을 담당하는 어떤 주체를 저작인접권의 주체로 할 것이냐에 대한 논의가 끊이지 않고 있다. 적어도 한국의 현실에서는 문화콘텐츠의 창작과정에 기여하는 주체만을 저작인접권의 주체로 하고, **유통과정**에 기여하는 주체에 대해서는 이들이 가진 힘의 우위를 고려할 때 이들에게 권리로서의 저작인접권을 부여하기에는 여러 가지 면에서 타당하지 않다. 따라서 투자자본의 회수 등을 위해서 부정경쟁 방지 및 공정거래법리를 적용하여 이를 해결하거나[17], 아니면 이들이 창작과정에 관여한 부분은 이미 논의한 업무상저작물에 과감하게 포함시켜 저작물 또는 저작재산권의 법리로 해결하는 것도 하나의 방법이 될 것이다.[18]

---

16 오늘날 문화콘텐츠의 유통과정에서 해당 콘텐츠를 이용자에게 전달할 수 있는 네트워크와 플랫폼이 중요한데 이런 설비는 통상 대규모의 자본동원력이 요구되기 때문에 중견기업이나 대기업이 대거 진출해 있다. 따라서 문화콘텐츠유통시장에는 문화콘텐츠의 창작시장과는 달리 진입장벽도 높아 유통에 참여하는 기업의 수도 많지 않은 것이 특징이다(박순태, 『문화콘텐츠산업법』(2015), 622쪽).
17 최근의 '방송통신형 유통구조'에서 이들이 수직적 계열화를 통해 창작과 유통을 겸업하고 있기 때문에 이 역시 명쾌한 해결책이 될 수는 없겠으나, 가급적이면 저작인접권의 부여는 소극적으로 접근하고 공정경쟁법리의 채택은 적극적으로 접근하여야 할 것이다. 다만, 소비자 친화적 형태로 재가공하여 소비자에게 전달하는 출판사에 대하여는 오랜 역사적 관행 등을 참작하여 저작인접권과 유사한 배타적 권리를 저작자로부터 설정받아 해당 저작물을 원작 그대로 출판할 권리를 부여하는 방향으로 자리 잡고 있음을 유의할 필요가 있다.
18 실제로도 우리나라에서는 방송영상독립제작사 등을 저작인접권자로 보지 않고 업무상저작물의 저작자로 인정하여 이들의 권익 보호에 노력하여야 한다는 데 기본적인 합의가 형성되어 있는 듯하다.

제2절
저작인접물과 저작인접권자

I. 의의

「로마협약」이나 「WPPT」와 같은 저작인접물과 관련한 대부분의 국제조약에서 저작인접물에 대한 보호는 그 강도가 저작물에 대한 보호만큼 높지 않으며 보호의 수준과 방법 등도 해당 조약에서 직접 정하기보다는 체약국의 입법에 유보하고 있음이 일반적이다. 따라서 오늘날 대부분의 국가에서는 자국민의 저작인접물 보호뿐만 아니라 외국인 저작인접물의 보호에 관련하여서도 조약이 아닌 국내법에 따른 보호방식을 취하고 있다.

우리나라의 경우도 외국인의 실연, 음반, 방송을 국내법이 일방적으로 조건 없이 보호해 줄 수도 있지만 이와 같은 방법보다는 외국과의 조약체결을 통해 상호 간 또는 다자간 보호를 약속하고 이를 국내법에 반영하는 방식을 취하고 있다.[19] 국내법에 따른 보호의 구체적인 내용은 「저작권법」 제64조에서 규정하고 있는데, 여기서는 **보호받는 실연·음반·방송**이라는 제호題號하에 각각 대한민국 국민과 외국인의 저작인접물의 보호에 관해 규정하고 있다.[20]

II. 실연 및 실연자

1. 실연

(1) 의의

「저작권법」에 따라 보호되는 실연자의 권리를 구체적으로 논의하기 전에 저작인접물인 **실연**과 저작인접권의 귀속주체인 **실연자**의 개념부터 살펴보고자 한다.

우리 법에서는 음반과 음반제작자, 방송과 방송사업자에 대해서는 그 개념을 각각 정의하지만 실연에 대해서는 별도로 개념을 정의하지 아니하고 실연자의 개념 안에 실연을 포함하는 형태를 취하고 있다.[21]

법에 따르면 **실연자**라 함은 "저작물을 연기·무용·연주·가창·구연·낭독 그 밖에 예능적 방법으로 표현하거나 저작물이 아닌 것을 이와 유사한 방법으로 실연을 하는 자를 말하며, 실연을 지휘, 연출 또는 감독하는 자를 포함한다"(제2조 제4호)라고 규정하고 있다. 즉, 실연을 하는 자를 실연자로 보고 있다.

(2) 실연의 개념적 특징

실연자를 정의하고 있는 법 제2조 제4호를 근거로 하여 실연의 개념적 특징을 좀더 구체적으로 살펴보기로 한다.

첫째, 실연은 자연인이 주체가 되어 그의 인적 요소인 예능적 자질과 소양, 끼 등을 투입하여 저작물 등을 표현하는 것이다. 이 점에서 물적 요소가 투입되는 음반이나 방송과도 차이가 있으며, 이는 또한 실연자에게 인격권이 부여되는 이유이기도 하다.

둘째, 실연은 저작물과는 별개의 개념이다. 실연은 주로 저작물을 예능적 방법으로 표현한 것을 가리키지만 저작물과는 분명히 구별된다. 실연이 목소리와 몸짓등 육체를 수단으로 한다면 저작물은 저작자의 머릿속에 있는 아이디어가 담긴 글이나 그림 등 표현형식을 수단으로 한다는 점에서 이 둘은 구별이 된다. 그리고 미술저작물 등이나 어문저작물의 원고 등을 제외하고는 대부분 저작물이 직접적으로 이용자에게 전달되기보다는 이를 제3자가 해석하거나 창조적으로 표현한 후 별도의 전달과정을 거쳐 최종 이용자가 접하게 되므로 실연이란 결국 원래의 저작물을 해석하고 재창조하는 과정이라고 정의할 수 있으며, 이 점에서도 저작물과 실연은 분명히 구별된다.

---

19 우리 「저작권법」 제64조에서도 "…이 법에 의한 보호를 받는다"라고 보호받는 실연, 음반, 방송 등을 규정하면서 실연, 음반 및 방송은 국내법에 의한 보호원칙을 견지하고 있다.
20 외국인의 실연, 음반, 방송은 속인주의가 아니라 우리나라와 밀접한 관련성(Nexus)이 있을 경우에만 법에 따른 보호를 받을 수 있도록 하고 있는데(64조 참조), 이에 대해서는 '제20장 국제저작권법 제2절 외국인의 저작물과 저작인접물의 보호' 부분에서 별도로 논의하기로 한다.
21 이와 같은 '실연'의 정의를 두지 않고 '실연자'의 정의만 두는 입법형식은 WIPO 실연·음반조약인 「WPPT」에서도 마찬가지다.

셋째, 실연은 사실적 행위[22]로서의 **표현** 행위에 해당한다. 따라서 표현되지 않으면 실연이라 할 수 없다. 저작물도 인간의 사상 또는 감정을 표현한 창작물을 말하는데(제2조 제1호), 저작물을 1차적 표현이라고 하면 실연은 2차적 표현이라고 할 수 있다. 이렇게 본다면 실연은 2차적저작물의 작성과 유사한 성격을 가지는데, 다만 그 표현의 주체가 2차적저작물의 작성은 원래의 저작자가 되는 것이 원칙이고(제2조 참조), 실연은 원저작자 이외에 별개의 인격체인 실연자가 행하는 행위라는 점에서 차이가 있다.

넷째, 실연은 주로 저작물을 대상으로 이루어지지만 저작물이 아닌 것도 실연의 대상이 될 수 있다. 법 제4조에서 예시적으로 규정한 저작물은 당연히 실연의 대상이 되지만 이와 같은 저작물에 해당하지 않는 자연이나 동물의 소리를 흉내내는 것은 물론 스포츠, 서커스(곡예사, 광대, 저글러 등), 마술, 모방연기, 버라이어티 쇼[23] 등도 실연의 대상이 되며, 이때의 실연도 당연히 **예능적 방법과 유사한 방법**으로 표현된 것이어야 한다.[24] 따라서 비록 저작물에 해당하지 않는 것을 대상으로 하여 실연을 하는 자라도 실연자에 해당하며, 법에 따른 실연자의 권리를 향유할 수 있음을 유의하여야 한다.[25] 그런데 저작물을 실연하는 경우에 있어서 저작자의 허락을 받

---

22 실연뿐만 아니라 음반제작과 방송도 법률행위에 대칭되는 개념으로서의 '사실행위'에 속한다.

23 버라이어티 쇼(Variety Show)는 공중을 대상으로 노래, 춤, 곡예 등을 한데 묶어서 보여주는 종합공연을 말하는데, 버라이어티 쇼에 독창적인 창작성이 있다고 하기보다는 소재의 선택과 배열 또는 구성에 창작성이 있다면 이는 '편집저작물'과 유사한 측면도 가지고 있다.

24 저작물이 아닌 것을 실연에 포함시킨 것은 「로마협약」 이후 각국의 공통된 현상이라 할 수 있다. 「로마협약」에서는 저작물이 아닌 것을 실연하는 예술가들도 보호할 수 있도록 규정하고 있는데, 그 보호 여부와 범위 등을 전적으로 국내법에 위임하고 있다(제9조).

25 스포츠, 서커스, 마술, 버라이어티 쇼 등은 인간의 사상 또는 감정을 중점적으로 표현하기보다는 신체적·기술적·사실적·자연적 표현에 중점을 둔 것으로 일반적으로 이와 같은 행위는 저작물에 해당하지 않는 것으로 보고 있으나, 저작물과 저작물이 아닌 것의 구분이 상대적일 수밖에 없어서 현실적으로 '저작물이 아닌 것'에 해당하는지를 엄격히 적용하기에는 여러 가지 어려움이 따른다. 마술의 「저작권법」상의 보호와 관련하여 살펴보면, 마술을 인간의 사상 또는 감정이 체화(體化)된 창작물로 볼 수 있다면 '공연'의 하나로서 「저작권법」 제4조 제1항 제3호에서 말하는 '무언극' 또는 '그 밖의 연극저작물'로 볼 수도 있다. 그러나 대부분의 경우 마술의 저작물성은 인정되지 않고 비록 저작물성이 있더라도 마술에는 필수장면의 법칙이나 합체의 법칙 등이 광범위하게 적용되어 「저작권법」에 따른 보호의 영역이 좁은 것이 사실이다. 따라서, 마술은 마술사가 가지는 실연자의 권리를 중심으로 한 저작인접권으로 보호하는 것이 바람직한 방향이라 할 수 있다. 물론 마술 자체에 대해서 이를 특허의 발명이나 영업비밀의 보호 또는 부정경쟁방지의 법리를 가지고서도 보호할 수 도 있다(백경태, 「마술에 대한 지적재산법적 보호-미국 사례를 중심으로」, 계간 《저작권》(2015 가을호), 한국저작권위원회, 119~120쪽 참조).

아야 하는가가 문제시될 수 있다. 이에 관해서는 우리 법에서 별도의 규정을 두고 있지 않은데, 저작자의 허락은 실연의 성립요건이 아니고 유효요건에 불과하다고 보아야 한다. 따라서 저작자의 허락은 실연 그 자체의 보호에는 영향을 미치지 않으며, 저작권자의 허락이 없는 실연은 저작권 침해에 대한 책임만이 따를 뿐이다.

다섯째, 실연할 때의 표현방법은 실연의 대상이 저작물인가 아닌가에 따라 달라지는데 저작물의 실연은 예능적 방법으로 이루어져야 하며 저작물이 아닌 것도 예능적 방법과 유사한 방법으로 이루어질 때만 이를 실연으로 본다. 먼저, 저작물의 실연을 표현함에 있어서 실연자는 그가 가진 예술적 재능, 즉 예능을 발휘하여 원래의 저작자가 의도했던 해당 저작물의 정확한 내용을 해석하기도 하고 경우에 따라서는 원저작물보다 더욱 창조적·발전적으로 표현하기도 한다. 따라서 예능적 표현이 아닌 기계적·기술적·사실적 표현은 실연에 해당하지 아니한다. 저작물을 예능적 방법으로 표현하는 방법에는 연기, 무용, 연주, 가창, 구연, 낭독 등이 있으며 이는 예시적인 것으로서 그 밖에 얼마든지 예능적 방법이 있을 수 있다. 다음으로 자연과 동물의 소리, 빛, 사물의 형태 등과 같은 저작물이 아닌 것을 예능적 방법과 유사한 방법으로 표현하는 방법 역시 비록 기계적·기술적·사실적 표현방법이 일부 수반되더라도 여기에는 상당한 수준의 예능적 요소가 가미되어 표현된다면 이 역시 실연으로 볼 수 있을 것이다.

여섯째, 실연은 저작인접권 보호대상의 가장 중심적인 것으로서 시간적으로 음반과 방송에 선행하여 이루어진다. 음반과 방송은 결국 실연자가 행한 실연을 전달하기 위한 매체기능을 수행하는 것으로서, 음반에 고정된 실연이나 방송으로 전송되는 실연이 당연히 법에 따른 보호를 받게 되는 것도 이 때문이다(제64조 제1항 제1호 다목·라목 참조).

(3) 공연과의 비교

실연은 공연과 비교해 봄으로써 그 본질과 특성을 더욱 정확하게 파악할 수 있다. 이하 이 둘을 보다 구체적으로 비교해 보기로 한다.

첫째, 공연은 공중에게 공개하는 것을 내용으로 하고 주로 무대 위에서 이루어지고 있음에 반하여 실연은 공중에의 공개 여부와는 관계가 없으며, 따라서 무대 위에

서뿐만 아니라 개인적인 장소나 비밀장소에서 이루어지는 것도 포함될 수 있다.[26]

둘째, 공연은 저작물과 저작인접물(실연, 음반, 방송 등)의 전형적인 **이용행위**의 하나로서 그에 따른 저작재산권이 부여되고 있음에 반하여, 실연은 저작인접권이 보호하고자 하는 **보호의 대상** 내지는 객체로서의 지위를 가지고 있다.

셋째, 공연과 실연 모두는 인간의 예능적 행위Performance인 연기, 연주, 무용, 가창, 구연, 상연 등이 핵심적인 위치를 차지하고 있으나[27] 공연은 이 밖에도 저작물뿐만 아니라 저작인접물도 그 대상으로 하고 있으며, 인간의 실연행위뿐만 아니라 기계적 방법으로 공중에게 공개하는 것도 포함하고 있다.

(4) 「저작권법」상 보호받는 실연

가. 대한민국 국민이 행하는 실연

대한민국 국민이 행하는 실연은 **속인주의**屬人主義의 원칙에 따라 「저작권법」에 따른 각종 보호를 받는데, 이를 **국적주의**國籍主意라고도 한다. 국민이라면 국내에서는 물론 외국에서 행한 실연이라도 우리 법에 따라 보호를 받는다. 여기서 말하는 대한민국 국민은 대한민국 법률에 따라 설립된 법인 및 대한민국 내에 주된 사무소가 있는 외국법인을 포함한다(제64조 제1항 제1호 가목).[28]

나. 외국인의 실연

외국인의 실연은 다음과 같은 세 가지의 경우, 즉 i) 대한민국이 가입 또는 체결한 조약에 따라 보호되는 실연이거나, ii) 「저작권법」으로 보호받는 음반에 고정된 실연이거나, iii) 「저작권법」으로 보호받는 방송을 통해 송신되는 실연일 경우에는 우리나라에서 법에 따라 보호를 받을 수 있다(제64조 제1항 제1호 나목~라목 참조). 이와 같이 우리나라에서는 외국인의 실연을 실연의 장소(체약국), 음반에 고정, 방송 등과 같은 밀접한 관련성 내지는 연결점Nexus에 착안하여 보호하고 있다.

---

26 허희성, 앞의 책, 21쪽.

27 따라서 실연과 공연은 모두 영어로는 'Performance'로 표기한다.

28 '저작물'에 있어서는 우리 국내에 거주하는 외국인의 저작물과 우리 국내에서 최초로 공표된 외국인의 저작물도 이 법에 의한 보호를 받을 수 있으나(제3조 제2항 참조), 실연에 있어서는 위에서 언급한 우리 법률에 의하여 설립된 법인이나 우리 국내에 주된 사무소가 있는 법인을 제외하고는 자연인인 외국인의 실연은 나목에 해당하지 않는 한 보호를 받지 못함을 유의하여야 한다.

2. 실연자

(1) 실연자의 의의

실연자는 실연에 대한 권리(저작인접권)의 귀속주체로서의 지위를 지니고 있는데, 일반적으로 실연자는 실연을 하는 자로서[29], 이들은 곧 저작물을 해석하여 표현하는 자를 말한다. 현행 「저작권법」에 따르면 **"실연자는 저작물을 연기·무용·연주·가창·구연·낭독[30] 그 밖에 예능적 방법으로 표현하거나 저작물이 아닌 것을 이와 유사한 방법으로 표현하는 실연을 하는 자를 말하며, 실연을 지휘, 연출 또는 감독하는 자를 포함한다"**(제2조 제4호). 그런데 대부분의 실연에 있어서는 실연자의 개성이 표현되고 어느 정도의 창작성이 가미되므로 실연자는 자연인이어야 함이 원칙이다. 이 점에서 법인도 그 주체가 될 수 있는 음반제작자와 방송사업자와는 구별된다.

한편, 실연자는 저작자와는 법률상 별도의 개념이지만 이들은 엄격히 구별하기가 쉽지 않다. 저작자는 저작물을 창작한 자이며, 해당 창작에는 Originality와 Minimum Creativity가 요구되며, 실연의 과정에서 창작을 하게 되는 상황도 있기 때문이다. 따라서 어떠한 실연이 저작물성을 가진다고 해서 저작인접권의 보호가 배제되는 것은 아니며, 반대로 그 실연이 저작인접권의 보호를 향유한다고 하여 반드시 저작권 보호로부터 배제되는 것도 아니다.

(2) 실연자의 유형

우리 법에 따르면 실연자는 크게 세 가지 유형으로 구분할 수 있는데 i) 저작물을 예능적 방법으로 표현하는 자와 ii) 저작물이 아닌 것을 예능적 방법과 유사한 방법으로 표현하는 자 그리고 iii) 실연을 지휘, 연출 또는 감독하는 자 등이 그것이다.

저작물을 해석하여 예능적 방법으로 표현하는 실연자로서는 연기자, 무용가, 연

---

29 이 점에서 음반이나 방송에 대한 저작인접권의 귀속주체가 녹음을 행한 자나 방송프로듀서가 아니라 자본과 기술을 투자한 음반제작자와 방송사업자인 것과는 차이가 있다.
30 구연과 낭독을 '음성연기'라 부르기도 한다(「저작권법 시행규칙」 제6조 제1항 및 이에 따른 별지 제7호 서식 참조). 참고로 기존에 존재하는 저작물을 구연이나 낭독하는 자는 이와 같이 '실연자'에 해당하나, 자신이 최초로 특정의 내용물(콘텐츠)을 구연 또는 낭독하는 것은 즉흥연기 또는 즉흥노래 등에 해당하며 이들은 곧 '저작자'에 해당함을 유의할 필요가 있다.

주자, 가수, 배우, 탤런트, 성우 등이 있으며 이들을 흔히 **연예인**이라 부르기도 한다.[31] 저작물이 아닌 것을 예술적 방법과 유사한 방법으로 표현하는 실연자로서는 피겨스케이팅 선수, 리듬체조 선수, 수중발레 선수, 곡예사, 마술가 그리고 예술적 요소가 가미된 버라이어티 쇼단의 단원 등이 있다. 그리고 우리 법은 특히 직접적으로 실연을 하지는 않지만 실연을 지휘, 연출 또는 감독하는 자를 실연자의 개념 범위에 포함시키고 있는데, 지휘자는 주로 음악저작물에 있어서의 실연을, 연출가는 주로 연극저작물에 있어서의 실연을, 감독은 주로 영상저작물에 있어서의 실연을 총괄적으로 지도, 감독하는 자를 말한다.

(3) 실연자의 추정

현행 법에서는 법에 따라 보호되는 실연과 관련하여 실연자로서의 실명 또는 널리 알려진 이명(예명, 아호, 약칭 등을 말한다)이 일반적인 방법으로 표시된 자는 실연자로서 그 실연에 대하여 실연자의 권리를 가지는 것으로 추정하고 있다(제64조의2 참조).[32] 이는 후술하는 음반제작자나 방송사업자에 있어서도 마찬가지이다.

III. 음반 및 음반제작자

1. 음반

(1) 의의

음반은 크게 매체물媒體物로서의 음반이 있고, 보호의 대상으로서의 음반이 있는데 「저작권법」에서는 후자를 규율하고 있다. 우리 법은 "**음반**은 음(음성·음향을 말한다. 이하 같다)이 유형물에 고정된 것(음을 디지털화한 것을 포함한다)을 말한다. 다만, 음이 영상과 함께 고정된 것을 제외한다"(제2조 제5호)라고 정의하고 있다. 이와 같은

---

31 그런데 저작물을 직접적으로 해석하여 표현하는 지위에 있지 않은 보조적·기능적 지위에서 실연자를 돕는 일을 하고 있는 '엑스트라'나 '스태프' 등은 실연자의 범주에 포함되지 아니함을 유의하여야 한다.
32 법 제64조의2는 법 제8조에 대칭되는 규정이다. 법 제8조가 저작자의 추정에 관한 일반적인 규정을, 법 제64조의2가 저작인접권자의 추정에 관한 일반적인 규정을 두고 있기 때문이다.

음반은 음을 이용자 또는 소비자에게 전달하기 위하여 별도의 제작자(이를 '음반제작자'라 한다)가 창작적인 제작과정을 거치면서 실연자의 가창, 연주자의 연주, 기타 효과음향 등이 하나로 엮여 완성된다. 이와 같이 완성된 음반은 무형적 콘텐츠로서의 특징을 지니고 있으며, 따라서 음반이 고정되어 있는 유형적 전달매체와는 구별되는 개념임을 유의하여야 한다.[33] 요컨대, 음반은 저작물이 아니고 저작인접물에 해당하며[34], 따라서 음반은 CD나 LP 등과 같은 유형적 매체물 자체를 의미한다기보다는 유형적 매체물에 고정되어 있는 무형의 콘텐츠를 의미한다.

(2) 음반의 개념적 특징

음반을 정의하고 있는 법 제2호 제5호를 근거로 하여 음반의 개념적 특징을 좀 더 구체적으로 살펴보기로 한다.

첫째, 음반은 음이 유형물에 고정된 것을 말한다. 여기서의 음은 음성과 음향을 말하는데 음성은 사람의 소리를 말하고 음향은 악기의 연주, 자연적인 소리 그리고 기타 기계적 장치를 활용한 소리 등을 말한다. 따라서 음반은 반드시 그 고정된 내용이 음악저작물이거나 그 밖에 다른 저작물일 필요는 없으며, 자연과 동물의 소리, 즉흥적으로 낭송되는 시 등을 녹음한 것도 음반에 해당한다. 요컨대, 모든 형태의 소리를 유형물에 고정한 것을 음반이라고 말할 수 있다.

둘째, 음반은 음을 **유형물**에 고정한 것을 말한다. 음악저작물은 인간의 사상과 감정을 표현한 무형적인 것인 반면에, 음반은 그것이 어떠한 형태든지 유형물에 고정될 것을 필요로 한다. 유형물에 고정되어야만 음악저작물이 특정 이용자에게 전달되어 이를 이용할 수 있기 때문이다. 여기서 **고정**이라 함은 순간적인 기간 이상의 기간에 걸쳐서 지각知覺하고 복제하고 기타 전달하는 것을 가능하게 할 정도로 충분하고 영속적이어야 한다. 그리고 음반에는 음을 디지털화한 것을 포함하고 있음을 유의하여야 한다. 음반은 음이 유형물에 고정된 것이기는 하나 이때의 유형물

---

33 음반이 유형적 전달매체가 아니라 무형적 콘텐츠임을 말한다는 것은 우리 「저작권법」상 음반의 정의규정에서 '음이 고정된 유형물'이라 하지 않고 '음이 유형물에 고정된 것'이라고 정의하고 있는 데서도 잘 나타나 있다(김정완, 앞의 책, 221쪽).

34 법에 따르면 저작물은 인간의 사상 또는 감정을 표현한 창작물을 말하는데, 음반이 저작물이 아님은 그 정의에서 보듯이 창작물이라는 표현이 없이 '유형물에 고정된 것'이라는 기술적·기계적인 표현을 쓰고 있음에서도 알 수 있다. 참고로 미국에서는 음반을 저작물로 보고 있다(미국 저작권법 제102조 참조).

은 굳이 유체물을 의미하는 것은 아니며 과학기술의 발달에 따라 인간이 기계적·전자적·화학적 방법 등을 활용하여 지각할 수 있는 형태로 존재하는 것[35]이라면 이 역시 유형물에 해당하는 것으로 볼 수 있다. 따라서 디지털화한 음악파일 등도 역시 음반에 해당한다.

셋째, 음이 영상과 함께 고정된 것은 음반이 아니다. 따라서 음과 영상이 함께 고정되어 있는 뮤직비디오 등은 영상저작물로서의 음악영상물이지 음반에 해당하지 않는다. 이렇게 볼 때, 음반은 일체의 시각적 요소를 제외하고 오직 음 또는 음원과 같은 청각적 요소만이 고정되어 있는 것을 말한다.

(3) 법으로 보호받는 음반

가. 대한민국 국민을 음반제작자로 하는 음반

대한민국 국민을 음반제작자로 하는 음반은 법에 의한 보호를 받는데(제64조 제1항 제2호 가목), 이는 우리나라 국민을 음반제작자로 하는 음반은 보호된다는 국적주의를 천명한 것으로서, 법에 명시적인 규정은 없지만 앞서 살펴본 실연에서와 마찬가지로 여기에는 대한민국 법률에 따라 설립된 법인 및 대한민국 내에 주된 사무소가 있는 외국법인도 포함하는 것으로 해석된다.

나. 외국인의 음반

우리나라에서는 대한민국 국민을 음반제작자로 하는 음반의 경우는 물론 이 밖에도 다음의 세 가지 기준에 부합하면 외국인이 제작한 음반도 보호대상으로 하고 있는데, 이는 타국과 비교하여 상당히 높은 수준으로 외국음반을 보호하고 있는 것으로 평가되고 있다. 이를 구체적으로 보면, 비록 외국인의 음반일지라도 i) 음이 맨 처음 대한민국 내에서 고정된 음반이거나(제64조 제1항 제2호 나목), ii) 대한민국이 가입 또는 체결한 조약[36]에 따라 보호되는 음반으로서 체약국 내에서 최초로 고정된 음반이거나(제64조 제1항 제2호 다목), iii) 대한민국이 가입 또는 체결한 조약에 따라 보호되는 음반으로서 체약국의 국민(해당 체약국의 법률에 따라 설립된 법인 및 해

---

35 여기에는 CD, LP, 디스크, 메모리칩 등 다양한 형태의 기계적·전자적·화학적 매체물이 있을 수 있다.
36 「로마협약」, 「음반협약」, 「TRIPs 협정」, 「WPPT」 및 각국과 체결한 FTA 등이 있다.

당 체약국 내에 주된 사무소가 있는 법인을 포함한다)을 음반제작자로 하는 음반일 경우 (제64조 제1항 제2호 라목)에는 법으로 보호를 받는다.

2. 음반제작자

(1) 음반제작자의 의의

"음반제작자는 음반을 최초로 제작하는 데 있어 전체적으로 기획하고 책임을 지는 자를 말한다"(「저작권법」 제2조 제6호).[37] 음반제작자는 음악저작물을 좀 더 매력적으로 가공하여 이를 이용자에게 전달하기 위하여 물적 요소인 특수한 기술이나 자본을 투입하며[38], 이 과정을 전체적으로 기획하고 책임을 지는 위치에 있다. 이와같이 법에서 말하는 음반제작자는 음반에 녹음을 하는 녹음기술자를 말하는 것이 아니라 음반을 **최초로** 제작하는 데 있어서 전체적인 기획과 책임을 지는 자를 말한다. 현실적으로 보더라도 음반제작자는 초기자본을 집중투입하기 마련이며, 따라서 음반의 제작과정에서 맨 처음에 이루어지는 고정단계를 집중적으로 보호할 필요성이 있고 법에서도 이를 유의하고 있음은 물론이다. 따라서 최초 제작이 아닌 기존의 음반을 복제하거나 아니면 기존의 음반을 다시 디지털화하거나 리마스터링Re-Mastering 또는 리메이크Re-Make를 하는 등 재고정작업을 하는 데 전체적인 기획과 책임을 지는 자는 음반제작자가 아님을 유의하여야 한다.

(2) 음반제작자의 추정

법에 따라 보호되는 음반과 관련하여 음반제작자로서의 실명 또는 널리 알려진 이명이 일반적인 방법으로 표시된 자는 음반제작자로서 그 음반에 대하여 음반제작자의 권리를 가지는 것으로 추정한다(제64조의2).

---

37 우리 법에 따르면 실연자는 "…실연을 하는 자를 말한다"라고 규정하고 있으나 음반제작자와 후술하는 방송사업자의 경우에는 '음반을 제작하는 자' 또는 '방송을 하는 자'가 아니라 각각 그 개념의 정의규정을 따로 두고 있다(제2조 제6호 및 제9호). 현행 법에서의 음반제작자의 정의형식은 앞에서 살펴본 영상제작자의 정의형식과 대단히 비슷하다.

38 이 점에서 인적·예능적 요소를 발휘하는 실연자와는 차이가 있다.

IV. 방송 및 방송사업자

1. 방송

(1) 의의

방송은 저작물은 물론이고 저작인접물의 전형적인 이용행위의 하나에 속하며, 따라서 방송은 저작권과 저작인접권 모두의 보호대상이 된다. 그런데 저작권에 있어서는 방송의 개념이 공중송신의 개념에 포함되어 사용되고 있음이 일반적이어서 독립된 지분권으로서의 성격이 약하나, 저작인접권에 있어서는 저작인접권의 지분권으로서 독자적 방송권이 널리 인정되고 있다. 「저작권법」에서는 "방송을 공중송신 중 공중이 동시에 수신하게 할 목적으로 음·영상 또는 음과 영상 등을 송신하는 것을 말한다"(제2조 제8호)라고 정의하고 있다.[39]

(2) 방송의 개념적 특징

법 제2조 제8호에서 정의하고 있는 방송의 개념적 특징을 좀 더 구체적으로 살펴보면 다음과 같다. 첫째, 방송은 그 방송되는 내용이 반드시 저작물일 필요는 없다. 따라서 뉴스나 스포츠 중계 등과 같은 비저작물도 법에 따라 방송으로 보호된다.[40] 둘째, 방송은 공중송신의 하위개념으로서 저작물과 저작인접물의 전형적인 이용행위의 하나이다. 셋째, 방송은 공중이 동시에 수신하게 할 목적으로 방송콘텐츠를 송신하는 것을 말한다. 이와 같이 방송은 **공중으로 하여금 수신하게 할 목적**이 있어야 하므로 통상 인간이 이해할 수 있는 음 또는 음과 영상의 송신을 의미하는 것이며, 일반인이 이해하기 어려운 모스 부호나 암호와 같은 부호의 송신은 방송에 해

---

39 방송과 관련한 주요법률관계는 법의 여러 곳에서 산발적으로 규정하고 있다. 구체적으로 살펴보면 i) 저작자의 공중송신권(제18조 참조), ii) 사실의 전달에 불과한 시사보도에 대한 보호의 불인정(제7조 참조), iii) 시사보도를 위한 저작물의 복제 등의 제한(제26조 참조), iv) 영리를 목적으로 하지 아니하는 공연·방송에 대한 저작재산권의 제한(제29조 참조), v) 학교교육 목적 등을 위한 저작물의 공중송신의 허용 등(제25조 참조), vi) 방송사업자의 일시적 녹음·녹화(제34조 참조), vii) 공표된 저작물의 방송을 위한 법정허락(제51조 참조), viii) 실연자·음반제작자의 방송사업자에 대한 보상청구권의 행사(제75조·제82조 참조), ix) 방송사업자의 저작인접권(제84조~제85조의2 참조), x) 방송(저작인접권)의 보호기간(제86조 참조), xi) 영상저작물에 대한 특례규정(제99조~제101조 참조) 등이 있다.
40 예를 들면, 스포츠 중계 등에 대해서 방송사업자는 배타적 권리로서 복제권, 동시중계방송권 그리고 공연권 등을 행사할 수 있다.

당한다고 보기 어렵다. 넷째, 방송은 공중의 구성원의 요청 여부와는 관계없이 방송사업자가 일방적으로 송신하는 것을 말하며, 따라서 공중의 구성원의 요청에 의하여 개시되는 **디지털음성송신**과는 차이가 있다. 다섯째, 방송은 음(여기에는 음성과 음향이 모두 포함된다)·영상 또는 음과 영상을 함께 송신하는 것을 말한다. 라디오방송은 음을, TV방송은 음과 영상을 함께 송신하지만 TV방송에 있어서 영상만을 송신하는 방송도 가능하다. 여섯째, 우리 법에서 구체적으로 명시하고 있지는 않지만, 방송을 함에 있어서 이루어지는 송신의 방법은 무선 또는 유선의 방법 모두를 포함하는 것으로 이해된다.[41]

(3) 법으로 보호받는 방송
가. 대한민국 국민을 방송사업자로 하는 방송

먼저, 대한민국 국민인 방송사업자의 방송은 법에 의한 보호를 받으며(제64조 제1항 제3호 가목), 여기에는 대한민국 법률에 따라 설립된 법인 및 대한민국 내에 주된 사무소가 있는 외국법인도 포함되는 것으로 해석된다. 이 규정은 방송보호에 있어서 국적주의를 천명한 것으로서 우리 국민을 방송사업자로 하는 방송은 법의 보호를 당연히 받는다는 것을 의미한다.

나. 외국인의 방송

다음으로 외국인의 방송은 i) 대한민국 내에 있는 방송설비로부터 행해지는 외국방송(제64조 제1항 제3호 나목)과 ii) 대한민국이 가입 또는 체결한 조약[42]에 따라 보호되는 방송으로서 체약국의 국민인 방송사업자가 해당 체약국 내에 있는 방송설비로부터 행하는 방송(제64조 제1항 제3호 다목)일 경우 법으로 보호를 받는다. 따라서 우리나라에서 보호받을 수 있는 외국인의 방송은 그 보호의 연결점을 크게 방송설비 소재지와 국적으로 파악하여 두 가지 유형으로 나누어 설명할 수 있다.

---

41 「베른협약」이나 「로마협약」 또는 「세계지식재산기구 실연·음반조약」에서 '방송'이란 무선방송에 한정되는 개념이지만 각 조약의 회원국이 국내법으로 유선방송을 보호하는 것은 얼마든지 허용하고 있다. 요컨대, 유선방송의 보호는 국제조약상의 의무로서 부과되고 있지는 않지만 개별국가는 임의적으로 얼마든지 보호를 할 수 있다(한국저작권위원회, 앞의 연구서(I), 173쪽).
42 「로마협약」, 「TRIPs 협정」, 「위성협약」 및 각국과 체결한 FTA 등이 있다.

2. 방송사업자

(1) 방송사업자의 의의

방송사업자가 방송을 기획하고 제작하는 데에는 많은 전문적 지식과 노력 및 거대한 자본이 수반되는데, 「저작권법」은 이러한 방송사업자를 법의 테두리 내에서 보호해 주고 있다. 저작권뿐만 아니라 저작인접권의 체계를 가지고 있는 대부분의 국가에서는 방송사업자에게 저작인접권이라는 법적인 권한을 부여하고 있는데 우리도 예외는 아니다.[43]

우리 법에서는 방송사업자에 대한 정의규정을 가지고 있는데, 이에 따르면 방송사업자는 방송을 업으로 하는 자를 말한다(제2조 제9호). 여기서 방송은 공중송신 중에서 공중이 동시에 수신하게 할 목적으로 음·영상 또는 음과 영상 등을 송신하는 것을 말하며, 업으로 하는 자는 해당 사업을 지속적으로 수행하는 자를 말하는데 업으로 함에 있어서 구태여 영리를 목적으로 할 필요는 없다고 해석된다. 방송사업자는 이와 같이 방송을 업으로 하기 때문에 방송의 기획과 편성 및 그 내용에 관하여 일정한 책임을 부담하여야 함은 물론이다.[44]

한편, 「방송법」 제2조에서는 방송사업자로서 i) 지상파방송사업자, ii) 종합유선방송사업자, iii) 위성방송사업자, iv) 방송채널사용사업자, v) 공동체라디오방송사업자, vi) 중계유선방송사업자, vii) 음악유선방송사업자 그리고 viii) 전광판방송사업자 등을 규정하고 있다. 그런데 이들 여덟 가지 유형의 방송사업자 모두가 「저작권법」 제2조 제9호가 말하는 방송사업자를 지칭한다고 할 수는 없다. 「저작권법」에서의 정의에 부합하는 방송사업자는 적어도 방송의 기획과 편성 및 방송의 내용에 대해 책임을 지는 사업자를 말하므로 「방송법」에서 말하는 방송채널사용사업자는 「저작권법」에 따른 방송사업자로 볼 수 없다. 따라서 「저작권법」에 따른 방송사업자와 「방송법」에 따른 방송사업자는 정확하게 일치하는 개념은 아니다.

---

43 그런데 현재 「WIPO」에서는 방송사업자의 보호를 위한 새로운 국제조약의 체결을 위한 '저작권 및 저작인접권에 관한 상설위원회'를 설치·운영 중인데, 그 핵심적인 논의의 내용은 전통적인 방송사업자만 저작인접권자로서 보호를 하고 디지털음성사업자는 저작인접권자로 보호하는 대신에 이들에게 보상청구권만을 인정하자는 데 모아져 있다고 한다(한국저작권위원회, 앞의 연구서(I), 177~179쪽).

44 이는 곧 방송사업자는 적어도 송신되고 있는 또는 송신된 방송프로그램에 대하여 일정한 한도의 법적 책임을 질 수 있는 위치에 있어야 함을 말한다.

(2) 「저작권법」상 방송사업자의 법적 지위

오늘날 방송은 음성, 음향 그리고 영상 등이 융합된 종합예술로서의 성격을 지니고 있는데, 이와 같은 방송을 업으로 하는 자인 방송사업자가 법에서 차지하는 지위도 대단히 복합적이다.

법에 따른 방송사업자의 법적 지위는 크게 네 가지 유형으로 나누어 고찰할 수 있다. 첫째, 방송사업자가 영상저작물을 직접 제작하는 경우로서 이때 방송사업자는 영상저작물의 제작자의 지위를 가진다.[45] 둘째, 방송사업자는 저작물의 이용관계에서 독립제작사 등이 제작한 방송영상물을 이용하는 이용자로서의 지위를 가지고 있다. 셋째, 방송사업자는 실연 또는 음반과 같은 저작인접물의 이용자의 지위를 가지기도 한다.[46] 넷째, 방송사업자는 여기에서 논의하고 있는 바와 같이 그의 방송을 복제, 동시중계 그리고 공연할 권리를 가지는 것을 내용으로 하는 저작인접권자로서의 지위를 가지고 있다.

방송사업자의 법적 지위가 이와 같이 복합적인 이유는 방송에서 저작물 등을 이용하여 방송의 영상(방송프로그램)을 제작·완료하면 그 영상 및 송신 자체가 방송프로그램의 제작이나 송신 이전의 단계와 전혀 다른 별개의 저작물(영상저작물) 또는 저작인접물로 인정하는 법리 및 이에 따른 규정 때문이다.

(3) 방송사업자의 추정 등

법에 따라 보호되는 방송과 관련하여 방송사업자로서의 실명 또는 널리 알려진 이명이 일반적인 방법으로 표시된 자는 방송사업자로서 그 방송에 대하여 방송사업자의 권리를 가지는 것으로 추정한다(제64조의2).

---

45 대부분의 경우에 있어서는 방송사업자는 업무상저작물의 저작자의 지위에 서게 되기도 한다.
46 이때 실연자 및 음반제작자 등은 방송사업자에게 보상청구권을 가지고 있음이 일반적이다.

제3절
저작인접권의 주요내용

I. 저작인접권자가 가지는 권리의 개요

1. 저작인접권자가 가지는 배타적 권리

저작인접권도 저작권과 마찬가지로 인격권과 재산권으로 구분할 수 있는데 그 대부분은 배타적 성격의 권리로 이루어져 있다. 먼저, 저작인접권으로서의 배타적 성격의 인격권은 실연자에게만 부여되며 음반제작자나 방송사업자에게는 부여되지 않는다. 이는 실연 자체에는 실연자가 가지고 있는 개인적·예능적 요소가 체화體化되어 있기 때문이며, 음반이나 방송에는 이와 같은 인적 요소가 아닌 기술·자본과 같은 물적 요소가 체화되어 있기 때문이다. 현행 법에 따르면 실연자가 가지는 인격권으로서는 성명표시권과 동일성유지권이 있다.

한편, 저작인접권으로서의 배타적 성격의 재산적 권리는 저작인접권의 주체에 따라 각각 달리 부여된다. 실연자에게는 복제권, 배포권, 대여권, 공연권, 전송권, 방송권이 주어지며, 음반제작자에게는 복제권, 배포권, 대여권, 전송권이 주어진다. 그리고 방송사업자에게는 복제권, 동시중계방송권 및 공연권이 주어지고 있다.[47]

2. 저작인접권자가 가지는 채권적 권리(보상청구권)

(1) 의의
저작인접권자에게는 앞에서 살펴본 바와 같이 배타적 권리가 부여되기도 하지만

---

[47] 저작인접권자가 가지는 재산적 권리는 그 보호대상을 실연, 음반, 방송에 한정하고 있기 때문에 복합개념인 '공중송신권'은 존재하지 않으며 대신에 방송권, 전송권, 디지털음성송신에 대한 보상청구권 등만 적용이 가능하다. 이와 같이 저작인접권에는 저작권에는 인정되는 공중송신권이 인정되지 않고 있는데 이는 저작인접권의 저작권에 대한 부수성을 말해 주는 것이기도 하다.

일정한 경우에 있어서는 그보다 강도가 약한 채권적 권리인 보상청구권이 주어지기도 한다. 배타적 권리가 대세권對世權으로서 그 권리를 침해하는 누구에게나 주장할 수 있으며 이에 기반하여 물권적 청구권도 병행하여 행사할 수 있는 강력한 권리인 반면에, 채권적 권리인 보상청구권은 특정 채무자에게만 주장할 수 있는 대인권對人權에 불과하다.

저작인접권자에게 어떠한 유형의 배타적 권리를 부여하고 나아가 어떠한 유형의 보상청구권을 부여할 것인가는 궁극적으로 그 나라의 입법정책의 문제이긴 하나, 일반적으로 저작인접권자의 경제적 이익을 해칠 우려가 높은 저작인접권의 이용행위에 대해서는 배타적 권리를 부여하고, 그나마 저작인접권자의 경제적 이익의 손실위험이 적은 이용행위에 대해서는 보상청구권을 부여하고 있다. 보상청구권을 부여한다는 말은 누구든지 저작인접권자의 허락 없이도 해당 저작인접물을 자유로이 이용할 수 있으며, 다만 이용에 따른 보상금을 지급하여야 할 의무가 따른다는 말이다.

(2) 저작인접권자가 보상청구권을 행사할 수 있는 경우

현행 「저작권법」 체계에 따르면 채권적 권리인 보상청구권은 실연자와 음반제작자에게만 주어지며 방송사업자에게 주어지는 보상청구권은 없다. 실연자와 음반제작자는 다른 사람이 그의 실연 또는 음반을 활용하여 이를 공중에게 송신하거나 이용에 제공하면 여러 가지 경제적 손실을 입을 우려가 있다. 이때 실연이나 음반을 활용하여 공중에게 전달하는 자는 실연자의 실연을 실연자나 음반제작자의 허락 없이도 자유롭게 이용할 수 있도록 해주는 반면에 그가 얻는 경제적 이익 중 일부를 실연자 또는 음반제작자에게 보상함이 사회적으로도 타당할 것이다.

현행 법에 따르면 실연자에게 보상금을 지급하여야 할 주체로서는 방송사업자, 디지털음성송신사업자 그리고 상업용 음반을 사용하여 공연하는 자 등이 있다. 이에 따라 실연자가 행사할 수 있는 보상청구권으로서는 i) 상업용 음반의 방송사용에 따른 보상청구권, ii) 디지털음성송신에 대한 보상청구권, iii) 상업용 음반을 사용하여 공연하는 데 대한 보상청구권 등 세 가지 종류로 구분할 수 있다. 다음으로 음반제작자에게 보상금을 지급하여야 할 주체 역시 방송사업자, 디지털음성송신사업자 그리고 상업용 음반을 사용하여 공연을 하는 자 등이 있으며 이에 따라 음반제작자가 행사할 수 있는 보상청구권 역시 i) 상업용 음반의 방송사용에 대한 보상청구권, ii) 디지털음성송신에 대한 보상청구권 그리고 iii) 상업용 음반을 사용하여 공연하는 데 대한 보상청구권 등이 있다.

II. 실연자의 권리

1. 실연자의 인격적 권리

(1) 의의

자연인에 해당하는 가수, 배우, 무용가 등 실연자는 그가 행한 실연과 관련하여 인격권을 가지는데, 이는 실연자가 행하는 실연에 포함되어 있는 예능, 끼, 자질과 같은 그의 인격적 요소를 보호해 주기 위해서이다.[48]

저작물과 실연에는 모두 인간의 인격적 요소가 포함되어 있는데, 다만 저작물은 저작자의 머릿속에 있는 아이디어를 그림이나 글 등으로 표현하는 데 반하여, 실연은 사람의 목소리나 몸짓 등 육체를 표현의 수단으로 활용한다는 점에서 차이가 있을 뿐이다.

실연자의 인격권에는 성명표시권과 동일성유지권이 있으며, 저작자와는 달리 공표권이 없다. 실연자에게 **공표권**이 주어지지 않는 이유는 실연이란 결국 기존에 이미 공표된 저작물을 대상으로 예능적 요소를 반영하여 이루어지는 실연자의 행위이기 때문이다. 그리고 실연자의 인격권은 실연을 하는 때부터 원시적으로 발생하며, 어떠한 절차나 형식의 이행이 필요치 않음은 여타의 저작권이나 저작인접권과 마찬가지다.

(2) 성명표시권

「저작권법」 제66조 제1항에서는 실연자에게 저작인접권으로서 인격권에 해당하

---

48 실연자에게 재산적 권리를 부여한 것은 비교적 오래전의 일이나 실연자에게 재산적 권리 이외에 인격권이라는 별도의 권리를 인정한 것은 「WPPT」가 선구적이었다. 즉, 「WPPT」 제5조는 실연자에게 저작자가 향유하는 저작인격권과 마찬가지로 실연자에게도 인격권을 향유하도록 규정하고 있는데, 「베른협약」에서 저작인격권을 규정하고 있는 제6조의2를 모범으로 하고 있으며 그 내용에서는 큰 차이점이 없다.

는 성명표시권이라는 권리를 부여하고 있는데, "실연자는 그의 실연 또는 실연의 복제물에 그의 실명 또는 이명을 표시할 권리를 가진다"라고 규정하고 있다.

실연자의 성명표시권은 실연자만이 행사할 수 있으며, 그는 그가 행한 실연인 연기, 무용, 연주, 가창 등과 관련하여 해당 실연 또는 그 복제물에 그것이 자신이 행한 실연이라는 것을 표시할 것인지의 여부와, 표시한다면 어떠한 이름으로 표시할 것인지에 대하여 결정할 권리를 가진다.[49] 또한 타인이 실연자의 동의 없이 실연자의 실명이나 이명을 표시하면 이는 곧 실연자의 성명표시권의 침해에 해당한다. 따라서 공중에 대한 실연의 제시, 즉 음악이나 영화를 방송하거나 극장에서 영화를 상영함에 있어서도 연주자나 배우의 성명을 어떻게 표시할 것인가에 대하여 미리 해당 실연자의 동의를 얻는 것이 바람직하다. 한편, 이와 같은 실연자의 성명표시권에 대응하여 "실연을 이용하는 자는 그 실연자의 특별한 의사표시가 없는 때에는 실연자가 그의 실명 또는 이명을 표시한 바에 따라 이를 표시하여야 한다. 다만, 실연의 성질이나 그 이용의 목적 및 형태 등에 비추어 부득이하다고 인정되는 경우에는 그러하지 아니하다"라는 규정이 있다(제66조 제2항).

(3) 동일성유지권

실연은 실연자의 예술적 재능이 반영된 것으로서 실연에는 그가 가지고 있는 인격적 요소가 체화된 것으로 볼 수 있다. 따라서 실연자는 자신의 실연내용과 형식이 변형되지 않고 동일성이 유지되는 상태에서 유통되는 데에 지대한 관심을 가지며, 이는 곧 실연자에게 동일성유지권을 부여하는 이론적 근거가 된다. 법 제67조에서는 실연자에게 동일성유지권을 부여하고 있는데, "실연자는 그의 실연의 내용과 형식의 동일성을 유지할 권리를 가진다. 다만, 실연의 성질이나 그 이용의 목적 및 형태 등에 비추어 부득이하다고 인정되는 경우에는 그러하지 아니하다"라고 규정하고 있다.

실연자의 동일성유지권과 저작자의 동일성유지권은 그 입법형식에 있어서 약간의 차이가 있다. 즉, 저작자의 동일성유지권은 학교교육 목적 등을 이유로 일정 부분 제한을 받을 수 있으나 실연자의 동일성유지권은 이에 대한 언급이 없다. 그

---

49 이때 이명을 표시할 수도 있는데 반드시 널리 알려진 이명일 필요는 없다. 참고로 실연자의 추정에 있어서는 '널리 알려진 이명'이 일반적인 표시방법으로 표시되어야 한다(제64조의2 참조).

리고 실연의 제호題號는 실연자의 동일성유지권의 대상이 아님을 유의할 필요가 있다.[50] 제호는 저작물 등을 예능적 방법으로 구체적으로 표현한 것이라기보다는 저작물 등의 내용과 형식 전체를 포섭하는 추상적 표현에 불과하기 때문이다. 이 밖에도 실연자의 동일성유지권에 관한 법 제67조는 실연의 성질이나 이용의 목적, 형태 등에 비추어 부득이한 경우에는 동일성을 유지하지 않아도 된다고 규정하고 있으나, 저작자의 동일성유지권에 관한 법 제13조 제2항 본문과 제5호에서는 부득이한 경우에 변경할 수 있으나 본질적인 내용의 변경이 용인되지는 않는다고 하여 하나의 안전장치를 더 마련하고 있다(제13조 제2항 및 제67조 참조). 이와 같이 현행 법체계에서는 저작자의 동일성유지권을 실연자의 그것보다 더 두텁게 보호하고 있음을 유의하여야 한다.

(4) 실연자의 인격적 권리의 행사 등

법 제68조에 따르면, 실연자가 가지는 성명표시권과 동일성유지권(이하 '실연자의 인격권'이라 한다)은 실연자에 전속한다. 이와 같이 실연자의 인격권은 실연자에게 일신전속적이기 때문에 실연자 이외의 누구도 해당 권리의 귀속주체가 될 수 없으며, 따라서 실연자 이외의 자에게 실연자의 인격권을 이전·양도하거나 상속할 수도 없다. 그리고 실연자의 인격권은 그 일신전속성으로 말미암아 그 존속기간도 귀속주체의 생존과 기간을 같이하므로 권리의 귀속주체인 실연자가 사망하면 실연자의 인격권도 동시에 소멸하게 된다.

그런데 현행 법체계에 따르면 실연자의 사망 후의 인격적 이익의 보호에 관해서는 별도의 규정을 두고 있지 않으며, 따라서 실연자의 사망 후에는 그의 인격적 이익도 소멸하여 보호를 받을 수 없다고 해석하는 것이 일반적이다. 이와 같은 현행법의 입법태도는 저작자의 사후 인격적 이익을 보호하는 규정을 두고 있는 것과는 비교가 된다.[51] 대중적 인기를 누리고 있는 실연자가 사망할 경우 그의 인격적 이익을 보호할 필요성은 저작자와는 비교될 수 없을 정도로 높을 수 있고, 무엇보다도 실연자의 퍼블리시티권Publicity Rights 도입이 가시권에 들어와 있는 최근의 저작권

---

50 참고로 저작자의 동일성유지권에는 제호의 동일성을 유지할 권리가 포함된다(제13조 제1항 참조).

51 법 제14조 제2항과 법 제128조에서 각각 저작자 사망 후 그의 인격적 이익의 보호와 그 침해에 대한 구제방법 등을 규정하고 있다.

환경에 비추어 보아도 실연자의 사후인격적 이익의 보호를 위한 입법적 조치가 필요할 것으로 보인다.

2. 실연자의 재산적 권리(배타적 권리)

(1) 의의

앞에서 살펴본 바와 같이 실연자가 가지고 있는 재산적 권리는 크게 물권적 성격을 지니는 배타적 권리와 채권적 성격을 지니는 보상청구권으로 나누어볼 수 있다.

현행 「저작권법」에 따라 실연자가 가지는 배타적 권리로서는 복제권, 배포권, 대여권, 공연권, 방송권 그리고 전송권 등 여섯 가지의 권리가 있으며, 채권적 권리로서는 방송사업자에 대한 보상청구권, 디지털음성송신사업자에 대한 보상청구권 그리고 상업용 음반을 사용하여 공연하는 자에 대한 보상청구권 등 세 가지의 권리가 있다.

(2) 복제권

실연자는 저작인접권으로서 복제권을 가진다. 즉, "실연자는 그의 실연을 복제할 권리를 가진다"(제69조). 실연자가 가지는 이와 같은 복제권은 후술하는 배포권, 대여권, 공연권, 방송권 그리고 전송권과 마찬가지로 배타적 권리로서의 성격을 가지며, 따라서 실연자의 허락 없이 그의 실연을 복제하는 자는 실연자의 복제권을 침해하는 것이 된다.

이때 **복제**는 주로 사진촬영, 녹음, 녹화 등의 방법으로 이루어지지만 그 밖의 방법으로 실연을 일시적 또는 영구적으로 유형물에 고정하거나 다시 제작하는 것도 포함한다(제2조 제22호 참조). 여기서 **다시 제작하는 것**, 즉 Copying에 대해서 살펴보면, 실연을 맨 처음 녹음·녹화하는 것은 물론이고 실연을 고정한 음반, 녹음테이프, 녹화테이프, 영화 필름 등을 다시 복제하는 것도 복제에 해당한다. 또한 실연의 고정물을 사용한 방송, 공연 등에서의 음이나 영상을 다시 테이프 등에 녹음·녹화하는 것도 실연의 복제에 해당하여 법 제69조의 적용을 받는다. 가수, 배우 등과 같은 실연자는 일반적으로 출연계약 또는 전속계약 등을 체결한 후 활동을 개시하는데, 결국 이와 같은 계약은 실연자가 가지는 그의 복제권에 기인하여 음반제작자,

영화사, 그리고 방송사 등에 자신의 실연을 녹음 또는 녹화하거나 이를 다시 복제할 수 있는 권한을 허락하는 것이라 할 수 있다.

저작권에 있어서도 그러하지만 저작인접권에 있어서도 복제권이 가장 중요하며 그 적용범위도 가장 넓은데, 그 이유로서는 복제가 이루어진 이후에 비로소 저작인접물의 여타의 이용행위, 즉 배포, 대여, 공연, 방송, 전송 등의 행위가 가능하기 때문이다.

그런데 주의해야 할 것은 실연의 복제권은 앞에서 이미 논의한 저작물의 복제권과는 차이가 있다는 것이다. 즉, 일반적으로 볼 때 실연의 경우에는 실연자가 행한 실연 자체를 녹음 또는 녹화하는 것 등에만 권리가 미치고, 그 실연과 유사한 다른 실연에 대하여는 복제권이 미치지 아니하는데[52], 이 점에서 저작물의 복제에 있어서는 그 저작물과 실질적으로 동일한 저작물의 복제에도 복제권이 미친다는 것과 차이가 있다. 따라서 저작물에는 모방이 허용되지 않지만 저작인접물에 있어서는 모방이 허용되어 원래의 저작인접물을 모방한 것에 대하여는 복제권이 미치지 아니함을 유의할 필요가 있다. 이와 같이 저작인접물의 모방에 대해서는 복제권을 행사할 수 없는 근본적인 이유는 저작물에 대해서는 저작권자가 2차적저작물작성권을 가지고 있음에 반하여 저작인접물에 대해서는 저작인접권자가 2차적저작인접물작성권을 가지고 있지 않기 때문이다. 이 점은 저작인접물뿐만 아니라 데이터베이스제작자의 권리 그리고 「콘텐츠산업 진흥법」상의 콘텐츠제작자의 권익의 보호에 있어서도 마찬가지로 적용된다. 실연에 있어서의 복제와 저작물에 있어서의 복제를 간략히 개념화하여 비교해 보면 아래의 표와 같다.

실연의 복제와 저작물의 복제와의 비교

구분	실연의 복제권	저작물의 복제권
관계	A = A′	A ≒ A′
복제권 침해의 판단기준	A′는 A를 Dead Copy를 한 경우에만 복제권에 해당	A′와 A는 그 형식과 내용이 똑같은 Dead Copy뿐만 아니라, 둘 사이에 실질적인 동일성(Substantial Identity)이 있는 경우에도 복제권 침해에 해당

---

52 따라서 원래의 가수나 원래의 배우는 모창가수나 모방배우에 대해서 자신의 초상 또는 인격에 관한 권리의 침해를 주장하거나 아니면 우리 판례가 널리 인정하고 있는 퍼블리시티권의 침해를 주장하는 것은 가능하겠으나, 그가 가지고 있는 실연의 복제권을 침해하였다고 주장할 수 없다.

여기에서 유의할 것은 실연자의 복제권[53]의 행사는 영상저작물과 관련하여서는 그 행사에 상당한 제한을 받는다는 것이다. 즉, 실연자가 일단 영상저작물에 출연하여 그의 실연이 해당 영상저작물 중에 녹음 또는 녹화되어 버린 경우에는 그 영상저작물의 이용에 대해서는 특약이 없는 한 복제권, 배포권, 방송권 및 전송권은 영상제작자에게 양도된 것으로 추정되기 때문이다(「저작권법」 제100조 제3항 참조).

실연자의 복제권과 관련한 또 하나의 논점으로는 「로마협약」에 그 근거를 두고 있는 이른바 **1회성의 원칙**One Chance Doctrine의 적용여부가 있다.[54] 저작인접권자인 실연자가 가지는 복제권을 지나치게 엄격하게 적용하면 일반 이용자가 실연에 접근하는 것에 많은 제약을 받게 되며, 이는 실연자와 이용자 모두에게 부정적인 요인으로 작용할 수 있다. 이에 저작자가 아닌 저작인접권자인 실연자가 가지는 복제권에 대해서는 이를 너무 엄격하게 보장하기보다는 최초의 1회에 한하여서만 이를 보장하고, 그 이후에는 고정물을 다시 만들거나 재이용하는 것을 널리 허용하여야 하며, 이를 위하여 누구든지 실연자의 실연을 자유롭게 복제할 수 있도록 하여야 한다는 주장[55]이 국내외에서 지속적으로 제기되고 있는 것이 사실이다. 그런데 실연자의 권리에 관한 기본적인 국제조약인 「로마협약」에서는 최초의 고정이 실연자의 동의를 받고 이루어졌다면 그 이후의 고정은 누구든지 자유롭게 할 수 있도록 규정하고 있어서 실연자의 복제권에 있어서 소위 말하는 **1회성의 원칙**을 견지하고 있는 것으로 보인다. 그러나 우리 법 제69조는 「로마협약」에서 규정하고 있는 1회성의 원칙을 명시적으로 언급하고 있지 않으며, 따라서 이 문제는 학설이나 판례에 맡겨져 있다고 하겠다. 이에 관하여 실연자의 권리를 보다 왕성하게 보호하기 위해서도 실연자의 복제권을 너무 폭넓게 제한하여서는 아니 될 것이라는 주장과, 우리나라의 경우 외국과 비교해 볼 때 실연자의 권리가 지나치게 두텁게 보호되고 있으므

---

53 이는 배포권, 방송권, 전송권에서도 마찬가지다.

54 「로마협약」에서는 1회성의 원칙을 복제권 및 방송권과 관련하여 적용할 수 있도록 규정하면서 구체적인 적용의 방법과 조건 등은 체약국의 국내입법에 위임하고 있다(「로마협약」 제7조 제1항 참조). '1회성의 원칙 (One Chance Doctrine)'은 '최소보호의 원칙(First Sale Doctrine)'이라고도 하는데, 기본적인 사상은 실연자가 어떤 방법으로든지 그의 실연에 대한 고정을 한번이라도 허락하면(현실적으로는 주로 복제나 방송이 이에 해당함) 그 이후에는 자신의 실연에 대하여 더 이상의 권리가 미칠 수 없다는 사상을 근거로 하고 있다. 이렇게 볼 때, 저작인접권자인 실연자에게 적용되는 1회성의 원칙은 저작자에게 적용되는 '최초판매의 원칙' 내지는 '권리소진의 원칙'과 기본적인 사상면에서 유사한 면이 대단히 많음을 알 수 있다.

55 이를 '1회성의 원칙(One Chance Doctrine)'이라 한다(허희성, 앞의 책, 388~391쪽).

로 공익상의 필요 등의 사유로 1회성의 원칙을 더욱 강하게 적용하여야 할 것이라는 주장이 대립되고 있는 바, 이에 관한 별도의 입법절차가 필요할 것으로 보인다.

(3) 배포권

"실연자는 그의 실연의 복제물을 배포할 권리를 가진다"(제70조 본문). 실연자의 배포권 역시 배타적 권리로서, 이는 주로 유형물을 대상으로 하기에 배포의 대상은 주로 유형적 형태를 지닌 실연의 복제물이다. 다만, 실연자의 배포권을 지나치게 엄격하게 적용하면 일반 이용자가 실연에 접근하는 것이 심각하게 제한될 수 있고 실연의 복제물의 유통을 곤란하게 할 수 있으므로 저작자의 배포권과 마찬가지로 일단 유형적 복제물이 판매 등의 방법으로 거래에 제공되면 배포권은 소진되고 더 이상 실연자는 이 권리를 행사할 수 없도록 하고 있다. 법 제70조 단서의 "…다만, 실연의 복제물이 실연자의 허락을 받아 판매 등의 방법으로 거래에 제공된 경우에는 그러하지 아니하다"라는 규정이 이를 뒷받침하고 있다. 이와 같은 배포권의 제한에 관한 규정은 「WPPT」 제8조의 위임에 따라 우리가 독자적으로 규정한 것으로서[56], 우리의 경우 실연자의 배포권에도 **권리소진의 원칙** 내지는 또 다른 표현인 **최초판매의 원칙**이 적용되어 그 행사에 일정한 제한이 따른다. 여기서 배포권의 제한이 따른다는 말은 실연자는 더 이상 배포권을 행사할 수 없으며, 따라서 판매 등의 방법으로 거래에 제공되어 실연의 복제물을 가지고 있는 자는 실연자의 허락이 없이도 이를 자유로이 배포할 수 있음을 말한다.

(4) 대여권

현행 법에서 규정하는 유형물을 대상으로 하는 대여권은 저작자뿐만 아니라 저작인접권자인 실연자와 음반제작자에게도 부여되고 있는데, 이때 대여권의 대상은 상업용 음반에 한정하고 있음을 유의할 필요가 있다. 즉, 실연자의 대여권에 관한 근거규정인 법 제71조에서는 "실연자는 법 제70조의 단서의 규정에도 불구하고 그의 실연이 녹음된 상업용 음반을 영리를 목적으로 대여할 권리를 가진다"라고 규정하고 있다. 따라서 제3자가 실연자의 허락 없이 실연자의 실연이 녹음된 상업용 음

---

56 세계지식재산기구 실연·음반조약인 「WPPT」 제8조에서는 배포권 소진의 인정여부 및 소진될 조건 등을 체약국이 자유롭게 정할 수 있도록 위임하고 있다.

반을 영리를 목적으로 대여하면 이는 실연자의 대여권의 침해에 해당한다고 볼 수 있다.

그런데 대여는 이미 언급한 바와 같이 배포의 한 유형에 해당하기 때문에 최초판매의 원칙 내지는 권리소진의 원칙에 따라 배포권이 소진되면 당연히 대여권도 소진되기 마련이다. 그러나 대여행위 역시 중요한 저작물의 이용행위에 해당하고 이를 적절히 통제함으로써 실연자의 권익을 보호해 줄 필요성이 충분히 존재한다. 이에 법 제71조에서는 비록 **권리소진의 원칙**에 의하여 실연자가 더 이상 배포권을 행사할 수 없음에도 불구하고 예외적으로 실연자의 실연이 녹음된 상업용 음반에 더하여 대여를 할 수 있는 권리를 부여하고 있다. 주의할 것은 이때 대여의 대상은 국내 저작권 환경을 고려할 때 상업용 음반도 영리를 목적으로 한 대여에 대해서만 배타적인 권리를 가질 수 있도록 하고 있다는 것이다. 현행 법에서 실연자의 대여권 행사의 대상을 이와 같이 한정하고 있는 이유는 실연이 녹음된 상업용 음반을 대여하는 대여업자가 실연자의 허락 없이 실연자의 권리(배포권)를 침해할 우려가 가장 높다는 현실적 우려를 반영한 것이기도 하다.[57]

(5) 공연권

우리 법은 저작물뿐만 아니라 실연, 음반, 방송과 같은 저작인접물도 공연의 대상으로 하고 있다.[58] "실연자는 그의 고정되지 아니한 실연을 공연할 권리를 가진다"(제72조 본문)라고 규정하여 실연자에게도 공연권을 부여하고 있으며[59], 실연자가 가지는 이와 같은 공연권은 당연히 배타적인 권리에 해당함은 물론이다. 그런데 현

---

57 그런데 현행 법체계에 따른 이와 같은 대여권은 그것이 저작권자의 대여권이든, 아니면 저작인접권자의 대여권이든 모두가 장식적인 권리에 불과한 측면이 강하다. 무릇 권리는 그것이 현실세계에서 살아서 움직일 때 비로소 그 존재이유가 있는데, 우리의 경우 어떤 형태의 음반이나 컴퓨터프로그램저작물도 대여되는 경우가 거의 없기 때문이다. 정부에서 매년 발간하는 「콘텐츠산업통계조사」에서도 출판임대(대여)업과 만화임대업은 각각 콘텐츠산업의 중분류와 소분류에 해당하여 일정규모의 대여에 관한 통계가 잡히고 있지만, 여기서 논의하는 음반과 컴퓨터프로그램에 대해서는 아예 대여업과 관련한 통계가 잡히지도 않고 있는 실정이다. 따라서 우리 법에서 대여권에 관한 규정이 삭제된다 하더라도 현실세계에서 큰 문제가 될 것 같지는 않다.

58 저작자의 저작물에 대한 공연은 법 제17조에서, 실연자의 실연의 공연은 법 제72조에서, 상업용 음반의 공연에 대해서는 법 제83조의2에서, 방송사업자의 방송의 공연에 대해서는 법 제85조의2에서 각각 그 권리의 주체와 권리의 내용에 관해 구체적으로 규정하고 있다.

59 우리의 경우 이와 같이 고정되지 않은 공연에 대해서는 '공연권'을, 고정된 실연의 상업용 음반의 공연에 대해서는 후술하는 바와 같이 '보상청구권'을 부여하고 있다.

행 법에서 실연자에게 공연권이 부여되는 경우는 실황공연, 즉 고정되지 아니한 실연(이를 '생실연'이라 한다)만을 그 대상으로 하는데, 이 점에서 이미 살펴본 바 있는 저작자의 공연권과는 구별이 된다.[60] 다만, 실황공연 모두가 공연권의 대상이 되는 것은 아니며 그 실연이 방송되는 실연Broadcasting Performance인 경우에는 실연자에게 공연권을 부여하고 있지 않는데, 이는 법 제73조에서 실연자에게 별도의 방송권을 부여하고 있기 때문이다. 법 제72조 단서에서도 "…다만, 그 실연이 방송되는 실연인 경우에는 그러하지 아니하다"라고 규정하여 이를 뒷받침하고 있다.[61] 현행 법에 따르면 이와 같이 실연자는 그의 생실연(이른바 '라이브 공연'을 말한다)에 대해서만, 그것도 그 실연이 방송되는 실연이 아닌 경우에만 공연권이 부여되는 등 주어진 공연권의 범위는 대단히 좁게 규정하고 있음을 유의할 필요가 있다.[62] 따라서 현실로 볼때 실연자의 공연권이 특별히 의의가 있는 경우로서는 대공연장에서 실연자가 공연을 하고 있고, 이를 증폭기나 스피커 등이 수반된 대형 영상장치가 해당 공연장과 연결된 장소 안에서 송신되고 있는 경우 등 한정된 범위에서만 실연자가 법 제72조에 따라 그의 공연권을 주장할 수 있을 것이다. 예컨대, 유명가수의 라이브 공연을 공연장 밖에서 공중에게 확성기나 멀티비전을 통해 시청할 수 있도록 한 경우 그 가수는 이 공연권을 근거로 자신의 권리를 주장할 수 있다.

(6) 방송권[63]

실연자는 실연을 공중이 동시에 수신하게 할 목적으로 송신할 수 있는 권리, 즉 그의 실연을 방송할 권리인 방송권을 가진다. 다만, 실연자의 허락을 받아 녹음된

---

60 공연의 방법으로는 크게 상연, 연주, 가창 등의 방법으로 공중에게 공개하는 것과 상영이나 재생의 방법으로 공중에게 공개하는 것으로 나누고 있다. 따라서 공연의 종류에는 비고정(非固定) 공연, 즉 실황공연(Live Performance)과 녹음물이나 녹화물을 활용한 상영이나 재생의 방법으로 하는 고정공연이 있을 수 있다.

61 따라서 실연자는 자신이 생방송 프로그램에 출연하고 그 프로그램이 공중이 접할 수 있는 장소(카페, 음식점, 운동장, 마을회관 등)에 전달되는 경우에는 공연권을 주장할 수 없다(최경수, 앞의 책, 326쪽).

62 실제로도 실연자는 저작인접권으로서의 배타적인 권리인 공연권에 의존하기보다는 채권계약인 '출연계약' 등을 통해서 그의 생실연에 따른 대가를 지급받는 것이 보다 일반적이다.

63 저작권에 있어서 '공중송신권'이라는 개념으로 방송권, 전송권 그리고 디지털음성송신권을 포괄하고 있으나 저작인접권에 있어서는 그 대상이 실연, 음반, 방송에 한정적이며 각각의 이용형태 또한 공중송신이라는 하나의 개념에 묶어서 이해하기보다는 방송, 전송 그리고 디지털음성송신 등으로 나누어 이해하는 것이 보다 현실적이다. 그래서 저작인접권의 지분권으로서 방송권과 전송권을 별도로 규정하고 있으며 디지털음성송신사업자에게는 실연자와 음반저작자에게 별도의 보상을 하도록 하고 있다.

실연에 대하여는 그러하지 아니하다(제73조).

이처럼 법에서 명시적으로 규정하고 있는 바와 같이, 실연자는 그의 허락을 받아 녹음된 실연에 대해서는 방송할 권리를 가지지 아니하는데, 이 의미는 이미 실연자가 자신의 실연을 녹음하도록 허락한 경우에는 이를 방송하기 위하여 다시 실연자의 허락을 받을 필요가 없다는 것을 뜻한다. 다만, 그 실연의 녹음이 상업용 음반으로 행하여진 경우에 방송사업자는 자유롭게 그 상업용 음반을 방송할 수 있으며, 이 경우 실연자는 법 제75조에 따라 해당 방송사업자에게 일정한 보상금을 청구할 수 있음을 유의하여야 한다. 저작인접권 분야에서는 실연자의 보호뿐만 아니라 음반제작자와 방송사업자도 보호해야 하므로 이와 같이 실연자의 권리보호에 신중을 기하고 있다.

그런데 법 제73조에 따르면 실연자의 허락을 받아 녹음된 실연만 방송권의 대상에서 제외하고 녹화된 실연에 대해서는 언급이 없는데, 이는 녹화된 실연은 법 제100조 제3항에 따른 영상저작물에 관한 특례조항으로 해결할 수 있기 때문이다. 즉, 영상저작물의 제작에 협력할 것을 약정한 실연자는 그 영상저작물의 이용에 관한 실연의 방송권은 특약이 없는 한 영상제작자에게 양도한 것으로 추정한다.

(7) 전송권

실연자는 그가 행한 실연을 공중의 구성원이 개별적으로 선택한 시간과 장소에서 접근할 수 있도록 실연을 이용에 제공하는 것을 허락할 권리를 가진다. 즉, "실연자는 그의 실연을 전송할 권리를 가진다"(제74조).

실연자는 방송에 대해서는 앞에서 살펴본 바와 같이 방송권이라는 배타적인 권리와 뒤에서 다시 살펴볼 보상청구권을 병행하여 행사할 수 있으나, 전송에 대해서는 전면적으로 배타적 권리만 행사할 수 있고 채권적 성격의 보상청구권은 인정되고 있지 않다. 이는 방송을 통한 불법유통행위보다 인터넷상에서 불법유통행위가 일어날 경우 해당 실연을 행한 실연자의 그 경제적 손실이 더욱 막대해지기 때문에 실연자에게 낮은 수준의 권리인 보상청구권을 아예 배제하고 전송권이라는 강력한 성격의 배타적 권리를 부여하기 위한 입법적 배려로 보인다. 법 제74조에 따라 실연자는 전송권을 가짐으로써 자신의 실연의 고정물인 음반이나 영상 등을 다른 사람이 온라인상에서 파일형태로 업로드하는 등의 전송행위를 하는 것을 허락하거나 금지할 수 있는 배타적인 권리를 가지게 되었고, 그 결과 타인의 불법전송행위 자체에 대한 보다 강력한 권한 행사가 가능하게 된 셈이다.

(8) 실연자의 영상저작물의 이용에 관한 복제권 등의 양도추정

현행 법체계에서 실연자가 가지는 복제권(녹음·녹화권 등)과 배포권, 방송권, 전송권 등은 영상저작물과의 관계에서 그 행사에 많은 제약을 받도록 되어 있는데, 이는 영상산업을 촉진하기 위한 입법적 배려의 하나로 이해된다. 즉, 영상제작자와 영상저작물의 제작에 협력할 것을 약정한 실연자의 그 영상저작물의 이용에 관한 법 제69조의 규정에 따른 복제권, 법 제70조의 규정에 따른 배포권, 법 제73조의 규정에 따른 방송권 및 법 제74조의 규정에 따른 전송권은 특약이 없는 한 영상제작자가 이를 양도받은 것으로 추정한다(제100조 제3항).

3. 실연자의 재산적 권리(보상청구권)

(1) 실연이 녹음된 상업용 음반의 방송사용에 대한 보상청구권

방송사업자가 상업용 음반을 사용하여 방송하는 경우에는 실연자에게 일일이 허락을 받을 필요는 없지만 실연자에게 보상금을 지급하도록 규정하고 있다. 즉, "방송사업자가 실연이 녹음된 상업용 음반을 사용하여 방송하는 경우에는 상당한 보상금을 그 실연자에게 지급하여야 한다. 다만, 실연자가 외국인인 경우에는 그 외국에서 대한민국 국민이 실연자에게 이 항의 규정에 따른 보상금을 인정하지 않을 때에는 그러하지 아니하다"(「저작권법」 제75조 제1항). 상업용 음반을 방송하는 경우 실연자에게 보상금을 지급하여야 한다는 이론적인 근거와 사상은 실연자는 음반제작에 있어서는 자신의 법적 지위를 계약상 확보할 수는 있으나[64], 제3자의 음반이용에 대해서는 아무런 권한을 행사할 수 없던 역사적인 배경 속에서 탄생했다.

가. 보상금 지급의 주체와 객체

상업용 음반의 방송사용에 대한 보상금 지급의 주체는 실연이 녹음된 음반을 사

---

[64] '출연계약', '전속계약' 등을 말한다.

용하여 방송하는 방송사업자이다. 방송사업자는 실연자의 허락 없이도 실연이 녹음된 음반을 사용하여 방송을 할 수 있으나, 법 제75조에 따라 상당한 보상금을 실연자에게 지급할 의무가 있다. 그리고 이때 보상금의 액수는 상당한 수준의 보상금이어야 한다. 상당한 보상금이란 해당 실연으로 인하여 일반적으로 얻을 수 있는 경제적 이익과의 형평성을 유지하는 정도의 금액을 말하며, 이 경우 해당 실연의 종류, 방송의 내용과 분량, 시청자·청취자의 범위 등을 종합적으로 고려하여 결정하여야 할 것이다.

나. 보상금 지급의 요건

법 제75조에 따른 방송사업자의 실연자에 대한 보상금의 지급은 다음과 같은 네 가지의 요건이 충족되어야 하는데, 이를 구체적으로 살펴보기로 한다. 첫째, 방송사업자는 방송은 생실연을 대상으로 한 것이 아니라 실연이 녹음된 상업용 음반을 사용하여 이루어져야 한다. 생실연으로 방송하는 경우에는 법 제73조에 따라 실연자의 허락을 받아야 하기 때문이다. 둘째, 이때 녹음된 음반은 상업용 음반이어야 한다. 상업용 음반이 아닌 경우에는 이를 사용하여 방송하더라도 실연자의 경제적 이익과 충돌할 염려가 없고 따라서 보상금을 지급할 필요성도 없기 때문이다.

다. 상호주의의 적용

방송사업자의 실연자에 대한 보상에 있어서는 상호주의가 적용되고 있다. 여기서의 상호주의란 외국인의 실연을 방송하는 경우에, 해당 국가에서 우리나라 국민의 실연을 방송할 경우 보상금을 지급한다면 우리나라도 마찬가지로 그 외국인 실연자에게 보상청구권을 인정한다는 의미이다. 즉, "…다만, 실연자가 외국인인 경우에 그 외국에서 대한민국 국민인 실연자에게 이 항의 규정에 따른 보상금을 인정하지 아니한 때에는 그러하지 아니하다"(제75조 제1항 단서).

라. 보상금의 지급절차

방송사업자의 실연자에 대한 보상금의 지급절차 등에 대해서는 수업목적 저작물 이용에 대한 보상금 등을 규정한 법 제25조 제7항부터 제11항까지의 규정을 준용한다(제75조 제2항 참조). 따라서 보상금 청구권의 귀속주체는 실연자이지만 보상청구권의 행사주체는 지정단체임을 유의하여야 할 필요가 있다. 그리고 이러한 단체가 보상권리자를 위하여 청구할 수 있는 보상금액의 금액은 매년 그 단체와 방송사업자가 협의하여 정하며(제75조 제3항), 그 협의가 성립되지 아니하는 경우에는 그 단체 또는 방송사업자는 한국저작권위원회에 조정을 신청할 수 있다(제75조 제4항).[65]

(2) 디지털음성송신에 대한 보상청구권

오늘날 디지털시대를 맞아 실연자의 실연은 디지털음성송신사업자 등에 의해 신속히 그리고 광범위한 지역에 손쉽게 전파될 수 있고, 이로 말미암아 실연자의 경제적 이익이 심각히 손상될 수 있기에 이에 대한 입법적 조치로 마련된 것이 법 제76조의 디지털음성송신사업자에 대한 보상금제도이다. 즉, "디지털음성송신사업자가 실연이 녹음된 음반을 사용하여 송신하는 경우에는 상당한 보상금을 그 실연자에게 지급하여야 한다"(제76조 제1항). 이와 같은 현행 법의 규정은 디지털음성송신사업자가 음반에 녹음된 실연자를 일일이 찾아다니며 계약을 맺도록 하는 배타적 권리의 부여방식보다는 방송에서와 마찬가지로 보상청구권을 부여하는 것이 타당하다는 논리에 따른 입법적 조치로 보인다.

가. 보상금 지급의 주체와 객체

법 제76조 제1항에 따른 디지털음성송신[66]에 대한 보상금의 지급주체는 디지털음성송신사업자이다. 여기서의 디지털음성송신사업자란 디지털음성송신을 업(業)으로 하는 자를 말하며(제2조 제12호), 이때 **업**으로 한다는 의미는 영리의 유무와 관계없이 지속적·반복적으로 주어진 업무를 행한다는 말이다. 한편, 디지털음성송신에 대한 법 제76조의 규정에 따른 보상금의 지급객체, 즉 보상금을 지급하여야 할 대상은 가수와 연주자 등과 같은 청각 실연자만 포함되며 시청각 실연자는 포함되지 않는다.

---

65 이 점에서 자율적인 협의절차 없이 문화체육관광부장관이 고시하는 기준에 따르도록 하는 교육목적 보상금이나 도서관 등의 보상금 등과 같은 저작물의 제한에 따른 보상금의 지급과는 차이가 있다.

66 디지털음성송신은 주로 인터넷을 통한 동시 웹캐스팅 또는 실시간 스트리밍의 방식으로 소리를 송신하는 형태로 구현된다.

나. 보상금 지급의 요건

법 제76조에 따른 디지털음성송신사업자의 실연자에 대한 보상금의 지급은 다음과 같은 네 가지 요건을 충족하여야 하는데, 이를 구체적으로 살펴보면 다음과 같다. 첫째, 디지털음성송신사업자가 실연이 녹음된 음반을 사용하여 송신하여야 한다. 둘째, 이때 실연이 녹음된 음반은 상업용 음반에 한정하여야 한다. 비상업용 음반을 사용하여 송신할 경우에 실연자에게 미치는 경제적 손실은 미비하다. 따라서 이 경우까지 실연자에게 보상금을 지급하도록 하는 것은 무리이다. 법에서는 **실연이 녹음된 음반**이라고 하고 있지만 실연자에 대한 여타의 보상금에서와 마찬가지로 이때의 음반은 **상업용 음반**으로 한정하여야 한다. 셋째, 디지털음성송신사업자의 이용행위가 **송신**에 해당하여야 한다. 이때 이루어지는 디지털방식의 송신은 컴퓨터네트워크를 통한 송신으로서 기술적으로 양방향성Interactive Transmission을 특징으로 하고 있으며 이는 실연자에게 미치는 경제적 영향이 지대하기 때문에 실연자에게 보상금을 지급하여야 한다는 이유가 되기도 한다. 넷째, 이때의 송신은 음성송신에만 한정되고 디지털방식의 영상송신은 제외된다. 따라서 뮤직비디오와 같은 영상송신은 그것이 음성송신에 비록 보조적으로 수반되어 있을지라도 이는 법 제76조의 적용에서 배제되는데, 이는 우리 법에서 음이 영상과 함께 고정된 것은 음반이 아니라 영상저작물로 보기 때문이다.[67]

다. 상호주의의 미적용

디지털음성송신에 대한 보상청구권에 있어서는 저작인접권과 관련한 여타의 보상청구권과는 달리 상호주의를 채택하고 있지 않다. 이는 디지털음성송신이라는 이용행위가 방송과는 달리 공익적 성격이 약하고 인터넷을 기반으로 하여 국경을 초월하여 비가시적으로 이루어지기 때문에 실제로 그리고 기술적으로도 상호주의를 적용하기 곤란하기 때문이다.

라. 보상금의 지급절차

디지털음성송신사업자의 실연자에 대한 보상금의 지급 등에 관하여서도 수업목

---

67 참고로, 영상저작물을 디지털로 송신하는 것은 여기서 논의하는 법 제76조의 규정을 적용받는 것이 아니라 영상저작물에 대한 특례에 해당하는 법 제100조의 적용을 받게 됨을 유의하여야 한다.

적 저작물 이용에 대한 보상금 등을 규정한 법 제25조 제7항부터 제11항까지의 규정을 준용한다(제76조 제2항). 이때 법 제76조 제2항에 따른 지정단체[68]가 보상권리자를 위하여 청구할 수 있는 보상금의 금액은 그 단체와 디지털음성송신사업자가 매년 1월 1일부터 6월 30일까지의 기간 내에 협의하여야 하며(제76조 제3항 및 「저작권법 시행령」 제39조), 협의가 성립되지 아니한 경우에는 문화체육관광부장관이 정하여 고시하는 금액을 지급한다(제76조 제4항).

(3) 상업용 음반을 사용한 공연에 대한 보상청구권

현행 법체계에 따르면 실연자는 고정되지 아니한 그의 실연, 즉 생실연에 대해서는 공연권을 가지는 반면에, 음반 등에 고정된 실연에 대해서는 실연자에게 보상청구권을 부여하고 있다. 법 제76조의2에서 상업용 음반을 사용한 공연에 대한 보상청구권을 규정하고 있는데, 이는 앞에서 살펴본 실연자의 방송사업자에 대한 보상청구권과 비교할 때 이용형태와 지급의무자만 바뀌었을 뿐 권리의 성격이나 지급의무의 발생요건은 동일하다. 즉, "실연이 녹음된 상업용 음반을 사용하여 공연을 하는 자는 상당한 보상금을 그 실연자에게 지급하여야 한다"(제76조의2 제1항 본문).

가. 보상금 지급의 주체와 객체

법 제76조의2에 따른 보상금 지급에 있어서 보상금 지급의 주체는 공연을 하는 자이며, 보상금의 지급객체, 즉 보상금을 지급하여야 할 대상은 자신의 실연이 상업용 음반에 수록되어 있는 실연자이다. 다만, 실연자가 외국인인 경우에는 상호주의가 적용되어 그 외국에서 우리 국민에게 보상금을 인정하는 경우에만 그 외국인도 보상금 지급의 객체(대상)가 될 수 있다(제76조의2 제1항 참조).

나. 보상금 수령단체의 지정과 보상금액의 협의 등

이 밖에 보상금 수령단체의 지정과 지정취소, 수령단체의 그 구성원이 아닌 보상

---

[68] 법 제76조 제2항의 규정에 따라 문화체육관광부장관은 실연자의 음반사용에 대한 디지털음성송신보상금 분야의 지정단체로서 사단법인 '한국음악실연자연합회'를 지정하여 고시한 바 있다(문화체육관광부고시 제2013-37호).

권리자를 위한 권리의 행사방법, 미분배 보상금의 공익목적에의 사용 그리고 보상금 금액의 협의 및 협의가 성립되지 아니한 경우의 조치 등에 관해서는 앞에서 언급한 수업목적 저작물 이용에 대한 보상과 디지털음성송신에 대한 보상에 관한 규정을 준용한다(제76조의2 제2항 참조).

4. 공동실연자의 권리행사

(1) 의의

공동저작물에 대한 저작재산권의 행사는 저작재산권자 전원의 합의에 의하여 행사함이 원칙이지만(「저작권법」 제48조 제1항 참조), 공동실연의 경우는 전원의 합의로 행사하기가 현실적으로 쉽지 않다. 공동실연에는 대규모 합창단이나 무용단과 같이 다수의 실연자들이 참여하고 있는 경우가 있는데 이들 모두의 합의를 구하기가 쉽지 않고 특히 다국적 단원으로 구성된 경우에는 더욱 어려움이 따른다. 이에 우리 법에서는 공동실연자의 권리행사에 관한 별도의 규정을 마련하고 있다.

(2) 공동실연자의 저작재산권의 행사

공동실연자의 저작재산권의 행사는 공동실연자가 선출한 대표자가 그들의 권리를 행사하되, 대표자 선출이 없을 때에는 공동실연을 총괄적으로 기획·진행·완성하는 데 있어 책임을 지는 위치에 있는 지휘자 또는 연출가, 감독 등이 이를 행사한다. 즉, 2인 이상이 공동으로 합창·합주 또는 연주 등을 실연하는 경우에 법 제3장 제2절에 규정된 실연자의 권리(실연자의 인격권은 제외한다)는 공동으로 실연하는 자가 선출하는 대표자가 이를 행사한다. 다만, 대표자의 선출이 없는 경우에는 지휘자 또는 연출자 등이 이를 행사한다(제77조 제1항 참조). 그런데 선출된 대표자든 지휘자 또는 연출자든 관계없이 이들이 공동실연자의 권리를 행사하는 경우에 독창 또는 독주가 함께 실연된 때에는 독창자 또는 독주자의 동의를 얻어야 한다(제77조 제2항 참조). 독창자 또는 독주자는 해당 공동실연에서 차지하는 비중이 남다르기 때문에 공동실연자의 권리행사에 있어서 이들의 의사를 반영하기 위해서이다.

(3) 공동실연자의 인격권의 행사

법 제15조의 규정은 공동실연자의 인격권 행사에 준용한다(제77조 제3항). 다시 말해, 실연자의 성명표시권과 동일성유지권 등의 인격권의 행사에 관하여는 공동 저작물에 대한 저작인격권의 행사에 관한 규정인 법 제15조를 준용한다. 따라서 공동실연자에 있어서의 인격권은 실연자 전원의 합의에 의하지 아니하고는 이를 행사할 수 없으며, 이 경우 각 실연자는 신의에 반하여 합의의 성립을 방해할 수 없다(제15조 제1항 참조). 그리고 공동실연의 실연자는 그들 중에서 인격권을 대표해서 행사할 수 있는 자를 정할 수 있으며(제15조 제2항 참조), 법 제15조 제2항의 규정에 따라 권리를 대표하여 행사하는 자의 대표권에 가하여진 제한이 있을 때에 그 제한은 선의의 제3자에게 대항할 수 없다(제15조 제3항 참조).

5. 실연자 등에 대한 퍼블리시티권의 인정 문제

(1) 의의

오늘날 문화콘텐츠 내지는 저작물에 대한 권리행사와 관련하여 상표권, 초상권, 저작권과는 별개로 제3의 독자적인 권리인 **퍼블리시티권**The Right of Publicity을 권리로 인정할 것인가에 관하여 활발한 논의가 진행 중이다.

일반적으로 퍼블리시티권이란 주로 대중적인 명성을 가진 가수, 배우, 방송인 등과 같은 연예인[69]이나 운동선수 등이 그들이 지니고 있는 고유한 인격적 징표를 배타적으로 관리할 수 있는 권리라고 정의할 수 있다.

원래 퍼블리시티권은 명예훼손의 금지 및 프라이버시의 보호문제와 함께 유명 실연자의 유명세Celebrity Status에 대한 반대급부로 파악하여 이론을 전개해 왔는데, 오늘날 명예훼손과 프라이버시는 유명세에 대한 정신적 손실의 측면에서, 퍼블리시티권은 유명세에 대한 경제적 이득의 측면에서 파악하고 있음이 일반적이다.

(2) 퍼블리시티권의 법적 성격

역사적으로 퍼블리시티권은 보통법Common Law상의 프라이버시Privacy권에서 출

---

[69] 이는 「저작권법」상의 실연자에 해당한다. 퍼블리시티권을 여기에서 논의하는 이유도 퍼블리시티권의 주체로서 가장 대표적인 예로서는 연예인으로 대표되는 '실연자'가 이에 해당하기 때문이다.

발하여 발전한 것인데 프라이버시권은 "누구든지 그의 고유한 인격적 징표(성명·초
상·이미지·목소리 등)는 보호되어야 하며, 제3자가 이를 영리의 목적으로 도용하여서
는 아니 된다"라는 것을 그 주요내용으로 하고 있다. 이를 반대로 해석하면 "누구든
지 그의 고유한 인격적 징표를 자기의 의지에 따라 공표하고 그에 따른 경제적 이
익을 취득할 수 있다"라는 논리가 성립될 수 있다.

한편, 퍼블리시티권은 일부 다른 견해가 있을 수 있지만 프라이버시권과는 달리
권리의 소유자가 사망한 후에도 지속되며 특히 그가 가지고 있는 인격적 징표에 따
른 재산적·경제적 권리를 제3자에게 양도 또는 이용 허락할 수 있는 배타적 권리
로서의 성격을 가진다. 이렇게 볼 때 퍼블리시티권은 프라이버시권과 지식재산권
Intellectual Property Rights의 성격을 동시에 지니고 있다고 할 수 있는데, 이를 실연자들
이 가지는 독자적인 권리로 인정할 것인가는 그 나라의 입법정책의 문제이다.

(3) 학설과 판례의 동향

우리나라의 경우 일반적으로 퍼블리시티권에 대하여 주로 유명 연예인(실연자)의
초상·성명 등을 상업적 이익에 활용할 수 있는 준물권적 성격의 배타적인 권리로
이해하고 있다. 우리가 아직까지 퍼블리시티권을 실정법적實定法的 차원의 독자적인
권리로 인정하지 않는 이유로는 이 권리를 실정법으로 인정할 경우 가뜩이나 인기
와 경제적 부富가 일부 유명한 연예인에게 독점되어 있는 현상이 더욱 더 심화될 것
이라는 우려와 함께, 퍼블리시티권을 실정법 차원에서 보장할 경우 표현의 자유가
위축될 수 있다는 우려[70], 그리고 퍼블리시티권을 실정법 차원에서 인정할 경우 영
화산업을 비롯한 대중문화 예술산업의 비용 증가로 관련 산업의 성장에 오히려 장
애요인이 될 수 있다는 우려 등이 자리 잡고 있다. 이에 우리는 최근까지 이 퍼블리
시티권을 실정법에 근거를 둔 독자적인 권리로 이해하기보다는 프라이버시권 또는

---

70 실연자 등 유명 예술인의 성명, 특징, 이미지 등과 같은 인격적 징표를 '변형적으로 이용'할 경우 이는
퍼블리시티권의 침해가 되지 않으며, 따라서 표현의 자유를 보장하기 위하여 연예인 등이 가지고 있는 인격
적 징표를 충분히 변형하여 표현하는 것에 대하여 이를 허용하여야 한다는 미국의 판례로서는 Comedy III.
Production, Inc., v. Gary Saderup Inc, 21 P.3d 797(Cal, 2001)이 있다. 그런데 여기서 말하는 '변형적 이
용'은 곧 저작물의 '공정한 이용'의 판단 시 고려하여야 할 요소의 하나이기도 하다.

저작권·상표권[71] 등과 같은 지식재산권을 침해한 것으로 접근하거나, 아니면 부정경쟁Unfair Competition 방지의 법리를 가지고 판례법상 인정되고 있는 권리로 접근하고 있다. 우리의 판례 중 실연자의 성명과 초상 등에 대해서 퍼블리시티권을 인정하고 있는 대표적인 판례를 소개하면 다음과 같다.

> 서울중앙지방법원은 원고의 초상과 성명을 상업적으로 사용하는 것이 퍼블리시티권을 침해하는 것인가와 관련하여, "원고는 대중적 지명도가 있는 연예인으로서 자신의 초상이나 성명 등을 상업적으로 이용할 수 있는 권리를 보유하는데, 피고가 원고로부터 아무런 승낙을 받지 아니하고 원고의 얼굴을 형상화하여 일반인들이 원고임을 쉽게 알아볼 수 있는 캐릭터를 제작한 후, 이를 이동통신회사 등이 운영하는 인터넷 모바일서비스에 콘텐츠로 제공하여, 이동통신회사의 고객들이 돈을 지불하고 휴대전화로 캐릭터를 다운로드받도록 하는 방법으로 영업을 하였는바, 이는 피고가 원고의 승낙 없이 원고의 초상과 성명을 상업적으로 사용함으로써 코미디언으로서 대중적 지명도가 있어 재산적 가치가 있는 원고의 초상화 등을 상업적으로 이용할 권리인 퍼블리시티권을 침해한 것으로 불법행위에 해당한다"라고 판시한 바 있다(서울중앙지방법원 2005.9.27, 선고 2004가단235324 판결).

한편, 퍼블리시티권의 존속기간에 관하여는 저작권의 존속기간을 유추적용함이 바람직할 것이며 이는 우리 판례의 태도이기도 하다.

> 서울동부지방법원은 퍼블리시티권의 존속기간과 관련하여, "퍼블리시티권이 명문의 규정이 없는 권리이긴 하나 무한정 존속한다고 해석할 경우 역사적 인물을 대상으로 하는 상업적 행위가 대부분 후손들의 동의를 필요로 하게 되어 불합리한 결과를 가져올 뿐만 아니라 현실적으로도 그러한 동의를 얻기도 사실상 불가능한 점…등에 비추어 그 존속기간을 해석으로나마 제한할 수밖에 없고, 그 방법으로는 퍼블리시티권과 가장 성격이 유사한 권리의 존속기간을 참조할 수밖에 없는데, 퍼블리시티권은 현행 법상의 여러 가지 권리 가운데서 저작권과 가장 유사하다고 할 수 있고 따라서…퍼블리시티권의 존속기간도 해당자가 생존하고 있는 동안과 사망 후 70년간 존속하는 것으로 함이 상당하다"라고 판시한 바 있다(서울동부지방법원 2006.12.21, 선고 2006가합6780 판결).

---

71 퍼블리시티권은 상표권과 일정부분 겹치는 부분이 있으나 상표권과는 달리 혼동가능성이 있을 것을 요하지 않고 단지 자신의 인격적 징표가 허락 없이 사용되고 있다는 점만 입증하면 된다.

(4) 입법적 대응방향

실연자 등에게 퍼블리시티권을 인정하는 것이 실연자 간의 위화감 조성이나 그들 간의 빈익빈 부익부 현상을 더욱 조장할 수 있다는 논쟁은 항상 있을 수 있다. 그런데 오늘날 우리의 **한류**현상에 핵심적 역할을 수행하고 있는 유명 연예인(실연자)에 대한 안정적이고 예측가능한 법적 지위와 권리 등을 보장하기 위하여 이제는 퍼블리시티권을 실정법 차원에서 보호할 시점에 도달한 것으로 평가된다. 무엇보다도 퍼블리시티권은 앞에서 살펴본 바와 같이 배타적 성격을 지니고 있는 권리이기 때문에, 물권법정주의物權法定主義의 원칙에 충실하기 위해서도 더 이상 판례법 수준에 머물지 말고 실정법 체계로 전환하는 것이 바람직할 것이다.

III. 음반제작자의 권리

1. 음반제작자의 배타적 권리

(1) 의의

현행 「저작권법」에 따르면 음반제작자에게는 복제권, 배포권, 대여권 그리고 전송권이라는 배타적 권리가 주어진다. 음반제작자에게는 실연자와는 달리 배타적 권리인 공연권과 방송권이 부여되어 있지 않은데, 그 이유로는 저작권과는 달리 저작인접권에 있어서의 공연은 고정되어 있지 않은 실연, 다시 말해 생실연에 대해서만 인정되고 있기 때문에 고정Fixation을 전제로 하는 음반은 공연의 대상에서 제외되고 이 밖에도 음반제작자는 음반을 최초로 제작하는 데 전체적으로 기획하고 책임을 지는 자이지 방송을 업으로 하는 자는 아니므로 이들에게 방송권을 부여할래야 할 수가 없다.

(2) 복제권

먼저, 음반제작자는 저작인접권으로서의 복제권을 가진다. 즉, "음반제작자는 그의 음반을 복제할 권리를 가진다"(제78조). 음반의 복제는 주로 녹음의 방법으로 이루어지는데 녹음물을 재생시켜 제3의 매체물에 고정하는 것도 복제에 포함된다.

이 밖에도 음반을 방송에 사용하여 그 방송물을 기계적 또는 전자적 장치에 녹음하는 것도 복제에 해당한다.

> 서울지방법원은 음반의 복제방법과 관련하여, "이용자들에게 음악청취를 가능하게 하는 스트리밍 방식의 서비스의 경우 음반을 컴퓨터압축파일로 변환하여 컴퓨터 보조기억장치에 저장하면 특별한 사정이 없는 한 유형물에 고정되었다고 볼 만한 영속성을 지니게 되므로 이 경우 파일저장행위도 음반의 복제에 해당한다"라고 판시한 바 있다(서울지방법원 2003.9.30, 2003카합2114 결정).

음반제작자가 가지는 이와 같은 복제권은 그가 가지는 여러 가지 재산적 권리 가운데서 가장 중요한 권리로서 이는 당연히 배타적 권리로서의 특징을 가지고 있다. 따라서 누구든지 음반제작자의 허락 없이 해당 음반을 복제하면 복제권의 침해에 해당한다. 그런데 음반제작자의 복제권은 그 음반에 최초로 수록된 음의 직접적이거나 간접적인 복제에 미칠 뿐이며 음반의 모방에는 미치지 아니함은 여타의 저작인접물에서와 마찬가지이다. 다시 말해, 음반의 복제에도 실연의 경우와 마찬가지로 모방의 개념은 포함되지 않는다. 즉, 유형물에 고정된 음 자체를 그대로 이용하여 다른 매체 등에 재고정하는 등의 행위만 복제에 해당하며, 그렇지 않고 예를 들어 기존 음반과 동일한 가수 또는 동일한 연주자들로 하여금 다시 음을 생성하게 하여 고정한 경우에는 비록 그와 같이 고정된 뒤의 음이 기존에 고정된 음과 매우 흡사하다고 할지라도 이는 음반의 복제에는 해당하지 않는다.[72] 따라서 그러한 경우에는 나중에 새로운 고정을 함에 있어서 이를 기획하고 책임을 진 자가 그 새로운 음반의 저작자로 인정될 수 있다.[73] 실연의 경우와 마찬가지로 음반과 같은 저작인접물에 2차적저작물작성권이 없는 것은 이 때문이다.

---

[72] 이와 같은 해석의 근거는 법 제2조 제6호의 음반제작자를 정의하는 규정에서 '최초로 제작하는 데 있어'라는 문구에서 찾을 수 있는데, 이는 곧 「로마협약」에서 규정하고 있는 1회성의 원칙을 간접적으로 규정하고 있는 것으로 해석할 수 있다. 한편, 여기서 말하는 '최초로'라 함은 음의 수록이 맨 처음으로 행해진 것을 의미한다. 따라서 이미 누군가에 의해서 고정된 소리를 바탕으로 하여 이를 다시 고정하는 행위는 저작인접권의 보호대상이 되지 않는다. 요컨대, 음반제작자는 그가 최초로 고정을 허락한 이후에 일어나는 제3자의 재고정 행위 등에 대해서는 그 복제권을 행사할 수 없다. 이는 저작재산권에 있어서 배포권이 소진되는 권리소진의 원칙 내지는 최초판매의 원칙과 그 법리적 배경이 유사하다고 하겠다.

[73] 오승종, 앞의 책, 847쪽에서 재인용.

(3) 배포권

"음반제작자는 그의 음반을 배포할 권리를 가진다"(제79조 본문). 음반제작자가 가지는 배포권은 유형적 형태의 음반 복제물을 그 대상으로 하며, 이는 배타적 권리이기는 하나 일정한 경우에는 제한을 받는다. 즉, 음반제작자의 허락을 받아 판매 등의 방법으로 거래에 제공되면 더 이상 음반제작자는 배포권이라는 배타적 권리를 가질 수 없는데, 그 이론적 배경인 **최초판매의 원칙** 또는 이에 따른 **권리소진의 원칙** 등은 앞에서 살펴본 실연자의 배포권과 마찬가지이다. 법 제79조 단서에서는 "…다만, 음반의 복제물이 음반제작자의 허락을 받아 판매 등의 방법으로 거래에 제공된 경우에는 그러하지 아니하다"라고 하여 배포권의 제한을 분명히 하고 있다.

(4) 대여권

음반제작자는 저작인접권으로서 대여권을 가진다. 즉, "음반제작자는 법 제79조의 단서의 규정에 불구하고 상업용 음반을 영리를 목적으로 대여할 권리를 가진다"(제80조). 상업용 음반에 대해서 대여가 활성화되면 음반제작자에게 상당한 수준의 경제적 손실을 끼칠 수 있게 된다. 이에 법에서는 음반제작자에게 배타적 권리인 대여권을 부여하여 제3자의 대여행위를 통제할 수 있는 권한을 부여하고 있다. 음반제작자가 가지고 있는 대여권은 그 범위를 상업적 음반을 영리를 목적으로 하는 대여에만 한정하고 있다. 따라서 상업용 음반이 아니거나 영리를 목적으로 하지 않는 경우에 있어서의 대여행위는 음반제작자에게 경제적 손실을 줄 염려가 크지 않으므로 누구든지 음반제작자의 허락 없이도 자유로이 대여할 수 있다.

(5) 전송권

"음반제작자는 그의 음반을 전송할 권리를 가진다"(제81조). 음반제작자의 허락 없이 누구나 음반을 불법적으로 전송하게 된다면 오늘날의 인터넷·디지털환경에서 음반제작자는 막대한 자본을 투하하여 제작한 음반에 대한 경제적 보상을 받을 길이 어려울 것이기 때문이다. 이 규정에 따라 음반제작자는 자신의 음반이 인터넷 등을 통하여 온라인 상태에서 업로드되는 행위를 허락 또는 금지시킬 수 있는 강력한 통제장치를 가지게 된 셈이다.

2. 음반제작자의 보상청구권

(1) 상업용 음반의 방송사용에 대한 보상청구권

방송사업자는 음반제작자에게 상업용 음반의 방송사용에 대한 보상금을 지급하여야 한다(「저작권법」 제82조 제1항 본문 참조). 방송사업자가 상업용 음반을 사용하여 방송을 하는 경우 음반제작자는 그만큼 음반을 직접 판매할 기회가 줄어드는 등 경제적 손실이 예상되기 때문이다. 또한 방송사업자가 방송하고자 하는 상업용 음반에 실연자의 실연이 담겨 있는 경우에는 방송사업자는 음반제작자와 실연자 모두에게 별개의 보상을 하여야 한다. 한편, 방송사업자의 음반제작자에 대한 보상에 있어서는 상호주의가 적용된다(제82조 제1항 단서 참조). 이 밖에 방송사업자의 음반제작자에 대한 보상과 관련하여 보상금 수령단체의 지정과 지정 취소, 수령단체 구성원이 아닌 보상권리자를 위한 수령단체의 권리행사의 방법, 미분배 보상금의 공익목적 사용 그리고 보상금 금액의 협의 및 협의가 성립되지 아니한 경우의 조치 등에 관해서는 앞에서 언급한 수업목적 저작물의 이용에 대한 보상과 방송사업자의 실연자에 대한 보상에 관한 규정을 준용한다(제82조 제2항 참조).

(2) 디지털음성송신에 대한 보상청구권

디지털음성송신사업자는 음반제작자에게 보상금을 지급하여야 한다. 디지털 형태의 불법송신행위는 저작인접권자에게도 치명적인 경제적 손실을 줄 수 있으며 음반을 사용하여 송신하는 행위도 예외는 아니다. 이에 우리 법에서는 디지털음성송신사업자가 음반제작자의 허락이 없이도 음반을 사용한 송신행위를 허용하는 대신에 상당한 보상금을 음반제작자에게 지급하도록 하는 규정을 두고 있다.[74] 즉, "디지털음성송신사업자가 음반을 사용하여 송신하는 경우에는 상당한 보상금을 그 음반제작자에게 지급하여야 한다"(제83조 제1항). 이와 같이 앞에서 살펴본 저작자가 가지는 **디지털음성송신권**은 배타적 권리로 인정되는 반면에 음반제작자는 디지털음성송신에 대해 보상청구권만을 가지고 있다.[75] 디지털음성송신은 국경을 초월하

---

74 이는 디지털음성송신사업자가 실연이 녹음된 음반을 송신하는 경우에도 마찬가지이다(제76조 참조).
75 따라서 음반제작자는 디지털음성송신에 대하여 배타적 권리가 없으므로 디지털음성송신사업자에게 서비스의 중지를 요청하거나 저작권 침해를 주장할 수 없다.

여 이루어지므로 여기에 상호주의를 적용할 여지는 거의 없으며, 따라서 내국인 대우의 원칙이 엄격히 적용된다. 이 밖에 디지털음성송신사업자의 음반제작자에 대한 보상과 관련하여 보상금 수령단체의 지정[76]과 지정취소, 수령단체 구성원이 아닌 보상권리자를 위한 수령단체의 권리행사의 방법, 미분배 보상금의 공익목적 사용 그리고 보상금 금액의 협의 및 협의가 성립하지 아니한 경우의 조치 등에 관해서는 앞에서 언급한 수업목적 저작물이용에 대한 보상과 디지털음성송신사업자의 실연자에 대한 보상에 관한 규정을 준용한다(제83조 제2항 참조).

(3) 상업용 음반을 사용한 공연에 대한 보상청구권

"상업용 음반을 사용하여 공연을 하는 자는 상당한 보상금을 해당 음반제작자에게 지급하여야 한다"(제83조의2 제1항 본문). 따라서 상업용 음반을 사용하여 공연하는 자는 해당 실연이 녹음되어 있는 실연자뿐만 아니라 상업용 음반을 제작한 해당 음반제작자에게도 병행하여 보상금을 지급하여야 한다. 상업용 음반을 사용하여 공연하는 자에 대한 보상에 있어서도 상호주의가 채택되고 있으며(제83조의2 제1항 단서 참조), 이 밖에도 보상금 수령단체의 지정 등 여타의 필요한 사항도 이미 언급한 수업목적 저작물 이용에 관한 보상이나 디지털음성송신사업자의 실연자에 대한 보상에 관한 규정 등이 그대로 준용된다(제83조의2 제2항 참조).

---

[76] 법 제83조의 규정에 따라 문화체육관광부장관은 음반제작자의 음반사용에 대한 디지털음성송신 보상금의 수령단체로 사단법인 '한국음반산업협회'를 지정한 바 있다.

IV. 방송사업자의 권리

1. 의의

저작인접권자인 방송사업자는 배타적 권리로서 복제권, 동시중계방송권 그리고 공연권을 가진다.[77] 따라서 누구든지 방송사업자의 허락을 얻지 아니하고 방송사업자의 방송을 복제하거나 동시중계를 하거나 공연을 하는 경우에는 방송사업자가 가지고 있는 저작인접권을 침해하는 것이 되며 그에 따른 민·형사적 책임이 부과된다. 이러한 방송사업자의 권리는 방송사업자로서 방송을 하기만 하면 발생하는 것으로서, 그 방송의 내용이 저작물이든 아니든, 생방송이든 녹음 또는 녹화방송이든 불문한다. 그런데 방송사업자에는 방송과 관련한 채권적 권리인 보상청구권은 존재하지 않는데, 방송사업자는 항상 실연자와 음반제작자가 보상청구권을 행사하기 위한 객체의 지위에 놓여 있기 때문이다.

2. 복제권

(1) 복제권 행사의 대상으로서의 방송

「저작권법」상 방송은 크게 두 가지 의미로 사용되고 있는데, 하나는 **저작물 이용형태**로서의 방송으로서 이는 저작재산권이 적용되는 방송을 의미하고 또 다른 하나는 **보호대상** 내지는 복제의 대상으로서의 방송인데 이는 여기서 논의하고 있는 저작인접권이 적용되는 무형물로서의 방송을 의미한다. 오늘날 대부분의 경우에 있어서 방송영상저작물은 방송사업자로부터 의뢰 내지는 위탁을 받아 독립제작자 또는 외주제작사가 제작하고 있으나, 방송사업자가 직접 해당 방송영상저작물을

---

[77] 우리의 현행 「저작권법」 체계에서는 방송사업자 이외의 저작인접권자에게는 '전송권'을 부여하고 있으나 방송사업자에게는 전송권을 부여하고 있지 않음을 유의하여야 한다. 이와 같은 현행 법의 태도는 우리의 입법정책의 결과이기는 하지만 이로 말미암아 인터넷이나 DMB, IPTV 등을 통한 방송물의 불법전송에 효과적으로 대응하기 어려운 점이 있는 것도 사실이다. 이에 방송사업자에게도 여타의 저작인접권자와 마찬가지로 전송권을 부여하자는 주장이 지속적으로 제기되고 있으며, 이에 대한 입법정책적 결단도 필요한 시점에 와 있는 듯하다.

제작하는 경우에는 그는 저작자의 지위와 저작인접권자의 지위를 동시에 가질 수 있음은 물론이다.

그런데 법 제84조의 규정에 따라 방송사업자가 가지는 복제권은 저작인접권에 해당하는 것으로서 복제의 대상은 저작물에 해당하는 방송물이 아니라, 방송사업자가 기술과 자본을 투하하여 제작한 무형적 형태의 방송 자체로서 이는 곧 방송콘텐츠로서의 방송영상물 또는 방송음악물을 의미함을 유의할 필요가 있다.

(2) 방송사업자의 복제권

방송사업자는 저작인접권의 하나로서 복제권을 가진다. 즉, "방송사업자는 그의 방송을 복제할 권리를 가진다"(제84조). 방송사업자가 가지는 이와 같은 복제권은 배타적 권리에 해당하며, 따라서 누구든지 방송사업자의 방송을 복제하려면 그의 허락을 받아야 한다. 그리고 이때의 복제는 주로 녹음이나 녹화 또는 사진촬영 등의 형태로 이루어지는데, 여기에는 생방송을 고정Fixation하는 것과 고정되어 있는 방송을 다시 제작하는 것도 포함한다.

3. 동시중계방송권

방송사업자는 저작인접권의 하나로서 그의 방송에 대한 동시중계권을 가진다. 즉, "방송사업자는 그의 방송을 동시중계방송할 권리를 가진다"(제85조). 방송사업자가 가지는 이와 같은 동시중계방송권은 배타적 권리로서 누구든지 방송사업자의 허락 없이 방송사업자의 방송을 동시중계방송하여서는 아니 된다. 여기서 말하는 동시중계방송이라 함은 다른 방송사업자의 방송을 수신과 동시에 재방송하는 것을 말한다. 그리고 이때의 재방송은 반드시 본방송과 동시에 이루어질 필요는 없으며, 녹음이나 녹화 후에 방송하더라도 재방송에 해당한다. 다만, 저작자로부터 방송에 대한 권리를 이미 취득한 기관Organization에 대해서는 재방송의 권리가 부여될 수 없으며, 이러한 기관 이외의 자에 의해 재방송되는 경우만이 동시중계재방송권에 포함된다고 할 수 있다.[78]

---

78 따라서 「베른협약」이나 「로마협약」상의 재방송이라는 용어는 우리가 일반적으로 말하는 최초방송 이후에 같은 방송기관에서 다시 방영하는 재방송과는 완전히 다른 개념임을 유의하여야 한다.

그런데 이와 같은 재방송은 방송을 녹음하거나 녹화를 해 두었다가 시차를 두고 하는 일반적 의미의 이시異時재방송Deferred rebroadcasting이 아니라 동시同時재방송에 해당함을 유의하여야 한다. 그 이유는 이시재방송이나 인터넷 등을 통한 다시보기 서비스 등에 대해서는 앞에서 살펴본 법 제84조의 복제권으로서도 충분히 규율할 수 있기 때문이다.[79] 그런데 「방송법」은 종합유선방송사업자, 위성방송사업자 그리고 중계유선방송사업자에 대해서는 KBS와 EBS가 행하는 지상파 방송(라디오 방송은 제외한다)을 수신하여 그 방송프로그램에 변경을 가하지 않고 그대로 재송신할 의무를 부과하고, 이 경우에는 방송사업자의 동시중계방송권을 제한하고 있음을 유의하여야 한다(「방송법」 제78조 참조).[80]

4. 공연권

(1) 방송사업자의 공연권

현행 「저작권법」 체계에 따르면 방송도 분명히 공연의 대상이 될 수 있으며, 공연의 방법 또한 인간의 실연을 통한 공연은 물론 상영·재생과 같은 기계적 방법을 통한 공연도 가능하다(제2조 제3호 참조). 따라서 방송사업자의 공연도 입법론상 가능하며, 다만 그것을 방송사업자의 배타적 권리로 인정할 것인가는 입법정책의 문제이다.

---

79 현행 법체계에서는 방송사업자에게 방송에 대한 동시중계방송권 이외에 이시중계권(이시재방송)에 대해서는 저작인접권을 부여하고 있지 않음을 유의하여야 한다.

80 「방송법」 제78조 제1항에 의하면, "종합유선방송사업자·위성방송사업자(이동멀티미디어방송을 행하는 위성방송사업자를 제외한다) 및 중계유선방송사업자는 한국방송공사 및 「한국교육방송공사법」에 의한 한국교육방송공사가 행하는 지상파방송(라디오방송을 제외한다)을 수신하여 그 방송프로그램에 변경을 가하지 아니하고 그대로 동시에 재송신(이하 '동시재송신'이라 한다)하여야 한다…"라고 규정하고 있다. 이 규정은 '의무동시재송신규정'이라고 하며, 이와 같은 동시재송신제도는 방송과 관련한 제도의 특성을 감안하여 관련 사업자들 간의 이해조정의 결과를 「방송법」에 도입한 것으로서 각국마다 이 제도의 도입취지나 그 내용에는 차이가 있다. 우리 「방송법」은 이와 같이 동시재송신규정을 두고 있을 뿐만 아니라 한 걸음 더 나아가 이러한 의무재송신은 「저작권법」 제85조가 적용되지 않는다고 규정하고 있다. 즉, "제1항의 규정에 의한 동시재송신의 경우에는 「저작권법」 제85조의 동시중계방송권에 관한 규정은 이를 적용하지 아니한다"(제78조 제3항)라고 규정하고 있다. 따라서 KBS와 EBS는 「저작권법」상 보장된 동시중계방송권을 종합유선방송 및 위성방송 그리고 중계유선방송 등에 대해서는 이를 행사할 여지가 없는 셈이다. 그런데 우리와 같이 「방송법」에서 「저작권법」의 적용을 배제하는 입법례는 거의 찾아보기 어려울 뿐더러, 무엇보다도 행정규제에 관한 공법적(公法的) 법률인 「방송법」에 사법적(私法的) 질서의 규율을 받고 있는 사권(私權)으로서의 저작권에 대한 제한사항을 규정하고 있는 것은 적절한 입법태도라고 보기가 어렵다.

우리 법에서는 실연자에게 그의 고정되지 아니한 실연, 즉 **생실연**을 공연할 배타적인 권리를 부여하고 있다(제72조 본문 참조).[81] 동시에 우리 법에서는 방송사업자에게도 일정한 조건하에서 그의 방송을 공연할 수 있는 배타적 권리를 부여하고 있는데, "방송사업자는 공중의 접근이 가능한 장소에서 방송의 시청과 관련하여 입장료를 받는 경우에 그 방송을 공연할 권리를 가진다"(제85조의2)라고 규정하고 있다.[82] 따라서 공중의 접근이 가능한 장소에서 방송의 시청과 관련하여 입장료를 받는 경우에는 누구든지 해당 방송사업자의 허락 없이 그 방송을 공연하여서는 아니 된다. 이와 같은 규정이 생겨나게 된 배경에는 월드컵 등 대형국제스포츠행사 시 방송사업자가 엄청난 중계료를 지불하고서도 대형전광판 등을 활용한 시청 때문에 해당 방송에 투하자본을 회수하지 못하는 일이 발생했기 때문이었다. 이와 같은 사정을 감안하여 2011년에 법을 개정하는 과정에서 방송사업자에게 방송을 공연할 권리를 배타적 권리로서 인정하여 오늘에 이르고 있다.

(2) 공연권 행사의 요건

법 제85조의2에 따른 방송사업자의 공연권의 행사를 위해서는 다음과 같은 요건이 충족되어야 한다. 첫째, 방송사업자의 공연은 공중의 접근이 가능한 장소에서 이루어져야 한다. 둘째, 이때 방송의 시청과 관련하여 입장료를 받는 공연인 경우에만 적용되는데, 이는 입장료 없이 무료로 공개하는 공연일 경우에는 방송사업자에게 하등의 경제적 손실을 줄 우려가 없기 때문이다. 셋째, 공연의 내용은 해당 방송을 상영 또는 재생하는 방법으로 이루어지며 이때의 방송은 생방송生放送이든 동시중계방송同時中繼放送이든 이시중계방송異時中繼放送이든 아무 관련이 없다.

---

[81] 그러나 생실연이 방송되는 실연인 경우에는 그러하지 아니하다(제72조 단서).

[82] 법 제85조의2에서 규정하고 있는 방송사업자의 '공연권'은 이른바 스포츠바 등에서 입장료를 받고 TV에서 중계되는 스포츠경기 등을 단체관람하도록 하는 것에 대해 방송사업자에게 일정한 권한을 부여하려는 의도에서 도입된 것이다.

제4절
저작인접권의 보호기간 및 권리행사의 제한 등

I. 저작인접권의 보호기간[83]

1. 의의

저작인접권도 저작권과 마찬가지로 영구적으로 존속되는 권리가 아니다. 저작인접권자에게 배타적인 권리인 저작인접권을 부여함으로써 수준 높은 실연을 행하고 보다 창의적이며 더욱 매력적인 음반과 방송의 제작을 촉진하도록 하는 데 인센티브를 주고 있다. 그런데 이와 같은 저작인접권은 이를 영구적으로 존속하는 것으로 하지 않고 일정기간의 보호기간 이후에는 공공의 영역Public Domain에 두어 누구든지 자유롭게 해당 실연·음반·방송을 이용할 수 있도록 하는 것이 바람직할 것이다. 이에 각국에서는 저작인접권(실연자의 인격권은 제외한다[84])의 존속기간을 저작권과 마찬가지로 일정기간만 보호해 주고 있으며, 대부분의 국가에서는 저작권에 비하여 보호기간이 짧다. 우리나라의 경우 실연과 음반은 그 보호기간을 70년간으로 하고 있고, 방송은 50년간이다. 그리고 후술하는 바와 같이 실연과 방송의 경우는 그 실연을 하거나 방송을 한 때부터 권리가 발생하고 그다음 해부터 기산하는 방법을 채택하고 있으나, 음반의 경우에는 원칙적으로 그 음을 맨 처음 음반에 고정하는 때부터 발생하지만 그 보호기간은 그 음반을 발행한 때의 다음 해부터 기산하는 방법을 채택하고 있음을 유의하여야 한다.

---

83 저작인접권의 보호기간은 저작인접권 중에서 배타적 권리에 해당하는 복제권, 배포권, 대여권, 공연권, 방송권, 전송권, 동시중계방송권 등의 권리에 대한 보호기간을 의미하며 청구권적 권리인 보상청구권에 대해서는 적용하지 않음을 유의하여야 한다.

84 실연자의 인격권은 일신전속적이어서 실연자의 사망과 동시에 인격권은 소멸하기 때문이다(「저작권법」 제68조 참조).

2. 저작인접권 보호기간의 기산점

(1) 실연의 경우

우리 「저작권법」 제86조 제2항에 따르면 실연자의 저작인접권(실연자의 인격권은 제외한다)은 그 실연을 한 때의 다음 해부터 기산하여 70년간 존속한다[85]고 하여 기산점을 따로 두고 있는데, 그 이유는 누구든지 저작인접권의 보호기간을 쉽게 알 수 있게 하기 위함이다. 다만, 실연을 한 때부터 50년 이내에 실연이 고정된 음반이 발행된 경우에는 음반을 발행한 때의 다음 해부터 기산하여 70년간 존속한다(제86조 제2항 제1호). 이때에는 실연과 음반의 동일성이 유지된다고 보아 보호기간이 그만큼 연장되는 것으로 입법적 조치를 하고 있는 것이다.

(2) 음반의 경우

음반의 경우에 저작인접권의 보호기간은 그 음반을 발행한 때의 다음 해부터 기산하여 70년간 존속한다. 이와 같이 음반의 경우에 있어서 저작인접권 보호기간의 기산점은 저작인접권이 발생하는 시점인 그 음을 맨 처음 고정한 때가 아니라 **그 음반을 발행한 때**를 기준으로 하고 있으며, 따라서 저작인접권의 발생시점과 보호기간의 기산점이 일치하지 않는다는 점을 유의하여야 한다. 여기서 발행이란 음반을 공중의 수요를 충족시키기 위하여 복제·배포하는 것을 말하는데(제2조 제24호 참조), 일반적으로 음반은 그 음을 맨 처음 음반에 고정한 이후 일정기간이 지난 후 이를 복제·배포하는 과정을 거치므로 이때를 기준으로 하여 음반에 대한 저작인접권의 보호기간을 정하는 것이 보다 객관적이기 때문이다. 그런데 최초로 음을 음반에 고정한 이후에도 일정기간 음반을 발행하지 않는 경우도 있으므로 법에서는 "음을 음반에 맨 처음 고정한 때의 다음 해부터 기산하여 50년이 경과한 때까지 음반을 발행하지 아니한 경우에는 음을 음반에 맨 처음 고정한 때의 다음 해부터 기산하여 70년간 존속한다"라고 규정하고 있다(제86조 제2항 제2호 참조).

---

[85] 예를 들면 2019년 7월 1일에 실연을 하였다면 2020년 1월 1일부터 기산하여 70년 이후인 2089년 12월 31일까지 실연에 관련한 저작인접권이 존속한다.

(3) 방송의 경우

방송의 경우에 있어서 저작인접권 보호기간은 그 방송을 한 때의 다음 해부터 기산하여 50년간 존속한다(제86조 제2항 제3호 참조).

II. 저작인접권 행사의 제한 등

1. 저작인접권 행사의 제한

(1) 의의

저작권과 마찬가지로 저작인접권도 일정한 공익적 사유가 있거나 또는 보호되어야 하는 권리 간에 충돌이 발생할 우려가 있는 경우에는 **법률**의 규정에 따라 그 행사가 제한될 수 있다. 우리나라의 경우 저작인접권의 제한과 관련하여서는 이를 일일이 법률에 규정하는 방식을 취하지 아니하고 저작재산권 행사의 제한에 관한 규정을 준용하는 형태의 입법형식을 취하고 있다.[86] 즉, "저작인접권의 목적이 된 실연·음반 또는 방송의 이용에 관하여는 제23조, 제24조, 제25조 제1항부터 제5항까지, 제26조부터 제32조까지, 제33조 제2항, 제34조, 제35조의2부터 제35조의5까지, 제35조의3, 제36조 및 제37조를 준용한다"(『저작권법』 제87조 제1항).

(2) 저작인접권이 제한되는 구체적 경우

현행 법에 따라 저작인접권의 행사가 제한되는 구체적인 경우로서는 i) 재판절차에서의 복제, ii) 정치적 연설 등의 이용, iii) 학교교육 목적에의 이용, iv) 시사보도를 위한 이용, v) 실연, 음반 또는 방송의 인용, vi) 영리를 목적으로 하지 아니하는 공연·방송, vii) 사적이용을 위한 복제, viii) 도서관 등에서의 복제, ix) 시험문제로서의 복제, x) 시각장애인 등을 위한 복제 등, xi) 방송사업자의 일시적 녹음·녹화,

---

[86] 「로마협약」 제15조 제2항에서는 "…체약국은 국내법령으로 문학·예술저작물의 저작권의 보호와 관련하여 규정하고 있는 바와 같이, 국내법령으로 실연자, 음반제작자 및 방송사업자의 보호에 관하여 같은 종류의 제한을 가할 수 있다"라고 규정하고 있다. 이 규정은 저작인접권을 제한할 수 있는 범위에 대한 것인데, 이 규정은 「베른협약」상 보장되는 저작재산권의 제한과 예외는 저작인접권에도 그대로 적용될 수 있다는 것을 의미한다.

xii) 저작인접물 이용과정에서의 일시적 복제, xiii) 부수적인 복제 등, xiv) 문화시설에 의한 복제 등, xv) 실연, 음반 또는 방송의 공정한 이용, xvi) 번역 등에 의한 이용, xvii) 출처의 명시 등이 있다.

결국, 저작재산권 행사의 제한규정의 대부분이 저작인접권의 행사의 제한에도 준용이 되며, 준용에서 제외되는 것은 공표된 저작물을 시각장애인 등을 위하여 점자로 복제·배포할 수 있도록 규정한 법 제37조 제1항과 미술저작물 등의 전시 또는 복제를 허용하고 있는 법 제35조뿐이다. 그런데 이들 두 가지 경우는 저작인접권이 적용되기 어려운 성질의 것으로서, 이렇게 본다면 결국 저작권 제한의 법리와 그 구체적인 제한사유는 저작인접권에도 그대로 적용된다고 볼 수 있다.

(3) 디지털음성송신사업자의 일시적 복제 허용

현행 법에 따르면 일시적 저장도 복제의 개념에 포함되지만 디지털음성송신사업자의 일시적 복제는 송신과정에서 발생하는 불가피한 현상으로서 디지털음성송신사업자가 자체의 수단으로 실연이 녹음된 음반을 일시적으로 복제하는 것에 대해서는 구태여 저작재산권자의 허락을 받을 필요가 없이 자유롭게 이를 허용할 필요가 있다. 이에 법에서는 "디지털음성송신사업자는 법 제76조 제1항 및 제83조 제1항에 따라 실연이 녹음된 음반을 사용하여 송신하는 경우에는 자체의 수단으로 실연이 녹음된 음반을 일시적으로 복제할 수 있다"(제87조 제2항 본문)라고 규정하고 있다. 이는 법 제34조 또는 법 제35조의2의 입법취지와 유사하다고 할 수 있으며, 따라서 디지털음성송신사업자가 일시적 복제를 할 때에는 법 제34조 제2항을 준용하여 일시적 복제물의 보존기간을 녹음일 또는 녹화일로부터 1년을 초과하여 보존할 수 없도록 하고 있다(제87조 제2항 후단 참조).

2. 저작인접권의 양도와 저작인접물의 이용허락 등

저작인접권의 양도와 이용허락 그리고 질권의 행사, 저작인접권의 소멸 등에 관해서는 이미 기술한 바 있는 저작재산권의 양도 등에 관한 규정을 그대로 준용하고 있다(제88조 참조).

3. 실연·음반 또는 방송의 배타적발행권의 설정 등

실연·음반 또는 방송의 배타적발행권의 설정 등에 관하여는 법 제57조부터 제62조까지의 규정을 각각 준용한다(「저작권법」 제88조 참조).

4. 실연·음반 및 방송이용의 법정허락

실연·음반 및 방송과 같은 저작인접물의 이용에 있어서도 법정허락이 가능하며, 이에 관해서는 저작물 이용의 법정허락에 관한 규정이 준용된다(제89조).

5. 저작인접권의 등록

저작권과 마찬가지로 저작인접권과 저작인접권의 배타적발행권도 등록 또는 변경등록을 할 수 있다. 즉, 법 제53조부터 제55조까지 및 제55조의2부터 제55조의5까지의 규정은 저작인접권 또는 저작인접권의 배타적발행권의 등록 및 변경등록 등에 관하여 준용한다. 이 경우 저작권등록부는 저작인접권등록부로 본다(제90조).

제14장

저작권 보호를 위한
각자의 책임과 의무

제1절
온라인서비스제공자의 책임과 의무

I. 의의

1. 「민법」에 의한 불법행위책임

오늘날 저작물의 유통과정에서 온라인서비스제공자가 차지하는 비중은 대단히 크다. 문화콘텐츠가 점차 디지털 형태로 전환됨에 따라 그 유통의 모습도 종전의 오프라인 형태로 이루어지던 휴대형 유통구조[1] 또는 극장형 유통구조[2]에서 온라인 서비스매체를 활용한 방송통신형 유통구조로 급격히 전환하고 있으며, 이 과정에 온라인서비스제공자가 확실한 자리를 차지하게 되었다.

저작권과 저작인접권 등 「저작권법」에서 규정하고 있는 각종 권리를 보호하기 위해서는 저작자와 이용자의 노력이 중요한 것이 사실이지만 저작물 등을 유통하는 매체를 관장하는 온라인서비스제공자의 역할 또한 대단히 중요하다.

형식상·논리상으로 보자면 온라인서비스제공자는 저작권자도 저작인접권자도 아니며, 저작물 등을 최종적으로 소비하는 사람도 아니다.[3] 그럼에도 불구하고 오늘날 온라인서비스제공자는 창작된 저작물 등을 매개·전달해 주는 역할을 수행하는 과정에서 간접적이나마 불법복제물 등의 유통에 일정한 기여를 하고 있는 것도 사실이며, 이에 대해서는 엄격한 법적 책임을 물을 필요가 있다.

---

1   어문저작물, 음악저작물, 영상저작물의 유형적 매체인 도서·음반·비디오테이프 등을 이용자가 직접 휴대하는 방법으로 해당 저작물이 이용되는 유형을 말한다.

2   연극저작물, 음악저작물, 영상저작물을 이용자가 한곳에 모여 공공장소에서 집단적으로 관람하는 방법으로 해당 저작물이 이용되는 유형을 말한다.

3   오늘날 온라인서비스제공자(OSP)의 역할이 커지면서 OSP가 과거에 음반제작자나 방송사업자, 출판사의 역할을 하는 경우까지 발생하고 있는데, 이를 제작과 유통의 융합 내지는 '수직계열화 현상'이라고 한다.

2. 온라인서비스제공자의 책임에 대한 「저작권법」에서의 규정

온라인서비스제공자는 「저작권법」에서 별도의 규정이 없더라도 「민법」상의 불법행위이론에 따라 고의 또는 과실로 저작권자 등에 손해를 입힐 경우에는 불법전송자 등과 함께 공동불법행위책임에 따른 민사상의 손해배상책임을 질 수 있다. 그런데 현실세계에서 무수한 형태로 일어나고 있는 온라인서비스제공자가 져야 하는 불법행위책임은 그 성립요건에 해당하는 고의 특히 과실의 핵심적인 요소인 **주의의무**Duty of Due Care **위반**의 내용을 개별 법률에서 일일이 구체적으로 규정할 수는 없다. 그렇다고 해서 실정법에서 아무런 조치도 없는 상태에서 이 문제를 법원의 판단에 맡겨 버리는 것도 온라인서비스제공업의 안정적인 영위 내지는 예측가능성 측면에서 볼 때 바람직하지 않다. 따라서 온라인서비스제공자의 책임범위를 어디까지로 할 것인가에 대한 개별적·구체적 기준을 제정법인 「저작권법」에 규정하여 온라인서비스제공자가 예측가능성을 가지고 저작권을 침해하지 아니하도록 방지 및 예방을 하고 그에 따라 안정적으로 사업을 영위할 수 있도록 입법적 조치를 마련해야 한다.

이와 같은 상황에 맞추어 「저작권법」에서는 온라인서비스제공자도 고의와 과실로 저작권 등을 침해할 경우 분명히 책임이 있음을 전제로 하여, 다만 특정한 요건의 충족을 조건으로 온라인서비스제공자의 책임을 제한 또는 면제하는 규정을 두고 있다.[4]

다시 말해, 현행 법에 따른 온라인서비스제공자의 책임규정 방식은 여타의 법률규정처럼 법률효과의 발생을 위한 법률요건을 분명한 것이 아니라 법률효과의 발생을 배제하기 위한 면책규정 방식으로 이루어져 있다.[5]

---

4 「저작권법」 제6장의 제목이 '온라인서비스제공자의 책임 제한'인데, 이는 부적절한 표현으로 보인다. 온라인서비스제공자는 고의 또는 과실로 또는 「저작권법」에서 부여하고 있는 각종 의무를 이행하지 아니하여 타인에게 손해를 끼친 경우에는 당연히 '책임'을 져야 하며, 다만 법에서 규정하고 있는 특정 면책조항에 해당할 때에만 그 책임이 면제되는 것인데 제6장의 제목에서는 마치 온라인서비스제공자의 책임을 제한하는 것이 법의 원칙인 것 같은 오해를 준다. 제목을 '온라인서비스제공자의 책임과 그 면책사유' 등으로 바꾸는 노력이 필요해 보인다.

5 이는 법률요건규정을 두지 않더라도 앞에서 살펴본 바와 같이 일반적인 불법행위의 법리로 온라인서비스제공자에 대한 책임추궁이 가능하며, 무엇보다도 급변하는 온라인 환경을 법률요건규정으로 제때 반영하는 것도 현실적으로 어렵기 때문이라는 상황적 요인도 반영된 것으로 보인다(문일환, 「디지털 저작물과 권리소진의 원칙」, 《정보 법학》, 제18권 제1호(2014), 145쪽).

이와 같은 입법적 태도는 온라인서비스제공자가 그나마 저작권 침해를 효과적으로 방지·억제하거나 또는 중단시킬 수 있는 위치에 있으며, 따라서 책임을 엄격하게 묻기보다는 저작권 침해를 방지하거나 중단시키는 데에 일정한 역할을 주고 그에 상응하게 저작권 침해에 대한 책임을 면제해 주는 것이 바람직할 것이라는 법리를 바탕에 두고 있다. 온라인서비스제공자에 대한 법에서의 이와 같은 책임제한규정은 온라인서비스제공자가 예상치 않게 책임을 지는 불확실성을 줄이고 예측 가능한 사업환경을 조성하여 인터넷 등을 통한 저작물의 원활한 유통을 촉진하는 데에도 기여하기 위한 입법적 배려가 깔려 있다 하겠다.

II. 온라인서비스제공자와 온라인서비스의 유형

1. 온라인서비스제공자

오늘날 대부분의 문화콘텐츠는 정보통신망을 통한 온라인서비스를 활용하여 시간적·공간적으로 급속히 그 유통범위를 넓혀가고 있다. 온라인서비스는 이와 같이 정보통신망을 통해서 제공되는데 「저작권법」은 여기에 별도의 조건을 붙여서 **온라인서비스제공자**OSP : Online Services Provider를 정의하고 있다. 현행 법에서는 온라인서비스제공자를 크게 두 부류로 나누어 정의하고 있는데, 이를 구체적으로 살펴보면 다음과 같다.

첫째, 온라인서비스제공자는 이용자가 선택한 저작물 등을 그 내용의 수정 없이 이용자가 지정한 지점 사이에서 정보통신망[6]을 통하여 전달하기 위하여 송신하거나 경로를 지정하거나 연결을 제공하는 자를 말한다(제2조 제30호 가목). 이와 같은 전통적인 유형의 온라인서비스제공자는 수동적·소극적 지위에서 저작물 등을 창작자로부터 이용자에게로 단순히 연결시켜 주는 기능을 수행하는 특징이 있다.

둘째, 온라인서비스제공자는 이용자들이 정보통신망에 접속하거나 정보통신망

---

6 "'정보통신망'이란 전기통신을 하기 위한 기계·기구·신호·선로 또는 그 밖에 전기통신에 필요한 설비를 이용하거나 전기통신설비와 컴퓨터 및 컴퓨터의 이용기술을 활용하여 정보를 수집·가공·저장·검색·송신 또는 수신하는 정보통신체제를 말한다"(「정보통신망 이용촉진 및 정보보호 등에 관한 법률」 제2조 제1항 제1호).

을 통하여 저작물 등을 복제·전송할 수 있도록 서비스를 제공하거나 그를 위한 설비를 제공 또는 운영하는 자를 말한다(제2조 제30호 나목).

> 서울고등법원은 P2P방식의 서비스제공자가 온라인서비스제공자에 해당하는가와 관련하여 "여기서 말하는 정보통신망은 해당 서비스제공자 자신의 정보통신망에 국한되지 않음이 그 문언상 명백하므로 이용자들의 컴퓨터끼리 연결되어 파일공유, 즉 복제 또는 전송이 이루어지는 P2P방식의 서비스를 제공하는 경우에도 역시 온라인서비스제공자에 해당한다"라고 결정한 바 있다(서울고등법원 2007.10.10, 2006라1245 결정).

이 유형의 온라인서비스제공자는 좀 더 적극적·능동적 지위에서 저작물 등의 복제와 전송에 관한 서비스제공기능의 수행에 초점을 둔 개념으로서, 여기에는 복제·전송서비스의 제공자뿐만 아니라 이러한 서비스제공에 필요한 설비를 제공하거나 직접 운영하는 자도 포함되는데 대표적으로는 오늘날 디지털 시대의 총아로 각광받고 있는 클라우드 컴퓨팅 서비스[7] 등이 이에 해당된다.

이와 같이 정의되는 온라인서비스제공자의 개념정의는 현실적으로 이들이 어떠한 플랫폼(서비스망)을 활용하여 이용자에게 저작물 등을 서비스하고 있는지를 확인해 봄으로써 좀 더 구체적으로 이해할 수 있다. 다시 말해, 온라인서비스제공자를 그들이 활용하는 플랫폼의 유형에 따라 구분해 볼 수도 있는데, 여기에는 망 운영자Network Operator, 인터넷서비스제공자, 호스트서비스제공자(웹사이트운영자), 전자게시판운영자, 커뮤니티서비스제공자, P2P서비스운영자, 그리고 웹하드운영자 등이 해당한다.

---

7 '클라우드 컴퓨팅'이란 집적·공유된 정보통신 기기, 정보통신 설비, 소프트웨어 등 정보통신자원을 이용자의 요구나 수요변화에 따라 정보통신망을 통하여 신축적으로 이용할 수 있도록 하는 정보처리체제를 말한다. '클라우드 컴퓨팅 서비스'란 클라우드 컴퓨팅 기술을 이용하여 컴퓨터 자원인 인프라, 플랫폼, 소프트웨어, 데이터를 이용자의 컴퓨터에 제공하지 않고 서비스제공자로부터 제공받아 이용하고 계약에 따라 대가를 지급하는 서비스라고 할 수 있다(「클라우드컴퓨팅 발전 및 이용자 보호에 관한 법률」 제2조 제3호 참조).

2. 온라인서비스의 유형

(1) 의의

앞에서 온라인서비스제공자의 법적 개념을 논의하면서 현실적으로 어떠한 유형의 플랫폼이 활용되고 있는지도 동시에 살펴보았다.

그런데 현실적으로 이루어지고 있는 무수한 형태의 온라인서비스를 통한 저작물 등의 이용행위가 과연 저작권 등의 침해행위에 해당하는지의 여부를 판단하기 위해서는 적어도 온라인서비스제공자가 제공하는 전형적인 서비스유형을 제시하고 개별유형에 구체화된 요건을 충족하면 온라인서비스제공자의 책임을 면제해 주는 입법형식이 더욱 더 현실적일 수 있다. 이에 우리 「저작권법」에서도 온라인서비스제공자가 제공하는 서비스의 전형적인 유형을 크게 세 가지로 분류한 후 개별적 면책요건과 법원이 발하는 명령의 구체적인 종류를 규정하는 입법형식을 채택하고 있다.[8]

(2) 단순한 도관형태의 인터넷 접속 서비스[9]

단순한 도관導管형태, 다시 말해 Mere Conduit 형태의 인터넷접속서비스는 온라인서비스제공자가 내용의 수정 없이 저작물 등을 송신하거나 경로를 지정하거나 연결을 제공하는 행위 또는 그 과정에서 저작물 등을 그 송신을 위하여 합리적으로 필요한 기간 내에 자동적·중개적·일시적으로[10] 저장하는 행위를 말한다(제102조 제1항 제1호 본문 참조).

---

8 우리 법에서 제시하고 있는 온라인서비스의 유형은 미국 저작권법을 그대로 따르고 있다. 미국에서는 이미 1998년의 DMCA(Digital Millennium Copyright Act)에서 우리가 그대로 채택하고 있는 온라인서비스제공자의 네 가지 유형을 제시한 후에 다른 국가들과 맺은 FTA협정에서 일관되게 반영시키고 있다.

9 앞에서 본 온라인서비스제공자의 개념 중 첫 번째 부류에 해당하는 것으로서 온라인서비스제공자가 가장 전형적으로 제공하는 서비스에 해당한다. 후술하는 나머지 세 가지 유형의 서비스는 앞에서 본 온라인서비스제공자의 개념 중 주로 두 번째 부류에 해당하는 온라인서비스제공자가 제공하는 서비스의 구체적인 유형이라 할 수 있다.

10 온라인서비스의 제공에 있어서 자동적·중개적·일시적이라는 개념은 서로 중첩적으로 사용된다. '자동적'인 서비스는 대부분의 경우 일시적 저장을 통해서 이루어지기 때문이며, 여기서 '중개적'이라는 개념이 사용되고 있는 이유는 온라인서비스제공자는 그가 직접 저작물을 복제·전송하는 것이 아니고 복제·전송자와 서비스 이용자를 중개하는 입장에 서 있기 때문이다.

(3) 캐싱 서비스

캐싱Caching[11] 서비스는 온라인서비스제공자가 서비스이용자의 요청에 따라 송신된 저작물 등을 후속 이용자들이 효율적으로 접근하거나 수신할 수 있게 할 목적으로 그 저작물 등을 자동적·중개적·일시적으로 저장하는 행위를 말한다(제102조 제1항 제2호 본문 참조). 캐싱 서비스는 서비스이용자의 요청에 따라 이루어지는 특징을 가지고 있다.

(4) 저장 및 정보검색도구 서비스

먼저, 저장 서비스는 온라인서비스제공자가 복제·전송자의 요청에 따라 저작물 등을 온라인서비스제공자의 컴퓨터에 저장하는 행위를 말한다(제102조 제1항 제3호 전단 참조). 저장 서비스는 오늘날 웹-호스팅서비스의 형태로 저작물 등을 복제 또는 전송하고자 하는 자의 요청으로 이루어지는 특징이 있으며, 대표적으로는 카페, 블로그, 웹하드 등 일정한 자료를 하드디스크나 서버에 저장·사용할 수 있게 하는 서비스를 말한다.

다음으로 정보검색도구 서비스는 온라인서비스제공자가 정보검색도구를 통하여 이용자에게 정보통신망상에 있는 저작물 등의 위치를 알 수 있게 하거나 연결하는 행위를 말한다(제102조 제1항 제3호 후단 참조). 정보검색도구 서비스의 2대 기능은 저작물의 위치를 알 수 있게 하고 저작물에 연결을 하는 것으로서[12], 구체적으로는 디렉토리, 인덱스, 포인터 또는 하이퍼텍스트링크를 포함하는 정보의 소재확인 도구를 이용하여 인터넷에서 정보를 검색하여 이를 이용자에게 제공해 주는 네이버, 다음, 구글 등의 서비스가 해당한다.

---

11 'Caching'이란 정보처리의 효율성과 안정성을 높이기 위하여 디지털정보를 캐시(Cache)라 불리는 서버에 자동적으로 저장한 후에, 이를 다시 이용하고자 하는 경우 그 정보의 원래의 출처인 중앙서버로 다시 가지 않고 임시로 저장된 정보를 활용하는 것을 말한다.
12 정보검색도구 서비스는 이와 같이 위치의 확인과 저작물에의 연결을 주요기능으로 하고 있으므로 결국 링크사이트에 해당한다고 할 수 있다.

III. 온라인서비스제공자의 책임과 그 제한

1. 의의

현행 「저작권법」 체계상 온라인서비스제공자의 책임이 제한되는 경우는 크게 두 가지 유형으로 나누어 볼 수 있는데, 하나는 온라인서비스제공자가 저작권 등의 침해사실을 알고 자발적으로 복제·전송의 중단조치를 취한 경우에 그 자신의 책임을 제한하는 것이고, 또 다른 유형은 저작권 등의 권리가 침해되었다고 주장하는 자의 중단요청을 받아서 복제·전송의 중단조치를 취한 경우에 온라인서비스제공자의 책임을 제한하는 것이다. 전자는 법 제102조에서, 후자는 법 제103조에서 별도로 규정하고 있는데, 두 가지 형태의 책임제한은 모두 그 입법형식에 있어서 온라인서비스제공자가 수행하는 세 가지 형태의 전형적인 서비스유형에 따라 개별적으로 구체적인 면책요건을 규정하고 이에 해당하는 경우에만 책임을 제한시키는 방법을 채택하고 있다.

그런데 온라인서비스제공자의 책임이 제한된다는 것은 책임을 감경하거나 면제한다는 말인데, 현행 법에서는 각 서비스의 유형별로 구체화된 개별적인 요건을 충족하면 온라인서비스제공자로서의 책임을 면제, 즉 책임을 아예 지지 않도록 하고 있다(제102조 제1항 본문 및 제103조 제5항 참조). 이와 같은 입법태도는 온라인서비스와 관련된 이해당사자 사이의 법률관계를 보다 명확히 하고 법적 안정성을 도모하는 동시에 온라인서비스제공자가 법률에서 정한 구체적 요건만 충족하면 책임을 지지 않도록 해줌으로써 다양한 종류의 문화콘텐츠를 유통하는 핵심적인 위치에서 안정적으로 사업을 영위할 수 있도록 하기 위한 입법적 배려로 보인다.

2. 자발적인 복제·전송의 중단조치 등에 따른 책임의 면제

(1) 의의

온라인서비스제공자는 단순도관 형태의 인터넷 접속 서비스, 캐싱 서비스, 저장 및 정보검색도구 서비스 등을 실시함에 있어서 「저작권법」에서 구체적으로 정하고 있는 면책요건을 자발적으로 모두 갖춘 경우에는 저작권, 그 밖에 이 법에 따라 보호되는 권리가 침해되더라도 그 침해에 대하여 책임을 지지 아니한다(제102조 제1항 참조).[13] 이는 저작물 등을 직접 이용하지 않고 단순히 전달·매개자의 위치에 있는 온라인서비스제공자가 충분한 주의의무를 다하였다고 판단되기 때문이며 그 이론적 기초는 「민법」상의 공동불법행위론에 기인하고 있음은 물론이다.

(2) 서비스의 유형에 따른 온라인서비스제공자의 책임면제사유
가. 단순도관 형태의 인터넷 접속 서비스를 제공하는 경우

온라인서비스제공자가 단순도관 형태의 인터넷 접속 서비스를 제공하는 경우에는 다음과 같은 네 가지 요건이 모두 충족되면 저작권 그 밖에 이 법에 따라 보호되는 권리가 침해되더라도 그 침해에 대하여 책임을 지지 아니한다.

이때 온라인서비스제공자가 충족하여야 할 구체적인 요건은 i) 온라인서비스제공자가 저작물 등의 송신을 시작하지 아니한 경우, ii) 온라인서비스제공자가 저작물 등이나 그 수신자를 선택하지 아니한 경우[14], iii) 저작권, 그 밖에 이 법에 따라 보호되는 권리를 반복적으로 침해하는 자의 계정(온라인서비스제공자가 이용자를 식별·관리하기 위하여 사용하는 이용권한 계좌를 말한다)을 해지하는 방침[15]을 채택하고 이를 합리적으로 이행한 경우 그리고 iv) 저작물 등을 식별하고 보호하기 위한 기술조치로서 대통령령으로 정하는 조건을 충족하는 표준적인 기술조치를 권리자가 이용한 때에는 이를 수용하고 방해하지 아니한 경우 등이다(제102조 제1항 제1호). 결국, 단순도관 형태의 인터넷 접속 서비스를 제공하는 온라인서비스제공자는 소극적 자세에서 인터넷 접속기능을 제공하였고(i)·ii)), 특정계정의 해지방침을 채택하고 이를 이행하였으며(iii)) 그리고 저작물 등의 식별을 위한 표준적인 기술조치를 수용하는(iv)) 등의 요건을 충족하였을 경우 면책된다.

---

13 이와 같은 규정을 일반적으로 책임제한규정 또는 Safe Harbors 규정이라고 한다.

14 위에서 제시한 요건 가운데 i)과 ii)는 단순도관 형태의 인터넷 접속 서비스를 의미하는 법 제102조 제1항 제1호 본문의 내용과 그 의미에 있어서는 대단히 유사한 것으로 이해된다. 온라인서비스제공자가 저작물 등의 송신을 시작하지 아니하고 저작물 등이나 그 수신자를 선택하지 아니한 경우란 온라인서비스제공자가 저작물 등을 업로드하거나 다운로드하는 것에 전혀 관여하지 아니하고, 단순히 업로드 및 다운로드의 매개자 역할만을 하는 경우를 말한다.

15 대부분의 온라인서비스제공자는 해당 서비스와 관련한 경영상의 기본원칙인 '방침'을 수립·운영하고 있는데, 이를 흔히 'Policy'라고도 한다. 대부분의 경우 이와 같은 방침을 약관에 수록하여 이용자가 널리 볼 수 있도록 하고 있다.

나. 캐싱 서비스를 제공하는 경우

온라인서비스제공자가 캐싱Caching 서비스를 제공하며 다음과 같은 여섯 가지 요건을 모두 갖춘 경우에는 온라인서비스제공자는 저작권 그 밖에 이 법에 따라 보호되는 권리가 침해되더라도 그 침해에 대하여 책임을 지지 아니한다. 이 경우에 유의하여야 한다. 이는 캐싱 서비스에 있어서 온라인서비스제공자에게 그만큼 더 많은 주의의무를 부여하는 것이며 따라서 책임질 소지도 그만큼 많다는 것을 말해 준다.

캐싱 서비스를 제공하는 온라인서비스제공자는 i) 법 제102조 제1항 제1호에서 규정하고 있는 단순도관 인터넷 접속 서비스를 제공할 때의 면책요건 네 가지 모두를 갖춘 경우, ii) 온라인서비스제공자가 그 저작물 등을 수정하지 아니한 경우, iii) 제공되는 저작물 등에 조건이 있는 경우에는 그 조건을 지킨 이용자에게만 임시저장된 저작물 등의 접근을 허용한 경우, iv) 저작물 등을 복제·전송하는 자가 명시한 컴퓨터나 정보통신망에 대하여 그 업계에서 일반적으로 인정되는 데이터통신규약에 따른 저작물 등의 현행화에 관한 규칙을 지킨 경우[16], v) 저작물 등이 있는 본래의 사이트에서 그 저작물 등의 이용에 관한 정보를 얻기 위하여 적용한 그 업계에서 일반적으로 인정되는 기술의 사용을 방해하지 아니한 경우[17], vi) 법 제103조 제1항에 따른 복제·전송의 중단요구를 받은 경우, 본래의 사이트에서 그 저작물 등이 삭제되었거나 접근할 수 없게 된 경우, 법원·관계 중앙행정기관의 장이 그 저작물 등을 삭제하거나 접근할 수 없게 하도록 명령을 내린 사실을 실제로 알게 된 경우에 그 저작물 등을 즉시 삭제하거나 접근할 수 없게 한 경우 등의 아홉 가지 요건을 모두 갖추었을 때는 저작권 등의 권리가 침해되더라도 그 침해에 대하여 책임을 지지 아니한다(제102조 제1항 제2호).

다. 저장 및 정보검색도구 서비스를 제공하는 경우

온라인서비스제공자가 저장 및 정보검색도구 서비스를 제공할 때 다음과 같은

---

16 만일에 캐싱 서비스 운영자에게 10초마다 현행화시키는 규칙을 정한 경우 이는 캐싱 서비스 운영자에게 너무 과도한 부담이 될 수 있으므로 이때에는 이 규칙을 지키지 않아도 된다[이규호, 『저작권법』, 진원사 (2012), 605쪽].

17 예컨대, 광고수익을 얻기 위한 hit counter를 원래의 사이트로 올리는 기술의 사용을 방해하지 아니하는 경우 등을 말한다(이규호, 앞의 책, 606쪽).

네 가지의 요건을 모두 갖춘 경우에는 저작권 등의 권리가 침해되더라도 그 침해에 대하여 책임을 지지 아니한다. 즉, i) 법 제102조 제1항 제1호에서 규정하고 있는 단순도관 형태의 인터넷 접속 서비스를 제공할 때의 면책요건 네 가지 모두를 갖춘 경우[18], ii) 온라인서비스제공자가 침해행위를 통제할 권한과 능력이 있을 때에는 그 침해행위로부터 직접적인 금전적 이익을 얻지 아니한 경우[19], iii) 온라인서비스제공자가 침해를 실제로 알게 되거나 법 제103조 제1항에 따른 복제·전송의 중단 등을 통하여 침해가 명백하다는 사실 또는 정황을 알게 된 때에 즉시 그 저작물 등의 복제·전송을 중단시킨 경우 그리고 iv) 법 제103조 제4항에 따라 복제·전송의 중단 요구 등을 받을 자를 지정하여 공지한 경우 등의 일곱 가지 요건을 모두 갖춘 경우에는 저작권자 등의 권리가 침해되더라도 그 침해에 대하여 책임을 지지 아니한다(제102조 제1항 제3호).

(3) 책임면제요건에 해당하는 조치가 기술적으로 불가능한 경우의 책임면제 등
가. 의의
현행 법에서는 위에서 논의한 개별적 면책요건의 충족에 따른 온라인서비스제공자의 책임면제를 규정하고 있음과 동시에, 추가로 그와 같은 면책요건에 해당하는 조치를 취하는 것이 기술적으로 불가능한 경우에도 온라인서비스제공자에게 책임을 면제시키는 규정을 두고 있다(제102조 제2항 참조).

여기서 **기술적으로 불가능한 경우**란 온라인서비스 자체는 이를 유지하는 것을 전제로 현재의 기술 수준 및 사회통념에 비추어 기대가능한 수준에서 이용자들의 전송행위 중 저작권 등의 침해행위가 되는 복제·전송행위를 선별하여 방지하거나 중단하는 것이 불가능한 경우를 말한다.

나. 모니터링 의무의 면제
현행 법에서는 온라인서비스제공자의 책임제한과 관련하여 온라인서비스제공자

---

[18] 이와 같이 단순도관 형태의 인터넷 접속 서비스를 제공할 때의 면책요건 네 가지는 캐싱 서비스와 저장 서비스를 제공하는 경우에 공통적으로 적용되고 있음을 유의하여야 한다.

[19] 저장 서비스 제공자가 서비스제공에 따른 사용료의 부과나 전송속도 향상에 따른 프리미엄서비스의 제공 등을 통해 직접적인 금전적 이익이나 혜택을 받지 않는 경우 등이 이에 해당한다(이규호, 앞의 책, 606쪽 참조).

는 자신의 서비스 안에서 침해행위가 일어나는지 모니터링을 하거나 그 침해행위에 관하여 적극적으로 조사할 의무를 지지 않음을 명확히 하고 있다(제102조 제3항 참조). 다시 말해, 현행 법체계에 따르면 온라인서비스제공자는 통상의 주의의무는 다하여야 하나 모니터링 의무[20]를 부과하지 않고 있는데, 그 이유는 네트워크상의 콘텐츠 또는 정보가 거의 무제한으로 유통되고 있는 오늘날 온라인서비스제공자에게 업로드된 모든 콘텐츠와 정보에 대해 모니터링을 요구하는 것은 현실적으로 불가능하기 때문이다. 다만, 온라인서비스제공자에게 책임이 존재하는 경우 줄곧 모니터링을 해왔다는 사실은 책임의 감경요소가 될 수는 있을 것이다. 법 제102조 제2항과 제3항에 따른 이와 같은 온라인서비스제공자에 대한 책임과 의무의 면제조치에 관한 규정은 이들이 저작물 등을 전달하는 자로서의 위치에서 보다 안정적으로 사업에 종사할 수 있도록 하기 위한 입법적 배려로 보인다.

3. 권리주장자의 요청에 따른 복제·전송의 중단조치 등에 따른 책임의 면제

(1) 의의

전통적으로 온라인서비스제공자의 면책요건은 절차적 측면을 강조하여 **고지에 의한 삭제**Notice and Takedown**의 원칙**을 채택해 왔다. 이 원칙의 이론적 근거는 온라인서비스제공자에게는 아무런 절차적 요건 없이 결과발생에 대하여 무조건 책임을 부과해서는 아니 되고, 권리주장자 등으로부터 특정의 무엇을 해줄 것을 고지Notice 받은 후에 이에 대한 구체적 조치Takedown를 취하지 않는 경우에만 책임을 묻는 것이 절차적 정의에도 합치된다는 법리를 기반으로 하고 있다.[21]

권리주장자의 요청에 따른 복제·전송의 중단조치를 규정하고 있는 「저작권법」 제103조에서도 앞에서 살펴본 법 제102조와 마찬가지로 온라인서비스제공자의 서비스유형을 기준으로 하여 복제·전송의 중단 조치에 따른 면책요건을 개별적으

---

20 여기서 말하는 '모니터링 의무'는 과실에 의한 불법행위책임에서 요구하고 있는 일반인이 통상적인 상황에서 합리적인 주의를 하여야 할 의무를 말하는 '주의의무(Duty of Due Care)'보다는 강도가 높은 것으로서, 이런 의미에서 모니터링 의무는 해당 콘텐츠 또는 정보에 대한 일종의 심사의무에 해당한다고 할 수 있다.

21 미국 저작권법(17 U.S.C.) 제512조에서는 '고지와 삭제'의 절차를 상세하게 규정하고 있다.

로 규정하고 있는데, 다만 제1의 유형인 단순도관 형태의 인터넷 접속 서비스에 대해서는 권리주장자가 불법복제물의 복제·전송의 중단을 요구할 수 있는 대상에서 제외시키고 있다. 이는 단순도관 형태의 인터넷 접속 서비스는 온라인서비스제공자의 역할이 지극히 소극적인 것으로서 단순히 인터넷의 접속만을 제공하고 있기에 저작권 등의 침해주장의 통지를 받아 이를 저지할 수 있는 **그 무엇**이 없기 때문이다(제103조 제1항 참조).

(2) 복제·전송의 중단 요구의 법률적 의의

법 제103조에서 말하는 복제·전송의 중단 요구의 법률적 의의는 온라인 서비스를 이용한 저작물 등의 복제·전송으로 인하여 자신의 권리가 침해된 권리자가 재판을 거치지 않고 온라인서비스제공자에게 직접 저작물 등의 복제 또는 중단을 요청할 수 있는 신속하고 간이한 권리구제절차로서의 성격을 지니고 있다. 따라서 법 제103조에서 규정하고 있는 복제·전송의 중단요구와 같은 권리보호의 요청은 권리자가 온라인서비스제공자에 대하여 온라인서비스를 이용한 저작권 등의 침해에 대한 책임을 묻기 위하여 필요한 권리행사요건이나 온라인서비스제공자가 복제·전송을 중단하여야 할 의무의 발생요건도 아님을 유의하여야 한다.

(3) 권리주장자의 복제·전송의 중단 요구

민사상의 일반원칙에 따르면 자기의 권리가 침해되었다고 주장하는 자, 즉 권리주장자는 자신의 권리가 침해된 사실을 소명할 책임이 있다. 이에 현행 법에서는 "온라인서비스제공자(제102조 제1항 제1호의 경우는 제외한다)[22]의 서비스를 이용한 저작물 등의 복제·전송[23]에 따라 저작권, 그 밖에 이 법에 따라 보호되는 자신의 권리가 침해됨을 주장하는 자(이하 '권리주장자'라 한다)는 그 사실을 소명[24]하여 온라인서비스제공자에게 그 저작물 등의 복제·전송을 중단시킬 것을 요구할 수 있다"(제103조 제1항)라고 규정하여 권리주장자가 복제·전송의 중단을 요구할 수 있도록 하고 있다.

---

22 이는 단순도관 형태의 인터넷 접속 서비스를 말한다.
23 저작물의 전형적인 이용행위 가운데 공연, 방송, 전시, 배포, 대여 등은 온라인서비스의 활용 없이 이루어지기 때문에 온라인서비스를 통해 유통되는 저작물의 이용형태는 대부분의 경우 복제와 전송행위에 국한된다.
24 '소명'이란 증명보다는 사실확인의 정도가 약한 것으로서 법관이 일단은 확실한 것이라는 추측을 가질 수 있는 상태 또는 그와 같은 상태에 이르도록 증거를 제출하는 당사자의 노력을 말한다.

한편, 정당한 권리 없이 온라인서비스제공자에게 그 저작물 등의 복제·전송을 중단하길 요구하는 자는 그로 인하여 발생하는 손해를 배상하여야 한다(제103조 제6항 참조).

(4) 온라인서비스제공자 등의 각종 절차적 의무
가. 복제·전송의 중단조치 및 통보
온라인서비스제공자는 권리주장자로부터 복제·전송의 중단요구를 받은 경우에는 즉시 그 저작물 등의 복제·전송을 중단시키고 권리주장자에게 그 사실을 통보하여야 한다(제103조 제2항). 그리고 온라인서비스제공자가 저장 및 정보검색도구 서비스제공자인 경우에는 그 저작물 등의 복제·전송자에게도 이를 통보하여야 한다(제103조 제2항 후단).

나. 복제·전송자의 복제·전송의 재개 요구 등
복제·전송의 재개를 요구하려는 복제·전송자는 온라인서비스제공자로부터 복제·전송의 중단을 통보받은 날부터 30일 이내에 필요한 서류를 첨부한 복제·전송 재개요청서를 온라인서비스제공자에게 제출하여야 한다(「저작권법 시행령」 제42조). 한편, 정당한 권리 없이 복제·전송의 재개를 요구하는 자는 그로 인하여 발생하는 손해를 배상하여야 한다(제103조 제6항 참조).

다. 수령인의 지정·공지 등
온라인서비스제공자는 복제·전송의 중단 및 그 재개의 요구를 받을 자[25]를 지정하여 자신의 설비 또는 서비스를 이용하는 자들이 쉽게 알 수 있도록 공지하여야 한다(제103조 제4항).

(5) 온라인서비스제공자의 책임면제
온라인서비스제공자가 법 제103조 제2항부터 제4항에 따른 공지를 하고 그 저작물 등의 복제·전송을 중단시키거나 재개시킨 경우에는 다른 사람에 의한 저작권

---

25 온라인서비스를 제공하는 개별회사가 개인정보관리책임자와 유사한 저작권관리책임자를 지정하는 것을 말한다.

그 밖에 이 법에 따라 보호되는 권리의 침해에 대한 온라인서비스제공자의 책임 및 복제·전송자에게 발생하는 손해에 대한 온라인서비스제공자의 책임을 면제한다 (제103조 제5항 본문).

IV. 온라인서비스제공자의 임시조치 의무와 법원의 명령

1. 의의

앞에서 살펴본 바와 같이 「저작권법」 제123조 제3항에 따라 저작재산권자 등의 저작권 침해의 정지청구 등에 있어서 법원은 임시로 필요한 조치를 명할 수 있는 권한이 있는데 온라인서비스제공자에게도 이와 같은 명령을 발할 수 있음은 물론이며, 이는 비록 온라인서비스제공자가 법 제102조 제1항 각 호의 요건을 충족하여 그가 면책이 되었을지라도 예외는 아니다.

그런데 온라인서비스제공자는 정보통신망을 활용하여 저작물 등의 유통을 간접적으로 촉진시켜 주는 역할을 주로 하므로 법원의 지나친 명령으로부터 보호되어야 할 것이다. 이에 법 제103조의2에서는 법 제123조 제3항에 근거하여 법원이 필요한 조치를 명할 때 해당 온라인서비스가 어떠한 유형의 것이냐에 따라 허용되는 조치명령을 개별적으로 규정하고 있다.

2. 단순도관 형태의 인터넷 접속 서비스를 제공하는 온라인서비스제공자에 대한 명령

법원이 단순도관 형태의 인터넷 접속 서비스를 제공하는 온라인서비스제공자에게 임시적 조치를 명할 때에는 다음 두 개의 조치명령, 즉 특정 계정[26]의 해지와 특정 해외 인터넷사이트에 대한 접근을 막기 위한 합리적 조치만을 명할 수 있다 (제103조의2 제1항 및 제123조 제3항 참조).

---

26 '계정'이란 온라인서비스제공자가 이용자를 식별·관리하기 위하여 사용하는 이용권한 계좌를 말한다(제102조 제1항 제1호 다목 참조).

단순도관 형태의 인터넷 접속 서비스라는 유형에 있어서는 법원은 이와 같은 낮은 수준의 명령만을 발할 수 있는데, 이 경우에는 특정 계정의 해지명령이나 해외 인터넷에 대한 접근의 차단조치 이외에는 해당 온라인서비스제공자의 권한과 능력의 밖이어서 그 적용이 곤란하기 때문이다.

3. 캐싱 서비스·저장 및 정보검색도구 서비스를 제공하는 온라인서비스제공자에 대한 명령

한편, 법원이 캐싱 서비스, 저장 및 정보검색도구 서비스를 제공하는 온라인서비스제공자에게 임시적 조치를 명할 때에는 좀 더 높은 수준의 명령에 해당하는 i) 불법복제물의 삭제, ii) 불법복제물에 대한 접근을 막기 위한 조치, iii) 특정 계정의 해지 그리고 iv) 그 밖에 온라인서비스제공자에게 최소한의 부담이 되는 범위에서 법원이 필요하다고 판단하는 조치를 명할 수 있다(제103조의2 제2항 및 제123조 제3항 참조).

V. 온라인서비스제공자의 복제·전송자에 관한 정보제공의 의무

1. 의의

온라인서비스제공자의 서비스를 이용한 저작물 등의 복제·전송에 따라 저작권, 그 밖에 이 법에 따라 보호되는 자신의 권리가 침해됨을 주장하는 **권리주장자**가 소송의 제기 등과 같은 저작권의 침해에 대한 구제를 받기 위해서는 침해자에 관한 객관적인 신원정보가 필요하다. 그런데 인터넷과 같은 온라인을 통하여 다수의 침해자가 관련되어 있는 경우 그 침해자들에 대한 개인정보를 일일이 수집하기에는 한계가 있다. 반면에 해당 온라인서비스제공자는 침해자의 계정을 관리하고 있기 때문에 그들의 신원정보를 보유하고 있음이 일반적이다. 이에 권리주장자가 온라인서비스제공자로부터 저작권 등을 침해한 것으로 주장되는 가입자의 신원에 관한 정보 등을 소송에 필요한 범위 내에서 확보할 수 있도록 하는 절차가 필요할 것이다.

이와 같은 입법취지를 반영하여 「저작권법」 제103조의3에서는 복제·전송자에 관한 정보제공의 청구제도를 규정하고 있는데, 이는 저작권 침해의 혐의자에 대한 신원정보 파악을 용이하게 함으로써 손해배상을 위한 민사소송을 활성화하고, 피의자의 신원과 정보의 부족에서 기인한 그간의 형사절차의 남용 등의 불합리한 점을 개선하기 위하여 도입한 제도적·법적 장치의 하나로 평가된다.

2. 복제·전송자에 관한 정보제공명령의 청구와 정보제출명령 등

(1) 권리주장자의 정보제공명령의 청구

권리주장자가 민사상의 소제기 및 형사상의 고소를 위하여 해당 온라인서비스제공자에게 그 온라인서비스제공자가 가지고 있는 해당 복제·전송자의 성명과 주소 그리고 해당 복제·전송자의 전화번호, 전자우편주소 등 연락처와 같은 필요한 최소한의 정보를 요청하였으나 온라인서비스제공자가 이를 거절한 경우 권리주장자는 문화체육관광부장관에게 해당 온라인서비스제공자에 대하여 그 정보의 제공을 명령하여 줄 것을 청구할 수 있다(「저작권법」 제103조의3 제1항 및 제3항).

(2) 문화체육관광부장관의 정보제출 명령

문화체육관광부장관은 법 제103조의3 제1항에 따른 청구가 있으면 법 제122조의6에 따른 저작권보호심의위원회의 심의를 거쳐 온라인서비스제공자에게 해당 복제·전송자의 정보를 제출하도록 명할 수 있다(제103조의3 제2항).

(3) 온라인서비스제공자의 복제·전송자에 관한 정보의 제출

온라인서비스제공자는 문화체육관광부장관으로부터 복제·전송자의 정보를 제출하도록 명령을 받은 날부터 7일 이내에 정보제공서를 문화체육관광부장관에게 제출하여야 하며, 온라인서비스제공자가 정보제공서를 문화체육관광부장관에게 제출할 경우 그 사실을 해당 복제·전송자에게 지체 없이 알려야 한다(제103조의3 제3항 및 「저작권법 시행령」 제44조의4).

(4) 문화체육관광부장관의 정보의 제공

문화체육관광부장관은 온라인서비스제공자로부터 제출받은 정보를 **청구인**에게
지체 없이 제공하여야 한다(제103조의3 제3항). 한편, 복제·전송자의 정보를 제공받
은 자는 해당 정보를 법 제103의3 제1항의 청구목적, 즉 민사상의 소제기 및 형사
상의 고소의 목적 외의 용도로 사용하여서는 아니 된다(제103조의3 제4항).

VI. 특수한 유형의 온라인서비스제공자의 의무

1. 의의

우리나라는 IT산업의 발전에 따라 온라인서비스를 통한 저작물의 유통이 활발히
이루어지고 있는데 그 부작용으로 온라인서비스를 통한 불법저작물의 유통 또한
심각한 문제로 제기되고 있다. 특히 P2P 형태의 파일공유 서비스 등이 상용화됨에
따라 서버 컴퓨터와 클라이언트 컴퓨터와의 구분이 없어지면서 불법저작물의 유통
에 대한 근본적인 대책마련이 필요한 실정이었다.

이에 권리자의 요청이 있을 경우 개인 간의 무차별적인 불법저작물이 더 이상 공
유되지 못하도록 하는 특단의 조치를 마련하기 위해 2006년 「저작권법」 개정과정
에서 특수한 유형의 온라인서비스제공자의 의무 등(제104조)을 신설하여 오늘에 이
르고 있다.

특수한 유형의 온라인서비스제공자는 앞에서 논의한 온라인서비스제공자의 범
주에 포함될 수 있으며, 따라서 법 제102조부터 제103조의3의 규정에 따른 각종
책임과 의무를 지게 됨은 물론이다.[27] 또한 법 제104조에서는 이들에게 특별히 해
당 저작물 등의 불법적인 전송을 차단하는 기술적인 조치를 하여야 할 추가적인 의
무를 부여하고 있다.[28]

27　서울고등법원은 2007.10.10, 선고 2006라1245 결정에서 소리바다 5와 같은 P2P서비스를 제공하는 사
업자는 「저작권법」 제102조와 제103조에 따른 온라인서비스제공자에 해당한다고 판단한 바 있으며, 따라서
P2P 사업자 역시 「저작권법」상 이들 규정에 따른 면책규정의 적용을 받을 수 있음을 분명히 하였다.
28　따라서 일반적 의미의 온라인서비스제공자는 법 제104조에서 규정하는 특수한 유형의 온라인서비스제
공자의 요건에 해당하지 않는다면 불법적인 전송을 차단하여야 할 추가적인 의무는 없다 하겠다.

2. 특수한 유형의 온라인서비스제공자

(1) 의의

특수한 유형의 온라인서비스제공자란 다른 사람들 상호 간에 컴퓨터를 이용하여 저작물 등을 전송하도록 하는 것을 주된 목적으로 하는 온라인서비스제공자를 말한다(「저작권법」제104조 제1항 전단 참조). 이를 좀 더 구체적으로 설명해 보면 첫째, 특수한 유형의 온라인서비스는 다른 사람들 **상호 간**에 저작물 등이 유통되도록 하는 서비스를 말한다. 여기에는 P2P 공유파일 형태의 서비스 등이 대표적이며, 이때 온라인서비스제공자의 중앙서버를 활용할 필요 없이 이용자 상호 간에 저작물이 유통되는 시스템이 갖추어져 있는 것이 특징이다. 따라서 통상의 인터넷서비스, 즉 서버와 클라이언트의 구분이 명확하고 전송 주체와 복제 또는 열람의(청취, 시청)의 주체가 구별되는 서비스는 여기에서 제외된다. 특수한 유형의 온라인서비스제공자는 이와 같이 다른 사람들 상호 간에 컴퓨터를 이용하여 저작물 등을 전송하는 것을 주된 목적으로 하는 서비스이기 때문에 저작권 등에 대한 침해행위가 발생할 개연성이 상당히 높다는 특징을 가지고 있다.

둘째, 이때 특수한 유형의 온라인서비스제공자가 행하는 서비스는 저작물의 **전송**을 주된 목적으로 하여 이루어지는 서비스를 말한다. 전송이란 이미 언급한 바 있듯이 특정 또는 불특정 다수인을 말하는 공중의 구성원이 개별적으로 선택한 시간과 장소에서 저작물 등을 제공하는 것인데 여기서는 온라인서비스를 통한 송신이 해당된다 하겠다. 따라서 **복제**를 주로 하는 이메일서비스는 여기에서 제외되며 실시간 스트리밍도 전송행위에 해당하지 않으므로 특수한 유형의 온라인서비스에서 제외된다.

셋째, 특수한 유형의 온라인서비스제공에 있어서는 컴퓨터 상호 간에 전송하기 위한 서비스 등을 제공하는 사업자가 별도로 존재하고 있어야 하며 이러한 사업자는 컴퓨터 상호 간의 전송을 위한 프로그램을 제공하기도 하고 설비나 장치 또는 기타의 필요한 서비스를 제공하기도 하는데, 이와 같은 사업을 수행하는 자가 곧 특수한 유형의 온라인서비스제공자이다.

(2) 특수한 유형의 온라인서비스제공자의 등록

현행 법체계상 부가통신사업자는 과학기술정보통신부장관에게 신고를 하고 영업을 할 수 있으나, 부가통신사업자이면서도 특수한 유형의 온라인서비스를 제공하는 자는 과학기술정보통신부장관에게 **등록**을 하여야 한다.

(3) 특수한 유형의 온라인서비스제공자의 범위(유형)

문화체육관광부장관은 특수한 유형의 온라인서비스제공자의 범위를 정하여 고시할 수 있다(제104조 제2항). 이 규정을 근거로 하여 제정된 문화체육관광부의 **고시**인 「특수한 유형의 온라인서비스제공자의 범위」에 따르면 특수한 유형의 온라인서비스제공자의 범위를 크게 세 가지 유형으로 나누어 규정하고 있다. 이를 구체적으로 살펴보면 다음과 같다.

첫째, 공중이 저작물 등을 공유할 수 있도록 하는 웹사이트 또는 프로그램을 제공하는 자로서 개인 또는 법인(단체 포함)의 컴퓨터 등에 저장된 저작물 등을 공중이 이용할 수 있도록 업로드한 자에게 상업적 이익 또는 이용편의를 제공하는 온라인서비스제공자이다.[29] 둘째, 공중이 저작물 등을 공유할 수 있도록 하는 웹사이트 또는 프로그램을 제공하는 자로서 개인 또는 법인(단체 포함)의 컴퓨터 등에 저장된 저작물 등을 공중이 다운로드할 수 있도록 기능을 제공하고 다운로드받는 자가 비용을 지불하는 형태로 사업을 하는 온라인서비스제공자이다.[30] 셋째, 공중이 저작물 등을 공유할 수 있도록 하는 웹사이트 또는 프로그램을 제공하는 자로서 P2P 기술을 기반으로 하는 개인 또는 법인(단체 포함)의 컴퓨터 등에 저장된 저작물 등을 업로드하거나 다운로드할 수 있는 기능을 제공하여 상업적 이익을 얻는 온라인서비스제공자이다.[31]

---

29 적립된 포인트를 이용해 쇼핑, 영화감상, 현물 교환 등을 제공하거나 사이버머니의 제공 및 파일저장공간 제공 등 이용편의를 제공하여 저작물 등을 불법적으로 공유하는 자에게 혜택이 돌아가도록 유도하는 서비스를 하는 온라인서비스제공자가 이에 해당한다.

30 저작물 등을 이용할 때 포인트 차감, 쿠폰사용, 사이버머니의 지급, 공간제공 등의 방법으로 비용을 지불해야 하는 서비스를 제공하는 온라인서비스제공자가 이에 해당한다.

31 저작물 등을 공유하는 웹사이트 또는 프로그램에 광고머니, 타 사이트 회원가입의 유도 등의 방법으로 수입을 창출하는 서비스를 제공하는 온라인서비스제공자가 이에 해당한다.

3. 특수한 유형의 온라인서비스 제공자의 의무(기술적 조치의무)

(1) 의의

특수한 유형의 온라인서비스제공자는 권리자의 요청이 있는 경우 해당 저작물 등의 불법적인 전송을 차단하는 기술적인 조치 등 필요한 조치를 하여야 한다(「저작권법」 제104조 제1항 본문 참조). 이러한 의미에서 법 제102조와 제103조가 온라인서비스제공자의 책임면제요건을 규정하고 있는 조항이라면, 법 제104조는 제한적이긴 하지만 온라인서비스제공자의 책임요건을 규정하고 있는 조항이라 할 수 있다.

(2) 권리자의 사전적事前的 요청

권리자가 해당 저작물 등의 불법적인 전송을 차단하는 기술적인 조치 등 필요한 조치를 사전적으로 요청하려면 특수한 유형의 온라인서비스제공자에 대한 기술조치 등 요청서(전자문서로 된 요청서를 포함한다)를 특수한 유형의 온라인서비스제공자에게 제출하여야 한다(「저작권법 시행령」 제45조 및 「저작권법 시행규칙」 제17조 참조).

(3) 불법적인 전송을 차단하는 기술적인 조치 등 추가적인 조치의무

특수한 유형의 온라인서비스제공자는 권리자의 요청이 있는 경우 해당 저작물 등의 불법적인 전송을 차단하는 기술적인 조치 등 필요한 조치를 하여야 한다. 이 때의 해당 저작물 등의 불법적인 전송을 차단하는 기술적인 조치 등 필요한 조치는, i) 저작물 등의 문자나 부호 등과 특징을 비교하여 저작물 등을 인식할 수 있는 기술적인 조치, ii) i)에 따라 인지한 저작물 등의 불법적인 송신을 차단하기 위한 검색제한 조치 및 송신제한 조치 그리고 iii) 해당 저작물 등의 불법적인 전송자를 확인할 수 있는 경우에는 그 저작물 등의 전송자에게 저작권 침해금지 등을 요청하는 경고문구의 발송 등을 말한다. 그런데 권리자가 요청하면 특수한 유형의 온라인서비스제공자는 i) 및 ii)에 해당하는 조치를 즉시 이행하여야 함을 유의하여야 한다(「저작권법 시행령」 제46조 제2항).

(4) 문화체육관광부장관의 이행 여부 확인

문화체육관광부장관은 법 제104조 제1항에 따른 기술적인 조치 등 필요한 조치의 이행 여부를 정보통신망을 통하여 확인하여야 하며, 이 확인업무를 대통령령으로 정하는 기관 또는 단체에 위탁할 수 있다(제104조 제3항 및 제4항).

4. 「저작권법」 제104조의 입법취지

법 제104조의 규정은 재판을 거치지 않고도 곧바로 특수한 유형의 온라인서비스제공자에게 「저작권법 시행령」 제46조에서 정하고 있는 조치를 취하여야 할 의무를 부여하는 간이한 절차를 마련하고 있다는 점에서 그 법률적 의의는 대단히 크다.[32] 따라서 온라인서비스제공자의 서비스를 이용한 저작물 등의 복제·전송에 따라 자신의 저작권 등의 권리가 침해됨을 주장하는 자('권리주장자'를 말함)는 재판을 거치지 않고도 곧바로 저작물 등의 복제·중단을 요청할 수 있는 길이 마련된 셈이다. 이때 특수한 유형의 온라인서비스제공자가 위에서 언급한 각종 **필요한 조치**를 취하였다면 이는 「저작권법」 제104조 제1항에 따른 필요한 조치를 한 것으로 보아야 하고, 실제로 불법적인 전송이라는 결과가 발생하였다는 이유만으로 달리 판단하여서는 아니 될 것이다. 대법원의 결정도 같은 입장이다.

> 대법원은 「저작권법」 제104조의 입법적 취지와 관련하여, "「저작권법」 제104조 제1항은 다른 사람들 상호 간에 컴퓨터를 이용하여 저작물 등을 전송하도록 하는 것을 주된 목적으로 하는 온라인서비스제공자(이하 '특수한 유형의 온라인서비스제공자'라 한다)에게 권리자의 요청이 있는 경우 해당 저작물 등의 불법적인 전송을 차단하는 기술적 조치 등 필요한 조치를 하여야 한다고 규정하면서 필요한 조치 등에 관한 사항은 대통령령으로 정하도록 규정하고 있다. …이와 같이 규정하고 있는 취지는 저작물 등의 불법적인 전송으로부터 저작권 등을 보호하기 위하여 특수한 유형의 온라인서비스제공자에게 가중된 의무를 지우면서도 다른 한편, 이러한 입법목적을 고려하더라도 기술적 한계 등으로 인하여 불법적인 전송을 전면적으로 차단할 의무를 부과할 수는 없다는 점을 고려하여 권리자의 요청이 있는 경우에 대통령령으로 규정하고 있는 필요한 조치를 취하도록

---

32 이 점에서 법 제104조의 법률적 의의는 앞에서 설명한 법 제103조에서의 권리주장자의 온라인서비스제공자에 대한 '복제·전송의 중단요구'의 법률적 의의와 대단히 유사함을 발견할 수 있다.

제한된 의무를 부과하려는 것이다. 이러한 법령의 문건과 입법취지 등을 종합하여 보면, 특수한 유형의 온라인서비스제공자가 「저작권법 시행령」 제46조 제1항이 규정하고 있는 필요한 조치를 취하였다면 「저작권법」 제104조 제1항에 따른 필요한 조치를 한 것으로 보아야 하고, 실제로 불법적인 전송이라는 결과가 발생하였다는 이유만으로 달리 판단하여서는 아니 된다"라고 결정하였다(대법원 2017.8.31, 2014마503 결정).

제2절
저작물 이용자가 지켜야 할 각종 준수의무

I. 각종 준수의무에 관한 일반적 고찰

1. 의의

일반적으로 법률에서 정하고 있는 특정 목적을 달성하기 위하여 그 법률이 채택하는 규제의 방식은 크게 권리부여 방식과 의무부과 방식이 있을 수 있다. 인류문화의 향상·발전을 위해서는 저작권의 보호가 필요하며, 이 저작권 보호라는 입법목적을 달성하기 위해서는 권리부여 방식과 의무부과 방식이 병행적으로 적용될 수 있음은 물론이다.

먼저, 저작물을 창작한 저작자에게 권리를 부여하는 방식이 있을 수 있다. 여기에는 저작권이라는 준물권적 성격의 배타적 권리를 저작자 등에게 부여하거나, 배타적 권리는 아닐지라도 보상청구권과 같은 채권적 권리를 저작자에게 부여하는 방식 등이 포함될 수 있다. 다음으로, 저작물을 이용하는 자에게 소정의 의무를 부과하는 방식이 있을 수 있다. 즉, 저작권의 보호를 위해서 해당 저작물을 이용하는 자에게 소정의 의무를 부과하고 그 위반에 따른 민·형사적 책임을 부과하는 입법 방식 또한 가능하다.

앞에서 '제1절 온라인서비스제공자의 책임과 의무'에 관한 논의도 따지고 보면 저작물을 유통하는 과정에서 중요한 위치를 차지하고 있는 온라인서비스제공자라는 특정의 주체에게 소정의 (주의)의무를 부과하고 그에 따른 책임과 그 책임의 제한 또는 면제의 사유를 법정화한 것이라 할 수 있다. 그런데 저작권 등의 보호를 위해서는 저작물 등의 이용과 관계되는 모든 사람에게, 즉 누구에게나[33] 지켜야 할 의무를 법률에서 규정하고 그에 위반한 자에게는 민사적 또는 형사적 책임을 물음으

---

33 대부분의 경우에 있어서는 해당 저작물을 이용하고자 하거나 기술적 조치를 무력화하여 해당 저작물의 이용을 용이하게 하고자 하는 자가 이에 해당할 것이다.

로써 보다 완벽한 모습으로 **저작권 보호**라는 「저작권법」의 목표를 구현할 수 있을 것이다.

이와 같은 입법적 취지에 따라 법에서는 '제6장의2 기술적 보호조치의 무력화 금지 등'이라는 별도의 장章을 신설하여 저작물을 이용하는 자에게 여섯 가지 유형에 걸쳐서 그들이 준수하여야 할 각종 법적 의무를 부과하고 이를 위반한 자에게는 사안에 따라 민사적 책임 또는 형사적 책임을 개별적으로 부과하고 있다.

2. 별도의 소송원인으로 규정

「저작권법」 제104조의8에서는 기술적 보호조치 무력화 금지의무의 위반뿐만 아니라 권리관리정보의 제거·변경 등의 금지의무 위반, 암호화된 방송신호의 무력화 등의 금지의무 위반에 대하여도 이를 저작권 침해로 간주하지 아니하고 별도의 소송원인Separate Cause of Action[34]으로 규정하고 있음을 유의하여야 한다(제104조의8).

한편, 법 제104조의8에 따르면 라벨위조 등의 금지의무 위반, 영상저작물 녹화 등의 금지의무 위반, 방송전 신호의 송신금지의무 위반 등에 대해서는 이들의 반사회적 법익침해 개연성에 착안하여 민사적 측면에서 독립된 소송원인으로 하지 아니하며, 대신에 형사적 책임에 대해서만 별도의 규정을 두어 처벌하고 있음도 유의할 필요가 있다.

II. 기술적 보호조치의 무력화 금지

1. 의의

오늘날 디지털시대에 있어서 불법복제 등으로 인하여 저작권 등이 최초로 침해되어 인터넷상에 업로드되면 그 전달대상과 전달영역이 무제한으로 순식간에 확장

---

34 소송원인을 청구의 원인이라고도 하는데, 이와 같은 소송의 원인은 소송의 전제가 되는 권리관계의 발생원인에 해당하는 사실관계를 말하며 일반적으로 원고주장을 입증할 사실관계를 말한다(Cause of Action means the fact or facts which give a person a right to judicial redress or relief against another).

되어 버리기 때문에 사후에 손해배상 등의 민사구제나 징역 또는 벌금과 같은 형사구제로는 그 손실을 보전하기가 사실상 불가능하고 실효성도 거의 없다. 그리고 오늘날의 디지털 환경에서는 저작권 침해가 이미 발생한 경우 이를 추적하여 단속하는 것이 대단히 어려울 뿐만 아니라, 침해자를 찾아내더라도 이들은 대부분의 경우 성장과정에 있는 청소년이어서 엄격한 법률의 집행에 여러모로 한계가 있기 마련이다.

이와 같은 이유로 사전적 예방차원에서 이루어지는 자구조치의 하나로서 저작권자 등이 개발·적용하고 있는 기술적 보호조치의 중요성이 더욱 강조되고 있으며, 이는 후술하는 권리관리정보와 상호보완적으로 작동하거나 아니면 가끔씩 대체적으로 운영되기도 한다.[35]

기술적 보호조치와 권리관리정보는 「저작권법」상의 중요한 보호대상에 해당하는데, 특허기술과 달리 이른바 기술장벽이 특별히 존재하지 않아 침해에 취약한 저작물의 특성을 고려하여 저작권자들이 인위적으로 쌓은 장벽의 현실적 가치를 입법자가 적극적으로 인식한 데 따른 것이다.

원래 저작물에 대한 기술적 보호조치는 저작물의 복제·공연·방송·전송 등과 같은 저작권의 각 지분권의 규율대상이 되는 이용행위를 통제하여 **저작권**이라는 권리를 보호하기 위한 기술조치인 **이용통제적 기술조치**를 의미하였으나 디지털시대를 살고 있는 오늘날에는 **저작물** 자체에 접근하는 것을 통제하는 **접근통제적 기술조치**도 대단히 중요해졌다.

2. 기술적 보호조치의 의의

(1) 기술적 보호조치의 정의

「저작권법」에서는 기술적 보호조치TPM : Technological Protection Measures를 두 가지의 경우로 나누어 정의하고 있다. 첫째, '저작권 그 밖에 이 법에 따라 보호되는 권리의 행사와 관련하여 이 법에 따라 보호되는 저작물 등에 대한 접근을 효과적으로 방

---

35 박준석, 「한국 저작권법상의 저작권 제한에 관한 고찰」, 계간 《저작권》(2012 겨울호), 한국저작권위원회, 118쪽.

지하거나 억제하기 위하여[36] 그 권리자나 권리자의 동의를 받은 자가 적용하는 기술적 조치'와 둘째, '저작권, 그 밖에 이 법에 따라 보호되는 권리에 대한 침해행위를 효과적으로 방지하거나 억제하기 위하여 그 권리자나 권리자의 동의를 받은 자가 적용하는 기술적 조치'를 말한다(제2조 제28호). 전자는 저작물에 대한 접근방지와 억제를 위한 접근통제적 기술조치를 말하고, 후자는 저작권의 침해행위의 방지와 억제를 위한 이용통제적 기술조치를 말하는데 현행 법에서는 이들 두 가지 모두를 기술적 보호조치로 규정하고 있다. 또한 그 적용의 주체를 모두 권리자나 그 권리자의 동의를 받은 자로 한정하고 있다. 따라서 권리자의 의사와는 관계없이, 예컨대 유통업자가 자신의 이익을 위하여 저작권자 등의 권리자의 의사와는 관계없이 독자적으로 복제방지조치 등을 하는 것은 법에 따른 기술적 보호조치가 아니다.

그런데 이용통제적인 기술적 보호조치는 저작권 보호를 위하여 당연한 것으로 받아들여지고 있으나, 접근통제적인 기술적 보호조치는 저작권자에게 저작물에의 접근권 또는 접근권과 유사한 권리를 창설하는 효과가 있고, 이는 저작권자를 지나치게 보호하게 되는 반면에 이용자 입장에서 보면 저작물의 공정한 이용을 심히 해칠 수 있다는 우려가 제기될 수 있음을 유의할 필요가 있다.[37]

(2) 접근통제적 기술적 보호조치와 이용통제적 기술적 보호조치의 비교

앞에서 살펴본 바와 같이 접근통제적인 기술적 보호조치는 **저작물**에 대한 접근을 통제하는 데 중점을 둔 기술적 보호조치이고, 이용통제적인 기술적 보호조치는 **저작권**이라는 권리를 보호하는 데 중점을 둔 기술적 보호조치[38]라는 가장 큰 특징이 있다. 그러나 기술적 보호조치를 위한 장치·부품·제품 등의 개발이나 이용과정이 저작물의 보호이냐 아니면 권리의 보호이냐를 명확히 구분하여 이루어지지도

---

36 '효과적으로 방지하거나 억제한다'는 뜻은 보호하고자 하는 저작물 등을 보호하기 위해 일반인이 쉽게 무력화할 수 없는 수준의 보안기술이 적용되어 그 무력화가 용이하지 않은 것을 말한다.

37 그러나 우리의 현실로 볼 때 디지털 이용환경에서의 불법적인 복제물의 유통을 사전에 차단하기 위해서는 접근통제적인 기술적 보호조치를 수용할 수밖에 없을 것이며, 접근통제적인 기술적 보호조치가 법률에 규정되어 있다고 하여 아직까지 저작권자 또는 저작인접권자에게 배타적 권리로서의 '접근권'을 부여한 것도 아니며, 무엇보다도 접근통제적인 기술적 보호조치를 무력화할 수 있는 면책사유를 법률에서 광범위한 범위에 걸쳐서 구체적으로 명시하고 있으므로 저작물의 공정한 이용을 크게 저하시키지는 않을 것이다.

38 '저작권'이라는 권리의 보호는 결국 저작물의 전형적인 이용행위, 예컨대 복제, 공연, 공중송신, 배포, 대여, 전시 등을 통해서 이루어지므로 이는 일반적으로 이용통제적인 기술적 보호조치라고 부른다.

않을 뿐더러, 이 두 종류의 기술적 보호조치 사이에 특별한 기술적 의미가 있는 것도 아니다. 이는 저작물과 저작권을 분리하여 고찰할 수 없는 것과 마찬가지 이치이다. 그럼에도 불구하고 현행 법체계에서는 접근통제적인 기술적 보호조치와 이용통제적인 기술적 보호조치를 엄격히 분리하여 각각 개별적으로 관련 법률규정을 적용하고 있는데, 이는 순전히 「한·미 FTA 협정」에 직접적인 영향을 준 미국의 디지털 밀레니엄 저작권법DMCA의 영향으로 보인다.[39]

현행 법에 따른 접근통제적인 기술적 보호조치와 이용통제적인 기술적 보호조치를 비교하면 다음의 표와 같다.

접근통제적인 기술적 보호조치와 이용통제적인 기술적 보호조치의 비교

구분	접근통제적인 기술적 보호조치	이용통제적인 기술적 보호조치
개념정의 규정	법 제2조 제28호 가목	법 제2조 제28호 나목
보호의 대상	저작물	저작권
보호의 방법	접근의 통제	이용의 통제
무력화 금지의 유형	직접적인 무력화 금지 (법 제104조의2 제1항)	–
	무력화를 위한 예비행위의 금지 (법 제104조의2 제2항)	무력화를 위한 예비행위의 금지 (법 제104조의2 제2항)
보호의 주체	누구든지(저작물 이용자)	누구든지(저작물 이용자)
적용의 주체	권리자나 권리자의 동의를 받은 자	권리자나 권리자의 동의를 받은 자
고의·과실의 유무	고의·과실을 요구함(과실책임)	고의·과실을 요구하지 않음(무과실책임)

3. 기술적 보호조치를 무력화하는 행위의 금지

(1) 의의

오늘날 기술적 보호조치에 사용되는 암호화 기술 등의 기술적 기반은 동시에 그대로 기술적 보호조치를 공격하는 무력화 기기의 기술적 기반이 되기 때문에 이

---

39 미국은 1998년에 이른바 디지털 밀레니엄 저작권법(DMCA : Digital Millennium Copyright Act)을 제정하면서, 기술적 보호조치에 관한 본격적인 규정을 두고 있는데, 이는 기술적 보호조치에 관한 최초의 국제조약인 「WCT」에 따른 첫 사례이며, 이후 DMCA는 우리나라를 비롯한 많은 국가의 관련 입법에 큰 영향을 미쳤다.

러한 기술적 보호조치를 무력화하는 행위를 또다시 법규범으로 보호할 필요가 생긴다. 결국 국가가 기술적 보호조치를 무력화 내지 우회화하는 행위[40]를 규제할 수밖에 없게 되었고, 저작권 관련 국제조약에서도 이에 관한 규정을 두게 되었는데 「WCT」가 그 처음이며, 우리는 「저작권법」과 「콘텐츠산업 진흥법」 등 다수의 국내법[41]에서 이에 관한 규정을 두고 있다.

현행 법체계에서 이와 같은 이용통제적인 기술적 보호조치에 있어서는 직접적인 무력화 행위를 금지의 대상으로 하지 않고 있는데, 그 이유는 이용통제적인 기술적 보호조치에 있어서 이용이라 함은 저작권의 지분권에 미치는 전형적인 저작물의 이용행위, 즉 복제, 공연, 공중송신, 배포, 전시를 말하므로 이들 행위에 대해서는 곧바로 저작권 등의 권리를 직접적으로 침해하는 행위로서 이에 대한 규제가 얼마든지 가능하며, 따라서 이들 행위가 무력화를 위한 예비행위에 속한다고 하여 별도로 금지할 필요가 없기 때문이다.

(2) 기술적 보호조치를 무력화하는 행위 금지의 주체

누구든지 정당한 권한 없이 기술적 보호조치를 무력화하여서는 아니 된다(제104조의2 제1항 및 제2항 참조). 기술적 보호조치를 무력화하여서는 아니 될 자는 특정되어 있지 않고 저작물을 이용하고자 하거나 불법적인 저작물이용에 도움을 주는 데 관여될 여지가 있는 자는 **누구든지** 법 제104조의2에 따른 의무의 주체가 된다.

이와 같이 누구든지 기술적 보호조치 무력화 금지의무의 주체가 될 수 있는데 그들에게 주관적 요건으로서 고의 또는 과실을 요하느냐는 접근통제적인 기술적 보호조치와 이용통제적인 기술적 보호조치에 따라 달리 적용된다.

(3) 접근통제적인 기술적 보호조치의 직접적인 무력화 금지

누구든지 정당한 권한 없이 고의 또는 과실로 접근통제적인 기술적 보호조치를 제거·변경하거나 우회하는 등의 방법으로 무력화하여서는 아니 된다(제104조의2

---

40 기술적 보호조치를 '우회한다'는 말은 기술적 보호조치를 직접적으로 무력화시키지 아니하고 간접적인 방법을 통해 기술적 보호조치가 정상적으로 작동되지 아니하도록 하기 위한 일련의 활동을 말하는데, 법 제104조의2에서 규정하고 있는 기술적 보호조치의 무력화를 위한 각종 예비행위가 이에 속한다 하겠다.

41 기술적 보호조치의 무력화 등을 규제하고 있는 국내의 주요 법률로서는 「콘텐츠산업 진흥법」 외에도 「게임산업진흥에 관한 법률」과 「음악산업진흥에 관한 법률」 등이 있다.

제1항 본문). 접근통제적인 기술적 보호조치를 무력화하여 책임을 묻기 위해서는 행위자의 고의 또는 과실을 요구하고 있으며, 따라서 이때의 책임형태는 고의 또는 과실책임에 해당한다. 이 점에서 고의 또는 과실을 요구하지 않고 그 결과에 따라 무조건 책임을 져야 하는 기술적 보호조치 무력화를 위한 **예비행위**에 가해지는 책임과는 차이가 있다.

(4) 접근통제적인 기술적 보호조치의 무력화 금지의 예외
가. 의의
접근통제적인 기술적 보호조치는 자칫 법이 인정하고 있지 아니하는 **접근권**을 권리자에게 인정해 주는 결과를 초래할 수 있고, 접근통제적인 기술적 보호조치에 대한 지나친 보호는 저작물의 공정한 이용이라는 법의 제2의 이념을 해칠 우려가 있다. 이에 현행 법에서는 접근통제적인 기술적 보호조치의 무력화 금지에 대한 여덟 가지 예외조항을 인정하는 면책조항을 두고 있으며, 여기에 해당하면 책임을 지지 아니하는 것으로 하고 있다. 이하에서 구체적으로 살펴보기로 한다(제104조의2 제1항 참조).

나. 암호연구
암호분야의 연구에 종사하는 자가 저작물 등의 복제물을 정당하게 취득하여 저작물 등에 적용된 암호기술의 결함이나 취약점을 연구하기 위하여 필요한 범위에서 행하는 경우에는, 권리자로부터 연구에 필요한 이용을 허락받기 위하여 상당한 노력을 하였으나 허락을 받지 못한 때에 한하여 기술적 보호조치를 제거·변경하거나 우회하는 등의 방법으로 이를 무력화할 수 있다.

다. 미성년자 보호
미성년자에게 유해한 온라인상의 저작물 등에 미성년자가 접근하는 것을 방지하기 위하여 기술·제품·서비스 또는 장치에 기술적 보호조치를 무력화하는 구성요소나 부품을 포함하는 경우에는 우회하는 방법으로 이를 무력화할 수 있다.

라. 온라인상의 개인식별정보 수집기능의 확인

개인의 온라인상 행위를 파악할 수 있는 개인식별정보를 비공개적으로 수집·유포하는 기능을 확인하고 이를 무력화하기 위하여 필요한 경우는 면책된다.

마. 국가의 법 집행 등

국가의 법 집행, 합법적인 정보수집 또는 안전보장 등을 위하여 필요한 경우는 면책된다.

바. 학교·도서관 등에서의 저작물의 구입여부 결정

학교·교육기관과 수업지원기관, 도서관 또는 기록물 관리기관이 저작물 등의 구입여부를 결정하기 위하여 필요한 경우는 면책되는데, 다만 이때에는 기술적 보호조치를 무력화하지 아니하고는 접근할 수 없는 경우에 한한다.

사. 프로그램코드의 역분석

정당한 권한을 가지고 프로그램을 사용하는 자가 다른 프로그램과의 호환을 위하여 필요한 범위에서 프로그램코드 역분석을 하는 경우에는 면책된다.

아. 보안성 검사 등

정당한 권한을 가진 자가 오로지 컴퓨터 또는 정보통신망의 보안성을 검사·조사 또는 보정하기 위하여 필요한 경우는 면책된다.

자. 기타 문화체육관광부장관이 고시로 정하는 경우

기술적 보호조치는 여러 가지 면에서 저작권보다는 하위 개념으로서 이는 권리·의무관계가 아닌 사실상의 행위를 지칭하는 개념이다. 따라서 법률에 의해서만 제한과 예외가 가능한 **저작권**과는 달리 기술적 보호조치에 대해서는 행정규칙의 일종인 **고시**에 의한 제한과 예외가 허용될 수도 있다. 이에 우리 법에서는 문화체육관광부장관이 고시로 정하는 경우에도 기술적 보호조치를 무력화할 수 있도록 하고 있다. 즉, 기술적 보호조치의 무력화 금지에 의하여 특정 종류의 저작물 등을 정당하게 이용하는 것이 불합리한 영향을 받거나 받을 가능성이 있다고 인정되어 대통령령으로 정하는 절차에 따라 문화체육관광부장관이 정하여 고시하는 경우 역시 면책된다. 이 경우 효력의 기간은 3년으로 한다(제104조의2 제1항 제8호).[42] 이 밖에도 문화체육관광부장관이 고시를 정하여 기술적 보호조치의 무력화 금지에 대한 예외를 정하는 경우에는 그 절차적 요건으로서 미리 저작물 등의 이용자를 포함한 이해관계인의 의견을 들은 후 저작권보호심의위원회의 심의를 거쳐야 한다(「저작권법 시행령」 제46조의2).

(5) 기술적 보호조치 무력화를 위한 각종 예비행위의 금지

가. 원칙

우리 법에서는 그것이 접근통제적인 것이든 이용통제적인 것이든 관계없이 그 기술적 보호조치를 무력화하기 위한 각종 예비행위를 하여서는 아니할 의무를 부과하고 있다. 즉, 누구든지 정당한 권한 없이 기술적 보호조치를 무력화하기 위한 장치, 제품 또는 부품을 제조, 수입, 배포, 전송, 판매, 대여, 공중에 대한 청약, 판매나 대여를 위한 광고, 또는 유통을 목적으로 보관 또는 소지하거나 서비스를 제공하여서는 아니 된다(제104조의2 제2항 본문 참조). 그런데 이와 같은 예비행위를 함에 있어서 고의 또는 과실을 요구하는 것은 아니며 따라서 비록 과실이 없더라도 이와 같은 예비행위를 하는 자는 책임을 져야 한다. 이 점에서 고의와 과실을 요구하며 따라서 이미 언급했듯이 과실책임을 원칙으로 하는 접근통제적인 기술적 보호조치와는 구별된다.

이 밖에도 우리 법에서는 기술적 보호조치를 무력화하는 예비적 행위가 적용되어 금지의 대상이 되는 것을 크게 세 부류로 나누어 규정하고 있다. 이를 구체적으로 살펴보면, i) 기술적 보호조치의 무력화를 목적으로 홍보, 광고 또는 판촉하는

---

42 「저작권법」 제104조의2 제1항 제8호에 따라 2021년까지 효력을 지니는 「기술적 보호조치의 무력화금지에 대한 예외 고시」에 따르면, 기술적 보호조치의 무력화 금지에 대한 예외를 여덟 가지 경우로 나누어 규정하고 있다. 기술적 보호조치를 무력화할 수 있는 경우, 다시 말해 기술적 보호조치 무력화 금지의 예외에 해당하여 비록 무력화하는 행위를 하더라도 행위자가 면책되어 책임을 지지않는 경우로서는 i) 정당한 목적을 위하여 영상물의 일부를 이용하기 위한 경우, ii) 휴대용 정보처리장치의 탈옥(Jail-breaking)을 위한 경우, iii) 휴대용 통신기기의 잠금해제(Unlocking)를 위한 경우, iv) 프로그램의 결함·취약, 성능의 검사·조사·보정을 위한 경우, v) 3차원 프린터(3D 프린터)에 사용되는 재료의 사용을 제한하는 프로그램을 이용하는 경우, vi) 장애인을 도와주기 위해 전자적 형태의 어문저작물을 이용하는 경우, vii) 서버지원이 중단된 경우 등에 있어서 비디오게임을 진행하기 위한 경우, viii) 차량의 기능 진단 등을 위하여 차량기능통제프로그램을 이용하는 경우 등이다.

것[43], ii) 기술적 보호조치를 무력화하는 것 외에는 제한적으로 상업적인 목적 또는 용도만 있는 것[44], 그리고 iii) 기술적 보호조치를 무력화하는 것을 가능하게 하거나 용이하게 하는 것을 주된 목적으로 고안, 제작, 개조되거나 기능하는 것[45] 등이 해당한다. 따라서 이들 세 부류의 영역에 있어서 필요로 하는 장치, 제품 또는 부품을 제조, 수입, 배포, 전송, 판매, 대여하거나 공중에 대한 청약이나 판매나 대여를 위한 광고 또는 유통을 목적으로 보관 또는 소지하거나 서비스를 제공하여서는 아니 된다(제104조의2 제2항 참조). 그런데 기술적 보호조치를 무력화하는 데 사용될 수 있는 장치나 서비스라 할지라도 그 모두가 통제의 대상이 되는 것은 아님을 유의하여야 한다. 많은 장치와 서비스는 다양한 기능을 가지고 있기 때문에 그것이 기술적 보호조치를 무력화하는 데 사용될 수 있다는 이유로 이를 통제한다면 산업의 발전과 개인의 편익에 저해요인으로 작용할 것이며, 반대로 오로지 기술적 보호조치의 무력화를 목적으로 하는 장치나 서비스만을 대상으로 한다면 이러한 장치나 서비스는 거의 존재하지 않을 것이기에 통제의 실효성을 기대하기 어렵다. 법 제104조의2 제2항에서 규정하고 있는 이 세 가지의 부류는 기술적 보호조치의 무력화 금지조치의 효과를 극대화하면서 그 부작용을 최소화하기 위한 입법적 조치로 보인다.

나. 예외

기술적 보호조치 무력화를 위한 예비행위의 금지에도 예외가 있는데, 법 제104조의2 제3항에서는 기술적 보호조치 무력화를 위한 예비행위가 허용되는 경우를 접근통제적인 기술적 보호조치와 이용통제적인 기술적 보호조치로 구분하여 규정하고 있다.

먼저, 접근통제적인 기술적 보호조치와 관련하여 해당 기술적 보호조치를 무력화할 수 있는 예비행위로서는 암호 연구, 미성년자 보호, 국가의 법 집행 등, 프로

---

43 어떠한 장치, 제품 또는 부품이 기술적 보호조치의 무력화 용도와 그 외의 용도가 동시에 존재하는데 기술적 보호조치의 무력화 용도가 있다는 것에 초점을 맞추어 홍보, 광고 또는 판촉하는 경우를 말한다.
44 어떠한 장치 등이 기술적 보호조치 무력화 용도 이외의 용도가 있거나 주로 기술적 보호조치 무력화에 사용되고 다른 용도로는 실질적으로 제한적인 의미만 있는 경우이다.
45 어떠한 장치 등이 기술적 보호조치 무력화를 목적으로 개발되었거나, 그렇지 않더라도 그러한 목적으로 사용할 수 있도록 개조된 경우에 있어서 기술적 보호조치를 무력화하기 위한 예비행위가 적용될 수 있는 영역 내지는 범주를 말한다.

그램코드의 역분석 그리고 보안성 검사 등이 포함된다. 이들은 모두 접근통제적인 기술적 보호조치를 직접적으로 무력화할 수 있는 것이므로 당연히 그 예비행위도 무력화할 수 있도록 하고 있다. 다만, 온라인상의 개인식별정보 수집기능의 확인과 도서관 등에서의 저작물의 구입여부 결정은 예외에서 제외되어 있는데 그 이유는 이용자의 프라이버시 침해의 우려와 도서관 등에서 구입여부 결정을 위한 허용범위를 넘어 저작권을 침해할 우려가 있기 때문이다.

다음으로, 이용통제적인 기술조치와 관련하여 해당 기술적 보호조치를 무력화할 수 있는 예비행위로서는 국가의 법 집행 등과 프로그램코드의 역분석만이 포함되고 나머지 것들은 모두 여전히 무력화 금지의 대상이 된다. 이는 이용통제적인 기술적 보호조치의 무력화를 위한 예비행위는 직접적으로 저작권 침해를 방조하는 행위가 되므로 원칙적으로 특별한 사정이 없는 한 예외를 인정하지 말아야 하지만, 다만 위의 두 가지 경우는 국가경영상 필요에 의해서 그리고 프로그램역분석의 촉진을 통한 컴퓨터 및 소프트웨어산업의 경쟁과 혁신을 촉진하기 위하여 무력화를 위한 예비행위를 허용하고 있는 것이다.

4. 기술적 보호조치 무력화 금지의무 위반의 효과

(1) 의의

오늘날 디지털·인터넷 시대에 있어서 저작권 침해가 더욱 용이해지고 또한 침해현상이 점차 보편화되고 있음에 대응하여 저작권자는 각종 기술적 보호조치를 취하고 있다.[46] 저작권자의 이와 같은 노력을 「저작권법」에서 어떻게 보호해 줄 것이냐의 문제는 그 나라의 입법정책의 문제라 할 수 있는데, 우리의 경우 저작권자가 취하고 있는 각종 기술적 보호조치와 관련하여 저작권자에게 특정한 외형상의 권리를 부여하는 대신에, 기술적 보호조치를 침해하는 행위에 대항하여 여러 가지 민·형사상 구제조치를 받을 수 있는 길을 마련하고 있다. 즉, 우리는 기술적 보호조치를 무력화하는 행위를 저작권 침해행위로 의제하는 대신에 별도의 소송원인 Separate Cause of Action으로 하여야 한다는 「한·미 FTA 협정」에서의 요구에 따라 2011

---

[46] 이는 후술하는 권리관리정보에서도 마찬가지이다.

년에 법을 개정하는 과정에서 법 제104조의8을 신설하여 지금에 이르고 있다.[47]

이와 같은 규정들을 통하여 기술적 보호조치를 무력화하는 등의 행위를 한 자에 대하여는 저작권 침해와는 별도로 독자적인 민사적·형사적 제재가 가능하게 되었으며, 이는 기술적 보호조치의 무력화 금지를 독자적인 소송원인으로 규정하고 있는 현행 법의 태도에 따른 당연한 이론적 귀결이라 하겠다.[48]

(2) 침해의 정지·예방의 청구 또는 손해배상의 담보 청구 등

저작권 등을 가진 자는 기술적 보호조치를 무력화하여 권리를 침해하는 자에 대하여 침해의 정지를 청구할 수 있으며, 그 권리를 침해할 우려가 있는 자에 대하여는 침해의 예방 또는 손해배상의 담보를 청구할 수 있다(제123조 참조). 그런데 앞에서 살펴본 바와 같이 접근통제적인 기술적 보호조치를 무력화하는 자에게는 고의 또는 과실이 있을 경우에 민사적 청구가 가능한 것이 원칙이지만, 저작권 침해에 대한 민사적 구제수단으로서의 물권적 청구권의 행사에는 무과실 책임을 인정하고 있다. 즉, 법 제104조의8에서는 "…고의 또는 과실 없이 제104조의2 제1항의 행위를 한 자에 대하여는 침해의 정지·예방을 청구할 수 있다…"라고 규정함으로써 고의 또는 과실이 없이 접근통제적인 기술적 보호조치를 무력화한 자에게는 적어도 물권적 청구권인 침해의 정지와 침해의 예방을 청구할 수 있도록 하는 특례를 두고 있다. 그리고 법 제104조의8의 규정에 따라 침해의 정지·예방의 청구 또는 손해배상의 담보청구 등을 할 때에는 법 제123조, 제125조의2, 제126조 및 제129조가 준용됨을 유의하여야 한다(제104조의8 참조).

---

47 「한·미 FTA 협정」에서는 기술적 보호조치 위반을 별개의 소송원인으로 할 것을 명시하고 있는데, "각 당사국은 기술적 보호조치의 위반이 저작권 및 저작인접권에 관한 당사국의 법에 따라 발생할 수 있는 어떠한 침해로부터도 독립적인 별개의 소송원인임을 규정한다"라고 하고 있다. 이와 같은 규정을 국내법으로 수용한 것이 법 제104조의8의 규정이다.

48 기술적 보호조치를 기존의 저작권과 연관시켜 파악할 것인가, 아니면 별개의 것으로 파악할 것인가는 법의 해석상 대단히 중요한 의미를 가진다. 이를 구체적으로 살펴보면, 기술적 보호조치의 침해를 저작권의 침해로 판단할 것인가 아니면 기술적 보호조치 자체에 대한 침해를 저작권의 침해가 아닌 독자적인 소송원인으로 보아 별도의 민·형사상의 책임을 물을 것인가의 여부, 침해에 대한 구제수단으로서 기존의 저작권 침해에 대한 구제수단이 제공되는가 아니면 새로운 독자적인 구제수단이 제공되는가, 공정이용과 같은 저작권에 대한 제한 또는 예외규정이 기술적 보호조치에도 적용되는가의 여부 등이 모두 기술적 보호조치에 관한 규정이 기존의 저작권과 연관되어 있는가 아니면 전혀 별개의 것으로 파악되어야 하는가의 여부에 따라 좌우될 수 있다. 참고로 미국의 DMCA는 이 둘의 관계를 전혀 별개의 관계로 파악하고 있으며 우리도 「한·미 FTA 협상」 과정에서 미국의 의견을 받아들여 별개로 파악하고 있음은 위에서 본 바와 같다.

(3) 손해배상의 청구

기술적 보호조치의 무력화로 인한 손해배상의 청구에 있어서는 무엇보다도 침해자의 고의 또는 과실이 있어야 한다. 다시 말해, 저작권 등을 가진 자는 고의 또는 과실로 기술적 보호조치를 무력화하여 그의 권리를 침해한 자에 대하여서만 자기가 받은 손해의 배상을 청구할 수 있다. 그런데 이 경우 손해액의 산정에 몇 가지 특례를 적용할 수 있다. 우선, 그 권리를 침해한 자가 그 침해행위에 의하여 이익을 받은 때에는 그 이익의 액을 저작권 등을 가진 자가 받은 손해의 액으로 추정할 수 있고(제125조 제1항 참조), 또한 그 권리의 행사로 통상 받을 수 있는 금액에 상당하는 액을 저작권 등을 가진 자가 받을 손해의 액으로 할 수도 있다(제104조의8 참조).

(4) 상당한 손해액의 인정

법원은 기술적 보호조치의 무력화로 인한 손해가 발생한 사실은 인정되나 법 제125조의 규정에 따른 손해액을 산정하기 어려운 때에는 변론의 취지 및 증거조사의 결과를 참작하여 상당한 손해액을 인정할 수 있다(제104조의8 및 제126조). 이와 같이 법원은 위자료 산정의 경우에서처럼 재량으로 전반적인 상황을 고려하여 상당하다고 인정되는 손해액(상당손해액)을 산정할 수 있는 근거를 마련해 주고 있는데, 이는 기술적 보호조치의 무력화에 따른 손해액의 산정이 어려운 점을 감안하여 피해자를 두텁게 보호하기 위하여 마련된 「민법」의 특칙特則에 해당하는 규정이다(제104조의8 참조).

(5) 법정손해배상의 청구

저작권 등을 가진 자는 고의 또는 과실로 기술적 보호조치를 무력화하여 그의 권리를 침해한 자에 대하여 사실심事實審의 변론이 종결되기 전에는 침해된 저작물 등마다 1천만 원 이하의 범위에서 상당한 배상을 청구할 수 있다(제104조의8 및 제125조의2 참조).

(6) 공동저작물의 권리 침해

기술적 보호조치를 무력화하여 자신의 권리가 침해되었음을 주장하는 공동저작물의 각 저작자 또는 각 저작재산권자는 다른 저작자 또는 다른 저작재산권자의 동의 없이 침해의 정지 등을 청구할 수 있으며, 그 저작재산권의 침해에 관하여 자신의 지분에 관한 법 제125조의 규정에 따른 손해배상의 청구를 할 수 있다(제104조의8 및 제129조 참조).

(7) 형사적 제재

기술적 보호조치 무력화의 금지의무를 위반한 자에 대하여는 3년 이하의 징역 또는 3천만 원 이하의 벌금에 처하거나 이를 병과할 수 있다(제136조 제2항 제3호의3).

5. 기술적 보호조치와 저작권 행사의 제한규정과의 조화 문제

우리 「저작권법」에서는 기술적 보호조치를 두 가지 유형으로 구분한 후, 누구든지 이와 같은 기술적 보호조치를 무력화하는 행위를 하여서는 아니 될 의무를 부과하고 있을 뿐, 기술적 보호조치에 따라 저작물의 이용이 위축될 것이라는 우려에 대한 법적인 대응에 대해서는 별다른 규정을 두고 있지 않다.

그런데 저작물 이용자가 저작권의 제한규정을 통해 누리는 이용의 자유는 기술적 보호조치로 인해 크게 제한을 받을 수 있다. 기술적 보호조치의 무력화 등을 금지한다는 것은 저작권자에게 엄청난 권리보호 효과가 있는 반면에, 이용자에게는 자유로운 저작물의 이용에 커다란 장애요인이 됨은 자명한 사실이다. 이에 대한 대응방법으로는 저작권자에게 적당한 수준, 다시 말해 너무 지나치지 않을 정도의 기술적 보호조치를 취하도록 하는 방안이 적극적으로 마련되어야 할 것이며, 기술적 보호조치가 저작물의 자유로운 이용을 위축시키지 아니하도록 특별한 정책적인 배려 또한 필요할 것이다. 이와 같은 취지에 따라 우리나라는 「콘텐츠산업 진흥법」에서 적정수준의 기술적 보호조치를 위한 성능평가기능의 수행을 한국저작권위원회에 부여하고 있으며 그 구체적인 업무는 「저작권법」 제120조에 따른 저작권정보센터가 수행하고 있다.

III. 권리관리정보의 제거·변경 등의 금지

1. 의의

오늘날 전체 저작물 가운데서 온라인 또는 전자적 장치를 통해 유통되고 있는 디지털 형태의 저작물 내지는 디지털콘텐츠가 차지하는 비중이 급격히 늘어나고 있고, 이들 디지털저작물의 불법적인 유통을 차단시키기 위한 정책적·입법적 노력 또한 절실히 요청된다.

앞에서 논의한 기술적 보호조치가 저작권 침해를 방지하기 위하여 저작물 등의 불법복제를 사전에 예방하기 위한 입법적 조치라면, 이미 불법적으로 복제된 저작물 등이 더 이상 유통되지 못하게 불법복제물 등을 효과적으로 발견하는 것과 같은 사후관리적 측면에서 별도의 입법적 조치 또한 필요할 것이다. 이에 유통과정에서 디지털저작물의 불법복제를 실무적으로 차단하기 위한 관리시스템으로 등장한 것이 곧 권리관리정보Rights Management Information이다.[49] 저작권 등의 보호를 위한 법률적·제도적 장치로서 권리관리정보가 국제적 차원에서 도입된 것은 「WCT」 이후의 일이며, 우리는 「한·EU FTA 협정」과 「한·미 FTA 협정」 등을 거치면서 세계적 추세를 능동적으로 반영하여 이에 관한 규정을 「저작권법」 제104조의3에 마련하여 오늘에 이르고 있다.

2. 권리관리정보의 의의

권리관리정보는 한마디로 정의하자면 어떤 저작물 또는 저작자를 다른 저작물 또는 저작자와 식별하거나, 해당 저작물이 시장에서 유통되는 과정에서 권리처리 등을 하기 위하여 필요한 저작물 등에 관한 정보데이터의 집합체를 말한다.

이와 같은 권리관리정보는 「저작권법」 제2조 제29호에서 아주 구체적으로 정의

---

49 권리관리정보는 효율적인 저작물 이용환경의 구축에 필수적인 것으로서 현재 한국저작권위원회가 정부 지원하에 저작권에 관한 권리관리정보를 통합한 '통합저작권 정보관리시스템'을 구축·운영 중에 있다. 이 시스템은 분산되어 관리되고 있는 저작권과 관련한 정보를 체계적으로 수집·제공하고 공동으로 활용하기 위하여 '통합저작권관리번호(ICN : Integrated Copyright Number)'를 부여하여 관련 데이터 베이스를 구축·운영하는 것으로 구성되어 있다.

하고 있는데 이에 따르면 **권리관리정보**란 다음의 어느 하나, 즉 i) 저작물을 식별하기 위한 정보, ii) 저작권 그 밖에 이 법에 따라 보호되는 권리를 가진 자를 식별하기 위한 정보 그리고 iii) 저작물 등의 이용방법 및 조건에 관한 정보에 해당하거나 그 정보를 나타내는 숫자 또는 부호로서 각 정보가 저작권, 그 밖에 이 법에 따라 보호되는 권리에 의하여 보호되는 저작물 등의 원본이나 그 복제물에 부착되거나 그 공연·실행 또는 공중송신에 수반되는 것을 말한다(제2조 제29호).

이를 좀 더 구체적으로 살펴보기로 한다. 첫째, 권리관리정보가 목적으로 하는 대상정보는 크게 저작물 등을 식별하기 위한 정보, 저작자를 식별하기 위한 정보 그리고 권리처리에 필요한 정보 등 세 가지 유형의 정보를 말하는데, 이를 흔히 **콘텐츠식별체계**라고도 한다. 둘째, 권리관리정보는 개별적으로는 정보이기는 하지만 이들 정보는 형식적으로 숫자 또는 부호로 표현되며, 그것이 전자적인 형태의 것이든 비전자적인 형태의 것이든 불문한다.[50] 셋째, 권리관리정보는 항상 해당 저작물에 부착되거나 수반되어야 한다. 다시 말해, 해당 저작물과 장소적으로 연계되어 있지 않은 권리관리정보는 법에 따른 보호의 대상이 될 수 없다. 이와 같은 권리관리정보와 해당 저작물과의 장소적 연계성은 유형적 방법으로 구현될 수도 있고 무형적 방법으로 구현될 수도 있는데, 유형적 방법은 해당 저작물의 원본이나 그 복제물에 **부착**하는 방법으로, 무형적 방법은 해당 저작물의 공연이나 실행 또는 공중송신에 **수반**하는 방법[51]으로 이루어질 수 있다.[52] 넷째, 권리관리정보는 권리를 관리 내지는 처리하는 데 필요한 정보이기에 당연히 저작권, 그 밖에 법에 따라 보호되는 권리와 관련한 정보이어야 한다. 따라서 저작권 등의 보호와 관련이 없는 정보는 권리관리정보의 내용에 포함될 수 없다.

---

50 따라서 마그네틱 테이프처럼 자기적으로 기록된 것은 물론이고 광학식 판독장치로 읽을 수 있는 바코드(Bar Code)나 스마트폰으로 읽을 수 있는 QR코드(Quick Responsive Code) 그리고 심지어 일반 텍스트 형식으로 DVD 등에 물리적으로 표시되어 있는 것도 권리관리정보로 보호될 수 있다.
51 권리관리정보를 무형적 방법으로 '수반'하는 데 있어서는 전자적, 비전자적 방법 모두를 활용할 수 있다. 이 점에서 전자적 방법만 인정하는 법 제104조의4에서 규정하고 있는 '암호화된 방송신호'와는 구별된다.
52 저작권과 관련한 기관·단체, 예를 들면 한국저작권위원회와 한국저작권보호원 그리고 저작권위탁관리 단체에서도 무수한 저작권 정보를 구축해 놓고 이용자에게 서비스를 제공하고 있으나 이들은 저작물의 원본이나 복제물에 수록되어 있지 않기 때문에 법에서 보호하는 '권리관리정보'라고 할 수 없다.

3. 권리관리정보의 제거·변경 등의 금지

(1) 의의

권리관리정보를 제거 또는 변경 등을 하여서는 아니 될 자는 특정되어 있지 않으며, 저작물을 이용하는 지위에 있는 자는 **누구든지** 「저작권법」 제104조의3에 따른 의무의 주체가 된다. 다만, 정당한 권한을 가지고 권리관리정보를 제거·변경 등을 하는 자는 이 금지의무의 주체가 아니다. 권리관리정보를 제거·변경한 자에게 민·형사상 책임을 묻기 위해서는 저작권, 그 밖에 이 법에 따라 보호되는 권리의 침해를 유발 또는 은닉한다는 사실을 알거나 과실로 알지 못하고 권리관리정보를 제거·변경 등을 하여야 한다. 즉, 권리침해를 유발·은닉한다는 사실을 알거나 과실로 알지 못하는 등의 별도의 주관적 요건이 필요하다(제104조의3 제1항 본문 참조). 다만, 과실로 인식하지 못하는 경우에 있어서는 후술하는 바와 같이 민사상 책임은 져야 하지만 형사상 책임은 지지 아니한다(제136조 제2항 제3호의4).

(2) 권리관리정보의 제거·변경 등의 금지의무

법 제104조의3에서는 권리관리정보의 제거·변경 등 금지의무를 크게 세 가지 유형으로 나누어 규정하고 있다. 이를 구체적으로 살펴보면 다음과 같다. 첫째, 누구든지 권리관리정보를 고의로 제거·변경하거나 거짓으로 부가하는 행위를 하여서는 아니 된다. 둘째, 누구든지 권리관리정보가 정당한 권한 없이 제거 또는 변경되었다는 사실을 알면서 그 권리관리정보를 배포하거나 배포할 목적으로 수입하는 행위를 하여서는 아니 된다. 셋째, 누구든지 권리관리정보가 정당한 권한 없이 제거·변경되거나 거짓으로 부가된 사실을 알면서 해당 저작물 등의 원본이나 그 복제물을 배포·공연 또는 공중송신하거나 배포를 목적으로 수입하는 행위를 하여서는 아니 된다(제104조의3 제1항 참조). 이와 같이 권리관리정보의 제거·변경과 관련하여서는 고의 또는 사실의 인식이라는 추가적인 주관적 요건이 요구되는데, 그 이유는 권리관리정보의 제거·변경 또는 거짓부가라는 행위가 곧바로 저작권 침해로 이어지는 것은 아니며, 권리관리정보를 인식하지 못한 상태에서 이를 제거·변경·부가하는 것까지 규제의 대상으로 하면 이용자에게 지나치게 가혹한 책임을 묻는 결과를 초래할 수 있기 때문이다.

(3) 권리관리정보의 제거·변경 등의 금지의무의 예외

권리관리정보의 제거 또는 변경행위도 그것이 공익의 목적상 불가결하다면 이를 허용하도록 하여야 할 것이다. 이에 법에서는 국가의 법집행, 합법적인 정보수집 또는 안전보장을 위하여 필요한 경우에는 누구든지 권리관리정보를 제거하거나 변경할 수 있도록 하고 있다(제104조의3 제2항 참조).

4. 권리관리정보의 제거·변경 등 금지의무 위반의 효과

권리관리정보의 제거·변경 등 금지의무 위반의 효과는 이미 논의한 바 있는 「저작권법」 제104조의2에 따른 기술적 보호조치 무력화 금지의무 위반의 효과와 비슷하다. 따라서 권리관리정보의 제거·변경 등의 금지의무를 위반한 자에 대해서는 앞에서 논의한 기술적 보호조치의 무력화 금지의무 위반자에 대한 i) 침해의 정지청구, ii) 침해의 예방청구 또는 손해배상의 담보청구, iii) 손해배상의 청구, iv) 법정손해배상의 청구, v) 상당한 손해액의 인정 그리고 vi) 공동저작물의 권리침해 등에 관한 내용이 그대로 적용될 수 있다(제104조의8 참조). 이와 같이 법 제104조의8에서 권리관리정보의 제거·변경 등 금지의무를 위반한 자에게 침해의 정지·예방청구권 등을 별도로 규정하고 있는 이유는 권리관리정보의 제거·변경 등의 금지의무의 위반을 별도의 소송원인으로 하고 있는 현행 법의 태도에 따른 것이며[53], 이는 논의한 바 있는 법 제104조의2에 따른 기술적 보호조치의 무력화 금지와 곧이어 논의할 법 제104조의4에 따른 암호화된 방송신호의 무력화 금지에서도 마찬가지이다. 한편 업業으로 또는 영리를 목적으로 권리관리정보를 제거 또는 변경한 자에 대해서는 3년 이하의 징역 또는 3천만 원 이하의 벌금에 처하거나 이를 병과할 수 있다. 다만, 과실로 저작권 또는 이 법에 따라 보호되는 권리침해를 유발 또는 은닉한다는 사실을 알지 못한 자는 제외한다(제136조 제2항 제3호의4).

---

53 따라서 권리관리정보를 제거 또는 변경하는 행위 자체가 곧바로 저작권 침해행위로 간주되지는 않는다.

Ⅳ. 암호화된 방송신호의 무력화 등의 금지

1. 의의

(1) 입법배경

방송사업자는 많은 자본을 투자하여 저작물 등을 공중에게 송신하여 방송을 하는데 이 과정에서 암호화된 방송신호를 송출함이 일반적이다. 암호화된 방송신호의 보호는 방송사업자의 보호와도 관련이 있지만 구체적으로 방송사업자에게 암호화된 방송보호를 이용할 수 있는 배타적인 권리를 부여하고 있지 않고, "누구든지 …을 하여서는 아니 된다"라는 형식으로 암호화된 방송신호를 이용하는 자에 대한 의무의 부과형식을 취하고 있다.

이와 같이 방송신호에 대한 「저작권법」상의 보호방법이 여타의 저작물과 저작인접물 등과는 다르지만, 방송신호가 법에 따른 보호대상임은 분명히 하고 있으며(제2조 제8호의2), 이에 관한 보호의 방법 등을 별도로 규정하고 있다. 즉, 지금까지 저작물과 실연, 음반 및 방송 그리고 데이터베이스 등이 법의 보호대상이었으나 법 제104조의4의 규정에 따라 이제 방송신호도 명시적으로 보호대상으로 규정된 것이다.

(2) 「저작권법」 제104조의2의 규정과의 관계

일반적으로 볼 때 기술적 보호조치의 무력화를 금지하는 법 제104조의2와 암호화된 방송신호의 무력화 등을 금지하는 법 제104조의4의 관계는 일반적인 조항과 특별한 조항의 관계에 있다고 할 수 있다. 따라서 기술조치 전반에 걸친 일반적인 사항에 대해서는 일반규정에 해당하는 법 제104조의2의 규정이 적용되고, 방송신호에 한정적으로 응용되는 기술조치에 대해서는 특별규정에 해당하는 법 제104조의4의 규정이 적용된다.

2. 암호화된 방송신호의 의의

암호화된 방송신호란 방송사업자나 방송사업자의 동의를 받은 자가 정당한 권한 없이 방송(유선 및 위성통신의 방법에 의한 방송에 한한다)을 수신하는 것을 방지하거나 억제하기 위하여 전자적으로 암호화한 방송신호를 말한다(「저작권법」제2조 제8호의2 참조). 암호화된 방송신호의 개념을 좀 더 구체적으로 설명해 보면, 첫째, 법으로 보호되는 것은 모든 형태의 방송신호가 아니라 암호화된 방송신호만을 말하는데 여기서 암호화는 정당한 권한 없이 방송을 수신하는 것을 방지하거나 억제하기 위한 목적으로 이루어진 유·무형의 장치 또는 프로그램을 말한다. 둘째, 법에 따라 보호되는 암호화된 방송신호는 모든 형태의 방송이 아니라 유선 또는 위성형태의 방송에 적용되는 것이다.[54] 유선 또는 위성방송사업자는 그들과 계약을 체결한 수신자만이 방송을 수신할 수 있는 암호화된 방송신호를 매개로 하여 방송수신자와 방송이용계약을 맺고 수신료를 납부받아 사업을 영위하기 때문이다. 셋째, 암호화된 방송신호는 방송프로그램의 신호에 대한 접근을 막기 위하여 암호화된 것으로서 이는 전자적電子的 방법으로 발생시킨 반송파를 말한다.[55] 이 점에서 앞에서 살펴본 권리관리정보가 전자적 또는 비전자적 정보 모두를 포괄하고 있는 것과 비교된다.

3. 암호화된 방송신호의 무력화 등의 금지

(1) 의의

유선방송사업자와 위성방송사업자의 중요한 보호법익인 암호화된 방송신호를 법률적으로 어떠한 형태로 보호할 것인가는 국가별 입법정책의 문제이다. 오늘날 대부분의 국가에서는 암호화된 방송신호의 무력화와 관련하여 방송사업자에게 암호화된 방송신호의 이용과 관련된 배타적 권리로서의 별도의 저작권을 인정하지 아니하고 이용자에게 무력화 금지의무를 관련 법에서 규정하고 이를 위반한 자에게는 민사적·형사적 책임을 부과하는 방법으로 접근하고 있으며 우리나라도 마찬가지이다.[56]

---

54 현재로서는 지상파 방송신호가 암호화되어 송출될 여지는 없기 때문이다(최경수, 「저작권법상 방송신호의 보호」, 계간 《저작권》(2012년 가을호), 한국저작권위원회, 104쪽).
55 「위성협약」이라고 부르고 있는 「브뤼셀 협정」에서도 '신호'는 방송프로그램을 송신할 수 있도록 '전자적으로 발생시킨 반송파'라고 정의하고 있다.
56 무엇보다도 배타적 권리의 부여는 방송신호를 활용하여 전달되는 저작물의 공정한 이용에 커다란 장애요인으로 작용할 수 있기에 아직까지 암호화된 방송신호에 배타적 권리를 부여하는 국가는 없다. 이 밖에도 '암호화된 방송신호'를 저작물의 전형적인 이용행위로 볼 수도 없기 때문에 방송사업자가 가지는 배타적 권리로 보호하기에는 한계가 있을 수밖에 없다.

(2) 무단으로 복호화 장치 등을 제조·판매하는 행위 등의 금지

누구든지 암호화된 방송신호를 방송사업자의 허락 없이 복호화復號化[57]하는 데에 주로 사용될 것을 알거나 과실로 알지 못하고, 그러한 목적을 가진 장치·제품·주요부품 또는 프로그램 등 유·무형의 조치를 제조·조립·변경·수입·수출·판매·임대하거나 그 밖의 방법으로 전달하는 행위를 하여서는 아니 된다. 그리고 법 제104조의4 제1호의 규정에 따른 의무에 있어 암호연구, 미성년자 보호, 국가의 법 집행을 위한 경우에는 예외를 인정하여 이들 경우에 있어서는 해당 의무를 준수하지 않아도 된다(제104조의4 제1호 참조).

(3) 암호화된 방송신호를 영리 목적으로 공중송신하는 행위의 금지

누구든지 암호화된 방송신호가 정당한 권한에 의하여 복호화된 경우 그 사실을 알고 그 신호를 방송사업자의 허락 없이 영리를 목적으로 다른 사람에게 공중송신하는 행위를 하여서는 아니 된다(제104조의4 제2호).

(4) 방송사업자의 허락 없이 암호화된 방송신호를 수신 또는 공중송신하는 행위 등의 금지

누구든지 암호화된 방송신호가 방송사업자의 허락 없이 복호화된 것을 알면서 그러한 신호를 수신하여 청취 또는 시청하거나 다른 사람에게 공중송신하는 행위를 하여서는 아니 된다(제104조의4 제3호).

4. 암호화된 방송신호의 무력화 등 금지의무 위반의 효과

암호화된 방송신호의 무력화 등 금지의무 위반의 효과는 앞에서 살펴본 「저작권법」 제104조의2에 따른 기술적 보호조치의 무력화 금지의무 위반의 효과와 그 내용에 있어서 같다(제104조의8 참조). 여기서 구체적인 설명은 생략하기로 한다.

---

57 여기서의 '복호화(Decryption)'는 암호화 과정의 역(逆) 과정으로서 암호 알고리즘에 암호화된 콘텐츠를 평문(平文)의 콘텐츠로 바꾸는 과정, 즉 암호해독의 과정을 말한다.

V. 라벨 위조 등의 금지

1. 의의

일반적으로 저작물이 유통되는 시장에서는 해당 복제물의 식별력과 고객흡인력을 높이고 적법한 복제물임을 나타내기 위하여 여러 가지 표지를 부착하게 되며, 일반인도 복제물의 외관을 보고 구매의 대상인 복제물이 적법한 것인지 판단한 후 구입여부를 결정한다. 그런데 불법복제물 중에는 불법인 것이 확연히 알 수 있는 형태로 유통되는 것도 있지만 위조라벨 등을 부착하여 마치 정품正品인 것처럼 유통되는 것도 있다. 따라서 정품에 부착되는 위조라벨 등을 제조하거나 유통하는 행위는 저작권 침해에 못지않게 저작권자에게 경제적 손실을 끼치고 조악한 품질로 인하여 소비자에게 피해를 주는 등 건전한 유통질서를 파괴시킨다. 이와 같은 입법적 상황을 반영하여 우리 「저작권법」에 마련한 것이 곧 라벨 위조 등의 금지의무이다.

2. 라벨의 의의

라벨이란 그 복제물이 정당한 권한에 따라 제작된 것임을 나타내기 위하여 저작물 등의 유형적 복제물·포장 또는 문서에 부착·동봉 또는 첨부되거나 그러한 목적으로 고안된 표지를 말한다(「저작권법」 제2조 제35호).

라벨Label의 개념을 좀 더 구체적으로 살펴보면 다음과 같다. 첫째, 라벨은 저작물 시장에서 유통되는 특정 저작물의 복제물이 정당한 권한에 따라 제작된 것인지를 나타내기 위한 것이다. 다시 말해, 라벨은 해당 복제물이 정품에 해당하는지를 나타내기 위하여 제작되었다. 둘째, 라벨은 저작자 또는 합법적인 저작물의 유통자가 제작한 것이다. 따라서 시장에서 유통되고 있지 않은 원본에는 구태여 라벨을 활용할 필요가 없다. 셋째, 라벨은 유통되고 있는 복제물과 **장소적 긴밀성**을 가지고 있어야 한다. 복제물과 독립적으로 존재하는 것은 라벨이라 할 수 없다. 복제물과의 장소적 긴밀성은 부착, 동봉 또는 첨부의 형식으로 이루어진다. 넷째, 라벨은 복제물에 부착하는 것이 원칙이지만 이 밖에도 복제물이 담겨 있는 포장이나 복제물의 내용 등을 설명하는 인증서, 설명서, 보증서 등과 같은 문서 등에 동봉하거나 첨부할 수도 있다. 복제물과 함께 배포되는 인증서와 같은 문서 또는 포장에도 해당 복제물이 정당한 권한에 따라 제작된 것이라는 사실을 얼마든지 나타낼 수 있기 때문이다. 다섯째, 라벨은 저작물의 유형적 복제물·포장 또는 문서에 부착·동봉 또는 첨부되거나 그러한 목적으로 고안된 **표지**를 말한다. 표지의 구체적인 형태로는 인증서·이용허락문서·등록카드 등이 있고, 표지의 내용은 그것이 정당한 권한하에 제작된 복제물이라는 것만 나타내면 어떤 것이라도 무방하며, 기호·도형·문자·숫자로 구성된 디지털형태의 표지도 얼마든지 가능하다.

3. 라벨 위조 등의 금지

누구든지 정당한 권한 없이 저작물 등의 라벨을 불법복제물이나 그 문서 또는 포장에 부착·동봉 또는 첨부하기 위하여 위조하거나 그러한 사실을 알면서 배포 또는 배포할 목적으로 소지하는 행위를 하여서는 아니 된다.

그리고 누구든지 정당한 권한 없이 저작물 등의 권리자나 권리자의 동의를 받은 자로부터 허락을 받아 제작한 라벨을 그 허락 범위를 넘어 배포하거나 그러한 사실을 알면서 다시 배포 또는 다시 배포할 목적으로 소지하는 행위를 하여서는 아니된다. 이 밖에도 누구든지 정당한 권한 없이 저작물 등의 적법한 복제물과 함께 배포되는 문서 또는 포장을 불법복제물에 사용하기 위하여 위조하거나 그러한 사실을 알면서 위조된 문서 또는 포장을 배포하거나 배포할 목적으로 소지하는 행위를 하여서는 아니 된다(「저작권법」 제104조의5 참조).

4. 라벨 위조 등의 금지의무 위반의 효과

라벨 등의 위조금지의 의무를 위반한 자에 대하여 어떠한 책임을 부과할 것인가는 국가별 입법정책의 문제인데, 우리 「저작권법」에서는 이에 대해 민사적 책임은 묻지 않고 형사적 책임만 부과하고 있다. 라벨을 위조하는 행위 등은 저작물 유통의 공정한 질서를 해치는 반사회적인 행위로서 이에 대해서는 형사벌을 부과할 필요가 있기 때문이다. 즉, 라벨 위조 등의 금지행위를 위반한 자는 3년 이하의 징역 또는 3천만 원 이하의 벌금에 처하거나 이를 병과할 수 있다(제136조 제2항 제3호의6).

Ⅵ. 영상저작물 녹화 등의 금지

1. 의의

영상저작물은 다른 저작물과 달리 막대한 제작비용이 들고, 특히 영화는 영화관에서 1차적으로 상영한 후 인터넷 또는 TV 등을 통한 2차적 시장[58]을 형성하여 계속 소비자에게 유통이 되는 특징을 지닌다.

그런데 영상저작물의 복제물이 나오기도 전에 시사회나 특정 영화상영관에서 상영 중인 영화를 몰래 촬영하여 불법적으로 배포하거나 온라인을 통하여 일반공중에게 송신해 버리면 영화상영관에서의 상영기회는 급격히 줄어들 뿐만 아니라, 디지털 시네마시장을 송두리째 무력화시키기 때문에 영상저작물의 저작권자 및 영화산업 전반에 미치는 피해는 실로 막심하다.

물론 영화상영관 등에서 불법적으로 영상저작물을 복제하는 행위는 저작권의 침해에 해당되지만, 저작권 침해죄로 인정하기 위해서는 해당 행위가 저작재산권 행사의 제한조항에 해당하지는 않는지 등 여러 가지를 검토해 보아야 한다. 그러나 상영 중인 영화를 녹화하는 경우에는 그것이 외부에 누출될 개연성이 매우 높고 또한 녹화물이 외부로 유통될 경우에는 발생하는 피해가 대단히 크기 때문에 저작재산권 행사의 제한규정에 해당하는지의 여부 등을 따지지 않고 곧바로 형사적 처벌을 하기 위하여 도촬행위盜撮行爲를 저작권 침해죄와는 독립된 별도의 범죄로 처벌할 필요성이 있다.

이와 같은 상황을 입법적으로 반영하고 「한·미 FTA 협정」[59]을 국내법에 수용하기 위하여 2011년에 「저작권법」을 개정하면서 법 제104조의6(영상저작물 녹화 등의 금지) 규정을 신설하였다.[60]

---

58 이를 '부가시장' 또는 '디지털 시네마시장'이라고도 한다.
59 「한·미 FTA 협정」 제18.10조 제29항에는 "각 당사국은 공공영화 상영시설에서 영화 또는 그 밖의 영상저작물의 실연으로부터 그 저작물 또는 그 일부를 전송하거나 복사하기 위하여 영화 또는 그 밖의 영상저작물의 저작권자 또는 저작인접권자의 허락 없이 고의로 녹화장치를 사용하거나 사용하려고 시도하는 자에 대하여 형사절차가 적용되도록 규정한다"라고 되어 있다.
60 참고로, 일본의 경우 '영화 도촬의 방지에 관한 법률'이라는 독립된 법률을 가지고 있다.

2. 영상저작물 녹화 등의 금지

누구든지 저작권으로 보호되는 영상저작물을 상영 중인 영화상영관 등에서 저작재산권자의 허락 없이 녹화기기를 이용하여 녹화하거나 공중송신하여서는 아니 된다(「저작권법」제104조의6). 여기서 영화상영관 등이란 영화상영관, 시사회장, 그 밖에 공중에게 영상저작물을 상영하는 장소로서 상영자에 의하여 입장이 통제되는 장소를 말한다(제2조 제36호).

3. 영상저작물 녹화 등의 금지의무 위반의 효과

「저작권법」을 위반하여 영상저작물을 녹화한 자에게는 그 행위의 반사회성으로 말미암아 형사책임을 부과하고 있다. 즉, 영상저작물 녹화 등의 금지를 위반한 자는 1년 이하의 징역 또는 1천만 원 이하의 벌금에 처한다(제137조 제1항 제3호의3). 또한 영상저작물의 녹화에 있어서는 정범正犯뿐만 아니라 미수범까지 처벌하도록 하고 있다(제137조 제2항 참조). 이와 같이 영상저작물의 불법적인 녹화 등에 대해서는 독립된 범죄로 규정하고 있는 현행 법의 태도는 영상저작물에 대한 저작재산권의 보호뿐만 아니라 영상산업의 육성이라는 정책의 뒷받침을 위해서라도 그 타당성이 높은 규정이라고 하겠다.

VII. 방송전 신호의 송신 금지

1. 「위성협약」에서의 방송전 송신행위 금지의무

「위성협약」[61]에서는 위성에 의해 송신되는 방송전 신호放送前信號를 원래 의도된 수신자 이외의 기지국 등이 수신하여 이를 배포하는 것에 대한 적절한 조치를 취할

---

61 「위성협약」은 위성을 통한 방송신호의 무단이용을 규율하기 위하여 1942년 브뤼셀 외교회의에서 체결되었다.

의무를 그 내용으로 하고 있다.[62] 여기서 말하는 방송전 신호란 결국 장래의 방송을 위하여 방송사업자에게 송신되는 신호로서 공중의 직접수신을 목적으로 하지 아니하는 것을 의미한다. 이와 같이 「위성협약」은 일반인(공중)이 직접 수신하는 형태의 위성방송에는 적용되지 않고, 위성을 통해 다른 기지국이나 방송국으로 송출되는 위성신호의 이용에만 적용되는 특징을 지니고 있다(「위성협약」제3조).

2. 방송전 신호의 송신 금지

방송전 신호의 송신 금지의무는 우리가 「위성협약」에 가입하기 위한 입법적 조치로 2011년에 「저작권법」을 개정하여 마련되었다.[63] 방송사업자는 이 규정에 근거하여 수신국이 어디인지 여부와 관계없이 우리나라에서 위성을 통하여 무단으로 제3자에게 송신되는 행위로부터 보호를 받는다(제104조의7 참조).

3. 방송전 신호의 송신 금지의무 위반의 효과

이러한 방송전 신호의 송신 금지의무를 위반한 자에 대하여는 형사적 책임이 과해진다. 즉, 방송전 신호의 송신 금지의무를 위반한 자에 대하여는 3년 이하의 징역 또는 3천만 원 이하의 벌금에 처하거나 이를 병과할 수 있다(「저작권법」제136조 제2항 제3호의7).

---

62 대개 저작권 관련 국제조약은 저작자에게 배타적 권리 내지는 보상청구권 등을 부여하는 내용으로 규정되어 있음에 반하여 「위성협약」은 체약국에게 저작자의 보호를 위하여 적절한 조치를 취할 것을 요구하고 있다.

63 「위성협약」제2조 제1항에서는 "각 체약국은 위성으로 송출되는 또는 위성을 통과하는 프로그램 전달신호가 의도되지 아니한 배포자에 의해서 자국영역에서 또는 자국영역으로부터 배포되는 것을 방지하기 위하여 충분한 조치를 할 의무를 진다"라고 규정하고 있다.

제15장

저작권의 침해

제1절
저작권 침해에 대한 일반적 고찰

I. 저작권 침해의 의의

1. 저작권 침해에 대한 개념 정의의 어려움

「저작권법」에 따르면 '저작권 그 밖에 이 법에 따라 보호되는 권리를 침해하는 경우'에는 행정적·민사적·형사적 규제가 이루어진다. 그런데 이들 규정을 자세히 살펴보면 한결같이 법률효과만 규정하고 있지 그와 같은 법률효과를 가져오게 한 **법률요건**에 대해서는 '저작권 그 밖에 이 법에 따라 보호되는 권리를 침해하는 경우에는' 또는 '···를 침해한 자는'이라는 추상적 표현만 있고 구체적인 언급이 없다.

저작권 침해의 모습은 일률적으로 규정하기가 대단히 어렵고 대부분의 국가에서는 이를 실정법에서 규정하기보다는 학설과 판례에 맡기고 있다.[1] 우리 「저작권법」에서도 저작권 등의 침해에 관한 규정은 법 제124조가 유일하다. 그 이유 역시 저작권 침해에 관한 규정 자체가 사전적·선험적 차원에서 이루어지는 실정법보다는 구체적 타당성을 고려하여 법원이 그때그때 합리적으로 판단하여 결정하는 판례에 따를 수밖에 없기 때문이다.

2. 저작권 침해에 대한 구제 절차에서의 쟁점사항

저작권 침해에 대한 각종 구제 절차에 있어서 현실적인 쟁점으로 제기되는 사항은 i) 과연 원고의 저작물이 「저작권법」에서 요구하고 있는 보호의 요건을 갖추고 있느냐와 ii) 그 요건을 갖추었다면 피고의 저작권 침해가 과연 원고저작물이 「저작

---

[1] 이와 같은 이유로 이 장(章)에서는 개별조항에 대한 해석보다는 학설과 판례의 분석이 주를 이루고 있다. 우리 판례는 상당한 정도로 축적되어 가고 있다. 다만, 미국 판례에 크게 의존하고 있는 것이 사실이다.

권법」상 가지는 권리의 범위 내에서 이루어졌느냐이다.[2] 이 두 가지 쟁점에 대해 좀 더 구체적으로 살펴보기로 한다.

(1) 원고의 저작물이 「저작권법」상 요구하는 보호의 요건을 갖출 것

「저작권법」상 저작권이 부여되어 보호를 받을 수 있는 저작물은 원고가 제작한 작품 전체가 아니고 창작성이 있는 저작물만 저작권의 보호를 대상이 된다. 그런데 창작성이 있는 저작물이라고 하여 모두가 다 보호되는 것은 아니며, 하나의 저작물 가운데는 보호받는 부분과 보호받을 수 없는 부분으로 나누어지는데 보호받을 수 없는 부분에 대해서는 피고의 저작권 침해가 인정될 수 없다. 저작물의 구성요소 중 어떠한 것에 대해서는 이를 보호하기보다는 공중의 영역Public Domain에 남겨놓아 누구든지 이용할 수 있게 하여 문화발전의 원동력으로 삼을 필요가 있는 부분이 있을 수 있기 때문이다.

(2) 원고의 저작물이 「저작권법」상 가지는 권리의 범위 내에서 이루어질 것

오늘날 대부분의 학설과 판례의 입장에 비추어 볼 때, 저작권 또는 저작재산권의 침해는 권리자의 허락을 얻지 아니하고 그가 가지고 있는 복제권과 2차적저작물작성권을 침해하여 저작물을 작성하는 행위라고 보는 것이 일반적이라 할 수 있다.

원고가 가지고 있는 저작재산권은 복제권, 공연권, 공중송신권, 전시권, 배포권, 대여권 그리고 2차적저작물작성권 등 일곱 가지가 있는데, 이 가운데 복제권과 2차적저작물작성권이 가장 1차적이고 근원적인 권리이고 나머지는 복제 또는 2차적저작물작성 이후의 이용에 관한 권리이다. 공연·공중송신·대여·전시·배포는 모두 복제 또는 2차적으로 작성한 저작물의 구체적인 이용형태에 불과하기 때문에 이들 권리를 침해의 대상으로 할 필요는 없으며 보다 근본적이고 1차적인 권리인 복제권과 2차적저작물작성권을 침해대상권리로 하여도 아무런 문제가 없다고 하겠다. 지금까지 논의한 것을 저작권 침해의 개념을 그림으로 표현해보면 다음과 같다.

---

2 i)이 '저작물'에 관한 것이라면, ii)는 '저작권'에 관한 것이다.

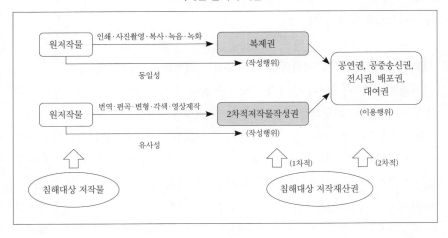

저작권 침해의 개념도

II. 저작권 침해의 요건

1. 의의

지금까지 우리는 저작권 침해의 개념적 정의의 어려움에 대하여 살펴보았다. 저작권 침해의 개념적 정의가 어려운 이유는 개별적으로 무수한 형태로 이루어지고 있는 저작권 침해행위를 추상적 규정으로 일반화하여 이를 입법화하기에는 대단히 곤란한 것이기 때문임은 앞에서 논의한 바와 같다.

그럼에도 불구하고 「저작권법」에 따른 저작권 침해에 따른 행정적·민사적·형사적 구제라는 법률효과를 부여하기 위한 전前 단계로서의 저작권 침해의 요건을 사전에 정립해보는 것은 구체적 쟁송에서 원고의 증거수집과 입증책임을 위해서 대단히 필요하다 하겠다.

지금까지 국내외 이론理論과 판례判例를 종합해 보면 저작권 침해의 요건으로 두 가지를 들고 있는데 첫째, 침해자가 저작권자의 저작물임을 알고 복제(또는 재작성행위)를 할 것과 둘째, 해당 복제물을 부당하게 이용하고 있는 것이다. 이 경우 전자는 침해자에 중점을 둔 주관적 요건에 해당하고, 후자는 침해 상황을 둔 객관적 요건에 해당한다고 볼 수 있다. 여기서 **부당하게 이용하고 있다**는 의미는 복제권이나

2차적저작물작성권을 침해한 결과 두 저작물 사이에 실질적인 유사성이 있음에도 불구하고 이를 계속 이용하고 있다는 의미이다. 따라서 부당한 이용은 곧 실질적 유사성을 의미한다.[3]

요컨대, 저작권 침해는 주관적 요건으로서의 의거依據에 의한 복제행위[4]와 객관적 요건으로서의 실질적 유사성을 그 요건으로 하고 있다고 할 수 있다.

2. 주관적 요건(침해자의 의거에 의한 복제)

(1) 의의

저작권 침해행위가 이루어지기 위한 주관적 요건으로서 '침해자의 의거에 의한 복제행위'가 있어야 한다. 이때 의거에 의한 복제는 원저작물에 대해서 이루어질 수도 있고, 원저작물의 복제물에 대하여도 이루어질 수 있으며, 이 밖에도 과거에 읽었던 책이나 들었던 노래를 기억하여 자신의 것으로 만드는 데 사용한 경우에도 의거에 의한 복제가 될 수 있다.

---

3 오승종 교수는 저작권 침해의 주관적 요건으로 의거(저작재산권자의 저작물을 이용하고 있다는 심리적 상태)와 복제행위의 객관적 요건으로는 복제 전(前)과 후(後)의 두 저작물 사이의 실질적 유사성을 들고 있고, 미국 스텐포드 대학교의 Paul Goldstein 교수는 주관적 요건으로 침해자의 복제를 들고 있고 객관적 요건으로 저작물에 대한 부정이용(Unlawful Appropriation)을 들고 있다. 그런데 이들 이론 모두가 큰 차이는 없다고 보여지는데 먼저 주관적 요건에서 침해자가 타인의 저작물임을 인식한 후 이를 이용하여 복제하고 있다는 심리적 상태를 요구하고 있고, 객관적 요건에서 말하고 있는 부당한 이용이란 결국 두 저작물 사이에 실질적 유사성이 있음에도 불구하고 이를 이용하고 있다는 것과 같은 의미이기 때문이다. 한편 학자에 따라서는 저작재산권의 침해요건으로 저작권 침해를 주장하는 자, 즉 원고가 해당 저작물에 대하여 유효한 저작권을 가지고 있을 것을 포함시키기도 하는데 이는 잘못된 것으로 보인다. 저작재산권 침해의 법률효과에 관한 규정이 모두 "…저작재산권을 침해한 자는(에 대하여는)…에 처한다(청구할 수 있다)"라는 형식으로 되어 있어서 저작재산권을 침해한 행위와 침해자, 즉 피고에 관한 요건만 갖추면 되지 구태여 저작권 침해를 주장하는 원고에 관한 요건까지 필요한 것은 아니기 때문이다. 저작재산권의 침해를 주장하는 원고가 해당 저작물에 대한 유효한 저작권을 가지고 있을 것은 저작재산권 침해의 개념규정에서나 논의될 성질의 것이지 저작재산권 침해의 요건에서 논의할 성질의 것은 아니기 때문이다.

4 앞에서도 언급한 바 있듯이 저작권의 침해는 결국 복제권의 침해와 2차적저작물작성권의 침해로 요약될 수 있는데, 2차적저작물작성권의 침해도 결국은 복제권 침해의 변형된 형태로 볼 수 있으므로 저작권 침해의 주관적 요건을 이와 같이 '복제'에 초점을 두고 정의를 하고 있는 것이다.

(2) 침해자의 의거에 의한 복제

가. 주관적 심리상태로서의 의거의 요구

저작권 침해의 주관적 요건으로서 침해자가 복제함에 있어서는 일정한 심리적 상태가 있을 것을 요구하는 것이 일반적이다. 즉, 저작권 침해자는 자기가 새로운 저작물을 작성함에 있어서 참고 또는 활용하는 등의 방법으로[5] 기존 저작물을 이용하고 있다는 것을 명시적 또는 묵시적으로 인식하고 있어야 하는데, 이와 같은 침해자의 주관적 심리상태를 일반적으로 **의거**依據라고 한다. 저작권 침해의 주관적 요건으로서의 의거는 기존 저작물의 존재 및 그 표현 내용을 알고 있고 그것을 이용하고자 하는 **인식**Knowledge을 의미하며, 따라서 이와 같은 의거는 후술하는 손해배상책임의 요건으로서의 고의 또는 과실[6]이나 형사책임의 요건으로서의 침해자의 고의와는 그 차원이 다르다는 것을 유의하여야 한다.

> 대법원은 공연권의 침해요건과 공연권 침해에 따른 손해배상책임의 요건 등과 관련하여, "「저작권법」이 보호하는 공연권이 침해되었다고 하기 위해서는 침해되었다고 주장하는 기존의 저작물과 대비하여 대상이 되는 공연 사이에 실질적 유사성이 있다는 점 이외에도, 공연이 기존의 저작물에 '의거'하여 이루어졌다는 점이 인정되어야 하고, 나아가 저작권 침해로 인하여 손해배상책임이 발생하기 위해서는 행위자의 고의·과실 등 「민법」 제750조에 의한 불법행위 성립요건이 구비되어야 한다"라고 판시한 바 있다(대법원 2014.9.25, 선고 2014다37491 판결).

나. 침해자의 의거에 의한 복제의 「저작권법」상의 의의

오늘날 저작재산권의 침해의 요건으로서 침해자의 고의와 과실을 요구하고 있지 않는다는 것이 학설과 판례의 일반적인 태도이다. 이는 의거요건의 충족과 후술하는 실질적 유사성 요건의 충족으로 일단 저작재산권의 침해부터 인정하고, 그 이후에 저작재산권 침해에 따른 손해배상이나 형사처벌을 부과하기 위해서는 별도로

---

5 여기서 말하는 '참고 또는 활용'은 곧 'Based on'의 의미와 같은 것으로 이해된다.
6 침해자에게 고의 또는 과실이 있다는 말은 그의 행위가 타인의 저작권에 대한 침해가 된다는 사실을 알았거나 알 수 있었을 것을 의미한다. 침해자가 고의 또는 과실을 가지고 있느냐의 문제는 원고가 저작권 침해에 따른 법률효과로서 이루어지는 민사적 또는 형사적 구제에 있어서 해당 구제를 받을 수 있느냐에 관계되는 것으로서 민사적 구제에 있어서는 원칙적으로 침해자의 고의 또는 과실로 인한 불법행위책임을 물을 수 있고, 형사적 구제에 있어서는 고의의 경우에만 형사법을 부과할 수 있다.

침해자의 고의 또는 과실이 필요한 것으로 이해하고 있기 때문이다. 이렇게 볼 때 고의(또는 과실)와 의거의 구별의 핵심은 고의(과실)는 저작권 침해에 따른 민·형사상 구제에 있어서 침해자에게 요구되는 주관적 요건임에 반하여, 의거는 민·형사상의 구제 이전에 과연 해당 행위가 저작권 침해행위에 해당하는가를 판단함에 있어서 침해자에게 요구되는 주관적인 심리적 요건이라는 점이다.

저작권의 침해에 있어서는 앞에서 언급한 바와 같이 고의 또는 과실을 구태여 요구하지 않으며, 이는 곧 기존의 저작물이 「저작권법」에 따라 보호되는 것인지 그리고 저작자가 누구인지에 대한 인식도 필요로 하지 않는다는 것을 말한다. 따라서 침해자가 충분한 주의의무를 다했음에도 불구하고 결과적으로 저작권 침해행위를 야기할 수도 있다.[7] 이렇게 볼 때 저작권 침해행위에 따른 책임은 고의 또는 과실 책임은 물론 무과실책임 또는 결과책임의 성격도 지니고 있다. 요컨대, 최소한 기존 저작물을 활용하여 복제하고 있다는 인식이 없으면 더 이상 저작권의 침해요건을 충족시키지 못하므로 저작권 침해는 성립할 수 없으며, 따라서 이때의 인식은 쟁송단계에서 입증되어야 하는 피고의 고의 또는 과실과도 아무런 관련성이 없다.

다. 의거에 의한 복제행위의 증명

저작권 침해의 주관적 요건인 침해자의 **의거에 의한 복제행위**의 입증은 피고가 직접 복제하였다는 자백과 같은 직접증거 이외에도 피고가 원고의 저작물을 보거나 접근하였거나 아니면 접근할 수 있는 합리적인 기회가 있었다는 사실과 함께 두 저작물 사이에 **유사성**[8]이 있다는 간접증거로도 추정할 수 있다. 이때 원고는 두 작품 간에 현저한 유사성이 있다는 것을 증명함으로써 피고는 원고의 작품에 접근하였다는 것을 추론할 수도 있지만, 원고는 이 밖에도 그와 같은 접근이 합리적으로 추론될 수밖에 없다는 것을 최소한 정황적 증거로 증명할 수 있어야 한다.[9]

---

7 이를 고의침해(Innocent Infringement)라고 한다.

8 이때의 유사성은 후술하는 객관적 요건으로서의 실질적 유사성과는 다른 것으로 실질적 유사성은 물론이고 사소한 유사성도 포함하는 개념이다. 주관적 요건에서의 유사성은 복제행위를 추정하는 간접증거의 사실로서의 유사성으로서 이는 구태여 표현에서의 유사성에만 한정되는 것이 아니며 「저작권법」상 보호받을 수 없는 아이디어 영역인 사실 등에서의 유사성도 포함하고 있으며, 유사성의 정도가 높은 수준의 실질적인 유사성이 아니라 아주 사소한 유사성(오자·탈자 등 공통의 오류)도 주관적 요건으로서의 유사성을 충족한다.

9 Meta-Film Associate, Inc. V. MCA, Inc., 586 F.Supp. 1346, 1355(C.D. Cal. 1984).

요컨대, 의거에 의한 복제행위의 입증은 직접증거로서 증명하거나 아니면 간접 증거로 추정이 가능하기는 하지만, 이를 단순한 추론으로서 증명할 수 있는 것은 아니다. 따라서 피고가 원고의 저작물에 접근하였다는 것을 증명하기 위해서는 원고는 피고가 원고의 작품을 볼 기회가 있었거나 복제할 기회가 있었다는 것을 밝혀야 하는데, 피고가 원고의 작품을 볼 수 있는 단순한 가능성Bare Possibility이 있었다는 것만으로는 아니 되고 피고가 원고의 작품을 볼 수 있는 합리적인 가능성 Reasonable Possibility이 있었다는 것을 증명하여야 한다.

> 수원지방법원은 가수 MC몽과 가수 린이 가창한 '너에게 쓰는 편지'를 작곡한 피고가 원고가 작곡한 'It's You'의 후렴구 구절을 표절하여 사용하여 저작권을 침해하였다는 사건에서 과연 피고가 원고의 저작물에 대한 '접근 가능성'을 인정할 수 있는가와 관련하여, "원고의 곡이 1998년에 공표되었고 피고의 곡은 그로부터 약 6년이 경과한 2004년에 공표된 점, 원고의 곡을 타이틀 곡으로 하여 제작된 앨범이 10만 장 이상 판매된 점, TV·라디오 등을 통하여 널리 방송되었고 상업광고의 배경음악으로도 사용되었던 점 등을 종합해 볼 때 피고의 원고 저작물에 대한 '접근 가능성'을 인정할 수 있고, 그에 따라 피고의 곡은 원고의 저작물에 의거한 것으로 추정된다"라고 판시한 바 있다(수원지방법원 2006.10.20. 선고 2006가합8583 판결).

그런데 두 저작물 사이에 유사성이 전혀 없다면 아무리 피고의 접근에 관한 증거가 충분하더라도 복제행위를 인정할 수 없다. 그러나 접근에 관한 증거가 없는 경우에도 원고와 피고가 서로 독립하여 같은 결과에 이르렀을 가능성을 배제할 수 있을 정도로 **현저한 유사성[10]**이 있으면 침해자의 의거에 의한 복제행위를 주장할 수 있을 것이다. 일반적으로 현저한 유사성이라 함은 그 유사성의 정도가 우연의 일치의 결과이거나 공통의 소재를 사용한 결과로 나타난 것이라고는 설명되기 어렵고, 오직 피고의 저작물이 원고의 저작물에 의거한 것에 의해서만 설명될 수 있을 정도

---

10 '현저한 유사성'은 미국에서 개발되어 판례에 적용되고 있는 이론인데, 일반적으로 공통의 오류 (Common Errors)가 발견될 때 현저한 유사성이 있다고 추정한다. 미국 판례에 따르면 뒤에 만들어진 피고의 저작물에 먼저 만들어진 원고의 저작물과 똑같은 오류(예를 들면 원고가 추후에 불법복제를 확인하기 위하여 원문에 없는 부분을 의도적으로 창작하여 첨가한 부분이 피고의 저작물에도 그대로 발견된다면 이는 공통의 오류에 해당함)가 발견된다면 두 저작물 사이에는 현저한 유사성이 있는 것으로 추정하게 된다. 먼저 만들어진 저작물에 있던 오자나 탈자가 나중에 만들어진 저작물에서도 그대로 발견된다면 이 역시 공통의 오류를 적용하여 두 저작물은 현저한 유사성이 있는 것으로 추정할 수 있다.

에 이른 것을 의미한다.

> 대법원은 원고 A가 피고들인 B방송사가 기획하고 C 등이 극본을 작성한 '선덕여왕'이라
> 는 드라마가 A가 뮤지컬의 제작을 위한 대본으로 창작한 'The Rose of Sharon, 무궁화
> 의 여왕 선덕'에 의거하여 제작 또는 방송이 되었다고 주장하면서 피고 등을 상대로 손
> 해배상을 요구한 사건에서 "「저작권법」이 보호하는 복제권이나 2차적저작물작성권의 침
> 해가 성립하기 위해서는 대비대상이 되는 저작물이 침해되었다고 주장하는 기존의 저작
> 물에 의거하여 작성되었다는 점이 인정되어야 하며, 이와 같은 의거관계는 기존의 저작
> 물에 대한 접근 가능성, 대상저작물과 기존의 저작물 사이의 유사성이 인정되면 추정할
> 수 있고, 특히 대상저작물과 기존의 저작물이 독립적으로 작성되어 같은 결과에 이르렀
> 을 가능성을 배제할 수 있을 정도의 현저한 유사성이 인정되는 경우에는 그러한 사정만
> 으로도 의거관계를 추정할 수 있다"라고 판시한 바 있다(대법원 2014.7.24, 선고 2013
> 다8984 판결).

3. 객관적 요건(두 저작물 사이에 실질적 유사성의 존재)

저작재산권 침해의 객관적 요건으로는 피고가 원저작물을 이용하여 작성한 저작
물이 원저작물에서의 보호받는 표현부분과 실질적 유사성이 있어야 한다는 것이
다.[11] 실질적 유사성은 두 작품 전체를 비교하여 판단하는 것이 아니고 원고의 저작
물 가운데 「저작권법」상 보호가 인정되는 부분을 서로 비교하여 판단하게 된다. 이
때에는 '아이디어·표현 이분법'에 따라 아이디어, 사실, 정보 등 보호받지 못하는
부분은 공공의 영역Public Domain에 속하게 되어 실질적 유사성을 판단할 때 고려의
대상에서 제외된다.

그런데 앞에서도 논의한 바 있지만 저작권의 침해는 결국은 저작자가 가지는 복
제권과 2차적저작물작성권의 침해형태로 발현되는데, 이때 요구되는 침해의 정도
는 각각 그 수준을 달리하고 있음을 유의하여야 한다. 즉, 보다 직접적인 침해에 해
당하는 복제권의 침해에 있어서는 이를 그대로 베끼거나 약간의 변형만이 가미되
어 있을 뿐 실질적으로는 두 작품이 동일한, 즉 **실질적 동일성**이 있을 때 침해된 것

---

11 두 저작물 사이에 실질적 유사성이 있음으로 해서 시장대체효과가 나타나고 이는 결국 피고가 해당 저
작물을 부당하게 이용하게 되는 객관적 상황을 초래하게 된다. 따라서 객관적 요건으로서의 실질적 유사성은
곧 부당한 이용(Improper Appropriation)과 같은 의미로도 활용되고 있음을 유의하여야 한다.

으로 보며, 원저작자가 가지는 2차적저작물작성권의 침해에 있어서는 양 저작물 사이에 **실질적 유사성**이 있을 때 침해된 것으로 본다. 따라서 저작권 침해의 객관적 요건으로서의 실질적 유사성은 최소기준에 해당하며, 실질적 유사성을 넘어서서 양 저작물이 실질적 동일성을 가지거나 아니면 아예 똑같은 경우에는 당연히 복제권을 침해한 것이다.

현실적으로 이루어지고 있는 저작권 침해분쟁에 관한 대부분의 사례는 주로 2차적저작물작성권의 침해에 해당하기에 저작권 침해의 객관적 요건으로서의 실질적 유사성Substantial Similarity은 대단히 중요한 위치를 차지하고 있다. 실질적 유사성을 2차적저작물작성권의 침해요건으로 하고 있는 대표적인 판례는 다음과 같다.

> 대법원은 두 저작물 사이의 실질적 유사성 여부를 판단함에 있어서 무엇을 대비하여 판단할 것인가와 관련하여, "저작권의 침해여부를 가리기 위하여 두 저작물 사이에 실질적인 유사성이 있는지 여부를 판단할 때에는 창작적인 표현형식에 해당하는 것만을 가지고 대비해 보아야 하고, 표현형식이 아닌 사상 또는 감정 그 자체에 독창성·신규성이 있는지를 고려하여서는 아니 된다. 저작권의 보호대상은 인간의 사상 또는 감정을 말, 문자, 음, 색 등에 의하여 구체적으로 외부에 표현한 창작적인 표현형식이고, 거기에 표현되어 있는 내용, 즉 아이디어나 이론 등과 같은 사상 또는 감정 그 자체는 원칙적으로 저작권의 보호대상이 아니기 때문이다"라고 판시한 바 있다(대법원 2017.11.9, 선고 2014다49180 판결).

III. 저작권 침해를 판단하는 기준과 방법

1. 의의

지금까지 우리는 저작권 침해의 성립요건에 대해서 살펴보았다. 저작권의 침해란 결국 「저작권법」상 보호받을 수 있는 부분의 원저작물과 복제 이후의 저작물 사이에 **실질적 유사성**이 존재하는 상태를 말한다는 것도 살펴보았다.

그런데 무엇이 복제이고 어느 정도까지 이르러야 실질적 유사성에 해당하느냐의 판단기준을 정하는 것은 지극히 어려운 문제이다. 저작권 침해의 일반적 요건인 i) 침해자의 의거에 의한 복제와 ii) 실질적 유사성이라는 두 가지 요소가 충족되었느냐를 최종적으로 판단하는 것은 해당 사건을 심리하는 법관의 몫이지만, 지금까지의 여러 가지 이론과 판례를 종합해 볼 때 저작권 침해의 판단을 위한 몇 가지 기준과 방법을 발견할 수 있는데 이하에서 개략적으로 살펴보고자 한다. 그런데 여기서 제시하고 있는 각종 기준과 방법은 모든 저작물에 만능으로 적용되어 해당 저작권 침해 여부를 기계적으로 결정지어주는 기준은 아니다. 이러한 기준은 저작재산권의 속성상 지금까지도 없고 앞으로도 존재하지 아니할 것이다. 여기에 제시되고 있는 각종 기준과 방법은 저작물의 종류와 성질 그리고 여러 가지 정책적·상황적 요소에 따라 신축적으로 적용되어야 할 것이며, 해당 사안에 대하여 가장 적합한 판단기준을 적용하여 합리적인 재판결과를 도출하는 임무는 결국 법관의 몫이라 하겠다.[12]

2. 저작권 침해를 판단하는 각종 기준

(1) 아이디어·표현 이분법

아이디어·표현 이분법은 저작권 침해판단의 가장 고전적인 기준으로서, 「TRIPs 협정」과 WIPO의 저작권조약인 「WCT」 및 미국 저작권법에서 명문으로 규정된 이후 세계 각국의 저작권법에서도 널리 받아들여지고 있는 저작권법상의 대원칙의 하나이다.

오늘날 아이디어·표현 이분법은 저작물의 정의뿐만 아니라 저작권 침해의 판단기준의 하나로 널리 활용되고 있으며, 이는 다음에서 보는 추상화 이론과 보호받는 표현 테스트의 이론적 기반으로 작용하기도 한다.

아이디어·표현 이분법은 저작권 침해요건의 하나인 의거에 의한 복제행위가 과연 저작권법에서 보호하는 저작물의 범위 내의 것인가를 판단하는 기준의 하나로 저작물의 종류를 불문하고 모든 저작물에 그 적용이 가능한 것으로 평가받고 있다.

인간의 사상과 감정과 같은 아이디어는 인류 공동의 자산으로서 모든 사람에게

---

12 이는 미국에서도 마찬가지인데, 법원에서는 저작권 침해를 판단함에 있어서 해당 저작물의 어떠한 성격의 것이냐에 따라 각기 다른 판단 기준을 적용하고 있다. 즉, Court apply the test for copyright infringement differently to different kinds of subject matter(Goldstein, op.cit., p.733).

개방되어야 하며, 그럴 때 비로소 인류문화는 찬란히 꽃피울 수 있기 때문에 아이디어를 특정의 저작자에게 배타적 권리를 인정하여서는 아니 됨은 당연하다. 따라서 원저작물에서 제시되고 있는 인간의 사상과 감정은 나중의 저작물에서 아무리 복제를 해도 저작재산권의 침해가 되지 않는다. 그리고 아이디어가 아니어서 보호의 대상이 되는 표현이지만 그것이 해당 아이디어를 표현할 수 있는 유일한 표현인 관계로 인해 아이디와 표현이 합체된 경우라든가 해당 아이디어를 필수적인 사건이나 장면으로 표현하는 것도 아이디어의 범위로 보아 보호할 수 없음은 이미 본바와 같다. 요컨대, 해당 저작물이 무엇이든지 간에 일단 아이디어 영역에 들어오면 이를 복제하더라도 저작권 침해요건으로서의 복제가 될 수 없으며 오직 표현의 영역에 있는 것을 복제할 경우에만 저작권 침해에 해당하는 의거에 의한 복제가 될 수 있다.

(2) 추상화 이론

추상화 이론은 아이디어·표현 이분법을 더욱 절차적으로 발전시킨 것으로서, 미국의 Learned Hand 판사가 개발한 이론이며[13] 후술하는 여타의 기준과 방법은 모두 이 추상화 이론을 기초하여 개발된 것으로 볼 수 있다. 추상화 이론은 추상화의 정도가 높을수록 아이디어에 해당하여 보호받을 수 없고 추상화의 정도가 낮을수록 표현에 해당하여 「저작권법」에 따라 보호받을 수 있다는 아이디어·표현 이분법의 사고에 그 기반을 두고 있다.

어문저작물부터 시작하여 컴퓨터프로그램저작물까지의 모든 저작물은 추상적인 아이디어에서 출발하여 구체적·개별적인 표현으로 구현되어 수요자에게 다가간다.[14]

추상화 이론에 따르면, 현실적으로 쟁점이 된 사안에서 전후의 두 저작물 사이에

---

13 Hand 판사는 "어떤 작품, 특별히 희곡작품의 경우에 그 작품에서 다루고 있는 구체적인 사건이나 표현들을 하나하나 제거해 가면서 추상화해 나가면 점차 일반적이고 정형화된 구조나 형태만이 남게 되고, 결국에는 그것이 무엇에 관한 작품인가에 하는 작품의 주제, 더 나아가서는 그 작품의 제목만이 남게 되는데, 이와 같이 추상화를 해 나가는 여러 단계들 중 어느 단계인가에 그 부분을 보호하면 표현이 아닌 아이디어를 보호하는 결과를 초래하게 되는 경계선이 있다"고 하였다.

14 예를 들면, 어문저작물의 경우 아이디어 → 주제 → 개념 → 줄거리 → 등장인물 → 사건 → 개별적인 대화 및 표현으로 추상적인 것에서 구체적인 것으로 과정을 거치면서 최종적인 작품이 만들어지며, 컴퓨터프로그램저작물의 경우에 있어서도 기능 → 모듈의 구조(Hierarchy of Module) → 개별적인 명령의 집합(Set of Individual Instructions)으로 추상적인 것에서 구체적인 단계를 거쳐 최종적인 창작물이 탄생된다.

추상화의 정도가 높은 부분에서 공통점이 발견된다면 이는 저작권 침해가 아닐 가능성이 높으며, 추상화의 정도가 낮은 부분에서 공통점이나 실질적인 유사성이 발견된다면 이는 저작권 침해에 해당할 가능성이 농후하다는 판단을 내리게 된다. 물론 최종적인 경계선은 해당 저작물의 종류와 특성 그리고 정책적 목적 등 여러 가지의 요소를 종합적으로 고려하여 해당 사건을 심리하는 법관이 구체적인 타당성을 고려하여 최종적으로 결정하게 될 것이다.[15]

(3) 유형이론

유형이론Pattern Test은 앞에서 살펴본 추상화 이론을 더욱 실용적으로 보완한 이론이라 할 수 있다. 유형이론은 어문저작물에 있어서 추상화 이론이 제시하고 있는 아이디어와 표현의 경계선을 획정할 때 저작자가 사용하고 있는 특정의 유형Pattern은 이를 아이디어가 아닌 표현으로 보아 보호받는 영역에 포함시켜야 한다는 것이다. 따라서 이 이론은 주로 어문저작물에서 어느 범위까지의 복제가 저작권의 침해에 해당하는 복제인가를 판단하는 데 유용하게 활용되고 있다.[16]

유형이론에 따를 때, 저작자가 사용하고 특정의 문자적 표현뿐만 아니라 그가 창작한 특정의 유형, 예를 들면 사건의 전개과정The Sequence of Incidents이나 등장인물 간의 상호작용의 발전The Development of the Interplay of Character 등도 「저작권법」에 따라 보호받는 표현으로 보아야 하며, 이들 특정의 유형을 공공의 영역Public Domain에 속하게 하지 말고 저작자에게 독점권을 주어야 한다고 주장한다. 따라서 이 이론에 따를 때 전후前後의 두 저작물 사이에 아이디어 차원을 넘어서서 앞의 저작자가 사용하고 있는 특정의 유형이 나중의 저작물에서 중복되어 발견된다면 이는 보호받는 저작물의 복제에 해당하여 저작권 침해가 된다는 결론을 내릴 수 있다.[17]

---

15 일반적으로 어문저작물에서 컴퓨터프로그램저작물과 같은 기능적 저작물로 갈수록 추상화의 수준이 낮은 부분에서 경계선이 획정되는 것이 일반적이다.
16 유형이론은 사건(Events)이나 등장인물(Character)과 같은 어문적 요소를 포함하지 않는 비어문적 저작물에는 적용하기 곤란하다는 비판이 있다.
17 유형이론은 어문저작물에서 주로 2차적저작물작성권의 침해 여부를 판단하는 데 널리 이용되고 있다. 어떤 저작물이 원작에 대한 2차적저작물이 되기 위해서는 단순히 사상, 주제, 소재 등이 같거나 비슷한 것만으로 부족하고 두 저작물 사이에 실질적 유사성, 즉 사건의 구성 및 전개과정과 등장인물의 교차 등에 공통점이 있어야 하는데, 이와 같은 공통점이 없는 작품을 제3자가 작성하였다면 이는 원작자의 2차적저작물작성권을 침해하는 것이 아니라고 판단할 수 있다.

(4) 보호받는 표현 테스트

보호받는 표현 테스트Protected Expression Test는 앞에서 살펴본 아이디어·표현 이분법을 기반으로 하여 발전된 것으로서, 피고가 저작물에 원고의 저작물 가운데서 보호받는 표현을 복제한 경우에만 저작권이 침해된다는 이론이다. 다시 말해 피고가 복제한 원고의 저작물에「저작권법」상 보호받을 수 있는 표현이 들어있는가가 복제권 등과 같은 저작권을 침해한 것인가를 판단하는 기준이 된다. 이 테스트에 따르면 피고가 아무리 원고의 저작물을 복제하더라도 그것이「저작권법」상 보호받을 수 있는 표현이 아니라면 이는 저작권의 침해요건인 복제에 해당하지 않는다는 것이다.

따라서 저작권 침해가 성립되는지의 여부는 오직 피고가 복제한 보호받는 표현 부분의 양적·질적 비중에 달려있는 것인지 보호받지 못하는 표현을 얼마나 복제하였는지 또는 피고 스스로가 창작하여 부가한 부분이 어느 정도인지와는 아무런 관련이 없다.

그런데 보호받는 표현 테스트를 위해서는 원고의 저작물을 분해해 보아야 하며 보호받는 아이디어 등을 걸러내고 보호받을 수 있는 구체적 표현을 찾아내는 작업이 필요하다. 이러한 과정을 거쳐서 피고가 원고의 저작물에서 단순히 보호받지 못하는 요소를 넘어서서 그 이상의 것을 차용·복제하였다는 것을 증명하고 다음 단계인 실질적 유사성을 테스트하는 단계로 넘어간다. 이렇게 본다면 보호받는 표현 테스트는 앞에서 논의한 아이디어·표현 이분법이나 추상화 이론과도 본질적인 면에서는 차이가 없으며, 단지 실질적 유사성 판단의 전 단계에 위치하는 절차적 측면이 강조되고 있다는 느낌이 있다. 그럼에도 불구하고 보호받는 표현 테스트가 나름의 중요성을 가지는 이유는 원고의 저작물 중에서 원고가 창작한 부분이 어느 정도인지를 판단하여 그 부분만큼만 독점권을 주고 무단으로 복제한 것에 대한 보상을 해주고자 하는 실질적 필요성에 가장 부합하는 이론이기 때문이다.[18]

---

18 일반적으로 보호받는 표현 테스트는 후술하는 분해식 접근법을 기초로 하여 이루어진다.

3. 저작권 침해요건인 실질적 유사성이 있는지의 판단방법

(1) 전문가 테스트와 청중 테스트

저작권 침해소송에 있어서 실질적 유사성에 관한 판단의 주체는 항시 법원이지만, 그 판단의 관점은 일반인이 될 수도 있고 아니면 해당 분야의 전문가가 될 수도 있을 것이다. 전문가 테스트Expert Test와 청중 테스트Audience Test는 해당 사건을 심리하는 법관이 저작권 침해요건인 **실질적 유사성**Substantial Similarity을 입증함에 있어서 누구의 의견을 중점적으로 채택하여 받아들일 것인가에 관한 이론이다. 다시 말해, 전문가 테스트와 청중 테스트는 실질적 유사성을 누가 판단하는지의 문제가 아닌 누구의 입장과 관점에서 법관이 최종적으로 판단하는가의 기준에 관한 이론인 것이다.

일반적으로 전문가 테스트는 컴퓨터프로그램저작물과 같은 기술적으로 복잡하고 전문적인 저작물에 있어서 두 작품 간의 실질적 유사성의 판단을 전문가의 입장과 관점에서 판단하는 방법을 말하고, 청중 테스트는 일반인도 쉽게 이해할 수 있는 비전문적인 저작물에 있어서 해당 저작물의 수요자, 즉 청중[19]의 입장과 관점에서 두 저작물 간에 실질적인 유사성이 있는지를 판단하도록 하는 방법이다.

우리의 경우, 한때 음악저작물의 복제 여부를 둘러싸고 "여섯 마디 이상이 같으면 표절에 해당한다"거나 "두 곡이 흡사하다는 말은 박자 분할이 동일하고 한두 음의 음정만 다른 경우를 말한다"라는 등의 전문가 테스트를 활용한 바도 있지만 지금은 그렇지 않고 청중의 반응을 음악저작물 복제의 기준으로 하고 있다.

(2) 전체적 판단방법과 분해식 판단방법

저작물의 복제로 인한 실질적 유사성을 입증하기 위하여서는 전후의 두 저작물을 비교하는 과정이 필요하다. 그런데 전후 두 작품을 비교할 때 아이디어와 같은 보호받지 못하는 부분까지 포함하여 저작물 전체를 비교할 것인지 아니면 보호받

---

19 그런데 여기서 말하는 청중은 사회 전체적으로 본 일반적인 평균인을 말하는 것이 아니고 해당 저작물을 주로 소비하는 한정된 그룹의 청중을 의미한다고 보아야 한다. 두 저작물 사이의 실질적 유사성을 판단하는 궁극적인 이유가 해당 저작권을 침해하여 부당한 이용 또는 불공정 경쟁을 야기한 사람에 대한 행정적 · 민사적 · 형사적 재제를 가하는 데 있음에 비추어 볼 때 시장수요대체성이 없는 일반 청중의 판단은 의미가 없기 때문이다.

지 못하는 부분은 제외하고 「저작권법」상 보호받을 수 있는 저작물만 비교할 것인가 문제가 되는데, 전자의 방법이 전체적 판단방법이라 하고 후자의 방법을 분해식 판단방법이라 한다. 경험적으로 볼 때 전체적 접근방법은 원고에게, 분해식 접근방법을 피고에게 유리하게 작용하는 경향이 있다.

전체적 판단방법은 저작물 전체를 비교대상으로 하여 전체적인 콘셉트와 느낌이 같으면 실질적인 유사성이 있다고 판단하게 되는데, 이를 흔히 외관이론外觀理論이라고 부르기도 한다. 지금까지의 판례는 전체적 판단방법, 즉 외관이론을 적용한 것은 예외 없이 모두가 다 편집저작물이거나 비교적 단순하여 한눈에 파악할 수 있는 시각적 저작물에 관한 것이다. 즉, 전체적 접근방법은 기능적 성격이 강한 응용미술저작물, 건축저작물, 도형저작물, 편집저작물 등에 있어서 저작권 침해의 판단 기준으로 널리 적용되고 있다. 분해식 판단방법은 「저작권법」상 보호되는 표현만을 비교하는 것으로 이는 지금까지 논의해 온 저작권 침해의 정의나 저작권 침해의 요건에도 합치되는 비교방법이다. 따라서 대부분의 저작물은 분해식 판단방법으로 해당 저작물의 실질적 유사성을 판단하여야 할 것이다.

(3) 추상화 – 여과 – 비교 테스트(종합적 판단방법)

저작재산권 침해를 판단하는 종합적인 판단방법으로는 추상화 – 여과 – 비교 테스트가 있다. 추상화 – 여과 – 비교 테스트는 지금까지 논의한 각종 기준과 방법을 종합한 것으로 미국의 저작재산권 침해사건인 Altai 판결에서 컴퓨터프로그램저작물과 같은 기능적 저작물에서 저작권의 침해 여부를 판단하는 기준으로 제시된 후 오늘날 여타의 저작물에도 널리 적용되고 있다.

저작권의 침해요건을 크게 복제와 실질적 유사성으로 이루어져 있음은 이미 본 바와 같다. 저작재산권 침해에 해당하는 복제가 되기 위해서는 「저작권법」상 보호받는 표현을 복제하여야 하는데, 해당 표현이 과연 보호받는 표현인가를 밝혀내기 위하여 아이디어·표현 이분법이나 추상화 이론이 적용된다. 그리고 다음 단계인 실질적 유사성을 판단하기 위해서는 분해식 접근법에 따라 아이디어와 같이 보호받지 못하는 표현 등을 여과해 내고 보호받는 표현을 중점적인 비교대상으로 한 후 청중 테스트를 적용하여 최종적으로 저작권 침해 여부를 판단하게 된다.

그런데 추상화 – 여과 – 비교 테스트는 여과단계가 가장 핵심적인 부분에 해당하며 법원에서도 이 부분에 많은 비중을 두고 있다. 이 과정에서 해당 저작물의 특성과 성격, 침해된 저작권의 내용, 침해의 시간적 진행상황과 함께 저작권의 보호냐, 아니면 저작물의 공정한 이용이냐에 관한 정책적 판단 등을 종합적으로 고려하여 보호받지 못하는 표현을 여과하는 절차를 거치게 됨을 유의할 필요가 있다.

이와 같은 여과 방법은 일반적인 것에서부터 구체적인 것으로 진행되며, 이 과정에서 보호받지 못하는 저작물과 보호받는 저작물을 구분하는 작업이 동시에 이루어진다. 보호받지 못하는 표현으로는 규약이나 해법 그리고 사실과 같은 전통적인 의미의 아이디어, 공공의 영역에서 가져온 것, 아이디어와 합체된 표현 그리고 필수장면에 등장하는 표현뿐만 아니라 해당 저작물이 가지고 있는 효율성과 산업계에서의 요구와 같은 외부적 요인도 고려되어 공공의 영역에 두어야 하는 경우가 발생하기도 하여 보호대상에서 제외하기도 한다.

제2절
저작물의 종류에 따른 저작권 침해의 구체적 모습

I. 어문저작물

1. 의의

어문저작물은 가장 고전적인 저작물로서 저작권 침해를 판단하는 기준과 방법도 어문저작물에서 비롯된 것이 많다. 어문저작물에 있어서의 실질적 유사성은 크게 두 가지 유형으로 구분할 수 있는데, 포괄적·비문자적 유사성Comprehensive Nonliteral Similarity과 부분적 문자적 유사성Fragmented Literal Similarity이 그것이다. 전자는 작품 속의 근본적인 본질 또는 구조를 복제함으로써 전체적으로 포괄적인 유사성이 인정되는 경우를 말하고, 후자는 작품 속의 특정한 구절이나 글 또는 기타 세부적인 부분을 복제함으로써 두 저작물 사이에 문장 대 문장으로 대칭되는 유사성이 있는 경우를 말한다.

일반적으로 어문저작물에 있어서는 이 두 가지 유형 중 어느 하나의 유사성에 해당한다고 판단되면 두 작품 간에는 실질적인 유사성이 있는 것으로 본다.

2. 저작권 침해의 판단기준과 방법

어문저작물에 관한 저작권이 침해되었는가의 판단기준과 방법으로는 어문저작물이 언어로 이루어진 저작물이라는 특성에 착안하여 주로 아이디어·표현 이분법, 추상화 이론, 보호받는 표현 테스트 그리고 분해식 접근법 등이 활용될 수 있다.

어문저작물은 언어를 기초로 하기 때문에 보호되는 언어표현을 개별적으로 분석하여 전후의 두 저작물을 비교하여 실질적 유사성을 검토하게 된다. 이 과정에서 추상화의 정도에 따라 추상화 수준이 낮은 구체적 표현을 중점적으로 고찰하게 되는데, 이때 아이디어·표현 이분법에 따라 아이디어에 해당하는 영역은 과감히 비교대상에서 제외하는 절차를 밟으면 될 것이다. 다른 저작물에서도 마찬가지지만 특히 어문저작물에 대한 저작권 침해의 판단에 있어서 아이디어·표현 이분법은 대단히 유용하게 쓰이는데[20], 이때 아이디어에 속하는 것은 공중의 영역에 두고 표현에 해당하는 것만 보호받는 영역으로 하여 두 저작물을 서로 비교하여 실질적 유사성이 있다면 저작권의 침해로 보게 된다.

문학저작물은 기본적으로 등장인물과 사건의 전개라는 2대 변수로 이루어지는데, 어느 수준에서 등장인물과 사건의 전개에 관한 표현이 「저작권법」상 보호받는 것인지를 결정하기 위해서는 보호지점을 결정할 필요가 있다. 이 특정의 지점을 명확하게 제시하기는 곤란하지만 등장인물과 사건의 전개과정의 복잡성 또는 발전정도에 의존하여 결정되기 마련이며, 이 지점을 벗어나 피고의 저작물이 더욱 구체적이고 원고의 저작물과 실질적으로 유사하다면 이는 저작권 침해가 될 수 있다.[21]

따라서 어문저작물에 있어서 실질적 유사성을 판단함에 있어서는 단순히 아이디어나 주제 또는 소재가 같거나 비슷한 것만으로는 부족하고 두 저작물 사이에 사건의 구성 및 전개과정과 등장인물의 교차 등의 표현에 공통점이 있어야 한다.

> 서울고등법원은 영화 〈애마부인〉이 중년 부인이 원만하지 못한 가정생활과 이로 인한 갈등과 방황을 말馬을 소재로 하여 스토리를 전개시켜 나가고 있는 소설 『애마부인』의 저작재산권(2차적저작물작성권)을 침해하였다는 사건에서 과연 두 작품 간에 실질적 유사성이 있는가와 관련하여, "원저작물에 대한 2차적저작물이 되기 위해서는 원저작물을 토대로 작성된 저작물이 단순히 사상·주제·구성·소재 등이 같거나 유사한 것만으로는 부족하고 두 저작물 사이에 사건의 구성과 전개과정, 등장인물의 교차 등의 표현에 있어서 공통점이 있어서 새로운 저작물로부터 원저작물의 본질적 특징 자체를 감득할 수 있어야 할 것이며, 이 사건에서는 사건의 전개과정인 두 작품 간에 줄거리와 등장인물의 교차 등의 표현에서 현저한 차이가 있어서 다시 말해 실질적 유사성이 없는 별개의 저작물로 보아야 하기 때문에 영화 〈애마부인〉은 소설 『애마부인』에 대한 2차적저작물작성권을 침해한 것이 아니다"라고 판시하였다(서울고등법원 1991.9.5, 91라79 결정).

---

20 '아이디어·표현 이분법' 자체가 애초에 어문저작물 중 보호받는 범위를 확정하기 위한 이론적 도구로 개발된 것이다.

21 이와 같은 이론의 전개는 Nichols v. Universal Pictures Corp., 45 F 2d 119(2nd cir.1930)에서 Learnd Hand 판사가 제시하고 있는 이론인데, 일반적으로 이를 추상화 이론 또는 추상화 테스트라고 부른다.

II. 음악저작물

1. 의의

작곡과 작사 또는 편곡 등으로 이루어진 음악저작물의 저작권 침해는 주로 작곡이나 편곡에 관한 소송이 자주 제기되고 있다. 그 주된 쟁점사항은 나중에 만들어진 음악저작물이 원래의 음악을 복제하여 만들었는가, 즉 표절을 하였는가와 원저작자가 가지고 있는 2차적저작물작성권(편곡이 주로 이에 해당함)을 침해하였는지의 여부에 모아진다.

음악저작물에 있어서는 다른 유형의 저작물과 비교해 볼 때 여러 가지 이유로 창작성의 제한이 많이 따르고 있다. 무수히 제작되는 음악저작물을 유심히 살펴보면 기존 음악과 큰 차이점을 발견할 수 없어서 새로이 만들어진 음악저작물이 과연 「저작권법」상 보호받을 수 있는 창작품인가 하는 의문이 들 때도 있다.

음악은 듣는 사람의 가청 범위 내에 또는 노래를 부르는 사람의 가성 범위 내에 있어야 하고, 아름답고 듣기 좋은 음악만이 살아남을 수 있다는 현실적 필요성 그리고 대중음악의 경우 제한적인 범위 내에 있는 유행을 따라갈 수밖에 없는 이유 등으로 창작성 있는 음악저작물을 탄생시킨다는 것은 대단히 어려운 일이다.[22] 따라서 대부분의 음악저작권에 관한 침해소송에서 원고가 생각만큼 쉽게 승소하지는 못하고 있다. 그 이유로는 다른 어느 저작물보다도 음악저작물의 요소는 공중의 영역에 속하는 것이 많아 이를 보호받는 요소로 하기 곤란한 것과 더불어 일반인의 창작활동 권장과 문화산업의 진흥이라는 정책적 목적에 따라 가급적 음악저작물에 대한 재산권 침해를 인정하지 않으려는 경향[23] 때문이기도 하다.

일반적으로 음악저작물 중 가사를 분리한 부분, 즉 악곡을 구성하고 있는 요소는

---

22 특히, 대중음악에 있어서는 대부분의 노래들의 길이가 몇 분 이내로 끝나는 등 그 길이가 상대적으로 짧을 뿐만 아니라, 작곡가가 사용할 수 있는 음표와 화음(Chord)의 수가 제한되어 있으며('왈츠'나 '폭스' 등에도 각기 특징적인 리듬이 있고 '록'이나 '블루스'에 있어서도 제한된 숫자의 리듬만이 사용되고 있음이 일반적이다), 많이 사용하는 공통적인 음악적 주제가 여러 대중음악에 반복하여 나타나는 경향이 있어 더더욱 「저작권법」으로 보호할 수 있는 영역이 좁아지고 있다(문화체육관광부, 〈엔터테인먼트산업에 있어서의 표절판단 및 공정인용의 기준〉(2007), 62쪽).

크게 리듬[24]과 가락(멜로디)[25] 그리고 화음(하모니)[26] 세 가지가 있는데 이 가운데 가락과 화음은 음악을 창작하는 기본적 구도로서 이는 일종의 아이디어 영역으로 볼 수 있으며 가락, 즉 멜로디 영역에서 여러 가지 창작적 요소가 가미되어 독창성 있는 음악이 탄생된다. 따라서 음악저작물의 저작권 침해 여부는 두 작품 간에 멜로디의 유사성이 어느 정도 인가에 따라 판단하는 것이 일반적이다.

2. 저작권 침해의 판단기준과 방법

그런데 음악저작물의 저작권 침해의 판단기준과 관련해서 아직까지 일관된 이론이나 판례가 형성되어 있지 않은 상태이다. 다만, 전통적인 아이디어·표현 이분법이나 추상화 이론을 곧바로 적용하기는 곤란하며, 먼저 분해식 접근방법을 통하여 음악의 구성요소 가운데 어떠한 것들이 보호받을 수 있는가를 먼저 결정한 후 이를 바탕으로 하여 보호받는 표현 테스트와 청중 테스트를 거침으로써 두 음악저작물 간의 실질적 유사성을 판단함이 일반적이며, 경우에 따라서는 전체적 접근 방법을 적용하기도 한다.

　수원지방법원은 음악저작물에 있어서 실질적 유사성 판단의 기준과 관련하여, "해당 음악저작물을 향유하는 수요자를 판단의 기준으로 삼아 음악저작물의 표현에 있어서 가장

---

23 미국의 법원은 음악저작물의 침해사건에서 원고로 하여금 피고가 복제행위를 하였다는 입증을 아주 엄격하게 요구하고 있고, 원고와 피고의 저작물 사이에 나타나는 유사성은 두 저작물 모두 특정한 공중의 영역에 있는 요소를 공통으로 하고 있기 때문에 비롯되는 것이라는 피고의 주장을 다른 저작물에 있어서 보다 더 쉽게 받아들이는 것이 일반적인 경향이라고 한다. 그 결과 어문저작물이나 미술저작물이었다면 저작권 침해를 충분히 인정할 수 있었을 정도의 유사성을 갖추었음에도 불구하고 음악저작물에 있어서는 저작권 침해가 부정되는 경우가 많다고 한다(Goldstein ,op. cit., p.41).

24 리듬은 박자와 셈·여림(강약)으로 구성되는 음악의 기본적 구조이다. 2분의 1박자, 4분의 3박자 등이 말하는 바와 같이 리듬은 그 종류가 한정적이며 강약도 그 변화의 폭이 지극히 한정적이다. 이와 같은 이유로 리듬을 공중의 영역에 두고 이를 특정 음악저작자에게 배타적 권리로서 인정하여서는 아니 된다.

25 가락은 멜로디 또는 선율이라고도 하는데 개별 음의 고저와 장단으로 이루어지며 청취자에게 가장 많은 인상과 감흥을 주는 부분에 속한다. 음의 고저와 장단의 조합은 리듬이나 화음과 달라서 무수히 많을 수 있어 음악저작자는 멜로디에 대한 선택의 폭이 대단히 넓다. 그런 이유로 인해 음악저작물에 관한 저작권 침해사건에 있어서 멜로디 부분이 주된 쟁점으로 되고 있다.

26 화음은 하모니라고도 하는데 이는 고저의 차이를 가진 두 개 이상의 개별 음이 동시에 울리는 코드로 조합되어 전체 음악에 깊이와 여운을 주는 음악의 기본적 구조이다. 화음 역시 리듬과 마찬가지로 코드의 조합이 한정적이어서 음악저작자가 활용할 수 있는 화음의 선택 폭이 좁을 수밖에 없다.

> 구체적이고 독창적인 형태로 표현되는 멜로디(가락)를 중심으로 하여 대비부분의 리듬,
> 화성, 박자, 템포 등의 요소도 함께 종합적으로 고려하여야 하고, 각 대비부분이 해당 음
> 악저작물에서 차지하는 비중의 질적·양적 정도를 감안하여 실질적 유사성을 판단하여야
> 한다"라고 판시한 바 있다(수원지방법원 2006.10.20, 선고 2006가합8583 판결).

일반적으로 음악저작물은 멜로디 부분을 중심으로 보호받는 표현 테스트를 적용
하여 두 음악저작물을 중점적으로 비교하되 리듬, 화음 등의 요소도 함께 종합적으
로 고려하여, 최종적으로는 해당 장르의 음악애호가들로 형성된 사람들로부터 청
중 테스트를 거쳐 실질적 유사성을 판단한다. 이 과정에서 필요하면 전문가 테스트
를 통해 서로 간의 유사성이나 개별 작품의 창작성을 검정하는 것도 가능하다.[27] 다
만, 전문가가 분석·평가한 각 음의 일치 여부에 관한 수량적·정량적 자료는 단순
히 참고하는 정도에 그쳐야 하고 실질적 유사성을 판단하는 핵심적인 기준으로 삼
아서는 안 된다.

그리고 실질적 유사성 여부가 문제된 부분이 곡의 일부분인 경우에 해당 부분이
곡의 어느 부분을 차지하는지가 저작권 침해판단의 기준이 될 수도 있다. 예컨대,
유사한 부분이 두 곡의 클라이맥스에 해당한다면, 이 부분은 청중들에게 보다 많은
감정이입을 불러일으키고 청중들 역시 다른 부분보다 더욱 주의 깊게 듣게 되므로
그렇지 않은 부분, 즉 반주부나 간주부에 비하여 실질적 유사성이 인정될 가능성이
높다.

이 밖에도 원곡을 리메이크[28]하여 새로운 곡을 만드는 경우에는 필연적으로 원곡
을 이용해야 하고 또 원곡에 변형을 가하게 되므로 원곡의 저작권자의 복제권과 동
일성유지권을 침해할 우려가 있다. 그러므로 리메이크를 하는 경우에는 반드시 원

---

27 실제에 있어서도 법원이 두 음악저작물 사이의 실질적 유사성을 판단함에 있어서도 전문가의 감정결과
가 당사자들에 의하여 제출되고, 각 곡의 요소별 분석과정에서 그러한 전문가들의 의견이 반영되기도 한다고
한다(강태욱, 「음악저작물에 있어서 실질적 유사성의 문제」, 계간 《저작권》(2007년 봄호), 한국저작권위원회,
8쪽). 그러나 두 곡의 음고(音高)가 수량적으로 얼마나 일치하는가에 관하여 형식적 또는 기계적으로 비교하
거나, 두 곡을 디지털 파일 형태의 시계열 데이터로 변환하여 그 중 연주부분의 상관관계를 비교하는 방법은
음악저작물의 침해판단에 있어서 단지 참고사항으로 이용하여야지 이를 결정적인 기준으로 활용하여서는 아
니 될 것이다(문화관광부, 앞의 가이드, 29쪽).

28 리메이크(Remake)라 함은 음악의 제목과 전체적인 곡의 흐름을 그대로 유지하면서도 곡의 리듬이나 음
정, 박자 등을 바꾸어서 새로운 느낌의 곡을 만들어 내는 것을 말한다.

곡의 작곡가로부터 리메이크에 대한 동의를 받아야 하며, 가사까지 바꾸는 경우에는 원곡의 작사가로부터 가사 변경에 대한 동의를 받아야 한다. 한편, 음악저작물과 관련한 소송에서 구전가요를 이용하여 새로운 음악을 만드는 것이 저작권의 침해(특히, 2차적저작물작성권의 침해) 또는 표절에 해당하는가의 문제가 가끔씩 제기되는데, 우리의 경우에는 대부분 구전가요를 활용하여 새로운 음악을 만드는 것은 저작권의 침해가 아니라는 입장을 견지하고 있다.

구전가요는 오랫동안 여러 사람을 거쳐 내려온 것이어서 누구라도 사용할 수 있는 '공유의 영역'에 속한 경우가 대부분이다. 따라서 공유의 영역에 속한 곡에 대해서는 누구라도 자유로이 복제하거나 변형하여 사용할 수 있는 것이 원칙이기 때문이다.

III. 연극저작물

1. 의의

연극·무용 그리고 무언극과 같은 연극저작물은 다른 저작물과 비교해 볼 때 실연자의 실연행위가 개입된다는 점에서 커다란 특징이 있다.[29] 연극저작물에 있어서의 보호받는 표현은 어문저작물과는 달리 구체적인 어문적 대사보다는 드라마틱한 요소에 한정되는데, 구체적인 사건의 전개, 등장인물의 성격과 연기, 해설과 지문 그리고 드라마틱한 무대장치 등이 이에 해당한다.

2. 저작권 침해의 판단기준과 방법

연극저작물에 있어서 저작권 침해의 요건을 판단하는 기준과 방법은 아이디어·표현 이분법이라든가 보호받는 표현 테스트 그리고 분해식 접근법이 주로 활용된다. 이 밖에도 연극저작물의 특성상 저작권 침해의 판단은 해당 연극저작물 시장에서의

---

29 물론 음악저작물과 영상저작물 등에 있어서도 실연자의 실연행위가 개입되지만, 연극저작물에서와 같이 실연자의 실연이 절대적이지는 않다.

관객 반응이 중요한 요소로 작용하므로 청중 테스트도 병행하여 활용될 수 있다.

우리나라의 경우 연극저작물에서의 저작권 침해사건에서 두 저작물 사이에 보호받을 수 있는 영역인 사건이나 등장인물 등에 대한 구체적인 표현에서의 실질적인 유사성이 없어 피고는 원고의 2차적저작물작성권을 침해한 것이 아니라는 판결이 주류를 이루고 있다.[30]

IV. 미술저작물

1. 의의

미술저작물이 어떠한 기준과 방법에 의하여 저작권(복제권과 2차적저작물작성권) 침해가 이루어졌는지를 판단할 것인가는 해당 저작물의 특징과 성격 그리고 합목적적인 정책적 기준에 따라 다양하게 나타날 수 있다. 지금까지의 판례와 이론을 종합해 보면 미술저작물의 저작권 침해판단의 기준으로는 다른 저작물에서와 마찬가지로 아이디어·표현 이분법과 추상화 이론 그리고 보호받는 표현 테스트가 공통적으로 적용되고 있고, 해당 미술저작물의 구체적인 종류에 따라 분해식 접근방법, 전체적 판단방법, 전문가 테스트, 청중 테스트 등이 병행적으로 적용되고 있음을 알 수 있다.

일반적으로 예술성이 높은 미술저작물일수록 분해식 접근방법이 활용되고 예술성보다는 기능성을 강조하는 응용미술저작물일수록 외관이론이라고 일컫는 전체적 판단방법을 택하고 있는 경향이 있는 것으로 보인다. 이하 순서대로 살펴보기로 한다.

---

30 서울민사지방법원 1990.9.20, 선고 89가합62247 판결. 참고로 미국의 연극저작물에 대한 저작권 침해에 관한 소송 판결은 대체적으로 피고가 원고의 저작물 중 보호받는 표현부분을 이용하지 않았으며, 다만 구성이라든가 주제, 기본적인 캐릭터나 상황 등 보호받지 못하는 부분만을 차용하였을 뿐이라는 결론을 내리는 경우가 대부분이라고 한다(Goldstein, op.cit., p.83).

2. 순수미술저작물에 대한 저작권 침해의 판단기준과 방법

예술성을 강조하는 회화, 서예, 조각, 판화 등과 같은 순수미술저작물에 대한 저작권의 침해판단에 있어서는 아이디어·표현 이분법이 가장 큰 역할을 수행한다. 순수예술로서의 미술저작물에 있어서는 색감, 원근법, 기하학적 구조, 미적인 관례 Aesthetic Convention에 의하여 나타나는 형상의 표준적 배열, 피사체[31], 모델[32], 작품의 대상이 되는 것 등은 보호받지 못하는 아이디어 영역에 포함된다. 따라서 이들을 차용하여 창작성을 가미한 별도의 저작물을 만들어도 저작재산권의 침해가 되지 않는다. 예술성이 강한 미술저작물에 색감, 원근법 등에 대한 독자적·배타적 권리를 원저작자에게만 부여한다면 창작의 자유는 물론 미술 발전도 영원히 기대할 수 없다.

따라서 원저작자 이후에 작품 활동을 하는 미술가도 보호받지 못하는 요소들을 활용하여 별개의 창작을 할 수 있으며, 그 작품이 원저작물과 실질적 유사성이 없다면 저작권 침해에 해당하지 않는다.

순수예술로서의 미술저작물에 대한 실질적 유사성의 판단은 아이디어·표현 이분법 이외에도 보호받는 표현 테스트와 청중 테스트 또는 청중 테스트를 변형한 인상주의적 접근방법[33]을 활용할 수도 있으며, 이 밖에도 특히 복제권의 침해에 있어서는 분해식 접근방법[34]과 전문가 테스트[35]도 복합적으로 활용하고 있는 것으로 보인다.

---

31 피사체 자체는 공중의 영역에 속한다.

32 시각적 저작물의 대상이 되는 모델(model) 자체는 「저작권법」상 보호받지 못하는 아이디어의 영역에 해당하고, 다만 피고의 저작물이 원고저작물에 있어서의 포즈나 표정, 모델의 배치방법, 배경 및 분위기, 표현의 각도, 선의 효과 등을 그대로 차용한 경우에만 저작권 침해를 인정할 수 있다.

33 '인상주의적 접근방법'이란 해당 저작물의 수요자인 청중이 두 저작물을 주의 깊게 관찰해 보지 않고 첫 인상 그대로 판단한 후 두 작품 간에 미적인 동일감을 느낀다면 저작권의 침해가 이루어진다는 이론으로서, 이는 시각적 저작물에 있어서 분해식 접근방법을 택하게 될 경우 침해자에게 편파적으로 유리하게 적용할 것이라는 우려에서 나온 것이다.

34 미술저작물 중에서 사물을 있는 그대로 표현하는 풍경화, 정물화, 인물화 등과 같은 사실적·시각적 저작물(Factual Visual Works)의 경우에는 전체적 접근방법이 아닌 분해식 접근방법을 택하여 피사체의 색깔, 피사체 배치 또는 접근시각, 조명, 음영, 선의 효과와 같은 보호받을 수 있는 부분을 비교하여 실질적 유사성을 판단하는 것이 더욱 바람직할 것이다.

35 미술저작물의 복제권 침해에 있어서는 두 작품 간의 전체적인 콘셉트와 느낌이 유사한지보다는 저작권의 보호를 받는 부분을 명백히 분리하여 이 부분에 비교의 초점을 두고 일반적인 관찰자와 함께 해당 분야의 전문가인 감정인 등의 도움을 받아야 할 때가 많기 때문이다.

3. 응용미술저작물에 대한 저작권 침해의 판단기준과 방법

응용미술저작물에 대해서는 저작자에게 과도한 권리를 부여하기보다는 널리 일반인이 활용하도록 하여 제3, 제4의 신규작품을 끊임없이 제작함으로써 문화콘텐츠산업의 발전에 기여할 필요성도 있으므로 그 침해요건도 가능한 한 느슨하게 하여야 할 것이다.

이들 응용미술저작물의 저작권 침해 판단과 방법도 다른 저작물에서와 마찬가지로 아이디어·표현 이분법과 보호받는 표현 테스트가 가장 중심적인 위치를 차지하고 있으나 기능적 미술저작물의 종류와 특징에 따라 구체적인 기준은 상당한 차이를 보이고 있다.

먼저 기능적 미술저작물에 있어서도 아이디어 영역에 해당하는 것은 「저작권법」상 보호를 받지 못하므로, 전후 두 저작물 사이에 아이디어가 유사하다고 하여 이를 저작권 침해로 판단해서는 안 된다. 응용미술저작물에 있어서 아이디어에 해당하는 것으로는 해당 제품의 기본구조, 보편적인 제작기법·특징이나 속성, 해당 저작물에 부합되는 필수적인 표현이나 디자인, 해당 제품의 필수적인 기능, 특정 캐릭터의 일반적인 특징[36] 등이 있으며 이들은 공공의 영역에 속하는 것으로서 보호를 받지 못하는 반면에, 보호받을 수 있는 표현영역으로는 구체적인 묘사와 형태·크기·색채·음향의 조합과 배열 등이 있을 수 있다.

다음으로, 기존에 존재하는 사물, 영상, 사람, 동식물 등을 응용하여 제작한 응용미술저작물은 공예품, 소품, 장식용품, 조형물, 생활용품, 캐릭터, 인형, 장난감, 팬시 제품 등 무수히 많이 있을 수 있다. 이들 제품은 모두가 수요자가 일상생활에서 늘 접하고 있는 3차원의 것으로서 그 표현은 실생활과 사실적·실제적으로 밀접하게 관련이 되어있다는 특징이 있다. 따라서 기능적 미술저작물은 그 보호 정도가 예술적 미술저작물보다는 많이 낮은 것이 사실이며 이는 전혀 이상한 것이 아니다.

---

36 슈퍼맨 캐릭터는 힘이 세고, 날아다닐 수 있고, 초인적인 능력을 보여주며, 삼국지에 나오는 장비 캐릭터는 얼굴이 크고 턱수염이 많으며 몸집이 크고 힘이 세며 우직하고 충직하며, 미키마우스는 영리하고 귀엽고 깜찍하며, 판다는 흰색의 검은 점박이가 있고 눈이 유난히 크며 친근감을 느낄 수 있고, 눈사람은 두 개의 눈을 겹쳐 만들어진 것으로 눈과 입은 솔과 솔가지 형태로 되어있고 삐뚤어진 모자를 쓰고 있다는 것 등이다. 이와 같은 특정 캐릭터의 일반적인 특징은 어문저작물에 있어서의 필수장면의 법칙을 기능적 미술저작물에 응용한 것이라 하겠다.

그러나 아래의 판결에서 보는 바와 같이 자연 상태를 그대로 모방하지 않고 창작성이 충분히 인정된다면 그 범위 내에서 기존의 저작물을 침해한 것이 아니며, 따라서 「저작권법」상 보호의 대상이 될 수 있음을 유의하여야 한다.

> 대법원은 '달마시안'이라는 개의 형상을 지닌 캐릭터의 저작물성과 관련하여 "달마시안 캐릭터는 비록 실제로 존재하는 달마시안이라는 개의 모습과 대단히 유사하기는 하나 실제보다 훨씬 크게 그려진 눈, 점의 수와 크기, 갖가지 표정 등 자연에 존재하는 달마시안 중 개의 모습과는 다른 부분을 갖추고 있고, 그로 인하여 자연의 실물 모습에서 느낄 수 없는 사랑스러움과 친근한 모습을 느낄 수 있다. 그러므로 캐릭터로 표현된 달마시안은 창작성을 인정할 수 있으며, 따라서 독자적인 저작물로 인정받을 수 있다"라고 판시한 바 있다(대법원 2003.10.23, 선고 2002도446 판결).

V. 건축저작물

1. 의의

건축물, 건축을 위한 모형 및 설계도와 같은 건축저작물에 대한 저작권의 침해도 주로 복제권과 2차적저작물작성권의 침해로 나타난다. 그런데 건축저작물은 주거성, 실용성, 기능성 등 기능적 저작물의 특성도 동시에 지니고 있으므로, 비록 창작성이 있더라도 합체의 원칙에 따라 저작권 행사가 많이 제한되기도 한다.

2. 저작권 침해의 판단기준과 방법

건축저작물에 대한 저작권 침해의 판단기준과 방법 역시 다른 저작물에서와 마찬가지로 아이디어·표현 이분법과 보호받는 표현 테스트가 중심이 되어 진행된다.

건축저작물에 있어서 아이디어에 해당하는 것으로는 건축의 기본원리와 구조, 표준화 된 모형과 설계양식, 개개의 표준적인 외양과 기능 등이 있으며, 이와 같은 보호받지 못하는 요소를 차용하여 새로운 건축저작물을 만들었을 경우에는 저작권의 침해에 해당하지 않는다.

그리고 건축저작물에 대한 침해요건의 하나인 두 건축물 간의 실질적 유사성을 판단함에 있어서도 건축물을 이루는 개개의 표준적인 구성요소가 아니라 그러한 요소들이 합쳐진 전체적인 외관에 창작성이 있는가를 비교하는 전체적 접근방법 (외관이론)을 적용하는 것이 바람직할 것으로 본다.

VI. 사진저작물

1. 의의

사진저작물도 다른 저작물과 마찬가지로 아이디어 영역에 속하는 것은 「저작권법」상의 보호받을 수 없는 영역에 속한다. 사진저작물의 특성에 비추어 볼 때 아이디어에 속함으로써 보호받을 수 없는 요소로서는 피사체, 사진촬영의 기본적인 도구와 기술 등이 있고, 보호받을 수 있는 표현의 영역으로는 노출도, 음영의 방향 및 정도, 렌즈의 선택, 셔터 속도 그리고 현상의 방법 등[37]이 있을 수 있다.

2. 저작권 침해의 판단기준과 방법

사진저작물의 저작권 침해 여부는 동일한 피사체를 촬영한 경우와 유사한 피사체를 촬영한 경우로 나누어서 설명해 볼 수 있다.

먼저 동일한 피사체를 촬영한 경우를 보면, 이미 존재하는 자연물이나 풍경, 사물, 사람, 동식물 등은 만인 공동의 것으로서 이는 사실Fact의 세계 또는 아이디어의 일환으로 보아 공공의 영역에 속하는 것이다. 따라서 렌즈와 노출의 선택 및 셔터찬스의 포착 등 사진기를 창조적으로 작동함으로써 사진저작자의 정신 활동이 개입되고, 그것으로 인하여 사진저작물의 창작성이 인정될 수는 있겠지만, 오직 동일한 피사체를 동일한 장소에서 동일한 방법으로 촬영하였다고 하여 그것이 저작권

---

37 이들도 사진촬영의 기본적인 도구와 기술에 해당하지만 추상화의 정도가 낮은 구체적인 것이기에 이를 표현으로 보아 「저작권법」상 보호받는 범위에 속한다고 볼 수 있다.

의 침해가 되는 것은 아니다.[38]

다음으로 유사한 피사체를 촬영한 경우를 살펴보면, 이 경우에도 피사체 자체가 공공의 영역에 포함되어 「저작권법」상의 보호받지 못하는 아이디어에 해당하여 사진저작권의 침해가 되지 않는다고 보아야 할 것인가가 논쟁의 중심에 서 있다. 그런데 사진에 창작성이 부여되는 것은 피사체의 독자성 여부에 있는 것이 아니라 촬영 및 현상 등에 있어서 독창적인 정신 활동에 따른 창작적인 표현에 있다. 따라서 사진저작자가 사진을 촬영할 때 여러 가지 독창적인 정신적 노력을 기울여 촬영순간의 결정, 노출, 음영의 방향 및 정도, 렌즈의 선택, 셔터 속도의 결정 및 현상방법의 선택 등에 의하여 생겨나는 창작적인 표현은 당연히 보호되어야 한다. 결국 사진저작물의 실질적 유사성에 대한 판단은 특정된 피사체인지 특별한 개성이 없는 유사한 피사체인지와는 관련 없고 사진저작자가 물체나 자연현상을 사진으로 촬영하는 시점에서 부가된 창작성에서 찾아야 한다.

VII. 영상저작물

1. 의의

영화와 뮤직비디오 등 영상저작물은 제작과정에 많은 자본이 투입되므로 저작권 침해가 발생하면 그 피해는 상상을 초월할 정도로 커질 수 있다. 그래서 대부분의 국가에서는 영상저작물에 관한 저작권을 침해하는 것을 예방하기 위하여 필요한 각종 조치를 규정하고 있다. 영상저작물에 관한 저작권이 침해되어 실제로 소송으로 이어지는 경우는 그리 많지 않다고 한다.

2. 저작권 침해의 판단기준과 방법

영상저작물에 대한 저작권 침해판단의 기준과 방법에 있어서도 전통적인 아이디

---

[38] 오승종, 앞의 책, 1215쪽에서 재인용.

어·표현 이분법과 보호받는 표현 테스트를 기본으로 하고 청중 테스트를 병행하는 경향이 있는 것으로 보인다. 즉, 영상저작물에 있어서 일반적인 주제, 사건의 전개, 등장인물의 일반적인 특징, 필수적인 장면 등은 아이디어에 해당하여 보호 대상에서 제외시키고, 사건의 구체적인 전개와 등장인물의 구체적인 묘사, 음향과 조명 등 시청각적 효과, 구체적인 대사 등과 같은 보호받는 영역을 중점적으로 비교하게 된다.

이후 두 작품 간의 실질적 유사성을 판단함에 있어서는 일반적인 청중 테스트를 적용하여 나중에 만들어진 작품이 이전의 작품에 대한 저작권을 침해하는 정도로 두 작품이 서로 간에 실질적으로 유사한지를 최종적인 판단의 기준으로 삼고 있다.

VIII. 도형저작물

1. 의의

지도, 도표, 설계도, 약도, 모형 등과 같은 기능적 성격이 강한 도형저작물도 「저작권법」에 따라 보호받을 수 있는 저작물의 하나이다. 그런데 도형저작물은 인간의 감성을 표현하는 문화예술적 성격이 약하고 특정한 과업의 수행에 필요도구로 제공되는 기능성이 강조되어 보호의 강도가 높지 않다.

도형저작물에 대한 저작권 침해의 판단기준과 방법으로는 아이디어·표현 이분법과 청중 테스트가 널리 활용되고 있는 것으로 보인다.

2. 저작권 침해의 판단기준과 방법

도형저작물에 대한 저작권을 침해하였는지에 대한 판단기준에 있어서도 전통적인 아이디어·표현 이분법이 가장 유효한 기준으로 적용되며 청중 테스트도 병행하여 적용될 수 있다. 먼저, 도형저작물에서 적용되는 대부분의 원리나 기준 등은 아이디어에 해당하여 「저작권법」에 따른 보호의 대상에서 제외된다. 예를 들면 지도, 도표, 약도, 모형 등에서 사용되는 아이디어, 프로세스Process, 절차Procedure, 작동방법Method of Operation, 정형화된 양식Model, 개념Concept, 원칙Principle 등은 구체적인 표현으로 보기 어렵고 대신에 아이디어 영역에 해당하기 때문에 누구든지 이를 차용하여 추가적인 도형저작물을 제작할 수 있다.

다음으로, 도형저작물의 저작권 침해의 판단기준으로서 실질적 유사성을 판단함에 있어서는 청중 테스트가 널리 적용되고 있다. 이 경우에는 사회일반의 합리적·일반적인 청중Ordinary and Reasonable Person의 입장에서 볼 때 두 저작물 사이에 실질적 유사성이 있는가를 테스트하게 되며, 이 과정에서 전체적 접근방법을 적극 활용하여 보호받는 표현부분을 비교하게 된다.

도형저작물은 저작물의 요소 가운데 대부분이 아이디어에 해당하여 분해식 접근방법을 택하게 되면 보호받을 수 있는 부분이 거의 없게 되고, 피고에게 지나치게 유리하게 작용될 수 있다. 그런데 도형저작물에 있어서는 청중 테스트 과정에서 실질적인 유사성이 있다고 해서 저작권 침해의 요건을 충족시킨다고 판단해서는 안되는 경우가 종종 있음을 유의해야 한다.

IX. 컴퓨터프로그램저작물

1. 의의

오늘날 디지털산업의 급속한 발전에 따라 문화콘텐츠도 디지털 형태로 급격히 전환하고 있고, 이 과정에서 컴퓨터프로그램저작물의 중요성은 더욱 커지고 있다. 그와 동시에 컴퓨터프로그램저작물을 둘러싼 저작권 침해 문제도 자주 발생하고 있다. 컴퓨터프로그램저작물은 소비자가 인식할 수 없는 컴퓨터라는 기계장치에 의해 구현되는 것으로서[39] 그 저작권 침해의 판단은 다른 저작물의 저작권 침해와 달리 판단해야 한다. 그래서 일반적인 기준으로 제시된 것이 추상화 – 여과 – 비교 3단계 테스트이다.

---

[39] 따라서 컴퓨터프로그램저작물의 저작권 침해 판단에 있어서는 청중 테스트가 적용될 여지는 거의 없다.

2. 저작권 침해의 판단기준과 방법

컴퓨터프로그램저작물에 대한 저작권 침해의 판단기준과 방법으로는 추상화–여과–비교 테스트가 널리 활용되고 있다.

추상화–여과–비교 테스트는 주로 컴퓨터프로그램저작물과 같은 기능성을 갖춘 저작물에 있어서 두 저작물 간의 실질적 유사성을 판단하기 위하여 널리 사용되고 있다. 그 밖에도 산업적 요소가 가미되어 있는 다른 저작물에도 널리 적용이 가능한 저작권 침해 판단에 관한 이론이다.

추상화–여과–비교 테스트를 적용함에 있어서 구체적 사건을 담당하는 해당 재판부는 다음과 같은 과정을 거치게 된다.[40] 먼저 재판부(법관)는 원고의 저작물을 추상화의 정도에 따라 다양한 단계로 구분하는 작업을 하게 된다. 이때 추상화의 정도가 높으면 과감히 생략 절차를 거치고 가급적 추상화가 낮은 수준의 구체적인 표현에 심리를 집중하게 된다. 그 다음 단계인 여과에서는 아이디어, 절차, 프로세스, 시스템, 작동방법, 사실, 원리, 콘셉트, 발견, 공중의 영역에 있는 정보, 합체의 원칙이 적용되는 부분, 필수장면의 법칙에 적용되는 부분 그리고 여러 가지 보호받지 못하는 부분을 걸러내게 된다. 이 단계에서는 전통적인 아이디어·표현 이분법과 이의 변형이론인 합체의 원칙이나 필수장면의 법칙도 중요한 기능을 수행하게 된다. 마지막으로 재판부는 보호받는 부분과 피고의 저작물을 비교함으로써 피고가 원고저작물을 복제하였는지 그리고 복제하였다면 실질적 유사성이 있는지를 판단하게 된다.

우리 법원도 컴퓨터프로그램저작물의 실질적 유사성을 판단함에 있어서 추상화–여과–비교라는 3단계 접근방식을 널리 취하고 있는 것으로 보인다.

> 서울고등법원은 컴퓨터프로그램저작물 간에 존재하는 실질적 유사성의 판단방법과 관련하여, "두 개의 컴퓨터프로그램저작물 간의 실질적 유사성을 판단하기 위하여 사상과 표현도구에 해당하는 부분을 제외한 나머지 표현형식을 추출하여 비교대상으로 삼았는데, 구체적으로는 프로그램의 기능을 추상화하고 사상의 영역과 표현의 수단적 요소들을 여

---

40 자세한 것은 Computer Associates International INC. v. Altai, INC. United States Court of Appeals, Second Circuit, 1992 참조.

과한 후 남은 표현, 즉 소스코드 또는 목적코드를 비교하여 실질적 유사성을 판단하여야 한다"라고 판시한 바 있다(서울고등법원 2009.5.27, 선고 2006나113835 판결).

X. 2차적저작물

1. 의의

2차적저작물은 원저작물을 번역·편곡·변형·각색·영상제작 그 밖의 방법으로 작성한 창작물로 독자적인 저작물로서 보호됨은 이미 본 바와 같다(「저작권법」 제5조). 저작자는 2차적저작물을 작성하여 이용할 권리를 가지기 때문에(제22조) 제3자가 원저작자의 허락 없이 2차적저작물을 작성하여 이용하면 원저작자가 가지고 있는 2차적저작물작성권의 침해에 해당한다.

2차적저작물에 대한 저작재산권 침해의 모습은 앞에서 살펴본 바 있는 어문저작물에서 논의한 사항이 거의 그대로 적용될 수 있는데 현재까지 나타난 대부분의 쟁송이 원저작물인 소설이나 희극과 같은 어문저작물을 각색·변형 또는 영상제작 등의 방법으로 재작성한 저작물을 대상으로 한 것이기 때문이다.

2. 저작권 침해의 판단기준과 방법

2차적저작물작성권 침해의 판단기준과 판단방법으로는 앞에서 살펴 본 아이디어·표현 이분법과 보호받는 표현 테스트가 가장 유용하게 활용될 수 있다. 다만, 2차적저작물은 원저작물과 표현의 양식(그릇)이 다르기 때문에 그 양식의 다름에 따른 표현의 차이도 충분히 고려하여 최종적인 침해 여부를 판단해야 한다.

대법원은 광화문을 축소한 모형저작물이 저작자가 가지고 있는 2차적저작물작성권의 침해 여부와 그 판단기준으로서의 두 작품 간의 실질적 유사성 등과 관련하여, "실제 존재하는 건축물을 축소한 모형도 실제의 건축물을 축소하여 모형의 형태로 구현하는 과정에서 건축물의 형상, 모양, 비율, 색채 등에 관한 변형이 가능하고. 그 변형의 정도에 따라 실제의 건축물과 구별되는 특징이나 개성이 나타날 수 있다. 따라서 실제 존재하는 건축물을 축소한 모형이 실제의 건축물을 충실히 모방하면서 이를 단순히 축소한 것에 불과하거나 사소한 변경만을 가한 경우에는 창작성을 인정하기 어렵지만, 그러한 정도를 넘어서는 변형을 가하여 실제의 건축물과 구별되는 특징이나 개성이 나타난 경우라면, 창작성을 인정할 수 있어 저작물로서 보호할 수 있다. 그리고 저작권의 침해 여부를 가리기 위하여 두 저작물 사이에 실질적인 유사성이 있는지를 판단할 때에는 창작적인 표현형식에 해당하는 것만을 가지고 대비해 보아야 한다. 따라서 건축물을 축소한 모형저작물과 대비의 대상이 되는 저작물 사이에 실질적인 유사성이 있는지를 판단할 때에도, 원저작물의 창작적인 표현이 아니라 원건축물을 모형의 형태로 구현하는 과정에서 새롭게 부가된 창작적인 표현에 해당하는 부분만을 가지고 대비하여야 하다"라고 판시하였다(대법원 2018.5.15, 선고 2016다227625 판결).

XI. 편집저작물

1. 의의

편집저작물도 「저작권법」에 따라 독자적인 저작물로 보호된다(제6조 제1항). 편집저작물은 그 구성부분이 되는 소재에서는 저작성을 찾기 어렵지만 구성부분의 선택과 배열에 있어서 나름의 독창성이 있어 이를 별도로 보호하기 위하여 도입된 개념이다.

2. 저작권 침해의 판단기준과 방법

편집저작물의 저작권 침해판단에 있어서는 전통적인 아이디어·표현 이분법이나 추상화 이론 그리고 보호받는 표현 테스트는 거의 쓸모가 없다. 왜냐하면 편집저작물은 그 구성부분이 되는 소재에 있어서는 창작성 자체가 없고 구성부분의 선택과 배열에만 창작성이 있기 때문이다. 따라서 편집저작물이 저작권을 침해했는지의 여부는 곧바로 전체적 접근방법[41]과 청중 테스트를 적용하여 실질적 유사성을 판단하면 될 것이다.

---

41 편집저작물이 그 구성부분의 선택과 배열에 있어서 창작성이 있는지를 보려면 전체적인 콘셉트와 느낌을 가지고 판단해야 하기 때문이다.

미국 연방법원은 연말연시 인사용 카드 등과 같은 편집저작물의 저작권 침해 여부를 판단함에 있어서, "각 카드에 쓰여진 문구, 그 문구들의 배열, 그 결과 문구의 조합 등 모든 요소들을 전체적으로(As a Whole)으로 고려하여야 한다"라고 판시하였다(Roth Greetings Cards v. United Card Co., 429 F. 2d 1106 (9th Cir. 1970)).

제3절
저작권 침해로 보는 행위

I. 의의

저작권의 침해는 크게 저작재산권의 침해와 저작인격권의 침해로 나누어 볼 수 있다.

저작재산권의 침해는 일반적으로 저작자의 동의나 허락 없이 저작물을 무단으로 이용하거나 허락·양도의 범위 외의 이용하는 것을 말하며, 저작인격권의 침해는 성명이나 동일성과 같은 저작자가 가지는 인격적 요소를 훼손시키는 것을 말한다.

그런데 저작권 침해의 정지청구권 등의 신청을 위해서 요구되는 행위 상황으로서 저작권 침해의 양상은 해당 저작물의 종류, 해당 저작권의 구체적인 내용, 침해의 모습, 청구의 내용 등에 따라 각양각색으로 나타날 수 있으며 일반적으로 신청자가 이를 입증하는 것도 쉽지 않다. 따라서 우리 「저작권법」은 저작권 등의 침해 간주 규정(제124조)을 둠으로써 저작권 침해의 입증의 부담을 덜어주고, 저작권자의 권리를 두텁게 보호하고 있다.

법 제124조에서 규정하고 있는 저작권의 침해로 보는 행위는 저작물의 무단 이용이나 저작자가 가지는 인격적 징표를 훼손할 우려가 대단히 높은 것으로서 비록 저작권 등의 직접침해는 아닐지라도 이에 해당하기만 하면 이 규정에 따라 직접침해가 이루어진 경우와 같은 효과를 가져온다. 따라서 법 제124조는 저작권을 직접적으로 침해한 것으로 의제하는 규정이라고도 할 수 있다.[42]

---

42 법 제124조는 제3자가 저작권을 직접침해하는 자에게 방조 등의 방법으로 공동불법행위를 하는 것을 염두에 둔 것은 아니다. 직접침해자의 특정행위가 저작자의 권리를 침해할 우려가 높기 때문에 이를 직접침해 행위로 의제하고 있는 것이지 저작권에 관한 간접침해에 관한 규정으로 보아서는 안 된다.

II. 저작권의 침해로 보는 행위

1. 의의

이미 살펴본 바 있지만 우리 「저작권법」은 저작물의 전형적인 이용행위에 저작재산권을 부여하고 있는데, 복제권, 공연권, 공중송신권, 전시권, 배포권, 대여권 그리고 2차적저작물작성권 등이 있다(제16조~제22조 참조). 그런데 지금 논의하고 있는 법 제124조에서는 이 밖에도 특정의 수입행위와 소지행위 그리고 업무상 이용행위에 대해서도 저작재산권이 침해된 것으로 본다는 침해 간주 규정을 두고 있는데, 그 결과 저작재산권자의 보호 범위가 더욱 두터워지는 효과를 가져오고 있다.

2. 저작재산권의 침해로 보는 행위

(1) 배포할 목적으로 국내에서 저작권 등의 침해로 될 물건을 수입하는 행위

수입 시에 대한민국 내에서 만들어졌더라면 저작권 그 밖에 이 법에 따라 보호되는 권리의 침해로 될 물건을 대한민국 내에서 배포할 목적으로 수입하는 행위는 저작권 그 밖에 이 법에 따라 보호되는 권리의 침해로 본다(제124조 제1항 제1호 참조). 이와 같이 배포할 목적으로 저작권 등의 침해로 될 물건을 수입하는 행위를 저작권 등의 침해행위로 규정하고 있는 법 제124조 제1항 제1호는 우리나라가 1987년에 가입한 「음반협약」에서 각 체약국에 요구하고 있는 사항을 반영한 결과이기도 하다.[43]

저작권의 침해로 보는 행위에 해당하는 국내에서 저작권의 침해로 될 물건을 배포할 목적으로 수입하는 행위를 좀 더 구체적으로 살펴보기로 한다. 첫째, 이 규정의 입법취지는 외국에서 불법적으로 제작·복제된 저작물은 물론이고 합법적인 것이라도 우리나라에 수입될 경우 불법적인 복제물이 제작·유통되는 것과 비슷한 효과가 있는 경우에는 저작권 등 권리의 침해행위로 간주하여 저작권자 등의 보호에

---

43 「음반협약」은 음반의 무단복제·배포·수입 등을 금지하여 해적판 음반을 차단하기 위한 국제조약으로서 체약국에게 해적판 음반으로 인해 손해를 입을 수 있는 다른 체약국의 국민인 음반제작자를 보호할 의무를 부과하고 있다(「음반협약」 제2조 참조).

만전을 기하고자 하는 데 있다. 둘째, 수입행위는 특정의 목적, 즉 국내에 배포할 목적으로 수입하는 행위여야 한다. 따라서 배포할 목적이 아닌 개인용도나 학술용도로 쓰는 등 배포 이외의 목적으로 수입하는 것은 관계가 없다. 셋째, 침해로 간주되는지의 여부는 그 물건의 수입 시를 기준으로 평가되며 수입 시에 국내에서 작성되었다면 권리침해가 되었을 물건을 수입하는 행위만이 침해행위로 간주된다.

(2) 저작권 침해행위에 의하여 만들어진 물건을 배포할 목적으로 소지하는 행위

저작권 그 밖에 이 법에 따라 보호되는 권리를 침해하는 행위에 의하여 만들어진 물건(제1호의 수입물건을 포함한다)을 그 사실을 알고 배포할 목적으로 소지하는 행위는 저작권 등 그 밖에 이 법에 따라 보호되는 권리의 침해로 본다(제124조 제1항 제2호 참조). 이를 구체적으로 설명하자면 다음과 같다. 첫째, 이 규정의 입법취지는 저작권 등을 침해하는 행위에 의하여 만들어진 물건, 대표적으로는 불법복제물 등의 유통을 근본적으로 차단하는 데 있으며, 따라서 배포의 목적으로 이들 물건을 소지하는 것만으로도 저작권 등을 침해하는 행위로 간주하고 있다. 둘째, 침해로 보는 행위는 불법복제물 등을 배포할 목적으로 소지하고 있는 행위이다. 여기서 말하는 **소지**는 특정 물건을 자기의 관리·지배하에 두는 것을 말한다. 원래 특정 물건의 소지는 반사회성이 없는 한 금지의 대상이 아니며 타인의 권리를 침해하는 것도 아니다. 그러나 특정의 목적, 예를 들면 배포할 목적으로 소지하는 행위는 반사회성의 우려 때문에 소지 자체를 금지하거나 아니면 소지 자체를 타인의 권리를 침해하는 것으로 의제할 수가 있다. 셋째, 저작권 등의 침해행위로 간주되기 위해서는 침해자의 주관적 요건으로 **배포할 목적**이 있어야 한다. 그런데 여기에서는 법 제124조 제1항 제1호에서의 배포와는 달리 대한민국 내에서 배포할 것을 요건으로 하지 않는다. 따라서 그가 목적으로 하는 배포가 국내이건 외국이건 묻지 않는다. 그리고 배포의 목적으로 소지하는 행위를 저작재산권의 침해행위로 본 것이므로 실제로 배포가 있었는지의 여부도 불문한다. 넷째, 저작권 등의 침해행위로 간주되기 위해서는 소지행위자에게 주관적 요건이 요구되는 바, 소지하고 있는 물건이 저작권 등을 침해하는 행위에 의하여 만들어진 물건(수입물건을 포함한다)이라는 사실을 **알고서**[44] 이를 배포할 목적으로 소지하고 있어야 한다.

(3) 불법프로그램의 복제물을 업무상으로 이용하는 행위

프로그램의 저작권을 침해하여 만들어진 프로그램의 복제물(제1호에 따른 수입물건을 포함한다)을 그 사실을 알면서 취득한 자가 이를 업무상 이용하는 행위는 저작권 등의 침해로 본다(제124조 제1항 제3호 참조).[45] 이 규정의 입법취지는 다른 사람이 불법복제한 컴퓨터프로그램이라는 사실을 알면서 그 불법복제프로그램을 취득하여 이용하는 행위를 저작재산권 침해행위로 보아 이를 강력히 근절하기 위한 입법 정책이 반영된 것이라 하겠다.[46]

여기서 저작권 등을 침해하는 행위로 보는 것은 **업무상 이용행위**에만 국한이 되므로 개인적인 목적으로 프로그램의 불법복제물을 이용하는 것은 이 규정에 해당하지 않는다. 그리고 여기서의 업무상 이용행위는 영리 목적의 이용뿐만 아니라 비영리 목적의 업무도 포함되는 것으로 해석하여야 한다. 따라서 이 규정은 프로그램의 불법복제물과 관련하여 그것이 최소한 업무상 이용하는 데 대해서는 해당 프로그램저작물을 창작한 자에게 사실상 **이용권**을 부여하는 효과가 있다고 할 수 있다.

(4) 침해로 보는 행위를 한 자에 대한 책임

법 제124조 제1항에 따른 침해로 보는 행위를 하는 자에게는 「저작권법」에 따른

---

44 이 점에서는 위에서 언급한 저작권 침해로 될 물건을 배포할 목적으로 수입하는 행위와는 차이가 있다. 여기에서는 행위자의 주관적 요건을 요구하지 않기 때문이다. 참고로 '알고서'라는 말은 어떤 사실에 대한 인식을 가지고 있다는 말인데 영어로는 Knowingly에 가까운 표현이다. 이 점에서 '고의적으로' 또는 '의도를 가지고서'를 의미하는 Intentionally나 Purposefully와는 차이가 있다. 일반적으로 볼 때 대륙법계에서 말하는 고의에는 Intentionally와 Purposefully 그리고 Knowingly의 의미가 포괄적으로 포함되어 있으며, 미필적 고의는 Recklessly의 의미를 가지는 것으로 이해하는 것이 일반적이다.

45 문화체육관광부가 제작·배포하여 활용 중인 〈소프트웨어 관리 가이드〉에서는 법 제124조 제1항 제3호의 규정을 근거로 하여 대표적인 소프트웨어 저작권 침해행위를 제시하고 있는데, 여기에는 i) 정당한 라이선스의 취득 없이 무단으로 SW를 사용하는 행위, ii) 보유한 SW의 상위버전을 사용하는 행위, iii) 보유수량을 초과하여 사용하는 행위, iv) 별도의 라이선스 취득 없이 네트워크를 통해 다수의 사용자가 공유하는 행위 등이 포함되어 있다(문화체육관광부, 〈소프트웨어 관리 가이드〉(2012), 10쪽).

46 우리 「저작권법」은 복제, 공연, 전송, 방송 등 저작물의 다양한 이용행위에 대하여 저작권자가 각각 이를 통제할 수 있는 권리를 부여하고 있지만, 어떠한 경우에도 최종 사용자(이용자)가 저작물을 현실적으로 사용(이용)하는 행위에 대해서는 그 통제의 범위 밖에 두고 있다. 따라서 현재로서는 저작권자로 하여금 저작물의 최종적인 사용(이용)을 통제하게 하는 것은 허용되지 않고 있음이 원칙이다. 다만, 이와 같은 원칙에 대하여 법 제124조 제1항 제3호에 예외규정을 두고 있다. 이는 저작물의 가치향유가 단지 일회적인 사용(예를 들면, 읽기, 듣기, 보기 그 밖의 감상 등)으로 일반적으로 종료되는 다른 저작물과는 달리 프로그램의 경우에는 일회적이 아니라 장기간 지속될 수 있고 이는 곧 저작권자의 경제적 이익에도 상당한 영향력을 미칠 수 있기 때문이다.

각종 행정상·민사상 그리고 형사상 책임이 따른다. 이를 좀 더 구체적으로 살펴보면, 법 제124조 제1항을 위반한 자에게는 법 제133조부터 제133조의3까지에 따른 행정상 책임은 물론이고, 법 제123조와 제125조 및 125조의2에 따른 민사상 책임뿐만 아니라 법 제136조 제2항 제4호에 따라 3년 이하의 징역 또는 3천만 원 이하의 벌금에 처하거나 이를 병과할 수 있다.

3. 링크의 활용과 저작권 침해의 문제

(1) 의의

오늘날 인터넷 이용과정에서 널리 활용되고 있는 링크가 디지털 형태를 지니고 있는 저작물의 이용을 활성화시키는 장점이 있기는 하지만 오히려 저작자가 가지고 있는 저작권을 침해하는 데 유용한 도구 내지는 수단으로 사용되고 있음도 부정할 수 없는 사실이다.[47] 지금까지의 저작권 침해행위가 주로 웹 하드라는 특수한 유형의 온라인서비스를 활용한 것이었다면, 최근의 저작권 침해행위는 주로 링크사이트를 이용한 것으로서, 세계 각국은 이 분야에 대한 전문가의 학술적 논의는 물론이고 링크를 활용한 불법저작물의 유통을 규제하기 위한 행정적·입법적 대응에도 적극적으로 노력하고 있으며 우리나라도 예외는 아니다.

(2) 링크의 유형

링크는 인터넷을 통해 이루어지는데, 보통의 경우 웹 사이트의 어느 한 부분에 밑줄 또는 청색으로 표시된 URL Uniform Resource Location을 인터넷 이용자가 마우스로 클릭하면 별도의 다른 정보처리과정 없이 바로 그 정보에 직접 접근할 수 있는 인터넷상 특수한 기능을 말한다.

링크를 거는 방법에 따라 단순 링크 Simple Link, 직접 링크 Deep Link, 프레임 링크 Frame Link 그리고 임베디드 링크 Embedded Link로 나눌 수 있다. 단순 링크는 단순하게

---

47 실제로 일본의 실태조사보고서에 따르면, 방송영상콘텐츠를 연결하는 1,985개의 링크를 조사한 결과 단 하나의 예외 없이 모두 불법적으로 공유된 콘텐츠에 연결되어 있었다고 한다. 현재 우리나라에서 운영되고 있는 링크사이트를 대상으로 유사한 실태조사를 해볼 필요가 있겠지만 아마도 일본의 조사결과와 큰 차이가 없을 것으로 예상이 된다(임원선, 「저작권법상 링크와 링크사이트의 법적 성격에 관한 연구」, 계간 《저작권》 (2017 가을호), 한국저작권위원회, 151쪽).

연결만 하는 것이고, 직접 링크는 특정의 웹 사이트의 메인 페이지(홈페이지 또는 초기화면)를 링크한 것이 아니라 그 하위 페이지나 특정 웹 페이지를 직접적으로 링크하는 것을 말한다. 프레임 링크는 한 화면의 특정 프레임에 링크된 내용이 표시되는 것이고, 임베디드 링크는 저작권 침해의 우려가 가장 높은 유형으로서 홈페이지를 열거나 링크를 클릭하면 링크한 홈페이지에 해당 링크음악 등이 자동으로 흘러나오는 경우와 같이 링크에 연결된 사이트를 찾아가지 않고도 직접 해당 저작물을 재생할 수 있는 링크 방식을 말한다.[48]

지금까지는 링크를 활용한 저작권 침해문제는 링크의 유형을 구체적으로 분석한 후 개별적으로 판단하는 기술적 접근방법을 채택해 왔으나, 최근에는 보호하고자 하는 저작물의 성격이 일반에게 널리 개방된 것인지 아니면 한정된 범위의 대중에게만 개방된 것인지에 따라 판단하는 규범적 접근방법으로 전환하고 있음도 아울러 유의할 필요가 있다.[49]

(3) 링크행위의 저작권 침해 여부

현행 「저작권법」에서는 인터넷상의 링크행위가 저작권을 침해하는지 여부에 관하여 아무런 규정도 두고 있지 않다. 따라서 이 문제는 학설과 판례의 영역에서 해결할 수밖에 없다.

링크의 법적 성격에 관하여는 이것이 저작권 행사의 제한사유의 하나로 볼 수 있느냐 아니면 이것이 저작권을 침해한 것에 해당할 수 있는가에 대한 논의가 있다. 지금까지는 링크를 주로 저작권 행사의 제한사유로 보아 링크를 하는 것은 공표된 저작물의 인용(제28조 참조)에 해당하거나, 아니면 저작물의 공정한 이용(제35조의5)에 해당하느냐를 두고 논의가 집중되어 왔다. 그런데 최근에 와서는 오히려 링크를 직접적으로 행하는 자와 링크서비스를 제공해 주는 온라인서비스제공자의 책임유

---

48 이와 같은 임베디드 링크는 마치 전송이 직접 이루어지는 것과 같은 기능이 있어서 저작권 침해의 우려가 높기 때문에 여러 규제장치도 여기에 집중되어 있다.

49 최근에 우리 법원은 적어도 임베디드 링크에 있어서는 그것이 전송권을 침해할 수도 있다는 획기적인 판례를 남긴 바 있다. 참고로 유럽재판소는 Svenson 판결에서 "링크로 인하여 저작권자가 최초의 전송을 허락할 때에 고려하지 않은 '새로운 공중'에게 접근이 가능하게 된 경우에는 해당 링크를 하려면 저작권자로부터 허락을 받아야 하며 그렇지 않을 경우 전송권의 침해가 될 수 있다"라는 판결을 한 바 있다. 우리와 유럽재판소의 이와 같은 역사적인 판결은 각각 접근방법을 달리하고 있는데 우리는 기술적 접근방법을, 유럽재판소는 규범적 접근방법을 채택하고 있다.

형[50]에 관한 논의가 활발한데, 대체적으로 전자에게는 직접책임을 후자에게는 방조의 간접책임을 부과하여야 한다는 데 의견이 일치되고 있는 것으로 보인다.

다음으로 링크와 관련한 판례를 살펴보면, 링크의 유형이 어떻든 링크 자체로서는 저작물이 있는 곳을 연결만 하는 도구에 불과할 뿐이고, 저작물의 이용에 대한 침해판단은 저작물이 저장되어 있는 서버를 기준으로 하여야 한다는 전통적인 입장에 따라 링크는 저작물을 복제하거나 전송하는 것이 아니므로 링크 자체가 직접적인 저작권의 침해라고 보기 어렵다는 것이 최근까지의 일관된 입장이었다.[51] 그러나 최근에 와서 링크를 활용한 저작권 침해가 빈번히 일어나고 이에 대한 법원의 적극적인 자세에 맞물려 저작자의 허락 없이 임베디드 링크를 한 경우에는 저작권(공중송신권)을 침해한 직접책임이 있으며[52], 해당 링크 사이트를 제공해준 온라인서비스제공자는 침해자의 행위를 방조한 간접책임이 있다는 판례가 형성되고 있음은 유의하여 살펴볼 대목이다.

> 서울고등법원은 해외에서 동영상 공유사이트를 개설하여 KBS 등 공중파 방송 3사의 방송영상물을 임베디드 링크 방식으로 불법적으로 유통시킨 피고의 책임과 관련하여, "피고가 해외 동영상 공유사이트에 게시된 이 사건 각 방송프로그램이 원고들의 허락을 받지 아니한 불법 복제물임을 알면서도 이 사건 각 사이트를 개설하여 이 사건 각 방송프로그램의 제목과 방영일자별로 정렬하여 이 사건 링크로 게재하였고, 이에 따라 이용자들은 이 사건 각 사이트에서 원하는 방송프로그램을 검색하여 해당 게시물을 클릭하기

---

50 우리의 경우 아직까지 링크행위 일반을 저작물의 전형적인 이용행위로 인정하지 않고 있고, 따라서 링크행위를 한 자에게 저작권의 침해의 직접책임을 묻기에는 한계가 있다고 보는 것이 일반적이나, 최근에 와서 유럽에서는 유럽사법재판소가 Swenson 판결에서 링크 자체를 저작물의 이용행위의 한 유형인 공중송신에 해당한다고 보아 일정한 요건을 충족할 경우 저작권의 직접침해가 될 수 있다는 선결적 판시를 해 온 바가 있다(김경숙, 「저작권법상 링크사이트의 법적 책임」, 계간 《저작권》(2017 가을호), 한국저작권위원회, 20쪽, 김경숙, 「임베디드 링크는 저작물 이용행위인가?」, 계간 《저작권》(2018 여름호), 한국저작권위원회, 6쪽).

51 대법원 2009.11.26, 선고 2008다77405 판결, 대법원 2017.9.7, 선고 2017다222757 판결, 서울중앙지방법원 2016.11.18, 선고 2016가합506330 판결.

52 「저작권법」 제102조 제1항 제4호에서는 정보검색도구 서비스를 제공해 주는 유형의 온라인서비스제공자도 당연히 불법행위에 따른 책임의 주체가 될 수 있음을 전제로 하고, 일정한 경우에 있어서 그 책임을 면제해 주고 있다. 이 유형의 온라인서비스제공자가 링크사이트를 운영하면 일반적인 민사법상의 불법행위론(不法行爲論)에 따라 당연히 책임을 져야 할 것이며(이에 관해서는 「저작권법」에서 별도의 규정을 둘 필요도 없고 따라서 별도의 규정을 두고 있지도 않음), 다만 일정한 요건(저작물을 직접 송신하지 않고, 침해행위로부터 직접적인 금전적 이익을 얻지 않고, 침해사실을 알고 즉시 전송 등을 중단시키고, 조직 내에서 해당 업무를 처리할 자를 지정하여 공지하는 등)에 해당하면 책임을 지지 않는 것으로 하는 면책요건을 규정하고 있다.

만 하면 그 화면에서 바로 해당 방송 프로그램의 복제물에 접속하여 이를 전송받는 방법으로 시청할 수 있었다. 따라서 피고의 이 사건 링크행위는 이 사건 각 사이트 이용자들로 하여금 편리하게 해외 동영상 공유사이트에 게시된 이 사건 각 방송프로그램의 복제물을 전송받을 수 있도록 함으로써 해외 동영상 공유사이트 게시자의 이용에 제공하는 행위를 용이하게 하는 행위를 하였다고 평가하기에 충분하다"라고 하면서 피고의 방조책임을 인정하는 판결을 하였다(서울고등법원 2017.3.30. 선고 2016나2087313 판결).

(4) 향후의 입법방향

링크를 활용한 저작권 침해행위가 더욱 빈번해짐에 따라 보다 근본적인 입법적 대응이 필요할 것으로 보인다. 즉 웹하드를 활용한 저작권 침해문제가 심각한 사회적 이슈로 제기되었을 때 '특수한 유형의 온라인서비스제공자의 의무 등'이라는 규정을 마련하여 대처했듯이 별도의 법률 개정작업이 필요할 것이다. 판례가 좀 더 쌓이고 충분한 학술적 논의를 거쳐야겠지만, 향후 입법방향은 i) 저작권 침해의 우려가 높은 임베디드 링크 또는 일반공중의 접근이 제한된 정보의 접속을 위한 링크 등에 대해서는 「저작권법」 제104조를 준용하는 방안과, ii) 일본이 지금 추진 중인 것과 같이 일정한 요건에서 링크를 활용한 불법저작물의 이용을 '저작권 침해로 보는 행위'로 간주하는 방안[53]이 있을 수 있으며, 후자의 경우 법 제124조 제1항에 관련 규정을 신설하는 방향으로 검토하면 될 것이다.

4. 저작인격권의 침해로 보는 행위

(1) 저작자의 명예를 훼손하는 방법으로 저작물을 이용하는 행위

저작자의 명예를 훼손하는 방법으로 저작물을 이용하는 행위는 저작인격권의 침해로 본다(제124조 제2항). 저작인격권에는 공표권, 성명표시권, 동일성유지권 등이 있는데, 법 제124조 제2항은 이들 세 가지의 저작인격권과는 별개로 제4의 인격적

---

53 일본의 문화심의회 저작권분과회 법제기본문제소위원회에서는 긴급히 대응할 필요성이 높은 행위유형의 요소로 악질성의 전반적인 파악과 관련하여 대상 주체와 그 행위, 링크정보의 수와 전체에서 차지하는 비율, 링크정보의 양태, 행위의 주관적 요소, 링크 페이지에 나타난 침해 콘텐츠의 내용 등을 들고 있으며, 그 구체적인 입법개정의 방안으로는 일본 저작권법 제113조의 '간주침해'로 도입하자는 발상이 타당성을 얻고 있다고 한다(이마무라 데쓰야, 「일본의 리치사이트를 둘러싼 논의의 동향」, 계간 《저작권》(2017 가을호), 한국저작권위원회, 235쪽).

권리를 저작자에게 부여함으로써 그들의 명예를 유지·보호하기 위한 입법적 장치로 이해된다. 이 규정에 따라 저작자는 그의 저작물이 창작의도와 모순된 방법이나 예술적 가치를 심각히 저하시키는 방법 등으로 이용되어 그의 명예를 훼손하거나 훼손할 우려가 있다면 저작권법에 따른 권리구제조치를 청구할 수 있다.

그런데 주의해야 할 것은 저작자가 가지는 저작인격권만 법 제124조 제2항의 적용을 받지 실연자의 인격권은 적용대상에서 제외되어 있어 이 조항에 따른 보호를 받을 수 없다는 것이다.[54] 그런데 실연자의 명예를 훼손하는 방법으로 그의 실연을 이용하는 행위도 당연히 실연자의 인격권을 침해하는 것으로 보는 것이 타당할 것이며, 저작자와 실연자 사이에 인격권 침해기준을 달리 규정할 어떠한 이유도 발견하기 어렵다.

(2) 저작인격권 침해자의 책임

법 제124조 제2항에 따른 저작인격권의 침해로 보는 행위를 한 자, 즉 저작자의 명예를 훼손하는 방법으로 저작물을 이용하는 행위를 한 자에게는 「저작권법」에 따른 각종 책임이 따른다. 이를 좀 더 구체적으로 살펴보면, 법 제124조 제2항을 위반한 자에게는 법 제133조부터 제133조의3까지에 따른 행정상의 책임과, 법 제127조와 제128조에 따른 민사상의 책임뿐만 아니라 법 제137조 제1항 제5호에 따라 행정적 책임과 1년 이하의 징역 또는 1천만 원 이하의 벌금에 처한다.

Ⅲ. 표절과 저작권 침해의 문제

1. 표절의 의의

일반적으로 **표절**Plagiarism이라 함은 다른 사람의 저작물의 전부 또는 일부를 그대로 또는 그 형태나 내용에 어느 정도 변경을 가한 후 몰래 가져와 마치 자신이 창작

---

54 이는 법 제128조에 따른 저작자의 사망 후 인격적 이익의 보호에서도 마찬가지이다. 이렇게 볼 때 우리 「저작권법」 체계상 저작자의 인격적 권리와 이익이 실연자의 그것보다 훨씬 높게 보호되고 있음을 알 수 있다.

한 것처럼 제공 또는 제시하는 행위를 말하는데, 이를 흔히 도작盜作, Theft이라고도 한다.

이와 같은 의미를 지니고 있는 표절은 저작권의 침해와 정확히 일치하는 개념은 아니고 저작권 침해 그 이상의 개념으로 이해해야 한다. 저작권의 침해가 되기 위해서는 침해자의 복제행위와 두 저작물 사이의 실질적 유사성이 있으면 족하고, 표절과 같은 윤리적 비난 가능성이 높은 행위를 요구하는 것은 아니기 때문이다.

표절은 위작僞作, Forgery과도 구별되는 개념으로 표절은 남의 것을 자기의 것으로 주장하는 것임에 반해 위작은 원작이 아닌 자신의 작품을 마치 원작Original Works인 것처럼 속이는 것을 말한다. 요컨대, 표절은 저작권 침해의 주관적 요건으로 이해해서는 안 되며, 타인 저작물의 불법적인 차용행위를 일컫는 용어로 이해하여야 한다.

그런데 저작권 침해행위를 곧 표절 내지는 도작이라고 보는 오늘날의 사회적 분위기는 지양되어야 할 것이다. 타인의 저작물을 인용하는 것이 일정한 관행에 합치하고 적어도 인용자의 심리적 상태가 '타인의 저작물을 자기의 것으로 하여 이를 발표'하고자 하는 것에 이르지 않는다면 사회적 비난 가능성이 높은 표절이라는 용어를 사용하여 그가 당연히 저작물을 침해한 것으로 오인하게 하여서는 아니 될 것이기 때문이다.

2. 표절과 저작권 침해와의 비교

표절과 저작권 침해를 비교하면 다음과 같은 차이가 있다. 첫째, 표절은 저작권의 침해 그 이상의 개념이다. 앞서 살펴본 바와 같이 표절은 타인의 저작물을 불법적으로 차용하는 행위로 대부분의 경우에 저작권 침해에 해당함과 동시에 그 범위를 넘어서는 개념으로 이해된다. 따라서 표절 또는 도작의 경우에는 당연히 저작권 침해를 위한 주관적·객관적 요건이 충족되어 있고 더욱이 저작권 침해보다 사회적 비난 가능성이 높기 때문에 더욱 엄격하게 처벌받을 수 있다. 이렇게 볼 때, 표절은 저작권 침해의 특수한 유형에 해당한다고도 할 수 있다. 둘째, 표절은 대상저작물이 「저작권법」상 보호되는 저작물이 아닌 경우에도 해당될 수 있으나[55] 저작권 침해

---

[55] 예를 들면, 「저작권법」상 보호의 대상이 아닌 아이디어나 창작성의 표현 등을 베낀 경우에 저작권의 침해는 아니지만 표절에는 해당할 수 있다.

는 반드시 「저작권법」상 보호되는 저작물을 대상으로 한다. 셋째, 저작권 침해는 타인의 저작물을 허락 없이 무단으로 이용하는 것으로서 반드시 자신의 것으로 속일 필요는 없지만, 표절은 타인의 저작물을 마치 자신이 창작한 것인양 속여야 비로소 성립하며, 이때 타인의 동의가 있었다고 하여 책임이 면책되는 것은 아니다.[56] 이와 같은 이유로 표절은 항상 저작자가 가지고 있는 저작재산권의 하나인 복제권과 저작인격권의 하나인 성명표시권을 침해할 개연성이 있음을 유의해야 한다. 넷째, 표절은 주로 저작물의 창작단계에서 발생하지만 저작권의 침해는 주로 저작물의 이용단계에서 발생한다.

3. 자기표절과 중복게재의 문제

저작자의 윤리의식이 사회적 관심사로 대두됨에 따라 자기표절Self-Plagiarism or Mosaic Plagiarism과 중복게재Redundant Publication의 문제도 제기된다. 이 역시 저작권 침해의 문제라기보다는 저작자의 윤리적 비난가능성에 초점이 모아져 있는 개념이다.

자기표절은 이전의 저작물을 재사용하면서 「저작권법」상 보호받는 표현을 일반에게 알리지 아니하고 반복적으로 표현하는 행위이다. 그리고 자기표절은 표절의 대상이 자신의 저작물인 경우에 발생하는 현상으로서, 이미 발표된 자신의 저작물을 그 사실을 밝히지 않고 다른 곳에 다시 게재하는 것을 말한다. 자신의 저작물을 대상으로 하므로 저작권 침해에 해당하지 않지만, 저작자가 사회구성원으로부터 윤리적 비난을 받지 않기 위해서는 그것이 기존의 저작물을 재사용한 것이라는 것을 정확히 밝혀야 할 것이다.

일반적으로 자신의 선행연구물을 이용하는 경우 출처표시의 수준이 완화되지만 선행저술 부분까지 후행저술의 연구성과인 것처럼 오인할 정도의 출처표시는 자기표절에 해당한다고 할 수 있다.[57]

오늘날 학술분야에서 흔히 발생하고 있는 중복게재문제도 「저작권법」 측면에서 논의가 이루어질 수 있는데, 후속 논문에 기존의 연구물에서는 발견할 수 없는 독자적인 존재가치를 인정할 만한 새로운 주제와 논점이 있었는지가 중복게재 여부

---

56 남형두, 「표절론」, 현암사(2015), 197쪽.
57 대법원 2016.12.27, 선고 2015다5170 판결.

의 판단에 있어서 중요한 기준이 된다. 이 경우 편집책임자의 허락 없이 또는 완전한 인용처리 없이 동일 논문 또는 가설, 자료, 토론, 논점, 결론 등에서 두 저작물이 실질적으로 유사하다면 이는 중복게재에 해당한다고 할 수 있다.

4. 표절에 관한 심사와 판단기관 등

표절에 관한 심사기준 등을 입법의 형태로 정형화하여 정하기에는 대단히 어렵고 또한 무리가 따를 수밖에 없다. 그래서 일반적으로 특정의 저작물, 예를 들면 특정 논문의 표절 여부가 문제되는 경우 일차적으로는 해당 학문 분야에서 자체적으로 그 논문의 표절 여부를 판정하게 된다.

논문의 표절을 원인으로 별도의 법률관계가 형성되고 그 법률관계에 관한 다툼이 발생하여 사법심사의 대상이 된 경우에는 해당 논문의 표절 여부에 관한 최종적인 판단은 법원이 한다. 이때 법원은 저자의 소속기관, 해당 논문의 심사기관, 학술단체 등의 논문 표절 여부에 관한 판정 등에 구속되지 않고 합리적인 방법으로 표절 여부를 심사하여야 하고, 그 과정에서 해당 분야의 전문가들의 의견을 참고할 필요는 있을 것이다.[58]

---

58 일반적으로 i) 창작성이 없는 표현 또는 아이디어를 이용하는 것, ii) 자기표절, iii) 중복게재, iv) 해당 분야의 논문들에 대한 해설 논문(종설논문 또는 문헌조사 논문), v) 논문에서 발표된 연구 결과물을 모아서 저서로 발간한 경우, vi) 학술지에 실었던 내용을 대중서 또는 교양잡지 등에 쉽게 풀어서 게재한 경우, vii) 기타 관련 학계 또는 동일 분야의 전문가들 사이에 표절이 아닌 것으로 현저하게 평가되고 있는 경우에는 표절로 보지 않는다.

제4절
저작권에 대한 간접침해와 공동불법행위책임 등

I. 저작권에 대한 간접침해

1. 의의

저작권에 대한 간접침해는 직접적으로 저작권 침해행위를 하지 않았음에도 불구하고 직접침해자를 방조하거나 그에 가담하는 자가 일정한 경우에 법적 책임을 지는 상황을 염두에 두고 있는 저작권 침해의 한 유형에 해당한다. 이러한 간접침해도 온·오프라인상에서 얼마든지 이루어질 수 있다.

오늘날 디지털화의 보편적 추세에 따라 문화콘텐츠의 유통구조가 방송통신형 구조로 급격히 전환하고 있으며, 그중에서도 통신망을 활용한 기간통신사업자와 부가통신사업자가 유통의 핵심주체로 떠오르고 있다. 이런 가운데 특히 온라인서비스제공자는 기존에 깔려 있는 통신망을 활용하여 여러 가지 유형의 서비스 전달수단을 제공하여 문화콘텐츠의 유통에 있어서의 시간적·공간적인 제한을 무너뜨리고 있다.

온라인서비스제공자가 저작권 침해에 대한 인식을 가지고 스스로 저작권 침해물을 전송하는 데 직접적으로 개입하는 경우에는 법 제123조 또는 제125조의 규정 등에 따라 저작권 침해의 직접책임을 지게 된다. 그런데 오늘날 대부분의 경우에 온라인서비스제공자는 직접적으로 저작권을 침해하지는 않지만 이들 서비스를 이용하는 자가 업로드[59] 또는 다운로드[60]를 하는 과정에서 저작권을 침해할 경우가 다반사로 일어나고 있는 것 또한 사실이다.

---

59 온라인서비스를 이용하는 자가 (불법)저작물을 게시하는 행위를 말하며, 이는 배포권 또는 공중송신권을 침해할 수 있다.
60 온라인서비스를 이용하는 자가 (불법)저작물을 복제하는 행위를 말하며, 이는 복제권의 침해에 해당할 수 있다.

오늘날 저작권의 간접침해는 정보통신망을 통한 유통에서 특히 문제가 되지만 오프라인상에서도 일어날 수 있는 문제이기도 하다. 노래연습장이나 공연장에서 업주가 충분한 주의의무를 다하지 않아 해당 음악에 대한 저작권(복제권, 전송권 또는 배포권)의 침해가 일어난 경우에 그가 직접적으로 저작권을 침해하지는 않았지만 방조 또는 교사로 인한 간접적인 불법행위책임을 인정해야 할 경우가 있다.

우리 「저작권법」에서는 저작권에 대한 간접침해에 관한 별도의 규정을 두지 않고 있으며[61], 따라서 이는 판례법 또는 민사상의 공동불법행위책임이나 형사상의 방조에 의한 형사책임의 일환으로 접근하고 있다.

2. 저작권에 대한 간접침해의 구체적 형태

(1) 의의

저작권에 대한 간접침해는 직접침해를 어떠한 형식으로든지 돕거나 조장하거나 편의를 제공하여 해당 직접침해를 용이하게 해주는 행위가 있을 때 비로소 성립한다.

저작권에 대한 간접침해의 주체로는 개인 또는 법인 모두가 해당될 수 있다. 현실적으로 일어나고 있는 간접침해를 구체적으로 유형화 해보면 크게 i) 정보통신망을 이용하여 개인 간의 저작물 유통수단을 제공해주는 온라인서비스제공자와 같은 기업이나 법인 차원에서 이루어지는 간접침해가 있을 수 있고, ii) 문화콘텐츠를 특정 장소에서 제공해주는 각종 영업소에서의 간접침해가 있을 수 있고, iii) 직접침해에 사용되거나 직접침해를 용이하게 해주는 기기·장비·부품·프로그램 등을 제공하는 형태로, 다시 말해 기술적 보호조치를 무력화하는 방법을 통해 간접침해가 일어나고 있음을 알 수 있다.

---

[61] 이와 같은 입법태도는 우리나라 뿐만 아니라 대부분의 국가에서도 마찬가지이다. 우리 「저작권법」에서는 제6장 온라인서비스제공자의 책임 제한(제102조~제104조)의 규정을 두고 있는데, 이는 온라인서비스제공자가 어떠한 경우에 책임을 질 것인가에 관한 규정이 아니고 특정한 상황에서 책임이 제한된다는, 즉 면책사유를 규정하고 있다.

(2) 온라인서비스제공자의 간접침해

오늘날 디지털시대를 맞아 인터넷 또는 온라인서비스가 저작권의 침해를 조장하는 데 널리 활용될 수 있으며, 이와 같은 현상은 특히 음악저작물에서 자주 발생하고 있다. 최근에 법원이 P2P 형태로 MP3 등 디지털음악정보를 서비스하는 온라인서비스제공자와 해외에 불법적으로 방송영상물 공유를 위한 임베디드 링크 사이트를 운영한 온라인서비스제공자 등에게 간접침해를 인정하는 사례[62]가 다수 등장하고 있음도 이 때문이다.

디지털시대를 맞아 디지털 문화콘텐츠의 유통에 핵심적인 기능을 수행하고 있는 온라인서비스제공자에 대해서는 여러 가지 법적 규율을 할 필요성이 있다. 「저작권법」에서는 온라인서비스제공자의 일반적인 책임과 그 책임의 제한에 대해서 '제6장 온라인서비스제공자의 책임제한'에서 상세하게 규정하고 있고, 이 밖에도 법 제133조의2에서는 온라인서비스제공자에 대한 각종 행정명령 등을 규정하여 이에 적극적으로 대처하고 있다.

(3) 문화콘텐츠제공업자의 간접침해

우리의 경우 특정 공간에서 문화콘텐츠를 한정된 범위의 이용자에게 제공해주는 업소가 널리 활성화되고 있는데, 이들 업소의 경영자 역시 간접침해의 주체가 됨은 당연하다.[63] 문화콘텐츠를 특정한 장소에서 제공하고 있는 이들 업소의 경영자는 해당 장소에서 이용자가 저작권자의 이용허락 없이 저작권을 이용하였을 경우에는 미국과 일본의 사례에서 살펴본 바와 같이 i) 그가 직접침해자를 통제·관리하고 있고, ii) 해당 영업행위로 인하여 직접적인 경제적 이익을 취득하고 있다면 간접침해자로서 책임을 져야 할 것이다. 다만, 업소 경영자가 간접침해책임을 지는 이론적 근거는 현재 우리 대법원의 판례가 제시하고 있는 바와 같이 고의 또는 방조에 의

---

62 서울고등법원 2017.3.30, 선고 2016나2087313 판결. 만일에 온라인서비스제공업자가 업로드된 자료를 변경하였다면 그 온라인서비스제공자는 '중개자' 역할에서 '콘텐츠제공자'로 그 지위가 전환되며, 이러한 행위는 직접적 권리침해에 해당될 것이다.

63 현재 우리나라에서 문화콘텐츠를 제도적 차원에서 합법적으로 이용자에게 제공할 수 있는 업소로서는 i) 영화 및 비디오물과 같은 영상물의 경우에는 영화상영관, 제한상영관, 비디오물감상실업 등이 있고, ii) 게임물의 경우에는 청소년게임제공업, 일반게임제공업, 인터넷컴퓨터게임시설제공업, 복합유통게임제공업 등이 있고, iii) 음악의 경우에는 노래연습장이, iv) 공연의 경우에는 공연장이 있다(이에 관한 구체적인 내용에 대해서는 박순태, 「문화콘텐츠산업법」, 13~14쪽 참조).

한 공동불법행위책임 이론이 타당하다 하겠다.

(4) 기술적 보호조치의 무력화 등을 통한 간접침해

간접침해는 직접침해에 사용되거나 직접침해를 용이하게 해주는 기계·장비·부품·프로그램 등의 제공을 통해서도 이루어질 수 있다. 기기, 장비, 부품 등의 핵심적인 용도가 타인의 저작권을 침해하는 것에 맞추어져 있거나, 그 물건 또는 기기 등의 유일한 용도가 타인에 의한 1차적인 침해행위(직접침해행위)의 중요한 도구 또는 유일한 도구로 사용될 수 있다는 개연성이 있다면 해당 물건 또는 기기의 제공자에게는 간접책임을 널리 인정하여야 할 것이고, 물건 또는 기기가 실질적으로 비침해적·합법적인 용도로도 사용되고 있거나 사용될 개연성이 높은 경우에는 간접침해의 범위를 좁게 인정하여야 할 것이다. 이때 기술적 보호조치를 무력화하는 등의 행위가 1차적·직접적인 저작권침해자 이외의 제3자가 고의 또는 과실로 이에 가담하거나 편의가 제공되었다면 그는 간접침해의 방법으로 저작권을 침해한 것이 된다. 그 이론적 근거는 고의 또는 방조에 의한 공동불법행위책임이 될 것이다.

II. 저작권 침해에 대한 공동불법행위책임

1. 의의

다수의 사람이 공동으로 불법행위를 하여 타인에게 손해를 주는 경우를 공동불법행위라 하며 이는 「민법」 제760조가 규정하고 있다.[64] 공동불법행위자는 연대하여 책임을 지는데, 이는 다수 당사자의 채권관계의 일반원칙인 분할채권관계의 원칙을 배제한 것으로서 피해자를 보호하기 위한 입법정책의 산물이다(「민법」 제760조 제1항 참조). 이와 같이 공동불법행위자는 연대하여 그 손해를 배상하여야 하므로 각자는 개별적으로 전부 배상의무를 부담하여야 하고, 공동불법행위자의 한 사람이

---

64 「민법」 제760조(공동불법행위자의 책임)에서는 i) 수인이 공동의 불법행위로 타인에게 손해를 가한 때에는 연대하여 그 손해를 배상할 책임이 있고, ii) 공동 아닌 수인의 행위 중 어느 자의 행위가 그 손해를 가한 것인지를 알 수 없는 때에도 i)과 같으며, iii) 교사자나 방조자는 공동행위자로 본다고 규정하고 있다.

전부 배상을 하였을 때에는 그 배상자는 다른 공동불법행위자에 대하여 본래 부담하였을 책임의 비율에 따라 구상권을 가지게 되는 특징이 있다.

2. 협의의 공동불법행위책임

「민법」 제760조 제1항에 따른 협의의 공동불법행위가 성립하기 위해서는 i) 각자의 행위에 관한 요건과 ii) 행위의 관련·공동성을 충족하여야 한다.

각자의 행위에 관한 요건으로서 공동불법행위자 각자의 행위는 각각 독립해서 불법행위의 요건을 갖추고 있어야 한다. 이를 구체적으로 살펴보면, 각각의 행위는 독립한 행위로서 평가되어야 하고 이 과정에서 각각에 관하여 고의·과실, 인과관계, 손해의 발생 등이 있어야 한다. 다음으로 협의의 공동불법행위가 성립하기 위해서는 객관적 요건으로서 행위의 관련·공동성이 필요하다. 이 관련·공동성이 공동불법행위의 특징을 이루고 있는데 여기에는 행위자들의 공모 내지는 의사의 공통이나 공동의 인식은 필요 없으며 그 행위가 객관적으로 관련·공동성이 있으면 된다.[65] 이와 같은 두 가지 요건을 충족하지 못하여 온라인서비스제공업자에게 협의의 공동불법행위의 책임을 부정한 사례는 다음과 같다.

> 서울고등법원은 P2P 네트워크상에서 회원 간의 MP3 음악파일을 공유하는 시스템인 '소리바다' 사건의 가처분이 항소심 판결에서 공동불법행위의 성립요건과 관련하여, "피고들은 소리바다를 운영하면서 아이디 등 접속에 필요한 정보만을 보관·관리하고 있기 때문에 개별 이용자들의 구체적인 불법 MP3 파일공유 및 다운로드 행위를 확정적으로 인식하기 어려웠던 점, 음악의 검색 및 검색결과의 전송 그리고 다운로드 과정에서 소리바다 서버가 전혀 관여하지 않고 있는 점 등 피고들이 서버를 운영하면서 이용자들에 의한 복제권 침해행위에 관여한 정도에 비추어 볼 때 비록 소리바다 서버에의 접속이 필수적이긴 하나 그것만으로는 피고들이 '독립적'으로 이 사건 원고인 음반제작자들의 복제권을 침해하였다거나 협의의 공동불법행위가 성립할 정도로 직접적이고 밀접하게 그 침해행위에 관여하였다고 평가하기는 어렵다"라고 판시한 바 있다(서울고등법원 2005.1.12, 선고 2003나21140 판결).

---

65 이와 같이 불법행위자 간에 공모 또는 공동의 인식을 필요로 하지 않으며, 고의가 있는 자와 과실이 있는 자 사이나 또는 과실이 있는 자들 사이에서도 공동불법행위는 성립하며 무과실책임자와 고의·과실자 사이에서도 공동불법행위는 성립할 수 있다.

3. 방조에 의한 공동불법행위책임

우리의 경우 저작권에 대한 간접침해는 대부분의 경우 「민법」 제760조 제3항에 따른 방조에 의한 공동불법행위책임 이론으로 모아지고 있다. 이는 다른 형태의 간접침해에도 적용이 가능한 이론이라 하겠으며, 판례는 주로 음악을 전송하는 온라인서비스제공자에게 집중되어 있다.

그 중에서는 사안에 따라 온라인서비스제공자에게 방조에 의한 공동불법행위책임을 인정한 것도 있고 부정한 것도 있다. 우리 인터넷 환경에서 온라인서비스제공자에게 지나치게 가혹한 책임을 부여하는 것은 온라인 세계의 비밀성, 자율성, 자유성이라는 가치를 손상할 수도 있다. 그렇다고 책임을 지나치게 완화하여 저작권자의 재산권 침해를 조장하는 도구로 전락시켜서도 아니 될 것이다.

방조에 의한 공동불법행위책임은 「민법」 제760조 제1항과 제3항에서 "방조자는 공동행위자로 보며 그들이 불법행위로 타인에게 손해를 가한 때에는 연대하여 배상할 책임이 있다"라고 규정하고 있다. 방조라 함은 불법행위를 용이하게 하는 행위로서 일반적으로 조언, 격려, 도구 또는 기기의 제공, 조력 등의 방법으로 이루어진다. 그런데 손해의 전보를 목적으로 하는 불법행위책임에 있어서의 방조는 「형법」에서의 방조와 달리 고의는 물론 과실에 의한 방조도 가능하다. 이 경우 과실의 내용은 불법행위에 도움을 주지 말아야 할 주의의무가 있음을 전제로 하여 이 의무에 위반하는 것을 말한다. 대법원 판례도 같은 입장이다.

> 대법원은 「민법」상 불법행위책임에 있어서의 '방조'의 의미와 관련하여, "「민법」 제760조 제3항의 '방조'라 함은 불법행위를 용이하게 하는 직접·간접의 모든 행위를 가르키는 것으로서 「형법」과 달리 손해의 전보를 목적으로 하여 과실을 원칙적으로 고의와 동일시하는 「민법」의 해석으로서는 과실에 의한 방조도 가능하다 할 것이며, 이 경우의 과실의 내용은 불법행위에 도움을 주지 않아야 할 주의의무가 있음을 전제로 하여 이 의무에 위반하는 것을 말한다"라고 판시한 바 있다(대법원 2003.1.10, 선고 2002다35850 판결).

한편, 공익을 대표하는 검사는 소리바다를 통한 저작권 침해가 중요한 사회적 문제로 부각되면서 소리바다 측을 방조에 의한 「저작권법」상의 복제권 침해행위로 인한 책임이 있다고 기소한 바 있는데, 대법원은 이에 대해서도 미필적 고의에 의한 형사상 방조책임을 인정한 바 있다. 소리바다에 대한 형사사건에서 복제권 침해행위의 방조죄를 인정한 대법원 판례의 내용은 다음과 같고, 이 판결은 일종의 부작위에 의한 방조책임을 인정한 것으로 볼 수 있다.[66]

> 대법원은 소리바다에 대한 형사사건에서 방조에 의한 공동불법행위책임의 성립요건과 관련하여, "「저작권법」이 보호하는 복제권의 침해를 방조하는 행위란 정범의 복제권 침해를 용이하게 해주는 직접·간접의 모든 행위로서, 정범의 복제권 침해행위 등에 이를 '방조'하는 경우는 물론, 복제권 침해행위에 착수하기 전에 장래의 복제권 침해행위를 예상하고 이를 용이하게 해주는 경우도 포함하며, 정범에 의하여 실행되는 복제권 침해행위에 대한 '미필적 고의'가 있는 것으로 충분하고 정범의 복제권 침해행위가 실행되는 일시, 장소, 객체 등을 구체적으로 인식할 필요가 없으며, 나아가 정범이 누구인지 확정적으로 인식할 필요도 없다"라고 판시하였다(대법원 2007.12.14, 선고 2005도872 판결).

---

66 이 판결에서 대법원은 피고인들이 적어도 미필적 고의를 가진 상태에서 P2P 프로그램을 배포하고 서버를 운영하여 정범의 복제권 침해행위를 용이하게 해준 것이므로, 방조의 범죄와 관련하여 무죄로 판단한 원심판결은 법리를 오해한 위법이 있다고 하여 파기환송한 바 있다.

제16장

저작권 침해에 대한 행정적 구제조치

제1절
행정적 구제조치에 관한 일반적 고찰

I. 의의

저작권 침해에 대한 구제조치는 민사적·형사적 구제조치가 가장 일반적이다. 이와 같은 조치들은 법원에서 소송절차를 통한 최후의 구제방안으로 절차의 경직성과 많은 시간이 소요되는 등 여러 가지 문제점이 있다. 급격히 변화하고 있는 오늘날의 저작권 환경에서는 사법부에서 이루어지는 이와 같은 민사적·형사적 구제보다는 오히려 행정부 차원에서 이루어지는 행정적 구제조치가 권리구제의 신속성과 효율성 측면에서 바람직한 경우가 많을 수 있다.

우리의 경우 저작권 침해에 따른 행정적 구제조치와 관련한 업무는 저작권 정책을 총괄하고 있는 문화체육관광부가 중심이 되어 관련 조치를 취하고 있다. 현행법 체계에 따른 행정적 구제조치의 주요내용으로는 문화체육관광부장관 등 행정청이 행하는 사실행위로서의 불법복제물의 수거·폐기 및 삭제, 문화체육관광부장관이 행하는 법률행위로서의 정보통신망을 통한 불법복제물 등의 삭제명령과 같은 각종 명령 등 그리고 문화체육관광부장관이 부과하는 과태료의 부과처분 등이 있다.

II. 행정적 구제조치와 사법적 구제의 비교

저작권의 침해에 대한 행정적 구제조치를 보다 거시적·체계적으로 이해하기 위해서는 사법적 구제와 비교해 보는 것이 큰 도움이 될 수 있다. 행정적 구제조치와 사법적 구제를 개략적으로 비교하여 정리해 보면 다음의 표와 같다.

행정적 구제와 사법적 구제의 비교

구분	행정적 구제	사법적(민·형사적) 구제
주체	행정부(문화체육관광부장관, 시·도지사, 시장·군수·구청장 등)	사법부(법원)
지도이념	공익성, 신속성, 효율성	신중성, 개별성, 형평성
절차의 개시	직권주의 원칙	당사자주의 원칙
구제조치의 성격	사전예방적 > 사후교정적	사전예방적 < 사후교정적
구체적인 예	불법복제물 등의 수거·폐기 및 삭제, 정보통신망을 통한 불법복제물의 삭제명령 등, 과태료의 부과 등	침해의 정지명령 등, 손해의 배상, 명예회복에 필요한 조치, 징역 또는 벌금의 부과, 불법복제물의 몰수 등
공통의 원리	적법절차(Due Process of Law)의 적용	

제2절
불법복제물의 수거·폐기 및 삭제조치

I. 의의

저작권 등을 침해하여 만들어진 불법복제물의 유통을 차단하는 것은 행정부의 가장 중요한 책무의 하나이다. 불법복제물의 유통을 근원적으로 차단하기 위해서는 불법복제물을 만드는 업소나 개인에 대한 영업폐쇄명령 등의 법률적 행정행위가 필요하기도 하지만[1], 아예 불법복제물을 수거·폐기 또는 삭제해버리는 물리적인 사실적 행정행위가 필요할 때도 있다. 이에 「저작권법」에서는 문화체육관광부장관 등 행정청으로 하여금 사실적 행정행위로서의 불법복제물에 대한 수거·폐기 및 삭제 등을 할 수 있는 권한을 부여하고 있다.

II. 「저작권법」에서의 규정

문화체육관광부장관, 특별시장·광역시장·도지사·특별자치도지사 또는 시장·군수·구청장(자치구의 구청장을 말한다)은 저작권 그 밖에 이 법에 따라 보호되는 권리를 침해하는 복제물[2](정보통신망을 통하여 전송되는 복제물은 제외한다) 또는 저작물 등의 기술적 보호조치를 무력하게 하기 위하여 제작된 기기·장치·정보 및 프로그램을 발견한 때에는 대통령령으로 정한 절차 및 방법에 따라 관계 공무원으로 하여금 이를 수거·폐기 또는 삭제하게 할 수 있다(제133조 제1항).

---

1 이에 대해서는 해당 저작물, 즉 해당 콘텐츠를 규율하고 있는 개별법률, 예컨대 「게임산업진흥에 관한 법률」, 「영화 및 비디오물의 진흥에 관한 법률」, 「음악산업진흥에 관한 법률」 등에서 개별적으로 규정하고 있다(박순태, 「문화콘텐츠산업법」, 프레전트(2015) 참조).
2 법문(法文)에서는 '침해하는 복제물'이라고 규정하고 있는데, 이를 '침해하여 만들어진 복제물'로 함이 타당하다.

III. 수거·폐기 및 삭제의 주체와 대상 등

1. 불법복제물 수거·폐기 및 삭제의 주체

저작권정책을 수립·집행하는 행정청에 해당하는 모든 기관, 즉 문화체육관광부장관, 특별시장, 광역시장, 특별자치시장, 도지사, 특별자치도지사, 시장·군수·구청장 등은 불법 복제물을 수거, 폐기 및 삭제할 수 있는 권한을 가지고 있다. 오늘날 인터넷 시대를 맞아 특히 디지털 형태의 불법복제물은 시간적·공간적으로 급속히 확산·유통되고 있기 때문에 「저작권법」에서는 불법저작물의 수거·폐기·삭제가 전국적 단위로 신속히 이루어질 수 있도록 권한행사의 주체를 광범위하게 규정하고 있다.

2. 수거·폐기 및 삭제의 대상

(1) 불법복제물

먼저, 저작권 등을 침해하여 만들어진 복제물[3]은 불법복제물에 해당되어 오프라인상이면 수거·폐기의 대상이고 온라인상이면 삭제의 대상이다. 그런데 온라인상의 불법복제물이라도 그것이 정보통신망을 통한 복제물인 경우에는 그 기술적 특성 등으로 인해 「저작권법」 제133조의2에서 별도로 규정하고 있는 정보통신망을 통한 불법복제물 등의 삭제명령의 대상이 되며 여기서 말하고 있는 불법복제물의 수거·폐기 및 삭제의 적용대상은 아니다(제133조 제1항 참조).

(2) 기술적 보호장치를 무력화하기 위한 기기·장치·정보·프로그램 등

다음으로, 기술적 보호조치를 무력화하기 위하여 제작된 기기·장치·정보 및 프

---

3 여기에서 왜 복제물만을 수거·폐기·삭제의 대상으로 하고 공연물, 공중송신물, 전시물, 배포물, 대여물, 2차적저작물은 제외되고 있는가? 이는 복제권의 침해, 다시 말해 저작자의 허락 없이 저작물을 복제하는 것이 가장 근원적이고 1차적인 저작권 침해에 해당하며, 나머지 다른 것(공연물, 공중송신물 등)은 모두 1차적으로 만들어진 복제물을 이용하여 이루어지는 부수적·2차적인 것에 해당하기 때문이다.

로그램 역시 문화체육관광부장관 등 행정청이 수행하는 수거·폐기 및 삭제의 대상이 된다(제133조 제1항 참조).

IV. 수거·폐기 및 삭제의 절차

1. 수거·폐기 등의 절차

개인의 물건에 대한 점유를 박탈시키는 행위인 수거·폐기 및 삭제를 하기 위해서는 그 절차가 법률에 충분히 마련되어 있어서 행정청의 권한을 남용하지 못하도록 해야 할 것이다. 이에 「저작권법」과 「저작권법 시행령」에서는 수거·폐기 및 삭제의 절차와 방법 등을 상세히 규정하고 있다.

2. 수거·폐기 등의 업무를 효율적으로 수행하기 위한 각종 장치

「저작권법」 제133조와 「저작권법 시행령」 제70조에서는 불법복제물의 수거·폐기·삭제의 최고책임자인 문화체육관광부장관이 관련 업무를 보다 효율적으로 수행할 수 있도록 여러 가지 보완적인 제도적 장치를 규정하고 있는데, 이를 구체적으로 살펴보면 다음과 같다.

첫째, 문화체육관광부장관은 불법복제물의 수거·폐기 및 삭제업무를 i) 한국저작권보호원, ii) 그 밖에 불법복제물 등의 수거·폐기·삭제업무를 수행할 능력과 자격이 있다고 문화체육관광부장관이 인정하는 법인 또는 단체 등에 위탁할 수 있다. 문화체육관광부장관으로부터 위탁을 받아 불법복제물의 수거·폐기·삭제업무에 종사하는 자는 공무원으로 보는데, 이는 불법복제물의 수거·폐기·삭제업무의 공공성에 따른 입법적 조치로 이해된다. 둘째, 문화체육관광부장관은 공무원 등이 수거·폐기 또는 삭제를 하는 경우 필요한 때에는 관련 단체에 협조를 요청할 수 있다.

V. 다른 법률에서의 규정과의 관계

오늘날 「저작권법」뿐만 아니라 문화예술과 문화산업에 관련한 개별 법률에서도 불법적인 콘텐츠인 경우 유통을 근원적으로 차단하기 위하여 문화체육관광부장관 등 행정청에게 물리적인 사실행위인 수거·폐기·삭제 등을 할 수 있는 권한을 광범위하게 부여하고 있는 것이 사실이다. 이들 개별 법률에서는 「저작권법」에서와 마찬가지로 문화체육관광부장관 등 행정청이 가지고 있는 수거·폐기 및 삭제 등의 권한을 대통령령이 정한 단체에 위탁할 수 있으며 필요한 경우에는 관련단체에 협조를 요청할 수 있도록 하는 내용도 동시에 규정하고 있다.[4] 이때 「저작권법」과 개별 법률과의 상충관계가 문제될 수 있는데 이와 같은 상황을 반영하여 법 제133조 제6항에서는 "법 제133조 제1항부터 제3항까지의 규정이 다른 법률의 규정과 경합하는 경우에는 이 법을 우선하여 적용한다"라고 하여 개별 법률 규정 간의 상충관계를 조정하고 있다.[5]

---

4 예를 들면, 「공연법」 제32조와 제34조, 「영화 및 비디오물의 진흥에 관한 법률」 제70조, 「게임산업진흥에 관한 법률」 제38조, 「음악산업진흥에 관한 법률」 제29조, 「출판문화산업 진흥법」 제25조 등이 있다.
5 실제로 법률을 집행함에 있어서 「저작권법」에서 정하고 있는 규정이 다른 개별 법률의 규정과 경합하는 경우는 파악되지 않고 있다.

제3절
불법복제물의 삭제명령 등

I. 의의

오늘날 특히 디지털 형태의 문화콘텐츠는 정보통신망[6]을 통해 시간적·공간적으로 거의 무제한의 범위에서 이용자에게 전달되고 있는데 이로 말미암아 문화콘텐츠산업은 급격히 성장하고 있다.

그런데 저작물을 전달하는 수단인 정보통신망은 이와 같은 긍정적인 기능이 있는 반면에 부정적 기능도 심각한 수준에 이르고 있다. 특히 IT가 발달한 우리나라의 경우 정보통신망을 이용하여 불법복제물이 유통될 때 그 심각한 사회적 역기능은 상상을 초월하며 커다란 사회문제가 되고 있다. 따라서 정보통신망을 활용하여 저작물을 전달하는 사람에게도 공익적 관점에서 일련의 책임을 부과하고 더 이상 불법복제물 등이 유통되지 아니하도록 여러 가지 통제장치를 마련할 필요성은 당연히 존재한다고 하겠다.[7]

이에 따라 「저작권법」에서는 저작권 침해에 대한 행정적 구제의 일환으로 행정부(문화체육관광부)가 직접 나서서 정보통신망을 통한 불법복제물 등에 대한 감독·통제장치를 마련하고 있는데 그 법적 근거가 곧 법 제133조의2의 규정이다.[8]

앞에서 논의한 불법복제물의 수거·폐기 및 삭제가 주로 오프라인에서 유통되고 있는 유형적인 저작물을 대상으로 한 규정이라면, 여기서 논의하고 있는 정보통신망을 통한 불법복제물 등의 삭제명령 등은 주로 온라인을 통해 유통되고 있는 디지

---

6 '정보통신망'이란 「전기통신사업법」 제2조 제2호에 따른 전기통신설비를 이용하거나 전기통신설비와 컴퓨터 및 컴퓨터의 이용기술을 활용하여 정보를 수집·가공·저장·검색·송신 또는 수신하는 정보통신체제를 말한다(「정보통신망 이용촉진 및 정보보호 등에 관한 법률」 제2조 제1항 제1호).

7 정보통신망을 통해 피해를 입은 사람은 피해자가 직접 가해자에게 구제를 청구하는 사법적 구제방법인 민사적 구제나 형사적 구제방법보다는 정보통신망을 운영하는 온라인서비스제공자에게 행하여지는 행정적 구제조치가 더욱 효과적일 수 있으며, 그 처벌도 행정벌의 일종인 과태료를 부과하는 것이 일반적이다.

8 프로그램뿐만 아니라 정보통신망을 통해 전달되는 모든 유형의 저작물의 경우에는 그것이 불법복제물 등에 해당된다면 법 제133조의2가 적용된다.

털저작물이 그 적용대상이 된다.

그런데 현행 법에서는 행정청(문화체육관광부장관)이 정보통신망을 통한 모든 형태의 문화콘텐츠 내지는 저작물을 감독·통제하는 것이 아니고, 저작권 침해 우려가 높고 또 가장 빈번히 발생하는 형태인 온라인서비스를 활용한 저작물의 전달에 중점을 두고 필요한 행정적 조치의 대상도 온라인서비스제공자에게 한정하는 형태를 취하고 있다. 다시 말해, 법 제133조에 따라 문화체육관광부장관이 내리는 명령은 모두가 다 온라인서비스제공자를 대상으로 한 것이다.[9]

현행 법체계에서 이루어지고 있는 정보통신망을 통한 불법복제물 등의 유통 등을 통제하기 위한 제도적·법적 장치로서는 i) 정보통신망을 통한 불법복제물의 삭제명령 등, ii) 반복적인 복제·전송자에 대한 계정정지명령, iii) 게시판 서비스의 정지명령 등이 있다.

이 밖에도 법에서는 정보통신망을 통한 불법복제물 등의 삭제명령 등을 함에 있어서 적법절차의 보장차원에서 여러 가지 절차적 규정도 동시에 마련하고 있다.

II. 정보통신망을 통한 불법복제물 등의 삭제명령 등

1. 의의

저작권 정책을 총괄하는 문화체육관광부장관은 온라인·디지털 형태로 정보통신망을 통해 유통되는 불법복제물 등을 통제하기 위하여 온라인서비스제공자에게 삭제 또는 전송중단 등 조치를 할 것을 명령할 수 있다(제133조의2 제1항 참조).

---

9 온라인서비스를 제공할 수 있도록 중계시설을 제공해 주는 정보통신망사업자에게는 「저작권법」에 별도의 제한을 가하지 않고 있는데, 이는 「콘텐츠산업 진흥법」 제24조 제1항에서의 규정, 즉 「전기통신사업법」 제5조 제2항에 따른 기간통신사업을 하는 사업자 중 대통령령으로 정하는 사업자(이하 '정보통신망사업자'라 한다)는 합리적인 이유 없이 콘텐츠사업자에게 정보통신망 등 중계시설의 제공을 거부해서는 아니 된다는 규정과 그 궤를 같이하기 위함이다(박순태, 앞의 책, 347~350쪽).

2. 삭제명령 등의 대상

문화체육관광부장관이 온라인서비스제공자에게 삭제 등을 명하기 위해서는 먼저 정보통신망을 통하여 특정의 콘텐츠가 전송되고 있어야 한다. 이에 해당하는 콘텐츠로서는 크게 두 가지로 분류할 수 있는데 i) 저작권 그 밖에 이 법에 따라 보호되는 권리를 침해하는 복제물 또는 정보와 ii) 기술적 보호조치를 무력하게 하는 프로그램 또는 정보 등이 있으며[10], 이들을 통칭하여 「저작권법」에서는 **불법복제물 등**이라 한다.

3. 삭제명령 등의 주체와 객체

정보통신망을 통한 불법복제물 등을 삭제할 것을 명령할 수 있는 주체는 문화체육관광부장관이며, 이 명령은 온라인서비스제공자에게 직접 해야 한다. 즉, 삭제명령의 주체는 문화체육관광부장관이며 삭제명령의 객체는 온라인서비스제공자이다.

4. 온라인서비스제공자에 대한 삭제명령 등의 구체적인 유형

문화체육관광부장관은 i) 온라인서비스제공자가 주체가 되어 불법복제물 등을 복제·전송하는 자에게 경고할 것을 명령할 수 있으며, ii) 온라인서비스제공자가 직접 불법복제물 등을 삭제하거나 전송하는 행위를 중단할 것을 명령할 수 있다. 문화체육관광부장관으로부터 이와 같은 명령을 받은 온라인서비스제공자는 그 명령의 유형에 따라 각기 다른 의무를 지게 되는데, 첫 번째 경우에는 불법복제물 등을 복제·전송하는 자[11]에게 경고조치를 하여야 할 의무를 부담하게 되고[12], 두 번째 경

---

10 이와 같은 삭제명령의 대상은 앞에서 본 불법복제물의 수거·폐기·삭제의 대상과는 차이가 있는데, 근본적으로 이들 대상이 정보통신망을 통해 전송되는 온라인콘텐츠이기 때문이다.

11 복제자는 업로드하는 자뿐만 아니라 다운로드하는 자까지 모두를 포함하며 전송하는 자는 업로드하는 자만을 말한다.

12 따라서 첫 번째 유형의 명령은 불법복제물 등의 복제·전송자에 대한 간접명령의 성격도 동시에 지닌다.

우에는 그 자신이 직접 불법복제물 등을 삭제하거나 전송하는 행위를 중단하여야 할 의무를 부담하게 된다[13](제133조의2 제1항 참조).

5. 불법복제물 등의 삭제명령 등의 절차

(1) 의의

온라인서비스제공자에게 명하는 불법복제물 등의 삭제명령 등은 복제·전송자들의 재산권을 침해하는 것으로서 이는 적법절차가 엄격히 적용되어야 할 것이다. 이에 「저작권법」에서도 적절한 절차적 장치를 마련하여 문화체육관광부장관의 삭제명령 등이 절차적 정당성을 확보한 가운데 신중히 이루어지도록 하고 있다.

(2) 저작권보호심의위원회의 사전심의

문화체육관광부장관이 온라인서비스제공자에게 불법복제물 등의 삭제 또는 전송중단 등을 명하기 위해서는 사전에 저작권보호심의위원회의 심의절차를 거쳐야 한다(제133조의2 제1항 및 제2항). 이는 저작권 보호와 관련한 최고의 심의기관인 저작권보호심의위원회로 하여금 전송되고 있는 복제물·정보·프로그램 등이 불법적인 것인지, 복제·전송자에 대한 경고가 타당한지, 그리고 온라인서비스제공자가 직접 삭제하거나 아니면 전송을 중단하는 것이 합당한지의 여부 등에 대한 심의를 거치게 함으로써 절차적 신중성과 정당성을 확보하기 위한 것이다.

(3) 삭제명령 등의 서면 통지 등

문화체육관광부장관은 온라인서비스제공자에게 불법복제물 등의 복제·전송자에 대한 경고나 불법복제물 등의 삭제 또는 전송의 중단을 명하려면 경고 또는 삭제·중단 명령서를 작성하여 서면(전자문서를 포함한다)으로 공지하여야 한다. 그리고 온라인서비스제공자는 삭제명령을 받은 경우에는 명령을 받은 날부터 5일 이내에 조치결과를 문화체육관광부장관에게 통보하여야 한다(「저작권법」 제133조의2 제6항 및 「저작권법 시행령」 제72조의5 참조).

---

13 따라서 이 경우는 온라인서비스제공업자에 대한 직접명령이라 할 수 있다.

6. 불법복제물 등의 삭제명령 등의 법률적 의의

앞에서 살펴본 바와 같이 「저작권법」 제133조의2 제1항에서 규정하고 있는 불법복제물 등에 대한 삭제명령 등은 행정주체인 문화체육관광부장관이 직접 나서서 온라인서비스제공자에게 불법복제물 등의 복제와 전송자에 대한 경고를 하게 하든지, 아니면 온라인서비스제공자가 직접 삭제하거나 또는 전송중단을 할 것을 명령하는 행정처분의 하나이다.

이와 같은 문화체육관광부장관의 명령은 후술하는 보다 강력한 명령인 계정정지명령이나 게시판 서비스의 정지명령 등을 명하기 위한 사전적 요건에 해당하는데, 이는 결국 불법복제물 등에 대한 일련의 명령들이 충분한 절차적 정당성을 확보하는 데 기여하고 있다. 이 밖에도 불법복제물 등에 대한 삭제명령 등은 복제·전송자 등 개인에 대한 경고기능도 할 수 있게 되어 네티즌들이 법무법인으로부터 고소되는 것과 같은 폐해를 감소하는 데에도 상당한 기여를 할 것으로 평가된다.

III. 불법복제물 등을 복제·전송하는 자의 계정을 정지하는 명령

1. 의의

앞에서 문화체육관광부장관은 온라인서비스제공자에게 불법복제물 등을 복제하거나 전송하는 자에 대한 경고조치를 명할 수 있음을 살펴보았다. 그런데 온라인서비스제공자로부터 경고를 받았음에도 불구하고 반복하여 불법복제물 등을 복제·전송하는 자에게는 더욱 강도 높은 제재조치가 필요할 것인 바, 이것이 곧 불법복제물 등을 복제·전송한 자의 계정정지명령 제도이다(「저작권법」 제133조의2 제2항 참조).

2. 계정정지명령의 주체와 대상 등

계정정지명령 역시 앞에서 살펴본 불법복제물 등의 삭제명령에서와 마찬가지로 명령의 주체는 문화체육관광부장관이고 명령의 객체는 온라인서비스제공자이다.

여기서 **계정**이라 함은 온라인서비스제공자가 이용자를 식별·관리하기 위하여 사용하는 이용권한 계좌로서[14] 해당 온라인서비스제공자가 복제·전송자에게 부여하는 다른 계정을 포함하며, 다만 복제·전송자의 이메일 전용계정은 제외한다(「저작권법」제133조의2 제2항 참조).

그리고 **계정의 정지**란 복제·전송자가 가지고 있는 계정을 일정기간 그 사용권한을 중지시키는 것을 말한다. 계정정지명령의 대상 중 이메일 전용계정을 제외시킨 이유는 이메일까지 정지시키면 인터넷 이용이 현저히 제한을 받게 되어 이는 「헌법」이 요구하는 재산권 제한에 있어서의 과잉금지 원칙에 위반될 우려가 있기 때문이다. 또한 해당 온라인서비스제공자가 부여한 다른 계정을 포함시킨 이유는 가입할 때 실명확인을 하지 않은 사이트의 경우 한 사용자가 여러 개의 계정을 만들 수 있으므로 동일한 사용자의 다른 계정(동일인의 다른 ID 등)에 대해서도 정지할 필요성이 있기 때문이다.

3. 계정정지명령의 요건

문화체육관광부장관이 온라인서비스제공자에게 계정정지명령을 명하기 전에 시간적으로 불법복제물 등의 복제·전송자에 대한 경고가 먼저 이루어져야 한다. 즉, 불법복제물 복제·전송자의 계정정지명령의 요건으로서 불법복제물의 복제·전송자에 대한 경고를 먼저 해야 하는데 이런 의미에서 **경고전치주의**警告前置主義가 적용되는 셈이다. 그런데 「저작권법」에서는 온라인서비스제공자로부터 이와 같은 경고를 3회 이상 받은 복제·전송자가 또 다시 불법복제물 등을 전송한 경우에만 그의 계정에 대한 정지를 할 수 있도록 하고 있다. 반복적·누적적으로 행해지는 불법복제물의 업로드 등을 차단하기 위하여 이와 같이 경고횟수의 제한을 두고 있는 것이다(제133조의2 제2항 참조).

---

14 ID, Password, 공인인증서의 비밀번호 기타 정보접근을 위한 권한정보 등이 이에 해당한다.

4. 계정정지명령의 절차 등

온라인을 통하여 불법복제물 등을 복제하거나 전송하는 자의 계정을 정지하는 명령은 앞에서 살펴본 불법복제물 등의 삭제명령과 비슷한 절차를 거쳐 이루어진다. 계정정지명령의 절차를 구체적으로 살펴보면 저작권보호심의위원회의 사전심의, 계정정지명령의 서면 통지, 계정정지 사실의 통지, 온라인서비스제공자의 조치결과 통보 등의 순서로 이루어진다(「저작권법 시행령」 제72조~제72조의5 참조). 그리고 계정정지기간은 6개월 이내의 기간으로 한다(「저작권법」 제133조의2 제2항 참조).

IV. 게시판 서비스의 정지명령

1. 의의

오늘날 불법복제물 등은 온라인상의 게시판을 통해 널리 유통되고 있는데, 불법복제물 등을 근본적으로 차단하기 위해서는 앞에서 살펴본 복제·전송자의 개인계정의 정지와 함께 게시판 서비스 자체를 정지시킬 필요가 있다. 이는 「정보통신망 이용촉진 및 정보보호 등에 관한 법률」에 규정된 음란물서비스 제공자의 접속차단과 유사한 것으로서, 실제 불법저작물 등이 유통되는 주된 공간으로 이용되는 게시판을 일정기간 정지시킴으로써 더욱 효율적이고 강렬하게 불법저작물 등을 차단할 수 있을 것이다.

「저작권법」에서도 이와 같은 취지를 반영하여 엄격한 요건에서 문화체육관광부장관이 온라인서비스제공자에게 게시판 서비스의 전부 또는 일부를 정지할 것을 명할 수 있도록 하고 있다(제133조의2 제4항 참조).

게시판 서비스 정지명령은 특히 온라인서비스제공자의 서비스 전체가 불법복제물을 공유할 목적으로 운영되지 않을 경우에 유용한 통제수단으로 작용할 수 있는 제도적 장치이다. 이때에는 불법복제물을 공유하는 해당 게시판만 정지시키면 되며, 따라서 「헌법」이 요구하는 과잉금지의 원칙 내지는 최소침해의 원칙에도 부합하기 때문이다.

2. 게시판 서비스 정지명령의 주체와 객체

게시판 서비스 정지명령도 그 명령의 주체는 문화체육관광부장관이고 명령의 객체는 온라인서비스제공자이다. 즉, 문화체육관광부장관은 해당 게시판이 저작권 등의 이용질서를 심각하게 훼손한다고 판단되는 경우에는 온라인서비스제공자에게 해당 게시판 서비스의 전부 또는 일부의 정지를 명할 수 있다. 이때 게시판이라 함은 「정보통신망 이용촉진 및 정보보호 등에 관한 법률」 제2조 제1항 제9호의 게시판[15] 중 상업적 이익 또는 이용편의를 제공하는 게시판을 말한다(「저작권법」 제133조의2 제4항 참조).

3. 삭제 또는 전송중단명령 전치주의의 적용

문화체육관광부장관이 온라인서비스제공자에게 게시판 서비스 정지명령을 하기 위해서는 그 전 단계로 「저작권법」 제133조의2 제1항 제2호에 따른 불법복제물 등의 삭제 또는 전송중단명령의 절차를 거친 후에만 가능하다는 조건이 따른다. 즉, 게시판 서비스의 정지명령에 있어서는 **삭제 또는 전송중단명령 전치주의**가 적용된다.

다시 말해, 문화체육관광부장관은 온라인서비스제공자의 정보통신망에 개설된 게시판 중 법 제133조의2 제1항 제2호에 따른 불법복제물 등의 삭제 또는 전송의 중단명령이 일정횟수 이상 내려진 게시판에 대해서만 온라인서비스제공자로 하여금 그 게시판의 서비스를 정지시킬 것을 명령할 수 있다(제133조의2 제4항 참조).[16]

---

15 '게시판'이란 그 명칭과 관계없이 정보통신망을 이용하여 일반에게 공개할 목적으로 부호·문자·음성·음향·화상·동영상 등의 정보를 이용자가 게재할 수 있는 컴퓨터프로그램이나 기술적 장치를 말하며(「정보통신망 이용촉진 및 정보보호 등에 관한 법률」 제2조 제1항 제9호), 여기에는 카페, 클럽, 밴드 등의 커뮤니티가 포함된다.

16 이 점에서 앞에서 살펴본 복제·전송자의 계정정지명령에서는 불법복제물 등의 복제·전송자에 대한 '경고전치주의'가 적용되는 것과는 다르다.

4. 과잉금지원칙의 적용

정보통신망에 개설된 게시판을 정지한다는 것은 이용자의 재산권을 침해하는 것일 뿐 아니라 「헌법」상 보장하고 있는 표현의 자유를 침해하는 것이기도 하여 그 제한은 법률로써 하되 이때에도 필요 최소한의 범위 내에서만 이루어져야 한다. 이를 위해 「저작권법」에서는 게시판 서비스 정지명령을 하기 위하여 준수해야 할 여러 가지 전제요건을 규정하고 있는데 이를 구체적으로 보면 다음과 같다.

첫째, 삭제 또는 전송중단 횟수가 3회 이상일 것을 요건으로 한다. 문화체육관광부장관이 명하는 게시판 서비스 정지명령은 해당 게시판에 대해 사전에 불법복제물 등의 삭제 또는 전송의 중단명령이 내려진 모든 게시판을 대상으로 하는 것이 아니라, 그 명령이 3회 이상 내려진 게시판을 그 대상으로 한다(제133조의2 제4항 참조).

둘째, 게시판 서비스 정지명령은 문화체육관광부장관이 저작권 등의 이용질서를 심각하게 훼손한다고 판단하는 경우에만 할 수 있는 최후적 수단의 행정명령이다. 이와 같은 판단을 할 때 문화체육관광부장관은 해당 게시판의 형태, 게시되는 복제물의 양이나 성격 등을 종합적으로 고려하여야 한다(제133조의2 제4항 참조).

셋째, 기간의 제한이다. 비록 해당 게시판이 저작권 등의 이용질서를 심각하게 훼손한다고 하여도 이를 영구적으로 정지시켜서는 안 되며 일정기간만 정지시켜야 하는데, 그 기간을 6개월 이내로 하고 있다.[17]

넷째, 정지되는 서비스의 범위에 대한 제한이다. 문화체육관광부장관은 해당 게시판의 전부의 정지를 명할 수도 있으며, 목적달성이 가능하다면 해당 게시판 서비스의 일부 정지를 명할 수도 있다(제133조의2 제4항 참조).

5. 게시판 서비스 정지명령의 절차

문화체육관광부장관은 게시판 서비스 정지명령을 하기 전에 저작권보호심의위원회의 심의를 거쳐야 한다(「저작권법」 제133조의2 제4항 참조). 다음으로 문화체육관

---

17 게시판의 서비스 정지기간은 그것이 몇 번째의 정지에 해당하느냐에 따라 기간을 달리하여 정하는데 첫 번째 정지하는 경우 1개월 미만, 두 번째 정지하는 경우 1개월 이상 3개월 미만, 세 번째 이상 정지하는 경우 3개월 이상 6개월 이내의 기간으로 한다(「저작권법 시행령」 제72조의4 제3항).

광부장관으로부터 게시판 서비스의 정지명령을 받은 온라인서비스제공자는 해당
게시판의 서비스를 정지하기 10일 전부터 해당 게시판의 서비스가 정지된다는 사
실을 해당 온라인서비스제공자의 인터넷 홈페이지 및 해당 게시판에 게시하여야
한다(제133조의2 제5항). 끝으로 온라인서비스제공자는 문화체육관광부장관으로부
터 게시판 서비스 정지명령을 받은 경우에는 명령을 받은 날부터 15일 이내에 그
조치결과를 문화체육관광부장관에게 통보하여야 한다(제133조의2 제6항 참조).[18]

V. 기타 적법절차의 보장 등

1. 적법절차의 보장

(1) 의의

앞에서 살펴본 불법복제물 등의 삭제 또는 중단명령, 복제·전송자의 계정정지명
령 그리고 게시판 서비스의 정지명령 등은 이 명령을 받아들여야 하는 자인 온라인
서비스제공자 및 개인계정과 게시판을 가지고 있는 복제·전송자 등에게는 재산권
의 중대한 침해에 해당한다. 따라서 그 이행에 있어서는 충분한 절차적 보장, 즉 적
법절차가 보장되어야 한다. 이에 「저작권법」에서는 법 제133조의2에서 의견진술과
청문절차 등을 규정하여 이를 뒷받침하고 있다. 의견제출에 관해서는 「행정절차법」
제22조 제4항부터 제6항까지 및 제27조[19]를 준용한다(제133조의2 제7항 참조).

(2) 의견제출의 기회제공

문화체육관광부장관은 i) 불법복제물 등의 삭제명령, 게시판 서비스의 정지명령

---

18 그런데 2009년부터 이 제도가 시행되고 지금까지 한 번도 게시판 정지명령이 이루어진 바가 없다. 그 이
유는 게시판 서비스 정지명령을 내리기 위한 절차적인 측면(불법복제물 삭제명령을 위한 의견제출 기회의 제
공 → 3회 이상의 불법복제물 삭제명령 → 게시판 서비스 정지명령을 위한 의견제출 기회의 제공 → 게시판
서비스의 정지명령)과 실체적 측면(3회 이상의 불법복제 삭제명령, 해당 게시판이 저작권 등의 이용질서를 심
각하게 훼손, 저작권보호심의위원회의 심의)이 지나치게 경직되어 있기 때문으로 보인다(이대희, 「저작권보
호원 설립에 따른 시정명령 권고제도의 운영의 개선방안」, 계간 《저작권》(2016년 여름호), 한국저작권위원회,
90~91쪽).
19 당사자의 의견제출, 의견청취의 생략, 신속한 명령의 발동 및 서류 등의 반환 등에 관한 규정을 말한다.

등의 객체인 온라인서비스제공자와 ii) 계정정지명령과 직접적인 이해관계를 가지고 있는 복제·전송자 그리고 iii) 게시판 운영자 등에게 의견제출의 기회를 제공하여야 한다(제133의2 제7항 참조).

2. 필요한 기구의 설치

문화체육관광부장관이 해당 명령을 하기 전에 보다 전문적인 심의와 필요한 지원을 받을 필요가 있어서 「저작권법」에서는 필요한 기구의 설치를 규정하고 있다(제133조 제8항 참조). 그런데 2016년 법 개정 시 제133조의2 제1항, 제2항 및 제4항에 따른 업무를 심의하기 위한 조직으로서 한국저작권보호원에 **저작권보호심의위원회**를 설치함에 따라 현재 법 제133조의2 제8항의 법률적 의의는 없다고 하겠다.

제4절
과태료의 부과

I. 의의

과태료는 행정청이 행정목적 달성을 위하여 법규에서 정하고 있는 준수사항이나 의무사항을 위반한 경우에 그 위반자에게 가해지는 금전적 처벌로서 행정벌의 일환으로 부과된다.[20] 과태료는 형사벌이 아닌 행정벌인 관계로 부과기준과 절차 등도 「형사소송법」에 의하지 않으며 「저작권법」과 같은 개별규정에 특별한 규정이 없는 한 「질서위반행위규제법」과 「비송사건절차법」의 규정에 따르는 것이 원칙이다.

II. 과태료 부과의 주체와 대상자

1. 과태료 부과의 주체

「저작권법」 위반에 따른 과태료의 부과는 저작권정책의 주무부처의 장인 문화체육관광부장관이 부과·징수한다(제142조 제3항).

2. 과태료 부과의 대상자

(1) 3천만 원 이하 과태료 부과의 대상자

권리자의 요청이 있는 경우에도 해당 저작물 등의 불법적인 전송을 차단하는 기술적 조치를 하지 아니한 특수한 유형의 온라인서비스제공자에게는 「저작권법」에서 정하고 있는 가장 높은 수준인 3천만 원 이하의 과태료를 부과한다(제142조 제1항).

---

20 사법부가 아닌 행정부에 속한 문화체육관광부장관이 부과·징수하는 과태료는 형사벌이 아닌 행정벌로서의 성격을 지니고 있기에, 이 역시 행정적 구제조치의 일환으로 보아 여기에서 논의하기로 한다.

(2) 1천만 원 이하 과태료 부과의 대상자

다음과 같은 다섯 가지 유형의 「저작권법」 위반행위자에게는 1천만 원 이하의 과태료를 부과하는데 이를 구체적으로 살펴보면 다음과 같다.

첫째, 문화체육관광부장관으로부터 해당 복제·전송자의 정보를 제출하도록 명령을 받았음에도 이를 위반하여 그 명령을 이행하지 아니한 온라인서비스제공자, 둘째, i) 그가 관리하는 저작물 등의 목록과 이용계약 체결에 필요한 정보를 분기별로 도서 또는 전자적 형태로 작성하여 주된 사무소에 비치하고 인터넷 홈페이지를 통하여 공개하지 아니한 저작권신탁관리업자와, ii) 이용자가 서면으로 요청하는 경우에 정당한 사유가 없음에도 불구하고 관리하는 저작물 등의 이용계약을 체결하기 위하여 필요한 정보를 상당한 기간 이내에 서면으로 제공하지 아니한 저작권신탁관리업자, iii) 정당한 이유 없이 관리하는 저작물 등의 이용허락을 거부하는 저작권신탁관리업자, 셋째, 한국저작권위원회 또는 한국저작권보호원의 명칭을 사용한 자, 넷째, 문화체육관광부장관의 i) 불법복제물 등의 복제·전송자에 대한 경고명령, ii) 불법복제물 등의 삭제 또는 전송중단명령, iii) 해당 복제·전송자의 계정정지명령과 해당 게시판 서비스의 전부 또는 일부의 정지명령 등을 이행하지 아니한 온라인서비스제공자 그리고 다섯째, i) 해당 복제·전송자에게 해당 계정이 정지된다는 사실을 통지하지 아니한 온라인서비스제공자, ii) 해당 게시판이 정지된다는 사실을 온라인서비스제공자의 인터넷 홈페이지 및 해당 게시판에 게시하지 아니한 온라인서비스제공자 및 iii) 문화체육관광부장관으로부터 정보통신망을 통한 불법복제물 등의 삭제명령 등을 받고도 그 조치결과를 소정의 기간 내에 문화체육관광부장관에게 통보하지 아니한 온라인서비스제공자 등에게는 1천만 원 이하의 과태료를 부과한다(제142조 제2항).

제17장

저작권 침해에 대한
민사적 구제

제1절
저작권 침해의 정지청구 등

I. 이론적 기초

1. 물권적 청구권의 일환으로 행사

그 밖의 다른 권리 침해와 마찬가지로 저작권의 침해에 대한 구제에 있어서도 일단 손해가 발생한 후에 사후적으로 배상을 청구하기보다는 현재 저작권이 침해되는 중이거나 침해될 우려가 있을 때 미리 그 침해의 정지 및 침해 예방을 청구하는 것이 바람직하다.

당사자의 청구는 법원에서 최종적으로 판단한다. 해당 법원은 심리 후 침해의 정지 또는 예방에 필요한 명령을 명하게 되며, 법원에서의 이와 같은 조치는 저작권 침해행위가 더 악화되는 것을 방지할 수 있고 피해자의 권리보전에도 보다 합당한 조치가 될 수 있다.

우리를 비롯한 대륙법계 국가에서는 저작권 침해의 정지와 예방을 청구하는 침해의 정지와 예방을 청구하는 침해정지청구권 등을 배타적 성격의 준물권의 하나인 저작권에 기반한 **물권적 청구권**의 일환으로 널리 인정하고 있다.[1]

특정의 당사자가 확정되어 있는 채권에는 당연히 청구권이 존재하지만, 특정의 당사자를 염두에 두지 않는 물권에 있어서도 이들 권리에 기반한 청구권이 발생할 수 있다. 즉, 물권내용의 실현이 어떤 사정으로 말미암아 방해받고 있거나 또는 방해받을 염려가 있는 경우에 물권자는 방해자에게 그 방해의 제거 또는 예방에 필요한 일정한 행위를 청구할 수 있는데, 이 청구권이 바로 물권적 청구권이다.

---

[1] 법원으로 하여금 저작권 침해의 정지와 예방을 청구할 수 있는 제도는 일찍이 영미법에서 손해배상제도와는 별개의 개념으로 형평법원(Court of Equity)의 금지명령(Injunction)을 확보하기 위한 형평법(Equity)상의 권리로서 널리 인정되어 오다가 오늘날에 와서는 일반법원(Court Law)에서 손해배상(Damage)제도와 함께 활용되고 있다.

일반 민사법에 따르면, 소유권과 같은 물권이 어떤 사정으로 인하여 방해를 받고 있거나 방해를 받을 염려가 있을 때 그 방해자에게 물권 내용의 실현을 가능케 하는 행위를 청구할 수 있는 권리, 즉 물권적 청구권으로서는 일반적으로 반환청구권, 방해제거청구권과 방해예방청구권이 인정되고, 「저작권법」 제123조에서는 이를 보다 구체화하여 침해정지청구권, 침해예방청구권 그리고 손해배상담보청구권 등을 명시적으로 규정하고 있다. 그런데 저작권 등의 침해정지청구권 등은 특정의 채권자와 채무자가 상정되는 1 대 1의 관계에서 이루어지는 채권적 청구권이 아니라, 1 대 다수, 즉 저작권자와 불특정의 일반인을 상정하는 배타적 권리인 물권으로서의 성격을 가지고 있는 저작권을 장래에 완전히 보전하기 위한 청구권이다. 따라서 이들 권리는 채권적 성질이 아닌 물권적 청구권으로서의 성격을 지니고 있다.

2. 침해자의 고의 또는 과실과는 무관

그런데 물권적 청구권에서 기인한 침해정지청구권 등은 침해자인 피고의 고의 또는 과실을 요하지 아니한다. 즉, 침해자에게 고의 또는 과실이 있는 경우는 물론이고 고의 또는 과실이 없는 경우에도 침해하는 행위 또는 침해의 우려가 있는 행위 그 자체를 기반으로 각종의 권리를 행사할 수 있다. 이 점에서 뒤에서 논하는 불법행위에 따른 손해배상책임과 명예회복의 청구에 있어서는 고의와 과실을 그 요건으로 하고 있는 것[2]과 커다란 차이를 보이고 있다.

이와 같이 저작재산권 침해에 대한 민사적 구제로서 법 제123조에 따른 침해의 정지 등을 구하는 경우에는 일반적인 불법행위 상황에 처해 있다고 보기 어려우므로 침해자의 고의 또는 과실을 요구하지 않지만, 법 제125조에 따른 손해의 배상을 구하는 경우에는 이를 일반적인 불법행위의 특별한 경우에 해당하는 것으로 보기 때문에 불법행위와 마찬가지로 고의 또는 과실을 요건으로 하고 있음을 유의하여야 한다.

---

2 "침해자에게 고의·과실을 요구한다"라는 말은 침해자에게 고의는 물론이고 최소한 그에게 과실이 있을 때에만 침해의 정지청구를 할 수 있다는 말이다.

II. 침해정지청구권 등의 법적 성격과 그 적용 범위

1. 침해정지청구권 등의 법적 성격

(1) 저작권 등에 종속하는 권리

침해정지청구권 등은 본권本權인 저작권 등에 종속하는 권리로서의 성격을 지니고 있다. 따라서 침해정지청구권 등은 채권적 청구권과 달라서 준물권인 저작권과 분리하여 양도하거나 포기할 수 없다. 그리고 침해정지청구권 등의 이행으로 저작권의 원활한 지배상태가 회복되면 이들 청구권은 소멸하지만 저작권 자체가 존속하면서 또다시 저작권을 침해하는 등의 상태가 발생하면 이들 침해정지청구권 역시 또다시 행사할 수 있는 상태가 되는 것이다. 그리고 물권적 청구권에 해당하는 이들 권리는 물권인 저작권에 종속하기 때문에 시효로 소멸하는 일도 없다.

(2) 저작재산권과 저작인격권 모두에 대해서 행사가 가능한 권리

「저작권법」 제123조에서 말하는 저작권 등에는 저작재산권뿐만 아니라 저작인격권 그리고 실연자의 인격권이 모두 포함되어 있는 개념임에 유의하여야 한다. 따라서 법 제123조에 따른 물권적 청구권으로서의 침해정지청구권 등의 행사는 저작인격권(실연자의 인격권도 포함)이 침해된 때에도 그 행사가 가능하다. 뒤에서 논의하게 될 손해배상청구권의 행사와 법정손해배상청구권의 행사가 오직 저작재산권만의 침해가 있을 때만 가능하다는 것과 비교된다(제125조 및 제125조의2 참조).

2. 보상을 받을 권리(보상청구권)에의 적용 배제

침해정지청구권 등의 물권적 성격으로 인해 피해자(채권자)와 가해자(채무자)의 채권·채무관계를 상징하고 있는 채권적 성질을 가지는 권리, 예를 들면 학교교육목적 등에 이용되는 교과용 도서에 게재한 공표된 저작물에 대한 보상에서와 같은 **보상을 받을 권리**의 침해에 대해서는 물권적 청구권인 저작권 침해청구권 등은 인정되지 아니한다(「저작권법」 제123조 제1항 참조).[3] 보상을 받을 권리는 채권자가 채무자에게 곧바로 청구권을 행사하면 되고 특정이 되어 있지도 않은 일반적인 침해자를 상대로 하는 물권적 청구권인 침해정지청구권 등을 행사할 필요성이 없기 때문이다.

III. 침해정지청구권 등의 행사와 그 제한

1. 의의

우리 「저작권법」에서는 저작권의 침해로 인한 손해배상을 하기 이전에 사전적·예방적 차원에서 저작권 등을 보호하기 위한 방안으로 침해정지청구권과 침해예방청구권 또는 손해배상의 담보청구권 등 세 가지 유형의 물권적 청구권을 인정하고 있다(제123조 제1항 참조).

이와 같은 청구는 피고인에 해당하는 직접적인 권리침해자를 대상으로 행사할 수 있는 것으로 규정되어 있으나, 이 밖에도 방조에 의한 공동불법행위 책임이 성립하는 i) 온라인서비스제공자나 ii) 문화콘텐츠를 한정된 장소에서 제공하고 있는 각종 영업장의 업주들 그리고 iii) 저작권 침해를 돕는 물건이나 기기를 제공하는 자와 같은 간접침해자를 대상으로도 청구할 수 있음은 물론이다. 이는 저작권을 침해한 개별 이용자에게 침해행위 등을 정지시키는 것보다 간접침해자에게 저작권의 침해를 방조하는 행위를 정지시킴으로써 보다 신속하고도 실효성 있는 정지효과를 달성할 수 있기 때문이다.

침해정지청구의 행사로 침해자가 이에 응하지 않을 경우에는 피해자는 자력으로 이를 실현할 수 없으며 소송절차를 통해서 해결하게 된다. 법문에서는 모두 "…침해하는 자에 대하여(또는 "…침해할 우려가 있는 자에 대하여") 청구할 수 있다"라고 규정하고 있으나, 실제로는 법원에 대하여 침해정지청구권 등의 소송을 제기하는 형식으로 이루어지고 있다. 또한 저작권 등의 권리를 가진 자가 이와 같은 세 가지 유형

---

3 「저작권법」 제123조에서도 "…법 제25조·제31조·제75조·제76조·제76조의2·제82조·제83조 및 제83조의2의 규정에 따른 보상을 받을 권리를 제외한다…"라고 하여 이를 분명히 하고 있다. 그런데 법 제123조에서는 법 제101조의3 제3항의 규정에 따른 프로그램을 교과용 도서에 게재할 경우의 보상을 받을 권리를 명시하고 있지 않는데, 이는 입법적 착오로 보인다.

의 청구를 하는 경우에는 권리 구제의 실효성을 더욱 보장하기 위하여 침해행위에 의하여 만들어진 물건의 폐기나 그 밖의 필요한 조치도 동시에 청구할 수 있는 이른바 부수적 청구권도 아울러 규정하고 있음을 유의하여야 한다.

그런데 이와 같은 세 가지 유형의 청구권은 침해가 현실적으로 발생한 시간적 관점에 따라 그 적용 요건과 청구권 행사의 상대방을 각각 달리하고 있는데 아래에서 구체적으로 살펴보기로 한다.

2. 침해정지청구권의 행사

먼저, 저작권과 저작권법에 따라 보호되는 권리를 가진 자(이하 여기에서 "저작재산권자 등"이라 한다)는 그 권리를 침해하는 자에 대하여 침해의 정지를 청구할 수 있는데(「저작권법」 제123조 제1항), 이를 일반적으로 **침해정지청구권**이라 한다.

저작권 등의 침해정지청구권은 이와 같이 현실적으로 저작권 등을 침해하고 있는 자를 대상으로 하는 것으로서 침해행위가 청구시점에서 계속되고 있어야 한다. 즉, 침해정지청구권의 행사는 권리 침해가 현재 상태에서 계속적으로 진행되고 있어야 하며 침해의 개연성이 대단히 높다거나 아니면 침해가 이미 종료된 경우에는 이를 행사할 수 없다.[4]

3. 침해예방청구권 또는 손해배상담보청구권의 행사

다음으로 시간적으로 침해의 현재성이 부족하고, 다만 침해의 우려가 있을 때에는 권리를 침해할 우려가 있는 자를 상대로 침해예방 또는 손해배상의 담보를 청구할 수 있다(「저작권법」 제123조 제1항 참조). 침해의 우려가 있다는 말은 침해의 가능성만으로는 안 되고 현실적으로 저작권 등이 침해된 상태와 실질적으로 매우 근접한 상태[5]에 있는 것으로서, 예를 들면 어문저작물의 무단배포를 위한 준비, 디지털 형

---

4 전자의 경우는 저작권 침해예방청구권을 행사할 수 있을 것이며 후자의 경우는 손해배상청구권을 행사할 수 있을 것이다.
5 이렇게 볼 때 침해정지청구권 행사의 상황은 형법상 기수범의 상태에 해당하고 침해예방과 손해배상담보 청구권 행사의 상황은 형법상 미수범의 상태에 해당한다고 하겠다.

태로 만들어진 저작물의 공표를 위한 업로드의 준비, 공연물의 무단공연을 위한 공연장의 준비 등이 이에 해당한다.

저작재산권자 등은 권리를 침해할 우려가 있는 자에게 침해예방청구권 또는 손해배상담보청구권을 선택적으로 행사할 수 있는데 이는 저작권 등의 침해를 방지하기 위한 사전 예방적 차원에서의 심리적 효과가 비슷하기 때문이다. 침해의 예방 또는 손해배상의 담보를 청구하여 궁극적으로 소송으로 진행된 경우 해당 법원이 침해예방에 필요한 명령을 내릴 것인지 아니면 손해배상의 담보명령을 내릴 것인지는 구체적 사안에 따라 달라지겠으나, 일반적으로 볼 때 침해의 개연성이 대단히 높다면 법원은 손해배상의 담보를 명할 것이다.

4. 침해행위로 만들어진 물건의 폐기청구권 등과 같은 부수적 청구권의 행사

(1) 의의

「저작권법」에서 규정하고 있는 민사적 구제방법으로서의 침해정지청구권, 침해예방청구권 그리고 손해배상담보청구권 등은 본래의 보호대상 권리인 저작권 등을 보전하기 위한 추상적인 권리이다. 따라서 권리를 침해당하고 있거나 침해당할 우려가 있는 자는 앞에서 설명한 침해정지청구권 등만으로는 기대하는 구제를 받을 수 없는 경우가 많으며 보다 완전한 권리구제를 위해서는 현실적이고 구체적인 사실행위의 확보가 법적으로 보장되어야 함이 바람직하다. 이에 「저작권법」에서는 침해정지청구권 등을 행사하는 자에게 **특정행위의 이행**Specific Performance을 상대방에게 청구할 수 있는 권리를 부수적으로 부여하고 있는데, 이것이 곧 법 제123조 제2항에서 규정하고 있는 침해행위에 의하여 만들어진 물건의 폐기나 그 밖의 필요한 조치의 청구권이다.

오늘날 문화콘텐츠의 대부분이 디지털화되고 있어 권리침해가 실제적으로 이루어지고 난 이후에 손해배상을 한다는 것은 손해액 산정의 곤란 등에 따른 입증책임의 부담 때문에 실효성이 크게 떨어지는 등 만족할 만한 구제수단으로는 한계가 있다. 따라서 권리침해의 정지 및 예방의 차원에서 볼 때 침해행위에 의하여 만들어진 물건의 폐기처분과 같은 사실행위가 중요한 민사구제의 하나가 될 수 있다.

(2) 부수적 청구권의 구체적 내용

우리 법은 침해정지청구권 등의 행사와 병행하여 권리구제의 실효성을 보장하기 위하여 "저작권 그 밖에 이 법에 따라 보호되는 권리를 가진 자는 법 제123조 제1항의 규정에 따른 청구를 하는 경우에 침해행위에 의하여 만들어진 물건의 폐기나 그 밖의 필요한 조치를 청구할 수 있다"(제123조 제2항)라고 규정하여 사전적·예방적 차원에서의 권리구제의 실효성을 높여주고 있다. 이렇게 볼 때 법 제123조 제2항은 법 제123조 제1항에서 규정하고 있는 침해의 정지청구권 등의 실효성을 더욱 보강하기 위하여 필요한 구체적인 조치를 청구할 수 있는 보충적 규정으로 이해할 수 있다. 그리고 법 제123조 제2항에 따른 물건의 폐기와 같은 구체적인 조치의 청구는 항상 제1항에 의한 청구를 전제로 하여 행사하는 것이나, 제1항에 따른 청구를 함에 있어서 항상 제2항에 의한 구체적인 조치를 요할 필요는 없다. 물론 이와 같은 물건의 폐기와 같은 특정행위의 이행을 청구하는 것은 권리주장자의 재량사항으로서 앞에서 본 침해정지청구권 등을 행사하는 자가 이를 의무적으로 행사할 필요는 없다.

(3) 법원의 조치

부수적 청구권의 상대방은 권리를 침해하는 자 또는 권리를 침해할 우려가 있는 자이며 상대방이 이에 응하지 않을 경우 법원은 필요하다면 그 물건의 압류명령 등 기타 필요한 조치를 명할 수도 있을 것이다(제123조 제3항). 침해행위에 의하여 만들어진 물건의 폐기와 그 밖에 필요한 조치의 구체적인 내용은 보호대상이 되는 저작권 등의 종류와 내용 그리고 침해 상황과 침해의 정도 등을 종합적으로 고려하여 결정될 성질의 것이며 법원의 합리적 재량에 따라 판단하게 될 것이다.

그리고 여기서 말하는 그 밖의 필요한 조치는 저작권자 등의 권리의 보전을 위하여 필요한 일체의 조치를 말한다. 여기에는 침해행위의 실현에 기여한 물건과 오로지 침해행위에 제공된 기계나 기구 등의 폐기도 포함될 수 있다. 그 밖에도 저작권 등의 보호에 필요한 침해자의 특정의 행위, 예를 들면 복제물의 반환, 복제물의 삭제, 디지털시네마를 업로드하는 행위의 중지, 침해 도구의 폐기, 기술적 보호조치를 무력화하는 행위의 취소 또는 원상회복조치, 권리관리정보의 제거·변경 등의 중지도 포함된다 하겠다.[6] 그런데 「저작권법」 제123조 제2항에 따른 침해행위에 의하여 만들어진 물건의 폐기청구권은 침해행위에 의해 만들어진 물건이 일반적인 거래과정을 거쳐 이미 선의의 제3자에게 귀속되었다면 이를 행사할 수 없다고 보아야 한다. 불법 복제 서적물이나 불법 복제 미술품 또는 불법 복제 영상물 등과 같이 비록 침해행위에 의하여 만들어진 물건일지라도 일반적인 거래과정을 거쳐 해당 저작물을 구입하였기 때문에 권리침해라는 사실을 모르는 선의의 제3자를 보호해야 하기 때문이다. 「저작권법」에서 규정하고 있는 침해정지청구권 등과 부수적 청구권을 유형화하여 개략적으로 정리해 보면 아래 표와 같다.

침해정지청구권 등의 유형화

구분	침해방지청구권	침해예방청구권
		손해배상담보청구권
시점	저작권 등이 침해된 상태	저작권 등이 침해될 개연성이 대단히 높은 상태
부수적 청구권	침해행위로 인하여 만들어진 물건의 폐기조치 등 청구권	

5. 침해정지청구권 등의 행사의 제한

권리침해가 현실적으로 이루어지고 손해배상을 청구하기 이전에 이루어지는 침해정지청구권 등의 행사는 이 행사로 말미암아 침해자에게 지나친 부당함을 야기하는 결과를 초래해서는 안 된다. 침해정지청구권 등과 부수적 청구권의 행사로 얻는 원고인 피해자의 이익과 피고인 침해자에게 돌아가는 손실 간에 형평성을 고려해 피해구제의 이익보다 침해자가 입게 되는 손실이 지나칠 경우에는 일정한 제한이 가해진다. 따라서 침해정지청구권이나 침해예방 또는 손해배상의 담보청구권의 행사 또는 침해행위로 만들어진 물건의 폐기청구나 기타 필요한 조치의 청구는 침해자에게 지나치게 커다란 손실을 초래하는 방법으로 이루어져서는 안 된다.[7]

---

6 금전적 배상을 원칙으로 하는 불법행위에 따른 손해배상책임과는 달리 물권적 청구권에 기인한 침해정지청구권 등과 법원의 가처분명령 등은 '금전적 배상'이 아니라 피고에게 권리침해의 중지와 예방 등에 필요한 각종의 '사실행위'를 할 것을 요구한다는 점에서 큰 차이가 있다.
7 예를 들면 건축저작권을 침해하고 있다는 이유로 90% 이상 완공된 건축물의 철거를 주장하거나 건축의 중단을 요구할 수는 없는 노릇이다. 이와 같은 경우는 저작권의 보호보다는 이에 따른 사회적 비용이 지나치게 높으므로 이를 법률상 허용하여서는 아니 될 것이며, 미국에서는 이를 형평법(衡平法 : Equity)상의 원칙으로 인정하고 있고, 우리의 경우도 대법원 판례로 정착되어 있다(대법원 2000.6.14, 99마7466 결정).

제2절
저작권 침해에 대한 임시적 조치명령

I. 의의

오늘날 대부분의 문화콘텐츠가 디지털의 형태로 인터넷을 통해 유통되고 있기 때문에 이들 저작물에 대한 저작권 등의 침해행위는 공간적으로 그리고 시간적으로 전 세계를 범위로 하여 순식간에 이루어 질 수 있다. 따라서 저작권 등의 침해행위가 일단 발생하면 그 피해는 단기간에 엄청나게 커지게 마련이며 그 피해액 산정 또한 여간 어려운 일이 아니다. 이에 저작권 등의 침해에 대한 민사적 구제에 있어서 긴 시간이 필요한 정식의 본안소송을 기다릴 시간적 여유가 없는 경우가 대단히 많다.

이와 같은 이유로 시급성을 요하는 저작권 구제의 특성에 부응하기 위한 법적 장치의 하나로서 대부분의 국가에서는 법원의 임시적 조치명령제도를 채택하고 있으며, 우리 「저작권법」도 제123조 제3항에서 저작권 침해에 대한 민사적 구제의 일환으로 법원의 임시적 조치명령제도를 규정하고 있는데 실무적으로는 이를 흔히 **가처분 제도** 또는 **가처분명령 제도**라고 부른다.

앞에서 논의한 바 있는 침해정지청구권 등은 최종적인 침해결과가 나타나기 이전에 행사할 수 있는 권리구제방법이다. 다시 말해, 저작권 등을 가진 자는 그 권리를 침해하거나 침해할 우려가 있는 자에 대하여 사전적·예방적 차원에서 침해정지청구권, 침해예방청구권, 손해배상담보청구권 그리고 물건의 폐기나 그 밖의 필요한 조치의 청구권 등을 행사할 수 있는데 이와 같은 청구권의 행사는 대부분의 경우 법원에 정식의 소송을 제기하는 방법을 통해 이루어진다.

그런데 이와 같은 소송(본안소송)은 민사소송의 일반절차에 따른 경직성과 시간의 장기적 소요 등의 문제로 인해 시급한 권리구제에는 일정의 한계가 있다.[8] 따라서 침해정지청구권 등과 같은 본안소송이 계속되는 가운데[9] 우선 임시적인 명령조치로 다시 말해 가처분 명령 등을 통해 일단 권리구제에 대한 결정을 하고 그 결정내용의 합법성·타당성은 본인소송의 결과에 따라 추후로 결정하도록 함이 바람직할 것이다.

II. 법원의 임시적 조치명령의 요건과 주요내용

1. 의의

「저작권법」제123조 제3항에서는 법원의 임시적인 조치명령인 가처분명령 등에 관하여 규정하고 있다. 현행 법에 따르면 법원의 임시적 조치명령은 민사·형사사건 모두에서 이루어질 수 있는데, 민사사건의 경우에서는 침해정지청구권 등이나 이에 부수하는 청구권을 행사할 때 원고의 신청에 따라 이루어질 수 있고, 형사사건의 경우에는 형사의 기소가 있는 때에 이루어지도록 하고 있다. 즉, 법 제123조 제1항 및 제2항의 경우 또는 이 법에 따른 형사의 기소가 있는 때에는 법원은 원고 또는 고소인의 신청에 따라 담보를 제공하거나 제공하지 아니하고 임시로 침해행위의 정지 또는 침해행위로 말미암아 만들어진 물건의 압류 그 밖의 필요한 조치를 명할 수 있다(제123조 제3항)라고 하여 법원이 임시적 명령조치를 할 수 있도록 하고 있다.[10]

법원의 임시적 조치명령은 법원의 재량사항으로 가처분 등과 같은 임시적 조치명령의 필요 여부는 해당 가처분 신청의 인용 여부에 따른 당사자 쌍방의 이해득실 관계, 본안소송에 있어서의 장래의 승패의 예상, 기타의 제반사정을 고려하여 법원의 재량에 따라 합목적적으로 결정하여야 한다.[11]

---

8 침해정지청구권 등과 부수적 청구권은 법원에서 종국판결이 내려질 때까지 장기간이 소요되며, 따라서 가해자가 현재 행하고 있는 침해행위나 상황은 시간적으로 긴박하게 확보 내지는 보전하여야 할 필요성이 있는데 이를 위해서는 가처분 등과 같은 임시적 조치가 필요하다.

9 불법행위에 기인한 손해배상청구권의 행사에 있어서는 침해상황의 보전과는 관계없이 이미 발생한 침해 결과를 바탕으로 이루어지는 것이므로 가처분을 신청할 필요성이 존재하지 않는다.

10 현행 법에 따르면 이와 같이 형사적 구제에 있어서도 법원의 임시적 조치명령이 가능한데, 그 이유는 저작재산권자 등과 같은 권리자가 형사상의 기소만으로는 권리보전이 충분하지 않다고 생각하는 경우에는 권리자인 고소인의 신청으로 법원이 침해행위의 정지나 침해행위로 말미암아 만들어진 물건의 압류, 그 밖의 필요한 조치를 명할 수 있게 하기 위한 것이다.

11 대법원 1987.10.14, 선고 97마1473 결정.

2. 임시적 조치명령의 요건

임시적 조치명령은 종국판결이 아니며 그 조치명령의 내용이 종국적으로 이루어지는 판결내용과 다를 수도 있기 때문에 그 시행은 신중히 이루어져야 한다. 임시적 조치명령의 구체적인 요건을 살펴보면 다음과 같다.

(1) 원고 또는 고소인의 신청

법원의 임시적 조치명령은 원고 또는 고소인의 신청이 있어야 이루어질 수 있다. 따라서 법원이 직권으로 임시적 조치명령을 할 수는 없다. **당사자주의**를 취하고 있는 우리의 민사법 체계상 원고의 주장이 없음에도 법원이 직권으로 민사적 구제의 일환으로 임시적 조치명령을 발할 수는 없으며, 형사적 구제에 있어서도 법원의 임시적 조치명령은 한정적으로 적용되어야 하므로 고소인의 신청을 그 요건으로 하고 있는 것이다.

(2) 본안소송의 진행

법원의 임시적 조치명령은 본안소송을 최종적으로 심리하기 전에 이루어지는 임시적 조치로서 침해의 정지 또는 예방, 손해배상담보의 제공, 침해행위에 의하여 만들어진 물건의 폐기 등을 청구하는 본안소송이 진행되는 동안에만 이 조치가 이루어지며, 본안소송의 진행이 끝난 상황에서는 법원은 가처분 등의 임시적 조치명령을 명할 수 없다.

그리고 본안소송이 진행되고 있는 동안 임시적 명령조치는 횟수에 제한 없이 수차례 이루어질 수 있음은 물론이다. 이렇게 볼 때 법 제123조 제3항은 제1항과 제2항에 따른 저작재산권 등의 권리행사를 더욱 실효성 있게 보장하기 위한 입법적 조치로 평가된다.

(3) 피보전권리의 존재 및 본안소송의 승소가능성 등의 소명

원고 또는 고소인은 가처분과 같은 임시적 조치의 명령을 법원에 신청함에 있어서 피보전권리[12]의 존재와 그 보전의 필요성과 함께 종국판결에서 승소할 가능성이 충분히 있다는 것을 소명하여야 한다. 이와 같이 종국판결의 승소가능성을 아울러 소명하도록 하는 이유는 임시적 조치명령의 목적이 피보전권리의 보전 필요성에 있기 때문이며 동시에 가처분신청의 남용을 방지하기 위해서도 필요하기 때문이다.

(4) 담보의 제공

법원은 임시적 조치명령을 발할 때 청구의 당사자(권리를 침해한 자 및 침해할 우려가 있는 자)에게 담보를 제공하거나 제공하지 아니하거나 등의 조건을 붙일 수 있다. 청구자가 시간적 급박성 때문에 침해정지청구권과 같은 피보전권리의 보전을 소명함으로써 곧바로 개시되는 임시적 보전조치의 특성상 무책임하고 빈번하게 신청이 이루어지는 것을 막고 패소했을 경우에 지게 되는 손해배상(제123조 제4항 참조)의 실효성을 담보하기 위해서라도 담보의 제공이 필요할 수 있다. 그런데 피해를 입었다고 주장하는 원고 또는 고소인, 즉 저작권자 등은 경제적 위치가 열악하여 담보를 제공할 수 없는 경우가 허다한 것이 현실이기도 하다. 이와 같은 상황을 반영하여 「저작권법」에서는 「민사집행법」 제280조[13]의 특칙에 해당하는 법 제123조 제3항에서 담보의 제공유무를 법원의 재량사항으로 하여 법원은 원고 또는 고소인의 신청에 따라 담보를 제공하게 하거나 아니면 담보를 제공하지 아니하고도 임시적으로 필요한 조치를 명할 수 있도록 하고 있다.

3. 임시적 조치명령의 주요내용

(1) 주요내용 일반

본안소송이 진행되는 동안 법원이 **임시로** 명할 수 있는 임시적 조치명령은 원고가 본안에서 충분히 승소할 이유가 있다고 인정되는 경우에 이루어지므로 그 주요내용도 본안소송에서 주장하고 있는 침해구제의 내용과 긴밀한 관련성이 있는 것이어야 한다. 「저작권법」에서는 임시적 조치명령의 주요내용으로서 i) 침해행위를

---

12 여기서의 피보전권리는 본안소송에 해당하는 저작권의 침해정지청구권 등이거나 아니면 이에 따른 부수적청구권 등이 해당할 수 있다.

13 「민사집행법」 제280조에 따르면 가압류나 가처분의 명령을 받기 위해서는 법원이 정한 담보를 제공하도록 하고 있다.

임시로 정지하도록 하는 등의 명령, ii) 침해행위로 말미암아 만들어진 물건의 압류명령 그리고 iii) 그 밖에 필요한 조치의 명령 등을 제시하고 있는데(제123조 제3항 참조), 이들은 우리가 흔히 일컫는 가처분[14] 또는 가압류에 해당하는 조치이다. 그리고 여기서 말하는 "그 밖에 필요한 조치의 명령"으로서는 침해되는 또는 침해 우려가 있는 저작권 등의 종류와 침해모습, 원고의 주장 등에 따라 다양한 형태로 구현될 수 있는데 여기에는 침해행위 시 사용된 도구와 침해행위로 만들어진 물건의 폐기명령, 판매금지명령, 전송·통신수단의 차단명령, 영업장폐쇄명령, 불법복제물의 수거·폐기·삭제명령, 불법복제물에 대한 접촉을 막기 위한 조치의 명령, 특정계정의 해지명령, 그리고 특수한 경우에는 해당 회사(법인)의 법정관리명령까지도 가능하다고 할 것이다.

(2) 임시적 조치명령의 대상이 온라인서비스제공자일 경우

법 제123조 제3항의 규정에 근거하여 이루어지는 법원의 임시적 조치명령에 있어서 그 명령의 대상이 온라인서비스제공자일 경우에는 해당 온라인서비스제공자가 어떠한 유형에 해당하느냐에 따라 그에게 내려지는 구체적인 조치명령도 개별적으로 제한하고 있다. 이와 같은 현행 법의 입법태도는 법원이 해당 온라인서비스제공자가 감당할 수 있는 조치명령만을 할 수 있도록 하여 법 제123조 제3항에 따른 법원의 임시적 조치명령제도의 실효성을 제고하기 위한 입법적 배려로 보인다.

온라인서비스제공자의 유형에 따라 법원이 내릴 수 있는 구체적인 조치명령은 다음과 같다. 먼저, 단순도관 형태의 인터넷 접속 서비스를 제공하는 온라인서비스제공자에 대하여는 법원은 다음의 두 가지 유형의 조치, 즉 i) 특정 계정의 해지와 ii) 특정 해외 인터넷 사이트에 대한 접근을 막기 위한 합리적 조치만을 명할 수 있다(제103조의2 제1항). 다음으로 캐싱 서비스와 저장 서비스 그리고 정보검색도구 서비스를 제공하는 온라인서비스제공자에게는 법원이 좀 더 높은 수준의 명령에 해당하는 i) 불법복제물의 삭제, ii) 불법복제물에 대한 접근을 막기위한 조치, iii) 특정 계정의 해지 그리고 iv) 온라인서비스제공자에게 최소한의 부담이 되는 범위에서 법원이 필요하다고 판단하는 조치만을 명할 수 있다(제103조의2 제2항).

---

14 '가처분'이라 함은 금전채권 이외의 청구권에 대한 집행을 보전하기 위하여 또는 현재 다투고 있는 권리관계에 대해 임시의 지위를 달성하기 위하여 법원이 행하는 임시적인 명령을 말한다.

4. 임시적 조치명령의 등록

「저작권법」제123조 제3항에 따라 법원이 임시로 침해행위의 정지 또는 그 밖에 필요한 조치, 예를 들면 가처분이나 가압류 등의 조치를 취하였다면 이를 등록하여야 한다. 저작재산권 등의 처분제한에 해당하는 법원의 임시적 조치가 있었음에도 불구하고 등록하지 아니하면 그 처분제한 사항을 제3자에게 대항할 수 없다(제54조 참조).

III. 법원의 임시적 조치명령의 효력

1. 의의

법원의 임시적 조치명령은 말 그대로 임시적이어야 하며 종국적이 아니기 때문에 해당 임시적 조치명령의 최종적인 유효성은 본안판결에 따라 결정된다. 임시적 조치명령의 내용이 최종적인 본안판결과 궤를 같이한다면 그 조치의 효력은 지속적으로 인정될 것이나, 만일에 이후의 본안판결이 임시적 조치명령과 배치되는 것이라면 임시적 조치명령은 그 순간부터 효력을 잃게 된다.

2. 신청인의 손해배상책임

위에서 우리는 임시적 조치명령의 운명은 궁극적으로 본안판결에 달려있음을 살펴보았다. 따라서 권리의 침해가 없다는 뜻의 본안판결이 내려질 경우 본안판결과 상반되는 임시적 명령조치는 그 효력을 잃는다. 권리의 침해 등이 있다고 주장하여 가처분 등을 제기하는 원고(신청자)에게 임시적 조치명령의 효력만 부정할 뿐 그 이상의 아무런 제재도 가하지 않는다면 이는 가처분 소송의 빈발을 야기하고 공평의 개념에도 맞지 않는다. 이와 같은 취지를 반영하여 우리 「저작권법」에서는 법원이 가처분과 같은 임시적 조치명령을 내리는 경우에 있어서 최종적인 본안판결에서 권리의 침해가 없다는 확정판결이 내려진다면 신청자에게 그 신청으로 인하여 발생한 손해를 배상하도록 하고 있다(제123조 제4항 참조). 그 신청으로 인하여 발생한 손해는 피고가 소송준비 및 소송진행에 따른 제반비용을 말하는데 여기에는 소송자료 준비비, 증거확보 및 조사비용, 변호사비용 등이 포함된다.

앞에서 법원은 가처분 등 임시적 조치명령을 내릴 때 담보제공을 조건으로 할 수 있다고 하였는데 이는 곧 가처분 등의 신청으로 인하여 피고에게 발생한 손해의 배상을 보다 실효성 있게 하기 위한 입법적 조치의 하나로 이해될 수 있다. 그런데 손해배상을 해야 하는 신청인의 고의 또는 과실 여부를 따져보아야 하는지가 문제된다. 일반적인 경험법칙상 권리의 침해가 없다는 뜻의 법원의 확정판결이 내려졌다면 신청자는 그 신청으로 인하여 발생한 손해를 배상하여야 함은 형평의 원칙에 비추어 보아도 지극히 당연하다 할 것이다. 이 경우 신청자의 주관적 심리상태, 즉 고의와 과실을 논의하는 것 자체가 정의의 관념에 합치하지 않기 때문에 신청인은 무과실책임, 즉 결과책임을 져야 함이 타당하다. 법 제123조 제4항에서도 저작권 침해에 따른 손해배상의 대원칙을 규정하고 있는 법 제125조와는 달리 고의 또는 과실과 같은 주관적 요소를 명문으로 규정하지 않고 있다. 이는 신청자 책임이 무과실책임 내지는 결과책임임을 간접적으로 말해주고 있는 것이다.

제3절
저작재산권 침해에 대한 손해배상의 청구

I. 의의

권리의 침해로 인하여 손해가 발생하면 이를 배상하여야 함이 민사적 구제의 대원칙이다. 민사상 손해배상책임의 유형으로는 크게 두 가지가 있는데 채권·채무관계가 형성된 계약위반에 따른 손해배상책임과 특정의 채권자와 채무자를 염두에 두고 있지 않은 일반의 제3자가 고의 또는 과실로 위법행위를 하여 타인에게 손해를 입힌 경우에 그 손해를 배상하여야 하는 불법행위에 따른 손해배상책임이 있다. 저작권의 침해에 대한 손해배상도 마찬가지이다. 저작물이용계약이나 저작재산권 양도계약 등과 같이 특정의 채권자와 채무자가 형성되어 있는 상태에서는 피해자가 채무이행을 이유로 가해자에게 손해배상을 청구할 수 있다.

그런데 저작권과 관련한 대부분의 손해는 채권채무관계가 형성되어 있지 않은 저작권자와 일반적인 이용자 사이에서 발생하고 있으며, 이 경우 이용자가 저작권을 침해하여 그에게 손해를 입혔다면 그는 손해를 배상할 책임을 져야 한다. 이때의 손해배상책임을 일반적으로 불법행위^{Torts}에 따른 손해배상책임이라 부른다.

현실적으로 이루어지는 대부분의 저작권 침해행위가 해당 저작물을 저작자의 허락 없이 이용하는 일반적인 이용자로부터 이루어지므로 민사적 구제수단으로서 불법행위에 기인한 손해배상청구권의 행사가 대단히 중요한 위치를 차지하고 있다. 이와 같은 불법행위에 따른 손해배상책임은 우리 「민법」 제750조에 그 근거를 두고 있는데, "고의 또는 과실로 인한 위법행위로 타인에게 손해를 가한 자는 그 손해를 배상할 책임이 있다"라고 규정하고 있다. 그런데 「민법」상의 불법행위론^{不法行爲論}에 근거하여 손해를 배상하기 위해서는 여러 가지 한계에 봉착하게 된다. 유체물이 아닌 무체물 내지는 디지털콘텐츠 위주로 변해가고 있는 문화콘텐츠의 특징을 강하게 지니고 있는 오늘날의 저작물의 특성을 감안할 때 저작권이라는 권리의 침해를 특정하기가 용이하지 않고, 무엇보다도 손해배상의 전제요건이 되는 손해액의 입증책임도 대단히 어렵기 때문이다.[15] 이와 같은 이유로 저작권 침해의 경우에 있어서 「민법」의 규정만을 고집한다면 저작권 침해의 구제는 충분히 이루어질 수 없고 저작권자의 권리확보는 요원해질 것이다. 이에 「저작권법」에서는 「민법」에 의한 불법행위책임에 대한 여러 가지 특칙을 마련하여[16] 저작권침해에 따른 손해배상의 실효성을 기하고 있다.

II. 저작권 등을 침해한 자의 과실의 추정의 특칙

1. 의의

일반 민사법의 이론에 따를 때 불법행위로 인한 책임이 성립하기 위해서는 i) 고의 또는 과실의 요구[17], ii) 가해행위의 위법성, iii) 손해의 발생 그리고 iv) 인과관계의 존재[18] 등의 네 가지 요건이 충족되어야 한다. 이 가운데 저작권 침해에 따른 불법행위책임에 있어서는 i)과 iii), 즉 불법행위자의 주관적 요건인 고의 또는 과실의 입증과 객관적 요건으로서의 손해의 발생을 입증하는 것이 대단히 어렵고도 곤란한 일이다.

이와 같은 상황을 반영하여 현행 「저작권법」에서는 이 두 가지 사안에 대해 저작권자의 입증부담을 완화시켜 주기 위해 「민법」에 대한 별도의 특칙을 마련하여 이에 대응하고 있다. 우선 저작권 등을 침해한 자의 과실추정에 대해서 살펴보기로 한다.

---

15 예를 들어 A라는 영화제작사의 필름을 B가 무단복제해서 인터넷 망을 통해 전 세계로 유통시켰다면 어느 정도 수준으로 손해배상액을 청구해야 할까? 이에는 A의 예상 수익률, A의 제작비, 시장에서 A와 B의 경쟁 정도, 해당 영화의 흥행 가능성 등 무수한 변수가 고려될 수 있다.

16 「저작권법」에서 규정하고 있는 「민법」에 대한 특칙으로서는 침해로 보는 행위(「저작권법」 제124조), 손해배상의 청구(제125조), 법정손해배상의 청구(제125조의2), 손해액의 인정(제126조), 명예회복 등의 청구(제127조), 공동저작물의 권리침해(제129조) 등이 이에 해당한다.

17 고의(故意)란 자기의 침해행위로 인하여 타인에게 손해를 끼칠 것을 의도하면서 해당 행위를 실행하는 것을 말하고, 과실(過失)이란 일반인(Ordinary person)이 가지고 있는 충분한 주의의무(Duty of Due Care)를 다하였더라면 침해를 야기하지 아니할 수 있는 상황임에도 충분한 주의의무를 다하지 않음으로써 침해를 발생하게 될 때의 심리상태를 말한다.

18 가해행위와 손해의 발생 사이에는 인과관계, 즉 가해행위가 원인이 되고 그 결과로 손해가 발생하여야 한다는 관계가 있어야 한다.

인간의 사상 또는 감정을 표현한 창작물인 저작물과 관련한 권리인 저작권의 침해행위에 있어서 고의 또는 과실의 입증은 그리 쉬운 것이 아니다. 무체물인 문화콘텐츠를 대상으로 하는 저작권의 침해행위는 눈에 보이지 않는 경우가 많고 침해의 모습도 확인하기가 곤란하다. 더구나 나날이 쏟아지는 무수한 문화콘텐츠를 이용할 때 어느 수준까지 주의의무를 다하여야 비로소 과실책임을 면할 수 있을 것인가도 단언하기 곤란한 것이 사실이다. 이러한 상황을 간과하고 고의와 과실에 관한 입증책임을 모두 원고인 피해자에게 전가할 경우 저작권 침해에 대한 불법행위책임 특히 과실에 의한 불법행위책임을 물을 수 없는 경우가 빈발하게 되고 결과적으로 저작권자의 민사적 구제는 공허할 수밖에 없을 것이다.

2. 등록되어 있는 저작권 등을 침해한 자의 과실의 추정

(1) 의의

침해행위의 과실이 주로 문제가 되는 경우로는 등록되어 있는 저작권을 침해하는 경우와 이 밖에도 저작권 이외의 권리로서 해당 저작물의 부가가치를 향상시키기 위해 자본과 기술을 투여하는 과정에서 발생하는 권리, 예를 들면 배타적발행권, 출판권, 저작인접권, 데이터베이스제작자의 권리 등을 침해하는 경우 등이 해당한다.

이미 살펴본 바와 같이 「저작권법」에서 보호하고 있는 권리는 크게 저작권, 배타적발행권, 출판권, 저작인접권 그리고 데이터베이스제작자의 권리가 있다. 그런데 다른 권리와 달리 저작권은 그 발생요건으로 등록, 납본 또는 특정의 표시 등 어떠한 방식도 요구하지 않는 무방식주의를 채택하고 있어 이 권리를 외부에서 확인하기가 곤란한 특징이 있다. 따라서 저작권의 존재 자체를 인식하기 곤란한 상황에서 권리가 침해되었다는 결과만을 가지고 권리침해자에게 과실이 있다고 추정하기는 곤란할 것이다.

반면에 배타적발행권, 출판권 등의 권리는 권리자체가 발행과 출판 또는 제작이라는 외부적 형태를 띠고 있으며, 저작인접권의 경우 역시 실연·음반의 제작·방송 등과 같은 외부적 형태를 띠고 있고, 데이터베이스제작자의 권리 역시 자본의 투하와 데이터베이스의 제작이라는 외부적 형태와 관련되어 형성된 권리이기 때문에 이들 권리의 존재 자체를 외부적으로 인식하는 것은 불가능하지 않고 따라서 일반인이 일정의 주의의무를 기울여 이들 권리를 침해하지 말아야 할 의무가 있게 마련이다.

(2) 「저작권법」에서의 규정

이와 같은 상황을 감안하여 우리 「저작권법」은 배타적발행권, 출판권, 저작인접권 그리고 데이터베이스제작자의 권리에 대해서는 그 권리를 침해한 자는 곧바로 그 침해행위에 과실이 있는 것으로 추정하는 반면에, 저작권에 대해서는 일정한 외부적 공시公示효과가 있는 **등록되어 있는 저작권**을 침해한 자에게만 그 침해행위에 과실이 있는 것으로 추정하고 있다. 즉, "등록되어 있는 저작권, 배타적발행권(제88조 및 제96조에 따라 준용되는 경우를 포함한다), 출판권, 저작인접권 또는 데이터베이스제작자의 권리를 침해한 자는 그 침해행위에 과실이 있는 것으로 추정한다"(제125조 제4항). 등록한 저작권에 대해서만 과실의 추정을 규정하고 있는 현행법의 태도는 저작권의 등록을 보다 활성화하기 위한 입법적 배려이기도 함은 물론이다.

법 제125조 제4항에서의 과실 추정 규정은 간주 규정이 아닌 추정 규정이므로 피고, 즉 권리침해자는 그가 과실이 없음을 입증하면 이 추정 규정은 효력을 잃게 되고 따라서 피고는 과실이 없게 되어 손해배상책임을 면하게 된다.

III. 침해자에게 고의 또는 과실이 없는 경우의 민사적 구제방법

앞에서 살펴본 「저작권법」 제125조에 따른 손해배상의 청구는 저작권 등의 침해자에게 고의 또는 과실이 있을 경우에만 적용이 가능하다. 그런데 침해자에게 고의는 물론 과실도 없는 경우에 피해자는 어떻게 해야 하는지가 문제가 된다. 일반적으로 고의 또는 과실 없이 다시 말해 무과실로 권리를 침해한 경우에는 손해배상청구권이 인정되지 않으며, 이 경우에는 오직 부당이득반환청구권의 행사만이 가능하다. 부당이득반환의 청구는 부당한 수익을 정당한 상태로 돌려놓는 것을 목적으로 하는 것이지 수익자의 귀책사유를 요건으로 하지 않기 때문이다.

현행 「저작권법」에서는 부당이득반환청구권의 행사에 관해서는 별도의 규정을 두고 있지 않으며, 「민법」에서 규정하고 있는 부당이득반환청구권의 일반적인 원칙에 따르도록 하고 있다. 요컨대, 침해자의 고의나 과실이 없이 그럼에도 불구하고 그는 이익을 누리고 있는 반면에 이로 인하여 저작권자 등에게 손해를 가한 자가 있다면, 저작권자 등은 「민법」 제741조에 따른 부당이득반환청구권을 행사할 수 있다.

IV. 저작권 등 침해에 따른 손해액 산정의 특칙

1. 의의

우리는 앞에서 「민법」상의 불법행위이론에 따라 저작권 침해에 대한 손해배상책임을 물을 수 있음을 살펴보았다. 그런데 「민법」에 따른 일반적인 불법행위이론에 따라 권리침해자에게 손해배상책임을 부과하려 할 경우 가장 큰 난점의 하나가 발생한 손해액의 확정문제이다.

불법행위에 따른 손해의 배상을 청구하기 위해서는 가해행위에 의하여 손해가 현실적으로 발생하여야 한다(「민법」 제750조). 일반적으로 손해라 함은 가해행위가 없었을 경우에 피해자가 얻을 수 있는 재산상 이익상태와 가해행위에 의하여 현실적으로 피해자에게 발생한 재산상 이익상태의 차이를 의미한다.[19] 이와 같이 손해

---

19 예를 들면 저작권 침해가 없을 경우에 저작권자는 해당 저작물을 복제, 대여, 전송⋯등의 권리행사로 1,000만 원의 이익을 취할 수 있는 상태가 가능한 반면에, 저작권의 침해로 인하여 그는 복제 등의 권리행사로 400만 원의 이익만을 취하게 되었고 이 밖에도 조사비용, 소송비용, 증인⋅감정인 등에 교통비와 일당 등 저작권이 침해되지 않았더라면 부담하지 않아도 될 비용 100만 원을 부담하였다면 그는 1,000만 원 − (400만 원 − 100만 원) = 700만 원 또는 1,000만 원 − 400만 원 + 100만 원 = 700만 원의 손해를 입게 된다. 이 예에서 가해행위가 없었더라면 얻을 수 있었던 이익의 손해, 즉 1,000만 원 − 400만 원인 600만 원은 소극적 손해라 하고, 가해행위가 없었더라면 지불하지 않아도 될 비용, 즉 저작권 침해를 파악하기 위해 든 조사비용, 소송비용, 변호사비용, 증인⋅감정인 등에 대한 교통비⋅일당 등으로 인한 손해는 적극적 손해라 한다. 이와 같은 통설의 입장에 따르면 손해액은 적극적 손해 + 소극적 손해로 이루어지는데 소극적 손해는 미래가치의 상실을 의미하고 적극적 손해는 현재가치의 상실을 말한다고 할 수 있다. 위의 예시를 기준으로 700만 원이라는 손해액의 구분과 계산방법을 정리하면 다음과 같다. 즉, 손해액 = 가해행위가 없을 경우의 재산상 이익상태(1,000만 원) − 가해행위에 의하여 초래한 재산상 이익상태(400만 원 − 100만 원) = 소극적 손해(1,000만 원 − 400만 원) + 적극적 손해(100만 원)가 된다.

를 가해행위가 없을 때의 이익상태와 가해행위가 있음으로 해서 발생한 이익상태의 차액이라는 주장을 **차액설**이라고 하며 이는 불법행위에서의 손해액 산정의 일반적인 기준으로서 우리 판례도 이에 따르고 있다.

> 대법원은 손해액의 산정과 관련하여, "불법행위로 인한 재산상의 손해는 위법한 가해행위로 인하여 발생한 재산상의 불이익, 즉 그 위법행위가 없었더라면 존재하였을 재산상태와 그 위법행위가 가해진 현재의 재산상태의 차이를 말하는 것이고, 그것은 기존의 이익이 상실되는 적극적 손해의 형태와 장차 얻을 이익을 얻지 못한 소극적 손해의 형태로 구분된다"라고 판시한 바 있다(대법원 1992.6.13, 선고 91다33070 판결).

그런데 민사상 구제의 일반원칙에 따라 손해배상의 범위와 손해액의 확정을 원고가 입증해야 하지만 저작권의 특성상 증명하기가 쉽지 않다. 손해배상의 입증을 위한 대부분의 자료, 예컨대 무단 복제량, 무단 복제물의 실제 판매량, 복제비용 등에 관한 자료는 피고의 수중에 있기 때문이다. 무엇보다도 침해행위가 없었더라면 저작권자가 얻을 수 있는 이익상태가 매우 가변적이다.[20] 침해행위로 인하여 저작권자에게 현실적으로 발생한 재산적 이익상태 역시 불확정적이기는 마찬가지이다.[21] 이와 같은 상황은 결국 저작권 등을 침해당한 자는 「민법」상의 불법행위이론에 따라 가해자에게 손해배상을 청구하기가 지극히 곤란함을 말해준다.

이에 각국의 저작권법은 일반적인 불법행위책임에 대한 특칙으로서 손해배상의 범위와 손해액 산정의 결정 등에 있어서 피해자의 입증책임부담을 경감·완화시켜주는 다수의 특칙을 두고서 피해를 입은 저작권자 등의 손해배상청구가 보다 원활히 이루어지도록 하고 있다. 우리도 예외는 아니어서 피해자의 손해배상청구권을 보다 용이하게 하기 위하여 법 제125조부터 제126조까지에 걸쳐서 손해액의 추정, 손해액의 간주, 법원의 상당한 손해액의 인정 등, 법정손해배상의 청구에 관한 규정 등을 두고 있다.

---

20 여기에는 침해된 저작권의 구체적 지분권의 종류와 침해의 유형 그리고 경쟁상태에 놓여 있는 시장상황 등이 복합적으로 작용하고 있고, 디지털 형태로 제작·이용되는 문화콘텐츠의 경우에 어느 범위까지 저작권의 행사로 인한 미래가치로 볼 수 있는가를 확정하는 것이 지극히 곤란하다.

21 저작권자가 저작권을 현실적으로 행사하고 있는지의 여부와 경쟁저작물의 존재에 따른 저작물 가격의 하락 정도, 침해자의 과감한 자본투자와 상업적 재능의 발휘여부 그리고 해당 저작권의 침해모습 등에 따라 침해 후 현실적으로 발생한 재산적 손실 내지는 이익상태가 천차만별로 나타날 수 있다.

이 가운데 법 제125조 제1항과 제2항의 손해액의 추정과 손해액의 간주 규정이 좁은 의미의 손해액 산정에 관한 특칙이라면, 법 제125조의2의 법정손해배상의 청구와 법 제126조의 법원의 상당한 손해액 인정은 넓은 의미의 손해액 산정에 관한 특칙이라 할 수 있다.

그런데 저작권 등의 침해를 이유로 불법행위책임에 기인한 손해배상청구권을 행사함에 있어서 이들 특칙은 의무적으로 적용하여야 하는 강행규정이 아니며 임의규정에 해당한다는 점을 유의할 필요가 있다. 다시 말해, 피해자인 원고는 「민법」 제750조에 따른 일반적인 불법행위이론에 기초하여 소극적 손해(저작권 등 침해로 인한 미래가치의 손실)[22]와 적극적 손해(저작권 등 침해로 인한 현재가치의 손실)[23]를 입증하여 손해배상청구권을 행사함이 원칙이지만, 만일에 원고인 피해자가 원할 경우에는 「민법」에 대한 특칙으로서의 성격을 지니고 있는 법 제125조부터 제125조의2까지의 규정을 원용할 수 있다는 것이다. 마찬가지로 법원의 상당한 손해액의 인정을 규정하고 있는 법 제126조 역시 임의규정으로서의 성질을 가지고 있음을 유의하여야 한다. 요컨대, 「저작권법」에서 규정하고 있는 각종 특칙을 적용함에 있어서는 강행적이 아니고 피해자인 원고가 원할 경우에만 선택적으로 행사할 수 있거나 법원이 제반사정을 참작하여 인정할 수 있는 임의적 규정이라는 것을 항상 유의하여야 한다.[24]

2. 침해자의 이익의 액을 피해자의 손해액으로 추정

(1) 의의

저작권 등의 침해로 인하여 「민법」상의 불법행위로 인한 손해배상을 청구함에 있어서 원고의 입증의 부담을 완화하기 위하여 「저작권법」에서 규정하고 있는 특칙의 하나가 곧 침해자가 저작권 등을 침해하여 얻은 이익을 피해자가 입은 손해액으로 추정한다는 피해자의 입증책임의 경감에 관한 규정이다. 즉, "저작재산권 그 밖에

---

22 가해행위가 없었더라면 취득하였을 재산가치와 가해행위로 인해 피해자가 실제상의 취득한 재산가치의 차액을 말한다. 이는 저작권침해로 인하여 앞에서 본 예에서의 600만 원에 해당한다.

23 가해행위로 파악하기 위하여 든 조사비용, 소송비용, 변호사비용 등 손실된 재산상의 현재가치를 말한다.

24 「저작권법」 제125조 제2항과 제3항, 법 제125조의2 그리고 법 제126조에서의 규정형식은 모두가 다 "… 청구할 수 있다"또는 "…인정할 수 있다"라고 규정되어 있다.

이 법에 따라 보호되는 권리(저작인격권 및 실연자의 인격권을 제외한다)를 가진 자(이하 "저작재산권자 등"이라 한다)가 고의 또는 과실로 권리를 침해한 자에 대하여[25] 그 침해행위에 의하여 자기가 받은 손해의 배상을 청구하는 경우에 그 권리를 침해한 자가 그 침해행위에 의하여 이익을 받은 때에는 그 이익의 액을 저작재산권자 등이 받은 손해의 액으로 추정한다"(「저작권법」 제125조 제1항).

앞에서 살펴본 바와 같이 가해행위로 인한 손해액은 권리침해가 없었을 경우 피해자의재산적 이익상태에서 가해행위로 인하여 피해자에게 현실적으로 발생한 재산적 이익상태를 뺀 값을 말하는데, 현실적으로 이와 같은 가액을 원고가 입증하기란 어려운 일이다. 이와 같은 상황에서 원고의 입증부담을 덜어주기 위하여 저작권법에서는 보다 입증이 쉬운 저작권 등의 침해로 말미암아 침해자가 취득한 이익을 곧바로 피해자의 손해액으로 추정하여 손쉽게 손해배상을 청구할 수 있는 길을 열어주고 있는 것이다. 물론 이 방법을 원용하여 손해배상을 청구할지의 여부는 원고의 선택에 따르게 되며, 침해자가 얻은 이익을 피해자의 손해액으로 하는 이 방법은 원고가 실제로 입은 최소한의 손해액에 미치지 못하는 경우가 대부분이므로 원고는 이 방법 이외에 「민법」상의 전통적인 손해액 입증이나 그 밖의 다른 방법으로 손해배상을 청구할 수도 있다.

「저작권법」 제125조 제1항에 따라 피해자가 손해배상을 청구할 경우에도 원고인 피해자는 민사상의 **원고의 입증책임주의**에 따라 침해자의 이익액을 입증하여야 하고, 다만 입증된 이익액이 피해자의 손해액으로 추정될 뿐임을 유의하여야 한다.

(2) 손해액의 산정방법

「저작권법」에서 이와 같은 특칙을 마련하고 있는 근본적인 이유는 「민법」상의 불법행위에 기인한 피해자의 손해액을 입증하기보다는 침해자의 이익액을 입증하기가 훨씬 용이하기 때문이다. 일반적으로 저작권 등을 침해한 자의 이익은 침해의 결과로서 나타나는 침해저작물의 매출액, 침해저작물의 수량, 침해저작물의 단가 및

---

25 「저작권법」 제125조 제1항뿐만 아니라 법 제125조 제2항 그리고 법 제125조의2(법정손해배상의 청구), 법 제127조(명예회복 등의 청구)에서도 "고의 또는 과실로 권리를 침해한 자에 대하여"라는 표현을 쓰고 있는데 이는 곧 이들 규정이 일반적인 불법행위책임을 규정하고 있는 「민법」 제750조에 대한 특칙으로서의 성격을 가지고 있음을 말해준다.

이익률, 시장에서 형성되어 있는 해당저작물의 매출에 따른 이익률, 제작·판매·관리비 등 필요경비 등의 지표를 활용하여 손쉽게 파악할 수 있는 특징이 있다.[26]

그런데 침해자의 이익을 최종적으로 산정함에 있어서 침해자 자신의 지망도와 자본의 투입, 광고와 선전, 영업능력 등이 반영되어 이익이 상승된 기여부분이 있다면 당연히 이에 상응하는 부분은 침해자의 이익에서 공제하여야 할 것이다. 판례도 같은 입장이다.

> 대법원은 침해자의 이익을 피해자의 손해액으로 산정하는 방법과 관련하여, "「저작권법」 제125조 제1항에 따라 저작재산권자가 손해배상을 청구하는 경우에 침해자가 그 물건을 제작·판매함으로써 얻은 이익 전체를 침해행위에 의한 이익이라 할 수 없고, 침해자가 그 물건을 제작·판매함으로써 얻은 전체 이익에 대한 해당 저작재산권의 침해행위에 관계된 부분의 기여율(기여도)을 산정하여 그에 따라 침해행위에 의한 이익액을 산출하여야 할 것이다"라고 판시한 바 있다(대법원 2004.6.11, 선고 2002다18244 판결).

이와 같이 법 제125조 제1항에 따르면 저작재산권을 침해한 자가 그 침해행위로 인하여 얻은 이익을 저작재산권자의 손해액으로 추정하고 있는데, 이는 침해행위가 없었더라면 침해자가 그 권리의 실행에 의하여 얻은 이익액과 동등한 또는 그 이상의 이익을 권리자가 그 실행에 의하여 얻을 수 있었을 것이라는 일반적인 경험법칙을 반영하고 있다. 따라서 법 제125조 제1항을 원용하기 위해서는 원고(피해자)는 현실적으로 저작권 등을 행사하고 있는 자이어야만 하며, 현실적으로 저작권을 행사하고 있지 않은 저작재산권자는 통상적으로 받을 수 있는 사용료를 손해액으로 하여 손해배상을 청구함이 타당하다.

침해자의 이익을 피해자의 손해액으로 한다는 법 제125조 제1항은 추정규정에 해당하므로 피고(가해자)가 침해행위에 의한 이익의 액의 증명을 진위불명眞僞不明의 상태로 몰아가거나 피해자가 입은 별도의 손해액을 입증한다면 이 추정규정은 깨어진다.

---

26 저작물의 종류와 특성에 따라 침해자의 이익을 산정하는 방법은 다를 수 있겠으나 대부분의 경우 침해자의 이익은 다음과 같은 계산방법, 즉 i) 침해품 매출액×침해자의 이익률, ii) 침해품 판매수량×침해품 1개당 이익액, iii) 침해에 따른 총 수익−침해행위에 부수한 필요경비 가운데의 어느 하나의 방법으로 쉽게 계산할 수 있을 것이다(오승종, 앞의 책, 1435쪽).

(3) 「저작권법」 제125조 제1항의 적용범위

한편 피해자(원고)의 입증책임 경감을 위하여 마련된 법 제125조 제1항은 저작재산권의 침해에 따른 순수한 재산적 손해의 배상에만 적용되고 정신적 손해의 배상에서는 그 적용이 제외된다. 법 제125조 제1항에서도 손해배상을 청구하는 자로서 '저작재산권자 등'에 한정하고 저작인격권 및 실연자의 인격권은 제외된다고 하여 이를 분명히 하고 있다.[27]

위자료의 청구라는 형태로 나타나는 정신적 손해의 배상청구는 피해자가 주관적으로 느끼는 정신적·인격적 고통을 배상해주는 것으로서 재산적 손해와는 달리 위자료 산정의 일반적인 기준은 없다. 정신적 손해의 배상액은 구체적인 사안별로 법원의 재량에 따라 개별적으로 결정하는 것이 바람직하기 때문이다. 이처럼 뒤에서 논의하게 될 법 제125조 제2항에서의 통상적으로 받을 수 있는 금액의 손해액 간주규정에서도 마찬가지이다.[28]

3. 저작재산권자 등이 통상적으로 받을 수 있는 금액에 상당하는 액을 손해액으로 간주

(1) 의의

피해자(원고)의 손해액 입증책임의 부담을 경감시켜 주기 위한 또 하나의 법적인 장치로서 우리 「저작권법」에서는 피해자인 저작재산권자 등은 그가 권리의 행사로 통상 받을 수 있는 금액에 상당하는 액을 손해의 액으로 하여 손해배상을 청구할 수 있도록 하는 규정을 마련하고 있다. 즉, "저작재산권자 등이 고의 또는 과실로 그 권리를 침해한 자에 대하여 그 침해행위에 의하여 자기가 받은 손해의 배상을 청구하는 경우에 그 권리의 행사로 통상 받을 수 있는 금액에 상당하는 액을 저작재산권자 등이 받은 손해의 액으로 하여 그 손해배상을 청구할 수 있다"(제125조 제2항). 이 경우 피해자(원고)는 그가 그 권리의 행사로 통상 받을 수 있는 금액에 상

---

27 저작인격권과 실연자의 인격권의 침해는 주로 정신적 손해에 해당하며 이는 법 제127조에서 별도로 규정하고 있다.

28 법 제125조에서는 권리행사의 주체를 '저작재산권자 등'이라 하여 재산권이 아닌 정신적 손해로서의 위자료 청구에는 적용되지 않는 것으로 하고 있다.

당하는 액만 입증하면 이것이 그가 입은 손해액으로 간주되어 최소한 이 액수만큼 의 손해를 배상받을 수 있게 된다.

법 제125조 제2항에 따른 손해배상의 청구는 불법복제물을 작성하여 무단으로 배포하는 경우와 같이 침해자가 이익을 받지 않을 때 또는 광고의 목적으로 음악을 무단으로 연주하는 경우와 같이 침해자가 받은 이익을 금액으로 산정하기 어려운 경우에 주로 적용될 수 있다.

이와 같은 방법으로 손해배상을 청구하는 것 역시 앞에서 살펴본 법 제125조 제1항에서의 침해자의 이익을 피해자의 손해액으로 추정하는 규정과 마찬가지로 원고의 선택에 따라 이루어지는 것으로서 강제성이 있는 것은 아니다. 따라서 원고는 전통적인 민사상의 불법행위책임에 따라 실제 손해액을 입증하거나 법 제125조 제1항에 의거하여 권리침해자(피고)가 얻은 이익을 입증하거나 아니면 여기서 논의하고 있는 바와 같이 그가 해당 저작권 등의 행사로 통상적으로 받을 수 있는 금액에 상당하는 액을 입증하는 등 어느 방법이든 그가 원하는 방법을 택하여 소송을 진행하면 될 것이다.

피해자인 원고가 이 방법을 택하여 손해배상을 청구할 경우 여러 가지 입증부담의 감소로 그의 권리보호에 여러 가지 유리한 측면이 많다. 원고는 자기가 얼마만큼의 손해를 받았는가에 관계없이, 다른 특별한 입증을 할 필요도 없이 통상적으로 그가 받을 수 있는 금액만 입증하면 이를 손해배상액으로 청구할 수 있으며 침해자는 특별한 사유가 없는 한 이를 지급할 의무를 부담하여야 하기 때문이다.

그런데 법 제125조 제2항의 법문에서는 "…저작재산권자 등이 받은 손해액으로 하여…청구할 수 있다"라고 규정 하고 있으나 이는 "…저작재산권자 등이 받은 손해액으로 간주하여…청구할 수 있다"라는 의미로 해석된다. 따라서 통상 받을 수 있는 금액은 곧 그가 입은 손해액으로 간주되며 이 경우 피고의 반증은 허용되지 아니한다. 이 점에서 피고의 반증이 허용되는 법 제125조 제1항에서의 침해자의 이익이 피해자의 손해액으로 추정되는 것과는 차이가 있다.

(2) 저작재산권자 등이 통상적으로 받을 수 있는 금액(사용료)

그렇다면 저작재산권자 등이 그 권리의 행사로 통상적으로 받을 수 있는 금액에 상당하는 액수는 무엇을 의미하고 어떻게 입증하는지가 문제된다. "권리의 행사로 통상적으로 받을 수 있는 금액"이라 함은 일반적으로 타인에게 이용허락을 하였을 경우에 통상적으로 지급받을 수 있는 대가에 상당하는 액수를 말한다.

> 대법원은 저작재산권자 등이 그 권리의 행사로 통상적으로 받을 수 있는 금액의 기준과 관련하여, "저작재산권자가 해당 저작물에 관하여 사용계약을 체결하거나 사용료를 받은 적이 전혀 없는 경우라면 일응 그 업계에서 일반화되어 있는 사용료를 저작권 침해로 인한 손해액 산정에 있어서 한 기준으로 삼을 수 있겠지만, 저작재산권자가 침해행위와 유사한 형태의 저작물 사용과 관련하여 저작물 사용계약을 맺고 사용료를 받은 사례가 있는 경우라면, 그 사용료가 특별히 예외적인 사정이 있어 이례적으로 높게 책정된 것이라거나 저작권 침해로 인한 손해배상청구 소송에 영향을 미치기 위하여 상대방과 통모하여 비정상적으로 고액으로 정한 것이라는 등의 특별한 사정이 없는 한, 그 사용계약에서 정해진 사용료를 저작재산권자가 그 권리의 행사로 통상 얻을 수 있는 금액으로 보아 이를 기준으로 손해액을 산정함이 상당하다"라고 판시한 바 있다(대법원 2001.11.30, 선고 99다69631 판결).

권리의 행사로 통상적으로 받을 수 있는 금액을 흔히 **사용료**라 부른다.[29] 사용료는 저작재산권자의 주관적 가치가 배제된 상태에서 해당 시장에서 객관적으로 형성된 시장가치가 반영된 것으로 원고가 권리의 행사로 통상적으로 받을 수 있는 금액을 손해액으로 하여 배상청구를 할 경우 그 배상액은 권리자의 실제 손해액이나 침해자의 실제 이익에는 미치지 못하는 경우가 많고 대부분의 경우에 있어서는 최소기준의 금액에 해당함이 일반적이다. 이와 같은 이유로 법 제125조 제2항을 원용한 손해배상청구권의 행사는 편의성은 있으나 배상액이 최소기준에 머문다는 단점이 있다.[30]

그런데 권리자 자신이 통상적으로 받고 있는 대가가 따로 있다면 그 금액이 곧 사용료가 될 수도 있으며, 이미 제3자에게 이용허락을 하고 있었다면 그 약정사용료가 기준이 될 수도 있다. 이 밖에도 침해행위 당시 약정사용료가 존재하지 않은 경우에는 만약 그 당시에 이용허락계약을 하였다고 가정하여 정한 사용료가 기준이 될 수도 있다.

---

29 저작물의 유형에 따라 사용료는 로열티, 렌트비, 라이선스 비용, 인세, 방송·음악저작물 사용료, 출연료, 원고료, 음반취입료, 원고 1매당 가격, 방송사용료 등으로 불리워지고 있다.

30 이와 같은 문제를 보완하기 위한 규정이 법 제125조 제3항이다.

최근에 와서는 저작권신탁관리단체 등에서 해당 저작재산권의 행사로 통상적으로 받을 수 있는 금액을 별도로 규정하고 있는 경우가 일반화되고 있는데 이들 규정 역시 사용료 산정의 중요한 자료가 될 수 있다.[31]

(3) 통상적으로 받을 수 있는 금액을 초과하는 손해의 배상

저작재산권자 등은 손쉽게 법 제125조 제2항의 규정에 따라 권리의 행사로 통상적으로 받을 수 있는 금액에 상당하는 액을 입증한 후 이를 손해액으로 하여 손해배상을 청구할 수 있으나 대부분의 경우 실제로 입은 손해액은 이보다 크기 마련이다. 이 경우 그 초과액에 대해서도 손해배상을 청구할 수 있는가가 문제시 된다. 당사자주의를 기반으로 하는 우리 민사소송의 구조에서 볼 때 손해액의 입증은 모두 원고가 지며, 다만 손해액 입증의 부담을 경감시키기 위하여 「저작권법」에서는 위에서 논의한 바와 같이 각종 특칙을 마련하고 있음을 보았다. 따라서 이 경우 피해자인 원고가 원한다면 당연히 그 초과하는 부분만큼의 손해액을 입증하여 손해배상을 청구할 수 있음은 물론이다.

이와 같은 입법취지에 따라 법 제125조 제3항에서는 "제2항의 규정에도 불구하고 저작재산권자 등이 받은 손해의 액이 제2항의 규정에 따른 금액을 초과하는 경우에는 그 초과액에 대하여도 손해배상을 청구할 수 있다"라고 규정하고 있다. 만일에 저작재산권자 등이 받은 손해의 액이 통상적으로 받을 수 있는 사용료에 상당하는 액보다 크다면 당연히 선택적으로 「민법」 제750조나 「저작권법」 제125조 제1항의 규정에 따른 손해배상의 청구를 행사할 수 있을 것이다. 따라서 법 제125조 제3항은 우리 민사법의 대원칙인 **실손해 배상의 원칙**을 다시 한번 확인하는 성격의 규정으로 이해된다.

지금까지 논의한 저작재산권 등의 침해로 인한 손해배상청구에 있어서 손해액의 입증에 관한 세 가지의 방법을 요약하여 정리해보면 다음의 표와 같다.

---

[31] 저작권신탁관리단체인 한국음악저작권협회가 문화체육관광부 장관의 승인을 받아 제정한 「음악저작물 사용료규정」 등이 그것이다(법 제105조 제5항 참조).

구분	「민법」제750조	「저작권법」 제125조 제1항	「저작권법」 제125조 제2항
이론적 배경	불법행위론	불법행위론에 대한 특칙	불법행위론에 대한 특칙
손해액의 산정	불법행위가 없었을 경우의 재산적 이익 – 불법행위로 인하여 발생한 재산적 이익 (적극적 손해＋소극적 손해)	침해자가 얻은 이익	권리자가 통상 받을 수 있는 금액(사용료)에 상당하는 액
손해액의 성격	재산적 손해＋정신적 손해	재산적 손해	재산적 손해
손해액입증의 책임자	원고(피해자)	원고(피해자)	원고(피해자)
손해액입증의 곤란성	입증 곤란	입증 보통	입증 쉬움
손해배상의 범위	최대수준	보통수준	최소수준
현실적 활용	활용빈도 낮음	활용빈도 보통	활용빈도 높음
적용여부	선택적	선택적	선택적
규정의 성격	강행규정	추정규정	간주규정

V. 법원의 상당한 손해액의 인정

1. 의의

「저작권법」제125조에서는 「민법」제750조가 규정하고 있는 불법행위책임에 대한 특칙으로서 원고인 피해자의 입증책임의 부담을 덜어주기 위한 여러 가지 규정을 두고 있음을 보았다. 그런데 저작권 침해에 따른 손해액의 산정은 그리 쉬운 일이 아니어서 법 제125조에 따른 두 가지 방법으로도 손해액을 확정할 수 없는 경우가 허다하다.[32]

민사소송의 대원칙인 변론주의[33]에 입각할 때 원고(피해자)가 각종 사실과 증거자료를 수집하여 손해액을 입증한 후 이를 주장하여야 하나 법 제125조의 규정만으

---

32 침해자가 저작권자의 허락 없이 저작물을 불법복제를 한 이후 정확한 부수를 말하지 않는 경우 몇 부를 복제하였다고 보고 손해액을 산정할 것인가? 인터넷을 통해 불법다운로드가 일어났을 경우 해당 저작물에 대한 손실액은 어느 수준으로 하여야 하는가? 등의 경우와 같이 손해가 발생한 사실은 확실하지만 손해액을 정확히 산정하기 어려운 경우가 허다하다.

로는 부족한 경우가 있을 수 있다. 이 제도는 변론주의가 일정부분 제한되는 경우로서 **저작권 침해로 인한 손해의 배상**이라는 공익적 필요에 부응하기 위한 입법정책의 산물이며, 실제에 있어서도 이 **상당한 손해액**의 인정방법은 다른 손해액 산정방법보다 빈번하게 적용되는 것으로 알려져 있다.

2. 상당한 손해액 인정

(1) 「저작권법」에서의 규정

저작권 침해에 따른 손해배상에 있어서 법원이 상당한 손해액을 인정할 수 있는 근거는 법 제126조에 규정되어 있다. "법원은 손해가 발생한 사실은 인정되나 제125조의 규정에 따른 손해액을 상정하기 어려운 때에는 변론의 취지 및 증거조사의 결과를 참작하여 상당한 손해액을 인정할 수 있다"라는 규정이 그것이다. 여기서 말하는 상당한 손해액이란 손해가 발생한 사실만 인정된다면 실제 손해액과 정확하지는 않지만 제반사정과 당사자 간의 형평성 등을 고려하여 실제적인 손해에 상당히 근접하는 합리적인 수준에서 해당 법원이 재량으로 정한 손해액을 말한다.

(2) 자유심증주의의 채택

법원의 상당한 손해액 인정에 관한 법 제126조의 규정은 「민사소송법」상의 일반원칙의 하나인 자유심증주의에 기초한 것이다.[34] 자유심증주의라 함은 법관이 재판의 기초를 이루는 사실을 인정함에 있어서 소송절차에서 제출된 모든 자료를 자유롭게 판단하여 심증을 형성할 수 있게 하는 원칙을 말한다. 이 자유심증주의는 사

---

33 '변론주의'라 함은 소송자료, 즉 사실과 증거자료의 수집·제출의 책임을 당사자에게 맡기고 당사자가 수집·제출한 소송자료만을 재판의 기초로 삼는 것을 말한다. 따라서 주요 사실은 당사자가 변론에서 주장하여야 하며 당사자가 주장되지 않은 사실은 판결의 기초로 삼을 수 없다. "너는 사실을 말하라. 그러면 나는 권리를 주리라"라는 법언(法諺)은 변론주의에 기초한 것이다.

34 자유심증주의는 변론주의에 대한 예외 내지는 제한에 해당되는 것으로서 당사자의 신청 또는 이의의 유무에 관계 없이 법원은 반드시 직권으로 조사하여 판단하는 것을 말한다. 「민사소송법」에서는 자유심증주의에 관한 일반적인 규정을 두고 있는데 "법원은 변론전체의 취지와 증거조사의 결과를 참작하여 자유심증으로 사회정의와 형평의 이념에 입각하여 논리와 경험의 법칙에 따라 사실주장의 진실여부를 판단한다"라는 「민사소송법」 제202조의 규정이 그것이다(강현종, 앞의 책, 521~522쪽).

실인정의 또 다른 방법인 법정증거주의[35]에 대비되는 개념이다.

(3) 손해액 산정이 어려울 경우에 법원이 인정

법 제126조에 따라 손해액의 산정이 어려울 경우에 법원은 상당한 손해액을 인정할 수 있으며, 실제의 소송실무에서도 법 제126조에 따른 상당한 손해액의 인정이 널리 활용되고 있는데[36] 아래에서 이 제도의 행사요건에 대해서 좀 더 구체적으로 살펴보기로 한다.

첫째, 상당한 손해액의 인정제도는 손해가 발생한 사실은 분명히 인정되지만 법 제125조에 따른 손해액 산정방법, 즉 가해자의 이익이나 피해자가 통상적으로 받을 수 있는 사용료의 산정이 어려운 때에만 적용할 수 있다. 다시 말해 「민법」상의 불법행위나 법 제125조에 따른 손해액 산정이 충분히 가능한 때에는 이 방법에 따른 손해액을 인정할 수는 없다. 이렇게 볼 때 법 제125조와 법 제126조의 관계는 1차적·원칙적인 것과 2차적·보충적인 것으로 볼 수 있다.

둘째, 상당한 손해액은 피해자가 입증하는 것이 아니고 법원이 인정하는 액수이다. 이는 앞에서 본 「민법」 제750조의 불법행위책임에 따른 손해액의 입증, 「저작권법」 제125조에 따른 침해자의 이익과 피해자가 통상 받을 수 있는 금액에 상당하는 액의 입증의 주체가 피해자(원고)인 것과는 차이가 있다. 상당한 손해액이란 손해가 발생한 사실만 인정된다면 실제 손해액과 정확하지는 않지만 제반사정과 당사자 간의 형평성 등을 고려하여 실제적인 손해에 상당히 근접하는 합리적인 수준에서 해당 법원이 그의 재량으로 정한 손해액을 말한다. 상당한 손해액을 인정함에 있어서 법원은 당사자의 신청 또는 이의유무와 관계없이 이미 청구된 심판사항에 대하여 직권으로 조사하여 판단하여야 하며, 이와 같은 법원의 직권조사의 실시는 저작권자의 권리보호라는 공익적 요청에 부응하기 위함이다.

---

35 '법정증거주의'라 함은 예를 들어 일정한 사실의 인정을 일정한 형식의 증거에 의하지 않으면 안 된다든가 일정한 형식의 증거가 있으면 일정한 사실을 인정하여야 한다는 것과 같이 미리 증거법칙으로 정하여 법관으로 하여금 이에 따라 사실을 인정하게 하는 원칙을 말한다.

36 각종 자료에서도 「저작권법」 제126조의 규정이 배상액 산정근거로 대부분 활용하는 것으로 나타나고 있다고 한다.

3. 상당한 손해액 인정의 방법

법원은 손해액을 인정함에 있어서 변론의 취지와 증거조사의 결과를 참작하여 상당한 수준의 액을 손해액으로 인정하여야 한다. 다시 말해 법원은 제한장치 없는 재량으로 손해액을 인정하는 것이 아니라 가해자와 피해자, 즉 당사자가 제기하는 변론의 취지를 충분히 참작하고 이 밖에도 당사자가 이미 제출한 사실관계자료와 각종의 증거를 직권으로 조사한 후 그 결과를 종합적으로 참작하여 가급적 실손해에 근접하는 상당한 수준의 손해액을 인정하여야 한다. 일반적으로 심증형성의 자료(증거원인)는 변론전체의 취지와 증거조사의 결과에 한정되므로[37] 법관이 개인적으로 아는 지식 기타 변론에 나타나지 않는 자료를 쓸 수는 없다. 또한 증거원인에 의한 사실인정은 법관의 자유심증에 맡겨져 있으나, 그 자유심증은 사회정의와 형평의 이념에 입각하여 논리와 경험법칙에 따라야 한다(「민사소송법」 제202조 참조).

VI. 법정손해배상의 청구

1. 법정손해배상제도의 의의

지금까지 살펴본 저작재산권 침해에 따른 손해액의 입증을 완화시켜주는 여러 가지 법적 장치에서 한 걸음 더 나아가 저작권침해가 인정되는 경우에 권리자가 구체적인 손해를 입증할 필요 없이 법률에 미리 규정된 범위 내에서 손해배상을 청구할 수 있도록 하면 권리자 보호에 더욱 충실해질 수 있는데, 이와 같은 제도가 곧 법정손해배상제도Statutory Damages이다. 이 제도는 「한·미 FTA 협정」의 체결에 따른 2011년 「저작권법」 개정 때 신설되어 지금까지 유지되고 있다.

---

37 심증형성 내지는 사실인정의 자료가 되는 것을 '증거원인'이라고 하는데 여기에는 '변론의 취지'와 '증거조사의 결과' 두 가지가 있다. 변론의 취지는 증거조사의 결과를 제외한 일체의 소송자료 및 상황으로서 당사자의 주장내용, 태도, 기타 변론의 취지에서 얻은 인상 등 변론에서 나타난 일체의 사항을 말한다. 예를 들면 전후 일관성 없는 주장, 간단한 사실을 땀을 흘리거나 낯을 붉히면서 주장하는 태도, 진실의무의 위반, 공격·방어방법의 제출시기 따위이다. 여기서 증거조사의 결과라 함은 법원이 적법한 증거조사에 의하여 얻은 증거자료를 말한다. 여기에는 증언, 감정, 검증 또는 본인 심문결과 등이 있다.

저작재산권자 등이 고의 또는 과실로 권리를 침해한 자에 대하여 실제 손해액 등을 구체적으로 입증할 필요 없이 법률에서 별도로 정한 금액을 배상액으로 청구하는 법정손해배상제도는 변론주의를 대원칙으로 하는 우리 「민사소송법」 체계에서는 파격적으로 이해되고 있다.

2. 법정손해배상의 청구

(1) 법정손해의 의의

법정손해배상제도는 앞에서 살펴본 바와 같이 손해액의 범위를 미리 법률에 규정해 두고 원고인 피해자는 그 범위 내에서 상당한 금액을 청구하기만 하면 손해배상을 받을 수 있는 제도이다. 이는 피해자 보호를 위한 획기적인 조치로서 미국과 같은 영미법계 국가에서 주로 이용되고 있고 그 역사도 대단히 길다.[38]

당사자가 주장하는 손해액이 아니라 입법부가 제정한 법률에서 미리 손해액의 범위를 정하고 사법부인 법원이 그 정해진 범위 내에서 최종적으로 상당한 손해액을 인정한다는 법정손해배상제도는 분명히 처분권주의[39]를 기본원칙으로 하는 우리 민사소송 체계에서는 상당히 이례적인 제도임에 틀림없다.

법정손해배상의 청구를 보다 체계적으로 이해하기 위해서는 우리 「저작권법」이 채택하고 있는 저작권 침해에 따른 여러 가지 손해액 산정방법과 각각의 입증이나 산정의 주체를 상호 비교해 볼 필요가 있는데, 이를 유형화해 보면 다음과 같다.

---

38 「저작권법」에 법정손해배상제도(Statutory Damages or Pre-Established Damages)를 논의함에 있어서 이 제도를 도입한 배경이 「한·미 FTA 협정」의 체결이고 이 제도가 미국에서 활발히 운용되고 있으므로 미국의 예를 충분히 검토할 필요가 있다. 우선 미국은 법정손해배상을 받기 위해서 권리자가 저작권등록을 할 것을 요구하고 있다(미국 저작권법 제412조 참조). 그리고 저작권자는 최종판결이 있기 전에는 언제든지 그의 선택에 따라 실제손해와 이익에 갈음하여 법정손해배상을 요구할 수 있도록 규정하고 있다. 이때 편집저작물과 2차적저작물의 모든 구성부분은 하나의 저작물로 구성한다(미국 저작권법 제504조).

39 '처분권주의'라 함은 절차의 개시, 심판의 대상 그리고 절차의 종결에 대하여 당사자에게 절차의 주도권을 주어 그 처분에 맡기는 입장으로서 우리 민사소송의 대원칙에 해당한다. 처분권주의는 널리 변론주의를 포함하여 '당사자주의'라고도 하며 일반적으로 직권주의에 대응하는 개념으로 쓰이고 있다.

구분	실제 손해액	피해자의 이익	통상의 사용료	상당한 손해	법정손해
법률규정	「민법」 제750조	법 제125조 제1항	법 제125조 제2항	법 제126조	법 제125조의2
입증과 산정의 주체	원고가 입증	원고가 입증	원고가 입증	법원이 상당한 손해액 인정	국회가 법률에 범위설정 → 법원이 상당한 손해액 인정

(2) 「저작권법」에서의 규정

법정손해배상의 청구는 지금까지 살펴본 다른 방법에 의한 손해배상의 청구와 마찬가지로 「민법」상 불법행위책임을 규정한 「민법」 제750조에 대한 특칙에 해당하며, 「저작권법」 제125조의2에서 이에 관하여 규정하고 있다. 즉, "저작재산권자 등은 고의 또는 과실로 권리를 침해한 자에 대하여 사실심事實審의 변론이 종결되기 전에는 실제 손해액이나 제125조 또는 제126조에 따라 정하여지는 손해액에 갈음하여 침해된 각 저작물마다 1천만 원(영리를 목적으로 고의로 권리를 침해한 경우에는 5천만 원) 이하의 범위에서 상당한 금액의 배상을 청구할 수 있다."

(3) 법정손해배상의 청구권자

법정손해배상의 청구는 앞에서 본 다른 손해배상청구와 마찬가지로 재산적 손해에만 적용한 것으로서 저작인격권 침해에 따른 정신적 손해의 배상에는 적용되지 않는다. 따라서 법정손해배상청구권을 행사할 수 있는 사람은 저작재산권자 등에 한정된다. 이 경우 법정손해배상을 청구할지의 여부는 다른 것과 마찬가지로 원고(피해자)의 선택사항이다. 다시 말해 원고는 의무적으로 법적손해배상을 청구할 필요는 없으며 자율적·선택적으로 청구할 수 있다.

(4) 법정손해배상의 청구시기

민사소송에서 실손해배상을 법정손해배상으로 변경하거나 반대로 법정손해배상을 실손해배상으로 변경하는 것이 가능하며, 이는 우리 「민사소송법」상 청구의 취지 또는 원인의 변경에 해당한다. 따라서 원고는 애초부터 「저작권법」 제125조의2

제1항의 규정에 따라 법정손해배상을 청구할 수도 있고[40], 아니면 「민법」 제750조나 「저작권법」 제125조에서 규정하고 있는 두 가지 방법에 따라 정하여지는 손해액이나 「저작권법」 제126조에 따라 정하여지는 상당한 손해액으로 손해배상청구소송을 진행하다가 이를 변경한 후[41] 새로이 법정손해배상을 청구할 수도 있다. 후자의 경우, 즉 청구의 취지 또는 원인을 변경함에 따라 법정손해배상을 청구하는 경우에는 그 시기가 문제인데 이때에는 사실심事實審의 변론이 종결되기 전에 법정손해배상을 청구하여야 한다. 이와 같은 시기적 제한을 두는 이유는 우리 「민사소송법」에서 청구의 취지 또는 청구원인[42]의 변경은 변론을 종결할 때까지 할 수 있는 것으로 규정하고 있기에[43] 이와 괘를 같이하기 위한 입법적 배려이다.

3. 법정손해배상액

(1) 법정손해배상액 산정의 기준

법정손해배상액의 산정기준으로는 침해된 저작물의 수, 침해행위의 횟수, 침해자의 수 등이 있을 수 있는데 어느 것을 기준으로 하느냐는 산정방법의 용이성과 저작권 환경 그리고 국민의 저작권 의식수준 등을 고려하여 그 나라의 입법정책으로 결정할 사항이다. 우리 「저작권법」에서는 "…침해된 각 저작물 등마다 1천만 원(영리를 목적으로 고의로 권리를 침해한 경우에는 5천만 원) 이하의 범위에서 상당한 금액의 배상을 청구할 수 있다"(제125조의2 제1항 참조)라고 규정하여 침해행위의 모습과

---

40 법문(法文)에는 다른 손해액산정방법을 동원할 필요 없이 처음부터 법정손해배상청구의 방법을 원용할 수 있다는 명시적인 규정은 없으나, 이 제도의 도입취지가 저작권의 침해로 인하여 손해가 발생한 경우에 그 손해액산정 및 그와 관련한 증거확보의 곤란을 보완하여 침해를 억제하거나 예방할 수 있는 충분한 손해배상액을 보장함으로써 저작권을 효과적으로 보호하는 데 있다는 점 등을 고려할 때 이 제도는 소제기를 한 후에 이를 갈음하여 활용하기보다는 다른 방법으로 소제기 단계에서 곧바로 적용될 수 있어야 하기 때문이다.

41 이를 청구취지의 변경 또는 청구원인의 변경이라 한다.

42 소장(訴狀)은 간결한 문장으로 정연하고 명료하게 작성하여야 하는데 여기에는 i) 당사자 및 법정대리인의 표시, ii) 청구의 취지, iii) 청구의 원인 등을 기재하여야 한다. 청구의 취지라 함은 원고가 소(訴)로서 바라는 권리보호의 형식과 법률효과를 적는 소의 결론부분이다. 따라서 청구취지에는 원고가 바라는 판결주문으로서 어떠한 대상에 어떠한 내용과 종류의 판결을 구한다는 뜻을 표시하여야 한다. 한편, 청구의 원인은 소송의 전제가 되는 권리관계의 발생원인에 해당하는 사실관계를 말하며 일반적으로 원고주장을 입증할 사실관계를 말한다.

43 "원고는 청구의 기초가 바뀌지 아니하는 한도 안에서 변론을 종결할 때까지 청구의 취지 또는 원인을 바꿀 수 있다"(「민사소송법」 제262조 제1항 참조).

는 관계없이 **침해된 저작물의 단위**⎡Per Infringed Works⎤를 법정손해배상액 산정의 기준으로 하고 있다. 따라서 한 사람이 하나의 저작물에 대하여 아무리 많은 침해행위를 하더라도 하나의 법정손해배상책임만이 있다. 공동저작물과 같이 하나의 저작물에 다수의 저작권자(원고)가 존재하는 경우나, 하나의 저작물에 대하여 여러 명의 가해자(피고)가 있는 경우도 마찬가지여서 그 저작물 침해에 대하여는 하나의 단일한 법정손해배상만이 인정된다. 이 기준은 계상柱上의 용이성과 다른 기준을 적용할 시 과다한 액수가 산정되는 것을 피하기 위한 것으로 보인다.⁴⁴

다만, 특정의 기준을 적용하여 산정된 법정손해배상액은 이미 이루어진 침해로 인한 손해를 배상하기에 충분한 액수이어야 하고, 장래의 침해를 억제할 수 있는 액수이어야 할 것이다.⁴⁵ 이와 같이 법정손해배상제도는 과거에 입은 손해의 전보뿐만 아니라 장래에 일어날 침해의 억제라는 추가적인 기능도 염두에 두고 있으므로 법 제126조에 의한 것보다 더 높은 액수의 배상이 이루어지는 것이 일반적이다.

(2) 법정손해배상액의 범위와 그 인정

법정손해배상액의 범위를 확정함에 있어서는 무엇보다도 법적 안정성과 구체적 타당성이 동시에 고려되어야 할 것이다. 현행 법체계에 따르면 법적 안전성을 강화하기 위한 장치로서는 배상액의 범위를 의회가 제정한 **법률**에 직접 규정하고, 구체적 타당성을 확보하기 위한 장치로서는 사건을 담당하고 있는 법원이 변론의 취지와 증거조사의 결과를 고려하여 상당하다고 인정하는 손해액을 직접 정하도록 하는 복합적인 방법을 채택하고 있다. 이를 구체적으로 살펴보면 먼저 저작재산권자 등은 침해된 저작물마다 1천만 원(영리를 목적으로 고의로 권리를 침해한 경우에는 5천만 원) 이하의 범위에서 상당한 배상을 청구할 수 있다(제125조의2 제1항 참조).

법정손해배상액의 범위를 어떻게 정할지는 그 나라의 입법정책의 문제로서 우

---

44 참고로 미국도 이 기준을 따르고 있는데, 그 근거는 "저작권자는…저작물 1개에 관한 소송에 관련된 모든 침해로서…750달러 이상 3만 달러 이하의 금액 중 법원이 정당하다고 인정하는 법정손해액의 판정액을 손해배상의 액으로 회복할 수 있으며…"라는 미국 저작권법 제504조의 규정이다.

45 그러나 어떠한 경우에 있어서도 법정손해배상액이 징벌적 기능을 수행할 수준으로 높아서는 아니 될 것이다. 징벌적 손해배상제도(Punitive Damage)는 당연히 의회가 제정한 법률에 근거를 두어야 하는바, 우리는 미국에서와는 달리 아직까지 이와 같은 징벌적 손해배상제도를 도입하고 있지 않다(이대희, 「미국의 법정손해배상규정과 그 문제점의 경험론적 분석에 의한 한국의 법정손해배상액 산정 가이드라인 연구」, 계간《저작권》(2013년 겨울호, 제104호), 한국저작권위원회, 33쪽).

리는 미국과 달리 하한선은 두지 않고 상한선만 두고 있다. 즉, 보통의 경우는 1천만 원을 상한으로 하고, 영리를 목적으로 고의로 권리를 침해한 경우는 가중하여 5천만 원을 상한으로 하고 있다. 이와 같은 상한선은 법률에 규정되어 있기 때문에 제·개정의 경직성을 띠고 있는 법률의 성격상 법적 안정성을 충분히 달성할 수 있다고 보인다.

법정손해배상에 있어서 최종적인 손해액의 인정은 앞에서 설명한 법 제126조에서의 상당한 손해액의 인정에서와 마찬가지로 **법원**의 몫이다. 즉, "법원은 제1항의 청구가 있는 경우에 변론의 취지와 증거조사의 결과를 고려하여 제1항의 범위에서 상당한 손해액을 인정할 수 있다"(제125조의2 제4항). 이때 법원은 직권으로 상당한 손해액을 인정하는 것이 아니고 법 제125조에서와 마찬가지로 저작재산권자 등과 같은 원고의 청구가 있어야 한다. 그 이유는 우리 민사법 체계가 소송의 개시, 심판의 대상 및 절차의 종결은 당사자의 처분에 맡긴다는 **처분권주의**를 변론의 기본으로 하고 있으므로 당사자가 청구한 범위 내에서만 법원이 손해배상을 인정할 수 있기 때문이다.[46] 따라서 법정손해배상의 경우에 있어서도 원고가 법정손해배상이 상한의 범위 내에서 청구하는 형식을 취할 수밖에 없으며 법원은 손해의 입증 없이도 그 범위 내에서 상당한 손해액을 인정하면 된다.

법원이 변론의 취지와 증거조사의 결과를 고려할 때 특히 착안하여야 할 사항으로서는 영리의 목적과 고의 또는 과실의 여부[47], 침해행위의 위험성, 원고가 침해행위로 인하여 입거나 입은 것으로 추정되는 손해, 침해로 인하여 피고가 얻은 이익의 액, 소송제기 전후의 양 당사자의 정황, 유사침해행위를 방지할 필요성, 침해로 인한 손해를 완전히 배상하기에 충분한 액수인가의 여부 등이 있을 수 있다.[48]

---

46 "법원은 당사자가 신청하지 아니한 사항에 대하여는 판결하지 못한다"(「민사소송법」 제203조).
47 영리를 목적으로 고의로 권리를 침해할 경우에는 배상액의 상한을 5천만 원까지 인정할 수 있기 때문이다.
48 Steven A. Gibson & J.D. Lowry, 「The Need for Speed; The Path to Statutory Damages in Copyright」, 14 Nov. Nev. Law.16(2006), p. 18.

4. 법정손해배상청구권 행사의 제한

법정손해배상을 청구함에 있어서는 이 제도가 남용되거나 지나치게 높은 수준의 배상으로 당사자 간의 형평성을 깨뜨려서는 안 된다. 대부분의 국가에서는 법정손해배상청구에 있어서 절차적·실체적 측면에서 일정한 제한을 가하고 있다. 우리의 경우 절차적 측면에서는 저작물의 등록제도와의 연계성을 기하도록 하고, 실체적 측면에서는 편집저작물과 2차적저작물을 하나의 저작물로 보도록 하는 등의 제한을 두고 있다.

먼저, "저작재산권자 등이 제1항에 따른 청구를 하기 위해서는 침해행위가 일어나기 전에 제53조부터 제55조까지의 규정(제90조 및 제98조에 따라 준용되는 경우를 포함한다)에 따라 그 저작물이 등록되어 있어야 한다"(『저작권법』제125조의2 제3항).[49] 즉, 우리는 모든 저작물에 대한 법정손해배상을 인정하지 않고 사전등록을 한 저작물에 대해서만 법정손해배상청구를 할 수 있도록 하고 있는데 이는 법정손해배상청구의 무분별한 남용을 방지하고 부수적으로는 저작권 등록제도를 보다 활성화하기 위한 입법취지로 보인다.

다음으로 기존에 존재하는 저작물을 이용하여 만들어진 편집저작물과 2차적저작물에 대해서는 이를 한 개의 저작물로 취급하도록 함으로써 결과적으로 법정손해배상청구권의 행사에 일정한 제한을 가하고 있다. 앞에서 살펴본 바와 같이 우리는 침해된 각 저작물마다 1천만 원(5천만 원) 이하의 범위에서 법정손해배상액을 청구하도록 하여 침해된 저작물의 수를 손해액산정의 기준으로 하고 있다. 따라서 법정손해배상청구에 있어서는 침해된 저작물이 몇 개이냐의 결정은 대단히 중요하며 이는 구체적으로 편집저작물과 2차적저작물에서 주로 문제가 된다. 편집저작물은 구성부분이 되는 복수의 소재를 이용하여 만들어지고 2차적저작물은 원저작물을 번역·편곡·영상제작 등의 방법으로 창작한 것이기에 이들 저작물에 있어서 소재로 이용한 기존의 저작물과 원저작물도 침해된 저작물 수에 포함하여 별도로 계상하여야 하는가가 문제된다. 계상의 복잡성과 법정손해배상액의 지나친 과다산정의 우려 등의 이유로 우리는 이 경우 편집저작물과 2차적저작물을 하나의 저작물

---

49 우리의 등록은 일반적 의미로 볼 때 대항요건에 해당하나 법정손해배상청구권의 행사에 있어서는 이와 같이 소송요건이 되기도 한다.

로 본다. 즉, "둘 이상의 저작물을 소재로 하는 편집저작물과 2차적저작물은 제1항을 적용하는 경우에는 하나의 저작물로 본다"(제125조의2 제2항).

따라서 일반적인 저작권 침해소송에 있어서는 저작권의 가분성에 따라 각각의 소재저작물 또는 원저작물에 대한 저작권 침해가 별도로 성립할 수 있으나, 법 제125조의2 제2항의 규정에 따른 법정손해배상의 청구소송과 관련하여서는 소재저작물 또는 원저작물의 다과多寡에 관계없이 편집저작물과 2차적저작물은 전체적으로 하나의 저작물로 보아서 하나의 법정손해배상만을 인정하게 된다.

제4절
저작인격권 침해에 대한 각종의 민사적 구제

I. 의의

일반적인 불법행위이론에 따르면 저작인격권을 침해한 경우도 침해자의 고의 또는 과실에 기한 위법행위가 있고 이것이 피해자에게 정신적 고통이라는 손해와 인과관계가 있다면 당연히 손해를 배상하여야 한다.[50] 그리고 저작자 또는 실연자가 가지는 성명권, 공표권, 동일성유지권 등과 같은 저작인격권이 침해되어 그의 명예가 훼손되었을 때에는 명예회복을 위한 별도의 구제가 이루어질 수 있음도 물론이다.

이와 같이 저작인격권의 침해에 대해서는 「민법」의 불법행위책임에 따른 각종의 구제가 가능하며, 이 밖에도 「저작권법」에서는 법 제127조 및 제128조에서 저작자 또는 실연자의 인격권이 침해되었을 경우에 명예회복을 위하여 필요한 조치의 청구 및 저작자의 사망 후 인격적 이익의 보호에 관한 특칙을 마련하고 있는데 이하에서 순서대로 살펴보기로 한다.

II. 위자료의 청구

1. 저작인격권의 침해로 인한 정신적 손해의 배상

「저작권법」에는 관련 규정은 없지만 저작인격권을 침해당한 저작자 등은 그가 받은 정신적 손해의 배상을 청구할 수 있음은 당연하다.

저작인격권의 지분권인 공표권, 성명표시권 그리고 동일성유지권은 저작자의 인

---

[50] 「민법」 제751조는 재산권의 침해 이외에도 신체·자유·명예의 침해가 불법행위임을 밝히고 있고, 또한 기타 정신상 고통을 가한 자도 불법행위의 책임을 지는 것으로 규정하고 있다. 이 경우 피해자가 입은 정신적 손해는 '위자료의 청구'라는 형태로 구현된다.

격적 이익을 보호하기 위한 권리로서 이들 권리의 침해로 저작자 등은 그의 감정과 명예에 손상을 입는 정신적 고통을 받기 마련이다.

이 경우 가해자는 「민법」 제750조와 제751조의 규정에 따른 불법행위책임에 기초하여 정신적 손해를 배상할 책임이 있다. 「민법」 제750조와 제751조는 불법행위에 의한 손해배상의 원칙을 정한 것이며, 제751조는 제750조의 손해 가운데 정신적 손해도 포함된다는 것을 주의적으로 밝히고 있는 것에 지나지 않는다. 즉, 제750조와 제751조에 의하여 불법행위의 피해자는 재산적 손해와 정신적 손해의 배상을 모두 받을 수 있다.

2. 「저작권법」에서의 규정

그런데 저작자의 인격적 요소가 본래적으로 가미되어 있는 무체재산권으로서의 저작권을 규정하고 있는 우리 법에서는 저작재산권 이외에도 저작인격권과 실연자의 인격권의 침해에 대한 구제를 별도로 규정하고 있다. 이와 같은 입법태도는 저작재산권의 침해에는 재산적 손해의 배상이, 저작인격권의 침해에는 정신적 손해인 위자료의 배상이 이루어져야 한다는 것을 염두에 둔 것이다. 따라서 적어도 법의 영역에 있어서는 저작재산권의 침해에 대해서는 재산상의 손해배상청구권만이 인정되며[51], 저작인격권과 실연자의 인격권의 침해에 대해서는 정신적 손해인 위자료로서의 손해배상의 청구만이 가능하다 봄이 타당하다.

「저작권법」 제127조에서는 "저작자 또는 실연자는 고의 또는 과실로 저작인격권 또는 실연자의 인격권을 침해한 자에 대하여 손해배상에 갈음하거나 손해배상과 함께 명예회복을 위하여 필요한 조치를 청구할 수 있다"라고 규정하여 저작인격권 침해에 따른 손해배상청구를 명문화하고 있다.[52] 그런데 이와 같은 규정이 없더라도 저작인격권을 침해당한 자는 「민법」 제750조와 제751조의 불법행위책임에 따라 당연히 손해배상(위자료)을 청구할 수 있음은 앞에서 이미 본 바와 같다. 따라서

---

51 「저작권법」 제125조부터 제126조까지는 모두 저작재산권침해에 따른 손해배상의 청구를 규정하고 있는데 여기서의 청구권자는 모두 저작재산권자이며 특히 법 제125조 제1항에 따르면 여기에는 저작인격권 및 실연자의 인격권침해는 손해배상청구의 원인에서 제외되고 있음을 분명히 하고 있다.
52 여기서 손해배상이란 정신적 손해배상, 즉 위자료의 청구를 말함은 물론이다.

법 제127조에서의 손해배상을 청구할 수 있다는 규정은 「민법」 제750조와 제751조에 대한 주의적 규정에 불과하다고 해석할 수 있다.

3. 위자료액 산정의 방법

위자료 청구의 성립요건은 앞에서 본 재산적 손해에 따른 손해배상과 다름없으나 위자료액 산정은 주관적이어서 입증 자체가 곤란하다. 따라서 저작인격권의 침해에 대한 위자료는 재산적 손해에서와 같은 명확한 기준이 없으며 법관이 자유재량에 따라 공평적 관점에서 사회통념과 가해자와 피해자 쌍방의 여러 사정[53]을 고려하여 결정하여야 하며, 위자료 역시 재산상의 손해보상과 마찬가지로 금전적으로 배상함이 원칙이다.[54]

III. 명예회복에 필요한 조치의 청구

1. 의의

넓게는 예술가, 좁게는 저작자와 저작인접권자인 실연자 등은 일반 제조상품의 제작자와는 그 보상체계에 차이를 두고 있음이 세계 공통의 현상이다. 예술가 등에게는 창작물을 판매 또는 이용허락을 함에 있어서 통상적으로 얻을 수 있는 물질적 수익 이외에도 인격적 요소가 가미된 저작물에 대하여 정신적 권리에 해당하는 별도의 저작인격권을 부여하여 이들을 법률적 차원에서 보호해 주고 있음은 주지의 사실이다.

---

53 앞에서 본 법 제125조의2 및 제126조에 따른 법정손해배상의 청구 등에 있어서 법관이 상당한 손해액을 인정할 때 고려하여야 할 요소가 여기에서도 그대로 적용될 것이다.
54 다른 의사표시가 없으면 손해는 금전으로 배상한다(「민법」 제394조).

2. 명예회복에 필요한 조치의 청구

우리 「저작권법」에서도 이미 논의한 바와 같이 성명표시권, 공표권, 동일성유지권 등을 저작인격권의 지분권으로 또는 실연자의 인격권의 지분권으로 규정하여 이를 법적인 차원에서 보호하고 있으며, 이들 권리가 침해되었을 경우에는 손해배상에 갈음하거나 손해배상과 함께 명예회복을 위하여 필요한 조치를 각자가 청구할 수 있도록 하고 있다(제127조 참조).

저작인격권을 침해한다는 말은 저작자 등이 가지고 있는 성명표시권, 공표권, 동일성유지권을 침해하는 행위를 말하며, 이 밖에도 저작자의 명예를 훼손하는 방법으로 저작물을 이용하는 행위 역시 저작인격권의 침해로 본다(제124조 제2항). 만일에 저작물을 저작자의 명예를 훼손하는 방법으로 이용한다면 이는 대부분에 있어서는 그의 지위·위신·체면·품격 등도 동시에 훼손되는 것이 일반적인 경험법칙經驗法則이기에 법 제124조 제2항에서는 이를 저작인격권 침해의 간주규정으로 처리하고 있는 것이다.

명예회복을 위하여 필요한 조치의 청구는 손해배상, 즉 위자료 청구에 갈음하거나 아니면 이와 함께 청구할 수 있다. 다시 말해, 저작인격권 등을 침해한 자에 대한 명예회복 등의 청구는 손해배상(위자료)과 선택적 또는 중첩적으로 행사할 수 있는데 그 결정은 청구권자인 저작자 또는 실연자가 결정할 문제이다.

저작자 또는 실연자는 금전적 배상으로는 도저히 그가 입은 명예를 회복하기 곤란할 경우에는 손해배상(위자료)에 **갈음하여** 명예회복만을 청구할 수 있을 것이며, 금전적 배상이 어느 정도 위안이 되고 그의 명예회복에도 도움이 된다면 이와 **병행하여** 명예회복청구를 할 수 있을 것이다.

3. 명예회복에 필요한 조치의 구체적 내용

명예회복을 위하여 필요한 조치는 저작인격권자 또는 실연자가 누구이냐, 그의 성향은 어떠하며 사회적·예술적 지위와 유명도는 어느 정도이냐, 그리고 침해당한 저작물 또는 실연의 종류와 특징 등은 어떠하냐에 따라 다양하게 나타날 것이며,

법원은 제반사정을 합리적·종합적으로 고려하여 명예회복에 필요한 조치를 하여야 할 것이다.

그리고 명예회복에 필요한 조치 형태는 법원의 **명령**으로 나타나는데[55], 우리가 상정할 수 있는 필요한 조치의 구체적인 내용으로서는, 자기가 해당 저작물의 저작자라는 것을 확인하는 조치, 저작물을 변형·파괴 또는 훼손하는 행위의 금지조치, 저작물의 복구·정정조치, 저작자의 신분과 지위에 걸맞은 형태로 이를 이용하도록 하는 조치, 저작자가 수정·증감하기 위하여 저작물을 저작자에게 돌려주게 하는 조치[56], 저작인격권을 침해하여 명예를 훼손하였다는 내용의 판결이나 선고의 내용을 언론에 공개하도록 하는 조치, 저작물의 공표를 제한·금지하는 조치, 저작자에 대한 지나친 비평을 자제하도록 하는 조치 등이 있을 수 있다.[57] 그런데 이와 같은 일련의 조치는 아주 한정적·예외적인 경우에만 행사되어야 하며 법 제127조에서도 명예회복을 위하여 **필요한 조치**라고 하여 이를 명문으로 확인하고 있다.

여기서 유의하여야 할 것은 저작자 또는 실연자의 명예회복을 위하여 필요하다고 하여 침해자로 하여금 **사죄광고**를 하게 해서는 안 된다는 점이다. 권리의 침해자에게 사죄광고를 하도록 강제하는 것은 기본권 제한에 있어서 그 선택된 수단이 목적에 적합하지 않을 뿐만 아니라, 그 정도 또한 과잉過剩하여 비례의 원칙이 정한 한계를 벗어난 것이며, 오히려 「헌법」이 보장하고 있는 개인의 인격권을 침해하는 것이기 때문이다. 우리 헌법재판소에서는 「민법」 제764조의 '명예회복에 적당한 처분' 중에 사죄광고를 포함시키는 것은 「헌법」을 위반한 것인가에 대한 헌법소원사건에 있어서 법원이 가해자에게 사죄광고[58]를 강제하는 것은 헌법상 양심의 자유에 반한다는 결정을 내린 바 있다.

---

55 타인의 명예를 훼손한 자에 대하여는 법원은 청구에 의하여 손해배상에 갈음하거나 손해배상과 함께 명예회복에 적당한 처분을 명할 수 있다(「민법」 제764조).
56 이 경우에는 종전에 저작물을 소유하고 있던 자에게 보상을 하여야 함이 일반적이다.
57 이상은 박순태, 앞의 책, 541~546쪽을 참고하여 재정리한 것이다.
58 종래 자주 사용되었던 사죄광고의 전형적인 형식과 문구를 소개하면 다음과 같다. "사죄광고문 : 폐사는 폐사가 발행하는 월간잡지 ○○를 통하여 … ○○○씨의 사진작품을 본인의 허락 없이 무단게재한 바 있습니다. … 따라서 폐사는 사진가 ○○○씨 및 모델들에게 끼친 물질적 손실과 정신적 고통에 대하여 진심으로 사죄하며, 이번 사건을 계기로 잡지의 공적 책임과 윤리를 깊이 인식하여 앞으로는 타인의 저작권을 침해하는 일이 없도록 할 것임을 약속드리는 바입니다. 1990년 12월 31일 주식회사 ××, 대표 ×××"

헌법재판소는 사죄광고의 헌법 위반 여부와 관련하여, "우리 「헌법」 제19조는 '모든 국민은 양심의 자유를 가진다'라고 하여 양심의 자유를 기본권의 하나로 보장하고 있는 바, 여기서의 양심의 자유에는 널리 사물의 시시비비나 선악과 같은 윤리적 판단에 국가가 개입해서는 안 되는 내심적 자유는 물론 이와 같은 윤리적 판단을 국가권력에 의하여 외부에 표명하도록 강제받지 않을 자유, 즉 윤리적 판단사항에 관한 침묵의 자유까지 포괄한다고 할 것이다.…따라서 사죄광고의 강제는 양심도 아닌 것이 양심인 것처럼 표현한 것의 강제로 인간양심의 왜곡·굴절이고 겉과 속이 다른 이중인격형성의 강요인 것으로서 침묵의 자유의 파생인 양심에 반하는 행위의 강제금지에 저촉되는 것이며, 따라서 우리 「헌법」이 보호하고자 하는 정신적 기본권의 하나인 양심의 자유의 제약이라고 보지 않을 수 없다.…더구나 '사죄광고'는 양심의 자유에 반하는 굴욕적인 의사표시를 자기의 이름으로 신문·잡지 등 대중매체에 게재하여 일반세인에게 널리 공표하는 것으로서 그 구체적인 내용이 국가기관에 의하여 결정되는 것이며, 그럼에도 불구하고 마치 본인의 자발적인 의사형성인 것 같이 되는 것이 사죄광고이며…이는 「헌법」에서 보장하는 인간의 존엄과 가치 및 그를 바탕으로 하는 인격권에 큰 위해가 된다고 할 것이다.…따라서 「민법」 제764조의 '명예회복에 적당한 처분'에 사죄광고를 포함시키는 것은 헌법에 위배된다"라고 결정한 바 있다(헌법재판소 1991.4.1, 89헌마160 결정).

IV. 저작자 사망 후 인격적 이익의 보호

1. 의의

저작인격권은 저작자 일신에 전속한다(「저작권법」 제14조 제1항). 따라서 저작인격권은 오직 저작인격권자만이 행사할 수 있고, 이를 양도의 대상으로 하거나 그의 사망 후 상속이 되지도 않는다. 저작자가 생존한 동안에 그의 인격적 이익의 보호는 전적으로 저작자 자신의 몫이다. 그 구체적인 내용에 대해서는 법 제123조와 법 제127조에서 이미 논의한 바 있다.

2. 「저작권법」에서의 규정

저작자의 인격적 이익은 그가 사망한 후에도 보호되어야 하기 때문에 법에서는 이에 관한 별도의 규정을 두어 저작자 사후의 인격적 이익을 보호하고 있다. 즉, 법 제14조 제2항에서 저작자 사망 후에 그의 저작물을 이용하는 자에게 일정한 의무를 부과하는 한편, 이에 위반하거나 위반할 우려가 있는 자에 대하여 유족 등이 법 제123조에 따른 침해정지청구를 하거나 법 제128조에 따른 명예회복 등의 청구를 할 수 있도록 하고 있다.

다음으로, 저작자가 사망한 후에 그 유족이나 유언집행자는 해당 저작물에 대하여 법 제14조 제2항의 규정을 위반하거나 위반할 우려가 있는 자에 대하여는 제123조의 규정에 따른 청구를 할 수 있으며, 고의 또는 과실로 저작인격권을 침해하거나 법 제14조 제2항의 규정을 위반한 자에 대하여는 법 제127조의 규정에 따른 명예회복 등의 청구를 할 수 있다(제128조). 이와 같이 유족과 유언집행자가 저작자 사망 후 그의 인격적 이익의 보호를 위해 필요한 조치의 청구권자인데 여기에서의 유족으로는 사망한 저작자의 배우자, 자, 부모, 손, 조부모 또는 형제자매를 말한다(제128조 참조).[59]

3. 물권적 청구권과 명예회복조치의 청구권의 상속성에 관한 검토

(1) 의의

일신전속적 권리인 저작인격권은 그 속성상 양도성과 상속성이 없다. 그런데 「저작권법」 제128조에서는 저작자의 사망 후에 유족과 유언집행자 등은 법 제123조에 따른 청구(이는 물권적 청구권에 해당한다)와 법 제127조에 따른 명예회복 등의 청구(이는 불법행위에 따른 특수한 형태의 구제에 해당한다)를 할 수 있도록 규정하고 있는데 이는 저작인격권의 일신전속성과 배치되는 규정이 아닌가 하는 문제가 제기될 수 있다.

유족 또는 유언집행자가 저작자의 일신전속권인 저작인격권을 상속받을 수 없다면 그에게 고유한 특별한 권리가 있어야 할 것이며, 그 근거이론이 곧 **법률의 규정**에 의할 때 물권적 청구권의 상속과 명예회복조치의 청구권의 상속이 가능하다는 이론이다.

---

59 참고로 불법행위에 따른 생명침해로 인한 위자료의 청구권자는 피해자의 직계존속, 직계비속 및 배우자이다(「민법」 제752조).

(2) 물권적 청구권의 양도성 검토

물권적 청구권의 상속성에 관하여 살펴보면, 원래 저작인격권이나 저작자의 명예 등은 일신전속적이어서 그가 생존하는 동안에만 그 자신이 인격적 이익의 보호에 필요한 권리를 행사할 수 있고 사후에는 소멸하는 것이 원칙이다. 그런데 저작자의 사망 이후에도 그의 저작인격권은 여전히 침해될 여지가 있으며[60], 만일에 저작인격권 등이 침해된 경우에는 적절한 구제책이 마련되어야 함은 물론이다. 그 구제책으로는 형사적 구제가 될 수도 있고[61] 민사적 구제가 될 수도 있는데, 특히 민사적 구제에 있어서는 당사자주의의 원칙상 소송을 제기할 원고가 현존하고 있어야 함도 물론이다.[62]

원래 물권적 청구권은 물권에 의존하는 권리이므로 언제나 물권과 그 운명을 같이하며, 물권의 이전·소멸이 있으면 그에 따라 이전·소멸한다. 따라서 물권적 청구권만을 양도·상속할 수는 없고 유족이나 유언집행자가 이 권리를 행사할 수 없음이 일반적이다.

그런데 물권적 청구권을 물권의 소유자 이외의 자에게도 행사할 수 있도록 하는 것은 입법정책에 따라 얼마든지 가능하며 법 제128조 전단의 규정이 그것이다. 유족이나 유언집행자 등이 원칙적으로는 침해정지 등 청구권을 행사할 수 없으나 법 제128조라는 특별한 규정에 근거하여 예외적으로 행사할 수 있게 된 것이다.

(3) 명예회복조치 청구권의 양도성 검토

다음으로 일신전속적 성격을 가진 저작자의 명예를 회복하는 조치를 어떻게 유족이나 유언집행자가 이를 청구할 수 있는가에 대해서 살펴보기로 하자. 위에서 보았듯이 고의 또는 과실로 저작인격권을 침해한 자는 저작자에게 정신적 손해인 위자료를 배상하여야 한다. 위자료는 궁극적으로 금전배상으로 이루어지기 때문에 위자료청구권의 양도·상속성은 널리 인정된다. 관련된 부분에서 누차 언급했듯이 현행 법체계에 따르면 저작재산권 침해 → 재산적 손해배상, 저작인격권 침해 →

---

60 이에 대비하여 규정한 것이 법 제14조 제2항이다.
61 이에 관해서는 법 제136조 제2항 제1호에서 규정하고 있다.
62 현행 법은 저작자 사망 후의 인격적 이익의 보호주체로서 저작자의 유족과 유언집행자가 있는데 이들이 실제적인 원고적격자로서의 역할을 수행한다.

정신적 손해(위자료)배상, 저작자 사후의 저작인격적 이익의 침해 → 저작자의 명예 훼손이라는 관계가 성립한다. 따라서 위자료 청구의 상속성이 판례상 확립되어 있다면[63] 저작자 사후의 인격적 이익침해의 대표적 징표인 명예훼손에 대한 구제의 청구권(명예회복조치의 청구권) 역시 그 상속성이 인정된다는 결론에 도달한다. 명예회복조치의 청구권의 상속가능성이라는 이론적 기반에 기초하여 법 제128조에서는 유족이나 유언집행자는 저작자가 가지고 있는 명예회복청구권 등을 상속받아 이를 행사할 수 있도록 규정하고 있는데, "저작자 사망 후에 그 유족 또는 유언집행자는 고의 또는 과실로 저작인격권을 침해하거나 제14조 제2항의 규정을 위반한 자에 대하여는 제127조의 규정에 따른 명예회복 등의 청구를 할 수 있다"라는 것이 그것이다.

4. 저작자 사망 후 인격적 이익의 보호의 구체적 내용

(1) 「저작권법」 제123조의 규정에 따른 침해의 정지청구 등

먼저, 저작자의 사망 후 인격적 이익의 보호는 법 제123조의 규정에 따른 침해의 정지청구를 통해 이루어질 수 있다. 저작물을 이용하는 자가 저작자가 생존하였더라면 그 저작인격권의 침해가 될 행위를 해서는 아니 된다는 법 제14조 제2항을 위반하였다면 사망한 저작자의 유족이나 유언집행자는 법 제123조의 규정에 따른 침해의 정지를 청구할 수 있고, 저작인격권이 침해될 우려가 있는 행위를 하였다면 침해의 예방 또는 손해배상의 담보를 청구할 수 있다. 이와 같은 청구를 함에 있어서 i) 유족 또는 유언집행자는 침해행위에 의하여 만들어진 물건의 폐기나 그 밖의 조치를 청구할 수 있음은 물론이고, ii) 법원은 이들의 신청에 따라 담보를 제공하거나 제공하지 아니하게 하고 임시로 침해행위의 정지 또는 침해행위로 만들어진 물건의 압류나 그 밖의 필요한 조치를 명할 수 있다(제123조 제2항·제3항 참조).

저작자 사망 후에 그의 유족이나 유언집행자는 이와 같이 법 제123조에 따른 침해의 정지 등을 청구할 수 있으나, 법 제125조에 따른 손해배상청구를 할 수 없음

---

63 대법원은 위자료 청구권의 상속성과 관련하여 "위자료 청구권은 피해자가 이를 포기하거나 면제했다고 볼 수 있는 특별한 사정이 없는 한 원칙적으로 상속한다"라고 판시한 바 있다(대법원 1969.4.5, 69다268 판결).

을 유의해야 한다. 인격적 이익의 침해로 입은 손해는 사망한 저작자의 손해이지 유족이나 유언집행자의 손해는 아니기 때문이다. 그러나 저작자의 생존기간 중에 저작인격권의 침해행위가 있었고, 저작자가 그 침해에 대한 손해배상청구권을 행사할 의사를 표시한 후 사망하였다면, 이는 저작인격권에 대한 손해배상청구권이 금전채권으로 전환되어 그의 유족에게 상속된 것으로 볼 수 있다. 따라서 그의 유족이 손해배상의 청구를 할 수 있을 것이다.

(2) 「저작권법」 제127조에 따른 명예회복 등의 청구

다음으로, 유족과 유언집행자는 법 제127조에 따른 명예회복 등의 청구를 할 수 있다. 명예회복의 청구는 손해배상에 갈음하거나 손해배상과 함께할 수 있음은 물론이다(제128조 참조). 유족과 유언집행자가 행하는 명예회복 등 청구권 행사의 상대방은 크게 두 부류가 있는데 첫째가 고의 또는 과실로 저작인격권을 침해한 자이고, 둘째가 역시 고의 또는 과실로 법 제14조 제2항의 규정을 위반한 자이다. 첫째가 저작자의 생존 중에 그에게 저작인격권을 침해한 자이고, 둘째가 저작자의 사후에 행하여진 행위가 저작자가 생존하였더라면 저작인격권의 침해가 될 행위를 한 자이다. 저작자 사후에 고의 또는 과실로 저작인격권을 침해한 자는 예외 없이 청구의 대상이 되지만, 저작자의 사망 후에 그의 저작물을 이용하는 자가 행위의 성질 및 정도에 비추어 사회통념상 저작자의 명예를 훼손하는 것이 아니라고 인정될 경우에는 유족과 유언집행자는 명예회복 등의 청구를 할 수 없다(제14조 제2항).

5. 실연자 사망 후 인격적 이익의 보호문제

그런데 여기서 논의하고 있는 것은 모두 **저작자**의 사망 후에 그의 인격적 이익의 보호에 관한 것임을 유의하여야 한다. 아직까지 우리 「저작권법」에는 실연자의 사망 후 그의 인격적 이익의 보호에 관해서 특별한 규정을 두고 있지 않다.

이 문제는 실연자의 퍼블리시티권과도 관련하여 논의될 성질의 것이므로 여기서는 생략하기로 한다.

제5절
공동저작물의 권리침해에 대한 민사적 구제

I. 공동저작물에 있어서 침해의 정지 등 청구

1. 저작재산권의 침해에 대한 정지청구권 등 행사의 방법

공동저작물이란 2인 이상이 공동으로 창작한 저작물로서 각자의 이바지한 부분을 분리하여 이용할 수 없는 것을 말한다(「저작권법」 제2조 제21호). 공동저작물의 저작재산권은 그 저작재산권자 전원의 합의에 의하지 아니하고는 이를 행사할 수 없으며, 다른 저작재산권자의 동의가 없으면 그 지분을 양도하거나 질권의 목적으로 할 수 없음은 이미 논의한 바 있다(제48조 제1항 참조).

공동저작권의 적극적인 행사 자체는 이와 같이 전원합의가 원칙임에 반하여, 공동저작물의 침해에 따른 구제와 같은 소극적인 행사에 있어서는 개별주의가 적용되고 있음을 유의하여야 한다. 즉, "공동저작물의 각 저작자 또는 각 저작재산권자는 다른 저작자 또는 다른 저작재산권자의 동의 없이 제123조의 규정에 따른 청구를 할 수 있다"(제129조 참조). 이와 같이 공동저작물에 있어서 침해의 정지 등의 청구는 저작물 창작에 기여한 각자 또는 저작재산권을 가지고 있는 각자가 할 수 있는데 이는 권리보전의 시급성에 부응하고, 피해자에게 단독적·개별적 권리구제를 인정하고 있는 「민법」상의 공유이론을 무체재산권인 저작재산권에 적용시켜 법적 논리의 일관성을 기하기 위한 것으로 보인다.[64]

「저작권법」 제123조에 의한 침해의 정지 등 청구권은 공동저작자 또는 공동저작재산권자 단독으로 할 수 있으므로, 각자가 청구권을 행사한 결과로 인한 법률적

---

[64] 「민법」의 공유에 관한 일반이론에 의하면 제3자 또는 다른 공유자가 공유물의 사용을 방해하는 등 침해행위를 하는 경우에 각 공유자는 단독으로 공유물 전체에 대하여 그 침해행위의 중지(방해제거 등)를 청구할 수 있고, 제3자가 공유물을 멸실시킨 경우에도 각 공유자는 자기 지분의 범위에서 단독으로 손해배상을 청구할 수 있다(제265조 참조).

효과 역시 그 청구권을 행사한 자에게만 미치고 다른 공동저작자에게는 미치지 아니한다.[65]

2. 저작인격권 침해에 대한 정지청구권 등 행사의 방법

「저작권법」제129조에서는 공동저작물의 저작재산권자 이외에도 공동저작물의 저작인격권자도 포함되는가, 그리고 포함된다면 다른 저작인격권자의 동의 없이 법 제123조의 규정에 따른 청구를 할 수 있는가가 문제되는데 여기에 대해서는 명문의 규정이 없고 학설과 판례에 맡겨져 있다.

저작인격권자도 저작재산권자에 있어서와 마찬가지로 해석하여야 할 것이다. 그 이유로는 두 가지를 들 수 있다. 먼저, 법 제123조의 침해의 정지청구는 채권적 성격의 보상청구권 등만 제외되는 바, 저작인격권은 저작재산권과 같이 물권적 청구권의 대상이 될 수 있으므로 이를 여기에서 구태여 제외시킬 필요는 없다고 하겠다. 다음으로, 공동저작물의 저작재산권과 저작인격권에 대해서 취하고 있는 현행법의 입법태도가 대동소이하여 권리행사에 있어서 이들 사이의 차이점은 별로 보이지 않는다는 것이다.[66] 따라서 권리침해에 대한 구제의 방법에서도 커다란 차이점이 존재할 수 없을 것이다. 요컨대 공동저작물의 저작인격권자도 다른 저작인격권자의 동의 없이 법 제123조의 규정에 따른 침해의 정지 등의 청구를 할 수 있다고 봄이 타당하다.[67]

---

65 따라서 공동저작자 A가 배포금지청구권을 행사하여 인용된 후에 다른 공동저작자인 B가 폐기청구권을 행사하는 것도 가능하다(오승종, 앞의 책, 1464쪽).

66 "공동저작물의 저작인격권은 저작자 전원의 합의에 의하지 아니하고는 이를 행사할 수 없다. 이 경우 저작자는 신의에 반하여 합의의 성립을 방해할 수 없다"라는 법 제15조 제1항의 규정은 공동저작물의 저작재산권을 규정하고 있는 제48조 제1항과 대동소이하다.

67 이와 같은 해석은 공동실연자의 인격권 침해에 따른 침해의 정지청구, 위자료의 청구 등에 있어서도 마찬가지로 해석되어야 할 것이다(제77조 제3항 참조).

II. 공동저작물에 있어서 손해배상의 청구

1. 각자 청구의 원칙

공동저작물의 각 저작자 또는 각 저작재산권자는 앞에서 본 침해정지의 청구에서와 마찬가지로 다른 저작자 또는 저작재산권자의 동의 없이 그 저작재산권의 침해에 관하여 자신의 지분에 관한 제125조의 규정에 따른 손해배상의 청구를 할 수 있다(「저작권법」 제129조 참조).

공동저작물의 각 저작자 또는 저작재산권자는 비록 전원의 합의에 의하지 아니하고는 저작재산권을 행사할 수 없으나(제48조 제1항 참조), 그 저작재산권이 침해되는 경우에 있어서는 자신의 지분의 범위 내에서 이루어지는 손해배상의 청구는 단독으로 할 수 있다. 이때의 손해배상은 각자의 지분에 한하여 청구할 수 있으므로 결국 침해행위로 인하여 발생한 전체 손해액 중에서 해당 공동저작자의 지분비율[68]에 상당하는 부분만 청구할 수 있을 것이다. 이처럼 공동저작물의 경우 권리침해 시 단독으로 구제조치를 취할 수 있도록 한 입법적 취지는 적극적인 권리행사 시에는 전원의 합의에 의한 권리행사를 통해 각 공동저작자의 불측(不測)의 손해를 예방할 수 있는 반면에, 침해소송과 같은 소극적 권리행사 시에는 각 공동저작자의 단독행위를 인정하더라도 다른 공동저작자에게 하등의 인격적·경제적 피해를 끼치지 않기 때문이다.

2. 저작인격권 침해의 경우 손해배상 등의 청구방법

공동저작물에 있어서 각각의 저작자는 그의 저작인격권의 침해에 대해서도 당연히 손해배상이 가능하며, 이때 그가 입은 손해는 주로 개인적 차원에서의 정신적 손해이기에 이를 다른 저작인접권자와 공동으로 청구할 이유는 없을 것이다. 요컨대 공동저작물의 저작인격권 침해에 대한 손해배상의 청구 역시 공동저작자 각자

68　공동저작물에 있어서 각자의 지분비율은 우선 공동저작자 사이의 협의에 의하여 정해지고, 협의가 없다면 각자의 기여도에 따라 결정될 것이다. 협의도 없고 기여도도 확정할 수 없다면 지분비율은 「민법」의 일반원칙에 따라 균일한 것으로 추정된다(「민법」 제262조 제2항 참조).

가 단독으로 자신의 손해배상을 청구하면 될 것이다. 이 밖에도 저작인격권자는 법 제127조에 따라 명예회복을 위하여 필요한 조치를 청구할 수 있는데 이 경우에 그가 공동저작자라면 다른 저작자와 동의를 얻어야 하느냐 아니면 단독으로 명예회복조치를 취할 수 있느냐가 문제가 되는데, 대법원은 저작인격권의 침해가 저작자 전원의 이해와 관계가 있는가에 따라 달리 결정하여야 한다고 하면서 다음과 같은 판결을 내린 바 있다.

> 대법원은 저작인격권의 침해 시 공동저작자가 단독으로 구제조치를 취할 수 있는가와 관련하여, "「저작권법」 제127조에 의한 저작인격권의 침해에 대한 손해배상이나 명예회복 등 조치의 청구는 저작인격권의 침해가 저작자 전원의 이해관계와 관련이 있는 경우에는 전원이 행사하여야 하지만, 1인의 인격적 이익이 침해된 경우에는 단독으로 손해배상 및 명예회복조치 등을 청구할 수 있고, 특히 저작인격권 침해를 이유로 한 정신적 손해배상을 구하는 경우에는 공동저작물의 저작자가 단독으로 자신의 손해배상의 청구를 할 수 있다"라고 판시하였다(대법원 1999.5.25, 선고 98다41216 판결).

제6절
저작권 침해의 특성을 반영한 소송절차의 적정성 보장

I. 의의

우리의 경우 기존의 「민사소송법」에서의 관련 규정만으로는 저작권 침해와 관련한 소송에서 증거수집의 원활화를 도모하기에는 여러 가지 한계가 있었기에 지난 2011년에 「저작권법」을 개정하면서, 기존의 「민사소송법」상의 문서제출명령제도에 대한 특별규정 형태로 법원의 정보제공명령 내지는 저작권 침해자의 정보제공의무에 관한 조항인 법 제129조의2가 신설되었다.

법 제129조의2에 따른 법원의 정보제공명령으로 말미암아 오늘날 소송의 당사자는 보다 폭넓게 관련 증거에 용이하게 접근할 수 있게 되었는데, 그 반면에 소송 중에 영업비밀이나 저작물의 제작방법, 저작물의 판매·관리방법, 고객관리방법 등에 있어서 여러 가지 비밀이 노출될 가능성도 그만큼 높아지게 되었으며, 이에 대한 입법적 대응책의 일환으로 법 제129조의3에서 법원의 비밀유지명령제도를 도입하고 있다.

법원의 저작권 등의 침해자에 대한 정보제공명령과 비밀유지명령은 동전의 양면과 같은 관계로서 이들 두 제도는 현행 법이 채택하고 있는 저작권 침해의 특성을 반영한 소송절차의 적정성을 도모하기 위한 대표적인 제도적·법적인 장치이다.

II. 법원의 정보제공명령

1. 의의

소송에 있어서 양쪽 당사자는 대등한 입장에 서 있어야 하며(이를 무기평등의 원칙이라 한다), 이를 위해서 각 당사자에게는 소송에 제공된 증거에 접근할 권리를 보장해 줄 필요가 있다. 이에 「저작권법」에서는 법원은 저작권 침해소송에 있어서 침해의 정지 등 각종 조치를 청구하거나 권리자가 입은 피해액 또는 침해자가 침해로 인하여 얻은 이익을 산정하기 위하여 증거수집의 차원에서 필요한 정보를 제공할 것을 특정 당사자에게 명령할 수 있도록 규정하고 있다. 이때 법원이 명령하는 것은 증거의 제출이 아니라 증거를 확보하기 위하여 필요한 정보의 제공임을 유의하여야 한다.

2. 「저작권법」에서의 규정

법원은 저작권, 그 밖에 이 법에 따라 보호되는 권리[69]의 침해에 관한 소송에서 당사자의 신청에 따라 증거를 수집하기 위하여 필요하다고 인정하는 경우에는 다른 당사자에 대하여 그가 보유하고 있거나 알고 있는 정보를 제공하도록 명할 수 있으며, 한 당사자가 신청한 바에 따라 다른 당사자[70]가 제공하여야 할 정보[71]로서는 i) 침해행위나 불법복제물의 생산 및 유통에 관련된 자를 특정할 수 있는 정보[72]와, ii) 불법복제물의 생산 및 유통경로에 관한 정보[73] 등이 있다(제129조의2 제1항 제1호 및 제2호 참조).

3. 정보제공을 거부할 수 있는 경우

(1) 의의

「저작권법」 제129조의2 제1항에 따른 법원의 정보제공명령이 있음에도 불구하고 명령을 받은 다른 당사자는 정보제공을 거부할 수 있는 경우가 있다. 여기에 해

---

69 이 법에 따라 보호되는 권리에는 배타적발행권, 출판권, 저작인접권 그리고 데이터베이스제작자의 권리뿐만 아니라 법에 따른 보상을 받을 권리도 포함된다. 이들 보상을 받을 권리에 있어서도 필요한 경우 증거수집을 위하여 법원의 정보제공명령이 필요한 경우가 있을 것이기 때문이다. 법 제129조의2에서도 법 제129조의3과는 달리 이들 보상을 받을 권리가 제외된다는 점을 명시적으로 규정하고 있지 않다.

70 이때의 다른 당사자는 주로 피고인인 가해자가 해당될 것이다.

71 대부분의 경우에 있어서 정보는 '문서'의 형태로 작성·보관·관리되고 있다. 따라서 법 제129조는 저작권 침해에 관한 소송에 적용되는 「민사소송법」상의 문서제출의무에 관한 특별규정이라 하겠다.

72 여기에는 해당 관계자의 성명·주소·전화번호 또는 이메일이나 게시판 등의 주소 등이 해당한다.

73 여기에는 생산자·도매상·소매상 등의 주소와 제작 또는 보유하고 있는 불법복제물의 수량 등이 해당한다.

당하는 경우로서는 두 가지가 있는데 그 첫 번째가 증거법상 확립된 당사자에게 불리한 형사상 증언을 거부할 수 있는 특권과 면제Privileges and Immunity에 관련한 경우이고, 두 번째는 정보제공을 거부할 정당한 사유가 있는 경우이다.

(2) 공소가 제기되거나 유죄판결의 우려가 있는 경우

법에서는 정보제공자가 형사상 공소가 제기되거나 유죄판결의 우려가 있을 때에는 정보의 제공을 거부할 수 있다. 즉, 법원으로부터 정보제공명령을 받은 다른 당사자는 i) 그 자신이나, ii) 그의 친족[74]이거나 친족관계에 있었던 자 그리고 iii) 그 후견인에 해당하는 자가 공소제기가 되거나 유죄판결을 받을 우려가 있는 경우에는 그는 정보의 제공을 거부할 수 있다(제129조의2 제2항 제1호 참조).

(3) 정당한 사유가 있는 경우

영업비밀 또는 사생활을 보호하기 위한 경우이거나 그 밖에 정보의 제공을 거부할 수 있는 정당한 사유가 있는 경우에는 법원의 정보제공명령을 받고도 이의 제공을 거부할 수 있다(제129조의2 제2항 제2호 참조).

4. 정보제공명령 위반의 효과

정당한 사유 없이 정보제공명령에 따르지 아니한 경우에는 법원은 정보에 관한 당사자[75]의 주장을 진실한 것으로 인정할 수 있다(제129조의2 제3항).[76]

---

74 배우자, 혈족 및 인척을 친족으로 한다(「민법」 제767조).
75 이때의 당사자는 법원에 정보제공명령을 신청한 자를 말한다.
76 법원의 비밀유지명령을 위반한 자는 5년 이하의 징역 또는 4천만 원 이하의 벌금에 처하는 것에 반해, 정당한 사유 없이 정보제공명령에 따르지 아니한 자에게는 아무런 형사벌(징역이나 벌금)이나 행정벌(과태료)을 부과하지 않는다. 이는 입법적 불비로 보인다.

III. 법원의 비밀유지명령

1. 의의

법원의 비밀유지명령제도는 오늘날 저작권 침해소송에 있어서 피해자가 자기의 영업비밀이 누설됨이 없이 안전하게 소송을 제기할 수 있는 장치로서 대부분의 국가에서 입법화하고 있으며,「한·미 FTA 협정」에도 규정되어 있는 사항이다. 이와 같은 제반사정과 입법적 배경을 기초로 하여 소송절차에서 저작권침해소송의 특성이 충분히 반영되어 있지 않은 기존의 「민사소송법」[77]에 대한 특칙의 형태로「저작권법」제129조의3부터 제129조의5까지에 걸쳐서 법원의 비밀유지명령의 발동 및 취소 등의 절차에 관한 규정을 상세하게 마련하여 오늘에 이르고 있다.

2. 「저작권법」에서의 규정

법원은 저작권, 그 밖에 이 법에 따라 보호되는 권리의 침해에 관한 소송에서 그 당사자가 보유한 영업비밀에 대하여 그 당사자의 신청에 따라 결정으로 다른 당사자, 당사자를 위하여 소송을 대리하는 자, 그 밖에 해당 소송으로 인하여 영업비밀을 알게 된 자에게 해당 영업비밀을 해당 소송의 계속적인 수행 외의 목적으로 사용하거나 해당 영업비밀에 관계된 이 항에 따른 명령을 받은 자 외의 자에게 공개하지 아니할 것을 명할 수 있다(제129조의3 제1항 참조).

3. 비밀유지명령의 주체와 형식

비밀유지명령은 저작권 등의 침해에 관한 소송[78]에 있어서 법원이 내리는 명령이다. 즉, 비밀유지명령의 주체는 법원이고 명령의 형식으로 발한다. 다만, 그 신청

77　「민사소송법」상의 한계를 보완하여 소송 당사자와 그 대리인 그 밖에 영업비밀을 안 자 모두에게 소송과 정상에서 알게 된 비밀을 공개하지 말고 유지할 것을 명하기 위해 「민사소송법」에 대한 특칙으로 도입한 것이 「저작권법」 제129조의3에서 규정하고 있는 비밀유지명령이다.

78　여기에는 침해의 정지 등 청구소송(제123조), 손해배상 청구소송(제125조), 명예회복 등의 청구소송(제127조) 등이 있다.

시까지 다른 당사자, 당사자를 위하여 소송을 대리하는 자, 그 밖에 해당 소송으로 인하여 영업비밀을 알게 된 자가 준비서면의 열람 및 증거조사 외의 방법으로 해당 영업비밀을 이미 취득한 경우에는 그러하지 아니하다(제129조의3 제1항 단서).

4. 비밀유지명령의 대상자와 범위

먼저 법원이 비밀유지명령을 내리는 대상자는 크게 세 가지 부류로 나누어볼 수 있는데 i) 영업비밀을 가지고 있는 당사자와 소송을 계속하고 있는 다른 당사자, ii) 영업비밀을 가지고 있는 당사자를 위하여 소송을 대리하는 자 그리고 iii) 그 밖에 해당 소송으로 인하여 영업비밀을 알게 된 자 등이다.

다음으로 비밀유지명령의 범위에 대해서 살펴보면, 비밀유지명령은 저작권 등의 침해에 관한 소송에 있어서 법원이 부여하는 명령을 말하는데, 여기서의 저작권 등에는 「저작권법」에 따른 각종의 보상을 받을 권리는 제외한다. 이는 모두 공공적 필요에 의하여 법률의 규정에 따라 인정된 권리로서 이들 권리의 침해에 관한 소송에 있어서는 가해자 또는 피해자의 영업비밀이 쟁점이 될 수 없으므로 법에서도 법원의 비밀유지명령을 제외시키고 있다(제129조의3 제1항 참조).

5. 비밀유지명령의 절차

(1) 비밀유지명령의 신청

비밀유지명령의 신청은 영업비밀을 보유하고 있는 자가 i) 비밀유지명령을 받을 자, ii) 비밀유지명령의 대상이 될 영업비밀을 특정하기에 충분한 사실 그리고 iii) 소송과정에서 제기된 준비서면이나 증거에 영업비밀이 포함되어 있으며 영업비밀의 사용 또는 공개를 제한할 필요가 있다는 등의 사항을 적은 서면으로 하여야 한다(제129조의3 제2항).

(2) 비밀유지명령의 결정과 송달

법원의 비밀유지명령의 결정은 크게 다음의 두 가지로 이루어진다. 첫째, 해당 영업비밀을 해당 소송의 계속적인 수행 외의 목적으로 사용하지 말 것과 둘째, 비밀유지명령을 받은 자 외의 자에게 이를 공개하지 말 것이다(제129조의3 제1항 본문 참조). 비밀유지명령이 결정된 경우에는 그 결정서를 비밀유지명령을 받은 자에게 송달하여야 하며, 법원의 비밀유지명령은 이 결정서가 비밀유지명령을 받은 자에게 송달된 때부터 효력이 발생한다(제129조의3 제3항·제4항).

6. 소송기록열람 등의 제한

「저작권법」에서는 「민사소송법」에 대한 특칙의 일환으로 소송기록을 보관하고 있는 법원사무관 등으로 하여금 비밀유지명령을 받은 당사자의 종업원 또는 사자使者 등이 소송기록의 열람 등을 신청한 사실을 영업비밀의 열람을 당사자로 한정할 것을 신청한 바로 그 당사자에게 통지하게 하여, 열람금지신청을 한 당사자가 추가로 비밀유지명령을 신청할 기회를 부여하고 있다(제129조의5 참조).

제18장

저작권 침해에 대한 형사적 구제

제1절
「저작권법」 위반에 따른 각종의 범죄와 그에 따른 처벌

I. 의의

1. 죄형법정주의 원칙의 적용

어떠한 행위가 범죄이며 그에 따른 처벌 수준에 관해서는 형사법의 대원칙인 **죄형법정주의**罪刑法定主義에 따라 법률에 분명하고 알기 쉽게 규정이 되어야 한다. 저작권과 관련한 범죄와 처벌에 대해서는 「저작권법」 제11장(제136조~제141조) 벌칙에 규정되어 있다.

저작권 관련 범죄행위는 각 국가의 입법정책에 따라 규정되며 우리의 경우는 i) 법에 따른 권리의 침해행위와[1] ii) 법에서 규정하고 있는 각종 의무를 위반한 행위[2]를 그 대상으로 하고 있다. 그리고 현행 법에서는 권리침해 또는 의무위반의 정도에 따라 개별범죄를 구성한 후 이에 상응하는 징역, 벌금 그리고 몰수 등의 형사벌을 부과하고 있다.

2. 민사적 책임과의 관계

(1) 의의

저작권 침해에 대한 형사적 구제를 체계적으로 이해하기 위해서는 민사적 구제와는 어떠한 관계에 있으며 각각은 어떠한 이념과 목적으로 권리구제기능을 수행하고 있는지 파악해보는 것이 중요하다. 오늘날 민사적 책임과 형사적 책임은 완전

---

1 이 경우 법률의 규정은 "…권리를 침해한 자는…년의 징역 또는…원 이하의 벌금에 처한다"라는 형식으로 규정되는데 법 제136조 제1항 제1호, 제2항 제1호 및 제3호 등이 여기에 해당한다.
2 법에서 규정하고 있는 대부분의 벌칙규정은 의무위반행위를 대상으로 하고 있는데, 이때 법률에서의 규정형식은 "법 제○조의 규정을 위반한 자(또는 법 제○조를 위반하여…를 한 자)는…○년의 징역 또는…○원 이하의 벌금에 처한다"라는 형식으로 이루어진다.

히 분화된 상태로 실시되고 있으며 저작권 분야에서도 예외는 아니다. 이 두 가지 책임은 이념과 지도원리 그리고 사회적 기능별로 각각 민사재판과 형사재판이라는 별개의 재판과정을 거치면서 피해자 권리구제의 기능을 담당하고 있다.[3]

저작권의 침해 등에 대한 형사적 구제는 입증의 주체와 입증의 정도에서도 민사적 구제와는 큰 차이를 보인다. 민사책임의 경우 손해의 입증책임은 일반적으로 피해자인 원고가 부담하며, 그 입증의 정도는 상대방, 즉 가해자가 주장하는 내용을 반박할 수 있을 정도로만 입증하면 충분하다(이를 'Proving by Preponderance of Evidence'라 한다). 반면에 형사책임에서의 입증책임은 국가기관인 검찰 측에서 지며 무죄추정의 원칙에 따라 가해자의 범죄행위를 **합리적 의심의 여지없이 완벽하게 증명**(이를 'Proving Beyond a Reasonable Doubt'라 한다)하여야 한다. 따라서 민사책임과 형사책임은 동일한 사건에 관하여 결과가 달라질 수 있고 재판의 결과가 서로에게 결정적인 영향을 주지도 않는다. 예를 들면 형사재판에서 유죄로 판결이 나도 그것으로 행위자의 민사상 책임이 확인된 것은 아니며, 또한 행위자가 형의 집행을 받았다고 해서 민사상의 책임을 면하는 것도 아니다.

우리나라는 저작권 침해에 대한 구제의 실제에 민사적 방법보다는 형사적 구제에 더욱 의존하는 경향이 있어 보인다. 저작권 침해에 따른 피해자가 자신의 권리를 주장하는 구제절차를 선택하면서 비용과 시간 측면에서 비효율적이고 원고의 입장에 있는 자신이 직접 손해입증의 부담을 져야 하는 민사적 구제절차보다는, 침해의 단서를 제공하는 것만으로도 상대방에게 형사책임의 부담을 주면서 수사절차의 도움을 받아 신속하고도 손해액 대비 만족스러운 합의에 도달할 수 있는 형사적 구제절차를 선호하는 것으로 파악되고 있다.[4]

---

3 형사책임은 원칙적으로 행위자에 대한 응보 및 장래에 해악의 발생을 방지할 목적으로 행위자의 사회에 대한 책임을 묻는 반면에, 민사책임은 원칙적으로 피해자에게 생기는 손해의 보전을 목적으로 하고 행위자에게 피해자 개인에 대한 책임을 묻게 하는 것이다. 그리고 형사책임은 행위자의 악성을 추방하고 그 도의적 책임을 묻는 것이므로 행위자의 주관적 사정을 중시하여 고의범만을 벌하는 것이 원칙이며 과실범에 대한 처벌은 예외에 속한다. 이에 대하여 민사책임은 피해자의 손해의 전보가 주된 목적이기 때문에 가해자가 고의이든 또는 과실이든 그로 말미암아 생긴 손해는 이를 배상하여야 하는 것으로 되어 있다(곽윤직, 『채권각론』, 박영사(2001), 607쪽).

4 대검찰청에서 발표한 「저작권법」 위반 현황(기소, 불기소 등 포함)은 2017년의 경우 24,309명으로 파악되고 있다(문화체육관광부, 앞의 백서, 51쪽). 한편, 2014년의 경우 「저작권법」 위반 범죄가 2,800여 건에 달한 바 있고 이는 같은 해의 전체 지식재산범죄의 71.9%를 차지하고 있다(이동기, 「저작권 분쟁의 중재제도 도입에 관한 연구」, 계간 『저작권』(2017 봄호), 한국저작권위원회, 60~66쪽).

(2) 「저작권법」에서의 규정

현행 법체계에 따르면 저작권과 그 밖에 법에 따라 보호되는 각종 권리의 침해에 대해서는 민사적 책임[5]과 형사적 책임[6]을 동시에 부과하고 있는 반면에, 법에서 규정하고 있는 의무를 위반한 행위에 대해서는 주로 형사적 책임만을 묻는 입법태도를 취하고 있다.

이와 같은 태도는 저작권 등의 침해에 대한 구제의 실효성 제고라는 측면과 저작물의 공정이용이라는 공익적 측면을 동시에 고려한 적절한 입법적 조치로 보인다.

3. 「저작권법」에서의 규정

법에서는 저작권 등의 권리를 침해한 자와 법에 규정되어 있는 각종의 의무사항을 위반한 자에 대하여 그 행위의 비난가능성의 정도에 따라 형사벌인 징역과 벌금을 차등적으로 부과하고 있다. 이와 같은 형사적 구제절차는 저작권 침해에 대한 다른 유형의 구제, 예를 들면 행정적·민사적 구제가 효율적으로 가동되지 못할 때나 그러한 구제로는 보호받고자 하는 법익의 목적을 달성할 수 없는 경우에 한하여 보충적으로 적용되어야 함은 일반 형사법의 대원칙에 비추어보아도 당연하다 하겠다.

현행 법체계에 따르면 형사벌은 그 경중에 따라 크게 네 가지로 구분하여 부과하고 있다. 구체적으로 보면 다음과 같다. 첫째, 처벌의 강도가 가장 높은 저작재산권 등의 침해자와 법원의 비밀유지명령을 위반한 자에게는 5년 이하의 징역 또는 5천만 원 이하의 벌금에 처하거나 이를 병과할 수 있다. 둘째, 저작인격권 등을 침해한 자와 그 밖에 거짓등록을 한 자 등 모두 10개 유형의 행위를 한 자에게는 3년 이하의 징역 또는 3천만 원 이하의 벌금에 처하거나 이를 병과할 수 있다. 셋째, 저작자가 아닌 자를 저작자로 하여 실명·이명을 표시하여 저작물을 공표한 자 등 9개 유형의 행위를 한 자에게는 1년 이하의 징역 또는 1천만 원 이하의 벌금에 처하고 있다. 넷째, 위탁자의 동의 없이 위탁에 의한 초상화 등을 이용한 자 등 5개 유형의 행위를 한 자에게는 가장 낮은 수준의 500만 원 이하의 벌금에 처하고 있다.

---

5 이에 대해서는 법 제123조부터 제129조까지에서 규정하고 있다.
6 이에 대해서는 법 제136조 제1항 제1호 및 제2항 제1호·제3호·제4호, 제137조 제1항 제1호 및 제2호 등에서 규정하고 있다.

법에서는 범죄와 처벌을 이와 같이 네 그룹으로 나누어 상세하게 규정하고 있으며, 이때 각각의 처벌의 전제가 되는 행위는 모두 독립된 하나의 범죄행위로서의 성격을 가진다.[7] 이 법에 따르면 모두 26개 유형의 범죄가 존재하는 셈인데[8], 다음에서 구체적으로 살펴보기로 한다.

II. 저작재산권 침해죄 등

1. 저작재산권 등 침해죄[9]

저작재산권, 그 밖에 이 법에 따라 보호되는 재산적 권리(제93조에 따른 권리는 제외한다[10])를 복제, 공연, 공중송신, 전시, 배포, 대여, 2차적저작물 작성의 방법으로 침해한 자는 5년 이하의 징역 또는 5천만 원 이하의 벌금에 처하거나 이를 병과할 수 있다(「저작권법」 제136조 제1항 제1호).[11]

2. 법원의 비밀유지명령 위반죄

소송의 다른 당사자가 정당한 이유 없이[12], 법원의 비밀유지명령을 위반하면 5년 이하의 징역 또는 5천만 원 이하의 벌금에 처하거나 이를 병과할 수 있다(제136조 제1항 제2호).

---

7 예를 들면 저작재산권 침해죄, 인격적 권리의 침해죄, 허위등록죄, 기술적 보호조치 위반죄 등이 그것이다.

8 법에서의 이와 같은 범죄는 「형법」에서 규정하고 있는 형사범과는 달리 행정범이라고 부른다.

9 여기서 사용하고 있는 각종의 죄명은 「형법」의 죄명과 달라서 법률상의 개념이 아닌 강학상의 개념임을 유의하여야 한다. 죄명은 해당 범죄의 구성요건을 압축적으로 표현하고 있어야 하며, 특히 공소장에 반드시 기재하여야 할 사항이기도 하다. 따라서 저작재산권 등을 침해한 자에 대한 공소장에는 적용법조(해당 조문)란에 '제136조 제1항 제1호'를 기재하고 죄명표시란에 「저작권법」 위반(저작재산권 등 침해)'을 기재한다.

10 데이터베이스제작자의 권리는 그 보호대상이 되는 데이터베이스의 저작물성이 여타의 권리의 대상에서의 그것보다 약하기에 이를 침해한 자에 대하여는 좀 더 가벼운 처벌을 부과하고 있다.

11 참고로 배타적 성격의 권리가 아닌 채권적 성격의 권리인 보상청구권 등의 침해는 「형법」상 특별한 규정(예 : 「형법」 제323조에 따른 권리행사 방해죄의 성립)이 있는 경우를 제외하고는 형사상 책임에서 제외됨을 유의하여야 한다.

12 법원의 명령을 준수하였을 경우 회복할 수 없는 피해가 발생할 우려가 있다거나 범죄의 예방에 필요하거나 영업비밀을 가지고 있는 당사자가 동의한 경우 등이 이에 해당한다.

Ⅲ. 저작인격권 침해죄 등

1. 저작인격권 등 침해죄

저작인격권 또는 실연자의 인격권을 침해하여 저작자 또는 실연자의 명예를 훼손한 자는 3년 이하의 징역 또는 3천만 원 이하의 벌금에 처하거나 이를 병과할 수 있다(「저작권법」 제136조 제2항 제1호). 그런데 저작인격권 침해죄는 **명예의 훼손**이라는 추가적·가중적 요건이 필요하다. 따라서 저작자와 실연자가 가지고 있는 공표권, 성명표시권, 동일성유지권 등이 침해되더라도 그의 명예, 즉 그가 저작자 또는 실연자로서 가지고 있는 사회적·객관적인 평가가 저하되는 정도의 명예훼손이 없다면 이 죄를 적용할 수 없다.

2. 저작권 등 거짓등록죄

거짓으로 저작권 등을 등록한 저작자, 저작재산권자, 저작인접권자, 데이터베이스제작자 등에게는 3년 이하의 징역 또는 3천만 원 이하의 벌금에 처하거나 이를 병과할 수 있다(제136조 제2항 제2호).

3. 데이터베이스제작자의 권리침해죄

데이터베이스제작자의 권리를 침해한 자는 3년 이하의 징역 또는 3천만 원 이하의 벌금에 처하거나 이를 병과할 수 있다(제136조 제2항 제3호).

4. 복제·전송자 정보의 목적 외 사용죄

복제·전송자의 성명과 주소 등의 정보를 민사상의 소제기 및 형사상의 고소를 위한 청구의 목적 외의 용도로 사용한 권리주장자에게는 3년 이하의 징역 또는 3천만 원 이하의 벌금에 처하거나 이를 병과할 수 있다(제136조 제2항 제3호의2).

5. 기술적 보호조치 무력화죄

업으로 또는 영리를 목적으로[13] 기술적 보호조치를 위반한 자는 3년 이하의 징역 또는 3천만 원 이하의 벌금에 처하거나 이를 병과하는 형사처벌을 받는다(제136조 제2항 제3호의3). 따라서 고의로 기술적 보호조치를 무력화할지라도 행위자가 이를 업으로 하거나 영리를 목적으로 하지 않는다면 죄가 성립하지 아니한다.

6. 권리관리정보 제거·변경죄

업으로 또는 영리를 목적으로 권리관리정보를 제거·변경한 자에게는 3년 이하의 징역 또는 3천만 원 이하의 벌금에 처하거나 이를 병과할 수 있다(제136조 제2항 제3호의4).[14]

7. 암호화된 방송신호의 무력화 등 죄

암호화된 방송신호를 사업자의 허락 없이 복호화復號化하는 데에 주로 사용할 것을 과실로 알지 못하고 그러한 목적을 가진 장치·제품·주요부품 또는 프로그램 등 유·무형의 조치를 제조·조립·변경·수입·수출·판매·임대하거나 그 밖의 방법으로 전달하는 행위를 하거나, 암호화된 방송신호가 정당한 권한에 의하여 복호화된 경우 그 사실을 알고 그 신호를 방송사업자의 허락 없이 영리를 목적으로 다른 사람에게 공중송신하는 행위를 한 자는 3년 이하의 징역 또는 3천만 원 이하의 벌금에 처하거나 이를 병과하는 형사처벌을 받는다(제136조 제2항 제3호의5).

---

13 형사법에 '영리목적'은 기본적 범죄의 가중적 요소로 작용하는 것이 일반적이지만, 여기서 논의하고 있는 법 제136조 제2항 제3호의3 또는 제3호의4에서와 같이 개별범죄의 주관적 범죄구성요건에 해당하는 경우도 있을 수 있다.

14 법 제136조 제2항 제3호의4에서는 "다만, 과실로 저작권 또는 이 법에 따라 보호되는 권리 침해를 유발 또는 은닉한다는 사실을 알지 못한 자는 제외한다"라고 규정하고 있는데, 「형법」 제14조, 즉 "정상의 주의를 태만함으로 인하여 죄의 성립요소인 사실을 인식하지 못한 행위는 법률에 특별한 규정이 있는 경우에 한하여 처벌한다"라는 규정에 비추어볼 때 「저작권법」에서의 이와 같은 규정은 실익이 없는 임의적 규정에 불과하다고 보인다. 왜냐하면 「형법」 이외의 다른 법률에서 규정하고 있는 범죄에서는 그 법률에서 과실범을 특별한 규정이 있는 경우에만 처벌할 수 있는데 「저작권법」 제136조 제2항 제3호의4는 과실범을 처벌한다는 규정이 아니고 과실범은 처벌의 대상에서 제외시킨다는 내용이기 때문이다.

8. 라벨 위조 등 죄

라벨 등을 위조·배포·소지하는 등의 행위를 한 자는 3년 이하의 징역 또는 3천만 원 이하의 벌금에 처하거나 이를 병과하는 형사처벌을 받는다(제136조 제2항 제3호의6).

9. 방송 전 신호의 송신죄

방송사업자에게로 송신되는 신호를 제3자에게 송신한 자는 방송 전 신호의 송신죄에 해당하여 3년 이하의 징역 또는 3천만 원 이하의 형사처벌을 받는다(제136조 제2항 제3호의7).

10. 저작재산권 침해간주 행위죄

수입행위, 소지행위 그리고 업무상 이용행위 등과 같은 저작권의 침해로 보는 행위를 한 자는 3년 이하의 징역 또는 3천만 원 이하의 벌금에 처하거나 이를 병과하는 형사처벌을 받는다(제136조 제2항 제4호).

IV. 저작자 부정표시·공표죄 등

1. 저작자 부정표시·공표죄

저작자 아닌 자를 저작자로 하여 실명·이명을 표시하여 저작물을 공표한 자는 1년 이하의 징역 또는 1천만 원 이하의 벌금에 처한다(「저작권법」 제137조 제1항 제1호).

저작자 부정표시·공표죄에 관해 그 성립요건과 보호법익 그리고 기타의 특징 등을 좀 더 구체적으로 살펴보면 다음과 같다. 첫째, 저작자 부정표시·공표죄는 저작자의 명예훼손이라는 개인적 법익의 침해를 요건으로 하지 않는다. 왜냐하면 저작자의 실명 등을 부정한 방법으로 공표하는 이른바 대작代作의 문제에 따른 저작물

이용자의 혼란과 이로 인한 저작물 시장에서의 왜곡된 유통질서 형성 및 부정경쟁의 조장이라는 사회적 해악을 방지하기 위한 입법정책의 결과로 이해될 수 있기 때문이다. 이와 같은 이유로 저작자 부정표시·공표죄의 성립에는 원저작자의 동의 여부는 관계없다. 다시 말해, 원저작자의 양해 내지는 동의가 있었다 하더라도 이는 위법성을 조각하지 않으며 따라서 저작자 부정표시·공표죄가 성립하는 데 아무런 영향을 주지 못한다.

> 대법원은 저작자 부정표시·공표죄의 성립에 있어서 저작자의 동의가 위법성을 조각하느냐와 관련하여, "「저작권법」 제137조 제1항 제1호는 자신의 의사에 반하여 타인의 저작물에 저작자로 표시된 저작자 아닌 자와 자신의 의사에 반하여 자신의 저작물에 저작자 아닌 자가 저작자로 표시된 실제 저작자의 인격적 권리뿐만 아니라 저작자 명의에 관한 사회일반의 신뢰도 보호하려는 데에 그 목적이 있다. 이와 같은 입법취지를 고려하면, 저작자 아닌 자를 저작자로 표시하여 저작물을 공표한 이상 위 규정에 따른 범죄는 성립하고, 사회통념에 비추어 사회일반의 신뢰가 손상되지 않는다고 인정되는 특별한 사정이 있는 경우가 아닌 한 그러한 공표에 저작자가 아닌 자와 실제 저작자의 동의가 있었더라도 달리 볼 것은 아니다"라고 판시하였다(대법원 2017.10.26, 선고 2016도16031 판결).

둘째, 저작자 부정표시·공표죄는 공표되지 아니한 저작물[15]뿐만 아니라 이미 공표된 저작물[16]에 대해서도 저작자 아닌 자를 저작자로 하여 표시·공표하면 이 죄에 해당될 수 있다. 요컨대, 이미 공표된 저작물인지를 불문하고 저작자 아닌 자를 저작자로 하여 그의 실명과 이명을 표시한 후 이를 공표한 자는 저작자 부정표시·공표죄에 해당하여 처벌을 받는다.[17] 셋째, 저작자 부정표시·공표죄의 처벌대상은 저작자 명의를 허위로 표시하는 자가 아니라 허위로 표시된 저작물을 공표한 자이다. 판례도 같은 입장으로서, 법 제137조 제1항 제1호는 저작자 아닌 자를 저작자로

---

15 저작인격권의 하나인 공표권은 원래 미공표 상태의 저작물에 대해서만 침해가 이루어지지만 저작자 부정표시·공표죄는 해당 저작물의 공표·미공표를 불문하며, 공표에 있어서도 최초 발행에 따른 공표는 물론 제2차 제3차 발행에 따른 공표에서도 얼마든지 이 죄가 성립할 수 있다(한지영, 「일명, '표지갈이' 사건에서의 부정발행죄 적용범위에 관한 고찰」, 계간 『저작권』(2016 가을호), 한국저작권위원회, 203쪽).

16 예를 들면 A교수 명의로 출판된 저작물을 이후에 A와 저작자 아닌 B교수의 공저로 추가출판을 한 경우 등이 이에 해당한다.

17 대법원 2017.10.26, 선고 2016도16031 판결.

표시하여 저작물을 공표한 자에 대한 처벌규정이라고 판시한 바 있다.[18] 넷째, 저작자 부정표시·공표죄는 앞에서 논의한 법 제136조에 따른 처벌과는 달리 징역 또는 벌금형이 선택적·택일적으로 부과된다.[19]

2. 실연자 부정표시·공연 등의 죄

실연자 아닌 자를 실연자로 하여 실명·이명을 표시하여 실연을 공연 또는 공중송신하거나 복제물을 배포한 자는 1년 이하의 징역 또는 1천만 원 이하의 벌금에 처한다(제137조 제1항 제2호).

3. 저작자 사망 후 저작인격권 침해 유사죄

저작자의 사망 후에 그의 저작물을 이용하는 자가 저작자가 생존하였더라면 그 저작인격권의 침해가 될 행위를 한 자는 1년 이하의 징역 또는 1천만 원 이하의 벌금에 처한다. 다만, 그 행위의 성질 및 정도에 비추어 사회통념상 그 저작자의 명예를 훼손하는 것이 아니라고 인정되는 경우에는 그러하지 아니하다(제137조 제1항 제3호).

4. 암호화된 방송신호의 청취·시청 등의 죄

암호화된 방송신호가 방송사업자의 허락 없이 복호화된 것을 알면서 그러한 신호를 수신하는 행위를 한 자는 1년 이하의 징역 또는 1천만 원 이하의 벌금에 처한다(제137조 제1항 제3호의2).

5. 영상저작물 녹화 등의 죄

저작권으로 보호되는 영상저작물을 상영 중인 영화상영관 등에서 저작재산권자의 허락 없이 녹화기기를 이용하여 녹화하거나 공중송신을 한 자는 1년 이하의 징

---

18 대법원 1992.12.8. 선고 92도2296 판결.
19 징역 또는 벌금의 선택적·택일적 부과는 다음에 제시된 범죄에서도 마찬가지이다.

역 또는 1천만 원 이하의 벌금에 처한다(제137조 제1항 제3호의3). 여타의 범죄보다 사회적 위험성이 높아 녹화 등의 행위의 착수만 있어도 이를 처벌하도록, 다시 말해 「저작권법」에서는 유일하게 이 범죄에 대해서 미수범을 처벌하도록 하고 있으며 미수범의 법정형 역시 정범의 그것과 같다(제137조 제2항).

6. 저작권신탁관리업 무허가 영위죄

문화체육관광부장관으로부터 허가를 받지 아니하고 저작권신탁관리업을 영위하는 자에게는 1년 이하의 징역 또는 1천만 원 이하의 벌금에 처한다(제137조 제1항 제4호).

7. 저작자 명예훼손 방법의 저작물 이용죄

저작자의 명예를 훼손하는 방법으로 저작물을 이용한 자는 1년 이하의 징역 또는 1천만 원 이하의 벌금에 처하도록 규정하고 있다(제137조 제1항 제5호).

8. 온라인서비스제공자의 업무방해죄

자신에게 정당한 권리가 없음을 알면서 고의로 복제·전송의 중단 또는 재개요구를 하여 온라인서비스제공자의 업무를 방해한 자는 1년 이하의 징역 또는 1천만 원 이하의 벌금에 처한다(제137조 제1항 제6호).

9. 비밀유지의무 위반죄

직무상 알게 된 비밀을 다른 사람에게 누설한 자는 1년 이하의 징역 또는 1천만 원 이하의 벌금에 처한다(제137조 제1항 제7호).

V. 위탁에 의한 초상화 등 무단이용죄 등

1. 위탁에 의한 초상화 등 무단이용죄

위탁자의 동의 없이 초상화 등을 이용한 자는 500만 원 이하의 벌금에 처한다(「저작권법」 제138조 제1호).

2. 출처명시의무 위반죄

출처를 명시하지 아니하고 저작물, 저작인접물, 데이터베이스 등을 이용한 자는 500만 원 이하의 벌금에 처한다(제138조 제2호).

3. 저작재산권자 등 표지의무 위반죄

발행권자 등이 특약이 없음에도 불구하고 각 복제물에 저작재산권자의 표지를 하지 아니할 경우에는 500만 원 이하의 벌금에 처한다(제138조 제3호).

4. 저작물 재발행 사전통지의무 위반죄

저작자에게 재발행 등을 통지하지 아니한 자는 500만 원 이하의 벌금에 처한다(제138조 제4호).

5. 저작권대리중개업 미신고 영위죄

문화체육관광부장관에게 신고 없이 저작권대리중개업을 행하거나 500만 원 이하의 벌금에 처한다(제138조 제5호).

6. 영업폐쇄명령 위반죄

영업폐쇄명령을 받고도 계속 그 영업을 한 저작권위탁관리업자는 500만 원 이하의 벌금에 처한다(제138조 제5호).

VI. 양벌규정의 적용

법인의 대표자나 법인 또는 개인이 고용한 종업원 등이 법인이나 개인의 업무에 관하여 위반행위를 한 경우에 그 범죄행위에 대해 영업주인 법인이나 개인에게도 처벌을 할 수 있도록 규정하는 것을 **양벌규정**이라 한다.

이처럼 영업주인 법인이나 개인에게 잘못이 있는지 여부와 관계없이 종업원 등의 범죄행위가 있으면 자동적으로 영업주인 법인이나 개인도 처벌하는 것(무과실책임)은 곧 다른 사람의 범죄행위에 대하여 형벌을 부과하는 것으로서, 이는 법치국가의 원리 및 죄형법정주의로부터 도출되는 (과실)책임주의에 반할 수 있다. 그런 이유로 대부분의 현행 법률에서는 양벌규정과 함께 일정한 경우에는 책임이 면제되는 면책규정도 두고 있다. 즉, 법인이나 개인 등이 대표자나 종업원 등의 위반행위를 방지하기 위하여 해당 업무에 관하여 상당한 주의와 감독을 게을리하지 아니한 경우에는 법인 또는 개인을 처벌하지 않도록 함으로써 형사법의 대원칙인 책임주의와의 조화를 꾀하고 있다.[20]

법률에서 규정하고 있는 양벌규정의 형식은 거의 똑같은데, "법인의 대표자나 법인 또는 개인의 대리인, 사용인, 그 밖의 종업원이 그 법인 또는 개인의 업무에 관하여 법 제141조에서 정하고 있는 의무를 위반하는 행위를 하면 그 행위자를 벌하는 외에 그 법인[21] 또는 개인에게도 해당 조문의 벌금형을 과(科)한다. 다만, 법인 또는 개인이 그 위반행위를 방지하기 위하여 해당 업무에 관하여 상당한 주의와 감독을 게을리하지 아니한 경우에는 그러하지 아니하다"라고 되어 있다(「저작권법」 제141조 참조).

---

20 박순태, 『문화예술법』(2014), 514쪽.

21 법인에게는 전통적인 형사범(살인, 강도, 강간, 사기 등)이 아닌 주로 행정범 위반 시에 처벌이 이루어진다. 오늘날 행정목적 달성을 위해 행정형법에서는 행위자 이외에 법인에도 형사책임을 부과하는 법률의 제정이 일반화되어 있다. 형사법에서 규정하고 있는 범죄는 원래부터 범죄성을 가지고 있는 것(Malum per se)으로 이는 자연범(自然犯)(예 : 살인, 강도, 강간, 사기 등)으로 불리는 반면에, 행정형법에서 규정하고 있는 범죄는 비교적 윤리적 색채가 약하고 행정목적을 달성하기 위한 합목적적 요소가 강조되는 것(Malum Prohibitum)으로 법정범(法定犯)(예 : 저작재산권 침해, 도로교통위반, 청소년 대중문화예술인에 대한 성행위 알선 등)이 대부분이다. 법인의 형사처벌의 실제에 있어서는 대부분의 경우 재산형에 해당하는 벌금형을 부과함이 일반적이다. 이는 법인이 직접 범죄행위에 가담한 것이 아니라 간접적으로 지도·감독 등의 의무를 소홀히 한 것에 불과하고 해당 범죄가 대부분이 법정범이기에 형사범과 같은 높은 수준의 처벌을 요구하지도 않기 때문이다. 이 밖에도 법인의 특수성으로 인해 징역, 금고와 같은 자유형은 부과 자체가 불가능하기 때문이기도 하다(박순태, 앞의 책, 315쪽).

이와 같은 법률의 규정에 근거하여 볼 때, 양벌규정에 따른 영업주의 처벌은 종업원의 처벌과는 별개로 이루어질 수 있다고 해석되며, 대법원의 입장도 마찬가지이다.

> 대법원은 양벌규정에 따른 영업주 처벌의 성격과 관련하여, "양벌규정에 의한 영업주의 처벌은 금지위반 행위자인 종업원의 처벌에 종속되는 것이 아니라 독립하여 그 자신이 종업원에 대한 선임감독選任監督의 과실로 인하여 처벌되는 것이므로, 종업원의 범죄성립이나 처벌이 영업주 처벌의 전제조건이 될 필요는 없다"라고 판시한 바 있다(대법원 1987.11.10, 선고 87도1213 판결).

제2절
형사적 구제의 몇 가지 특칙

I. 저작권을 침해하여 만들어진 복제물 등의 몰수

1. 몰수의 대상과 객체

「저작권법」에서는 저작권 등을 침해하여 만들어진 불법복제물 등의 유통을 원천적으로 차단하기 위하여 형사벌[22]의 하나인 몰수에 관한 특칙을 두고 있다. 즉, "저작권, 그 밖에 이 법에 따라 보호되는 권리를 침해하여 만들어진 복제물과 그 복제물의 제작에 주로 사용된 도구나 재료 중 그 침해자·인쇄자·배포자 또는 공연자의 소유에 속하는 것은 몰수한다"(제139조).[23]

2. 몰수의 부가성·강행성

일반적으로 몰수는 부가성附加性을 특징으로 하며, 따라서 다른 형刑에 부가하여 과하기에 대부분의 경우 법 제136조 제1항 제1호에 따른 저작재산권 침해죄나, 같은 조 제2항 제1호에 따른 저작인격권 침해죄에 해당하는 징역 또는 벌금에 부가하여 이루어진다. 다만, 「형법」에서는 몰수를 임의적인 것으로 규정한 반면 「저작권법」에서는 이를 강행적 사항으로 규정하고 있어 요건에 해당하면 반드시 몰수하여야 함을 유의하여야 한다.

---

22 몰수는 사형, 징역, 금고, 자격정지, 자격상실, 벌금, 구류, 과료와 함께 형(刑)의 종류에 해당한다(「형법」 제41조 참조).

23 침해물의 제작에 사용되는 도구나 재료 중에는 특별히 침해물의 제작을 위하여 준비한 것도 있지만 일상생활에 사용되는 가전제품이나 범용적인 목적을 가진 용구나 기기 등도 있는 바, 이들 모두 몰수하는 것은 지나치게 가혹하고 비례의 원칙에도 어긋나므로 현행 법에서는 이와 같이 침해물의 제작에 '주로' 사용하기 위한 재료나 기기로 그 범위를 조정하여 규정하고 있다. 따라서 불법복제물 등이 일반적인 거래관행을 거쳐 이들 이외의 선의의 제3자에게 귀속된 때에는 이를 몰수할 수 없다.

II. 친고죄 적용범위의 확장

1. 의의

범죄는 크게 친고죄와 비친고죄로 나눌 수 있다. 전자는 검사가 수사의 결과로서 공소를 제기할 때 피해자 등의 고소를 그 요건으로 하는 것을 말하며, 후자는 검사가 피해자 등의 직접적인 고소가 없더라도 죄가 성립되어 공소를 제기할 수 있는 범죄를 말한다. 「저작권법」 위반의 범죄를 친고죄로 할 것이냐, 비친고죄로 할 것이냐는 그 나라의 저작권을 둘러싼 상황을 감안한 입법정책의 문제이다.

인간의 사상 또는 감정을 표현한 저작물과 그에 대한 각종 권리를 규정하고 있는 법의 위반에 대해서는 저작자의 개인적 법익의 보호가 1차적이며, 따라서 침해자를 처벌함에 있어서도 피해자인 저작자의 의사가 존중되는 친고죄가 원칙적으로 적용되는 것이 당연하다. 그런데 오늘날은 저작권의 인격적 측면뿐만 아니라 산업적 측면 및 이에 따른 여러 가지 사회적 법익의 보호도 중요시되고 있어 그 처벌에 있어서 친고죄와 비친고죄를 병행하여 적용하고 있는 것이 일반적인 추세이다.

2. 「저작권법」의 태도

(1) 친고죄의 원칙적 적용

현행 법체계에 따르면 「저작권법」 위반죄는 아직까지 친고죄가 원칙이고, 특별히 규정하고 있는 범죄에 대해서만 비친고죄로 하고 있다. 즉, 법 위반에 대한 형사적 제재와 관련하여 법 제140조에 "이 장의 죄에 대한 공소는 고소가 있어야 한다. 다만, 다음 각 호의 어느 하나에 해당하는 경우에는 그러하지 아니하다"라는 규정이 있다. 이는 적어도 형식적인 면에서는 친고죄를 원칙으로 하고 비친고죄는 법률의 규정이 있는 경우에 한해서 예외적으로 적용하고 있음을 분명히 하고 있는 것으로 해석할 수 있다.

요컨대 현행 법체계하에서는 법 제140조에서 별도로 규정하고 있는 것 이외에는 피해자 등의 고소[24]가 있을 때에만 검사가 공소[25]를 제기할 수 있는 친고죄를 원칙으로 한다.

(2) 중한 범죄에 대한 비친고죄의 적용

오늘날 인터넷 환경에서 대규모·반복적으로 이루어지는 저작권 침해는 권리자 개인뿐만 아니라 심각한 사회적 문제로까지 확산되고 있다. 저작권의 침해로부터 사회적·국가적 법익을 보호하고, 공공적·사회적 안전망을 확충하기 위해서라도 피해자의 고소를 기다릴 필요 없이 국가가 직권으로 공소를 제기할 수 있도록 비친고죄의 범위를 확대해야 한다. 이에 우리 법도 지속적으로 비친고죄의 범위를 확대해온 바 있으며 현행 법체계에 따르면 다음에 제시한 범죄를 비친고죄로 규정하고 있다.

3. 비친고죄에 해당하는 「저작권법」 위반죄

(1) 영리를 목적으로 상습성에 기인한 비친고죄

법 제140조에 따르면 비친고죄에 해당하는 경우는 크게 두 가지 유형으로 나눌 수 있는데 영리를 목적으로 또는 상습적으로라는 요건의 유무이다.

먼저 영리를 목적으로 또는 상습적으로 해당 행위를 할 때에만 비친고죄가 되는 때에는 "제136조 제1항 제1호, 제136조 제2항 제3호 및 제4호에 해당하는 행위를 한 경우가 이에 해당한다"(제140조 제1호 참조). 여기서 영리를 목적으로 해당 행위를 한다라고 함은 자기 또는 제3자가 재산적 이익 또는 재산상 이득을 취할 목적으로 해당 행위를 하는 것을 말한다. 이때 영리의 목적이 있으면 족하고 현실적으로 재산적 이익이나 재산상의 이득과 같은 경제적 이익을 취득할 필요는 없다고 하겠으며, 그 이익 등이 일시적이라도 관계가 없다. 영리의 목적이 존재하는지의 여부는

---

24 '고소'는 고소인이 일정한 범죄사실을 수사기관에 신고하여 범인의 처벌을 구하는 의사표시를 말한다. 따라서 단순한 범죄사실의 신고는 고소가 아니다. 범죄로 인한 피해자는 고소할 수 있으며 피해자의 법정대리인은 독립하여 고소할 수 있다. 그리고 피해자가 사망한 때에는 그 배우자 직계친족 또는 형제자매는 고소할 수 있다(「형사소송법」 제223조 및 제225조 참조).
25 '공소'는 법원에 대하여 형사재판을 요구하는 소송행위를 말하며 이는 검사가 제기하여 수행한다(「형사소송법」 제246조 참조).

피고의 직업, 경력, 행위의 동기 및 경위와 수단·방법 등 여러 가지 사정을 종합하여 사회통념에 비추어 합리적으로 판단하여야 할 것이다.[26]

한편, 상습적으로라는 말은 반복하여 동종의 범죄행위를 행하는 습벽을 의미하는데 대부분 영리성이 있으면 상습성도 인정되는 것이 일반적이다. 상습성의 의미에 관한 대법원 판례를 소개하면 다음과 같다.

> 대법원은 '상습적으로'라는 말의 의미와 관련하여, 「저작권법」 제140조에서 규정하고 있는 '상습적으로'라는 말은 반복하여 저작권 침해행위를 하는 습벽으로서 행위자의 속성을 말하고, 이러한 습벽의 유무를 판단할 때에는 동종의 전과가 중요한 판단자료가 되나 범행의 횟수, 수단과 방법, 동기 등의 제반사정을 참작하여 저작권 침해행위를 하는 습벽이 인정되는 경우에는 상습성을 인정하여야 한다"라고 판시한 바 있다(대법원 2011.9.8, 선고 2010도14475 판결).

현행 법에서 규정하고 있는 영리와 상습성에 기인한 비친고죄로는 저작재산권 등 침해죄, 데이터베이스제작자의 권리침해죄 그리고 저작재산권 침해간주 행위죄 등 세 가지 유형이 해당한다(제140조 제1호). 세 가지 범죄는 모두 저작재산권 등의 침해와 관련된 범죄로서, 이는 저작자의 인격적 이익의 보호보다는 저작재산권의 침해로부터 사회의 안전이라는 공공적·사회적 이익의 보호 필요성에 따라 친고죄로 하고 있다. 그런데 후술하는 여타의 비친고죄와는 달리 해당 침해자가 행위를 함에 있어서 영리를 목적으로 또는 상습적으로 그와 같은 행위를 하여야 함은 앞에서 설명한 바와 같다. 따라서 위의 세 가지 범죄에서 침해자가 i) 영리를 목적으로 해당 행위를 하거나 또는 ii) 상습적으로 해당 행위를 하거나 두 가지 중 하나만 해당하면 이는 곧 비친고죄를 적용한다.[27]

여기서 세 가지 범죄 가운데 저작재산권 침해간주 행위죄에 해당하는 유형의 하나인 법 제124조 제1항 제3호의 경우, 즉 "프로그램의 저작권을 침해하여 만들어진 프로그램의 복제물(수입물건을 포함한다)을 그 사실을 알면서 취득한 자가 이를 업무상 이용하는 행위"는 비록 비친고죄에 해당하여 피해자 등의 고소가 없어도 검

---

26 대법원 1997.12.12, 선고 97도2368 판결.
27 법 제140조 제1호는 and 개념이 아닌 or 개념을 사용함으로써 비친고죄의 적용범위가 보다 넓어진 셈이다.

사가 공소를 제기할 수 있으나 피해자의 명시적 의사에 반하여 처벌하지 못함을 유의하여야 한다. 즉, 검사의 공소 제기는 가능하나[28] 피해자의 명시적 의사에 반하여 처벌을 할 수 없는 **반의사불벌죄**反意思不罰罪에 해당한다.[29]

(2) 기타의 비친고죄

다음으로 **영리를 목적으로 또는 상습적으로**를 요건으로 하지 않는 비친고죄로는 i) 저작권 등 거짓등록죄, ii) 복제·전송자 정보의 목적 외 사용죄, iii) 기술적 보호조치 무력화죄, iv) 권리관리정보 제거·변경죄, v) 암호화된 방송신호의 무력화 등 죄, vi) 라벨 위조 등 죄, vii) 방송 전 신호의 송신죄, viii) 저작자 부정표시·공표죄, ix) 실연자 부정표시·공표 등의 죄, x) 저작자 사망 후 저작인격권 침해 유사죄, xi) 암호화된 방송신호의 청취·시청 등의 죄, xii) 영상저작물 녹화 등의 죄, xiii) 저작권신탁관리업 무허가 영위죄, xiv) 온라인서비스제공업자의 업무방해죄, xv) 비밀유지의무 위반죄, xvi) 영업폐쇄명령 위반죄 등이 해당한다(제140조 제2호 참조).

---

28 피해자가 애초부터 처벌을 원치 않음을 명시적으로 밝혔다면 공소의 제기도 필요가 없다.
29 반의사불벌죄에는 「형법」상의 폭행죄, 과실치상죄, 협박죄, 명예훼손죄 등이 해당한다.

제19장

저작권과 관련한
주요기관과 단체

제1절
문화체육관광부

I. 저작권 관련 최고의 정책기관

1. 의의

저작권정책도 여타의 정부정책과 마찬가지로 행정부의 한 부처가 독점하지 않고 여러 개의 부처가 연계성을 가지고 유기적으로 협조하여 수행할 수밖에 없는데, 우리의 경우 문화체육관광부가 그 중심적 위치에 있다. 다시 말해, 문화체육관광부는 우리나라의 저작권정책을 총괄하는 최고의 정책기구이자 주무부처主務部處로서의 지위를 갖는다.

이와 같이 정부조직 가운데서 문화체육관광부가 저작권정책의 주무부처로 자리 잡고 있는 가장 큰 이유로는 문화체육관광부가 수행하고 있는 다른 업무가 저작권과 떼려야 뗄 수 없는 긴밀한 연계관계에 있기 때문이다. 문화체육관광부는 문화예술의 발전과 문화콘텐츠산업의 진흥이라는 중요한 업무를 관장하고 있는데, 여기서 말하는 **문화예술**과 **문화콘텐츠**는 그 내용면에서 볼 때 실질적으로 차이가 없으며, 이들은 결국 **인간의 사상과 감정을 표현한 창작물**에 해당하기도 한다.[1] 그리고 「저작권법」 제4조에 따르면 저작물의 예시로서 어문저작물, 음악저작물, 연극저작물, 미술저작물, 건축저작물, 사진저작물, 영상저작물, 도형저작물 그리고 컴퓨터프로그램저작물 등을 들고 있는데 여기에서 예시된 저작물은 하나같이 문화예술 또는 문화콘텐츠의 주요장르 또는 범주에 속하고 있음을 확인할 수 있다. 이렇게 볼 때 **문화예술 = 문화콘텐츠 = 저작물**이라는 등식이 성립한다.[2] 따라서 문화체육

---

1 이와 같은 이유로 「콘텐츠산업 진흥법」 제2조 제2항에서는 "이 법에서 사용하는 용어의 뜻은 제1항에서 정하는 것을 제외하고는 「저작권법」에서 정하는 바에 따른다. 이 경우 '저작물'은 '콘텐츠'로 본다"라고 규정하고 있다.
2 박순태, 「문화콘텐츠산업법」, 1~3쪽.

관광부가 저작물 및 이에 기반한 저작권과 관련한 업무를 수행함은 지극히 당연하고, 나아가 저작권과 관련한 최고의 정책기관임은 자명하다고 볼 수 있다.

2. 저작권정책을 추진하기 위한 문화체육관광부의 조직

우리나라 저작권정책의 최고기관인 문화체육관광부는 저작권정책을 총괄하여 추진하는 부서로서 저작권국[3]을 두고 있으며, 그 아래에 저작권정책과, 저작권산업과, 저작권보호과, 문화통상협력과의 4개 과가 있다. 이 가운데 특히 저작권보호과에서는 「사법경찰관리의 직무를 수행할 자와 그 직무범위에 관한 법률」의 규정에 따른 저작권특별사법경찰제도를 운영하고 있다.[4]

II. 문화체육관광부의 저작권과 관련한 주요정책

1. 의의

「저작권법」에서는 저작권정책의 주무부처인 문화체육관광부의 장인 문화체육관광부장관으로 하여금 저작권의 보호와 저작물의 공정한 이용도모라는 법의 목적 내지는 이념의 달성을 위하여 세 가지의 규범적 시책[5] 추진을 요구하고 있는데, i) 법 제2조의2에 따른 저작권의 보호에 관한 시책의 수립·시행, ii) 법 제24조의2 제2항에 따른 공공저작물 이용활성화 시책의 수립·시행 그리고 iii) 법 제134조에 따른 건전한 저작물 이용환경 조성사업의 추진 등이다.

문화체육관광부장관은 저작권과 관련된 여러 가지 주요사항에 대하여 법률의 근

---

3 참고로 저자는 2008년 초에 신설된 초대 '저작권국장'을 맡은 바 있으며, 이후 2011년에는 다시 '저작권국장'의 상위부서장인 '문화콘텐츠산업실장'으로 재직하면서 저작권과 관련한 중요한 시책추진에 직·간접적으로 진력한 바 있다.

4 '저작권특별사법경찰'의 업무는 저작권보호원과 연계하여 추진 중인데, 한국저작권보호원으로부터 저작권 침해 수사 및 단속사무의 지원을 받고 있음이 특기할 만하다(「저작권법」 제122조의5 제4호 참조).

5 일반적으로 행정실무에는 정책, 시책, 계획, 사업 등의 개념을 엄격하게 구분하여 사용하고 있지 않지만, 정책과 시책이 좀 더 가치지향적이고 계획과 사업이 좀 더 사실지향적인 개념이라 할 수 있다.

거가 없어도 정책적 판단에 따라 필요할 경우 관련 시책을 수립·시행할 수 있으나, 적어도 위의 세 가지 사항은 **법률**에 규정되어 있기 때문에 행정적 재량의 여지없이 이들 시책을 의무적으로 수립·시행하여야 한다.

2. 저작권의 보호에 관한 시책의 수립·시행

(1) 의의

문화체육관광부장관이 「저작권법」 제2조의2에 따라 수립·시행할 **저작권의 보호에 관한 시책**은 i) 저작권의 보호 및 저작물의 공정한 이용환경의 조성을 위한 기본정책에 관한 사항, ii) 저작권 인식 확산을 위한 교육 및 홍보에 관한 사항, iii) 저작물 등의 권리관리정보 및 기술적 보호조치의 정책에 관한 사항 등이다.

(2) 저작권의 보호 및 저작물의 공정한 이용환경의 조성을 위한 기본정책의 수립·시행

문화체육관광부장관은 법의 2대 목적(이념)인 저작권 등의 보호와 저작물의 공정한 이용환경의 조성을 위한 기본정책을 수립하고 이를 시행할 수 있다(제2조의2 제1항 제1호). 문화체육관광부장관이 수립·시행하는 이 기본정책을 수립하는 데에는 저작권의 보호와 저작물의 이용을 활성화하기 위한 기본적이고 종합적인 계획의 수립, 관련 조직의 정비, 소요예산의 확보방안 등이 포함되어야 한다.

(3) 저작권 인식 확산을 위한 교육 및 홍보에 관한 시책의 수립·시행

저작권 등을 보호하고 저작물의 공정한 이용을 활성화하기 위해서는 국민 스스로가 저작권 존중에 대한 인식을 가지고 그러한 문화를 정착해 나가는 것이 대단히 중요하다.[6] 이와 같은 취지에 따라 「저작권법」에서는 문화체육관광부장관으로 하여금 저작권의 인식을 확산하기 위한 교육과 홍보에 관한 시책을 수립하고 시행할 것을 요구하고 있다(제2조의2 제1항 제2호).

---

6 오늘날 정부의 저작권정책은 크게 i) 저작자 보호정책, ii) 이용자 보호정책 그리고 iii) 저작권에 대한 인식제고 정책으로 구분할 수 있는데 저작권에 관한 교육과 홍보 및 저작권과 관련한 전문인력의 양성은 저작권에 대한 인식제고 정책의 중요한 정책수단에 속한다(박순태, 앞의 논문, 79~93쪽).

(4) 저작물 등의 권리관리정보 및 기술적 보호조치에 관한 정책의 수립·시행

문화체육관광부장관이 수립·시행하는 권리관리정보와 기술적 보호조치에 관한 정책에는 저작물은 물론이고 실연·음반·방송과 같은 저작인접물과 데이터베이스까지 포함하여야 한다(「저작권법 시행령」 제1조의2 제2항 본문 참조).

3. 공공저작물의 이용활성화 시책의 수립·시행

(1) 의의

공공저작물 가운데 국가 또는 지방자치단체가 보유하고 있는 저작물은 물론이고 여러 공공기관이 보유하고 있는 저작물도 널리 활용될 수 있도록 하는 정책적 노력이 필요하다. 이와 같은 입법적 취지에 따라 현행 「저작권법」에서는 국가 또는 지방자치단체가 아닌 공공기관이 보유한 공공저작물에 대해서 국민 누구나가 이를 자유롭게 이용할 수 있도록 하기 위하여 국가가 나서서 그 이용을 활성화하기 위한 시책을 수립·시행하도록 하는 규정을 특별히 마련하고 있다. 즉, "국가는 「공공기관의 운영에 관한 법률」 제4조에 따른 공공기관이 업무상 작성하여 공표한 저작물이나 계약에 따라 저작재산권의 전부를 보유한 저작물의 이용을 활성화하기 위하여 대통령령으로 정하는 바에 따라 공공저작물 이용활성화 시책을 수립·시행할 수 있다"(「저작권법」 제24조의2 제2항).[7]

(2) 공공저작물의 이용활성화를 위한 시책에 포함되어야 할 사항

「저작권법」 제24조의2 제3항의 규정에 따라 국가(문화체육관광부장관)가 수립·시행하는 공공저작물 이용활성화 시책에는 i) 자유이용할 수 있는 공공저작물의 확대 방안, ii) 공공저작물 권리 귀속 명확화 등 이용활성화를 위한 여건 조성에 관한 사항, iii) 자유이용할 수 있는 공공저작물임을 나타내기 위하여 문화체육관광부장관

---

7 그런데 정부의 공공저작물 이용활성화 시책의 수립·시행에 관한 내용이 법 제24조의2 제2항에 위치하고 있는 것은 대단히 어색해 보인다. 법 제23조부터 제38조까지는 「저작권법」의 핵심적인 영역인 '저작재산권의 제한'에 관한 사항을 규정하고 있는데, 저작재산권이라는 권리의 제한 등의 내용과는 무관한 정부의 정책 또는 시책에 관한 사항인 '공공저작물 이용활성화 시책의 수립·시행'을 이 부분에 규정하기보다는 앞에서 논의한 법 제2조의2(저작권 보호에 관한 시책 수립 등)와 연계하여 같은 조항에 규정하는 것이 오히려 바람직할 것으로 보인다.

이 정한 표시기준의 적용에 관한 사항 등의 내용이 포함되어야 한다(『저작권법 시행령』 제1조의3 제1항).[8]

4. 건전한 저작물 이용환경 조성사업의 실시

(1) 의의

오늘날 저작물의 이용을 둘러싼 환경을 시장질서에 방임해 두기보다는 정부가 나서서 이를 건전하게 조성하는 사업을 실시하는 것도 대단히 중요하다. 이에 『저작권법』에서는 문화체육관광부장관으로 하여금 건전한 저작물 이용환경을 조성하기 위한 각종 사업을 추진할 수 있는 근거를 마련하도록 하고 있는데, "문화체육관광부장관은 저작권이 소멸된 저작물 등에 대한 정보제공 등 저작물의 공정한 이용을 도모하기 위한 필요한 사업을 할 수 있다"(제134조 제1항)라는 규정이 그것이다.

(2) 건전한 저작물 이용환경 조성사업의 유형

법 제134조 제1항에 따라 문화체육관광부장관이 추진할 수 있는 건전한 저작물 이용환경 조성사업으로는 i) 보호기간이 끝난 저작물 등에 대한 정보제공 등을 위하여 필요한 사업, ii) 표준계약서 개발 등 이용허락제도 개선을 위한 사업, iii) 권리자가 불명인 저작물 등의 권리자 찾기 사업 등이 있다(『저작권법 시행령』 제73조 제1항).

III. 문화체육관광부장관의 저작권과 관련한 주요권한

1. 의의

『저작권법』에서는 저작권 등의 보호와 저작물의 공정이용 도모라는 목적을 달성하기 위하여 저작권정책의 주무부처인 문화체육관광부의 대외적인 법률행위자인 문화체육관광부장관에게 다음과 같은 각종의 법적 권한을 광범위하게 부여하고

---

8 문화체육관광부가 법 제24조의2에 근거하여 공공저작물의 안전한 개방과 공공저작물의 민간활용 활성화를 위한 시책의 일환으로 『공공저작물 저작권 관리 및 이용 지침』을 제정·운영 중에 있음은 특기할 만하다.

있다. 이와 같은 각종의 권한은 법을 집행하기 위한 법률집행권의 일환으로 부여된 것인데 문화체육관광부장관은 그 권한을 직접 행사할 수도 있고 지방자치단체의 장에게 위임하거나 아니면 법에 따라 설치된 공공기관 등 또는 저작권 관련 단체에 위탁할 수도 있다(제130조 참조).

2. 보상금 수령단체의 지정 등에 관한 권한

문화체육관광부장관은 학교교육 목적상 또는 수업목적, 수업지원목적 등에 따른 저작물 이용에 있어서 보상금의 기준과[9] 해당 보상금을 수령할 단체를 지정할 수 있으며[10], 도서관의 저작물 복제·전송 등의 이용에 따른 보상금 기준의 고시와 보상금 수령단체를 지정할 수 있다.[11] 그리고 디지털음성송신사업자의 실연자에 대한 보상에서 보상금 수령단체의 지정[12]과 공익목적을 위한 보상금 사용의 승인 및 문화시설에 의한 복제 등에 있어서 문화시설과 저작재산권자가 보상금액에 대하여 협의가 성립되지 아니하거나 디지털음성송신사업자와 보상금 수령단체가 보상금액에 대하여 협의가 성립되지 아니하는 경우에는 그 보상금액을 정하여 고시할 수 있다(「저작권법」 제35조의4 제4항 및 제76조 제4항 등 참조).

이 밖에도 문화체육관광부장관은 상업용 음반을 사용하여 공연하는 자의 실연자에 대한 보상, 방송사업자의 음반제작자에 대한 보상, 디지털음성송신사업자의 음반제작자에 대한 보상, 상업용 음반을 사용하여 공연하는 자의 음반제작자에 대한 보상과 관련하여 보상금 수령단체의 지정[13] 및 공익목적을 위한 보상금 사용의 승인 그리고 협의가 성립되지 않았을 경우 보상금 금액을 정하여 고시할 수 있다(제82조~제83조의2 참조).

---

9 문화체육관광부는 문화체육관광부 고시인 「교과용 도서의 저작물 이용 보상금 기준」과 「수업지원목적 저작물 이용에 관한 보상금 기준」을 제정·고시하여 운영하고 있다.

10 문화체육관광부는 문화체육관광부 고시인 「학교교육 목적 등에의 저작물 이용 보상금 수령단체 지정」을 고시한 바 있다.

11 문화체육관광부는 문화체육관광부 고시인 「도서관의 저작물 복제·전송 이용 보상금 기준」을 제정·고시하여 운영하고 있다.

12 문화체육관광부 고시인 「음반사용에 대한 디지털음성송신 보상금 수령단체 지정」에 따라 사단법인 한국음반산업협회를 보상금 수령단체로 지정한 바 있다.

13 문화체육관광부 고시인 「상업용 음반사용에 대한 공연 보상금 수령단체 지정」에 따라 사단법인 한국음반산업협회를 보상금 수령단체로 지정한 바 있다.

3. 저작물 이용의 법정허락 등에 관한 권한 등

문화체육관광부장관은 저작재산권자가 불명인 저작물, 공표된 저작물의 방송 그리고 상업용 음반의 제작에서 이들 저작물의 이용에 대한 법정허락을 할 수 있는 권한과 실연·음반 및 방송이용의 법정허락을 할 권리를 가진다. 그리고 저작물 등의 거래의 안전과 신뢰보호를 위하여 권리자 등의 인증기관을 지정할 수 있고, 저작재산권자 등으로부터 그들의 권리를 기증받을 수 있으며, 기증된 저작물 등의 권리를 공정하게 관리할 수 있는 단체를 지정할 수 있다. 이 밖에도 문화체육관광부장관은 기술적 보호조치의 무력화 금지에 의하여 특정 종류의 저작물 등을 정당하게 이용하는 것이 불합리하게 영향을 받거나 받을 가능성이 인정되는 경우를 정하여 이를 고시할 수 있으며[14], 저작권 그 밖에 「저작권법」에 따라 보호되는 권리를 침해하는 복제물 또는 저작물 등의 기술적 보호조치를 무력하게 하기 위하여 제작된 기기·장치·정보 및 프로그램을 관계 공무원으로 하여금 수거·폐기 또는 삭제하게 할 수 있다(제133조 제1항 등 참조).

4. 온라인서비스제공자에 대한 권한

문화체육관광부장관은 온라인서비스제공자에게 그들이 가지고 있는 복제·전송자의 성명과 주소 등 필요한 최소한의 정보를 제출하도록 명할 수 있으며, 특수한 유형의 온라인서비스제공자의 범위를 정하여 이를 고시할 수 있다.[15]

그리고 문화체육관광부장관은 정보통신망을 통하여 저작권이나 그 밖에 「저작권법」에 따라 보호되는 권리를 침해하는 복제물 또는 정보, 기술적 보호조치를 무력하게 하는 프로그램 또는 정보가 전송되는 경우에 온라인서비스제공자에게 i) 불법복제물 등의 복제·전송자에 대한 경고, ii) 불법복제물 등의 삭제 또는 전송중단명령, iii) 복제·전송자의 계정 정지명령 그리고 iv) 게시판서비스의 전부 또는 일부의 정지명령 등을 할 수 있다(제103조의3 및 제104조 등 참조).

---

14 문화체육관광부는 문화체육관광부 고시인 「기술적 보호조치의 무력화 금지에 대한 예외고시」를 제정하여 운영하고 있다.
15 문화체육관광부는 문화체육관광부 고시인 「특수한 유형의 온라인제공자의 범위 고시」를 제정하여 운영하고 있다.

5. 저작권위탁관리단체에 대한 권한

문화체육관광부장관은 저작권신탁관리업을 허가하거나 그 허가를 취소할 수 있으며, 저작권대리중개업을 하고자 하는 자로부터 신고를 접수할 수 있다. 그리고 저작권위탁관리업자가 그 업무에 관하여 저작재산권자 그 밖의 관계자로부터 받는 수수료나 저작권신탁관리업자가 이용자로부터 받는 사용료의 요율 및 금액을 승인하거나 승인된 내용을 변경할 수 있으며, 음반을 사용하여 공연하는 자로부터 사용료를 받는 저작권신탁관리업자 및 상업용 음반을 사용하여 공연하는 자로부터 징수하는 보상금 수령단체에게 이용자의 편의를 위하여 통합징수를 요구할 수 있다.

이 밖에도 문화체육관광부장관은 저작권위탁관리업자에게 저작권위탁관리업의 업무에 관하여 보고를 하게 하거나 필요한 명령을 할 수 있으며, 저작권위탁관리업자에 대한 업무의 정지명령·허가의 취소 및 영업의 폐쇄명령을 할 수 있고, 저작권위탁관리업자의 사무 및 재산상황에 대한 조사를 할 수 있고, 저작권신탁관리업자의 대표자 또는 임원의 징계를 요구할 수 있으며, 저작권위탁관리업자에게 과징금을 부과·징수할 수 있다(「저작권법」 제108조, 제108조의2 및 제111조 참조).

6. 한국저작권위원회와 한국저작권보호원에 대한 권한

문화체육관광부장관은 한국저작권위원회의 위원을 위촉하며, 한국저작권위원회로 하여금 특정한 사항에 대한 심의를 부의하거나 특정의 업무를 한국저작권위원회에 위탁할 수 있다. 그리고 개인이나 법인 또는 단체가 한국저작권위원회에 기부한 기부금의 사용에 관하여 승인할 권한을 가지며, 정부로부터 경비지원을 받고 있는 한국저작권위원회에 대하여 예산과 결산과정에서 여러 가지 통제권을 행사할 수 있다. 또한 한국저작권보호원의 원장을 임면하며, 한국저작권보호원에 두고 있는 저작권보호심의위원회의 위원을 위촉한다.

이 밖에도 문화체육관광부장관은 필요하다고 인정할 때에는 한국저작권보호원으로 하여금 그 업무에 관한 보고를 하게 하거나 관계 자료를 제출하게 할 수 있다(「저작권법」 제112조의2 제2항 및 제112조의4 등 참조).

7. 문화체육관광부장관이 가지고 있는 권한의 위임 및 위탁 등

문화체육관광부장관은 대통령령으로 정하는 바에 따라 「저작권법」에 따른 권한의 일부를 특별시장·광역시장·특별자치시장·도지사·특별자치도지사에게 위임하거나 한국저작권위원회, 한국저작권보호원 또는 저작권 관련단체에 위탁할 수 있다(제130조). 그리고 불법복제물의 수거·폐기 및 삭제에 따른 업무를 대통령령이 정한 단체에 위탁할 수도 있다(제133조 제2항).

(1) 한국저작권위원회에 위탁하는 업무

문화체육관광부장관은 법 제130조에 따라 다음 다섯 가지의 업무, 즉 i) 법정허락에 있어서 저작물 이용의 승인 및 보상금의 기준 결정에 관한 업무, ii) 저작권의 등록업무와 저작인접권의 등록업무 및 데이터베이스제작자의 권리의 등록업무[16], iii) 저작물 등의 권리자 찾기 사업 및 권리자 찾기 정보시스템의 구축·운영사업, iv) 저작물 이용의 법정허락에 있어서 문화체육관광부장관이 기울여야 하는 저작재산권자의 거소조회 등 각종의 노력 등의 업무 그리고 v) 저작권위탁관리업자의 보고사항 접수 및 처리에 관한 업무 등은 한국저작권위원회에 위탁한다(「저작권법 시행령」 제68조 제1항 참조).

(2) 한국저작권보호원에 위탁하는 업무

문화체육관광부장관은 법 제133조 제2항에 따라 불법복제물의 수거·폐기 및 삭제에 관한 업무를 한국저작권보호원 등에 위탁할 수 있다(「저작권법 시행령」 제70조).

(3) 한국저작권보호원 등에 협조의 요청

문화체육관광부장관은 「사법경찰관리의 직무를 수행할 자와 그 직무범위에 관한 법률」 제5조 제26호에 따른 저작권 침해에 관한 단속 사무와 관련하여 기술적 지원이 필요한 때에는 한국저작권보호원 또는 저작권 관련 단체에 협조를 요청할 수 있다(제130조의2).

---

[16] 다만, 등록신청 접수업무는 한국저작권위원회와 문화체육관광부장관이 지정하여 고시하는 저작권신탁관리단체에 위탁한다.

제2절
한국저작권위원회

I. 한국저작권위원회의 설립

1. 한국저작권위원회의 설립목적

한국저작권위원회의 설립목적은 「저작권법」 제112조 제1항에서 "저작권과 그 밖에 이 법에 따라 보호되는 권리에 관한 사항을 심의하고, 저작권에 관한 분쟁을 알선·조정하며, 저작권 등록 관련 업무를 수행하고, 권리자의 권익증진 및 저작물 등의 공정한 이용에 필요한 사업을 수행하기 위하여 한국저작권위원회를 둔다"라고 규정하고 있다. 이와 같은 세 가지 설립목적은 곧 한국저작권위원회의 주요기능과도 연결되는데, 결국 한국저작권위원회는 저작권에 관한 중요사항의 심의기능, 분쟁의 알선과 조정기능 그리고 필요한 사업의 수행기능이라는 세 가지 주요기능을 수행하는 조직이라고 할 수 있다.[17]

한국저작권위원회는 1987년에 설립된 저작권심의조정위원회를 시작으로 2007년에 저작권위원회로 이름을 변경한 바 있으며 2009년 7월에 컴퓨터프로그램위원회와 통합하여 한국저작권위원회로 새롭게 출범하여 현재에 이르고 있다.

2. 한국저작권위원회의 법적 성격

(1) 법인으로서의 성격

"한국저작권위원회는 법인으로 한다"(「저작권법」 제112조 제2항). 즉, 한국저작권위원회는 법인으로서의 법적 성격과 지위를 가지고서 주어진 기능과 업무를 수행한다.

---

17 이렇게 볼 때 한국저작권위원회는 집행적 기능 이외에 준입법적 기능(저작권에 관한 사항의 심의)과 준사법적 기능(분쟁의 알선·조정 기능)을 동시에 수행하고 있는 전형적인 위원회조직으로서의 성격을 띤다고 평가할 수 있다.

법인은 **법인설립법정주의**法人說立法政主義의 원칙[18]에 따라 법률에 그 설립근거를 두어야 하는데, 한국저작권위원회는 법 제112조 제2항의 규정에 따라 설립된 법인으로서의 자격과 지위를 갖추고 있다. 한국저작권위원회의 법인으로서의 지위는 "위원회에 관하여 이 법에서 정하지 아니한 사항에 대하여는 「민법」의 재단법인에 관한 규정을 준용한다. 이 경우 위원회의 위원은 이사로 본다"라는 법 제112조 제3항의 규정에서도 잘 뒷받침되고 있다.

앞에서 살펴본 바와 같이 한국저작권위원회는 저작권에 관한 주요한 사항의 심의와 저작권에 관한 분쟁의 알선 조정 그리고 각종의 필요한 사업의 수행이라는 주어진 목적과 기능을 수행하기 위하여 영속하는 조직이라는 점에서 「민법」상의 재단법인과 그 성격이 유사하다고 할 수 있다.[19] 따라서 한국저작권위원회는 자율적으로 활동하는 사단법인과는 그 성격을 달리하며, 이와 같은 취지에 따라 법 제112조 제3항에서도 한국저작권위원회에 관하여 「저작권법」에서 정하지 아니한 사항에 대하여는 「민법」의 재단법인에 관한 규정을 준용하도록 하고[20], 이 경우 위원회의 위원은 이사로 보도록 하고 있다.[21]

(2) 공공기관으로서의 성격

한국저작권위원회는 저작권에 관한 중요사항의 심의와 저작권에 관한 분쟁의 알선·조정 그리고 권리자의 권익증진 등에 대한 사업의 수행 등 중요한 공공적 기능을 수행하는 공공기관으로서의 지위를 가지고 있다. 이와 같은 공공기관으로서의 성격에 기인하여 「저작권법」에서는 여러 가지 보충적 규정을 두고 있는데 이를 구

---

18 '법인설립법정주의'는 법인의 설립은 '법률(法律)'의 규정에 근거하여서만 설립할 수 있다는 말이다. 다시 말해 법인의 설립은 「헌법」에 근거할 필요까지는 없지만 그렇다고 국회를 통과한 형식적 의미의 '법률'이 아닌 '대통령령'이나 '총리령' 또는 '부령'과 같은 법규명령에 근거를 두고 설립할 수 없으며, 더군다나 개인 간의 사적인 계약으로 법인을 설립할 수는 없다는 뜻이다.

19 사단법인의 경우 사원총회의 의결로 쉽게 해산할 수 있는 반면에 재단법인은 해산을 하는 데 대단히 경직적이다(「민법」 제77조 참조).

20 '한국저작권위원회'의 설립에는 설립자(정부)가 일정한 재산을 출연하여야 하며(「민법」 제43조 참조), 한국저작권위원회는 사단법인과 달라서 '사원총회'라는 기관 대신에 이사회(위원회)가 최고의 의사결정기관이 된다(「민법」 제69조 참조).

21 「민법」 제57조에 따르면 "법인은 이사를 두어야 한다"라고 규정하고 있다. 따라서 「민법」상 재단법인은 이사를 반드시 두어야 하는 필수기관이며, 이와 같은 입법취지에 부합하기 위하여 「저작권법」에서는 한국저작권위원회의 위원을 이사로 간주한다.

체적으로 살펴보면 다음과 같다.

가. 경비의 지원

한국저작권위원회는 중요한 공익의 목적으로 설치된 기관이기에 그 운영에 필요한 경비도 당연히 공공부분에서 뒷받침이 되어야 한다. 법 제122조 제1항에 따르면 한국저작권위원회의 운영에 필요한 경비는 i) 국가의 출연금 또는 보조금, ii) 법 제113조 각 호의 업무 수행에 따른 수입금 그리고 iii) 그 밖의 수입금을 재원財源으로 충당할 수 있도록 규정하고 있는데, 여기서 한국저작권위원회가 국가의 출연금 또는 보조금을 그 재원으로 충당할 수 있도록 하고 있음을 한국저작권위원회가 중요한 공익적 목적을 수행하는 공공기관에 해당하기 때문이다.

나. 예산과 결산과정의 엄격한 통제

정부로부터 경비지원을 받고 있는 한국저작권위원회는 예산과 결산과정에도 당연히 정부로부터 엄격한 통제를 받고 있다. 먼저 "한국저작권위원회는 매 사업연도 종료 전까지 다음 사업연도의 사업계획서와 예산안을 작성하여 문화체육관광부장관에게 제출하여 승인을 받아야 한다"(「저작권법 시행령」 제67조 제1항). 그리고 "문화체육관광부장관은 필요하다고 인정할 때에는 위원회로 하여금 그 업무에 관한 보고를 하게 하거나 관계 자료를 제출하게 할 수 있다"(「저작권법 시행령」 제67조 제3항).

다. 벌칙적용에 있어서의 공무원 의제

"한국저작권위원회의 위원과 직원은 「형법」 제129조 내지 제132조의 규정[22]을 적용하는 경우에는 이를 공무원으로 본다"(「저작권법」 제131조). 이와 같은 입법적 취지는 한국저작권위원회가 「저작권법」의 규정에 따른 공공적 기능을 수행하는 공공기관이기 때문에 그에 따라 위원과 직원도 수뢰 등에서 공무원에 준하는 형사책임을 지도록 하기 위한 것이다.

---

[22] 수뢰·사전 수뢰죄, 제3자 뇌물공여죄, 수뢰 후 부정처사·사후 수뢰죄, 알선 수뢰죄가 이에 해당한다.

라. 개인·법인 등의 기부의 허용

법 제122조 제2항에서는 개인과 법인 등이 한국저작권위원회에 기부할 수 있도록 규정하고 있는데, 이 역시 한국저작권위원회의 공공기관으로서의 성격에 기인하여 특별히 마련된 규정이라 할 수 있다. 일반적으로 볼 때 공권력을 배경으로 하고 있는 국가기관이나 공공기관 등이 기부금 등을 기탁받을 수 있게 허용하면 그들이 지닌 공권력 때문에 기부금의 기탁이 강제적으로 이어질 수도 있다. 따라서 관련법에서는 "국가 또는 지방자치단체 및 그 소속기관·공무원과 국가 또는 지방자치단체에서 출자·출연하여 설립된 법인·단체는 자발적으로 기탁하는 금품이라도 법령에 다른 규정이 있는 경우 외에는 이를 접수할 수 없다"(「기부금품의 모집 및 사용에 관한 법률」 제5조 제2항)라고 규정하여 기부금품 등의 접수를 엄격히 제한하고 있다. 그런데 「저작권법」에서는 정부가 한국저작권위원회에 재정지원을 하는 것과 병행하여 민간차원에서의 기부도 허용하는 이례적인 법적 장치를 마련하고 있다. 즉, "개인·법인 또는 단체는 법 제113조 제4호·제6호 및 제9호의 규정에 따른 업무수행을 지원하기 위하여 위원회에 금전이나 그 밖의 재산을 기부할 수 있다"(제122조 제2항)라고 규정하고 있다. 따라서 한국저작권위원회는 「기부금품의 모집 및 사용에 관한 법률」 제5조 제2항의 규정에 대한 특칙에 해당하는 「저작권법」 제122조 제2항의 규정에 따라 개인·법인 또는 단체 등으로부터 자발적으로 기탁되는 금품을 위원회의 특정사업을 위하여 접수할 수 있다.

현행 법에서는 한국저작권위원회에 기부할 수 있는 기부의 주체, 기부의 목적, 그리고 기부의 종류 등을 구체적으로 규정하고 있다. 첫째, 기부의 주체는 개인과 법인 또는 단체 등으로 누구든지 기부할 수 있다. 둘째, 기부의 목적은 크게 세 가지로 한정한다. 즉, 개인, 법인 또는 단체는 법 제113조 제3호, 제5호 및 제8호의 규정에 따른 업무수행을 지원할 목적으로만 기부할 수 있다. 다시 말해, i) 저작물 등의 이용질서 확립 및 저작물의 공정한 이용 도모를 위한 사업, ii) 저작권 연구·교육 및 홍보, iii) 저작권 정보제공을 위한 정보관리시스템의 구축 및 운영 등의 업무수행을 지원하는 경우에 가능하다. 셋째, 기부의 종류는 금전 그 밖의 재산 모두를 포함하고 있다. 그 밖의 재산으로는 금품, 토지, 저작물 등의 각종 자료 등이 포함될 수 있다. 이때 법 제122조 제2항의 규정에 따른 기부금은 별도의 계정으로 관리하여야 하며, 그 사용에 관하여는 문화체육관광부장관의 승인을 얻어야 한다(제122조 제3항).[23]

마. 유사명칭의 사용금지

우리 법에서는 한국저작권위원회의 공공기관으로서의 성격과 지위에 착안하여 명칭 사용에 제한을 두고 있는데(제112조 제4항), 이는 한국저작권위원회만이 한국 저작권위원회라는 대외명칭을 가지고 소기의 목적과 기능을 충실히 수행할 수 있 도록 하기 위한 입법적 배려라고 할 수 있다.

II. 한국저작권위원회의 구성

1. 한국저작권위원회 위원의 위촉과 해촉

(1) 위원의 위촉권자 등

한국저작권위원회의 위원은 문화체육관광부장관이 위촉하는데 이 경우 문화체 육관광부장관은 「저작권법」에 따라 보호되는 권리의 보유자[24]와 그 이용자의 이해 를 반영하는 위원의 수가 균형을 이루도록 하여야 하며, 분야별 권리자단체 또는 이용자단체 등에 위원의 추천을 요청할 수 있다(제112조의2 제2항).

(2) 위원의 자격요건

한국저작권위원회의 위원으로 위촉되기 위해서는 일정한 자격요건을 갖추고 있 어야 한다. 이를 구체적으로 살펴보면 i) 대학이나 공인된 연구기관에서 부교수 이 상 또는 이에 상당하는 직위에 있거나 있었던 자로서 저작권 관련 분야를 전공한 자, ii) 판사 또는 검사의 직에 있는 자 및 변호사의 자격이 있는 자, iii) 4급 이상 공 무원 또는 이에 상당하는 공공기관의 직에 있거나 있었던 자로서 저작권 또는 문화

---

23 법령의 규정에 따라 기부가 허용되는 기관은 크게 법정기부금단체와 지정기부금단체가 있는데, 이들 기 관에 기부를 할 경우에는 기부를 받는 개인·법인 또는 단체뿐만 아니라 기부를 하는 개인·법인 또는 단체 등 에 대해서도 여러 가지 세제혜택이 주어진다. 그런데 한국저작권위원회는 법정기부금단체 또는 지정기부금단 체로 인정되고 있지 않으며, 2018년 현재 기부금 접수현황은 파악되고 있지 않다. 조속한 시일 내에 법인세와 관련한 법령을 개정하여 한국저작권위원회를 법정 또는 지정기부금단체로 인정하고 이를 바탕으로 하여 민 간으로부터의 기부금 모집을 더욱 강화해 나가야 할 것으로 보인다(박순태, 「문화예술법」, 175~179쪽 참조).
24 여기에는 저작권자, 저작인접권자, 배타적발행권자, 출판권자 그리고 데이터베이스제작자 등이 포함된다.

산업분야에 실무경험이 있는 자, iv) 저작권 또는 문화산업 관련 단체의 임원의 직에 있거나 있었던 자 그리고 v) 그 밖에 저작권 또는 문화산업 관련 업무에 관한 학식과 경험이 풍부한 자 등으로부터 위원을 위촉한다(제112조의2 제2항).

(3) 위원의 해촉

문화체육관광부장관은 위원이 다음의 어느 하나에 해당하는 경우, 즉 i) 심신장애로 인하여 직무를 수행할 수 없게 된 경우, ii) 직무태만, 품위손상이나 그 밖의 사유로 인하여 위원으로 적합하지 아니하다고 인정되는 경우 그리고 iii)「저작권법 시행령」제57조의2 제1항[25] 각 호의 어느 하나에 해당하는 데에도 불구하고 회피하지 아니한 경우에는 해당 위원을 해촉할 수 있다(「저작권법 시행령」제57조의3).

2. 한국저작권위원회 위원의 제척·기피·회피

(1) 의의

한국저작권위원회는 앞에서 논의한 바와 같이 저작권에 관한 중요사항을 심의하고 저작권에 관한 분쟁을 알선하고 조정하는 기능 등을 수행하는 기관이다. 그런데 저작권과 관련한 각종 사항의 심의와 알선·조정 등의 기능을 수행하는 데 이들 사안과 이해관계가 있는 위원의 관여가 있으면 그 부작용은 대단히 클 수밖에 없다. 이에「저작권법」에서는 한국저작권위원회가 그 본래의 기능인 심의와 알선·조정 등을 공정하게 수행하도록 하기 위하여 위원의 제척, 기피 그리고 회피에 관한 사항을 명시적으로 규정하고 있다.

(2) 위원의 제척

먼저, **제척**이란 판단의 공정성을 기하기 위하여 판단의 주체가 구체적인 사안에 대하여 법률에서 정한 특수한 관계에 있는 때에는 법률의 규정에 의하여 당사자의 신청과 관계없이 당연히 그 사안에 대한 관여를 못하게 하는 것을 말한다.「저작권법 시행령」에서 정하고 있는 위원의 제척사유를 구체적으로 살펴보면 다음과 같다.

25　「저작권법 시행령」제57조의2 제1항에는 위원의 제척사유를 규정하고 있다.

i) 위원 또는 그 배우자나 배우자이었던 사람이 해당 안건의 당사자(당사자가 법인, 단체 등인 경우에는 그 임원[26]을 포함한다)가 되거나 그 안건의 당사자와 공동권리자 또는 공동의무자인 경우, ii) 위원이 해당 안건의 당사자와 친족[27]이거나 친족이었던 경우, iii) 위원이 해당 안건에 대하여 증언, 진술, 자문, 연구, 용역 또는 감정을 한 경우, iv) 위원이나 위원이 속한 법인·단체 등이 해당 안건의 당사자의 대리인이거나 대리인이었던 경우, v) 위원이 해당 안건의 당사자의 임원 또는 직원으로 재직하고 있거나 재직하였던 경우 그리고 vi) 위원이 해당 안건의 원인이 된 처분이나 부작위에 관여하고 있거나 관여하였던 경우에는 심의 등에서 제척된다(「저작권법 시행령」 제57조의2 제1항).

이와 같은 제척원인이 있는 위원은 법률상 당연히 그 사항에 대해 심의 등을 할 수 없으며, 당사자가 알든 모르든, 주장하든 하지 아니하든 불문하고 당연히 직무수행을 할 수 없다. 따라서 제척위원이 있는 위원이 관여한 심의 등은 본질적으로 하자가 있다고 판단되어 무효가 됨을 유의하여야 한다.

(3) 위원의 기피

일반적으로 **기피**라 함은 법률상 정해진 제척원인 이외의 사유로 판단의 공정성을 기대하기 어려운 사정이 있는 경우에 당사자의 신청을 기다려 별도의 결정을 거쳐 비로소 직무집행에서 배제하는 것을 말한다. 「저작권법 시행령」에서는 한국저작권위원회 위원의 제척제도와 함께 기피제도도 아울러 규정하고 있다. 즉, 해당 안건의 당사자는 위원에게 공정한 심의 등을 기대하기 어려운 사정이 있는 경우에는 위원회에 기피신청을 할 수 있고, 위원회는 의결로 이를 결정한다. 이 경우 기피신청의 대상인 위원은 그 의결에 참여하지 못한다(「저작권법 시행령」 제57조의2 제2항). 기피신청은 당사자만이 할 수 있고, 기피의 원인이 있음을 알고 있는 이상 지체 없이 하지 않으면 아니 된다. 따라서 기피의 원인이 있음을 알고서 당사자가 해당 위원 앞에서 진술 등을 하게 되면 기피권은 상실된다고 보아야 한다.

---

26 일반적으로 '임원'이란 해당 법인의 이사장, 이사 그리고 감사 등을 뜻한다.
27 '친족'이라 함은 「민법」 제777조의 친족의 테두리 내에 있는 사람으로서 8촌 이내의 혈족, 4촌 이내의 인척 그리고 배우자를 말한다.

(4) 위원의 회피

일반적으로 **회피**는 판단의 주체가 스스로 제척의 사유가 있다고 인정하여 자발적으로 직무집행을 피하는 것을 말한다. 「저작권법 시행령」에서는 한국저작권위원회 위원의 회피에 관하여서도 규정하고 있는데, "위원이 시행령 제57조의2 제1항 각 호에 따른 제척사유에 해당하는 경우에는 스스로 해당 안건의 심의 등에서 회피하여야 한다"(제57조의2 제3항)라고 되어 있다.

3. 한국저작권위원회의 위원장과 부위원장의 선임

(1) 위원장과 부위원장의 선임 등

한국저작권위원회의 위원장과 부위원장은 위원 중에서 호선한다. 따라서 위원장과 부위원장은 한국저작권위원회 위원의 지위도 동시에 가지고 있다. 이와 같은 이유로 앞에서 논의한 위원의 자격요건과 위원의 임기 등에 관한 「저작권법」 제112조의2 제2항과 제3항의 규정은 위원장과 부위원장에 대해서도 마찬가지로 적용된다.

(2) 위원장과 부위원장의 지위

한국저작권위원회의 위원장은 위원회를 대표하고 위원회의 업무를 총괄한다. 부위원장은 위원장을 보좌하며, 위원장이 부득이한 사유로 직무를 수행할 수 없을 때에는 위원장이 미리 지명한 부위원장이 그 직무를 대행한다(「저작권법 시행령」 제56조).

4. 한국저작권위원회 위원의 임기와 대우 등

(1) 위원의 임기와 보궐위원의 위촉

한국저작권위원회 위원의 임기는 3년으로 하되 연임할 수 있다. 다만, 직위를 지정하여 위촉하는 위원의 임기는 해당 직위에 재임하는 기간으로 한다(「저작권법」 제112조의2 제3항). 위원에 결원이 생겼을 때에는 법 제112조의2 제2항에 따라 보궐위원을 위촉하여야 하며, 그 보궐위원의 임기는 전임자 임기의 나머지 기간으로 한다. 다만, 위원의 수가 20명 이상인 경우에는 보궐위원을 위촉하지 아니할 수 있다(제112조의2 제4항).

(2) 위원의 대우 등

위원장을 제외한 위원회의 위원은 비상근으로 하고, 상근위원(위원장을 말한다)에게는 보수를 지급하며, 비상근위원에게는 예산의 범위에서 업무의 수행에 필요한 실비를 제공할 수 있다. 그리고 위원장인 상근위원은 그 직무 외에 영리를 목적으로 하는 업무에 종사하지 못하며 문화체육관광부장관의 승인 없이 다른 직무를 겸할 수 없다(「저작권법 시행령」 제58조).

Ⅲ. 한국저작권위원회의 조직과 그 운영

1. 한국저작권위원회의 조직

(1) 조직 및 운영에 관한 기본원칙

한국저작권위원회가 「저작권법」에서 규정하고 있는 각종의 업무를 공정하고 효율적으로 수행하기 위해서는 별도의 조직이 필요하다. 이와 같은 조직의 설치와 운영은 자율성에 바탕을 두고 일정 수준의 외부통제가 수반되는 것이 바람직한데, 「저작권법 시행령」에서 조직과 운영 등에 관한 기본원칙을 규정하고 있다. 즉, "한국저작권위원회의 조직 및 운영 등에 필요한 사항은 위원회의 의결을 거쳐 위원장이 정한다. 다만, 조직·정원 및 보수에 관한 사항은 문화체육관광부장관의 승인을 받아야 한다"(「저작권법 시행령」 제65조).

(2) 위원회 형태의 조직

한국저작권위원회도 다수의 위원이 참여하는 위원회 형태의 조직으로 구성된다. 즉, "한국저작권위원회는 위원장 1명, 부위원장 2명을 포함한 20명 이상 25명 이내의 위원으로 구성한다"(「저작권법」 제112조의2 제1항). 이와 같이 한국저작권위원회는 후술하는 한국저작권보호원[28]과 달리 다수의 전문가와 이해관계를 대표하는 자가 참여하는 위원회 형태의 조직이라는 것이 큰 특징 중 하나이다. 한국저작권위원회

---

[28] 한국저작권보호원은 원장 1인이 조직을 대표하고 대외적 책임을 지는 '독임제(獨任制)조직'이다.

를 위원회 형태의 조직으로 구성하는 가장 큰 이유는 저작물의 공적인 이용에 필요한 사업의 수행뿐만 아니라 저작권과 관련한 중요사항의 심의와 분쟁을 해결하는 준입법적 기능 및 준사법적 기능도 동시에 수행하여야 하기 때문에 기관장 혼자서 모든 것을 결정하고 모든 책임을 지는 독임제 형태의 조직으로서는 한계가 있기 때문이다.[29]

(3) 특수조직으로서의 저작권정보센터의 설치

일반적으로 위원회 형태의 조직에서 특히 위원회가 수행하여야 할 집행적 기능을 효율적으로 추진하기 위하여 그 하부조직을 어떻게 설치할 것인가는 주로 행정 내부의 조직정책의 문제이다. 다만, 특수한 형태의 조직을 설치하여 운영하는 것이 해당 위원회 조직이 지향하는 목표에 적극적으로 기여할 수 있다면 이와 같은 하부조직의 설치근거를 법률에 규정하는 것도 당연하다 하겠다. 즉, "법 제113조 제8호 및 제9호의 업무를 효율적으로 수행하기 위하여 위원회 내에 저작권정보센터를 둔다"(제120조 제1항)라고 규정하고 있다. 이 조항에 따라 설치된 저작권정보센터는 구체적으로 i) 저작물 권리관리정보의 체계적인 수립·관리·활용을 위한 통합관리체계의 구축 및 운영, ii) 저작물 및 권리자를 식별할 수 있는 통합저작권번호체계의 개발·관리 및 보급, iii) 기술적 보호조치의 표준화에 관한 연구, iv) 기술적 보호조치 표준이행에 대한 평가 및 이를 위한 표준 평가도구의 개발 그리고 v) 저작권 정보기술에 관한 조사·연구 등의 업무를 수행한다(「저작권법」제120조 제2항 및 「저작권법 시행령」제66조 제2항). 그리고 저작권정보센터에는 저작권 정보제공 등을 위한 저작권거래소[30]와 권리관리정보와 저작권 보호 및 유통지원을 위한 기술위원회를 둘 수 있다(「저작권법」제120조 제2항 및 「저작권법 시행령」제66조 제1항).

---

29 2018년 10월 현재 한국저작권위원회는 위원장(1명), 부위원장(2명) 그리고 사무처, 정책연구실, 저작권 정보센터, 교육연수원 그리고 종합민원센터의 조직으로 구성되어 있으며, 중국(베이징), 태국(방콕), 필리핀 (마닐라), 베트남(하노이) 등에 해외사무소를 두고 있다.

30 한국저작권위원회가 운영하고 있는 '디지털저작권거래소'를 말한다.

2. 한국저작권위원회의 운영

(1) 위원회 회의의 운영

한국저작권위원회의 위원장은 위원회를 소집하고 그 의장이 된다. 그리고 위원회의 회의는 재적위원 과반수의 출석으로 개의하고, 출석위원 3분의 2 이상의 찬성으로 의결한다(「저작권법 시행령」 제57조).

(2) 분과위원회의 운영

한국저작권위원회의 업무를 효율적으로 수행하기 위하여 분야별로 분과위원회를 둘 수 있다. 그리고 분과위원회가 위원회로부터 위임받은 사항에 관하여 의결한 때에는 위원회가 의결한 것으로 본다(「저작권법」 제112조의2 제5항).

IV. 한국저작권위원회의 업무

1. 의의

「저작권법」 제113조에서는 한국저작권위원회가 수행하는 고유업무를 규정하고 있는데, 이는 법 제112조 제1항에서 규정하고 있는 한국저작권위원회의 설립목적과 주요기능을 사업적 영역에서 구체화한 것으로 볼 수 있다. 이 밖에도 관련 법령에서 정하여진 업무나 문화체육관광부장관으로부터 위탁받은 업무를 동시에 수행하고 있다.

2. 한국저작권위원회의 주요업무

「저작권법」 제113조에서 규정하고 있는 한국저작권위원회의 주요업무를 구체적으로 살펴보면 다음과 같다. 한국저작권위원회는 i) 저작권 등록에 관한 업무, ii) 분쟁의 알선·조정, iii) 법 제105조 제10항의 규정에 따른 저작권위탁관리업자의 수수료 및 사용료의 요율 또는 금액에 관한 사항 및 문화체육관광부장관 또는 위원

3인 이상이 공동으로 부의하는 사항의 심의, iv) 저작물 등의 이용질서 확립 및 저작물의 공정한 이용도모를 위한 사업, v) 저작권 보호를 위한 국제협력, vi) 저작권 연구·교육 및 홍보, vii) 저작권 정책의 수립 지원, viii) 기술적 보호조치 및 권리관리정보에 관한 정책의 수립 지원, ix) 저작권 정보제공을 위한 정보관리시스템의 구축 및 운영, x) 저작권의 침해 등에 관한 감정, xi) 법령에 따라 위원회의 업무로 정하거나 위탁하는 업무 그리고 xii) 그 밖에 문화체육관광부장관이 위탁하는 업무 등을 수행한다. 이 밖에도 법 제75조 제4항에 따라 방송사업자의 실연자에 대한 보상금의 범위가 성립되지 아니하는 경우에 이를 조정할 권한이 있는데, 이 또한 한국저작권위원회의 고유업무 중 하나로 볼 수 있다.

3. 관련 법령에 따라 한국저작권위원회의 업무로 정한 업무의 수행

한국저작권위원회는 「저작권법」에서 고유업무로 규정되어 있는 사항뿐만 아니라, 「저작권법」상 문화체육관광부장관이 수행하는 업무에 속할지라도 법 제130조의 규정에 따라 한국저작권위원회에 위탁한 업무도 수행한다.

또한 문화콘텐츠와 관련한 여타의 법률에서 한국저작권위원회의 업무로 정하고 있는 사항도 업무범위에 포함하여 수행하고 있다. 구체적인 예를 살펴보면 다음과 같다. 첫째, 콘텐츠 식별체계의 확립·보급과 관련하여 한국저작권위원회는 총괄기구로서의 지위를 가지고 업무를 수행한다. 둘째, 콘텐츠분쟁조정위원회의 조정사항 가운데 저작권과 관련한 분쟁은 「저작권법」에 따른 한국저작권위원회가 담당한다(「콘텐츠산업 진흥법」 제29조 참조). 셋째, 지식재산권 보호를 위하여 i) 게임물의 기술적 보호, ii) 게임물 및 게임물제작자를 식별하기 위한 정보 등 권리관리정보의 표시 활성화 그리고 iii) 게임분야의 저작권 등 지식재산권에 관한 교육·홍보 등의 사업은 한국저작권위원회가 추진하게 할 수 있다(「게임산업진흥에 관한 법률」 제13조 제3항 참조). 넷째, 문화체육관광부장관이 음반 등의 불법복제와 유통 등을 방지하기 위하여 i) 음반 등의 기술적 보호조치와 권리관리정보의 부착, ii) 음반 등 분야의 저작권 등 지식재산권 관련 교육 및 홍보 등의 사업을 한국저작권위원회에 위탁할 수 있다(「음악산업진흥에 관한 법률」 제14조 제3항). 다섯째, 만화의 지식재산권 보호를 위하여 i) 인터넷 등 전자기술을 통한 지식재산권 침해에 대한 대처, ii) 만화분야의 저작권 등 지식재산권에 관한 교육·홍보 등의 사업을 한국저작권위원회가 추진하게 할 수 있다(「만화진흥에 관한 법률」 제10조 제3항). 이와 같은 관련 법령에 따라 한국저작권위원회가 수행해야 하는 업무는 대부분 기술적 보호조치나 권리관리정보와 관련한 사항이거나 해당 저작권과 관련한 교육과 홍보업무가 주를 이루고 있음이 특징이다.

V. 한국저작권위원회를 통한 저작권에 관한 분쟁의 알선

1. 의의

저작권에 관한 분쟁이 발생할 경우 이를 소송절차로 해결하려면 시간 및 경비의 낭비 등 여러 가지 어려움이 많다. 이에 대한 대체적 분쟁해결제도ADR : Alternative Dispute Resolution의 적극적인 활용이 바람직하며 우리 「저작권법」에서도 그 일환으로 알선과 조정제도를 마련하고 있다.

알선이란 제3자가 당사자 간의 자주적 분쟁의 해결을 주선하는 것을 말하는데, 이때 제3자를 알선자라 하며 그는 풍부한 지식과 경험으로 객관적인 입장에서 법률적 또는 비판적 조언을 해주고 타협을 유도한다. 알선의 효과는 당사자가 자율적으로 정하는 바에 따라 결정되며, 따라서 알선절차의 진행 역시 당사자 간의 자율에 맡겨져 있다. 알선은 대체적 분쟁해결제도 중 가장 낮은 수준의 수단으로서 절차의 엄격성이 약하고 무엇보다 당사자가 합의한 범위 내에서만 법적 효과가 주어진다는 한계가 있다.

2. 저작권 분쟁에 관한 알선의 실시

(1) 알선의 신청

저작권 분쟁과 관련하여 누구든지 한국저작권위원회에 알선을 신청할 수 있다. 즉, "분쟁에 관한 알선을 받으려는 자는 알선신청서를 한국저작권위원회에 제출하여 알선을 신청할 수 있다"(「저작권법」 제113조의2 제1항). 이 알선신청서에는 i) 당사자의 성명 및 주소(대리인이 있는 경우에는 그 대리인의 성명 및 주소를 포함한다), ii) 신청의 취지 및 이유[31]를 기재하여야 한다(「저작권법 시행령」 제59조의2).

(2) 알선의 진행

한국저작권위원회가 알선의 신청을 받은 때에는 위원장이 위원 중에서 알선위원을 지명하여 알선을 하게 하여야 한다(제113조의2 제2항). 알선위원은 알선으로는 분쟁해결의 가능성이 없다고 인정되는 경우에 알선을 중단할 수 있다(제113조의2 제3항). 그리고 알선 중인 분쟁에 대하여 법에 따른 조정의 신청이 있는 때에는 해당 알선은 중단된 것으로 보는데(제113조의2 제4항), 더 이상 알선을 진행할 실익이 없기 때문이다.

3. 알선의 효과

알선이 성립된 때에 알선위원은 알선서를 작성하여 관계 당사자와 함께 기명날인을 하거나 서명을 하여야 하며(「저작권법」 제113조의2 제5항), 이 알선서에 기재한 바에 따라 법률적 효과가 주어진다. 이 알선서는 후술하는 조정조서와는 달리 재판상 화해와 같은 효력은 없으며, 다만 재판 외의 화해로서의 효력만 가지고 있다.[32]

VI. 한국저작권위원회를 통한 저작권에 관한 분쟁의 조정

1. 조정제도의 의의

일반적으로 조정調停이라 함은 법관이나 조정위원회가 분쟁의 당사자 사이에 개입하여 화해로 이끄는 절차를 말하며, 조정이 성립되어 조정조서가 작성되면 재판상 화해와 같은 효력이 있다. 민사상 분쟁에서 화해가 자주적으로 사적 분쟁을 해결하는 방식으로서 시간과 비용 등 여러 가지 측면에서 바람직하다면, 국가기관도

---

31 이는 소송절차에서의 '청구의 취지 및 이유'에 해당한다.
32 알선은 '확정판결'과 같은 효력은 없다.

수동적으로 당사자의 합의만 기다릴 것이 아니라 적극적으로 그 성립에 협력함으로써 화해를 촉진할 필요가 있는데 그 방식이 바로 조정제도이다.[33] 무엇보다도 조정은 법률을 기준으로 하는 일도양단一刀兩斷식의 분쟁해결이 아니라 당사자가 서로 양보하고 타협하는 분쟁해결의 수단이고, 조정의 성립에 당사자의 합의가 필요하다는 점에서 소송과는 본질적으로 다르다. 오늘날 이와 같은 조정은 법원에 의한 조정보다 행정 각부 단위로 해당 분야의 전문성에 입각한 위원회조직을 통한 조정이 일반적이다. 이에 「저작권법」에서는 한국저작권위원회가 저작권과 관련한 분쟁을 조정하기 위한 조정부의 설치 등 조정과 관련한 규정을 상세하게 마련하고 있다.

2. 조정의 대상

한국저작권위원회가 실시하는 조정은 저작권과 「저작권법」에 의하여 보호되는 권리에 관한 분쟁을 그 대상으로 한다. 여기에는 저작인격권에 관한 분쟁, 저작재산권에 관한 분쟁, 저작인접권에 관한 분쟁, 배타적발행권과 출판권 그리고 데이터베이스제작자의 권리에 관한 분쟁 등이 모두 포함된다.[34]

3. 조정의 절차[35]

(1) 조정의 신청

저작권과 관련한 분쟁의 조정을 받으려는 자는 누구든지 신청취지와 원인을 기재한 조정신청서를 한국저작권위원회에 제출하여 그 분쟁의 조정을 신청할 수 있다(「저작권법」 제114조의2 제1항 및 「저작권법 시행령」 제61조 제1항 참조). 이때 조정을 신청하는 자는 조정비용의 일부를 미리 납부하여야 한다(「저작권법 시행령」 제61조 제2항).

---

33 강현중, 『민사소송법』, 박영사(2004), 55쪽.

34 이 밖에도 한국저작권위원회는 상업용 음반을 사용하여 방송할 때 방송사업자가 실연자와 음반제작자에게 지급하는 보상금에 관한 합의가 성립되지 않는 경우에도 이에 관한 조정을 할 수 있다(제75조 제4항 및 제82조 제2항).

35 조정절차에 관하여 「저작권법」에서 규정한 것을 제외하고는 「민사조정법」을 준용한다(법 제118조의2).

현행 법에 따르면 조정은 편리성 내지 간편성을 특징으로 하는데[36], 엄격한 소송요건이 없고 피해자뿐만 아니라 가해자도 신청할 수 있으며[37], 변호사만이 소송대리를 할 수 있는 것도 아니다. 이런 점은 일반적인 사법절차에서 원고(피해자)만이 소송을 신청하고 변호사만이 소송대리를 할 수 있는 것과는 차이가 있다.

(2) 조정부의 지정 및 조정신청서의 회부

분쟁의 조정은 한국저작권위원회의 조정부가 행한다(「저작권법」 제114조의2 제2항). 위원장은 조정신청을 받으면 조정부를 지정하고 조정신청서를 조정부에 회부하여야 한다(「저작권법 시행령」 제61조 제3항). 한국저작권위원회는 분쟁조정 업무를 효율적으로 수행하기 위하여 위원회에 1인 또는 3인 이상의 위원으로 구성된 조정부를 두는데, 그중 1인은 변호사의 자격이 있는 자이어야 한다(「저작권법」 제114조 제1항).[38]

(3) 조정안의 작성 및 제시

조정부는 조정안을 작성하여 당사자에게 제시하여야 한다. 다만, 조정이 성립하지 아니할 것이 명백한 경우에는 그러하지 아니하다(「저작권법 시행령」 제61조 제4항). 조정부는 조정신청이 있는 날부터 3개월 이내에 조정하여야 한다. 다만, 특별한 사유가 있는 경우에는 양 당사자의 동의를 얻어 1개월 범위에서 1회에 한하여 그 기간을 연장할 수 있으며(「저작권법 시행령」 제61조 제5항), 이 기간 내에 합의가 되지 않으면 조정이 성립되지 않는 것으로 간주하고 종결 처리한다.

(4) 조정의 성립

조정은 당사자의 의사에 전적으로 의존하는데 조정부의 조정권고안에 대해서도 당사자 간의 합의가 있어야만 조정조서를 작성할 수 있다. 조정은 당사자 간에 합

---

36 현재 한국저작권위원회에서는 인터넷을 통한 조정의 신청방식도 활용하고 있다.

37 한국저작권위원회에서의 실제 분쟁조정 사례에도 10~29% 정도는 침해자가 조정을 신청하는 것으로 나타나는데, 이는 권리자가 과도한 손해배상을 요구하는 경우에 침해자가 행사하는 유용한 대응수단의 하나로 조정제도가 활용될 수 있음을 잘 말해준다.

38 분쟁의 조정업무는 기본적으로 법률관계를 기반으로 이루어지기 때문에 법률전문가의 참석은 필수적이며, 이에 따라 조정부를 구성하는 자 중에 1인은 반드시 변호사 자격이 있어야 하고, 나머지는 전문가나 학계에 있는 자이어야 한다. 2019년 한국저작권위원회의 조정부는 조정위원 3명으로 구성된 합의부와 조정위원 1명으로 구성된 단독부로 나뉘어 전문적이고 공정한 조정업무를 수행하고 있다.

의된 사항을 조서에 기재함으로써 성립한다(『저작권법』 제117조 제1항). 이를 **조정조서**라 하며 한국저작권위원회는 조정조서와 관계기록을 관리·보존하여야 한다(『저작권법 시행령』 제62조 제4항).

한편, i) 당사자가 정당한 사유 없이 출석요구에 응하지 아니하는 경우, ii) 조정신청이 있는 날부터 3개월의 기간이 지난 경우 그리고 iii) 당사자 간에 합의가 성립되지 아니한 경우 등에는 조정이 성립되지 아니한 것으로 본다. 조정이 성립되지 아니한 경우에는 그 사유를 조서에 적어야 한다(『저작권법 시행령』 제63조).[39]

(5) 직권조정결정

2020년 법 개정시에 한국저작권위원회의 조정부가 제시한 조정안을 어느 한쪽 당사자가 합리적인 이유 없이 거부하는 경우 등에 조정을 갈음하는 직권조정결정을 할 수 있도록 하는 규정을 신설한 바 있다. 저작권과 관련한 분쟁을 신속하고 효율적으로 해결하고자 마련한 이 규정의 구체적인 내용을 살펴보면 다음과 같다.

먼저, 3인 이상의 위원으로 구성된 조정부는 i) 조정부가 제시한 조정안을 어느 한쪽 당사자가 합리적인 이유 없이 거부한 경우이거나, ii) 분쟁조정 예정가액이 1천만 원 미만인 경우에는 당사자 등의 이익이나 그 밖의 모든 사정을 고려하여 신청취지에 반하지 아니하는 한도에서 직권으로 조정을 갈음하는 결정(이하 '직권조정결정'이라 한다)을 할 수 있다. 이 경우 조정부의 장은 『저작권법』 제112조의2 제2항 제2호에 해당하는 사람이어야 한다(제117조 제2항).

그리고 조정부가 직권조정결정을 한 때에는 직권조정결정서에 주문主文과 결정이유를 적고 이에 관여한 조정위원 모두가 기명날인하여야 하며, 그 결정서 정본을 지체 없이 당사자에게 송달하여야 한다(제117조 제3항).

한편, 직권조정결정에 불복하는 자는 정본을 송달받은 날부터 2주일 이내에 불복사유를 구체적으로 밝혀 서면으로 조정부에 이의신청을 할 수 있다. 이 경우 그 결정은 효력을 상실한다(제117조 제4항).

---

39 2017년 기준 한국저작권위원회에서 실시한 조정은 92건(조정 성립률은 46% 수준임)에 달하고 있으며, 조정제도가 본격적으로 시작된 1988년부터 지금까지 이루어진 총 조정건수는 1,949건에 이르는 것으로 파악되고 있다(문화체육관광부, 앞의 백서, 273쪽).

4. 조정절차의 적정성을 기하기 위한 각종의 특칙

저작권과 관련한 분쟁의 조정을 보다 신속하고 전문적으로 수행하기 위하여 「저작권법」에서는 정식의 재판절차에 대해서 규정하고 있는 「민사소송법」에 대한 여러 가지 특칙을 두고 있는데, 이에 대하여 구체적으로 살펴보기로 한다.

(1) 조정절차의 비공개원칙

저작권과 관련한 분쟁의 조정절차는 비공개로 함을 원칙으로 한다. 사법적 분쟁 해결 수단인 재판에 적용되는 공개재판주의와는 달리 저작권 분쟁에는 당사자의 인격적 이익의 보호가 중요한 청구의 취지 또는 원인이 될 수 있고, 저작자 등의 프라이버시를 보호할 필요성이 높으며, 이 밖에도 공개되지 않은 장소에서 당사자 간의 허심탄회한 의견교환으로 합의를 유도할 필요성이 크기 때문이다. 「저작권법」에서도 조정절차의 비공개원칙을 천명하고 있는데, "조정절차는 비공개를 원칙으로 한다"(제115조 본문)라고 규정하고 있다. 다만, 조정절차 비공개원칙의 예외로서 조정부의 장은 당사자의 동의를 얻어 적당하다고 인정하는 자에게 방청을 허가할 수 있다(제115조 단서).

(2) 진술의 원용 제한

"조정절차에서 당사자 또는 이해관계인이 한 진술은 소송 또는 중재절차에서 원용하지 못한다"(제116조). 당사자가 조정절차에서 한 진술이나 주장 등이 조정불성립 이후의 소송과정에서 원용될 우려가 있다면 누구든지 조정과정에서 솔직한 의견교환을 하지 않을 것이고 이는 곧 조정제도를 유명무실하게 할 수 있기 때문이다.

(3) 출석의 요구 등

한국저작권위원회는 분쟁의 조정을 위하여 필요하면 당사자, 그 대리인 또는 이해관계인의 출석을 요구하거나 관계서류의 제출을 요구할 수 있다(「저작권법 시행령」 제62조 제1항). 이 규정에 따라 출석을 요구하려면 7일 전에 당사자, 그 대리인 또는 이해관계인에게 서면으로 알려야 한다(「저작권법 시행령」 제62조 제2항).

(4) 조정비용

한국저작권위원회가 행하는 저작권분쟁에 관한 조정에서 조정비용은 신청인이 부담하되, 다만 조정이 성립된 경우로서 특약이 없는 때에는 당사자가 각자 균등하게 부담함을 원칙으로 한다(「저작권법」 제118조 제1항).

5. 조정의 효력

조정의 결과 당사자 간에 합의가 성립하거나 직권조정결정에 대하여 이의신청이 없는 경우에는 재판상의 화해[40]와 같은 효력이 있다. 다만, 당사자가 임의로 처분할 수 없는 사항에 관한 것은 그러하지 아니하다(「저작권법」 제117조 제5항). 재판상의 화해는 법원이 관여하여 성립하기 때문에 재판 외의 화해와 달리 확정판결과 동일한 효력이 발생한다(「민사소송법」 제220조 참조). 따라서 당사자가 조정안 내용에 대하여 합의를 하거나 직권조정결정에 대하여 이의신청이 없는 경우에는 그 사항을 기재하는 조정서를 작성하여 당사자에게 통보한 때에 모든 조정절차는 종료하며, 조정조서의 내용에 따른 이행의무를 강제집행절차로 실현시킬 수 있다.

6. 저작권분쟁해결 등을 위한 감정의 실시

일반적으로 **감정**이라 함은 저작권 침해 등에 대한 전문가적 판단이 필요한 경우 전문적 지식과 기술을 활용하여 저작물의 동일성 또는 유사성 등을 검토한 뒤 그 결과를 제시하는 제도를 말한다. 저작권과 관련한 분쟁에서 문제가 되는 것은 주로 침해저작물과 피침해저작물 간에 실질적인 유사성이 있는가의 여부이다. 이때 전문적인 지식과 경험을 가지고 있는 전문가로 구성된 공적인 기관에서 객관적인 감정을 받는 것이 분쟁해결의 공정성을 보장해 줄 수 있다. 이에 「저작권법」에서는 한국저작권위원회로 하여금 저작권분쟁과 관련하여 감정을 실시할 수 있도록 하고 있는데, 이를 구체적으로 살펴보면 다음과 같다.

---

40 화해는 재판 외의 화해와 재판상의 화해로 나눌 수 있는데, 이 가운데 '재판 외의 화해'는 「민법」상의 화해계약(「민법」 제731조~제733조 참조)을 뜻하는 것으로 당사자가 서로 양보하여 분쟁을 끝낼 것을 약정하는 것이다.

먼저, 한국저작권위원회는 법원 또는 수사기관 등으로부터 재판 또는 수사를 위하여 저작권의 침해 등에 관한 감정을 요청받은 경우에는 감정을 실시할 수 있다(제119조 제1항 제1호).[41] 이 밖에도 저작권과 관련한 분쟁의 조정을 받고자 할 때 양 당사자는 한국저작권위원회에 프로그램 및 프로그램과 관련된 전자적 정보 등에 관한 감정을 요청할 수 있으며, 이 경우 한국저작권위원회는 감정을 실시할 수 있다(제119조 제1항 제2호).

한국저작권위원회는 감정을 하려면 감정전문위원회를 구성하여 공정하고 객관적으로 처리하여야 하며, 감정전문위원회에는 전문적인 감정을 위하여 상임전문위원을 둘 수 있다(제119조 제2항 및 「저작권법 시행령」 제64조 제2항·제3항).

---

[41] 이때에는 어문저작물 등을 포함한 모든 형태의 저작물에 대해 원래의 저작물과 피고가 저작권을 침해하여 작성한 침해저작물 간에 실질적인 유사성이 있는가를 중심으로 판단한다.

제3절
한국저작권보호원

I. 한국저작권보호원의 설립

1. 한국저작권보호원의 설립목적과 설립배경

한국저작권보호원의 설립목적은 저작권 보호에 관한 사업을 추진하는 데 있다. 즉, "저작권 보호에 관한 사업을 하기 위하여 한국저작권보호원을 둔다"(「저작권법」 제122조의2 제1항).

한국저작권보호원이 설립되기 전까지 우리나라의 저작권 보호와 관련한 업무는 공공기관인 한국저작권위원회와 민간차원의 저작권보호센터로 이원화되어 있었다. 한국저작권위원회는 저작권과 관련한 분쟁의 알선과 조정, 저작권 위탁관리 업자의 수수료 및 사용료 등에 관한 심의업무 그리고 저작권의 공정한 이용을 도모하는 데 필요한 사업을 담당하는 기관으로서, 그 업무수행에 엄격한 공정성과 중립성이 요청되는 기관이다. 이와 같은 성격의 한국저작권위원회가 이용자의 입장보다는 **권리자**의 보호가 강조되는 저작권 보호기능의 업무를 수행하는 것이 과연 적당한가에 대한 논의가 지속되었다. 결국 이런 상황을 발전적으로 수용하여 효율성과 신속성이 강조되는 저작권 보호업무를 한국저작권위원회에서 분리하기로 결정하고, 기존의 저작권정보센터의 업무와 통합하여 운영함으로써 저작권 보호체계를 더욱 안정적으로 확립할 수 있다는 입법정책적 판단에 따라 별도의 공공기관으로서 한국저작권보호원을 2016년에 설립하였다.[42]

---

42 국회 교육문화체육관광위원회, 앞의 심사자료, 10쪽.

2. 한국저작권보호원의 법적 성격

(1) 법인으로서의 성격

먼저, 한국저작권보호원은 앞에서 논의한 바 있는 한국저작권위원회와 마찬가지로 법인으로서의 법률적 성격을 가진다. 즉, "한국저작권보호원은 법인으로 한다"(제122조의2 제2항). 그리고 한국저작권보호원은 「저작권법」 등에서 별도로 정하지 않는 사항에 대해서는 구성원의 자율적인 의사결정에 따라 기관이 운영되는 사단법인과는 달리 법률에서 정하고 있는 저작권의 보호라는 목적하에 타율적·영속적으로 존속하도록 해야 할 것이며, 이를 위해서는 재단법인 형태로 운영함이 바람직할 것이다.

이에 따라 "한국저작권보호원에 관하여 이 법과 「공공기관의 운영에 관한 법률」에서 정한 것을 제외하고는 「민법」의 재단법인에 관한 규정을 준용한다"(제122조의2 제4항)라고 규정하고 있다.

(2) 공공기관으로서의 성격

한국저작권보호원 역시 한국저작권위원회와 마찬가지로 공공기관으로서의 성격을 지니고 있다. 이는 한국저작권보호원이 저작권의 보호라는 중요한 공익적 목적을 수행하는 특별(법정) 법인으로서의 지위에 따른 당연한 논리적 귀결이기도 하다.

현행 법에서는 한국저작권보호원의 공공기관으로서의 법적 성격에 기인하여 여러 가지 관련조항을 두고 있는데, 이를 살펴보면 다음과 같다.

먼저, "정부는 한국저작권보호원의 설립·시설 및 운영 등에 필요한 경비를 예산의 범위에서 출연 또는 지원할 수 있다"(제122조의2 제3항). 다음으로, 한국저작권보호원은 매 사업연도 종료 전까지 다음 사업연도의 사업계획서와 예산안을 작성하여 문화체육관광부장관에게 제출하여 승인을 받아야 하고, 사업연도마다 사업실적서와 결산서를 작성하여 그 사업연도 종료 후 60일 이내에 문화체육관광부장관에게 제출하여야 하며, 문화체육관광부장관은 필요하다고 인정할 때에는 한국저작권보호원으로 하여금 그 업무에 관한 보고를 하게 하거나 관계 자료를 제출하게 할 수 있다(「저작권법 시행령」 제67조). 그리고 한국저작권보호원의 임직원 및 저작권보호심의위원회의 심의위원은 「형법」 제129조 내지 제132조의 규정을 적용하는 경우에는 이를 공무원으로 보며(제131조), 이 밖에도 「저작권법」에 따른 한국저작권보호원이 아닌 자는 한국저작권보호원 또는 이와 비슷한 명칭을 사용하지 못한다(제122조의2 제5항).

II. 한국저작권보호원의 구성

1. 한국저작권보호원의 정관

한국저작권보호원은 앞에서 살펴본 바와 같이 저작권 보호에 관한 사업을 수행하기 위하여 「저작권법」에 설립근거를 두고 설립한 법정법인法定法人이다.

항구적·공공적 성격을 띠는 한국저작권보호원에 대한 통제방법으로는 기관의 기본골격을 정하는 정관定款을 이용하는 것이 가장 확실하고 강력하다. 정관에 대한 통제는 먼저 입법부에 해당하는 의회가 정관에 기재할 사항을 해당 법률에 구체적으로 명시하는 방법과 「민법」의 규정에 따라 행정부에 해당하는 행정 각부의 장관이 정관의 내용을 심사하는 방법이 있는데[43], 「저작권법」에서는 한국저작권보호원의 정관에 관하여 이 두 가지 방법을 모두 적용하고 있다. 즉, 법 제122조의3에서 정관에 기재할 사항을 명시적으로 규정함으로써 의회 차원의 통제방법과 더불어[44], 한국저작권보호원 설립추진단이 작성한 정관을 문화체육관광부장관이 인가하도록 하여 행정부 차원의 통제방법도 활용하고 있다.

---

43 「저작권법」에 한국저작권위원회에 대해서는 정관에 관한 규정이 없는데, 그렇다고 하여 한국저작권위원회가 정관을 작성하지 않아도 되는 것은 아니며, 「민법」의 재단법인에 관한 규정인 제43조를 준용하여 당연히 정관을 작성하여야 한다.
44 한국저작권보호원의 정관에는 i) 목적, ii) 명칭, iii) 주된 사무소에 관한 사항, iv) 임직원에 관한 사항, v) 이사회의 운영에 관한 사항, vi) 법 제122조의6에 따른 저작권보호심의위원회에 관한 사항, vii) 직무에 관한 사항, viii) 재산 및 회계에 관한 사항, ix) 정관의 변경에 관한 사항 그리고 x) 내부규정의 제정 및 개정·폐지에 관한 사항 등이 반드시 포함되어야 한다(제122조의3). 「민법」상의 재단법인에 관한 규정을 준용하면 i), ii), iii), iv) 그리고 viii)에 관한 사항만 정관에 기재하면 되지만, 「저작권법」에서는 한국저작권보호원의 중요성과 수행하는 업무의 특성 등을 감안하여 추가적으로 v), vi), vii) , ix) 그리고 x)에 관한 사항도 정관의 필수 기재사항으로 하고 있다.

2. 한국저작권보호원의 임원과 원장

(1) 한국저작권보호원의 임원

일반적으로 이사(이사장 포함)와 감사를 임원이라 부르는데, 한국저작권보호원에는 원장 1명을 포함한 9명 이내의 이사와 감사[45] 1명을 두고, 원장을 제외한 이사 및 감사는 비상임으로 하며, 원장은 이사회의 의장이 된다(제122조의4 제1항). 그런데 「국가공무원법」 제33조 각 호의 어느 하나에 해당하는 사람은 한국저작권보호원의 임원이 될 수 없다(제122조의4 제6항).

(2) 한국저작권보호원의 원장

한국저작권보호원의 원장은 보호원을 대표하고, 보호원의 업무를 총괄한다. 원장은 문화체육관광부장관이 임면하며, 임기는 3년이고, 원장이 부득이한 사유로 직무를 수행할 수 없을 때에는 정관으로 정하는 순서에 따라 이사가 그 직무를 대행한다(제122조의4 제2항~제5항).

Ⅲ. 한국저작권보호원의 주요업무

현행 「저작권법」에 따르면, 한국저작권보호원은 저작권 보호에 관한 사업을 하기 위하여 설치된 공공기관으로서 다음과 같은 여덟 가지의 주요업무를 수행한다. i) 저작권 보호를 위한 시책의 수립지원 및 집행, ii) 저작권 침해실태조사 및 통계의 작성, iii) 저작권 보호기술의 연구 및 개발, iv) 「사법경찰관리의 직무를 수행할 자와 그 직무범위에 관한 법률」 제5조 제26호에 따른 저작권 침해 수사 및 단속사무 지원[46], v) 법 제133조의2에 따른 문화체육관광부장관의 시정명령에 대한 심의, vi) 법 제133조의3에 따른 온라인서비스제공자에 대한 시정권고 및 문화체육관광

---

45 「민법」상의 비영리법인은 감사가 임의기관이지만(「민법」 제66조 참조), 한국저작권보호원에서는 「저작권법」 제122조의4 제1항의 규정에 따라 감사를 반드시 두어야 하는 필수기관이다.

46 「사법경찰관리의 직무를 수행할 자와 그 직무범위에 관한 법률」 제5조 제26호에 따른 저작권 침해에 대한 단속사무는 정부(문화체육관광부)의 고유사무로서 이는 공무원만이 수행할 수 있으므로 공무원이 아닌 구성원으로 조직된 한국저작권보호원은 저작권 침해수사와 단속사무의 지원만 할 수 있음을 유의하여야 한다.

부장관에 대한 시정명령 요청, vii) 법령에 따라 보호원의 업무로 정하거나 위탁하는 업무 그리고 viii) 그 밖에 문화체육관광부장관이 위탁하는 업무 등이다(제122조의5).[47]

IV. 저작권보호심의위원회의 설치 · 운영 등

1. 의의

한국저작권보호원은 원칙적으로 저작권 보호와 관련한 집행업무를 수행하지만 저작권 보호와 관련한 심의업무를 수행해야 할 때도 있다. 그런데 저작권 보호와 관련한 심의업무는 독임제 형태의 조직에서 실시하기에는 여러 가지 한계가 있을 수 있으므로 공정성과 전문성을 확보한 위원회 형태의 심의기구에서 독립하여 수행하여야 할 필요성이 있다. 이와 같은 입법적 취지에 따라 「저작권법」에서는 저작권보호심의위원회를 한국저작권보호원 내에 설치하여 운영 중이다.

2. 저작권보호심의위원회의 설치

(1) 설치 근거

법에서는 저작권 보호와 관련한 심의를 담당할 저작권보호심의회의 설치를 위한 근거 규정을 두고 있다. 즉, "법 제103조의3, 제133조의2 및 제133조의3에 따른 심의 및 저작권 보호와 관련하여 보호원의 원장이 요청하거나 심의위원회의 위원장이 부의하는 사항의 심의를 위하여 보호원에 저작권보호심의위원회를 둔다"(제122조의6 제1항).

---

[47] 한국저작권보호원의 업무를 규정하고 있는 법 제122조의5에는 법 제103조의3에 따른 심의가 누락되어 있는데, 이는 입법적 불비로 보인다. 다만, 법 제103조의3 제2항에서는 "문화체육관광부장관은 제1항에 따른 청구가 있으면 제122조의6에 따른 저작권보호심의위원회의 심의를 거쳐 온라인서비스제공자에게 해당 복제 · 전송자의 정보를 제출하도록 명할 수 있다"라고 규정하고 있으므로 해당 업무를 수행할 수 있는 법적 근거가 마련되어 있기는 한 것으로 해석된다.

(2) 저작권보호심의위원회의 법적 성격

가. 한국저작권보호원으로부터 독립된 기관으로서의 성격

저작권보호심의위원회는 한국저작권보호원에 소속된 기관이 아니라 한국저작권보호원으로부터 독립하여 존재하는 별도의 기관임을 유의하여야 한다.[48]

나. 사실상 법인으로서의 성격

저작권보호심의위원회를 법인으로 할 것인지의 여부는 입법정책의 문제로 귀결된다. 다만, 현재의 「저작권법」에서는 별도의 규정을 두지 않고 있는데, 그 이유는 법 제122조의6과 시행령상의 규정만으로도 충분히 그 사회적·법률적 기능을 수행하는 데 아무런 문제가 없기 때문이다. 이렇게 볼 때, 저작권보호심의위원회는 명시적으로는 법인격이 부여되어 있지 않지만, 법 제122조의6의 규정 등에 따르면 법인에 준하여 독자적인 사회적 활동을 수행하는 사실상 법인으로서의 지위를 가지고 있다고 볼 수 있다.

다. 공공기관으로서의 성격

저작권보호심의위원회는 저작권 보호에 관한 사항의 심의라는 중요한 공익적 목적을 수행하는 공공기관으로서의 성격을 지니고 있다. 심의위원회의 구성원을 한국저작권보호원의 임직원과 마찬가지로 "「형법」 제129조 내지 제132조의 규정을 적용하는 경우에는 이를 공무원으로 본다"(제131조)라고 규정한 것에서도 잘 드러난다.

3. 저작권보호심의위원회의 구성과 운영

(1) 심의위원회의 구성

저작권보호심의위원회는 위원장 1명을 포함한 15명 이상 20명 이내의 위원으로 구성하되, 「저작권법」에 따라 보호되는 권리보유자의 이해를 반영하는 위원의 수와

---

48 위원회 형태의 조직을 독임제 형태의 조직 내에 별도로 설치하는 것이 입법상 불가능한 것은 아니다. 두 조직 간의 업무 연계성이 높거나 조직운영의 효율성을 고려하여 이와 같이 혼합형 조직이 구성되기도 하는데, 예를 들면 간행물윤리위원회와 소비자분쟁조정위원회가 각각 한국출판문화산업진흥원과 한국소비자원에 설립되어 운영 중이다.

이용자의 이해를 반영하는 위원의 수가 균형을 이루도록 하여야 한다. 심의위원회 위원장은 위원 중에서 호선한다(제122조의6 제2항·제3항).

심의위원회의 위원은 i)「고등교육법」제2조에 따른 학교의 법학 또는 저작권 보호와 관련이 있는 분야의 학과에서 부교수 이상 또는 이에 상당하는 직위에 있거나 있었던 사람, ii) 판사 또는 검사의 직에 있는 사람 또는 변호사의 자격이 있는 사람, iii) 4급 이상의 공무원 또는 이에 상당하는 공공기관의 직에 있거나 있었던 사람으로서 저작권 보호와 관련이 있는 업무에 관한 경험이 있는 사람, iv) 저작권 또는 문화산업 관련 단체의 임원의 직에 있거나 있었던 사람, v) 이용자 보호기관 또는 단체의 임원의 직에 있거나 있었던 사람, vi) 그 밖에 저작권 보호와 관련된 업무에 관한 학식과 경험이 풍부한 사람 중에서 문화체육관광부장관이 위촉하며, 이 경우 문화체육관광부장관은 분야별 권리자 단체 또는 이용자 단체 등에 위원의 추천을 요청할 수 있다. 심의위원회 위원의 임기는 3년으로 하되 1회에 한하여 연임할 수 있다(제122조의6 제4항·제5항). 한편 심의위원회의 업무를 효율적으로 수행하기 위하여 분과위원회를 둘 수 있다. 분과위원회가 심의위원회로부터 위임받은 사항에 관하여 의결한 때에는 심의위원회가 의결한 것으로 본다(제122조의6 제6항).

그리고 문화체육관광부장관은 심의위원회의 위원이 i) 심신장애로 인하여 직무를 수행할 수 없게 된 경우, ii) 직무와 관련된 비위非違 사실이 있는 경우, iii) 직무태만, 품위손상이나 그 밖의 사유로 위원으로 적합하지 아니하다고 인정되는 경우, iv)「저작권법 시행령」제67조의4 제1항 각 호의 어느 하나에 해당함에도 불구하고 회피하지 아니한 경우, v) 위원 스스로 직무를 수행하는 것이 곤란하다고 의사를 밝히는 경우에는 해당 위원을 해촉할 수 있다(「저작권법 시행령」제67조의2 제1항 및 제67조의5).

(2) 심의위원회 위원의 제척·기피·회피

심의위원회의 위원은 일정한 사유가 있는 경우 해당 심의안건에서 제척, 기피 또는 회피가 되는데, 그 구체적인 내용은 앞에서 살펴본 한국저작권위원회 위원의 제척·기피·회피 사유와 같으므로 여기서 구체적인 설명은 생략한다(「저작권법 시행령」제67조의4 참조).

(3) 심의위원회의 회의와 운영

저작권보호심의위원회의 위원장은 심의위원회를 소집하고 그 의장이 되며, 심의위원회의 회의는 재적위원 과반수의 출석으로 개의하고, 출석위원 3분의 2 이상의 찬성으로 의결한다. 그리고 저작권보호심의위원회의 위원장은 심의위원회를 대표하고 그 업무를 총괄하며, 심의위원회의 위원에게는 예산의 범위에서 업무의 수행에 필요한 실비를 지급할 수 있다(「저작권법 시행령」 제67조의3 및 제67조의2 제2항·제3항).

4. 저작권보호심의위원회의 심의사항

저작권보호심의위원회는 「저작권법」과 관련 법률의 규정에 근거하여 크게 세 가지 사항에 대하여 심의업무를 수행하는데 이를 구체적으로 살펴보면 다음과 같다. 첫째, 저작권보호심의위원회는 i) 문화체육관광부장관이 온라인서비스제공자에게 해당 복제 전송자의 정보를 제공하도록 명하기 전에 해당 사항에 대하여 심의를 하여야 하고, ii) 문화체육관광부장관이 온라인서비스제공자에 대한 시정명령을 하기 전에 심의하여야 하며, iii) 한국저작권보호원이 직접 온라인서비스제공자에게 시정조치를 권고하는 경우에[49] 미리 심의를 하여야 한다(제133조의2 및 제133조의3). 둘째, 저작권보호심의위원회는 저작권 보호와 관련하여 한국저작권보호원의 원장이 요청하거나 심의위원회의 위원장이 부의하는 사항을 심의한다(제122조의6 제1항). 셋째, 저작권보호심의위원회는 관련 법령에 따른 심의업무를 수행하기도 하는데, 여기에는 해외 서버를 활용한 저작물의 불법성 심의에 관한 업무가 대표적이다.[50]

---

49 여기에는 한국저작권보호원이 온라인서비스제공자로 하여금 i) 불법복제물 등의 복제·전송자에 대한 경고, ii) 불법복제물 등의 삭제 또는 전송중단 그리고 iii) 반복적으로 불법복제물을 전송한 복제·전송자의 계정 정지 등의 시정조치를 권고하는 것 등이 있다.

50 이를 좀 더 구체적으로 살펴보면, 「정보통신망 이용촉진 및 정보보호 등에 관한 법률」 제44조의7 제1항 제9호 및 제3항에 근거하여 문화체육관광부장관은 방송통신심의위원회의 해외 저작권 침해사이트 접속차단을 요청하기 위해 저작권 침해 불법성 심의를 한국저작권보호원에 요청할 수 있으며, 이에 따라 한국저작권보호원(저작권보호심의위원회)은 해외 저작권 침해사이트를 대상으로 그 불법성 여부를 심의하고 있다. 참고로, 2017년의 경우 한국저작권보호원(저작권보호심의위원회)에서는 총 6회에 걸쳐서 해외 사이트의 불법성 여부를 심의한 바 있고, 이 과정을 거쳐 총 72개 사이트에 대한 접속차단을 추진한 바 있다(한국저작권보호원, 앞의 보고서, 26쪽).

V. 한국저작권보호원의 시정권고 등

1. 의의

정부차원에서 이루어지는 온라인서비스제공자에 대한 불법복제물 등의 삭제명령 등은 공권력이 수반되는 것으로서, 이 명령을 위반하면 과태료의 부과 등 엄정한 처벌이 따른다. 따라서 정부(문화체육관광부)의 직접적인 행정명령이 있기 전에 자율적인 시정조치를 취할 기회를 제공함으로써 불법복제물 등의 유통이 사전에 차단되는 것이 가장 바람직할 것이다. 이에 「저작권법」에서는 저작권 침해에 대한 구제조치의 일환으로, 문화체육관광부장관이 각종 명령을 발하기 전에 중립적이고 객관적인 위치에 있는 공공기관인 한국저작권보호원으로 하여금 온라인서비스제공자에게 미리 시정권고를 할 수 있는 제도를 법 제133조의3에 규정해 놓았다. 이로써 자율적으로 시정조치를 할 법적·제도적 장치가 마련되었음을 알 수 있다.

2. 시정권고의 유형과 방법

한국저작권보호원은 온라인서비스제공자의 정보통신망을 조사하여 불법복제물 등이 전송된 사실을 발견한 경우에는 저작권보호심의위원회의 심의를 거쳐 온라인서비스제공자에 대하여 i) 불법복제물 등의 복제·전송자에 대한 경고, ii) 불법복제물 등의 삭제 또는 전송 중단 그리고 iii) 반복적으로 불법복제물 등을 전송한 복제·전송자의 계정 정지를 권고할 수 있다(「저작권법」 제133조의3 제1항).[51]

이와 같은 시정권고는 한국저작권보호원이 온라인서비스제공자를 대상으로 하는 것으로서 불법복제물 등이 전송된 사실을 한국저작권보호원이 발견한 경우에만 이루어져야 하며, 앞에서 언급한 바와 같이 한국저작권보호심의위원회의 사전심의를 거쳐야 한다.

한국저작권보호원이 법 제133조의3 제1항에 따른 시정조치의 권고를 하는 때에

---

51 여기에 온라인서비스제공자의 정보통신망에 개설된 게시판 서비스 정지에 대한 권고는 제외되어 있는데, 이는 비권력기관인 한국저작권보호원이 그 게시판 서비스의 정지를 권고할 위치에 있지 않기 때문으로 이해된다.

는 i) 위법행위의 내용, ii) 권고사항, iii) 시정기한 그리고 iv) 시정권고 수락거부 시의 조치 등을 기재하여 서면으로 하여야 한다(「저작권법 시행령」 제72조의6 제2항).

3. 온라인서비스제공자의 조치결과 통보

온라인서비스제공자는 한국저작권보호원으로부터 불법복제물 등의 복제·전송자에 대한 경고 및 불법복제물 등을 삭제 또는 전송을 중단할 것을 권고받았을 경우에는 권고를 받은 날부터 5일 이내에, 반복적으로 불법복제물 등을 전송한 복제·전송자의 계정을 정지할 것을 권고받았을 경우에는 권고를 받은 날부터 10일 이내에 그 조치결과를 한국저작권보호원에 통보하여야 한다(「저작권법」 제133조의3 제2항).

4. 시정권고 미이행의 법률적 효과

한편, 한국저작권보호원으로부터 시정권고를 받은 온라인서비스제공자가 해당 권고사항을 이행하지 않을 경우에의 법률효과에 대해 알아보면 다음과 같다. 이때에는 한국저작권보호원이 문화체육관광부장관에게 「저작권법」 제133조의2에 따른 i) 불법복제물 등의 복제·전송자에 대한 경고명령, ii) 불법복제물 등의 삭제 또는 전송중단의 명령 그리고 iii) 해당 복제·전송자의 계정정지의 명령을 하여 줄 것을 요청할 수 있다(제133조의3 제3항).[52] 다시 말해, 한국저작권보호원은 그의 시정권고가 이행되지 않을 경우에 문화체육관광부장관에게 법 제133조의2 제1항 및 제2항에 따른 명령을 요청할 수 있다. 이에 따른 명령을 발하는 경우에는 한국저작권보호심의위원회 심의를 요하지 아니한다(제133조의3 제4항). 한국저작권보호원이 이미 시정권고 단계에서 심의를 했으므로 이중의 심의를 할 필요성이 없기 때문이다.

---

[52] 여기에 법 제133조의2 제4항에 따른 문화체육관광부장관의 행정명령인 게시판 서비스의 정지명령은 포함되지 않음을 유의하여야 한다.

제4절
저작권위탁관리단체

I. 저작권위탁관리단체에 대한 일반적 고찰

1. 저작권위탁관리제도

(1) 의의

저작권위탁관리제도는 저작자 등의 권리행사를 효율적으로 도와주는 한편, 저작물을 이용하는 이용자에게 각종 편의성을 제공해 주어 궁극적으로 사회적 비용을 줄이고 저작물의 건전한 유통질서에도 기여하기 위한 제도를 말한다.[53] 오늘날 세계지식재산권기구WIPO는 저작권집중관리제도의 활성화를 선진저작권제도의 지표로 인식하고 있으며, 특히 독점적 지위를 가지고 있는 위탁관리단체에 대한 정부의 감독 역할을 강조하고 있다.

(2) 저작권위탁관리제도의 효과

오늘날 대부분의 국가에서는 저작권위탁관리제도를 도입하여 시행하고 있는데 이 제도가 가져다주는 긍정적 효과를 살펴보면 다음과 같다.

첫째, 저작권위탁관리제도는 기본적으로 저작재산권 행사의 한계를 극복하기 위해 등장한 것으로서, 오늘날 저작자 등의 권리행사를 전문적으로 돕는 필수적인 제도의 하나로 평가되고 있다. 저작자나 예술가 또는 실연자로 불리는 저작인접권자는 특출한 예술적 소양을 발휘하여 저작물을 창작하거나 해석·표현하는 사람들로서 복잡하고 방대한 저작권의 내용과 권리행사의 방법 등에 대해서는 전문적 식견

---

[53] 저작권위탁관리제도는 1847년 프랑스에서 음악저작물의 저작자들이 사셈(SACEM)이라는 저작권관리단체를 결성하여 저작권의 공동관리를 시작한 데서 출발하였다고 한다(허희성, 앞의 책, 503쪽). 저작권위탁관리업을 수행하는 저작권위탁관리단체는 다수의 저작자 등으로부터 권리를 위탁(또는 대리)받아 집중적으로 업무를 처리하기 때문에 저작권집중관리단체(Collecting Society)라고 부르기도 한다.

이 부족한 것이 사실이다. 현실적으로 보더라도 오늘날 디지털시대를 맞아 무수히 이루어지고 있는 저작물의 유통상황에서 저작자 또는 저작인접권자가 해당 저작물의 이용자와 일일이 접촉하여 그들에게 저작권 등을 양도하거나 이용허락을 하는 것도 여간 어려운 일이 아니다.[54] 저작권위탁관리제도를 활용하면 저작자가 가지는 권리는 저작권위탁관리단체에 의해서만 행사될 수 있도록 하고, 저작자는 저작물에 대한 배타적 권리를 직접 행사하는 대신에 권리관리기관을 상대로 자신의 저작물 이용에 대한 급부청구권이라는 채권적 성격의 권리만 행사해도 충분해지고, 이로 인해 저작자는 오히려 창작활동에 전념할 수 있는 부수적 효과를 누릴 수 있다.[55]

둘째, 저작권위탁관리제도는 저작물의 이용자에게도 대단히 편리한 제도이다. 저작물을 이용하고자 하는 자는 일일이 개별 저작자를 접촉하는 어려움과 번거로움에서 벗어나 저작자들로 구성되어 저작권위탁관리업무를 수행하는 기관이나 단체를 상대로 저작자와 저작물에 대한 정보를 손쉽게 획득하고 이들이 마련한 정형화된 계약내용에 맞추어 계약을 체결하면 더욱 편리하고 사회적 비용도 줄일 수 있기 때문이다.

셋째, 저작권위탁관리제도는 저작물을 유통하는 데 공정한 거래질서를 형성하고 나아가 저작물의 국제 간 거래에도 크나큰 도움을 줄 수 있다. 저작자 등의 권리를

---

54 「베른협약」을 위시한 저작권과 관련한 주요 국제조약 및 우리나라를 비롯한 대부분의 국가에서의 「저작권법」 등에서 저작자에게 부여하고 있는 배타적 성격을 지니는 물권으로서의 저작권은 저작자 입장에서 보면 어떤 측면에서는 대단히 부담스럽기도 하고 자칫하면 '그림의 떡'과 같이 상징적·장식적 권리에 불과한 측면도 있다(이는 갑자기 수십 채의 부동산을 가지게 된 건물의 소유자가 해당 재산을 사용·수익·처분할 줄 몰라 당황하는 모습을 연상하면 쉽게 이해가 될 수 있다). 이와 같은 물권의 상징적·장식적 기능은 그 권리를 가지고 있는 자의 개인적 역량의 부족에서 찾을 수 있으며, 오늘날 이와 같은 배타적인 성격의 물권을 소유하고 있는 자의 권리관리능력 등을 보충해 주는 그룹이 주요 전문직종으로 널리 자리 잡고 있는데 변호사, 회계사, 공인중개사 등이다. 이와 같은 현상은 무채재산권인 저작권 분야에서도 마찬가지여서 오늘날 대부분의 저작권 행사는 저작자가 배타적 권리인 저작권을 직접적으로 행사하지 아니하고 이를 전문적인 권리관리자 그룹인 저작권신탁관리단체 등에게 일괄하여 맡겨버리고 그는 이들과 지극히 단순하고 편리한 법률관계인 채권·채무관계를 형성하고서 채권적 권리에 해당하는 저작물 사용료에 대한 청구권만을 행사하는 것으로 만족하는 것이 일반적이다.

55 원래 권리자가 자신이 원하는 바에 따라 개별적으로 권리행사를 하는 것을 전제로 하는 배타적 성격의 저작권이 오늘날에 와서는 저작권위탁관리단체의 등장과 이들의 적극적인 활동에 힘입어 보상청구권의 형태, 다시 말해 채권적 권리로 급격히 전환되고 있는 추세에 있다. 이를 흔히 '물권적 성격의 저작권이 채권적 성격의 저작권으로 전환되고 있는 현상'이라고도 할 수 있다. 이와 같은 논의는 오늘날 대규모 자본력을 가지고서 기업형태로 운영되면서 동시에 무수한 배타적 성격의 권리의 다발로 이루어져 있는 '저작권'을 효율적으로 행사할 수 있는 법률가가 포진된 극히 소수의 저작자 이외에 대부분의 저작자에게 적용이 가능하다 하겠다.

집중적으로 관리하는 저작권위탁관리제도는 그 공공적 성격이 법률로서 보장되고 있으며, 이와 같은 이유로 자체의 정화·감독기능을 발휘하여 위법·탈법적인 행위를 일삼는 저작자 등을 자율적으로 배제하는 기능을 수행한다. 따라서 저작자 등의 권리를 집중적으로 관리하는 단체는 대량으로 이루어지는 저작물의 유통에서 공정한 거래질서를 확립하는 주체로 자리매김할 수도 있다. 그리고 국가별로 존재하는 저작권위탁관리단체 상호 간에 협조체제가 원활하게 구축된다면 저작자 등이 저작물의 국제 간 유통에서 부담해야 하는 불편함을 그만큼 덜어줄 수도 있다.

넷째, 저작권위탁관리제도는 단체에 가입한 구성원들 간의 동질성에 바탕을 두고 있기 때문에 저작물 이용료 계약의 체결이나 정부에 대한 민원사항의 건의 등을 통하여 저작자 등의 권익보호기관 내지는 압력단체로서의 기능도 수행할 수 있다.

(3) 저작권위탁관리제도에 관한 입법례

저작권위탁관리제도에 대하여 국가가 어느 정도로 규제하고 관리하는가에 대하여 영미법계와 대륙법계 간에는 큰 차이가 있다. 미국이나 영국과 같은 영미법계 국가에서는 저작권위탁관리업을 시장원리가 지배하는 자유업종으로 하여 법률에서 별도로 규정하고 있지 않는 반면에, 대륙법계 국가에서는 저작권위탁관리업이 수행하고 있는 공적 기능에 착안하여 저작권법이나 특별법으로 비교적 엄격하게 규제하고 있다. 대륙법계 국가 중에서 우리나라는 저작권위탁관리업에 관한 사항을 「저작권법」에 규정하고 있고, 독일과 일본 등은 별도의 특별법을 제정하여 저작권위탁사업을 규제하고 있음이 특징이다.[56]

오늘날 우리의 경우 저작권위탁관리제도는 「저작권법」을 구성하고 있는 중요한 하위체제로서 그 역할을 수행하고 있으며, 정부의 저작권정책에서도 중요한 정책대상의 하나로 자리 잡고 있다. 저작권위탁관리제도에 관한 법률적 근거는 앞에서 언급한 바와 같이 대륙법계의 전통에 따라 법 제7장 저작권위탁관리업에서 규정하고 있다. 여기에는 저작권위탁관리업의 종류와 그 설립요건 및 설립절차, 저작권신탁관리업자의 의무 그리고 저작권위탁관리업자에 대한 정부의 지도·감독 등에 관한 규정을 상세히 마련하고 있다.

---

[56] 저작권법과는 별도로 일본에서는 저작권의 위탁관리 등을 위하여 「저작권관리사업법」을 제정하여 등록제로 운영하고 있으며, 독일도 「저작권관리법」을 제정하여 허가제로 운영하고 있다.

II. 저작권위탁관리업

1. 저작권위탁관리업의 종류

저작권위탁관리업은 저작자 등을 위하여 그들의 권리를 전문적이고 집중적으로 관리하는 공적인 성격의 업무를 말하는데, 저작권신탁관리업과 저작권대리중개업의 두 가지가 있다. 현행 법으로 저작권신탁관리업을 하고자 하는 자는 문화체육관광부장관의 허가를 받아야 하며, 저작권대리중개업을 하고자 하는 자는 문화체육관광부장관에게 신고를 하여야 한다.

2. 저작권신탁관리업

(1) 신탁의 의의

저작권신탁관리업을 정확히 이해하기 위해서는 먼저 그 기초가 되는 **신탁**의 개념을 이해해야 한다. 우리는 신탁에 관한 법률관계를 규율하기 위해 「신탁법」을 제정·운용하고 있는데, 이에 따르면 "신탁이란 신탁을 설정하는 자(이를 '신탁자' 또는 '위탁자'라 한다)와 신탁을 인수하는 자(이를 '수탁자'라 한다) 간의 신뢰관계에 기하여 위탁자가 수탁자에게 특정의 재산(영업이나 저작재산권의 일부를 포함한다)을 이전하거나 담보권의 설정 또는 그 밖의 처분을 하고 수탁자로 하여금 일정한 자(이를 '수익자'라 한다)의 이익 또는 특정의 목적을 위하여 그 재산의 관리, 처분, 운용, 개발, 그 밖에 신탁목적의 달성을 위하여 필요한 행위를 하게 하는 법률관계를 말한다"(제2조). 이와 같이 수탁자는 신탁재산에 대한 권리와 의무의 귀속주체로서 신탁재산의 관리, 처분 등을 하고 신탁목적의 달성을 위하여 필요한 모든 행위를 할 권한이 있다(제31조).[57]

이와 같은 신탁제도는 저작재산권의 관리를 위해서도 널리 활용될 수 있는 제도로서 우리 「저작권법」에서도 이를 저작권 위탁관리의 전형적인 제도의 하나로 인정하고 있다. 다만, 저작권신탁관리업무의 공공성에 기인하여 이를 계약자유의 영역

---

57 「신탁법」상 소송을 주목적으로 하는 신탁은 금지되지만(제6조), 「저작권법」상 저작권신탁관리업자는 저작재산권을 관리하는 것을 주업무로 하고 그 일환으로 소송도 할 수 있으며, 이때의 소송은 「신탁법」 제6조가 금지하고 있는 소송을 주목적으로 하여 신탁받은 것이 아니기 때문에 특별한 문제는 없다.

에 방임하지 않고 저작권신탁관리업자에게 각종의 의무부여 등 여러 가지 통제와 감독장치를 마련하고 있다(제105조~제111조 참조).

(2) 저작권신탁관리업의 의의

저작권신탁관리업은 저작권위탁관리업의 대표적인 형태로서 「저작권법」상 그리고 저작권실무상 후술하는 저작권대리중개업보다 더욱 중요한 위치를 차지하고 있다.[58]

법에 따르면, "저작권신탁관리업은 저작재산권자, 배타적발행권자, 출판권자, 저작인접권자 또는 데이터베이스제작자의 권리를 가진 자를 위하여 그 권리를 신탁받아 이를 지속적으로 관리하는 업을 말하며, 저작물 등의 이용과 관련하여 포괄적으로 대리하는 경우를 포함한다"(제2조 제26호)라고 정의하고 있는데, 이를 좀 더 구체적으로 살펴보기로 한다.

첫째, 저작권신탁관리업은 재산적 권리를 관리의 대상으로 한다.[59] 여기에는 저작재산권자, 배타적발행권자, 출판권자, 저작인접권자 그리고 데이터베이스제작자의 권리 등이 포함된다.[60] 그러나 재산적 권리가 아닌 저작자나 실연자의 인격적 권리는 관리의 대상에서 제외된다. 인격적 권리는 일신전속적 성격을 띠어 양도·이전·상속할 수 없으므로 저작자와 실연자 등은 이들 권리를 저작권신탁관리업자에게 이전할 수 없기 때문이다.[61]

둘째, 저작권신탁관리업은 저작재산권자 등으로부터 그 재산적 권리를 **신탁**받아 이를 관리하는 것이다. 「저작권법」상의 저작권신탁관리의 법적 성격은 「신탁법」상의 신탁에 해당한다고 볼 수 있으므로 외부관계와 내부관계 모두에서 신탁의 대상

---

58 법에서는 '저작권위탁관리업' 위주로 규정하고 있음에 반해 실무에서는 주로 '저작권위탁관리단체' 측면에서 이해하고 있다.

59 법에서 저작권신탁관리업(후술하는 저작권대리중개업도 마찬가지다)은 '권리'를 관리의 대상으로 한다고 규정하고 있는데, 그렇다고 하여 저작재산권 등의 전부만 위탁관리업의 대상이 되는 것은 아니다. 법 제45조에서 저작재산권의 전부 또는 일부를 양도할 수 있고 저작인접권도 법 제45조가 준용되므로(제88조 참조) 저작재산권 또는 저작인접권의 지분권인 복제권, 공연권 등의 위탁관리도 가능하다. 실제 우리의 KOMCA나 KOSCAP, 일본의 JASRAC 그리고 미국의 ASCAP 등에서 저작재산권을 구성하고 있는 지분권도 위탁관리의 대상으로 하고 있다.

60 저작권신탁관리업과 저작권대리중개업의 업무범위에는 '영상제작자의 권리'에 대한 관리도 포함시켜야 할 것이며, 이에 대해서는 국내 대부분의 학설도 동의하고 있는 것으로 보인다.

61 이는 저작권대리중개업에서도 마찬가지로 적용된다.

인 권리가 수탁자에게 완전히 이전된다는 것을 유의할 필요가 있다. 요컨대, 수탁자인 저작권신탁관리업자는 대외적으로도 신탁받은 재산에 대한 권리의 주체, 즉 권리자로 인정되고, 결국 신탁된 저작재산권 등은 신탁자인 저작재산권자 등으로부터 수탁자인 저작권신탁관리업자에게로 법률상 완전히 이전하며, 신탁의 순간부터 수탁자가 권리자가 되고 자신의 명의로 권리침해자를 상대로 소송을 제기할 권한을 포함한 모든 관리권이 수탁자에게 귀속된다.

셋째, 저작권신탁관리업은 저작재산권자 등으로부터 그 권리를 신탁받아 이를 **지속적**으로 관리하는 것을 말한다. 원래 신탁제도는 그것이 존속하는 일정한 기간을 전제하는 것으로서 저작재산권자 등의 권리를 일시적이거나 1회적으로 관리하는 것은 대리중개업이라고는 말할 수 있을지라도 저작재산권의 신탁관리라고는 할 수 없다.

넷째, 저작권신탁관리업은 저작재산권자 등을 위하여 그 권리를 신탁받아 이를 지속적으로 **관리**하는 업을 말한다. 「저작권법」상 저작권신탁관리업은 「신탁법」상의 신탁의 본질을 가지고 있지만, 그 업무는 신탁받아 이를 지속적으로 관리하는 것이므로 신탁관리업자는 관리권한만을 가질 뿐이고 처분권한은 없다고 보아야 한다. 따라서 재산적 권리를 양도하거나 기타 처분하는 행위는 여전히 저작재산권자 등에게 남아있다.

(3) 저작물 등 이용의 포괄적 대리행위

저작권신탁관리업에는 저작물 등의 이용과 관련하여 포괄적으로 대리하는 경우를 포함하는데, 포괄적 대리행위는 그 범위와 기능이 대단히 포괄적이어서 신탁관리업자의 관리업무와 상당히 유사한 기능을 수행하기 때문이다.

포괄적 대리란 본인이 가지는 권리를 대리인이 대리인 자신의 이름으로 제3자와 법률행위를 하고, 그에 따른 법률효과도 본인이 아닌 대리인에게 1차적으로 귀속되는 것으로서, 신탁과 유사하다.[62] 이와 같은 이유로 현행 법에서는 저작물 등의 이

---

62 대리는 타인(대리인)이 본인의 이름으로 법률행위를 하거나 의사표시를 받음으로써 그 법률효과가 직접 본인에게 생기는 제도이다(「민법」 제114조 참조). 포괄적 대리는 본인의 이름이 아닌 대리인이 대리인 자신의 이름으로 법률행위를 한다는 점에서 「민법」의 규정에 따른 '대리'의 개념보다는 오히려 「신탁법」의 개념에 가깝다 하겠다.

용과 관련하여 포괄적 대리행위를 저작권신탁관리업의 범주에 포함시키고 있다.[63]

문제는 여기서 말하는 포괄적 대리가 무엇을 의미하는가이다. 포괄적 대리를 일률적으로 정의하기는 힘들지만, 일반적으로 수탁자가 재산적 권리를 지속적으로 관리하기 위하여 필요한 조치가 광범위하게 포함되어 있다면 이는 포괄적 대리권을 수여받은 것으로 볼 수 있다.[64]

3. 저작권대리중개업

(1) 저작권대리중개업의 의의

"저작권대리중개업은 저작재산권자, 배타적발행권자, 출판권자, 저작인접권자 또는 데이터베이스제작자의 권리를 가진 자를 위하여 그 권리의 이용에 관한 대리 또는 중개행위를 하는 업을 말한다"(「저작권법」 제2조 제27호). 저작권대리중개업이 저작권신탁관리업과 다른 점은 저작권자가 최소한 저작권의 관리에 관한 대리 또는 중개계약을 통하여 그가 직접 사용료의 요율 또는 금액뿐만 아니라 자신의 저작권의 이용허락에 관한 각종 조건을 개별적으로 정할 수 있다는 점에 있음을 유의할 필요가 있다. 저작권대리중개업은 권리자를 위하여 이용자와 임시적으로 또는 1회적으로 이용허락 계약을 체결하는 것이 보통이다. 따라서 저작권대리중개업이 권리자로 구성된 단체일 필요는 없으며, 사용료 징수 및 분배 업무의 수행능력도 문제가 되지 않는다. 이 밖에 영리적 목적으로도 저작권대리중개업을 영위할 수 있다.

오늘날 저작권대리중개업을 통한 권리 처리는 저작권신탁관리업을 통한 권리 처리와 비교해 볼 때 일반적으로 비용이 더 많이 들기는 하지만, 저작권물의 가치에 상응하게 사용료를 징수할 수 있기 때문에 특히 인기 있는 저작물의 권리자가 이

---

63 포괄적 대리중개업자가 포괄적 대리행위를 하는 경우 법 제137조 제1항 제4호의 '허가를 받지 아니하고 저작권신탁관리업을 한 자'에 해당하여 1년 이하의 징역 또는 1천만 원 이하의 벌금이라는 형사처벌을 받는다.

64 포괄적 대리는 일본의 「저작권관리사업법」에서 말하는 이른바 '일임형 대리(一任型代理)'에 상응하는 것으로서, 위임인(권리자)이 수임인(대리중개업자)에게 저작물 등의 대리중개를 위임하면서 그 저작물 등에 대한 이용허락을 할 때에 사용료액의 결정을 포함하여 이용의 허락권한을 일괄하여 위임한 경우 또는 저작물 등을 특정하지 않고 장래 발생할 저작권 등을 모두 포함하여 위임한 경우를 말한다(한국저작권위원회, 앞의 연구서(II), 212쪽).

제도를 많이 활용하고 있는 것으로 파악되고 있다.

(2) 저작권대리중개업의 개념적 특징

저작권대리중개업의 개념적 특징을 구체적으로 살펴보면 다음과 같다. 첫째, 저작권대리중개업은 저작권신탁관리업에서와 마찬가지로 재산적 권리를 대상으로 하며, 저작자와 실연자의 인격권은 저작권대리중개업의 영역에서 제외된다. 둘째, 저작권대리중개업은 저작재산권자 등이 가지는 권리의 이용에 관한 대리 또는 중개 행위를 하는 업을 말하며, 현실적으로 대리업과 중개업을 별도로 할 수도 있고 같이 할 수도 있다. 그런데 저작재산권 등의 이용에 관한 대리 또는 중개에서는 앞에서 살펴본 저작권신탁관리와는 달리 저작재산권 등의 대외적 귀속에는 아무런 변동이 일어나지 않는다. 따라서 저작권대리중개업을 영위하는 자는 저작권이나 저작인접권 등의 권리를 양도하거나 이전을 하기 위한 대리 또는 중개를 할 수 없고[65], 권리침해자를 상대로 직접 원고가 되어 소송을 제기할 수도 없다. 다만, 저작권의 등록이나 이용허락 등을 대리하거나 중개하는 등 한정된 역할만을 수행한다.

셋째, 저작권대리중개업 역시 그것을 업으로 하여야 하는데 업의 개념은 **특정의 사업을 지속적으로 영위하는 것**을 말하며, 이 경우 저작권신탁권리업에서도 설명했듯이 지나친 영리추구만을 목적으로 하여서는 아니 된다.

III. 저작권위탁관리업의 허가 및 신고

1. 저작권신탁관리업자

(1) 저작권신탁관리업자의 자격요건

저작권신탁관리업은 저작권자 등을 위하여 그들이 권리를 신탁받아 지속적으로 관리하는 업으로서, 이는 사회적·국가적으로 매우 중요한 공익적 기능에 해당한

---

65 「저작권법」제2조 제27호에 "…그 권리의 '이용'에 관한 대리 또는 중개행위를 하는…"이라고 규정하고 있다. 따라서 저작권대리중개업자는 저작물 등의 이용에 관하여 이용허락 등의 행위만을 대리 또는 중개할 수 있을 뿐 저작재산권 등의 권리의 양도나 이전을 위한 대리 또는 중개업무를 하여서는 아니 된다.

다. 따라서 저작권신탁관리업은 누구나 자유롭게 할 수 없으며, 이에 현행 「저작권법」은 자격요건과 결격사유 등을 별도로 규정해 놓고 있다. 또한 후술하는 바와 같이 허가제의 채택 등으로 저작권신탁관리업의 조직과 운영의 공익성을 담보하기 위한 여러 가지 규정을 마련하고 있다.

먼저, 법 제105조 제1항의 규정에 따라 저작권신탁업을 하고자 하는 자는 다음 세 가지의 요건, 즉 i) 저작물 등에 관한 권리자로 구성된 단체일 것, ii) 영리를 목적으로 하지 아니할 것[66], 그리고 iii) 사용료의 징수 및 분배 등의 업무를 수행하기에 충분한 능력이 있을 것 등의 요건을 갖추어야 한다. 다만, 법 제105조 제1항 단서에 따라서 「공공기관의 운영에 관한 법률」에 따른 공공기관의 경우에는 i)의 요건을 적용하지 아니한다(제105조 제2항 단서).

(2) 저작권신탁관리업자의 결격사유

저작권신탁관리업은 공익적 성격을 띠기 때문에 허가를 받고자 하는 자의 결격 사유를 법에서 규정하고 있다. 다음의 어느 하나에 해당하는 자, 즉 i) 피성년후견인 또는 피한정후견인, ii) 파산선고를 받고 복권되지 아니한 자, iii) 금고 이상의 실형을 선고받고 그 집행이 종료(집행이 종료된 것으로 보는 경우를 포함한다)되거나 집행이 면제된 날부터 1년이 지나지 아니한 자, iv) 금고 이상의 형의 집행유예 선고를 받고 그 유예기간 중에 있는 자, v) 「저작권법」을 위반하거나 「형법」 제355조 또는 제356조를 위반하여 금고 이상의 형의 선고유예를 받고 그 유예기간 중에 있거나 벌금형을 선고받고 1년이 지나지 아니한 자, vi) 대한민국 내에 주소를 두지 아니한 자 그리고 vii) i)부터 vi)까지의 어느 하나에 해당하는 사람이 대표자 또는 임원으로 되어 있는 법인 또는 단체는 저작권신탁관리업의 허가를 받을 수 없다(제105조 제7항).

---

[66] 현재 저작권신탁관리단체는 모두 비영리법인으로서의 지위를 가지고 있다. 그런데 유럽연합의 절반에 가까운 국가는 영리를 목적으로 하는 단체인 주식회사 형태의 단체에게도 저작권신탁관리단체의 주체로 인정하고 있음을 유의해야 한다.

2. 저작권신탁관리업의 허가 등

(1) 의의

저작권신탁관리업을 하고자 하는 자는 문화체육관광부장관의 허가를 받아야 한다(「저작권법」 제105조 제1항 본문). 다만, 문화체육관광부장관은 「공공기관의 운영에 관한 법률」에 따른 공공기관을 저작권신탁관리단체로 지정할 수 있다(제105조 제1항 단서). 「공공기관의 운영에 관한 법률」에 따른 공공기관은 그 조직과 운영의 공공성이 담보되기 때문에 「저작권법」에서 요구하고 있는 여러 가지 허가요건을 충족하고 있다고 보아 문화체육관광부장관은 이들 기관을 저작권신탁관리단체로 지정할 수 있도록 하고 있다.[67] 이와 같이 현행 법에서는 저작권신탁관리업에 대해서 허가제와 지정제를 병행하고 있는 셈이다.

(2) 허가의 신청

저작권신탁관리업의 허가를 받으려는 자는 **저작권신탁관리업 허가신청서**(전자문서로 된 신청서를 포함한다)에 i) 저작권신탁계약 약관과 저작물 이용계약 약관을 포함한 **저작권신탁관리업 업무규정**(전자문서를 포함한다), ii) 신청인(법인 또는 단체의 대표자및 임원)의 이력서, iii) 정관 또는 규약, 그리고 iv) 재무제표(법인인 경우에 한정한다) 등의 서류를 첨부하여 문화체육관광부장관에게 제출하여야 한다(제105조 제1항·제2항, 「저작권법 시행령」 제47조 제1항 및 「저작권법 시행규칙」 제18조 제1항).[68]

(3) 허가증의 발급 등

문화체육관광부장관은 저작권신탁관리업을 허가하는 경우에는 저작권신탁관리업 허가증을 발급하여야 하며, 허가를 받은 자가 저작권신탁관리업 업무규정을 변경하려면 변경허가를 받아야 한다(「저작권법 시행령」 제47조 제2항·제3항).

67　대부분의 저작권신탁관리단체는 문화체육관광부장관으로부터 허가를 받아 설립·운영하고 있으나, 공공저작물의 위탁관리단체인 한국문화정보원은 법 제105조 제1항 단서의 규정에 근거하여 문화체육관광부장관의 지정을 받아 저작권신탁관리단체로 활동하고 있다.
68　「저작권법」 제105조의 규정에 따라 저작권위탁관리업의 허가를 신청하거나 신고하는 자는 수수료를 납부하여야 한다(제132조 제3호).

(4) 변경허가 등

저작권신탁관리업의 허가를 받은 자가 문화체육관광부령으로 정하는 중요사항을 변경하고자 하는 경우에는 문화체육관광부령으로 정하는 바에 따라 변경허가를 받아야 한다(제105조 제4항 참조).

(5) 저작권신탁관리단체의 복수허가의 문제

앞에서 살펴본 바와 같이 현행 법상 저작권신탁관리단체는 허가제를 채택하고 있기 때문에 해당 신탁관리단체를 단수로 허가하여 독점체제로 운영할 것인지, 아니면 복수로 허가하여 경쟁체제로 운영할 것인지는 허가권자인 문화체육관광부장관의 행정재량에 속하는 사항이다. 우리는 현재 음악저작물 분야에 한해서 복수의 신탁관리단체를 허용하여 경쟁체제를 구축하고 있다.

일반적으로 저작권신탁관리단체가 복수화되면 시장원리에 의하여 개별단체의 힘이 약화되기 때문에 저작물 이용료가 보다 낮은 가격으로 책정되는 등 저작권자의 배타적 권리는 점차 보수청구권이라는 채권적 권리로 전환될 우려가 있는 것도 사실이다. 반면에 경쟁체제의 도입으로 권리자의 선택의 범위가 넓어지는데 이는 저작권이 사적인 권리, 즉 사권私權이라는 이념에도 적합하고 그로 인하여 개별단위의 저작권신탁관리단체는 업무개선의 노력을 좀 더 기울일 것이라는 긍정적인 면도 기대할 수 있다. 이 밖에도 저작권신탁관리단체의 복수화가 정착되면 개별 신탁자의 신탁범위에 탄력성을 보장해주는 신탁범위 선택제가 더욱 활성화될 것이 기대된다.[69]

---

69 '신탁범위 선택제'란 복제, 공연, 방송, 전송 등의 저작재산권을 저작권자의 의사에 따라 일부 또는 전부를 선택하여 신탁하거나 신탁에서 제외하여 자신이 직접 관리할 수 있도록 하는 신탁정책을 말한다. 이는 저작권 등의 신탁과정에서 권리자와 저작권신탁관리업자 간에 체결되는 신탁계약형태의 다양성을 확보함으로써 권리자에게 신탁범위에 대한 선택권을 보장하여 권리관계의 명확화와 창작환경의 활성화를 위해서 그 도입 필요성이 줄곧 제기되고 있다. 참고로, 신탁범위 선택제와 비교되는 개념이 지금까지 우리가 줄곧 채택해왔던 '포괄신탁제[인별신탁제(人別信託制)]라고도 한다]'인데, 여기서는 신탁관리단체의 회원인 저작권자가 가지고 있는 모든 권리, 예를 들면 저작권자가 현재 가지고 있는 권리뿐만 아니라 장래에 가지게 될 권리까지도 모두 포함하여 이를 해당 신탁관리단체에 신탁하는 것을 말한다. 함께하는 음악저작인협회는 2017년 11월에 문화체육관광부의 승인을 받아 신탁범위 선택제를 더욱 확대하여 운영하고 있는데, 종전에는 복제권의 일부만으로 한정했던 것을 복제, 전송, 웹 캐스팅에 대해 회원이 신탁하거나 신탁의 범위에서 제외할 수 있도록 하고 있다.

3. 저작권대리중개업의 신고[70]

(1) 저작권대리중개업자의 결격사유

저작권대리중개업도 일정한 공익 기능을 수행하고 있으며, 이에 우리 「저작권법」에서는 저작권대리중개업을 하고자 하는 자의 결격요건을 정하고 이에 해당하는 자는 저작권대리중개업의 신고를 할 수 없도록 하고 있다. 저작권대리중개업을 하고자 하는 자의 결격사유는 앞서 살펴본 저작권신탁관리업의 경우와 같다(제105조 제7항).

(2) 저작권대리중개업의 신고

저작권대리중개업의 신고를 하려는 자는 대통령령으로 정하는 바에 따라 저작권대리중개업무규정을 작성하여 저작권대리중개업 신고서와 함께 문화체육관광부장관에게 제출하여야 한다(제105조 제3항).

(3) 변경신고 등

저작권대리중개업을 신고한 자가 신고한 사항을 변경하려는 경우에는 문화체육관광부령으로 정하는 바에 따라 문화체육관광부장관에게 변경신고를 하여야 한다(제105조 제4항 참조). 한편, 문화체육관광부장관은 저작권대리중개업의 신고 또는 저작권대리중개업의 변경신고를 받은 날부터 문화체육관광부령으로 정하는 기간 내에 신고·변경신고수리 여부를 신고인에게 통지하여야하며, 이 기간 내에 신고·변경수리 여부나 민원 처리 관련 법령에 따른 처리기간의 연장을 신고인에게 통지하지 아니하면 그 기간이 끝난 날의 다음 날에 신고·변경신고를 수리한 것으로 본다(제105조 제5항 및 제6항).

---

70 실제 음악분야에서 저작권대리중개업의 신고가 활발히 이루어지는 것으로 파악되고 있다. 저작권 분야에서는 음악저작물에 대한 배타적발행권을 보유하고 있는 음악출판사(이들을 Music Publisher라고도 한다)들이 음악저작권자를 대리하여 저작권을 관리하고 저작권료를 징수하는 것을 업으로 하고 있다. 저작인접권자인 음반제작자도 신탁관리단체보다는 주로 대리중개업체를 통하여 권리를 행사하고 있는 것으로 알려져 있다.

IV. 수수료와 사용료의 징수 및 사용료의 분배

1. 의의

수수료와 사용료 등의 적정성 보장은 저작권위탁관리제도의 바람직한 운영을 위하여 매우 중요한 요소로 평가된다. 이에 현행 「저작권법」 체계에서는 수수료와 사용료에 대해서 계약자유의 원칙에 따라 자율적으로 결정·운용하도록 방임하지 않고, 일정부분 정부(문화체육관광부장관)로부터 승인받도록 하는 등의 통제장치를 마련하고 있다.

2. 수수료와 사용료 징수의 근거

여기서 수수료라 함은 저작권 등을 위탁관리하는 역무Service에 따른 대가로서 저작권위탁관리업자가 저작재산권자 등으로부터 징수하는 것을 말하고, 사용료는 저작물 등의 사용에 따른 대가로서 저작권위탁관리업자가 저작물 등의 이용자로부터 징수하는 것을 말한다.

민간차원에서 이루어지는 수수료는 법률에서 특별한 근거규정이 없더라도 사적자치의 원칙에 따라 부과·징수할 수 있으나, 공적 역무Public Service의 성격을 지니고 있는 저작권위탁관리업의 역무는 그 공익적 성격에 미루어 수수료의 징수근거가 법률에 규정되어 있어야 한다. 이에 「저작권법」에서는 "저작권위탁관리업의 허가를 받거나 신고를 한 자는 그 업무에 관하여 저작재산권자나 그 밖의 관계자로부터 수수료를 받을 수 있다"(제105조 제8항)라는 조항을 두어 수수료 부과·징수의 근거를 마련하고 있다. 한편, 저작물의 이용에 따른 사용료 자체의 부과·징수는 저작재산권자 등이 가지는 배타적인 권리의 영역에 속하므로 이에 대한 근거를 법률에서 별도로 마련할 필요는 없으며, 다만 공익적 관점에서 사용료의 요율과 금액에 대해서는 법에서 일정부분 통제하고 있다.[71]

---

71 「저작권법」에서는 저작권위탁관리업의 허가 또는 신고 이외에도 법정허락의 승인 및 저작권의 등록 등과 이와 관련된 절차에 있어서도 수수료를 납부하도록 규정하고 있으며, 이에 따른 수수료는 문화체육관광부령으로 정하는 바에 따라 특별한 사유가 있으면 감액하거나 면제할 수 있다(제132조 참조).

3. 수수료와 사용료의 요율 또는 금액의 결정

(1) 수수료와 사용료의 요율 또는 금액의 결정주체

저작권위탁관리업자가 저작재산권자 등으로부터 받는 수수료와 이용자로부터 받는 사용료의 요율 또는 금액은 저작권신탁관리업자가 문화체육관광부장관의 승인을 받아 정하며, 이 경우 문화체육관광부장관은 이해관계인의 의견을 수렴하여야 한다(제105조 제9항). 특히 저작권신탁관리업자는 그가 신탁관리하는 저작물 등을 영리목적으로 이용하는 자에 대하여 해당 저작물 등의 사용료 산정에 필요한 서류의 열람을 청구할 수 있으며, 이 경우 이용자는 정당한 사유가 없는 한 이에 응하여야 한다(제107조). 이와 같이 저작권신탁관리업자가 수수료나 사용료를 결정하는 과정에서 지나친 영리추구를 금지하고 기타 여러 가지 공익적 요청을 반영하기 위하여 현행 법에서는 문화체육관광부장관의 승인을 얻은 후에 이를 정하도록 하고 있다.[72] 그 밖에도 결정과정에서의 절차적 민주성을 보장하기 위한 몇몇 규정을 두고 있는데, 이에 관하여 좀 더 구체적으로 살펴보기로 한다.

(2) 수수료와 사용료의 요율 또는 금액의 결정절차
가. 요율 또는 금액의 승인신청

저작권신탁관리업자가 법 제105조 제9항 전단에 따라 수수료 또는 사용료의 요율 또는 금액의 승인신청(변경신청을 포함한다)을 하려는 경우에는 문화체육관광부장관에게 서면으로 승인신청을 하여야 한다(「저작권법 시행령」 제49조 제1항). 그리고 문화관광부장관은 특히 사용료의 요율 또는 금액에 관한 승인신청이 있는 경우 및 승인을 한 경우에는 그 내용을 공고하여야 한다(제105조 제11항).

---

72 저작권신탁관리업자가 받는 수수료는 통상적으로 저작권 사용료의 20% 수준에 해당한다. 일반적으로 작사자·작곡자·편곡자와 같은 음악저작권자는 자신의 저작물의 이용을 허락하는 대가로 음반인세(Mechanical Royalty : 저작권자가 음반의 판매에 따라 받는 인세), 공연저작권료(Performance Royalty : 음악이 방송되거나 백화점·무도장 등에서 음반을 들려줌에 따라 받는 저작권료), 영상물삽입저작권료(Synchronization Royalty : 음악이 영화·온라인·광고 등의 배경음악으로 사용됨에 따라 받는 저작권료) 등 세 종류의 저작권료를 받는다(김진욱, 앞의 책, 15쪽).

나. 이해관계인의 의견 수렴

문화체육관광부장관은 저작권신탁관리업자의 승인신청을 받은 후에 수수료 또는 사용료의 요율 또는 금액을 승인하는데, 이 과정에서 이해관계인의 의견을 수렴하여야 한다(제105조 제9항 후단).

다. 한국저작권위원회의 사전심의

문화체육관광부장관은 수수료 또는 사용료의 요율 및 금액을 승인하는 경우에 법 제112조에 따른 한국저작권위원회의 심의를 거쳐야 하며, 필요한 경우에는 기간을 정하거나 신청된 내용을 수정하여 승인할 수 있다(제105조 제10항).

라. 사용료의 요율과 금액의 승인 및 공고

문화체육관광부장관은 사용료의 요율 또는 금액에 관한 승인신청이 있거나 승인을 한 경우에는 그 내용을 문화체육관광부 인터넷 홈페이지에 공고하여야 한다(제105조 제11항). 저작권 사용료의 요율 등을 일반국민에게 널리 공고하는 이유는 저작권 사용료에 대한 지속적인 외부통제가 이루어지도록 하기 위한 입법적 조치로 보인다.

마. 승인내용의 변경

문화체육관광부장관은 저작재산권자 그 밖의 관계자의 권익보호 또는 저작물 등의 이용편의를 도모하기 위하여 필요한 경우에는 법 제105조 제9항의 규정에 따른 승인내용을 변경할 수 있다(제105조 제12항).

4. 사용료의 분배

사용료의 적정한 분배는 저작권신탁관리단체의 가장 중요한 업무의 하나이다. 우리 「저작권법」에서는 징수된 사용료를 어떻게 배분할 것인가에 대해 보상금을 수령하는 단체의 지위를 겸하고 있는 저작권신탁관리단체의 미분배 보상금에 대한 공익목적 사용에 관하여 규정하고 있는 법 제25조 제8항을 제외하고는 언급이 없다. 따라서 사용료의 분배문제는 원칙적으로 해당 저작권신탁단체의 자율적인 결정에 맡기고 있다고 보는 것이 타당한 해석이라 하겠다.[73] 저작권신탁관리단체가 징수한 수입은 회원 등의 권리자에게 투명하게 분배되어야 할 것이다. 다만, 문화적으로 중요한 저작물 등의 창작을 장려하기 위한 차별적 분배는 오히려 장려되어야 할 것이며, 비회원인 권리자에 대한 배려조치도 동시에 강구되어야 할 것이다.

V. 저작권신탁관리업자의 의무[74]

1. 「신탁법」에 따른 각종 의무

「신탁법」 제32조부터 제37조까지 및 제39조에 따른 수탁자의 주요의무로는 i) 선량한 관리자로서의 주의의무Duty of Ordinary Due Care, ii) 충실의 의무Duty of Royalty, iii) 수익자의 이익에 반하는 행위 등의 금지 의무, iv) 공평의 의무, v) 이익향수 금지의 의무, vi) 분별관리의 의무, vii) 장부 등 서류의 작성·보존 및 비치의 의무 등이 있으며, 이 가운데 i)과 ii)가 가장 기본적인 의무에 속한다. 이들 의무에 관한 법의 규정은 강행규정으로서 당사자의 합의로 그 적용을 배제할 수 없다.

2. 「저작권법」에 따른 각종 의무

「저작권법」에서는 저작권신탁관리업의 특성에 따른 여러 가지 의무를 제106조에 규정하고 있다. 이는 「신탁법」에 대한 특칙에 해당한다고 볼 수 있는데, 구체적으로 살펴보면 다음과 같다.

(1) 저작물 등의 목록작성 및 열람 의무

저작권신탁관리업자는 그가 관리하는 저작물 등의 목록과 이용계약 체결에 필요

---

73 실제로 우리의 경우 대부분의 신탁관리단체는 자체적으로 정한 '정관' 또는 '사용료 분배규정'에서 자세히 규정하고 있다.

74 저작권대리중개업자에게는 이와 같은 의무가 없으며, 여기서는 법률의 규정에 따른 권리와 의무가 발생하는 것이 아니라 사적자치(私的自治)의 원칙이 적용되어 당사자 간의 계약(契約)에서 정하는 바에 따라 개별적으로 권리와 의무가 발생한다.

한 정보를 대통령령이 정하는 바에 따라 분기별로 도서 또는 전자적 형태로 작성하여 주된 사무소에 비치하고 인터넷 홈페이지를 통하여 공개하여야 한다(법 제106조 제1항). 이 의무는 저작물 이용자의 접근성과 편의성을 기하기 위하여 부여된 것으로서 저작권신탁관리업자는 이 목록에 i) 저작물 등의 제호, ii) 저작자, 실연자·음반제작자 또는 방송사업자, 데이터베이스제작자의 성명 등 그리고 iii) 창작 또는 공표연도, 실연 또는 고정연도, 제작연도 등을 적어야 한다(「저작권법 시행령」 제50조).

(2) 이용계약을 체결하기 위해 필요한 정보의 제공 의무

저작권신탁관리업자는 이용자가 서면으로 요청하는 경우에는 정당한 사유가 없는 한 관리하는 저작물 등의 이용계약을 체결하기 위하여 i) 저작물 등의 목록, ii) 해당 저작물 등의 저작재산권자 등과의 신탁계약기간 그리고 iii) 사용료 등 이용조건 및 표준계약서 등과 같은 필요한 정보를 상당한 기간 이내에 서면으로 제공하여야 한다(제106조 제2항, 「저작권법 시행령」 제51조).

우리 「저작권법」에서는 저작권신탁관리단체로 하여금 정당한 사유가 없는 한 관리하고 있는 저작물 등의 이용허락계약의 체결을 거부할 수 없도록 하는 규정은 없고, 이와 같이 이용자에게 저작물 이용계약을 체결하기 위해 필요한 정보를 제공할 의무를 부과하고 있다.

(3) 사용료와 보상금의 통합징수 의무

현실적으로 볼 때 해당 분야에서의 저작권신탁관리단체와 보상금수령단체는 동일한 법인(단체)인 경우가 대부분이며, 이 밖에도 특히 음반을 사용하여 공연을 하는 경우에는 사용료의 징수와 보상금의 징수를 통합하여 관리하는 것이 이용자의 편의를 위해서도 바람직할 것이다. 법 제106조 제3항은 이와 같은 현실적 상황과 요구 등을 입법적으로 수용하여 2016년 법률 개정과정에서 신설한 규정이다. 이에 따르면, "문화체육관광부장관은 음반을 사용하여 공연하는 자로부터 제105조 제9항에 따른 사용료를 받는 저작권신탁관리업자 및 상업용 음반을 사용하여 공연하는 자로부터 제76조의2[75]와 제83조의2[76]에 따라 징수하는 보상금수령단체에게 이용자의 편의를 위하여 필요한 경우 대통령령으로 정하는 바에 따라 통합징수를 요구할 수 있다." 이 경우 문화체육관광부장관은 통합징수의 업종·주체·대상·기간 및 주기 등을 구체적으로 적은 서면으로 요구하여야 하며(「저작권법 시행령」 제51조의2 제1항), 그 요구를 받은 저작권신탁관리업자 및 보상금수령단체는 정당한 사유가 없으면 이에 따라야 한다(「저작권법」 제106조 제3항). 이때 저작권신탁관리업자 및 보상금수령단체는 사용료와 보상금을 통합적으로 징수하기 위한 징수업무를 대통령령이 정하는 자에게 위탁할 수 있다(제106조 제4항).[77]

(4) 업무규정 등의 비치·공개 의무

저작권신탁관리업자는 i) 저작권 신탁계약 및 저작물 이용계약 약관, 저작권 사용료 징수 및 분배규정 등 저작권신탁관리 업무규정, ii) 임원의 보수 등 대통령령으로 정하는 사항을 기재한 연도별 사업보고서, iii) 연도별 저작권신탁관리업에 대한 결산서(재무제표와 그 부속서류를 포함한다), iv) 저작권신탁관리업에 대한 감사의 감사보고서, v) 그 밖에 권리자의 권익보호 및 저작권신탁관리업의 운영에 관한 중요한 사항으로서 대통령령으로 정하는 사항을 대통령령으로 정하는 바에 따라 누구든지 열람할 수 있도록 주된 사무소에 비치하고 인터넷홈페이지를 통하여 공개하여야 한다(법 제106조 제7항).

(5) 이용허락의 거부금지 의무

저작권신탁관리업자는 정당한 이유가 없으면 관리하는 저작물 등이 이용허락을 거부하여서는 아니 된다(법 제106조의2).

(6) 위반의 효과

위에서 언급한 법 제106조와 법 제106조의2에 따른 저작권신탁관리업자의 각종

---

75 실연이 녹음된 상업용 음반을 사용하여 공연을 하는 자는 상당한 보상금을 그 실연자에게 지급하여야 한다(제76조의2 제1항 본문).
76 상업용 음반을 사용하여 공연을 하는 자는 상당한 보상금을 해당 음반제작자에게 지급하여야 한다(제83조의2 제1항 본문).
77 이 규정에 따라 한국음악저작권협회는 공연권 통합징수의 주체로서의 지위를 갖는다.

의무를 이행하지 아니한 자와 정당한 사유 없이 저작물 등의 이용허락을 거부한 자는 1천만 원 이하의 과태료를 부과한다(제142조 제2항 제2호 및 제2호의2).

VI. 저작권위탁관리단체에 대한 지도·감독

1. 저작권위탁관리단체에 대한 지도·감독의 필요성

저작권위탁관리단체, 특히 저작권신탁관리단체는 현행 법에서 허가제의 적용을 받는 관계로 독점적 내지는 준독점적인 지위를 가지고서 저작재산권자와 이용자 등에게 강력한 영향력을 행사할 수 있다. 우리의 경우 현실적으로도 저작권신탁관리업은 저작물 등에 관한 권리자로 구성된 단체를 그 성립요건으로 하고 있어 (제105조 제2항 제1호 참조) 저작물의 종류별로 한두 개의 저작권신탁관리단체가 존재하며, 이로 인하여 저작권신탁관리단체의 독점적 지위는 더욱 강화되는 경향이 있다. 이 밖에도 저작권신탁관리단체는 구성원의 권익옹호를 위한 압력단체로 활동하기도 하고, 이용자들로부터 사용료를 징수할 뿐만 아니라 법의 규정에 따른 각종 보상금을 수령하는 보상금수령단체로서의 이중적 지위를 갖기도 하는 등 「저작권법」이라는 법률의 테두리 안에서 막강한 혜택과 지위를 누릴 수 있는 위치에 있다.

이와 같은 상황적 요인을 종합적으로 고려하여 현행 법에서는 문화체육관광부장관으로 하여금 저작권위탁관리단체가 저작자 등의 권익보호와 이용자의 원활한 저작물 이용이라는 공익적 기능을 더욱 충실히 수행할 수 있게끔 여러 가지 지도·감독권한을 행사할 수 있는 근거를 마련하고 있다.[78]

---

78 저작물 유통의 허브 역할을 하고 있는 저작권신탁관리단체가 최근에 압수수색을 받는 등의 불미스러운 일이 발생하고 있음에 따라 주무관청의 관리감독 기능 강화의 요청에 부응하여 2019년 「저작권법」 개정과정에서 저작권신탁관리단체의 경영정보 공개를 의무화하고 주무관청의 조사권을 신설할 뿐 아니라, 임원 등이 배임죄 등의 이유로 형사처벌을 받은 경우 해당 단체에 관련자의 징계를 요구할 수 있는 근거를 마련한 바 있다.

2. 업무보고와 업무정지명령 등

(1) 문화체육관광부장관에 대한 업무보고 등

문화체육관광부장관은 저작권위탁관리업자에게 필요한 보고를 하게 하거나 명령을 발할 수 있는 권한을 가지고서 이들에게 총괄적인 감독권을 행사할 수 있다. 먼저, 문화체육관광부장관은 저작권위탁관리업자에게 저작권위탁관리업의 업무에 관하여 필요한 보고를 하게 할 수 있다(「저작권법」 제108조 제1항). 다음으로, 저작권신탁관리업자는 매년 전년도의 사업실적 및 해당 연도의 사업계획을 보고하여야 하며, 저작권대리중개업자는 매년 전년도의 사업실적을 매 사업연도 3월 31일까지 문화체육관광부장관에게 제출하여야 한다(「저작권법 시행령」 제52조 제1항·제2항).

(2) 저작권위탁관리업자의 사무 및 재산상황의 조사 등

문화체육관광부장관은 저작자의 권익보호와 저작물의 이용편의를 도모하기 위하여 저작권위탁관리업자의 업무에 대하여 필요한 명령을 할 수 있으며, 이 밖에도 필요한 경우 소속 공무원으로 하여금 대통령령으로 정하는 바에 따라 저작권위탁관리업자의 사무 및 재산상황을 조사하게 할 수 있다(법 제108조 제2항·제3항). 그리고 문화체육관광부장관은 저작권위탁관리업자의 효율적 감독을 위하여 공인회계사나 그 밖의 관계 전문기관으로 하여금 저작권위탁관리업자의 사무 및 재산상황을 조사하게 할 수 있다(법 제108조 제4항). 문화체육관광부장관은 이와 같은 명령 및 조사를 위하여 개인정보 등 필요한 자료를 요청할 수 있으며, 요청을 받은 저작권위탁관리업자는 이에 응하여야 한다(법 제108조 제5항).

(3) 문화체육관광부장관의 업무정지명령

문화체육관광부장관은 소정의 사유가 있을 경우에 저작권위탁관리업자에게 6개월 이내의 기간을 정하여 업무의 정지를 명할 수 있다(제109조 제1항).

업무정지명령의 구체적인 사유로는 아홉 가지를 들고 있는데 이를 구체적으로 살펴보면 다음과 같다. i) 제105조 제9항의 규정에 따라 승인된 수수료를 초과하여 받는 경우, ii) 제105조 제9항의 규정에 따라 승인된 사용료 이외의 사용료를 받는 경우, iii) 제108조 제1항의 규정에 따른 보고를 정당한 사유 없이 하지 아니하거나 허위로 한 경우, iv) 제108조 제2항의 규정에 따른 명령을 받고 정당한 사유 없이 이행하지 아니한 경우, v) 제106조 제3항에 따른 통합징수 요구를 받고 정당한 사유 없이 이에 따르지 아니한 경우, vi) 제106조 제7항에 따라 공개하여야 할 사항을 공개하지 않는 경우, vii) 제108조 제3항부터 제5항까지의 규정에 따른 조사 및 자료요청에 불응하거나 이를 거부·방해 또는 기피한 경우, viii) 제108조의2에 따른 징계요구를 받고 정당한 사유 없이 그 요구를 이행하지 아니한 경우 그리고 ix) 허가를 받거나 신고를 한 이후에 제105조 제7항 각 호의 사유에 해당하게 된 경우, 다만 제105조 제7항 제7호에 해당하는 경우로서 6개월 이내에 그 대표자 또는 임원을 바꾸어 임명한 경우에는 그러하지 아니하다(제109조 제1항).

(4) 문화체육관광부장관의 허가의 취소나 영업의 폐쇄명령

이 밖에도 문화체육관광부장관은 저작권위탁관리업자가 i) 거짓 그 밖의 부정한 방법으로 허가를 받거나 신고를 한 경우 또는 ii) 제109조 제1항의 규정에 따른 업무의 정지명령을 받고 그 업무를 계속한 경우에는 저작권위탁관리업의 허가를 취소하거나 영업의 폐쇄명령을 할 수 있다(제109조 제2항). 이 규정에 따라 문화체육관광부장관이 저작권위탁관리업의 허가를 취소하거나 저작권위탁관리업자에 대하여 영업의 폐쇄를 명하려는 경우에는 청문을 실시하여야 한다(제110조).

3. 징계의 요구

문화체육관광부장관은 저작권신탁관리업자의 대표자 또는 임원이 직무와 관련하여 다음의 어느 하나, 즉 i) 이 법 또는 「형법」 제355조 또는 제356조를 위반하여 벌금형 이상을 선고받아(집행유예를 선고받은 경우를 포함한다) 그 형이 확정된 경우, ii) 회계부정, 부당행위 등으로 저작재산권, 그 밖에 이 법에 따라 보호되는 재산적 권리를 가진 자에게 손해를 끼친 경우 그리고 iii) 이 법에 따른 문화체육관광부장관의 감독업무 수행을 방해하거나 기피하는 경우에 해당하는 경우에는 저작권신탁관리업자에게 해당 대표자 또는 임원의 징계를 요구할 수 있다(법 제108조의2).

4. 과징금의 부과·징수

(1) 의의

행정청이 부과·징수하는 행정처분으로서의 과징금은 부당이득에 대한 환수조치의 일환으로 이루어지며, 대부분의 경우 영업정지처분의 대체적 수단으로 이용되고 있다. 그리고 과징금은 일반적으로 행정관청이 직접 부과하며 대부분의 경우 국세체납처분의 예에 따라 징수하고 있다. 과징금은 부과대상자의 입장에서 보면 재산권의 박탈 내지는 제한에 해당하기 때문에 과징금의 부과와 징수에 관해서는 엄격한 법률적 근거가 있어야 한다. 이에 「저작권법」 제111조에서는 문화체육관광부장관이 저작권위탁관리업자에게 과징금을 부과·징수할 수 있는 근거와 함께 그 절차에 관하여 상세하게 규정하고 있다.

(2) 과징금 부과의 사유와 과징금 금액

문화체육관광부장관은 저작권위탁관리업자가 다음의 어느 하나, 즉 i) 승인된 수수료를 초과하여 받는 경우, ii) 승인된 사용료 이외의 사용료를 받는 경우, iii) 보고를 정당한 사유 없이 하지 아니하거나 허위로 한 경우, iv) 명령을 받고 정당한 사유 없이 이를 이행하지 아니한 경우, 그리고 v) 통합징수 요구를 받고 정당한 사유 없이 이에 따르지 아니한 경우에 해당하여 업무의 정지처분을 하여야 할 때에는 그 업무정지처분에 갈음하여 대통령령으로 정하는 바에 따라 직전 연도 사용료 및 보상금 징수액의 100분의 1 이하의 과징금을 부과·징수할 수 있다. 다만, 징수금액을 산정하기 어려운 경우에는 10억 원을 초과하지 아니하는 범위에서 과징금을 부과·징수할 수 있다(제111조 제1항 및 제109조 제1항).

(3) 과징금의 징수와 사용

문화체육관광부장관은 법 제111조 제1항에 따라 과징금 부과처분을 받은 자가 과징금을 기한 이내에 납부하지 아니하는 때에는 국세체납처분의 예에 의하여 이를 징수한다(제111조 제2항). 그리고 법 제111조 제1항 및 제2항에 따라 징수한 과징금은 징수주체가[79] 건전한 저작물 이용질서의 확립을 위하여 사용할 수 있다(제111조 제3항).

VII. 저작권신탁관리단체의 실제

우리의 경우 「민법」에 따른 비영리법인으로서의 지위와 「저작권법」에 따른 저작권신탁관리업(단체)으로서의 지위를 동시에 가지고 있는 저작권신탁관리단체는 2019년 현재 13개에 해당하는 것으로 파악되는데, 이를 분야별로 요약·정리해 보면 다음의 표와 같다.[80]

분야별 저작권신탁관리단체의 개요

영역	단체명	집중관리분야
음악	한국음악저작권협회	음악저작자 등(작곡가, 작사가, 편곡자, 음악출판사)의 권리
	함께하는 음악저작인협회	음악저작자 등(작곡가, 작사가, 편곡자, 음악출판사)의 권리
	한국음악실연자연합회	음악실연자(가수, 연주자 등)의 권리
	한국음반산업협회	음반제작자의 권리
어문	한국문예학술저작권협회	어문, 연극, 영상, 미술, 사진저작자의 권리
	한국방송작가협회	방송작가의 권리
	한국시나리오 작가협회	영화시나리오작가의 권리
	한국복제전송저작권협회	어문저작물의 복제권, 전송권
영상	한국영화제작가협회	영상제작자의 권리
	한국영화배급협회	영상제작자의 권리
방송	한국방송실연자협회	방송실연자(탤런트, 성우, 코미디언, 프리랜서방송인, 가수 등)의 저작인접권
뉴스	한국언론진흥재단	뉴스저작자의 권리
공공	한국문화정보원	공공(정부, 지자체, 공공기관)저작물 저작자의 권리

---

79 문화체육관광부장관을 말한다.
80 우리의 경우 지금까지는 거래비용의 절감과 대표성의 확보 그리고 규모의 경제 등의 이유로 저작물의 각 분야별로 한 개의 신탁관리단체만 존재하는 독점적 체제로 운영되어 왔으나, 최근 들어 음악분야에서의 복수·경쟁체제가 가미되어 현재로서는 독점과 경쟁이 혼합된 형태로 저작권신탁단체제도가 운영되고 있다(문화체육관광부, 앞의 백서, 229쪽).

VIII. 확대된 집중관리제도

1. 의의

(1) 확대된 집중관리제도의 도입배경

저작권 분야에서 특정의 단체가 소속회원뿐만 아니라 비회원의 권익까지 보호해야 하는 상황이 수시로 발생한다. 이는 대부분의 저작자는 저작권집중관리단체 가입에 관심이 적은 반면에 해당 저작권집중관리단체는 법률의 규정에 의하여 모든 저작재산권자의 권익보호를 위한 업무를 수행하여야 하는 경우가 있기 때문이다. 이때 회원이 아닌 저작재산권자라도 특정 사안이 발생하여 해당 저작권집중관리단체의 보호와 지원을 받기를 원하면 가능한 한 관리를 해주어야 하는데, 이를 제도적·법적으로 수용한 것이 북유럽 여러 나라에서 제도화되어 시행되고 있는 **확대된 집중관리제도**ECL : Extended Collective Licensing이다.

(2) 확대된 집중관리제도의 개념

일반적인 법이론에 따르면 하나의 관리단체와 이용자 간에 체결된 계약의 효력은 계약당사자 간에만 적용되고 제3자를 구속하는 효력은 없는 것이 원칙이다. 그러나 확대된 집중관리제도는 관리단체와 이용자 간에 체결된 계약의 효력이 「저작권법」과 같은 법률에 근거하여 직접적으로 비회원인 저작자에게도 구속력을 갖는다.

확대된 집중관리계약을 체결하는 관리단체의 행위는 로마법에 기원을 두고 있는 **사무관리이론**으로 이해할 수 있다. 따라서 확대된 집중관리단체는 법률상 의무 없이 비회원 저작자를 위하여 사무를 처리하며, 이때 회원뿐만 아니라 비회원 저작자의 이익과 의사에도 적합하게 사무를 관리할 의무가 있다. 이렇게 볼 때 확대된 집중관리제도ECL는 저작물의 이용을 활성화하기 위한 주요한 제도적 장치의 하나로 이해할 수 있다. 또한 저작권자가 언제든지 거부권 또는 탈퇴권을 행사할 수 있어 사적자치의 원칙에도 부합하며, 추후에 비회원으로부터 저작권 침해소송을 제기당할 위험으로부터 자유롭다는 특징도 있다.

2. 유사제도와의 비교

(1) 전통적인 집중관리제도와의 비교

확대된 집중관리제도가 앞에서 살펴본 저작권신탁관리제도와 같은 전통적인 집중관리제도와 비교할 때 가장 큰 차이점은 권리자가 참여할 것인가를 선택하는 방식OPT-in이 아니라 권리자가 참여하지 않을 것을 선택하는 방식OPT-out에 기초하고 있다는 것이다.[81] 이 밖에도 전통적인 집중관리제도는 저작권자가 위탁한 저작물에 대해서만 관리하는 방식을 취하지만 확대된 집중관리제도는 일정한 유형의 저작물에 대하여 해당 단체가 상당한 수의 저작권자를 대표한다면 같은 유형의 모든 저작물을 관리할 수 있다는 점에서 차이점을 발견할 수 있다.

(2) 법정허락제도와의 비교

법정허락제도는 앞에서 살펴본 바와 같이 그 절차가 대단히 번잡하며, 저작자가 불명인 저작물과 같이 한정된 영역에서만 적용이 가능하고, 저작권자의 자유의사가 무시된다는 점에서 사적자치의 원칙에 충실하지 못한 제도적 장치이다. 이에 비해 확대된 집중관리제도는 적용절차가 간소할 뿐만 아니라 적용범위도 광범위하며 무엇보다도 저작권자에게 거부권과 보상청구권을 보장함으로써 사적자치의 원칙에도 반하지 않는 제도로 평가되고 있다.

3. 확대된 집중관리제도의 도입문제

확대된 집중관리제도는 저작권신탁관리단체의 비회원 권리자의 저작물 이용을 어떻게 하면 보다 증가시킬 수 있는가에 관한 문제의식에서 출발하며, 오늘날 디지털 시대에 그나마 저작권을 가장 성공적으로 관리할 수 있는 메커니즘의 하나로 평가되고 있다.[82]

우리의 경우 공익상의 필요로 저작재산권 또는 저작인접권의 행사를 제한하고

---

[81] 이 점에서 확대된 집중관리제도하에서는 저작권자에게 해당 저작권집중관리단체에 가입하는 것을 거부할 수 있는 '거부권'과 후술하는 바와 같이 '보상청구권'이라는 두 가지의 권리를 부여하는 것이 특징이다.

있으며 특정한 경우 이들 권리 행사의 제한에 따른 반대급부로서 보상금을 지급한다.[83] 이와 같이 「저작권법」상 저작물의 이용과 보상금의 지급이 연계된 분야에서는 확대된 집중관리제도의 취지를 살려서 일정부분 그 도입 여부를 적극적으로 검토할 필요가 있다고 본다. 이들 분야에서는 해당 저작물 또는 저작인접물에 대한 이용허락의 개연성이 상당히 높을 수밖에 없어서[84], 이 경우 저작권신탁관리단체가 전면에 나서서 비회원을 포함한 그 분야의 모든 권리자를 비배타적인 방법으로나마 대표할 수밖에 없기 때문이다. 법 제25조 제6항 등의 규정도 이와 같은 현실적 여건을 고려한 것으로 이해된다.

요컨대, 우리나라의 경우 확대된 집중관리제도를 전면적으로 도입·시행하기에는 우리를 둘러싼 저작권 환경 등에 비추어 볼 때 시기상조로 보이나, 법 제25조 제6항 등의 규정에 따라 공익상 필요로 저작권 행사의 제한 등에 따른 보상금이 지급되는 특수한 영역에 부분적 또는 시범적으로 실시해 볼 수는 있을 듯하다. 이 밖에 현재 시행 중인 법정허락제도를 보완하여 고아저작물孤兒著作物의 이용을 활성화하기 위해서도 이 제도가 일정부분 시행될 수 있는 여지는 있는 것으로 보인다.

---

82 오늘날 인터넷상의 저작권 침해는 광범위하면서 다양해지고 있지만 침해자를 특정하기 곤란하고, 더군다나 개별 이용자를 상대로 하는 손해배상청구를 한다고 해도 일시적인 효과밖에 기대할 수 없는 것이 현실이다. 이러한 상황하에서 ECL로 집단적 라이선스를 받도록 한다면 저작자는 저작물의 이용대가를 확실히 받을 수 있고, 이용자는 범법자가 될 위험을 감수할 필요가 없으며, 집중관리단체는 규모의 경제와 교섭력의 강화 등으로 더욱 더 그 존재가치를 찾을 수 있을 것이다(이해청, 앞의 논문, 52쪽).

83 WIPO에서도 배타적 권리가 보상청구권으로 전환될 수 있는 영역에 한정하여 적용하여야 하고 그 외의 영역의 권리에 대해서는 이 제도를 적용할 수 없다는 견해를 보인 바 있으며(WIPO, Records of the Brussels Conference, pp. 5~11), WIPO의 이와 같은 입장은 우리 「저작권법」의 입장과도 일맥상통하는 면이 있다.

84 이들 영역에서의 저작물과 저작인접물의 이용은 법률의 규정에 의한 강제허락이 이루어진 경우와 유사하여 저작자 또는 저작인접권자의 해당 저작권신탁관리단체에의 가입 여부는 큰 의미가 없기 때문이다.

제20장

국제저작권법

제1절
국제저작권법에 관한 일반적 고찰

I. 저작권과 관련한 국제규범의 제정과 발전

저작권의 국제적 보호에 관한 국가 간의 노력은 크게 다자조약多者條約의 형태를 띠는 저작권 관련 조약과 주로 양자조약兩者條約의 형태를 띠는 FTAFree Trade Agreement 로 구분되어 발전되어 왔다.

돌이켜보면 그간의 노력으로 지난 수 세기 동안은 주요 저작권 관련 조약이 저작권 보호에 관한 보편적인 규범으로 정착화되던 단계였다면, 2010년 이후부터는 특정 국가 간의 양자조약인 FTA가 점차 그 중요성을 더해가고 있다고 할 수 있다. 다만, 최근에 와서는 다시 유럽을 중심으로 하여 유럽공동체 회원국 간에 저작권과 관련한 여러 규범을 통일시키기 위한 각종 지침Directive을 마련하여 시행하고 있음은 특기할 만한 현상으로 보인다.[1]

II. 각국 저작권법의 국제적 통일화 현상

인터넷 시대의 사회상을 반영하여 오늘날 저작권 보호의 문제는 세계 모든 국가가 관심을 가지는 중요한 화두의 하나로 자리 잡고 있으며, 이와 동시에 각국의 저작권법의 내용도 국제적으로 통일화되는 추세에 있다. 사실 FTA 시대를 맞이하기 이전 우리 「저작권법」은 대륙법적 성격이 강했으나, 「한·미FTA협정」을 계기로 변화되었다. 어쩌면 우리는 FTA를 통해 유럽식 저작권 모델과 미국식 모델, 다시 말해 대륙법 모델과 영미법 모델을 조화시켰다고 할 수 있으며, 이와 같은 현상은

---

1 유럽공동체 회원국 간의 상이한 제도를 통일하기 위한 법적 장치로서 저작권과 관련한 지침으로는 i) 컴퓨터프로그램 지침, ii) 대여권 및 대출권 지침, iii) 위성 및 유선방송 지침, iv) 저작권 보호기간 지침, v) 데이터베이스 지침, vi) 정보화사회 지침, vii) 조건부 접근통제 지침 등이 있다.

FTA를 체결하는 세계 각국에서도 마찬가지일 것이다. 바야흐로 「저작권법」의 국제적 통일화가 가속되고 있는 셈이다.

III. 세계지식재산기구의 설립·운영

저작권 보호를 위한 최고의 국제조직으로 WIPO^{World Intellectual Property Organization}가 있다. 세계지식재산기구, 즉 WIPO는 문학·예술적 저작물의 보호를 위한 국제협약인 「베른협약」과 산업재산권의 국제적 보호를 위한 국제협약인 「파리협약」의 규정에 따라 각국의 저작물 이용료 지불업무 등 행정적 업무를 총괄하던 **지식재산의 보호를 위한 국제사무국**^{United International Bureaux for the Protection of Intellectual Property}의 조직적 개혁을 단행하기 위하여 1967년에 스톡홀름에서 체결된 「세계지식재산기구 설립협약」에 따라 탄생한 국제조직으로서 오늘날 190여 개국의 회원국으로 구성되어 있으며 우리나라는 1979년에 가입하였다.

WIPO는 국제연합^{UN} 경제사회이사회 관할하에 특정 업무를 수행하는 16개 전문기구의 하나로서, 그 목적은 국가 간 협조를 통하여 필요한 경우에는 기타 국제기구와 공동으로 전 세계 지식재산권의 보호를 촉진하고 각 회원국 간의 행정적 협조를 확보하는 데 있다. 스위스의 제네바에 본부를 두고 있는 WIPO는 총회, 이사회, 협력위원회 그리고 사무국으로 구성되어 있으며, 2019년 현재 총 26개의 조약²을 관장하고 있다.

---

2 산업재산권 관련 조약이 「파리협약」 등 16개, 저작권 관련 조약이 「베른협약」 등 9개이며 이 밖에 「WIPO 설립조약」이 1개가 있다.

제2절
외국인의 저작물과 저작인접물의 보호

Ⅰ. 외국인의 저작물 등의 보호에 관한 일반적 고찰

1. 외국인의 저작물 등의 보호를 위한 입법적 방법

오늘날 저작물의 국제 간 이동이 보편화됨에 따라 자국인이 창작한 저작물 등의 보호뿐만 아니라 외국인이 창작한 저작물 등에 대한 보호도 모든 국가의 중요한 관심사가 되었다. 저작권 등과 관련한 다수의 국제조약은 사실 체약국 간의 저작물과 저작인접물의 보호, 다시 말해 외국인이 작성한 저작물 또는 저작인접물의 보호에 관한 조약이라고 해도 과언이 아니다. 오늘날 특정 국가에서 외국인의 저작물 또는 저작인접물의 보호문제는 그 나라의 입법주권立法主權의 문제로서 궁극적으로는 각국의 국내법에서 정하는 절차와 방법에 따라 구체적으로 결정되기 마련이며, 우리의 경우 외국인의 저작물과 저작인접물의 보호에 관해「저작권법」에서 규정하고 있다.[3]

2. 외국인의 저작물 등의 보호에 관한 국제법상 두 가지 원칙

국제저작권법에서 외국인 저작자 내지는 외국인이 창작한 저작물 등을 어느 수준까지 보호해 줄 것인가에 대하여 전통적으로 대립되는 두 가지 원칙은 **내국민 대우의 원칙**과 **상호주의의 원칙**이다.

내국민 대우의 원칙Principle of National Treatment이란 특정 조약에서 체약국이 다른 체약국의 국민에 대하여 자국민에게 부여하는 대우와 동등하거나 또는 그 이상의

---

[3] 「저작권법」중 외국인의 저작물 보호에 관해서는 제3조에서, 외국인의 저작인접물의 보호에 관해서는 제64조에서 각각 규정하고 있다.

대우를 해주는 것을 말하고[4], 상호주의의 원칙은 자국민이 상대방 체약국에서 보호받는 만큼 상대방 국민을 보호해 준다는 원칙을 말한다.[5]

우리 「저작권법」 제3조는 외국인의 저작물 보호에 관한 국제법상의 일반원칙인 내국민 대우의 원칙과 상호주의의 원칙을 규정하고 있다. 제3조 제1항은 내국민 대우의 원칙에 관한 일반적 조항으로서의 지위를 가지고 있고, 제3조 제2항은 내국민 대우의 원칙을 좀 더 구체적으로 설명하는 보충규정으로 이해된다. 한편, 제3조 제3항은 상호주의 원칙의 적용에 관한 일반적 조항으로서의 지위를 가지고 있고, 제3조 제4항은 상호주의 원칙을 적용할 수 있는 예시를 나타내는 것으로 이해된다. 이와 같이 법 제3조는 저작자로서의 외국인 내지는 외국인 저작물의 보호에 관한 원칙을 규정하고 있는 조항으로서 「저작권법」에서 차지하는 비중이 대단히 크다.

3. 북한지역 주민이 창작한 저작물 등의 보호문제

전술한 바와 관련하여 북한지역의 주민이 창작한 저작물은 과연 어떻게 보아야 하는가라는 문제를 생각해 볼 수 있다. 북한은 2001년에 저작권법을 제정하였고[6], 2003년에 「베른협약」에 가입하는 등 저작권의 국제적 보호 노력에 동참하고 있다. 이처럼 우리가 가입한 국제조약에 북한이 가입하였다면 해당 조약에서 정하는 바에 따라 북한지역 주민이 작성한 저작물도 당연히 우리나라에서 보호받을 수 있다고 보아야 한다.[7]

---

4 내국민 대우의 원칙은 'I'll protect your works to the same extent I protect my own works, If you promise to the same'이라는 표현으로 잘 설명할 수 있다(Goldstein, op. cit., p. 936).

5 상호주의의 원칙은 'I'll protect your works, but only to the extent you protect my works'라는 표현으로 잘 설명할 수 있다(Goldstein, op. cit., p. 936).

6 북한의 저작권법은 제1장 저작권법의 기본, 제2장 저작권의 대상, 제3장 저작권자, 제4장 저작물의 이용, 제5장 저작인접권자, 제6장 저작권사업에 대한 지도통제 등 총 48개 조항으로 구성되어 있다.

7 북한은 저작권 관련 최고기관으로 내각에 '저작권사무국'을 2004년에 설치하였다. 현재 한국에서 북한의 저작물을 이용하기 위해서는 북한의 저작권사무국이 해당 저작물의 이용허락을 위한 사전협상권과 이 밖에 필요한 대리중개업무를 포괄적으로 위임하고 있는 '남북경제문화협력재단'으로부터 이용허락을 받아야 함을 원칙으로 하고 있다. 따라서 현재로서는 '남북경제문화협력재단'이 북한의 저작물을 이용하기 위한 유일한 창구라고 보아야 한다.

II. 외국인의 저작물 보호

1. 의의

세계 각국의 모든 외국인이 창작한 저작물이 우리나라에서 합법적으로 보호받을 수 있는 것은 아니다. 현행 「저작권법」 체계에 따르면, 우리는 우리나라와 일정한 관련성을 가지고 있는 외국인의 저작물만을 보호해 주는 입법태도를 취하고 있는데, 그 예로 우리나라가 가입·체결한 조약의 공동 당사국의 국민이거나 우리나라에 **상시거주**를 하는 외국인 또는 외국인이 우리나라에서 해당 저작물을 **최초로 공표**하는 경우 등이 해당한다.

2. 외국인의 저작물 보호방법

(1) 국제조약에 따른 보호

앞에서 이미 살펴본 바와 같이 「베른협약」 등 다자조약에 가입한 체약국은 해당 조약에서 정하는 바에 따라 외국인이 창작한 저작물 등을 보호하여야 하며 우리도 예외는 아니다. 예를 들면 「베른협약」에 가입한 국가의 국민이 창작한 문학·예술적 저작물은 우리나라에서 보호받을 수 있다. 그리고 「TRIPs 협정Agreement on Trade Related Aspects of Intellectual Property Rights」에 가입한 국가의 국민에 대해서는 컴퓨터프로그램저작물과 데이터베이스도 보호받을 수 있으며 「세계지식재산기구 저작권조약WCT : WIPO Copyright Treaty」에 가입한 국가의 국민이 창작한 디지털화된 사진저작물도 보호받을 수 있다. 이와 같이 외국인의 저작물은 국제조약에 따라 보호받을 수가 있는데 우리 「저작권법」에서도 이에 관한 근거규정을 마련하고 있다. 즉, "외국인의 저작물은 대한민국이 가입 또는 체결한 조약에 따라 보호된다"(제3조 제1항)라는 규정이다. 이는 대한민국이 가입 또는 체결한 조약의 회원국 국민에 대하여 '내국민 대우'를 하도록 규정한 것이며, 이에 따라 우리나라는 다른 회원국 국민의 저작물(외국인의 저작물)을 우리 국민의 저작물과 동일하게 보호할 의무가 있다.

대한민국이 가입 또는 체결[8]한 조약 가운데 다자조약은 「베른협약」, 「세계저작권조약」, 「음반협약」, 「TRIPs 협정」 그리고 「세계지식재산기구 저작권조약」 등 모두 13개이고, 양자조약으로는 미국 등 세계 16개의 국가와 체결한 FTA 협정이 있다. 이들 조약에 따라 보호받는 외국인의 저작물은 내국민 대우의 원칙에 따라 저작물의 보호수준을 우리 국민에 비해서 낮게 하여서는 안 된다. 실제로 전 세계 대부분의 국가는 우리나라가 가입한 「베른협약」이나 「TRIPs 협정」 등에 가입하고 있으므로 우리가 접하고 있는 거의 모든 외국인의 저작물은 그 보호기간이 종료되지 않은 경우에는 모두 우리나라에서 합법적으로 보호를 받는 것으로 보아도 무방하다.[9]

(2) 국내법률인 「저작권법」에 따른 보호

우리 국민은 속인주의 또는 국적주의의 원칙에 따라 당연히 우리 법의 규정하에 창작한 저작물에 대해 보호를 받는다. 외국인의 저작물도 우리나라와 긴밀한 관련성이 있는 경우 우리 법에 따라 보호해 주는데 그 구체적인 내용은 우리나라의 입법정책에 따른다. 법 제3조 제2항은 외국인의 국내 상시 거주(상시 거주지주의)와 해당 저작물의 국내 공표(공표지주의)와 같은 관련성이 있을 경우에는 이들의 저작물도 보호의 대상으로 하고 있다. 즉, "대한민국 내에 상시 거주하는 외국인의 저작물과 맨 처음 대한민국 내에서 공표된 외국인의 저작물은 이 법에 따라 보호된다"라는 규정이 바로 그것이다. 이는 당사자 또는 분쟁이 된 사안이 특정 국가와 긴밀한 관련성이 있는 경우에 그 특정 국가의 법률에 따라 보호해야 한다는 국제법상의 일반원칙을 수용한 것이다.[10]

법 제3조 제2항의 내용을 좀 더 구체적으로 살펴보기로 한다. 먼저, 우리나라에 상시 거주하는 외국인의 저작물은 우리 법에 따라 보호되는데, 비록 외국인이라 하더라도 속지주의의 구체적 형태의 하나인 **상시 거주지주의 원칙**에 따라 우리나라가 관여하여 보호함이 바람직하기 때문이다. 여기서 상시 거주Habitual Residence란 저작물을 창작·공표하기에 필요한 정도의 기간을 말한다. 그리고 우리나라에 상시

---

8 가입은 '다자조약', 체결은 FTA와 같은 '양자조약'에 대한 표현이다.

9 임원선, 앞의 책, 60쪽.

10 「저작권법」 제3조 제2항에서 규정하고 있는 사항은 「베른협약」 제3조, 「UCC」 제2조 및 제4조의 규정에 의하여 국제적 관례로 정립되어 있는 것을 거의 그대로 옮긴 것이며, 미국·독일·일본 등 각국의 「저작권법」에서도 이와 유사한 규정을 두고 있다(허희성, 앞의 책, 68쪽).

거주하는 외국인에는 무국적자 및 대한민국 내에 주된 사무소가 있는 외국법인도 포함된다. 이와 같은 입법취지는 우리 국민이 저작자인 경우에 권리능력만을 요구하며 행위능력까지는 요구하지 않는 것과 마찬가지로 국내에 거주하는 외국인에게 행위능력 요건에 해당하는 해당 국가의 국적자임을 구태여 요구할 필요성이 없기 때문이다. 또한 국내에 주된 사무소가 있는 외국법인의 경우 비록 자연인은 아니지만 오늘날 법인의 저작자성이 널리 인정되고 있음에 비추어 이들도 외국인에 준하여 저작물을 보호할 필요가 있다.

다음으로, 맨 처음 대한민국 내에서 공표된 외국인의 저작물도 우리 법에 따라 보호되는데, 비록 외국인일지라도 그들의 저작물이 우리나라에서 처음으로 공표된 경우라면 이 역시 **공표지주의**에 따라 국내법을 적용하여 보호할 필요가 있기 때문이다. 여기서 대한민국 내에서 공표된 저작물에는 외국에서 공표한 날로부터 30일 이내에 대한민국 내에서 공표된 저작물을 포함한다. 오늘날 저작물의 공표가 국제사회를 범위로 하여 동시에 이루어지는 일이 많음에 비추어 볼 때 30일 이내에 우리나라에서도 공표된 경우는 동시공표에 준하는 것, 즉 우리나라에서 최초로 발행된 것으로 보아 보호할 필요성을 입법적으로 반영하였다고 하겠다. 이 밖에도 30일 이내에 우리나라에서 공표되었다면 결국 그 수혜자는 우리 국민이며, 30일 이내의 공표를 동시공표로 보는 것이 「베른협약」[11]과 대부분의 국가에서 인정하는 관례이기도 하므로 이와 같은 규정이 큰 무리는 아니라고 본다.

3. 외국인의 저작물 보호의 제한

(1) 의의

저작권에 관한 가장 고전적이고 근본적인 국제조약인 「베른협약」이 규정하고 있는 내국민 대우의 원칙에 따르면 외국인 저작물에 대해서는 우리 국민에 대한 보호와 최소한 같은 수준이거나 아니면 더 높은 수준으로 보호해 주어야 한다. 다만, 이 원칙에는 예외가 있는데, 상호주의 원칙의 채택과 외국에서 보호기간의 만료에 따른 제한이다. 「저작권법」 제3조 제3항과 제4항에서는 각각 이에 관한 규정으로 외

---

11 「베른협약」 제3조 제4항은 "저작물이 최초 발행으로부터 30일 이내에 둘 이상의 국가에서 발행된 경우에는 그 저작물은 여러 국가에서 동시에 발행된 것으로 본다"라고 규정하고 있다.

국인의 저작물 보호에 대한 일정한 제한을 두고 있는바 이하에서 살펴보기로 한다.

(2) 상호주의 원칙에 따른 제한

우리 법은 상호주의를 채택하여 외국인 저작물의 국내 보호에 일정한 제한을 가하고 있다. 즉, 법 제3조 제1항과 제2항의 규정에 따라 보호되는 외국인의 저작물이라도 그 외국에서 대한민국 국민의 저작물을 보호하지 아니하는 경우에는 그에 상응하게 조약 및 이 법에 따른 보호를 제한할 수 있다(제3조 제3항). 이와 같은 상호주의 원칙은 「베른협약」 제6조에서 규정한 이후 국제적인 관례로 정착되고 있으며 미국, 독일, 영국 등 각국의 저작권법도 이를 명문으로 규정하고 있다.

그런데 법 제3조 제1항의 규정에 의하여 조약에 따라 보호되는 외국인 저작물의 경우에는 상호주의 적용의 여지는 거의 없다고 하겠다. 왜냐하면 「베른협약」 제6조에 따른 상호주의는 「베른협약」 가맹국과 비가맹국과의 관계에서 상호주의를 적용할 수 있도록 한 것이며 가맹국 간에는 내국민 보호의 원칙이 전면적으로 적용되기 때문이다.[12] 한편, 상호주의에 따라 우리나라에서의 보호를 제한할 수 있는 외국인의 저작물 가운데 우리나라에 상시 거주하는 외국인과 무국적자의 저작물은 제외된다(제3조 제3항). 이들의 저작물은 상호주의의 대상이 아니다. 다시 말해 외국에서 대한민국 국민의 저작물을 보호하지 아니하는 경우에도 우리나라에 상시 거주하는 외국인과 무국적자의 저작물에 대한 보호를 제한하여서는 안 된다. 이들의 저작물은 우리나라와의 관련성이 상당히 높기 때문에 이들을 내국인에 준하여 보호하고 있다.

(3) 외국에서 보호기간의 만료에 따른 제한

저작물의 보호 또는 이에 파생된 저작재산권의 보호기간은 국제적으로 통일된 기준이 있는 것이 아니라 그 나라의 입법정책의 문제이며 대부분의 국제협약에서도 이 문제는 체약국의 입법적 재량에 일임하고 있음을 보았다. 이에 우리 「저작권

---

12 현행 법체계상 상호주의는 우리나라가 가입 또는 체결한 조약의 체약국이나 당사자국이 아닌 국가의 국민을 염두에 둔 것이므로 그 제한은 결국 조약이 아닌 국내법에 따라 결정될 수밖에 없다. 이와 같은 논리로 상호주의에 따른 외국인 저작물 보호의 제한을 규정하는 것은 곧 국내법인 「저작권법」 제3조 제3항이 할 수 있다.

법」에서도 "제1항 및 제2항에 따라 보호되는 외국인의 저작물이라도 그 외국에서 보호기간이 만료된 경우에는 이 법에 따른 보호기간을 인정하지 아니한다"(제3조 제4항)라고 규정하여 외국에서 보호기간이 만료된 저작물에 대한 제한을 두고 있다.

우리 법에서는 저작재산권의 보호기간을 저작자의 생존기간 및 사후 70년까지로 하고 있는데, 이는 국제적 기준으로 보아도 상당히 높은 수준이다. 그런데 중국 등 세계 여러 국가는 아직까지 70년보다 짧은 기간으로 보호하고 있다. 보호기간이 짧은 다른 국가에서 이미 보호기간이 끝나 공공의 영역에 들어간 저작물을 굳이 우리나라에서 보호해 줄 필요는 없고, 보호해 준다면 오히려 국제법상 기본원칙의 하나인 공평의 원칙에 어긋나 버린다. 따라서 우리나라에 상시 거주하는 중국인이 저술한 어문저작물이나 우리나라에 동시 개봉한 중국 영화의 경우 법 제3조 제2항에 따라 우리 법으로 보호되지만 그 보호기간은 중국 저작자 사후 또는 공표 후 50년 동안만 존속된다.

III. 외국인의 저작인접물 보호

1. 의의

「로마협약」이나 「세계지식재산기구 실연·음반조약WPPT : WIPO Performances and Phonograms Treaty」과 같은 저작인접물과 관련한 대부분의 국제조약에서는 저작인접물에 대한 보호를 규정하고 있는데, 그 보호의 수준과 방법 등을 해당 조약에서 직접 정하기보다는 일반적으로 체약국의 입법에 유보한다.[13] 따라서 오늘날 대부분의 국가에서는 자국민의 저작인접물 보호뿐만 아니라 외국인의 저작인접물 보호에 관련하여서도 조약이 아닌 국내법에 따른 보호방식을 취하는 것이 일반적이다.[14]

국내법에 따른 보호의 구체적인 내용은 「저작권법」 제64조에서 규정하고 있는데

---

13 이들 조약에서는 저작물에 대한 권리인 저작권과 같이 최소보호의 원칙을 제시하기보다는 보호 여부와 수준을 체약국의 입법에 유보하는 형태를 취하고 있으며 저작인접권을 배타적 권리로 제시하는 경우에도 그 이행을 위한 국내 입법을 요구하는 경우가 많다.
14 「저작권법」 제64조도 "다음 각 호 각 목의 어느 하나에 해당하는 실연·음반 및 방송은 이 법에 의한 보호를 받는다"라고 규정하고 있다.

여기서는 **보호받는 실연·음반·방송**이라는 제호하에 각각 대한민국 국민과 외국인의 저작인접물 보호에 관해 규정하고 있다. 우선 대한민국 법률에 따라 설립된 법인 및 대한민국 내에 주된 사무소가 있는 외국법인의 경우에는 대한민국 국민에 포함된다고 본다. 다음으로 외국인의 실연, 음반, 방송은 속인주의가 아니라 우리나라와 밀접한 관련성이 있을 경우에만 법에 따른 보호를 받을 수 있도록 하고 있다.

2. 외국인 실연[15]의 보호

(1) 대한민국이 가입 또는 체결한 조약에 따라 보호되는 실연

외국인의 실연은 우리나라가 가입 또는 체결한 조약에 따라 보호를 받는다. 실연에 관한 기본적 국제조약인 「로마협약」에 따르면 특정의 체약국은 다른 체약국 내에서 행해진 실연을 보호하도록 하고 있다(제4조 a호). 이에 실연이 장소적으로 협약 체약국 내에서 행해지는 경우 국내법에 따라 우리나라에서도 보호를 받는다.[16]

이 말은 실연자에게 국내법이 인정하는 권리, 예를 들면 성명표시권, 동일성 유지권, 복제권, 대여권, 공연권, 방송권, 전송권 등을 부여한다는 의미이며, 따라서 실연자의 허락 없이 국내에서 해당 실연의 복제·대여·공연·방송·전송 등을 할 수 없다.

(2) 「저작권법」에 의해 보호를 받는 음반에 고정된 실연

외국인의 실연이 국내법상 보호되는 음반에 고정되었다면 우리 법의 보호대상이 된다. 후술하는 바와 같이 우리 법은 대한민국 국적을 가지고 있는 음반제작자의 음반은 물론이고, 음이 맨 처음 대한민국 내에서 고정된 음반이거나 대한민국이 가입·체결한 조약에 따라 보호되는 음반으로서 체약국 내에서 최초로 고정된 음반 또는 체약국의 국민을 음반제작자로 하는 음반 등도 보호대상이 되고 있는바(제64조

---

15 실연은 크게 세 종류로 나누어 볼 수 있는데, 생실연(Live Performance), 음반에 수록된 실연 그리고 방송으로 송신되는 실연이다. 외국인의 실연도 이와 같은 세 가지의 경우로 나누어 우리나라에서 「저작권법」에 따라 보호를 받는다. 외국인의 생실연 보호는 법 제64조 제1항 제1호 나목에서, 음반에 수록된 실연의 보호는 다목에서, 방송으로 송신되는 실연은 라목에서 각각 규정하고 있다.
16 여기서는 장소적 개념이 중요하며 인적 개념(국적 기준)은 의미가 없다. 예를 들면 합창단이나 오케스트라 같은 경우 다양한 국적의 실연자가 동참할 수 있기 때문이다.

제1항 제2호), 이와 같은 음반의 어느 경우에 해당하더라도 여기에 실연이 고정되었다면 이 실연은 국내에서 보호를 받는다. 이렇게 볼 때 음반에 고정된 외국인의 실연의 보호범위는 대단히 넓은데 이는 음반을 통한 가요의 국제 간 불법유통을 근절시키기 위한 입법정책적 의지가 반영된 것으로 보인다.

(3) 「저작권법」에 의한 보호를 받는 방송으로 송신되는 실연

「저작권법」에 의하여 보호되는 방송으로 송신되는 외국인의 실연은 우리나라에서 「저작권법」에 따른 보호를 받는다. 우리 법은 후술하는 바와 같이 대한민국 국적의 방송사업자뿐만 아니라 대한민국 내의 방송설비에서 행해지는 방송에 대해서도 보호를 하고 있으므로 이 방송으로 송신되는 실연 역시 보호의 대상이 된다. 그런데 방송으로 송신되는 실연이라 하더라도 그중 송신 전에 녹음 또는 녹화되어 있는 실연은 제외되는데(제64조 제1항 제1호 라목), 그 이유는 실연자가 일단 방송에 출연하여 실연이 방송 중에 녹음이 되었다면 이는 **음반**에 해당하여 법 제75조에 따른 보상청구권으로 보호를 받게 되고, 실연이 해당 방송 중에 녹화된 경우라면 **영상저작물**에 해당되어 그 이용과 관련한 일체의 권리가 영상제작자인 방송사업자에게 양도되는 것이 일반적이기 때문이다.

3. 외국인 음반의 보호

(1) 대한민국 내에서 고정된 음반

음이 맨 처음 대한민국 내에서 고정[17]된 음반은 모두 우리 법의 보호 대상이 되고 당연히 우리나라에서 보호된다. 이는 우리가 가입한 국제협약에의 체약국 여부를 불문하고 어느 국가의 국민이건 대한민국 내에서 최초로 음반을 고정하였다면 국내법에 따라 보호된다는 말이다.[18]

---

17 '고정(Fixation)'이란 순간적으로 사라지는 것이 아니라 외부적으로 인식하고 이를 복제 또는 전달할 수 있을 정도의 상당한 기간 표현매체에 정착된 상태를 말한다. 음반의 경우 주로 녹음을 말한다.
18 국적을 불문하고 대한민국 내에서 고정된 음반에 특정국의 외국인이 취입한 가요는 우리 「저작권법」에 따라 보호된다.

(2) 대한민국이 가입 또는 체결한 조약에 따라 보호되는 음반으로서 체약국 내에서 최초로 고정된 음반

대한민국이 가입 또는 체결한 조약에 따라 보호되는 음반으로서 체약국 내에서 최초로 고정된 음반 역시 우리 법에 따른 보호대상이 된다. 따라서 우리가 가입한 국제조약의 체약국 중 어디에서라도 고정이 되거나, 우리와 체결한 FTA 조약의 당 사국에서 최초로 고정이 되었다면 이 음반 역시 우리 법에 따라 보호를 받는다.[19]

(3) 대한민국이 가입 또는 체결한 조약에 따라 보호되는 음반으로서 체약국의 국민을 음반제작자로 하는 음반

대한민국이 가입 또는 체결한 조약에 따라 보호되는 음반으로서 체약국의 국민 을 음반제작자로 하는 음반 역시 우리 법에 따라 보호를 받는다. 따라서 체약국이 아닌 다른 나라에서 음반이 고정되더라도 체약국 국민이 음반제작자라면 보호의 대상이 된다.

4. 외국인 방송의 보호

(1) 대한민국 내에 있는 방송설비로부터 행하여지는 방송

대한민국 내에 있는 방송설비로 행하는 방송은 모두 우리 법의 보호 대상이고 당 연히 우리나라에서 보호된다. 예컨대 외국방송사업자가 우리나라에 방송설비를 두 고 있다면 해당 방송은 우리 「저작권법」에 의한 보호를 받는다. 우리의 현행 「방송 법」에 따르면 외국인은 원칙적으로 우리나라에 방송설비를 설치할 수 없고 현재로 서는 국내에 방송설비가 있는 외국방송은 주한미군방송뿐이며, 따라서 이 방송만 법적 보호의 대상이 된다.[20]

---

19 미국 가수 A가 「베른협약」 체약국인 필리핀에서 최초로 음반을 고정한 경우 여기에 수록된 A의 가요는 우리나라에서 보호된다.
20 최경수, 앞의 책, 308쪽.

(2) 대한민국이 가입 또는 체결한 조약에 따라 보호되는 방송으로서 체약국의 국민인 방송사업자가 해당 체약국 내에 있는 방송설비로부터 행하는 방송

우리나라가 가입 또는 체결한 조약에 따라 보호되는 방송으로서 체약국의 국민인 방송사업자가 해당 체약국 내에 있는 방송설비로부터 행하는 방송도 우리가 보호하여야 할 대상인데, 여기서는 법조문에서 보는 바와 같이 방송사업자의 국적과 방송설비의 소재지가 동일한 국가이어야 한다. 현실적으로 볼 때 대부분의 국가에서는 방송의 공익성을 고려하여 방송사업자를 자국민으로 한정하고 해당 방송사업자도 자국 내에 설치되어 있는 방송설비를 이용하고 있으므로 적어도 「로마협약」에 가입하고 있는 국가의 방송은 대부분이 우리나라에서도 보호받을 수 있다고 보인다.

5. 외국인 저작인접물 보호의 제한

앞에서 논의한 바와 같이 외국인 저작물의 보호와 관련하여서는 상호주의를 적용하여 외국에서 우리 국민의 저작물을 보호하지 아니하는 경우에는 우리나라도 그에 상응하게 조약 및 「저작권법」에 따른 보호를 제한할 수 있지만(제3조 제3항), 저작인접물에는 상호주의에 따른 제한이 적용되지 않음을 유의하여야 한다. 이는 저작인접물의 보호기준은 위에서 본 바와 같이 그 연결점으로 인적 요소가 강한 생실연[21]을 제외한 대부분의 경우 행위지, 고정지, 방송설비 소재지 등을 고려하고 있어 상호주의 원칙의 기본전제인 **양국국민 상응보호**의 이념이 적용될 여지가 매우 적기 때문이다.

---

21 인적 요소가 강한 외국인의 생실연의 경우에도 위에서 본 바와 같이 주로 조약에 따라 보호되는데, 이 조약은 체약국 간에만 효력을 발한다. 따라서 체약국과 비체약국 국민과의 보호 정도를 규율하는 원칙인 상호주의가 적용될 여지는 거의 없다.

제3절
저작권의 국제적 보호를 위한 주요 국제조약

I. 주요 국제조약에 대한 체계적 이해의 필요성

국내법과 마찬가지로 저작권의 국제적 보호를 위한 국제협약 역시 생성, 변형, 발전 그리고 소멸의 과정을 겪으면서 오늘에 이르고 있다. 문화선진국을 표방하고 있는 우리는 저작권과 관련한 대부분의 주요 국제조약에 가입하고 있고 그 이행에도 선도적인 역할을 수행하고 있다. 우리가 가입하고 있는 주요 협약으로는 「베른 협약」, 「세계저작권협약」, 「로마협약」, 「TRIPs 협정」, 「세계지식재산기구 저작권조약」, 「세계지식재산기구 실연·음반조약」, 「위성협약」 등이 있으며, 이 밖에도 다수의 개별국가와 체결하는 양자조약에 해당하는 자유무역협정, 즉 FTA를 체결하여 현재 그 이행에 만전을 기하고 있다.

그러면 우리가 저작권과 관련한 주요한 국제조약을 논의함으로써 얻을 수 있는 실익實益은 무엇인가? 저작권과 관련한 다수의 조약을 이해하고자 하는 근본적 이유는 크게 다음과 같은 두 가지를 들 수 있다. 먼저 저작권 보호와 관련한 국가 간의 거시적 공조시스템을 이해함으로써 저작권 선진국을 지향하는 우리가 국제사회에서 기여할 역할과 기능을 모색해 볼 수 있다. 현재 존재하는 다수의 저작권과 관련한 국제조약은 그 탄생시점을 기준으로 볼 때 한결같이 중요한 국제적 관심사를 반영한 것이고, 특히 최근에 발표된 국제협약은 국제사회가 당면한 가장 최근의 저작권 관련 이슈를 포함하고 있다. 따라서 저작권과 관련한 국제조약의 체계적·거시적 이해는 우리 저작권 정책의 방향성을 모색하는 도구가 될 수 있다. 다음으로, 향후 국내 「저작권법」의 개정방향을 유추해 볼 수 있다. 일반적으로 볼 때 시기적으로 국제조약이 먼저 성립되어 큰 방향을 제시한 후 체약국은 그 후속조치의 일환으로 국내 이행법을 제정하는 절차를 밟는다.[22] 따라서 우리가 가입한 국제조약을 면

---

22 「TRIPs 협정」, 「WCT」 및 「WPPT」의 가입에 따른 1994년, 1995년, 2000년, 2006년의 「저작권법」 개정이 대표적인 예이다.

밀히 분석해 보면 향후 국내 입법으로 어떠한 내용이 반영될지를 추론할 수 있다.[23]

II. 저작권의 보호를 위한 주요 국제조약 체제와 그 발전과정

1. 「베른협약」 체제

저작권의 보호를 위한 각국의 노력이 19세기 중반부터 유럽을 중심으로 활발히 전개되어 오던 중 최초로 결실을 맺은 것이 1866년에 제정된 「베른협약」이다.[24] 이 협약의 정식 명칭은 「문학·예술 저작물의 보호를 위한 베른협약Berne Convention for the Protection of Literary and Artistic Works」으로서 명칭에서 알 수 있듯이 저작물 가운데서 가장 기초적인 문학·예술적 저작물의 보호에 중점을 두고 제정된 것으로서, 여기에 저작인접권에 해당하는 실연과 음반 등의 보호는 제외되어 있었다. 저작권 관련 최초의 국제조약에 해당하는 「베른협약」은 저작권 역사상 위대한 바이블로 불리며 오늘날까지 각국의 저작권 정책에 광범위하게 영향을 미치고 있다.[25]

2. 「세계저작권협약」 체제

「베른협약」의 한계를 극복하기 위하여 제2차 세계대전 후 UNESCO를 중심으로 세계적 차원의 새로운 조약의 체결 필요성이 제기되었고, 이에 부응하여 1952년에 「세계저작권협약」, 즉 Universal Copyright Convention이 제정되었다.[26] 「세계저작권협약」은 미국과 소련 그리고 특히 개발도상국의 광범위한 참여를 위하여 이들

---

23 흔히 "국제법을 보면 국내법이 보인다"라고 말한다. 이는 시기적으로 국제법이 앞서서 포괄적인 방향을 제시하고 장차 체약국이 국내법으로 규정하여야 할 사항을 제시한 이후 체약국의 국내 상황에 맞추어 개별적으로 구체적인 이행방안을 국내법으로 규정하는 일련의 상황을 반영한 말이다.

24 「베른협약」의 체결을 위한 회의를 소집한 것은 스위스 정부였으나 스위스 정부를 움직여 회의 개최를 주도적으로 이끌고 간 주체는 프랑스의 문호(文豪)인 빅토르 위고(Victor Hugo)가 의장으로 있던 국제문학예술협회(ALAI : Association Litteraire et Artistique Internationale)였다. 2019년 현재 「베른협약」 가입국은 총 172개국으로 파악되고 있다(WIPO, 'WIPO Administrated Treaties', http://www.wipo.int/treaties/en/).

25 우리나라는 1996년에 「베른협약」에 가입하였다.

26 우리나라는 1987년에 「세계저작권협약」에 가입하였다.

국가의 이익을 적극적으로 반영하는 한편 기존의 「베른협약」과의 충돌을 최소화하는 장치를 두었다.[27]

이렇게 볼 때 「세계저작권협약」은 유럽의 범위를 넘어선 명실공히 세계적 수준의 저작권협약으로서의 위상을 갖추게 되었으며, 동시에 국제저작권에 관한 기본조약으로서의 확고한 지위를 가지고 있는 「베른조약」과 충돌 없이 공존하는 조약으로 평가할 수 있다. 그러나 「세계저작권협약」을 주도하던 미국이 1988년에 「베른협약」에 가입하고, 1994년에 세계무역기구가 출범하면서 이의 부속협정인 「TRIPs 협정」에서 「베른협약」 수준의 보호를 의무화함으로써 「세계저작권협약」에 따른 저작권보호는 사실상 실질적인 의미를 상실해버렸다.

3. 「로마협약」과 「음반협약」 체제

문학·예술 저작물을 중심으로 한 저작자의 권리보호에 대한 국제적 공조체계가 「베른협약」과 「세계저작권협약」으로 정착되어 갈 즈음 다른 한편에서 실연자, 음반제작자 및 방송사업자 등의 권리, 다시 말해 저작인접권의 국제적 보호노력이 지속적으로 이루어져왔던 바, 그 결실이 1961년에 제정된 「로마협약」이다. 이 협약의 정식 명칭은 「실연자, 음반제작자 및 방송사업자의 보호를 위한 국제협약International Convention for the Protection of Performers, Producers of Phonograms and Broadcasting Organizations」이며 저작인접권의 국제적 보호를 위한 가장 고전적이고 기본적인 조약으로서, 오늘날까지 각국의 저작인접권 보호에 관한 정책에 강력한 영향력을 미치고 있다.[28] 다만, 「로마협약」도 일부 미비점이 있는데, 특히 음반의 무단수입과 배포행위로 인한 해적판 음반의 광범위한 유통에 대응하기에는 한계가 있었다.

이에 해적판 음반의 성행에 따른 음반제작자의 권리를 보호하기 위한 일종의 응급조치로서 「로마협약」과는 별도의 협약이 미국을 중심으로 제정되었고, 이것이 곧 1971년에 체결된 「음반협약」이다. 정식명칭은 「음반의 불법복제물로부터 음반

---

27 「세계저작권협약」 제17조에 관한 부속선언에서는 기존 「베른협약」이 영향을 받는 것을 최소화하기 위하여 「세계저작권협약」 체약국이라 하더라도 「베른협약」 체약국 상호 간에는 베른협약을 우선적으로 적용하도록 하고 있다. 이를 「베른안전규정(Berne Safeguard Clause)」이라고 하는데, 이는 「세계저작권협약」의 성립으로 「베른협약」이 유명무실해지는 것을 막기 위한 조치이다.

28 우리나라는 2008년에 「로마협약」에 가입하였다.

제작자를 보호하기 위한 협약Convention for the Protection of Producers of Phonograms Against Unauthorized Duplication of Their Phonograms」으로서, 공중公衆에 대한 배포를 목적으로 하는 음반의 해적판 유통행위에 한정하여 각종 보호장치를 규정하고 있다.[29]

4. 「TRIPs 협정」 체제

20세기 후반에 세계경제는 미국을 중심으로 커다란 변화를 겪었다. GATT(관세 및 무역에 관한 일반협정) 체제에서 WTO(세계무역기구) 체제로의 전환이 바로 그것이다. 이 시기에 GATT 체제의 한계를 극복하고, 상품무역뿐만 아니라 지식재산권 등을 포함한 서비스무역까지 새로운 국제무역과 통상질서를 구축하기 위한 일련의 노력으로 우루과이협상을 거쳐 WTO로 재편되는 급격한 전환이 이루어졌다. 이러한 변화 과정에서 WTO 설립협정 부속서의 하나로서 「무역관련 지식재산권 협정 Agreement on Trade-Related Aspects of Intellectual Property Rights」이 체결되었는데, 이를 흔히 「TRIPs 협정」이라 부른다.

「TRIPs 협정」의 체결과정에서 기존에 저작권과 관련하여 국제사회를 대표하고 있던 「세계지식재산기구」는 독자적인 목소리를 내지 못하고 무력하게 대응할 수밖에 없었는데, 이는 WTO가 중심이 되어 범세계적 차원에서 무역과 관련한 지식재산권의 보호와 통일된 기준을 마련하여야 한다는 당시의 시대적 상황[30]에 기인한 것이기도 하였다. 1994년에 체결된 「TRIPs 협정」은 저작권뿐만 아니라 특허권, 상표권, 디자인권 등 모든 지식재산권 전반에 관한 무역에 대하여 국제적 보호를 위한 기준을 마련하고 있다.

「TRIPs 협정」은 WTO 설립협정과 불가분의 관계를 가지고 있으며 모든 WTO 회원국을 전속한다. 따라서 WTO의 모든 회원국은 자국의 지식재산권과 관련한 법령을 「TRIPs 협정」이 규정하는 기준에 맞도록 개정할 의무가 있고, 이로 인하여

---

29 우리나라는 1987년에 「음반협약」에 가입하였다.

30 「베른협약」과 「로마협약」 등이 있음에도 불구하고 「TRIPs 협정」이라는 새로운 보호체계를 구축한 배경으로는 i) 기존의 WIPO를 중심으로 한 지식재산권 보호체계가 선진국과 개발도상국 간의 남북대립이 격화되어 타협이 잘 이루어지지 않았고, ii) WIPO 자체의 구조적·기능적 문제점으로 인해 선진국들이 만족할 만한 해결능력을 발휘하지 못하였으며, iii) 기존의 지식재산권과 관련한 조약이 권리에 대한 집행규정의 불충분으로 보호의 실효성이 약했다는 점 등이 작용한 것으로 보인다(오승종, 앞의 책, 1531~1532쪽).

「TRIPs 협정」은 여타의 저작권 관련 조약과 비교해 볼 때 회원국의 획기적인 확대 현상을 가져왔다.[31]

5. WIPO의 저작권조약과 실연·음반조약 체제

「TRIPs 협정」 체제하에서 소극적 입장을 견지할 수밖에 없던 WIPO는 그 결과 WTO 체제라는 커다란 블랙홀에 힘없이 빨려 들어가버려 여러 가지로 체면을 구기고 말았다. 이후 WIPO는 인터넷 시대의 도래라는 변화된 국제환경에 능동적으로 대응하기 위한 특단의 조치가 필요함을 인식하고 저작권 분야를 중심으로 새로운 국제조약을 마련하였다. 이것이 곧 1996년에 제정된 「WIPO 저작권조약WCT : WIPO Copyright Treaty」과 「WIPO 실연·음반조약WPPT : WIPO Performances and Phonograms Treaty」이다.

두 조약은 저작권과 저작인접권의 보호에 관한 양대 조약인 「베른협약」과 「로마협약」의 미비점을 보완하면서 특히 디지털·네트워크화에 따른 그동안의 저작권 환경을 적극적으로 수용하고 있는 것이 특징이다. 「세계지식재산기구 저작권조약」은 「베른협약」의 규정을 대부분 준용하면서 추가적인 규정을 두는 형식을 취하고 있는 반면에, 「세계지식재산기구 실연·음반조약」은 그 명칭에서도 나타난 바와 같이 「로마협약」의 규정대상인 방송사업자의 보호에 관한 사항을 제외하였고, 또한 형식 면에서도 「로마협약」과는 독립된 별개의 체계로 구성되어 있다.[32]

---

31 우리나라는 1995년에 「TRIPs 협정」에 가입하였다.
32 우리나라는 2004년과 2008년에 각각 「세계지식재산기구 저작권조약」과 「세계지식재산기구 실연·음반조약」에 가입하였다.

6. 기타 「위성협약」과 위조품의 거래방지·시각장애인의 저작물 접근보호·시청각 실연 등의 보호를 위한 국제협약 등의 체제

방송 전前 신호의 금지와 관련하여서는 「위성협약」이 1974년 브뤼셀에서 체결된 바 있다.[33] 그리고 WIPO 주도로 국제저작권규범이 정착해 가고 있던 시점인 2010 년을 전후로 하여 위조품의 거래방지와 시각장애인의 저작물 접근권接近權의 개선을 위한 국제조약이 체결되었는데, 「위조품의 거래방지에 관한 협정」[34]과 「시각장애인 의 저작물에 대한 접근권의 개선을 위한 마라케시조약」 등이다.[35] 이 밖에도 시청각 실연에 대한 국제적 보호를 강화하기 위해 2012년 중국 북경에서 「시청각 실연에 관한 베이징조약」을 체결하는 등 최근까지도 다방면에 걸친 저작권 관련 국제조약 이 지속적으로 체결·운용되고 있다.

---

[33] 우리나라는 2011년에 「위성협약」에 가입하였다.

[34] 우리나라는 2011년에 「위조품의 거래방지에 관한 협정」을 체결하였다.

[35] 우리나라는 2015년에 「마라케시조약」에 가입하였다.

제4절
국제통상에서 저작권 보호를 위한 각종 규범적 조치

I. 자유무역협정을 통한 저작권 보호체계의 구축

1. 양자조약으로서의 자유무역협정의 중요성

국가 간 통상에서 저작권산업이 차지하는 비중이 높아짐에 따라 다자간 통상조약뿐만 아니라 양자 간 통상조약에서도 저작권과 관련한 사항이 핵심내용으로 등장하고 있다. 오늘날 우리를 비롯한 세계 각국이 체결·운용하고 있는 국가 간의 양자조약인 **자유무역협정**FTA : Free Trade Agreement에서는 저작권을 포함한 지식재산권이 거의 예외 없이 중요한 부분으로 다루어진다.[36]

자유무역협정, 즉 FTA란 2개국 또는 그 이상의 국가들이 대등한 지위에서 이익의 공동추구를 목적으로 동맹을 결성하여 회원국 간에는 어떠한 차별적인 대우도 존재하지 않는 관세 없는 자유무역을 지향하면서 단일경제권을 형성하려는 국제통상협정을 말한다. WTO라는 다자간무역체제가 존재함에도 불구하고 이렇게 FTA가 확산되는 이유는 여러 가지가 있겠지만 무엇보다도 상호보완적 경제구조를 가진 교역국 사이에서 WTO 수준 이상의 자유무역화를 이루어 교역을 확대하는 것이 양국의 경제발전에 도움이 된다는 인식의 확산에서 찾을 수 있다.[37]

2. 우리나라가 체결·운용 중인 FTA 현황

오늘날 우리나라와 FTA를 체결하였거나 체결 협상 중인 국가는 전체적으로

---

36 2017년 12월 기준으로 우리나라가 외국과 체결하여 발효한 15건의 자유무역협정(FTA) 중 한·아세안 자유무역협정을 제외하면 모두 지식재산권이 하나의 장(Chapter)으로 포함되어 있다(문화체육관광부, 앞의 백서, 297쪽).
37 박덕영, 『국제저작권과 통상문제』(2009), 252쪽.

30여 개국에 이르고 있다.[38] 이 가운데 가장 중요하고 또 우리 「저작권법」의 개정에 큰 영향을 끼친 것은 「한·EU FTA」와 「한·미FTA」이다. 「한·EU FTA」는 저작물 보호기간의 연장(70년), 방송사업자에 대한 공연권의 부여, 기술적 보호조치의 강화, 온라인서비스제공자의 책임제한요건의 명확화 등을 내용으로 하고 있고, 「한·미FTA」는 일시적 복제의 보호, 공정이용규정의 도입, 배타적발행권의 확대, 암호화된 방송신호의 보호, 영화도촬의 금지, 비친고죄 대상의 확대 등을 내용으로 하고 있다. 이들 사항의 국내 이행을 위해 우리는 2011년에 이미 「저작권법」을 광범위하게 개정하였다.

II. 불법저작물의 국제 간 이동을 차단하기 위한 규범적 조치

1. 의의

지식재산권은 일반상품과는 달리 한번 침해되면 회복될 수 없을 정도로 광범위한 손해가 발생하므로, 이에 대한 국가 간의 공조체제가 절실히 요구된다. 불법저작물의 국가 간의 이동을 제한하기 위해서 각국이 채택하고 있는 대표적인 제도적 장치로 국경조치와 통관보류조치 등이 있다. 그런데 국경조치와 통관보류조치 등은 그 나라의 입법주권과도 밀접한 관련이 있기에 이에 관해서는 국제법에 해당하는 조약이나 FTA 등에서 규정하기보다는 일반적으로 해당 국가의 국내법에서 상세하게 규정하고 있다.

---

38 우리와 FTA를 체결하여 현재 발효 중에 있는 국가로는 칠레, 싱가포르, EFTA(스위스, 노르웨이, 아이슬란드, 리히텐슈타인), 아세안(인도네시아, 말레이시아, 베트남, 미얀마, 필리핀, 라오스, 캄보디아, 브루나이, 태국, 싱가포르), 인도, 유럽연합, 페루, 미국, 터키, 호주, 뉴질랜드, 중국, 캐나다, 베트남, 콜롬비아, 중미 등이다. 이 밖에도 영국, 이스라엘, 인도네시아와는 서명 또는 타결하였고, 한중일, RCEP, 에콰도르, MERCOSUR(아르헨티나, 브라질, 파라과이, 우루과이, 베네수엘라), 필리핀, 러시아, 말레이시아, ASEAN(추가 자유화), 인도 CEPA(개선), 칠레(개선), 중국(후속협상), 멕시코, GCC(사우디아라비아, 쿠웨이트, 아랍에미리트, 카타르, 오만, 바레인), EAEU(러시아, 카자흐스탄, 벨라루스, 아르메니아, 키르기스스탄) 등과는 2019년 11월 현재 협상 중이거나 검토 중에 있다.

2. 국경조치

(1) 국경조치의 의의

국경조치Border Measures는 지식재산권 침해물품이 일단 한 국가의 국경을 넘어 국제적 차원의 시장에 유통되는 단계에서는 단속 및 압류 등에 의한 효율적 집행이 어렵다는 점 때문에 침해물품이 국경을 통과하지 못하도록 하는 조치로서, 미국 등 선진국에서 국내적으로 운영하여 오던 제도이며 WTO의 「TRIPs 협정」에 반영된 바 있다(「TRIPs 협정」 제51조).

(2) 우리의 경우

「TRIPs 협정」 제51조의 규정에 따라 우리나라는 「저작권법」이 아닌 통상과 관련한 법률인 「대외무역법」과 「불공정무역행위 조사 및 산업피해구제에 관한 법률」, 「관세법」 등을 정비하여 국경조치제도를 마련하고 있다. 우리나라의 국경조치제도는 무역위원회 주관의 불공정무역행위 조사제도와 잠정조치 및 후술하는 관세청 주관의 지식재산권 침해물품에 대한 통관보류제도를 통하여 구현된다. 무역위원회의 **불공정무역행위 조사**란 무역위원회가 신청 내지 직권으로 지식재산권 침해 가능성이 있는 수출입품에 대해 조사를 실시하고 그 결과에 기인하여 불공정무역행위가 발견되면 그에 대응한 시정조치를 내리는 제도이다. 조사대상이 되는 지식재산권은 특허권, 실용신안권, 디자인권, 상표권, 저작권, 반도체 배치설계, 지리적 표시, 영업비밀 등이 있다(「대외무역법」 제39조 및 「불공정무역행위 조사 및 산업피해구제에 관한 법률」 제4조 참조).

3. 통관보류조치

지식재산권을 보호하기 위하여 체결된 「TRIPs 협정」에 따라 각국은 산업발전을 저해하고 소비자를 기만하는 행위로 국제적으로 금지되고 있는 불공정거래행위인 지식재산권을 침해하는 상품의 수출입을 금지할 수 있다. 이에 따라 우리는 「관세법」에 근거를 두어 세관장의 신청 또는 직권에 의해 지식재산권의 침해가 의심되는 상표에 대하여 일정한 기간 통관을 보류하고 저작권 등의 침해 여부를 판단하는 통관보류제도를 실시하고 있다. 그리고 침해물품의 효율적인 단속을 위하여 필요한 경우에는 해당 지식재산권에 관한 사항을 관계법령에 따라 등록 등을 한 자로 하여금 신고하게 하는 **사전신고제도**를 병행 중이다(「관세법」 제235조).

Ⅲ. 미국의 스페셜 301조 보고서

1. 의의

오늘날 국제무역에서 지식재산권이 차지하는 비중이 급격히 높아지면서 각국의 이해관계도 첨예하게 대립하고 있다. 이 가운데 특허권, 저작권, 상표권 등 지식재산권과 관련한 서비스 상품에서 국제적 비교우위를 가지고 있다고 판단하는 미국의 무역대표부USTR는 국제통상과정에서 자국의 저작물 등에 대한 다양한 보호정책을 적극적으로 추진하고 있다. 그 일환으로 매년 지식재산권 보호에 관한 스페셜 301조 보고서를 의회에 제출하고 있다.

이 보고서에는 불법복제물의 국가 간 이동에 소극적으로 대응하는 국가를 우선감시대상국, 감시대상국 등으로 분류하여 지식재산권과 관련한 요구사항을 담고 있는데, 해당 국가의 입장에서는 이 보고서가 결코 무시할 수 없는 압력으로 작용하는 것이 현실이다.

2. 스페셜 301조 보고서의 준비과정

스페셜 301조 보고서는 미국의 무역대표부가 매년 4월 말까지 미국의회에 보고하는데, 매년 2월 중순에 국제지식재산권연맹IIPA : International Intellectual Property Alliance이 미국의 지식재산권과 관련한 업계의 의견을 수렴하여 각국의 지식재산권 보호상황을 종합, 정리하여 발간하는 지식재산권 이행보고서가 결정적인 영향을 미친다.[39] 스페셜 301조 보고서의 준비과정에서는 특히 세계 각국에 해외지사를 두

---

39 이 보고서를 통하여 구체적으로 개별국가 등을 우선협상대상국, 우선감시대상국, 감시대상국 등 구체적인 등급으로 지정하여 줄 것을 미국 무역대표부에 직접 건의한다.

고 있는 미국상공회의소AMCHAM가 해당 국가의 저작권 침해사례에 대한 구체적인 자료를 제공하고 있는 것으로 알려져 있다.[40]

3. 스페셜 301조의 주요내용

일반 301조나 슈퍼 301조가 모든 분야에 일반적으로 적용이 가능한 조항이라면 스페셜 301조는 특히 지식재산권 분야에 한정된 조항이다. 미국이 일반 301조나 슈퍼 301조[41]의 적용으로도 협상을 통해 불공정무역관행을 제거할 수 있음에도 불구하고 별도로 스페셜 301조를 제정한 것은 지식재산권 분야가 미국의 비교우위 상품임을 확인하고 그 보호를 더욱 강화하여 미국의 이익을 극대화하려는 목적으로 보인다. 미국은 스페셜 301조와 같은 통상법에 근거하여 자국의 지식재산권을 침해한 국가를 우선협상대상국, 우선감시대상국 또는 감시대상국으로 지정하여 그 나라와 지식재산권 분야에 관한 협상을 하거나, 아니면 필요한 무역상의 보호조치를 단행할 수 있도록 하고 있다.

우선협상대상국은 미국의 지식재산권 상품에 대해 가장 심하게 부정적인 영향을 미치는 정책이나 관행을 유지하고 있거나 이를 해결하려는 노력과 협상에 진전이 없을 때 지정되며, 우선협상대상국으로 지정되면 30일 이내에 조사개시 여부를 결정하고 조사결과에 따라 보복조치를 포함한 적절한 조치를 실행한다. 우선감시대상국은 지식재산권 보호수준이 미흡할 뿐만 아니라 지식재산권과 관련한 시장접근에도 문제가 있을 때 지정되며, 감시대상국은 주로 시장접근에 문제가 있는 경우에

---

40 미국상공회의소 산하 글로벌혁신정책센터(GIPC : Global Innovation Policy Center)는 2012년부터 매년 국제지식재산지수를 발표하고 있다. 지난 2018년 2월에 여섯 번째로 발간한 이 보고서에서는 전 세계 GDP의 대부분을 차지하는 50개 국가를 대상으로 8개 분야의 세분화된 40개 평가지표를 활용하여 지식재산지수를 측정, 발표하였다. 저작권 분야에서의 결과는 미국이 총 7점 만점에 6.75를 얻어 1위를 차지했고 우리나라는 5.99점을 획득하여 6위를 차지한 것으로 발표되었다. 특히, 이 보고서에서는 온라인상의 콘텐츠 침해행위에 대한 신속한 금지명령 등 구제 및 사용중단 평가지표와 관련하여 온라인서비스제공자의 책임을 제한하는 『저작권법』 제102조의 규정 등 우리나라가 저작권자의 온라인상 저작권 침해 콘텐츠에 대한 삭제 및 접근통제 요청에 대응하기 위한 적절한 관리체계를 보유하고 있다는 점을 높게 평가하고 있음이 눈에 띈다(한국저작권위원회, 『저작권 동향 2018』(2018), 129쪽).

41 미국 통상법(The Trade Act) 제301조는 일반적으로 통상법 제301조로 통칭하고 있으나, 실제로는 미국 종합무역법 301~309조를 의미하는 일반 301조, 310조로 대표되는 슈퍼 301조, 1974년의 통상법 제182조로 대표되는 스페셜 301조 등으로 구성되어 있다.

지정된다.[42] 우선감시대상국과 감시대상국의 지정은 미국이 각국의 지식재산권 보호수준과 동향을 주의 깊게 관찰하고 있다는 메시지를 교역 대상국에게 전달하기 위한 것으로, 통상법 제301조에 따른 조치 및 협상절차가 개시되는 우선협상대상국 지정과는 달리 대상국에 대한 즉각적인 영향은 없지만 실제로는 대상국가의 향후 지식재산권 관련 정책결정에 커다란 영향을 미치고 있다. 국가 간의 지식재산권에 관한 분쟁을 미국 주도의 일방적인 방법으로 해결하고자 하는 미국 통상법의 여러 가지 고압적인 규정에 대하여는 「TRIPs 협정」 위반이 아닌가 하는 논의가 미국에서 광범위하게 제기되고 있다. 최근의 미국 내 여론은 미국 통상법의 이와 같은 규정들이 적어도 「TRIPs 협정」의 정신을 해치고 있는 것만은 분명하다는 데 의견이 일치하고 있는 것으로 보인다.[43]

---

42 우리의 경우 1999년에 감시대상국, 2000년에 우선감시대상국, 2001년부터 2003년까지 감시대상국, 2004년에 우선감시대상국, 2005년부터 2008년까지 감시대상국으로 지정된 바 있으나, 2009년에 명단에서 제외된 이후 지금까지 줄곧 우선감시대상국이나 감시대상국에 포함되지 않고 있다.

43 Miller, op. cit., p. 460.

제5절
저작권 관련 국제분쟁에서 재판관할권과 준거법의 결정

I. 의의

우리는 앞에서 살펴본 바와 같이 「저작권법」이 정하는 바에 따라 외국인의 저작물과 저작인접물에 대하여 여러 가지 보호를 하고 있다. 그런데 우리나라에서 이들 외국인의 저작물과 저작인접물이 충분히 보호받지 못했을 때 이를 구제할 구체적인 방법과 절차가 현실적인 문제로 대두된다. 이 과정에서 피해자인 외국인이 우리 법원에 구제신청을 할 경우 우리 법원은 아무 조건 없이 이에 대한 사법적 판단을 해야 하는가가 문제다. 그리고 우리 법원이 사법적 판단을 한다면 국내법인 우리 법을 적용하여야 하는가 아니면 피해자인 외국인의 본국법을 적용하여야 하는가도 문제다. 우리 법원이 외국인이 제기한 피해구제의 신청사건, 즉 저작권과 관련한 섭외적 사건(외국적 요소가 있는 사건)에 대하여 과연 재판권을 행사할 수 있는가가 재판관할권 Jurisdiction의 문제이고, 재판관할권이 인정된 후에 구체적인 사안에 대한 심판을 하는 데 어느 나라의 법을 적용할 것인가가 준거법의 결정 Choice of Law의 문제이다.**44**

II. 저작권 관련 국제분쟁에서 재판관할권의 결정

1. 의의

국제재판의 관할권이란 외국적 요소가 포함된 사안을 내용으로 하는 분쟁이 특

---

44 외국적 요소가 있는 법률관계(흔히 '섭외사건(涉外事件)'이라고 한다)에서의 분쟁에 관한 소송이 제기된 경우 소송이 제기된 법정지 법원은 먼저 그 법원이 해당 섭외적 사건에 관한 재판관할권이 있다고 인정한 경우에야 비로소 준거법을 결정하는 단계로 넘어간다. 사인(私人) 간의 국제적 분쟁에서 재판관할권과 준거법을 정하는 기준을 제시한 법률로는 「국제사법(國際私法)」이 있는데, 제1조에서 "이 법은 외국적 요소가 있는 법률관계에 관하여 국제재판관할에 관한 원칙과 준거법을 정함을 목적으로 한다"라고 규정하고 있다.

정 국가의 법원에 제소된 경우 그 국가의 법원이 해당 사안을 실질적으로 판단할 수 있는 권한을 의미한다. 분쟁사안이 국제 간의 문제가 아니고 내국인 간의 순수한 국내문제라면 피고의 주소지나 계약의 이행지, 불법행위지 등을 기준으로 재판관할권을 판단하겠지만, 저작권과 관련한 국제분쟁은 우선 당사자 일방이 외국인이고, 저작권 등이 공표 또는 고정(발행)된 곳이 제3국일 수도 있으며, 한 저작물에 다수국적의 국민이 참여하는 수가 있고, 저작권의 성립과 소멸이 국가마다 다를 수 있으며, 저작권의 침해지와 피해발생지가 여러 나라에 걸치는 경우가 있는 등 여러 가지 고려할 요소가 많다. 이와 같은 사정은 저작권과 관련한 사인 간의 국제분쟁에서 국제재판관할권을 결정하는 것이 대단히 어렵고도 중요한 문제임을 잘 말해주고 있다.[45]

2. 이론적 기초

(1) 실질적 관련성Nexus[46]의 요구

특정 국가의 법원이 저작권과 관련한 국제분쟁에 대해서 재판관할권을 가지려면 해당 국가와 피고 그리고 제기된 분쟁 상호 간에 실질적 관련성이 확보되어야 한다. 이와 같은 관련성이 없음에도 불구하고 특정 국가가 재판관할권을 행사한다면 이는 공평하지 못하고 합리적이지도 않기 때문이다.

(2) 재판관할권 결정에 관한 몇 가지 이론의 모색

국제 간 저작권 분쟁을 가장 공평하고 합리적으로 해결하기 위해서는 이를 관할하는 특정 국가의 법원이 실질적 관련성의 요건을 충족하여야 한다고 했는데 그렇다면 과연 어떠한 경우에 이 요건이 충족되었다고 볼 수 있겠는가? 이는 제기된 저작권과 관련한 국제분쟁의 사안에 따라 달라질 수 있겠으나 일반적으로 저작자의 국적지(본국), 재판소의 소재지, 침해지, 피해발생지, 불법행위지, 보호요구지, 저작

---

45 우리가 여기서 논의하고 있는 것은 저작권과 관련하여 사인(私人) 간에 이루어지는 국제적 분쟁을 말하고, 국가 간의 저작권 분쟁은 「TRIPs 협정」에 따라 해결하고 있는데, WTO 회원국 사이의 분쟁해결을 위하여 설치된 분쟁해결기구(Dispute Settlement Body)가 「TRIPs 협정」과 관련된 분쟁의 해결을 위한 강력한 구속력을 발휘하고 있다(「TRIPs 협정」 제64조).

46 Nexus는 '실질적 관련성' 또는 '최소한의 연결점'으로 이해되기도 한다.

물 발행(공표)지, 저작자의 상시 거주지, 가해자의 소재지 등을 종합적으로 고려하여 사안별로 구체적으로 결정할 성질의 것이다.

그런데 저작권의 특징, 저작권 침해의 모습, 분쟁해결을 위한 각국의 입법태도와 국제적 관행 등을 종합해 보면 저작권이 침해되고 그로 말미암아 구제가 요구되는 국가가 재판관할권을 행사할 때 국제 간 저작권 분쟁을 가장 공평하고 합리적으로 처리할 것으로 보인다. 이 경우가 국적지國籍地 등 여타의 기준에 따라 재판관할권을 행사할 때보다 실질적 관련성이 가장 수준 높게 보장될 것이기 때문이다. 이와 같은 주장은 전통적인 재판관할권 결정이론에서 강조하고 있는 재판결과의 집행력 보장 차원에서 보아도 가장 바람직한 이론적 기초에 해당한다고 본다.

3. 우리나라에서 저작권과 관련한 국제분쟁의 재판관할권 행사

(1) 실질적 관련성의 충족

우리 국내법원은 대부분의 경우 우리나라에서 보호되는 외국의 저작물 등과 외국저작자의 권리보호를 위한 국제재판관할권을 가지고 있다고 보아야 한다. 앞의 이론적 기초에서도 살펴본 바 있지만, 우리나라에서 외국저작물의 보호에 대해서는 우리 법원이 관여하는 것이 타당하다고 본다. 왜냐하면 무엇보다도 적법절차가 요구하는 실질적 관련성의 측면에서 보더라도 외국인 본국이나 기타의 제3국에서 재판관할권을 행사하는 것은 바람직하지 않기 때문이다.

우리나라에서 저작권 침해가 일어났고 우리 법원에 그 구제를 요청하는 사안이라면 우리나라가 해당 사건과 실질적인 관련성이 가장 많을 수밖에 없다. 우리 실정법도 이를 뒷받침하고 있는데, 「국제사법」 제2조 제1항에서는 "법원은 당사자 또는 분쟁이 된 사안이 대한민국과 실질적 관련이 있는 경우에 국제재판관할권을 가진다"라고 규정하고 있다. 여기서 실질적 관련성은 우리나라 법원이 국제재판관할권을 행사하는 것이 정당화될 수 있을 정도로 우리나라가 당사자와 쟁송사건 간에 밀접한 관련성이 있어야 함을 말한다.

(2) 우리 법원의 재판관할권 행사

우리나라에서 구해지는 외국인의 저작물과 외국저작자의 보호를 위한 소송사건은 실질적 관련성의 보장이라는 이론적 측면에서 보거나 또는 「국제사법」 제2조의 규정에 비추어 볼 때 대부분의 경우 국내법원이 국제재판관할권을 가지고 있으며 이에 관한 사법적 판단을 할 위치에 선다. 다만, 우리나라 법원이 재판관할권을 행사할 경우 당사자 간에 불공평을 초래하거나 재판이 적절하게 진행될 수 없거나 소송의 지연 등으로 그 결과가 부당해지는 특별한 사정이 있다면 재판관할권을 행사하기가 힘들다.

Ⅲ. 저작권 관련 국제분쟁에서 준거법의 결정

1. 의의

우리나라에서 이루어지는 저작권 또는 저작인접권과 관련한 국제적 분쟁에서 법원의 재판관할권이 인정되었다면 다음 단계로 어느 나라의 법을 적용할 것인지, 즉 준거법의 결정이 문제된다. 예를 들면 미국 저작권자 A의 도서가 우리나라에서 불법적으로 유통이 되어 우리 법원에 손해배상소송을 제기한 경우, 우리 법원은 미국 법률을 적용하여 판단할 것인가 아니면 대한민국 법률을 적용하여 판단할 것인가의 문제가 대두된다. 준거법의 결정은 국제조약에서 정해지기도 하고 보호가 요구되는 국가의 국내법에서 정해지기도 한다.[47] 여기서 주의하여야 할 점은 준거법의 결정문제는 민사사건에만 해당된다는 것이다.[48]

---

47 이때 적용할 법률은 실체법, 즉 권리의무관계를 규율하는 내용의 법률을 의미하고 절차법은 당연히 해당 법원이 소재하고 있는 국가의 법을 적용한다. 이 예에서 우리 법원은 항상 국내의 「민사소송법」이나 「형사소송법」과 같은 절차법을 적용하지 결코 미국의 소송과 관련한 절차법을 적용하지는 않는다. 절차법을 외국에 의지함은 곧 입법주권의 포기를 의미하기 때문이다.

48 사법(私法)의 영역에서는 외국법의 적용이 가능하나 공법(公法)의 영역에서는 앞에서 언급한 바와 같이 특정 국가가 가지고 있는 입법주권의 원칙에 따라 외국법의 적용이 허용되지 않기 때문이다.

2. 보호가 요구되는 국가의 법률 적용

(1) 보호국법주의의 원칙적 적용

준거법 결정에 관해서는 저작자 본국의 법률을 적용하는 본국법주의本國法主義와 보호가 요구되는 국가[49]의 법률을 적용하는 보호국법주의保護國法主義가 있다. 오늘날 개인 간의 저작권 관련 국제분쟁에 있어서 소송이 제기된 법원이 적용하여야 할 법률의 결정, 즉 준거법의 결정에 관하여서는 보호가 요구되는 국가Country where protection is claimed인 보호국의 법률을 적용하여야 한다는 보호국법주의가 광범위하게 자리 잡고 있다.

일반적으로 볼 때, 보호가 요구되는 국가의 법률을 적용할 때 재판이 가장 공정하게 이루어질 수 있으며, 나아가 신속한 권리구제라는 재판의 효율성 측면에서도 본국법주의보다 유리할 것이다. 이 밖에도 보호가 요구되는 국가의 법을 적용할 경우 각 나라가 독립적으로 자국의 영토 내에서 자국의 법에 따라 내·외국민 간에 동등한 대우를 보장할 수 있으므로 「베른협약」의 핵심내용인 내국민 대우의 원칙에 가장 잘 부합할 수 있다.[50]

준거법으로서 보호국법의 법률을 적용하여야 한다는 주장은 「베른협약」에서 비롯되는데, 제5조 제2항에 "…보호의 범위와 저작자의 권리를 보호하기 위하여 주어지는 구제의 방법은 오로지 보호가 요구되는 국가의 법률에 따른다"라고 하여 보호국법주의를 천명하고 있다. 우리 대법원도 보호국법주의를 받아들이고 있기 때문에 우리나라에서 보호가 요구되어 법원에 소송이 제기된 경우 우리나라의 법률을 적용하여 보호의 범위와 보호의 구체적인 방법을 정하면 된다.

> 서울중앙지방법원은 중국인 원고 A가 『一生要做的99件事(일생에 해야 할 99가지 일)』이라는 책자를 발간한 저작권자로서 한국법원에 소송을 제기한 사건에서 실체적인 판단에 앞서 어느 나라의 법을 준거법으로 할 것인가에 관하여, "대한민국과 중국은 모두 베른협약 가입국이고 이 사건 중문서적은 베른협약 제1조 및 제2조 제1항의 '문학·예술

---

49 현실적으로 볼 때 대부분의 경우는 침해지 또는 불법행위지에서 보호가 요구되고 있다. 따라서 보호국법주의나 침해지법 그리고 불법행위지법은 연방국가가 아닌 단일국가에서는 대부분의 경우 같은 개념으로 이해할 수 있다.

50 오승종, 앞의 책, 1576쪽.

적 저작물'에 해당하며 베른협약 제5조 제2항은 '저작자의 권리'에 대한 보호의 범위와 이를 보호하기 위하여 주어지는 구제의 수단은 오로지 보호가 요구된 국가의 법률에 의해 보호된다고 하고 있으므로 이 경우 보호가 요구되는 국가의 법률을 적용하여야 한다. 한편, 베른협약 제5조 제2항에 규정된 '보호가 요구된 국가The country where protection is claimed'라 함은 그 영토 내에서의 보호가 요구되는 국가, 즉 보호국을 의미하여, … 이 사건에서 원고는 자신의 지적재산권에 대한 침해행위가 대한민국의 영토 내에서 발생하였음을 주장하며 이에 대한 보호를 요구하고 있으므로 결국 대한민국의 법률이 보호국의 법률로서 이 사건에 적용될 준거법이 된다"라고 판시하였다(서울중앙지방법원 2008.6.20, 선고 2007가합43936 판결).

(2) 보호의 범위와 방법

우리 「저작권법」 제3조와 제64조에서는 이미 살펴본 바와 같이 「베른협약」의 위임을 받아 보호의 범위에 관해서 충실히 규정하고 있는데, 외국인의 저작물만 조약에 따라 보호하고 그 밖에 국내에 상시로 거주하는 외국인과 국내에서 최초 공표된 저작물 및 외국 저작인접물은 모두 우리 「저작권법」에 따라 보호를 받도록 규정하고 있다. 한편, 「저작권법」에 따른 보호의 방법은 '제9장 권리의 침해에 대한 구제' 부분에서 침해의 정지 등 청구, 침해로 보는 행위, 손해배상의 청구, 법정손해배상의 청구 등 다양하게 규정하고 있다. 이들 권리침해 및 구제와 관련하여 현실적으로 소송이 제기된 경우에는 「민사소송법」 등 각종 절차법의 규정이 적용되고, 이 밖에도 형사적 구제와 행정적 구제를 통한 보호도 얼마든지 가능하다.

3. 침해지법의 보충적 적용

외국인 또는 외국저작물이 관련된 저작권 관련 분쟁에서 준거법의 결정은 매우 중요하다. 그런데 여기서 문제가 되는 것이 저작권과 관련한 사인私人 간의 국제분쟁과 같은 외국적 요소가 있는 법률관계의 준거법을 정하는 목적으로 제정된 「국제사법」 제24조의 "지식재산권의 보호는 그 침해지법에 의한다"라는 규정의 해석이다. 우리나라에서 보호가 요구되는 저작권의 국제적 분쟁사안에서 우리나라는 당연히 보호국의 위치에 있다. 이때 **보호국**이라 함은 저작물이 이용되고 있거나 이용할 수 있는 상태에 있는 장소이자, 그 장소에서 어떤 사람의 행위가 그 이용에 해가 된다고 판단되는 경우에 그에 대한 보호를 할 수 있는 능력을 가지고 있는 국가를 의미한다.[51] 우리나라에서 보호가 요구되는 경우에 대부분은 침해지侵害地도 우리나라이다. 이 경우에는 보호국법주의와 침해지법의 차이가 없다. 그런데 우리나라에 상시 거주하는 미국 저작자 A의 저작물을 필리핀에서 불법복제하여 세계 각국으로 무단전송한 경우에 A가 한국법원에 보호를 요구하면 법원이 대한민국 법을 적용할지 아니면 필리핀 법을 적용할지가 문제다. 제24조는 이와 같은 특수한 상황을 염두에 둔 규정으로서 보호가 요구되는 국가와 침해지(국)가 일치하지 않을 때 법원이 침해지법을 준거법으로 하여 심판하도록 하는 데에 그 의의가 있다. 따라서 이 경우 필리핀 법을 적용하며, 이처럼 「국제사법」 제24조는 「베른협약」 제5조의 규정과 상충되는 것이 아니라 이를 보충하는 규정으로 이해하여야 한다.

---

51 오승종, 앞의 책, 1574쪽.

부록

참고자료

1. 국내·해외 주요 참고문헌

정부 간행물

문화체육관광부·한국저작권위원회·한국저작권보호원, 「2017저작권 백서」(2018)

문화체육관광부, 「2017 콘텐츠산업백서」(2018)

문화체육관광부·한국콘텐츠진흥원, 「2017 콘텐츠산업통계」(2018)

문화체육관광부·한국저작권위원회, 「2016저작권 백서」(2017)

문화관광부·저작권위원회, 「한국 저작권 50년사」(2008)

문화체육관광부·한국저작권위원회, 「저작권 100」(2008)

한국저작권보호원, 「2018 저작권보호 연차보고서」(2018)

저작권위원회, 「저작권 분쟁조정 사례법」(2007)

국내 단행본

강현중, 「민사소송법」, 박영사(2005)

곽윤직, 「채권각론」, 박영사(2001)

김정완, 「저작권법 개설」, 전남대학교출판부(2014)

김진욱·유태웅, 「드라마 분쟁 사례집」, 도서출판 소야(2016)

김진욱, 「K-POP 저작권분쟁 사례집」, 도서출판 소야(2013)

남형두, 「표절론」, 현암사(2015)

박덕영·이일호, 「국제저작권과 통상문제」, 세창출판사(2009)

박문석, 「멀티미디어와 현대저작권법」, 지식산업사(1997)

박성호, 「저작권법」, 박영사(2014)

박순태, 「문화예술법」, 프레전트(2015)

박순태, 「문화콘텐츠산업법」, 프레전트(2015)

송영식·이상정, 「저작권법 개설」, 세창출판사(2007)

오승종, 「저작권법」, 박영사(2014)

이규호, 「저작권법」, 진원사(2012)

이대희, 「인터넷과 지적재산권법」, 박영사(2002)

이재상, 「형법각론」, 박영사(2010)

이해완, 「저작권법」, 박영사(2007)·(2012)

임원선, 「실무자를 위한 저작권법」, 한국저작권위원회(2014)

전효숙, 『신특허법론』, 법영사(2005)

최경수, 『저작권법 개론』, 한울아카데미(2010)

허희성, 『신저작권법 축조개설』, 명문프리컴(2003)

해외 단행본

Arthur R. Miller & Michael H.Davis, Intellectual Property: Patents, Trademarks, and Copyright, West (2012)

Edward J.Murphy & Richard E.Speidel, Studies in Contract Law 4th, Edition, Foundation press (1991)

Ficsor, Guide to the Copyright and Related Rights, Treaties Administered by WIPO and Glossary of Copyright and Related Terms (Geneva: WIPO, 2003)

Jeffrey Helewitz and Edwards, Entertainment Law, Thomson/Delmar Learning (2004)

Leonard D. DuBoff & Christy O. King, Art Law, Thomson/West (2006)

Mark A. Lemley et.al., Software and Internet Law, 2d, Aspen Publishers (2003)

Morris L. Cohen, Robert C. Berring and Kent C. Olson, Finding The Law, West Publishing Company (2006)

Paul Goldstein, Copyright, 2d ed, Little Brown and Company (1996)

Paul Goldstein, Copyright, Patent, Trademark and Related Doctrines,The Foundation Press Inc (2001)

Sherri L. Burr, Entertainment Law Cases and Materials in Established and Emerging Media, West (2011)

WIPO, Guide to the Rome Convention and to the Phonograms Convention (1981)

WIPO, 「WIPO Glossary of Terms of Law of Copyright and Neighboring Rights」 (2011)

논문

강기봉, 「저작권법상 프로그램코드 역분석 규정에 관한 법정책적 연구」, 계간 《저작권》(2017 여름호), 한국저작권위원회

강기봉, 「저작권법상 컴퓨터프로그램의 사적복제 규정에 관한 연구」, 계간 《저작권》(2016 여름호), 한국저작권위원회

강태욱, 「음악저작물에 있어서 실질적 유사성의 문제」, 계간 《저작권》(2007 봄호), 한국저작권위원회

김경숙, 「임베디드 링크는 저작물 이용행위인가?」, 계간 《저작권》(2018 여름호), 한국저작권위원회

김경숙, 「저작권법상 링크사이트의 법적 책임」, 계간 《저작권》(2017 가을호), 한국저작권위원회

김미혜, 「SW저작권정책 오픈 포럼」, 문화체육관광부·한국저작권위원회(2012)

김병일, 「클라우드 컴퓨팅과 저작권」, 계간 《저작권》(2013 여름호), 한국저작권위원회

김병일, 「음악에 있어서의 공정인용의 기준 및 한계」, 「엔터테인먼트산업에 있어서의 표절판단 및 공정인용의 기준」(2007)

김병일, 「음악공연권과 그 제한에 관한 고찰」, 한국산업재산권법학회(2005)

김세균 외, 「디지털 시대의 국립중앙도서관의 지식사회 선도역할 전략연구」, 국립중앙도서관(2009)

김원오, 「대작(代作)에 있어서 성명표시의 취급에 관한 법적 쟁점」, 계간 《저작권》(2012 여름호), 한국
　　저작권위원회

김창화, 「실용품 디자인의 저작권법 보호에 관한 연구」, 계간 《저작권》(2017 겨울호), 한국저작권위원회

김현숙, 「멀티 유즈시스템에서 실행되는 소프트웨어의 저작권 침해 판단」, 계간 《저작권》(2018 겨울
　　호), 한국저작권위원회

김현숙, 「디지털음성송신 판단기준에서의 사용자의 선택가능성에 관한 소고」, 계간 《저작권》(2017 겨
　　울호), 한국저작권위원회

김현철, 「권리관리정보 보호를 위한 저작권법 개정방향에 관한 연구」, 저작권 연구자료(2001), 저작권
　　심의조정위원회

남형두, 「퍼블리시티권의 입법적 보호 방안 연구」, 문화체육관광부(2011)

노현숙, 「고아저작물 이용활성화 방안으로서의 집중관리제도에 관한 고찰」, 계간 《저작권》(2013 가을호)

문수미, 「공중이용 제공행위로서 링크에 대한 규제방안의 연구」, 계간 《저작권》(2017 가을호), 한국저
　　작권위원회

문일환, 「클라우드 컴퓨팅 서비스의 저작권법 쟁점에 관한 고찰」, 계간 《저작권》(2016 봄호), 한국저작
　　권위원회

문일환, 「디지털 저작물과 권리소진의 원칙」, 정보법학, 제18권 제1호(2014)

민경재, 「한·중·일에서 근대 저작권법 입법 이전의 저작권법 및 저작권문화의 존재여부에 관한 연구」,
　　계간 《저작권》(2012년 가을호)

박경신, 「미술품 재판매 보상금 지급의무에 대한 검토」, 계간 《저작권》(2018 여름호), 한국저작권위원회

박성민, 「저작권법 제120조의 영리목적과 상습성에 대한 형사법적 고찰」, 계간 《저작권》(2018 겨울호),
　　한국저작권위원회

박성호, 「저작권위탁관리업에서 '포괄적 대리'의 의미와 '신탁범위 선택제'의 실현 방안」, 계간 《저작권》
　　(2016 가을호), 한국저작권위원회

박성호, 「현행 저작권 제도의 패러다임의 변화」, 「인터넷 그 길을 묻다」, 한국정보법학회(2012)

박성호, 「포스트모던 시대의 예술과 저작권」, 한국 저작권 논문선집(II), 저작권심의조정위원회(1965)

박순태, 「디지털시대의 저작권정책의 분석모형」, 서울벤처정보대학원대학교 박사학위논문(2010)

박영규, 「공공저작물의 자유이용과 법적문제 및 그 대응방안」, 계간 《저작권》(2015 봄호), 한국저작권
　　위원회

박영규, 「개정 저작권법상 공연권 제한과 상업용 음반의 의미」, 계간 《저작권》(2010 겨울호), 한국저작
　　권위원회

박영길, 「저작권 위탁관리 제도의 재조명-디지털환경하의 역할과 기능」, 저작권법 전면개정을 위한 기
　　초 조사연구, 저작권심의조정위원회(2001)

박준석, 「인터넷상 정보유통에 대한 새로운 저작권 규율방향 모색」, 집문당(2015)

박준석, 「한국저작권법상 '저작권 제한'에 관한 연구」, 계간 《저작권》(2012 겨울호), 한국저작권위원회

박준우, 「건축저작물의 실질적 유사성 판단에 관한 연구」, 계간 《저작권》(2018 가을호), 한국저작권위
　　원회

배해일, 「공연현장의 저작권 애로사항」, 공연예술과 저작권 토론회 자료, 문화체육관광부(2012)

백경태, 「미술에 대한 저작재산권법적 보호-미국 사례를 중심으로」, 계간 《저작권》(2015 가을호), 한국
    저작권위원회

서계원, 「저작권제도의 자생적 기원에 관한 연구」, 계간 《저작권》(2011 여름호), 한국저작권위원회

손승우, 「인공지능 창작물의 지식재산 보호, 명암과 해법」, 인터넷 법제동향, Vol.116, 한국인터넷진흥
    원(2017)

송재성, 「미국 연방저작권법상 공정이용판단요소의 적용사례분석」, 계간 《저작권》(2012 여름호), 한국
    저작권위원회

오영우, 「온라인서비스제공자의 저작권침해자 정보제공제도에 관한 연구」, 고려대학교 박사학위논문
    (2011)

육소영, 「건축저작물의 저작권 보호」, 계간 《저작권》(2007년 겨울호), 한국저작권위원회

윤종수, 「저작권법 개혁에 관한 미국의 논의」, 계간 《저작권》(2015 봄호), 한국저작권위원회

이규홍, 「저작권법의 적용과 집행」, 계간 《저작권》(2013 봄호), 한국저작권위원회

이대희, 「기술적 보호조치 무력화 금지의 예외」, 계간 《저작권》(2018 여름호), 한국저작권위원회

이대희, 「컴퓨터프로그램의 일시적 복제와 그 예외」, 계간 《저작권》(2015 봄호), 한국저작권위원회

이대희, 「미국의 법정손해배상규정과 그 문제점의 경험론적 분석에 의한 한국의 법정손해배상액 산정
    가이드라인 연구」, 계간 《저작권》(2013 겨울호), 한국저작권위원회

이동기, 「저작권 분쟁의 중재제도 도입에 관한 연구」, 계간 《저작권》(2017 봄호), 한국저작권위원회

이두영, 「중국 저작권법 입법 준비과정」, 《출판문화》(1990), 대한출판문화법학회

이상정, 「디지털 시대의 저작권법 개정 방향에 관한 소고」, 저작권 41, 저작권심의조정위원회(1998)

이성우, 「디지털 저작권 침해에 있어서 법정손해배상제도에 대한 소고」, 경성법학, 경성대학교 법학연
    구소(2008)

이성호, 「저작권법의 체계와 주요쟁점」, 인권과 정의(2005)

이성호, 「사이버 지적재산권 분쟁의 재판관할과 준거법」, 국제사법연구(2003)

이철남, 「컴퓨터프로그램저작물의 여과(Filteration)과정에 관한 연구」, 계간 《저작권》(2013 여름호),
    한국저작권위원회

이철남, 「저작권법을 통한 무형문화유산의 보호와 그 한계」, 계간 《저작권》(2011년 겨울호), 한국저작
    권위원회

이해청, 「저작권집중관리제도의 개선-한국음악저작권을 중심으로」, 문화체육관광부(2008)

임원선, 「저작권법상 링크와 링크사이트의 법적 성격에 관한 연구」, 계간 《저작권》(2017 가을호), 한국
    저작권위원회

임원선, 「저작권보호를 위한 기술조치의 법적 보호에 관한 연구」, 동국대학교박사학위논문(2003)

정성조, 「인공지능 시대의 저작권법 과제」, 계간 《저작권》(2018 여름호), 한국저작권위원회

정윤경, 「인공지능(AI) 창작물의 저작권 보호에 관한 연구」, IP LAWS연구, 지식재산법제포럼(2019)

정진근, 「블록체인(Block Chain); 저작권 제도에서의 활용가능성과 그 한계에 관한 소고」, 계간 《저작
    권》(2018 겨울호), 한국저작권위원회

정진근, 「저작인격권에 관한 재고찰」, 계간 《저작권》(2014 가을호), 한국저작권위원회

정진근, 「저작권 라이선스 규제의 필요성과 과제」, 계간 《저작권》(2013 겨울호), 한국저작권위원회

정진근, 「저작권의 공정사용 원칙의 도입에 따른 문제와 개선방안」, 계간 《저작권》(2012 여름호), 한국
저작권위원회

조영선, 「현행 업무상저작물제도의 문제점과 입법적 제언」, 계간 《저작권》(2013 가을호),한국저작권위
원회

차상육, 「동일성유지권 침해의 요건사실에 대한 해석론과 입법론」, 계간 《저작권》(2018 가을호), 한국
저작권위원회

차상육, 「레시피의 보호에 관한 저작권법상의 쟁점에 관한 소고」, 계간 《저작권》(2015 겨울호), 한국저
작권위원회

최경수, 「저작권 분야 방송신호의 보호」, 계간 《저작권》(2012 가을호), 한국저작권위원회

최종아, 「산업연관분석을 이용한 저작권산업 연구」, 계간 《저작권》(2016 겨울호), 한국저작권위원회

최종일 외, 「저작물 병행수입 금지의 효과와 대응방안」, 문화관광부(2006)

최혜리, 「무용·저작물 어떻게 보호할 것인가?」, 공연예술과 저작권 토론회 자료, 문화체육관광부(2012)

한지영, 「일명 '표지갈이'사건에서의 부정발행죄 적용범위에 관한 고찰」, 계간 《저작권》(2016 가을호),
한국저작권위원회

이마무라 데쓰야, 「일본 리치사이트를 둘러싼 논의의 동향」, 계간 《저작권》(2017 가을호), 한국저작권
위원회

Arthur Murphy, The Works of Samuel Johnson, LL.D.With an Essay on his Life and Genius,
Alexander v. Blake Publisher(1840)

Jhon A.Fonstad,Protecting Fair Use: Toward a New Dual Standard, 40. U. Mich.
J.1.reform623(2007)

Level, Pierre., 'Toward a FairUse Standard", Harvard Law Review.vol.103 no5(1990)

기타

문화체육관광부, 「2019년도 업무계획」(2019)

문화체육관광부, 「한국저작권보호원 설립 필요성 및 설립방안」(2016)

문화체육관광부·한국저작권위원회, 「저작권법 일부개정(안) 공청회 자료」(2012)

문화체육관광부, 「소프트웨어관리가이드」(2012)

문화체육관광부·한국저작권위원회, 「한·미 FTA이행을 위한 개정 저작권법 설명자료」(2011)

문화체육관광부, 「저작권법 개정안 주요내용 및 해설」(2008)

문화체육관광부, 「저작권법 체계개선 연구」(2008)

문화체육관광부, 「한미 FTA 협정 후속 이행을 위한 저작권법 개정(안) 설명자료」(2008)

문화체육관광부, 「엔터테인먼트산업에 있어서의 표절판단 및 공정인용의 기준」(2007)

문화체육관광부, 「자유이용·저작물의 이용방안에 관한 연구」(2005)

문화체육관광부, 「저작권법 개정안 설명자료」(2002)

문화관광부, 「저작권관리사업법 제정을 위한 연구」(2008)

문화관광부, 「영화 및 음악분야 표절방지 가이드라인」(2007)

문화관광부, 「저작물 병행수입금지의 효과와 대응방안」(2006)

문화관광부, 「개정 저작권법 길라잡이」(2006)

문화관광부, 「개정 저작권법 설명자료」(2005)

문화관광부, 「인용에 관한 의식 조사·연구: 저작권의 보호와 활용을 위하여」(2005)

문화관광부, 「일시적 복제의 입법방안에 대한 연구」(2005)

국회 교육문화체육관광위원회, 「저작권법 입법개정 법안심사 소위원회 심사자료」(2015)

한국저작권위원회, 「저작권 동향 2018」(2018)

한국저작권위원회, 「미래 저작권 환경에 적합한 저작권법 개정을 위한 연구(Ⅱ)」(2017)

한국저작권위원회, 「미래 저작권 환경에 적합한 저작권법 개정을 위한 연구(Ⅰ)」(2016)

한국저작권위원회, 「한·EU FTA 개정 저작권법 해설」(2011)

저작권위원회, 「저작권법과 디자인법의 교차영역에 관한 연구」(2007)

저작권위원회, 「전통문화 표현물(TCEs)의 보호에 관한 국제동향 연구」(2007)

저작권위원회, 「표절문제 해결방안에 관한 연구」(2007)

저작권위원회, 「한미 FTA 이행을 위한 저작권법 개정방안 연구」(2007)

저작권위원회, 「한국 저작권 판례집」[9],[10],[11](2005~2007)

저작권심의조정위원회, "저작권산업진흥 5개년계획 수립(법·제도 부분)", 저작권심의조정위원회(2006)

한국저작권법학회, 「저작권 연구」, 제2호(2003)

한국저작권단체연합회, 「저작권 이용 효율화를 위한 법적 방안 연구」(2007)

(사)한국음반산업협회, 「저작권 사용료 징수규정」(2015)

2. 참고 판결

헌법재판소 결정

대법원 판례

찾아보기

저작권법

2020년 2월 4일 개정

제1장 총 칙

제1조【목적】 이 법은 저작자의 권리와 이에 인접하는 권리를 보호하고 저작물의 공정한 이용을 도모함으로써 문화 및 관련 산업의 향상발전에 이바지함을 목적으로 한다.

제2조【정의】 이 법에서 사용하는 용어의 뜻은 다음과 같다.

1. "저작물"은 인간의 사상 또는 감정을 표현한 창작물을 말한다.

2. "저작자"는 저작물을 창작한 자를 말한다.

3. "공연"은 저작물 또는 실연·음반·방송을 상연·연주·가창·구연·낭독·상영·재생 그 밖의 방법으로 공중에게 공개하는 것을 말하며, 동일인의 점유에 속하는 연결된 장소 안에서 이루어지는 송신(전송을 제외한다)을 포함한다.

4. "실연자"는 저작물을 연기·무용·연주·가창·구연·낭독 그 밖의 예능적 방법으로 표현하거나 저작물이 아닌 것을 이와 유사한 방법으로 표현하는 실연을 하는 자를 말하며, 실연을 지휘, 연출 또는 감독하는 자를 포함한다.

5. "음반"은 음(음성·음향을 말한다. 이하 같다)이 유형물에 고정된 것(음을 디지털화한 것을 포함한다)을 말한다. 다만, 음이 영상과 함께 고정된 것을 제외한다.

6. "음반제작자"는 음반을 최초로 제작하는 데 있어 전체적으로 기획하고 책임을 지는 자를 말한다.

7. "공중송신"은 저작물, 실연·음반·방송 또는 데이터베이스(이하 "저작물등"이라 한다)를 공중이 수신하거나 접근하게 할 목적으로 무선 또는 유선통신의 방법에 의하여 송신하거나 이용에 제공하는 것을 말한다.

8. "방송"은 공중송신 중 공중이 동시에 수신하게 할 목적으로 음·영상 또는 음과 영상 등을 송신하는 것을 말한다.

8의2. "암호화된 방송 신호"란 방송사업자나 방송사업자의 동의를 받은 자가 정당한 권한 없이 방송(유선 및 위성 통신의 방법에 의한 방송에 한한다)을 수신하는 것을 방지하거나 억제하기 위하여 전자적으로 암호화한 방송 신호를 말한다.

9. "방송사업자"는 방송을 업으로 하는 자를 말한다.

10. "전송(傳送)"은 공중송신 중 공중의 구성원이 개별적으로 선택한 시간과 장소에서 접근할 수 있도록 저작물등을 이용에 제공하는 것을 말하며, 그에 따라 이루어지는 송신을 포함한다.

11. "디지털음성송신"은 공중송신 중 공중으로 하여금 동시에 수신하게 할 목적으로 공중의 구성원의 요청에 의하여 개시되는 디지털 방식의 음의 송신을 말하며, 전송을 제외한다.

12. "디지털음성송신사업자"는 디지털음성송신을 업으로 하는 자를 말한다.

13. "영상저작물"은 연속적인 영상(음의 수반여부는 가리지 아니한다)이 수록된 창작물로서 그 영상을 기계 또는 전자장치에 의하여 재생하여 볼 수 있거나 보고 들을 수 있는 것을 말한다.

14. "영상제작자"는 영상저작물의 제작에 있어 그 전체를 기획하고 책임을 지는 자를 말한다.

15. "응용미술저작물"은 물품에 동일한 형상으로 복제될 수 있는 미술저작물로서 그 이용된 물품과 구분되어 독자성을 인정할 수 있는 것을 말하며, 디자인 등을 포함한다.

16. "컴퓨터프로그램저작물"은 특정한 결과를 얻기 위하여 컴퓨터 등 정보처리능력을 가진 장치(이하 "컴퓨터"라 한다) 내에서 직접 또는 간접으로 사용되는 일련의 지시·명령으로 표현된 창작물을 말한다.

17. "편집물"은 저작물이나 부호·문자·음·영상 그 밖의 형태의 자료(이하 "소재"라 한다)의 집합물을 말하며, 데이터베이스를 포함한다.

18. "편집저작물"은 편집물로서 그 소재의 선택·배열 또는 구성에 창작성이 있는 것을 말한다.

19. "데이터베이스"는 소재를 체계적으로 배열 또는 구성한 편집물로서 개별적으로 그 소재에 접근하거나 그 소재를 검색할 수 있도록 한 것을 말한다.

20. "데이터베이스제작자"는 데이터베이스의 제작 또는 그 소재의 갱신·검증 또는 보충(이하 "갱신등"이라 한다)에 인적 또는 물적으로 상당한 투자를 한 자를 말한다.

21. "공동저작물"은 2인 이상이 공동으로 창작한 저작물로서 각자의 이바지한 부분을 분리하여 이용할 수 없는 것을 말한다.

22. "복제"는 인쇄·사진촬영·복사·녹음·녹화 그 밖의 방법으로 일시적 또는 영구적으로 유형물에 고정하거나 다시 제작하는 것을 말하며, 건축물의 경우에는 그 건축을 위한 모형 또는 설계도서에 따라 이를 시공하는 것을 포함한다.

23. "배포"는 저작물등의 원본 또는 그 복제물을 공중에게 대가를 받거나 받지 아니하고 양도 또는 대여하는 것을 말한다.

24. "발행"은 저작물 또는 음반을 공중의 수요를 충족시키기 위하여 복제·배포하는 것을 말한다.

25. "공표"는 저작물을 공연, 공중송신 또는 전시 그 밖의 방법으로 공중에게 공개하는 경우와 저작물을 발행하는 경우를 말한다.

26. "저작권신탁관리업"은 저작재산권자, 배타적발행권자, 출판권자, 저작인접권자 또는 데이터베이스제작자의 권리를 가진 자를 위하여 그 권리를 신탁받아 이를 지속적으로 관리하는 업을 말하며, 저작물등의 이용과 관련하여 포괄적으로 대리하는 경우를 포함한다.

27. "저작권대리중개업"은 저작재산권자, 배타적발행권자, 출판권자, 저작인접권자 또는 데이터베이스제작자의 권리를 가진 자를 위하여 그 권리의 이용에 관한 대리 또는 중개행위를 하는 업을 말한다.

28. "기술적 보호조치"란 다음 각 목의 어느 하나에 해당하는 조치를 말한다.

가. 저작권, 그 밖에 이 법에 따라 보호되는 권리의 행사와 관련하여 이 법에 따라 보호되는 저작물등에 대한 접근을 효과적으로 방지하거나 억제하기 위하여 그 권리자나 권리자의 동의를 받은 자가 적용하는 기술적 조치

나. 저작권, 그 밖에 이 법에 따라 보호되는 권리에 대한 침해 행위를 효과적으로 방지하거나 억제하기 위하여 그 권리자나 권리자의 동의를 받은 자가 적용하는 기술적 조치

29. "권리관리정보"는 다음 각 목의 어느 하나에 해당하는 정보나 그 정보를 나타내는 숫자 또는 부호로서 각 정보가 저작권, 그 밖에 이 법에 따라 보호되는 권리에 의하여 보호되는 저작물등의 원본이나 그 복제물에 부착되거나 그 공연·실행 또는 공중송신에 수반되는 것을 말한다.

가. 저작물등을 식별하기 위한 정보

나. 저작권, 그 밖에 이 법에 따라 보호되는 권리를 가진 자를 식별하기 위한 정보

다. 저작물등의 이용 방법 및 조건에 관한 정보

30. "온라인서비스제공자"란 다음 각 목의 어느 하나에 해당하는 자를 말한다.

가. 이용자가 선택한 저작물등을 그 내용의

수정 없이 이용자가 지정한 지점 사이에서 정보통신망(「정보통신망 이용촉진 및 정보보호 등에 관한 법률」 제2조제1항제1호의 정보통신망을 말한다. 이하 같다)을 통하여 전달하기 위하여 송신하거나 경로를 지정하거나 연결을 제공하는 자

나. 이용자들이 정보통신망에 접속하거나 정보통신망을 통하여 저작물등을 복제·전송할 수 있도록 서비스를 제공하거나 그를 위한 설비를 제공 또는 운영하는 자

31. "업무상저작물"은 법인·단체 그 밖의 사용자(이하 "법인등"이라 한다)의 기획하에 법인등의 업무에 종사하는 자가 업무상 작성하는 저작물을 말한다.

32. "공중"은 불특정 다수인(특정 다수인을 포함한다)을 말한다.

33. "인증"은 저작물등의 이용허락 등을 위하여 정당한 권리자임을 증명하는 것을 말한다.

34. "프로그램코드역분석"은 독립적으로 창작된 컴퓨터프로그램저작물과 다른 컴퓨터프로그램과의 호환에 필요한 정보를 얻기 위하여 컴퓨터프로그램저작물코드를 복제 또는 변환하는 것을 말한다.

35. "라벨"이란 그 복제물이 정당한 권한에 따라 제작된 것임을 나타내기 위하여 저작물등의 유형적 복제물·포장 또는 문서에 부착·동봉 또는 첨부되거나 그러한 목적으로 고안된 표지를 말한다.

36. "영화상영관등"이란 영화상영관, 시사회장, 그 밖에 공중에게 영상저작물을 상영하는 장소로서 상영자에 의하여 입장이 통제되는 장소를 말한다.

제2조의2【저작권 보호에 관한 시책 수립 등】 ① 문화체육관광부장관은 이 법의 목적을 달성하기 위하여 다음 각 호의 시책을 수립·시행할 수 있다.

1. 저작권의 보호 및 저작물의 공정한 이용 환경 조성을 위한 기본 정책에 관한 사항

2. 저작권 인식 확산을 위한 교육 및 홍보에 관한 사항

3. 저작물등의 권리관리정보 및 기술적보호조치의 정책에 관한 사항

② 제1항에 따른 시책의 수립·시행에 필요한 사항은 대통령령으로 정한다.

제3조【외국인의 저작물】 ① 외국인의 저작물은 대한민국이 가입 또는 체결한 조약에 따라 보호된다.

② 대한민국 내에 상시 거주하는 외국인(무국적자 및 대한민국 내에 주된 사무소가 있는 외국법인을 포함한다)의 저작물과 맨 처음 대한민국 내에서 공표된 외국인의 저작물(외국에서 공표된 날로부터 30일 이내에 대한민국 내에서 공표된 저작물을 포함한다)은 이 법에 따라 보호된다.

③ 제1항 및 제2항에 따라 보호되는 외국인(대한민국 내에 상시 거주하는 외국인 및 무국적자는 제외한다. 이하 이 조에서 같다)의 저작물이라도 그 외국에서 대한민국 국민의 저작물을 보호하지 아니하는 경우에는 그에 상응하게 조약 및 이 법에 따른 보호를 제한할 수 있다.

④ 제1항 및 제2항에 따라 보호되는 외국인의 저작물이라도 그 외국에서 보호기간이 만료된 경우에는 이 법에 따른 보호기간을 인정하지 아니한다.

제2장 저작권

제1절 저작물

제4조【저작물의 예시 등】 ① 이 법에서 말하는 저작물을 예시하면 다음과 같다.

1. 소설·시·논문·강연·연설·각본 그 밖의 어문저작물

2. 음악저작물

3. 연극 및 무용·무언극 그 밖의 연극저작물

4. 회화·서예·조각·판화·공예·응용미술저작물 그 밖의 미술저작물

5. 건축물·건축을 위한 모형 및 설계도서 그 밖의 건축저작물

6. 사진저작물(이와 유사한 방법으로 제작된 것을 포함한다)

7. 영상저작물

8. 지도·도표·설계도·약도·모형 그 밖의 도형저작물

9. 컴퓨터프로그램저작물

② (삭제)

제5조【2차적저작물】 ① 원저작물을 번역·편곡·변형·각색·영상제작 그 밖의 방법으로 작성한 창작물(이하 "2차적저작물"이라 한다)은 독자적인 저작물로서 보호된다.

② 2차적저작물의 보호는 그 원저작물의 저작자의 권리에 영향을 미치지 아니한다.

제6조【편집저작물】 ① 편집저작물은 독자적인 저작물로서 보호된다.

② 편집저작물의 보호는 그 편집저작물의 구성부분이 되는 소재의 저작권 그 밖에 이 법에 따라 보호되는 권리에 영향을 미치지 아니한다.

제7조【보호받지 못하는 저작물】 다음 각 호의 어느 하나에 해당하는 것은 이 법에 의한 보호를 받지 못한다.

1. 헌법·법률·조약·명령·조례 및 규칙

2. 국가 또는 지방자치단체의 고시·공고·훈령 그 밖에 이와 유사한 것

3. 법원의 판결·결정·명령 및 심판이나 행정심판절차 그 밖에 이와 유사한 절차에 의한 의결·결정 등

4. 국가 또는 지방자치단체가 작성한 것으로서 제1호 내지 제3호에 규정된 것의 편집물 또는 번역물

5. 사실의 전달에 불과한 시사보도

제2절 저작자

제8조【저작자 등의 추정】 ① 다음 각 호의 어느 하나에 해당하는 자는 저작자로서 그 저작물에 대한 저작권을 가지는 것으로 추정한다.

1. 저작물의 원본이나 그 복제물에 저작자로서의 실명 또는 이명(예명·아호·약칭 등을 말한다. 이하 같다)으로서 널리 알려진 것이 일반적인 방법으로 표시된 자

2. 저작물을 공연 또는 공중송신하는 경우에 저작자로서의 실명 또는 저작자의 널리 알려진 이명으로서 표시된 자

② 제1항 각 호의 어느 하나에 해당하는 저작자의 표시가 없는 저작물의 경우에는 발행자·공연자 또는 공표자로 표시된 자가 저작권을 가지는 것으로 추정한다.

제9조【업무상저작물의 저작자】 법인등의 명의로 공표되는 업무상저작물의 저작자는 계약 또는 근무규칙 등에 다른 정함이 없는 때에는 그 법인등이 된다. 다만, 컴퓨터프로그램저작물(이하 "프로그램"이라 한다)의 경우 공표될 것을 요하지 아니한다.

제10조【저작권】 ① 저작자는 제11조 내지 제13조의 규정에 따른 권리(이하 "저작인격권"이라 한다)와 제16조 내지 제22조의 규정에 따른 권리(이하 "저작재산권"이라 한다)를 가진다.

② 저작권은 저작물을 창작한 때부터 발생하며 어떠한 절차나 형식의 이행을 필요로 하지 아니한다.

제3절 저작인격권

제11조【공표권】 ① 저작자는 그의 저작물을 공표하거나 공표하지 아니할 것을 결정할 권리를 가진다.

② 저작자가 공표되지 아니한 저작물의 저작재산권을 제45조에 따른 양도, 제46조에 따른 이

용허락, 제57조에 따른 배타적발행권의 설정 또는 제63조에 따른 출판권의 설정을 한 경우에는 그 상대방에게 저작물의 공표를 동의한 것으로 추정한다.

③ 저작자가 공표되지 아니한 미술저작물·건축저작물 또는 사진저작물(이하 "미술저작물등"이라 한다)의 원본을 양도한 경우에는 그 상대방에게 저작물의 원본의 전시방식에 의한 공표를 동의한 것으로 추정한다.

④ 원저작자의 동의를 얻어 작성된 2차적저작물 또는 편집저작물이 공표된 경우에는 그 원저작물도 공표된 것으로 본다.

⑤ 공표하지 아니한 저작물을 저작자가 제31조의 도서관등에 기증한 경우 별도의 의사를 표시하지 않는 한 기증한 때에 공표에 동의한 것으로 추정한다.

제12조 【성명표시권】 ① 저작자는 저작물의 원본이나 그 복제물에 또는 저작물의 공표 매체에 그의 실명 또는 이명을 표시할 권리를 가진다.

② 저작물을 이용하는 자는 그 저작자의 특별한 의사표시가 없는 때에는 저작자가 그의 실명 또는 이명을 표시한 바에 따라 이를 표시하여야 한다. 다만, 저작물의 성질이나 그 이용의 목적 및 형태 등에 비추어 부득이하다고 인정되는 경우에는 그러하지 아니하다.

제13조 【동일성유지권】 ① 저작자는 그의 저작물의 내용·형식 및 제호의 동일성을 유지할 권리를 가진다.

② 저작자는 다음 각 호의 어느 하나에 해당하는 변경에 대하여는 이의(異議)할 수 없다. 다만, 본질적인 내용의 변경은 그러하지 아니하다.

1. 제25조의 규정에 따라 저작물을 이용하는 경우에 학교교육 목적상 부득이하다고 인정되는 범위 안에서의 표현의 변경
2. 건축물의 증축·개축 그 밖의 변형
3. 특정한 컴퓨터 외에는 이용할 수 없는 프로그램을 다른 컴퓨터에 이용할 수 있도록 하기

위하여 필요한 범위에서의 변경
4. 프로그램을 특정한 컴퓨터에 보다 효과적으로 이용할 수 있도록 하기 위하여 필요한 범위에서의 변경
5. 그 밖에 저작물의 성질이나 그 이용의 목적 및 형태 등에 비추어 부득이하다고 인정되는 범위 안에서의 변경

제14조 【저작인격권의 일신전속성】 ① 저작인격권은 저작자 일신에 전속한다.

② 저작자의 사망 후에 그의 저작물을 이용하는 자는 저작자가 생존하였더라면 그 저작인격권의 침해가 될 행위를 하여서는 아니 된다. 다만, 그 행위의 성질 및 정도에 비추어 사회통념상 그 저작자의 명예를 훼손하는 것이 아니라고 인정되는 경우에는 그러하지 아니하다.

제15조 【공동저작물의 저작인격권】 ① 공동저작물의 저작인격권은 저작자 전원의 합의에 의하지 아니하고는 이를 행사할 수 없다. 이 경우 각 저작자는 신의에 반하여 합의의 성립을 방해할 수 없다.

② 공동저작물의 저작자는 그들 중에서 저작인격권을 대표하여 행사할 수 있는 자를 정할 수 있다.

③ 제2항의 규정에 따라 권리를 대표하여 행사하는 자의 대표권에 가하여진 제한이 있을 때에 그 제한은 선의의 제3자에게 대항할 수 없다.

제4절 저작재산권

제1관 저작재산권의 종류

제16조 【복제권】 저작자는 그의 저작물을 복제할 권리를 가진다.

제17조 【공연권】 저작자는 그의 저작물을 공연할 권리를 가진다.

제18조 【공중송신권】 저작자는 그의 저작물을 공중송신할 권리를 가진다.

제19조【전시권】 저작자는 미술저작물등의 원본이나 그 복제물을 전시할 권리를 가진다.

제20조【배포권】 저작자는 저작물의 원본이나 그 복제물을 배포할 권리를 가진다. 다만, 저작물의 원본이나 그 복제물이 해당 저작재산권자의 허락을 받아 판매 등의 방법으로 거래에 제공된 경우에는 그러하지 아니하다.

제21조【대여권】 제20조 단서에도 불구하고 저작자는 상업적 목적으로 공표된 음반(이하 "상업용 음반"이라 한다)이나 상업적 목적으로 공표된 프로그램을 영리를 목적으로 대여할 권리를 가진다.

제22조【2차적저작물작성권】 저작자는 그의 저작물을 원저작물로 하는 2차적저작물을 작성하여 이용할 권리를 가진다.

제2관 저작재산권의 제한

제23조【재판 등에서의 복제】 다음 각 호의 어느 하나에 해당하는 경우에는 그 한도 안에서 저작물을 복제할 수 있다. 다만, 그 저작물의 종류와 복제의 부수 및 형태 등에 비추어 해당 저작재산권자의 이익을 부당하게 침해하는 경우에는 그러하지 아니하다.

1. 재판 또는 수사를 위하여 필요한 경우
2. 입법·행정 목적을 위한 내부 자료로서 필요한 경우

제24조【정치적 연설 등의 이용】 공개적으로 행한 정치적 연설 및 법정·국회 또는 지방의회에서 공개적으로 행한 진술은 어떠한 방법으로도 이용할 수 있다. 다만, 동일한 저작자의 연설이나 진술을 편집하여 이용하는 경우에는 그러하지 아니하다.

제24조의2【공공저작물의 자유이용】 ① 국가 또는 지방자치단체가 업무상 작성하여 공표한 저작물이나 계약에 따라 저작재산권의 전부를 보유한 저작물은 허락 없이 이용할 수 있다. 다만, 저작물이 다음 각 호의 어느 하나에 해당하는 경우에는 그러하지 아니하다.

1. 국가안전보장에 관련되는 정보를 포함하는 경우
2. 개인의 사생활 또는 사업상 비밀에 해당하는 경우
3. 다른 법률에 따라 공개가 제한되는 정보를 포함하는 경우
4. 제112조에 따른 한국저작권위원회(이하 제111조까지 "위원회"라 한다)에 등록된 저작물로서 「국유재산법」에 따른 국유재산 또는 「공유재산 및 물품 관리법」에 따른 공유재산으로 관리되는 경우

② 국가는 「공공기관의 운영에 관한 법률」 제4조에 따른 공공기관이 업무상 작성하여 공표한 저작물이나 계약에 따라 저작재산권의 전부를 보유한 저작물의 이용을 활성화하기 위하여 대통령령으로 정하는 바에 따라 공공저작물 이용 활성화 시책을 수립·시행할 수 있다.

③ 국가 또는 지방자치단체는 제1항제4호의 공공저작물 중 자유로운 이용을 위하여 필요하다고 인정하는 경우 「국유재산법」 또는 「공유재산 및 물품 관리법」에도 불구하고 대통령령으로 정하는 바에 따라 사용하게 할 수 있다.

제25조【학교교육 목적 등에의 이용】 ① 고등학교 및 이에 준하는 학교 이하의 학교의 교육 목적상 필요한 교과용도서에는 공표된 저작물을 게재할 수 있다.

② 교과용도서를 발행한 자는 교과용도서를 본래의 목적으로 이용하기 위하여 필요한 한도 내에서 제1항에 따라 교과용도서에 게재한 저작물을 복제·배포·공중송신할 수 있다.

③ 다음 각 호의 어느 하나에 해당하는 학교 또는 교육기관이 수업 목적으로 이용하는 경우에는 공표된 저작물의 일부분을 복제·배포·공연·전시 또는 공중송신(이하 이 조에서 "복제 등"이라 한다)할 수 있다. 다만, 공표된 저작물

의 성질이나 그 이용의 목적 및 형태 등에 비추어 해당 저작물의 전부를 복제등을 하는 것이 부득이한 경우에는 전부 복제등을 할 수 있다.

1. 특별법에 따라 설립된 학교

2. 「유아교육법」, 「초·중등교육법」 또는 「고등교육법」에 따른 학교

3. 국가나 지방자치단체가 운영하는 교육기관

④ 국가나 지방자치단체에 소속되어 제3항 각 호의 학교 또는 교육기관의 수업을 지원하는 기관(이하 "수업지원기관"이라 한다)은 수업 지원을 위하여 필요한 경우에는 공표된 저작물의 일부분을 복제등을 할 수 있다. 다만, 공표된 저작물의 성질이나 그 이용의 목적 및 형태 등에 비추어 해당 저작물의 전부를 복제등을 하는 것이 부득이한 경우에는 전부 복제등을 할 수 있다.

⑤ 제3항 각 호의 학교 또는 교육기관에서 교육을 받는 자는 수업 목적상 필요하다고 인정되는 경우에는 제3항의 범위 내에서 공표된 저작물을 복제하거나 공중송신할 수 있다.

⑥ 제1항부터 제4항까지의 규정에 따라 공표된 저작물을 이용하려는 자는 문화체육관광부장관이 정하여 고시하는 기준에 따른 보상금을 해당 저작재산권자에게 지급하여야 한다. 다만, 고등학교 및 이에 준하는 학교 이하의 학교에서 복제등을 하는 경우에는 보상금을 지급하지 아니한다.

⑦ 제6항에 따른 보상을 받을 권리는 다음 각 호의 요건을 갖춘 단체로서 문화체육관광부장관이 지정하는 단체를 통하여 행사되어야 한다. 문화체육관광부장관이 그 단체를 지정할 때에는 미리 그 단체의 동의를 받아야 한다.

1. 대한민국 내에서 보상을 받을 권리를 가진 자(이하 "보상권리자"라 한다)로 구성된 단체

2. 영리를 목적으로 하지 아니할 것

3. 보상금의 징수 및 분배 등의 업무를 수행하기에 충분한 능력이 있을 것

⑧ 제7항에 따른 단체는 그 구성원이 아니라도 보상권리자로부터 신청이 있을 때에는 그 자를 위하여 그 권리행사를 거부할 수 없다. 이 경우 그 단체는 자기의 명의로 그 권리에 관한 재판상 또는 재판 외의 행위를 할 권한을 가진다.

⑨ 문화체육관광부장관은 제7항에 따른 단체가 다음 각 호의 어느 하나에 해당하는 경우에는 그 지정을 취소할 수 있다.

1. 제7항에 따른 요건을 갖추지 못한 때

2. 보상관계 업무규정을 위배한 때

3. 보상관계 업무를 상당한 기간 휴지하여 보상권리자의 이익을 해할 우려가 있을 때

⑩ 제7항에 따른 단체는 보상금 분배 공고를 한 날부터 5년이 지난 미분배 보상금에 대하여 문화체육관광부장관의 승인을 받아 다음 각 호의 어느 하나에 해당하는 목적을 위하여 사용할 수 있다. 다만, 보상권리자에 대한 정보가 확인되는 경우 보상금을 지급하기 위하여 일정 비율의 미분배 보상금을 대통령령으로 정하는 바에 따라 적립하여야 한다.

1. 저작권 교육·홍보 및 연구

2. 저작권 정보의 관리 및 제공

3. 저작물 창작 활동의 지원

4. 저작권 보호 사업

5. 창작자 권익옹호 사업

6. 보상권리자에 대한 보상금 분배 활성화 사업

7. 저작물 이용 활성화 및 공정한 이용을 도모하기 위한 사업

⑪ 제7항·제9항 및 제10항에 따른 단체의 지정과 취소 및 업무규정, 보상금 분배 공고, 미분배 보상금의 사용 승인 등에 필요한 사항은 대통령령으로 정한다.

⑫ 제2항부터 제4항까지의 규정에 따라 교과용 도서를 발행한 자, 학교·교육기관 및 수업지원기관이 저작물을 공중송신하는 경우에는 저작권 그 밖에 이 법에 의하여 보호되는 권리의 침해를 방지하기 위하여 복제방지조치 등 대통령령으로 정하는 필요한 조치를 하여야 한다.

제26조【시사보도를 위한 이용】방송·신문 그 밖의 방법에 의하여 시사보도를 하는 경우에 그 과정에서 보이거나 들리는 저작물은 보도를 위한 정당한 범위 안에서 복제·배포·공연 또는 공중송신할 수 있다.

제27조【시사적인 기사 및 논설의 복제 등】정치·경제·사회·문화·종교에 관하여「신문 등의 진흥에 관한 법률」제2조의 규정에 따른 신문 및 인터넷신문 또는「뉴스통신진흥에 관한 법률」제2조의 규정에 따른 뉴스통신에 게재된 시사적인 기사나 논설은 다른 언론기관이 복제·배포 또는 방송할 수 있다. 다만, 이용을 금지하는 표시가 있는 경우에는 그러하지 아니하다.

제28조【공표된 저작물의 인용】공표된 저작물은 보도·비평·교육·연구 등을 위하여는 정당한 범위 안에서 공정한 관행에 합치되게 이를 인용할 수 있다.

제29조【영리를 목적으로 하지 아니하는 공연·방송】① 영리를 목적으로 하지 아니하고 청중이나 관중 또는 제3자로부터 어떤 명목으로든지 반대급부를 받지 아니하는 경우에는 공표된 저작물을 공연(상업용 음반 또는 상업적 목적으로 공표된 영상저작물을 재생하는 경우를 제외한다) 또는 방송할 수 있다. 다만, 실연자에게 통상의 보수를 지급하는 경우에는 그러하지 아니하다.

② 청중이나 관중으로부터 당해 공연에 대한 반대급부를 받지 아니하는 경우에는 상업용 음반 또는 상업적 목적으로 공표된 영상저작물을 재생하여 공중에게 공연할 수 있다. 다만, 대통령령이 정하는 경우에는 그러하지 아니하다.

제30조【사적이용을 위한 복제】공표된 저작물을 영리를 목적으로 하지 아니하고 개인적으로 이용하거나 가정 및 이에 준하는 한정된 범위 안에서 이용하는 경우에는 그 이용자는 이를 복제할 수 있다. 다만, 공중의 사용에 제공하기 위하여 설치된 복사기기, 스캐너, 사진기 등 문화

체육관광부령으로 정하는 복제기기에 의한 복제는 그러하지 아니하다.

제31조【도서관등에서의 복제 등】①「도서관법」에 따른 도서관과 도서·문서·기록 그 밖의 자료(이하 "도서등"이라 한다)를 공중의 이용에 제공하는 시설 중 대통령령이 정하는 시설(당해 시설의 장을 포함한다. 이하 "도서관등"이라 한다)은 다음 각 호의 어느 하나에 해당하는 경우에는 그 도서관등에 보관된 도서등(제1호의 경우에는 제3항의 규정에 따라 당해 도서관등이 복제·전송받은 도서등을 포함한다)을 사용하여 저작물을 복제할 수 있다. 다만, 제1호 및 제3호의 경우에는 디지털 형태로 복제할 수 없다.

1. 조사·연구를 목적으로 하는 이용자의 요구에 따라 공표된 도서등의 일부분의 복제물을 1인 1부에 한하여 제공하는 경우
2. 도서등의 자체보존을 위하여 필요한 경우
3. 다른 도서관등의 요구에 따라 절판 그 밖에 이에 준하는 사유로 구하기 어려운 도서등의 복제물을 보존용으로 제공하는 경우

② 도서관등은 컴퓨터를 이용하여 이용자가 그 도서관등의 안에서 열람할 수 있도록 보관된 도서등을 복제하거나 전송할 수 있다. 이 경우 동시에 열람할 수 있는 이용자의 수는 그 도서관등에서 보관하고 있거나 저작권 그 밖에 이 법에 따라 보호되는 권리를 가진 자로부터 이용허락을 받은 그 도서등의 부수를 초과할 수 없다.

③ 도서관등은 컴퓨터를 이용하여 이용자가 다른 도서관등의 안에서 열람할 수 있도록 보관된 도서등을 복제하거나 전송할 수 있다. 다만, 그 전부 또는 일부가 판매용으로 발행된 도서등은 그 발행일로부터 5년이 경과하지 아니한 경우에는 그러하지 아니하다.

④ 도서관등은 제1항제2호의 규정에 따른 도서등의 복제 및 제2항과 제3항의 규정에 따른 도서등의 복제의 경우에 그 도서등이 디지털 형태로 판매되고 있는 때에는 그 도서등을 디지털

형태로 복제할 수 없다.

⑤ 도서관등은 제1항제1호의 규정에 따라 디지털 형태의 도서등을 복제하는 경우 및 제3항의 규정에 따라 도서등을 다른 도서관등의 안에서 열람할 수 있도록 복제하거나 전송하는 경우에는 문화체육관광부장관이 정하여 고시하는 기준에 의한 보상금을 당해 저작재산권자에게 지급하여야 한다. 다만, 국가, 지방자치단체 또는 「고등교육법」 제2조의 규정에 따른 학교를 저작재산권자로 하는 도서등(그 전부 또는 일부가 판매용으로 발행된 도서등을 제외한다)의 경우에는 그러하지 아니하다.

⑥ 제5항의 보상금의 지급 등에 관하여는 제25조제7항부터 제11항까지의 규정을 준용한다.

⑦ 제1항 내지 제3항의 규정에 따라 도서등을 디지털 형태로 복제하거나 전송하는 경우에 도서관등은 저작권 그 밖에 이 법에 따라 보호되는 권리의 침해를 방지하기 위하여 복제방지조치 등 대통령령이 정하는 필요한 조치를 하여야 한다.

⑧ 「도서관법」 제20조의2에 따라 국립중앙도서관이 온라인 자료의 보존을 위하여 수집하는 경우에는 해당 자료를 복제할 수 있다.

제32조 【시험문제를 위한 복제 등】 학교의 입학시험이나 그 밖에 학식 및 기능에 관한 시험 또는 검정을 위하여 필요한 경우에는 그 목적을 위하여 정당한 범위에서 공표된 저작물을 복제·배포 또는 공중송신할 수 있다. 다만, 영리를 목적으로 하는 경우에는 그러하지 아니하다.

제33조 【시각장애인 등을 위한 복제 등】 ① 공표된 저작물은 시각장애인 등을 위하여 점자로 복제·배포할 수 있다.

② 시각장애인 등의 복리증진을 목적으로 하는 시설 중 대통령령이 정하는 시설(당해 시설의 장을 포함한다)은 영리를 목적으로 하지 아니하고 시각장애인 등의 이용에 제공하기 위하여 공표된 어문저작물을 녹음하거나 대통령령으로

정하는 시각장애인 등을 위한 전용 기록방식으로 복제·배포 또는 전송할 수 있다.

③ 제1항 및 제2항의 규정에 따른 시각장애인 등의 범위는 대통령령으로 정한다.

제33조의2 【청각장애인 등을 위한 복제 등】 ① 누구든지 청각장애인 등을 위하여 공표된 저작물을 한국수어로 변환할 수 있고, 이러한 한국수어를 복제·배포·공연 또는 공중송신할 수 있다.

② 청각장애인 등의 복리증진을 목적으로 하는 시설 중 대통령령으로 정하는 시설(해당 시설의 장을 포함한다)은 영리를 목적으로 하지 아니하고 청각장애인 등의 이용에 제공하기 위하여 필요한 범위에서 공표된 저작물등에 포함된 음성 및 음향 등을 자막 등 청각장애인이 인지할 수 있는 방식으로 변환할 수 있고, 이러한 자막 등을 청각장애인 등이 이용할 수 있도록 복제·배포·공연 또는 공중송신할 수 있다.

③ 제1항 및 제2항에 따른 청각장애인 등의 범위는 대통령령으로 정한다.

제34조 【방송사업자의 일시적 녹음·녹화】 ① 저작물을 방송할 권한을 가지는 방송사업자는 자신의 방송을 위하여 자체의 수단으로 저작물을 일시적으로 녹음하거나 녹화할 수 있다.

② 제1항의 규정에 따라 만들어진 녹음물 또는 녹화물은 녹음일 또는 녹화일로부터 1년을 초과하여 보존할 수 없다. 다만, 그 녹음물 또는 녹화물이 기록의 자료로서 대통령령이 정하는 장소에 보존되는 경우에는 그러하지 아니하다.

제35조 【미술저작물등의 전시 또는 복제】 ① 미술저작물등의 원본의 소유자나 그의 동의를 얻은 자는 그 저작물을 원본에 의하여 전시할 수 있다. 다만, 가로·공원·건축물의 외벽 그 밖에 공중에게 개방된 장소에 항시 전시하는 경우에는 그러하지 아니하다.

② 제1항 단서의 규정에 따른 개방된 장소에 항시 전시되어 있는 미술저작물등은 어떠한 방법

으로든지 이를 복제하여 이용할 수 있다. 다만, 다음 각 호의 어느 하나에 해당하는 경우에는 그러하지 아니하다.

1. 건축물을 건축물로 복제하는 경우
2. 조각 또는 회화를 조각 또는 회화로 복제하는 경우
3. 제1항 단서의 규정에 따른 개방된 장소 등에 항시 전시하기 위하여 복제하는 경우
4. 판매의 목적으로 복제하는 경우

③ 제1항의 규정에 따라 전시를 하는 자 또는 미술저작물등의 원본을 판매하고자 하는 자는 그 저작물의 해설이나 소개를 목적으로 하는 목록 형태의 책자에 이를 복제하여 배포할 수 있다.

④ 위탁에 의한 초상화 또는 이와 유사한 사진 저작물의 경우에는 위탁자의 동의가 없는 때에는 이를 이용할 수 없다.

제35조의2 【저작물 이용과정에서의 일시적 복제】
컴퓨터에서 저작물을 이용하는 경우에는 원활하고 효율적인 정보처리를 위하여 필요하다고 인정되는 범위 안에서 그 저작물을 그 컴퓨터에 일시적으로 복제할 수 있다. 다만, 그 저작물의 이용이 저작권을 침해하는 경우에는 그러하지 아니하다.

제35조의3 【부수적 복제 등】
사진촬영, 녹음 또는 녹화(이하 이 조에서 "촬영등"이라 한다)를 하는 과정에서 보이거나 들리는 저작물이 촬영 등의 주된 대상에 부수적으로 포함되는 경우에는 이를 복제·배포·공연·전시 또는 공중송신할 수 있다. 다만, 그 이용된 저작물의 종류 및 용도, 이용의 목적 및 성격 등에 비추어 저작재산권자의 이익을 부당하게 해치는 경우에는 그러하지 아니하다.

제35조의4 【문화시설에 의한 복제 등】
① 국가나 지방자치단체가 운영하는 문화예술 활동에 지속적으로 이용되는 시설 중 대통령령으로 정하는 문화시설(해당 시설의 장을 포함한다. 이하 이 조에서 "문화시설"이라 한다)은 대통령령

으로 정하는 기준에 해당하는 상당한 조사를 하였어도 공표된 저작물(제3조에 따른 외국인의 저작물을 제외한다. 이하 이 조에서 같다)의 저작재산권자나 그의 거소를 알 수 없는 경우 그 문화시설에 보관된 자료를 수집·정리·분석·보존하여 공중에게 제공하기 위한 목적(영리를 목적으로 하는 경우를 제외한다)으로 그 자료를 사용하여 저작물을 복제·배포·공연·전시 또는 공중송신할 수 있다.

② 저작재산권자는 제1항에 따른 문화시설의 이용에 대하여 해당 저작물의 이용을 중단할 것을 요구할 수 있으며, 요구를 받은 문화시설은 지체 없이 해당 저작물의 이용을 중단하여야 한다.

③ 저작재산권자는 제1항에 따른 이용에 대하여 보상금을 청구할 수 있으며, 문화시설은 저작재산권자와 협의한 보상금을 지급하여야 한다.

④ 제3항에 따라 보상금 협의절차를 거쳤으나 협의가 성립되지 아니한 경우에는 문화시설 또는 저작재산권자는 문화체육관광부장관에게 보상금 결정을 신청하여야 한다.

⑤ 제4항에 따른 보상금 결정 신청이 있는 경우에 문화체육관광부장관은 저작물의 이용 목적·이용 형태·이용 범위 등을 고려하여 보상금 규모 및 지급 시기를 정한 후 이를 문화시설 및 저작재산권자에게 통보하여야 한다.

⑥ 제1항에 따라 문화시설이 저작물을 이용하고자 하는 경우에는 대통령령으로 정하는 바에 따라 이용되는 저작물의 목록·내용 등과 관련된 정보의 게시, 저작권 및 그 밖에 이 법에 따라 보호되는 권리의 침해를 방지하기 위한 복제방지조치 등 필요한 조치를 하여야 한다.

⑦ 제2항부터 제5항까지의 규정에 따른 이용 중단 요구 절차와 방법, 보상금 결정 신청 및 결정 절차 등에 관하여 필요한 사항은 대통령령으로 정한다.

제35조의5 【저작물의 공정한 이용】
① 제23조부터 제35조의4까지, 제101조의3부터 제101조의5

까지의 경우 외에 저작물의 통상적인 이용 방법과 충돌하지 아니하고 저작자의 정당한 이익을 부당하게 해치지 아니하는 경우에는 저작물을 이용할 수 있다.

② 저작물 이용 행위가 제1항에 해당하는지를 판단할 때에는 다음 각 호의 사항등을 고려하여야 한다.

1. 이용의 목적 및 성격

2. 저작물의 종류 및 용도

3. 이용된 부분이 저작물 전체에서 차지하는 비중과 그 중요성

4. 저작물의 이용이 그 저작물의 현재 시장 또는 가치나 잠재적인 시장 또는 가치에 미치는 영향

제36조【번역 등에 의한 이용】① 제24조의2, 제25조, 제29조, 제30조, 제35조의3부터 제35조의5까지의 규정에 따라 저작물을 이용하는 경우에는 그 저작물을 번역·편곡 또는 개작하여 이용할 수 있다.

② 제23조·제24조·제26조·제27조·제28조·제32조·제33조 또는 제33조의2에 따라 저작물을 이용하는 경우에는 그 저작물을 번역하여 이용할 수 있다.

제37조【출처의 명시】① 이 관에 따라 저작물을 이용하는 자는 그 출처를 명시하여야 한다. 다만, 제26조, 제29조부터 제32조까지, 제34조 및 제35조의2부터 제35조의4까지의 경우에는 그러하지 아니하다.

② 출처의 명시는 저작물의 이용 상황에 따라 합리적이라고 인정되는 방법으로 하여야 하며, 저작자의 실명 또는 이명이 표시된 저작물인 경우에는 그 실명 또는 이명을 명시하여야 한다.

제37조의2【적용 제외】프로그램에 대하여는 제23조·제25조·제30조 및 제32조를 적용하지 아니한다.

제38조【저작인격권과의 관계】이 관 각 조의 규정은 저작인격권에 영향을 미치는 것으로 해석되어서는 아니 된다.

제3관 저작재산권의 보호기간

제39조【보호기간의 원칙】① 저작재산권은 이 관에 특별한 규정이 있는 경우를 제외하고는 저작자가 생존하는 동안과 사망한 후 70년간 존속한다.

② 공동저작물의 저작재산권은 맨 마지막으로 사망한 저작자가 사망한 후 70년간 존속한다.

제40조【무명 또는 이명 저작물의 보호기간】① 무명 또는 널리 알려지지 아니한 이명이 표시된 저작물의 저작재산권은 공표된 때부터 70년간 존속한다. 다만, 이 기간 내에 저작자가 사망한지 70년이 지났다고 인정할만한 정당한 사유가 발생한 경우에는 그 저작재산권은 저작자가 사망한 후 70년이 지났다고 인정되는 때에 소멸한 것으로 본다.

② 다음 각 호의 어느 하나에 해당하는 경우에는 제1항의 규정은 이를 적용하지 아니한다.

1. 제1항의 기간 이내에 저작자의 실명 또는 널리 알려진 이명이 밝혀진 경우

2. 제1항의 기간 이내에 제53조제1항의 규정에 따른 저작자의 실명등록이 있는 경우

제41조【업무상저작물의 보호기간】업무상저작물의 저작재산권은 공표한 때부터 70년간 존속한다. 다만, 창작한 때부터 50년 이내에 공표되지 아니한 경우에는 창작한 때부터 70년간 존속한다.

제42조【영상저작물의 보호기간】영상저작물의 저작재산권은 제39조 및 제40조에도 불구하고 공표한 때부터 70년간 존속한다. 다만, 창작한 때부터 50년 이내에 공표되지 아니한 경우에는 창작한 때부터 70년간 존속한다.

제43조【계속적간행물 등의 공표시기】① 제40조제1항 또는 제41조에 따른 공표시기는 책·호 또는 회 등으로 공표하는 저작물의 경우에는 매

책·매호 또는 매회 등의 공표 시로 하고, 일부분씩 순차적으로 공표하여 완성하는 저작물의 경우에는 최종부분의 공표 시로 한다.

② 일부분씩 순차적으로 공표하여 전부를 완성하는 저작물의 계속되어야 할 부분이 최근의 공표시기부터 3년이 경과되어도 공표되지 아니하는 경우에는 이미 공표된 맨 뒤의 부분을 제1항의 규정에 따른 최종부분으로 본다.

제44조【보호기간의 기산】 이 관에 규정된 저작재산권의 보호기간을 계산하는 경우에는 저작자가 사망하거나 저작물을 창작 또는 공표한 다음 해부터 기산한다.

제4관 저작재산권의 양도·행사·소멸

제45조【저작재산권의 양도】 ① 저작재산권은 전부 또는 일부를 양도할 수 있다.

② 저작재산권의 전부를 양도하는 경우에 특약이 없는 때에는 제22조에 따른 2차적저작물을 작성하여 이용할 권리는 포함되지 아니한 것으로 추정한다. 다만, 프로그램의 경우 특약이 없는 한 2차적저작물작성권도 함께 양도된 것으로 추정한다.

제46조【저작물의 이용허락】 ① 저작재산권자는 다른 사람에게 그 저작물의 이용을 허락할 수 있다.

② 제1항의 규정에 따라 허락을 받은 자는 허락받은 이용 방법 및 조건의 범위 안에서 그 저작물을 이용할 수 있다.

③ 제1항의 규정에 따른 허락에 의하여 저작물을 이용할 수 있는 권리는 저작재산권자의 동의 없이 제3자에게 이를 양도할 수 없다.

제47조【저작재산권을 목적으로 하는 질권의 행사 등】 ① 저작재산권을 목적으로 하는 질권은 그 저작재산권의 양도 또는 그 저작물의 이용에 따라 저작재산권자가 받을 금전 그 밖의 물건(제57조에 따른 배타적발행권 및 제63조에 따른 출판권 설정의 대가를 포함한다)에 대하여도 행사할 수 있다. 다만, 이들의 지급 또는 인도 전에 이를 압류하여야 한다.

② 질권의 목적으로 된 저작재산권은 설정행위에 특약이 없는 한 저작재산권자가 이를 행사한다.

제48조【공동저작물의 저작재산권의 행사】 ① 공동저작물의 저작재산권은 그 저작재산권자 전원의 합의에 의하지 아니하고는 이를 행사할 수 없으며, 다른 저작재산권자의 동의가 없으면 그 지분을 양도하거나 질권의 목적으로 할 수 없다. 이 경우 각 저작재산권자는 신의에 반하여 합의의 성립을 방해하거나 동의를 거부할 수 없다.

② 공동저작물의 이용에 따른 이익은 공동저작자 간에 특약이 없는 때에는 그 저작물의 창작에 이바지한 정도에 따라 각자에게 배분된다. 이 경우 각자의 이바지한 정도가 명확하지 아니한 때에는 균등한 것으로 추정한다.

③ 공동저작물의 저작재산권자는 그 공동저작물에 대한 자신의 지분을 포기할 수 있으며, 포기하거나 상속인 없이 사망한 경우에 그 지분은 다른 저작재산권자에게 그 지분의 비율에 따라 배분된다.

④ 제15조제2항 및 제3항의 규정은 공동저작물의 저작재산권의 행사에 관하여 준용한다.

제49조【저작재산권의 소멸】 저작재산권이 다음 각 호의 어느 하나에 해당하는 경우에는 소멸한다.

1. 저작재산권자가 상속인 없이 사망한 경우에 그 권리가 「민법」 그 밖의 법률의 규정에 따라 국가에 귀속되는 경우

2. 저작재산권자인 법인 또는 단체가 해산되어 그 권리가 「민법」 그 밖의 법률의 규정에 따라 국가에 귀속되는 경우

제5절 저작물 이용의 법정허락

제50조 【저작재산권자 불명인 저작물의 이용】

① 누구든지 대통령령으로 정하는 기준에 해당하는 상당한 노력을 기울였어도 공표된 저작물의 저작재산권자나 그의 거소를 알 수 없어 그 저작물의 이용허락을 받을 수 없는 경우에는 대통령령으로 정하는 바에 따라 문화체육관광부장관의 승인을 얻은 후 문화체육관광부장관이 정하는 기준에 의한 보상금을 위원회에 지급하고 이를 이용할 수 있다.

② 제1항의 규정에 따라 저작물을 이용하는 자는 그 뜻과 승인연월일을 표시하여야 한다.

③ 제1항의 규정에 따라 법정허락된 저작물이 다시 법정허락의 대상이 되는 때에는 제1항의 규정에 따른 대통령령이 정하는 기준에 해당하는 상당한 노력의 절차를 생략할 수 있다. 다만, 그 저작물에 대한 법정허락의 승인 이전에 저작재산권자가 대통령령이 정하는 절차에 따라 이의를 제기하는 때에는 그러하지 아니하다.

④ 문화체육관광부장관은 대통령령이 정하는 바에 따라 법정허락 내용을 정보통신망에 게시하여야 한다.

⑤ 제1항에 따른 보상을 받을 권리는 위원회를 통하여 행사되어야 한다.

⑥ 위원회는 제1항에 따라 보상금을 지급받은 날부터 10년이 경과한 미분배 보상금에 대하여 문화체육관광부장관의 승인을 얻어 제25조제10항 각 호의 어느 하나에 해당하는 목적을 위하여 사용할 수 있다.

⑦ 제1항 및 제6항에 따른 보상금 지급 절차·방법 및 미분배 보상금의 사용 승인 등에 필요한 사항은 대통령령으로 정한다.

제51조 【공표된 저작물의 방송】 공표된 저작물을 공익상 필요에 의하여 방송하고자 하는 방송사업자가 그 저작재산권자와 협의하였으나 협의가 성립되지 아니하는 경우에는 대통령령이 정하는 바에 따라 문화체육관광부장관의 승인을 얻은 후 문화체육관광부장관이 정하는 기준에 의한 보상금을 당해 저작재산권자에게 지급하거나 공탁하고 이를 방송할 수 있다.

제52조 【상업용 음반의 제작】 상업용 음반이 우리나라에서 처음으로 판매되어 3년이 경과한 경우 그 음반에 녹음된 저작물을 녹음하여 다른 상업용 음반을 제작하고자 하는 자가 그 저작재산권자와 협의하였으나 협의가 성립되지 아니하는 때에는 대통령령이 정하는 바에 따라 문화체육관광부장관의 승인을 얻은 후 문화체육관광부장관이 정하는 기준에 의한 보상금을 당해 저작재산권자에게 지급하거나 공탁하고 다른 상업용 음반을 제작할 수 있다.

제6절 등록 및 인증

제53조 【저작권의 등록】 ① 저작자는 다음 각 호의 사항을 등록할 수 있다.

1. 저작자의 실명·이명(공표 당시에 이명을 사용한 경우에 한한다)·국적·주소 또는 거소
2. 저작물의 제호·종류·창작연월일
3. 공표의 여부 및 맨 처음 공표된 국가·공표연월일
4. 그 밖에 대통령령으로 정하는 사항

② 저작자가 사망한 경우 저작자의 특별한 의사표시가 없는 때에는 그의 유언으로 지정한 자 또는 상속인이 제1항 각 호의 규정에 따른 등록을 할 수 있다.

③ 제1항 및 제2항에 따라 저작자로 실명이 등록된 자는 그 등록저작물의 저작자로, 창작연월일 또는 맨 처음의 공표연월일이 등록된 저작물은 등록된 연월일에 창작 또는 맨 처음 공표된 것으로 추정한다. 다만, 저작물을 창작한 때부터 1년이 경과한 후에 창작연월일을 등록한 경우에는 등록된 연월일에 창작된 것으로 추정하지 아니한다.

제54조【권리변동 등의 등록·효력】 다음 각 호의 사항은 이를 등록할 수 있으며, 등록하지 아니하면 제3자에게 대항할 수 없다.

1. 저작재산권의 양도(상속 그 밖의 일반승계의 경우를 제외한다) 또는 처분제한
2. 제57조에 따른 배타적발행권 또는 제63조에 따른 출판권의 설정·이전·변경·소멸 또는 처분제한
3. 저작재산권, 제57조에 따른 배타적발행권 및 제63조에 따른 출판권을 목적으로 하는 질권의 설정·이전·변경·소멸 또는 처분제한

제55조【등록의 절차 등】 ① 제53조 및 제54조에 따른 등록은 위원회가 저작권등록부(프로그램의 경우에는 프로그램등록부를 말한다. 이하 같다)에 기록함으로써 한다.

② 위원회는 다음 각 호의 어느 하나에 해당하는 경우에는 신청을 반려할 수 있다. 다만, 신청의 흠결이 보정될 수 있는 경우에 신청인이 그 신청을 한 날에 이를 보정하였을 때에는 그러하지 아니하다.

1. 등록을 신청한 대상이 저작물이 아닌 경우
2. 등록을 신청한 대상이 제7조에 따른 보호받지 못하는 저작물인 경우
3. 등록을 신청할 권한이 없는 자가 등록을 신청한 경우
4. 등록신청에 필요한 자료 또는 서류를 첨부하지 아니한 경우
5. 제53조제1항 또는 제54조에 따라 등록을 신청한 사항의 내용이 문화체육관광부령으로 정하는 등록신청서 첨부서류의 내용과 일치하지 아니하는 경우
6. 등록신청이 문화체육관광부령으로 정한 서식에 맞지 아니한 경우

③ 제2항에 따라 등록신청이 반려된 경우에 그 등록을 신청한 자는 반려된 날부터 1개월 이내에 위원회에 이의를 신청할 수 있다.

④ 위원회는 제3항에 따른 이의신청을 받았을 때에는 신청을 받은 날부터 1개월 이내에 심사하여 그 결과를 신청인에게 통지하여야 한다.

⑤ 위원회는 이의신청을 각하 또는 기각하는 결정을 한 때에는 신청인에게 행정심판 또는 행정소송을 제기할 수 있다는 취지를 제4항에 따른 결과통지와 함께 알려야 한다.

⑥ 위원회는 제1항에 따라 저작권등록부에 기록한 등록 사항에 대하여 등록공보를 발행하거나 정보통신망에 게시하여야 한다.

⑦ 위원회는 저작권등록부의 열람 또는 사본 발급을 신청하는 자가 있는 경우에는 이를 열람하게 하거나 그 사본을 내주어야 한다.

⑧ 그 밖에 등록, 등록신청의 반려, 이의신청, 등록공보의 발행 또는 게시, 저작권등록부의 열람 및 사본의 교부 등에 필요한 사항은 대통령령으로 정한다.

제55조의2【착오·누락의 통지 및 직권 경정】 ① 위원회는 저작권등록부에 기록된 사항에 착오가 있거나 누락된 것이 있음을 발견하였을 때에는 지체 없이 그 사실을 제53조 또는 제54조에 따라 등록을 한 자(이하 "저작권 등록자"라 한다)에게 알려야 한다.

② 제1항의 착오나 누락이 등록 담당 직원의 잘못으로 인한 것인 경우에는 지체 없이 그 등록된 사항을 경정(更正)하고 그 내용을 저작권 등록자에게 알려야 한다.

③ 위원회는 제1항 및 제2항에 따른 등록 사항의 경정에 이해관계를 가진 제3자가 있는 경우에는 그 제3자에게도 착오나 누락의 내용과 그에 따른 경정사실을 알려야 한다.

제55조의3【변경등록등의 신청 등】 ① 저작권 등록자는 다음 각 호의 어느 하나에 해당하는 경우에는 문화체육관광부령으로 정하는 바에 따라 해당 신청서에 이를 증명할 수 있는 서류를 첨부하여 위원회에 변경·경정·말소등록 또는 말소한 등록의 회복등록(이하 "변경등록등"이라 한다)을 신청할 수 있다.

1. 저작권등록부에 기록된 사항이 변경된 경우
2. 등록에 착오가 있거나 누락된 것이 있는 경우
3. 등록의 말소를 원하는 경우
4. 말소된 등록의 회복을 원하는 경우

② 위원회는 변경등록등 신청서에 적힌 내용이 이를 증명하는 서류의 내용과 서로 맞지 아니하는 경우에는 신청을 반려할 수 있다.

③ 제2항에 따라 등록신청이 반려된 경우에 그 등록을 신청한 자는 이의를 신청할 수 있다. 이 경우 이의신청에 관하여는 제55조제3항부터 제5항까지 및 제8항을 준용한다.

④ 위원회는 변경등록등의 신청을 받아들였을 때에는 그 내용을 저작권등록부에 기록하여야 한다.

⑤ 그 밖에 변경등록등의 신청, 신청의 반려 등에 필요한 사항은 대통령령으로 정한다.

제55조의4【직권 말소등록】 ① 위원회는 제53조 또는 제54조에 따른 등록이 제55조제2항제1호부터 제3호까지 및 제5호의 어느 하나에 해당하는 것을 알게 된 경우에는 그 등록을 직권으로 말소할 수 있다.

② 위원회는 제1항에 따라 등록을 말소하려면 청문을 하여야 한다. 다만, 제1항에 따른 말소사유가 확정판결로 확인된 경우에는 그러하지 아니한다.

③ 위원회는 제2항 단서에 따라 청문을 하지 아니하고 등록을 말소하는 경우에는 그 말소의 사실을 저작권 등록자 및 이해관계가 있는 제3자에게 알려야 한다.

제55조의5【비밀유지의무】 제53조부터 제55조까지, 제55조의2부터 제55조의4까지의 규정에 따른 등록 업무를 수행하는 직에 재직하는 사람과 재직하였던 사람은 직무상 알게 된 비밀을 다른 사람에게 누설하여서는 아니 된다.

제56조【권리자 등의 인증】 ① 문화체육관광부장관은 저작물등의 거래의 안전과 신뢰보호를 위하여 인증기관을 지정할 수 있다.

② 제1항에 따른 인증기관의 지정과 지정취소 및 인증절차 등에 관하여 필요한 사항은 대통령령으로 정한다.

③ 제1항의 규정에 따른 인증기관은 인증과 관련한 수수료를 받을 수 있으며 그 금액은 문화체육관광부장관이 정한다.

제7절 배타적발행권

제57조【배타적발행권의 설정】 ① 저작물을 발행하거나 복제·전송(이하 "발행등"이라 한다)할 권리를 가진 자는 그 저작물을 발행등에 이용하고자 하는 자에 대하여 배타적 권리(이하 "배타적발행권"이라 하며, 제63조에 따른 출판권은 제외한다. 이하 같다)를 설정할 수 있다.

② 저작재산권자는 그 저작물에 대하여 발행등의 방법 및 조건이 중첩되지 않는 범위 내에서 새로운 배타적발행권을 설정할 수 있다.

③ 제1항에 따라 배타적발행권을 설정받은 자(이하 "배타적발행권자"라 한다)는 그 설정행위에서 정하는 바에 따라 그 배타적발행권의 목적인 저작물을 발행등의 방법으로 이용할 권리를 가진다.

④ 저작재산권자는 그 저작물의 복제권·배포권·전송권을 목적으로 하는 질권이 설정되어 있는 경우에는 그 질권자의 허락이 있어야 배타적발행권을 설정할 수 있다.

제58조【배타적발행권자의 의무】 ① 배타적발행권자는 그 설정행위에 특약이 없는 때에는 배타적발행권의 목적인 저작물을 복제하기 위하여 필요한 원고 또는 이에 상당하는 물건을 받은 날부터 9월 이내에 이를 발행등의 방법으로 이용하여야 한다.

② 배타적발행권자는 그 설정행위에 특약이 없는 때에는 관행에 따라 그 저작물을 계속하여 발행등의 방법으로 이용하여야 한다.

③ 배타적발행권자는 특약이 없는 때에는 각 복

제물에 대통령령으로 정하는 바에 따라 저작재산권자의 표지를 하여야 한다. 다만, 「신문 등의 진흥에 관한 법률」 제9조제1항에 따라 등록된 신문과 「잡지 등 정기간행물의 진흥에 관한 법률」 제15조 및 제16조에 따라 등록 또는 신고된 정기간행물의 경우에는 그러하지 아니하다.

제58조의2 【저작물의 수정증감】 ① 배타적발행권자가 배타적발행권의 목적인 저작물을 발행등의 방법으로 다시 이용하는 경우에 저작자는 정당한 범위 안에서 그 저작물의 내용을 수정하거나 증감할 수 있다.

② 배타적발행권자는 배타적발행권의 목적인 저작물을 발행등의 방법으로 다시 이용하고자 하는 경우에 특약이 없는 때에는 그때마다 미리 저작자에게 그 사실을 알려야 한다.

제59조 【배타적발행권의 존속기간 등】 ① 배타적발행권은 그 설정행위에 특약이 없는 때에는 맨 처음 발행등을 한 날로부터 3년간 존속한다. 다만, 저작물의 영상화를 위하여 배타적발행권을 설정하는 경우에는 5년으로 한다.

② 저작재산권자는 배타적발행권 존속기간 중 그 배타적발행권의 목적인 저작물의 저작자가 사망한 때에는 제1항에도 불구하고 저작자를 위하여 저작물을 전집 그 밖의 편집물에 수록하거나 전집 그 밖의 편집물의 일부인 저작물을 분리하여 이를 따로 발행등의 방법으로 이용할 수 있다.

제60조 【배타적발행권의 소멸통고】 ① 저작재산권자는 배타적발행권자가 제58조제1항 또는 제2항을 위반한 경우에는 6월 이상의 기간을 정하여 그 이행을 최고하고 그 기간 내에 이행하지 아니하는 때에는 배타적발행권의 소멸을 통고할 수 있다.

② 저작재산권자는 배타적발행권자가 그 저작물을 발행등의 방법으로 이용하는 것이 불가능하거나 이용할 의사가 없음이 명백한 경우에는 제1항에도 불구하고 즉시 배타적발행권의 소멸을 통고할 수 있다.

③ 제1항 또는 제2항에 따라 배타적발행권의 소멸을 통고한 경우에는 출판권자가 통고를 받은 때에 배타적발행권이 소멸한 것으로 본다.

④ 제3항의 경우에 저작재산권자는 배타적발행권자에 대하여 언제든지 원상회복을 청구하거나 발행등을 중지함으로 인한 손해의 배상을 청구할 수 있다.

제61조 【배타적발행권 소멸 후의 복제물의 배포】 배타적발행권이 그 존속기간의 만료 그 밖의 사유로 소멸된 경우에는 그 배타적발행권을 가지고 있던 자는 다음 각 호의 어느 하나에 해당하는 경우를 제외하고는 그 배타적발행권의 존속기간 중 만들어진 복제물을 배포할 수 없다.

1. 배타적발행권 설정행위에 특약이 있는 경우

2. 배타적발행권의 존속기간 중 저작재산권자에게 그 저작물의 발행에 따른 대가를 지급하고 그 대가에 상응하는 부수의 복제물을 배포하는 경우

제62조 【배타적발행권의 양도·제한 등】 ① 배타적발행권자는 저작재산권자의 동의 없이 배타적발행권을 양도하거나 또는 질권의 목적으로 할 수 없다.

② 배타적발행권의 목적으로 되어 있는 저작물의 복제 등에 관하여는 제23조, 제24조, 제25조제1항부터 제5항까지, 제26조부터 제28조까지, 제30조부터 제33조까지, 제35조제2항 및 제3항, 제35조의2부터 제35조의5까지, 제36조 및 제37조를 준용한다.

제7절의2 출판에 관한 특례

제63조 【출판권의 설정】 ① 저작물을 복제·배포할 권리를 가진 자(이하 "복제권자"라 한다)는 그 저작물을 인쇄 그 밖에 이와 유사한 방법으로 문서 또는 도화로 발행하고자 하는 자에 대하여 이를 출판할 권리(이하 "출판권"이라 한다)

를 설정할 수 있다.

② 제1항에 따라 출판권을 설정받은 자(이하 "출판권자"라 한다)는 그 설정행위에서 정하는 바에 따라 그 출판권의 목적인 저작물을 원작 그대로 출판할 권리를 가진다.

③ 복제권자는 그 저작물의 복제권을 목적으로 하는 질권이 설정되어 있는 경우에는 그 질권자의 허락이 있어야 출판권을 설정할 수 있다.

제63조의2【준용】 제58조부터 제62조까지는 출판권에 관하여 준용한다. 이 경우 "배타적발행권"은 "출판권"으로, "저작재산권자"는 "복제권자"로 본다.

제3장 저작인접권

제1절 통 칙

제64조【보호받는 실연·음반·방송】 ① 다음 각호 각 목의 어느 하나에 해당하는 실연·음반 및 방송은 이 법에 의한 보호를 받는다.

1. 실연
   가. 대한민국 국민(대한민국 법률에 따라 설립된 법인 및 대한민국 내에 주된 사무소가 있는 외국법인을 포함한다. 이하 같다)이 행하는 실연
   나. 대한민국이 가입 또는 체결한 조약에 따라 보호되는 실연
   다. 제2호 각 목의 음반에 고정된 실연
   라. 제3호 각 목의 방송에 의하여 송신되는 실연(송신 전에 녹음 또는 녹화되어 있는 실연을 제외한다)

2. 음반
   가. 대한민국 국민을 음반제작자로 하는 음반
   나. 음이 맨 처음 대한민국 내에서 고정된 음반
   다. 대한민국이 가입 또는 체결한 조약에 따라 보호되는 음반으로서 체약국 내에서 최초로 고정된 음반

라. 대한민국이 가입 또는 체결한 조약에 따라 보호되는 음반으로서 체약국의 국민(당해 체약국의 법률에 따라 설립된 법인 및 당해 체약국 내에 주된 사무소가 있는 법인을 포함한다)을 음반제작자로 하는 음반

3. 방송
   가. 대한민국 국민인 방송사업자의 방송
   나. 대한민국 내에 있는 방송설비로부터 행하여지는 방송
   다. 대한민국이 가입 또는 체결한 조약에 따라 보호되는 방송으로서 체약국의 국민인 방송사업자가 당해 체약국 내에 있는 방송설비로부터 행하는 방송

② 제1항에 따라 보호되는 외국인의 실연·음반 및 방송이라도 그 외국에서 보호기간이 만료된 경우에는 이 법에 따른 보호기간을 인정하지 아니한다.

제64조의2【실연자 등의 추정】 이 법에 따라 보호되는 실연·음반·방송과 관련하여 실연자, 음반제작자 또는 방송사업자로서의 실명 또는 널리 알려진 이명이 일반적인 방법으로 표시된 자는 실연자, 음반제작자 또는 방송사업자로서 그실연·음반·방송에 대하여 각각 실연자의 권리, 음반제작자의 권리 또는 방송사업자의 권리를 가지는 것으로 추정한다.

제65조【저작권과의 관계】 이 장 각 조의 규정은 저작권에 영향을 미치는 것으로 해석되어서는 아니 된다.

제2절 실연자의 권리

제66조【성명표시권】 ① 실연자는 그의 실연 또는 실연의 복제물에 그의 실명 또는 이명을 표시할 권리를 가진다.

② 실연을 이용하는 자는 그 실연자의 특별한 의사표시가 없는 때에는 실연자가 그의 실명 또는 이명을 표시한 바에 따라 이를 표시하여야

한다. 다만, 실연의 성질이나 그 이용의 목적 및 형태 등에 비추어 부득이하다고 인정되는 경우에는 그러하지 아니하다.

제67조【동일성유지권】 실연자는 그의 실연의 내용과 형식의 동일성을 유지할 권리를 가진다. 다만, 실연의 성질이나 그 이용의 목적 및 형태 등에 비추어 부득이하다고 인정되는 경우에는 그러하지 아니한다.

제68조【실연자의 인격권의 일신전속성】 제66조 및 제67조에 규정된 권리(이하 "실연자의 인격권"이라 한다)는 실연자 일신에 전속한다.

제69조【복제권】 실연자는 그의 실연을 복제할 권리를 가진다.

제70조【배포권】 실연자는 그의 실연의 복제물을 배포할 권리를 가진다. 다만, 실연의 복제물이 실연자의 허락을 받아 판매 등의 방법으로 거래에 제공된 경우에는 그러하지 아니하다.

제71조【대여권】 실연자는 제70조의 단서의 규정에 불구하고 그의 실연이 녹음된 상업용 음반을 영리를 목적으로 대여할 권리를 가진다.

제72조【공연권】 실연자는 그의 고정되지 아니한 실연을 공연할 권리를 가진다. 다만, 그 실연이 방송되는 실연인 경우에는 그러하지 아니하다.

제73조【방송권】 실연자는 그의 실연을 방송할 권리를 가진다. 다만, 실연자의 허락을 받아 녹음된 실연에 대하여는 그러하지 아니하다.

제74조【전송권】 실연자는 그의 실연을 전송할 권리를 가진다.

제75조【방송사업자의 실연자에 대한 보상】 ① 방송사업자가 실연이 녹음된 상업용 음반을 사용하여 방송하는 경우에는 상당한 보상금을 그 실연자에게 지급하여야 한다. 다만, 실연자가 외국인인 경우에 그 외국에서 대한민국 국민인 실연자에게 이 항의 규정에 따른 보상금을 인정하지 아니하는 때에는 그러하지 아니하다.

② 제1항에 따른 보상금의 지급 등에 관하여는 제25조제7항부터 제11항까지의 규정을 준용한다.

③ 제2항의 규정에 따른 단체가 보상권리자를 위하여 청구할 수 있는 보상금의 금액은 매년 그 단체와 방송사업자가 협의하여 정한다.

④ 제3항에 따른 협의가 성립되지 아니하는 경우에 그 단체 또는 방송사업자는 대통령령으로 정하는 바에 따라 위원회에 조정을 신청할 수 있다.

제76조【디지털음성송신사업자의 실연자에 대한 보상】 ① 디지털음성송신사업자가 실연이 녹음된 음반을 사용하여 송신하는 경우에는 상당한 보상금을 그 실연자에게 지급하여야 한다.

② 제1항에 따른 보상금의 지급 등에 관하여는 제25조제7항부터 제11항까지의 규정을 준용한다.

③ 제2항의 규정에 따른 단체가 보상권리자를 위하여 청구할 수 있는 보상금의 금액은 매년 그 단체와 디지털음성송신사업자가 대통령령이 정하는 기간 내에 협의하여 정한다.

④ 제3항의 규정에 따른 협의가 성립되지 아니한 경우에는 문화체육관광부장관이 정하여 고시하는 금액을 지급한다.

제76조의2【상업용 음반을 사용하여 공연하는 자의 실연자에 대한 보상】 ① 실연이 녹음된 상업용 음반을 사용하여 공연을 하는 자는 상당한 보상금을 그 실연자에게 지급하여야 한다. 다만, 실연자가 외국인인 경우에 그 외국에서 대한민국 국민인 실연자에게 이 항의 규정에 따른 보상금을 인정하지 아니하는 때에는 그러하지 아니하다.

② 제1항에 따른 보상금의 지급 및 금액 등에 관하여는 제25조제7항부터 제11항까지 및 제76조제3항·제4항을 준용한다.

제77조【공동실연자】 ① 2인 이상이 공동으로 합창·합주 또는 연극등을 실연하는 경우에 이 절에 규정된 실연자의 권리(실연자의 인격권은

제외한다)는 공동으로 실연하는 자가 선출하는 대표자가 이를 행사한다. 다만, 대표자의 선출이 없는 경우에는 지휘자 또는 연출자 등이 이를 행사한다.

② 제1항의 규정에 따라 실연자의 권리를 행사하는 경우에 독창 또는 독주가 함께 실연된 때에는 독창자 또는 독주자의 동의를 얻어야 한다.

③ 제15조의 규정은 공동실연자의 인격권 행사에 관하여 준용한다.

제3절 음반제작자의 권리

제78조 【복제권】 음반제작자는 그의 음반을 복제할 권리를 가진다.

제79조 【배포권】 음반제작자는 그의 음반을 배포할 권리를 가진다. 다만, 음반의 복제물이 음반제작자의 허락을 받아 판매 등의 방법으로 거래에 제공된 경우에는 그러하지 아니하다.

제80조 【대여권】 음반제작자는 제79조의 단서의 규정에 불구하고 상업용 음반을 영리를 목적으로 대여할 권리를 가진다.

제81조 【전송권】 음반제작자는 그의 음반을 전송할 권리를 가진다.

제82조 【방송사업자의 음반제작자에 대한 보상】 ① 방송사업자가 상업용 음반을 사용하여 방송하는 경우에는 상당한 보상금을 그 음반제작자에게 지급하여야 한다. 다만, 음반제작자가 외국인인 경우에 그 외국에서 대한민국 국민인 음반제작자에게 이 항의 규정에 따른 보상금을 인정하지 아니하는 때에는 그러하지 아니하다.

② 제1항에 따른 보상금의 지급 및 금액 등에 관하여는 제25조제7항부터 제11항까지 및 제75조제3항·제4항을 준용한다.

제83조 【디지털음성송신사업자의 음반제작자에 대한 보상】 ① 디지털음성송신사업자가 음반을 사용하여 송신하는 경우에는 상당한 보상금을 그 음반제작자에게 지급하여야 한다.

② 제1항에 따른 보상금의 지급 및 금액 등에 관하여는 제25조제7항부터 제11항까지 및 제76조제3항·제4항을 준용한다.

제83조의2 【상업용 음반을 사용하여 공연하는 자의 음반제작자에 대한 보상】 ① 상업용 음반을 사용하여 공연을 하는 자는 상당한 보상금을 해당 음반제작자에게 지급하여야 한다. 다만, 음반제작자가 외국인인 경우에 그 외국에서 대한민국 국민인 음반제작자에게 이 항의 규정에 따른 보상금을 인정하지 아니하는 때에는 그러하지 아니하다.

② 제1항에 따른 보상금의 지급 및 금액 등에 관하여는 제25조제7항부터 제11항까지 및 제76조제3항·제4항을 준용한다.

제4절 방송사업자의 권리

제84조 【복제권】 방송사업자는 그의 방송을 복제할 권리를 가진다.

제85조 【동시중계방송권】 방송사업자는 그의 방송을 동시중계방송할 권리를 가진다.

제85조의2 【공연권】 방송사업자는 공중의 접근이 가능한 장소에서 방송의 시청과 관련하여 입장료를 받는 경우에 그 방송을 공연할 권리를 가진다.

제5절 저작인접권의 보호기간

제86조 【보호기간】 ① 저작인접권은 다음 각 호의 어느 하나에 해당하는 때부터 발생하며, 어떠한 절차나 형식의 이행을 필요로 하지 아니한다.

1. 실연의 경우에는 그 실연을 한 때
2. 음반의 경우에는 그 음을 맨 처음 음반에 고정한 때
3. 방송의 경우에는 그 방송을 한 때

② 저작인접권(실연자의 인격권은 제외한다. 이하 같다)은 다음 각 호의 어느 하나에 해당하는 때의 다음 해부터 기산하여 70년(방송의 경우에는 50년)간 존속한다.

1. 실연의 경우에는 그 실연을 한 때. 다만, 실연을 한 때부터 50년 이내에 실연이 고정된 음반이 발행된 경우에는 음반을 발행한 때
2. 음반의 경우에는 그 음반을 발행한 때. 다만, 음을 음반에 맨 처음 고정한 때의 다음 해부터 기산하여 50년이 경과한 때까지 음반을 발행하지 아니한 경우에는 음을 음반에 맨 처음 고정한 때
3. 방송의 경우에는 그 방송을 한 때

제6절 저작인접권의 제한·양도·행사 등

제87조【저작인접권의 제한】 ① 저작인접권의 목적이 된 실연·음반 또는 방송의 이용에 관하여는 제23조, 제24조, 제25조제1항부터 제5항까지, 제26조부터 제32조까지, 제33조제2항, 제34조, 제35조의2부터 제35조의5까지, 제36조 및 제37조를 준용한다.
② 디지털음성송신사업자는 제76조제1항 및 제83조제1항에 따라 실연이 녹음된 음반을 사용하여 송신하는 경우에는 자체의 수단으로 실연이 녹음된 음반을 일시적으로 복제할 수 있다. 이 경우 복제물의 보존기간에 관하여는 제34조제2항을 준용한다.
제88조【저작인접권의 양도·행사 등】 저작인접권의 양도에 관하여는 제45조제1항을, 실연·음반 또는 방송의 이용허락에 관하여는 제46조를, 저작인접권을 목적으로 하는 질권의 행사에 관하여는 제47조를, 저작인접권의 소멸에 관하여는 제49조를, 실연·음반 또는 방송의 배타적발행권의 설정 등에 관하여는 제57조부터 제62조까지의 규정을 각각 준용한다.
제89조【실연·음반 및 방송이용의 법정허락】 제50조 내지 제52조의 규정은 실연·음반 및 방송의 이용에 관하여 준용한다.
제90조【저작인접권의 등록】 저작인접권 또는 저작인접권의 배타적발행권의 등록, 변경등록 등에 관하여는 제53조부터 제55조까지 및 제55조의2부터 제55조의5까지의 규정을 준용한다. 이 경우 제55조, 제55조의2 및 제55조의3 중 "저작권등록부"는 "저작인접권등록부"로 본다.

제4장 데이터베이스제작자의 보호

제91조【보호받는 데이터베이스】 ① 다음 각 호의 어느 하나에 해당하는 자의 데이터베이스는 이 법에 따른 보호를 받는다.

1. 대한민국 국민
2. 데이터베이스의 보호와 관련하여 대한민국이 가입 또는 체결한 조약에 따라 보호되는 외국인

② 제1항의 규정에 따라 보호되는 외국인의 데이터베이스라도 그 외국에서 대한민국 국민의 데이터베이스를 보호하지 아니하는 경우에는 그에 상응하게 조약 및 이 법에 따른 보호를 제한할 수 있다.
제92조【적용 제외】 다음 각 호의 어느 하나에 해당하는 데이터베이스에 대하여는 이 장의 규정을 적용하지 아니한다.

1. 데이터베이스의 제작·갱신등 또는 운영에 이용되는 컴퓨터프로그램
2. 무선 또는 유선통신을 기술적으로 가능하게 하기 위하여 제작되거나 갱신등이 되는 데이터베이스

제93조【데이터베이스제작자의 권리】 ① 데이터베이스제작자는 그의 데이터베이스의 전부 또는 상당한 부분을 복제·배포·방송 또는 전송(이하 이 조에서 "복제등"이라 한다)할 권리를 가진다.
② 데이터베이스의 개별 소재는 제1항의 규정

에 따른 당해 데이터베이스의 상당한 부분으로 간주되지 아니한다. 다만, 데이터베이스의 개별 소재 또는 그 상당한 부분에 이르지 못하는 부분의 복제등이라 하더라도 반복적이거나 특정한 목적을 위하여 체계적으로 함으로써 당해 데이터베이스의 통상적인 이용과 충돌하거나 데이터베이스제작자의 이익을 부당하게 해치는 경우에는 당해 데이터베이스의 상당한 부분의 복제등으로 본다.

③ 이 장에 따른 보호는 데이터베이스의 구성부분이 되는 소재의 저작권 그 밖에 이 법에 따라 보호되는 권리에 영향을 미치지 아니한다.

④ 이 장에 따른 보호는 데이터베이스의 구성부분이 되는 소재 그 자체에는 미치지 아니한다.

제94조【데이터베이스제작자의 권리제한】 ① 데이터베이스제작자의 권리의 목적이 되는 데이터베이스의 이용에 관하여는 제23조, 제28조부터 제34조까지, 제35조의2, 제35조의4, 제35조의5, 제36조 및 제37조를 준용한다.

② 다음 각 호의 어느 하나에 해당하는 경우에는 누구든지 데이터베이스의 전부 또는 그 상당한 부분을 복제·배포·방송 또는 전송할 수 있다. 다만, 당해 데이터베이스의 통상적인 이용과 저촉되는 경우에는 그러하지 아니하다.

1. 교육·학술 또는 연구를 위하여 이용하는 경우. 다만, 영리를 목적으로 하는 경우에는 그러하지 아니하다.

2. 시사보도를 위하여 이용하는 경우

제95조【보호기간】 ① 데이터베이스제작자의 권리는 데이터베이스의 제작을 완료한 때부터 발생하며, 그 다음 해부터 기산하여 5년간 존속한다.

② 데이터베이스의 갱신등을 위하여 인적 또는 물적으로 상당한 투자가 이루어진 경우에 당해 부분에 대한 데이터베이스제작자의 권리는 그 갱신등을 한 때부터 발생하며, 그 다음 해부터 기산하여 5년간 존속한다.

제96조【데이터베이스제작자의 권리의 양도·행사 등】 데이터베이스의 거래제공에 관하여는 제20조 단서를, 데이터베이스제작자의 권리의 양도에 관하여는 제45조제1항을, 데이터베이스의 이용허락에 관하여는 제46조를, 데이터베이스제작자의 권리를 목적으로 하는 질권의 행사에 관하여는 제47조를, 공동데이터베이스의 데이터베이스제작자의 권리행사에 관하여는 제48조를, 데이터베이스제작자의 권리의 소멸에 관하여는 제49조를, 데이터베이스의 배타적발행권의 설정 등에 관하여는 제57조부터 제62조까지의 규정을 각각 준용한다.

제97조【데이터베이스 이용의 법정허락】 제50조 및 제51조의 규정은 데이터베이스의 이용에 관하여 준용한다.

제98조【데이터베이스제작자의 권리의 등록】 데이터베이스제작자의 권리 및 데이터베이스제작자 권리의 배타적발행권 등록, 변경등록등에 관하여는 제53조부터 제55조까지 및 제55조의2부터 제55조의5까지의 규정을 준용한다. 이 경우 제55조, 제55조의2 및 제55조의3 중 "저작권등록부"는 "데이터베이스제작자권리등록부"로 본다.

제5장 영상저작물에 관한 특례

제99조【저작물의 영상화】 ① 저작재산권자가 저작물의 영상화를 다른 사람에게 허락한 경우에 특약이 없는 때에는 다음 각 호의 권리를 포함하여 허락한 것으로 추정한다.

1. 영상저작물을 제작하기 위하여 저작물을 각색하는 것

2. 공개상영을 목적으로 한 영상저작물을 공개상영하는 것

3. 방송을 목적으로 한 영상저작물을 방송하는 것

4. 전송을 목적으로 한 영상저작물을 전송하는 것

5. 영상저작물을 그 본래의 목적으로 복제·배포

하는 것

6. 영상저작물의 번역물을 그 영상저작물과 같
   은 방법으로 이용하는 것

② 저작재산권자는 그 저작물의 영상화를 허락
한 경우에 특약이 없는 때에는 허락한 날부터
5년이 경과한 때에 그 저작물을 다른 영상저작
물로 영상화하는 것을 허락할 수 있다.

제100조【영상저작물에 대한 권리】① 영상제
작자와 영상저작물의 제작에 협력할 것을 약정
한 자가 그 영상저작물에 대하여 저작권을 취득
한 경우 특약이 없는 한 그 영상저작물의 이용
을 위하여 필요한 권리는 영상제작자가 이를 양
도 받은 것으로 추정한다.

② 영상저작물의 제작에 사용되는 소설·각본·
미술저작물 또는 음악저작물 등의 저작재산권
은 제1항의 규정으로 인하여 영향을 받지 아니
한다.

③ 영상제작자와 영상저작물의 제작에 협력할
것을 약정한 실연자의 그 영상저작물의 이용에
관한 제69조의 규정에 따른 복제권, 제70조의
규정에 따른 배포권, 제73조의 규정에 따른 방
송권 및 제74조의 규정에 따른 전송권은 특약이
없는 한 영상제작자가 이를 양도 받은 것으로
추정한다.

제101조【영상제작자의 권리】① 영상저작물의
제작에 협력할 것을 약정한 자로부터 영상제작
자가 양도 받는 영상저작물의 이용을 위하여 필
요한 권리는 영상저작물을 복제·배포·공개상
영·방송·전송 그 밖의 방법으로 이용할 권리로
하며, 이를 양도하거나 질권의 목적으로 할 수
있다.

② 실연자로부터 영상제작자가 양도 받는 권리
는 그 영상저작물을 복제·배포·방송 또는 전송
할 권리로 하며, 이를 양도하거나 질권의 목적
으로 할 수 있다.

제5장의2 프로그램에 관한 특례

제101조의2【보호의 대상】 프로그램을 작성하
기 위하여 사용하는 다음 각 호의 사항에는 이
법을 적용하지 아니한다.

1. 프로그램 언어 : 프로그램을 표현하는 수단으
   로서 문자·기호 및 그 체계

2. 규약 : 특정한 프로그램에서 프로그램 언어의
   용법에 관한 특별한 약속

3. 해법 : 프로그램에서 지시·명령의 조합방법

제101조의3【프로그램의 저작재산권의 제한】
① 다음 각 호의 어느 하나에 해당하는 경우에
는 그 목적상 필요한 범위에서 공표된 프로그램
을 복제 또는 배포할 수 있다. 다만, 프로그램의
종류·용도, 프로그램에서 복제된 부분이 차지
하는 비중 및 복제의 부수 등에 비추어 프로그
램의 저작재산권자의 이익을 부당하게 해치는
경우에는 그러하지 아니하다.

1. 재판 또는 수사를 위하여 복제하는 경우

1의2. 제119조제1항제2호에 따른 감정을 위하
   여 복제하는 경우

2. 「유아교육법」, 「초·중등교육법」, 「고등교육
   법」에 따른 학교 및 다른 법률에 따라 설립된
   교육기관(초등학교·중학교 또는 고등학교를
   졸업한 것과 같은 수준의 학력이 인정되거나
   학위를 수여하는 교육기관으로 한정한다)에
   서 교육을 담당하는 자가 수업과정에 제공할
   목적으로 복제 또는 배포하는 경우

3. 「초·중등교육법」에 따른 학교 및 이에 준하는
   학교의 교육목적을 위한 교과용 도서에 게재
   하기 위하여 복제하는 경우

4. 가정과 같은 한정된 장소에서 개인적인 목적
   (영리를 목적으로 하는 경우를 제외한다)으로
   복제하는 경우

5. 「초·중등교육법」, 「고등교육법」에 따른 학교
   및 이에 준하는 학교의 입학시험이나 그 밖의
   학식 및 기능에 관한 시험 또는 검정을 목적

(영리를 목적으로 하는 경우를 제외한다)으로 복제 또는 배포하는 경우

6. 프로그램의 기초를 이루는 아이디어 및 원리를 확인하기 위하여 프로그램의 기능을 조사·연구·시험할 목적으로 복제하는 경우(정당한 권한에 의하여 프로그램을 이용하는 자가 해당 프로그램을 이용 중인 때에 한한다)

② 컴퓨터의 유지·보수를 위하여 그 컴퓨터를 이용하는 과정에서 프로그램(정당하게 취득한 경우에 한한다)을 일시적으로 복제할 수 있다.

③ 제1항제3호에 따라 프로그램을 교과용 도서에 게재하려는 자는 문화체육관광부장관이 정하여 고시하는 기준에 따른 보상금을 해당 저작재산권자에게 지급하여야 한다. 이 경우 보상금 지급에 관하여는 제25조제7항부터 제11항까지의 규정을 준용한다.

제101조의4【프로그램코드역분석】 ① 정당한 권한에 의하여 프로그램을 이용하는 자 또는 그의 허락을 받은 자는 호환에 필요한 정보를 쉽게 얻을 수 없고 그 획득이 불가피한 경우에는 해당 프로그램의 호환에 필요한 부분에 한하여 프로그램의 저작재산권자의 허락을 받지 아니하고 프로그램코드역분석을 할 수 있다.

② 제1항에 따른 프로그램코드역분석을 통하여 얻은 정보는 다음 각 호의 어느 하나에 해당하는 경우에는 이를 이용할 수 없다.

1. 호환 목적 외의 다른 목적을 위하여 이용하거나 제3자에게 제공하는 경우

2. 프로그램코드역분석의 대상이 되는 프로그램과 표현이 실질적으로 유사한 프로그램을 개발·제작·판매하거나 그 밖에 프로그램의 저작권을 침해하는 행위에 이용하는 경우

제101조의5【정당한 이용자에 의한 보존을 위한 복제 등】 ① 프로그램의 복제물을 정당한 권한에 의하여 소지·이용하는 자는 그 복제물의 멸실·훼손 또는 변질 등에 대비하기 위하여 필요한 범위에서 해당 복제물을 복제할 수 있다.

② 프로그램의 복제물을 소지·이용하는 자는 해당 프로그램의 복제물을 소지·이용할 권리를 상실한 때에는 그 프로그램의 저작재산권자의 특별한 의사표시가 없는 한 제1항에 따라 복제한 것을 폐기하여야 한다. 다만, 프로그램의 복제물을 소지·이용할 권리가 해당 복제물이 멸실됨으로 인하여 상실된 경우에는 그러하지 아니하다.

제101조의6 (삭제)

제101조의7【프로그램의 임치】 ① 프로그램의 저작재산권자와 프로그램의 이용허락을 받은 자는 대통령령으로 정하는 자(이하 이 조에서 "수치인"이라 한다)와 서로 합의하여 프로그램의 원시코드 및 기술정보 등을 수치인에게 임치할 수 있다.

② 프로그램의 이용허락을 받은 자는 제1항에 따른 합의에서 정한 사유가 발생한 때에 수치인에게 프로그램의 원시코드 및 기술정보 등의 제공을 요구할 수 있다.

제6장 온라인서비스제공자의 책임 제한

제102조【온라인서비스제공자의 책임 제한】 ① 온라인서비스제공자는 다음 각 호의 행위와 관련하여 저작권, 그 밖에 이 법에 따라 보호되는 권리가 침해되더라도 그 호의 분류에 따라 각 목의 요건을 모두 갖춘 경우에는 그 침해에 대하여 책임을 지지 아니한다.

1. 내용의 수정 없이 저작물등을 송신하거나 경로를 지정하거나 연결을 제공하는 행위 또는 그 과정에서 저작물등을 그 송신을 위하여 합리적으로 필요한 기간 내에서 자동적·중개적·일시적으로 저장하는 행위

   가. 온라인서비스제공자가 저작물등의 송신을 시작하지 아니한 경우

   나. 온라인서비스제공자가 저작물등이나 그 수신자를 선택하지 아니한 경우

다. 저작권, 그 밖에 이 법에 따라 보호되는
   권리를 반복적으로 침해하는 자의 계정(온
   라인서비스제공자가 이용자를 식별·관리
   하기 위하여 사용하는 이용권한 계좌를 말
   한다. 이하 이 조, 제103조의2, 제133조의2
   및 제133조의3에서 같다)을 해지하는 방침
   을 채택하고 이를 합리적으로 이행한 경우
라. 저작물등을 식별하고 보호하기 위한 기술
   조치로서 대통령령으로 정하는 조건을 충
   족하는 표준적인 기술조치를 권리자가 이
   용한 때에는 이를 수용하고 방해하지 아니
   한 경우

2. 서비스이용자의 요청에 따라 송신된 저작물
   등을 후속 이용자들이 효율적으로 접근하거나
   수신할 수 있게 할 목적으로 그 저작물등을 자
   동적·중개적·일시적으로 저장하는 행위
   가. 제1호 각 목의 요건을 모두 갖춘 경우
   나. 온라인서비스제공자가 그 저작물등을 수
      정하지 아니한 경우
   다. 제공되는 저작물등에 접근하기 위한 조건
      이 있는 경우에는 그 조건을 지킨 이용자에
      게만 임시저장된 저작물등의 접근을 허용
      한 경우
   라. 저작물등을 복제·전송하는 자(이하 "복
      제·전송자"라 한다)가 명시한, 컴퓨터나 정
      보통신망에 대하여 그 업계에서 일반적으
      로 인정되는 데이터통신규약에 따른 저작
      물등의 현행화에 관한 규칙을 지킨 경우.
      다만, 복제·전송자가 그러한 저장을 불합
      리하게 제한할 목적으로 현행화에 관한 규
      칙을 정한 경우에는 그러하지 아니한다.
   마. 저작물등이 있는 본래의 사이트에서 그
      저작물등의 이용에 관한 정보를 얻기 위하
      여 적용한, 그 업계에서 일반적으로 인정되
      는 기술의 사용을 방해하지 아니한 경우
   바. 제103조제1항에 따른 복제·전송의 중단
      요구를 받은 경우, 본래의 사이트에서 그

저작물등이 삭제되었거나 접근할 수 없게
   된 경우, 또는 법원, 관계 중앙행정기관의
   장이 그 저작물등을 삭제하거나 접근할 수
   없게 하도록 명령을 내린 사실을 실제로 알
   게 된 경우에 그 저작물등을 즉시 삭제하거
   나 접근할 수 없게 한 경우

3. 복제·전송자의 요청에 따라 저작물등을 온
   라인서비스제공자의 컴퓨터에 저장하는 행위
   또는 정보검색도구를 통하여 이용자에게 정
   보통신망상 저작물등의 위치를 알 수 있게 하
   거나 연결하는 행위
   가. 제1호 각 목의 요건을 모두 갖춘 경우
   나. 온라인서비스제공자가 침해행위를 통제
      할 권한과 능력이 있을 때에는 그 침해행위
      로부터 직접적인 금전적 이익을 얻지 아니
      한 경우
   다. 온라인서비스제공자가 침해를 실제로 알
      게 되거나 제103조제1항에 따른 복제·전송
      의 중단요구 등을 통하여 침해가 명백하다
      는 사실 또는 정황을 알게 된 때에 즉시 그
      저작물등의 복제·전송을 중단시킨 경우
   라. 제103조제4항에 따라 복제·전송의 중단
      요구 등을 받을 자를 지정하여 공지한 경우

4. (삭제)

② 제1항에도 불구하고 온라인서비스제공자가
제1항에 따른 조치를 취하는 것이 기술적으로
불가능한 경우에는 다른 사람에 의한 저작물등
의 복제·전송으로 인한 저작권, 그 밖에 이 법
에 따라 보호되는 권리의 침해에 대하여 책임을
지지 아니한다.

③ 제1항에 따른 책임 제한과 관련하여 온라인
서비스제공자는 자신의 서비스 안에서 침해행
위가 일어나는지를 모니터링하거나 그 침해행
위에 관하여 적극적으로 조사할 의무를 지지 아
니한다.

제103조 【복제·전송의 중단】 ① 온라인서비스
제공자(제102조제1항제1호의 경우는 제외한

다. 이하 이 조에서 같다)의 서비스를 이용한 저작물등의 복제·전송에 따라 저작권, 그 밖에 이 법에 따라 보호되는 자신의 권리가 침해됨을 주장하는 자(이하 이 조에서 "권리주장자"라 한다)는 그 사실을 소명하여 온라인서비스제공자에게 그 저작물등의 복제·전송을 중단시킬 것을 요구할 수 있다.

② 온라인서비스제공자는 제1항에 따른 복제·전송의 중단요구를 받은 경우에는 즉시 그 저작물등의 복제·전송을 중단시키고 권리주장자에게 그 사실을 통보하여야 한다. 다만, 제102조제1항제3호의 온라인서비스제공자는 그 저작물등의 복제·전송자에게도 이를 통보하여야 한다.

③ 제2항에 따른 통보를 받은 복제·전송자가 자신의 복제·전송이 정당한 권리에 의한 것임을 소명하여 그 복제·전송의 재개를 요구하는 경우 온라인서비스제공자는 재개요구사실 및 재개예정일을 권리주장자에게 지체 없이 통보하고 그 예정일에 복제·전송을 재개시켜야 한다. 다만, 권리주장자가 복제·전송자의 침해행위에 대하여 소를 제기한 사실을 재개예정일 전에 온라인서비스제공자에게 통보한 경우에는 그러하지 아니하다.

④ 온라인서비스제공자는 제1항 및 제3항의 규정에 따른 복제·전송의 중단 및 그 재개의 요구를 받을 자(이하 이 조에서 "수령인"이라 한다)를 지정하여 자신의 설비 또는 서비스를 이용하는 자들이 쉽게 알 수 있도록 공지하여야 한다.

⑤ 온라인서비스제공자가 제4항에 따른 공지를 하고 제2항 및 제3항에 따라 그 저작물등의 복제·전송을 중단시키거나 재개시킨 경우에는 다른 사람에 의한 저작권 그 밖에 이 법에 따라 보호되는 권리의 침해에 대한 온라인서비스제공자의 책임 및 복제·전송자에게 발생하는 손해에 대한 온라인서비스제공자의 책임을 면제한다. 다만, 이 항의 규정은 온라인서비스제공자가 다른 사람에 의한 저작물등의 복제·전송으로 인하여 그 저작권 그 밖에 이 법에 따라 보호되는 권리가 침해된다는 사실을 안 때부터 제1항에 따른 중단을 요구받기 전까지 발생한 책임에는 적용하지 아니한다.

⑥ 정당한 권리 없이 제1항 및 제3항의 규정에 따른 그 저작물등의 복제·전송의 중단이나 재개를 요구하는 자는 그로 인하여 발생하는 손해를 배상하여야 한다.

⑦ 제1항부터 제4항까지의 규정에 따른 소명, 중단, 통보, 복제·전송의 재개, 수령인의 지정 및 공지 등에 관하여 필요한 사항은 대통령령으로 정한다. 이 경우 문화체육관광부장관은 관계 중앙행정기관의 장과 미리 협의하여야 한다.

제103조의2 【온라인서비스제공자에 대한 법원 명령의 범위】 ① 법원은 제102조제1항제1호에 따른 요건을 충족한 온라인서비스제공자에게 제123조제3항에 따라 필요한 조치를 명하는 경우에는 다음 각 호의 조치만을 명할 수 있다.

1. 특정 계정의 해지
2. 특정 해외 인터넷 사이트에 대한 접근을 막기 위한 합리적 조치

② 법원은 제102조제1항제2호 및 제3호의 요건을 충족한 온라인서비스제공자에게 제123조제3항에 따라 필요한 조치를 명하는 경우에는 다음 각 호의 조치만을 명할 수 있다.

1. 불법복제물의 삭제
2. 불법복제물에 대한 접근을 막기 위한 조치
3. 특정 계정의 해지
4. 그 밖에 온라인서비스제공자에게 최소한의 부담이 되는 범위에서 법원이 필요하다고 판단하는 조치

제103조의3 【복제·전송자에 관한 정보 제공의 청구】 ① 권리주장자가 민사상의 소제기 및 형사상의 고소를 위하여 해당 온라인서비스제공자에게 그 온라인서비스제공자가 가지고 있는 해당 복제·전송자의 성명과 주소 등 필요한 최소한의 정보 제공을 요청하였으나 온라인서비

스제공자가 이를 거절한 경우 권리주장자는 문화체육관광부장관에게 해당 온라인서비스제공자에 대하여 그 정보의 제공을 명령하여 줄 것을 청구할 수 있다.

② 문화체육관광부장관은 제1항에 따른 청구가 있으면 제122조의6에 따른 저작권보호심의위원회의 심의를 거쳐 온라인서비스제공자에게 해당 복제·전송자의 정보를 제출하도록 명할 수 있다.

③ 온라인서비스제공자는 제2항의 명령을 받은 날부터 7일 이내에 그 정보를 문화체육관광부장관에게 제출하여야 하며, 문화체육관광부장관은 그 정보를 제1항에 따른 청구를 한 자에게 지체 없이 제공하여야 한다.

④ 제3항에 따라 해당 복제·전송자의 정보를 제공받은 자는 해당 정보를 제1항의 청구 목적 외의 용도로 사용하여서는 아니 된다.

⑤ 그 밖에 복제·전송자에 관한 정보의 제공에 필요한 사항은 대통령령으로 정한다.

제104조 【특수한 유형의 온라인서비스제공자의 의무 등】① 다른 사람들 상호 간에 컴퓨터를 이용하여 저작물등을 전송하도록 하는 것을 주된 목적으로 하는 온라인서비스제공자(이하 "특수한 유형의 온라인서비스제공자"라 한다)는 권리자의 요청이 있는 경우 해당 저작물등의 불법적인 전송을 차단하는 기술적인 조치 등 필요한 조치를 하여야 한다. 이 경우 권리자의 요청 및 필요한 조치에 관한 사항은 대통령령으로 정한다.

② 문화체육관광부장관은 제1항의 규정에 따른 특수한 유형의 온라인서비스제공자의 범위를 정하여 고시할 수 있다.

③ 문화체육관광부장관은 제1항에 따른 기술적인 조치 등 필요한 조치의 이행 여부를 정보통신망을 통하여 확인하여야 한다.

④ 문화체육관광부장관은 제3항에 따른 업무를 대통령령으로 정하는 기관 또는 단체에 위탁할 수 있다.

제6장의2 기술적 보호조치의 무력화 금지 등

제104조의2 【기술적 보호조치의 무력화 금지】
① 누구든지 정당한 권한 없이 고의 또는 과실로 제2조제28호가목의 기술적 보호조치를 제거·변경하거나 우회하는 등의 방법으로 무력화하여서는 아니 된다. 다만, 다음 각 호의 어느 하나에 해당하는 경우에는 그러하지 아니하다.

1. 암호 분야의 연구에 종사하는 자가 저작물등의 복제물을 정당하게 취득하여 저작물등에 적용된 암호 기술의 결함이나 취약점을 연구하기 위하여 필요한 범위에서 행하는 경우. 다만, 권리자로부터 연구에 필요한 이용을 허락받기 위하여 상당한 노력을 하였으나 허락을 받지 못한 경우에 한한다.

2. 미성년자에게 유해한 온라인상의 저작물등에 미성년자가 접근하는 것을 방지하기 위하여 기술·제품·서비스 또는 장치에 기술적 보호조치를 무력화하는 구성요소나 부품을 포함하는 경우. 다만, 제2항에 따라 금지되지 아니하는 경우에 한한다.

3. 개인의 온라인상의 행위를 파악할 수 있는 개인 식별 정보를 비공개적으로 수집·유포하는 기능을 확인하고, 이를 무력화하기 위하여 필요한 경우. 다만, 다른 사람들이 저작물등에 접근하는 것에 영향을 미치는 경우는 제외한다.

4. 국가의 법집행, 합법적인 정보수집 또는 안전보장 등을 위하여 필요한 경우

5. 제25조제3항 및 제4항에 따른 학교·교육기관 및 수업지원기관, 제31조제1항에 따른 도서관(비영리인 경우로 한정한다) 또는 「공공기록물 관리에 관한 법률」에 따른 기록물관리기관이 저작물등의 구입 여부를 결정하기 위하여 필요한 경우. 다만, 기술적 보호조치를 무력화하지 아니하고는 접근할 수 없는 경우

에 한한다.

6. 정당한 권한을 가지고 프로그램을 사용하는 자가 다른 프로그램과의 호환을 위하여 필요한 범위에서 프로그램코드역분석을 하는 경우

7. 정당한 권한을 가진 자가 오로지 컴퓨터 또는 정보통신망의 보안성을 검사·조사 또는 보정하기 위하여 필요한 경우

8. 기술적 보호조치의 무력화 금지에 의하여 특정 종류의 저작물등을 정당하게 이용하는 것이 불합리하게 영향을 받거나 받을 가능성이 있다고 인정되어 대통령령으로 정하는 절차에 따라 문화체육관광부장관이 정하여 고시하는 경우. 이 경우 그 예외의 효력은 3년으로 한다.

② 누구든지 정당한 권한 없이 다음과 같은 장치, 제품 또는 부품을 제조, 수입, 배포, 전송, 판매, 대여, 공중에 대한 청약, 판매나 대여를 위한 광고, 또는 유통을 목적으로 보관 또는 소지하거나, 서비스를 제공하여서는 아니 된다.

1. 기술적 보호조치의 무력화를 목적으로 홍보, 광고 또는 판촉되는 것

2. 기술적 보호조치를 무력화하는 것 외에는 제한적으로 상업적인 목적 또는 용도만 있는 것

3. 기술적 보호조치를 무력화하는 것을 가능하게 하거나 용이하게 하는 것을 주된 목적으로 고안, 제작, 개조되거나 기능하는 것

③ 제2항에도 불구하고 다음 각 호의 어느 하나에 해당하는 경우에는 그러하지 아니하다.

1. 제2조제28가목의 기술적 보호조치와 관련하여 제1항제1호·제2호·제4호·제6호 및 제7호에 해당하는 경우

2. 제2조제28나목의 기술적 보호조치와 관련하여 제1항제4호 및 제6호에 해당하는 경우

제104조의3 【권리관리정보의 제거·변경 등의 금지】 ① 누구든지 정당한 권한 없이 저작권, 그 밖에 이 법에 따라 보호되는 권리의 침해를 유발 또는 은닉한다는 사실을 알거나 과실로 알지

못하고 다음 각 호의 어느 하나에 해당하는 행위를 하여서는 아니 된다.

1. 권리관리정보를 고의로 제거·변경하거나 거짓으로 부가하는 행위

2. 권리관리정보가 정당한 권한 없이 제거 또는 변경되었다는 사실을 알면서 그 권리관리정보를 배포하거나 배포할 목적으로 수입하는 행위

3. 권리관리정보가 정당한 권한 없이 제거·변경되거나 거짓으로 부가된 사실을 알면서 해당 저작물등의 원본이나 그 복제물을 배포·공연 또는 공중송신하거나 배포를 목적으로 수입하는 행위

② 제1항은 국가의 법집행, 합법적인 정보수집 또는 안전보장 등을 위하여 필요한 경우에는 적용하지 아니한다.

제104조의4 【암호화된 방송 신호의 무력화 등의 금지】 누구든지 다음 각 호의 어느 하나에 해당하는 행위를 하여서는 아니 된다.

1. 암호화된 방송 신호를 방송사업자의 허락 없이 복호화(復號化)하는 데에 주로 사용될 것을 알거나 과실로 알지 못하고, 그러한 목적을 가진 장치·제품·주요부품 또는 프로그램 등 유·무형의 조치를 제조·조립·변경·수입·수출·판매·임대하거나 그 밖의 방법으로 전달하는 행위. 다만, 제104조의2제1항제1호·제2호 또는 제4호에 해당하는 경우에는 그러하지 아니하다.

2. 암호화된 방송 신호가 정당한 권한에 의하여 복호화된 경우 그 사실을 알고 그 신호를 방송사업자의 허락 없이 영리를 목적으로 다른 사람에게 공중송신하는 행위

3. 암호화된 방송 신호가 방송사업자의 허락없이 복호화된 것임을 알면서 그러한 신호를 수신하여 청취 또는 시청하거나 다른 사람에게 공중송신하는 행위

제104조의5 【라벨 위조 등의 금지】 누구든지 정

당한 권한 없이 다음 각 호의 어느 하나에 해당하는 행위를 하여서는 아니 된다.

1. 저작물등의 라벨을 불법복제물이나 그 문서 또는 포장에 부착·동봉 또는 첨부하기 위하여 위조하거나 그러한 사실을 알면서 배포 또는 배포할 목적으로 소지하는 행위

2. 저작물등의 권리자나 권리자의 동의를 받은 자로부터 허락을 받아 제작한 라벨을 그 허락 범위를 넘어 배포하거나 그러한 사실을 알면서 다시 배포 또는 다시 배포할 목적으로 소지하는 행위

3. 저작물등의 적법한 복제물과 함께 배포되는 문서 또는 포장을 불법복제물에 사용하기 위하여 위조하거나 그러한 사실을 알면서 위조된 문서 또는 포장을 배포하거나 배포할 목적으로 소지하는 행위

제104조의6 【영상저작물 녹화 등의 금지】 누구든지 저작권으로 보호되는 영상저작물을 상영 중인 영화상영관등에서 저작재산권자의 허락 없이 녹화기기를 이용하여 녹화하거나 공중송신하여서는 아니 된다.

제104조의7 【방송전 신호의 송신 금지】 누구든지 정당한 권한 없이 방송사업자에게로 송신되는 신호(공중이 직접 수신하도록 할 목적의 경우에는 제외한다)를 제3자에게 송신하여서는 아니된다.

제104조의8 【침해의 정지·예방 청구 등】 저작권, 그 밖에 이 법에 따라 보호되는 권리를 가진 자는 제104조의2부터 제104조의4까지의 규정을 위반한 자에 대하여 침해의 정지·예방, 손해배상의 담보 또는 손해배상이나 이를 갈음하는 법정손해배상의 청구를 할 수 있으며, 고의 또는 과실 없이 제104조의2제1항의 행위를 한 자에 대하여는 침해의 정지·예방을 청구할 수 있다. 이 경우 제123조, 제125조, 제125조의2, 제126조 및 제129조를 준용한다.

제7장 저작권위탁관리업

제105조 【저작권위탁관리업의 허가 등】 ① 저작권신탁관리업을 하고자 하는 자는 대통령령이 정하는 바에 따라 문화체육관광부장관의 허가를 받아야 하며, 저작권대리중개업을 하고자 하는 자는 대통령령이 정하는 바에 따라 문화체육관광부장관에게 신고하여야 한다. 다만, 문화체육관광부장관은「공공기관의 운영에 관한 법률」에 따른 공공기관을 저작권신탁관리단체로 지정할 수 있다.

② 제1항에 따라 저작권신탁관리업을 하고자 하는 자는 다음 각 호의 요건을 갖추어야 하며, 대통령령으로 정하는 바에 따라 저작권신탁관리업무규정을 작성하여 이를 저작권신탁관리허가신청서와 함께 문화체육관광부장관에게 제출하여야 한다. 다만, 제1항 단서에 따른 공공기관의 경우에는 제1호의 요건을 적용하지 아니한다.

1. 저작물등에 관한 권리자로 구성된 단체일 것
2. 영리를 목적으로 하지 아니할 것
3. 사용료의 징수 및 분배 등의 업무를 수행하기에 충분한 능력이 있을 것

③ 제1항 본문에 따라 저작권대리중개업의 신고를 하려는 자는 대통령령으로 정하는 바에 따라 저작권대리중개업무규정을 작성하여 저작권대리중개업 신고서와 함께 문화체육관광부장관에게 제출하여야 한다.

④ 제1항에 따라 저작권신탁관리업의 허가를 받은 자가 문화체육관광부령으로 정하는 중요 사항을 변경하고자 하는 경우에는 문화체육관광부령으로 정하는 바에 따라 문화체육관광부장관의 변경허가를 받아야 하며, 저작권대리중개업을 신고한 자가 신고한 사항을 변경하려는 경우에는 문화체육관광부령으로 정하는 바에 따라 문화체육관광부장관에게 변경신고를 하여야 한다.

⑤ 문화체육관광부장관은 제1항 본문에 따른 저

작권대리중개업의 신고 또는 제4항에 따른 저작권대리중개업의 변경신고를 받은 날부터 문화체육관광부령으로 정하는 기간 내에 신고·변경신고 수리 여부를 신고인에게 통지하여야 한다.

⑥ 문화체육관광부장관이 제5항에서 정한 기간 내에 신고·변경신고 수리 여부나 민원 처리 관련 법령에 따른 처리기간의 연장을 신고인에게 통지하지 아니하면 그 기간이 끝난 날의 다음 날에 신고·변경신고를 수리한 것으로 본다.

⑦ 다음 각 호의 어느 하나에 해당하는 자는 제1항에 따른 저작권신탁관리업 또는 저작권대리중개업(이하 "저작권위탁관리업"이라 한다)의 허가를 받거나 신고를 할 수 없다.

1. 피성년후견인 또는 피한정후견인

2. 파산선고를 받고 복권되지 아니한 자

3. 금고 이상의 실형을 선고받고 그 집행이 종료(집행이 종료된 것으로 보는 경우를 포함한다)되거나 집행이 면제된 날부터 1년이 지나지 아니한 자

4. 금고 이상의 형의 집행유예 선고를 받고 그 유예기간 중에 있는 자

5. 이 법을 위반하거나 「형법」 제355조 또는 제356조를 위반하여 다음 각 목의 어느 하나에 해당하는 자

　　가. 금고 이상의 형의 선고유예를 받고 그 유예기간 중에 있는 자

　　나. 벌금형을 선고받고 1년이 지나지 아니한 자

6. 대한민국 내에 주소를 두지 아니한 자

7. 제1호부터 제6호까지의 어느 하나에 해당하는 사람이 대표자 또는 임원으로 되어 있는 법인 또는 단체

⑧ 제1항에 따라 저작권위탁관리업의 허가를 받거나 신고를 한 자(이하 "저작권위탁관리업자"라 한다)는 그 업무에 관하여 저작재산권자나 그 밖의 관계자로부터 수수료를 받을 수 있다.

⑨ 제8항에 따른 수수료의 요율 또는 금액 및 저작권신탁관리업자가 이용자로부터 받는 사용료의 요율 또는 금액은 저작권신탁관리업자가 문화체육관광부장관의 승인을 받아 이를 정한다. 이 경우 문화체육관광부장관은 대통령령으로 정하는 바에 따라 이해관계인의 의견을 수렴하여야 한다.

⑩ 문화체육관광부장관은 제9항에 따른 승인을 하려면 위원회의 심의를 거쳐야 하며, 필요한 경우에는 기간을 정하거나 신청된 내용을 수정하여 승인할 수 있다.

⑪ 문화체육관광부장관은 제9항에 따른 사용료의 요율 또는 금액에 관하여 승인 신청을 받거나 승인을 한 경우에는 대통령령으로 정하는 바에 따라 그 내용을 공고하여야 한다.

⑫ 문화체육관광부장관은 저작재산권자 그 밖의 관계자의 권익보호 또는 저작물등의 이용 편의를 도모하기 위하여 필요한 경우에는 제9항에 따른 승인 내용을 변경할 수 있다.

제106조【저작권신탁관리업자의 의무】 ① 저작권신탁관리업자는 그가 관리하는 저작물등의 목록과 이용계약 체결에 필요한 정보를 대통령령이 정하는 바에 따라 분기별로 도서 또는 전자적 형태로 작성하여 주된 사무소에 비치하고 인터넷 홈페이지를 통하여 공개하여야 한다.

② 저작권신탁관리업자는 이용자가 서면으로 요청하는 경우에는 정당한 사유가 없는 한 관리하는 저작물등의 이용계약을 체결하기 위하여 필요한 정보로서 대통령령으로 정하는 정보를 상당한 기간 이내에 서면으로 제공하여야 한다.

③ 문화체육관광부장관은 음반을 사용하여 공연하는 자로부터 제105조제9항에 따른 사용료를 받는 저작권신탁관리업자 및 상업용 음반을 사용하여 공연하는 자로부터 제76조의2와 제83조의2에 따라 징수하는 보상금수령단체에게 이용자의 편의를 위하여 필요한 경우 대통령령으로 정하는 바에 따라 통합 징수를 요구할 수 있다. 이 경우 그 요구를 받은 저작권신탁관리업

자 및 보상금수령단체는 정당한 사유가 없으면 이에 따라야 한다.

④ 저작권신탁관리업자 및 보상금수령단체는 제3항에 따라 사용료 및 보상금을 통합적으로 징수하기 위한 징수업무를 대통령령으로 정하는 자에게 위탁할 수 있다.

⑤ 저작권신탁관리업자 및 보상금수령단체가 제4항에 따라 징수업무를 위탁한 경우에는 대통령령으로 정하는 바에 따라 위탁수수료를 지급하여야 한다.

⑥ 제3항에 따라 징수한 사용료와 보상금의 정산 시기, 정산 방법 등에 관하여 필요한 사항은 대통령령으로 정한다.

⑦ 저작권신탁관리업자는 다음 각 호의 사항을 대통령령으로 정하는 바에 따라 누구든지 열람할 수 있도록 주된 사무소에 비치하고 인터넷 홈페이지를 통하여 공개하여야 한다.

1. 저작권 신탁계약 및 저작물 이용계약 약관, 저작권 사용료 징수 및 분배규정 등 저작권신탁관리 업무규정
2. 임원보수 등 대통령령으로 정하는 사항을 기재한 연도별 사업보고서
3. 연도별 저작권신탁관리업에 대한 결산서(재무제표와 그 부속서류를 포함한다)
4. 저작권신탁관리업에 대한 감사의 감사보고서
5. 그 밖에 권리자의 권익보호 및 저작권신탁관리업의 운영에 관한 중요한 사항으로서 대통령령으로 정하는 사항

제106조의2 【이용허락의 거부금지】 저작권신탁관리업자는 정당한 이유가 없으면 관리하는 저작물등의 이용허락을 거부해서는 아니 된다.

제107조 【서류열람의 청구】 저작권신탁관리업자는 그가 신탁관리하는 저작물등을 영리목적으로 이용하는 자에 대하여 당해 저작물등의 사용료 산정에 필요한 서류의 열람을 청구할 수 있다. 이 경우 이용자는 정당한 사유가 없는 한 이에 응하여야 한다.

제108조 【감독】 ① 문화체육관광부장관은 저작권위탁관리업자에게 저작권위탁관리업의 업무에 관하여 필요한 보고를 하게 할 수 있다.

② 문화체육관광부장관은 저작자의 권익보호와 저작물의 이용편의를 도모하기 위하여 저작권위탁관리업자의 업무에 대하여 필요한 명령을 할 수 있다.

③ 문화체육관광부장관은 저작자의 권익보호와 저작물의 이용편의를 도모하기 위하여 필요한 경우 소속 공무원으로 하여금 대통령령으로 정하는 바에 따라 저작권위탁관리업자의 사무 및 재산상황을 조사하게 할 수 있다.

④ 문화체육관광부장관은 저작권위탁관리업자의 효율적 감독을 위하여 공인회계사나 그 밖의 관계 전문기관으로 하여금 제3항에 따른 조사를 하게 할 수 있다.

⑤ 문화체육관광부장관은 제2항부터 제4항까지의 명령 및 조사를 위하여 개인정보 등 필요한 자료를 요청할 수 있으며, 요청을 받은 저작권위탁관리업자는 이에 따라야 한다.

제108조의2 【징계의 요구】 문화체육관광부장관은 저작권신탁관리업자의 대표자 또는 임원이 직무와 관련하여 다음 각 호의 어느 하나에 해당하는 경우에는 저작권신탁관리업자에게 해당 대표자 또는 임원의 징계를 요구할 수 있다.

1. 이 법 또는 「형법」 제355조 또는 제356조를 위반하여 벌금형 이상을 선고받아(집행유예를 선고받은 경우를 포함한다) 그 형이 확정된 경우
2. 회계부정, 부당행위 등으로 저작재산권, 그 밖에 이 법에 따라 보호되는 재산적 권리를 가진 자에게 손해를 끼친 경우
3. 이 법에 따른 문화체육관광부장관의 감독업무 수행을 방해하거나 기피하는 경우

제109조 【허가의 취소 등】 ① 문화체육관광부장관은 저작권위탁관리업자가 다음 각 호의 어느 하나에 해당하는 경우에는 6개월 이내의 기간을

정하여 업무의 정지를 명할 수 있다.

1. 제105조제9항의 규정에 따라 승인된 수수료를 초과하여 받은 경우
2. 제105조제9항의 규정에 따라 승인된 사용료 이외의 사용료를 받은 경우
3. 제108조제1항의 규정에 따른 보고를 정당한 사유 없이 하지 아니하거나 허위로 한 경우
4. 제108조제2항의 규정에 따른 명령을 받고 정당한 사유 없이 이를 이행하지 아니한 경우
5. 제106조제3항에 따른 통합 징수 요구를 받고 정당한 사유 없이 이에 따르지 아니한 경우
6. 제106조제7항에 따라 공개하여야 하는 사항을 공개하지 않은 경우
7. 제108조제3항부터 제5항까지의 규정에 따른 조사 및 자료요청에 불응하거나 이를 거부·방해 또는 기피한 경우
8. 제108조의2에 따른 징계의 요구를 받고 정당한 사유 없이 그 요구를 이행하지 아니한 경우
9. 허가를 받거나 신고를 한 이후에 제105조 제7항 각 호의 어느 하나의 사유에 해당하게 된 경우. 다만, 제105조제7항제7호에 해당하는 경우로서 6개월 이내에 그 대표자 또는 임원을 바꾸어 임명한 경우에는 그러하지 아니하다.

② 문화체육관광부장관은 저작권위탁관리업자가 다음 각 호의 어느 하나에 해당하는 경우에는 저작권위탁관리업의 허가를 취소하거나 영업의 폐쇄명령을 할 수 있다.

1. 거짓 그 밖의 부정한 방법으로 허가를 받거나 신고를 한 경우
2. 제1항의 규정에 따른 업무의 정지명령을 받고 그 업무를 계속한 경우

제110조【청문】 문화체육관광부장관은 제109조에 따라 저작권위탁관리업의 허가를 취소하거나 저작권위탁관리업자에 대하여 업무의 정지 또는 영업의 폐쇄를 명하려는 경우에는 청문을 실시하여야 한다.

제111조【과징금 처분】 ① 문화체육관광부장관은 저작권위탁관리업자가 제109조제1항 각 호의 어느 하나에 해당하여 업무의 정지처분을 하여야 할 때에는 그 업무정지처분에 갈음하여 대통령령으로 정하는 바에 따라 직전년도 사용료 및 보상금 징수액의 100분의 1 이하의 과징금을 부과·징수할 수 있다. 다만, 징수금액을 산정하기 어려운 경우에는 10억원을 초과하지 아니하는 범위에서 과징금을 부과·징수할 수 있다.

② 문화체육관광부장관은 제1항에 따라 과징금 부과처분을 받은 자가 과징금을 기한 이내에 납부하지 아니하는 때에는 국세체납처분의 예에 의하여 이를 징수한다.

③ 제1항 및 제2항에 따라 징수한 과징금은 징수주체가 건전한 저작물 이용 질서의 확립을 위하여 사용할 수 있다.

④ 제1항에 따라 과징금을 부과하는 위반행위의 종별·정도 등에 따른 과징금의 금액 및 제3항의 규정에 따른 과징금의 사용절차 등에 관하여 필요한 사항은 대통령령으로 정한다.

제8장 한국저작권위원회

제112조【한국저작권위원회의 설립】 ① 저작권과 그 밖에 이 법에 따라 보호되는 권리(이하 이 장에서 "저작권"이라 한다)에 관한 사항을 심의하고, 저작권에 관한 분쟁(이하 "분쟁"이라 한다)을 알선·조정하며, 저작권 등록 관련 업무를 수행하고, 권리자의 권익증진 및 저작물등의 공정한 이용에 필요한 사업을 수행하기 위하여 한국저작권위원회(이하 "위원회"라 한다)를 둔다.

② 위원회는 법인으로 한다.

③ 위원회에 관하여 이 법에서 정하지 아니한 사항에 대하여는 「민법」의 재단법인에 관한 규정을 준용한다. 이 경우 위원회의 위원은 이사로 본다.

④ 위원회가 아닌 자는 한국저작권위원회의 명칭을 사용하지 못한다.

제112조의2【위원회의 구성】 ① 위원회는 위원장 1명, 부위원장 2명을 포함한 20명 이상 25명 이내의 위원으로 구성한다.

② 위원은 다음 각 호의 사람 중에서 문화체육관광부장관이 위촉하며, 위원장과 부위원장은 위원 중에서 호선한다. 이 경우 문화체육관광부장관은 이 법에 따라 보호되는 권리의 보유자와 그 이용자의 이해를 반영하는 위원의 수가 균형을 이루도록 하여야 하며, 분야별 권리자 단체 또는 이용자 단체 등에 위원의 추천을 요청할 수 있다.

1. 대학이나 공인된 연구기관에서 부교수 이상 또는 이에 상당하는 직위에 있거나 있었던 자로서 저작권 관련 분야를 전공한 자
2. 판사 또는 검사의 직에 있는 자 및 변호사의 자격이 있는 자
3. 4급 이상의 공무원 또는 이에 상당하는 공공기관의 직에 있거나 있었던 자로서 저작권 또는 문화산업 분야에 실무경험이 있는 자
4. 저작권 또는 문화산업 관련 단체의 임원의 직에 있거나 있었던 자
5. 그 밖에 저작권 또는 문화산업 관련 업무에 관한 학식과 경험이 풍부한 자

③ 위원의 임기는 3년으로 하되, 연임할 수 있다. 다만, 직위를 지정하여 위촉하는 위원의 임기는 해당 직위에 재임하는 기간으로 한다.

④ 위원에 결원이 생겼을 때에는 제2항에 따라 보궐위원을 위촉하여야 하며, 그 보궐위원의 임기는 전임자 임기의 나머지 기간으로 한다. 다만, 위원의 수가 20명 이상인 경우에는 보궐위원을 위촉하지 아니할 수 있다.

⑤ 위원회의 업무를 효율적으로 수행하기 위하여 분야별로 분과위원회를 둘 수 있다. 분과위원회가 위원회로부터 위임받은 사항에 관하여 의결한 때에는 위원회가 의결한 것으로 본다.

제113조【업무】 위원회는 다음 각 호의 업무를 행한다.

1. 저작권 등록에 관한 업무
2. 분쟁의 알선·조정
3. 제105조제10항에 따른 저작권위탁관리업자의 수수료 및 사용료의 요율 또는 금액에 관한 사항 및 문화체육관광부장관 또는 위원 3인 이상이 공동으로 부의하는 사항의 심의
4. 저작물등의 이용질서 확립 및 저작물의 공정한 이용 도모를 위한 사업
5. 저작권 보호를 위한 국제협력
6. 저작권 연구·교육 및 홍보
7. 저작권 정책의 수립 지원
8. 기술적보호조치 및 권리관리정보에 관한 정책 수립 지원
9. 저작권 정보 제공을 위한 정보관리 시스템 구축 및 운영
10. 저작권의 침해 등에 관한 감정
11. (삭제)
12. 법령에 따라 위원회의 업무로 정하거나 위탁하는 업무
13. 그 밖에 문화체육관광부장관이 위탁하는 업무

제113조의2【알선】 ① 분쟁에 관한 알선을 받으려는 자는 알선신청서를 위원회에 제출하여 알선을 신청할 수 있다.

② 위원회가 제1항에 따라 알선의 신청을 받은 때에는 위원장이 위원 중에서 알선위원을 지명하여 알선을 하게 하여야 한다.

③ 알선위원은 알선으로는 분쟁해결의 가능성이 없다고 인정되는 경우에 알선을 중단할 수 있다.

④ 알선 중인 분쟁에 대하여 이 법에 따른 조정의 신청이 있는 때에는 해당 알선은 중단된 것으로 본다.

⑤ 알선이 성립한 때에 알선위원은 알선서를 작성하여 관계 당사자와 함께 기명날인하거나 서명하여야 한다.

⑥ 알선의 신청 및 절차에 관하여 필요한 사항

은 대통령령으로 정한다.

제114조【조정부】 ① 위원회의 분쟁조정업무를 효율적으로 수행하기 위하여 위원회에 1인 또는 3인 이상의 위원으로 구성된 조정부를 두되, 그 중 1인은 변호사의 자격이 있는 자이어야 한다.
② 제1항의 규정에 따른 조정부의 구성 및 운영 등에 관하여 필요한 사항은 대통령령으로 정한다.

제114조의2【조정의 신청 등】 ① 분쟁의 조정을 받으려는 자는 신청취지와 원인을 기재한 조정신청서를 위원회에 제출하여 그 분쟁의 조정을 신청할 수 있다.
② 제1항에 따른 분쟁의 조정은 제114조에 따른 조정부가 행한다.

제115조【비공개】 조정절차는 비공개를 원칙으로 한다. 다만, 조정부의 장은 당사자의 동의를 얻어 적당하다고 인정하는 자에게 방청을 허가할 수 있다.

제116조【진술의 원용 제한】 조정절차에서 당사자 또는 이해관계인이 한 진술은 소송 또는 중재절차에서 원용하지 못한다.

제117조【조정의 성립】 ① 조정은 당사자 간에 합의된 사항을 조서에 기재함으로써 성립된다.
② 3인 이상의 위원으로 구성된 조정부는 다음 각 호의 어느 하나에 해당하는 경우 당사자들의 이익이나 그 밖의 모든 사정을 고려하여 신청 취지에 반하지 아니하는 한도에서 직권으로 조정을 갈음하는 결정(이하 "직권조정결정"이라 한다)을 할 수 있다. 이 경우 조정부의 장은 제112조의2제2항제2호에 해당하는 사람이어야 한다.
1. 조정부가 제시한 조정안을 어느 한쪽 당사자가 합리적인 이유 없이 거부한 경우
2. 분쟁조정 예정가액이 1천만원 미만인 경우
③ 조정부는 직권조정결정을 한 때에는 직권조정결정서에 주문(主文)과 결정 이유를 적고 이에 관여한 조정위원 모두가 기명날인하여야 하며,

그 결정서 정본을 지체 없이 당사자에게 송달하여야 한다.
④ 직권조정결정에 불복하는 자는 결정서 정본을 송달받은 날부터 2주일 이내에 불복사유를 구체적으로 밝혀 서면으로 조정부에 이의신청을 할 수 있다. 이 경우 그 결정은 효력을 상실한다.
⑤ 다음 각 호의 어느 하나에 해당하는 경우에는 재판상 화해와 같은 효력이 있다. 다만, 당사자가 임의로 처분할 수 없는 사항에 관한 것은 그러하지 아니하다.
1. 조정 결과 당사자 간에 합의가 성립한 경우
2. 직권조정결정에 대하여 이의 신청이 없는 경우

제118조【조정비용 등】 ① 조정비용은 신청인이 부담한다. 다만, 조정이 성립된 경우로서 특약이 없는 때에는 당사자 각자가 균등하게 부담한다.
② 조정의 신청 및 절차, 조정비용의 납부방법에 관하여 필요한 사항은 대통령령으로 정한다.
③ 제1항의 조정비용의 금액은 위원회가 정한다.

제118조의2【「민사조정법」의 준용】 조정절차에 관하여 이 법에서 규정한 것을 제외하고는 「민사조정법」을 준용한다.

제119조【감정】 ① 위원회는 다음 각 호의 어느 하나에 해당하는 경우에는 감정을 실시할 수 있다.
1. 법원 또는 수사기관 등으로부터 재판 또는 수사를 위하여 저작권의 침해 등에 관한 감정을 요청받은 경우
2. 제114조의2에 따른 분쟁조정을 위하여 분쟁조정의 양 당사자로부터 프로그램 및 프로그램과 관련된 전자적 정보 등에 관한 감정을 요청받은 경우
② 제1항의 규정에 따른 감정절차 및 방법 등에 관하여 필요한 사항은 대통령령으로 정한다.
③ 위원회는 제1항의 규정에 따른 감정을 실시한 때에는 감정 수수료를 받을 수 있으며, 그 금

액은 위원회가 정한다.

제120조【저작권정보센터】 ① 제113조제8호 및 제9호의 업무를 효율적으로 수행하기 위하여 위원회 내에 저작권정보센터를 둔다.

② 저작권정보센터의 운영에 필요한 사항은 대통령령으로 정한다.

제121조 (삭제)

제122조【운영경비 등】 ① 위원회의 운영에 필요한 경비는 다음 각 호의 재원(財源)으로 충당한다.

1. 국가의 출연금 또는 보조금
2. 제113조 각 호의 업무 수행에 따른 수입금
3. 그 밖의 수입금

② 개인·법인 또는 단체는 제113조제4호·제6호 및 제9호에 따른 업무 수행을 지원하기 위하여 위원회에 금전이나 그 밖의 재산을 기부할 수 있다.

③ 제2항의 규정에 따른 기부금은 별도의 계정으로 관리하여야 하며, 그 사용에 관하여는 문화체육관광부장관의 승인을 얻어야 한다.

제8장의2 한국저작권보호원

제122조의2【한국저작권보호원의 설립】 ① 저작권 보호에 관한 사업을 하기 위하여 한국저작권보호원(이하 "보호원"이라 한다)을 둔다.

② 보호원은 법인으로 한다.

③ 정부는 보호원의 설립·시설 및 운영 등에 필요한 경비를 예산의 범위에서 출연 또는 지원할 수 있다.

④ 보호원에 관하여 이 법과 「공공기관의 운영에 관한 법률」에서 정한 것을 제외하고는 「민법」의 재단법인에 관한 규정을 준용한다.

⑤ 이 법에 따른 보호원이 아닌 자는 한국저작권보호원 또는 이와 비슷한 명칭을 사용하지 못한다.

제122조의3【보호원의 정관】 보호원의 정관에는 다음 각 호의 사항이 포함되어야 한다.

1. 목적
2. 명칭
3. 주된 사무소에 관한 사항
4. 임직원에 관한 사항
5. 이사회의 운영에 관한 사항
6. 제122조의6에 따른 저작권보호심의위원회에 관한 사항
7. 직무에 관한 사항
8. 재산 및 회계에 관한 사항
9. 정관의 변경에 관한 사항
10. 내부규정의 제정 및 개정·폐지에 관한 사항

제122조의4【보호원의 임원】 ① 보호원에는 원장 1명을 포함한 9명 이내의 이사와 감사 1명을 두고, 원장을 제외한 이사 및 감사는 비상임으로 하며, 원장은 이사회의 의장이 된다.

② 원장은 문화체육관광부장관이 임면한다.

③ 원장의 임기는 3년으로 한다.

④ 원장은 보호원을 대표하고, 보호원의 업무를 총괄한다.

⑤ 원장이 부득이한 사유로 직무를 수행할 수 없을 때에는 정관으로 정하는 순서에 따라 이사가 그 직무를 대행한다.

⑥ 「국가공무원법」 제33조 각 호의 어느 하나에 해당하는 사람은 제1항에 따른 보호원의 임원이 될 수 없다.

제122조의5【업무】 보호원의 업무는 다음 각 호와 같다.

1. 저작권 보호를 위한 시책 수립지원 및 집행
2. 저작권 침해실태조사 및 통계 작성
3. 저작권 보호 기술의 연구 및 개발
4. 「사법경찰관리의 직무를 수행할 자와 그 직무범위에 관한 법률」 제5조제26호에 따른 저작권 침해 수사 및 단속 사무 지원
5. 제133조의2에 따른 문화체육관광부장관의 시정명령에 대한 심의
6. 제133조의3에 따른 온라인서비스제공자에

대한 시정권고 및 문화체육관광부장관에 대한 시정명령 요청

7. 법령에 따라 보호원의 업무로 정하거나 위탁하는 업무

8. 그 밖에 문화체육관광부장관이 위탁하는 업무

제122조의6 【심의위원회의 구성】 ① 제103조의3, 제133조의2 및 제133조의3에 따른 심의 및 저작권 보호와 관련하여 보호원의 원장이 요청하거나 심의위원회의 위원장이 부의하는 사항의 심의를 위하여 보호원에 저작권보호심의위원회(이하 "심의위원회"라 한다)를 둔다.

② 심의위원회는 위원장 1명을 포함한 15명 이상 20명 이내의 위원으로 구성하되, 이 법에 따라 보호되는 권리 보유자의 이해를 반영하는 위원의 수와 이용자의 이해를 반영하는 위원의 수가 균형을 이루도록 하여야 한다.

③ 심의위원회의 위원장은 위원 중에서 호선한다.

④ 심의위원회의 위원은 다음 각 호의 사람 중에서 문화체육관광부장관이 위촉한다. 이 경우 문화체육관광부장관은 분야별 권리자 단체 또는 이용자 단체 등에 위원의 추천을 요청할 수 있다.

1. 「고등교육법」 제2조에 따른 학교의 법학 또는 저작권 보호와 관련이 있는 분야의 학과에서 부교수 이상 또는 이에 상당하는 직위에 있거나 있었던 사람

2. 판사 또는 검사의 직에 있는 사람 또는 변호사의 자격이 있는 사람

3. 4급 이상의 공무원 또는 이에 상당하는 공공기관의 직에 있거나 있었던 사람으로서 저작권 보호와 관련이 있는 업무에 관한 경험이 있는 사람

4. 저작권 또는 문화산업 관련 단체의 임원의 직에 있거나 있었던 사람

5. 이용자 보호기관 또는 단체의 임원의 직에 있거나 있었던 사람

6. 그 밖에 저작권 보호와 관련된 업무에 관한

학식과 경험이 풍부한 사람

⑤ 심의위원회 위원의 임기는 3년으로 하되, 1회에 한하여 연임할 수 있다.

⑥ 심의위원회의 업무를 효율적으로 수행하기 위하여 분과위원회를 둘 수 있다. 분과위원회가 심의위원회로부터 위임받은 사항에 관하여 의결한 때에는 심의위원회가 의결한 것으로 본다.

⑦ 그 밖에 심의위원회의 구성과 운영에 필요한 사항은 대통령령으로 정한다.

제9장 권리의 침해에 대한 구제

제123조 【침해의 정지 등 청구】 ① 저작권 그 밖에 이 법에 따라 보호되는 권리(제25조·제31조·제75조·제76조·제76조의2·제82조·제83조 및 제83조의2의 규정에 따른 보상을 받을 권리를 제외한다. 이하 이 조에서 같다)를 가진 자는 그 권리를 침해하는 자에 대하여 침해의 정지를 청구할 수 있으며, 그 권리를 침해할 우려가 있는 자에 대하여 침해의 예방 또는 손해배상의 담보를 청구할 수 있다.

② 저작권 그 밖에 이 법에 따라 보호되는 권리를 가진 자는 제1항의 규정에 따른 청구를 하는 경우에 침해행위에 의하여 만들어진 물건의 폐기나 그 밖의 필요한 조치를 청구할 수 있다.

③ 제1항 및 제2항의 경우 또는 이 법에 따른 형사의 기소가 있는 때에는 법원은 원고 또는 고소인의 신청에 따라 담보를 제공하거나 제공하지 아니하게 하고, 임시로 침해행위의 정지 또는 침해행위로 말미암아 만들어진 물건의 압류 그 밖의 필요한 조치를 명할 수 있다.

④ 제3항의 경우에 저작권 그 밖에 이 법에 따라 보호되는 권리의 침해가 없다는 뜻의 판결이 확정된 때에는 신청자는 그 신청으로 인하여 발생한 손해를 배상하여야 한다.

제124조 【침해로 보는 행위】 ① 다음 각 호의 어느 하나에 해당하는 행위는 저작권 그 밖에 이

법에 따라 보호되는 권리의 침해로 본다.

1. 수입 시에 대한민국 내에서 만들어졌더라면 저작권 그 밖에 이 법에 따라 보호되는 권리의 침해로 될 물건을 대한민국 내에서 배포할 목적으로 수입하는 행위

2. 저작권 그 밖에 이 법에 따라 보호되는 권리를 침해하는 행위에 의하여 만들어진 물건(제1호의 수입물건을 포함한다)을 그 사실을 알고 배포할 목적으로 소지하는 행위

3. 프로그램의 저작권을 침해하여 만들어진 프로그램의 복제물(제1호에 따른 수입 물건을 포함한다)을 그 사실을 알면서 취득한 자가 이를 업무상 이용하는 행위

② 저작자의 명예를 훼손하는 방법으로 저작물을 이용하는 행위는 저작인격권의 침해로 본다.

③ (삭제)

제125조【손해배상의 청구】 ① 저작재산권 그 밖에 이 법에 따라 보호되는 권리(저작인격권 및 실연자의 인격권을 제외한다)를 가진 자(이하 "저작재산권자등"이라 한다)가 고의 또는 과실로 권리를 침해한 자에 대하여 그 침해행위에 의하여 자기가 받은 손해의 배상을 청구하는 경우에 그 권리를 침해한 자가 그 침해행위에 의하여 이익을 받은 때에는 그 이익의 액을 저작재산권자등이 받은 손해의 액으로 추정한다.

② 저작재산권자등이 고의 또는 과실로 그 권리를 침해한 자에 대하여 그 침해행위에 의하여 자기가 받은 손해의 배상을 청구하는 경우에 그 권리의 행사로 통상 받을 수 있는 금액에 상당하는 액을 저작재산권자등이 받은 손해의 액으로 하여 그 손해배상을 청구할 수 있다.

③ 제2항의 규정에 불구하고 저작재산권자등이 받은 손해의 액이 제2항의 규정에 따른 금액을 초과하는 경우에는 그 초과액에 대하여도 손해배상을 청구할 수 있다.

④ 등록되어 있는 저작권, 배타적발행권(제88조 및 제96조에 따라 준용되는 경우를 포함한다),

출판권, 저작인접권 또는 데이터베이스제작자의 권리를 침해한 자는 그 침해행위에 과실이 있는 것으로 추정한다.

제125조의2【법정손해배상의 청구】 ① 저작재산권자등은 고의 또는 과실로 권리를 침해한 자에 대하여 사실심(事實審)의 변론이 종결되기 전에는 실제 손해액이나 제125조 또는 제126조에 따라 정하여지는 손해액을 갈음하여 침해된 각 저작물등마다 1천만원(영리를 목적으로 고의로 권리를 침해한 경우에는 5천만원) 이하의 범위에서 상당한 금액의 배상을 청구할 수 있다.

② 둘 이상의 저작물을 소재로 하는 편집저작물과 2차적저작물은 제1항을 적용하는 경우에는 하나의 저작물로 본다.

③ 저작재산권자등이 제1항에 따른 청구를 하기 위해서는 침해행위가 일어나기 전에 제53조부터 제55조까지의 규정(제90조 및 제98조에 따라 준용되는 경우를 포함한다)에 따라 그 저작물등이 등록되어 있어야 한다.

④ 법원은 제1항의 청구가 있는 경우에 변론의 취지와 증거조사의 결과를 고려하여 제1항의 범위에서 상당한 손해액을 인정할 수 있다.

제126조【손해액의 인정】 법원은 손해가 발생한 사실은 인정되나 제125조의 규정에 따른 손해액을 산정하기 어려운 때에는 변론의 취지 및 증거조사의 결과를 참작하여 상당한 손해액을 인정할 수 있다.

제127조【명예회복 등의 청구】 저작자 또는 실연자는 고의 또는 과실로 저작인격권 또는 실연자의 인격권을 침해한 자에 대하여 손해배상에 갈음하거나 손해배상과 함께 명예회복을 위하여 필요한 조치를 청구할 수 있다.

제128조【저작자의 사망 후 인격적 이익의 보호】 저작자가 사망한 후에 그 유족(사망한 저작자의 배우자·자·부모·손·조부모 또는 형제자매를 말한다)이나 유언집행자는 당해 저작물에 대하여 제14조제2항의 규정을 위반하거나 위반할

우려가 있는 자에 대하여는 제123조의 규정에 따른 청구를 할 수 있으며, 고의 또는 과실로 저작인격권을 침해하거나 제14조제2항의 규정을 위반한 자에 대하여는 제127조의 규정에 따른 명예회복 등의 청구를 할 수 있다.

제129조【공동저작물의 권리침해】 공동저작물의 각 저작자 또는 각 저작재산권자는 다른 저작자 또는 다른 저작재산권자의 동의 없이 제123조의 규정에 따른 청구를 할 수 있으며 그 저작재산권의 침해에 관하여 자신의 지분에 관한 제125조의 규정에 따른 손해배상의 청구를 할 수 있다.

제129조의2【정보의 제공】 ① 법원은 저작권, 그 밖에 이 법에 따라 보호되는 권리의 침해에 관한 소송에서 당사자의 신청에 따라 증거를 수집하기 위하여 필요하다고 인정되는 경우에는 다른 당사자에 대하여 그가 보유하고 있거나 알고 있는 다음 각 호의 정보를 제공하도록 명할 수 있다.

1. 침해 행위나 불법복제물의 생산 및 유통에 관련된 자를 특정할 수 있는 정보
2. 불법복제물의 생산 및 유통 경로에 관한 정보

② 제1항에도 불구하고 다른 당사자는 다음 각 호의 어느 하나에 해당하는 경우에는 정보의 제공을 거부할 수 있다.

1. 다음 각 목의 어느 하나에 해당하는 자가 공소 제기되거나 유죄판결을 받을 우려가 있는 경우
   가. 다른 당사자
   나. 다른 당사자의 친족이거나 친족 관계가 있었던 자
   다. 다른 당사자의 후견인
2. 영업비밀(「부정경쟁방지 및 영업비밀 보호에 관한 법률」제2조제2호의 영업비밀을 말한다. 이하 같다) 또는 사생활을 보호하기 위한 경우이거나 그 밖에 정보의 제공을 거부할 수 있는 정당한 사유가 있는 경우

③ 다른 당사자가 정당한 이유 없이 정보제공 명령에 따르지 아니한 경우에는 법원은 정보에 관한 당사자의 주장을 진실한 것으로 인정할 수 있다.

④ 법원은 제2항제2호에 규정된 정당한 사유가 있는지를 판단하기 위하여 필요하다고 인정되는 경우에는 다른 당사자에게 정보를 제공하도록 요구할 수 있다. 이 경우 정당한 사유가 있는지를 판단하기 위하여 정보제공을 신청한 당사자 또는 그의 대리인의 의견을 특별히 들을 필요가 있는 경우 외에는 누구에게도 그 제공된 정보를 공개하여서는 아니 된다.

제129조의3【비밀유지명령】 ① 법원은 저작권, 그 밖에 이 법에 따라 보호되는 권리(제25조, 제31조, 제75조, 제76조, 제76조의2, 제82조, 제83조, 제83조의2 및 제101조의3에 따른 보상을 받을 권리는 제외한다. 이하 이 조에서 같다)의 침해에 관한 소송에서 그 당사자가 보유한 영업비밀에 대하여 다음 각 호의 사유를 모두 소명한 경우에는 그 당사자의 신청에 따라 결정으로 다른 당사자, 당사자를 위하여 소송을 대리하는 자, 그 밖에 해당 소송으로 인하여 영업비밀을 알게 된 자에게 해당 영업비밀을 해당 소송의 계속적인 수행 외의 목적으로 사용하거나 해당 영업비밀에 관계된 이 항에 따른 명령을 받은 자 외의 자에게 공개하지 아니할 것을 명할 수 있다. 다만, 그 신청 시까지 다른 당사자, 당사자를 위하여 소송을 대리하는 자, 그 밖에 해당 소송으로 인하여 영업비밀을 알게 된 자가 제1호에 따른 준비서면의 열람 및 증거조사 외의 방법으로 해당 영업비밀을 이미 취득한 경우에는 그러하지 아니하다.

1. 이미 제출하였거나 제출하여야 할 준비서면 또는 이미 조사하였거나 조사하여야 할 증거(제129조의2제4항에 따라 제공된 정보를 포함한다)에 영업비밀이 포함되어 있다는 것
2. 제1호의 영업비밀이 해당 소송수행 외의 목

적으로 사용되거나 공개되면 당사자의 영업에 지장을 줄 우려가 있어 이를 방지하기 위하여 영업비밀의 사용 또는 공개를 제한할 필요가 있다는 것

② 제1항에 따른 명령(이하 "비밀유지명령"이라 한다)의 신청은 다음 각 호의 사항을 적은 서면으로 하여야 한다.

1. 비밀유지명령을 받을 자

2. 비밀유지명령의 대상이 될 영업비밀을 특정하기에 충분한 사실

3. 제1항 각 호의 사유에 해당하는 사실

③ 비밀유지명령이 결정된 경우에는 그 결정서를 비밀유지명령을 받은 자에게 송달하여야 한다.

④ 비밀유지명령은 제3항의 결정서가 비밀유지명령을 받은 자에게 송달된 때부터 효력이 발생한다.

⑤ 비밀유지명령의 신청을 기각하거나 각하한 재판에 대하여는 즉시항고를 할 수 있다.

제129조의4【비밀유지명령의 취소】① 비밀유지명령을 신청한 자나 비밀유지명령을 받은 자는 제129조의3제1항에서 규정한 요건을 갖추지 못하였거나 갖추지 못하게 된 경우 소송기록을 보관하고 있는 법원(소송기록을 보관하고 있는 법원이 없는 경우에는 비밀유지명령을 내린 법원을 말한다)에 취소를 신청할 수 있다.

② 비밀유지명령의 취소신청에 대한 재판이 있는 경우에는 그 결정서를 그 신청인과 상대방에게 송달하여야 한다.

③ 비밀유지명령의 취소신청에 대한 재판에 대하여는 즉시항고를 할 수 있다.

④ 비밀유지명령을 취소하는 재판은 확정되어야 그 효력이 발생한다.

⑤ 비밀유지명령을 취소하는 재판을 한 법원은 비밀유지명령의 취소신청을 한 자와 상대방 외에 해당 영업비밀에 관한 비밀유지명령을 받은 자가 있는 경우에는 그 자에게 즉시 비밀유지명령의 취소재판을 한 취지를 통지하여야 한다.

제129조의5【소송기록 열람 등 신청의 통지 등】① 비밀유지명령이 내려진 소송(비밀유지명령이 모두 취소된 소송은 제외한다)에 관한 소송기록에 대하여 「민사소송법」 제163조제1항의 결정이 있었던 경우, 당사자가 같은 항에 규정하는 비밀 기재 부분의 열람 등을 해당 소송에서 비밀유지명령을 받지 아니한 자를 통하여 신청한 경우에는 법원서기관·법원사무관·법원주사 또는 법원주사보(이하 이 조에서 "법원사무관등"이라 한다)는 「민사소송법」 제163조제1항의 신청을 한 당사자(그 열람 등의 신청을 한 자는 제외한다)에게 그 열람 등의 신청 직후에 그 신청이 있었던 취지를 통지하여야 한다.

② 제1항의 경우 법원사무관등은 제1항의 신청이 있었던 날부터 2주일이 지날 때까지(그 신청절차를 행한 자에 대한 비밀유지명령 신청이 그 기간 내에 행하여진 경우에 대하여는 그 신청에 대한 재판이 확정되는 시점까지를 말한다) 그 신청 절차를 행한 자에게 제1항의 비밀 기재 부분의 열람 등을 하게 하여서는 아니 된다.

③ 제2항은 제1항의 열람 등의 신청을 한 자에게 제1항의 비밀 기재 부분의 열람 등을 하게 하는 것에 대하여 「민사소송법」 제163조제1항의 신청을 한 당사자 모두의 동의가 있는 경우에는 적용하지 아니한다.

제10장 보 칙

제130조【권한의 위임 및 위탁】문화체육관광부장관은 대통령령으로 정하는 바에 따라 이 법에 따른 권한의 일부를 특별시장·광역시장·특별자치시장·도지사·특별자치도지사에게 위임하거나 위원회, 보호원 또는 저작권 관련 단체에 위탁할 수 있다.

제130조의2【저작권 침해에 관한 단속 사무의 협조】문화체육관광부장관은 「사법경찰관리의 직무를 수행할 자와 그 직무범위에 관한 법률」

제5조제26호에 따른 저작권 침해에 관한 단속 사무와 관련하여 기술적 지원이 필요할 때에는 보호원 또는 저작권 관련 단체에 협조를 요청할 수 있다.

제131조【벌칙 적용에서의 공무원 의제】위원회의 위원·직원, 보호원의 임직원 및 심의위원회의 심의위원은 「형법」 제129조 내지 제132조의 규정을 적용하는 경우에는 이를 공무원으로 본다.

제132조【수수료】 ① 이 법에 따라 다음 각 호의 어느 하나에 해당하는 사항의 신청 등을 하는 자는 문화체육관광부령으로 정하는 바에 따라 수수료를 납부하여야 한다.

1. 제50조 내지 제52조의 규정에 따른 법정허락 승인(제89조 및 제97조의 규정에 따라 준용되는 경우를 포함한다)을 신청하는 자
2. 제53조부터 제55조까지, 제55조의2부터 제55조의4까지의 규정에 따른 등록(제90조 및 제98조에 따라 준용되는 경우를 포함한다) 및 이와 관련된 절차를 밟는 자
3. 제105조의 규정에 따라 저작권위탁관리업의 허가를 신청하거나 신고하는 자

② 제1항에 따른 수수료는 문화체육관광부령으로 정하는 바에 따라 특별한 사유가 있으면 감액하거나 면제할 수 있다.

제133조【불법 복제물의 수거·폐기 및 삭제】
① 문화체육관광부장관, 특별시장·광역시장·특별자치시장·도지사·특별자치도지사 또는 시장·군수·구청장(자치구의 구청장을 말한다)은 저작권이나 그 밖에 이 법에 따라 보호되는 권리를 침해하는 복제물(정보통신망을 통하여 전송되는 복제물은 제외한다) 또는 저작물등의 기술적 보호조치를 무력하게 하기 위하여 제작된 기기·장치·정보 및 프로그램을 발견한 때에는 대통령령으로 정한 절차 및 방법에 따라 관계 공무원으로 하여금 이를 수거·폐기 또는 삭제하게 할 수 있다.

② 문화체육관광부장관은 제1항의 규정에 따른 업무를 대통령령이 정한 단체에 위탁할 수 있다. 이 경우 이에 종사하는 자는 공무원으로 본다.

③ 문화체육관광부장관은 제1항 및 제2항에 따라 관계 공무원 등이 수거·폐기 또는 삭제를 하는 경우 필요한 때에는 관련 단체에 협조를 요청할 수 있다.

④ (삭제)

⑤ 문화체육관광부장관은 제1항에 따른 업무를 위하여 필요한 기구를 설치·운영할 수 있다.

⑥ 제1항부터 제3항까지의 규정이 다른 법률 규정과 경합하는 경우에는 이 법을 우선하여 적용한다.

제133조의2【정보통신망을 통한 불법복제물등의 삭제명령 등】 ① 문화체육관광부장관은 정보통신망을 통하여 저작권이나 그 밖에 이 법에 따라 보호되는 권리를 침해하는 복제물 또는 정보, 기술적 보호조치를 무력하게 하는 프로그램 또는 정보(이하 "불법복제물등"이라 한다)가 전송되는 경우에 심의위원회의 심의를 거쳐 대통령령으로 정하는 바에 따라 온라인서비스제공자에게 다음 각 호의 조치를 할 것을 명할 수 있다.

1. 불법복제물등의 복제·전송자에 대한 경고
2. 불법복제물등의 삭제 또는 전송 중단

② 문화체육관광부장관은 제1항제1호에 따른 경고를 3회 이상 받은 복제·전송자가 불법복제물등을 전송한 경우에는 심의위원회의 심의를 거쳐 대통령령으로 정하는 바에 따라 온라인서비스제공자에게 6개월 이내의 기간을 정하여 해당 복제·전송자의 계정(이메일 전용 계정은 제외하며, 해당 온라인서비스제공자가 부여한 다른 계정을 포함한다. 이하 같다)을 정지할 것을 명할 수 있다.

③ 제2항에 따른 명령을 받은 온라인서비스제공자는 해당 복제·전송자의 계정을 정지하기 7일 전에 대통령령으로 정하는 바에 따라 해당 계정이 정지된다는 사실을 해당 복제·전송자에게 통지하여야 한다.

④ 문화체육관광부장관은 온라인서비스제공자의 정보통신망에 개설된 게시판(「정보통신망 이용촉진 및 정보보호 등에 관한 법률」 제2조제1항제9호의 게시판 중 상업적 이익 또는 이용 편의를 제공하는 게시판을 말한다. 이하 같다) 중 제1항제2호에 따른 명령이 3회 이상 내려진 게시판으로서 해당 게시판의 형태, 게시되는 복제물의 양이나 성격 등에 비추어 해당 게시판이 저작권 등의 이용질서를 심각하게 훼손한다고 판단되는 경우에는 심의위원회의 심의를 거쳐 대통령령으로 정하는 바에 따라 온라인서비스제공자에게 6개월 이내의 기간을 정하여 해당 게시판 서비스의 전부 또는 일부의 정지를 명할 수 있다.

⑤ 제4항에 따른 명령을 받은 온라인서비스제공자는 해당 게시판의 서비스를 정지하기 10일 전부터 대통령령으로 정하는 바에 따라 해당 게시판의 서비스가 정지된다는 사실을 해당 온라인서비스제공자의 인터넷 홈페이지 및 해당 게시판에 게시하여야 한다.

⑥ 온라인서비스제공자는 제1항에 따른 명령을 받은 경우에는 명령을 받은 날부터 5일 이내에, 제2항에 따른 명령을 받은 경우에는 명령을 받은 날부터 10일 이내에, 제4항에 따른 명령을 받은 경우에는 명령을 받은 날부터 15일 이내에 그 조치결과를 대통령령으로 정하는 바에 따라 문화체육관광부장관에게 통보하여야 한다.

⑦ 문화체육관광부장관은 제1항, 제2항 및 제4항의 명령의 대상이 되는 온라인서비스제공자와 제2항에 따른 명령과 직접적인 이해관계가 있는 복제·전송자 및 제4항에 따른 게시판의 운영자에게 사전에 의견제출의 기회를 주어야 한다. 이 경우 「행정절차법」 제22조제4항부터 제6항까지 및 제27조를 의견제출에 관하여 준용한다.

⑧ 문화체육관광부장관은 제1항, 제2항 및 제4항에 따른 업무를 수행하기 위하여 필요한 기구를 설치·운영할 수 있다.

제133조의3【시정권고 등】 ① 보호원은 온라인서비스제공자의 정보통신망을 조사하여 불법복제물등이 전송된 사실을 발견한 경우에는 심의위원회의 심의를 거쳐 온라인서비스제공자에 대하여 다음 각 호에 해당하는 시정 조치를 권고할 수 있다.

1. 불법복제물등의 복제·전송자에 대한 경고
2. 불법복제물등의 삭제 또는 전송 중단
3. 반복적으로 불법복제물등을 전송한 복제·전송자의 계정 정지

② 온라인서비스제공자는 제1항제1호 및 제2호에 따른 권고를 받은 경우에는 권고를 받은 날부터 5일 이내에, 제1항제3호의 권고를 받은 경우에는 권고를 받은 날부터 10일 이내에 그 조치결과를 보호원에 통보하여야 한다.

③ 보호원은 온라인서비스제공자가 제1항에 따른 권고에 따르지 아니하는 경우에는 문화체육관광부장관에게 제133조의2제1항 및 제2항에 따른 명령을 하여 줄 것을 요청할 수 있다.

④ 제3항에 따라 문화체육관광부장관이 제133조의2제1항 및 제2항에 따른 명령을 하는 경우에는 심의위원회의 심의를 요하지 아니한다.

제134조【건전한 저작물 이용 환경 조성 사업】 ① 문화체육관광부장관은 저작권이 소멸된 저작물등에 대한 정보 제공 등 저작물의 공정한 이용을 도모하기 위하여 필요한 사업을 할 수 있다.

② 제1항에 따른 사업에 관하여 필요한 사항은 대통령령으로 정한다.

③ (삭제)

제135조【저작재산권 등의 기증】 ① 저작재산권자등은 자신의 권리를 문화체육관광부장관에게 기증할 수 있다.

② 문화체육관광부장관은 저작재산권자등으로부터 기증된 저작물등의 권리를 공정하게 관리할 수 있는 단체를 지정할 수 있다.

③ 제2항의 규정에 따라 지정된 단체는 영리를

목적으로 또는 당해 저작재산권자등의 의사에 반하여 저작물등을 이용할 수 없다.

④ 제1항과 제2항의 규정에 따른 기증 절차와 단체의 지정 등에 관하여 필요한 사항은 대통령령으로 정한다.

제11장 벌 칙

제136조【벌칙】 ① 다음 각 호의 어느 하나에 해당하는 자는 5년 이하의 징역 또는 5천만원 이하의 벌금에 처하거나 이를 병과할 수 있다.

1. 저작재산권, 그 밖에 이 법에 따라 보호되는 재산적 권리(제93조에 따른 권리는 제외한다)를 복제, 공연, 공중송신, 전시, 배포, 대여, 2차적저작물 작성의 방법으로 침해한 자

2. 제129조의3제1항에 따른 법원의 명령을 정당한 이유 없이 위반한 자

② 다음 각 호의 어느 하나에 해당하는 자는 3년 이하의 징역 또는 3천만원 이하의 벌금에 처하거나 이를 병과할 수 있다.

1. 저작인격권 또는 실연자의 인격권을 침해하여 저작자 또는 실연자의 명예를 훼손한 자

2. 제53조 및 제54조(제90조 및 제98조에 따라 준용되는 경우를 포함한다)에 따른 등록을 거짓으로 한 자

3. 제93조에 따라 보호되는 데이터베이스제작자의 권리를 복제·배포·방송 또는 전송의 방법으로 침해한 자

3의2. 제103조의3제4항을 위반한 자

3의3. 업으로 또는 영리를 목적으로 제104조의2제1항 또는 제2항을 위반한 자

3의4. 업으로 또는 영리를 목적으로 제104조의3제1항을 위반한 자. 다만, 과실로 저작권 또는 이 법에 따라 보호되는 권리 침해를 유발 또는 은닉한다는 사실을 알지 못한 자는 제외한다.

3의5. 제104조의4제1호 또는 제2호에 해당하는 행위를 한 자

3의6. 제104조의5를 위반한 자

3의7. 제104조의7을 위반한 자

4. 제124조제1항에 따른 침해행위로 보는 행위를 한 자

5.~6. (삭제)

제137조【벌칙】 ① 다음 각 호의 어느 하나에 해당하는 자는 1년 이하의 징역 또는 1천만원 이하의 벌금에 처한다.

1. 저작자 아닌 자를 저작자로 하여 실명·이명을 표시하여 저작물을 공표한 자

2. 실연자 아닌 자를 실연자로 하여 실명·이명을 표시하여 실연을 공연 또는 공중송신하거나 복제물을 배포한 자

3. 제14조제2항을 위반한 자

3의2. 제104조의4제3호에 해당하는 행위를 한 자

3의3. 제104조의6을 위반한 자

4. 제105조제1항에 따른 허가를 받지 아니하고 저작권신탁관리업을 한 자

5. 제124조제2항에 따라 침해행위로 보는 행위를 한 자

6. 자신에게 정당한 권리가 없음을 알면서 고의로 제103조제1항 또는 제3항에 따른 복제·전송의 중단 또는 재개요구를 하여 온라인서비스제공자의 업무를 방해한 자

7. 제55조의5(제90조 및 제98조에 따라 준용되는 경우를 포함한다)를 위반한 자

② 제1항제3호의3의 미수범은 처벌한다.

제138조【벌칙】 다음 각 호의 어느 하나에 해당하는 자는 500만원 이하의 벌금에 처한다.

1. 제35조제4항을 위반한 자

2. 제37조(제87조 및 제94조에 따라 준용되는 경우를 포함한다)를 위반하여 출처를 명시하지 아니한 자

3. 제58조제3항(제63조의2, 제88조 및 제96조에 따라 준용되는 경우를 포함한다)을 위반하

여 저작재산권자의 표지를 하지 아니한 자

4. 제58조의2제2항(제63조의2, 제88조 및 제96조에 따라 준용되는 경우를 포함한다)을 위반하여 저작자에게 알리지 아니한 자

5. 제105조제1항에 따른 신고를 하지 아니하고 저작권대리중개업을 하거나, 제109조제2항에 따른 영업의 폐쇄명령을 받고 계속 그 영업을 한 자

제139조【몰수】 저작권, 그 밖에 이 법에 따라 보호되는 권리를 침해하여 만들어진 복제물과 그 복제물의 제작에 주로 사용된 도구나 재료 중 그 침해자·인쇄자·배포자 또는 공연자의 소유에 속하는 것은 몰수한다.

제140조【고소】 이 장의 죄에 대한 공소는 고소가 있어야 한다. 다만, 다음 각 호의 어느 하나에 해당하는 경우에는 그러하지 아니하다.

1. 영리를 목적으로 또는 상습적으로 제136조제1항제1호, 제136조제2항제3호 및 제4호(제124조제1항제3호의 경우에는 피해자의 명시적 의사에 반하여 처벌하지 못한다)에 해당하는 행위를 한 경우

2. 제136조제2항제2호 및 제3호의2부터 제3호의7까지, 제137조제1항제1호부터 제4호까지, 제6호 및 제7호와 제138조제5호의 경우

3. (삭제)

제141조【양벌규정】 법인의 대표자나 법인 또는 개인의 대리인·사용인 그 밖의 종업원이 그 법인 또는 개인의 업무에 관하여 이 장의 죄를 범한 때에는 행위자를 벌하는 외에 그 법인 또는 개인에 대하여도 각 해당 조의 벌금형을 과한다. 다만, 법인 또는 개인이 그 위반행위를 방지하기 위하여 해당 업무에 관하여 상당한 주의와 감독을 게을리하지 아니한 경우에는 그러하지 아니하다.

제142조【과태료】 ① 제104조제1항에 따른 필요한 조치를 하지 아니한 자에게는 3천만원 이하의 과태료를 부과한다.

② 다음 각 호의 어느 하나에 해당하는 자에게는 1천만원 이하의 과태료를 부과한다.

1. 제103조의3제2항에 따른 문화체육관광부장관의 명령을 이행하지 아니한 자

2. 제106조에 따른 의무를 이행하지 아니한 자

2의2. 제106조의2를 위반하여 정당한 이유 없이 이용허락을 거부한 자

3. 제112조제4항을 위반하여 한국저작권위원회의 명칭을 사용한 자

3의2. 제122조의2제5항을 위반하여 한국저작권보호원의 명칭을 사용한 자

4. 제133조의2제1항·제2항 및 제4항에 따른 문화체육관광부장관의 명령을 이행하지 아니한 자

5. 제133조의2제3항에 따른 통지, 같은 조 제5항에 따른 게시, 같은 조 제6항에 따른 통보를 하지 아니한 자

③ 제1항 및 제2항에 따른 과태료는 대통령령으로 정하는 바에 따라 문화체육관광부장관이 부과·징수한다.

④~⑤ (삭제)

부 칙 (2019.11.26)

제1조【시행일】 이 법은 공포 후 6개월이 경과한 날부터 시행한다.

제2조【저작권신탁관리업자의 징계의 요구 등에 관한 적용례】 제108조의2의 개정규정은 이 법 시행 이후 저작권신탁관리업자의 대표자 또는 임원이 직무와 관련하여 같은 조 각 호에 따른 징계 요구 사유에 해당하게 된 경우부터 적용한다.

제3조【심의위원회의 구성에 관한 적용례】 ① 제122조의6제2항의 개정규정은 이 법 시행 후 최초로 구성되는 심의위원회부터 적용한다.

② 제122조의6제4항 및 제5항의 개정규정은 이 법 시행 후 심의위원회의 위원을 위촉(연임하는

경우를 포함한다)하는 경우부터 적용한다.

③ 제2항에 따라 제122조의6제5항의 개정규정을 적용하는 경우에 이 법 시행 전에 1회 이상 연임하여 임기 중에 있는 위원은 그 임기 만료 후에는 연임할 수 없다.

제4조【심의위원회 위원에 관한 경과조치】 이 법 시행 당시 종전의 규정에 따라 위촉된 심의위원회 위원은 제122조의6의 개정규정에 따라 위촉된 위원으로 본다. 이 경우 위원의 임기는 잔여기간으로 한다.

부 칙 (2020.2.4)

제1조【시행일】 이 법은 공포 후 6개월이 경과한 날부터 시행한다.

제2조【저작권대리중개업의 신고 등에 관한 적용례】 제105조제5항 및 제6항의 개정규정은 이 법 시행 이후 신고 또는 변경신고를 하는 경우부터 적용한다.

제3조【저작권위탁관리업 허가 등의 결격사유에 관한 적용례】 제105조제7항의 개정규정은 이 법 시행 이후 최초로 저작권위탁관리업의 허가를 신청하거나 신고서를 제출한 자가 같은 항 각 호의 개정규정의 결격사유에 해당하게 된 경우부터 적용한다.

제4조【저작권위탁관리업자에 대한 업무의 정지 명령에 관한 적용례】 제109조제1항제9호의 개정규정은 이 법 시행 당시 저작권신탁관리업의 허가를 받거나 허가를 신청한 자와 저작권대리중개업의 신고를 했거나 신고서를 제출한 자가 이 법 시행 이후 발생한 사유로 인하여 제105조제7항 각 호의 개정규정의 결격사유에 해당하게 된 경우부터 적용한다.

제5조【직권조정결정에 관한 적용례】 제117조의 개정규정은 이 법 시행 이후 위원회에 조정을 신청하는 경우부터 적용한다.

제6조【등록 관청의 변경에 관한 경과조치】 이 법 시행 당시 종전의 규정에 따라 문화체육관광부장관에게 등록 또는 변경등록등을 한 자는 제55조 및 제55조의2부터 제55조의4까지(제90조 또는 제98조에 따라 준용되는 경우를 포함한다)의 개정규정에 따라 위원회에 등록 또는 변경등록등을 한 것으로 본다.

제7조【등록신청 반려 등에 대한 이의신청에 관한 경과조치】 이 법 시행 당시 종전의 규정에 따라 등록 또는 변경등록등을 신청하여 그 신청이 반려된 자로서 반려된 날부터 1개월이 지나지 아니한 자는 제55조제3항 및 제55조의3제3항(제90조 또는 제98조에 따라 준용되는 경우를 포함한다)의 개정규정에도 불구하고 이 법 시행 이후 1개월 이내에 위원회에 이의를 신청할 수 있다.

제8조【온라인서비스제공자의 책임 제한에 관한 경과조치】 이 법 시행 전에 발생한 저작권, 그 밖에 이 법에 따라 보호되는 권리 침해에 대한 온라인서비스제공자의 책임 제한에 관하여는 제102조제1항의 개정규정에도 불구하고 종전의 규정에 따른다.

Copyright Law
문화콘텐츠와 **저작권**

초판1쇄 발행 | 2020년 2월 21일

지은이 | 박순태
펴낸이 | 조미현

편집장 | 윤지현
책임편집 | 김희윤 이수호 류근순 백민혜
펴낸곳 | (주)현암사
등록 | 1951년 12월 24일·제10-126호
주소 | 04029 서울시 마포구 동교로12안길 35
전화 | 365-5051
팩스 | 313-2729

전자우편 | law@hyeonamsa.com
홈페이지 | www.hyeonamsa.com
ISBN 978-89-323-2032-8 (93360)